[노모스 노동법총서 4]

노자(勞資)의 사회적 자치조직법으로서

노사관계법

The Labor-Management Relations Laws
as An Organization Law for
Autonomous Social Relations between Labor and Capital

강 희 원

법 영 사

서 언

노사관계, 정말 이것은 천적관계인가 공생관계인가? 생명은 거대한 먹이사슬로 서로 연계되어 있다. 인간도 그 거대한 먹이사슬의 일부를 차지하고 있다. 먹이사슬로 연결되어 있는 모든 생명은 근본적으로는 공생적 관계에 있다. 왜냐하면 아무리 강한 존재라고 하더라도 그는 약한 존재에게 의존해서만 그의 생명을 유지할 수 있기 때문이다. 강자들은 약자의 도움이 없이는 존재할 수 없지만 약자는 강자의 도움 없이도 살 수 있다. 약자들이 강자들을 돕고 있는 것이다. 일대일(一對一)의 관계에서는 약자와 강자가 구별될 수 있다. 그러나 모든 생명은 유적 전체로서는 항상 상호의존관계에 있다. 약한 존재는 강한 존재의 근원이다.

이러한 근본적인 이치는 인간사회에도 그대로 적용된다. 인간들 상호관계도 먹이사슬로 연결되어 있다. 그러나 우리는 그것을 먹이사슬이라고 말하지 않고, "사회적 관계"라고 한다. 우리는 어떤 때에는 그것을 "사랑"이라고 아름답게 포장하고, 어떤 때에는 그것을 "증오"라고 경멸하는가 하면, 또 어떤 때에는 그것을 "정치"라고 치켜 올리기도 하고, "경제"라고 돌려서 말하기도 한다. 또 어떤 때에는 그것을 "법"이라는 이름으로 명령하기도 하고, 또 다른 때에는 "권리"라 부르며 강하게 요구하기도 한다. 그리고 우리는 어떤 때에는 그것을 "노동"이라고도 평가하고, 또 어떤 때에는 그것을 "자본"이라고 하여 소유하기도 한다. 이렇듯 우리는 인간들이 서로 맺고 있는 먹이사슬을 여러 가지 형태로 명명하면서 그것을 소유하고 지배하고, 소비하고 때로는 대립하여 싸우기도 한다.

여기에서 우리는 "노동" 또는 "자본"이라고 하는 먹이사슬에 관심을 가지고자 한다. 노동과 자본의 먹이사슬에서 노동을 중심으로 인간사회를 보면 그것은 노동중심사회, 즉 「노동주의사회」가 되고 자본을 중심으로 보면 자본중심사회, 즉 「자본주의사회」가 된다. 인간사회가 현실적으로 자본을 중심으로 돌아가고 있지만 지금까지 많은 선각들은 노동을 중심으로 돌아가는 인간사회를 만들려고 했다. 그들은 노동주의사회가 진정한 의미에 있어서 사회다운 사회라고 했다. 그래서 그들은 "노동"주의사회라는 말 대신에 "사회"주의사회라는 다른 이름을 붙였다.[1] 그들은 이상사회(理想社會)로서 노동주의사회를 추구하면서 현실의 자본주의사회를 비판해왔다. 이에 의하면 노동주의사회는 자본주의사회와는 서로 대립관계에 있는 것이다. 그렇지만 노동주의사회이든 자본주의사회이든 간에 동일한 먹이사슬에 다른 이름만이 붙어 있을 뿐 아닌가? 전자에서는 노동의 "권력화"에 의해 지배가 구축되고 후자에서는 노동의 "상품화"를 통해 지배가 구축된다. 역사적으로 실현되었던 노동주의사회와 자본주의사회는 지배사회라는 점에 있어서 무엇이 다른가? 노동의 권력화도 노동의 상품화도 지배자본의 다른 이름이 아닌가? 노동의 축적이 자본이다. 결국 노동주의도 "자본주의"로 전락한다.

자본주의사회에서는 상품을 지배하는 자가 권력을 가진다. 그 권력은 재화의 교환을 통해서 획득되고 또 집중된다. 자본주의사회에는 모든 가치가 상품으로서 교환되는 상품경제가 일반화한 사회이다. 상품경제의 일반화는 단순히 물건이 상품으로서 교환될 뿐만 아니라, 인간 자체의 상품화에 의해서 실현된다. 인간 자체의 상품화란 바로 인간노동력의 상품화를 말한다. 노동력이 상품으로서 매매의 대상이 되는 때에 진정한 의미에 있어서 자본주의사회가 현실화된다. 자본주의사회는 인간노동력의 상품화를 전제로 해야 비로소 성립할 수 있는 사회이다. 거꾸로 말하면, 노동력의 상품화가 일반화할 수 있는 것은 역사적으로 자본주의사회로 되었기 때문이다. 역사적으로 성립된 자본주의사회가 다른 사회체제와 구별되는 것은 기본적으로는 노동력이 상품으로서 일정시간을 단위로 매매된다는 점에 있다.

그렇다면, 인간 자체 즉 노동력이 어떠한 조건에서 상품화될 수 있을까?

인간노동력이 다른 재화와 마찬가지로 상품으로 되기 위해서는 그 전제로서 첫째, 노동력의 이동을 보장하기 위해 직업선택의 자유가 노동의 주체에게 시민적 권리로서 사회적으로 확보되어야 하고, 둘째 노동상품의 소유자가 독립적인 인격

---

1) 지금까지 우리는 별 의심 없이 「자본주의(또는 자본주의사회)」와 「사회주의(또는 사회주의사회)」라는 말을 대어(對語)로 사용하고 있는 듯하다. 그런데 "자본(capital, Kapital)"에 대해서는 "노동(labor, Arbeit)"을, "국가(state, Staat)"에 대해서는 "사회(society, Gesellschaft)"를 그 상대어(相對語)로서 사용하고 있는 용어법에서 본다면, "자본주의↔사회주의" 또는 "자본주의사회↔사회주의사회"라는 대립적인 의미로 사용하는 것에 대해서는 재고할 필요가 있다고 생각한다. 현재 서구적 전문용어를 보면, 민족국가(nation)를 주체화(主體化)하거나 주의화(主義化) 또는 이데올로기화하는 의미에서 "국가주의(nationlism)"라는 말이 사용되고 있을 뿐, "생산요소로서의 노동(labor, Arbeit)"이나 "기관으로서 국가(state, Staat)"를 주체화하거나 주의화 또는 이데올로기화해서 「노동주의(laborism, Arbeitismus)」 및 「국가주의(stateism, Staatismus)」라는 말은 사용되고 있지 않다. 그렇지만 이념적 함의를 더 명확하게 하기 위해 「노동주의(laborism, Arbeitismus)」 및 「국가주의(stateism, Staatismus)」라는 말도 전문용어로서 사용할 필요가 있다. 특히 정치적 경제적인 의미를 보다 분명하게 하기 위해서는 오히려 「자본주의(capitalism, Kapitalismus)」의 상대어로는「노동주의(laborism, Arbeitismus)」라는 말을, 「사회주의(Socialism, Sozialismus)」의 상대어로는 「국가주의(stateism, Staatismus)」라는 말을 사용하는 것이 옳지 않을까 생각한다.

자로서 자신의 의사에 의해 자신의 노동력을 자유로이 처분할 수 있는 것이 법적으로 보장되어야 하며, 셋째 노동력상품에 대해 그 매도인과 매수인이 완전히 평등한 입장에서 거래할 수 있도록 하는 조건이 확보되어야 한다.

근대시민법은 노동력상품의 매매에 있어 그 매도인과 매수인이 평등한 입장에서 거래하는 것을 법적으로 일응 보장하였다. 그러나 현실에 있어서는 근대시민법의 이상은 실현될 수 없다. 노동력이라는 상품의 특수성 때문에 현실에서는 그렇지 못하다. 매도인인 노동자는 매수인인 자본가에 비해 경제적으로는 대등하지 못한 입장에 처해 있다. 왜냐하면 노동자는 자본가에게 고용되지 않으면 생활을 유지할 수 없기 때문이다. 자본가와 노동자가 개별적으로 고용계약을 체결하는 데에 있어서는 노동자는 실질적으로 대등한 입장에서 노동력을 거래하는 것이 어렵다. 통상적인 경우에 노동자가 개별적으로 자본가와 노동력을 거래해서는 노동력상품이 가지고 있는 가치 그대로 판매하는 것조차 곤란하게 만든다. 그래서 경제적으로 약한 입장에 있는 노동자가 단결하여 단체를 결성하고, 그 집단력을 배경으로 경제적으로 약한 그 처지를 극복하려고 하는 것이다. 환언하면, 노동자는 단체를 통해 교섭을 하기 위해 단결하고 집단적인 거래에 의해 보다 좋은 노동조건을 확보하려고 한다. 이러한 노동자단체가 바로 노동조합이다.

노동조합은 노동력을 사용자들에게 유리하게 판매하기 위한 단체이다. 노동조합은 노동조건의 내용을 얼마나 유리하게 체결하는가를 궁극적인 목적으로 하여 결성되는 것이다. 오늘날 근로조건의 기본적 사항은 통상 노동계약으로 결정되기 때문에 어떠한 노동계약을 체결하는가는 노사쌍방에 있어서 초미의 관심사다. 노동조건의 향상을 위해 노동자에게 유리한 단체협약을 체결하는 것이 노동조합의 첫 번째의 목적이다.

단체협약은 노사의 대표가 상호의 의견을 표출하는 단체교섭의 장에서 결정되기 때문에 단체교섭은 노동조합활동에 있어서 가장 중요한 중심적인 과제라고 할 것이다. 이러한 의미에서 잉글랜드의 저명한 정치이론가, 경제학자 및 역사가이자 사회운동가인 콜(George Douglas Howard Cole, 1889-1959)은 "노동조합이 확고한 지위를 구축한 국가에서는 노동조합의 주요활동은 조합원을 대표해서 단체행동을 하는 것이다"라고 하면서 단체교섭과 단체협약의 중요성을 특히 강조한 바 있다.

근대적 노사관계는 통상 노동조합과 사용자 또는 사용자단체가 체결하는 단체협약을 전제로 해서 근로자와 사용자가 대등한 입장에서 개별적으로 체결하는 노동계약을 신의성실의 원칙에 입각해서 서로 이것을 충실히 준수해가는 것을 요체로 삼고 있다. 그러므로 노동조합이 단체교섭의 제도를 활용하여 보다 알맹이가 있는 단체협약의 체결에 주력하는 한편, 노사가 체결된 단체협약을 충실히 준수하는 것이야말로 현대적 노사문제를 해결할 수 있는 관건이다.

그러나 우리나라 노동조합의 현실은 이러한 과제를 실현하기에는 우선 조직상으로 문제가 있다. 노동조합이 기업별조직인 이상 그것은 자본주의제도로서의 기능조차 제대로 발휘될 수 없다. 기업별노동조합은 개별기업에 종속되어 있기 때문에 대등한 지위에서 단체협약을 체결할 수 없다. 그리고 기업별조직은 노동자 개인에게 노동자의식보다는 종업원의식을 고취한다. 노동조합 자체가 사용자에게 종속해서는 노동조합으로서 기능할 수 없다. 우리나라 노동조합지도자와 근로자들은 노동조합의 조직형태에 대해 심각히 고민해 보아야 한다.

19세기 말부터 20세기 중엽까지 서유럽의 노동조합운동사를 보면, 노동조합이 노동자와 자본가의 개별적인 노동계약을 사용자와 노동조합간의 집단적인 노동계약으로 전환해서 노동자들의 열악한 경제적 사회적 지위를 어느 정도 극복하는 데에 성공했다. 그러나 21세기에 들어와서 그러한 성공은 퇴색하고 있다. 노동조합을 배경으로 한 집단적인 노동계약은 자본의 글로벌화, 첨단기술의 발전 그리고 노동자 자신의 다양화와 개인주의화 등으로 개별적인 노동계약으로 회귀하고 있다. 여기에서 오늘날과 같이 대량의 비정규직군, 대량해고에 의한 대량실업이라는 근본적인 노동문제가 야기되고 있는 것이다. 새로운 상황임에도 불구하고 노동조합은 여전히 과거의 성공에 주박(呪縛)되어 있다. 여기에 노동조합운동이 난관에 봉착하는 이유가 있다. 새로운 상황에서는 새로운 전략과 전술 그리고 새로운 방법이 요청된다. 물론 과거의 노동조합운동이 개별적 노동계약을 집단적인 협약으로 보충했던 전략은 지금도 유효하다고 할 것이다. 그러나 현재적 상황에서 이러한 협약을 어떻게 그리고 얼마나 효율적으로 구사할 것인가가 문제이다. 정규직근로자의 기업별노동조합은 횡단적인 산업별노동조합 내지 직업별노동조합으로 전환하고, 비정규직근로자들을 전국적 또는 지역적 일반노동조합으로 조직화하는 것이 급선무이다. 산업별노조 및 직업별노조의 경우에는 고용조건과 근로조건의 표준화에 노력하고, 전국적 또는 지역적 일반노조는 고용기회의 보장과 조건의 향상을 위한 제도마련에 역량을 집중하는 것이 우선적으로 필요하다고 생각한다. 그리고 개별근로자가 다양한 형태의 노동조합들에 이중 또는 삼중으로 가입하여 횡단적 또는 종단적인 연대를 강화하는 것이 절실하다. 무엇보다 노동조합은 그 본연의 과제에 충실해야 한다. 그래야만 노동조합의 조직률이 증가될 수 있다. 노동조합이 그 본연의 임무에 충실하지 못하면, 아무도 노동조합의 필요성을 느끼지 못할 것이다. 이를 위해서는 노동조합은 기능적인 차원에서 근로자정당운동과는 엄격하게 분리하여 활동하는 것이 필요하다.

노동시장에 있어서 근로자의 집단적 힘을 배경으로 고용조건과 근로조건을 향상하고자 하는 근로자들의 욕구가 제도화되어 법인(法認)된 것이 바로 우리 헌법 제33조 제1항의 노동3권이다. 노동3권은 노동력상품에 적극적으로 기여하는 법적 장치다. 그것은 노동의 주체들이 노동력공급카르텔을 조직하여 자본의 주체와 사회적으로 평등한 입장에서 노동력을 판매할 수 있도록 해준다. 이러한 의미에서 노동3권은 노동자의 생존권적 기본권이다. 이러한 헌법적 기본권 보장을 기반으로 노동자 이외의 다른 사회구성원들과의 이익을 교량하여 현행 「노동조합및노동관계조정법」에 기해 법인(法認)된 노동자단체가 바로 노동조합이다. 물론 그 역사적 연원은 그러하지 않지만, 현행법에 있어서 노동조합은 한국자본주의체제에 있어서 자본주체와의 어느 정도 대등한 지위에서 노동력상품의 교환을 위한 법적인 테크닉(Juristische Technik)이라고 할 수 있다. 자본주의사회에서 법인(法認)된 노동조합은 사회주의혁명을 위한 기구가 아니라 자본주의내적인 기구이다. 이러한 의미에서 보면, 노동조합은 철저하게 자본주의화된 제도라 할 것이다.

이러한 맥락에서 필자는 자본주의체제 하의 노사관계법을 "노자(勞資)의 사회적 자치조직법(Verfassungsgesetz für die soziale Autonomie zwischen Arbeit und Kapital)"으로 파악하고자 한다. 여기에서 노사관계법은 자본주의사회에서 사용자와 노동조합을 양당사자로 하는 노동관계법을 총칭하고, 노사의 사회적 자치조직법이란 노사의 경제적 역할을 사회적 차원에서 조직화하여 노사의 사회적 자치를 통해 자본주의 노동시장의 자치규범(단체협약)을 형성하도록 하는 법을 말한다. 노사관계법은 자본과 노동이라는 두 생산요소의 집단적 주체인 사용자단체와 노동조합이 자본주의 노동질서를 자주적으로 형성하는 주역을 담당하도록 하고 국가가 상대적으로 중립적인 입장의 관리자 내지 감독자로서의 역할을 연출하도록 하는 법적 시나리오(Juristisches scenario)다. 자본주의체제의 질과 성패는 시나리오로서 노사관계법의 내용과 구성에 의해 좌우된다. 무엇보다 노사관계법시나리오의 연출자로서 국가의 상대적인 중립적인 자세가 중요하다. 오늘날 우리 국민 대부분은 근로자로서 살고 있다. 우리의 자유 평등 행복은 한국자본주의체제의 법적 시나리오로서 노사관계법의 내용과 구성이 어떠한가에 따라 결정된다. 재화가 각자의 노동에 기해 제대로 분배되는 사회가 바로 정의로운 사회이다. 이것이 바로 요즘 회자되고 있는 경제민주주의(Wirtschaftsdemokratie)의 핵심이다.

현재 노사관계법 분야에서 가장 대표적인 실정법률로서는 「노동조합및노동관계조정법」을 들 수 있겠다. 필자는 이미 『노동법기초이론』(법영사, 2011[제3판])에서 노동법을 노사의 역할법으로 파악한 바 있다. 노사의 역할법이라는 기본적인 관점이 노사관계법 분야에서 노사의 사회적 자치조직법으로서 구체화된다. 노사관계법은 사회적 차원에 있어서 노사의 역할을 형성하고 조직화하는 것에 그 목적이 있다. 노사관계법은 그 목적에 투철하도록 규범화되어야 한다. 그렇지만 노사의 사회적 자치조직법이라는 이념에서 볼 때, 현행 노조법은 너무나 미흡하다. 왜냐하면 현행 노조법은 그 내용 자체가 부족할 뿐만 아니라, 노사의 사회적 역할을 형성하고 조직화하기보다는 노동조합을 적대시하고 그것을 너무나 규제하고 있는 반면에, 그 사회적 자치의 상대방인 사용자 및 사용자단체에 대해서는 거의 아무것도 형성하거나 조직화하는 규정을 두고 있지 않기 때문이다.

향후에 한국자본주의의 활성화와 인간화 그리고 효율의 극대화를 통하여 보다 나은 미래를 건설하기 위해서는 국가는 노동시장에 있어서 노사가 노동력상품의 매매를 대등한 지위에서 할 수 있는 사회적 자치의 조건을 형성하여 노사의 사회적 자치가 마찰 없이 작동하는 노사관계법을 제도화하고, 노사는 그 사회적 자치조직법 내에서 상호 신뢰할 수 있는 노동관행을 확립하여 풍요롭고 인간다운 자본주의경제가 되도록 노력해야 할 것이다.

본서는 필자가 수년간 강의한 내용을 기초로서 해서 쓴 것이다. 그 동안의 강의안을 정리하고 정서하는 데에 공인노무사로서 힘들고 척박한 노동법을 자신의 천직으로 생각하면서 열심히 자기영역을 개척해가고 있는 박사과정의 권영호 군이 수고했다. 그리고 제1차 교정은 박사과정을 수료한 이상용 군이 최근 판례를 보충하면서 꼼꼼히 봐주었고, 제2차의 보완적인 교정은 박사과정 선미란 양과 석사과정 김은주 양이 맡았고 또 참고문헌과 판례색인까지 정리해주었다. 이 자리를 빌어서 어렵고 지리한 작업을 잘 처리해준 네 사람에게 감사의 뜻을 표한다. 그리고 요즘 경제가 보통 어렵지 않다고 다들 말하는데, 별로 상업성이 없는 본서의 출판에 거금을 쾌척하여 본서가 세상의 빛을 볼 수 있게 해주신 도서출판 법영사 고 준영 사장님께 진심으로 감사드린다.

끝으로 본서가 우리나라의 노사관계의 발전과 노동법의 진화에 약간이나마 기여할 수 있다면 그것은 정말 기쁜 일이 될 것이다.

2012. 11. 15

천장산 기슭에서

강 희 원

차 례

서편 기초

제 1 편 단체조직법

제 2 편 단체교섭법

제 3 편 단체협약법

제 4 편 단체행동법

제 5 편 부당노동행위법

서 편

기 초

제 I 장 노사관계의 개념

제 1 절 노사관계란?

「노사관계(Labor-management Relations; Labor-employer Relations; industrial relations)」라는 용어가 사용되기 시작한 것은 유럽과 앵글로아메리카권의 경우에는 제1차 세계대전을 전후로 하는 부터라고 한다.[1] 일본의 경우에는 제2차 세계대전 이후에 노사관계라는 용어가 보급되었다고 하는데,[2] 그 이후에 이것이 일본을 통해 우리나라에 들어온 것이 아닐까 추측해 본다. 우리나라에서 이 말이 아주 일반화된 것은 1970년대 후반부터가 아닌가 생각한다. 그러나 노사관계라는 용어가 일반화된 것에 비해, 그 개념은 아마 명확하게 정의되어 있지도 않고, 논자에 따라 다양하게 사용되고 있는 실정인 것 같다.

예컨대, 노동경제학을 최초로 체계화하였다고 하는 아메리카의 노동경제학자 레스터(R.A. Lester)는 노사관계론이 취급하는 범위를 「근로자조직과 산업경영자 간의 교섭뿐만 아니라 임금·생산성·고용보장·경영의 고용관행 노조의 정책 및 노동문제에 대한 정부의 행동을 포함하는 경제에 있어서 노동의 전영역을 포함한다[3]」라고 해석하고, 또 던롭(J.T. Dunlop)도 「경영자 근로자 및 정부 간의 상호관계의 복합체」[4]라고 규정하여 널리 종래의 노동경제론의 영역까지 포함해서 해석하는 견해도 있다.[5]

최근에 들어와 우리나라에 「노사관계」라는 용어가 붙어 있는 책이 점점 많아지고 있지만,[6] 「노사관계」의 개념이 통일적으로 명확하게 정의되고 있지는 않다. 경

---

1) 鄭鐘鎭, 『勞使關係論』, 法文社, 1992, 13면.

2) 스미야 미키오(隅谷三喜男) (조윤형 역), 『노동경제의 이론』, 삼성출판사, 1990, 121면.

3) R. A. Lester, Labor and Industrial Relations, The Macmillan, 1951, p. 3.

4) J. T. Dunlop, Industrial Relations System, Southern Illinois university press, 1958, p. 5.

5) 노동경제학분야에 있어서 노사관계이론에 대한 개관은 스미야 미키오(隅谷三喜男)(조윤형 역), 위같은책, 제2부(111~255면) 참조.

영학분야에서는 「고용관계」라는 용어를 사용하는 사람도 있다.[7] 따라서 노사관계의 범주 및 대상도 반드시 명확하게 일치한다고 말하기 어렵게 되었다.[8]

그렇지만 우리나라와 일본에서는 일반적 통념으로서 노사관계는 기업 내에 있어 자본가 또는 사용자와 근로자의 개별적 관계, 즉 고용관행을 중심으로 전개되는 고용자(employer)와 피용자(employee)의 관계로서 이해되는 경우가 많은 것 같다.[9] 예컨대, 노사관계라는 용어가 사용되었던 초기에 일본의 경우를 보면, 「일반적으로는 노동조합과 사용자의 관계이다」[10]라고 정의하는 학자가 있는 반면에 「노사관계란 광의로 말하면 임노동관계, 협의로 말하면 고용관계를 중심으로 전개되는 노동조합과 경영, 종업원과 경영자의 경제행동이다」[11]라고 정의하는 학자도 있다. 또한 「노사관계란 광의로는 기업가 경영자와 노동자의 관계 및 이 관계에 대한 정부의 관계에 대한 총체를 말하고, 자본주의의 발전에 따른 역사적 발전단계를 취한다. 협의의 노사관계는 기업가 경영자와 노동조합의 기업 내에서의 관계와 개별기업에 대한 국법, 정부의 관계를 가리킨다. 개별기업의 협의의 노사관계를 경영에서 보는 경우 이것을 노동조합관계라고 한다」[12]라고 정의하는 학자도 있는 듯하다.

우리나라의 경우를 보면, 산업사회학에서는 그 연구분야로서 넓은 의미에 있어서의 노사관계는 「노동시장, 산업조직, 노동과정, 작업조건이나 관행, 임금, 노동조합, 노사협상, 회의 등을 포함하는 개념」이나, 각론적인 분야로서 노사관계를 논할 경우에는 「노동자(또는 노동조합)와 사용자(사용자단체) 간의 노동력의 매매와 그 사용(즉 일상적인 노사관계)에 관한 협상적인 관계」[13] 또는 「노동조합과 그 상대방으로서 사용자 또는 경영자 및 정부와의 관계」[14]로 한정하여 사용하고 있는 것 같다. 그리고 산업사회학에서는 노사관계라는 개념 자체를 전면적으로 부정하는

6) 예컨대, 조우현, 『노사관계 개혁론』, 창작과비평사, 1992; 김경동 심윤종(엮음), 『신기술과 신노사관계』, 한울아카데미, 1995; 김성수, 『뉴패러다임의 노사관계론(제4판)』, 삼영사, 2007 등.

7) 신수식 외 2인, 『현대고용관계론(제2판)』, 박영사, 2006, 8면은 최근에는 오히려 고용관계라는 용어가 확산되고 있다고 한다.

8) 金璟東, 『勞使關係의 社會學』, 경문사, 1988, 2면 이하; 이영희, 『산업사회와 노동문제』, 비봉출판사, 69-70면 참조.

9) 鄭鐘鎭, 위같은책, 14면.

10) 森五郎, 『勞務管理』, ダイヤモンド社, 1955.

11) 西岡孝男, 『日本의 勞使關係와 賃金』, 未來社, 1966, 11면.

12) 津田眞徵, 『勞務管理』, ミネルヴァ서방, 1966, 164면.

13) 심종윤 외 2인, 『産業社會學(개정판)』, 경문사, 1991, 291면.

14) 金振穆, 『産業社會學』, 진성사, 1984, 16면.

입장도 있는 듯하다.[15] 노동경제학에서는 「자본주의사회에 있어서 노동문제는 상품으로서 매매되는 객체로서의 노동력의 문제와 주체로서의 노동자 또는 노동자계급 내지 노동조합의 문제라는 두 가지 측면을 가지고 있으며, 이를 자본과 연관시켜서 파악한다면 전자는 노동시장의 문제로 되고 후자는 노사관계의 문제로 된다」[16]라고 하여 상품인 노동력의 주체로서의 노동자 또는 노동자계급 내지 노동조합의 관계를 노사관계로 정의하고 있다.

이상의 여러 정의를 살펴본 결과, 노사관계란 노사의 관계라는 상식적인 이해 이상으로는 고려하지 않고 있다는 평가까지 내릴 수 있겠으나, 현재 노사관계가 의미하는 바는 통상 노동자와 사용자의 관계라기보다는 오히려 노동조합과 사용자와의 관계로서 사용되는 경우가 많은 것 같다.

제 2 절 노사관계와 노자관계

Ⅰ. 서

노동경제학자들 중에는 자본주의사회에 있어서 노동자와 자본가와의 계급관계라는 것을 나타내기 위해서 노자관계라는 말을 의식적으로 사용하는 경우도 있지만, 노사관계라는 용어를 사용하는 데에는 자본을 대신해서 경영자가 노동조합과 대항하는 것으로 표면화되었다는 사정 이외에, 그 이상으로 노자와 노사에 대한 이론구성을 근본적으로 달리한다는 이유가 있다. 대체로 노자관계론은 노자관계=생산관계라는 마르크스적 이론구성을 부각시키고 노동운동을 자본주의 체제의 부정으로 이끌어가려는 것에 그 뜻이 있다. 그렇지만 노사관계론은 노동조합을 기본적으로 체제의 내적 측면에서 고찰하고 노동조합과 사용자의 관계에서 노동운동을 고용조건 및 노동조건을 개선하는 방향에서 노동운동을 파악하고자 한다.[17] 결국 노동법은 자본주의를 전제로서 노동조합을 체제내적 조직으로 인정하

---

15) 마르크스주의적 사회이론에 입각하고 있는 입장이 그러하다. 산업사회학연구회(편), 『산업사회학강의』, 한울아카데미, 1993, 70면 참조.

16) 全基浩, 『新勞動經濟學』, 무역경영사, 1997, 6면.

17) 스미야 미키오(隅谷三喜男) (조윤형 역), 위같은책, 122-123면 참조.

는 것이기 때문에 노사관계라는 용어를 사용하는 것이 타당할 것이다.

과거 자본주의의 초기단계에 일반적이었고 현재에 있어서도 우리나라의 대부분의 중소 영세기업에게서 광범위하게 볼 수 있는, 즉 자본가가 직접 노동자를 고용하고 스스로 기업경영을 담당하고 있는 경우에는 노사관계는 물론 사용자(고용주) 개인과 노동자 개인의 계약관계에 해당하고 그것은 바로 노자의 관계로 그대로 나타난다. 그러나 생산력의 발전에 따라 기업이 점차 대규모화되고, 이른바 자본과 경영의 분리가 진행되어 가는 단계로 이행되어 가면 자본가는 그의 충실한 대리인인 경영자에게 경영업무를 서서히 위임하게 되고 경영자가 자본가를 대신해서 노동자를 고용하여 관리하게 된다. 다른 한편으로는, 노동자의 측도 계급적 자각과 단결력의 고양을 통해 노동조합의 결성이 진전되어 가면서, 종래 노동조건의 기본적 사항을 개별근로자와 경영자가 체결하는 관계는 점차 노동조합과 사용자(또는 사용자단체) 간의 교섭에 맡기게 되고, 근로자가 개인적으로 경영자와 노동조건을 협상하는 영역은 점점 좁아지게 된다.

Ⅱ. 현대기업에 있어서 노사관계

선진자본주의국가의 현대적 기업에 있어서는 고용하는 자는 이른바 자본가가 아니라 경영자를 의미하고, 고용되는 자는 단순한 노동자가 아니라 노동조합에 소속된 노동자를 의미하게 된다. 따라서 오늘날에 있어 노사관계는 사용자(고용주)와 노동자 개인의 계약관계를 대상으로 할 뿐만 아니라 오히려 노동조합과 경영자(사용자)의 관계가 중심이 된다.

그래서 노사관계를 광의로 이해하면 사용자와 노동자라는 노사의 관계 일반을 의미하고, 협의로 이해하면 노동조합과 경영자의 관계를 의미하게 되며 통상은 협의의 의미로 사용되는 경우가 많다. 그래서 아메리카합중국(USA)[18]에서는 본래

---

18) 현재 우리가 다른 국가를 지칭하는 명칭으로서 사용하고 있는 표현에는 문제가 있는 것 같다. 물론 언어관용상의 문제이기 때문에 특별한 의미가 없다고 치부해버릴지도 모르지만, 명칭이란 그 나라를 상징하고 또 그러한 명칭에 의하여 그 나라가 우리들의 의식에 각인되어 진다는 것을 생각해보면, 명칭을 함부로 정할 것은 아니다. 19세기말 개화기에 중국 또는 일본을 통해서 우리나라에 소개된 중국식 또는 일본식 또는 한자식의 국가명칭이 현재에도 그대로 쓰이는 것은 재고할 필요가 있다. 여기에서 필자는 국가명에 대한 이른바 정명론(正名論)을 간단히 제기해두고자 한다. 예컨대, The United States of America를 「미국(美國)」이라고, The United Kingdom을 「영국(英國)」, Die Bundesrepublik Deutschland를 「독일(獨逸)」 등과 같이 한자식의 이두어로 표기하는 것이 일반적인데, 특히 "美國(아

노사관계론은 노동조합의 분석을 중심으로 성립하여 전개되어 왔고, 노사관계론이라고 하면 사실상 노동조합론을 가리키는 경우가 많다.

그렇지만 이와 같이 노사관계라는 용어가 기업 내의 자본가와 노동자의 관계를 나타내는 말로서 사용되어 왔지만, 우리나라에서 「노사관계」라는 용어가 노자관계에서 서서히 노사관계라는 말로 치환하게 되었던 것은 실정노동관계법률에서 법률용어로서 사용자라는 용어가 사용되었고, 사용자라는 개념에는 단순히 자본가뿐만 아니라 공무원을 고용하는 비영리적 정부나 지방자치체 그리고 이에 준하는 노동자를 고용하는 공공기업체 기타 공공단체의 이른바 사용자도 포함되기 때문에 고용관계 일반을 나타내는 것에 가장 잘 어울리는 용어로서 노사관계라는 말이 보급된 것 같다.

그렇지만 자본주의사회에 있어서 노사관계를 사용자와 피용근로자 간의 기본적 관계이라고 하는 계급적 입장에서 보는 경우, 자본 대(對) 임노동관계에 귀결된다. 이러한 자본 대 임노동관계는 기본적으로는 경제적 이해가 대항하는 관계이고 이러한 관계를 일부러 강조하는 차원에서 의식적으로 「노자관계」라는 용어를 그대로 사용하는 것도 가능하지만, 어떠한 용어를 사용하든 그것은 자본주의 경제체제 하에서 사용자와 피용자의 관계라는 점에서는 차이가 없다고 할 것이다.

Ⅲ. 아담 스미스의 지적

자본주의가 성립하였던 초기에서부터 아담 스미스(Adam Smith, 1723-1790)는 이미 그의 유명한 저서 『국부론』에서 고용주와 노동자의 관계의 본질에 대해 아주 적절하게 지적하고 있다.

즉, "노동의 보편적인 임금이 무엇인가(What are the common wages of labour)는 어느

름다운 나라)" 또는 "英國(영웅의 나라)" 이라는 표현은 우리에게 이들 국가에 동경적인 이미지를 갖게 만들어서 이들 국가의 실체를 있는 그대로 보지 못하게 만들고 있다. 이러한 의미를 떠나서, 예컨대 아프리카나 동부유럽의 여러 신생국가들의 명칭과 동등하게 취급한다는 의미에서도 적어도 그들의 원어명칭을 소리나는 그대로 우리말식으로 고쳐서 부르는 것이 바람직할 것이다. 본서에서는 가능한 외국이름은 원어명칭을 소리나는대로 우리말로 표현하려고 한다. 이러한 맥락에서 The United States of America는 「미국」이라는 표현을 쓰지 않고 아메리카합중국 또는 "유나이티드 스테이츠 오브 아메리카"로, The United Kingdom은 「영국」으로 표기하지 않고 "유나이티드 킹덤" 또는 "잉글랜드"로, Die Bundesrepublik Deutschland는 「독일」이 아니라 "분데스레퍼블릭 도이칠란트" 또는 단순히 "도이칠란트"로 표기하기로 한다.

곳에서도 그들의 이해(interests)가 결코 같지 않은 쌍방 당사자 간(노사쌍방)에 체결되는 계약에 의존한다. 노동자(the workmen)는 될 수 있는 한 많은 것을 얻으려고 바라고 고용주(the masters)는 될 수 있으면 적게 주려고 한다. 노동자는 노동의 임금을 인상하기 위해 단결하고 후자는 그것을 인하시키기 위해 단결하는 경향이 있다.

그렇지만 이들 쌍방 당사자 중 보통적인 경우에 어느 한 쪽이 우월한 지위에서 상대방을 강요하여 그의 조건을 승낙하게 하는가를 예견하는 것은 곤란하지는 않다. 고용주의 편은 그 수가 비교적 적기 때문에 확실히 쉽게 단결(combine)할 수 있다. 그리고 그 외에 법률은 직공의 단결을 금지하지만 고용주의 단결은 이것을 허용하고 또 적어도 금지하지는 않는다. 우리는 노동의 가격을 인하시키기 위한 단결을 금지하는 의회의 법률은 가지고 있지 않지만, 그것을 인상하기 위한 단결을 금지하는 많은 법률을 가지고 있다. 모든 분쟁에서 고용주는 오랫동안 견딜 수 있고 토지소유자, 농부, 직인제조업자 또는 상인은 노동자를 고용하지 않고도 이미 획득한 자산에 의존해서 일반적으로 1년 내지 2년을 버텨낼 수 있는데 반해, 노동자들의 경우에는 대부분이 일주일을 버틸 수 없을 것이며, 한 달 정도도 버틸 수 있는 노동자는 소수에 불과할 것이고, 고용되지 않고도 1년 이상 버틸 수 있는 자는 드물다. 장기적인 차원에서는 고용주가 노동자에게 필요한 만큼 노동자도 고용주에게 필요하다. 그러나 그 필요성은 그렇게 즉각적인 것은 아니다."[19]

위와 같이, 아담 스미스이래 노자관계는 자본 대(對) 임노동의 관계로서 파악되어 왔다. 오늘날에는 일반적으로 노사관계는 노자관계보다 광의의 개념으로서 사용되고 있지만, 노사관계 즉 사용자 대(對) 피용자의 관계도 궁극적으로는 그 본질에 있어 자본 대(對) 임노동의 대항관계로 파악되어야 하는 것이다.

19) Adam Smith, An Inquiry into the Nature and Causes of the Wealth of Nation, Random Hause 1965, p.66.

제 3 절 노사관계의 기본적 구조

Ⅰ. 서

현대적 노사관계는 노동조합이 조합원(종업원)의 이익을 대표하여 사용자와 대등적인 입장에서 단체교섭을 하는 것을 전제로 하고 있으며, 그것을 기초로 하여 산업 내에서 민주주의를 확립한다고 하는 사고에 서 있다. 이와 같은 사고가 강하였던 것은 말할 것도 없지만, 생산수단을 가지지 않고 경제적으로 약한 입장에 처해 있는 노동자가 자기의 노동력의 매매에 있어 자본가와 거래하는 경우에 개인적으로 아무리 대등하게 거래하려고 해도 현실에서 노동자가 개인으로 자본가(사용자)에게 굴복할 수밖에 없기 때문이다. 노동자가 사용자와 대등하게 거래를 하기 위해서는 우선 경제적으로 약한 입장에 있는 노동자가 단결하여 집단적인 조직의 힘을 통해서만이 비로소 사용자와 대등하게 거래하는 조건이 확보된다.

Ⅱ. 노사대등의 원칙

사용자와 종업원의 관계가 근대적인 노사관계로 전개되기 위해서는 봉건사회에서 지배적이라고 할 수 있는 일반적인 지배·예속관계가 지양되고, 노사의 대등관계가 확보되어야 한다. 이렇듯 노사가 대등한 지위에 있다는 것이 근대적 노사관계형성의 전제라고 할 것이다. 이것이 바로 노사대등의 원칙이고, 여기에서 현대 노동법의 사유도 시작하는 것이다.

그렇지만 노무관리이론의 연구자 중에서는 노사관계에 대한 올바른 인식을 제대로 하지 않은 채 무의식적으로 자주 「노사관계관리」라는 말을 사용하는 경향을 볼 수 있는데, 이러한 태도는 분명히 잘못된 것이다. 노사관계, 즉 노동조합과 사용자의 관계는 본래 관리의 대상이 아니다. 사용자가 노동조합을 관리대상으로 생각해서는 아니 된다. 사용자가 이와 같은 잘못을 범하게 된 최대의 원인은 우리나라의 노동조합의 조직형태가 기업단위로 조직된 기업별노동조합이기 때문이라고 생각한다. 기업별노동조합에 있어서는 당해 기업의 종업원이 곧바로 기업별 노동조합의 조합원이고, 기업의 종업원을 기초로 단위노동조합이 조직되어 있기 때문이다. 이와 같은 기업을 단위로서 노동조합이 결성되고, 종업원과 조합원의 구성이 같기 때문에 사용자는 마치 종업원을 관리하듯이 노동조합(원)도 관리의 대상인 것 같은 착각에 빠지게 된다.

하지만 선진자본주의국가에 있어서 노동조합은 직업별노조 또는 산업별노조로서, 기본적으로 종단적인 기업단위에서가 아니라 기업의 테두리를 벗어나 횡단적으로 조직되어 있다. 그러므로 노동조합원과 개별기업의 종업원이 동일한 것이 아니다. 그래서 사용자가 노동조합을 관리의 대상이라고 착각하는 것은 있을 수도 없고 있어서도 아니 된다. 그뿐만 아니라 근로조건은 산업별노동조합과 그것에 대응하는 사용자단체가 대등한 입장에서 단체교섭에 의해 결정된다고 하는 기본적인 관행이 정착되어 있다.20)

어떻든 현대적인 노사관계의 확립은 경영의 민주화를 촉진하고, 경영의 근대화를 조장함과 더불어 노사가 상호 대등성의 인정을 통하여 비로소 근로자 측의 자발적이고 주체적인 협력이 얻어 질 것이고, 노사관계의 안정화를 기대할 수 있는 것이다. 노사관계가 현대적이라고 하기 위해서는 경영 내에 민주주의가 확립되어야 할 뿐만 아니라 근로자가 그들의 단체인 노동조합을 통해 임금, 근로기간 등 근로조건의 향상을 주장하고, 이러한 그들의 경제적·사회적 지위의 개선노력을 통하여 사용자 개인뿐만 아니라 사회, 국가 등 공동체 차원에서도 여러 가지의 긍정적인 이익을 가져온다고 하는 인식이 전제되어야 하는 것이다.

Ⅲ. 노동이동의 자유

그와 같은 현대적인 노사관계가 확립되어지기 위해서는 노사대등의 원칙이 철저하게 지켜져야 함과 동시에 노동력이 상품으로서 자유로이 매매될 수 있는 조건, 즉 노동의 이동이 자유로이 수행될 수 있는 조건이 확보되어야 한다. 그리고 노동시장 전체가 공개적이고 횡단적으로 형성되어 있는 것이 중요하다.

노사관계는 결코 장기적으로 구속하는 고용을 의미하는 것이 아니라, 자유로운 계약관계이다. 이러한 노사관계는 노사쌍방에게는 노동시장에 있어 임노동의 이

---

20) 각국의 노사관계에 관해서는 김황조, 『세계 각국의 노사관계』, 세경사, 1995 및 그래그 뱀버/러셀 란즈베리(편저)(이태헌 외 역), 『국제비교노사관계』, 한국노동연구원, 1993 참조.

동자유를 전제로 한다. 노동자는 그 직종과 기능에 따라 노동시장을 임의로 횡단적으로 이동할 수 있는 것이 기본적인 관행으로 되어 있는 경우에만 그러한 노사관계가 가능한 것이다. 노동자에게는 일정한 폭의 노동시장을 노동조건의 좋고 나쁨에 따라 마음대로 이동할 수 있는 「자유」가 보장되어야 하고, 이는 노동시장의 구조나 노동조합의 조직이 그것을 지원할 수 있도록 되어 있는 경우에만 가능한 것이다. 횡단적인 노동시장과 거기에서의 자유로운 노동이동 위에서만 상품으로서의 임노동의 판매를 둘러싼 집단적 교섭을 근간으로 하는 근대적인 노사관계가 만들어질 수 있다.[21)]

나아가 노사가 진정으로 대등한 입장에서 자유로운 노동력의 매매가 가능한 전제가 확립되어 있어야 그것을 연구하는 노사관계론이 성립할 수 있다. 게다가 노사관계론이 노동조합과 사용자의 관계를 대상영역으로 하는 학문이라고 하면, 노동조합의 존재가 상대적으로 미력하고 특히 비합법으로 되어 있는 상태에서는 노무관리론은 성립될 수 있겠지만, 올바른 노사관계론이 성립될 수 있는 기반은 결여되어 있다고 할 것이다. 따라서 올바른 노사관계론은 노동조합의 자유로운 활동이 법적으로 보장되어 있고 또 그것이 활발한 경우에 비로소 성립될 수 있을 것이다.

21) 大河內一男(편), 『日本の經營と勞動』, 有斐閣, 1961, 1-2면.

제2장 사회적 자치조직법으로서 노사관계법

제1절 서 설

종래 노사관계법이란 근로자단체(노동조합)와 사용자 내지 사용자단체 사이의 대항관계에서 생기는 문제를 규정하는 법분야라고 정의하면서 단체적 노사관계법 또는 집단적 노동관계법이라고 불렸다.

그래서 통상 노사관계법은 단결체(노동조합)의 결성, 노동조합의 일상적인 활동, 노사 간의 합의 형성을 위한 단체교섭, 단체협약의 체결과 그 효력, 교섭좌절에 의한 노동조합의 쟁의행위권 행사, 노동쟁의의 조정이라는 전개과정을 대상으로 하고 그 외에 이들 각 과정에서 생기는 사용자에 의한 반(反)노조적 언행에 대한 제재와 그것에 대한 구제의 절차도 집단적 노사관계의 분야에 포함된다.[22] 이렇게 집단적 노사관계를 이해한다면, 집단적 노사관계법은 이들 집단적 노사관계에서 생기는 제문제를 규정하는 법분야라고 일응 정의할 수 있을 것 같다.

그렇지만 이런 식으로 집단적 노사관계법을 이해하는 것은 개별적인 실정노동법률들을 그 적용대상에 따라 단순히 평면적으로 분류하는 것에 그치는 것이며 집단적 노사관계법을 규범적으로 파악한 것은 아니라고 할 것이다.

여기에서 집단적 노사관계법을 규범적으로 어떻게 파악해야 하는가라는 문제가 제기된다. 집단적 노사관계법이 구현하고자 하는 이념 또는 목적이 무엇인가라는 것이다. 노동3권을 보장하고 있는 최고규범인 헌법과의 관계에서 그 하위규범인 집단적 노사관계법이 구현하고자 하는 이념 및 목적을 체계적으로 파악할 필요가 있다고 할 것이다. 이것은 집단적 노사관계법의 입법 및 적용에 있어서 길잡이가 될 것이다.

22) 김형배, 『노동법(제21판)』, 박영사, 2012, 745면 이하 참조.

제 2 절 사회적 자치영역으로서 노사관계

I. 사회적 자치의 의의

20세기로 접어들면서 유럽자본주의가 그 병폐를 국가가 주도적으로 관리하는 본격적인 국가독점자본주의로 이행되어 가는 한편, 이에 반해서 사회적 부문에서는 사회세력이 발전하고 그의 활발한 조직의지 및 이에 생기를 불어넣는 자유정신·독립정신 및 자결의식이 고양되어 갔다. 이것은 법과 국가영역에 대해서도 커다란 변화를 가져 왔다. 그 변화는 법과 국가의 일반의지의 형성을 위한 새로운 형태로서 발현되었다. 이러한 현상은 국가가 사회적 힘과 새로운 형식으로 편성되어야 한다는 것을 의미하였다. 사회세력은 법률과 행정에 의하여 권위적으로 지배되는 원자적 존재가 아니라, 자기형성의 자유를 요구하고 국가활동과 입법에 대한 참가와 일정한 범위 내에서 국가의 고권적 결정(高權的 決定)을 배제할 것을 요구하였다. 이것이 바로 사회적 자치(Soziale Autonomie)에 대한 열망이다.

사회적 자치는 국가의 권력작용 밖에서 자유롭게 조직된 사회세력 간에 이루어지는 규범형성적 작용이라고 말할 수 있다. 물론 사회적 자치도 국가의 법질서가 허용하는 범위 내에서 이루어진다. 그렇지만 사회적 자치가 인정되는 경우에 국가의 고권적 결정은 사회적 자치결정의 바깥으로 물러난다. 이러한 범위에서 입법과 행정은 고권적 성격을 상실한다. 이들 입법과 행정은 국가적 활동이지만 사회적 힘의 대리인에 의하여 공동 결정되고, 국가적 기능은 사회적 힘의 주체인 일정한 단체에게 위임된다. 결국 국가적인 활동 대신에 단체에 의한 사회적 자치가 이루어진다. 그런데 진정한 의미에 있어서 사회적 자치의 기반은 사회적 주체로서의 단체의 민주적 구성과 이들 단체에 있어서 세력균형이라고 말할 수 있겠다.

Ⅱ. 노동영역의 사회적 자치

1. 사회적 자치의 필요성

오늘날 산업사회는 매우 다지하고 그 변화의 속도 또한 매우 빠르다. 특히 노동영역에는 경제적·기술적 여건변화에 따라 새로운 종류의 직업과 근로관계가 성립할 수 있으며, 게다가 그 상황이 빠르게 변하기 때문에 이들의 노동생활관계에 적용되는 구체적인 규범을 국가가 주도적으로 제정하여 규율한다는 것은 현실적으로 거의 불가능하다고 말하여도 과언이 아니다. 그래서 오늘날의 선진자본주의국가와 같은 고도산업사회에서는 일정한 범위에서 노동영역의 주체인 노사 간의 사회적 자치에 의한 규범형성은 필수적인 요소라고 할 것이다.

2. 사회적 자치의 장점

사회적 자치에 의한 규범형성은 특히 오늘날과 같은 첨단산업사회에서는 많은 장점을 가지고 있다. 사회적 자치는 국가의 규범적인 부담을 감축해 줌으로써 사회영역에 있어서 법형성이 유동적이고 신축적으로 이루어진다. 또한 이것은 사회영역에 있어서 법의 결핍에서 벗어나서 각 사회적 부문에 적합한 구체적인 규범질서로 나아갈 수 있는 길을 만들어 준다. 사회가 스스로 그 규범을 만들기 때문에 사회부문을 규율하는 규범의 제정을 국가로 넘겨 돌아가는 우회로가 필요하지 않을 것이다. 이러한 직접성을 통해서 법의 표현력은 증대하게 된다. 사회적 자치를 통해서 법은 추상적 형태로서가 아니라 구체적인 형태로서 다양한 생활관계를 규율할 수 있게 된다. 사회적 자치에 의하여 형성된 법은 국가의 사법과 행정에 의해서 그대로 효력이 존중된다. 사회적 자치는 반성적 성질을 가지고 있으므로 도처에서 순수한 국가적 활동보다 구성원의 생활근원에 밀접해 있다. 사회적 변화가 빠르고 심한 현대산업사회에 있어서는 노동법의 많은 부분이 사회적 자치에 의해서 형성될 수 있도록 해야 한다. 이러한 맥락에서 볼 때, 사회자치적 노동법은 항상 국가제정의 실정노동관계법보다 시간적으로 먼저 성립한다. 장래에 국가가 노동법규범을 제정할 때에도 자치적으로 형성된 노동규범은 존중되어야 한다.

3. 사회적 자치의 당사자로서 노동단체와 사용자 및 사용자단체

사회적 자치는 사회적 부문의 단체 또는 집단 또는 그 내부에서의 세력 간의 자율적 규범형성이 그 핵심이다. 산업영역에 있어서 사회적 자치는 노동의 주체와 자본의 주체간의 집단적 작용에 의한 자율적인 규범형성을 통해서 가시화된다. 노동단체는 근로자가 사회적 주체로서 사용자와 진정한 의미에 있어서의 사회적 자치를 하기 위한 전제조건이다. 노동단체는 근로자가 대(對)사용자적 관계에서 근로자의 사회력을 확보하여 사회적 자치를 실현하기 위한 수단이다. 그러므로 자본주의사회에서 노동단체의 조직과 활동에 대한 보장을 하지 않고 사회적 자치를 논의한다는 것은 허구라고 할 것이다.

국가가 노동법 목적의 달성을 위하여 대외적으로는 독자성을 가지고 있고 대내적으로는 민주적·자율적인 구조를 가진 노동단체에게 국가적 활동의 일부인 노동법규범의 제정권을 넘겨줄 때, 진정한 의미에 있어서 노동영역의 사회적 자치가 이루어질 수 있다. 국가가 일정한 범위 내에서 대강의 규범을 정하고 구체적인 규범내용의 확정을 노사의 자율적 작용에 맡기고, 자율규범에 대한 폐기와 수정을 그 범위 내에서 유보할 때도 마찬가지이다. 노동영역에 있어서 사회적 자치의 원칙은 자치주체가 자율적으로 노동관계에 관련된 규범을 형성할 수 있도록 권능을 부여하는 데에 그 본질이 있다. 그러나 사회적 자치에도 한계가 있다는 것은 당연하다. 즉 현대 산업국가에 있어서 노동영역에 있어서 노사 간의 사회적 자치도 당연히 국가의 법질서 내에서 이루어져야 한다.

제 3 절 노사의 사회적 자치의 헌법적 기초

헌법 제33조 제1항은 노사간의 사회적 자치에 의한 규범형성을 전제로 하여 근로자의 노동단체권을 보장하고 있다.[23] 헌법 제33조 제1항은 경제적·사회정책적 사안의 해결을 위한 자치적 규범의 창설권한을 가진 특별한 노동단체의 결성과 활동에 관한 권리를 근로자에게 보장하는 데에 그 목적이 있다. 사회적 자치를

---

23) 이와 관련해서는 강희원, 『노동헌법론』, 법영사, 2011, 447면 참조.

위한 대외적 활동은 노동단체의 대표자를 통해서 이루어지고, 대내적 관계는 민주주의 원칙에 기한 자기행정에 의해서 규율된다. 이러한 자기행정기관이 일정한 공동체적 사항을 스스로 정할 수 있는 권한을 가지고 있을 때 실효성이 있을 수 있다.

그러나 자치와 자기행정에 문제가 없는 것은 아니다. 대외적 관계에서 사회적 주체인 노사가 사회적 자치에 의하여 합리적인 규범을 형성하지 못하거나 대내적 관계에서 대표자에 대한 민주적인 통제가 이루어지지 아니하는 경우가 생길 수 있다. 그러면 이 경우에 문제를 어떻게 해결해야 하는가? 주체간의 적나라한 힘에 의한 투쟁에 무제한적으로 맡겨놓을 것인가 또는 국가의 개입에 의하여 강제적으로 해결할 것인가의 문제이다. 이러한 문제는 궁극적으로 국가의 개입에 의하여 강제적으로 해결될 수밖에 없다고 생각한다. 그러나 국가가 강제적으로 해결하기 이전에 노사 쌍방의 자율적 해결을 촉진하는 국가의 활동이 필요하다고 할 것이다. 이를 위하여 현행 노동조합및노동관계조정법(이하 '노조법'이라고 한다)은 노동단체의 내부적 관계를 어느 정도 규율하면서 노사 간의 노동분쟁을 국가개입에 의하여 해결하는 조정제도를 준비하고 있다.

제 4 절 노자자치조직법으로서 노사관계법

위에서 우리는 근로자의 기본적 권리로 헌법에 보장된 노동단체권을 현대자본주의의 제도적 차원에서 파악하는 한편, 그것을 노사 간의 사회적 자치를 실현하여 자본주의의 병폐를 예방하고 관리하기 위한 헌법적인 출발점으로서 자리매김하였다.

이러한 관점에서 본다면, 노동단체권은 무자비했던 초기자본주의체제에 저항하면서 노동자들이 국가영역 외부, 즉 사회영역에서 그들의 사회적 자각과 세력에 기하여 이룩해왔던 사회운동적인 실재를 국가가 법적으로 승인하고 제도적 프로그램으로서 받아들인 것이라고 말할 수 있다. 그러므로 노동단체권은 국가에 의해 비로소 창설된 것이 아니라 노동계급이 대(對)자본가계급에 대해 투쟁하여 스스로 얻어낸 역사적 성과이고, 자본주의체제 하에서 노동계급의 자유와 생존을 위해 필수불가결한 자력구제로서 대자본과의 관계에서 일정한 범위 내에서 국가적인 간섭을 배제하고자 한다는 의미에서 노동주체의 자유권적 기본권으로 이해해야 한다는 것이었다. 이렇게 됨으로써 노동단체권은 명실상부하게 노동시장에서 노동공급자, 즉 근로자가 노동수요자, 즉 사용자에게 노동력을 매매하는데 있어서 노동력 공급카르텔을 구축해서 사용자와 대등한 사회적 지위에서 노동력 거래조건을 확보할 수 있는 법적 교두보로서 기능할 수 있게 된다. 노동단체법은 자본주의적 노동시장에서 노동자가 노동단체권이라는 법적 조력을 받아 노동과 자본의 사회적 자치공간을 만들어 자본주의체제의 건전화를 확보하기 위한 국가적인 조치라고 할 수 있다. 이러한 평가는 선진자본주의적인 유럽의 노동운동사를 볼 때, 어느 정도 이해할 수 있다.

그렇지만 우리나라에 있어서 노동단체법은 위와 같은 맥락에서 파악되었던 것이 아니라 단순히 개별기업 내에서 근로자단체인 노동조합과 그 내부적 활동 및 사용자와의 관계에 관한 법률로 이해되고 있을 뿐이다. 즉 우리나라의 노동단체법은 국가와 사회의 이분법적 구성을 전제로 하는 노사 간의 사회적 자치를 위한 법적 제도가 아니라, 기업 내에서 노동에 대한 자본의 가혹한 지배를 약간 완화하기 위한 계약자유의 기업내적인 변용이었을 뿐이다. 이러한 결과는 우리나라는 유럽과 같은 국가와 사회의 구분이라는 전통이 없었기 때문일 것이다. 유럽의 역사를 보면, 유럽적인 이분법적 사고는 본래는 정신과 신체를 구분하였던 고대 그리스적인 사고에서 유래하였지만, 중세 이후부터는 거의 천여년 동안 정치영역에서 교회와 국가(교권과 왕권)가 서로 대립하면서 그 독자적인 영역을 고수했다. 이러한 이분적인 구도는 산업혁명 후 시민계급이 부상하여 근대시민사회가 성립하면서 국가와 (시민)사회라는 이분법적 구도로 변용되었으며, 국가영역에 대해 (시민)사회영역의 자율성을 인정하여 국가로부터 시민적 자유를 개인의 자유권으로서 인정하였고, 이것은 유럽의 입헌주의적인 법이론에 그대로 반영되어 있다.[24)]

---

24) 國家(Staat)와 社會(Gesellschaft)의 관계라는 二分法的 視覺(dualistische Sicht)에서 볼 때, 노동법은 자본주의사회에 있어서 산업화가 초래한 사회적 문제를 해결하기 위한 국가의 사회에 대한 처방으로 대두하였다고 말할 수 있다. 이로써 지금까지 市民法的 私的自治(Privatautonomie)라는 서구근대사회의 유산계급의 자유의 보장과 신장의 법이데올로기(Rechtsideologie) 하에서 사인간의 자율에 맡겨져 있던 노동생활영역이 국가의 품안으로 들어오게 된다. 이러한 현상을 국가 및 법주체의 측면에서 살펴보면, 중세의 봉건국가 및 법에 있어서는 봉건군주 또는 영주가 그 주체이었지만, 시민국가 및 법에 있어서는 봉건사회를 시민혁명으로 무너뜨린 시민이 국가와 법의 유일한 주체로 등장한다. 그런데 산업혁명(그러나 산업혁명은 혁명이란 말이 붙어 있지만 시민혁명에서의 혁명의 의미처럼 전혀 정치적 의미를 가지고 있지 않다)을 통하여 새로운 人間群, 즉 무산의 노동자들이 형성되어 유산자로서의 시민과 국가 및 법체제 내에서 서로 이해관계가 대립되고, 급기야는 무산계급은 혁명으로 시민국가의 질서를 파괴하려고 시도한다. 이러한 사회적·정치적 문제

우리에게는 이러한 유럽과 같은 역사적 전통이 없다. 유럽식의 이분법적 사고가 일본을 통해 우리에게 도입되었으나 그것에 따른 시민계급이 생기지도 못하였고, 그것은 전통적인 피라미드식의 지배구조를 정당화하는 데에 이용되었다. 설령 유럽식 법이론을 전개한다 하더라도 시민사회의 존재를 전제로 한 것이며, 그것은 단순히 유럽적 사고를 받아들인 결과 관념적인 것에 불과하고 아직 사회적 영역은 거의 형성되지 못하였다. 우리의 의식에는 지금도 "나라" 일원론이 지배하고 있을 뿐이다. 이것은 1960년대부터 시작되었던 국가주도적인 경제발전의 성공으로 더욱 더 강고하게 되었고, 한국자본주의가 그 나름의 궤도에 올라서면서 국가=자본이라는 등식이 성립하였다. 근로기준법, 노조법 등과 같은 우리나라 노동관련법의 근간을 이루는 법률들은 바로 국가가 자본의 입장에 서서 노동을 관리하고 규제하고자 하는 데에 그 일차적인 목적이 있는 것이지, 노사의 사회적 자치를 조직하고 지원하기 위한 것은 아니라고 할 것이다.

그러나 앞으로는 오히려 후자에 주안점을 두는 패러다임의 변화가 있어야 할 것이다. 이것은 1948년 대한민국 정부수립 시에 우리의 국가설계자들이 제헌헌법에서 꿈꾸었던 이른바 '제3의 길'과 일치한다고 할 것이다. 오늘날 아메리카합중국의 자본주의 현실이 1620년대에 서양 연안의 뉴잉글랜드에 도착했던 초기의 퓨리턴(Puritan)이 품고 있었던 꿈을 배신했던 것처럼, 어쩌면 오늘날 한국자본주의는 제헌헌법의 건국정신을 배신하고 있는 것은 아닌지에 관해 다시 물어 보아야 할 것이다. 한국자본주의의 보다 건전한 발전과 인간화를 위해 노동시장의 일차적인 형성의 임무는 노사의 사회적 자치에 맡기고 국가는 제2선으로 후퇴하여 그야말로 노사의 사회적 자치를 조직하고 합리적으로 지원하는 진정한 조정자 및 중재자로서 새롭게 자리매김할 필요가 있는 것은 아닌지 깊은 성찰이 요구되고 있다.

의 해결을 위해서 무산의 노동자들에게 시민사회의 국가와 법의 실질적 주체로서 설 자리의 제공이 불가피해진다. 즉 시민국가와 그 법은 새로운 이념을 흡수하여 자기변신을 꾀하지 않으면 아니 된다. 이리하여 국가의 사회에 대한 기능의 변화, 즉 밤의 파수군적 역할에서 적극적 사회형성자 또는 사회경영자의 역할이 요청되고, 무산계급이 국가권력에 참가할 수 있도록 그 실질적 기회에 대한 제도적 법적 보장, 즉 무산계급의 국가와 법의 주체로의 보장이 불가피해진다. 이것이 바로 社會的 基本權(Soziale Grundrechte)이다. 사회적 기본권은 무산의 노동자를 법의 실질적 주체가 될 수 있는 법구조적 가능성을 마련하였다. 즉 그것은 유산자와 무산자의 갈등을 법질서 내에서 권리의 문제로 되게 함으로써 적나라한 사회력의 대결로서 정치적 갈등을 司法化하고 이를 통하여 사회안정의 길을 열어 놓는다. 이러한 사회안정의 길을 구체화하고 규제하는 것들 중의 하나가 바로 노동법이다. 노동법은 산업사회의 정치적·사회적 문제에 대한 시민국가의 처방이자 시민국가의 자기혁신 그 자체이다. 이러한 사회사적 맥락에서 볼 때, 노동법은 산업사회의 노동자를 「爲한(für)」 법이자 노동자에 「對한(gegen)」 법이라고 볼 수 있다.

제 3 장 현행 노사관계법의 개념, 내용 및 체계

제 1 절 노사관계법의 개념

노사관계법은 자본주의사회에 있어서 사회적 자치를 위하여 주체인 노·사단체의 조직, 활동, 관계형성 및 그 분쟁의 조정에 관한 법이다. 다시 말하면, 노사관계법은 산업부문에 있어 근로자와 사용자의 조직과 활동 그리고 이들 양자의 집단적 관계에 관한 법이다. 그러나 우리나라에 있어서 노사관계법은 사용자에 대한 근로자의 조직과 활동 그리고 그 집단적 관계를 규제하는 법률이라고 할 수 있다. 즉 우리나라 노사관계법은 노동조합의 대내외적 관계에 관한 노동단체법에 불과하다.

제 2 절 노사관계법의 내용

노사관계법을 어떻게 구성하고 그 구성성분을 어떻게 이해할 것인가가 문제이다. 노사관계법은 노동조합과 사용자의 관계를 조직 형성 그리고 규제하는 법이다. 그러므로 근로자와 노동조합의 관계, 노동조합의 활동, 근로자의 기업 내의 대표, 노동행정 등을 둘러싼 근로자집단에 관한 법적 관계가 노사관계법의 대상이다. 다시 말하면, 노동조합의 조직과 활동, 대(對)사용자 관계에 있어서 단체교섭 및 단체협약 그리고 단체행동 및 노사협의회의 조직과 그 활동에 관한 규범 및 기업 내에 있어서 근로조건의 형성과 규제제도에 대한 근로자대표의 참여와 협력 등에 관한 사항[25]도 노사관계법의 내용을 이루고 있다.

제3절 노사관계법의 체계

이론적으로 보면, 실질적 의미에 있어서 노사관계법은 크게 노동단체의 조직법과 활동법으로 나누어서 체계화할 수 있다. 조직법으로서 노사관계법은 헌법 제33조 제1항의 단결권에 기초한 노동조합의 조직과 그 내부적 활동에 관한 일체의 규범을 의미하며, 활동법으로서 노동단체법은 헌법 제33조 제1항의 단체교섭과 단체행동권에 기초한 대(對)사용자적 관계에 있어서 노동조합의 활동에 관한 일체의 규범을 말한다. 활동법으로서 노동단체법은 노동쟁의를 전제로 하는가에 따라 노동쟁의를 전제로 하지 않는 단체교섭법과 노동쟁의를 전제로 한 쟁의행위법으로 세분화할 수 있다.

이러한 노사관계법을 우리나라 실정노동관계법률과 연관해서 파악해 보면, 우리나라의 중요한 노사관계법은 헌법 제33조 제1항 및 제37조 제2항에 그 헌법적 근거를 두고 있다고 말할 수 있지만, 그 구체적인 내용은 노조법과 근로자참여및협력증진에관한법률(이하 '근참법'이라고 한다)에 의하여 재단되고 있다. 국가의 노동행정에 대한 근로자집단의 참여와 관련된 것으로는 노동위원회법을 들 수 있다. 그렇지만 우리나라에 있어서 노사관계법의 중추는 노조법과 근참법이라고 할 것이고, 이들 법률을 구체적으로 어떻게 이해하는가에 따라 그 구체적인 내용과 체계가 좌우된다고 할 것이다.

---

25) 예컨대, 취업규칙의 작성과 변경에 관련된 노동조합의 협의와 동의에 관한 근로기준법 제93조 및 제94조도 엄격한 의미에서 보면, 노사관계법에 속한다.

제 4 절 노조법과 근참법에 대한 체계적 이해

I. 근본적 문제

근로자의 노동단체권을 보장하고 있는 헌법과 노동조합, 단체교섭 및 단체협약·쟁의행위를 규율하고 있는 노조법은 그 접근방법에 있어서 근본적인 차이를 보이고 있어서 어려운 문제를 야기하고 있다. 노조법과 근참법을 어떻게 파악할 것인가는 헌법 제33조 제1항에 보장된 노동단체권의 성격을 어떻게 이해하고 누구를 권리의 구체적 상대방으로 보는가에 따라 달라진다.

우선 형식적 측면에서 보면, "노조법"과 "근참법"이 한편에서는 노동단체권을 구체화하고 있다고 말할 수도 있겠지만, 다른 한편에서는 노동단체권을 상당히 제한하고 있다고 말할 수 있다. 그 다음 내용적 측면에서 "노조법"과 "근참법"은 상호 대항적 관계에 있는 근로자의 이익과 사용자의 이익을 조화시켜서 공동체의 이익을 극대화하고자 한다.

헌법 제33조 제1항은 단결권·단체교섭권·단체행동권을 근로자의 권리로만 규정하고 있을 뿐이지 그 내용과 행사방법에 관해서는 아무런 규정을 두고 있지 않으며, 노조법은 제1조에서 "…… 헌법에 의한 근로자의 단결권, 단체교섭권 및 단체행동을 보장하여 근로조건의 유지 개선과 근로자의 경제적·사회적 지위의 향상을 도모하고 ……"라고 규정하면서도 헌법상의 단결권·단체교섭·단체행동권의 내용을 구체화하지 않고 오히려 단결권·단체교섭권·단체행동권의 행사로 생기는 결과를 현상적 차원에서 규제하는 태도를 취하고 있다. 즉 노조법은 헌법에 보장된 근로자의 단결권·단체교섭권·단체행동권을 전제로 하지만 이러한 규제의 목적을 달성하기 위하여 단결권·단체교섭권 및 단체행동권의 행사의 결과로서 생기는 단결체·단체교섭·단체행동의 규제를 위한 개념적 기초로서 노동조합, 노동쟁의, 쟁의행위와 같은 개념을 별도로 정의하고 있다.

그 뿐만 아니라 노조법을 어떻게 파악해야 하는가는 헌법상 보장된 노동단체권의 법적 성질을 어떻게 이해하는가, 즉 노동단체권이 국가에 대한 권리인가, 아니면 사용자에 대한 권리인가 또는 국가와 사용자 쌍방에 대한 권리인가에 따라 상이하게 될 수 있다.

Ⅱ. 단체교섭권과 단체행동권의 특수성

산업현장에 있어서 단체교섭권 및 단체행동권은 단결권과는 상이한 모습으로 나타난다. 단결권은 구체적인 상대방을 전제로 하지 않더라도 성립할 수 있는 권리이지만 단체교섭권과 단체행동권은 항상 구체적인 상대방을 전제로 하는 권리이다. 그러므로 단체교섭권과 단체행동권은 그 상대방과의 관계 속에서 구체화된다. 단체교섭권과 단체행동권의 이러한 특수성은 "노조법"과 "근참법"을 이해하는데 있어서도 전제되어야 한다.

결국, 단체교섭·단체협약 및 쟁의행위를 규율하는 "노조법"과 노사협의회를 규율하는 "근참법"의 각 규범들은 근로자의 단체교섭권과 단체행동권을 사용자에 대한 권리로 파악하고 있다.

Ⅲ. 법이론적 문제

법이론적으로 볼 때, 일반적 법사고가 개인주의적인데 반면에, 노동단체법적 사고는 단체주의적이다. 그래서 노동단체법의 영역에서 개인주의적인 법사고와 단체(또는 집단)주의적인 법사고를 어떻게 융합할 것인가가 문제로 제기된다. 노동단체권은 그 법적 성질에 있어서 단체적 또는 집단적 권리이다. 이러한 성격은 권리의 행사에서 개인적 권리와 뚜렷이 다르게 나타난다. 왜냐하면 노동단체권은 일정한 집단적 방식에 의해서 행사되어야 하기 때문이다. 이러한 집단주의적 사고는 구체적인 상대방을 전제로 하는 단체교섭권과 단체행동권의 행사에서 개인주의적 사고와 갈등을 유발한다. 특히 이러한 집단적 권리가 남용되는 경우나 집단적 행사방법에 하자가 있는 경우에 이를 집단주의적 법사고로 평가해야 하는가 또는 개인주의적 법사고로 평가해야 하는가가 문제이다. 이에 대한 현재의 논의는 개인주의적 법사고와 단체주의적인 법사고가 중첩을 이루고 있어서 법적 가치판단에 있어서 상당한 문제를 야기하고 있다. 아니, 개인주의적 법사고와 집단주의적 법사고가 노동단체법의 영역에서 각축을 하고 있다고 말하는 것이 옳을 것 같다. 노동단체권의 행사 그 자체의 적법성과 그 법적 효과는 단체주의적인 법사고로 평가하고, 노동단체권이 남용된 경우 그 결과에 대한 책임은 개인주의적 법사고로 평가해야 하는가? 아니면 독자적인 단체법적 책임이론을 개발해야 하는가? 그러므로 우리 노동법질서에서 노동단체법을 모순 없이 체계적으로 파악하는 것은 대단히 복잡하다.

그럼에도 불구하고, 본서에서는 위와 같은 인식에 기초한 자세한 검토는 뒤로 미루고, 노사관계법을 노조법을 중심으로 파악하고자 한다.

제 4 장 노조법의 기초

제 1 절 입법의 목적

노조법은 노동3권을 보장하여 근로자의 인간다운 생활을 보장하고 집단적 갈등 양상인 노동쟁의의 합리적 규율을 통해 사회의 안정화를 이루고, 전체 경제영역에 있어서의 공동선의 추구를 목적으로 하는 법으로, 1953년에 제정된 노동조합법과 노동쟁의조정법을 폐지하고 1996년 12월 26일에 새로이 제정된 것을 우여곡절의 과정을 거쳐서 다시 국회환경노동위원회의 안으로 1997년 3월 10일에 실질적으로 재개정하여 같은 달 13일에 공포하여 그 날부터 시행된 법이다. 노조법 제1조는 "이 법은 헌법에 의한 근로자의 단결권·단체교섭권 및 단체행동권을 보장하여 근로조건의 유지·개선과 근로자의 경제적·사회적 지위의 향상을 도모하고, 노동관계를 공정하게 조정하여 노동쟁의를 예방·해결함으로써 산업평화의 유지와 국민경제의 발전에 이바지함을 목적으로 한다"라고 규정하고 있다.

제 2 절 노조법에 대한 헌법적 이해

앞에서 언급한 바와 같이 노조법의 헌법적 근거를 어떻게 이해하는가는 헌법 제33조 제1항 소정의 노동단체권과 노조법의 규범적 성격을 어떻게 이해하는가에 따라 달라진다.[26] 헌법상의 노동3권과 관련하여 노조법을 어떻게 파악해야 하는가의 문제는 헌법말씀론적 차원에서 노동단체권의 법적 성질을 어떻게 이해하는

26) 이에 관한 보다 자세한 논의를 위해서는 강희원, 『노동헌법론』, 법영사, 2011, 444-460면 참조.

가, 즉 노동단체권이 근본적으로 “국가로부터의 자유”를 위한 권리인가, 아니면 “국가에 의한 자유”의 권리인가에 따라 상이할 수 있다. 이 문제는 국가의 기능과 성격에 관한 기본적 인식과 밀접하게 연관되어 있다. 이에 대해 살펴보면 첫째, 헌법말씀론적 차원에서 노동단체권의 법적 성질을 국가로부터의 자유, 즉 자유권으로 파악하는 시각은 노조법을 기본권의 제한형식으로 이해할 것이므로 노조법의 헌법적 근거를 헌법 제33조 제1항에서 찾는 것이 아니라, 기본권을 일반적으로 제한하는 일반적 법률유보조항인 헌법 제37조 제2항에서 그 근거를 찾을 것이다. 둘째, 헌법말씀론적 차원에서 노동단체권을 국가에 의한 자유 내지 보호의 권리, 즉 생활권 내지 생존권으로 파악하는 입장은 노조법을 기본권을 실현하는 이른바 기본권형성적 법률로 이해할 것이다. 셋째, 노동단체권을 자유권과 생존권의 혼합적인 기본권으로 파악하는 입장은 노조법의 규율내용이 기본권의 실현인가 또는 제한인가에 따라 구체적으로 파악하게 될 것이다.

나의 견해와 같이 노동단체권을 연혁적으로든 헌법말씀론적으로든 자유권적 기본권으로 이해하는 입장은 노조법을 사회경제적 생활에 있어서 상호대립적 관계에 있는 사용자의 재산권과 노동단체권을 구체화하는 또는 그것을 제한하는 법률로 파악할 것이다. 이러한 입장에 의하면, 사용자의 재산권과 근로자의 노동단체권은 노조법에 의해서 노동시장 및 사업장이라는 현실적 맥락에서 구체화된다고 할 것이다. 그러므로 노조법은 헌법적 근거를 헌법 제33조 제1항에 기초하고 있는 것이 아니라, 기본권을 일반적으로 구체화 또는 제한하는 일반적 법률유보조항인 헌법 제37조 제2항에 근거하고 있는 것이 된다. 다시 말하면, 노조법은 공동체적 차원에서 헌법 제33조에 근거하고 있는 근로자의 노동단체권과 헌법 제23조에 기초하고 있는 사용자의 재산권과의 조화를 구체적으로 구현하는 법률로서 헌법 제37조 제2항에 근거를 두고 있다고 해석해야 할 것이다. 즉 현행 노조법을 노사 간의 사회적 자치조직법으로 파악하면서 우리 헌법 제33조 제1항이 보장하고 있는 노동단체권(노동3권)을 역사적 및 연혁적인 측면에서 또는 국가의 작용이라는 관점에서 노동자의 자유권적 기본권의 일종으로서 자리매김하는 한편, 현행 노조법의 구체적인 헌법적 근거를 헌법 제37조 제2항에서 찾고자 한다.

헌법 제37조 제2항은 「국민의 모든 자유와 권리는 국가안전보장·질서유지 또는 공공복리를 위하여 필요한 경우에 한하여 법률로써 제한할 수 있으며, 제한하는 경우에도 자유와 권리의 본질적인 내용을 침해할 수 없다」라고 규정하고 있기 때문에 주지하고 있듯이, 이 조항을 국민의 기본권 제한에 관한 일반적 법률유보조항이라고 평가하고 있다. 그러므로 국민의 모든 기본권은 「국가안전보장·질서

유지」 또는 「공공복리」의 실현을 위해 필요한 경우에는 법률에 의해서 제한될 수 있다. 그런데 헌법 제37조 제2항이 규정하고 있는 일반유보의 취지를 반대로 해석하면, 동조는 우리 헌법에 규정된 기본권이 국가내재적 및 공동체내재적인 제한을 받는 권리라는 것을 분명히 하고 있다.[27]

그러므로 헌법이 보장하고 있는 근로자의 기본권으로서 노동단체권도 헌법 제37조 제2항에 기한 제한을 받을 수 있다는 것은 당연하다. 즉 입법자는 국가안전보장과 질서유지 또는 공공복리를 위하여 필요한 경우에 노동단체권을 제한하는 법률을 제정할 수 있다. 노동단체권을 제한하는 법률들을 제정한 경우에 그 법률의 성격은 헌법상의 일반적 법률유보 사유별로 이를테면, 국가보안법이나 징병법 등 국가안보 관련법률, 경찰관직무집행법, 경범죄처벌법 등 경찰적 질서유지법률 및 공익관련법률로 대별할 수 있을 것이다. 그런데 여기에서 제기되는 문제가 노조법이 어떠한 법률인가라는 것이다. 노조법의 목적을 규정하고 있는 제1조는 「이 법은 헌법에 의한 근로자의 단결권·단체교섭 및 단체행동권을 보장하여 근로조

---

27) 여기에서 우리는 헌법 제37조 2항의 전문(前文)의 언어적 표현형식에 대해 면밀히 살펴볼 필요가 있다. 다시 말하면, "…국가안전보장「·」질서유지「또는」공공복리…"이라고 표현하는 문구를 어떻게 이해해야 하는가라는 것이다. 헌법 제37조 제2항 전문의 문장구조상 기본권제한의 일반적인 유보사유로서 「국가안전보장·질서유지」와 「공공복리」는 대등한 관계에 있고, 선택적이다. 그런대 「국가안전보장·질서유지」와 「공공복리」는 서로 연관가 없다. 즉 「국가안전보장·질서유지」이라는 사유는 「공공복리」와 관계없이 독자적으로 기본권제한의 일반적인 유보사유이다. 이것은 「공공복리」라는 사유의 경우에도 마찬가지이다. 즉 우리 헌법 제37조 제2항의 규정을 보면, 입법자는 공공복리를 위해서 필요한 경우에는 국가안전보장과 질서유지와는 관계없이 그것만을 이유만으로 법률이라는 형식에 의해 국민의 기본권을 제한할 수 있다. 그 다음에 제기되는 흥미로운 문제는 국가안전보장과 질서유지가 어떠한 관계가 있는가라는 것이다. 「국가안전보장·질서유지」에 있어서 「·」이라는 부호의 의미를 어떻게 파악할 것인가라는 것이다. 즉 국가안전보장과 질서유지 사이에 있는 「·」이 「국가안전보장」∩「질서유지」를 의미하는가, 「국가안전보장」∪「질서유지」를 의미하는가라는 것이다. 전자의 경우로 파악하는 경우에는 「국가안전보장을 위해서 필요한 경우」만으로 부족하고, 그것이 반드시 「질서유지를 위해서 필요한 경우」와 관련이 있을 때에만 법률에 의해서 기본권을 제한할 수 있는 것으로 해석할 것이고, 후자의 경우로 파악하는 경우에는 「국가안전보장을 위해서 필요한 경우」만은 물론이고, 「질서유지를 위해서 필요한 경우」에도 기본권을 법률로써 제한할 수 있다. 어느 것이 옳을까? 우리 헌법학자들 대부분은 후자로 해석하고 있는 듯한데, 과연 그렇게 해석해도 되는지 의문이다. 또 다른 의문은 질서유지를 위해서 기본권을 제한할 수 있다고 하는 경우에 질서유지에 있어서 그 유지하고자 하는 질서가 어떠한 질서인가? 그것이 도덕질서인가? 신분질서인가? 사회질서인가? 노동력거래질서인가? 기업질서인가? 시장질서인가? 자본주의질서인가? 등등의 의문이 제기되기도 한다. 헌법은 입법자에게 거의 무제한의 입법재량을 부여하고 있다. 결국 국가는 국가안전보장 질서유지 또는 공공복리의 실현이라는 미명하에 자의적으로 개인의 기본권을 제한할 우려가 있다. 이것은 우리의 현대사(現代史)가 이미 증명해주고 있는 사실이기도 하다.

건의 유지 개선과 근로자의 경제적·사회적 지위의 향상을 도모하고, 노동관계를 공정하게 조정하여 노동쟁의를 예방·해결함으로써 산업평화의 유지와 국민경제의 발전에 이바지함을 목적으로 한다」라고 규정하여 노조법이 사용자에 대해 근로자의 노동단체권을 보장하기 위해서 제정된 것처럼 규정하고 있지만, 그 이하의 개별조항의 내용은 그렇지 않다. 그 실질은 근로자의 노동단체권을 자유롭게 행사하는 것을 규제하는 데에 초점이 맞춰져 있을 뿐이고, 노동단체권의 실질적 상대방인 사용자의 재산권행사, 사용자단체의 조직형태와 운용에 대해서는 아무런 규제를 하고 있지 않다. 그래서 노조법은 사회적 자치조직법으로서 제대로 기능할 수 없는 상황에 있다. 그래서 이미 언급했듯이, 우리는 노조법이 공동체적 차원에서, 즉 노동관계당사자 이외의 다른 사회적 구성원의 권리와의 관계에 있어서 헌법 제33조 제1항에 근거하고 있는 근로자의 노동단체권과 헌법 제23조에 기초하고 있는 사용자의 재산권과의 조화를 구체적으로 구현하기 위하여 노동단체권을 제한하는 법률로 이해할 수밖에 없다. 이렇게 본다면, 헌법 제37조 제2항 소정의 기본권제한사유와 관련하여 노조법의 법적 성격을 규정하는 경우에 그것이 국가안보관련법률인가, 경찰적 질서유지법률인가, 공익관련법률인가? 그렇지 않으면 이들 세 가지의 복합적인 법률인가? 노조법이 산업평화의 유지와 국민경제의 발전에 이바지함을 그 궁극적인 목적이 있으므로 국가안보관련법률 또는 경찰적 질서유지법률이라고 보기보다는 공공복리관련법률이라고 보아야 할 것이다.[28] 결국 노조법에 의한 노동단체권의 규제이념은 산업평화의 유지와 국민경제의 발전이라는 "공공복리"라고 하겠다.

우리가 주지하고 있듯이, 근대시민법 질서에는 공공복리가 약자보호 등 기본권의 구현원리로서 등장하였지만 우리 헌법에서는 공공복리가 기본권 제한의 원리로서 도입되어 있다. 이것은 대한민국의 경제체제가 국가독점자본주의라는 것을 명시하고 있다고 해도 과언이 아니다.

---

28) 물론 노조법상의 모든 조항이 공공복리에 직접적으로 기여한다고는 말할 수 없다. 경우에 따라서 자본주의거래질서의 유지를 위한 조항도 있다고 할 것이다.

제 3 절 노조법상의 근로자와 사용자 개념

Ⅰ. 근로자개념

헌법 제33조 제1항은 근로자개념을 정의하지 않은 채로 사용하고 있다. 그러므로 근로자라는 용어의 개념적 외연과 내포는 헌법의 이념, 역사적 상황 및 용어의 일상적 용법에 의해서 일반적으로 정해질 것이다.[29] 그러므로 헌법 제33조 제1항 소정의 근로자개념은 노조법 제2조 제1호 및 근로기준법 제2조 제1항의 근로자개념보다 넓다고 할 것이다.

근로기준법 제2조 제1호는 근로자를 "직업의 종류를 불문하고 사업 또는 사업장에서 임금을 목적으로 근로를 제공하는 자"로 정의하고 있는 반면에 노조법 제2조 제1호는 "직업의 종류를 불문하고 임금·급료 기타 이에 준하는 수입에 의하여 생활하는 자"라고 정의하고 있다. 전자에 비해 후자의 근로자 개념이 훨씬 포괄적이라고 할 수 있다. 즉, 노조법 상의 근로자에는 해고의 효력을 다투는 자·해고된 자·실업자도 포함된다고 보아야 한다.

그러나 판례는 "노동조합의 구성원인 근로자와 사용자 사이에는 고용에 따른 종속관계가 있어야 하고 이러한 관계가 없는 자는 노동조합법이 정한 적법한 노동조합을 조직할 수 없다[30]"라고 판시하고 있으나, 골프장 캐디에 대해서는 노동조합법상 근로자란 타인과의 사용종속관계 하에서 노무에 종사하고 그 대가로 임금 등을 받아 생활하는 자를 말하고 타인과 사용종속관계가 있는 한 당해 노무공급계약의 형태가 고용, 도급, 위임, 무명계약 등 어느 형태이든 상관없으며, 그 사용종속관계는 사용자와 노무제공자 사이에 지휘 감독 관계의 여부, 보수의 노무대가성 여부, 노무의 실질과 내용 등 그 노무의 성질관계에 의하여 결정된다. (···)

---

29) 근로자의 언어적 의미는 '근면하게 일하는 사람'이라는 뜻이다. 그러므로 헌법 제32조 및 제33조에 말하는 근로자의 개념에는 반드시 노동자만을 의미하는 것이 아니라 농민 및 자영업자와 같이 자신의 노동에 의해 생계를 꾸려가는 근로대중 전체가 포섭될 수 있다. 이러한 의미에서 보면, 현행 노조법과 근로기준법은 헌법상의 근로자개념을 아주 제한적으로 규정하고 있다고 할 것이다.

30) 대판 1992.5.26. 90누9438.

골프장 캐디(경기보조인)들도 노동조합법상 근로자에 해당한다"[31]고 판시하였다.

[판 례]

□ **노동조합및노동관계조정법상 근로자의 판단기준**

- 노동조합의 구성원인 근로자와 사용자 사이에는 고용에 따른 종속관계가 있어야 하고 이러한 관계가 없는 자는 노동조합법이 정한 적법한 노동조합을 조직할 수 없다(대판 1992.5.26. 90누9438).
- 노동조합법상 근로자란 타인과의 사용종속관계 하에서 노무에 종사하고 그 대가로 임금 등을 받아 생활하는 자를 말하고, 타인과 사용종속관계가 있는 한 당해 노무공급계약의 형태가 고용, 도급, 위임, 무명계약 등 어느 형태이든 상관없으며 그 사용종속관계는 사용자와 노무제공자 사이에 지휘 감독관계의 여부, 보수의 노무대가성 여부, 노무의 실질과 내용 등 그 노무의 성질관계에 의하여 결정된다. (…) 골프장 캐디(경기보조인)들도 노동조합법상 근로자에 해당한다(대판 1993.5.25. 90누1731).
- 지역별 노동조합이 그 구성원으로 '구직중인 여성 노동자'를 포함하여 노동조합설립신고를 한 경우, '구직중인 여성 노동자'는 노동조합및노동관계조정법상의 근로자가 아니라는 이유로 노동조합설립신고를 반려하는 것은 위법하다(대판 2004.2.27. 2001두8568).
- 전국기관차협의회는 근로조건의 유지, 개선을 통한 근로자의 경제적, 사회적 지위의 향상만 아니라 정치적 지위의 향상도 그 목적으로 하고 있고, 근로자라고 할 수 없는 해직이 확정된 자도 회원자격을 인정하고 있을 뿐만 아니라, 기존의 전국철도노동조합과 그 조직대상을 같이 하고 있어 노동조합법상의 노동조합이라고 볼 수 없다(대판 1997.2.11. 96누2125).

□ **고용에 따른 종속관계가 없는 근로자들의 노동조합 결성가능여부**

- 노동조합의 구성원인 근로자와 사용주 사이에는 고용에 따른 종속관계가 있어야 하고 이러한 관계가 없는 자는 노동조합법이 정한 적법한 노동조합을 조직할 수 없다. (…) 농수산물도매시장의 지정도매인으로 지정되어 건해산물의 수탁판매 등을 목적으로 하는 회사에 근무하는 근로자들이 원고 조합인 노동조합을 설립하고 노동조합 설립신고서를 제출하였으나, 행정청이 회사에는 기존의 노동조합이 이미 적법하게 설립되어 있고 원고 조합은 그 조직대상을 같이 한다는 이유를 들어 노동조합 설립신고서를 반려한 데 대하여 기존의 노동조합은 외견상 일용 회사에 근무하는 근로자들로 구성된 단체로서 회사로부터 아무런 간섭을 받음이 없이 조합의 규약 등이 정한 바에 따라 독자적으로 그 조합원을 가입, 구성하고 있어 그 조합원과 회사의 종업원은 각각 별도로 구성, 채용되며 위 회사에서 조합구성원에 대하여 근로시간과

31) 대판 1993.5.25. 90누1731.

장소 및 방법 등의 작업조건에 관하여 지시하거나 감독을 할 수 없는 등 그 조합원과 회사와의 사이에는 종속적인 관계가 있다 할 수 없으므로 그 조합원은 회사에 대하여서는 노동조합을 조직할 수 있는 근로자가 될 수 없다고 할 것이어서 기존의 노동조합은 적어도 회사 내지 원고조합에 대한 관계에 있어서는 적법한 노동조합이라 볼 수 없어 이러한 기존의 노동조합의 존재를 이유로 원고 조합의 노동조합 설립신고서를 반려한 것은 위법하다(대판 1992.5.26. 90누9432).

Ⅱ. 사용자개념

1. 사용자

노조법 제2조 제2호는 "사용자라 함은 사업주, 사업의 경영담당자 또는 그 사업의 근로자에 관한 사항에 대하여 사업주를 위하여 행동하는 자를 말한다."라고 규정하고 있어 노조법상의 사용자 개념과 근로기준법상의 사용자개념은 다르다.[32] 형식상 법률규정은 동일하게 정의하고 있으나 실질적으로 노조법과 근로기준법은 그 규율취지가 다르기 때문에 구체적인 경우에 상대적인 차이가 있다. 노조법상에 있어서 사용자개념 중 특히 문제가 되는 것은 부당노동행위의 주체로서 사용자이다.[33]

2. 사용자단체

노조법 제2조 제3호에서 "사용자단체"라 함은 노동관계에 관하여 그 구성원인 사용자에 대하여 조정 또는 규제할 수 있는 권한을 가진 사용자의 단체를 말한다고 규정하고 있을 뿐, 조직방식 등 구체적인 규정이 없다.

근로자가 노동단체로서 노동조합을 어떻게 조직할 것인가의 여부는 근로자의

32) 근로기준법 제2조 제2호는 이 법에서 "사용자"라 함은 사업주 또는 사업경영담당자 기타 근로자에 관한 사항에 대하여 사업주를 위하여 행위하는 자를 말한다고 규정하고 있다.

33) 최근 판례는 사내 하청업체 근로자와의 관계에서 "원청회사가 사내 하청업체 소속 근로자들의 기본적인 노동조건 등에 관하여 고용사업주인 사내 하청업체의 권한과 책임을 일정 부분 담당하고 있다고 볼 정도로 실질적·구체적으로 지배·결정할 수 있는 지위에 있고, 사내 하청업체의 사업폐지를 유도하고 그로 인하여 하청업체의 노동조합활동을 위축시키거나 지배·개입 행위를 하였다면, 원청회사는 노조법 제81조 제4호에서 정한 부당노동행위의 시정을 명하는 구제명령을 이행할 주체로서의 사용자에 해당한다"고 하여 원청회사의 부당노동행위 주체성을 인정하였다(대판 2010.3.25. 2007두8881).

자유에 속한다. 이렇듯 사용자가 노동단체의 상대방으로서 사용자단체를 어떻게 조직할 것인가도 사용자의 자유에 속한다. 그렇지만 노동조합이 산별 또는 직능별로 조직되는 경우, 사용자단체도 이와 같은 방식으로 조직되어야 근로자의 노동단체권의 실현이 제대로 이루어질 수 있다. 그러나 사용자에게 이를 강제하는 규정은 현행법에는 존재하지 않는다.

[판 례]

□ **수산업 협동조합이 노동조합법상 사용자단체인지 여부**

- 협동조합은 다수결 원리에 의하여 그 조합원을 통제할 수 있고 임금 기타 근로조건의 표준화를 통하여 조합원 사이의 부당한 경쟁을 방지함으로써 조합원의 이익을 도모할 수 있으므로 협동조합도 일정한 요건하에서는 그 조합원들이 고용하고 있는 근로자들로 구성된 노동조합과 단체교섭 및 단체협약체결을 할 수 있다고 할 것인데 원래 협동조합은 조합원들의 경제적 지위의 향상을 위하여 설립된 경제단체로서 노동조합에 대응하는 단체가 아니라는 본질에 비추어 보면 그 정관에서 정하고 있는 경우나 조합원들이 위임이 있는 경우 등에 한하여 노동조합과의 단체교섭 및 단체협약체결을 할 수 있다. (…) 수산업협동조합인 원고조합이 그 정관상 조합사업의 하나로 규정한 "조합원의 경제적 이익을 도모하기 위한 단체협약의 체결"에는 노동조합법상의 단체협약이 포함된다고 보아야 할 것이어서 단체교섭 기타의 단체협약의 체결을 그 목적으로 한다고 할 것이고, 한편 그 구성원에 대하여 다수결 원리를 통한 통제력을 가지고 있는데다가 정관에 조합원의 제명에 관하여 규정하고 있는 점 등에 비추어 보면 노동관계에 관하여도 그 조합원을 조정 또는 규제할 권한이 있다고 보여지므로 결국 노동조합법 소정의 사용자단체에 해당된다(대판 1992.2.25. 90누9049).

□ **지역의 원예협동조합이 사용자단체에 해당하는지 여부**

- 지역의 원예협동조합이 청과물위판장을 설치·운영하고는 있으나 거기서 일하는 근로자들은 소외노동조합에서 임의로 선발되어 파견되고 그 노동조합원인 연락소장의 지휘·감독하에 있으며 노임도 각 하주로부터 직접 받고 있을 뿐이고, 위 원예노동조합은 단지 위판장내에서 행해지는 작업내용과 노임액을 균등화하여 노임에 관한 질서를 유지할 목적으로 위 연락소장과 노임에 관한 협의를 하는데 불과하다면 이는 노동조합법 제33조 제1항의 사용자단체에 해당하지 않는다(대판 1986.12.23. 85누856).

제 4 절 노조법상의 행위와 민·형사적 책임과의 관계

Ⅰ. 기본적 관점

규범사(規範史)적으로 볼 때, 근대시민법의 수정 또는 보완으로서 근로자의 노동단체권이 법인(法認)되었기 때문에 노동단체권의 행사로 야기되는 결과가 근대시민법적 질서와 저촉되는 경우, 즉 노조법상의 집단적 행위와 시민법상의 개인적 책임과의 관계는 시민법적 효과로서 민사책임과 형사책임이 노조법에 의하여 제한되거나 배제되는 구조로 나타난다.

그렇지만 법이론적으로 볼 때, 이러한 역사적 관계구조는 다르게 파악되어야 한다. 노동단체권의 행사로 생긴 결과에 대한 민·형사법적 책임이 노조법에 의해서 비로소 제한되거나 배제되는 것이 아니라 처음부터 민·형사법적 책임이 생기지 않는 것이다. 즉 노동단체권의 행사는 민법 및 형법상의 구성요건해당성이 없다고 해야 할 것이다.

그러나 현행 노조법은 마치 노동단체권의 행사로 생긴 결과에 대한 민·형사법적 책임이 노조법에 의해서 비로소 제한되거나 배제되는 것처럼 규정하고 있다.

Ⅱ. 손해배상청구의 제한

노조법 제3조는 "사용자는 이 법에 의한 단체교섭 또는 쟁의행위로 인하여 손해를 입은 경우에 노동조합 또는 근로자에 대하여 그 배상을 청구할 수 없다."라고 규정하여 노동조합 또는 근로자의 단체행동권의 행사로 인하여 사용자에게 손해가 발생한 경우 손해배상청구를 제한하고 있다. 노동법의 초창기에는 사용자는 근로자개인 또는 노동조합을 상대로 민사상 손해배상을 청구할 수 있었고 근로자는 민·형사상의 책임을 져야만 했다. 그러나 이후 근로자의 단체행동권의 행사는 당연히 정당한 것으로 인식되기 시작하면서, 먼저 형사상의 책임이 면제되었고, 민사상의 책임도 지지 않는 것으로 각국의 노동법이 입법화하게 되었다.

Ⅲ. 정당행위

노조법 제4조는 노조법상의 행위를 형법상의 정당행위로 규정하고 있다. 즉 "형법 제20조의 규정은 노동조합이 단체교섭·쟁의행위 기타의 행위로서 제1조의 목적을 달성하기 위하여 한 정당한 행위에 대하여 적용된다. 다만, 어떠한 경우에도 폭력이나 파괴행위는 정당한 행위로 해석되어서는 아니 된다."라고 규정하고 있다.

형법 제20조는 "법령에 의한 행위 또는 업무로 인한 행위 기타 사회상규에 위배되지 아니하는 행위는 벌하지 아니한다."고 규정하고 있는데, 형법학자들은 이러한 행위를 위법성이 조각되는 정당행위로 이해하고 있다. 노조법 제4조는 노동조합이 단체교섭 또는 쟁의행위 기타의 행위를 하는 경우에 이러한 행위는 형법상의 정당행위로서 위법성이 조각되고, 다만 폭력이나 파괴행위는 정당한 행위의 범위를 벗어나는 위법행위로 되는 것처럼 규정하고 있다.

이러한 노조법 제4조를 어떻게 이해하는가가 문제이다. 우선 단체교섭과 단체행동을 형법상의 이른바 "법령에 의한 행위"로 이해하고 있는 노조법 제4조의 태도가 우리 헌법에 부합하는가가 문제될 수 있다. 이와 별도로 노조법 제4조를 창설적 규정으로 볼 것인가 아니면 부언적·예시적 규정으로 볼 것인가도 문제될 수 있다.

노조법 제4조가 단체교섭과 단체행동을 형법상 이른바 정당행위로 규정하고 있는 것은 규범적 측면에서 단체교섭과 단체행동을 권리행사행위로서 집단적으로 파악하는 것이 아니라 사실적 측면에서 근로자 개개인의 차원에서 개별적으로 파악하는 데에서 비롯된 것이라고 할 수 있다. 물론 이러한 태도는 노조법에서 규율되고 있는 태도이지만 단체교섭과 단체행동이 헌법 제33조 제1항에 보장된 노동단체권의 행사라는 점에 비추어 볼 때, 올바른 입법태도라고 볼 수 없겠다. 단체교섭과 단체행동은 헌법 제33조 제1항에 보장되어 있는 단체교섭권과 단체행동권의 행사라는 점에서 처음부터 구성요건에 해당하는 행위가 아니다. 그러므로 노조법 제4조 본문의 입법태도는 헌법질서와 부합하지 않는다. 오로지 노조법 제4조 단서는 형식상 단체교섭 또는 단체행동이라는 미명하에 행하여지는 폭력이나 파괴행위가 위법성을 조각하는 정당한 행위로 취급되어서는 안 된다는 것을 선언하는 부언적인 의미를 가지고 있을 뿐이다.[34)]

---

34) 그러나 판례는 위법성조각사유로 보고 있는 듯하다. 대판 1996.1.26. 95도1959; 동 1998.1.20.

[판 례]

□ **쟁의행위로서 정당성 - 주체 및 목적**

- 근로자의 쟁의행위가 형법상 정당행위가 되기 위해서는, 첫째 그 주체가 단체교섭의 주체로 될 수 있는 자이어야 하고, 둘째 그 목적이 근로조건의 향상을 위한 노사간의 자치적 교섭을 조성하는 데에 있어야 하며, 셋째 사용자가 근로자의 근로조건 개선에 관한 구체적인 요구에 대하여 단체교섭을 거부하였을 때 개시하되 특별한 사정이 없는 한 조합원의 찬성결정 등 법령이 규정한 절차를 거쳐야 하고, 넷째 그 수단과 방법이 사용자의 재산권과 조화를 이루어야 함은 물론 폭력의 행사에 해당되지 아니하여야 한다는 여러 조건을 모두 구비하여야 할 것이며, 노동조합의 하부단체인 분회나 지부가 독자적인 규약 및 집행기관을 가지고 독립된 조직체로서 활동을 하는 경우 당해 조직이나 그 조합원에 고유한 사항에 대하여는 독자적으로 단체교섭하고 단체협약을 체결할 수 있고, 이는 그 분회나 지부가 노조법 시행령 제7조의 규정에 따라 그 설립신고를 하였는지 여부에 영향 받지 아니한다. 버스노동조합 지부의 적법한 대표자를 배제하고 사용자에 대하여 아무런 통지를 하지 않은 채 일부 근로자들이 비상대책위원회를 구성하고 회사 대표자의 형사처벌 및 퇴진, 군내버스의 완전공영제를 요구하며 실시한 파업은 정당행위에 해당하지 않는다(대판 2008.1.18. 2007도1557).

□ **쟁의행위로서 정당성 - 절차**

- 근로자가 쟁의행위를 함에 있어 조합원의 직접·비밀·무기명투표에 의한 찬성결정이라는 절차를 거쳐야 한다는 노동조합및노동관계조정법 제41조 제1항의 규정은 노동조합의 자주적이고 민주적인 운영을 도모함과 아울러 쟁의행위에 참가한 근로자들이 사후에 그 쟁의행위의 정당성 유무와 관련하여 어떠한 불이익을 당하지 않도록 그 개시에 관한 조합의사의 결정에 보다 신중을 기하기 위하여 마련된 규정이므로 위의 절차를 위반한 쟁의행위는 그 절차를 따를 수 없는 객관적인 사정이 인정되지 아니하는 한 정당성이 상실된다(대판 2007.5.11. 2005도8005).

□ **쟁의행위로서 정당성 - 수단과 방법**

- 노동조합의 조합원들이 쟁의행위로 사용자인 서울특별시건축사회의 사무실 일부를 점거한 사안에서, 점거한 곳의 범위와 평소의 사용형태, 사용자측에

97도588; 동 2008.1.18. 2007도1557 참조. 이들 판결에 의하면, 근로자의 쟁의행위가 형법상 정당행위가 되기 위해서는 첫째 그 주체가 단체교섭의 주체로 될 수 있는 자이어야 하고, 둘째 그 목적이 근로조건의 향상을 조성하는 데에 있어야 하며, 셋째, 사용자가 근로자의 근로조건 개선에 관한 구체적인 요구에 대하여 단체교섭을 거부하였을 때 개시하되 특별한 사정이 없는 한 조합원의 찬성결정 및 노동쟁의 발생신고 등 절차를 거쳐야 하는 한편, 넷째, 그 수단과 방법이 사용자의 재산권과 조화를 이루어야 함은 물론 폭력의 행사에 해당되지 아니하여야 한다는 여러 조건을 모두 구비하여야 한다.

서 이를 사용하지 못하게 됨으로써 입은 피해의 내용과 정도 등에 비추어 이는 폭력의 행사에 해당하지 않는 사업장시설의 부분적·병존적인 점거로서 사용자의 재산권과 조화를 이루고 있고, 사용자의 업무가 실제로 방해되었거나 업무방해의 결과를 초래할 위험성이 발생하였다고 보기 어려우므로, 위 점거행위는 노동관계 법령에 따른 정당한 행위로서 위법성이 조각되어 업무방해죄의 책임을 물을 수 없다(대판 2007.12.28. 2007도5204).

제 1 편

단체조직법

제 1 장　기초적 고찰
제 2 장　근로자측의 주체 : 노동조합
제 3 장　사용자측의 주체

제 Ⅱ 장 기초적 고찰

노사관계법을 현대산업사회의 사회적 자치조직법으로 이해할 때, 근로자단체와 사용자단체가 사회적 자치의 주체이다. 우리 노조법은 근로자측의 사회적 자치주체로서 노동조합을 상정하고 있으나 사용자측의 경우에는 사용자 개인을 사회적 주체로서 전제하면서 보조적으로 사용자단체도 그 주체로 인정하고 있다. 이것은 우리나라 노동조합의 조직형태가 기업별노조라는 것을 상정하고 있기 때문이다. 그렇지만 근로자측의 사회적 자치주체의 조직형태가 어떻게 되는가에 따라 그것에 상응하여 사용자측의 사회적 자치주체가 조직되어 있어야 명실상부하게 사회적 자치가 제대로 이루어질 수 있다.

현재 상황에 있어서 사회적 자치의 주체로서 노동조합의 조직형태가 대부분 기업별 노동조합이기 때문에 노동조합을 통해서 진정한 의미에 있어서 사회적 자치를 실현하기에는 어려운 상황에 있다고 해도 과언이 아니다. 이러한 상황은 우리나라의 특수한 역사적 여건에 의해서 형성된 것이라고 할 수 있으나 우리 헌법이 지향하고자 했던 그러한 모습은 아니라고 할 것이다. 이러한 맥락에서 보면, 노조법은 노사의 사회적 자치조직법으로 이해하기에는 미흡하기 그지없다.

그렇지만, 향후에 근로자들이 상황을 각성하고 자발적으로 전국적 차원에서 노동시장을 횡단적(橫斷的)으로 구성하는 산업별 노동조합 또는 직업별 노동조합을 조직할 것이라고 기대하는 한편, 노조법이 노동시장의 횡단적인 조직을 결성하는 것을 명시적으로 금지하고 있지 않기 때문에 이러한 상황은 언제든지 호전될 수 있으리라고 기대한다.

아래에서는, 서편 기초에 이미 살펴본 바와 같이 미흡하긴 하지만 노조법을 사회적 자치조직법의 근간으로서 이해하면서 이 법률의 규정체계를 재구성한다. 먼저, 노동조합을 사회적 자치를 위한 근로자측의 자치조직 또는 기구로서 파악하고 노조법 제2장을 단체조직법으로 이해하고자 한다. 그런데 문제는 사용자측의 자치조직에 있다. 위에서 언급했듯이 현행 노조법에는 사용자측의 자치조직에 관한 내용이 전무하다. 우리 노조법은 현실에 있어서는 전혀 그렇지 않음에도 불구하고 사용자 또는 사용자단체를 단순히 노동조합에 대한 수동적인 대항주체로서 상정하고 있을 뿐이다. 그래서 사용자측의 자치조직에 대해서는 입법론적 차원에서 간단히 검토하고 제안하는 것에 그치기로 한다.

제 2 장 근로자측의 주체 : 노동조합

제 1 절 서 설

Ⅰ. 노동조합의 개념

아주 일반적으로 말한다면, 노동조합이란 임노동자가 고용 및 노동조건의 유지·개선을 기도하려는 목적으로서 설립한 자주적인 조직이다. 환언하면, 노동조합은 임노동자가 노동력의 판매자로서 노동시장에서 상품으로서의 노동력을 노동력의 매수자인 고용주에게 될 수 있는 한 유리한 조건으로 판매하기 위해 설립한 단체라고 해도 좋겠다.

따라서 노동조합의 본래적인 목적은 자본제사회의 질서 속에서 임노동자의 생존과 직격된 고용·노동조건의 유지·개선이라는 경제적 조건을 향상하고 나아가서 집단적 조직을 통해 그 개악을 저지하는 점에 있다. 노동조합의 활동도 궁극적으로는 이러한 기본적 목적의 실현을 위한 활동이 그 기본으로 되어야 하는 것은 말할 필요도 없다. 노동조합은 동서고금을 불문하고 본래 이러한 기본적 목적을 가진 조직체로서 성립하여 발전하여 왔던 것이다. 따라서 이와 같은 기본적 목적을 가지지 않는 단체는 노동조합이라는 명칭을 사용하고 있더라도 실질적으로는 노동조합의 명칭에 어울리지 않는다. 이 기본적 목적에서 벗어나 어떠한 노동조합의 활동도 있을 수 없다.

Ⅱ. 노동조합의 기본적 조건

서유럽 선진자본주의국가의 역사적인 경험에 비춰볼 때, 일반적으로 어떠한 단체가 노동조합라고 할 수 있기 위해서는 첫째, 임금노동자에 의해 조직되어야 하며, 둘째, 고용조건 및 노동조건의 유지·개선을 기도하는 것을 목적으로 하여 설립된 단체이어야 하며, 셋째, 노동자에 의해 조직되고 임금노동자에 의해 자주적으로 운영되는 단체이어야 한다는 이들 세 가지의 조건이 최소한 모두 충족되어야 한다. 이 세 가지의 조건 중에 어느 하나라도 흠결된다면, 그것이 예컨대 설령 노동자에 의해 구성된 단체라고 하더라도 이미 그것을 노동조합이라고 할 수 없다. 아래에서 노동조합의 세 가지의 기본조건에 관해 좀 더 자세히 분설해서 설명하고자 한다.

1. 노동조합의 구성원

위에서 언급한 첫 번째가 노동조합의 주체적 조건이다. 노동조합이라고 하는 것에서는 당연히 임노동자에 의해 조직된 단체이어야 한다. 노동조합의 요건으로서는 그것이 노동자의 경제조건의 향상을 겨냥하는 조직이라고 하더라도 경제조건의 향상을 목적으로 하는 단체 모두가 노동조합인 것은 아니다. 거기에는 당해 노조의 구성원이 누구인가 물어야 한다. 경제적 이익을 유지하고 향상하기 위해 만들어진 단체라고 하여도 예컨대, 다양한 업계의 단체나 군인유가족의 단체나 농민단체를 결코 노동조합이라고 부를 수 없는데, 이들은 임노동자에 의해 조직된 단체가 아니기 때문이다.

자본주의 사회는 노동력을 포함하는 모든 것이 상품화된 상품사회이므로 상품의 판매자와 매수자가 대등의 입장에서 자유로이 상품을 매매할 수 있는 것을 전제로 하여 비로소 성립하고 있다고 해도 과언이 아니다. 노동력 상품의 매매에 있어서도 그 예외는 아니다. 즉 임노동자는 당초 노동시장에 있어 고용주와 대등한 입장에서 자기의 노동력을 자유로이 판매할 수 있는 것이 원칙[1])으로 되어 있지만 경제적으로는 생산수단을 가지지 못했기 때문에 누구에게 고용되지 않으면 생활을 할 수 없다고 하는 약한 지위, 즉 대등하지 못한 입장에 서 있다. 게다가 노동력 상품은 다른 상품과 달라, 노동자 자신 즉 신체와 분리해서는 팔 수도 없고, 또 저장해 놓을 수도 없다. 그래서 제시된 임금이 싸다고 하여도 노동력밖에 가지지 않은 노동자는 노동력을 팔지 않고서는 그의 생계생활을 지속해나갈 수도 없다. 게다가 그 중에는 노동력을 건전하게 유지하기 위해서 수입이 없음에도 불구하고, 매일매일 일정한 지출을 해야 하기 때문에 예비의 저축이 없는 자가 더

---

1) 자본주의적 시장에서 상품 간에 공정한 경쟁이 이루어지려면, 본래 상품은 자유롭게 매매될 수 있어야 하고 또 실재로도 그러해야 한다.

욱 더 자기의 노동력을 사용자가 말하는 대로의 가격으로 궁박한 판매를 할 수밖에 없다. 또 노동자가 개개인으로 고립·분산되어 있는 것은 임금의 상황도 파악하지 못하게 하고, 고용주와의 교섭에 있어서도 노동력을 적정한 가격으로 판매하는 것도 불가능하게 한다. 이러한 노동자는 자신의 불리한 조건을 극복하고 임금을 비롯한 노동조건을 적정한 수준으로 유지하기 위해서 이해관계를 같이 하는 임노동자끼리 기대고, 단결하는 이외에는 방도가 없다. 그러한 요청에 따른 것으로서 생겨난 조직이 노동조합이다.

그리하여 노동조합은 공업화의 필연적인 부산물로서 성립하고, 자본주의의 진전, 임노동자의 형성과 증대에 따라서 점점 발전해가는 것이다.[2)]

2. 노동조합의 목적

두 번째의 조건은 단체의 목적과 직접적으로 연관된 것이다. 본래 노동조합의 제1의 목적은 고용·노동조건 등 일반적으로 경제적 조건의 개선을 지향하는 바에 있다.[3)] 그러므로 노동조합에 있어는 이것을 위한 경제적 활동이 다른 일체의 노동조합의 활동(예컨대, 공제활동, 정치활동, 문화활동)에 비하여 우선하고 또 우선해야 한다. 그리고 이 경제활동은 단순히 노동조합의 조직형태를 통한 직종레벨 내지 산업레벨에서의 노동조건개선을 위한 활동뿐만 아니라, 경영의 차원을 초월한 국가적 수준에서의 그들의 활동을 포함한 것으로 되어야 한다.

예컨대, 노동시간의 단축이라든가, 최저임금제의 확립이라든가 주로 노동보호법의 제정이나 사회보험이나 사회보장에 대한 요구의 실현을 위한 활동도 그것이 극히 정치성을 띤 활동이라고 할지라도 임노동자의 노동조건과 밀접한 관계에 있으면, 그것들은 모두 노동조합활동의 주요한 대상으로 되고 주요한 목적으로 된다. 다만 베트남전쟁 반대라든가, 기지 반대투쟁이나 노동자정당에 대한 선거활동이나 국가보안법 폐지투쟁이나 통일운동 혹은 사회구조의 변혁운동 등은 어느 것이나 임노동자의 경제활동에 간접적으로 영향을 주하는 것이라고 하여도 이것들은 말하자면 노동조합 본래의 주요한 목적은 아니다. 왜냐하면, 이른바 정치활동은 원래 정당이 해야 할 목적이라고 할 수 있지만 노동조합에 있어서는 부차적인 의미를 가지는 것에 불과하기 때문이다.[4)] 일반적으로 노동조합이란 원초적으로 노동자의

2) W. Beveridge, Voluntary Action, A Report on Methods of Social Advances, 1948, p. 55.

3) 자본주의경제에 있어서 특히 「표준노동시간(the Normal Day)과 표준임금률(The Standard Rate)의 확보를 제외하고, 노동조합은 생각할 수 없다. 바로 이들 두 가지는 「단체교섭의 필수적 요건」이라고 하겠다.」

경제적인 목적을 위해서 성립하였고, 그와 같이 발전해가고 있는 것이다.[5)]

그렇지만 우리나라에 있어 노동조합 활동에는 과거에 사회주의운동이나 정치활동이 본래의 노동조합 활동과 함께 주요한 위치를 차지하고 있었다. 정당활동이나 노동조합활동이 분리되지 아니한 채 혼연일체를 이룬다고 하는 아주 변칙적인 상태를 가져왔다.

이것은 이데올로기적 분단국가라는 우리나라의 특수한 상황과 연관하여 얼마 전까지만 해도 노동자정당이 성립할 수 없었고, 최근에 노동자정당이 합법적으로 인정되어 당세를 확대해가고 있다고 하지만 그 기반이 취약하다는 것과 밀접하게 결부되어 있다. 오히려 그것은 국가권력에 의한 재벌중심적인 산업화를 통해서 농업국가에서 일약 산업국가로 발돋음했던 우리나라의 특수한 상황에 관한 구체적인 표현이라고 할 수 있다. 민주노동당의 경우를 보면, 1990년대에 들어와 민주노동당이 창립되었고 항상 당세의 확장을 겨냥하고 있었지만, 당원 수가 3만-6만명 정도의 수준에 머물러 있었다. 그것도 당간부는 주로 학생운동권 출신이었고, 노동조합의 일반구성원이 당원으로 되는 경우는 적었다. 그리고 최근에는 정치적 헤게모니투쟁으로 지리멸렬하게 되어가는 경향마저 보인다.

이것에 비해 선진자본주의국가에서는 노동조합은 노동당이나 사회당과의 연계를 통해서 그 정치적 목적을 달성해가고 있는 듯하다. 특히 서유럽의 선진자본주의국에서는 이러한 경향이 현저하다. 제2차 대전 후에 서부도이칠란트의 경우, 반자본주의적 경제민주주의노선을 표방하는 뮌헨강령에서 출발하는 도이치노동조합

---

4) 역사적으로 볼 때, 유럽노동조합운동은 사회주의의 실현을 최종목적으로 하는 정치조직적인 색채가 강했다. 그러나 오늘날 자본주의체제 하에서 노동조합은 사회주의적 경제체제의 실현이라는 목표를 포기하고, 혹은 먼 장래의 과제로서 보류하고 있다. 이것은 투쟁의 중심을 현체제 하에서의 개량투쟁 특히 협약투쟁으로 이행하겠다는 것이기도 하다. 일반적으로 말하면, 이와 같은 노동조합의 체제내화(體制內化) 즉 개량주의화와 노사관계의 안정과는 반드시 직결하는 것은 아니다. 자본주의체제의 유지를 전제로 하면서, 노동조건의 유지개선을 둘러싸고 다수의 격렬한 투쟁이 전개된다고 하는 사태는 충분히 있을 수 있기 때문이다. 그러나 동시에 노동조합이 자본주의경제체제유지에 대한 관심을 강화함에 따라, 현행 경제질서 그 자체를 동요케 할 수도 있는 태양과 규모의 쟁의행위를 자제하는 경향이 강하게 되는 것은 부정할 수 없고, 노동조합의 체제내화와 노사관계의 안정과는 병행해서 진행하는 경우가 오히려 많다.

5) 노동조합은 「노동력을 가치대로의 가격으로 판매하도록 해서 노동력의 상품성을 완결하여 자본주의적 가격원칙에 충실할 것이다. 이러한 의미에서 노조는 자주의사회의 경제합리성에 입각한 내재적 구성요소이고, 노동력의 상품성, 환언하면, 임금법칙을 지양하고 붕괴하는 것은 아니다. 앞에서 노조의 본질과 반자본주의적인 운동이나 사회주의적 이데올로기는 일응 별개의 것이라고 기술하는 것의 근본적인 의미는 이 점에 관련되어 있다. 노동의 상품성의 지양은 노동자정당이 지향하는 목적이자 과제이다. …」 高橋洸, 「第6章 勞動組合と社會政策」, 大河內一男(편), 『社會政策』, 淸林書院, 1961.

연맹(DGB) 및 그 산하조합은 1952년, 53년의 뼈아픈 패배를 교훈으로 하여, 점차 체제 내에서 개량투쟁에 자신의 임무를 한정하게 되었다. 그것은 조합활동의 중점을 정치적 영역에서 직접적인 노사관계의 장으로 이행케한다고 하는 의미에서, 일종의 비정치화(Entpolitisierung)의 과정이었다. 그렇지만 그것은 결코 노동조합의 정치적 영역으로부터의 철회를 의미하였던 것은 아니다. 정치적 영역에서의 완전한 철퇴는 오늘날 노동조합에 있어서는 불가능하다. 경제과정에 대한 국가적 개입이 전면화하는 점에 특징을 가지고 있는 현대자본주의사회에 있어서는 체제 내 개량투쟁에서마저 국가적 정책에 대한 영향력행사를 제외하고 충분히 전개될 수 없는 것이 실정이기 때문이다.6) 임금 노동시간 연휴 안전위생 재해보상이라는 직접적 노사관계에 관련하는 문제들에 있어서도 국가의 입법 행정에 의한 관여가 증대하고 있으며, 세금 물가 사회보장 주택 환경정비 등 직접적 노사관계에 있어서는 해결될 수 없는 문제에 대해서도 노동자의 관심이 높아질 수밖에 없는 조건이 있다. 또 서부도이칠란트의 노동조합이 일관하여 중요한 과제로서 자리매김해온 공동결정권의 법제화나 고용보장 등은 말할 것도 없이 국가를 상대방으로 하는 요구였다. 그리고 DGB 및 그 산하조합은 재군비문제나 비상사태입법 등의 이른바 순수정치문제에도 적극적으로 헌신해왔다. 그리고 노동조합이 정치적 영역에서의 활동을 중시하는 경향은 사회민주당이 정권에 참가하고 또 일종의 소득정책이라고 할 수 있는 협조행동이 개시되었던 1967년 이래, 가일층 강화되었다고 하겠다. 잉글랜드에서는 노동당원 630만 명 중 550만 명이 노동조합원(그 비율은 87.3%)이고 조합원이 동시에 당원을 겸하고 있는 경우가 많다.

이렇듯 노동조합이 자본주의체제의 극복도 전망하면서 권력과 대결한다고 하는 태도는 취하지 않는다. 그러나 체제 내에서의 자기의 요구를 실현하기 위한 정치참가는 적극적으로 전개하고 있는 것이다. 노동조합이 정치에 대해 영향력을 행사하는 채널은 다양하다. 크게 나누어서 정부와의 협의, 데몬스트레이션, 선전, 스트라이크 등의 이른바 아웃사이드로비와, 국가기관 준국가기관에 대한 참가에 의한 인사이드로비로 이루어지고 있다. 노동자들은 노동조합에서는 조합원으로서 근로조건의 향상을 위한 경제활동에 적극적으로 참가하고, 직장의 근무를 떠나서는 당원으로서 정치활동에 참가한다. 노동자는 노동조합에 대해서는 주로 경제활동을 하는 노동조합의 조직과 노조간부의 기본적인 태도를 원망하고 노동조합이 그러한 활동에 적극적으로 나설 것을 기대하고 있다. 정치목적의 실현을 위해서 노동조합보다도 오히려 정당이 전면에 나서서 그들의 바람을 구현해 줄 것을 부

6) Thalmann, Der politisch motivierte Ausschluß aus Gewerkschaften, 1974, S. 56f.

탁하고 있다. 조합원이면서 당원인 개별근로자는 노동조합의 목적과 역할에 있어서 노동조합과 정당의 차이를 명확하게 자각하면서 그때그때 상황에 맞게 행동하고, 노동조합과 정당도 각각 그 목적에 따라 구성원에게 행동할 것을 요구하고 있다.

그렇지만 우리나라의 경우에는 그 사정이 그렇지 못한 것 같다. 노동조합의 지도자 중에는 본래적인 노조활동보다도 정치활동이나 사회주의활동을 하려고 하는 것이 노조활동의 주요한 임무인 것처럼 착각하거나 특히, 노동조합의 조직을 자신의 정치적 입신출세를 위해 정치활동의 장에 이용하는 것에 전념하는 노조의 간부가 상당수 있는 것 같다. 이러한 행태들은 노동조합의 진정한 목적을 이해하지 못하는 태도라고 해야 할 것이다. 그러한 태도는 반드시 조합원에게 이익으로 된다고 할 수 없다. 오히려 이것은 통일적 노동운동을 저해하고, 더욱이 노동자에게 불이익한 결과를 초래하는 경우가 많다.

물론 경제적 목적과 정치적 목적은 자주 불가분적으로 서로 결부되어 있는 경우가 많겠지만 그렇다고 해서 노동조합이 노동자정당과 완전히 동일한 기능을 수행해야 한다는 논리는 곧바로 성립하지 않는다. 그 기능과 역할에 있어서 노동조합과 노동자정당은 그 목적을 달성하는 방법이 달라야 한다. 이러한 점에 대하여 확실하게 인식하는 것이야말로 노동조합 운동을 하는데 있어서 대단히 중요하다. 그렇다고 이것이 노동조합이 전혀 정치활동을 해서는 아니 된다는 것을 의미하는 것은 아니다. 노동조합의 정치활동은 그것의 본래적인 목적을 위한 경제활동에 비교하면 부차적이고 또 부차적이어야 한다는 것을 명확히 해 둘 필요가 있다.

공제활동에 대해서도 동일하게 말할 수 있다. 노동조합은 노동자의 복지를 위해 여러 가지의 공제활동을 수행하고 있다. 노동자의 단결을 강화하기 위해서도 공제활동은 필요하지만 공제활동 그 자체가 노동조합의 주목적인 것은 아니고, 그것은 어디까지나 부차적인 목적에 불과하다. 정치목적이나 공제목적이 노조활동 중에서 무시할 수 없는 비중을 차지하고 있다고 하여도 그것은 다만 「고용조건의 유지 또는 개선」이라는 노동조합의 경제적 기능을 보다 잘 달성하기 위한 수단으로서 의미를 가지고 있는 것에 불과하다.[7)]

그러므로 자본주의사회에 있어 노동자의 단체로서 노동조합은 아무리 여러 가지의 사업을 할 수 있다고 하여도, 그 주된 목적이 구성원인 노동자의 경제적 이익의 옹호가 아닌 한, 그것이 노동자의 단체라고 하더라도, 진정한 의미에 있어서 노동조합이라고 말할 수 없다고 할 것이다.[8)]

---

7) 大河内一男, 『勞動組合』, 有斐閣, 1963, 34면.

3. 임노동자에 의한 자주적 운영

노동조합의 세 번째의 기본조건으로는 그것이 임노동자에 의해 만들어지고 임노동자에 의해 운영되는 자주적인 단체이어야 한다는 것이다. 노동조합이 노동자로 구성된 단체라도 그것은 노동자에 의해 자주적으로 만들어지고, 자주적으로 운영되는 조직(기업이나 정부는 말할 것도 없고, 정당으로부터도 독립된 조직이어야 한다)이 아니라면 명칭 여하를 불문하고 이미 노동조합이라고 할 수 없다.

예컨대, 과거의 나찌스 도이칠란트에 있어 노동전선(Deutsche Arbeitsfront: DAF)이나 제2차 대전시 일본의 산업보국회(産業報國會)는 노동자에 의한 단체라고 하더라도 역시 그 성격은 노동조합과는 이질적이다. 또한 자본가나 그 이익을 대변하는 자가 참가하는 노조나 참가까지는 하지 않더라도 운영상 이들의 원조나 개입의 정도가 강하고, 노동자의 자주성이 없고 노동자의 이익이 침해되는 이른바 「어용노조」나 아메리카형의 「회사노조(Company union)」는 진정한 의미에 있어서의 노동조합이라고 하기에 적합하지 않다. 사실, 우리나라에도 이름뿐인 노동조합이 상당히 많이 있는 것 같다. 개별사업장 내에서 폐쇄적인 노동조합은 설령 그것이 노조법상의 법형식적인 요건을 갖추었더라도 노동조합 본연의 경제적 기능을 제대로 발휘하지 못하기 때문에 그것은 진정한 의미에 있어 노동조합이 될 수 없을 것이다.

노동조합은 국가나 가족과 같은 지연이나 혈연에 기초한 단체와는 다르다. 노동조합은 근로자들의 자유로운 합의에 기초한 임의단체이기 때문에 그것에의 가입뿐만 아니라 탈퇴도 자유로워야 한다. 그렇지 않는 한 설령 그것이 노동조합이라는 이름을 가지고 있다 하더라도 진정한 노동조합라고 할 수 없을 것이다.

일반적으로 노동조합은 자본주의 기구에서 생겨나서 성장하고 발전해왔다고 말할 수 있다. 노동조합은 말하자면 상품화된 인간노동력을 유리하게 판매하기 위한 거래집단이다. 그것은 경제적으로 열세적인 노동자가 상품노동력의 판매에 있어 적어도 자본가와 대등하게 계속적으로 거래할 수 있는 조건을 확보하기 위해 조직된 단체에 불과하다. 또한 그것은 정당의 전위조직이나 부속단체가 아니다.

---

8) G. D. H. Cole(水上鐵次郎 역), 『勞動組合入門』, 有斐閣, 1957, 2면 참조.

Ⅲ. 자본주의경제에서 노동조합의 필요성

누구나 다 주지하고 있듯이, 자본제사회는 본래 상품사회를 전제로 하여 성립한 사회이다. 그 전제에는 상품의 매매에 있어 그 당사자들이 서로 법률적으로 대등한 입장에서 거래가 이루어진다고 하는 것이 보증되어야 한다. 자본제사회가 그 전시대의 봉건제 사회와 구별되는 까닭은 모든 것이 상품화되어 있고, 상품의 소유자는 자유롭고 또 대등하게 자기의 상품을 판매할 수 있다는 것을 전제로 하여 성립된 사회라는 것이다. 노동력 상품의 매매에 있어서도 노동력의 판매자와 매수자가 대등한 입장에서 거래하는 것이 요청된다. 그렇지만 노동력 상품은 다른 상품과 현저히 다른 특수한 성질을 가지고 있다. 노동력이 상품화로 되는 데에는 최소한 십 수 년이라는 성장기간이 필요하고 노동력은 피와 살 그리고 뼈로 포장되어 있다. 노동력은 저장이 불가능하다. 그 뿐만 아니라 특별한 경우가 아닌 한 노동력의 판매자측은 매수자 측보다 경제적으로 열악한 처지에 있다. 게다가 노동력의 수급관계에서 실업의 존재가 끊임없이 노동력의 판매자에게 불리한 조건으로 되어 있다. 노동자가 사용자와 개인적으로 노동계약을 체결하는 경우, 대등한 입장으로 거래한다는 것은 사실상 곤란한 사정에 처해 있다. 그래서 이해를 공통으로 하는 노동자가 노동조합을 만들고, 집단력에 의해 비로소 경제적으로 불리한 조건을 극복하고 노동조건의 결정을 적어도 할 수 있을 정도로 대등한 입장에서 확보하려고 한다. 이것이 노동조합을 법률적으로 승인하게 된 당초의 근거이자 이유이다.

우리나라의 많은 경영자들은 아직도 노동조합의 존재의의와 그 역할이 어떠한가를 알지 못하는 것 같다. 그래서 그들은 무턱대고 노동조합에 대해 외포를 품고 있으며, 까닭 없이 혐오하는 태도를 보이고 있다. 그렇지만 근대적 경영을 해 나가려고 하는 경우에는 노동조합의 문제를 회피하는 것은 절대적으로 불가능하다고 생각할 필요가 있다. 노동조합을 부정하거나 필요 이상으로 적대시하는 것은 이미 시대착오적인 인식이라고 해야 할 것이다. 만약 경영자의 인식이 이와 같은 인식의 수준에 그치고 있다면, 그러한 자는 이미 근대적 경영을 담당하기에 적합하지 않은 부적격자라고 해야 할 것이다.

요컨대, 노동조합은 노동력상품의 판매에 있어 본래 불리한 조건에 처한 노동자(판매자)를 자본(구매자)과 대등한 입장에 서게 하여 단체적 거래의 방법(이를테면 단체교섭)에 의해 노동력의 상품성을 완성시키려고 하는 친(親)자본주의적 제도이다. 노동조합은 그것 자체로서 자본주의의 내재적 법칙을 부정하는 것이 아닐 뿐만 아니라 노동조합 운동을 통해 자본주의 법칙을 지양하고자 하는 것도 아니다. 노동조합이 자본주의체제에서 노동력의 상품성을 관철하고자 하는 것은 자본주의의 기본원리인 가치법칙을 부정하는 것이 아니라, 가치법칙에 기초해서 노동력의 가치를 실현하고자 하는 것이다. 노동조합 운동에 의해 자본주의의 임금법칙은 폐절되지 않는다. 오히려 노동조합운동에 의해 자본주의적 임금법칙은 더욱 더 관철되고 있다고 하는 것이 옳을 것이다.

Ⅳ. 노동조합과 노동자정당의 관계

자본주의가 고도화해감에 따라 노동조합은 본래의 목적인 노동조건의 개선 혹은 개악저지의 실현을 지향하여 다각적으로 행동해야 한다. 이렇게 말하는 것은 오늘날과 같은 세계화된 새로운 자본주의적 상황에서 노동조합이 노사 간의 교섭만으로는 노동조건의 개선을 실현해가는 것이 점점 불충분하게 되어가고 있기 때문이다. 근로대중은 경제적 기능만을 목적으로 하는 노동조합에만 의존해서는 그들의 요구를 실현할 수 없다. 노동조합은 본래의 경제적 기능만이 아니라 정치적 기능을 발휘하지 않으면 노동조합 본래의 목적이나 조합원의 요구를 실현하는 것이 점점 더 불가능하게 되어 가고 있다. 독점자본주의 단계로 접어들면서부터 근로대중들에게는 경제적 기구인 노동조합 이외의 정치적 조직도 절실하게 필요하다. 그래서 계급으로서 급속히 성장해온 노동자의 이익을 대변하는 이른바 「노동자정당」이 서서히 결성되게 되었던 것이다. 우리나라에서도 오래전부터 노동자정당의 결성이 시도되었다. 그렇지만 특수한 상황이데올로기 앞에 그것이 좌절되었다. 1990년대에 들어와 이른바 노동자정당으로서 민주노동당이 창설되어 2000년대에 들어와 소수이지만 국회의원을 배출하였다가 2012년 국회의원선거에서는 통합진보당으로서 상당히 약진했으나 내분으로 몰락의 위기를 맞이하고 있다. 여기에서 중요하게 재삼 생각해야 할 문제는 노동자정당 그 자체의 존재가 아니라 (노동자)정당과 노동조합과의 관계이다. 우리나라에서도, 설령 정당이 노동자계급을 기반으로 하는 정당이라고 할지라도, 정당과 노동조합의 관계가 어떻게 되어야 하는가라는 문제가 새롭게 부상되는 것이다.[9)]

9) 이와 관련해서 잉글랜드와 도이칠란트에 있어서 20세기 초중반 노동조합의 정치적 경험

노동조합이 노동조건의 개선이라는 조합원 공통의 경제적 이익의 실현을 겨냥하는 노동자의 대중조직이라는 것은 두말 할 필요도 없다. 그것은 정당과 같이 정치적 사상과 신조가 일치하는 것을 조건으로 해서 그 정치목적을 달성하기 위해 조직된 단체가 아니다. 일반의 조합원은 노동조합이 노동조건의 개선을 목적으로 해가는 것으로 기대해서 노동조합에 가입하고 있는 것이다. 그러한 기대를 저버리지 않기 위해서라도 노동조합은 언제나 노동조건의 개선을 최우선 과제로 하여 항상 행동해야 한다.

노동조합은 조합원의 경제적 이익을 제1로 하는 경제적 조직이지만 정당은 특정계급 또는 계층의 이익을 대변하기 위한 단체이다. 양자는 본래 그 성격과 임무를 달리하는 상호 독립된 조직이다. 따라서 이러한 노동조합과 정당의 상보적인 관계를 정확히 이해하지 않고 마치 정당이 노동조합의 상부조직인 것처럼 행동하고, 노조에 개입·지배하려고 하거나 노조의 조직 속에 당파성을 끌어들이고 노조에 특정정당에 대한 지지를 강제(=지지정당의 통일화)하거나 선거투쟁을 특정정당에게 따르도록 강요한다면 노동조합에 도대체 어떠한 결과가 생길 것인가? 그 대답은 명백하다. 그것은 노동조합의 실패이다. 그 폐해는 조합민주주의를 파괴하고 급기야는 노동조합을 분열시키는 것은 필연적이다. 그것은 노동조합운동의 종말이고 나아가서 노동자정당도 실패할 것이다. 지금까지 우리나라의 노동조합운동은 그 점에 대한 어떠한 뉘우침도 없이 이러한 실패를 반복해왔다고 해도 과언이 아니다.

노동조합의 목적을 실현하고 교섭을 강화하기 위해서는 노동조합조직의 확대가 필요한 것은 물론이고 동시에 노조 내부의 단결을 강화해가는 것이 필요불가결한 것이다. 오늘날 우리나라 노동조합의 운영행태를 보면 노동조합간부들은 여전히 조직본래의 목적을 소홀히 하고, 노조 내부에 당파성을 끌어들이고 있고 노동조합의 조직을 이용하여 정당의 조직을 확대하려는 경향이 강한 것 같다. 이것은 조합원의 신뢰를 배신할 뿐만 아니라 노동조합 내부의 분열을 초래하고 노동조합 상호의 연대를 저해하고, 대립을 격화하여 노동조합의 본래적 목적을 달성하는 데에 커다란 장애가 된다는 것에 대해 책임 있는 노동조합 간부들이 맹성(猛省)할 필요가 있다.

노동조합과 정당의 관계에 대하여 서유럽 선진자본주의 국가에서는 노동조합운

은 우리나라 노동운동에도 많은 것을 시사해주고 있다. 채준호, 『영국의 노동당과 노동조합』, 한국노총중앙연구원, 2008; 花見忠, 『勞働組合の政治的 役割. ドイツにおける經驗』, 未來社, 1965, 참조. 그리고 강희원 "노동과 국가: 잉글랜드의 노동운동과 노동입법을 중심으로", 『노동법학』 제32권, 한국노동법학회, 2009, 193-242면도 참조.

동 초기부터 문제로 제기되었고 오늘날에도 여전히 다양한 실험이 진행되고 있는 것 같다. 노동조합운동이 일천한 우리나라에서는 노동조합과 정당의 관계를 어떻게 설정할 것인가는 노동조합 측은 물론이고 정당 측에서도 서유럽 선진자본주의 국가에서의 경험을 거울로 삼아 심각하게 고민해야 할 과제이다. 이 문제는 특히 노동조합운동을 한 차원 높게 발전시키는 데에 피할 수 없는 중요한 과제라고 할 것이다. 양자의 관계에 대해서는 1907년 도이칠란트 쉬투트가르트(Stuttgart)에서 개최되었던 제7회 국제사회주의자대회의 결의가 그 원칙을 명확히 세우고 있다. 지금으로부터 100여 년 전에 처절한 경험에서 나온 혜안은 다음과 같다.

1. 노동조합은 주로 경제투쟁의 영역에서 행동하고, 정당은 주로 정치투쟁의 영역에서 행동한다. 그리고 그 어느 쪽도 프롤레타리아의 해방에 있어서 없어서는 아니 된다.
2. 각 영역에 있어서는 당도 노동조합도 외부로부터의 간섭에 의하지 않고, 자주적으로 독립하여 행동해야 한다.
3. 그러나 노동자계급의 해방을 위한 투쟁에는 정당과 노동조합의 협력에 의하지 않으면 유효하게 투쟁할 수 없는 영역이 있다. 또한 그러한 영역은 점점 확대된다.
4. 그러므로 그것을 위해 노조에 필요한 통일을 방해하지 않는 한 당과 노동조합 간에 보다 긴밀하고 보다 영속적인 관계가 맺어져야 한다.

이러한 4대 원칙은 오늘날에도 여전히 옳다고 일반적으로 승인받고 있다. 이것은 우리나라의 노동조합운동에도 타당하다.

노동조합은 경제투쟁의 영역에서 행동하는 조직이다. 물론, 노동조합은 정치적 신조나 사상을 같이하는 자의 조직이 아니다. 노동조합과 정당은 스스로 그 성격과 임무를 달리하는 상호 독립된 조직이라는 것을 인정해 둘 필요가 있다. 정당과 노동조합은 자주적으로 행동하고 서로 간섭해서는 아니 되고 당과 노조는 노조의 통일성을 방해하지 않는 범위 내에서 긴밀한 관계를 유지해야 한다는 것이다. 이러한 기본적 원칙을 투철히 지키면서 노동조합이 행동하는 것이 중요하다.

노동조합은 노동조건을 유지·개선하기 위한 노동자의 조직이고 그 목적은 물론 노동자의 경제적 조건의 확보와 그 지위의 향상에 있다. 그렇지만, 우리나라의 경우에는 노동조합이 그 본래의 목적을 일탈하여 마치 정당의 하부기관인 것처럼 행동하고, 그것과 밀착하여 정당의 대리인으로서 산업이나 기업의 영역에 들어가 정당활동을 전개하는 사례를 자주 볼 수 있다. 노동자는 단결하고 통일하여야 비로소 노동조합의 기능을 최대로 발휘할 수 있음에도 불구하고, 노동조합 내에 당파성을 끌어들이는 것은 노동전선의 통일을 저해하고 분열을 초래할 것이라는 사실은 강 건너 불을 보는 것보다도 분명하다.

일반 노동자인 조합원은 자신의 노동조건 및 지위의 향상을 노동조합에 기대하고 있어도 결코 노동조합이 정치활동을 수행하는 것을 기대하고 있는 것은 아니다. 오히려 성가시고 불쾌하게 생각하고 있는 경우가 많다고 할 것이다. 우리나라의 경우에 노동조합이 기업별 조직이기 때문에 노동조합이 제 기능을 제대로 발휘할 수 없었다. 그 결과 일반 노동자는 노동조합의 필요성에 대해 특별한 각성을 하지 못했다. 이것이 우리나라 노동조합 조직률을 저하시킨 근본적인 요인 중의 하나라고 생각한다. 물론 여기에는 법적·제도적으로 기업별노동조합으로 강제하여 노동조합문제를 기업의 내적 문제로만 억압하려고 했던 국가권력의 교묘한 정책이 있었다. 그렇지만 그나마 성립된 기업별노동조합의 경우에도 노조간부들이 노동조합 본연의 기능에 충실하기 보다는 그들의 태도가 정치적이었던 것도 노동조합 조직율의 저하에 기여했던 또 한 가지의 중요한 요인이었을지도 모른다.

이렇듯 노동조합이 정당적 활동의 무대로 되면 노동자들이 정파적으로 분열되어 연대와 통일이 곤란하게 된다. 그렇게 되면 노동조합의 기능은 그만큼 감퇴하게 된다는 점을 알아야 한다. 왜냐하면 노동조합은 본래 정당활동을 하기 위한 조직이 아니기 때문이다.

마지막으로, 노동조합과 정당의 관계와 관련하여 노동조합의 본래적 기능을 한번 더 강조하고자 한다. 거듭 되풀이해서 말하였듯이, 노동조합은 노동력을 유리하게 판매하기 위한 집단이다. 집단적 교섭을 통해 노동조건의 내용을 얼마나 유리하게 체결하는가가 노동조합의 궁극적인 목적이다. 노동조건의 기본적 사항은 노동협약으로 결정되기 때문에 어떠한 단체협약을 체결하는가가 노동조합에 있어서 중요한 과제로 되어야 한다. 이 단체협약은 노사의 대표가 상호의 이해에 대해 의견을 서로 내놓고 협상하는 단체교섭을 통해 결정된다. 그러므로 단체교섭이야말로 노동조합의 기본적 기능이라고 해야 할 것이다. 이러한 의미에서 일찍이 노동조합이론가인 콜(G. D. H. Cole)도 잉글랜드의 노동조합 경험에 기초해서 「노동조합이 확고한 지위를 구축한 나라에서는 노동조합의 중요활동은 조합원을 대표해서 단체교섭을 하는 것이다」[10]라고 분명하게 말하고 있다.

---

10) G. D. H. Cole(水上鐵次郎 역), 『勞動組合入門(上)』, 有斐閣, 1958, 3면.

V. 노동조합의 성립과 그 조직형태의 변천

1. 자본주의의 종속변수로서 노동조합 조직형태

잉글랜드는 세계에서 가장 먼저 자본주의가 발전한 나라였다. 그러므로 노동운동이 최초로 발흥하였던 나라도 잉글랜드였던 것은 당연하다. 더욱이 자본주의의 발전에 상응하여 노동운동이 그 전형적 발전의 모습을 보여주었던 나라도 또한 잉글랜드였다. 이러한 연유에서 잉글랜드의 노동조합운동사를 통해 자본주의의 발전단계와 노동조합의 조직형태와의 관계에 대해 고찰하면서, 이에 근거해서 일반적으로 노동조합의 조직형태를 유형화하고 그 장·단점을 생각해보기로 한다.

잉글랜드의 노동조합운동사에서 얻은 지식을 일반화하면, 노동조합의 조직형태(y)는 자본주의의 발전(x)의 종속변수이다(y=f(x)). 그래서 노동조합의 조직형태의 발전에 대해 먼저 결론부터 말하면, 세계적인 차원에서 전망해 볼 때 노동조합은 자본주의의 발전단계에 대응하여 서서히 직업별노동조합에서 산업별노동조합으로 그 조직형태의 중점이 이동해왔다고 일반화할 수 있다. 이러한 일반화는 현재 자본주의의 발전단계가 어떠한 단계에 있는가, 그리고 앞으로 자본주의가 어떻게 발전하여 변모해 가는가에 따라 노동조합의 조직형태나 행동방식을 어떻게 바꾸어야 할 것인지를 결정하고, 노동조합운동이 어떻게 변모해갈 것인지를 가늠해 볼 수도 있을 것이다.

2. 직업별노동조합(Craft Union)

1) 노동운동초기의 형태

연혁적으로는 직업별노조(또는 직종별 내지 직능별 노동조합)는 노동조합의 역사와 함께 오래되었고(1851년 잉글랜드에서 결성된 합동기계공노조는 그 선구였다) 각국을 통해 노동조합 운동의 초기(산업자본주의시대에서 독점자본주의시대에 걸쳐)에 나타났던 형태이다.[11] 이 형태의 노조는 일반적으로는 공장제공업이 아직 충분히 발달

11) 직업별노조의 연혁은 중세직인길드까지 소급할 수 있다. 길드의 직인(journyman)은 자영업자인 친방(마이스터)에 사용된 숙련노동자이고 곧 친방주자격을 취득하여 독립하는 것을 목표로 하였다. 그러나 자본주의의 발전에 더불어 길드가 쇠퇴해감에 따라 친방으로 될 가능성이 없어졌기 때문에 직인으로서의 이익을 지키기 위한 구(舊)직인의 노조를 기반으로

하지 않았기 때문에 노동자의 직능적 기술이 중시되고 생산이 노동자의 숙련도에 크게 의존하였던 단계에 대응하여 만들어진 노동자의 조직이라고 할 수 있다.

노동자의 조직은 어떤 나라에서도 우선 숙련노동자에 의해 만들어졌다. 직업별 노조는 동일직종 또는 동일직능의 노동자가 그 소속하는 산업이나 기업에 관계없이 지역적·횡단적으로 조직된 숙련노동자 중심의 노동조합이지만, 그것은 당초 Craft(직종)의 이해나 입장을 대표하는 동지적 결합노조였다.

공장제 공업이 충분히 발달하지 않고, 또 분업도 충분히 발달하지 않아 생산의 주체가 기계가 아니고 복잡한 인간노동에 의존할 수밖에 없었던 단계에 있어는 공장제 생산의 열쇠가 완전 숙련공의 수중에 있고, 미숙련공은 기껏해야 보조적 노동에 종사하였던 것에 불과했다. 숙련노동자의 수요가 비교적 높았던 산업자본주의초기의 단계에 있어서는 자본은 일반적으로 미숙련공의 조달에는 조금도 모자랄 것이 없었지만 숙련노동자의 일정량을 확보하는 것은 점점 곤란하였다(따라서 이 때문에 숙련노동자 빼가기가 자주 행해졌다). 이것의 확보는 공장제 공업의 생사를 결정하는 문제이기도 했다. 이러한 조건은 숙련노동자의 거래력을 상대적으로 강화하는 것이었다. 직업별노조를 결성케 한 큰 요인이었다.

그렇지만 산업혁명(잉글랜드는 1760년대부터 1830년대까지)을 통해 기계제 생산이 일반화되어 감에 따라 반숙련·미숙련노동자가 대량적으로 공장제생산체제하로 흡입되게 되면서 숙련노동자의 중요도는 점차 낮아지고, 이것이 그들의 노동조건을 낮추는 커다란 요인으로 되었다. 이와 같은 것에서 미숙련노동자와의 경쟁을 배제하고 스스로의 직업상의 이익과 특권을 지키기 위해 조직을 만들고 이것을 강화할 필요가 점점 높아지게 되었다. 이와 같은 직업별노조는 일방에서는 숙련노동자의 특권적 지위를 강조하고, 다른 한편에서는 그 특권적 지위를 증대하고 있는 미숙련노동자로부터 방위하기 위한 조직으로서 만들어졌던 것이다.

2) 직업별노동조합의 특징

(1) 「직업독점」·「공급제한」적 조직

그런데 직업별노조의 최대 목적은 동일직종의 노동시장을 하나로 집약하여 노동조합이 노동시장에 있어 숙련직종 노동자의 공급을 가능한 한 통제하여 노조가 결정한 임금률 이하에서 조합원을 일하지 않게 하고 숙련노동자의 고임금과 지위의 안전을 고용주에게 보증하도록 하는 것에 있다. 그러므로 미숙련공을 배제하

하면서 직업별노조를 만들려고 하였다. 栗田健, 『勞動組合』, 日本勞動協會, 1982, 40~41면.

고 도제제에 의해 엄격한 자격가입제한을 만들었던 것도 궁극에는 숙련노동자의 노동시장이 미숙련노동자에 의해 교란되는 것을 극력(極力) 피하려는 것이다. 그들의 특권적 지위를 유지하는 것이 목적이었다. 이를 위해 완전한 클로즈드 숍(closed shop)제를 고용주에게 요구하였던 것이다.

즉 직업별 노조는 동일직업의 연대성을 기초로 하여 노동력공급의 독점을 기도하고 노조에서 결정한 임금 이하로는 일하지 않는다. 노조에서 결정한 노동시간 이상은 일하지 않는다. 그것을 위해 높은 노조가입금과 긴 도제기간을 과하고, 엄격한 자격조건을 설치하여 일반노동자의 노조가입을 극력(極力) 저지함과 아울러 승진을 강하게 규제하고, 「직업독점」과 「공급제한」의 방법으로 숙련노동자의 특권적 지위를 유지하려고 하였다. 말하자면 비교적 고임금을 얻은 노동자의 특권적 조직이었다.

(2) 보수적 성격

직업별 노조의 구성원은 비교적 임금이 높은 숙련공이었기 때문에 높은 조합비의 징수가 가능하였다. 이를 바탕으로 노조는 조합원 상호의 결합을 강화하기 위해 특히 노조에 의한 공제활동을 중시하고, 실업이나 질병에 있어 높은 공제수당을 조합원에게 지급하였지만 이 기금의 고갈을 두려워하여 쟁의행위에 호소하는 것은 비교적 적었다. 또 직업별노조는 종래의 차아티스트운동과 같은 사회개혁적 운동의 거듭되는 실패를 거울삼아 그 결성 당초부터 자본주의용인의 입장에 서서 그들의 노동조건을 개선하려고 하는 아주 경제주의적 운동에 중점을 두고 있었다. 따라서 평화적인 단체교섭에 힘을 들이고, 노조운동의 합법성의 테두리를 확대하는데 노력하였다.

직업별 노조는 이미 기술하였듯이, 본래 특정의 숙련노동자의 직업적 이해와 특권을 지키는 것만을 주장하고 미숙련공이나 여자 연소노동자의 요구를 돌보지 않았다. 노조는 배타적이고 계급적인 연대성이 없었으며, 조합원은 계급의식보다는 직업의식이 강한 보수적인 성격을 가지고 있었다.

3) 직업별노동조합의 한계

공장제 공업의 일반화는 과거의 숙련을 점점 단순노동으로 치환하는 것을 가능하게 하였다. 과거의 숙련은 진부해지고, 19세기의 후반부터 기술혁신의 진행에 의해 노동은 단순화하고 종래의 만능적인 숙련의 수요가 상대적으로 저하되었다. 그 대신에 미숙련노동자의 수요가 높아지고 서서히 부인 연소노동자의 직역이 확대되어 갔다.

이리하여 과거 숙련공의 상대적인 지위 저하로 인하여 드디어 19세기의 말엽에는 직업별 노조가 가진 특권적 지위는 붕괴되기 시작하여 고용주와의 교섭력도 점차 약해졌다. 즉 직업별노동조합은 직종은 낡은 수공적 숙련을 기반으로 하면서 발전하였지만, 19세기말경에 이르러 생산기술의 진전과 더불어 구래(舊來)의 숙련직종이 해체되어 가면서 직업별 노동조합의 기반도 동시에 붕괴하지 않을 수 없게 되었다.

직업별노조는 독점자본주의 단계에 들어오면서 이미 한계점에 봉착하였다. 이른바 노조조직 주류의 자리에서는 벗어나고 이미 새로운 조직형태에 그 자리를 양보하게 된다.

독점단계에 들어와 반숙련·미숙련공을 주체로 하여 산업별노동조합이 노동조합의 주류로서 등장하였는데, 오늘날 잉글랜드에 있어서는 직업이 비교적 고정적인 건설·기계·조선·금속 등에는 의연하게 잔존하고 있는 직업별노조도 미숙련노동자의 가입을 인정하고 있기 때문에 순수한 의미에 있어서 직업별 노조는 없어지게 되었다.

직업별노조는 오늘날 잉글랜드 노동조합운동의 기초를 만들었다고 하지만, 직업별노조가 가진 최대결함은 특정 숙련노동자만으로 조직된 노조로서 노동자 일반을 널리 포괄할 수 없었다는 점이다. 그렇지만 성립의 주된 취지가 반숙련·미숙련노동자를 배제하는 것은 아니었다.

3. 산업별노동조합(Industrial Union)

1) 독점자본주의단계의 형태

유럽 선진자본주의 국가에 있어서 본격적인 노동조합운동은 대개 독점자본주의가 성립하였던 1870~80년대에 시작되었다고 추측해도 좋다.[12)]

노동자들이 산업별로 조직을 결성하는 산업별노조의 조직화는 이미 반숙련 노동자층이 광범하게 형성된 19세기 말엽부터 진행되었는데, 1913년에 결성된 「전국철도종업원노조」는 잉글랜드 산업별 노동조합의 효시라고 말할 수 있다. 그렇지만 산업별노조가 급격히 발전하였던 것은 제1차 세계대전 중이었다고 하겠다. 잉글랜드에서는 1920년대에 들어와 이러한 형태의 조직화가 훨씬 진전하였는데, 특

12) G. D. H. Cole(水上鐵次郎 역)(2), 위같은책, 17~18면.

히 1924년의 TUC(Trade Uinon Congress : 잉글랜드노동조합회의)의 대회에서는 앞으로 노동조합의 조직은 산업별이어야 한다는 주목할 만한 결의가 있었다. 이렇듯 산업별노조는 자본주의발전에 대응한 유효한 조직형태로서 독점자본주의의 단계에서 급속한 성장을 보여주고 있다.

이미 논의한 바와 같이 자본의 집중·집적과 독점형성의 과정에 있어서 종래 직업별노조로 결집된 숙련노동자에 대한 수요는 기계제생산의 발전과 더불어 상대적으로 급속히 저하·축소되었는데 반해 반숙련·미숙련노동자에 대한 수요와 비중은 상대적으로 증대하였는데, 부인·연소노동자의 공장제 공업으로의 유입은 그 구체적인 현상이었다. 그 결과, 도제제도를 기초로 엄격한 자격요건을 설정하여 노조의 가입을 극력(極力) 제한하고, 완전한 클로즈드 숍(Closed shop)에 의해 노동력의 공급을 독점하였던 직업별노조의 교섭력은 점차 무력하게 되었을 뿐만 아니라, 기업의 대규모화에 수반하여 몇몇의 산업에 분산되어 있는 직업별, 직종별 조직은 새로운 산업의 발전에 대응하여 서서히 정리될 필연성이 제기되었다. 게다가 자유로운 경제경쟁을 극력(極力) 제한하려고 하는 독점의 요구는 저절로 산업별로 노동조건을 통일화 표준화하려고 하는 경향을 촉진하였다. 또 동일 산업 내에 있어서 개개의 자본의 경쟁관계가 스스로 노동조건을 표준화하게 하는 조건인 곳에서는 이러한 조건을 이용하여 노동자의 측에서도 산업별 노조화의 방향을 지향하게 되었다.

과거의 직업별노조는 미숙련노동자를 조직에서 배제하였는데, 이미 증대하는 이러한 종류의 노동자를 미조직 상태에 그대로 두어서는 노동조건의 저하는 말할 나위도 없고, 노동조합이 노조로서의 기능조차 유지할 수 없게 되는 것은 필연이었다. 따라서 노동자계급은 산업별노조를 강화해서 비로소 거대화해 가고 있는 자본과 유효하게 대결할 수 있었다.

즉 자본의 집중·집적은 해당 산업을 중심으로 해서 진행되어 가는데 자본에 대항해야 할 노동조합의 조직도 당연히 자본의 이러한 산업적 발전으로 대응하여 편성을 바꾸지 않으면 강고한 교섭력을 가질 수 없었다. 이와 같이 산업별노조는 독점의 단계에서 처음으로 성립의 기초를 부여받았는데, 그와 같은 산업별조직을 통해 비로소 자본에 대해 강고한 교섭력을 가질 수 있었다.

2) 성립의 기반과 의도

하나의 산업에 종사하는 노동자 전체를 숙련 또는 미숙련에 의한 구별 없이 하나의 노조로 조직하는 것을 목표로 하였던 「산업별 노조」가 새로운 조직형태로서 역사의 무대에 등장하게 된다.

직업별노조는 생산공정 중의 어느 부분에 종사하는 노동자를 각별로 조직하는 것이지만 산업별노조는 하나의 산업에 종사하는 모든 노동자를 하나의 노조에 결합하여 산업 그 자체의 실제 구조에 일치된 노동조합의 조직형태를 취하려고 하는 것이다.[13] 즉 산업의 발전과 독점형성의 과정에서 대량으로 창출된 미숙련공과 반숙련공을 기반으로 하여 그 노동조건의 유지·개선을 기도하기 위해 발전하였던 가장 적응된 조직이 바로 산업별 노조다. 그것은 직업별 노조와 미숙련공 사이에 놓여 있는 심연(深淵)을 제거하고 노동자 전체를 계급적 기반에서 통일적인 공동투쟁을 수행하도록 하는 조직의 편성이자 변경이었다고 할 수 있다.[14]

산업별 노조는 동일 산업 내에 있어 다수의 공장, 사업장을 중심으로 결성되어 있는 조합원집단의 노동조건을 산업별 차원에서 조정하고 횡단화하며, 임노동의 판매자시장을 산업별로 통일하려고 하는 것에 그 목적이 있다. 본래 미숙련 노동자는 부동적이고 그 조직화가 곤란하였는데, 산업별 노동조합은 산업내의 노동조건 작업장의 공통성을 유효하게 이용하고 그 조직화를 진행하였던 것이다.

거대한 산업예비군을 안고 대량적 실업의 발생이 보이는 독점자본주의 단계에서는 이미 직업별 노조와 같은 특권적 세력조직을 가지고는 노동자의 이익을 지키는 것은 불가능한 것이고, 노동자계급이 강력히 결집하는 것이야말로 자본의 공격에 유효하게 대처할 수 있는 것이다.

3) 조직상의 원칙

산업별노동조합은 노동시장이 전적으로 개방적인 미숙련노동자를 안고 있는 이상, 낡은 직업별노조와 같이 조합원의 제한이나 클로즈드 숍에 의해 노동공급을 제한해서는 이익을 꾀하는 것이 불가능하였고, 노조의 교섭력은 주로 그 조직력에만 의존하였기 때문에 동일산업에 있어서 조직의 확대화, 나아가서는 전(全)산업에 걸친 노동자의 조직화야말로 노조강화를 의미하고 생활개선의 길이었다.[15] 따라서 산업별 노동조합은 일산업일노조(一産業一勞組)를 목표—정말 직업별노조가 일직업일노조(一職業一勞組)를 이상으로 하였듯이—로 하여 실업자도 포함하고, 노동자를 빠짐없이 당해 노조에 편입시켜 노동력의 값싼 매매를 방지해야 한다. 전국적 규모를 가진 통일교섭을 통해 표준적 임금률을 설정하고, 가능한 한 넓은

13) 山川均, 『勞動組合講話』, 彰考書院, 1946, 164면.

14) G. D. H. Cole(水上鐵次郎 역)(2), 위같은책, 117면.

15) 大河內一男(편), 「勞動運動」, 『岩派小辭典』, 岩派書店, 59면.

범위에서 임금 및 노동조건의 향상을 꾀하고 또 임금 및 노동조건의 저하를 저지하는 것을 그 최대의 과제로 해야 한다. 산업별 노동조합의 교섭력을 강화하기 위해서는 어떻게라도 노조의 조직을 전국적인 규모로까지 확대할 필요가 있었다.

현재 선진자본주의사회에서 산업별노동조합이 가장 대표적인 노동조합조직형태라고 말할 수 있다. 특히 유럽 각국에서 대(大)노조의 대부분은 산업별노동조합의 형태를 취하고 있다. 오늘날에는 1산업1단산(1노조)이 노동조합 조직의 국제적 기준이자 이상으로 되고 있지만, 산업별 조직의 범위를 어떻게 정하는가 또는 산업별조직의 큰 테두리 내에서 직업적 이해나 직능적 이해를 어떻게 처리하는가는 오래전부터 각국의 노동조합이 해결해야 할 과제로 되고 있다.

4. 일반노동조합(General Union)

노동조합의 조직형태로는 직업별노조나 산업별노조 외에 간과할 수 없는 것으로서 일반노조(또는 일반노동조합)라는 조직형태가 있다.

1) 조직의 구성원

일반노조는 그 연혁에서 보면 종래의 직업별노조에도 산업별노동조합에도 속하지 않는 직업분야의 노동자로 조직되고 그 성원 대부분은 주로 옥외노동에 종사하는 미숙련노동자이다. 즉 교통, 운수, 항만, 배급 기타 서비스, 건설 등 일반적으로 이동성이 높은 옥외노동에 종사하는 노동자 및 직원 등이 직업별이나 산업별의 테두리를 넘어 결성한 조직이다. 통례 그 규모는 아주 거대하다. 예컨대, 잉글랜드 최대의 일반노조인 「운수 및 일반노동조합」(Transport and General Worker's Union)은 1956년에 조합원 약 130만명을 가진 거대조직이었다.

제조공업이나 탄갱, 철도의 분야에서 일하는 노동자들이 일찍이 일반노조형태의 조직을 결성하였지만, 이것은 종래의 전통적인 의미에 있어서 노동조합의 조직활동에 비해 상당히 동떨어져 있었다. 이렇게 말하는 이유는 일반노조형태로 조직화를 하는 것은 대체로 상대적으로 저임금 등 더 열악한 노동조건상태에 처해 있지만 산재해 있어서 조직화가 어려운 개별적인 옥외노동자를 대상으로 하기 때문이다. 일반노조의 조직의 역사를 보아도 일부의 예외를 제외하고 직업별노조나 산업별노동조합에 비해 늦게 성립하였다. 예컨대, 잉글랜드에서는 이러한 조직형태의 노조는 1879년의 경제공황을 배경으로 하여 사회주의자 존 번스(John Burns), 톰 맨(Tom Mann) 등에 의해 조직·활동이 추진되었고, 1889년에 있었던 런던 독 파업(London Dock Strike)의 승리에 의해 잉글랜드의 일반노조는 단단한 조직기반을 마련했다. 이러한 맥락에서 볼 때, 1889년은 잉글랜드에서 신노동조합운동이 대두했던 해라고 말할 수 있다.

앵글랜드의 일반노조에는 Transport and General Worker's Union(운수일반노조) 외에 National union of General and Municipal Workers(도시일반노조, 전국일반차지체노조), Union of Shop, Distributive and Allied Workers(상점 및 배급종사자 일반노조)의 세 조직이 있다. 어느 것이나 특정의 기능이나 긴 경험연수를 요하지 않는 미숙련노동자를 대상으로 하고 있다.

2) 조직상의 원칙

일반노조의 조직상의 원칙은 노동자가 어떤 직업에 속하는가 또는 어떠한 산업에 종사하는가를 불문하고 노동자 일반을 가입의 대상으로 하고 있는 점에 있는데 이는 조합원 관리상의 문제로 자주 직업별노조나 산업별노조와 세력다툼을 일으키는 경우도 있다. 일반노조의 문호는 아주 개방적이어서(직종별 노조의 배타성에 반발) 누구라도 가입할 수 있고, 대체로 자본주의사회 맨 밑바닥에 있는 기층노동자를 조직기반으로 하고 있고, 그래서 입회금이나 조합비의 수준도 낮으며, 그 조합원은 거의 대부분의 산업분야에 분산되어 있을 수 있으므로 노동조합이 자주 조직을 확대하는 데에 있어 다른 조직과 조합원의 빼내가기를 연출할 수 있기 때문이다.

일반 노조의 조합원은 일반적으로 임금이 낮고 실업의 위험이 큰 불안정한 미숙련노동자이기 때문에 높은 조합비를 거두는 것은 곤란하다. 따라서 산업별노조와 같이 공제기능을 활발하게 하는 것은 불가능하다. 그보다도 오히려 조합비는 될 수 있는 한 낮게 책정하고 그 대신에 가입자격에 제한을 두지 않고, 될 수 있는 한 다수의 조합원을 결집하여 그것을 배경으로 해서 단체교섭을 하는 것이 이러한 조직형태의 노조가 가지고 있는 커다란 특징이다. 그리고 잉글랜드의 경우에는 일반노조의 요구 대부분이 정치적 행위를 주로 하는 사회정책입법의 제정을 요구하는 투쟁이었던 점에 뚜렷하게 그 특징을 볼 수 있다.

우리나라에서는 일반 노조에 유사한 조직으로서 중소 영세기업의 미숙련노동자를 대상으로 지역적으로 조직된 일반합동노조가 있다. 하지만 우리나라의 중소영세기업의 일반합동노조는 일반노조와는 성격이 다르며 그 규모와 조직은 미미한 상태이다. 대부분의 중소기업노동자와 실업자가 미조직상태에 그대로 있고, 이는 기업별 노조가 일반화 된 우리나라의 특유한 문제이며, 미조직근로자들을 조직화하고 일반노조가 발전하려면 기업별노조의 관행이 바뀌어야 할 것이다.

잉글랜드의 일반노동조합의 운동경험에서 배울 점을 찾아본다면, 일반노조의 조직형태는 오늘날 우리 노동시장의 상황에서 시사하는 바가 있을 것 같다. 현재 우리나라에는 근로대중 과반수가 다양한 종류의 비정규직 근로자에 해당한다. 특히 첨단기술의 발달과 북아메리카식 신자유주의가 휩쓸고 간 뒤에 비정규직 노동자는 더욱더 증가해 가는 추세에 있다. 이러한 상황에서 어떠한 조직형태의 노동조합이 가능할 수 있을까를 생각해보면, 일반노조의 형태가 그 하나의 방안이 되지 않을까 평가해본다.

Ⅵ. 노동조합의 기능

1. 서

노동조합은 자본주의경제사회의 필연적인 산물이지만 대개 그 조직은 자본주의 발전단계에 조응한 발전형태를 나타낸다. 그 뿐만 아니라 각국의 정치적·문화적·사회적 상황에 따른 노사관계의 특수성이 반영되면서 노동조합의 조직형태는 어느 정도 상이하게 형성된다. 그런데 노동조합이 어떠한 조직형태를 취할 것인가는 노동조합의 기능에 아주 큰 영향을 준다. 이처럼 노동조합의 기능은 그 조직과 상호 불가분적인 관계에 있고, 조직형태에 의해 그것이 수행하는 기능도 다르게 되기 때문에 시대의 추이에 따르는 노조 조직의 변화는 당연히 노동조합 기능의 변화도 가져올 수밖에 없다.

노동조합은 최초로 결성된 이래 지금까지 그 본래의 목적을 달성하기 위해 여러 가지 기능을 발휘해왔다. 그리고 그 기능은 점점 더 다양화되어 가고 있지만, 중요한 것은 경제적 기능(내지 산업적 기능), 공제적 기능, 정치적 기능이라는 세 가지로 요약할 수 있을 것 같다.[16] 물론 이들 세 가지의 기능은 상호 불가분의 관계를 가지고 있으며 또 상호 보완적으로 되어왔지만, 이들 중 노동조합 본래의 기능은 늘 경제적 기능에 있었다는 점은 두말 할 필요조차 없을 것이다.

서유럽 선진자본주의 국가에서 노동조합운동은 그 본래 목적을 달성하는 데에

16) 이외에 노동조합의 문화적·사회적 기능을 거론하는 사람도 있다. 최근의 노사관계론에서는 노동조합의 기능을 제1차적 기능, 제2차적 기능, 제3차적 기능으로 구분하고, 제1차적 기능으로서 노동조합의 경제적 기능을, 제2차적 기능으로서 집행기능을, 제3차적 기능으로서 참모기능을 드는 경우도 있다. 김성수, 『뉴패러다임의 노사관계론(제4판)』, 삼영사, 2007, 154-157면 참조.

그 중심을 두고 전개되었다. 그 결과로서 노동조합은 자본주의체제 내로 편입될 수 있었던 것이다. 노동조합이 법적 승인을 얻은 때부터 줄곧 어떠한 시대에서도 공제적 기능과 정치적 기능은 노동조합의 부차적 기능으로서 경제적 기능을 보강하고 보완하는 역할을 담당하여 왔다.

2. 경제적 기능

노동조합의 경제적 기능은 직접 고용주를 상대로 하는, 말하자면 노동조합 본래의 중심적 기능이다. 왜냐하면, 노동조합이 노동조건의 유지·개선을 통해 조합원의 경제적·사회적 지위의 향상을 목적으로 하는 단체로서 성립하고 있는 한 노동조건의 유지·개선을 직접 주요 내용으로 하는 경제적 기능이야말로 그 본래적 기능이라고 하는 것은 전적으로 당연한 사항이기 때문이다. 그렇지만 노동조합이 근대자본주의 사회에서 일응의 민주적 권리를 확보하고, 사용자와 대등한 관계에 서는 조건을 갖추는 데에 이르러 비로소 노동조합의 기능은 앞의 공제적 기능에서 본래의 산업적 기능(=경제적 기능)에 중점을 옮기게 된다.[17]

이렇게 말하는 것은, 노조운동의 초기단계에 성립한 직업별 노조는 거의 공제적 기능에 상당한 중점을 두고 있었던 것은 사실이었기 때문이다. 하지만 그렇기 때문에 그것이 당시 경제적 기능 이상으로 중심적 기능으로 차지하였던 것은 결코 아니었다. 만약 그렇다면 그것은 공제조합이지 실질적으로는 이미 노동조합이 아니기 때문이다. 공제적 기능에서 경제적 기능으로 노조의 중점이 이동하였던 것이 아니고 본래 노동조합의 중점은 경제적 기능에 있었다. 즉 노동조합은 어떠한 경우나 조직형태의 여하에 관계없이 경제적 기능을 중심에 지향하는 것으로 결성되고, 발전해왔다고 할 것이다.

노동조합이 결성되어 있지 않은 경우에는 노동조건은 사용자와 노동자의 개별교섭(근로계약)에 맡겨져 있기 때문에 어떻게 해도 사용자의 자의대로 일방적으로 낮게 결정되기 쉽다. 그와 같은 경향을 방지하는 방편으로 노동조합을 결성하고 단결의 힘을 배경으로 이 불리한 조건을 극복하려고 하였던 것이다.

말할 필요도 없이, 노동조합은 노동력을 될 수 있는 한 유리하게 판매하기 위한 노동자의 자주적인 조직이고 그 궁극의 목적은 노동조건의 내용을 얼마나 유리하게 결정하는가에 관계하고 있다. 그리고 노동조건의 기본적 사항은 통상 노동계약으로 결정되기 때문에 어떠한 내용의 노동계약을 체결할 것인가는 노동조

17) 前川嘉一,「勞動組合と勞動關係」岸本英太郎(편),『勞動經濟論』, 有斐閣, 1969, 131면.

합에 있어서 중요한 과제로 된다. 이러한 노동계약은 노사의 대표(또는 그 위임을 받은 자)가 쌍방의 이해에 대해 이견을 서로 맞추는 단체교섭의 장에서 결정되기 때문에 단체교섭이야말로 노동조합의 본래적 기능이라고 할 것이다. 이 점에 대해 콜(G. D. H. Cole)은 「노동조합이 확고한 지위를 구축한 나라에는 노동조합의 주요활동은 조합원을 대표하여 단체교섭을 하는 것이다.[18]」라고 기술하고 있다.

노동자가 단결하여 노동조합을 조직하는 것은 단결의 힘을 배경으로 하여 사용자와 대등한 지위에서 고용조건이나 노동조건을 노사간의 교섭을 통해 자주적으로 결정한다는 점에 있다. 단체교섭의 결과는 반드시 노동협약으로 체결된다고 할 수는 없지만, 단체교섭의 궁극적인 목적은 노동협약의 체결에 있다는 것은 논할 여지가 없을 것이다.

그러나 노동조합은 경제적 기능을 효과적으로 발휘하기 위해 사용자나 자본가에 대해 여러 가지 수단이나 방법을 사용하여 소기의 목적을 달성하려고 한다. 앞에서 기술했듯이 ① 단체교섭을 통해 노동협약을 체결하고 집단의 힘으로 조합원의 의사를 협약에 반영하게 하고, ② 교섭이 평화적 수단으로 정리되지 않거나 결렬되는 경우에는 어쩔 수 없이 스트라이크(Strike), 사보타지(Sabotage), 보이코트(Boycott), 생산관리(Production control) 등 실력행사로 나아가겠지만, 이러한 일련의 수단·방법은 노동조합의 경제적 기능을 유효하게 수행하기 위한 중요한 구성요소로 되어 있다.

또한 노동조합의 경제적 기능과는 다르지만 때로 그것과 유사한 기능을 수행하였던 것으로서 노사협의제를 들 수 있다. 이것은 노조가 없는 경우에는 노조의 경제적 기능을 대체하고, 노조가 존재하는 경우에도 노사협의회에서 자주 단체교섭의 예비교섭이 된다고 하는 식으로 어떠한 형태로든 노동조합의 경제적 기능에 영향을 미치고 있다. 그러나 노동조합과 노사협의회는 전자가 스트라이크를 할 수 있는 반면에 후자는 할 수 없다는 점에서 근본적인 성격의 차이가 있다.

3. 공제적 기능

노동조합의 공제적 기능은 조합원을 대상으로 한 대내적 기능으로서 행해진다. 즉 노조의 공제활동은 조합원으로부터 징수하는 노조기금을 기본으로 조합원이 질병·재해·노령·사망·실업 등으로 일시적 또는 영구적으로 노동능력을 상실하였을 경우 필요에 따라 조합원 상호의 생활을 보증한다고 하는 의도에서 비롯되

---

18) G. D. H. Cole(水上鐵次郎 역)(2), 위같은책, 3면.

었다. 그것에 의해 노동자를 노조에 흡인하고, 노조의식을 북돋우고 상호의 연대성을 기대할 뿐만 아니라 조합원의 노동력의 궁박판매를 저지하여 표준적 노동조건을 유지하도록 하였다.[19] 특히 노조측의 입장에서 가장 두려운 것은 자본주의 체제의 사회기구로부터 필연적으로 생기는 오체(五體) 건강한 실업자에 의한 노동력의 궁박판매였기 때문에 노동조합이 하는 공제활동 중 전통적으로 가장 중요시되었던 것이 실업자에 대한 공제활동이었다는 점은 틀림이 없다.

이들 공제활동은 노동조합운동의 초기단계, 즉 산업자본주의 단계에서는 경제적 기능과 함께 노조측에서 상당히 중시하여 왔던 것이지만 우리는 그 전형을 19세기 후반기 잉글랜드의 직업별 노조에서 볼 수 있다. 아직 사회보험이 성립되어 있지 않은 단계였던 당시로서는 상대적으로 높은 임금을 얻었던 숙련노동자를 조직대상으로 하였던 직업별노조에는 조합원이 생활상의 사고를 당했을 때에는 상호부조의 정신에 입각해 높은 조합비 징수의 담보로서 당시로서는 비교적 높은 공제수당을 지급하여 조합원의 생활을 보장함과 동시에 노동력을 궁박하게 염가로 매도하는 것을 방지하는 데에 적극적으로 노력하였다. 이리하여 공제적 기능은 노동력의 거래에 있어 경제적 기능을 보강하는 기능도 동시에 담당하였다. 보다 정확히 말하면, 경제적 기능을 보강하기 위해 각종의 공제활동을 행하였다고 하겠다.

그렇지만 자본주의가 독점단계에 도달하고 미숙련 노동자의 비중이 상대적으로 높아감에 따라 종래의 직종별 노동시장은 붕괴하고, 노동조합의 조직도 점차 직업별노조에서 산업별노조로 중심이 옮겨가게 됨에 따라 노동조합의 공제적 기능

---

19) 노동조합의 경제적 기능과 공제적 기능의 관계에 대해서 웹(Webb)은 「모든 노동조합이 이해하고 또 관리하는 바에 따라 보면, 실업수당인 것은 재해에 대해 개인을 보호하는 것에만 그 가치가 있는 것은 아니다. 아니 이것이 그 가치의 주된 부분도 아니다. 사려 또는 경험 있는 노동조합원의 생각에는 그 가장 중요한 직능은 불경기에 생활의 압박 때문에 소신 없이 고용주의 조건에 복종하는 조합원의 경쟁을 위해 표준임금률 및 기타의 정규의 고용조건이 "잠식되는 것"을 방지하는 데에 있다」고 한다. S. J. Webb & B. P. Webb, Industrial Democracy, 1897, 191면. 그런데 직업별노조가 공제적 기능을 정비하였던 것은 조합원에게 생활보장을 보증해서 노동력의 궁박판매를 거부하고, 표준적 노동조건의 유지 확보를 관철하기 위함이지 그것이 단순한 상호부조가 아니었다고 한다. 前川嘉一, 「勞動組合の機能の展開と組合組織」 岸本英太郎(편) 『勞動組合の機能と組織』, ミネルヴァ書店, 1966, 193면 참조. 직능별노조의 상호보험이 옛날의 공제크래프트(Craft)의 "상호부조"를 계승하여 발전하였던 것을 부정하는 것은 아니지만, 단순히 부분적인 생활부조를 한다고 하는 것이 아니라 표준적인 노동조건을 확보한다고 하는 본래적인 노조기능의 원칙적인 입장에 기초해서 공제기능이 정비되었던 바에 양자의 차이가 있다. 노동조합의 공제제도는 ① 단결의 촉진요건, ② 노조운동의 재정운영의 융통성을 부여하는 것, ③ 궁박판매의 방지에 의한 표준적 노동조건의 확보와 같은 역할을 수행하고 있다.

은 상대적으로 저하되어 가게 되었다. 이것은 저임금의 미숙련노동자 등이 높은 조합비를 지불하고 자주적인 공제활동을 영위하는 것이 불가능하였기 때문에 그들은 생활상의 사고에서 야기되는 궁박화의 진행에 대해 서서히 국가에 의한 사회보험의 성립을 요구하여 그것을 실현해가게 되었기 때문이다. 이리하여 지금까지 노동조합이 하였던 공제활동은 점차 사회보험이 흡수·대위하게 되었다.

현재 선진자본주의 국가에서는 각종의 사회보험의 방법을 통해 일응 생활상의 사고의 보증이 되고 있기 때문에, 이러한 면에서 노동조합의 공제적 기능은 상대적으로 점차 계속 후퇴되어 가고 있다. 그러나 사회보장의 성립에 의해 노동조합의 공제활동 비중이 저하되고 있다고 하지만, 예컨대 잉글랜드의 경우, 대부분의 노동조합에는 독자의 공제제도가 있고 조합원 상호의 결합의 강화를 꾀하기 위해 다음과 같은 공제활동을 하고 있다.

노령퇴직공제금, 상병공제금, 폐질공제금, 사망공제금, 결혼공제금, 실업공제금, 쟁의공제금(쟁의 중에 지불되는 생활비), 희생자공제금(노조운동으로 직업을 잃거나 수입이 감소된 때에 지불된다)의 지급이나 법률적 원조(조합원이 업무로 법원에 제소당하였을 때의 비용의 부담) 또는 노동조합에 의한 노동자주택의 건설 등 오늘날에도 이른바 「노동자복지」의 활동에 상당한 힘을 들이고 있다.

그러나 우리나라에서는 일반적으로 노동조합의 재정기반이 약한 관계로 (기업별 조직이기 때문에) 노조가 독자적으로 공제활동을 할 수 없고, 노조가 기업에게 「복리후생」의 실시를 요구하는 데에 그치고 기업도 노조의 요구에 응하기도 한다. 사용자측에서 볼 때 이것은 노무대책상 종종 묘미가 있는 것이기 때문에 기업이 오로지 「종업원」을 위한 후생을 대신 부담하여 왔다. 사용자는 복지후생비용을 노동조합관리비용으로 생각한다. 이 경우에 노동조합은 사용자로부터 복리후생을 쟁취했다는 생색을 조합원들에게 내고, 기업은 대외적으로 종업원의 복지를 보장하는 좋은 기업이라는 이미지를 고양하며, 결국 노동조합은 사용자의 관리 하에 있는 노무관리대상으로 전락하게 된다.

우리나라의 대기업의 노조는 잉글랜드의 노조와 거의 비교되지 않을 만큼 소액의 조합비를 거두지만, 그것을 주로 노조운영비나 정치헌금으로 전용하고, 노조기금이 공제사업에 지출되는 것은 거의 전무에 가까운 상태에 있다. 이러한 상황은 기업별노조의 약점을 단적으로 보여주는 것이다. 우리나라의 경우, 노조의 공제적 기능은 작게는 파업 중의 파업수당이나 파업희생자의 구원활동의 면에 발휘되는 것에 불과하다.

4. 정치적 기능

앞에서 이미 언급하였듯이, 노동조합의 경제적 기능은 사용자 및 자본가를 직접 향한 노사간의 문제인 것에 비하여, 노동조합의 정치적 기능의 대상은 국가 및 지방자치단체이다. 그렇지만, 노동조합이 수행해야 할 정치적 기능도 어디까지나 근로조건의 유지·개선이라는 경제적 기능을 보완·보장하는 역할을 담당하고 있는 것에 불과한 점을 우선 인식할 필요가 있다.

유럽 선진자본주의 국가에 있어 노동조합운동의 장구한 역사가 보여주고 있듯이 노동조합의 경제적 기능의 달성은 그 정치적 기능과의 결합을 강화하지 않으면 불가능하다. 양자의 긴밀한 결합의 필요성은 자본주의의 고도화와 함께 점점 높아지고 있다. 노동자의 생활조건 및 노동조건의 개선을 목적으로 하는 활동은 자본주의 체제의 확립 및 진전과 더불어 서서히 정치가의 노동정책과 긴밀하게 관계하고 정치적 경향을 보이지 않을 수 없다. 그러므로 정치적 기능은 본래적으로 경제적 기능 그 자체에서 필연적으로 나오는 것이기도 하다.

예컨대, 노동조합이 아무리 조합원의 노동조건의 유지·개선이라는 목적을 달성하기 위하여 노력하였더라도 그들의 주위에 대량의 실업자나 미조직노동자가 존재하고, 저열(低劣)한 노동조건이나 생활조건이 방치된 채로 있다고 하면 조합원의 노동조건이 그들과 무관하게 인상되는 일은 절대로 있을 수 없기 때문이다. 그래서 조합원 자체의 노동조건을 인상하는 데에는 어떻게든 미조직노동자 혹은 저임금노동자의 문제도 고려하지 않을 수 없다.

이리하여 노동조합은 미조직노동자, 부녀·소년 노동자를 대상으로 한 노동시간의 규제를 주된 내용으로 하는 공장법제를 비롯하여 최저임금법의 실현이나 노동협약을 미조직노동자에게 확장하여 적용하게 하는 등의 각종 노동보호입법이나 사회보험의 적용확대를 국가에 승인하게 하는 이른바 법제화의 운동을 전개하지 않을 수 없게 된다. 각종의 사회정책은 이리하여 성립하고 발전하여 왔다. 이러한 문제는 내용적으로는 전적으로 노동조건의 유지·개선에 관련된 경제적 문제임에 틀림없지만, 당초 이러한 문제는 경영 내에서 혹은 산업 내부에서만 해결할 수 있는 문제는 아니기 때문에 경제적 기능만으로는 해결되지 않는다. 그래서 노동조합은 어떻게든 정치적 기능을 발휘하지 않을 수 없다.

그러므로 노동조건뿐만 아니라 널리 생활조건 일반의 개선이라는 견지에서 대중과세의 폐지, 물가인상의 저지, 공해나 교통재해 등의 통제강화, 교육문화 복지시설의 충실, 생활환경의 정비 등을 국가나 지방자치단체에게 요구하고 이러한 노동운동·국민운동을 통제하는 공안대책이나 군사대결정책에 대해서도 반대운동을 전개하지 않을 수 없다.

이들 운동은 자본주의경제의 모순과 부정적 결과가 격심했던 국가독점자본주의의 단계, 특히 제2차 세계대전 후에 노동조합 자체가 종래의 경제적 기능만으로는 이미 노동조건의 개선을 바랄 수 없는 단계에 이르러 요청되었던 것이다. 이것을 뒤집어서 말하면, 이들 운동이 전개될 수 있을 만큼 노동조합의 규모와 역량이 이미 사회적으로 무시할 수 없을 만큼 성장하였다는 것의 증거이기도 하다. 노동조합의 정치적 기능은 그 경제적 기능의 발전으로서 혹은 경제적 기능의 집중적 표현으로서 나타나는 것이라고 할 수 있다. 즉 노동조합의 경제적 기능 또는 산업적 기능이 그것으로서 순수하게 실현되었던 것은 자본주의경제의 자유주의적 단계이고 또 자본주의적 산업이 그 행복한 상향적 발전을 완수하였던 한의 것이다. 단지 그것은 자본주의가 전형적인 형태로 발전하였던 잉글랜드에 있어서만 어느 정도 타당하다. 일단 이러한 조건의 기초가 흔들리어 자본주의경제가 파탄에 이르게 되었을 경우, 예컨대 제1차 세계대전 직후 급습했던 세계적인 위기 상황에서는 노동조합은 그 산업적 임무조차 달성하기 어렵게 되면서 이를 어느 정도 성취하기 위해 필연적으로 정치적 행동을 취하지 않을 수 없게 되는 것이다. 이렇듯 자유주의경제가 독점경제로 변질되어 감에 따라 또 이러한 독점경제체제에 대해 국가의 관여와 개입으로 인해 「국가자본주의」 또는 「국가독점자본주의」라는 형태가 강화되어 감에 따라 노동조합의 정치적 기능은 그것에 상응하여 점점 강화되지 않을 수 없다.[20]

즉 자본주의체제가 그 자체의 모순으로 변질되어 국가독점자본주의가 성립되는 단계에는 이미 순수한 경제적 기능만을 수행하는 노동조합의 존재 등은 도저히 생각할 수 없고, 노동조합은 직접적이든 간접적이든 정치적 행동을 수반하지 않는 한 또 그것과 결합하지 않는 한 생활방위의 목적을 충분히 수행될 수 없다고 할 것이다. 물론 이 경우에도 노동조합의 경제적 기능이 그 정치적 기능을 위해 부차적인 것으로 되어서는 아니 된다.

특히, 제1차 세계대전 후 자본주의가 전반적인 위기에 돌입하여 그 후에 자본주의국가에 있어서 국가에 의한 노동운동에 대한 적극적인 지배·개입이 강화되어 가면 노조는 좋든 좋지 않든 정치적 행동을 취하지 않을 수 없게 된다. 즉 국가가 노동자의 기본적 권리인 단결권이나 단체행동권(단체교섭권과 노동쟁의행위권)

---

20) 大河內一男, 『社會政策(各論)』, 有斐閣, 1961, 333면.

을 제한 혹은 금지하는 행동으로 나아가거나 일단 양보한 각종의 노동보호입법이나 사회보험입법의 개악이 현저하게 됨에 따라 노동조합은 이러한 반동화의 움직임에 반대하여 정치적 기능을 강화하고 과감히 나아가지 않을 수 없게 된다. 그러므로 오늘날과 같은 상황에서는 노동조합은 그 정치적 기능을 점점 확충시켜나가지 않는다면 노동조합 본래적 목적인 경제적 기능조차 달성하기 곤란한 단계로 되었다.

그렇지만, 노동조합의 정치적 기능에는 그 자체로 일정한 한계가 있는 것을 알아야 한다. 그것은 첫째로, 노동조합이 본래 경제적 기능을 기본적 기능으로서 조직된 단체이고 정치적 기능은 부차적인 것에 불과하다는 것이다. 둘째로 정치적 기능은 노동조합의 테두리 내에서, 즉 노동조합에 결집되어 있는 노동자만의 운동으로는 필경 효과적일 수 없다. 왜냐하면 이것은 기본적으로 노동자와 경제적 이해를 같이 하는 모든 계층을 될 수 있는 한 최대로 규합하여 국민적 규모에 있어 정치활동이 전개되어야 하기 때문이다. 그리고 셋째로, 첫 번째의 사항과 관련하지만 노동조합은 정당과 같이 정치행동을 주목적으로 하는 특정의 정치신조나 이데올로기를 가진 구성원으로 된 집단과는 다르고, 그 주된 목적이 노동조건의 유지·개선이라는 점에서 계급적 기반을 같이하고 경제적 이해관계를 같이 하는 노동자의 집단이기 때문에, 신앙·사상·정치적 입장에 있어서 반드시 동일하지 않고 오히려 처음부터 그것들의 차이가 있다는 것을 전제로 하여 조직된 노동자의 대중단체이라는 점이다.

노동조합은 당초 노동자의 공통의 이해에 기초하는 요구의 일치에 의해 대동단결한 조직체이지 정치적·사상적 입장을 공통으로 하는 결합체는 아니다. 노동조합의 경제적 요구의 실현은 특정의 정치적·사상적 입장을 공통으로 해야지만 추구할 수 있는 것은 아니다. 그 입장의 차이가 처음부터 존재하는 것을 전제로 하여 상호 이것을 시인하면서 또한 노동자로서의 합일적 목적을 위해 단결한 것이 노동조합이다. 따라서 노동조합으로서는 조합원이 어떠한 정치상의 주의나 주장을 가졌다고 하더라도 조합원 전체 공통의 이익을 위하여 활동해야 한다.

이상과 같이 노동조합의 경제적 기능을 높이기 위한 전제조건은 사상이나 신조의 차이를 넘어서 가능한 조직의 범위를 확대하는 데에 있다. 노동조합은 그 목적이 주로 노동자의 노동조건·고용조건의 향상을 겨냥하는 단체이다. 그러므로 경제적 기능을 가장 중시하는 집단이고 할 수 있다. 아주 상식적이지만 노동조합을 올바르게 이해하는 데에는 이 점의 인식이야말로 가장 중요한 점이다.

그렇지만 우리나라 노동조합의 간부 중에는 왕왕 노동조합의 임무를 잘못 이해하여 정치적 기능을 과대하게 평가한 나머지 현 단계에 있어서 노동조합 기능의 다양화, 특히 정치적 기능의 의의를 너무 강조한 나머지 노동조합의 경제적 기능을 경시하는 경향이 강하게 존재하고 있는 사실을 인정하지 않을 수 없는 것은 심히 유감이다.

우리나라와 같이 노동자정당이 노동조합과 분리하여 독자로 정당으로서의 활동기능이 충분하다고 할 수는 없는 곳에서는 자연히 노동조합이 정치적 기능을 어느 정도 대행할 수밖에 없다고 하는 특수한 사정이 있다고 하지만, 그렇다고 해서 노동조합이 경제적 기능 이상으로 정치적 기능을 중시하고 실제상 정치활동에 편중된 행동을 취하는 것은 분명히 노조활동의 일탈이다. 마치 노동조합이 정당의 전위대와 같이 행동하는 것이 과연 조합원의 이익에 도움이 될 수 있을까?

본래 사회정책입법 등은 의회에서 성립하는 과정을 취하기 때문에 아무리 노동조합 운동이 강력히 전개되어도 노동자정당의 힘이 약하면 노조측의 의향을 의회에 반영하는 것은 곤란하다. 따라서 널리 노동자의 생활조건을 개선하는 데에는 노동조합과 노동자 정당과의 긴밀한 협력관계를 유지할 필요가 있는 것은 물론이다. 그러나 노동자가 단결하고 통일할 때 비로소 노동조합이 그 기능을 최대로 발휘할 수 있음에도 불구하고 노조가 정당의 전방기관으로 되고 노동조합 내에 당파성이 들어오고 상호 각축한다면, 노동전선의 통일은 저해되고 노조 본래의 활동이 약해진다. 그에 따라 노사간의 교섭기능도 약화되는 것은 불을 보듯 분명하다.

조합원 및 노동자 일반은 그들의 노동조건과 지위의 향상을 노동조합에 기대하고는 있다고 하지만, 노동조합이 스스로 직접 정치를 하거나 특정정치권력의 하부조직으로 전락하는 등 정치화하는 것에는 기대를 걸지 않을 것이다. 이들은 그러한 노동조합간부들의 행태가 오히려 부질없다고 생각하거나 노동자단체를 이용하고 있다고 불쾌하게 생각하는 경우가 많을 지도 모른다.

이상에서 보았듯이, 노동조합이 본래의 활동을 소홀히 하고 정당활동에 편향되면 노동자의 통일이 곤란하게 되고 노동조합의 기능은 그만큼 감퇴하게 되는 것을 우리는 알아야 한다. 즉 노조내의 정치활동은 노동조합의 본래의 경제적 기능을 보완하는데 도움이 되지 않고 오히려 노조가 가진 에너지나 재정력을 소모하게 하여 본래의 노조활동을 저해하거나 내부대립을 야기하여 노조의 단결력과 통일을 약화시키고 그 결과는 노조분열의 불행마저 초래할 위험성을 안고 있다.[21] 노동조합의 정치적 기능의 확대화를 역사적 발전경향으로서 파악하는 것은 옳지만, 원칙 없이 노동조합의 정치활동을 긍정적으로만 평가한다면 노동조합의 정치

---

21) 渡部徹, 「勞動組合の 政治 立法活動」, 『講座 勞動經濟 三』, 日本評論社, 1967, 246면.

적 기능을 과대평가하는 것이며, 오히려 자본주의 사회에 있어서 노동조합의 발전을 그르치는 결과를 낳게 된다.22)

우리나라의 노조지도자 중에는 노조운동과 사회주의운동을 혼동하여 본래의 노조활동보다도 정치활동이나 사회주의운동을 하는 것이 노조활동의 주요한 임무인 것처럼 착각하는 자들이 많은 것 같다. 그리하여 노조의 조직을 정치활동을 위해 이용하는 경향이 쉽게 끊이지 않고 있는 것 같다. 노동조합의 정치활동은 어떠한 때에도 항상 경제적 기능을 높이는 입장에서만 행해져야 한다. 그러므로 노동조합의 활동은 조합원이 어떠한 사상 신조를 가지고 있더라도 조합원 전체의 이익을 최우선으로 하여 추진되어야 한다.

5. 한국 노동조합의 조직형태와 문제점

1) 서

해방 직후에 노동조합 조직률이 어느 정도였는지 정확한 통계자료가 없어서 알 수 없지만, 통계자료가 있는 1963년부터 따져보면 노동조합이나 그 조합원의 수는 1987년을 기점으로 대폭 증가하여 1989년에 그 정점에 도달한 후에 점점 하락하여 2004년 이후 노동조합 조직률은 10% 대에 머무르다가 최근에는 그 이하로 떨어져 있다.23) 우리나라의 경우에는 노동조합의 조직율이 최고조에 달했을 때에도 고용근로자의 25%를 넘어간 적이 없었다. 이러한 조직률은 서유럽의 선진자본주의 국가에 비해 현저히 낮은 수준이다. 우리나라가 세계자본주의체제의 핵심에 편입되어 가면서 한국 자본주의 체제가 유럽의 선진자본주의국가에 못지않게 고도화되고 있음에도 불구하고, 노동조합의 조직율이 점점 하락하고 있다는 것도 사실이다. 물론 조직률이 높다는 것과 노조활동이 활발하다는 것은 동일하지 않고 별개의 것이라고 하더라도 노동조합 조직률이 줄곧 낮았다는 사실은 한국자본주의체제에서 노동조합의 조직형태, 기능 그리고 역할에 문제가 있다는 것을 방증하고 있다. 여기에서 그 원인을 분석하여 그 해결을 위한 처방을 내릴 수는 없지만, 우리나라 노동조합이 가지고 있는 특질도 이에 기여하고 있다는 것을 부정할 수는 없을 것 같다.24)

---

22) 前川嘉一, 위같은논문, 132면 이하.

23) 한국노동연구원, 『2004 KLI 통계』, 2004, 166-168면 참조. 2010년 취업노동자 총수에 대비해서 노동조합조직률은 9.8%라고 한다. 고용노동부, 『2010년 전국 노동조합 조직현황』, 2011, 29-30면 참조.

유럽의 선진자본주의국가에서 노동조합이라고 하는 경우에는 통상 기업의 테두리를 초월한 횡단적 노동자조직만을 가리킨다. 예컨대, 동일기업 내에 조직되어 있는 노동자의 조직인 공장위원회(종업원단체)와 같은 것은 노동조합이라고 부르지 않는다. 그렇지만 우리나라의 노동조합의 조직은 그렇지 않다. 현재 우리나라 노동조합의 대부분은 단일사업장 내에 조직된 기업별노동조합이다. 그러면 우리나라의 노조의 조직형태의 특질이란 도대체 어떠한 것이 있는가를 우선 알아볼 필요가 있다.

2) 기업별조직

유럽의 노동조합은 직업별노조나 산업별노조 또는 일반노조든 모두 개인의 자격으로 노조에 가입하는 것을 원칙으로 하는 반면에 우리나라의 노동조합은 특정 개별기업의 정규종업원이 일괄적으로 가입한다는 형태를 취하고 있다. 즉 노사간에 유니온 숍 협정을 체결하고 있는 경우(많은 경우에 유니온 숍 협정을 체결하고 있다)에는 종업원의 자격이 그대로 자동적으로 특정기업의 노동조합의 조합원으로 된다고 하는 아주 현저한 특질을 가지고 있다.

우리나라 노동조합의 규약을 보아도 「○○노조는 ○○회사의 종업원으로써 조직한다」라는 것이 일반적이다. 노조는 기업 혹은 기업의 하나의 사업장마다 조직되고, 조합원은 직종 및 계층에 관계없이 그 기업의 종업원을 일괄 가입하는 형태를 취하고 있다. 그와 같이 일본의 단위노동조합(현실에 그 노조가 상급단체에 가입하고 있는가 여부와 관계없이 상급단체의 조직적인 한 단위에 해당하는 노조이다. 상급단체에 독립적인 규약과 노조임원을 가지고, 독립의 재정력을 가지며, 단체협약도 독자적으로 체결할 권한을 가진다)의 형태를 취하는 노조가 대부분이라고 해도 좋다.

---

24) 서유럽 선진자본주의국가의 경우를 보면, 노동조합이 자본주의경제체제유지에 대한 관심을 강화해 감에 따라 현행 경제질서 그 자체를 동요케 할 수도 있는 쟁의행위를 자제하는 경향이 커져 노동조합의 체제내화와 노사관계의 안정이 병행적으로 진행해왔다. 그런대 우리나라의 경우, 지금까지 자본과 국가권력이 합동하여 노동자를 억압하여 급속한 경제성장을 추진했기 때문에 법제도적 차원에서는 노사관계가 체제내화되어 안정화된 것처럼 보지만, 현실은 그렇지 않다고 진단할 수 있다. 어떻든 우리나라 노동조합은 자본주의경제구로서 체제내적인 「고정화(Befestigung)」의 단계에는 아직 들어가지 못했다고 보는 것이 옳을 것 같다. G. Briefs는 ① 노동조합이 입법, 사용자, 여론에 의해 완전히 승인될 것, ② 노동조합이 지속성과 안정성을 획득하여 고도로 제도화될 것(institutionalisert), ③ 노동조합에 공적 기능이 부여되어 노동조합이 준공적 단체(quasi-öffentliche Körperschaft)로 될 것을 「고정화」(Befestigung)의 단계에 들어간 노동조합의 기준으로 제시하고 있다. 이에 관해서는 Goetz Briefs, Zwischen Kapitalismus und Syndikalismus. Die Gewerkschaftrn am Scheideweg, 1952, S. 87ff. 참조.

유럽 노동조합이 공장이나 직장 밖에 이른바 지역적인 동직(同職)노조로서 발생하여 그것이 지방적 혹은 전국적인 규모로 횡단적으로 발전하여 왔던25) 반면에, 우리나라의 기업별조직(기업 내 노조라고 한다)은 종업원이 일괄 가맹하는 형태로 기업 속에서 만들어졌다. 말하자면 기업 내 종단적인 조직으로 되어 있는 것에 그 특징을 가지고 있다.

우리나라의 단위노동조합의 기본적 형태가 기업별노조라는 것은 바로 앞에서 지적하였을 뿐이지만, 이 기업별노조는 통상 독자적인 규약을 가지고 재정적으로도 거의 독립하고 있으며, 노조의 임원도 기업의 종업원 중에서 선출되고, 독자적으로 단체협약을 체결할 권한을 가지는 자체로서 거의 완전히 독립성을 가지는 노조조직이다. 산업별·지역별, 특히 기업별의 상부단체가 있더라도 이들의 상부노조가 기업별노조의 의사결정을 구속하거나 강제할 수 있는 권한이 없는 것이 일반적이다. 이에 반해 유럽선진제국의 노동조합은 상부단체의 기능이 아주 강한 중앙집권적이다.

이상과 같이 우리나라의 기업별노조는 유럽의 노동조합에 비해 현저히 다른 조직상의 특징을 가지고 있다. 물론 이것은 우리나라의 정치·경제·역사·문화적인 배경에서 기인한 것이지만, 우리나라 노동조합조직형태가 위에서 살펴본 세 가지의 노동조합기능을 제대로 발휘할 수 있을지를 그 장점과 단점에 관해 좀 더 상세히 검토해 보자.

3) 기업별노조의 조직과 그 기능상의 결함

(1) 조합원의 범위와 교섭능력

첫째로 지적할 수 있는 것은 기업별노조에 있어서는 당연한 것이지만, 조합원의 범위가 특정한 기업의 종업원에 한정되어 있다. 종업원으로서의 지위를 잃으면 조합원의 자격은 자동적으로 상실하는 구조로 되어 있다. 따라서 종업원인 지위를 취득하는 동시에 특정기업의 노동조합원이 되지만 그 기업에서 전직 또는 퇴직하면 본인의 의사에 관계없이 기업별노조의 조합원인 자격도 상실된다. 또한 기업에서 해고처분을 받게 되면 역시 조합원의 자격이 상실된다. 게다가 노조가입 자격자는 정규종업원에 한정되고 일반적으로 임시공·임시직원은 노조에 가입 자격에서 배제되어 있다. 이와 같이 기업별노조는 개별기업을 단위로 조직된 노동조합(원칙적으로는 1사업장 1노조)이고, 게다가 조합원은 통상 정규종업원에 한정

25) 舟橋向道, 「勞動組合の組織と機能」, 『新勞動法講座 (2권)』, 有斐閣, 1966, 6면.

되기 때문에 하나의 노조마다 조합원수는 비교적 적고 대기업의 노조라고 하여도 수천 내지 수만에 불과하다. 그러므로 조합원이 되기 위해서 특정한 기업의 종업원자격이 필요로 하지 않고, 단위노조의 조합원 수가 수십만 내지 수백만에 이르는 유럽의 노동조합과 비교할 때, 우리나라 노동조합은 노조의 재정력은 빈약하기 그지없다. 그래서 단체교섭에 있어서 우리나라 기업별노조가 교섭능력이 아주 약한 것도 어쩌면 당연한 결과인지도 모른다.

기업별노조에서 단체교섭의 당사자는 항상 기업의 사용자와 종업원이고 해고된 자나 타 기업의 조합원(=종업원)이나 직업적 노동운동가가 그 가운데에 끼는 경우는 희박하다고 하겠다. 이와 같이 기업별노조는 그 교섭력에 있어서 본래적인 취약성을 내포하고 있다. 임금요구를 하더라도 기업의 지급능력을 기초로 그 테두리 내에서 문제를 해결하려고 하는 아주 소극적이고 취약한 태도를 보이는 경향이 지배적이다. 이것이 우리나라 기업 간의 임금격차를 이상하게 확대하고 있는 커다란 요인이라고 하겠지만 구미의 선진국에는 기업의 능력에 따른 얌전한 임금요구는 결코 하지 않는다. 이미 사회적으로 횡단적인 임금률이 형성되어 있는 곳에서 일정한 임금수준을 지급하지 않는 기업은 사회적으로 이미 기업을 경영할 능력이 없다고 보게 되고, 그 기업은 어떻든 망해야 하고 도태되지 않을 수 없는 것이다.

(2) 사무직과 기술직 일체의 혼합노조

기업별노조의 두 번째 특징은, 종업원이 그대로 조합원으로 되기 때문에 특정 기업의 종업원이라면 사무직과 기술직의 구별 없고 직종이나 숙련도에 관계없이 가입을 하게 되는 통상 이른바 사무기술직 일체의 혼합적인 조직형태를 취하는 점이다. 그렇지만 유럽의 노동조합은 동일직종의 노동자가 기업의 테두리를 넘어 지역적으로 하나의 노조를 조직하거나(직업별노조) 직종에 관계없이 직종의 테두리를 넘어 동일산업에 속하는 노동자 일체를 하나의 단위노조로 조직(산업별노조)하고 있다. 그 조직의 구성원은 누구나 동종산업의 육체노동자 또는 동종산업의 기술직노동자이다. 일반적으로 화이트컬러라고 할 수 있는 사무직계층은 별개의 「직원노조」를 조직하고 있는 것이 통례이고, 사무직과 기술직이 혼재되는 이른바 공직혼합노조의 형태는 취하지 않는다. 즉, 공통적인 이해관계 기반에 서 있는 것이 동일의 조직으로 집결되는 원칙을 취하는 것이다.

그렇지만 우리나라의 노동조합은 앞에서도 지적했듯이 하나의 기업의 사무직 기술직 일체의 혼합조직(동거노조)의 형태를 취하고 있다. 직제상 상당히 높고 경영적 지위에 속하는 직원까지도 노조에 가입하고 있기 때문에 조합원의 의향을 일체화시키는 것이 상당히 곤란하게 된다.

사무직과 기술직 혼합의 노동조합은 우리나라의 경우처럼 해방 직후부터 본격적으로 산업화가 되기 전까지 자원과 자본이 부족하여 기업경영이 어려워 기술직과 사무직이 동일한 수준의 저임금상태에서 서로 일체가 되어 있는 때나, 노조운동이 노동자들에게 유리하게 전개되었던 동안에는 그 조직상의 결함이 거의 부각되지 않는다. 그러나 일단 어느 정도 수준에서 자본이 축적되어 기업의 체제가 갖춰서 기술직과 사무직 간에 임금격차가 생기고 사용자 측의 입지가 강고하게 되면, 그 결함은 표면화하게 된다. 사무직측의 관심은 서서히 노동조합에서 멀어져 사용자측에 접근해가는 경향이 강하게 된다. 조합원이면서 노동조합 활동에 냉담하게 되고, 그것에 등을 돌려 특히 발을 빼는 태도를 보이게 된다. 특히 노사의 대립이 첨예화하고 노조활동이 격렬해지면 이에 미온적인 태도를 표시하는 대부분은 사무직계층이다. 이와 같은 때에 최초로 노동전선의 보조를 어지럽히고 노조를 분열하게 하는 것도 대개 사무직계층에 많다.

사무직계층이 노동조합의 필요성에 대해서는 절감하면서도 색안경을 낀 눈으로 기술직중심으로 조직된 노동조합을 보는 이중적인 태도를 취할 수밖에 없는 것은 그들이 기업내에서 사용자와 노동조합 사이에서 중간적 입장에 처해 있는 우리나라의 기업현실(그것은 경영조직에 있어서 사무직계층의 지위와 무관하지 않다)과 크게 관련되어 있다. 이렇듯 사무직 기술직 일체의 혼합노조의 조직기반은 아주 취약하고,[26] 사업장 단위에서 복수노조가 허용되는 현 단계에서는 제2노조가 결성될 가능성이 있어서 노노갈등이 야기될 우려가 있다.

또한, 혼합노조는 기업 내의 경영관리조직이 그대로 노동조합의 내부에 들어올 위험성이 없지 않다. 그것은 노동조합의 자유로운 활동에 제동을 거는 요인이 되는 요소를 강하게 가지고 있다.

(3) 조합원의 자격과 노동자의식

세 번째로, 기업별노조의 특징은 당해 기업의 종업원이면 거의 자동적으로 조합원으로 되는 구조로 되어 있다(우리나라의 기업별노조에는 종업원자격의 취득이 조합원자격을 얻기 위한 전제조건으로 되어 있지만 서유럽의 경우는 오히려 반대이고, 조합원 자격의 취득이 종업원으로 되기 위한 전제조건으로 되어 있다). 그런데 서유럽의 노

26) 노사관계가 평온한 시기에는 별도로 하고, 스트라이크가 장기화하거나 기업의 합병에서 노사관계가 긴장상태에 처하는 때는 혼합노조에 내재하는 모순은 일거에 현재화되기 쉽다.

조는 개인가입을 원칙으로 하고 우리나라와 같은 일괄가입의 방식을 취하고 있지 않다. 따라서 조합원 임원은 한 사람 한사람을 설득하여 노조에 가입을 권하는 임무를 부담하고 있다. 조합원 또한 가입하는 편이 자기의 이익으로 된다고 판단한 다음에 그 성원으로 된다. 노조에 들어오는 때에는 이미 노조에 대한 일응의 이해와 관심이 배양되어 있으며, 그렇지 않은 경우, 조직의 확대를 꾀하는 것은 불가능하다.

이것에 반해 우리나라 노조임원은 조직활동을 하지 않는다. 일괄가입방식이 일반적이기 때문에 그 필요성이 거의 없기 때문이다. 노동조합에 대한 가입도 조합원 스스로가 자신의 판단에 기한 자주적인 가입이 아니라 입사와 동시에 통상 일괄적으로 노동조합에 가입된 것이기 때문에 조합원도 노조에 대한 이해나 관심, 조합원이라는 자각이 지나치게 저조한 것이 일반적이다.

또한 기업별노조는 노동시장에 있어서 근로조건을 평준화 내지 통일화하기가 어렵다. 그래서 사용자가 다른 경우에 두 개의 노조가 연대해서 근로조건의 통일화를 추진하는 것이 곤란하다. 개별기업의 노동조건은 사용자의 경영적 능력에 쉽게 좌우되기 때문에 기업별노동조합은 사용자의 입장에서 보면 기업소속의식(=종업원의식)을 배양할 수 있다는 점에 아주 유리한 조직형태라고 말할 수 있다.

서유럽에서는 노조의 조직이 횡단적이기 때문에 노동조건이 비교적 평준화되어 있고 기업간의 격차는 사소하다. 또한 노동시장도 폐쇄적이지 않기 때문에 노동자도 하나의 기업에 장기간 정착하지 않는다. 따라서 기업의식이 배양되기 어렵고, 그것보다도 「동일직종」의식, 「동일산업」의식의 쪽이 강하다. 기업의 테두리를 넘는 노동자로서의 동료의식, 노동자의식=계급의식이 강하고 노동자 상호간의 단결도 단단하다. 그렇지만 우리나라와 같이 노동조합이 기업별조직인 경우에 조합원의 마음속에는 종업원의식과 노동자의식이 동시에 자리잡고 있고, 각 기업마다 사용자에 의한 기업소속의식고취와 차별화가 강화되기 때문에 기업의 역사가 오래되면 될수록 노동자의식보다는 종업원의식이 강해지기 되며, 전체 노동시장 및 전체사회 차원에서의 노동자들의 연대는 점점 더 어렵게 된다.[27]

횡단적 노조에 있어서는 어느 기업의 노동자의 문제가 동시에 타 기업노동자에게 직접 관계하는 문제이지만 기업별노조에 있어서는 간접적인 것에 불과하다(이

---

27) 이러한 현상은 우리나라에서 재벌기업 소속 근로자들에게 현저하게 나타나고 있다. 우리나라 기업별노조가 주로 재벌기업 정규직노동자 중심으로 조직되어 있는 것이 그 특징이라고 할 것이다. 그리고 삼성그룹이나 현대그룹 등 재벌기업에 취업된 근로자들이 이를테면 삼성맨(man) 또는 현대맨(man)으로서 자부심을 가지고 있는 것을 상기해보면 알 수 있다.

것은 노동조합의 조직에 크게 관련이 있다). 또한 다른 기업 노동자의 이익과 반드시 공통하지 않은 경우조차 생긴다. 예컨대, 어떤 기업에서 파업이 일어나면 경쟁기업의 노동자는 이것을 지원하기는커녕 바람이 불면 대추가 떨어진다는 식으로 이때 오히려 노사가 협력하여 판로확장으로 나가는 것은 우리가 자주 견문하는 바이다.

요컨대, 기업별노조는 노동자의식을 약화시키고 기업의식을 배양하고 노동자의 횡적 연계=단결을 약화시키기에 좋은 형태이라고 하겠다. 즉 기업별노조에 있어서는 노조와 기업의 조직단위가 동일하고 기업의 이익과 노조의 이익이 일치하는 측면이 많기 때문에 양자가 유착하고 노조가 단지 경영자의 파트너의 역할에 머물게 될 가능성이 높다. 그래서 노조 내에서도 기업귀속의식을 양양하려고 하는 기업의 노무정책이 버젓이 관철되어 조합원으로서의 의식이 종업원으로서의 의식에 뒤지기 쉽다. 이러한 상황에서는 노동조합의 존재 자체가 무의미해진다. 이것은 산업 횡단적으로 또는 지역 횡단적으로 조직된 산별노조나 직업별노조의 경우와 비교되지 않을 정도로 심각하다. 게다가 더욱이 기업의 노무정책이 일정의 수준으로 확립해 버리면 노동조합의 하부조직은 경영의 관리조직과 밀착되어 노동조합 자체에 기업직제의 서열이 들어가게 되어 어용화될 가능성이 농후하다. 설령 이러한 기업별노동조합은 어용화되지 않는다고 하더라도 기업간의 경쟁이 치열할 때에는 조합원들은 노동자 전체의 이익을 우선시하기 보다는 기업의 종업원의 입장에서 자기가 속해 있는 기업의 이익을 우선적으로 생각하게 된다. 그 결과 부지중에 노동자들은 같은 산업의 다른 기업에 있는 노동조합의 존재 자체는 물론이고, 다른 산업의 노동조합, 중소기업의 노동자, 실업자는 물론 하루하루 일하고 있는 임시근로자나 비정규직근로자의 상황은 생각조차 할 수 없는 기업이기적인 경향을 가지게 된다.

또한 현재에는 그 사정에 좀 변동이 있다고 하지만, 지금까지 우리나라 기업에는 종신고용제와 연공임금제를 핵심적인 수단으로 하여 노무관리가 아직 강고히 이루어져 왔다. 그래서 「해고」야말로 종업원에 있어서는 임금인하나 근로시간연장보다도 더 고통스런 타격(그것은 다른 기업으로 이동하여도 연공서열임금을 강고하기 때문에 자연스럽다고 해도 좋을 만큼 노동조건이 악화되기 때문이다)이 되기 때문에 일정한 연수(年數)를 근속하기 위해서 사용자에 대해 순종적인 태도를 가질 수밖에 없다. 우리나라의 노동시장의 폐쇄성과 밀착하여 형성된 기업별노조의 약점이 여기에서도 그 부정적인 얼굴을 내밀고 있다.

(4) 단체교섭의 기본적 방식(기업내교섭)

네 번째 특징으로서는 기업별노조의 단체교섭은 원칙적으로 기업별노조 대(對) 개별기업 간에 행해진다. 따라서 단체협약은 기업마다 따로 체결되고 그 결과, 노동조건도 기업마다 고르지 않을 수밖에 없다. 요구의 내용이나 조건을 통일하여 산업별 통일요구를 하는 식이 되더라도 결과는 대체로 불합의로 끝난다. 결국 요구의 내용은 기업마다 다른 내용의 조건으로 타결되게 된다. 즉 기업별노조에 있어서는 기업 내의 종업원으로 조직되기 때문에 노조활동은 당연히 기업 테두리 내에 폐색된다. 타기업의 노조와 연계가 아주 약하고 노동조건을 평준화기가 아주 곤란하기 때문에 결국은 개별기업의 지불능력에 따라 다른 내용으로 타결된다. 그리고 경영자의 의도도 일관하여 단체교섭을 기업 내에 봉쇄하려고 하는 대책을 취하고 있다. 이렇게 해서 기업별노조는 산업별 통일투쟁을 조직하는 때에 조직상 커다란 결함을 가지고 있다.

이상에서 언급했듯이 우리나라와 같이 기업별로 분단된 노동시장에는 노동조합은 그 영향을 받아 기업별노조가 형성되기가 쉽다. 그래서 개별노동조합은 노조간의 연대나 협력을 강화하기보다는 기업별로 고립화되는 경향을 가지고 있다. 또한 기업별로 분단된 노동시장에는 기업의 테두리를 넘는 통일적인 노동조건이 형성되지 않고 노동조건도 기업마다 분단되고 각 기업마다 독자적인 노동조건이 형성된다. 따라서 해고, 임금인상 등의 문제는 모두 개별자본의 능력 여하에 좌우되고 노동조합의 임금 투쟁이나 근로조건 개선투쟁은 개별자본의 테두리 내에 봉쇄되어 버린다. 또 기업 내의 상당히 불균등한 노동조건의 차이는 개별자본의 테두리를 넘는 노동자의 횡단적인 통일을 곤란하게 한다. 이와 같이 노동조합간의 횡단적인 연계가 취약하고, 더욱이 기업 내의 종업원만으로 구성되는 기업별노조 하에서는 단위노조로서의 조직적 저항은 약할 수밖에 없다. 노동운동의 역사적 전개과정에서 볼 때, 노동조합은 당초에 자본주의체제에서 계급투쟁의 모체로서 조직된 것인데, 기업별노동조합은 이와 같은 대(對)자본적 투쟁조직으로서는 아주 기형적으로 왜소화된 불완전한 조직이라고 말할 수 있다.

(5) 노동시장의 통제적 기능

기업별노조가 가지고 있는 최대의 약점은 무엇보다 노동조합의 본래적 기능인 경제적 기능을 수행할 수 없다는 것에 있다. 기업별노조는 노동시장을 통제할 수 있는 위치에 있을 수 없다. 기업별노조는 기껏해야 특정기업에 취업한 근로자들이 자신의 근로조건의 유지와 개선을 하는 데에 자신의 역량을 집중하도록 유도하고 있다.

사실, 사용자와 대등한 지위에서 노동자의 교섭력을 강화하기 위해 노동조합이 가지고 있는 최대의 무기는 노동시장에서 노동력의 공급을 독점하는 것이다. 그렇지만 기업별노조에 있어서는 노동력의 공급을 통제할 수 도 없을 뿐만 아니라 하물며 노동력을 독점한다는 것은 처음부터 생각할 수조차 없는 조직형태다. 그러므로 노동시장 전체적 차원에서 보면, 기업별노조는 개별사용자에 대한 교섭력조차도 박약할 뿐만 아니라 장기적으로 보면 근로조건을 향상시키는 점에 있어서도 반드시 만족한 결과를 얻을 수 없다. 그렇기는커녕 이것이 임금의 결정에 있어 노동력의 공급자(=노동자)측에 끊임없이 불리하게 작용하고 있다. 게다가 노동조합이 노동시장을 통제할 수 없기 때문에 기업 간의 노동조건의 격차를 증대시켜 노노간의 갈등을 유발하기도 한다.

(6) 조합원의 범위의 협소와 노조재정의 빈곤

여섯 번째의 특징으로서는 노조재정력의 문제이다. 유럽 선진자본주의국가의 노동조합은 그 자체로 엄청난 자본력을 가지고 있다. 어떻게 보면, 선진자본주의국가에 있어 노동시장은 성질을 달리하고 있는 두 개의 거대한 자본이 대결하는 양상이라고 말할 수도 있다.[28] 그런데 기업별노조는 그렇게 될 수 있는 기반이 없다. 기업별노조는 일기업일노조를 조직상의 원칙으로 한다. 따라서 단위노조의 조합원 수는 대기업의 노조라고 하더라도 수천인에 불과하고 단위노조가 징수하는 조합비도 그렇게 많은 액에 달하지 않는다. 통상 하나의 노조의 조합원이 수만에서 수십만에 이르는 구미의 노동조합과 비교해보면, 우리나라의 기업별노조의 재정력의 기반은 아주 빈약하다.[29] 이러한 노조재정력의 빈약(조합비의 일부는 상납금으로서 상부조직에 납입하지만 조합비의 대부분은 단위노조인 기업별노조가 운용할 수 있다. 따라서 단산의 재정력은 약하다)은 노조의 경영측에 대한 전투력 교섭력을 약화하고 끈질기고 강한 장기적 투쟁을 조직하는 것을 경제적으로 불가능하게 할 뿐만 아니라, 조합원의 연대성을 강화하기 위한 공제활동조차 거의 할 수 없게 만든다.

---

28) 유럽의 경우에 노동조합운동의 역사가 길기 때문이기도 하지만, 노동조합이 산별조직이기 때문에 많은 조합비를 수입으로 해서 상당한 규모의 재원을 확보하고 있다. 특히 노동조합이 그 자신의 재원으로 병원, 학교, 복지시설을 운영하는 등등 공공적인 기능을 수행하고 있는 것이 그 증거라고 할 것이다.

29) 우리나라 노동조합 대부분은 노조전임자를 고용하지 못하는 상태에 있다. 그래서 노조간부들은 사용자에게 이것을 쟁취한다고 하는데, 사실은 구걸하고 있는 것이다.

(7) 노동조합의 공제활동

일곱 번째의 특징으로, 기업별노조에 있어서는 기업을 그만두면 조합원의 자격을 잃게 되므로 평생 동안 조합원이라는 지위를 가질 수 없다. 그렇지만 유럽의 산별 또는 직업 또는 일반노조에는 노동자가 직종이나 산업을 변경하지 않는 한 일생동안 조합원으로 있을 수 있다. 기업별노조가 주류를 이루고 있는 우리나라에서는 노동자가 실업상태로 되거나 직장을 옮기면 종전의 노조와는 완전히 절연되지만, 유럽에서는 실업 혹은 타기업으로 이동하더라도 그대로 동일노조의 조합원으로서의 자격요건에 아무런 변동이 없기 때문에 조합원의 지위는 변하지 않는다. 실업상태로 되면 노동조합이 새로운 직장을 주선하거나 알선하여 각 조합원의 능력과 수준에 맞는 노동조건도 확보되어진다.

서유럽의 경우에 노동조합이 조합원의 생활을 일생동안 보증해 줄 뿐 아니라 노동자의 복리후생제도라는 차원에서 볼 때에서도 그것이 대부분 노동조합을 통해 이루어지고 있는 것이 실정이다. 그러므로 노동조합은 노동자에 대하여 상당한 수준의 공신력을 가지고 있을 뿐만 아니라 개별 조합원도 노동조합에 대한 강한 신뢰감을 가지고 있다. 노조에 의한 공제활동은 사회 전체 차원 또는 산업별 수준에서 활발하게 이루지고 있는데, 노동자를 위한 복지후생(주로 법정외의 복지후생)은 기업이 자혜적인 입장에서 하고 있다고 하기보다 오히려 노동조합이 그 독자적인 활동의 일환으로서 하고 있는 경우가 대부분이다. 그것을 가능하게 하고 있는 것은 단위노조의 재정력이 비교적 윤택하다는 것도 관계하지만 이들의 공제활동을 통해 노동조합의식을 고양하는 것이다. 또한 유럽의 기업은 노동이동이 심하기 때문에 노동력정착정책으로서의 기업복리정책에 경영자가 일반적으로 열의를 보이는 것이 보통이다.

그러나 우리나라의 노조에서는 그렇지 못하다. 특히 우리나라에서 노동자의 복리후생은 사용자가 강제적으로 납입하는 기금으로 이루어지긴 하지만, 그것의 주체는 국가이지 노동조합이 아니다. 개별기업차원에서는 주로 종업원의 복리후생이라는 의미에서 근로자의 복지가 제도화되어 있어서 종업원의식을 강화하는 기능을 하고 있다. 그래서 우리나라에는 조합원 한 사람의 마음속에 노동자의식과 기업의식이 동거하고 있다. 반드시 노조에 대한 조합원의 신뢰감과 친근감은 높다고 할 수 없다. 이것도 또한 기업별노조의 결함이라고 할 것이다.

(8) 노조간부와 그의 지도성

여덟 번째의 특징으로서 노조의 간부는 원칙적으로 종업원 중에서 선출되고(종업원 이외의 자가 임원으로 되는 것은 예외적이다), 예컨대 노조활동에 전념하는 「노조전임자」의 경우에도 종업원의 지위를 상실하지 않고 기업에 재적한 채로 「노조전임자」가 된다. 노조간부를 그만두면 본래의 직장으로 복귀할 수 있다. 노조의 임원이 특정기업의 재적자인 것은 단위노조뿐만 아니라 기업연합이나 단산의 경우도 마찬가지다. 그들이 노조간부로 되어도 의연히 기업에 재적하고 종업원으로서 신분을 보증 받고 있는 한 직업적 노조운동가에 철저할 수 없는 것도 무리는 아니다. 우리나라에서 점점 직업적 노조운동가가 육성되기 어려운 이유 중 하나는 언제라도 직장에 복귀할 수 있는 「재적전임」의 제도가 인정되기 때문이다.[30) 그래서 설령 노동조합의 활동가가 조합간부직을 그만두면 언제라도 직장으로 복귀해서 근무해야 하는 압박감 또는 그 반대로 조합간부로서 일정기간만 활동하면 직장으로 돌아 갈 수 있다고 하는 안도감을 가지고 있기 때문에, 노동자가 노동조합간부로 진출하게 되는 경우라도 평생 동안 노동조합운동에 전념하려고 하는 의지가 그에게 생기기 어렵다. 가령 노조간부로서 유능하고, 또 본인이 노동운동에 생애를 걸 의도가 있더라도 어떠한 사정으로 기업의 종업원이라는 것을 그만두면 노조의 간부로서 머물 수 없는 것이 보통이다. 상부단체인 단산이나 전국센터 혹은 지역연합체의 간부라도 마찬가지라고 할 수 있다. 왜냐하면, 우리나라에는 노동조합의 임원은 당초 소속 기업의 종업원자격이 전제되어 있기 때문이다. 이러한 관계가 기업과의 유착을 생기게 하기 쉽다.

유럽 노동조합의 간부 대부분이 노동운동에 생애를 걸었던 「직업적 노조운동가」(Professional trade union officers)인 것에 대해 우리나라의 노조간부는 단순히 종업원의 대표에 불과하다. 그 지도성이 간부로서의 능력이나 전문지식에 있어서 서유럽 노동조합의 간부에 비해 상당히 열세인 것이 사실이다.

(9) 종 합

이상에서 고찰하였던 바와 같이, 우리나라 노동조합의 특질은 노동조합이 그 기능을 수행하는 데에서 그대로 결함으로서 나타나고 있다. 노조의 조직적인 측면, 재정력 측면, 지도성의 측면에 있어서도 우리나라 노동조합의 조직형태는 산별 또는 직업별인 유럽의 노동조합에 비하여 약점을 가지고 있다.

---

30) ILO도 「재적전임자」의 제도를 폐지하도록 우리나라에 권고하고 있다.

이것을 냉정하게 객관적으로 보면, 우리나라 노동조합의 조직은 사용자측에 있어서는 아주 상황이 좋은 유리한 조직형태이라고 해도 좋을 것이다.[31] 그러나 반대로 노동조합측에 있어서는 결코 만족할 수 있는 조직이라고 말하기 어렵다. 그래서 노동조합측은 이러한 결함을 극복하기 위해 기업별노조에서 탈피하여 산업별 노조로 전환을 호소하고 그 전술을 모색하고 있는 것 같다.[32]

4) 정 리

노동조합의 조직은 그 기능에 대응하여 형성되었지만 노조의 기능은 조직에 의해 규정된다. 그러므로 본래의 노조기능을 충분히 발휘하는 데에는 우선 조직의 형태가 문제로 되지 않을 수 없다. 결국 어떠한 조직형태에 의하면 노동조합의 제기능이 보다 잘 발휘될 수 있고 노조의 목적이 보다 잘 달성될 수 있으며, 어떠한 조직이 바람직한가를 파악해야 할 것이다.

노동조합은 언제라도 표준적 노동조건의 확보를 그 주요한 목적으로 하여 왔지만, 후술과 같이 그 조직의 대상으로 되는 노조구성원의 성격이 다르면 자연히 조직의 형태는 다르게 되고 표준적인 노동조건 획득의 방법도 다를 수밖에 없다.

---

31) 이러한 상황은 노동조합의 조직형태가 우리나라와 거의 동일한 일본의 경우에도 마찬가지라고 할 수 있다. 그런데 일본에서는 기업별노조의 결함을 시인하면서도 기업별노조의 이점을 지적하고 있는 사람이 있기에 여기에서 간단히 소개한다. 첫째, 제2차 대전 후에 일본의 노동조합이 급속히 결성되고 성장할 수 있었던 것은 기업별노조라는 조직형태 없이는 생각할 수 없다는 것, 둘째 유럽의 산업별노동조합의 경우에는 개인이 직접 가입하므로, 일괄적인 조합비징수가 곤란한데 비해 일본의 경우에는 기업별노조인 까닭에 노사 간의 협약에 기한 체크오프(check-off)제도에 의해 조합비가 확실히 징수될 수 있기 때문에 노조재정이 비교적 안정적이고, 징수를 위한 비용이 들지 않는다는 것, 셋째 사무직과 기능직 일체의 혼합노조기 때문에 화이트컬러의 지적 능력을 활용하여 경영내부의 정보를 파악할 수 있다는 것, 넷째 기업내부의 노동문제에 공헌하여 말하자면, 유럽형의 노동조합이 가진 약점(즉 기업 내의 노동문제)를 극복하고 있다는 것(그러나 서유럽 제국에는 노조의 조직이 기업단위가 아니기 때문에 이와 같은 조직상의 결함을 극복하기 위해 숍 스튜어드(shop steward)를 두고 기업 내의 문제는 공장위원회가 처리하고 있다) 등이 기업별노동조합의 이점이라고 한다. 白井泰四郎, 『勞使關係論』, 日本勞動協會, 1960, 63면 참조. 또 혹자는 기업별노조가 일괄가입을 원칙으로 하기 때문에 조직비가 들지 않고 노조사무소는 통상기업에 의존하고, 특히 전화료, 광열수비, 비품까지 기업에 의존한다. 게다가 재적전임자라는 형태로 노조간부의 생활비까지도 기업이 부담하고 있어 일본의 노동조합이 외국 노동조합에 비해 비용이 들지 않는 이점을 든다. 內藤則邦, 「組合運營」, 『講座 勞動經濟 三』, 日本評論社, 1967, 124면. 일본의 기업별노조가 가지는 이점은 우리나라의 기업별노동조합에 대해서도 그대로 말할 수 있을 것 같다. 하지만, 위와 같은 기업별노조의 이점은 상황이 바뀌면 역으로 노동조합의 자주성을 해치고 기업이 노조를 통제하기 쉽게 하는 단점으로 변한다는 점을 명심해야 할 것이다.

32) 한국산업사회연구회(편), 『산별노조론』, 미래사, 1994, 특히 제3장 및 제4장 참조.

예컨대, 일부의 특권적 숙련노동자로 구성된 직업별노조는 표준적인 노동조건의 확보를 인원제도와 공제기능의 중시에 의해 달성할 수 있다고 생각하고, 사실 이러한 방법을 두 지주로 하여 표준적 노동조건의 확보에 노력하였다. 즉 직업별 노조는 숙련노동자 이외의 노동자의 노조가입을 엄격히 제한하는 한편 조합원의 결속강화를 위해 공제제도에 상당한 노력을 들였다.

그 후 공장제 공업의 진전에 따라, 생산력의 주체가 인력에서 기계력으로 바뀌게 되면서 여성·연소노동자의 노동시장 진출이 촉진되고 미숙련노동자의 비중이 상대적으로 증대되는 것은 자연적 추세였다. 이러한 사정을 배경으로 하여 미숙련노동자를 대상으로 새로운 노조의 결성이 요청되었다. 새로운 노조에 있어서는 산업별 노조와 같이 노조에의 가입을 특정의 숙련노동자만에게 엄격히 제한하는 배타적 방법은 이미 불가능하게 되었으며 그러한 필요성도 전혀 없게 되었다. 이것은 미숙련노동자의 노동조건의 개선에는 배타적인 방법이 아닌 오히려 노조가입의 테두리를 널리 개방할 필요가 있었기 때문이다. 그러므로 새로운 노조는 필연적으로 대형의 노조조직(=산업별노동조합)을 필요로 하고 표준적 노동조건의 확보에는 노사 간의 단체교섭에 의해 해결하는 방법이 중요시되고, 동시에 국가적 법제화에 의해 그것들을 획득하도록 하는 운동이 추진하게 되었다. 이와 같이 노동조합의 조직과 기능은 조직에 포괄된 조합원의 범위와 그 성격에 따라 크게 영향을 받는다. 일반노조에 대해서도 마찬가지로 말할 수 있다.

어느 것이든 외국 노동조합의 조직은 기업의 테두리를 벗어나 횡단적으로 결성되는 것이 상식이며, 그것은 노동조합의 목적을 달성하는 데에 횡단적 조직이 보다 유효하기 때문이다. 이러한 점에서 우리나라의 기업별노조는 세계의 노동조합의 조직형태와 비교해서 상당히 특이한 존재임을 나타내고 있다.

기능면에서 보면 우리나라 기업별노조는 공제적 기능, 경제적 기능, 정치적 기능 등의 노동조합 기능을 수행하는 데에 노조측에 있어서 결코 바람직한 조직형태라고 말할 수 없다. 노조의 기본적 기능인 경제적 기능을 중심으로 지금까지 고찰한 점을 요약하면, 기업별노조는 조합원의 범위가 특정기업의 정규종업원에 한정되어 있어 유럽의 노조에 비해 단위노조당 조합원수가 현격히 적다. 따라서 재정기반이 취약하기 때문에 노조의 독자적인 공제활동으로 찾아볼 만한 것이 없고 오로지 기업의 복리후생에 의존하는 상태이고, 단체교섭력도 또한 아주 취약하다. 게다가 단체교섭은 통상 개별기업 대 기업노조의 기업내 교섭의 형태를 취하기 때문에 임금교섭도 기업의 지불능력 내에서 결정(기업주도형의 임금)되는 결과가 되어 기업간 임금격차의 확대를 야기하고, 점점 통일적 교섭을 조직하는 것이 곤란하게 되었다. 더욱이 기업별노조는 공직일본의 혼합형태를 취하기 때문에 노사간의 긴장상태가 오래 계속되는 경우에는 노조내부의 결속력의 약점을 노정하고 노조의 분열, 즉 제2노조의 결성을 초래하기 쉽다.

그리고 노조간부는 종업원 중에서 선출되어 노조경험도 대체로 일천하고 반드시 생애를 건 직업노동운동가가 아니기 때문에 간부로서 필요한 지식이나 지도능력도 충분하지 않다고 하겠다. 또 조합원에 대해서 보아도 기업에 고용된 종업원은 사용자의 입장에 있는 일부의 직원을 제외하고 자동적으로 기업별노조의 조합원으로 된다는 「일괄가입」의 형태를 취해 자기의 의사로 노조에 가입하는 것이 아니기 때문에 노조에 대한 이해와 관심의 정도가 반드시 높지 않다(특히 대기업에는 종업원의식이 노조의식보다 높다). 이러한 것들이 노조의 전투력을 약하게 하는 커다란 요인으로 되고 있다. 마지막으로 기업별노조는 노조가 횡단적으로 조직되어 있지 않기 때문에 노동시장을 통제할 수 없다는 점이야말로 경제적 기능을 발휘하는데 최대의 약점이다. 이상의 점을 종합적으로 판단하여, 기업별노조는 경제적 기능을 발휘하는 데에 조직적으로 많은 결함을 가진 조직이라고 하겠다.

또한 노조의 경제적 기능을 약하게 하는 요인으로서 노조간부가 노조의 일상활동의 기본이라고 해야 할 지도하는 교선활동이나 조직활동을 소홀히 하고, 본래의 노동조합운동에 열중하기보다는, 표면적으로 중요한 것으로 과장하지만 그 실질에 있어 노조간부 자신의 영달에만 기여하기 때문에 근로대중에게는 실속이 없는 정당활동에 관심을 가지고 있는 경향이 강하다는 점을 들 수 있다.33)

이러한 경향은 제2차 세계대전 이전의 일본의 노조운동이 동시에 사회주의운동으로서, 환언하면 사회주의운동을 위한 노동운동이 전개되었던 「나쁜 전통」을 계수하였던 것에 기인하다. 그리고 이러한 정당활동을 우선시하는 자세와 체질은 노조가 조합원대중의 요구를 흡수하고 그 실현에 노력하기보다는 노동조합 내부에 정치적 당파성을 끌어들이고 노동조합 조직을 이용하여 간부가 지지하는 정당의 활동방침을 조합원에게 강요하려는 현상으로 나타난다. 노동조합운동지도자들이 이러한 태도를 계속 취하는 한, 노동조합은 대중으로부터 유리되어서 그 활동력과 조직력이 약화되어 왜소화되어간다는 것은 앞에서 이미 언급한 바와 같다. 이러한 노조운동방식은 노동조합 운동의 정상적인 발전을 저해할 뿐만 아니라 조합원의 의향에 올바르게 응하는 태도라고 할 수 없다. 노동조합운동에 관한 한

33) 그 단적인 예로서 노조간부에서 국회의원으로 변신하는 경우가 많다. 우리나라에서는 언제부터인가 4년마다 국회의원 선거가 있을 때마다 금배지를 다는 노동조합간부가 있다. 물론 표면적으로 허울 좋은 정책연합이라고 말하고 있지만, 이것 때문에 일반조합원은 물론이고, 일반국민들조차 노동조합간부를 "노동귀족"이라고 부르고 있다.

우리나라의 경우 정치투쟁 중심주의로 가는 경향이 있다. 그러나 이렇게 되면 노동조합 본래의 경제적 기능은 소홀하게 된다. 이러한 측면에서 우리나라 노조운동은 아직 후진국수준을 벗어나지 못하고 있다.

노동조합간부는 노조가 어떠한 목적을 가져야 하고 어떠한 성원으로 조직되어야 하는가라는 원점으로 돌아가 평소 엄히 이러한 점을 반성하고 노조운영에 임하도록 항상 주의해야 한다.

제2절 노동조합의 법적 요건

Ⅰ. 서

헌법 제33조 제1항에 규정되어 있는 노동3권은 다른 기본권과는 상이한 성격을 가지고 있기 때문에 입법자는 사회의 유기적 구성을 위해서 헌법 제37조 제2항 전문(前文)에 기하여 노동단체권의 주체로서 노동조합의 요건과 행동방식과 절차 및 그 한계에 관해서 노조법으로 규정하고 있다. 그러므로 노동단체권의 구체적인 향수를 위해서 노동조합을 조직함에 있어서 근로자는 노조법이 규정하고 있는 소정의 요건과 절차를 준수해야 한다.

노조법은 노동단체권의 구체적인 행사주체로서 노동조합을 설정하고, 그 요건을 상당히 자세하게 규정하여 노동단체권의 구체적인 행사요건을 제한하고 있다. 노조법은 실질적 차원뿐만 아니라 형식적 차원에서도 노동조합을 규제하고 있다. 그러므로 근로자단체가 헌법상 노동단체권의 구체적인 행사주체가 되기 위해서는 노조법이 규정하는 실질적 요건과 형식적 요건을 갖추어야 한다.

노조법 제2조 제4호의 본문은 노조의 실질적 요건 중 적극적 요건을 규정하는 한편, 동조 단서는 노동조합으로 인정될 수 없는 소극적 요건을 규정하고 있다.

[판 례]

□ **노동조합의 요건**

- 근로자가 주체가 되어 자주적으로 조직한 단체이고 또한 근로조건의 유지·개선과 근로자의 복지증진, 기타 경제적·사회적 지위 향상을 도모함을 목적

으로 하는 단체임을 요한다. "노동조합이라 함은 근로자들이 주체가 되어 근로조건을 유지 또는 개선할 목적으로 조직한 상설단체이다. 노동조합법상의 노동조합라고 하려면 근로자가 주체가 되어 자주적으로 조직한 단체이고 또한 근로조건의 유지·개선과 근로자의 복지증진, 기타 경제적·사회적 지위 향상을 도모함을 목적으로 하고, 법 소정의 규약을 갖추고 설립신고를 마치는 등의 형식적인 요건을 구비하여야 한다"고 전제한 후에 "행정관청에 설립신고가 되어 있는 노동조합은 회사에서 유일하게 형식적 요건을 갖추기는 하였지만, 이는 법외 노조가 당국에 설립신고를 하려고 하자 그 전에 급히 노동조합 설립신고를 하고 신고증을 교부받아 형식적 요건을 갖춘 것으로서 그 조합원의 숫자조차 불분명하여 실체가 확실하지 아니하고, 그 설립 이래 조합비의 징수, 총회의 개최, 단체교섭 등의 노조활동을 한 실적이 없는 반면, 실제로는 그 회사의 노동자협의회가 사용자를 상대로 단체교섭, 쟁의행위를 하여 왔으며, 가입 대상 근로자들이 우편으로 노조 가입신청을 하면 이를 수취하지 아니하고, 근로자들이 사무실로 직접 방문하여 동 노조에 가입하려고 하는 것까지 사실상 막는 등 근로자들의 자유로운 가입 시도까지 방해하고 있는 사정이 있다면 위 노동조합은 단순히 노동조합 설립 후 노동조합으로서의 활동을 하지 않고 있는 경우라고 보기보다는 노동조합으로서의 실질을 갖추지 못하였다고 할 것이다"라고 판시하고 있다(대판 1996.6.28. 93도855).

- 노동조합법이 노동조합의 설립에 관하여 신고주의를 택하고 있는 취지는 소관 행정당국으로 하여금 노동조합에 대한 효율적인 조직체계의 정비·관리를 통하여 노동조합이 자주성과 민주성을 갖춘 조직으로 존속할 수 있도록 노동조합을 보호·육성하고 그 지도·감독에 철저를 기하게 하기 위한 노동정책적인 고려에서 마련된 것이다(대판 1997.10.14. 96누9829).

Ⅱ. 실질적 요건

1. 적극적 요건

노조법 제2조 제4호 본문은 "노동조합이라 함은 근로자가 주체가 되어 자주적으로 단결하여 근로조건의 유지·개선 기타 경제적·사회적 지위의 향상을 도모함을 목적으로 조직하는 단체 또는 그 연합단체를 말한다"라고 규정하여 노동조합의 적극적 요건을 명시하고 있다. 이를 분설하면 노동조합이라 함은 ① 근로자가 주체가 되어, ② 자주적으로, ③ 근로조건의 유지 개선 등 근로자의 경제적 사회적 지위 향상을 도모함을 목적으로, ④ 단결하여 조직하는 단체 또는 그 연합단체이다.

1) 주체적인 요건(주체성)

노동조합은 근로자가 주체가 되어 조직되어야 한다. 여기서 말하는 "근로자"라 함은 직업의 종류를 불문하고 임금·급료 기타 이에 준하는 수입에 의하여 생활하는 자를 말한다(노조법 제2조 제1호). 반드시 사업 또는 사업장에 고용되어 있는 근로자에 한정하지 않으므로 실업중인 근로자 또는 해고된 근로자라고 하더라도 자신의 노동력을 제공하고 임금·급료 기타 이에 준하는 수입을 받아 생활할 의사나 능력이 있는 자는 근로자에 해당하고, 이는 노동3권의 주체로서 근로자의 개념과 일치한다.

[판 례]

□ 구직중인 자가 노조법상 근로자에 포함되는지 여부

- 노조법 제2조 제1호 및 제4호 (라)목 본문에서 말하는 '근로자'에는 특정한 사용자에게 고용되어 현실적으로 취업하고 있는 자뿐만 아니라, 일시적으로 실업 상태에 있는 자나 구직중인 자도 노동3권을 보장할 필요성이 있는 한 그 범위에 포함된다(대판 2004.2.27. 2001두8658).

근로자에 해당하는 자이면 노동조합을 조직할 수 있는데, 그 구체적인 구성원의 주체 및 범위는 노동조합이 정한 규약에 의해 달라질 수 있다. 그러므로 노동조합의 조직형태는 우선, 그 구성원의 주체가 누구인가에 따라 개개 근로자가 주체로 되어 조직하는 '단위노동조합'과 이러한 단위노동조합이 주체가 되어 조직하는 '연합단체'로 구분할 수 있다(노조법 제2조 제4호 본문). 왜냐하면 개별근로자가 조직하여 결성한 단위노동조합 역시 헌법상 노동3권의 주체이기 때문이다.

첫째, '단위노동조합'을 조직할 수 있는 근로자 구성원의 범위에는 아무런 제한이 없다. 개별사업 또는 사업장에서 근로관계를 맺고 있는 근로자들이 중심이 되어 사업 또는 사업장 단위로 노동조합을 결성할 수 있는 것은 물론이고, 그 밖에 사업 또는 사업장 단위를 벗어나서 산업별, 직종별, 지역별 등의 조직 단위를 기초로 한 노동조합의 설립이 가능하다.

사업 또는 사업장에서 종사하는 근로자들을 조합원으로 하는 규약을 두고 당해 사업 또는 사업장 단위에서 노동조합을 결성하는 경우에 만약 실제로 조합원으로 가입한 구성원들이 그 사업 또는 사업장의 사용자와 사이에 고용에 따른 사용종속관계에 있는 근로자들이 아니라면 그 노동조합은 그 사용자에 대한 관계에서 당해 사업 또는 사업장을 단위로 하는 적법한 노동조합에 해당하지 않는다. 이 경우 당해 사업 또는 사업장에서 사용자와 사이에 사용종속관계에 해당하는지 여부에 관한 판단기준은 근로기준법상의 근로자에 해당하는지 여부의 판단에 따를 것이다.

[판 례]

- 농수산물도매시장의 지정도매인으로 지정되어 건해산물의 수탁판매 등을 목적으로 하는 회사에 근무하는 근로자들이 원고 조합인 노동조합을 설립하고 노동조합설립신고서를 제출하였으나, 행정청이 위 회사에는 기존의 노동조합이 이미 적법하게 설립되어 있고 원고 조합은 그 조직대상을 같이 한다는 이유를 들어 노동조합설립신고서를 반려한 데 대하여 기존의 노동조합은 외견상 일응 위 회사에 근무하는 근로자들이 조직한 노동조합으로 보이지만 실질에 있어서는 건해산물의 하역작업에 종사하는 근로자들로 구성된 단체로서 위 회사로부터 아무런 간섭을 받음이 없이 조합의 규약 등이 정한 바에 따라 독자적으로 그 조합원을 가입, 구성하고 있어 그 조합원과 위 회사의 종업원은 각각 별도로 구성, 채용되며 위 회사에서 조합구성원에 대하여 근로시간과 장소 및 방법 등의 작업조건에 관하여 지시하거나 감독을 할 수 없는 등 그 조합원과 위 회사와의 사이에는 종속적인 관계가 있다 할 수 없으므로 그 조합원은 위 회사에 대하여서는 노동조합을 조직할 수 있는 근로자가 될 수 없다고 할 것이어서 기존의 노동조합은 적어도 위 회사 내지 원고 조합에 대한 관계에 있어서는 적법한 노동조합이라 볼 수 없어 이러한 기존의 노동조합의 존재를 이유로 원고 조합의 노동조합설립신고서를 반려한 것은 위법하다(대판 1992.5.26. 90누9438).
- 지방항운노동조합은 항만·철도·육상의 하역업이나 운송업 등을 영위하는 각 하역업체에 종사하는 근로자를 조합원으로 하여 구성된 노동조합으로서, 구 직업안정및고용촉진에관한법률(1994.1.7. 법률 제4733호 '직업안정법'으로 전문 개정되기 전의 것) 제17조 규정에 의한 근로자공급사업허가를 받아 근로자공급사업을 영위하면서 각 하역업체와의 사이에 노무공급계약 등을 체결한 다음 각 하역업체의 요청이 있으면 그때마다 소속 조합원으로 하여금 그 하역업체에서 근로를 제공하도록 하여 왔고, 한편 위 조합의 조합원은 일정한 근무형태(1일 2교대제) 하에서 원칙적으로 소정 시간 동안(주간 근무자는 08:00부터, 야간 근무자는 19:00부터 각 근무가 시작된다) 조합의 작업지시에 따라 지정된 하역업체의 작업현장에서 노무를 제공하여 왔으며, 위 조합의 규약에 의하면 조합원은 조합의 강령, 규약, 제 규정 및 지시명령을 준수·이행할 의

무가 있고, 만약 조합의 작업지시에 불복하여 작업질서를 문란케 하거나 무단결근하는 경우에는 징계나 제적 등의 불이익을 받게 되어 있으며, 각 하역업체가 회원으로 되어 있는 항만운송협회 산하 항만운송협회와 위 조합과의 사이에 체결된 협약에 의하면 조합원들은 각 하역업체로부터 직접 임금을 수령하도록 되어 있지만, 그럼에도 불구하고 실제로는 위 조합이 각 하역업체로부터 정기적으로 노무를 제공한 조합원들에 대한 임금을 일괄 지급받은 다음 그 중에서 조합비 등을 공제한 나머지를 각 조합원들에게 분배하여 왔다면 다른 특별한 사정이 없는 한 위 조합의 조합원은 조합에 가입하거나 등록함으로써 위 조합과의 사이에 조합의 지시 감독 아래 각 하역업체에게 노무를 제공하고 그에 따른 대가를 지급받기로 하는 내용의 근로계약관계를 맺은 근로자에 해당한다(대판 1996.3.8. 94누15639).

- 인천 항운노동조합과 사단법인 인천항만운송협회 사이에 체결된 1993년의 후생협정은 위 노조가 속한 전국항운노동조합연맹과 위 운송협회 소속 회원업체가 속한 사단법인 한국항만운송협회 사이에 체결된 단체협약에 의거하여 체결된 것으로 위 운송협회 사업장에 종사하는 위 항운노동조합 조합원에게 적용되지만, 위 노조의 조합원들이 위 노조에 가입하고 위 노조의 지시·감독 아래 각 하역업체에게 노무를 제공하여 그에 따른 대가를 노조로부터 지급받아 온 이상, 조합원들은 위 항운노동조합과 실질적인 사용·종속관계가 있는 근로자라고 할 것이지, 위 하역업체와는 실질적인 사용·종속관계가 없다고 할 것이므로, 위 항운노동조합과 위 하역업체의 연합체인 위 운송협회 사이에 체결된 위 후생협정상의 평균임금 규정은 하역업체가 위 협정에 따라 부담하게 되는 유족보상금 등을 지급하는 경우에 적용되는 것에 불과할 뿐이고, 이를 가지고 위 항운노동조합과 조합원 사이의 근로관계에서 발생하는 산업재해보상보험법상 보험급여를 산정하는 기준으로는 삼을 수 없다(대판 1997.11.14. 97누8908).
- 전국항운노동조합연맹과 그 산하 단위노동조합의 조합원인 근로자 사이에 근로계약관계 기타 어떠한 직접적인 계약법·단체법상의 권리의무관계가 존재한다고 볼 수 없다(대판 1998.1.20. 96다56313).
- 철도하역근로자들이 피고 회사와 개별적 근로계약을 맺지는 아니하였지만 그들의 작업권과 권익보장을 위하여 노조를 결성하고 피고 회사와 단체협약을 맺어 피고 회사가 취급하는 화물을 계속적으로 취급 하여왔고 일정한 범위 안에서는 피고 회사의 지시 감독을 받으며 회사는 그들을 위한 사업주로서 산재보험가입과 위생검사를 실시하고 갑종근로소득세의 원천징수를 하여왔다고 하더라도 노무자들이 피고 회사에만 소속되어 있지 아니하고 소외 회사들과도 피고 회사와 사이에 체결된 바와 동일 내지는 유사한 단체협약을 맺고 그들에게도 동일한 노무를 필요에 따라 계속적으로 공급하여 왔다면 피고 회사와 사이에 근로기준법상의 사용종속적인 근로계약이 있었다고 할 수 없다(대판 1980.12.9. 79다2147).

둘째, '연합단체'와 관련하여 노조법 제2조 제4호 본문은 "노동조합이라 함은 근로자가 주체가 되어 …조직하는 단체 또는 그 연합단체를 말한다"라고 규정하여 연합단체인 노동조합의 조직형태에 아무런 제한을 두지 않고 있는 한편, 노조법 제10조 제2항은 같은 조 제1항의 규정에 의한 설립신고를 함에 있어서 "연합단체인 노동조합은 동종산업의 단위노동조합을 구성원으로 하는 산업별 연합단체와 산업별 연합단체 또는 전국 규모의 산업별 단위노동조합을 구성원으로 하는 총연합단체를 말한다."고 규정하여 '동종산업의 단위노동조합을 구성원으로 하는 산업별 연합단체'와 '산업별 연합단체 또는 전국 규모의 산업별 단위노동조합을 구성원으로 하는 총연합단체'만이 노조법상의 연합단체인 노동조합의 조직형태로 인정되어 설립신고를 할 수 있는 것처럼 규정하고 있다.

먼저, '동종산업의 단위노동조합을 구성원으로 하는 산업별 연합단체'와 관련하여 보면 노조법 제10조 제2항에 의하여 설립할 수 있도록 인정되고 있는 위 산업별 연합단체의 개념을 어떻게 파악할 것인가가 문제된다. 여기서 말하는 '동종산업'이라 함은 하나의 동일한 업종을 뜻하고 여러 가지 업종의 단위노동조합을 구성원으로 하는 산업별 연합단체는 노조법상의 산업별 연합단체에 해당한다고 볼 수 없다는 견해와 위 '동종산업'이라 함은 반드시 하나의 동일한 업종만을 뜻하는 것은 아니므로 여러 가지 업종의 단위노동조합도 같은 조항 소정의 산업별 연합단체를 구성할 수 있다고 보는 견해가 있을 수 있다.

이에 대하여 판례는 "현대 산업사회에 있어서 업종의 다양화와 복합화로 인하여 동일 업종의 범위를 한정하는 것이 용이하다고는 할 수 없고, 과거에는 동일 업종에 속하였던 것이 산업의 고도화로 인하여 서로 다른 업종으로 분화되기도 하고 그 산업기술의 혁신에 의하여 그 반대 현상이 나타날 수도 있겠지만, 동일 업종 여부는 위 법조의 입법목적의 관점에서 판단할 수 있을 것이며 경우에 따라서는, 예컨대 은행업과 보험업과 같이 동일하지는 아니하나 유사하거나 상호 관련성이 있는 2개 이상의 업종이 함께 복합산업별 연합단체를 구성하는 것도 가능하다고 보아야 할 것이나 건설업, 요식업, 의료업 등 전혀 이질적인 55개 업종이 포함되고 더구나 다른 산업별 연합단체에 속하지 아니하는 기타 업종까지 모두 포괄하는 업종을 대상으로 하는 단위노동조합으로 구성되는 산업별 연합단체(전국연합노동조합연맹)는 인정의 필요성도 적고 산업별 연합단체 본래의 기능을 하기도 어렵다고 보여지며 노조법 제10조 제2항 소정의 '동종의 업종'의 단위노동조합으로 구성되었다고 볼 수도 없으므로 위 법조 소정의 산업별 연합단체는 아니라고 보아야 한다."라고 판시하여[34] 전자의 견해를 분명히 취하고 있다.

그런데 위와 같이 노조법 제10조 제2항은 연합단체로서 인정되는 산업별 연합단체 및 총연합단체의 형태를 일정하게 제한하고 있는 것처럼 보이나 동법 제2조 제4호 본문에서는 연합단체의 조직형태에 대하여 아무런 제한을 두고 있지 않으므로, 동법 제2조 제4호 본문 소정의 연합단체의 정의에는 합치하면서 동법 제10조 제2항 소정의 산업별 연합단체나 총연합단체가 아닌 조직형태의 노동조합이 노조법상의 노동조합으로 설립할 수 있는지 여부가 문제된다. 이에 대하여 판례는 "(구)노동조합법 제13조 제2항(현행 노조법 제10조 제2항과 같다)이 산업별 연합단체를 법상의 노동조합의 한 형태로 인정하고 있는 이유는 동종 업종의 단위노동조합은 동일 또는 유사한 근로조건하의 근로자들로 조직되고 또 사용자와 관계에 있어서도 동일 또는 유사한 사회적·경제적 지위에서 활동하고 있기 때문에 서로 연합하여 하나의 조직체를 형성할 수 있도록 함이 근로자측의 교섭력을 증대시켜 근로자의 근로조건 개선이나 사회적·경제적 지위 향상에 효율적이라고 보기 때문이라 할 것인바, 동일 업종이 아닌 전혀 이질적 업종의 단위노동조합에 의하여 산업별 연합단체를 구성한다는 것은 그 필요성도 적고 위 조항이 상정하지 아니한 것이라 할 것이다. …따라서 현행법이 (구)노동조합법 제3조(노조법 제2조 제4호 본문과 같다) 소정의 연합단체이면서 산업별 연합단체나 총연합단체가 아닌 형태의 노동조합을 예상한 것은 아니지만 …"이라고 하여 일단 소극적인 입장을 전제로 하면서도, 그렇지만 '독립한 산업별 연합단체를 구성할 수 있을 정도의 세력을 형성하지 못한 여러 업종의 단위노동조합들이 연합단체를 구성함으로써 어느 정도 세력을 형성하여 사회적, 경제적 지위향상을 도모할 수 있겠고 총연합단체의 산하 단체가 됨으로써(노조법 제10조 제2항에 의하면 전국 규모 아닌 단위노동조합이 총연합단체에 직접 가입할 수는 없다) 총연합단체의 지원을 받을 수 있는 이점이 있으므로 이러한 형태의 연합단체를 인정하는 것이 전혀 무의미한 것은 아니다'라고 판시하고 있어[35] 다소 유보적인 입장을 취하고 있는 것으로 생각된다.

따라서 "노조법 제10조 제2항의 규정이 연합단체인 노동조합의 조직형태를 한정적으로 제한하기 위한 것이라고 보는 것은 동법 제2조 제4호 본문의 연합단체의 정의규정과 입법체계상 대비하여 보거나 위 판례에서도 판시하고 있는 바와

34) 대판 1993.5.25. 92누14007 및 강용현, "전국연합노동조합연맹의 법적 성격과 병원노동조합연맹의 설립 가부"; 『대법원판례해설』 19-2호, 법원행정처, 1993, 345면 이하; 현천욱, "전국병원노동조합연맹과 연합노련의 조직대상 중복여부", 『노동법률』 27호, 중앙경제사, 1993/8, 14면 이하; 하경효, "조직대상 중복을 이유로 한 노조 설립신고 반려처분의 취소", 『노동판례평석집』 경총신서 45, 한국경영자총협회, 1995, 141면 이하 참조.

35) 대판 1993.5.25. 92누14007.

같이 동법 제10조 제2항에 정한 산업별 연합단체 이외의 형태의 연합단체도 그 설립 및 존속을 보호할 만한 충분한 이유가 있어 이를 노조법상 노동조합으로서 보호대상에서 제외시키는 것이 헌법상 노동3권의 보장취지나 노조법의 입법목적에 비추어 과연 합리적인 근거를 찾을 수 있을 것인가에 대하여 의문이라는 점에서 보더라도 쉽사리 수긍하기 어렵다. 즉 동법 제10조 제2항에 의하여 연합단체인 노동조합은 동종 산업의 산업별 연합단체나 그러한 산업별 연합단체 또는 전국 규모의 산업별 단위노동조합을 구성원으로 하는 총연합단체의 형태로만 조직될 수 있다고 단정할 수는 없으며, 그 조직의 기초 역시 단위노동조합의 경우와 마찬가지로 동종 산업뿐만 아니라 이종 산업의 단위노동조합, 일정 직종의 단위노동조합, 일정 지역의 단위노동조합, 기업그룹 내의 단위노동조합[36]등을 구성원으로 하는 등 아무런 제한이 없다고 해석하여야 할 것이다.[37] 다시 말하면, 노조법 제10조 제2항은 동법 제2조 제4호 소정의 연합단체에 대한 정의규정이 아니라 설립신고와 관련된 예시적인 규정에 불과하다고 해석해야 할 것이다.[38]

2) 자주적 요건(자주성)

노동조합은 외부의 지배·개입 없이 근로자의 자주적인 의사결정에 의하여 독립적으로 조직·운영되어야 한다는 것이다. 여기에서 근로자 단결의 자주성이라 함은 첫째, 주체적 요건과 관련하여 근로자가 사용자나 그 밖의 다른 제3자의 지배와 영향을 받지 않고 독립적이라는 뜻이다. 둘째, 가입 또는 조직결성의 주체인 근로자가 다른 주체의 개입이나 지배 하에서가 아니라 임의적으로 자유롭게 설립하고 가입해야 한다는 것을 의미한다. 그러므로 노동조합을 결성하여 운영하는 근로자들은 근로관계의 상대편 당사자인 사용자의 지배·간섭으로부터 자유로워야 함은 물론이고, 국가권력이나 정당·종교단체 등의 사회적 조직체의 지배·개입도 배제되어야 한다.

---

36) 대판 1994.10.21. 94도1767은 "기업그룹 내의 단위노동조합을 구성원으로 하는 그룹노동조합총연맹(현총련)이 (구)노동쟁의조정법 제13조의2와 (구)노동조합법 제12조의2 소정의 개입이 금지된 제3자에 해당한다고 보고 있으나, 이는 그러한 연합단체가 법상의 연합단체에 해당하지 않는다고 보는 입장을 전제로 한 것은 아니라고 할 것이다."라고 판시하고 있다.

37) 그러나 노동부의 해석례는 반대입장임. 노동부, 『새노동법해설－신노사문화를 열어가는 길』, 1997, 11면 참조.

38) 김형배, 『노동법(제21판)』, 박영사, 2012, 778-779면.

3) 목적상의 요건(목적성)

노동조합은 근로조건의 유지·개선 기타 근로자의 경제적·사회적 지위의 향상을 도모함을 목적으로 하여야 한다. 따라서 공제·수양 기타 복리사업만을 목적으로 하는 경우나 주로 정치운동을 목적으로 하는 경우에는 노동조합으로서의 지위를 누리지 못한다.

근로조건에 해당하는 대표적인 사항으로는 임금, 근로시간, 취업의 장소와 종사하여야 할 업무의 내용, 근로기준법 제93조 제1호 내지 제12호에 규정한 사항 등을 들 수 있는데(근로기준법 제17조, 같은 법 시행령 제8조 제1호 등 참조) 이와 같이 근로자의 노무제공과 직접 관련되는 근로조건에 해당하는 사항의 유지·개선뿐만 아니라 그러한 근로조건의 결정과 간접적인 관련을 맺고 있는 경제적·사회적 지위의 향상을 도모함을 주된 목적으로 하여야 한다는 것이다.

[판 례]

- 행정관청에 설립신고가 되어 있는 노동조합은 회사에서 유일하게 형식적 요건을 갖추기는 하였지만, 이는 법외 노조가 당국에 설립신고를 하려고 하자 그 전에 급히 노동조합 설립신고를 하고 신고증을 교부받아 형식적 요건을 갖춘 것으로서 그 조합원의 숫자조차 불분명하여 실체가 확실하지 아니하고, 그 설립 이래 조합비의 징수, 총회의 개최, 단체교섭 등의 노조활동을 한 실적이 없는 반면, 실제로는 그 회사의 노동자협의회가 사용자를 상대로 단체교섭, 쟁의행위를 하여 왔으며, 가입 대상 근로자들이 우편으로 노조 가입신청을 하면 이를 수취하지 아니하고, 근로자들이 사무실로 직접 방문하여 동 노조에 가입하려고 하는 것까지 사실상 막는 등 근로자들의 자유로운 가입 시도까지 방해하고 있는 사정이 있다면 위 노동조합은 단순히 노동조합 설립 후 노동조합으로서의 활동을 하지 않고 있는 경우라고 보기보다는 노동조합으로서의 실질을 갖추지 못하였다고 할 것이다(대판 1996.6.28. 93도855).

4) 단체적 요건(단체성)

노동조합은 개개 근로자가 주체로 되어 조직한 근로자단체 또는 그러한 근로자단체가 주체가 되어 조직한 연합체 등 단체로서의 조직적 실체를 갖추어야 한다. 이는 근로자단체가 헌법상 노동3권의 보장에 따라 부여되는 권리의 귀속 주체가 되려면 그 전제로서 일정한 단체적인 조직성을 가지고 있어야 한다는 점에서 당연히 요구되는 요건이라 할 것이다.

단체적인 조직성이란 민법상의 사단으로서의 조직성으로 이해하면 된다. 일반적으로 어떠한 인적 결합체가 법인격 없이 권리능력의 주체가 되려면 그 구성원의 개인성과는 별개로 권리·의무의 주체가 될 수 있는 독자적 존재로서의 단체적인 조직을 갖추어야 한다. 이를 위해서는 단체가 고유의 목적을 가지고 사단적 성격을 가지는 규약을 만들어 이에 근거하여 의사결정기관 및 집행기관인 대표자를 두는 등의 조직을 갖추고 있고, 기관의 의결이나 업무집행방법이 다수결의 원칙에 의하여 행하여지며, 구성원의 가입·탈퇴 등으로 인한 변경에 관계없이 단체 그 자체가 존속되고, 그 조직에 의하여 대표의 방법, 총회나 이사회 등의 운영, 자본의 구성, 재산의 관리 기타 단체로서의 주요사항이 확정되어 있어야 한다.[39] 따라서 근로자단체로서 노동조합의 경우에도 헌법상 보장된 노동3권의 권리를 행사하기 위해서는 최소한 비법인 사단과 같은 실체를 갖추어 권리능력이 있는 단체로서 인정될 수 있어야 할 것이다.

노동조합은 2인 이상의 근로자들에 의한 인적 결합체로서 조직되어야 한다. 다만, 특별한 경우에 일시적으로 구성원이 1인으로 되는 경우가 있으나 설립당시부터 근로자 1인으로 구성된 노동조합은 있을 수 없다. 판례는 "노동조합은 그 요건으로 단체성이 요구되므로 복수인이 결합하여 규약을 가지고 그 운영을 위한 조직을 갖추어야 하는바, 법인 아닌 노동조합이 일단 설립되었다고 할지라도 중도에 그 조합원이 1인밖에 남지 아니하게 된 경우에는 그 조합원이 증가될 일반적 가능성이 없는 한 노동조합으로서의 단체성을 상실하여 청산목적과 관련되지 않는 한 당사자능력이 없다"고 한다.[40]

근로자들이 사용자와 사이에 일시적으로 일정한 근로조건에 관한 대립관계가 형성되어 그에 관한 주장을 관철하기 위한 목적 아래 결성된 이른바 일시적 쟁의단(爭議團)에 대하여는 그것이 계속적 결합체가 아니라는 이유 등을 들어 노동조합으로 설립될 수 있는 '단체성'을 갖추지 못하고 있는 것으로 보는 것이 일반적이다.

그러나 이른바 권리능력이 있는 비법인 사단으로 인정받기 위해서 그 단체의 조직에 계속성이 있어야 하는 것은 아니고 일정한 존립기간을 둔 단체도 얼마든지 상정할 수 있으므로 쟁의단이 단순히 일시적인 조직이라는 이유를 들어서 단체성을 부정할 수는 없다고 할 것이다. 그렇지만 실제에 있어서 위와 같은 일시

39) 대판 1992.7.10. 92다2431; 동 1997.1.24. 96다39721, 39738; 동 1999.4.23. 99다4504 등.

40) 대판 1998.3.13. 97누19830.

적 쟁의단은 조직적 실체를 갖추지 못하고 있는 경우에는 결국 단체성의 흠결에 해당하는 것이 보통일 것이다.

2. 소극적 요건

노조법 제2조 제4호 단서 각목은 노동조합의 주체성·자주성·목적성·단체성 등의 적극적 요건에 덧붙여 일정한 사유가 있는 경우에는 노동조합으로 보지 아니한다고 규정함으로써 동법에 의하여 설립될 수 있는 노동조합의 실질적 요건을 강화하고 있다. 노조법 제2조 제4호 단서의 각목의 구체적인 의미와 내용을 자세히 살펴보기로 한다.

1) 사용자 또는 항상 그의 이익을 대표하여 행동하는 자의 참가를 허용하는 경우

사용자의 지위를 갖는 자가 노동조합에 참가할 수 있도록 한다면 노동조합의 자주적인 결정이 이루어지기가 어렵다. 이에 노동조합의 자주성 확보를 위해 특별히 둔 규정이다.

노조법 제2조 제4호 단서 (가)목은 근로자단체라 하더라도 "사용자 또는 항상 그의 이익을 대표하여 행동하는 자의 참가를 허용하는 경우"에는 이를 동법상으로 노동조합으로 보지 아니한다고 규정하고 있다. 이는 노동조합이 근로자 주체성 및 자주성의 실질적 요건을 확보하는데 장애가 될 수 있는 사유를 배제시키기 위한 것으로 풀이된다.

우선, 노조법 제2조 제4호 단서 (가)목 소정의 「사용자」또는 「항상 사용자의 이익을 대표하여 행동하는 자」(이하 「사용자의 이익대표자」라 한다)를 어느 범위까지 인정할 것인가가 문제된다.

첫째, 「사용자」에 관하여는 노조법 제2조 제2호가 "사업주, 사업의 경영담당자 또는 그 사업의 근로자에 관한 사항에 대하여 사업주를 위하여 행동하는 자를 말한다"라고 규정하여 근로기준법 제2조 제2호의 규정과 그 내용이 동일하다.

「사업주」라 함은 사업 또는 사업장의 경영주체로서 개인사업체에서는 개인, 회사 기타 법인체에서는 법인이 사업주가 된다. 그리고 「사업의 경영담당자」라 함은 사업경영 일반에 관하여 책임을 지는 자로서 사업주로부터 사업경영의 전부 또는 일부에 대하여 포괄적인 위임을 받고 대외적으로 사업을 대표하거나 대리하는 자를 말한다.[41] 이에 해당하는 자로서는 주식회사의 대표이사(상법 제389조 제3

항, 제209조), 합명회사·합자회사의 업무집행사원(상법 제200조, 제201조, 제202조, 제209조, 제269조), 유한회사의 이사(상법 제567조, 제389조 제3항), 정리회사의 관리인(회사정리법 제53조), 상법상 지배인(상법 제11조) 등을 들 수 있다. 한편, 주식회사의 이사는 대표이사와는 달리 업무집행에 관하여 회사를 대표하거나 대리하는 지위에 있는 것이 아니라 이사회의 구성원으로서 업무집행에 관한 의사결정에 참여하는 것에 불과하므로 여기서 말하는 사업의 경영담당자에는 해당하지 아니한다. 「근로자에 관한 사항에 대하여 사업주를 위하여 행동하는 자」라 함은 근로자의 인사, 급여, 후생, 노무관리 등 근로조건의 결정 또는 업무상의 명령이나 지휘감독을 하는 등의 사항에 대하여 사업주로부터 일정한 권한과 책임을 부여받을 자를 말한다.[42] 따라서 형식상 회사 내에서 갖는 직함의 높고 낮음에 관계없이 그 독자적인 책임 하에 근로자를 고용하여 사용종속관계에 두고 근로를 제공하게 하면서 그 근로자에 대하여 근로조건의 전부 또는 일부에 관한 사항을 결정할 수 있는 권한을 부여받은 자이면 그 권한과 책임의 한도 내에서 그 근로자에 대한 관계에 있어서 사용자로 된다.

구체적인 사건에서 「사업의 경영담당자」 또는 「근로자에 관한 사항에 대하여 사업주를 위하여 행동하는 자」에 해당하는지의 여부가 문제되었던 경우를 판례를 통해서 정리해 본다면 아래와 같다.

[판 례]

□ **정리회사의 대표이사 등의 경우**

- 회사정리절차개시결정에 의하여 관리인이 선임되어 있으면 그 회사의 대표업무집행과 재산관리 및 처분권 등은 관리인에게 넘어가며 그 종업원과의 관계도 회사 대 종업원의 관계로부터 관리인 대 종업원의 관계로 변경되므로 회사의 대표이사가 사실상 회사의 운영에 관여하여 왔더라도 정리절차개시 이후에 퇴직하는 근로자의 퇴직금 및 임금지급기일에 지급될 임금을 지급하여야 할 사용자로서의 법적 책임이 있다고 할 수 없다(대판 1989.8.8. 89도426).
- 피고인이 정리회사의 공동관리인 또는 상무로서 위 회사의 근로자에 관한 사항에 대하여 실질상 회사를 위하여 직무를 집행하여 온 사실이 인정된다면 근로기준법 제15조 소정의 사용자라 할 것이다(대판 1984.4.10. 83도1850).

□ **주식회사의 일반이사나 감사 등의 경우**

- 신발을 제조 판매하는 회사의 영업 및 관리업무를 전담하는 이사로서 대표이

---

41) 대판 1988.11.22. 88도1162.

42) 대판 1989.11.14. 88누6924; 동 2004.11.26. 2004도6285 등 참조.

사와 함께 실질적으로 위 회사를 경영하여 오던 사업경영담당자가 신발을 임가공하여 주기로 위 회사와 수급계약을 체결한 임가공업자들에게 정당한 사유 없이 도급금액을 지급기일에 지급하지 아니함으로써, 임가공업자들이 각자 고용한 근로자들에게 임금을 지급하지 못하였다면 근로기준법위반의 죄책을 진다(대판 1990.10.12. 90도1794).

- (구)근로기준법(2007.4.11. 법률 제8372호로 전부 개정되기 전의 것) 제15조는 이 법에서 '사용자'라 함은 사업주 또는 사업경영담당자 기타 근로자에 관한 사항에 대하여 사업주를 위하여 행위하는 자를 말한다고 규정하고 있다. 여기서 '근로자에 관한 사항에 대하여 사업주를 위하여 행위하는 자'라 함은 근로자의 인사·급여·후생·노무관리 등 근로조건의 결정 또는 업무상의 명령이나 지휘·감독을 하는 등의 사항에 관하여 사업주로부터 일정한 권한과 책임을 부여받은 자를 말한다(대판 2008.10.9. 2008도5984; 동 1989.11.14. 88누6924; 동 2004.11.26. 2004도6285 등 참조).
- 대표이사의 지시에 의하여 근로자들을 임시고용한 바 있는 이사가 회사사무에 관하여 대내외 관계에 있어 독자적으로 업무를 담당집행한다고 볼 수 없는 경우라면, 비록 전무이사직에 있다고 할지라도 위 근로자들에 대한 임금을 지급하지 아니하였다는 점에 관하여 죄책을 질 수 없다(대판 1983.10.11. 83도2272).

□ **사립학교 교장의 경우**

- 사립학교 교장이 비록 그 학교 일반직 직원들에 대한 임면권을 가지고 있지 않다 하더라도 위 직원들을 학교에 근무시키면서 학교운영의 일환으로서 그 업무를 지시, 감독하고 학교예산에서 자신의 명의로 매월 봉급을 지급하여 왔을 뿐더러, 학교예산은 학교장이 이를 편성하여 집행하게끔 되어 있다면 교장은 위 일반직원들에 대한 관계에 있어서 근로기준법 제15조 소정의 사용자에 해당한다(대판 1986.7.8. 86도722).
- 학교법인이 경영하는 병원의 원장도 그 법인의 피용자이지만 그 병원의 간호원들을 병원장이 직접 채용하였다면 간호원들에 대한 관계에서는 병원장도 근로기준법 제15조 소정의 사용자이다(대판 1980.11.11. 80도1070).

□ **회사의 공장장, 현장소장 또는 광업소장 등의 경우**

- 대한석탄공사의 함백광업소 사무부소장, 영월광업소 개발항 항장 및 장성광업소장의 직에 있던 자가 근로기준법 제15조 소정의 사업경영담당자 기타 근로자에 대한 사항에 대하여 사업주를 위하여 행위하는 자인 이른바 사용자에 해당한다 할지라도 이것은 그 영업소 관하 자기 하위의 근로자에 대한 관계에 있어서 소위 사용자에 해당되는 것에 불과하고 위 공사에 대한 관계에 있어서는 위 공사의 취업규칙의 적용을 받는 근로자인 관계에 있는 것이다(대판 1976.10.26. 76다1090).
- 피고인이 비록 건설회사의 현장소장에 지나지 아니하더라도 자신의 책임하

에 이 사건 피해자들을 선발. 고용하고 작업을 지휘. 감독하면서 회사로부터 임금명목의 돈을 지급받아 이를 위 피해자들에게 지급하는 업무를 행하여 왔다면, 피고인은 위 피해자들에 대한 관계에 있어서는 '근로자에 관한 사항에 대하여 사업주를 위하여 행위하는 자'에 해당한다고 봄이 상당하다(대판 1983.11.8. 83도2505).

- 피고인이 회사의 이사 겸 상가신축공사 현장소장으로 있었으나 인부들의 공사감독은 주로 대표이사의 친척되는 공소외인이 맡아보고 있었으며 노임 등도 대표이사가 동 공소외인을 통하여 지급하여 왔는데 대표이사가 수표 등 부도관계로 도주한 후로 피고인이 사후수습을 위하여 미불노임 등 채무를 조사확인한 사실 뿐이라면 피고인은 근로기준법 제15조에 규정된 사업경영담당자이거나 근로자에 관한 사항에 대하여 사업주를 위하여 행위하는 자라고 할 수 없다(대판 1983.6.28. 83도1090).
- 노동조합법 제5조 소정의 '근로자에 관한 사항에 대하여 사업주를 위하여 행동하는 자'라 함은 근로자의 인사, 급여, 후생, 노무관리 등 근로조건의 결정 또는 업무상의 명령이나 지휘감독을 하는 등의 사항에 대하여 사업주로부터 일정한 권한과 책임을 부여받은 자를 말한다(대판 1989.11.14. 88누6924).

둘째, 「사용자의 이익대표자」라 함은 사용자, 즉 「사업주, 사업의 경영담당자 또는 그 사업의 근로자에 관한 사항에 대하여 사업주를 위하여 행동하는 자」의 이익을 대표하여 행동하는 자이다. 그러므로 언뜻 보기에는 사용자의 개념과 달리 그 개념적 외연이 상당히 광범하게 구체적인 경우에 따라 다양한 자가 이에 포함될 수 있다. 여기에서 사용자의 이익대표자라 함은 경영권, 근로자에 대한 인사·급여·후생·노무관리 등 업무집행권, 기밀업무를 취급하는 권한 등 사업주의 권능의 일부를 담당하는 감독적·관리적 지위에 있어 그 직무상의 의무와 책임이 노동조합의 조합원으로서의 의무와 책임에 저촉되는 위치에 있는 자를 의미한다고 할 것이다.[43)]

사업주 이외에 사용자의 개념에 포함되어 있는 「사업의 경영담당자」나 「근로자에 관한 사항에 대하여 사업주를 위하여 행동하는 자」와 비교하여 보면 이들의 이익을 대표하여 행동하는 자가 사업주를 위하여 행동하는 자가 아닌 경우를 상정하기 어려울 것이므로 법문상 「사용자의 이익대표자」라는 용어는 불필요하게 중복하여 그 개념을 설정한 것으로 보인다는 견해가 있을 수 있으나 반드시 그렇지는 않다고 할 것이다. 왜냐하면, 반드시 그러한 것은 아니지만 사용자에 전속되어 사용자의 업무를 보조하는 비서, 전용운전수, 회사 내 감시·순찰 등의 경찰적

---

43) 대판 1998.5.22. 97누8076 참조.

업무를 담당하는 경비직 근로자의 경우도 사용자의 이익대표자에 해당할 수 있기 때문이다.[44)]

판례[45)]는 노조법상 사용자로 정의되는 「근로자에 관한 사항에 대하여 사업주를 위하여 행동하는 자」와 「사용자의 이익대표자」를 개념상 특별한 구별 없이 사용하고 있는 것 같다. 예컨대, 직책 및 직급상 그 부하직원을 지휘하고 그 휘하의 일정 직급 이하의 직원에 대한 1차적 평가를 하는 직원이라도 그 상사인 부장이 2차 평정권자로서 그 평정의 권한 및 책임은 궁극적으로 부장에 귀속되고 부하직원의 지휘도 부장을 보조하는데 지나지 않으며, 인사·급여·후생·노무관리 등 근로조건의 결정에 관한 권한과 책임을 사업주로부터 위임받은 사실이 없다면, 그는 법규정 소정의 「사용자 또는 항상 그의 이익을 대표하여 행동하는 자」에 해당하지 아니한다고 한다.[46)]

위에서 언급한 사용자의 범위에 속하는 자 중에서 근로자에 관한 사항에 대하여 사업주를 위하여 행동하는 자 또는 사용자의 이익대표자가 상대적으로 사업주 또는 사업경영담당자에 대한 관계에 있어서는 근로기준법상 보호를 받아야 하는 근로자에 해당할 수 있는데, 이 경우 그러한 근로자들만으로 조직된 단결체가 노동조합으로서 인정받을 수 있을 것인가가 문제로 된다.

노조법 제2조 제4호 단서 (가)목은 위와 같이 사용자의 이익대표자에 해당하는 근로자들이 그렇지 아니한 근로자들이 자주적으로 결성하는 노동조합에 참가하여 그 주체성 및 자주성을 해칠 가능성을 배제하기 위한 것일 뿐이고 사용자의 이익대표자에 해당하는 근로자들만으로 자주적으로 결성하는 노동조합의 설립을 금지하는 것은 아니라고 해석되므로 그러한 근로자단체도 다른 설립요건을 모두 갖추

---

44) 노동부 1987.4.15. 노조 01254-6139 및 1988.2.19. 노조 01254-2642의 행정해석에 의하면 사용자 또는 항상 그의 이익을 대표하여 행동하는 자에 포함되는 자로서 ① 이사회 또는 이와 유사한 기관의 구성원, ② 공장지배인, ③ 인사 및 회계책임자, ④ 비서와 인사회계책임자, ⑤ 근로관계에 관한 기밀사무를 담당하는 자, ⑥ 전문적 사항에 관한 회사의 정책결정에 대하여 권한을 갖거나 이에 관여하는 자, ⑦ 노무부서의 직원 등을 들고 있다. 그렇지만 사용자에 전속되어 사용자의 업무를 보조하는 비서, 전용운전수, 회사 내 감시·순찰 등의 경찰적 업무를 담당하는 경비직 근로자가 일률적으로 사용자의 이익대표자에 해당하는 것으로 해석하여 노동조합의 결성 및 가입을 원천적으로 봉쇄하는 것은 헌법 제33조 제1항이 보장하고 있는 이들의 단결권을 침해한다고 할 것이다.

45) '근로자에 관한 사항에 대하여 사업주를 위하여 행동하는 자'의 개념에 관한 대판 1989.11.14. 88누6924 결과 '사용자의 이익대표자'의 개념에 관한 대판 1998.5.22. 97누8076 각 참조.

46) 대판 1998.5.22. 97누8076 및 김규장, "사용자의 단체교섭 거부·해태 및 연설행위와 부당노동행위", 『대법원판례해설』 30호, 법원도서관, 1998, 390면 이하; 김홍영, "노조 참여가 부정되는 관리직 근로자의 범위 및 사용자의 반노조적 언론", 『1998 노동판례비평』, 민주사회를 위한 변호사모임 노동위원회, 1999, 246면 이하 등 참조.

고 있다면 노조법상 노동조합으로 인정될 수 있다고 볼 것이다. 이러한 노동조합이 최근에 등장하고 있는 관리직 노동조합이다.

2) 경비의 주된 부분을 사용자로부터 원조 받는 경우

경비의 주된 부분을 사용자로부터 원조 받는 경우는 노동조합으로 인정되지 않는다. 이는 노동조합의 재정적 독립을 통한 자주성을 확보하기 위해서이다. 경비란 노동조합운영의 일체의 경비를 의미한다. 경비의 지원방법은 제한이 없으므로 금전 외의 이익공여도 이에 포함된다. 다만, 근로시간 중 사용자와의 교섭에 의하여 지급하는 임금, 후생자금 또는 복리기금의 기부, 최소한 규모의 노동조합사무소의 제공은 이에 해당하지 않는다.

[판 례]

노조간부의 임금지급은 경비원조에 해당하지 않는다(대판 1991.5.28. 90누6392).
☞ 위 판례는 노조법의 일부개정(법률 제9930)호에 따라 2010년 6월 30일 이후부터는 유지될 수 없게 되었다.

3) 공제·수양 기타 복리사업만을 목적으로 하는 경우

노동조합의 활동목적은 근로조건의 유지·개선 기타 근로자의 경제적·사회적 지위의 향상도모이다. 노동조합이 공제·수양 기타 복리사업만을 목적으로 하는 경우에는 노동조합으로 인정될 수 없다. 다만, 부수적 사업으로 영위하는 것은 상관없다.

4) 근로자가 아닌 자의 가입을 허용하는 경우

노동조합의 기본적인 구성원은 근로자이어야 한다. 따라서 노동조합은 근로자 아닌 자의 가입을 허용해서는 아니 된다. 해고된 자가 노동위원회에 부당노동행위의 구제신청을 한 경우에는 중앙노동위원회의 재심판정이 있을 때까지는 근로자가 아닌 자로 해석하여서는 아니 된다. 여기에서는 노조법 제2조 제4호 라목 단서 소정의 "근로자 아닌 자"의 해석이 문제가 되고 있다. 특히 해고의 효력을 다투고 있는 자, 해고된 자, 실업자가 근로자에 해당되는지의 여부가 논의되고 있다.

> **cf. (구) 노동조합법 제3조 제4호 단서**
> 다만, 해고의 효력을 다투고 있는 자를 근로자가 아닌 자로 해석하여서는 아니 된다.

(구)노조법에서 "해고의 효력을 다투고 있는 자"의 해석에 관하여 판례[47]는 직접 근로관계를 맺고 있는 근로자가 사용자에 의하여 해고되었다 하더라도 상당한 기간 내에 그 해고가 부당노동행위이거나 무효라고 주장하고 노동위원회나 법원에 부당노동행위의 구제신청이나 해고무효확인의 소를 제기하여 그 해고의 효력을 다투는 자를 의미한다고 해석하였지만, 현행 노조법에서는 '해고된 자'가 노동위원회에 부당노동행위의 구제신청을 한 경우에는 '중앙노동위원회의 재심판정이 있을 때까지'로 한정하고 있다. 이것은 해고의 정당한 사유가 존재함에도 불구하고 조합원 자격을 유지하기 위한 수단으로 남용되는 것을 방지하기 위한 것이라고 하겠다.

[판 례]

- (구)노동조합법 제3조 제4호 단서의 취지는 단지 사용자가 정당한 이유 없이 근로자를 해고함으로써 노동조합의 설립이나 존속을 저지하는 것을 막기 위한 것에 그치는 것이 아니라, 해고된 근로자가 해고된 때로부터 상당한 기간 내에 노동위원회에 부당노동행위 구제신청을 하거나 법원에 해고무효확인의 소를 제기하여 그 해고의 효력을 다투고 있는 경우에는, 그 해고에도 불구하고 근로자의 신분이나 노동조합의 조합원으로서의 신분을 계속 보유하는 것으로 보아 그 지위를 보장하여 주려는 데에도 있는 것이다(대판 1997.3.25. 96다55457).
- 징계해고처분이 취소되면 해고무효확인판결이 확정된 것과 마찬가지로 소급하여 해고되지 아니한 것으로 보게 되며, (구)노동조합법 제3조 제4호 단서의 규정은 노동조합의 설립 및 존속을 보호하고 사용자의 부당한 인사권의 행사에 의하여 노동조합의 활동이 방해되지 않도록 하기 위한 규정으로서 노동조합의 구성원이 될 수 있는 자격에 관하여 규정한 것이므로 노동조합의 조합원으로서의 지위와 관련하여서만 적용이 있을 뿐 근로자와 사용자와의 개별적인 근로계약 일반의 효력에 확대 적용될 수는 없다(대판 1994.9.30. 93다26496).
- 노동조합설립 당시 근로자 아닌 자가 참여한 사실이 있는 경우 그 노동조합이 그들의 가입을 허용한 것이라면 이는 노동조합법 소정의 노동조합이라고 할 수 없다(대판 1969.5.13. 68누163).

---

47) 대판 1990.3.13. 89도2399.

□ **해고의 효력을 다투는 자의 근로계약상의 법적지위**

- 근로자가 해고의 효력을 다투고 있고 그 해고가 당연무효인 경우에는 사용자에 의한 근로계약의 해지는 처음부터 절대적으로 아무런 효력이 없는 것이어서 근로자는 당연히 그 지위를 유지하게 되는 반면에 그 해고가 정당한 때에는 근로자가 아무리 해고의 효력을 다투더라도 근로자의 지위는 그 해고에 의하여 당연히 종료되는 것이며, 해고의 효력을 다투고 있는 자를 근로자가 아닌 자로 해석하여서는 아니된다라는 (구)노동조합법 제3조 제4호 단서 규정은 노동조합의 설립 및 존속을 보호하고 사용자의 부당한 인사권의 행사에 의하여 노동조합의 활동이 방해받는 것을 방지하기 위한 규정으로서 노동조합의 구성원이 될 수 있는 자격에 관하여 규정한 것일 뿐 사용자와 근로자와의 근로관계에 관한 규정은 아니므로 노동조합의 조합원으로서의 지위와 관련하여서만 적용이 되어야 할 것이고, 근로자와 사용자와의 개별적인 근로계약 일반의 효력에 확대적용될 수는 없다(대판 1991.11.8. 91도326; 동 1993.6.8. 92다42354; 동 1994.9.30. 93다26496 등).

---

5) 주로 정치운동을 목적으로 하는 경우

(구)노조법에는 노동조합의 정치활동을 금지하는 규정이 있었으나 삭제되었으므로, 원칙적으로 노동조합의 정치활동은 허용되나 주로 정치운동을 목적으로 하는 경우에는 노동조합으로서의 성격이 부인된다 할 것이다. 그러나 개별법상에서 노동조합의 정치활동을 금지하고 있는 경우가 있음에 유의하여야 한다.

Ⅲ. 노조법상 노동조합의 법적 지위

1. 노동3권의 주체로서 노동조합

노조법에 의한 실질적·형식적 요건을 갖추어 설립된 노동조합(이러한 노동조합을 약술하여 “노조법노조”, “적격노조”, “적법노조” 등 여러 가지로 표현하고 있으나 노조법에 의한 설립요건을 갖추지 못한 근로자단체를 가리켜 “법외노조”라고 가장 많이 표현하고 있는 것으로 보여지므로 그에 대비하는 용어로서 사용할 필요가 있는 경우에는 “법내노조”라고 구분하여 표현하기로 한다)은 헌법상 노동3권의 주체로서 보호를 받게 되는 근로자단체로서의 법적 성격을 당연히 가지므로 그 정당한 결성·활동 등의 권리를 행사할 수 있고, 그러한 권리 행사에 대하여는 민·형사상의 면책효과가 생기며, 그러한 노동조합의 정당한 결성·활동 등의 권리에 대한 침해는 위법성이 있는 불법행위 등을 구성하여 사법적인 구제대상이 된다 할 것이다.

노조법 제3조가 "사용자는 이 법에 의한 단체교섭 또는 쟁의행위로 인하여 손해를 입은 경우에 노동조합 또는 근로자에 대하여 그 배상을 청구할 수 없다"고 규정하고, 동법 제4조 본문이 "형법 제20조의 규정은 노동조합이 단체교섭·쟁의행위 기타의 행위로서 제1조의 목적을 달성하기 위하여 한 정당한 행위에 대하여 적용된다"고 규정하고 있는 것은 이러한 당연한 법리를 확인하고 있는 선언적 규정에 지나지 않는다.

2. 노조법상 노동조합의 특별보호의 문제

노조법은 법내노조에 대하여는 헌법상 단결권의 향유주체로서 당연히 인정되는 법적 보호 이외에도 행정관청에 의한 일정한 급부의 대상으로 삼기 위한 특별한 보호를 인정하는 특례를 규정하고 있다.

노조법은 법내노조에 한해서만 적용되는 일정한 사항을 규정하면서 법내노조 특히 「이 법에 의하여 설립된 노동조합」이라고 표현하고 있는데, 이러한 법내노조에 한하여 노동위원회에 노동쟁의의 조정 및 부당노동행위의 구제를 신청할 수 있고(동법 제7조 제1항), 유일하게 노동조합이라는 명칭을 사용할 수 있으며(동법 제7조 제3항), 법인격의 취득이 가능하고(동법 제6조, 동법시행령 제4조 제2항), 세법이 정하는 바에 따라 조세의 면제 혜택을 받도록 한 것(노조법 제8조, 지방세법 제278조) 등이 그것이다.[48]

그밖에 노조법상 단체협약의 해석 또는 이행방법에 관하여 관계 당사자 간에 의견의 불일치가 있을 때 노동위원회에 그 견해의 제시를 요청하여 중재재정과 동일한 효력이 있는 노동위원회의 견해를 제시받을 수 있고(동법 제34조), 단체협약의 일반적 구속력·지역적 구속력에 의한 효력확장이 인정되며(동법 제35조, 제36조), 노동위원회에 근로자위원을 추천할 수 있는 자격이 있는 것(노동위원회법 제6조 제3항) 등도 법내노조에 한하여 인정된다고 보는 견해[49]도 있다. 그러나 노조법은 법내노조에 한하여 적용되는 사항에 대하여는 특히 그 적용 대상인 노동조합을 "이 법에 의하여 설립된 노동조합"이라고 명시하고 있음에 반하여 그밖에 앞서 열거한 규정상으로는 이러한 제한을 두고 있지 않음이 법문상 명백하므로 이

48) 헌재 1993.3.11. 92헌바33 결정 참조.

49) 김형배, 위같은책, 788-89면.

경우에 동법 제2조 제4호에서 정의하고 있는 노동조합의 요건을 갖추고 있는 모든 노동조합에 대하여 적용된다고 할 것이고, 앞서 열거한 사항들이 특히 설립신고의 형식적 요건을 갖춘 법내노조에 한해서 적용되어야만 한다고 해석하여야 할 합리적 근거도 찾기 어렵다고 할 것이므로 위와 같은 견해가 현행 노조법에서 유지될 수 있을 지는 의문이다. 그리고 노동조합이 사용자와 사이에 체결한 단체협약에 규범적 효력을 인정하고 있는 동법 제33조의 규정도 법내노조에 한하여 적용된다고 풀이하는 견해[50]도 있는데, 이 견해도 역시 앞에서 지적한 바와 같이 노조법에 의하여 설립된 노동조합이 체결한 단체협약에 한하여 적용된다고 규정하고 있지 않기 때문에 현행 노조법에서는 그와 같이 제한적으로 해석할 근거가 또한 없다 할 것이다.

이와 관련하여 단체협약의 법적 성질은 ① 근로자는 그들의 단결체를 통하여 사용자와 교섭하고 그 결과 사회적 자치규범으로서 법률과 같은 효력을 갖는 단체협약을 체결할 수 있는 권리가 헌법상 기본권의 내용으로 보장되고 있으므로 단체협약은 개별 법률규정에 의하여 법규범으로 승인되고 있는지 여부에도 불구하고 당연히 사회적 자치규범으로서의 기능을 갖는다고 보는 견해, ② 헌법상 노동3권 등 기본권의 규정 취지 등에 비추어 볼 때 노사가 자주적으로 단체협약을 체결하여 그들 사이의 집단적 근로관계를 규정할 법규범을 설정하는 내용의 노동관습이 법적으로 이미 승인되어 있다고 보는 견해, ③ 단체협약은 기본적으로 근로자단체와 사용자 사이의 자유로운 합의에 기해 체결되는 계약으로서의 성질만을 가질 뿐이고 헌법상 노동3권이 보장되고 있다고 하여 근로자단체의 구성원 모두에게 규범적 효력이 있는 단체협약을 체결할 권리까지 인정되는 것이 아니며 단체협약이 규범적 효력을 갖는지 여부는 국가가 제정하는 법률의 개별 규정에 따라 비로소 정해진다고 보는 견해, ④ 헌법상 근로자에게 노동3권을 보장하고 있는 것은 근로자단체를 통하여 근로조건을 집단적으로 형성할 수 있는 지위를 확보해 줌으로써 사용자가 그 단체의 구성원인 개개 근로자와 사이의 개별적인 근로계약에 의하여 근로조건을 저하시키는 것을 방지하는 사적 자치제한의 의미가 있고, 한편 근로자는 개인의 자유의사에 따라 근로자단체에 가입하여 그의 근로관계를 집단적인 규율에 맡길 것인지 여부를 결정할 수 있으므로, 단체협약은 근로자단체 구성원의 의사를 기초로 한다는 점에서 집단적 계약이되 개별계약에 우선하는 효력이 있다는 점에서 규범계약이라 할 것이므로 단체협약의 규범적 효력은 이러한 근로자단체의 자율에 의한 규범설정행위에서 파생하는 당연한 내용

---

50) 김유성, 『노동법 II (전정판)』, 법문사, 1997, 69면.

이라고 보는 견해 등이 있다.

이상의 견해 중 위 ③의 견해에 의하면, 동법 제33조는 법내노조가 체결한 단체협약에 한해서만 규범적 효력을 인정하고 있는 창설적 규정으로 보아 그 밖의 다른 근로자단체가 체결한 단체협약은 그 체결당사자 사이에만 계약적 효력이 미칠 뿐이라고 해석하는 반면에 위 ①, ②, ④의 견해에 의하면 위 법규정은 법내노조가 체결한 단체협약에 대하여 규범적 효력을 확인해 주는 규정에 그치며 그에 고유한 것은 아닌 바, 근로자단체로서의 실질을 갖추어 사용자와 체결한 단체협약에 대하여는 규범적 효력이 당연히 인정된다고 한다. 그러나 동법 제33조가 규정하고 있는 내용을 해석함에 있어서 그것이 법내노조가 체결한 단체협약에 한하여 규정하고 있는 것이 아니라 동법 제2조 제4호의 설립요건을 갖춘 노동조합이 체결한 단체협약에 관하여 규정하고 있는 것으로 볼 수 있다면, 전술한 바와 같이 단체협약의 법적 성질에 관한 여러 견해 중 어느 견해를 취하느냐에 관계없이 적어도 현행법의 해석론상 단체협약에 규범적 효력을 인정하는 것이 법내노조에 고유한 것이라고는 할 수 없다고 하겠다.

Ⅳ. 노조법상의 요건을 흠결한 근로자단체의 법적 지위

1. 문제의 소재

위에서 살펴본 바와 같이 현행 노조법에 의하면 동법이 규정하고 있는 요건에 부합하는 근로자단체는 노동조합으로 인정되고, 동법상의 권리와 의무의 주체로서의 법적 지위를 보장받는다. 그러나 근로자단체가 노조법상의 요건을 갖추지 못한 경우 그러한 근로자단체는 어떻게 되는지가 문제가 된다. 즉 불법단체로서 해산되어야 하는가? 아니면 일반적 결사체로서 보아야 하는가? 현행 노조법의 태도가 정당한가? 다시 말하면 노동조합의 요건을 규정하고 이러한 요건에 부합하는 근로자단체에 대해서만 노동조합으로 인정하고, 동법상의 권리와 의무의 주체로서 법적 지위를 보장하는 노조법의 관련규정은 헌법에 위배되는 것이 아닌가라는 근본적인 문제도 제기될 수 있다.

이에 관해서 우선, 노조법상 노동조합의 요건을 갖추지 못한 근로자단체에 대한 규제에 관한 노조법상 태도의 문제를 검토한 후 노조법상 노동조합 요건을 갖추지 못한 근로자단체의 법적 지위에 관한 판례와 기존의 학설을 살펴보고, 우리나라 노동법질서에서 노조법상 요건을 갖추지 못한 근로자단체의 법적 지위를 어떻게 파악하는 것이 올바른 것인지를 생각해 보기로 한다.

2. 노동조합 요건의 규제에 대한 현행 노조법의 문제점

현행 노조법은 설립요건을 흠결한 노동조합에 대하여 두 개의 규제조항을 두고 있다.[51] 첫째, 노동조합이라는 명칭의 사용을 금지하고, 둘째 노동쟁의 조정신청 및 부당노동행위의 구제신청을 불허하고 있다. 그러나 이러한 현행법의 태도는 문제이다.

1) "노동조합"이라는 명칭의 독점 및 강제에 관한 문제

첫째, 현행 노조법 제7조 제3항은 동법이 규정하는 요건을 갖춘 근로자단체에 대해서만 노동조합이라는 명칭을 사용할 수 있도록 하고 그렇지 않은 경우에는 노동조합이라는 명칭의 사용조차 금지하고 있는데 이러한 태도가 가능하며 타당한가가 문제된다.

물론 현행법이 요건흠결의 근로자단체에 대하여 노동조합이라는 명칭을 사용할 수 없게 한 것은 노동조합을 법영역으로 끌여들여서 노조법내적 기구로 만들기 위한 것이라고 말할 수 있다. 그러나 노조법이 규정하는 요건을 갖춘 근로자단체에 대해서만 노동조합이라는 명칭을 독점적 배타적으로 사용할 수 있도록 한 것은 국가의 부당한 월권적 행위라고 말하지 아니할 수 없다. 노동조합이라는 말은 노조법의 입법자가 만들어낸 용어가 아니라 노동운동과정에서 노동자들에 의해서 자생적으로 만들어진 보통명사이다. 국가법이 특정단체에 대해서만 이러한 언어를 독점적 배타적으로 사용하도록 하는 것은 현실적으로 가능할 수도 없고, 그것은 단지 노동조합에 대한 국가적 규제주의를 표방한 것에 불과하다고 할 것이다.

그러므로 노조법 제7조 제3항은 법언어정책상으로도 바람직하지도 아니할 뿐만 아니라 헌법에 위반되는 것으로서 폐기되어야 할 것이다. 국가가 노동조합이라는 용어를 독점하고 있다가 노조법이 규정하는 요건을 갖춘 근로자단체에 대해서만 노동조합이라는 명칭을 사용할 것을 허가할 것이 아니라, 단순히 그러한 노동조합을 인정하는 것 또는 그 표시나 증서를 부여하는 것으로서 충분하다고 할 것이다.

둘째, 노조법이 규정하는 요건을 갖춘 근로자단체에 대해서도 노동조합이라는

51) 노조법 제7조(노동조합의 보호요건) ① 이 법에 의하여 설립된 노동조합이 아니면 노동위원회에 노동쟁의의 조정 및 부당노동행위의 구제를 신청할 수 없다.
③ 이 법에 의하여 설립된 노동조합이 아니면 노동조합이라는 명칭을 사용할 수 없다.

명칭을 사용할 것을 강제하여서는 아니 된다. 단결의 자유에는 명칭사용의 자유도 포함되어 있다고 할 것이다. 그러므로 국가가 근로자단체에 대하여 기왕의 명칭을 노동조합으로 굳이 고치게 하거나 그 명칭을 반드시 붙이도록 강제해야 할 이유는 없다고 할 것이다.

[판 례]

□ **노조법 제7조 제3항 설립신고주의의 위헌여부**

- 노동조합설립 신고주의를 기초로 하는 이 사건 노동조합법 조항(현행 노조법 제7조 제3항)은 노동조합법에 따른 적법한 노동조합의 설립을 유도하기 위한 것으로 입법목적이 정당하고, 형식적인 요건을 갖추지 못한 단결체에 대하여 노동조합이라는 명칭 사용을 금하고 위반 시 형사상 제재를 가함으로써 합법적인 노동조합의 설립을 촉진하고자 하는 것으로 입법목적을 달성하기 위한 적정한 수단으로 볼 수 있으며, 그로 인하여 근로자들이나 단결체가 입는 손해는 노동조합의 명칭을 사용하지 못하고 명칭사용을 위하여 노동조합 설립신고를 해야만 하는 불편함 정도인데 반하여, 실질적인 요건을 갖추지 못한 여러 단결체의 난립을 막고 노동조합의 공신력을 줄 수 있어 근로자의 단결권을 강화하는 효과도 있고, 노동행정에 편의를 기할 수 있는 등 공익이 매우 커서 법익의 균형성도 갖추었다. 또한, 우리의 노동현실 하에서 이 사건 노동조합법 조항이 입법재량의 범위를 벗어난 자의적인 입법권의 행사에 해당한다고 보기 어렵고, 법정형에 비추어 과잉형벌의 문제가 발생한다거나 책임과 형벌의 비례원칙에 반하는 것으로도 볼 수 없으므로, 이 사건 노동조합법 조항이 헌법 제37조 제2항의 과잉금지원칙을 위배하여 청구인들의 단결권을 침해한다고 볼 수 없다. 한편, 노동조합법상 설립신고를 마쳤는지 여부를 기준으로 노동조합이라는 명칭의 사용 여부를 결정함으로써 법상 설립신고를 마친 노동조합과 실질적인 요건을 갖추었으나 형식적인 요건을 갖추지 못한 헌법상 근로자들의 단결체를 차별 취급하는 것에는, 위에서 본 사정들에 비추어 볼 때 합리적인 이유가 있다 할 것이므로, 이 사건 노동조합법 조항이 설립신고를 마친 노동조합과 그렇지 아니한 헌법상 근로자들의 단결체를 자의적으로 차별하여 청구인들의 평등권을 침해한다고 할 수 없다(헌재 2008.7.31. 2004헌바9 결정).

2) 쟁의조정과 부당노동행위구제 신청의 혜택부여에 관한 문제

현행 노조법은 동법이 규정하는 요건을 갖추지 못한 근로자단체에 대해서는 노동조합이라는 명칭을 사용하지 못하도록 할 뿐만 아니라 노조법이 창설하고 있는 노동쟁의의 조정 신청 및 부당노동행위의 구제 신청도 불허하고 있다. 이러한 조치의 취지는 입법목적을 달성하기 위하여 근로자단체로 하여금 노조법의 준수를 강제하려는 데에 있다. 그러나 이러한 조치는 문제가 있다.

첫째, 노조법은 동법이 규정하는 요건을 갖춘 근로자단체에게만 부당노동행위의 구제신청을 인정하는 것은 헌법상의 단결체를 차별적으로 취급하기 때문에 평등권과 관련하여 문제가 있을 수 있다.

둘째, 노조법은 동법이 규정하는 요건을 갖춘 근로자단체에게 조정신청을 할 수 있도록 한 것은 현실적으로 전혀 실효성이 없는 조치이다. 노조법상의 노동쟁의 조정제도는 현실적으로 노동조합이 별로 선호하는 제도가 아니다. 노동조합은 현행법상의 노동쟁의 조정제도를 국가가 노동조합에게 부여하는 혜택으로 생각하지 않는다. 또 국가가 적법한 노동조합에 의하지 아니한 노사분쟁이 실제로 발생한 경우 이를 이유로 분쟁상태를 외면할 수도 없으며, 이를 모두 불법으로 취급하는 것은 노동정책상으로도 바람직하지 못하다. 그러므로 노조법상의 요건을 갖추지 못한 근로자단체와 사용자간의 분쟁에 대해서도 국가가 조정적 해결을 하여야 하고, 오히려 분쟁이 발생하였을 때 불법이라는 이유로 국가가 개입하지 않을 것이 아니라 노조법상의 요건을 갖추지 못한 근로자단체라고 할지라도 그러한 근로자단체가 당사자로서 적극적으로 국가에 대하여 조정적 해결을 신청할 수 있도록 하는 것이 산업평화를 위하여 보다 합리적이라고 할 것이다.

이러한 측면에서 노조법상의 요건을 갖추지 못한 근로자단체에게 노동쟁의의 조정신청을 불허하는 것은 실효성이 없을 뿐만 아니라 노조법이 마련하고 있는 노동쟁의 조정제도의 취지에도 부합하지 아니한다고 할 것이다.

3. 노조법상 요건흠결의 근로단체에 대한 학설과 판례의 태도

1) 학설 및 판례의 태도

어떠한 근로자단체가 노조법에 의하여 설립된 법내노조가 아니더라도 헌법 제33조 제1항의 해석 및 노조법 제2조 제4호 본문의 규정에 의해 근로자단체로서의 주체성·자주성·목적성·단체성을 갖추고 있다면(이러한 근로자단체를 약술하여, "법외노조", "무자격노조", "비적격노조", "비노조", "노조법상의 노동조합이 아닌 단체", "헌법상 단결체" 등으로 표현하기도 하지만, 일반적으로 "법외노조"라는 용어를 가장 많이 사용하고 있으므로, 전술한 법내노조와 대비하여 표현할 필요가 있는 경우에는 "법외노조"라는 용어를 사용하기로 한다), 그 자체로서 헌법상 단결권 등 노동3권의 보장에 의한 법적 보호를 받게 되므로 개별적인 하위 법률규정의 유무에도 불구하고 그러한 근로자단체의 정당한 결성·활동 등의 권리를 행사할 수 있고, 그러한 권리의 행사에 대하여는 민·형사상의 면책효과가 생기며, 그러한 단결체의 정당한 결성·활동 등의 권리에 대한 침해는 위법성이 있는 불법행위 등을 구성하여 사법적인 구제대상이 된다고 할 것이다.52)

노조법 제2조 제4호에서 정의하고 있는 노동조합의 실질적 성립요건을 갖추고 있으면서 설립신고의 형식적 요건만을 갖추지 못하고 있는 노동조합은 노동3권의 주체가 될 수 있는 법적 지위를 가짐과 아울러, 노조법이 법내노조에 한하여 적용하도록 규정하고 있는 사항 이외에는 단순히 노동조합에 관한 사항을 규율하고 있는 관련규정들의 적용을 받게 된다고 해석할 수 있다.

특히 노조법은 법내노조에 한하여 노동위원회에 노동쟁의의 조정 및 부당노동행위의 구제를 신청할 수 있다고 하면서도(제7조 제1항 및 제3항) 이것이 노조법 제81조 제1호·제2호 및 제5호의 규정에 의한 근로자의 보호를 부인하는 취지로 해석되어서는 아니 된다고 규정하고 있다. 그러므로 근로자가 법내노조가 아닌 노동조합의 가입이나 조직 기타 그 노동조합의 업무를 위한 정당한 행위 등을 이유로 사용자로부터 해고 등 불이익처분을 받거나 근로자가 법내노조가 아닌 어느 노동조합에 가입하지 아니할 것 또는 탈퇴할 것 또는 법내노조가 아닌 특정한 노동조합의 조합원이 될 것을 사용자가 고용조건으로 하거나 근로자가 법내노조가 아닌 노동조합의 조합원으로서 정당한 단체행위에 참가한 것 등을 이유로 하여 사용자로부터 해고 등 불이익처분을 받는 경우에, 이는 동법 제81조 제1호·제2호 및 제5호에 위반하여 그 법률효과가 부인된다.

그런데 노조법상의 실질적 요건 중 제2조 제4호 단서의 각 목에서 노동조합으로 볼 수 없는 경우로 규정하고 있는 소극적 요건 중 (나)목의 경우는 근로자단체로서의 '자주성'이 흠결된 경우를, (다)·(마)목의 경우는 근로자단체로서의 '목적성'이 흠결된 경우를 확인하고 있는 내용에 지나지 않아 이 경우에는 근로자단체로서 노동3권의 주체에서 제외된다 할 것이나, (가)·(라)목의 경우와 같이 근로자단체에 사용자의 이익을 대표하는 자나 근로자가 아닌 자의 가입이 허용되고 있어 법내노조가 되기 위한 소극적 요건을 갖추지 못하고 있지만 그러한 자의 참여 또는 가입에도 불구하고 근로자단체로서의 주체성·자주성이 흠결되었다고 볼 수 없는 경우도 있을 수 있으므로 그러한 법외노조의 법적 지위를 어떻게 볼 것인가 문제된다. 이러한 근로자단체는 노조법상의 노동조합으로 인정받을 수 있는 요건

---

52) 대판 1997.2.11. 96누2125도 간접적으로 이를 긍정하고 있다.

을 갖추지 않아서 이른바 법내노조로서 노조법 소정의 보호를 받을 수 없으나, 근로자단체로서의 실질을 갖고 있는 경우는 경우에는 헌법상 단결권의 보장의 주체로서 법적 보호를 받음에는 지장이 없다고 할 것이다.

단체성이 흠결된 일시적 쟁의단에 대하여 근로자단체로서의 법적 보호를 받을 수 있을 것인가에 대하여는 견해의 대립이 있다.

이에 대하여는 일시적 쟁의단은 노조법 제2조 제4호 본문의 노동조합의 개념에 합치하지 않고 사단으로서의 조직적 실체를 갖추고 있지 않으므로 근로자단체로서의 법적 보호를 받을 수 없다고 보는 견해와, 근로자단체로서의 법적 보호를 받기 위해서는 원칙적으로 단체성이 있어야 하겠지만 미조직근로자나 해고당한 근로자가 일시적 결합체로서 쟁의단의 형태로 방어할 수 있는 집단적 이익도 존재하고 또한 이러한 활동 역시 노동3권 보장취지에 적합한 경우가 많다는 점을 고려하면 엄격한 의미의 단체성을 갖추지 못한 근로자의 일시적 결합체에 대해서도 그것이 통일적 의사형성의 주체로 되어 있는 한 노동3권을 보장하여야 한다는 견해 등이 있다.

그러나 노동3권의 향유주체로서의 지위를 인정하는 견해에 의한다고 하더라도 "법"은 "조합원은 노동조합에 의하여 주도되지 아니한 쟁의행위를 하여서는 아니 된다"고 규정하고 있으므로(노조법 제37조 제2항), 노동조합으로서의 실질적 요건을 갖추고 있는 노동조합이 있는 사업장에서는 그 구성원인 조합원들이 위와 같이 일시적 쟁의단을 조직하여 쟁의행위의 단체행동권을 행사하는 것은 제약을 받게 된다.

2) 학설 및 판례에 대한 검토와 비판

노동조합의 요건흠결에 관한 판례 및 학설의 태도는 헌법 제33조가 규정하고 있는 노동단체권을 사회적 기본권으로 보면서 노조법이 이러한 사회적 기본권을 구체화하는 법률로 이해하는 입장에서 노동조합의 요건흠결의 문제를 해결하는 실마리를 노동조합의 요건을 규정하고 있는 노조법상 규정의 법적 성질에서 구하려고 한다. 법내노조설(法內勞組說), 법외노조설(法外勞組說), 비노조설(非勞組說)은 바로 이러한 관점의 차이에서 비롯된 것이다. 법내노조설은 이러한 노동조합도 노동법상의 노동조합의 자격을 갖는다고 보는 견해이고 법외노조설은 이러한 노동조합은 원칙적으로 노동법상의 보호를 받지 못하지만, 이러한 단체도 헌법상 단결체로서 노동기본권과 민·형사면책특권 등은 향유할 수 있다고 보는 견해가 다수설인 것 같다. 이에 판례는 이러한 노동조합은 노동조합으로서 법적인 지위를 일체 누릴 수 없다고 하는 비노조설을 취하고 있다.

하지만 종래의 학설과 판례의 태도는 노조법의 위헌문제를 법외노조의 인정을 통해서 완화해 보려는 시도에 불과하다고 할 것이다. 그러므로 노조법상 요건을 갖추지 못한 근로자단체의 법적 지위에 관한 문제를 헌법적 차원에서 근본적으로 검토하지 않고 있는 이러한 태도는 올바르다고 할 수 없을 것 같다.

[판 례]

- 행정관청에 설립신고가 되지는 않았으나 산업별 연합단체인 전국금속노동조합연맹에 가입된 법외 노조는 행정당국에 노동조합 설립신고를 하여 그 신고증을 교부 받지 못한 이상 이를 노동조합법 소정의 노동조합이라고는 볼 수 없다(대판 1996.6.28. 93도855).

4. 노조법상 요건을 갖추지 못한 근로자단체의 법적 지위에 관한 재검토

1) 어려운 문제

노조법 그 자체에 있어서도 동법이 정하고 있는 노동조합의 요건을 결하고 있는 근로자단체를 법적으로 어떻게 평가해야 할 것인지의 문제는 그렇게 간단하지 않다. 위에서 이미 언급한 바와 같이 현행 노조법은 동법이 규정하는 요건을 갖춘 경우에만 노동조합이라는 명칭을 사용하게 할 뿐만 아니라(동법 제7조 제3항) 사용자의 부당노동행위제도를 인정하고, 이에 대하여 법상 요건을 갖춘 노동조합에게만 노조법이 설정하고 있는 행정적 구제의 당사자적격을 인정하고 있기 때문이다(동법 제7조 제1항).

2) 헌법상의 단결체와 노조법상 노동조합요건의 관계

헌법 제33조는 단결체의 요건에 관해서 「근로자」라는 주체적 요건과 「근로조건의 향상을 위하여」라는 목적적 요건 이외에 다른 아무 조건도 규정하고 있지 않다. 그러나 노조법은 단결권의 주체로서 노동조합의 요건을 실체적 요건과 형식적 요건을 규정하고 있다. 그래서 우선, 헌법상의 단결체와 노조법상 노동조합의 관계를 어떻게 보아야 하는가가 문제로 된다.

이 문제에 대해서는 헌법과 노조법의 관계를 어떻게 파악하는가에 따라 헌법상의 단결체를 노조법상 노동조합과 동일한 것으로 보는 견해(단결체=노동조합)와 헌법상의 단결체를 노조법상 노동조합의 상위개념으로 파악하는 견해(단결체⊃노동조합)가 있을 수 있다. 전자의 견해는 헌법 제33조가 보장하고 있는 노동단체권의 본질이 자유의 보장에 있다고 파악하면서 노조법을 헌법 제37조 제2항에 근거하여 노동단체권을 제한하는 법률로 보는 입장이라고 말할 수 있고, 후자의 견해는 노동단체권의 본질이 생존의 확보에 있다고 보면서 노조법이 헌법 제33조를 구체화하는 법률로 이해하는 입장에서 비롯된 것이라고 말할 수 있다. 그러므로 전자의 견해는 헌법 제33조의 관점에서 노조법의 각 규정을 평가하는데 반하여 후자의 견해는 노조법의 창설적 효력을 인정하려고 한다. 결국 전자의 견해에 의하면 헌법 제33조 제1항이 보장하고 있는 노동단체권의 본질에 반하는 노조법의 각 조항은 위헌문제로 귀착되는데 반해서 후자의 견해에 의하면 노조법의 위헌문제는 제기되지 아니한다고 할 것이다.

특히 후자의 견해에 의하면, 헌법 제33조 제1항의 단결체에는 노조법이 규정하고 있는 노동조합의 각 요건의 흠결정도에 따라 노조법이 규정하고 있는 노동조합의 모든 요건을 결하고 있지만 헌법 제33조 제1항의 단결체에 해당하는 근로자단체, 노조법이 규정하고 있는 노동조합의 형식적 요건을 결하고 있지만 실질적 요건을 갖추고 있는 헌법 제33조 제1항의 단결체에 해당하는 근로자단체, 그리고 노조법이 규정하고 있는 노동조합의 모든 요건을 갖추고 있는 헌법 제33조 제1항의 단결체에 해당하는 근로자단체가 있을 수 있다.

3) 결 론

노동조합의 요건흠결문제는 노조법의 헌법적 근거 및 노동조합의 형식적 요건을 규정하고 있는 법률조항의 법적 성격을 어떻게 파악하는가에 따라 다르게 평가될 수 있다.

그렇지만 우리는 헌법 제33조의 관점에서 노조법의 각 규정을 평가해야 하고 헌법 제33조가 보장하고 있는 기본적 인권으로서 노동단체권의 본질이 자유의 보장에 있다고 할 것이므로 노조법은 헌법 제37조 제2항에 기하여 노동단체권을 제한하는 법률이며, 헌법상의 단결체가 노조법상 노동조합과 동일한 것으로 파악하는 것이 규범논리상 타당하다고 하겠다. 그러므로 헌법 제33조 제1항가 보장하고 있는 노동단체권의 본질적 내용을 침해할 정도로 노동단체권을 과도하게 제한하고 있는 노조법의 각 조항 및 노조법상의 문언 자체가 곧바로 헌법 제33조 제1항이 보장하고 있는 기본적 인권으로서 노동단체권의 본질적 내용을 침해하지 않는다고 하더라도, 그 본질적 내용을 침해하도록 해석 적용하는 것은 위헌이 된다고 할 것이다.

그러므로 헌법상의 단결체와 노조법상의 노동조합을 일원적으로 파악하면서, 헌법 제33조가 보장하는 노동단체권의 본질을 침해하는 노조법의 규정은 위헌으로서 폐기되어야 한다고 할 것이다.

제 3 절 노동조합의 설립과 법적 규제

Ⅰ. 노조설립에 관한 입법주의

1. 입법주의의 유형

단체의 설립에 대하여 국가법이 취하는 정책이나 태도는 그 개입정도에 따라 자유주의, 준칙주의, 인가주의, 허가주의 및 특허주의가 있다.

자유주의는 국가가 아무런 규제나 제한을 가하지 않고 이를 인정하는 경우를 말하고 준칙주의란 법률이 설립의 요건과 절차를 규정하고 이에 따라 설립하는 경우 그 설립을 인정하는 것이다. 인가주의는 법률이 정한 요건을 갖추어야 하는 것 이외에 행정관청의 동의나 승인을 얻어야 하는 경우를 말하며, 허가주의는 그 방식에 있어서는 인가주의와 별로 다르지 않지만 법률이 원칙적으로 설립 그 자체를 금지하고 일정한 요건을 갖추어서 신청하는 경우에 행정관청이 이를 심사하여 예외적으로 허용하는 경우를 말한다. 또한 특허주의는 일정한 단체를 위하여 능력이나 자격, 권리, 법률관계 등을 설정하는 경우를 말한다.

2. 헌법 제33조 제1항과 입법주의

국가가 법률로써 노조의 설립을 어느 정도로 개입할 수 있는지의 여부는 결국 헌법 제33조 제1항과 제37조 제2항을 관련해서 판단되어야 할 것이다. 입법자는 헌법 제37조 제2항에 의하여 국가안전보장, 질서유지 또는 공공복리를 위하여 필요한 경우에 한하여 법률로써 헌법 제33조가 보장하는 노동단체권을 제한할 수 있다. 이러한 경우 노동단체권을 제한하는 법률의 한계는 헌법 제33조가 노동단체권과 관련해서 판단되어야 할 것이다. 여기에서 노동조합의 설립에 대하여 국가가 어느 정도로 개입하는 것이 헌법 제33조가 보장하는 근로자의 노동단체권의 본질적 내용을 침해하지 않는 것이 될까?

노동단체권을 보장하고 있는 헌법 제33조 제1항의 취지에 비추어 볼 때 노동조합의 설립에 관한 입법주의는 원칙적으로 자유주의에 입각해야 할 것이다. 준칙주의는 노동조합의 설립요건과 절차를 규정하는 법률의 내용이 어떠한가에 따라 결정된다. 즉 노동조합의 설립요건과 절차에 관한 준칙이 헌법 제33조의 노동단체권을 저해하는 내용이 아니 한에서만 인정된다. 그러나 인가주의, 허가주의 및 특허주의와 같은 노동조합의 설립에 관한 입법적 태도는 위헌으로서 허용될 수 없다고 할 것이다.

3. 노조법의 태도

노조법은 제5조에서 "근로자는 자유로이 노동조합을 조직하거나 …"라고 하고 있어 규정상으로는 자유주의를 취하고 있는 듯이 보인다. 그러나 노조법 제2조 4호. 제7조, 제10조, 제11조, 제12조, 제13조 등의 규정에 비추어 볼 때 실제로는 준칙주의를 취하고 있다고 보는 것이 옳을 것이다.

이렇듯 현행 노조법은 노동조합을 그 설립부터 규제하고 있다. 종래의 학설과 판례에 의하면 이러한 규제는 헌법이 보장하는 노동단체권의 본질이 생존권 보장이고 이러한 노동단체권의 보호를 위해서 당연히 필요한 것이라고 해석하고 있다. 그러나 이러한 해석은 노동단체권의 본질을 오해한 것에서 비롯된 것이라고 할 것이다. 설사 노동단체권을 생존권 또는 사회적 기본권으로 파악한다고 하더라도 노동단체권의 보장을 위해서 노동조합의 설립 자체를 법률에 의해서 규제해야 하는 것은 아니다. 이것은 외국의 경우와 비교해 보면 분명하게 드러난다. 선진국의 경우에는 법률로써 노동조합의 설립 자체에 개입하는 경우는 거의 없다. 대체로 노동조합에 대하여 신고나 등록을 하도록 하되 이것을 강제하지는 않는다.[53] 이 경우에 신고나 등록은 우리 노조법 제10조 이하가 규정하고 있는 신고와는 그 성격이 다르다고 할 것이다.[54] 우리나라에서는 행정관청은 노조법 제12

---

53) 일본의 경우 노동조합법상의 노동조합으로 인정되기 위해서 노동조합은 노동위원회에서 적격심사를 받도록 하고 있다. 그러나 이러한 적격심사는 노동조합에게 부당노동행위 구제신청이나 쟁의조정 신청 등 노동법상의 혜택을 부여하려는 데에 목적이 있다.

54) 노동조합의 설립과 관련하여 미국의 경우에 신고 등과 같은 특별한 제도가 없다. 잉글랜드에는 listing이라는 등록제도가 있다. 선진국에서 신고나 등록은 노동조합이 법인격을

조 제3항에 기하여 사실상 노동조합의 적격을 심사하고 그러한 적격을 구비하지 못한 경우에는 설립신고서를 반려하고 있다. 그러므로 행정관청에 의한 적격심사는 노조 설립에 대하여 법적 효과를 부여하기 위한 것이다(동법 제12조 제4항 참조). 이것은 노동조합의 설립에 대한 우리 노조법의 태도가 얼마나 후진적이고 비민주적인지를 보여주고 있다. 이러한 점에서 우리 노조법은 노동조합의 보호라는 허울 아래에서 단결권의 보장보다는 오히려 노동조합에 대한 국가적 통제를 실현하려는 발상을 저변에 깔고 있다고 말할 수 있다.

Ⅱ. 노동조합설립의 절차

현행 노조법에 의하면 노동조합의 설립절차는 근로자들에 의한 단결체의 실체인 조직을 결성하고 그 조직결성의 내용을 행정관청에 신고하면 이러한 신고에 대하여 행정관청이 신고증을 교부함으로써 설립이 완결된다고 할 수 있다.

1) 조직의 결성

(1) 법적 상황

노동조합을 설립하기 위해서 무엇보다 근로자단체로서 노동조합의 실체를 결성하는 행위가 있어야 할 것이다. 이러한 조직의 결성행위 및 그 과정을 법적으로 어떻게 평가할 것인가가 문제이다. 그러나 현행 노조법은 노동조합의 실체로서 조직의 결성에 관해서 아무런 규정을 두고 있지 않다.

우선 노조법상 다른 관련규정에 비추어 조직의 요건과 그 결성절차를 해석해 낼 수밖에 없을 것이다. 그 외의 사항은 원칙적으로 제약이 없는 것으로 해석해야 할 것이다. 그러므로 근로자단체결성행위에 대해서는 사단설립에 관한 일반원칙이 적용된다고 할 것이다.

(2) 최소조합원의 수

노조법은 설립신고서에 조합원수를 기재할 것을 필요적 요건으로 규정하고 있지만(동법 제10조 제1항 제3호) 노동조합으로 인정되기 위해서 필요한 조합원의 최소인원의 수에 관하여 명시하고 있지 않다. 그러므로 노동조합의 실체가 인정되

얻거나 조세면제 등과 같은 혜택을 얻기 위한 조건으로 행하여지고 있다.

기 위한 최소조합원의 수에 대한 제한이 없다고 할 것이다. 다만, 노동조합이 단체라는 점을 감안할 경우 노동조합의 결성에 있어서 최소한 2인 이상의 근로자가 있어야 할 것이므로 1인으로 구성된 노동조합은 인정될 수 없다. 이것은 헌법 제33조 제1항이 보장하고 있는 단결권의 성질상 당연하다고 할 것이다.

(3) 창립총회의 개최

다수의 근로자들이 노동조합을 조직하려고 하는 경우 반드시 창립총회를 개최해야 하는가라는 것도 문제이다. 이를 직접적으로 규율하는 노조법의 규정은 없다. 다만, 노조법은 설립신고시에 규약과 임원명단을 제출하도록 규정하고 있고(동법 제10조 제1항) 규약의 제정과 임원의 선거에 관한 사항은 총회의 의결사항으로 하고 있다(동법 제16조 제1항). 이러한 조항에 비추어 볼 때, 노동조합을 조직하는 경우에는 창립총회를 개최해야 할 것이다.

(4) 창립총회의 정족수

노동조합을 조직하는 경우 창립총회를 반드시 개최해야 하더라도 최소한 몇 명이 참석해야 하며, 설립에 동의한 근로자 모두 또는 과반수가 참석해야 하는가 등과 같은 의문이 제기된다. 그러나 현행법에는 이에 관한 규정이 없다. 그러므로 최소인원에 대한 제한은 없으며 극소수의 근로자에 의해서 가능하고 이론적으로는 2인 이상의 근로자가 참가하면 창립총회가 성립한다고 할 것이다. 창립총회시 아직 노동조합이 설립되지 않았기 때문에 조합원도 존재할 수 없고 노동조합의 설립에 동의한 것만으로 당연히 설립될 노동조합의 조합원이 되었다고 말할 수도 없을 것이다. 따라서 창립총회의 경우 출석정족수라는 개념은 실제로 적용될 여지가 없다. 그러므로 사실상 참석한 인원만으로 창립총회가 성립한다고 해석해야 할 것이다. 노동조합의 결성에 동의를 하였지만 창립총회에 참석하지 않거나 다른 참석자에게 결정을 위임을 하지 아니한 자가 성립될 노동조합의 조합원이 되는가 여부는 당사자와 창립총회 참석자들이 결정할 문제라고 할 것이다. 그러나 창립총회에서 결정될 사항에는 노조총회의 의결정족수에 관한 노조법상 규정이 적용될 수 있다. 그러나 이 경우에도 의결정족수의 규정에 반드시 따라야 하는 것은 아니라고 할 것이다. 왜냐하면 노동조합총회의 의결정족수에 관한 노조법상 규정은 성립된 노동조합의 총회에 적용되는 규정이지 노동조합의 설립을 위한 창립총회에도 그대로 적용된다고 할 수 없기 때문이다.

Ⅲ. 설립신고

1. 신고주의

노조법은 노동조합을 설립하고자 하는 경우 설립신고서에 규약을 첨부해서 노동부장관에게 제출하도록 하고 있다(동법 제10조 제1항). 단일조직인 노동조합의 경우에는 명칭·주된 사무소의 소재지·조합원수·임원의 성명과 주소·소속된 연합단체가 있는 경우에는 그 명칭을 기재하여야 하며, 연합단체인 노동조합에 있어서는 구성노동단체의 명칭·조합원수·주된 사무소의 소재지 및 임원의 성명·주소를 신고서에 기재하여야만 한다.

[판 례]

□ **노조법상 노동조합설립신고주의의 취지**

- (구)노동조합법(1996.12.31. 법률 제5245호로 개정되기 이전의 것)이 노동조합의 설립에 관하여 신고주의를 택하고 있는 취지는 소관 행정당국으로 하여금 노동조합에 대한 효율적인 조직체계의 정비 관리를 통하여 노동조합이 자주성과 민주성을 갖춘 조직으로 존속할 수 있도록 노동조합을 보호·육성하고 그 지도 감독에 철저를 기하게 하기 위한 노동정책적인 고려에서 마련된 것이다(대판 1993.2.12. 91누12028; 동 1994.4.12. 93누24247).

□ **설립신고서 기재사항**

- 노동조합도 대외적으로 자주적이고 대내적으로 민주적인 의사결정에 따라 연합단체에 가입하거나 소속된 연합단체로부터 탈퇴할 수 있는 것이라고 봄이 상당하다(대판 1992.12.22. 91누6726).
- 노동조합설립신고서나 노동조합의 규약에 "소속된 연합단체의 명칭"을 기재하여야 한다고 규정한 것은 상위 연합단체에의 가입을 노동조합의 설립과 존속의 요건으로 파악하여 모든 노동조합에 대하여 산업별 연합단체 또는 총연합단체에 가입할 것을 강제하고, 나아가 어떤 경우에도 설립신고시에 신고서 등에 소속된 연합단체의 명칭을 반드시 필요적으로 기재하여야 한다고 제한하는 취지는 아니라고 해석된다(대판 1993.2.12. 91누12028).
- 위 법 규정은 적어도 노동조합을 설립함에 있어 상위 연합단체에의 가입에 관한 사항을 사실대로 정확하게 밝혀 신고하도록 의무지움으로써 소관 행정당국으로 하여금 노동조합에 대한 효율적인 조직체계의 정비관리를 통하여 보호, 육성 내지 지도, 감독에 철저를 기하게 하기 위한 노동정책적인 고려

에서 마련된 것으로 풀이되므로, 노동조합의 법규정에 위배하여 특정의 상위 연합단체에 가입하고서도 소속된 연합단체의 명칭을 설립신고서나 규약에 전혀 기재하지 아니하거나 허위로 기재한 경우는 물론이고 실제로는 어느 연합단체에도 가입하지 아니하였음에도 불구하고 사실과 다르게 설립신고서나 규약에 소속된 연합단체의 명칭을 임의로 허위기재한 경우에 있어서도 같은 법 시행령에서 정한 바에 따라 행정관청은 사실을 확인하기 위하여 소속 연합단체의 가입인준증의 제출 등 적절한 방법에 의한 보완을 요구하고, 만일 기간 내에 이를 이행하지 아니할 때에는 설립신고서를 반려할 수 있다고 해석함이 상당하다(대판 1993.2.12. 91누12028).

2. 설립신고의 기한

설립신고의 기한에 관해서는 아무런 규정이 없다. 노동조합조직을 결성하고 상당한 기간이 경과한 이후에 설립신고를 하더라도 아무런 문제가 없다. 현행법은 설립신고 그 자체를 노동조합의 설립행위에 있어서 구성부분으로 파악하고 있다. 즉 노동조합의 조직결성만으로는 그 설립행위가 아직 완전히 종결되었다고 볼 수 없다. 그러므로 설립신고의 별도로 기한을 명시하고 있지 않은 것이다. 그러나 현행 노조법에 의하면 노동조합의 설립행위는 설립신고에 법적 의미가 부여되는 반면에 노동조합의 실체를 형성시키는 조직결성에는 법적 의미가 부여되지 않는다. 이러한 맥락에서 노동조합의 설립행위를 도식화한다면 다음과 같다.

* 노동조합설립행위 = (조직결성) + 설립신고

3. 설립신고의 관할기관

노동조합 설립신고를 할 경우에는 연합체인 노동조합과 2 이상의 특별시·광역시·도·특별자치도에 걸치는 단위노동조합은 노동부장관에게, 2 이상의 시·군·구(자치구)에 걸치는 단위노동조합은 특별시장·광역시장·도지사에게, 그 외의 노동조합은 특별자치도지사·시장·군수·구청장(자치구의 구청장)에게 하여야 한다(노조법 제10조 제1항).

그러나 행정관청에 노동조합 설립신고를 하도록 규정한 현행법의 태도는 고려해야 할 점이 있다. 노동조합 설립신고를 하도록 하는 것이 단결권의 보장에 있다고 본다면, 행정관청에 설립신고를 하도록 강제한 노조법의 태도는 바람직하지 못하다. 행정관청에 설립신고를 하도록 강제하는 현행법은 노동행정을 위한 편의적인 발상이고, 현행법상 노동행정의 기능은 노동조합에 대한 규제가 대부분이다. 따라서 행정관청에 노동조합 설립신고를 의무적으로 하도록 한 것은 권위주의적 관료행정적 사고를 표출한 것이라고 할 것이다.[55)]

노조법이 설립신고를 노동조합의 성립요건으로 규정하여 부당노동행위 및 쟁의조정의 신청이라는 법적 혜택을 노동조합에게 주기 위한 전제로서 파악한다면, 오히려 설립신고를 관장하는 기관을 행정관청으로 할 것이 아니라 노동위원회로 하는 것이 보다 타당할 것이다. 왜냐하면 노동위원회가 부당노동행위구제와 쟁의조정을 관장하는 기관이기 때문이다.

4. 설립신고의 절차

노동조합을 설립하고자 하는 자는 노조법 제10조 제1항 각 호 소정의 사항을 신고서에 기재하고 동법 제11조 각 호 소정의 사항을 기재한 규약을 첨부하여 연합체인 노동조합과 2 이상의 특별시·광역시·도·특별자치도에 걸치는 단위노동조합은 노동부장관에게, 2 이상의 시군·구(자치구)에 걸치는 단위노동조합은 특별시장·광역시장·도지사에게, 그 외의 노동조합은 특별자치도지사·시장·군수·구청장(자치구의 구청장)에게 하여야 하고(동법 제10조 제1항), 행정관청이 설립신고서 또는 규약의 기재사항의 누락 등으로 보완이 필요하다고 인정하여 20일 이내의 기간을 정하여 보완을 요구한 경우에는 그 기간 내에 보완을 마쳐야 한다(동법 제12조 제2항).

(구)노동조합법에서는 설립신고서 및 규약에 기재할 사항으로서 「소속된 연합단체의 명칭」을 규정하고 있어서 이 규정에 의하여 노동조합의 설립요건으로 상위연합단체에의 가입이 강제되어 있는 것이 아닌가라는 의문이 제기되었으나, 이에 관하여 판례는 근로자가 자유로이 노동조합을 조직하거나 이에 가입할 수 있는 것과 마찬가지로 노동조합도 대외적으로 자주적이고 대내적으로 민주적인 의사결정에 따라 연합단체에 가입하거나 소속된 연합단체로부터 탈퇴할 수 있는 것

55) 그러나 대판 1969.12.23. 69누100은 "노동조합은 설립신고를 소관 행정관청에 제출하고 이에 대한 신고증을 교부 받음으로써만 유효히 설립할 수 있다"라고 하고, 또 이와 동일한 맥락에서 대판 1996.6.28. 93도855는 "행정관청에 설립신고가 되지는 않았으나 산업별 연합단체인 전국금속노동조합연맹에 가입된 법외 노조는 행정당국에 노동조합 설립신고를 하여 그 신고증을 교부 받지 못한 이상 이를 노동조합법 소정의 노동조합이라고는 볼 수 없다."라고 판시하고 있다.

이라고 봄이 상당하므로, 위 법규정이 모든 노동조합에 대하여 상위 연합단체에의 가입할 것을 강제하고 나아가 어떤 경우에도 설립신고서에 신고서 또는 규약에 소속된 연합단체의 명칭을 반드시 필요적으로 기재하여야 한다고 제한하는 취지는 아니라고 해석된다고 하여 소극적인 입장을 취하면서,[56] 다만 위 법규정은 적어도 노동조합을 설립함에 있어 상위 연합단체에의 가입에 관한 사항을 사실대로 정확하게 밝혀 신고하도록 의무 지움으로써 소관 행정당국으로 하여금 노동조합에 대한 효율적인 조직체계의 정비·관리를 통하여 보호·육성 내지 지도·감독에 철저를 기하게 하기 위한 노동정책인 고려에서 마련된 것으로 풀이되므로 노동조합이 위 법규정에 위배하여 특정의 상위 연합단체에 가입하고서도 소속된 연합단체의 명칭을 설립신고서나 규약에 전혀 기재하지 아니하거나 허위로 기재한 경우는 물론이고 실제로는 어느 연합단체에도 가입하지 아니하였음에도 불구하고 사실과 다르게 설립신고서나 규약에 소속된 연합단체의 명칭을 임의로 허위 기재한 경우[57]에 있어서도 행정관청은 사실을 확인하기 위하여 20일의 기간을 정하여 소속 연합단체의 가입인준증의 제출 등 적절한 방법에 의한 보완을 요구하고, 만일 기간 내에 이를 이행하지 아니할 때에는 설립신고서를 반려할 수 있다고 해석함이 상당하다고 판시하고 있다.

그런데 현행법에서는 (구)노동조합법의 위 규정과 달리 연합단체에 관한 설립신고서 및 규약의 기재사항을 "소속된 연합단체가 있는 경우에는 그 명칭"(동법 제10조 제1항 제5호, 제11조 제5호)이라고 규정함으로써 전술한 판례의 입장 중 전단 부분의 해석과 같이 연합단체의 가입이 노동조합의 설립요건이나 설립신고서 등의 필요적 기재사항이 아님을 분명히 하고 있으며, 위 판례의 후단 부분 해석 역시 현행법의 규정 아래에서도 그대로 적용될 수 있다고 할 것이다.

한편, 설립신고서를 제출함에 있어서 연합체인 노동조합과 2 이상의 특별시·광역시·도·특별자치도에 걸치는 단위노동조합은 노동부장관에게, 2 이상의 시군·구(자치구)에 걸치는 단위노동조합은 특별시장·광역시장·도지사에게, 그 외의 노동조합은 특별자치도지사·시장·군수·구청장(자치구의 구청장)에게 하여야 하고 관할 행정관청을 삼원화하고 있다. 여기서 "연합단체인 노동조합"은 '동종 산업의 단위노동조합을 구성원으로 하는 산업별 연합단체'와 산업별 연합단체 또는 전국

56) 대판 1992.12.22. 91누6726; 대판 1993.2.12. 91누12028. 특히 전자의 판례평석에 대해서, 김형진, "연합단체에의 가입과 노동조합의 설립요건", 『재판의 한길』(김용준 헌법재판소장 화갑기념논문집), 1998, 887면 이하; 이병태, "노조설립과 소속연합단체에의 가입", 『판례월보』 269호, 1993/2, 27면 이하 등 참조.

57) 대판 1990.10.23. 89누3243 참조.

규모의 산업별 단위노동조합을 구성원으로 하는 총연합단체라고 규정하고 있어(동법 제10조 제2항), 전술한 바와 같이 위 동법 제10조 제2항에 정한 형태의 연합단체만이 법상의 노동조합으로 제한되어 있는 것이 아닌가라는 의문이 제기될 수 있으나, 동법 규정에 의하여 연합단체의 조직형태가 제한되어 있다고 해석할 것은 아니라고 봄이 상당할 것이고(다만, 노동부의 해석례[58]는 반대의 견해임), 그 밖의 조직형태를 갖춘 연합단체는 위 법규정에 의한 연합노조의 경우를 준용하여 노동부장관에게 설립신고서 및 규약을 제출하여 설립신고를 할 수 있다고 볼 것이다.

5. 설립신고의 심사

1) 설립신고 심사의 대상 및 범위

노동조합의 설립신고서를 제출받은 행정관청은 노조법 제2조 제4호 본문 및 단서 각목에 정한 노동조합의 적극·소극의 실질적 요건을 갖추고 있는지 여부, 설립신고서 또는 규약이 기재사항의 누락 등으로 보완이 필요한지 여부 등을 심사하여 노동조합으로서의 적법요건을 갖추고 있는 경우에는 3일 이내에 신고증을 교부하고, 설립신고서 또는 규약의 기재사항의 누락 등으로 보완이 필요한 경우에는 20일 이내의 기간을 정하여 보완을 요구하고 이러한 보완요구에도 불구하고 정해진 기간 내에 보완을 하지 아니하거나 노동조합으로서의 적법요건을 갖추지 못하고 있다고 판단되는 경우에는 설립신고서를 반려하여야 한다(동법 제12조 제1, 2, 3항 동법시행령 제9조).

다만, 판례는 "행정관청이 설립신고서를 접수한 때로부터 3일 이내에 신고증을 교부하도록 되어 있다 하여 그 기간 내에 설립신고서의 반려 또는 보완지시가 없는 경우에는 신고증의 교부가 없다고 노동조합이 성립된 것으로 본다는 취지는 아니므로 행정관청은 그 기간 경과 후에도 설립신고서에 대하여 보완지시 또는 반려처분을 할 수 있다"고 판시하고 있다.[59]

행정관청이 설립신고의 적법여부를 심사할 수 있는 범위에 관하여는 신고서류가 권한 있는 자에 의하여 적법하게 작성되었는지 등의 형식적 심사에 그쳐야 한다는 견해가 있으나, 판례는 그 설립하고자 하는 노동조합이 "법" 제2조 제4호 소정의 실질적 요건을 갖추고 있는지 여부를 인정하여야 하는 이상 행정관청은 그에게 일반적으로 기대할 수 있는 적절한 방법에 의한 합리적인 판단에 의하여 그

---

58) 노동부, 『새노동법해설-신노사문화를 열어가는 길』, 1997, 11면.

59) 대판 1990.10.23. 89누3243.

해당여부를 결정하여야 할 것이라고 하여 상당한 정도의 실질적인 심사권한이 부여되어 있는 것으로 해석하고 있다.[60]

2) 설립신고와 관련한 행정처분에 대한 구제수단

행정관청이 설립신고에 대한 심사를 거쳐 그 설립신고를 수리 또는 반려하거나 보완을 요구하는 처분을 하였을 경우 그러한 처분은 이른바 행정소송법상 행정처분으로서 행정쟁송의 대상이 된다.[61]

설립신고반려처분이 위법·부당하다는 이유로 그 취소를 구할 수 있는 당사자 적격은 누구에게 있는가? 우선 그 설립신고서를 제출한 단결체는 그 처분의 상대방으로서 원고적격이 있다. 한편, 일반적으로 행정처분의 직접 상대방이 아닌 제3자의 경우에는 그가 당해 행정처분의 취소를 구할 법률상의 이익이 있는 때에는 원고적격이 인정된다 할 것이나, 여기서 말하는 법률상의 이익은 당해 처분의 근거 법률에 의하여 보호되는 직접적이고 구체적인 이익이 있는 경우를 말하고 다만 간접적이거나 사실적·경제적 이해관계를 가지는데 불과한 경우는 여기에 포함되지 아니한다고 하는 것이 판례의 일관된 입장이다.[62]

판례는 근로자단체의 구성원인 근로자 개개인과 같이 반려처분의 직접 상대방이 아닌 제3자의 경우에는, 위와 같이 사회적 실체를 갖춘 근로자단체가 결성되어 있는 이상 노동조합의 설립에 관한 근로자의 단결권은 위 단결체를 통하여 통일된 상태에서 발현될 것이 기대되는 것이라고 봄이 합리적이라고 할 것이므로, 구성원인 근로자 개개인의 경우 위 설립반려처분의 취소를 구할 구체적인 이익이 있다고 보아야 할 특별한 사정이 없는 한 그 취소를 구할 당사자적격이 있다고 볼 수 없다고 한다.[63]

그러나 예를 들어, 설립하려고 하는 노동조합의 조합장으로 선출된 자가 조합장으로서의 결격사유가 없는데도 행정관청이 그를 조합장 결격자로 인정하여 노동조합 설립신고를 반려하였다면, 그는 위 설립신고가 수리되었을 경우에는 노동조합의 조합장으로 취임할 수 있었을 터인데 설립신고가 반려되는 바람에 조합장에 취임할 수 없게 된 것이므로 그를 가리켜 위 반려처분에 대하여 사실상이며

---

60) 대판 1979.12.11. 76누189.

61) 대판 1979.12.11. 76누189 참조. 특히, 이 판례는 반려사유가 없는데도 불구하고 이를 반려한 경우에는 그 반려는 위법하다고 아니할 수 없으며 이 경우에 그 위법은 행정내부에 의한 시정이 없는 한 행정소송에 의해서 그의 취소를 구할 수 있다고 판시하고 있다.

62) 대판 1993.7.27. 93누8139; 동 1994.4.12. 93누24247.

63) 대판 1979.12.11. 76누189.

간접적인 이해관계를 가지는데 불과하다고 할 수 없고 그 처분으로 인하여 직접 관리를 침해받았다고 볼 수 있다고 할 것이다.[64]

또한 행정관청에 의하여 노동조합 설립신고 수리처분이 있는 경우 사용자가 그 처분의 취소를 구할 수 있는 원고적격이 있는지 여부에 관하여 판례는 사용자는 노동조합의 설립신고제도에 의하여 무자격노조가 생기지 않는다는 이익을 받고 있다고 볼 수 있을지라도 그러한 이익이 노동조합의 설립에 관한 법규정에 의하여 직접적이고 구체적으로 보호되는 이익이라고 볼 수는 없고, 노동조합의 설립신고의 수리 그 자체에 의하여 사용자에게 어떤 공적 의무가 부과되는 것도 아니라고 할 것이어서 행정관청이 노동조합의 설립신고를 수리한 것만으로는 당해 회사의 어떤 법률상의 이익이 침해되었다고 할 수 없으므로 당해 회사는 신고증을 교부받은 노동조합이 부당노동행위구제신청을 하는 등으로 법이 허용하는 절차에 구체적으로 참가한 경우에 그 절차에서 노동조합의 무자격을 주장하여 다툴 수 있을 뿐 노동조합 설립신고의 수리처분 그 자체만을 다툴 당사자적격은 없다고 한다.[65]

행정관청의 설립신고 반려처분 등에 대한 위법성 여부는 행정관청이 설립신고에 대한 심사권한을 적법하게 행사하였는지 여부의 판단에 따라 결정되고, 그 판단의 기준이 되는 시기는 그 당해 행정처분의 당시가 된다.[66]

예를 들어, 사업장 단위에서 노동조합이 설립되는 경우 그 규약에 따라 조합원은 그 사업장에 고용되어 있는 근로자가 될 것인데 행정관청이 설립신고 반려처분 당시 당해 노동조합의 조합원으로 신고된 근로자 중 해고되어 현실적으로 근

64) 대판 1988.11.22. 87누727 참조.

65) 노동조합의 설립에 관한 (구)노동조합법의 규정이 기본적으로 노동조합의 설립의 자유를 보장하면서 위와 같은 노동정책적 목적을 달성하기 위해 설립신고주의를 택하여 노조가 자주성과 민주성을 갖추도록 행정관청으로 하여금 지도 감독하도록 하게 함으로써, 사용자는 무자격노조가 생기지 않는다는 이익을 받고 있다고 볼 수 있을지라도 그러한 이익이 노동조합의 설립에 관한 (구)노동조합법 규정에 의하여 직접적이고 구체적으로 보호되는 이익이라고 볼 수는 없고, 노동조합 설립신고의 수리 그 자체에 의하여 사용자에게 어떤 공적 의무가 부과되는 것도 아니라고 할 것이어서 당해 사안에서 지방자치단체장이 노동조합의 설립신고를 수리한 것만으로는 당해 회사의 어떤 법률상의 이익이 침해되었다고 할 수 없으므로 당해 회사는 신고증을 교부받은 노동조합이 부당노동행위구제신청을 하는 등으로 법이 허용하는 절차에 구체적으로 참가한 경우에 그 절차에서 노동조합의 무자격을 주장하여 다툴 수 있을 뿐 노동조합 설립신고의 수리처분 그 자체만을 다툴 당사자 적격은 없다. 대판 1994.4.12. 93누24247; 동 1997.10.14. 96누9829 및 홍일표, "노동조합설립신고증교부처분취소소송에 있어서 사용자의 원고적격", 『대법원판례해설』 29호, 법원도서관, 1998, 397면 이하 참조.

66) 대판 1980.3.11. 76누254.

로관계를 맺고 있지 않은 근로자가 있다는 이유로 위 반려처분을 하였을 때 그 해고의 유·무효와 관계없이 위 반려처분은 적법하다고 볼 것인지, 아니면 법원이 그 해고의 유·무효를 판단하여 만약 그 해고가 무효라면 위 반려처분이 위법하다고 보아야 할 것인지가 문제되었고 종래 판례 중에는 전자의 입장에 선 것[67]과 후자의 입장을 취한 것[68]이 있었다. 그러나 1987년 (구)노동조합법 개정 당시에 "해고의 효력을 다투고 있는 자를 근로자가 아닌 자로 해석하여서는 아니 된다"는 규정이 신설된 후 현행법에는 사업장 단위 노동조합의 경우에는 현실적으로 고용되어 있는 근로자만이 조합원의 자격을 가지는 것을 전제로 하여, "다만, 해고된 자가 노동위원회에 구제신청을 한 경우에는 중앙노동위원회의 재심판정이 있을 때까지는 근로자가 아닌 자로 해석하여서는 아니 된다"고 규정하고 있으므로(노조법 제2조 제4호 단서 (라)목), 앞서 든 사안의 경우 행정관청의 반려처분 당시 해고된 근로자가 노동위원회에 구제신청을 하여 중앙노동위원회의 재심판정이 있기 전인 경우가 아니면 그 해고의 유·무효와 관계없이 반려처분은 적법하다 할 것이다.

[판 례]

- 갑이 버스노동조합의 조합장으로 선출되었으며 조합장으로서의 결격사유가 없는데도 구청장이 갑을 조합장결격자로 인정하여 노동조합설립신고사항 중 변경신고를 반려한 경우라면 갑이 위 노동조합의 조합장으로 취임할 수 있었을 터인데 구청장이 그 변경신고를 수리하지 아니하고 반려하는 바람에 조합장에 취임할 수 없게 된 것이므로 갑을 가리켜 구청장의 위 처분에 대하여 사실상이며 간접적인 이해관계를 가지는데 불과하다고 할 수 없고 그 처분으로 인하여 직접 권리를 침해받았다고 보아야 한다(대판 1988.11.22. 87누727).
- 행정관청이 노동조합의 설립신고서를 접수한 때에는 3일 이내에 설립신고증을 교부하도록 되어 있다 하여 그 기간 내에 설립신고서의 반려 또는 보완지시가 없는 경우에는 설립신고증의 교부가 없어도 노동조합이 성립된 것으로 본다는 취지는 아니므로 행정관청은 그 기간 경과 후에도 설립신고서에 대하여 보완지시 또는 반려처분을 할 수 있다 할 것이고, 또한 노동조합설립신고서의 보완을 요구하거나 그 신고서를 반려하는 경우에는 노동위원회의 의결이 필요 없는 것이므로 노동부장관인 피고가 이 사건 노동조합설립신고서에 대하여 노동위원회의 의결 없이 보완요구를 하고 반려처분 하였다 하여 이를 위법하다고 할 수는 없다(대판 1990.10.23. 89누3243).
- 노동조합이 법규정에 위배하여 특정의 상위 연합단체에 가입하고서도 소속된 연합단체의 명칭을 설립신고서나 규약에 전혀 기재하지 아니하거나 허위

67) 위 같은 판결.

68) 대판 1979.12.11. 76누189.

로 기재한 경우는 물론이고 실제로는 어느 연합단체에도 가입하지 아니하였음에도 불구하고 사실과 다르게 설립신고서나 규약에 소속된 연합단체의 명칭을 임의로 허위기재한 경우에 있어서도 노동조합법시행령 제8조 제1항 제2호에서 정한 바에 따라 행정관청은 20일의 기간을 정하여 사실을 확인하기 위하여 소속 연합단체의 가입인준증의 제출 등 적절한 방법에 의한 보완을 요구하고, 만일 기간 내에 이를 이행하지 아니할 때에는 설립신고서를 반려할 수 있다고 해석함이 상당하다(대판 1993.2.12. 91누12028).

- 노동조합의 설립에 관한 구 노동조합법의 규정이 기본적으로 노동조합의 설립의 자유를 보장하면서 위와 같은 노동정책적 목적을 달성하기 위해 설립신고주의를 택하여 조합이 자주성과 민주성을 갖추도록 행정관청으로 하여금 지도·감독하도록 하게 함으로써, 사용자는 무자격조합이 생기지 않는다는 이익을 받고 있다고 볼 수 있을지라도 그러한 이익이 노동조합의 설립에 관한 구 노동조합법 규정에 의하여 직접적이고 구체적으로 보호되는 이익이라고 볼 수는 없고, 노동조합 설립신고의 수리 그 자체에 의하여 사용자에게 어떤 공적 의무가 부과되는 것도 아니라고 할 것이어서 당해 사안에서 지방자치단체장이 노동조합의 설립신고를 수리한 것만으로는 당해 회사의 어떤 법률상의 이익이 침해되었다고 할 수 없으므로 당해 회사는 신고증을 교부받은 노동조합이 부당노동행위구제신청을 하는 등으로 법이 허용하는 절차에 구체적으로 참가한 경우에 그 절차에서 노동조합의 무자격을 주장하여 다툴 수 있을 뿐 노동조합 설립신고의 **수리처분 그 자체**만을 다툴 당사자 적격은 없다(대판 1997.10.14. 96누9829).

Ⅳ. 신고증의 교부

노동부장관, 특별시장·광역시장·**도지사·특별자치도지사 또는 시장**·군수·구청장(이하 '행정관청'이라 한다)은 설립신고증을 **접수한 때에는 3일 이내에** 신고증을 교부해야 한다(동법 제12조 제1항). 설립하고자 **하는 노동조합이 노조법 제2조 제4**호에 정한 결격사유에 해당하는 경우에는 설립**신고서를 반려**하야 한다(동법 제12조 제3항). 행정관청은 설립신고서 또는 규약이 **기재사항**의 누락 등으로 보완이 필요한 경우에는 20일 이내의 기간을 정하여 보완을 요구하여야 한다. 이 경우 보완된 설립신고서 또는 규약을 접수한 때에는 3일 이내에 신고증을 교부하여야 하지만(동법 제12조 제2항), 그 보완을 요구하였음에도 불구하고 그 기간 내에 보완을 하지 아니하는 경우에는 설립신고서를 반려하여야 한다.

3일 이내에 신고증을 교부받지 못한 경우에 대해 학설은 대체로 유효한 신고수리가 있는 것으로 보나 판례는 설립신고증의 교부가 없어도 노동조합이 성립된 것으로 본다는 취지는 아니므로 행정관청은 그 기간 경과 후에도 설립신고서에 대하여 보완지시 또는 반려처분을 할 수 있다고 한다.[69]

위와 같은 노동조합설립에 있어서 행정관청의 보완요구 및 설립신고서 반려제도의 운영과 관련하여 다음과 같은 문제가 제기될 수 있다.

첫째, 행정관청은 설립신고서나 규약에서 누락사항에 대한 보충이 아니라 신고사실을 증빙하는 서류제출을 요구할 수 있는가, 거기에다 규약의 오류나 위법에 대해서도 시정을 요구할 수 있는가? 행정관청의 보완요구제도는 근로자의 단결을 규제하는 방향으로 운용되어서는 아니되며, 행정관청은 법에 규정된 사항이나 서류 이외에는 임의로 추가하거나 요구할 수 없다고 할 것이다. 특히 규약의 경우 노동조합이 이를 시정하려면 총회를 다시 소집하여 개정절차를 밟아야 한다. 그러나 20일내에 이를 처리하기는 상당히 어려울 것이다. 그러므로 규약의 내용이 노동조합의 적격여부를 좌우하는 것이 아닌 한 이에 대한 시정은 설립단계에서 요구하지 말아야 할 것이다.

둘째, 행정관청이 설립신고서를 반려한 경우 다시 설립신고를 할 수 있는가? 반려는 적극적인 불허결정이 아니며, 신고가 없는 상태로 환원된다는 것을 의미하므로 당연히 다시 설립신고를 할 수 있다. 물론 동일내용의 재신고는 다시 반려될 것이므로 필요한 보완을 하여 다시 신고하면 될 것이다.

＊ 설립신고서의 보완을 요구하여야 하는 경우

① 설립신고서에 규약이 첨부되어 있지 아니하거나 설립신고서 또는 규약의 기재사항 중 누락 또는 허위사실이 있는 경우

② 임원의 선거 또는 규약의 제정절차가 법 제16조 제2항 내지 제4항 또는 법 제23조 제1항의 규정에 위반되는 경우

노동조합이 설립신고증을 교부받은 후 노동조합의 실질적 요건 중 소극적 요건의 위반이 발생한 경우에는 행정관청은 30일의 기간을 정하여 시정을 요구하고 그 기간 내에 이를 이행하지 아니하는 경우에는 당해 노동조합에 대하여 이 법에 의한 노동조합으로 보지 아니함을 통보하여야 한다.

행정관청은 노동조합에 설립신고증을 교부하거나 통보를 한 때에는 지체 없이

69) 대판 1990.10.23. 89누3243.

그 사실을 관할 노동위원회와 당해 사업 또는 사업장의 사용자나 사용자단체에 통보하여야 한다.

행정관청의 이러한 설립신고서의 보완요구나 반려의 처분 등을 노동부장관의 설립심사로 볼 수 있다. 이러한 설립심사의 범위에 관하여 논의가 있는 바, 설립요건을 실제로 충족하고 있는지를 심사하여야 한다고 보는 실질적 심사설(實質的 審査說)과 신고서와 규약의 형식적 기재여부와 서류구비여부만 심사하면 된다고 보는 형식적 심사설(形式的 審査說)의 대립이 그것이다. 판례는 "노동조합 설립신고서를 접수한 행정관청은 그 신고가 제출된 후 해고된 노조 임원들에 대한 해고 조치의 유무효를 심사할 권한은 없다"[70]라는 입장이나 구체적인 태도를 알 수는 없다.

노동조합이 신고증을 교부받은 경우에는 설립신고서가 접수된 때에 설립된 것으로 본다. 구 노동조합법에는 노동조합의 설립시기에 관한 규정이 없어 논란이 되었으나, 신법은 설립신고서가 접수된 때로 법정화하고 있다(노조법 제12조 제4항).

[판 례]

- 노동조합법상의 노동조합은 설립신고를 소관 행정관청에 제출하고 이에 대한 신고증을 교부 받음으로써만 유효히 설립할 수 있다(대판 1969.12.23. 69누100).
- 행정관청에 설립신고가 되지는 않았으나 산업별 연합단체인 전국금속노동조합연맹에 가입된 법외 노조는 행정당국에 노동조합 설립신고를 하여 그 신고증을 교부 받지 못한 이상 이를 노동조합법 소정의 노동조합이라고는 볼 수 없다(대판 1996.6.28. 93도855).

Ⅴ. 설립신고사항의 변경신고 등

노동조합이 그 설립신고증을 교부받아 적법하게 설립된 후에 노조법 제12조 제3항 제1호에 해당하는 노동조합의 실질적 요건을 갖추지 못한 사유가 발생한 경우에는 행정관청은 30일의 기간을 정하여 시정을 요구하고 그 기간 내에 이를 이행하지 아니하는 경우에는 당해 노동조합에 대하여 노조법에 의한 노동조합으로 보지 아니함을 통보하여야 한다(노조법 시행령 제9조 제2항).

70) 대판 1980.3.11. 76누254.

또한 노동조합이 설립신고를 마쳐 신고증을 교부받은 후, 노조법 제10조 제1항의 규정에 의하여 설립신고된 사항 중 그 명칭, 대표자의 성명 등 일정한 사항에 변경이 있는 때에는 그 날로부터 15일 이내에 행정관청에게 변경신고를 하여야 하고 그 변경신고증을 교부받아야 한다(노조법 제13조 제1항, 동법 시행령 제10조, 동법 시행규칙 제3조).

위에서 본 시정요구나 변경신고에 대한 행정관청의 반려처분 역시 행정처분의 성격을 가지므로 행정쟁송의 대상이 될 수 있다.

Ⅵ. 노동조합의 성립시기

1) 노조법 제12조 제4항의 취지

노조법은 노동조합이 신고증을 교부받은 경우에는 설립신고서가 접수된 때에 설립된 것으로 본다고 규정하여 노동조합의 성립시기를 규제하고 있다(동법 제12조 제4항). 이 조항은 노동조합의 성립시기를 행정관청에 의한 신고증의 교부를 조건부로 해서 설립신고서의 접수시로 한다는 것을 의미한다고 할 것이다.

행정관청에 의한 신고의 수리 즉 적법한 노동조합의 인정이라는 행정관청의 처분에 법적 의미를 부여하여 노동조합을 통제하려는 것이 노조법의 입법취지라면 노동조합의 성립시기를 행정관청에 의한 신고증교부를 정지조건으로 한 설립신고서 접수시로 하는 것이 상당하다고 할 것이다. 그러나 노조법의 취지가 근로자의 단결권을 보장하여 노동조합을 육성하려는 것에 있다면 이러한 태도는 문제가 아닐 수 없다. 왜냐하면 이와 같이 신고증교부를 정지조건으로 하여 행정관청에 대한 신고서 접수시를 노동조합의 성립시기로 하고 있는 현행법에는 노동조합의 성립시기를 행정관청에 의한 신고의 수리 즉 적법한 노동조합의 인정여부에 좌우되도록 하여 노동조합을 통제해야 한다는 발상이 그 저변에 깔려있기 때문이다.

2) 행정관청이 보완을 요구한 경우

행정관청은 설립신고서 또는 규약이 기재사항의 누락 등으로 보완이 필요한 경우에는 대통령령이 정하는 바에 따라 20일 이내의 기간을 정하여 보완을 요구하고 보완된 설립신고서 또는 규약을 접수한 때에는 3일 이내에 신고증을 교부하여야 한다(동법 제12조 제2항). 이 경우 노동조합의 성립시기는 최초의 신고서 접수시인가 아니면 보완된 설립신고서 또는 규약이 접수된 때인가가 문제이다.

노조법 제12조 제4항의 취지에 비추어볼 때 실무상으로는 전자로 해석하고 있다. 그러나 이러한 경우에 서류를 다시 완전히 갖추어 행정관청의 새로운 심사를 거쳐 신고증을 교부받을 때까지 실질적으로 노동조합의 지위는 불안정한 상태에 놓여 있어서 현행 노조법에서 정상적인 노동조합의 활동을 하기도 어렵다.

이러한 점을 감안해 볼 때, 노동조합에 대한 국가적 통제라는 입법의 목적을 달성하기 위해서 노동조합의 성립시기를 설립신고서 접수시로 하더라도 행정관청에 의한 신고증의 교부를 정지조건부로 하는 것은 문제가 아닐 수 없다. 그러므로 입법기술적인 관점에서 볼 때 노동조합의 성립시기를 행정관청에 의한 설립신고서반려를 해제조건부로 한 설립신고 접수시로 하는 것이 보다 합리적이라고 할 것이다. 이러한 태도가 신고증교부를 정지조건부로 하는 제도보다는 근로자의 단결권보장이라는 취지에 좀 더 부합한다고 말할 수 있겠다.

3) 노조법 제12조 제4항의 위헌성

노조법 제12조 제4항은 동법 제7조, 특히 동조 제3항과 맞물려 있다고 볼 수 있다. 노조법 제7조는 동법에 의해서 설립된 노동조합이 아니면 노동조합이라는 명칭조차 사용하지 못하게 할 뿐만 아니라 노동쟁의 조정신청 및 부당노동행위의 구제신청을 불허하고 있다. 노동조합의 성립시기를 신고증교부를 정지조건으로 하는 설립신고서 접수시로 법정화하고 있는 노조법 제12조 제4항은 동법 제7조가 규정하고 있는 국가에 의한 "노동조합 보호요건"을 철저화하기 위한 조치라고 할 것이다.

그러나 우리나라 노동헌법에 비추어 볼 때, 노동조합의 성립시기를 설립신고서의 접수시로 하는 것이 과연 타당한 입법적 태도인가라는 근본적 의문이 제기된다.

노조법 제12조 제4항에 의하면 노동조합설립과정에 있어서 법적으로 중요한 행위는 행정관청에 대한 설립신고서를 접수하는 행위뿐이고 실질적인 설립행위, 즉 조직결성행위는 노동조합설립을 위한 준비행위에 불과하게 된다. 노동조합의 설립에 있어서 설립신고서의 접수가 법적으로 중요한 의미를 가져야 하는 이유가 무엇일까? 물론 노동조합을 통제하는 행정관청의 입장에서 보면 설립신고의 접수가 법적 통제의 출발점으로서 중요한 의미를 가질 수 있다. 그러나 노동조합의 입장에서 보면, 노동조합이라는 실체가 확정되는 시점이 실제로 중요한 의미를 가진다. 또한 노동조합은 재산적 거래를 위한 단체도 아니다. 그러므로 노동조합의 경우에는 민법이나 상법상의 법인체와 같이 성립시기를 설립등기시로 획일적으로 확정하여 거래상대방인 불특정다수인들의 거래안전을 보호할 필요도 없다.

그러므로 조합원들에게 중요한 의미를 가지는 조직결성의 확정시, 즉 창립총회 성립일을 노동조합성립시기로 인정하는 것이 타당하다고 할 것이다. 이러한 맥락에서 보면, 노조법 제12조 제4항은 노동조합에 대한 행정적 통제를 위한 제도에 불과하기 때문에 헌법이 보장하고 있는 노동단체권을 침해할 우려가 있다.[71)]

4) 이른바 "법외노조"의 문제와 관련하여

우리나라의 노동법 학자들 대부분은 이른바 "법외노조"라는 개념을 인정하고 있다. 그런데 이들은 아무런 문제의식도 없이 노조법 제12조 제4항에 따라 노동조합의 성립시기를 설립신고시로 보고 있다. 그러나 노동조합의 성립시기를 설립신고시로 인정한다면, 법외노조라는 개념은 처음부터 성립할 수조차 없다. 왜냐하면 설립신고서를 접수하여 접수증을 교부받지 않는 근로자단체는 노동조합으로서 아직 성립조차 하지 않았기 때문이다.

그러므로 법외노조의 존재를 인정하려면, 노동조합의 성립시기를 설립신고시로 보아서는 아니 된다. 노동조합의 성립시기를 행정관청에 의한 신고증교부를 정지조건 또는 해제조건부로 한 설립신고시로 본다면, 법외노조는 언제 성립하는가? 그리고 법내노조와 법외노조의 성립시기를 다르게 판단해야 하는가? 만약 법내노조와 법외노조의 성립시기를 다르게 결정해야 한다면, 불합리하기 그지없다. 법내노조의 경우에는 설립신고시에 성립하고 법외노조는 사실상 노동조합결성시, 즉 창립총회 성립일이라고 한다면, 적어도 성립시기에 있어서 오히려 법외노조를 우대하게 된다.

노동조합의 성립시기를 행정관청에 대한 설립신고서 접수여부와 관련시키는 것은 논리적으로 모순이다. 법내노조라는 것은 합법적 노동조합으로 인정받았다는 것에 불과하지 법내노동조합이 설립신고서접수에 의해서 새롭게 성립되는 것이

71) (구)노동조합법상 복수노조의 설립금지와 관련하여 복수노조간에 제1노동조합의 인정을 둘러싼 다툼을 미연에 방지하기 위하여 노동조합 성립시기를 설립신고서의 접수시로 하는 것이 나름대로 설득력이 가질 수 있었으나 한시적이라고 하더라도 복수노조설립을 제한하고 있는 (구)노동조합법 부칙 제5조가 우리 헌법 제33조 제1항 및 제37조 제2항 후단에 비추어 볼 때 근로자의 단결권의 본질적 내용을 침해하는 것이므로 위헌임이 명백하고, 설사 (구)노조법 부칙 제5조가 상황논리에 의하여 위헌이 아니라고 정당화된다고 하더라도 복수노조설립이 연장된 2009년말까지는 아직 통제적인 측면에서 노동조합 성립시기를 행정관청에 대한 설립신고서 접수시로 규정하는 필요성은 있었겠지만, 제2노동조합의 설립이 자유롭게 되는 2010년 이후부터는 당연히 노동조합의 성립시기를 조직결성시 즉 창립총회 성립일로 하는 것이 타당하다.

아니다. 국가가 합법노조로서의 인정시기를 신고서접수시로 하든 신고증교부시로 하든 이러한 국가의 인정은 노동조합의 성립과는 무관한 것이다.

그러므로 합법노조든 불법노조든 노동조합의 성립시기는 사실상의 조직결성, 즉 창립총회 성립일로 보아야 한다. 이렇게 되어야 조직결성시에 행하여진 규약제정, 임원선출 등도 노동조합의 실질적 행위로 인정할 수 있다.

제4절 노동조합의 가입 및 탈퇴

Ⅰ. 노동조합의 가입

1. 가입자유주의

근로자는 자유로이 노동조합에 가입할 수 있다(노조법 제5조). 이것은 사용자 등 외부로부터 아무런 간섭이나 제약을 받지 않을 뿐만 아니라 그 노동조합 자체로부터도 제한을 받지 않고 자유롭게 가입할 수 있다는 것을 의미한다.

단위노동조합이 연합단체에 가입시 당해 노동조합은 대외적으로 자주적이고 대내적으로 민주적인 의사결정에 따라 연합단체에 가입할 수 있다.[72)]

2. 가입행위의 성격

가입행위는 합의에 의해서 매개되는 협정행위로 보아야 할 것이다. 가입은 노조와 가입자간에 이루어지는 것이지만, 가입자와 개개의 조합원 상호간에 단결을 이루고 서로의 구속을 인정하는 자치규범을 정립하기 위한 행위일 뿐만 아니라 가입행위는 단결을 옹호하고 근로자의 이익을 추구하는 행위이므로 가입자의 이익인 동시에 노조 및 조합원 전원의 이익이기도 한 공통의 이익에 관한 행위로서 단순한 의사표시의 교환에 그치는 것이 아니라 공동의 의사표시행위라고 할 것이다. 그래서 가입행위를 법형식에 있어서 계약으로 파악하지만 채권계약과는 성질이 다른 집단적 노사관계법상의 특수한 합의로 파악하는 입장도 있다.[73)]

---

72) 대판 1992.12.22. 91누6726 참조.

73) 김형배, 위같은책, 791면 참조.

3. 조합원자격

1) 자율적 결정의 원칙

노동조합은 규약으로 조합원의 가입범위와 자격을 스스로 정할 수 있다(노조법 제11조). 그러나 헌법 제11조의 취지에 비추어 볼 때, 노동조합이 가입자격 있는 근로자에 대하여 그 가입을 제한하거나 차별해서는 아니 된다.

2) 복수노조의 경우 이중가입의 문제

복수노조의 경우, 한 사람의 근로자가 두개 이상의 노동조합에 가입할 수 있는가가 문제로 된다. 노동조합이 경합 또는 경쟁적 관계에 있지 않는 한 복수노조에 대한 가입은 근로자의 자유에 맡겨야 할 것이지만 노동조합이 기업별이고, 동일사업장내에서 조직단위가 경합하는 경우에는 이중가입을 원칙적으로 금지해서는 아니 될 것이다. 다만 앞으로 이러한 문제는 소수노조의 보호를 위해 어느 정도 제한이 가능할 것이지만 입법적으로 해결되어야 할 사항이다.

3) 가입자격제한의 한계

노동조합이 조합원을 해당기업의 취업자로 정하고 해고된 자나 퇴직한 자 또는 노조에서 제명된 자의 조합원자격을 인정하지 않는 것이 가능한가? 노동조합이 기업단위로 조직되어 있는 경우 노동조합이 그의 규약에 의해서 스스로 해고자나 퇴직자 또는 제명자에 대하여 조합원자격을 제한하는 것은 가능하다고 할 것이다. 그러나 예컨대 규약에 의해서 일용직이나 임시직 근로자에 대하여 노조가입을 제한할 수 있는지가 문제이다. 일용직 또는 임시직 근로자가 따로 노동조합을 조직할 수 없는 여건에 있는 경우, 당해 기업의 노동조합이 합리적인 이유 없이 단순히 일용직 또는 임시직이라는 사유만으로 가입제한을 하는 것은 허용되지 않는다고 할 것이다. 따라서 판례가 "주식회사와 노동조합 사이에 체결된 단체협약 제4조 제3호는 '회사에서 사원으로 발령하지 않은 자'는 노동조합에 가입하지 못한다고 규정하고 있고, 이 사건 대무기사들은 노동조합에 가입되어 있지 않은 사실이 인정되는 바, 이 사건 대무기사들은 노동조합의 가입자격이 없는 것으로 볼 여지가 있으므로 단체협약 등의 규정에 의하여 조합원의 자격이 없는 자는 단체협약의 적용이 예상된다고 할 수 없어 단체협약의 일반적 구속력이 미치는 동종

의 근로자라고 할 수 없다"는 입장은 수정되어야 할 것이다.[74]

사용자가 노동조합에게 조합원자격을 취업근로자로 한정할 것을 강요하거나 사무직 또는 특정근로자를 조합원에서 제외할 것을 요구하는 것이 가능한지가 문제이다. 조합원의 자격범위는 노동조합이 자율적으로 결정할 사항이다. 그러므로 사용자가 조합원 자격에 대하여 개입하는 것은 부당노동행위가 성립할 가능성이 있다. 다만, 사용자는 노조법 제2조 제2호의 '근로자에 관한 사항에 대하여 사업주를 위하여 행위하는 자'[75]라는 이유로 조합원에서 제외할 것을 요구하는 것은 무방하다고 할 것이다.

노동조합이 단체협약을 통해서 사용자 또는 근로자에 관한 사항에 대하여 사용자를 위해서 행동하는 자를 조합원자격에 포함시키거나 제외하는 것이 가능한가? 노동조합이 사용자를 조합원자격에 포함시켜서는 아니 된다. 이러한 경우는 결격노동조합으로 된다. 다만, '근로자에 관한 사항에 대하여 사업주를 위해서 행위하는 자'의 범위를 노사가 자율적으로 합의하여 정하고 그 외의 자를 조합원으로 가입시키는 것은 가능하다고 할 것이다.

노동조합이 근로자에게 노조가입을 강제할 수 있는가? 노동조합은 직접적으로 근로자에게 노조가입을 강제할 수 있는 지위에 있지 않다. 협박, 폭력 또는 기만적 수단을 동원하여 노동조합이 근로자에게 가입을 강제하는 것은 범죄행위이다. 그래서 노동조합은 사용자와의 단체협약을 통해서 조직강제를 시도하려고 할 것이다. 현행법상 단체협약을 통한 조직강제는 허용되지 않고, 다만 노조법 제81조 제2호 단서에 따라 예외적인 경우에 한하여 유니온숍이 인정될 뿐이다.

노동조합이 근로자의 적극적 가입행위 없이 또는 근로자의 의사와는 관계없이 자동적으로 노동조합에 가입하게 하는 것이 가능한가가 문제이다. 노동조합의 가입절차를 어떻게 정하는가는 노동조합이 스스로 결정할 문제이다. 그러므로 자동가입이나 일정한 가입절차를 규정하는 것은 노동조합 자체의 정책이다. 그러나 이러한 가입방식이 근로자의 명시적인 반대의사에 반해서는 아니 된다고 할 것이다.

---

74) 대판 2005.4.14. 2004도1108(택시회사와 노동조합 사이에 체결된 단체협약이 정규기사와 마찬가지로 그 택시회사의 일용 대무기사들에게도 적용된다고 판단한 원심판결을, 위 대무기사들이 단체협약의 규정 등에 비추어 노동조합에의 가입자격이 없는 것으로 볼 여지가 있다는 이유 등으로 파기환송하였다).

75) 대판 1989.11.14. 88누6924; 동 2008.10.9. 2008도5984 참조.

Ⅱ. 노동조합의 탈퇴와 제명 등

1. 탈 퇴

1) 탈퇴자유주의

근로자는 자유로이 노동조합으로부터 탈퇴할 수 있다. 노조법은 조합원탈퇴에 관해서 아무런 규정을 두고 있지 않다. 노조탈퇴문제는 노동조합이 스스로 결정할 문제이다. 그러나 통상적인 경우 노동조합이 조합원의 탈퇴를 막을 수도 없으며, 사용자의 협력 없이는 탈퇴조합원에 대해 제재를 가할 수도 없다. 다만, 판례는 유니온숍 협정이 체결된 경우에 사용자는 노동조합에서 탈퇴한 근로자를 해고할 의무가 있으나, 해고하지 않을 경우 부당노동행위에 해당하지 아니한다는 입장이다.76) 노조법 제81조 제2호 단서 후문은 "사용자는 근로자가 그 노동조합을 탈퇴하여 새로 노동조합을 조직하거나 다른 노동조합에 가입한 것을 이유로 근로자에게 신분상 불이익한 행위를 할 수 없다"라고 규정하고 있는 바, 근로자에게 탈퇴의 자유를 보장하고 있다고 보아야 할 것이다. 단위노동조합이 연합단체에서 탈퇴하는 경우에는 당해노동조합은 대외적으로 자주적이고 대내적으로 민주적인 의사결정에 따라 연합단체에서 탈퇴할 수 있다.77)

2) 탈퇴행위의 성격

탈퇴는 조합원이 단결로서 결속된 노조 및 조합원과의 관계를 주체적으로 해소하는 의사표시로서 이는 장래를 향하여 효력을 발생시키는 행위이다. 탈퇴는 기존 노조를 비판하고 적극적으로 새로운 단결을 형성하는 행위와도 관련이 있기 때문

76) 대판 1998.3.24. 96누16070. 이 판결은 유니언숍(Union Shop) 협정은 노동조합의 단결력을 강화하기 위한 강제의 한 수단으로서 근로자가 대표성을 갖춘 노동조합의 조합원이 될 것을 '고용조건'으로 하고 있는 것이므로 단체협약에 유니언 숍 협정에 따라 근로자는 노동조합의 조합원이어야만 된다는 규정이 있는 경우에는 다른 명문의 규정이 없더라도 사용자는 노동조합에서 탈퇴한 근로자를 해고할 의무가 있다. 그러나 단체협약상의 유니언 숍 협정에 의하여 사용자가 노동조합을 탈퇴한 근로자를 해고할 의무는 단체협약상의 채무일 뿐이고, 이러한 채무의 불이행 자체가 바로 구 노동조합법(1996.12.31. 법률 제5244호로 폐지되기 이전의 것) 제39조 제4호 소정 노동조합에 대한 지배·개입의 부당노동행위에 해당한다고 단정할 수 없다고 판시하고 있다.

77) 대판 1992.12.22. 91누6726.

에 탈퇴의 자유가 보장되어야 한다. 그러므로 탈퇴는 원칙적으로 아무런 형식도 필요하지 않는 일방적인 의사표시만으로 효력을 발생시키는 형성권이라고 할 것이다.

3) 복수노조에 있어서 탈퇴의 중요성

복수노조 체제에서는 탈퇴는 단순히 노동조합에 대한 불참의 의미만이 있는 것이 아니라 노동조합의 선택의 자유 또는 새로운 노동조합의 결성의 자유를 의미하기 때문에 탈퇴는 단결의 자유의 일환으로 적극적으로 보장되어야 한다.

노조법 제81조 제2호 단서 후문은 "사용자는 근로자가 그 노동조합을 탈퇴하여 새로 노동조합을 조직하거나 다른 노동조합에 가입한 것을 이유로 근로자에게 신분상 불이익한 행위를 할 수 없다"라고 규정하고 있는 바, 근로자에게 탈퇴의 자유를 단결자유의 일환으로서 보장하고 있다고 보아야 할 것이다.

4) 탈퇴의 제한 등의 문제

노동조합이 조합원의 탈퇴에 대하여 일정한 절차 또는 규제를 가하는 것이 가능한가? 탈퇴 그 자체를 불허하는 것은 인정될 수 없지만 합리적인 이유에 의한 규제는 가능하다고 할 것이다. 예컨대 노동조합에 불리한 시기에 탈퇴를 유보한다든가, 결정권자의 수리가 있기 전에 탈퇴를 인정하지 않는다든가 하는 것은 합리적인 이유가 있는 한 인정된다고 할 것이다. 현실적으로 탈퇴유보조치는 조합비와 관련해서 실질적인 의미를 가질 뿐만 아니라 노조법 제29조의2 이하의 규정에 의한 교섭창구단일화절차에서 공동교섭대표단의 구성에도 영향을 미칠 수 있다.

합리적인 범위 내에서 탈퇴절차를 규정하고 있는 경우 근로자는 노동조합이 정한 탈퇴절차에 따라야 하며, 탈퇴가 확정될 때까지 조합원으로서의 의무를 부담한다고 할 것이다.

2. 제 명

노동조합은 규약으로 조합원의 제명사유를 정할 수 있고(노조법 제11조 제15호), 이러한 경우에 노동조합이 그 사유에 해당하는 조합원을 제명할 수 있다.

특히 문제가 되는 것은 노동조합이 사용자와의 노조가입을 고용조건으로 하는 단체협약을 체결하는 경우(유니온샾) 노조에서의 제명은 곧바로 해고를 의미한다는 점이다. 이것은 근로자의 근로권을 침해한다고 할 것이다. 그래서 노조법은 예외적으로 유니온숍이 허용되는 경우에도 사용자가 당해 근로자에게 제명을 이유

로 신분상 불이익처분을 하는 것을 금지하고 있다(동법 제81조 제2호 단서).[78)]

3. 자격상실

조합원이 규약에 정한 자격을 상실한 경우에는 원칙적으로 조합원의 지위를 상실한다. 예컨대 조합원이 보직변경 또는 승진하여 조합원자격이 없는 자로 된 경우가 그러하다.

제 5 절 노동조합의 운영

Ⅰ. 노조법의 태도

현행 노조법은 노동조합이 사용자와의 관계 및 조합원인 근로자 개개인과의 관계에 있어서 그 존재를 확보하고, 유효하게 기능할 수 있도록 하기 위해 다른 사회단체와는 달리 약간의 보호 특전 권능을 인정하고 있다. 그래서 이러한 맥락에서 보면, 우리 노조법은 비교적 강하게 노동조합주의를 제도화하고 있다고 평가할 수 있다.

조합내부기구운영의 측면에 관여하는 노조법상의 규정으로서는 다음과 같은 것을 들 수 있다. 먼저, 노조법 제2조 제4호를 지적할 수 있는데, 동조는 주로 자주적 존재라는 것을 노조법상의 조합이기 위한 자격요건으로 하고, 특히 사용자의 이익대표자가 조합에 참가하지 않는 것, 사용자로부터 경리상의 원조를 받지 않을 것을 요구하는 것에 그치고, 그 이상으로 구체적으로 조합내부운영준칙을 적극적으로 제시하고 있다고는 말할 수 없다.

둘째, 노조법은 노동조합의 설립 및 그 후의 관리라는 측면에서 노동조합내부운영문제에 상당히 자세하게 관여하고 있다. 노조법에는 노동조합의 설립에 있어 설립신고를 의무화하고 있는 제10조, 조합규약의 기재사항에 관한 제11조, 노동조합의 자격심사와 관련된 제12조 그리고 설립 후 변동을 신고하도록 하는 제13조, 조합의 내부운영에 있어 조합운영관련서류비치의무에 관한 제14조, 조합총회운영

78) 대판 1989.1.17. 87다카2646.

에 관한 제15조 내지 제19조 및 제41조 제1항, 조합원의 권리의무에 관련된 제20조 및 제22조, 임원에 관한 제23조, 재적노조전임자에 관한 제24조, 회계감사 및 운영상황에 관한 제25조 및 제26조가 그것이다.

그 외에도 조합의 해산사유를 정한 제28조, 법인인 조합에 대한 민법 중 사단법인에 관한 규정을 적용한다는 노조법 제6조 제2항도 노동조합내부문제에 대한 행위준칙으로 생각할 수 있다.

이들 규정은 노조법 제2조 제4호의 요건에 합치하는 것에 더해서 그리고 그것이 가지고 있는 조합규약이 조직운영상의 일정한 사항에 대해서 혹은 일정한 국면에 있어서 법정하는 민주주의적 원리를 채용할 것(이른바 민주성의 요건)을 요구하는 규정이지만, 조합의 조직운영에 관여하는 법규로서는 형식적이다. 또 이들 규정이 정하고 있는 민주성의 요건은 조합규약이 필수적 기재사항으로서의 일정한 민주적 원리 절차를 그 규정 중에 포함하고 있는 것을 요구하는 것에 그치고 있고, 이들 규약규정이 현실에서 준수될 것까지 요건으로 하지 않기 때문에 조합민주주의를 확보하기 위해 필요한 모든 조건을 계통적이고 망라적으로 규정하고 있다고는 말할 수 없다. 그렇지만 이들 규정은 조합의 민주적 조직운영을 위한 필요불가결한 요건을 정한 것이라고 할 수 있고, 관계인이 의거해야 할 행위준칙으로서는 충분한 것이라고 말할 수 없지만 조합내부분쟁을 해결하기 위한 재판준칙으로서 유의미한 것이라고 하겠다.

이와 같이 보면, 노조법은 확실히 조합의 내부운영에 관해 기본적으로 간섭주의적 색채가 진한 태도를 취하고 있다고 말할 수 있다. 이것은 노조법이 노동조합내부에서 생긴 분쟁에 대해서 이것을 법률문제로 취급하고 있다는 것을 의미한다. 만약 입법자가 조합의 내부문제에 대한 법의 개입을 피하려고 하고 있는 게 아닌가 의문을 갖게 되는 것은 이 문제를 법원의 입장에서 결정하기 어렵기 때문이다. 그렇다고 하면, 문제의 해결은 당연히 보다 실질적인 차원에 있어서 시도되어야 한다. 어쨌든 노조법은 원리적으로는 조합내부문제도 또한 법적 문제로 취급하는 것을 암묵의 전제로 하여 그 한계 및 분쟁해결을 위해 의거해야 할 실체적인 법원리, 준칙을 발견하여 이것을 법원에 맡기고 있다고 하는 정책을 선택하였다고 생각해야 할 것이다. 조합통제처분분쟁, 조합비, 조합구제금분쟁, 조합분열분쟁 등을 주된 내용으로 하는 내부분쟁의 해결을 요구받았을 때, 법원은 지금까지 거의 이러한 이해를 전제로 하여 이것을 법적 문제로서 취급하고, 조합규약을 주된 재판준칙으로 해서 그 해결에 맞추는 것을 통상으로 하여왔는데, 그 처리절차는 기본적으로는 타당하다고 생각한다.

Ⅱ. 운영의 기본원칙

1. 서 설

노동조합은 근로자가 주체가 되어 자주적으로 단결하여 근로조건의 유지·개선 기타 경제적·사회적 지위의 향상을 도모함을 목적으로 조직하는 단체 또는 그 연합단체로서 실질적 요건을 갖추어야만 설립될 수 있다. 이러한 근로자 주체성, 자주성, 목적성, 단체성은 노동조합의 설립요건에 그치는 것이 아니라 그 존속요건이라 할 것이다.

특히, 노동조합이 그 구성원의 개인성과는 별개로 권리·의무의 주체가 될 수 있는 독자적 존재로서의 단체적 조직을 갖추기 위해서는 근로조건의 유지·향상 등 그 고유의 목적을 가지고 사단적인 성격을 가지는 규약을 만들어 이에 근거하여 의사결정기관 및 업무집행기관인 대표자 등 임원을 두는 등의 조직을 갖추고 있고, 기관의 의결이나 업무집행방법이 다수결의 원칙에 의하여 자주적·민주적으로 행하여지며, 조합원의 가입·탈퇴 등으로 인한 변경에 관계없이 단체 그 자체가 존속되고, 그 조직에 의하여 대표의 방법, 총회나 이사회 등의 운영, 자본의 구성, 재산의 관리 기타 단체로서의 주요사항이 확정되어 있어야 한다.

노조법은 이와 같이 노동조합의 조직·운영 등에 있어서 단체성·자주성 및 민주성 등이 확보·유지될 수 있도록 여러 가지 상세한 간섭주의적인 규정을 두어 이를 규율하고 있다.[79)]

2. 민주적 단결자치: 노조민주주의

노동조합은 근로자가 근로조건의 유지 개선 등을 목적으로 조직한 단체로서 자

---

79) 노동조합 운영원리로서 민주주의와 이를 확보하기 위한 국가적 개입주의는 실질적으로 서로 모순관계에 있다. 노동조합 내에서 소수자보호 등과 같은 조합민주주의의 확보라는 미명하에 노동조합내부문제에 국가가 지나치게 개입하는 것은 결국 조합민주주의의 파괴를 의미하기 때문에다. 조합민주주의와 노동법의 관계에 관한 자세한 논의는 遠藤昇三, 『組合民主主義と法』 窓社 1999; Mathew Dimick, Labor Law und Union Democracy: A US-Britisch Comparison, University of Wisconsin-Madison Diss. 2009 그리고 조효래, 『노동조합민주주의』, 후마니타스, 2010 및 黑川俊雄(편), 『勞働組合の民主的 變革』, 勞働旬報社, 1985 등 참조.

기목적을 갖는 독자적인 조직체이다. 노동조합이 소정의 절차에 따라 사법상 권리능력을 취득한 경우에는 사단법인이지만, 그렇지 못한 경우에는 권리능력이 없는 사단이다. 그러나 이 경우에 권리능력이 없다는 것은 단지 재산법의 기술적 차원에서 그러하다는 것에 불과하다. 노동법에 있어서 노동조합은 독자적인 권리의무의 주체이다. 즉 근로자가 노동조합을 설립한다는 것은 노동법상 그들을 위한 새로운 법적 실체를 창설하는 것을 의미한다. 그러므로 노동조합이 단순한 구성원의 집합 또는 조합원의 총의를 나타내는 것은 아니며 이와는 다른 차원의 독자적인 기구이다.

노동조합은 근로자들의 임의적·자율적 단체이다. 그러므로 근로자가 노동조합을 어떠한 형태로 조직하든, 노동조합의 집단적 의사결정을 어떠한 방식으로 하든 그것은 기본적으로 노동조합을 결성하여 운영하는 근로자들의 의사에 의해서 결정된다.

그러나 노동조합은 헌법이 보장하고 있는 노동단체권의 취지에 적합하게 운영되어야 한다. 노동단체권은 근로자 개개인이 사용자에 대하여 갖는 열세의 지위를 집단적 조직력에 기초해서 극복하고 이를 통해서 근로조건의 향상을 도모하려는 것에 그 보장취지가 있다. 그러므로 노동조합은 노동3권의 목적을 실현하기 위하여 대(對)사용자적 관계에 있어서 개개 근로자의 총의가 결집 및 발현될 수 있도록 조직되고 운영되어야 한다. 여기에 노동조합의 운영과 조직에 있어서 대내적으로는 민주성이, 대외적으로는 자주성이 확보되어야 하는 이유가 있다.

한편, 노동조합은 헌법에 의해서 보장된 근로자들의 노동단체권(단결의 자유)에 의해서 결성된 조직이므로 노동조합의 운영과 조직은 구성원인 근로자들의 자율적 의사나 결정에 일임하는 것이 마땅하다. 그래서 국가가 노동조합의 운영과 조직에 간섭하거나 규제해서는 아니 된다. 다만 국가는 노동조합이 헌법상의 노동단체권의 취지에 적극적으로 부합할 수 있도록 보조하는 데에 그쳐야 할 것이다.

3. 자치헌법으로서 규약

1) 의 의

규약이란 노동조합 구성원들이 서로 준수하기로 정한 사항으로서 노동조합의 기구와 운영, 임원 및 구성원의 권리·의무에 관한 사항을 내용으로 하고 있다. 그러므로 규약은 노동조합의 자주적이고 민주적인 조직·운영 및 활동 등에 관한 기본사항을 정하고 있는 자주적인 노조규범이다. 노동조합의 설립 및 존속을 위하여 노동조합의 조직 및 운영에 관한 주요사항을 정한 규약의 존재가 필수적이라고 할 것이다.

2) 법적 성질

(1) 학 설

규약의 법적 성질에 관하여는 견해가 대립하고 있다. 계약설(契約說)은 규약을 조합원간의 자유로운 의사에 기하여 체결된 일종의 계약이라고 보고 계약상의 규약준수의무가 인정된다고 하며, 법규범설(法規範說)은 규약을 하나의 규범으로 파악하여 조합원의 동의여부와 상관없이 적용된다고 하며, 법률행위적인 합의설(法律行爲的 合意說)은 규약을 법률행위적인 합의로 파악하여 규약의 법규범성은 인정하나 이를 법률행위적인 합의에 불과하다고 본다.

(2) 사 견

국가와 사회를 구분하면서 국가의 입법적 행위를 통해서 제정된 규범만을 법률로 보면서 그 외의 사인들간의 임의적인 합의를 계약으로 파악하는 법실증주의적 입장에서 볼 때, 규약은 국가적 입법행위의 결과가 아니가 때문에 법률이 아니라 계약임이 명백하다. 그러나 법률이라는 것도 국민들간에 있어서 합의라는 점에서 근본적으로 계약이라고 할 것이다. 그러므로 학설의 대립은 규약의 성질에 관한 것이 아니라 계약의 개념범위에 관한 것이라고 할 것이라고 할 것이다. 즉 계약의 개념을 좁은 의미에 있어서 상품거래를 위한 개인들간의 합의로, 다시 말하면, 민·상법상의 법률행위로서의 계약으로만 파악한다면 조합규약은 이러한 의미에 있어서의 계약은 아니다. 그러나 계약의 개념을 광의에 있어서 당사자간에 권리의무를 설정하는 규범설정행위까지도 포함하는 것으로 파악한다면 조합규약도 당연히 이러한 의미에 있어서의 계약이라고 할 것이다. 이렇게 본다면, 규약의 법적 성질에 관한 학설의 대립은 규약을 좁은 의미에 있어서 사법상의 계약으로 포섭할 것인가의 여부에 관한 분류상의 논의에 불과하고 규약의 규범적 효력에 관한 것은 아니므로 사실상 논의의 실익이 없다고 할 것이다.

조합규약의 법적 성질을 어떻게 파악하든 규약은 단체로서 노동조합에 관하여 단체와 구성원 그리고 구성원상호간의 권리의무를 결정하는 노동조합의 헌법적 자치규범으로서 기능한다는 것에 법적 의미가 있다고 할 것이다.

3) 규약의 기재사항

노동조합이 단체로서 실체를 갖고 자기 활동을 규범적으로 실현하기 위하여 사전에 정해진 규범이 필요하다. 물론 규약의 내용을 어떻게 정할 것인가는 노동조합을 설립하는 당사자들의 의사에 의해서 결정된다. 그러나 규약이 노동조합의 대내외적 관계에서 자치헌법적 기능을 수행한다는 차원에서 노조법은 노동조합의 민주적 운영을 담보하기 위하여 규약의 존재 그 자체뿐만 아니라(노조법 제10조) 그 구체적인 내용에 관해서조 규율하고 있다(동법 제11조).

(1) 필요적 기재사항

노조법은 노동조합설립신고서에 규약을 첨부하도록 규정하고 있을 뿐만 아니라 자주적 민주적 운영을 위해서 15가지의 사항을 규약에 반드시 기재하여야 하는 사항으로 강제하고 있다. 이렇듯 노조법이 규약의 규율내용으로 요구하는 사항이 이른바 규약의 필요적 기재사항에 해당한다.

(2) 임의적 기재사항

물론 규약의 기재사항이 반드시 노조법이 요구하는 사항으로 한정되는 것은 아니며, 노조법이 요구하는 사항 이외에 조합원들이 중요하다고 인정하는 사항을 얼마든지 규약에 규정해서 자율적으로 규율할 수 있다.

그러나 다음의 사항은 그 자체는 규약의 필요적 기재사항이 아니지만, 각 사항에 해당하는 경우가 있는 때에는 반드시 규약에 규정해야 한다.

(i) 법인격의 취득(노조법 제6조 제1항)
(ii) 대의원회의의 설치(동법 제17조 제1항)
(iii) 총회 및 대의원회의 소집공고기간단축(동법 제19조 단서)
(iv) 조합비를 납부하지 아니하는 조합원의 권리제한(동법 제22조 단서)

4) 규약의 제정과 변경

규약의 제정은 조합원 전원이 참여하는 총회에서 조합원의 직접·비밀·무기명 투표에 의하여 재적조합원 과반수의 출석과 출석조합원 3분의2 이상의 찬성으로 의결되어야 하고 그 변경도 마찬가지이다(노조법 제16조 제1항 제1호, 동조 제2항 단서, 동조 제4항). 다만, 규약 변경의 경우에는 규약에 의하여 둘 수 있는 대의원회에서 재적대의원 과반수의 출석과 출석대의원 3분의2 이상의 찬성으로 의결할 수 있다(동법 제17조 제1항, 동조 제4항). 이와 같이 규약의 제정·변경에 관한 의결정족수는 총회·대의원회의 일반적인 의결정족수인 재적조합원·대의원 과반수의 출석과 출석조합원·대의원 과반수의 찬성(동법 제16조 제2항 본문)보다 엄격하게 정하고 있다. 이와 관련해서 노동조합 규약의 위임에 따라 세부적인 선거절차와 방법을 규정하고 있는 선거관리규정을 개정하는 것이 규약의 변경에 해당하는지 여부가 문제된 사안에서, 그 선거관리규정의 개정은 규약의 변경에 해당하지 않는다고 하는 판례[80]도 있다.

규약의 제정·변경에 관한 의결정족수를 정한 법규정은 강행규정으로서[81] 노조법이 요구하는 최소한의 기준이라는 의미를 가지므로 의결정족수를 임의로 노조법 규정보다 완화하는 것은 허용되지 않지만 이를 노조법의 규정보다 엄격하게 강화하는 것은 노조자치의 원칙상 허용된다고 할 것이다.

제정된 규약은 노동조합의 설립신고서에 첨부하여 노동부장관 등 관할행정관청에 제출하여야 하고(동법 제10조 제1항), 노동조합의 주된 사무소에 비치하여야 한다(동법 제14조 제1항 제2호).

규약에는 노동조합 조직의 자주적·민주적 운영을 보장하기 위하여 필요한 사항으로 법에 정해진 일정한 사항이 반드시 기재되어야 한다(동법 제11조). 따라서 그 구체적인 내용은 노동조합의 내부 운영에 있어서 노조자치에 의한 노조민주주의의 실현에 적합한 범위 내의 것이어야 한다.

조합원 총회에 의한 규약의 제정·변경 등 행위는 일종의 자치적 법규범을 창설하는 행위이므로 노조민주주의를 실현하기 위한 강행법규에 적합한 범위 내에서 유효하게 제정·변경된 것이라면 이는 국가법질서 내에서 법적 효력을 가지고 모든 조합원을 기속하여 그 규약에 따라 노동조합과 조합원 사이의 권리·의무관계가 결정된다. 이에 관한 구체적인 사례로서 판례[82]는 노동조합이 선거관리규정에서 투표의 유·무효에 관한 기준 규정을 공식적으로 해석할 권한을 노조의 선거관리위원회에 부여한 이상, 그러한 유권해석 권한에 터잡아 행하여진 선거관리위원회의 해석은 그 내용이 단체적 노사관계법에서 규제하는 선거의 기본원칙 및 정의의 관념에 부합할 뿐만 아니라 해석의 대상이 된 당해 규정의 문자적 의미에

---

80) 대판 1998.3.24. 97다58446.

81) 대판 1995.8.29. 95마645 참조.

82) 대판 1998.2.27. 97다43567 및 김인재, “노동조합에 있어서 단결자치와 노조민주주의”, 『1998년 노동판례비평』, 민주사회를 위한 변호사모임 노동위원회, 1999, 268면 이하 참조.

명백히 반하지 아니하며, 그 해석에 따른 무효사유를 객관적으로 명확히 하여 투표 실시 전에 선거인인 조합원들이 주지할 수 있도록 충분히 홍보한 것이라면 조합원들의 투표의사를 해할 우려가 없으므로 선거관리위원회가 사전에 정한 해석내용에 따라 투표의 유효여부를 판정함이 마땅하다고 하고 있다.

그러나 규약의 제정에 관한 노동총회의 의결정족수를 규정하고 있는 현행 노조법 제16조 제2항 내지 제4항은 설립신고서에 규약을 첨부하도록 한 동법 제10조 및 노동조합의 성립시기를 신고증교부를 정지조건으로 한 설립신고서접수시로 정하고 있는 동법 제12조 제4항과 관련하여 해석상 문제가 있다.

노조법 제16조 제2항 및 제4항이 동법에 의한 노동조합이 아직 성립하지 아니한 그 전단계에 있는 창립총회(결성총회)에도 적용되는가가 문제이다. 이 문제는 노동조합의 설립과정 중 언제 규약이 제정된다고 할 것인가라는 문제와도 관련되어 있다.

일반적으로 노동조합을 설립하는 경우는 발기인들이 노조설립을 위한 발기인회를 조직하고, 노동조합설립의 취지를 장래에 조합원이 될 근로자들에게 홍보하여 설립준비위원회를 구성하고 규약가안을 제정하여 개별적 근로자들로부터 동참의사를 접수받아서 창립총회를 개최하여 의결을 거쳐서 규약과 임원을 확정한 다음에 그 임원이 설립신고서에 규약을 첨부하여 행정관청에 설립신고를 한다. 이 경우, 동법 제12조 제4항에 의하여 노동조합이 행정관청으로부터 신고증을 교부받은 경우에 설립신고서가 접수된 때에 설립된 것으로 간주된다.

그러므로 노동총회의 성립정족수 및 의결정수에 관한 동법 제16조 제2항 내지 제4항은 노동조합이 아직 성립되지 않은 그 전단계의 창립총회에는 적용될 수 없다고 할 것이다.

그런데 노조법 제10조가 설립신고서에 규약을 첨부하도록 하면서 동법 제16조 제2항 단서가 "규약의 제정"이라고 명시적으로 규정하고 있기 때문에 규약은 노동조합성립 이전에 이미 제정되며, 노동조합이 성립하지 아니한 그 전단계의 창립총회에도 회의의 성립정족수와 의결정족수에 관한 동법 제16조 제2항 내지 제4항은 적용된다. 즉 동법 제16조 소정의 "총회"에는 설립과정 중에 있는 노동조합의 총회까지 포함될 뿐만 아니라 제16조는 설립신고서를 행정관청에 제출하지 않은 이른바 법외노조의 총회에도 적용되게 된다고 해석해야 할 것이다.

그러나 이들 양자는 서로 모순이다. 이러한 모순은 결국 노동조합의 성립시기를 신고증교부를 정지조건으로 한 설립신고서접수시로 정하고 있는 동법 제12조 제4항에서 비롯되는 것이다.

노동조합의 성립시기를 창립총회 성립일로 본다고 하더라도 총회정족수에 관한 노동조합의 설립을 위한 창립총회의 경우에는 재적조합원의 수를 확정할 수 없기 때문에 특히, 총회정족수에 관한 노조법 제16조 제2항을 창립총회에 적용하는 것은 문제이다. 왜냐하면 노동조합의 설립을 위한 창립총회의 경우에는 재적조합원의 수를 확정할 수 없기 때문이다.

이러한 문제를 해결하는 데에는 세 가지의 해석론이 성립할 수 있을 것 같다. ① 노조법 제16조 제2항은 창립총회에는 적용되지 아니한다고 해석하는 방법, ② 총회의 성립정족수에 관한 부분은 적용되지 않고 총회의결정족수에 관한 부분만이 적용된다고 해석하는 방법, ③ 노조법 제16조 제2항의 "재적조합원"을 「노조설립에 동참의사를 표시한 근로자」로 해석하는 방법이 그것이다.

①의 해석론에 따르면, 창립총회의 성립정족수와 의결정족수는 관련근로자들이 노조법 제16조 제2항과 관계없이 자율적으로 정족수를 결정할 수 있다. 이 경우, 이러한 결정에 동의하지 아니하는 근로자가 성립된 노동조합에서 탈퇴하는 것은 그의 자유이다. 그러므로 동법 제16조 제2항 단서가 "규약의 제정"이라고 규정하고 있다고 하더라도 이러한 규정은 노동조합의 신규설립시에 있어서 규약의 제정과 관련해서는 실질적으로 무의미하게 될 것이다.

②의 견해에 의하면, 신규로 노동조합을 설립하는 경우에는 노조설립에 동참의사를 표시한 근로자의 수에 관계없이 창립총회는 이에 현실적으로 참석한 근로자들만으로 성립하고 의결사항에 대한 의결정족수에는 노조법 제16조 제2항이 적용된다.

③의 해석론에 기초한다면, 신규로 노동조합을 설립하는 경우에도 총회성립정족수와 의결정족수에 관한 노조법 제16조 제2항은 공히 적용된다고 할 것이다.

이들 해석론 중 어느 것이 가장 합리적인 해석일까? 이는 노조법 제16조의 취지와 현실을 종합해서 선택해야 할 것이다. 동조의 취지가 노동조합의 민주성을 확보하는데 있다는 점에서 ③의 해석론이 바람직하다고 보아야 할 것이다.

5) 효 력

규약의 효력과 법규범과의 효력에 있어서의 우열관계와 조합원의 규약준수의무가 인정되는가, 규약은 제3자에게도 효력이 있는가가 문제가 된다. 판례는 규약의 제3자효(第三者效)를 부인하고 있다.[83)]

---

83) 대판 1992.3.27. 91다29071.

6) 규약에 대한 행정규제

노조법은 노동조합의 설립신고시에 규약을 첨부하도록 하고 이를 심사하여 신고증을 교부함으로써 규약에 대한 규제를 가하고 있으며(노조법 제10조 및 제12조), 전년도의 규약의 변경이 있는 경우에는 매년 1월 31일까지 행정관청에 통보하도록 하고 있다(동법 제13조 제2항). 또한 행정관청은 노동조합의 규약이 노동관계법령에 위반한 경우에는 노동위원회의 의결을 얻어 그 시정을 명할 수 있다(동법 제21조 제1항).

4. 규약자치의 한계

헌법 제33조 제1항 및 노조법이 전체로서 제시하는 노사관계구상에 있어서 조합의 지위, 역할을 생각할 때, 조합내부문제법은 기본적으로는 법적 효력을 가지는 조합규약에 의한 자치의 승인으로서 존재하는 것이다. 따라서 조합내부분쟁의 해결을 요구받은 법원은 실체규정, 절차규정 여부를 불문하고, 조합규약이 정하는 바에 따른 해결을 내려 주는 것을 기본원칙으로 해야 한다. 그러나 규약자치에는 한계가 있다.

법제도가 규약자치를 승인하는 것은 규약조항이 국가법질서의 테두리 내에 있어서라는 것은 말할 것도 없다. 어떠한 규약조항이 명백히 강행법규에 위반하거나 공서양속에 반하는 경우에는 당해조항의 효력은 부정되어야 한다. 마찬가지로 규약조항이 곧바로 무효로 되는 것은 아니지만 그 내용이 너무 추상적이고 개괄적이어서, 해석의 여하에 따라서는 강행법규 혹은 공서양속에 위반하는 내용도 취할 수 있다고 하는 경우에는 당해조항은 그 규제범위가 적법의 한도 내에 그치도록 한정 해석되어야 한다. 직접적과 실질적의 차이는 있든, 어느 경우에 있어서도 규약자치는 제한을 받을 수밖에 없다. 그렇다고 하더라도 어떠한 규약조항이 강행법규 혹은 선량한 풍속에 위반하지 않는다고 하는 의미에 있어서 적법으로 존재할 수 있는 범위를 구체적으로 획정하는 것은 그것이 규제의 대상으로 하는 사항의 종류에 따라서는 그것 자체가 아주 곤란한 법률문제로 된다. 이러한 규약조항 중 특히 조합내부문제법적인 문제를 제시하는 것으로서 고찰을 요한다고 생각되는 것이 규약의 해석 적용의 권능을 조합 내지 조합기관에 위임하는 규약조항 및 조합민주주의이념에 위반하는 조항이다.

우선 전자에 대해서 생각해보면, 규약조항이 조합규약의 해석 적용에 대해서는 조합 내지 특정 조합기관의 판단이 최종적이고, 법원의 사후적인 심사권능은 일체 배제된다는 취지를 정하고 있다고 하면, 이러한 조항은 무효로 될 수밖에 없을 것이다. 문제로 되는 것은 규약조항이 규약의 해석 운용에 관해 조합 내지 조합기관에게 대폭적인 재량을 인정하는 형식을 취하고 있는 경우이지만, 조합이 공적이라고도 해야 할 특수한 권능을 부여받은 단체이고, 이러한 단체 내부문제 쟁송의 처리에 있어서는 법원이 규약의 해석·적용, 사실인정의 권능을 독점하는 것이 원칙이라는 것을 고려하면, 이 경우에 있어서도 법원의 심사권능은 원칙적으로 배제되지 않는다고 해석해야 한다. 그 인적 구성, 판단능력, 조합내에 있어서 위치관계 등에서 보아, 규약의 해석·운용을 부탁받은 조합내 기관에게 공정한 판단이 기대될 수 있다고 인정되는 예외적인 경우를 제외하고 법원은 이러한 조항에 구속되지 않고, 따라서 통상의 경우, 이상에서 조합내 기관의 판단에 귀속되지 않고 규약을 해석·적용해야 한다.

이것에 대해 후자의 규약조항, 즉 조합민주주의이념에 배반하는 규약조항의 취급에 대해서는 생각할 것이 적지 않다. 조합민주주의를 조합의사의 형성을 위한 의견·반대의견의 표출, 그 의결, 대표의 선임, 조합정책·집행부에 대한 비판의 전개 등등에 관한 조합원의 권리가 조합 내에 제도로서 보장되고 있는 것, 현실에서 조합원이 이들 권리를 활발하게 이용·향수하고 있는 것, 그 결과로서 조합(간부)이 조합원의 의향에 민감하고 충실하게 행동하여, 그 이익을 바로 옹호·대표하고 있는 것을 주된 내용으로 하는 조합운영원리를 말하는 것[84]으로 이해하면, 그것은 조합운동을 지지하는 기본이념과 불가분이라고 하기보다는 정말 조합이념 그 자체라고 하는 것으로 된다. 조합은 이미 이 출발점에 있어서 민주주의를 깊이 내장하고 이것을 그 사상적 기초에 두고 있다고 말할 수 있다. 그렇지만 조직운영의 실제에 있어서는 기타의 사회단체들이 그러하듯이, 조합도 또한 효율적인 조직운영, 조직내 규율의 유지라는 요청에 직면하지 않을 수 없다. 특히 조직내 규율·결속의 유지는 사용자에 대한 대항단체, 실력행사단체로서도 기능하는 것을 예정한 조합에 있어서는 여타 사회단체 이상으로 중대한 요청이라고 해야 할 것이다. 이미 노조법 제11조가 불안전한 형태이긴 하지만, 조합민주주의의 확보를 위해 관심을 보이는 것은 앞에서 본 바이다. 그렇지만 조합이 민주적이야 하는 보다 실질적인 이유는 여기에서도 또한 조합법이 조합에게 부여하는 노동조건규

84) Struss, Research Past and Future, 16 Industrial Relations 215, 240(1977); Anderson, Union Government in the U.S.: A Comparative Aanlysis of Local Union Government, 17 Industrial Relations 278, 279(1978).

제권능 중에 찾는 것이 타당할 것이다. 조합이 부여받은 이 권능을 피치자라고도 할 수 있는 조합원의 이익을 위해 적정하게 행사해야 하는 것은 법적으로도 당연한 것이고, 그 권능의 적정한 행사를 보다 적극적으로 담보하기 위해 가장 논리적이고, 최적의 방법은 조합운영에 대한 조합원의 민주적 참가를 확보하는 것이기 때문이다. 이리하여 조합은 확실히 법적 의미에 있어서 민주적인 것을 요구하고 있다고 생각하지만, 조합이 국가, 사회 이상으로 민주적이어야 할 이유는 전혀 있을 수 없다. 조합에 요구되는 민주성의 정도와 수준은 부여된 노동조건규제권능에 조응하는 것으로써 족하다는 것을 주의하여야 한다. 하지만 이러한 관점에서 생각해도 역시 조합내 균등처우원칙, 조합의사의 결정·조합대표의 선임에 관한 참가권, 조합내에 있어서 언론·표현·비판의 자유, 조합내 집회·결사의 자유, 조합내 적정절차의 보장은 최소한 민주주의적 요구라고 해야 할 것이다.[85] 조합에 요구되는 민주성의 내용이 이상과 같은 것이라면, 규약자치는 이것과 저촉하는 한에서 제한되는 것으로 된다. 즉 상술한 최소한의 민주주의적 요구를 부정하는 규약조항은 그것이 조합원의 권리의무를 정하는 조항이라면 통제관계조항, 선거관계조항을 불문하고 무효로 된다. 규약조항이 명백하지 않은 때는 이것을 보장하고 있는 것으로 해석된다.[86]

Ⅲ. 노동조합의 기구

1. 서 설

노동조합이 단체로서 독자적인 실체성을 가지면서 자신의 의사결정을 하고 이를 실행하기 위해서는 자치기구를 가져야 하는 것은 당연하다. 노동조합은 헌법에 의해서 보장된 근로자의 노동단체권을 실현하기 위한 단체이다. 그러므로 근로자 개인이 노동조합의 의사결정에 직접 참가하는 직접민주주의적인 방식으로 운영되는 것이 가장 바람직하다. 그러나 노조의 규모, 조합원의 실질적 여건 또는 업무적 필요성 등에 의해서 모든 것을 직접민주주의적인 방식으로 실현한다는 것은 현실적으로 불가능하다. 그래서 필요에 따라 간접민주주의적인 운영방식도 도입될

---

85) Summers, The Public Interest in Union Democracy, 53 Nw. U. L. Rev. 609, 613(1958).

86) 이러한 해석기법을 취하면, 일정한 헌법규범이 직접 조합내에 있어서 적용된다는 것이 타당하다는 것을 인정하는 것과 차이가 없는 결과를 얻게 된다.

수 있다. 이러한 운영방식의 도입여부는 기본적으로 조합원의 의사에 달려 있으며 이는 노동조합의 자치헌법인 규약으로 정할 사항이다. 그러므로 노동조합은 그 운영방식에 따라 조합원 전원으로 구성되는 의결기관으로서 총회를 기본적으로 두고 총회 이외에 다른 의결기관을 두고 총회의 기능을 대행하게 할 수도 있다.

또 노동조합은 결정된 사항을 집행하거나 단체로서 활동을 전개하기 위하여 이를 현실적으로 담당하는 집행자가 필요하다. 노동조합의 의결기관과 집행기관이 반드시 분리되어야 하는 것은 아니므로 하나의 기관이 의결과 집행 기능을 동시에 수행할 수도 있다. 의결기관과 집행기관을 어떻게 구성할 것인가도 민주주의적 방식에 따라 노동조합의 활동수준과 필요에 의해서 근본적으로 조합원들이 자율적으로 결정할 사항이다.

그렇지만 노조법은 노조민주주의의 확보를 위해서 자치기구에 관해서 상당히 자세한 규정을 두고 있다. 의결기관으로서 총회, 대의원회의, 집행기관으로서 대표자, 회계감사를 규정하고 있다.

2. 의결기관

1) 총 회

(1) 법적 지위

노조법은 총회의 법적 지위에 관해서는 아무런 규정을 두고 있지 않다. 그러나 노동조합이 헌법이 보장하고 있는 근로자 개개인의 노동단체권의 실현을 위해서 조직된 단체라는 점에 비추어 볼 때, 조합원인 근로자 총원으로 구성되는 총회가 노동조합의 최고의사결정기구라는 것은 명확하다. 이러한 사실은 노조법 제16조 제1항이 규정하고 있는 총회의 필요적 의결사항에 그대로 반영되어 있다.

(2) 회 의

가. 개최횟수

노조법은 노동조합이 매년 1회 이상 총회를 개최하여야 한다고 규정하고 있다 (동법 제15조 제1항). 여기에서 노동조합이라 함은 동법 제2조 제4호 소정의 노동조합을 의미하므로 단위노동조합과 연합단체를 모두 포함한다. 그러므로 연합단체 또는 단위노조는 매년 1회 이상 총회를 개최해야 한다.

노동조합의 총회에는 규약이 규정하는 바에 따라 정기총회와 임시총회를 둘 수 있지만 매년 1회 이상 개최하도록 되어 있는 총회는 반드시 정기총회이어야 하는 것은 아니다. 그러므로 노동조합이 정기총회를 2년에 1회씩 또는 3년에 1회씩 개최하기로 한다면 정기총회가 없는 해에는 임시총회를 개최하면 노조법 제15조 제1항에 위배되지 않을 것이다.

여기에서 노동조합이 정기총회를 전혀 개최하지 않는 것도 현행법상 가능한가라는 문제가 제기된다. 노조법 제15조 제1항에 의하면 노동조합은 정기총회 또는 임시총회에 관계없이 매년 1회 이상 개최하면 충분하고, 동법 제11조 제7호에 의하면 회의에 관한 사항은 규약으로 정하도록 하고 있으므로 규약이 임시총회만을 매년 1회 이상 개최하도록 규정하고 있다면 법률상 문제는 없을 것이다.

나. 소집권자

정기총회는 규약의 규정에 따라 소집된다. 임시총회의 소집권자는 원칙적으로 노동조합의 대표자이나, 조합원의 3분의 1이상(연합단체인 노동조합에 있어서는 그 구성단체의 3분의 1이상)이 회의에 부의할 사항을 제시하고 회의의 소집을 요구한 때에는 노동조합의 대표자는 지체 없이 임시총회를 소집하여야 한다(노조법 제18조 제1항 및 제2항).

노동조합의 대표자가 조합원의 임시총회 소집요구를 고의로 기피하거나 이를 해태하여 조합원의 3분의 1이상이 소집권자의 지명을 요구한 때에는 행정관청은 15일 이내에 노동위원회의 의결을 요청하고 노동위원회의 의결이 있는 때에는 지체 없이 회의의 소집권자를 지명하여야 한다(노조법 제18조 제3항). 행정관청은 노동조합에 총회의 소집권자가 없는 경우에 조합원의 3분의 1이상이 회의에 부의할 사항을 제시하고 소집권자의 지명을 요구한 때에는 15일 이내에 회의의 소집권자를 지명하여야 한다(노조법 18조 제4항).

또한 정기총회는 규약에 의해서 개최일이 정해져 있으므로 대표자가 이를 임의로 정하거나 변경하여 소집할 수는 없다고 할 것이다.

다. 소집절차

총회는 회의개최일 7일전까지 그 회의에 부의할 사항을 공고하고 규약에 정한 방법에 의하여 소집하여야 한다. 다만, 노동조합이 동일한 사업장내의 근로자로 구성된 경우에는 그 규약으로 공고기간을 단축할 수 있다(노조법 제19조).

총회개최의 공고기간을 정하고 있는 노조법 제19조의 취지는 총회에 참석하는 조합원들에게 조합의 운영이나 활동방침에 대하여 발언하거나 부의사항의 내용이 적절한 지를 여부에 대하여 판단할 수 있도록 준비를 할 시간을 확보해주려고 하는데 있다고 할 것이다. 그래서 상당한 공고기간을 확보하는 것은 총회의 회의의 실질적인 민주적 정당성을 보장하기 위한 요건이라고 할 것이다. 공고기간을 과도하게 단축하여 실질적 판단을 하기 어렵게 만들거나 대다수의 조합원의 참가를 배제하고 소수의 조합원만이 참여할 수 있도록 하는 것은 원칙적으로 무효라고 해야 할 것이다.

그런데 노동조합실무에서 현실적으로 조합총회를 긴급히 소집해야 할 필요성이 있어서 규약에 정해진 공고기간을 제대로 준수하지 않고 회의가 진행되고 그 회의에서 의사가 결정되는 경우가 자주 발생하고 있다. 특히 노동조합의 조직형태가 기업별조직인 경우에 소집공고기간을 정확히 지키지 않은 채 조합원 상호간의 비상연락망을 통해서 총회가 소집되는 경우도 있다. 이러한 경우에 총회의 결의를 당연히 무효로 처리해야 하는지 여부가 문제이다. 조합원의 대다수가 현실적으로 당해 총회에 참석하였고, 또 조합원이 그 사안에 대해서 평소 충분한 정보와 지식을 가지고 있어서 사전에 숙지하고 있었기 때문에 총회의 의사결정과정에 소집공고기간에 대해 아무런 이의가 없고 또 현실적으로도 장애를 받지 아니 경우에는 소집공고기간을 준수하지 않았다는 단순한 하자만을 이유로 당해 총회의 결의를 무효로 한다면 그것이 오히려 노동조합의 정상적인 운영을 저해하게 되는 결과를 초래할 수도 있을 것이다. 그러므로 규약상의 절차가 부득한 사유로 지켜지지 아니하였다고 하더라도 그 원인이 사안의 성질상 긴급을 요하고 소집공고기간이 규정상의 정함보다 단축되었다고 하더라도 조합원이 이미 총회에 부의할 안건을 이미 잘 알고 있고 또 그 안건에 대해 자신의 의사를 결정할 수 있는 시간적 여유가 사실상 있었으며, 조합원 대다수가 총회에 참석하는 데에 실질적으로 아무런 장애가 없어 그 의사결정이 원만하게 되었다고 한다면, 그와 같은 총회의 결을 단순한 공고기간의 하자만을 이유로 효력을 부정하거나 무효라고 해석할 필요는 없다고 해야 할 것이다.[87)]

라. 총회의 의장

노동조합의 대표자가 총회의 의장이 된다(노조법 제15조 제2항). 그러나 총회의 의장을 노동조합 대표자의 법률상 당연직으로 규정하고 있는 현행법의 태도는 문제이다. 왜냐하면 노동조합의 규약은 대표자에게 노동조합의 집행적 업무에 대한 총괄적 책임을 맡기고 있는 것이 일반적인 노동조합의 관행이기 때문이다. 노동조합의 대표자는 집행부의 책임자 및 대표자이기 때문에 현실적으로 총회에서 객관적이고 중립적인 입장에 설 수 없는 위치에 있다. 그러므로 집행부에 대한 총회의 견제기능을 도모하고 총회의 공정한 의사진행을 위해서 총회의 의장은 집행부에 참

87) 대판 1992.3.27. 91다29071; 동 1992.3.31. 91다14413 참조.

여하지 않는 제3자가 맡도록 하는 것이 훨씬 더 공정하고 합리적이라고 할 것이다.

(3) 의 결

가. 의결사항

노동조합에서 최고의 의사결정기관은 총회이다. 그러므로 노조법은 노동조합의 중요한 사항을 모두 총회의 의결사항으로 규정하고 있다(노조법 제16조 제1항). 노동조합의 총회는 최고의사결정기관으로서 다음의 사항에 대해 의결한다.

① 규약의 제정과 변경에 관한 사항, ② 임원의 선거와 해임에 관한 사항, ③ 단체협약에 관한 사항, ④ 예산·결산에 관한 사항, ⑤ 기금의 설치·관리 또는 처분에 관한 사항, ⑥ 연합단체의 설립·가입 또는 탈퇴에 관한 사항, ⑦ 합병·분할 또는 해산에 관한 사항, ⑧ 조직형태의 변경에 관한 사항, ⑨ 기타 중요한 사항을 의결하게 된다.

노조법 제16조 제1항이 규정하고 있는 총회의 필요적 의결사항과 관하여 두 가지의 특징적인 것이 있다.

첫째, 노동쟁의에 관한 사항은 노조법 제16조 제1항에서 총회의 의결사항으로 적시하지 않고 있지만, 동법 제41조 제1항이 별도로 쟁의행위의 가부결정에 관한 사항을 조합원의 직접·비밀·무기명투표를 거치도록 규정하고 있다.

둘째, 단체협약에 관한 사항은 노조법 제16조 제1항에서 총회의 의결사항으로 되어 있으나, 동법 제29조 제1항은 단체협약의 체결권을 노동조합의 대표자에게 주고 있다. 그래서 동법 제16조 제1항 제3호와 제29조 제1항의 관계를 어떻게 파악해야 될 것인가가 문제이다. 특히 노동조합대표자와 사용자간에 체결된 단체협약의 최종효력발생에 대하여 총회가 인준을 유보하는 경우와 같이 총회에 의한 대표자의 단체협약체결권에 대한 제한이 가능한가와 관련하여 현실적으로 문제가 제기된다. 원칙적으로 총회가 노동조합의 최고의사결정기구이므로 총회의 의결을 얻지 못한 단체협약은 효력을 발생하지 못한다고 할 것이다. 그러나 판결[88]과 헌법재판소 결정[89]은 노동조합의 대표자가 체결한 단체협약은 총회의 사전 또는 사후의 동의 없이도 최종적으로 유효하다고 한다.[90] 하지만 이러한 입장은 민주주의원칙에 위배되는 것으로서 조속히 변경되어야 할 것이다.

---

88) 대판 1993.4.27. 91누12257 [전합].

89) 헌재 1998.2.27. 94헌바13·16, 95헌바44 결정(병합).

90) 헌법재판소 결정에 대한 비판에 관해서는 강희원, "노동3권의 법적 성격과 노동단체법 - 헌재 1998.2.27. 94헌바13·16, 95헌바44(병합) 결정과 관련하여", 『헌법실무연구』 제1권(2000), 헌법실무연구회, 363-396면 참조.

[판 례]

□ **노조의 대표자가 총회의 사전 또는 사후 동의 없이 체결한 단체협약의 유효성 (대판 1993.4.27. 91누12257 전합)**

[1] 노동조합법 제33조 제1항 본문은 "노동조합의 대표자 또는 노동조합으로부터 위임을 받은 자는 그 노동자 또는 조합원을 위하여 사용자나 사용자단체와 단체협약의 체결 기타의 사항에 관하여 교섭할 권한이 있다"고 규정하고 있는바, "교섭할 권한"이라 함은 사실행위로서의 단체교섭의 권한 외에 교섭한 결과에 따라 단체협약을 체결할 권한을 포함한다.

[2] 노동조합의 대표자 또는 수임자가 단체교섭의 결과에 따라 사용자와 단체협약의 내용을 합의한 후 다시 협약안의 가부에 관하여 조합원총회의 의결을 거쳐야만 한다는 것은 대표자 또는 수임자의 단체협약체결권한을 전면적, 포괄적으로 제한함으로써 사실상 단체협약체결권한을 형해화하여 명목에 불과한 것으로 만드는 것이어서 위 법 제33조 제1항의 취지에 위반된다.

〔반대의견 1〕 - 윤관 대법관

근로자의 권익을 보장하려는 헌법규정과 노동조합법이 지향하는 노동조합의 자주성, 민주성 및 특수성을 고려하고 노동조합법 제33조 제1항이 대표자 등에게 사실행위로서의 단체교섭권만 주고 있는 점과 같은 법 제19조 제1항 제3호가 총회의 의결사항으로 단체협약에 관한 사항을 두고 있는 점, 같은 법 제22조가 노동조합의 조합원은 균등하게 노동조합의 모든 문제에 참여할 권리와 의무가 있다고 규정하고 있는 점, 그 밖에 노사간의 원만한 관계 유지를 통한 국민경제의 발전이라는 측면을 함께 보면 노동조합은 총회의 결의로 단체협약을 체결할 권한을 가진 자를 정하고 그들로 하여금 단체협약을 체결하기 전후에 노동조합총회의 결의에 따르도록 하는 것이 옳다.

〔반대의견 2〕 - 배만운 대법관

가. 노동조합법 제33조 제1항이 단체협약의 교섭권한을 규정한 것은 노동조합의 대표자 등에게 일반적 추상적으로 단체협약의 교섭·체결권한이 있음을 규정한 것뿐이고, 어떠한 절차와 방법으로 단체교섭을 하고 단체협약을 체결하며, 노동조합의 규약이나 총회의 결정에 의하여 노동조합 대표자 등의 권한을 제한할 수 있는 것인지, 어느 범위까지 제한이 가능한지, 이 제한으로써 사용자나 사용자단체에 대항할 수 있는 것인지, 제한에 위반하여 체결된 단체협약의 효력은 어떻게 되는 것인지, 단체협약으로 노동조합의 대표자 등의 권한을 제한하는 협약을 체결할 수 있는 것인지 여부는 별도로 따져 보아야 할 문제이지, 위 규정이 노동조합의 대표자 등에게 어떠한 형태의 단체협약체결권한을 제한하는 것도 금지하는 강행규정이라고 생각하지 아니한다.

나. 노동조합측이 노동조합의 대표자나 노동조합으로부터 위임을 받은 자의 단체협약 교섭 체결권한을 일방적으로 제한하거나 전면적이고 포괄적으로 제

한하는 것은 원칙적으로 허용될 수 없다고 볼 것이나 그렇지 아니한 경우에는 노동조합 대표자 등의 단체협약체결 절차나 권한을 위 "가"항의 규정 취지에 어긋나지 않는 범위 안에서 제한할 수 있다.

☞ 이 판결은 노동조합의 대표자 또는 노동조합으로부터 위임받은 자의 교섭권한에는 배타적인 최종적인 단체협약체결권까지 포함되어 있다고 해석하였다. 위 판결은 (구)노동조합 제33조 제1항 본문의 교섭할 권한이 사실행위로서 단체교섭권한외에 교섭결과에 따라 단체협약을 체결할 권한도 포함하는 것으로 해석해야 한다고 하면서 노동조합대표자가 서명 날인한 단체협약의 효력은 규약에 의하여 내부적으로 노조대표자의 협약체결권을 총회의 인준에 유보하고 있더라도 대사용자에 관계에 있어서 단체협약의 효력에는 영향이 없다고 한다. 위 대법원 판결에 있어서 다수견해의 주된 이론적 근거는 노동조합의 사단성(社團性)과 단체교섭의 기능적 수월성에 있었다. 즉 노동조합도 사법(私法)상 사단이므로 노조대표자가 단체협약체결권을 가지는 것은 단체대표의 법리에 비추어 정당하고 노조대표자에게 단체협약체결권이 없다면 원활한 단체교섭을 진행할 수 없고 단체교섭권 그 자체가 무의미하다는 것이다. 이러한 다수견해에 대하여 위와 같은 반대의견도 있었다. 오히려 반대견해가 헌법 제33조의 취지와 노동조합의 특수한 성격에 비추어 볼 때 더 경청할 만하다고 할 것이다.

□ **(구)노동조합법 제33조 제1항 위헌소원**

[1] 헌법 제33조 제1항이 "근로자는 근로조건의 향상을 위하여 자주적인 단결권, 단체교섭권, 단체행동권을 가진다"고 규정하여 근로자에게 "단결권, 단체교섭권, 단체행동권"을 기본권으로 보장하는 뜻은 근로자가 사용자와 대등한 지위에서 단체교섭을 통하여 자율적으로 임금 등 근로조건에 관한 단체협약을 체결할 수 있도록 하기 위한 것이다. 비록 헌법이 위 조항에서 '단체협약체결권'을 명시하여 규정하고 있지 않다고 하더라도 근로조건의 향상을 위한 근로자 및 그 단체의 본질적인 활동의 자유인 '단체교섭권'에는 단체협약체결권이 포함되어 있다고 보아야 한다.

[2] 노동조합의 대표자 또는 노동조합으로부터 위임을 받은 자에게 단체교섭권과 함께 단체협약체결권을 부여한 이 사건 법률조항의 입법목적은 노동조합이 근로3권의 기능을 보다 효율적으로 이행하기 위한 조건을 규정함에 있다 할 것이다. 따라서 비록 이 사건 법률조항으로 말미암아 노동조합의 자주성이나 단체자치가 제한되는 경우가 있다고 하더라도 이는 근로3권의 기능을 보장함으로써 산업평화를 유지하고자 하는 중대한 공익을 위한 것으로서 그 수단 또한 필요·적정한 것이라 할 것이므로 헌법에 위반된다고 할 수 없다(헌재 1998.2.27. 94헌바13·16, 95헌바44 결정(병합)).

나. 총회의 정족수

가) 회의성립정족수

총회는 재적조합원 과반수의 출석으로 개최된다(노조법 제16조 2항 본문).

[판 례]

- 노동조합법 제19조 제1항 소정의 "임원의 선거에 관한 사항"에 임원의 선거 자체가 포함됨은 명백하고, 한편 총회의 의결방법에 관하여 규정하고 있는 같은 조 제2항은 노동조합의 구성원인 조합원이 그 조직과 운영에 관한 의사결정에 다수결의 원칙에 따라 관여할 수 있도록 함으로써 이른바 조합민주주의를 실현하기 위한 규정이므로 총회의 의결방법에 관한 위 규정은 강행규정이고, 위 규정의 문언에 의하더라도 총회의 특별결의를 요하는 사항이 아닌 총회 의결사항은 재적조합원 과반수의 출석과 출석조합원 과반수의 찬성으로 의결하도록 규정되어 있는 바이므로, 총회에서 노동조합의 대표자인 임원으로 선출되기 위해서는 재적조합원 과반수가 출석하여 투표를 시행하고 아울러 총투표자 과반수의 득표를 하여야 한다(대판 1995.8.29. 95마645).

나) 의결정족수

(가) 일반의결정족수

총회의 일반의결은 재적조합원 과반수의 출석과 출석조합원 과반수의 찬성으로 이루어진다(노조법 제16조 제2항 본문).

(나) 특별의결정족수

① 규약의 제정·변경, ② 임원의 해임, ③ 합병·분할·해산 및 조직형태의 변경에 관한 총회의 특별의결은 재적조합원 과반수의 출석과 출석조합원 2/3이상의 찬성으로 이루어진다(노조법 제16조 제2항 단서).

또한 임원의 선거에서 출석조합원의 과반수 찬성을 얻은 자가 없는 경우에는 규약이 정하는 바에 따라 결선투표를 실시하여 다수의 찬성을 얻은 자를 임원으로 선출할 수 있다(노조법 제16조 제3항).

다. 의결방식

노조법 제16조 제4항은 규약의 제정·변경과 임원의 선거·해임에 관한 사항은 조합원의 직접·비밀·무기명투표에 의하여야 한다고 규정하고 있다. 이 규정을 반대해석한다면 규약의 제정·변경과 임원의 선거·해임 이외의 사항에 관해서 반드시 조합원의 직접 비밀 무기명투표의 방식에 의하지 않더라도 무방하다고 할 것이다. 규약의 제정·변경과 임원의 선거·해임에 관한 사항이 아닌 경우 총회에서 예컨대 거수로 결정해도 된다고 할 것이다.

또한 노동조합이 특정 조합원에 관한 사항을 의결할 경우에는 그 조합원은 표결권이 없다(노조법 제20조).

2) 대의원회

노조법은 사업장의 현실적 요구에 부응하도록 총회에 갈음하는 의사결정기관으로 대의원회를 인정하고 있다. 총회를 갈음하는 대의원회가 있는 경우 대의원회의 소집과 의결에 관하여는 총회에 관한 규정이 대부분 준용되고 있다(노조법 제17조 제4항).

(1) 법적 지위

노조법은 노동조합이 규약으로 총회에 갈음하는 의결기관으로서 대의원회를 둘 수 있다(동법 제17조 제1항). 대의원회를 반드시 두어야 하는 것은 아니므로 설치 여부는 노동조합 스스로 정할 문제이고 대의원회를 두더라도 총회와의 관계를 어떻게 할 것인지도 노동조합이 스스로 결정할 수 있다. 그러므로 총회를 두지 않고 대의원회만을 두든 총회의 권한 일부에 관해서 총회를 갈음하는 대의원회를 두든 또는 총회와 대의원회 둘 다 두고서 필요에 따라 둘 중 어느 하나를 개최하든 그것은 노동조합 스스로 결정할 문제이다.

그러나 노동조합이 대의원회를 총회에 갈음하는 의결기관이 아니라 중간의결기구로 정하고 최종적인 결정을 총회에서 하는 경우에는 그렇지 않다. 이러한 경우에는 노조법 제17조가 적용되지 않는다고 할 것이다.

그런데 노조법 제16조 제4항, 제17조 제2항 및 제41조 제1항과 관련하여 동법 제17조 제1항을 어떻게 파악해야 되는가라는 문제가 제기될 수 있다. 다시 말하면, 총회가 없이 유일한 의결기관으로서 대의원회만이 있는 노동조합도 가능한가? 동법 제17조 제1항에 의하면, 총회가 없이 유일한 의결기관으로서 대의원회만이 있는 노동조합도 가능한 것처럼 보인다. 그러나 동법 제16조 제4항, 제17조 제2항 및 제41조 제1항에 의하면, 규약의 제정과 변경, 임원의 선출, 대의원의 선출 및 쟁의행위 결정은 조합원의 직접·비밀·무기명투표에 의하여야 한다고 규정하고 있어서 이러한 사항은 총회의 전속적 의결사항인 것처럼 보인다. 즉 이러한 범위 내에서 이들 규정들은 상호 모순적인 관계에 있다고 할 것이다. 그래서 유일한 의결기관으로서 대의원회만이 있는 노동조합의 경우에도 규약의 제정과 변경, 임원의 선출, 대의원의 선출 및 쟁의행위의 결정은 조합원의 직접·비밀·무기명투표에 의하여야 한다고 해석해야 한다면 노동조합이 최고의결기관으로서 총회를 두지 않는 것은 위법이라고 할 것이다.

하지만 노동조합이 총회에 갈음하는 대의원회를 인정하는 것은 노동조합의 규모, 사업장의 위치 조합원의 근무방식 등 현실적인 여건으로 말미암아 총회의 개최가 사실상 어려운 경우가 많기 때문이다. 이러한 경우에는 부득이 총회를 갈음하는 대의원회를 둘 수밖에 없다. 이러한 경우에까지 규약의 제정과 변경, 임원의 선출 및 쟁의행위의 결정은 조합원의 직접·비밀·무기명투표에 의하여야 한다고 파악해야 한다면 규약의 제정과 변경, 임원의 선출 및 쟁의행위결정은 사실상 불가능하게 된다고 할 것이다. 그러므로 조합원은 대의원회에 의한 간접투표의 방식에 의해서도 규약의 제정과 변경, 임원의 선출 및 쟁의행위의 결정을 할 수 있다고 해석해야 할 것이다.

대의원회는 총회에 갈음하는 기관이므로 대의원회의 의결은 총회의 의결과 동등한 효력을 갖는다. 그러나 대의원회에서 의결된 사항은 총회에서 번복할 수 있다고 할 것이다.

(2) 대의원의 선출

대의원은 조합원의 직접·비밀·무기명투표에 의하여 선출되어야 한다(노조법 제17조 2항). 이와 같이 노동조합의 최고의결기관인 총회에 갈음할 대의원회의 대의원을 조합원의 직접·비밀·무기명투표에 의하여 선출하도록 규정하고 있는 취지는 노동조합의 구성원인 조합원이 그 노조의 조직과 운영에 관한 의사결정에 관여할 수 있도록 함으로서 노조 내 민주주의, 즉 노조의 민주성을 실현하기 위함에 있고 이는 강행규정이라고 할 것이므로, 다른 특별한 사정이 없는 한 위 노조법 조항에 위반하여 조합원이 대의원의 선출에 직접 관여하지 못하도록 간접적인 선출방법을 정한 규약이나 선거관리규정 등은 무효라고 해야 할 것이다.[91]

[판 례]

- 노동조합의 선거관리규정이 규약인 운영세칙의 위임에 따라 세부적인 선거절차와 방법을 규정하고 있는 것이라면, 그 선거관리규정의 개정은 구 노동조합법(1996.12.31. 법률 제5244호 노동조합및노동관계조정법 부칙 제3조로 폐지되

---

91) 대판 2000.1.14. 97다41349 및 김도형, "조합원의 직접 선거에 의하지 않고 선출된 대의원으로 구성된 노동조합 대의원회 결의의 효력", 『노동법률』 106호, 2000/3, 26면 이하 참조. 위 판결은 (구)노동조합법(1996.12.31. 법률 제5244호 노조법 부칙 제3조로 폐지) 제20조 제2항에 관하여 판시한 것인데, (구)노동조합법(1996.12.31. 법률 제5244호 노조법 부칙 제3조로 폐지) 제20조 제2항은 현행노조법 제17조 2항과 동일하다.

기 전의 것) 제20조 제4항에 의하여 준용되는 같은 법 제19조 제2항 단서의 재적 조합원 과반수의 출석과 출석 조합원 3분의 2 이상의 찬성을 요하는 규약의 변경에 해당하지 아니한다(대판 1998.3.24. 97다58446).

대의원의 임기는 3년을 초과하지 않는 범위 안에서 규약으로 정하여야 하고(동법 제17조 3항), 노동조합의 의사결정기관으로서 대의원회를 둔 때에는 총회에 관한 규정은 대의원회에서 이를 준용한다(동법 제17조 4항).

(3) 회 의

노동조합은 매년 1회 이상 대의원회를 개최하여야 하고(동법 제15조 1항, 제17조 4항), 노동조합의 대표자가 대의원회의 의장이 된다(동법 제15조 2항, 제17조 4항).

대의원회는 규약이 정한 바에 따라(동법 제11조 7호) 정기적으로 소집되는 정기대의원회와 노동조합의 대표자가 필요하다고 인정하거나 대의원의 3분의1 이상(연합단체인 노동조합에 있어서는 그 구성단체의 3분의1 이상)이 회의에 부의할 사항을 제시하고 회의의 소집을 요구한 때에 노동조합의 대표자에 의하여 소집되는 임시대의원회가 있다(동법 제18조 제1항 및 제2항). 노동조합의 대표자가 대의원의 요구에 의한 임시대의원회의 소집을 고의로 기피하거나 이를 해태하여 조합원 또는 대의원의 3분의1 이상이 소집권자의 지명을 요구한 때에는 관할 행정관청은 15일 이내에 노동위원회의 의결을 요청하고 노동위원회의 의결이 있는 때에는 지체 없이 회의의 소집권자를 지명하여야 한다(동법 제18조 제3항). 또한 노동조합이 대의원회의 소집권자가 없는 경우 대의원의 3분의1 이상이 회에 부의할 사항을 제시하고 소집권자의 지명을 요구한 때에는 관할 행정관청은 15일 이내에 회의의 소집권자를 지명하여야 한다(동법 제18조 제4항). 대의원회의 소집방법에 관하여는 위와 같은 법규정에 정한 방식 이외의 방법을 규약에 정할 수 있으나(동법 제11조 제7호), 이는 법규정에 의한 소집방식에 의한 조합원 또는 대의원의 권한이 그대로 보장되는 범위 내에서 허용될 수 있다고 할 것이다.

대의원회의 소집을 위해서는 적어도 회의개최일 7일전까지 그 회의에 부의할 사항을 공고하고 규약에 정한 방법에 의하여 소집하여야 하되, 다만 노동조합이 동일한 사업장내의 근로자로 구성된 경우에는 그 규약으로 공고기간을 단축할 수 있다(동법 제19조).

(4) 의 결

가. 의결사항

대의원회에서는 법에 의하여 노동조합의 자주적·민주적 운영을 위하여 필요한 것으로 규정한 주요사항에 대하여는 반드시 이를 의결하여야 하고(동법 제16조 제1항) 그밖에 규약에 의하여 대의원회의 의결사항으로 정한 사항에 대하여 의결하여야 한다.

문제는 노조법이 조합원의 직접투표에 의해서 결정하도록 되어 있는 규약의 제정과 변경, 임원의 선출(동법 제16조 제4항) 및 쟁의행위결정(동법 제41조 제1항)을 대의원회에서 의결할 수 있는가이다.

대의원회가 총회를 갈음하는 의결기관인 경우 총회의 의결시항으로 되어 있는 사항은 모두 대의원회에서 결정할 수 있다고 할 것이다. 그런데 대의원회에 의한 결정은 조합원에 의한 직접투표가 아니라 간접투표에 의한 결정이므로 조합원의 직접투표를 명문으로 규정하고 있는 노조법 제16조 제4항, 제41조 제1항에 위배된다고 할 수도 있을 것이다. 하지만 노동조합 관련 법률실무에 있어서 임원선거에 대해서는 대의원에 의한 간접선거가 관행적으로 용인되어 오고 있고, 다만 쟁의행위가부결정투표에 대해서는 대의원에 의한 간접투표가 노조법 위반의 문제로 처리되고 있는 것이 현실인 것 같다. 이것은 쟁의행위는 노동조합의 최후적인 수단으로서 조합원 개개인의 현실적 행위이고 또 영향력이 조합원 개개인에게 직접적으로 미치기 때문인 것 같다.

나. 의결 정족수

의결정족수는 원칙적으로 재적대의원 과반수의 출석과 출석대의원 과반수의 찬성으로 하되(노조법 제16조 제2항 본문), 예외적으로 임원의 선거에 있어서 출석 대의원 과반수의 찬성이 없는 경우에는 규약이 정하는 바에 따라 결선투표를 실시하여 다수의 찬성을 얻을 자를 임원으로 선출할 수 있고(동법 제16조 제3항), 한편 규약의 제정·변경, 임원의 해임, 합병·분할·해산 및 조직형태의 변경에 관한 사항은 재적대의원과반수의 출석과 출석 대의원 3분의 2 이상의 찬성으로 의결하여야 한다(동법 제16조 제2항 단서). 이와 같이 대의원의 의결정족수를 규정하고 있는 법규정은 대의원이 그 조직과 운영에 관한 의사결정에 다수결의 원칙에 따라 관여할 수 있도록 함으로써 이른바 노조민주주의를 실현하기 위한 규정이라 할 것이므로 강행규정이라고 할 것이다.[92]

다. 의결방식

의결방식 또는 절차는 원칙적으로 임의로 정할 수 있으나, 규약의 제정·변경과 임원의 선거·해임에 관한 사항은 반드시 대의원의 직접·비밀·무기명 투표에 의하여야 한다(노조법 제16조 제4항). 예를 들어, 조합장을 선거하는 투표를 실시함에 있어서 조합원 개인 또는 특정 친목단체에 속한 조합원들이 후보자의 개별적인 주문에 따라 그 투표에 의하여 나타난 자신들의 의사 내용을 후보자 측이 알 수 있도록 의도적으로 그 투표용지를 특정한 방법으로 접어서 투표함에 투입할 경우에는, 위 법규정 소정의 무기명·비밀투표의 원칙에 위반되어 그 자체로 무효라 할 것이다.[93]

라. 기타의 문제

대의원회에서 의결을 함에 있어서 법규정이나 규약에 정한 소집 또는 의결방식 등의 절차상 하자가 있을 경우 그 의결의 효력 유무가 문제될 수 있다.

이에 관하여 판례를 보면, 노동조합이 노조법 제19조에 의하여 규약에 정한 소집공고기간을 지키지 않은 채 대의원 30명 전원이 출석한 자리에서 곧바로 임시대의원회를 개최하기로 하여 회의를 진행하고 대의원 24명의 찬성으로 노동조합 집행부를 구성하고 있는 위원장 등 임원 전원을 불신임하는 것과 수일 후 임시총회를 개최하여 차기 위원장 선출을 위한 선거의 실시를 의결하였고, 위 의결에 따라 별다른 소집 공고 등의 절차 없이 임시총회가 개최되었고 차기 위원장을 선출함에 있어서 선거일 5일 이전에 2일간 위원장 입후보등록을 받아 등록된 자 중에서 선출하여야 한다는 규약의 규정을 지키지 않은 채 총유권자의 90% 남짓한 조합원이 출석하여 새로운 위원장을 선출하기로 하는 의결을 하였을 경우, 우선 위 대의원회는 그 개최에 소집공고기간을 준수하지 아니하는 등의 절차상의 하자가 있다고 하더라도 모든 대의원이 참석하고 대의원회에 부의된 사항에 관하여 아무런 이의도 없었다면 위와 같은 하자는 경미한 것이어서 위 대의원회에서 한 의결은 유효하다 할 것이고, 또한 위 임시총회에 있어서도 90% 이상의 조합원이 참석하였고 다른 조합원들이 위원장 입후보등록이나 총회에 참여하여 투표하는 것에 어떠한 지장도 없었다면 위와 같이 소집공고나 입후보등록에 관한 절차상의 하자 역시 경미한 것이어서 위 임시총회에서 의결한 위원장 선출은 유효하다고 보아야 한다고 판시한 사례[94]와, 노동조합의 대의원회에 재적대의원 전원이 출석

92) 대판 1995.8.29. 95마645 참조.

93) 대판 1998.2.27. 97다43567 및 김인재, "노동조합에 있어서 단결자치와 조합민주주의", 『1998년 노동판례비평』, 민주사회를 위한 변호사모임 노동위원회, 1999, 268면 이하 참조.

하여 전원의 찬성으로 위원장을 직선으로 선출하는 것을 전제로 해서 규약을 개정하기로 하는 의결을 한 것이라면, 노동조합의 그 규약변경안을 회의에 부의할 사항으로 미리 공고하지 아니한 채 대의원회를 개최한 절차상의 흠이 있다고 하더라도 그 대의원회의 의결 자체를 무효로 볼 수 없다고 한 사례[95] 등이 있다. 따라서 이러한 판례에 의하면, 총회 또는 대의원회의 소집이나 의결 등에 절차에 형식상 하자가 있다고 하더라도 그러한 하자가 총회 또는 대의원회에서 의결을 함에 있어서 그 구성원의 의사를 실질적으로 반영하는데 어떠한 장애를 초래하지 않았다면 그러한 하자로 인하여 그 의결을 무효로 볼 수 없다고 할 것이다.

3) 규약상의 임의적인 중간의결기관

노동조합의 규모가 큰 경우 대의원회 외에 규약에 의하여 중앙위원회, 운영위원회 등과 같은 중간의결기관을 두는 경우가 있다. 이 경우에는 중간의결기관의 권한과 임무는 규약에 의해서 부여되고 기본적으로는 대의원회에서 위임된 사항을 의결하는 것이 보통이다. 이것은 규약의 정함에 따라 결정된다. 통상적인 경우 거대노동조합에 있어서는 중앙위원회나 운영위원회가 대의원회에 갈음하는 기관으로서의 기능을 수행하는 때가 많다.

이러한 경우에 첫째로 문제로 되는 것은, 대의원회에 갈음하는 중간의결기구를 두는 것이 법적으로 허용되는가이다. 노동조합이 총회 또는 대의원회 이외에 어떠한 중간의결기관을 두고 어떠한 권한과 임무를 부여할 것인가는 노동조합이 스스로 결정할 문제라고 할 것이다. 그러므로 중앙위원회나 운영위원회 등을 규약에 의해서 둘 수 있다.

둘째로 문제로 되는 것은 이러한 중간의결기관의 구성원의 자격이나 선임을 어떻게 해야 하는가이다. 이러한 중간의결기관이 대의원회를 갈음하는 기구의 성격을 가진다고 할 때, 구성원의 자격이나 선임은 대의원회의 경우에 준한다고 할 것이다. 그러나 노동조합의 현장에는 그 권한위임관계에 있어서 대의원회와 직접 연결되지 않은 별개의 성격을 갖는 경우도 적지 않은 것 같다.

이러한 기관과 관련하여 세 번째로 문제되는 것은 노조법이 총회 또는 대의원회의 필요적 의결사항으로 정하는 사항(동법 제16조 제1항 및 제17조 제1항)에 대해서도 규약 또는 총회 또는 대의원회의 위임을 이유로 이들 중간의결기관이 의결하거나 결정하더라도 적법한가라는 것이다.

---

94) 대판 1992.3.27. 19다29071.

95) 대판 1992.3.31. 91다14413.

이 문제에 대한 판단은 총회 또는 대의원회의 필요적 의결사항을 규정하고 있는 노조법을 어떻게 파악하는가에 따라 다르게 될 것이다. 이들 조항의 제도적 취지가 노동조합의 의사결정에 있어서 조합원 또는 대의원에 의한 직접민주주의를 확보하기 위한 것이라고 본다면, 규약에 의한다고 하더라도 총회의 의결을 배제하고 이들 중간의결기관에게 일방적으로 백지위임하는 것은 불가능하다고 할 것이다. 그러므로 중간의결기구로 하여금 총회 또는 대의원회의 의결사항을 임의적으로 의결할 수 있도록 한 규약은 노조법 제16조 및 제17조에 위배되어서 무효로 될 것이다.

3. 대표 및 업무집행기관

1) 서 설

노조법은 노동조합의 업무집행기관에 관한 일반적 총괄적인 규정을 두고 있지 않다. 그렇지만 노조법은 제10조 제1항 제4호에서 임원의 성명과 주소를 설립신고서의 필요적 기재사항으로서, 동법 제11조에서 대표자와 임원에 관한 사항을 규약의 필요적 기재사항으로 규정하고, 동법 제14조에서 임원의 성명과 주소록에 관한 서류를 비치하도록 하고, 동법 제16조에서 임원의 선거와 해임에 관한 사항을 총회의결사항으로 강제하고, 동법 제23조에서 임원의 선거 등에 관한 규정을 두고 있는 등 임원을 노동조합의 업무집행을 위한 기관으로 전제하고 있다. 통상 노조위원장, 부위원장, 사무국장, 감사 등이 이에 해당된다. 현행법은 이를 노조의 임원이라 하고 임원에서는 노동조합대표자가 당연히 포함된다고 할 것이다.

동법 제17조에서 임원은 조합원 중에서 규약으로 정한 절차에 의해 조합원이 직접·비밀·무기명투표에 의해 선거하며 임기는 3년을 초과할 수 없다.

2) 노조대표

(1) 법적 지위

대표자는 대내적으로 의결기관이 의결한 사항을 집행하고 대외적으로 노조를 대표한다. 그러므로 대표자는 노동조합을 대내외적으로 대표하는 기구로서 그에 따른 권한과 책무가 있다고 할 것이다.

(2) 대표자의 권한

노조법에 의하면, 대표자는 총회(대의원회가 있는 경우에는 대의원회)의 의장이 되며(동법 제15조 제2항, 제17조 제4항), 임시총회를 소집할 수 있는 권한이 있고(동법 제18조 제1항), 또한 단체교섭권과 단체협약체결권을 가지고 있다(동법 제29조 제1항). 한편 대표자에게는 임시총회의 소집의무(동법 제18조 제2항), 회계감사의 실시의무(동법 제25조 제1항), 그리고 노동조합운영상황의 공개의무(동법 제26조), 행정관청에 대한 보고의무(동법 제27조) 등을 지고 있다.

그렇지만 대표자가 위와 같이 법률이 명시하고 있는 권한과 의무 이외에 어떠한 권한을 더 가지고 있는지, 또는 대표자의 구체적인 법적 지위가 어떠한 지에 관해서 노조법은 별도로 규정하고 있지 않다. 이는 노조법이 대표자보다 총회에 더 많은 비중을 두고 있다는 것을 의미하며, 노동조합의 단체적 성질에 비추어 볼 때, 노동조합에 있어서 대표자가 어떠한 권한과 의무를 가지는가는 규약에 의하여 노동조합의 자율에 맡겨져 있다.

(3) 총회와의 관계

조직의 대표자는 일반적으로 두 유형으로 구분되는데 첫 번째가 대표자가 명목에 불과하여 실질적 권한을 별로 갖지 않는 경우이고, 두 번째는 대표자가 집행기구를 총괄하고 모든 업무에 대한 책임을 지는 경우이다.

우리나라 노동조합에 있어서 대표자는 대부분의 경우에 후자에 속한다. 그래서 우리나라에 있어서 총회(또는 대의원회)와 대표자의 관계는 이원집정부제의 정부형태에 있어서 입법부와 행정부의 관계와 유사하다고 말할 수 있다. 그래서 현행 노조법이 대표자에게 총회(대의원회가 있는 경우에는 대의원회)의 의장이 되며, 임시총회를 소집할 수 있는 권한이 있고 또한 단체교섭권과 단체협약체결권을 갖도록 한 것은 노조민주주의의 관점에서 볼 때 상당히 문제점이 있다. 현행 노조법이 대표자의 권한으로 규정하고 있는 사항을 볼 때 노동조합의 대표자는 노동조합의 업무를 집행하는 기관이 되어서는 아니 되고 단순히 조직을 총체적으로 대표하는 명목적 상징적 지위에 머물러야 대표자의 권한 남용이 방지되어서 노조민주주의가 제대로 실현될 수 있을 것이다.

결국 노조민주주의 실현에 있어서 문제점을 해결하기 위해서는 대표자의 권한으로 규정하고 있는 현행 노조법을 노동조합의 실무에 부합하도록 개정하든가 그렇지 않으면 노동조합이 그 실무를 노조법의 취지에 부합되게 개선하는 것이 바람직할 것이다.

3) 회계감사(會計監事)

노동조합의 재정은 노동조합의 활동과 자주성을 위해서 대단히 중요하다. 그래서 노조법 제25조는 회계감사원으로 하여금 회계감사를 실시하도록 회계감사 실시 의무를 대표자에 대하여 부과하고 회계감사결과 공개원칙을 규정하고 있다. 또한 회계감사원이 독자적으로 노동조합의 회계감사를 실시할 수 있도록 하고 있다.

여기서 제기되는 문제는 회계감사원(會計監査員)이 법률상 노동조합의 기구인가라는 것이다. 노조법 제25조 제1항에 의하면 노동조합의 회계감사는 노동조합 대표자에게 부여되어 있는 업무, 즉 외부회계전문가에 의뢰하여 실시할 수 있는 기능인 것처럼 보인다. 그러나 동조 제2항은 "노동조합의 회계감사원은 필요하다고 인정할 경우에는 당해 노동조합의 회계감사를 실시하고 그 결과를 공개할 수 있다"고 규정하여, 노동조합의 회계감사가 단지 노동조합 대표자에게 부여되어 있는 업무, 즉 외부회계전문가에 의뢰하여 실시할 수 있는 기능이 아니라 회계감사(會計監査)를 위한 기관이 노동조합의 기구로서 반드시 두어야 하는 기관임을 전제하고 있다.

노동조합의 공정한 운영을 위해서 회계감사의 기능이 중요하지만 회계감사가 노동조합의 자주성과 재정운영의 공정성을 기할 수 있는 제도이면 충분하므로 대표자나 총회(또는 대의원회)와 같이 현실적으로 반드시 노동조합의 내부기구일 필요는 없다고 할 것이다. 또한 노동조합의 내부기관이라고 하더라도 감사의 기능과 권한이 반드시 노동조합의 회계에 국한될 필요도 없다. 그런데 현행 노조법은 노동조합의 내부기관으로서 회계감사원를 두도록 하고 그 임무를 회계에 대한 감사(監査)로 국한하고 있다. 그러나 민법은 법인에 있어서 감사(監事)를 임의적 기관으로 규정하고 있다(민법 제66조). 이와 비교해 볼 때, 현행 노조법의 태도는 합리적인 것이라고 말하기 어렵다.

노동조합은 규약에 의해서 노조업무집행기관의 활동에 대한 감시·감독을 위해서 회계감사(會計監事) 이외에 감사(監事)를 둘 수도 있으며, 이러한 감사(監事)제도 없이 총회나 대의원회가 직접 일반감사(一般監査)의 기능을 수행할 수도 있다고 할 것이다. 그 뿐만 아니라 필요한 사안에 따라 노동조합은 스스로 업무감사를 위한 기구를 설치하거나 특정인에게 그 임무를 부여하여 이를 행하게 할 수도 있다고 할 것이다.

현실의 노동조합에서는 감사에게 회계감사뿐만 아니라 노동조합운영 일반에 대한 감사임무까지 부과하고 있는 경우가 대부분이다. 그러므로 대표자가 최고업무집행자로서 책임을 부담하고 있는 경우 회계감사는 곧바로 대표자가 한 업무에 대한 감사이기도 하다. 노동조합의 올바른 운영을 위해서 대표자가 감사의 선임이나 업무에 관여할 수 없도록 제도화하는 것이 필요하다. 그러나 현실에 있어서 노동조합의 감사제도의 운영은 그러하지 못하다.

4) 업무집행기관

(1) 기구설치의 임의성

총회(또는 대의원회), 대표자, 회계감사는 노조법상 노동조합의 필요적 기관이지만 이들 필요적 기관 이외에도 노동조합이 규약에 의해서 스스로 필요한 기구를 설치할 수 있음은 당연하다. 즉 노동조합이 법상 필요적 기관 이외에 어떠한 기관을 더 설치할 것인가, 기관의 구성을 어떠한 방향으로 할 것인가, 그 권한분배를 어떻게 할 것인가는 실정법에 위반하지 않고 노동조합의 자주성과 민주성에 반하지 않는 범위 내에서 전적으로 노동조합 자체의 결정에 달려 있다고 할 것이다.

(2) 집행위원회와 사무국

통상 현실의 노동조합은 업무집행을 위한 기구를 따로 두고 있다. 집행위원회와 사무국이라는 이름을 가진 기구가 그것이다. 이러한 업무집행기구는 사단법인의 이사회와 비교될 수 있다. 민법은 법인의 사무집행을 위한 이사를 반드시 두도록 하고 있다(민법 제57조 및 제58조 제1항). 노동조합이 스스로 법인으로 등록하는 경우에는 민법에 따라 사무집행을 위한 이사를 반드시 두어야 함은 물론이다. 그러나 그렇지 않은 경우에는 노조법은 이러한 기구를 의무화하지 않고 있다. 따라서 노동조합에 이와 같은 별도의 업무집행기구가 없는 경우 총회 또는 대의원회가 그 기능을 수행한다고 할 것이다. 이것은 노동조합의 조직적 특징이다. 노조법이 민법과 달리 노동조합을 총회 또는 대의원회를 중심으로 하는 조직을 전제하고 있음을 암시하고 있다고 할 것이다.

현실의 노동조합은 실제적 필요에 의하여 규약으로 집행기구를 두고 있는데, 이러한 집행기구는 노동조합의 특징상 대체로 위원회식 또는 회의식으로 조직되어 있다. 집행위원회가 조직되어 있는 경우에는 규약 또는 관행에 따라 집행위원회의 책임 하에 또는 집행위원 공동의 책임으로 노동조합의 집행업무가 이루어지는 것이 보통이다. 집행위원회는 사무국 업무를 관장하고 집행위원회 중에서 사무국의 부서업무를 담당하기도 한다. 집행위원회는 총회에서 수임된 사항을 집행할 뿐만 아니라 정해진 범위 내에서 업무집행에 관한 결정을 하기도 한다.

집행위원회와의 관계에서 비추어 볼 때, 사무국은 집행업무의 수행을 담당하는 사무적 기구이기 때문에 엄밀히 말하면 집행기구가 아니라 집행담당기관이라고 할 것이다. 집행위원회에서 업무집행에 관한 사항이 결정되면, 현실적으로 모든 집행업무가 사무국에 의해서 진행된다. 집행업무의 내용에 따라 사무국은 부서별로 기능이 나누어져서 부담하며 각 부서의 장이 관할업무를 책임지며 사무국장이 업무를 총괄한다.

(3) 업무집행기구와 총회 및 대표자와의 관계

업무집행기구가 있는 경우 노동조합 실무에서 대표자와 집행기구의 관계가 어떠한지에 대한 문제이다. 통상 노동조합대표자는 집행기구의 장이다. 노동조합 현장에서 노조대표자를 위원장으로 부르고 있는 것은 대표자가 집행위원회의 장이라는 것에서 유래한 것이다. 이것은 대표자도 기본적으로 집행위원회의 일원이라는 것을 뜻한다. 그래서 현실의 조합규약이 대표자에게 집행업무에 관한 권한을 직접 또는 별도로 부여하고 있는 것이 보통이다. 왜냐하면, 노동조합의 업무집행은 위에서 언급했듯이 위원회식 또는 회의식으로 결정되기 때문이다.

한편, 노동조합 실무에서 노조대표자가 집행위원과 사무국 및 사무국의 부서장을 직접 임명하는 경우가 많지만 대표자가 집행위원과 사무국 및 사무국의 부서장을 직접 임명하되 총회나 대의원회에서 추인받도록 하는 경우도 있고, 노동조합에 따라서는 대표자가 집행위원과 사무국 및 사무국의 부서장을 직접 임명하지 않는 노동조합도 있다.

4. 노조전임자의 문제

1) 서

(1) 노조전임자란?

다수인을 구성원으로 하는 모든 목적조직에는 조직관리자가 있는 것이 보통이고 그래야 그 조직이 합목적적으로 기능할 수 있다. 그리고 조직에는 많든 적든간에 그 나름의 고유한 업무가 있기 때문에 이러한 업무처리는 조직관리자에게 그에 상응하는 시간과 노력을 요구한다. 이것은 목적조직으로서 노동조합에 있어서도 마찬가지다. 노동조합의 집행위원은 조직관리자로서 노동조합활동에 따르는 일상적인 업무를 처리하고 노동조합의 주요활동을 촉진하는데 필요한 모든 활동을 수행하는 임무를 지는데 그 중 노조업무를 상시적으로 전담하는 조합원이 필요하고 이러한 조합원이 바로 노조업무전임자 또는 전임위원이다.

노조전임간부에는 특정기업의 종업원지위를 보유하지 않은 직업적인 전임자와 특정기업의 종업원지위를 보유하고 있는 재적전임자가 있을 수 있다. 전자의 경우 전임자문제는 사용자와 근로관계를 맺지 않고 있으므로 근로관계에 있지 않은 자가 노조의 전임간부직에 취임할 수 있는가라는 노동조합조직상의 문제로서 집단적 노사관계법영역의 논의의 대상이지만, 후자의 경우 노조전임자가 근로계약에 기하여 사용자와 개별적 근로관계를 맺고 있으므로 재적노조전임자문제는 집단적 관계법의 영역뿐만 아니라 개별적 근로관계법의 영역에까지 관련되어 있기 때문에 노동법 전체적 차원에서 판단해야 하는 복잡한 법률적 문제를 야기한다.

(2) 노동조합조직형태와 재적노조전임제도

노동조합전임자문제는 조직형태에 따라 그 양상이 다를 수 있겠지만 기업별노동조합의 경우에만 존재하는 특유의 현상은 아니다. 산별노동조합체제하에서도 노동조합의 구조와 기능상의 차이 때문에 그 양상은 다르지만 재적노조전임자의 문제는 여전히 발생할 수 있다.[96] 예컨대 도이칠란트와 같은 산별노동조합체제하에서는 노조임원 또는 간부들은 직업적인 노동운동가들이고 특정기업의 종업원이었다고 하더라도 노조전임간부로 발탁되면 기업에서 이적하기 때문에 재적노조전임제는 별로 문제시 되지 않는다. 하지만 다른 차원에서 재적노조전임자문제가 발생한다. 산별노동조합조직체제하에서는 종업원이 아닌 노조간부가 직접적으로 개별기업 또는 사업장 내에서 노조가입 정책홍보 등 노동조합을 위한 활동을 할 수 없기 때문에 기업 또는 사업장 내에서의 노동조합활동과 관련하여 당해 기업 또는 사업장의 종업원을 노동조합의 대행자로 선임할 필요가 있다. 그러므로 산별노동조합체제하에서 노조전임자문제는 바로 기업 또는 사업장내에서의 노동조합활동 대행자의 지위를 둘러싸고 야기된다. 이를테면 잉글랜드의 shop steward와 도이칠란트의 Gewerkschaftliche Vertrauensleute[97]에 관한 법적 문제들 중의 하나가

96) 박원석, "재적노조전임자제도", 『노사관계』 제2권 1호, 한국노사관계연구원, 1991, 206면은 특정 기업의 종업원지위를 보유하지 않은 직업적인 전임자는 사용자와 아무런 법률적 관계를 가지지 않으므로 규약의 규정에 따라 선임되는 한 문제를 발생시키지 않는다고 기술하고 있는데 이는 전임자의 법률적 문제에 대한 오해에서 비롯된 것이다. 노동조합의 조직형태, 조합원의 범위, 전임자의 보수지급방법 등과 관련해서 여전히 복잡한 법률적 문제를 야기할 수 있다.

97) 필자는 "Gewerkschaftliche Vertrauensleute"를 "노조신임자"이라고 번역하였다. 이에 관해서는 강희원, "노조전임자의 법적 지위에 대한 비교법적 연구-독일의 노조수탁인의 법적 지위를 중심으로", 『법무연수원 비상근연구위원논문집』 제9집, 법무연수원, 1995, 81-142면 참조.

일종의 재적노조전임제에 관한 문제이다.

그렇지만 재적노조전임자는 노동조합이 기업별조직형태인 경우에 사용자와의 관계에서 상당히 독특한 법률문제가 된다. 그 뿐만 아니라 그것은 기업별노동조합을 규제하는 특유한 법제와 사회·경제적 여건과 관련해서 더욱 더 복잡한 법률적 문제를 야기한다. 예컨대, 일본의 경우 재적노조전임제는 사회적·정책적 배경의 변화에 따라 그 실태와 양상이 다양하게 변해왔다. 오히려 기업별노동조합 체제하에서 재적노조전임제는 당연히 인정되는 것으로 받아들여졌던 것 같다.

어떻든 재적노조전임자문제는 노동조합 조직형태상의 특수한 문제가 아니라 노동조합활동에서 생길 수 있는 일반적인 문제라고 할 것이다. 재적노조전임자문제가 기업별노동조합조직을 택하고 있는 우리나라에서만 특별하게 잘못 형성된 유별한 문제인 것처럼 생각하는 것은 잘못이다. 그러므로 재적노조전임제를 둘러싸고 노사 간에 현재 야기되는 문제가 산업별노동조합 조직방식을 도입할 경우에 일소되어야 하고 또한 일소될 수 있는 노동실무관행이라고 생각하는 것은 성급한 결론이라고 할 것이다. 어떻든 지금까지 기업별노동조합 조직형태를 고수해 온 우리나라의 경우 재적노조전임제는 우리나라 노동법제와 노동조합의 조직률 및 경제적 능력 및 정치·경제적 상황과 관련하여 특유한 문제로서 발전해 왔다는 것은 부인할 수 없을 것이다.

(3) 우리나라에 있어서 재적노조전임자의 현황

우선, 노조전임자가 재적전임으로 있을 수밖에 없도록 만든 원인은 우리나라의 노사관계의 특수한 상황과 과거 노동관련법제의 상황에 있다. 우선 후자의 경우를 먼저 간단히 살펴보면, (구)노동조합법에서는 입법자가 정책적으로 노동조합을 기업별조직형태로 구성하도록 강제하여 왔고 당해 사업장에서 사용자와 근로계약을 맺지 않고 있는 자는 법률적으로 노동조합의 가입을 금지하고 있었으며(구 노동조합법 제3조 제4호 및 제12조의2 참조), 노동조합의 임원은 반드시 조합원 중에서 선출되도록 강제하였기 때문에(구 노동조합법 제23조 참조), 노동조합전임자는 재적전임자일 수밖에 없게 되었다.

그 다음에 재적노조전임제가 우리나라에서 노동실무관행으로서 일반화하게 된 실질적 이유는 노동조합에 관한 위와 같은 제도적·법적 상황뿐만 아니라 특수한 정치·경제적 상황과 기업 내에 있어서의 특별한 사정에 기인하였다고 말할 수 있다. 즉 기업의 외적 측면에서 보면, 우리나라는 자본주의 역사가 일천하고 무엇보다 노동조합의 세력이 커지는 것을 정치적·경제적 이유에서 억제할 필요성이 절실하였기 때문에 노동조합의 조직형태를 기업별로 한정해서 노동조합활동을 기업 내로 제한하였다. 기업의 내적 측면에서 보면, 첫째 노동조합이 기업별로 급격하게 구성되었기 때문에 노조간부를 종업원 중에서 선출하는 것이 자연스러웠고 또 가장 현실적이었으며, 둘째 해방직후 기업경영이 혼란상태에 있었기 때문에 노무관리업무와 노조업무와의 한계가 불분명한 경우가 많았고, 셋째 노동조합 성립초기에 사용자가 종업원인 조합원을 환영하여 오히려 재적전임을 인정한 경향이 있었기 때문이라고 할 것이다.

가. 형 태

우선 현재 노동조합실무에서 재적노조전임자가 어떻게 지칭되고 있는가를 보면, 기업 내에서 노조업무에 전념하는 자는 노조전임간부, 전임노조간부, 간부전임, 전임임원, 노동조합전임직원 등으로 지칭되고 있고, 상급의 노동조합연합단체나 노동조합연맹에 파견되어 근무하는 전임자를 상급단체전임자라고 부르고 있다.

노조업무담당형태에 따라 상시전임, 시간제전임, 필요시전임으로 구분되고 있다. 전자의 경우에 완전전임자라고 하고, 후 양자의 경우에 반전임자 또는 불완전전임자라고 한다.

나. 실 태

노조전임자 실태에 대한 최근 분석자료가 아니지만 한국노동연구원의 조사에 따르면, 1989년말 현재 분석가능한 7,404개 노조 중 5,313개소(71.8%)에 전임자 및 반전임자가 있는 것으로 분석되었다. 이를 약간 살펴보면 완전전임자만이 있는 노조가 4,401개소이었으며 단위노조당 전임자의 수는 평균 1.42명이다. 노조규모와 관련해서 보면, 전임자의 수는 조합원수 300명 미만인 경우 평균 1명 이하임에 비하여 조합원수 1,000－4,999명의 경우에는 4.68명, 조합원수 5,000명 이상인 경우 21.69명에 이르고 있어서 전임자의 수가 상당히 많은 것으로 나타났다.[98]

또 1989년 4월 한국노총산하 산별노련소속 단위노조가 체결하고 있는 단체협약에 대한 분석에 의하면, 노조전임자에 대한 임금은 분석대상노조 96.0%가 회사에서 전액을 부담하는 것으로 되어있다.[99]

노조전임자 실태에 관한 2008년 한국노동연구원의 조사를 살펴보면 다음과 같다.[100]

---

98) 박기성 외, 『노동조합조직현황자료집』, 노동연구원, 1990 참조.

99) 윤성천 외, 『단체협약분석』, 한국노동연구원, 1991, 67면 참조.

100) 김정한 외, 『노조전임자 관련 개선방안을 위한 실태조사』, 한국노동연구원, 2008, 65-66면 참조.

첫째, 우리나라 노조에서는 거의 대부분 완전노조전임자가 있는 것으로 나타났다. 유급노조 전임자가 있는 비중(완전전임자 유지율)은 조합원 100인 미만 규모에서 63.4% 낮을 뿐 100인 이상에서는 대부분 완전노조전임자가 존재하고 있다.

둘째, 우리나라 완전전임자의 전체 임금은 4,288억 원으로 2005년 조사에 비해 849억이 증가하였으며, 1,000인 이상규모에서 전체 임금의 54%를 차지하고 있다.

셋째, 실제 노조전임자 1인당 조합원수는 149명으로 나타났다. 2002년 실태조사(122명)에 비해서는 많고, 2005년 실태조사(153명)와는 비슷한 결과를 보였다. 노조전임자 1인당 조합원수는 규모가 클수록 비례하는 것으로 나타났다.

넷째, 노조전임자에 대한 임금수준은 평균임금과 평균임금 이상의 임금을 지원하는 것으로 나타났다. 이외에도 노조전임자에 대해서는 유류비 지원, 출퇴근 면제, 별도 고정OT수당 지원 등의 혜택을 부여하고 있다.

다섯째, 조합비 징수기준은 통상임금기준 정률이 가장 많은 편이다. 평균조합비는 정액기준으로는 17,759원, 정률기준으로는 23,154원으로 정률에서 높다.

여섯째, 노조재정은 거의 대부분 조합비로 충당되며, 지출구조는 사업비, 대외분담금, 운영비 등의 순으로 고정비의 비중이 상당히 높은 편이다.

일곱째, 노조전임자 임금과 조합비를 비교하면, 조합비로는 많은 경우 노조전임자임금을 충당하지 못하는 것으로 나타나 노조의 대응방안 마련이 시급한 것으로 나타났다.

여덟째, 노조전임자기금은 전임자 축소보다는 유지 또는 확대에 주안점을 두어 왔다는 점, 집행부 연임여부가 불투명하여 전임자 기금설치에 무관심, 노조가 전임자 기금설치를 요구하였더라도 다른 현안에 밀려 우선순위가 높지 못했다는 점 등의 이유로 설치비중이 한 자릿수에 머물러 있다.

아홉째, 2010년 1월 노조전임자에 대한 임금지급 금지시 바람직한 대응방안을 보면 인사노무관리자의 경우 "2010년부터 법규정대로 노조전임자임금 전면금지"가 30.4%로 가장 많았다. 하지만 "단체교섭 등 노조활동 인정사유를 명시하여 근로시간 면제방식으로 급여지원"과 "노조전임자임금지급은 금지하되, 기업규모 또는 조합원규모별로 상한선을 정하고 노사가 비용 공동부담", 그리고 "노조전임자임금지급 전면 금지하되, 기업규모 또는 조합원규모별로 유급전임자 상한선을 정해 인정"도 적지 않은 비중을 차지하고 있었다.

열째, 금속노조 현대자동차지부, 현대중공업노조, 그리고 전교조의 전임자 및 노조 재정비교 결과, 노조재정의 지출구조는 노조전임자임금지급주체, 상급단체 가맹여부, 조직형태, 지방조직여부 및 과다여부에 따라 상이한 것으로 나타났다.

상급단체 및 지방조직이 없을수록 사업비의 비중이 높다. 노조전임자의 임금을 노조재정에서 지급하거나 지방조직이 많을 경우 고정비의 비중이 아주 높아 노조 본연의 사업집행이 어려운 것으로 나타났다. 현대자동차지부와 현대중공업노조의 경우 전임자임금을 노조에서 자체 지급할 경우 노조전임자수를 대폭 축소하지 않을 경우 단협상 노조전임자 임금도 노조재정에서 충당하는 것이 거의 불가능한 것으로 나타났다. 첫째, 우리나라 실제 노조전임자 1인당 조합원수는 2002년 122명, 2005년 153명, 2008년 149명으로 우리나라 노조전임자 1인당 조합원수는 122~150명인 것으로 추산된다. 실제 노조전임자 1인당 근로자수는 2002년 186명, 2005년 238명, 2008년 234명으로 나타나 우리나라 노조전임자 1인당 근로자수는 200명 선인 것으로 보인다.

그런데 70, 80년대와 달리 현재 개방된 세계경쟁경제체제하에서 사용자는 기업이 노조전임자의 임금을 지급하는 것은 경제적 측면에서 기업에게 부담이 된다는 것을 인식하게 되었고, 그 결과 재적노조전임자의 문제를 임금부지급이라는 경제적 시각에서 해결하려고 한다.

2) 재적노조전임자의 실정법적 상황

(1) 재적노조전임제의 근거

1997년 이전에는 재적노조전임제에 관한 실정법적 근거가 없었으나 1997.3.13 법률 제5310호 노조법이 제정되면서 그 실정법적 근거가 마련되었다. 동법 제24조 제1항에 의하면 근로자는 단체협약으로 정하거나 사용자의 동의가 있는 경우에는 근로계약 소정의 근로를 제공하지 아니하고 노동조합의 업무에만 종사할 수 있다. 따라서 노동조합의 조합원 중에는 사용자와의 근로계약관계에 의한 근로자로서의 지위를 유지하면서 근로계약상의 노무제공의무의 전부 또는 일부를 면제받아 노동조합의 업무에만 종사할 수 있는 노동조합전임자가 있을 수 있다.

위 규정이 마련되기 전에도 기업별노조의 조직형태 하에서 재적노조전임제도의 근거를 어디에서 찾아야 할 것인가에 대해 논의가 되어 왔다. 그런데 우리나라에서는 이에 관한 논의는 법적 상황이 우리나라와 유사한 일본에서 논의되고 있는 것이 그대로 수용되었던 같다.

가. 학 설

노동조합 전임자제도가 인정될 수 있는 근거와 관련하여 일본에서는 재적노조전임제의 인정근거를 노사 간의 협약자치라는 협약법적 차원에서 찾으려는 입장[101]과 헌법적 차원의 근로자의 단결권에서 찾으려는 입장[102]이 대립하고 있다. 전자가 승인설 또는 협정설이고 후자가 단결권설이다.

가) 승인설(혹은 협정설)

근로자는 근로계약체결에 의하여 노무제공의무를 부담하는 것이고 노동조합활동이라도 근로계약관계를 절대적으로 부인하는 것은 인정되지 아니하므로 노무제공의무를 면제받는 재적노조전임자의 지위는 사용자의 승인 또는 양해에 의해서 비로소 성립된다는 견해이다. 이에 의하면, 노동조합 전임자제도가 헌법상 보장된 단결권의 내용으로서 사용자가 이를 마련하여야 할 의무까지 당연히 인정되는 것이 아니라 사용자의 노동조합에 대한 편의제공의 한 형태에 지나지 않으므로 단체협약이나 사용자의 동의가 있는 경우에 한하여 비로소 인정될 수 있을 뿐이라고 한다.

나) 단결권설

재적노조전임제는 노동조합 활동의 중핵이고 단결권·단체행동권의 현상형태, 즉 단결권의 내용을 구성하는 것이라고 하면서 인정근거와 정당성을 단결권에서 찾는 견해이다. 단결권설에 의하면 노동조합 전임자제도는 헌법상 보장된 단결권의 한 내용으로서 노동조합의 정상적인 활동을 위하여 노동조합으로서는 사용자에게 이를 적극적으로 요구할 수 있는 권리가 있고 사용자로서는 이에 응할 의무가 있으므로 단체협약이나 사용자의 동의가 없다고 하더라도 사용자는 노동조합 전임자제도에 관한 노동조합의 요구가 있을 때 객관적이고 합리적인 이유가 없는 한 이를 거절할 수 없다고 한다.

나. 판례의 입장

노동조합전임자제도에 관한 노조법 제24조가 마련되기 전의 판례는 "노조전임제는 노동조합에 대한 편의제공의 한 형태이고 사용자가 단체협약 등을 통하여 승인하는 경우에 인정되는 것"이라고 하여,[103] 협정설의 입장을 취하고 있는 것으

---

101) 平岡一實, 勞動契約論, 有斐閣 1954, 336면; 恒藤武二, 「組合役員」, 『勞動法大系(1)』, 有斐閣, 1963, 160면.

102) 沼田稻次郎, 「團結する權利の保障-在籍專從制度의 檢討」, 『勞動法と經濟法の理論』, 有斐閣, 1960, 101면 이하; 本多淳亮, 「組合活動條項」, 『新勞動法講座(5)』, 有斐閣, 1966, 267면 이하.

103) 대판 1996.2.23. 94누9177; 동 1997.4.25. 97다6926 및 "노조전임자의 근로계약관계", 『노동판례평석집(II)』 경총신서 54, 한국경영자총협회, 1997, 179면 이하; 최홍엽, "노조전임자 관련 판례", 『1997 노동판례비평』, 민주사회를 위한 변호사모임 노동위원회, 1998, 286면 이하 참조.

로 볼 수 있다. (구)노동조합법상 재적노조전임자제도를 금지하는 특별한 규정이 없으므로 이는 당연히 허용되는 것이라고 전제로 하면서 재적노조전임자에 관한 사항은 노동조합과 사용자측간의 협의에 의하여 결정하고 그러한 협의가 이루어져 있지 않은 경우에는 노조와 사용자간의 관행에 따라 결정하는 것이 상당하다는 것이다.

다. 소 결

학설과 판례는 대체로 재적노조전임제가 우리 노동법질서에서도 당연히 인정되는 것임을 전제하고 있는 듯하다. 그렇지만 재적노조전임제의 인정근거에 관한 협정설과 단결권설의 차이를 살펴보면 전자는 임의적 교섭사항으로 취급할 가능성이 많고, 후자는 입장은 재적노조전임제에 관한 사항을 필요적 교섭사항으로 취급하게 될 것이다.

그러나 노조법에 노조전임제도의 법적 근거가 마련된 이후에도 이에 관한 법률규정의 해석에 있어서 단결권설은 위 법규정이 단체협약이나 사용자의 동의가 있는 경우에는 노동조합 전임자제도를 둘 수 있다는 당연한 내용을 확인하고 있을 뿐이고 위 법규정의 유무에 불구하고 단체협약이나 사용자의 동의가 없다고 하더라도 사용자가 노동조합전임자제도에 동의할 의무를 부담하는 것은 변함이 없다고 보며, 협정설은 위 법규정은 명백히 협정설의 입장을 취하고 있는 것으로 본다.

우리나라의 경우, 노동조합의 기본적 조직형태가 독립적인 기업별노조이고 노동조합기구의 구성과 그 운영양식으로 인하여 많은 노조간부, 특히 노동조합의 업무에만 전념하는 자가 필요한데, 이것은 노동조합의 전문화와 노동법질서의 확립을 위해서도 절실하다. 노동조합에는 단체로서의 노동조합 구성원을 대표하고 고유한 업무를 집행하는 기관이 있다. 또한 노조의 규모가 어느 정도 커지게 되면 그러한 사무의 양이 증가하게 되므로 반드시 그것을 처리하는 전임직원인 기관담당자(이를테면, "전임자" 또는 "노조상근자")가 필요하기 마련이다. 물론 이러한 기관담당자를 위한 비용은 노동조합의 구성원인 근로자 스스로가 부담하는 것이 단체의 기본적 원칙이라고 할 것이다. 그런데 노동조합의 전임직원이 사용자와의 관계에서 종업원으로서의 지위를 가지고 있을 때에 복잡한 법적 문제가 야기된다. 이것이 이른바 "재적노조전임자"의 법적 지위의 문제이다. 노동조합의 재적전임자는 규약에 따라 오직 노조업무만을 집행할 의무를 지고 있지만, 다른 한편 근로계약관계에 따라 사용자에게 노무를 제공할 의무도 부담하고 있다. 그러므로 노동조합에게는 노동조합 재적임원의 위와 같은 두 가지 지위를 어떻게 조정할 수 있는가와 노동조합의 사무에 전념할 수 있도록 재적임원의 부담을 어떻게 경감시킬 수 있는가라는 문제가 제기된다. 이와 아울러 노동조합의 임원을 전문화(專門化)하기 위해서 임원을 전임화(專任化)할 때 그 비용은 노동조합이 어떻게 조달할 것인가라는 문제도 야기된다. 재적노조전임자를 둘러싼 이러한 법률적 문제는 특히 기업별노조를 노동조합의 기본적 형태로 취하고 있는 우리 노동법질서에서 산별노조형태를 취하고 있는 유럽의 제국보다 더욱 더 심각한 노사 간의 갈등으로 등장할 수 있다.104) 노동실무에서는 종래 노동조합이 사용자에 대한 재적노조전임자의 근로계약상의 노무제공의무를 전부 또는 일부를 면하게 하는 한편, 사용자가 노동조합을 위해서 재적노조전임자에게 그의 임금의 전부 또는 일부를 지급해 줄 것을 단체협상과정에서 사용자에게 요구하여 이들 사항을 단체협약으로 체결하여 재적노조전임자에 관한 문제를 규범적으로 해결해 오고 있었으나, 최근 개정노조법(법률 제9950호 2010.1.1. 일부개정)은 재적노조전임자에 대한 임금지급을 금지하고, 이를 보완하는 의미에서 노동조합의 유지 관리업무를 행하는 근로자에게 유급으로 근로시간을 면제하는 즉 근로시간면제(time-off)제도를 도입하였다.

(2) 노조전임자제도의 내용

가. 서

재적노조전임제가 단결권보장의 내용의 일부라고 하더라도 전임자의 수, 선임절차, 전임기간, 전임자의 처우 등의 전임조건에 대해서는 노조법이 사용자의 급여지급금지 및 근로시간면제한도와 관련한 규정(동법 제24조 제2항, 제4항 및 동법 제24조의2)을 두고 있을 뿐 그 구체적인 조건을 정하고 있지 않기 때문에 노동조합조직의 실태와 관행에 의하여 단결자치와 협약자치의 맥락에서 결정되어야 할 것이다. 단체협약에 재적노조전임자를 규정하는 경우, 이러한 전임자규정에 형식적으로 전임자의 근무면제, 신분보장 등 재적노조전임자의 근로조건에 관한 부분이 포함되어 있더라도 실질적으로 이 규정은 사용자와 노동조합의 관계에 있어서 조직에 관한 것이기 때문에 단체협약상 전임자규정은 조직적 부분에 속한다고 해야 할 것이다.

---

104) (구)노동조합법 하에서는 우리나라의 경우 노동조합은 기업별 조직형태를 취하고 있고, 노동조합의 임원은 반드시 사용자와 근로관계를 맺고 있는 근로자이어야 하기 때문에 (동법 제3조 제4호 및 동법 제12조의2 참조) 재적노조전임자의 법적 지위를 둘러싸고 노사 간에 경제적·법적 갈등이 야기되는 것은 어쩌면 우리나라의 노동현실에서는 불가피한 현상이라고 할 것이다.

나. 전임자의 수

노동조합은 가능한 한 많은 수의 전임자를 확보하여 노동조합활동을 강화하려고 할 것이 기본적인 경향이다. 그렇지만 노조법 제24조 제2항 및 제5항 동법 제81조 제4호에 기하여 신설되기 전의 상황과 같이 전임자에 대하여 사용자가 그의 임금을 지급하는 경우에는 재적노조전임자의 수는 사용자의 이해관계에 상당한 영향을 미칠 것이고, 또 사용자는 노동조합의 운영에 대해 현실적으로 강한 발언권을 가지게 될 것이다. 이러한 점에서 재적노조전임자의 수는 노동조합뿐만 아니라 사용자에게도 이른바 '뜨거운 감자'였다고 말할 수 있다.

재적노조전임자의 수를 정하는 기준은 일의적으로 말할 수는 없겠지만, 노동조합 조직상의 필요에 의하여 결정되어야 하고, 이 경우에 사업장의 수와 사업장간의 거리 등은 재적노조전임자의 수를 결정하는 중요한 요소로 작용할 것이다. 일차적으로는 노동조합이 자주적으로 결정해야 하겠지만 수가 너무 많아 기업의 업무수행에 지장을 초래할 수 있는 경우 사용자는 그 삭감을 주장하여 노사 간의 단체협약에 의하여 자율적으로 결정하면 된다.

다. 선임절차

누구를 재적노조전임자로 할 것인가도 단결체자치의 원칙에 의하여 노동조합이 자주적으로 결정할 사항이다. 그러므로 사용자가 특별한 사유 없이 개입해서는 안 된다. 다만 전임자로 선임된 종업원의 직무가 비대체적 성질을 가지고 있어서 다른 사람으로 대체할 수 없는 경우 사용자는 그 변경을 교섭사항으로서 신청할 수 있을 것이다.

라. 전임기간

재적노조전임자의 재임기간도 노동조합이 자주적으로 결정할 사항이다. 다만 종업원이 재적노조전임자로서 기업업무에서 너무 장기간 직무를 이탈하여 자질과 기능의 퇴화 등이 우려되는 경우 전임기간만료 후에 원직복귀를 승인하여야 하는 사용자는 전임기간에 상당한 이해관계를 가지고 있으므로 전임기간의 장단을 단체교섭의 대상으로 요구할 수 있을 것이다.

마. 재적노조전임자에 대한 처우

사용자가 재적노조전임자를 어떻게 대우해야 하는가는 매우 민감한 문제다. 물론 이것도 노사 간의 단체협약을 통해서 결정할 문제이다. 재적노조전임자가 재임 중 일반종업원 내지 조합원과 동일한 대우를 받아야 할 것이다. 이것은 재적

노조전임제도가 헌법상 보장된 단결권 내용의 구체적 실현이라는 점에서 볼 때 당연하다. 전임자의 보수, 전임기간의 근속년수에의 편입, 퇴직금산정 기초년수에의 산입, 승급처리와 종업원신분에 따른 복리후생시설의 이용 등에 있어서 다른 종업원과 동일한 대우가 보장되어야 할 것이다.

재적노조전임자의 처우와 관련하여 현재 경영계 일각에서 전임기간을 휴직으로 처리하고 전임자의 수를 엄격하게 조합원의 수에 비례해서 정해야 하며 전임기간을 단기로 해야 한다는 재적전임제에 대한 제한적 견해가 대두하고, 나아가서 입법을 통해서 제도적으로 전임제도를 규제해야 된다는 주장이 제기되어 그 주장이 수용되어 현행 노조법은 전임자제도를 허용하되 무급을 원칙으로 하고 있다. 뒤에서 살펴보는 바와 같이 재적노조전임자의 무급원칙이 실현되기 위해서는 그 전제조건이 실현되어야 할 것이다. 무엇보다 재적전임자를 둘러싸고 있는 문제는 노사간에 협약자치에 의하여 해결되는 것이 가장 바람직할 것이다. 문제는 재적노조전임자에 관한 사항을 임의적 교섭사항으로 할 것인가 또는 필요적 교섭사항으로 할 것인가이다. 이는 재적노조전임자의 처우에 대하여 노사가 합의를 하지 못한 경우 노동조합이 쟁의행위로 나아갈 수 있는가를 결정하는 중요한 문제이다.

(3) 노조법상에 있어 노조전임자의 문제

가. 전임자에 관한 사항의 의무적 교섭사항 해당성 여부

노동조합전임자제도가 단체협약에 정해져 있거나 사용자의 동의가 있는 경우에 인정될 수 있다고 한다면 노동조합으로서는 사용자와의 단체교섭 등의 방법을 통하여 사용자에게 노동조합전임자제도의 승인을 얻을 수 있다 할 것인데, 그렇다면 이와 같은 노동조합전임자제도에 관한 사항이 사용자의 단체교섭응낙의무가 인정되는 의무적 교섭사항에 해당하는지 여부가 문제된다.

이에 대하여 판례[105]는 "노조전임제는 노동조합에 대한 편의제공의 한 형태로서 사용자가 단체협약 등을 통하여 승인하는 경우에 인정되는 것일 뿐 사용자와 근로자 사이의 근로계약관계에 있어서 근로자의 대우에 관하여 정한 근로조건이라고 할 수 없는 것이고, 단순히 임의적 교섭사항에 불과"하다고 하고 있다.

그러나 헌법 제33조 제1항의 노동3권의 보장취지와 아울러 노조법상 노동조합의 대표자는 그 노동조합 또는 조합원을 위하여 사용자나 사용자단체와 교섭하고 단체협약을 체결할 권한을 가진다고 한 규정(동법 제29조 제1항), 노조법의 목적도 근로자의 근로조건의 유지·개선과 근로자의 경제적·사회적 지위의 향상을 도모

105) 대판 1996.2.23. 94누9177.

하는 데 두고 있다는 규정(동법 제1조) 등 관계규정에 비추어 볼 때, 의무적 교섭사항을 판례와 같이 협의의 근로조건에 한정할 것이 아니라 근로조건과 밀접한 관련이 있는 노동조합의 집단적 근로관계에 관한 사항까지 포함시켜야 할 것이다.

한편, 전임자에 관한 사항이 의무적 교섭사항에 해당한다고 하더라도, 사용자에 대해 전임자의 보수를 지급하도록 요구하거나 그 요구를 관철하기 위해서 쟁의권을 행사할 수는 없다(노조법 제24조 제5항).

나. 급여지급문제

노조전임자에 대한 임금지급문제에 관하여 종래 논란의 대상이 되어 왔으며 판례는 "노조간부의 적극적인 요구 내지는 투쟁의 결과로 얻어진 것이라면 그 급여지급으로 인하여 노조의 자주성이 저해될 위험은 거의 없다고 보아야 할 것이므로 부당노동행위에 해당되지 않는다고 보아야 할 것"[106]이라는 견해를 피력하였으나, 현행 노조법 제24조 제2항은 '전임기간동안 사용자로부터 어떠한 급여도 지급 받아서는 아니 된다'라고 규정하여 이를 입법적으로 해결하였으며, 다른 한편으로는 조합비징수 상한조항을 폐지하여 이에 균형을 맞추고 있다. 그러나 현행법이 조합비일괄공제제도를 채택하고 있지 아니하고 있는 점은 노조전임자의 지위를 불안하게 하는 요인으로 작용할 가능성이 있다

다. 전임자지위의 취득시기

사용자가 단체협약 등을 통하여 승인하는 경우에 노조전임제도가 인정된다고 할 때 구체적인 경우에 있어서 언제 노동조합전임자가 그 지위를 취득하게 되는가가 문제이다. 구체적인 시기에 관하여 판례는 "노동조합전임자제도는 사용자와 근로자 사이의 근로계약관계에 있어서 근로자의 대우에 관하여 정한 근로조건이라고 할 수 없으므로 비록 단체협약에 노동조합전임자 규정을 두었다고 하더라도 그 내용상 노동조합 대표자 등의 특정 근로자에 대하여 그 시기(始期)를 특정하여 사용자의 노조전임발령이 없어도 근로제공의무가 면제되는 노동조합전임자가 됨이 명백하거나 그러한 관행이 확립되었다는 등의 특별한 사정이 없는 한, 원칙적으로 근로자의 근로계약관계를 직접 규율할 수 없고, 따라서 단체협약상 노동조합전임자로 될 수 있는 노동조합 대표자 등에 선출되었다고 하여 곧바로 그 선출 당시부터 노동조합전임자의 지위에 있게 되는 것은 아니고 사용자로부터 현실적으로 노조전임발령을 받아야만 비로소 노동조합전임자의 지위를 취득하게 된다"고 한다.[107] 그러나 노동조합이 단체협약에 따라 전임자를 선임하여 사용자에게

---

106) 대판 1991.5.28. 90누6392.

통지하였음에도 불구하고 사용자가 정당한 이유 없이 노조전임발령을 미루고 있는 경우에도 위 판례의 입장이 그대로 유지될 수 있는지는 명확하지 않다.

노동조합전임자의 지위를 상실하는 시기에 관하여도, 판례는 "노동조합전임자제도의 근거규정인 단체협약이 유효기간의 만료로 효력을 상실한 경우에, 단체협약상 노동조합전임제도를 정한 규정은 새로운 단체협약 체결시까지 효력을 지속시키기로 약정한 규범적 부분이 아니므로, 그 단체협약에 따라 노동조합 업무만을 전담하던 노동조합전임자는 사용자의 원직복귀명령에 응하여야 할 것이다"라는 입장을 취하고 있다.[108] 그러나 위 판례의 취지가 노동조합전임자제도를 규정한 단체협약의 유효기간이 만료되었더라도 사용자의 원직복귀명령이 있는 시점에서 노동조합전임자의 지위를 상실하는 것으로 보아야 한다는 것인지는 반드시 명확하지 않다.

[판 례]

□ **노조전임자로서의 신분 취득 및 신분 상실의 효력발생 요건**

- 사용자가 노동조합의 활동을 활성화하기 위하여 조합원 중 일정한 자로 하여금 일정기간 사용자와의 근로계약 관계를 존속시키면서 사용자에 대한 노무제공 의무의 전무 또는 일부를 면하게 하고 오로지 노동조합 사무만을 전담하게 하는 이른바 '재적 노동조합 전임자'(노동조합 전임자) 제도를 둘 것인가의 여부와 노동조합 전임자의 인원수, 처우 및 어떠한 자를 어느 기간 동안 어떠한 전임 개시 및 전임 해제절차에 의하여 노동조합 전임자로 종사하게 할 것인가의 여부에 관하여는 노동조합법상 특별한 규정이 없으므로, 원칙적으로는 노동조합과 사용자측간의 협의에 의하여 결정하고 그 협의가 이루어져 있지 않은 경우에는 노동조합과 사용자간의 관행에 따라 결정함이 상당하다. (…) 노동조합 전임자의 수와 처우에 관하여는 노동조합과 사용자간의 협의가 이루어져 있으나 그밖에 노동조합 전임자의 전임기간이나 그 선임권자와 그 선임절차 및 전임 해제권자와 원직 복귀절차 등에 관하여는 아무런 규정을 두고 있지 아니하므로 이는 결국 사용자가 노동조합에 유급 노동조합 전임자를 인정하고 있는 제도의 취지 및 노동조합과 사용자인 병원간의 관례에 따라 결정할 수밖에 없다 할 것인 바, 노동조합 전임자 신분 취득 및 상실은 사용자의 일방적인 인사발령이 아니라 노동조합의 선임 및 전임 해제 통지에 따른 사용자의 인사발령으로 비로소 발생한다. 따라서 전임자인 노조 위원장의 임기가 만료되었다 하여 회사가 일방적으로 원직 복귀명령을 내리고 이에 불응하자 무단결근 등의 사유로 징계해고한 것은 위

107) 대판 1997.4.25. 97다6926.

108) 대판 1997.6.13. 96누17738.

법하다(서울지법동부지원 1992.10.2. 91가합21907).
- 노조전임제의 인정여부는 노사간의 자주적 협정에 의해 결정될 사항이다(대판 1996.2.3. 94누9177).

---

(4) 노조전임자의 근로계약상의 지위

가. 전임자보수의 성격

노동조합전임자의 근로계약상의 지위에 관하여 2010.1.1. 노조법 개정 이전에도 판례는 "노동조합전임자는 사용자와의 사이에 기본적 노사관계는 유지되고 기업의 근로자로서의 신분도 그대로 가지는 것이지만, 노동조합전임자의 근로제공의무가 면제되고 원칙적으로 사용자의 임금지급의무도 면제된다는 점에서 휴직상태에 있는 근로자와 유사하다고 한다. 따라서 사용자가 단체협약 등에 따라 노동조합전임자에게 일정한 금원을 지급한다고 하더라도 이를 근로의 대가인 임금이라고는 할 수 없다"는 입장을 취하였다.109)

그런데 현행 노조법은 노동조합전임자는 그 전임기간 동안 사용자로부터 어떠한 급여도 지급받아서는 아니 된다고 명문의 규정을 두고 있을 뿐만 아니라(노조법 제24조 제2항), 사용자가 노동조합전임자에게 급여를 지원하는 행위를 부당노동행위로 규정하고 있다(동법 제81조 제4호 본문 후단).

그러나 위와 같은 법규정이 노동조합전임자에 대한 급여 지급을 통하여 노동조합의 자주성을 해할 위험성을 방지하기 위한 것에 그 취지가 있다는 점을 전제로 할 때 단순히 추상적으로 노동조합의 자주성을 해할 위험성이 있다는 것만을 들어 아무런 제한 없이 위 규정의 적용을 긍정할 수 있을 것인지, 아니면 노동조합의 자주성을 해할 구체적인 위험성이 객관적으로 명백하게 현존하는 경우에 한하여 노동조합전임자에 대한 급여지급이 금지되고 이러한 급여지급이 부당노동행위에 해당하는 것으로 보고, 다만, 그러한 구체적 위험성이 없는 경우에까지 위 법규정이 적용되는 것은 아니라고 한정적으로 해석하여야 할 것인지에 관하여 논란의 여지가 있다고 할 것이다.110)

---

109) 대판 1995.11.10. 94다54566; 동 1996.12.6. 96다26671; 동 1998.4.24. 97다54727 및 이병태, "노동조합전임자의 연·월차휴가 대체수당", 『노동법률』 56호, 중앙경제사, 1996/1, 14면 이하 참조.

110) 이와 관련해서 1998년 현행 노조법이 제정되기 이전에 있었던 대판 1991.5.28. 90누6392은 노동조합전임자에 대한 급여지급으로 인하여 노조의 자주성을 잃을 위험성이 현저하게 없는 한 부당노동행위에 해당하지 않는다고 봄이 상당하다고 하는 입장을 취하고 있었다. 이광택, "노조전임자에 대한 급여지급이 부당노동행위인가", 『노동법률』 3호, 중앙경

노동조합전임자로 재직 중 퇴직 등 평균임금 산정사유가 발생한 경우에 관하여 판례는 "사용자가 단체협약 등에 따라 노동조합 전임자에게 일정한 금원을 지급한다고 하더라도 이를 근로의 대가인 임금이라고는 할 수 없으므로 노동조합 전임자인 근로자에 대한 평균임금을 노동조합전임자로서 실제로 지급받아 온 급여를 기준으로 할 것이 아니라 노동조합전임자와 동일 직급 및 호봉의 근로자들의 평균임금을 기준으로 하여 산정하는 것이 상당하다"는 입장을 취하고 있다.[111] 이는 노동조합전임자의 경우 위와 같이 평균임금을 산정하는 것이 노동조합전임자의 통상의 생활임금을 사실대로 산정할 수 있는 방법이라고 해석하고 있는 판례법리[112]에 따른 것이다.

나. 연월차 휴가

판례는 "사업주가 노동조합전임자에게 급여를 부담하고 있다고 하더라도 다른 근로자가 근로를 제공하고 지급받는 상여금의 지급을 요구하거나 연·월차휴가수당 등을 당연히 사업주에게 청구할 권리가 있는 것은 아니라 단체협약에 그러한 급여를 부담할 의무가 명시된 경우에 한하여 이를 근거로 청구할 수 있을 뿐이다"고 한다.[113]

그런데 위 판례의 입장이 노동조합전임자에 대한 연·월차휴가권의 발생여부와 관련하여 노동조합전임기간에 대하여는 일률적으로 연·월차휴가권이 발생하지 않는다는 취지를 밝힌 것이라고까지는 할 수 없을 것이므로 구체적으로 노동조합전임자는 어떠한 요건 하에서 연·월차휴가권을 취득할 것인가 살펴볼 필요가 있다.

근로기준법 제60조의 연차휴가는 1년의 기간을 기준으로 하여 그 기간 동안 근로하여야 하는 날, 즉 소정근로일수의 8할 이상을 출근한 근로자에 대하여 주어진다. 여기서 소정근로일수는 근로자가 근로계약상의 근로제공의무를 부담하는 날을 의미하는 것이므로 법령·단체협약·취업규칙 등에 의하여 근로제공의무가 없는 날은 제외된다. 그런데 노동조합전임자의 경우 그 전임자로 있는 기간에는 근로제공의무가 면제되므로 그 기간은 연간 소정근로일수에서 제외되어야 할 것이므로 연차휴가의 취득기준이 되는 1년의 단위기간 동안에 노동조합전임기간이 일부 포함되어 있다면 이러한 기간을 제외한 나머지 기간 동안의 출근일수에 따

제사, 1991/8, 14면 이하 참조.

111) 대판 1998.4.24. 97다54727.

112) 이에 관해서는 사법연수원, 『해고와 임금』, 2000, 114~115면 참조.

113) 대판 1995.11.10. 94다54566 및 이병태, "노동조합전임자의 연·월차휴가 대체수당", 『노동법률』 56호, 중앙경제사, 1996/1, 14면 이하 참조.

라 연차휴가권의 발생여부 및 연차휴가일수가 결정된다고 생각된다. 그러나 노동조합전임기간이 연차휴가의 취득기준이 되는 1년의 단위기간에 달하고 있다면 연간 소정근로일수란 있을 수 없으므로 이 경우에는 노동조합전임자로 있던 기간에 대하여 연차휴가권이 발생하지 않는다고 할 것이다.[114)]

다. 출근의무 등

위와 같이 재적노조전임자도 근로관계에서 근로제공의무에 대가관계에 있는 임금지급청구권이 없다는 것을 제외하고는 기본적 노사관계에 있어서 다른 근로자와 동일한 지위에 있다는 점에서 볼 때, 그러한 기본적 노사관계에 관하여 취업규칙 등의 적용이 전면적으로 배제되지 않고, 단체협약에 노동조합전임자에 관하여 특별한 규정을 두거나 특별한 관행이 존재하지 아니하는 한 출퇴근에 관한 취업규칙 등의 적용을 받으며, 근로계약 소정의 본래 근로제공의무를 면제받고 노동조합의 업무를 전임하는 노동조합전임자의 경우 출근은 통상적인 노조업무가 수행되는 노조사무실에 착수할 수 있는 상태에 임하는 것이라고 한다. 그러므로 예를 들어, 노동조합 전임자가 노동조합의 업무와는 관계없이 범죄행위로 인한 구속영장의 집행을 면하기 위하여 도피하면서 사용자에 대한 사전통보나 승인을 얻는 등 사용자에 대하여 취업규칙 등에 규정된 소정의 절차를 취하지 아니한 채 위와 같은 상태에 임하지 아니하는 것은 무단결근에 해당한다고 한다.[115)]

그러나 노동조합전임자는 예를 들어, 단체협약 등에 다른 정함이 없는 한 사용자나 근로시간을 대체하여 근로자에 대하여 실시하는 교육·연수·훈련 등에 참가할 의무는 없다고 한다. 노동조합전임자에게는 근로제공의무가 면제되었음에도 불구하고 그러한 교육 등에 참가하는 것이 근로자의 의무로서 강제된다면 근로제공과 다를 바 없을 것이기 때문이라고 한다.[116)]

노조전임자에 대하여 사용자가 출·퇴근 등 근무 그 자체를 규제할 수 있는가가 문제이다. 판례는 노조의 업무를 근로계약상의 본래의 업무수행으로 보면서 취업규칙에 의한 전임자의 출·퇴근을 규제하는 것이 정당하다고 하나,[117)] 이는 타당하

114) 대판 1995.6.29. 94다18553; 동 1995.12.21. 94다26721 [전합] 참조.

115) 대판 1993.8.24. 92다34926; 동 1995.4.11. 94다58087; 동 1997.3.11. 95다46715 및 박시경, “노동조합전임자로 출·퇴근에 대한 사규의 적용을 받게 되는지 여부”, 『노동법률』 51호, 1995/8, 81면 이하; 김기중, “노동조합전임자의 근로관계”, 『노동법연구』 제5호, 서울대학교노동법연구회, 1996, 271면 이하; 최홍엽, “노조전임자 관련 대법원”, 『1997 노동판례비평』, 민주사회를 위한 변호사모임 노동위원회, 1998, 286면 이하 참조.

116) 대판 1999.11.23. 99다45246.

117) 대판 1995.4.11. 94다58087.

지 않다고 할 것이다. 사용자가 일단 노조전임자를 인정하여 근무 그 자체를 면제했으면 사용자가 출·퇴근 및 노조업무와 관련하여 전임자를 규제해서는 아니 된다고 할 것이다. 노동조합에 의해서 선임된 임원이 노조업무를 게을리 하는 것에 대해서는 원칙적으로 노동조합이 자주적으로 규제할 문제이고, 그 임원이 사용자에 의하여 노무제공이 면제된 전임자라고 하더라도 이러한 원칙에는 아무런 변동이 없다. 노조의 업무와 노조임원에 대한 통제는 원칙적으로 근로자의 자주적인 단결체인 노동조합이 규약에 의하여 자율적으로 하는 것이 노동단체권을 보장하는 헌법의 취지와도 부합한다. 그러므로 노조전임자의 출퇴근 노조업무의 충실성에 관한 문제는 노동조합의 자체규제사항이지 사용자가 통제 감독할 대상은 아니다.

(5) 노조전임자의 산업재해보상보험법상 지위

노동조합전임자가 산업재해보상보험법(이하 '산재법'이라 함)상의 보험급여의 수급권자가 되는지 여부에 관하여 판례는 "노동조합전임자가 근로계약상 본래 담당할 업무를 면하고 노동조합의 업무를 전임하게 된 것이 사용자인 회사의 승낙에 의한 것이며, 재해발생 당시 근로자의 지위를 보유하고 있었고 그 노동조합전임자가 노동조합 업무를 수행하거나 이에 수반하는 통상적인 활동을 하는 과정에서 그 업무에 기인하여 부상·질병·신체장해·사망하는 등의 재해가 발생하였다면 특별한 사정이 없는 한, 이는 산업재해보상보험법 제4조 제1항 소정의 업무상 재해로 보아야 한다"[118]는 입장을 취하고 있다. 왜냐하면, 조합전임자가 담당한 노동조합업무는 원래 사업주의 노무관리업무와 밀접히 관련된 업무이고, 그렇기 때문에 사업주로서는 원만하고 안정된 노사관계를 형성하기 위한 필요에서 노동조합전임자로 하여금 근로자의 지위는 여전히 보유한 채 근로계약상의 본래 업무 대신 노동조합업무를 담당하도록 승낙한 것에 불과하다고 볼 수 있고, 따라서 노동조합전임자가 재해를 당할 당시 사용자의 지휘감독을 받지 않는 노동조합업무만을 담당하고 있었더라도 그 업무와 회사노무관리업무 사이의 밀접한 관련성, 노동조합전임자가 그 업무를 담당하게 된 경위, 노동조합전임자가 근로자의 지위를 유지하고 있는 점 등 노동조합전임자의 역할과 지위로 볼 때 노동조합전임자가 노동조합의 업무를 수행하거나 이에 수반하는 통상적인 활동을 하는 과정에서 재해를 입은 것이라면 노동조합전임자를 근로계약상의 본래 업무에 종사하고 있는 일반근로자와 다름없이 보험급여의 수급권자로 보는 것이 근로계약관계에서 생기는 위험으로부터 근

---

118) 대판 1994.2.22. 92누14502; 동 1996.6.28. 96다12733; 동 1997.3.28. 96누16179; 동 1997.6.10. 96누13866; 동 1998.12.8. 98두14006.

로자를 보호하려는 산재법의 목적과 취지에 부합되기 때문이라고 한다.

그렇지만 그 업무의 성질상 사용자의 사업과는 무관한 상부 또는 연합관계에 있는 노동단체와 관련된 활동이나 불법적인 노동조합활동 또는 사용자와 대립관계로 되는 쟁의단계에 들어간 이후의 노동조합 활동 중에 생긴 재해 등은 이를 업무상 재해로 볼 수 없다고 한다.

이와 관련하여 판례에서 문제로 되었던 구체적인 사례를 정리해보면, 다음과 같다.

[판 례]

□ **노조전임자로서의 산재법상 보장범위**

- 회사의 승낙에 의한 노조전임자가 노동조합이 단체교섭을 앞두고 조합원들의 단결력을 과시하기 위하여 개최한 결의대회에 사용된 현수막을 철거하던 중 재해를 입은 경우, 이 사건 재해는 노동조합이 주관하여 개최한 위 결의대회를 마친 후 대회에 사용된 현수막을 비롯한 무대의 철거작업이라는 조합업무를 수행하던 중 발생한 것으로서, 우선 위 결의대회 자체가 불법적인 것이 아니고, 단지 노동조합이 단체교섭을 하기에 앞서 소속 조합원들의 단결력을 과시하기 위해 개최한 것에 불과하여 이를 쟁의단계에 들어간 이후의 노동조합 활동이라고 볼 수 없다는 이유로 이 사건 재해가 업무상 재해에 해당하지 아니한다고 보아 원고의 요양신청을 불승인한 피고의 이 사건 처분을 위법하다(대판 1998.12.8. 98두14006).
- 노동조합이 연간사업계획에 따라 매년 사용자와의 임금단체협상을 앞두고 노동조합 전 간부의 단결을 과시하기 위하여 관례적으로 노동조합 전 간부 체육대회를 개최하였는데 노동조합전임자가 근무시간 종료 후에 개최된 위 체육대회에 참가하여 경기 도중 부상을 당한 사안에서, 노동조합 전 간부 체육대회의 주최자는 소외 회사가 아닌 노동조합이고 그 목적은 노동조합 전 간부의 단결을 과시하기 위한 것이며 그 참가인원도 소외 회사의 전체 근로자가 아닌 노동조합 전 간부에 국한하였고 그 행사시간이 기본근무시간 이후이며 그 참석도 소외 회사에 의하여 강제되어 있는 것이 아니며 그 운영방법도 노동조합의 자율로 이루어졌고 그 비용도 노동조합이 부담한 점 등의 사정에 비추어 보면 사회통념상 그 행사의 전반적인 과정이 사용자의 지배나 관리를 받는 상태에 있었다고 보기는 어렵고, 위에서 본대로 사회통념상 그 행사의 전반적인 과정이 사업주의 지배, 관리를 받는 상태에 있지 아니한 노동조합 개최의 위 체육대회에 노동조합 간부의 자격으로 참가하여 축구경기를 하다가 부상을 당한 것이라면 이는 위 법 제4조 제1호 소정의 업무상의 재해라고 보기는 어렵다(대판 1997.3.28. 96누16179)

위 두 가지 사례만을 비교하여 보면, 전자의 사례에서는 노동조합이 단체교섭을 앞둔 시점에서 단결력을 과시하기 위해 개최한 조합원결의대회는 노동조합의 본래의 업무이거나 그에 수반하는 통상적인 노동조합 활동에 속한다고 보았으나, 후자의 사례에서는 노동조합이 동일한 목적에서 개최한 노동조합 간부 체육대회는 노동조합의 본래의 업무이거나 그에 수반하는 통상적인 노동조합 활동에 속하지 않는 것으로 보고 있다고 할 것이다. 그러므로 위의 판례에 의하면, 양자의 구별기준이 명확하지 않다고 하겠다.

3) 입법론

(1) 서

현행 노조법 제24조 제2항은 "노동조합의 업무에만 종사하는 자는 그 전임기간 동안 사용자로부터 어떠한 급여도 받아서는 아니된다"라고 규정하고, 또 동법 제81조 제4호에는 사용자가 노동조합의 전임자에 급여를 지급하는 것을 부당노동행위로서 금지하고 있다. 이러한 입법적 태도가 정당한가에 대해 의문을 제기할 수 있다. 이러한 태도는 너무나 지나친 패터널리즘(paternalism)적 관점에 입각하고 있진 않은지 모른다.

(2) 부당노동행위와 관련하여

서구의 노동조합은 노동운동의 역사가 길기 때문에 근로자의 복지와 노동조합 활동을 위한 이른바 노동자본을 상당히 축적하였다. 그러나 우리나라 노동조합은 그 역사가 일천하고 또 특수한 정치적 상황 때문에 노동조합은 스스로 경제적 자력을 갖출 수 있는 기회를 가지지 못하였다. 물론 앞으로 노동조합이 스스로 자본을 마련해야 하겠지만 단기간에 그것은 불가능하다. 그러므로 단기적인 측면에서 노동조합이 스스로 노동조합활동을 위한 물적 기반을 마련할 수 있도록 얼마동안 노동조합의 경제적 자립을 위한 잠정적인 제도적 장치가 마련되어야 한다.

노동법이론상으로 뿐만 아니라 노동조합의 조직논리 및 생리상으로 보아도 노조전임자의 급여는 노동조합이 스스로 부담해야 하는 것은 당연하다. 하지만 노동법개정과 관련해서 노동계가 재적노조전임자에 대한 사용자의 임금지급을 강력히 주장하는 현실적 이유는 노동조합의 경제적 자립성부족에 있는 것이 아닌가 한다. 그러나 재적노조전임자에 대한 사용자가 대가없이 급여를 지급하는 상황이 앞으로 노동조합이 스스로 노조활동을 위한 경제적 자력을 어느 정도 갖출 때까지는 용인된다고 하더라도 그것은 단기적인 차원에서 한시적으로만 인정되어야 할 것이다.

장기적인 차원에서 정상적인 노조활동을 위해서 자조(自助)의 원칙에 의하여 노동조합이 노동조합의 내부문제를 스스로 해결해야 할 것이다. 그러므로 노사의 이익대립적 구조를 전제로 하고 있는 단결권의 법리상 노동조합이 사용자로부터 노조활동을 위한 경제적 도움을 받는 것은 원칙적으로 차단되어야 할 것이다.

(3) 노사협력적 차원

재적노조전임자에게 사용자가 임금을 지급하는 것이 노사의 대립적 구조를 전제로 할 경우에는 노동조합의 기능상 부정적이겠지만 노사관계가 항상 대립적인 것만은 아니라고 생각할 때 다른 시각도 가질 필요가 있다. 즉 재적노조전임자에게 사용자가 임금을 지급하는 것이 항상 부정적인 것만은 아니다. 기업에 있어서 생산과정과 이익분배과정을 구분해보면 생산과정에서는 노사의 협력이 요청되고 이익분배과정에서는 노사의 이익대립이 분명해진다. 그러므로 노사의 협력이라는 측면에서 한 번쯤 긍정적으로 검토해 보아야 한다.

(4) 노사의 자치

입법자가 모든 문제를 규제할 수 없다. 구체적인 사회형성에 꼭 필요한 일정한 테두리만 정하고 나머지 부분은 사회의 구성원들이 스스로 결정하도록 맡기는 것이 가장 효율적인 입법이다. 특히 현대사회의 산업 및 기업영역에서는 경제와 기술이 역동적으로 변하고 있기 때문에 입법자가 모든 것을 예측해서 이를 규정한다는 것은 불가능하다. 그래서 산업과 기업의 주체인 사용자와 근로자의 자율적인 규범형성에 의존하지 않으면 안 된다. 이러한 맥락에서 실정법의 테두리를 벗어나지 않는 한 노사 양당사자가 힘의 유희에 의하여 자율적으로 형성한 규범은 존중되어야 한다.

만약 노동조합이 유럽의 선진자본주의국가에서와 같이 기업횡단적인 조직형태를 취하게 되는 경우 재적노조전임자의 문제는 다른 차원에서 파악되어야 할 것이지만, 다른 나라의 제도나 관행이 아무리 논리적으로 명쾌하다고 하더라도 우리나라의 현실적 맥락에서의 검토 없이 이를 곧바로 도입하는 것은 문제라고 할 것이다. 재적노조전임자의 법적 지위를 어떻게 자리매김할 것인가와 관련하여, 특히 사용자는 누가 전임자의 임금을 지급해야 하는가라는 문제로서 관심을 가진다.

재적노조전임자와 관련된 문제에 대하여 입법적으로 어떠한 테두리를 정할 것인가는 입법자의 정치적 결단에 달려 있겠지만, 현행 재적노조전임제는 기업과 노동조합활동의 현실적 필요에 의해서 발생한 제도이다. 그럼에도 불구하고 이러한 필요를 대체하거나 보완해주는 제도적 장치를 마련하지 않은 채 단순히 법조문의 설정 또는 변경을 통해서 지금까지 형성되어온 모든 관행을 한꺼번에 깡그리 폐기한다는 것은 무리라고 할 것이다. 결국 재적노조전임제도에 관한 입법적 결단은 일정한 테두리는 정하되, 구체적인 내용은 노사자율, 즉 협약차치에 맡겨놓는 것이 가장 현명한 길일 것이다. 이것이야 말로 우리나라의 구체적인 경제상황 속에서 생생하게 살아 있는 노동법을 구현하는 가장 좋은 방법이라고 생각한다.

5. 근로시간면제제도

1) 문제의 소재

재적노조전임자의 대우문제와 관련하여 특히 문제로 되는 것이 재적노조전임자의 급여다. 이에 관하여 우리나라 노동헌법은 어떠한 법적 구상을 가지고 있는가? 물론 이것은 또한 노동조합이 처해 있는 경제적 현실이라는 맥락 때문에 간단히 해결될 수 있는 문제는 아니라고 할 것이다.119)

우선, 노동조합의 측에서 보면, 노조전임자가 노조업무만을 전적으로 담당하면서 사용자로부터 반대급부 없이 임금을 지급받는 것이 노동조합의 자주성을 상실하게 하는 노조결격사유가 되지 않는가, 반면에 사용자측에서 보면 사용자가 노동조합간부에게 반대급부 없이 금품을 지급하는 것이 노동조합의 활동에 개입하려는 것이 아닌가라는 문제가 제기된다. 사용자가 노조전임자에게 반대급부 없이 임금을 지급하는 것에 현행노조법은 노동조합에 대한 지배개입의 한 유형으로서 부당노동행위로 규정하고 있지만, 이것이 노조의 자주성에 영향을 미치는가는 구체적으로 판단할 문제이지 일의적으로 노조결격사유 또는 부당노동행위로 판단할 것은 아니라고 할 것이다.

그렇지만 근래에 들어와 사용자가 노조전임자에게 반대급부 없이 임금을 지급하는 문제는 다른 차원에서 문제시되고 있다. 노사의 대립구조에서 단결권행사의 비용을 사용자가 부담하는 것이 노동헌법상 부당하지 않은가라는 문제가 그것이다. 실제로 재적노조전임자의 급여가 근로자의 임금인상요구와 함께 기업운영에 경제적 부담으로 되기 때문에 재적노조전임자의 급여를 누구의 부담으로 지불해

119) 박홍규, 『노동법론』, 삼영사, 1995, 931면; 이병태, 『최신노동법(제9전정판)』, 중앙경제, 2008, 155면; 김형배, 위같은책, 835면과 비교.

야 되는가는 새로운 국면에서 문제로 되고 있다. 재적노조전임자의 급여를 사용자가 부담해야 한다고 할 때 하나의 사업장 내에 복수노조의 설립이 허용되므로 이로 인하여 사용자의 부담이 훨씬 가중될 것은 확실하기 때문에 복수노조설립의 허용에 대한 사업자측의 대응논리로서 재적노조전임자에 대한 사용자의 급여지급 제도의 폐지론이 현실적으로 힘을 얻었다고 할 수 있다.[120)]

재적노조전임자에 대한 사용자의 임금지급에 관한 현실적 맥락을 살펴보면, 상당히 흥미로운 현상을 볼 수 있다. 즉 경영계의 대표자들은, 특히 노동조합활동에 별로 좋은 인상을 가지고 있지 않은 사용자는 노조전임자에게 임금을 지급하는 것 그 자체가 스스로 무덤을 파는 것과 같은 심리적인 거부감을 가지고 있다. 또한 노무제공이라는 반대급부를 하지 않는 재적노조전임자에게 지급되는 금액이 특히 재적노조전임자의 수가 많은 경우에는 적지 않게 경영상 부담이 되기 때문에 가능한 한 재적노조전임자에게 임금을 지급하지 않으려고 하고, 이에 대하여 노동계의 대표들은 우리나라 노동조합의 경제적 기반의 취약성을 이유로 재적노조전임자에 대한 사용자의 임금지급을 요구하고 있다. 우리나라 노동운동이 아직 본격적인 궤도에 올라와 있을 정도로 성숙하지 못하여 노동운동의 현실적 제도로서 노동조합의 활동을 위한 경제적 기반이 취약하기 그지없으며, 다른 한편 이러한 상황 때문에 노동운동의 활성화와 노동조합의 활동을 위해서 일정수의 노조업무전담자가 반드시 필요함에도 불구하고 현실적으로 기업별노동조합이 이들의 임금을 위한 물적 기반을 마련할 수 없고, 게다가 사업장 내에 있어서 노조의 조직률마저 저조하기 때문에 노동조합이 스스로 급여를 지급하는 노조전임자를 둔다는 것은 경제적으로 불가능하므로 노동계는 노조전임자의 임금을 사용자에게 전가하려고 하고 있다.

그래서 제반사항을 감안하여 1997년 새로 제정되었던 노조법은 노동조합전임자에 대한 사용자의 급여지급을 부당노동행위로 규정했던 것을 당초에는 부칙 제6조에서 2001.12.31까지 유예했다가 다시 5년 동안 그 유예기간을 연장했다가 2009.12.31까지 또 다시 연장하였는데, 2010년 7월 1일부로 그 유예기간에 관한 부칙조항을 폐지하고 재적노조전임자에 대한 사용자의 임금지급을 원칙적으로 금지하고, 앞에서 이미 언급했듯이 노동조합의 유지·관리업무를 담당하는 자에 대하여 근로시간면제심의위원회의 심의 의결하는 바에 따라 유급으로 근로시간을 면제하는 방안

120) 그러나 법리적으로 볼 때, 사업장내 복수노조설립의 허용과 재적노조전임자에 대한 급여지급문제는 전혀 관련이 없는 문제라고 할 수 있다. 왜냐하면, 노동3권을 기본적 인권으로 보장하고 있는 헌법 제33조 제1항의 취지에서 볼 때, 당초 사업장 내에 복수노조설립을 금지하였던 노조법 자체가 문제이었기 때문이다.

을 도입하여 전임자의 급여문제는 다른 차원으로 전제되기에 이르게 되었다.

2) 근로시간면제제도

(1) 제도적 취지

근로시간면제제도란 일단 노조전임자의 급여는 노조 자체가 부담해야 한다는 것을 원칙으로서 전제하지만, 노조전임자의 급여지급을 당장 금지하는 것은 현실적으로 불가능하다는 인식하에 일정한도 내에서 전임자의 일정활동을 위해 유급으로 근로의무의 이행을 면제할 수 있도록 하는 제도이다.

근로시간면제심의위원회가 사업 또는 사용자별로 조합원수 등을 고려하여 근로시간면제한도를 사전에 결정하고, 그 한도를 초과하지 아니하는 범위에서 노사가 사전에 특정근로자가 노사공동의 업무에 종사하는 시간을 근로시간으로 인정하기로 단체협약으로 정한 경우나 사용자가 사전 또는 사후에 일방적으로 이에 동의하는 경우에 그 인정된 근로시간에 대해 사용자가 통상임금을 지급하기로 하는 것이다. 어떻든 근로시간면제제도는 한편으로 재적노조전임자를 인정하고 또 그 급여에 대해 노조부담을 원칙으로 하는 경우에 있어 재정적 취약성을 안고 있는 우리나라 기업별노동조합의 특수한 상황을 고려한 어쩌면 과도기적인 제도라고 평가할 수 있다. 이것은 노사관계에 대한 국가법적 개입과 노사자치의 원칙을 절충적으로 혼합한 새로운 규제방식으로서 노조법에 처음으로 도입된 제도이다.[121)]

(2) 현행제도의 내용

가. 노조법 제24조 제4항

노조법 제24조 제4항은 "…단체협약으로 정하거나 사용자가 동의하는 경우에는 사업 또는 사업장별로 조합원 수 등을 고려하여 제24조의2에 따라 결정된 근로시간면제한도(이하 "근로시간면제한도"라 한다)를 초과하지 아니하는 범위에서 근로자는 임금의 손실 없이 사용자와의 협의·교섭, 고충처리, 산업안전 활동 등 이 법 또는 다른 법률에서 정하는 업무와 건전한 노사관계 발전을 위한 노동조합의 유

---

121) 현행노조법상 근로시간면제제도에 대해 아주 긍정적인 평가를 하는 견해가 있다. 김형배, 위같은책, 831면은 "노동조합의 재정적 자립과 적정한 전임자수의 유지라는 관점에서 유급근로시간면제제도를 도입한 2010년 1월 1일 노조법의 개정은 노사관계의 선진화에 기여할 것으로 생각한다"라고 하고 있다. 여기에서 생각하고 있는 "노사관계의 선진화"가 무엇을 의미하는지 알 수 없지만, 단순히 프랑스나 이태리의 제도를 도입하기만 하면 선진화가 되는지는 의문이다.

지·관리업무를 할 수 있다"라고 규정하고 있으므로, 근로기간의 면제한도는 근로시간면제심의위원회가 사업 또는 사업장의 전체조합원수 등을 고려하여 시간단위로 정한다. 그런데 노조법 시행령 제11조의2는 근로시간면제제도를 사용할 수 있는 인원까지 정할 수 있도록 하고 있다. 물론 이 경우 근로시간면제심의위원회가 정한 근로시간면제한도는 최장시간으로서 강행적 효력을 갖는다고 할 수 있지만, 사용인원수에 대한 근로시간면제심의위원회의 결정까지 강행적 효력을 가질 수는 없다고 할 것이다. 왜냐하면, 그렇게 볼 경우에는 근로시간면제심의회가 노동조합의 내부업무에 과도하게 개입하는 것이 될 것이며, 그에 의해 노동조합의 자율이 너무나 과도하게 위축되기 때문이다.

나. 근로시간면제심의위원회

노조법에 의하면, 근로시간면제심의위원회가 3년마다 근로시간면제한도를 정하고(동법 제24조의2 제2항), 그 범위 내에서 노사가 합의하여 결정하도록 되어 있다. 근로시간면제심의위원회는 노사공익 각 5인으로 구성되고(동조 제3항), 재적위원 과반수의 출석과 출석의원 과반수의 찬성으로 의결하게 되어 있다(동조 제5항). 노조법은 근로시간면제제도가 법정의 일정대로 시행될 수 있도록 하기 위해 근로시간면제심의위원회로 하여금 최초로 시행되는 근로시간면제한도를 2010년 4월 30일까지 결정하도록 의무화하고(노조법 부칙 제2조 제1항), 이것이 불연이면, 국회의 의견을 들어 공익위원만으로 심의 결정하도록 법정화하고 있다(동조 제2항).

그래서 근로시간면제심의위원회의 근로시간면제한도 결정과정에서 오랫동안 관행화되어 왔던 노조전임자급여지급제도를 하루아침에 바꾸어 전임자의 수를 현격히 감축할 경우에 노동계가 이를 받아들이기가 어렵기 때문에 면제한도의 결정에 상당한 진통이 예상되었던 것이다.

향후 근로시간면제심의위원회의 운영에 있어 이정표와 같은 의미를 가지고 있는 근로시간면제한도에 대한 최초의 결정은 특별히 노사정간의 첨예한 이해관계의 대립과 노사정의 힘겨루기로 화기애애하게 될 수 없을 것이라는 것은 누구나 이미 예측할 수 있었던 것이다. 어쩌면 그러한 어려움을 이미 예상하여 법적으로 대비하고 있었던 것이 개정 노조법 부칙 제2조 제2항 소정의 국회에서의 논의에 의한 공익위원 단독결정제도라고 할 수 있다.

그런데 우리나라의 노동현실을 고려해 처음으로 도입되는 이 제도의 연착륙을 위해 또 하나의 다른 통로를 열어두고 있는 노조법 부칙 제2조가 근로시간면제심의위원회의 운영에 정치적인 부담을 가중하였다는 것은 아이러니가 아닐 수 없다. 실제로 근로시간면제심의위원회는 최초로 시행될 근로시간면제한도를 법정의

무기한 내에 심의·의결하지 못하였고, 그 기한을 넘겨 다음날 새벽에서야 그것도 날치기로 의결했다. 근로시간면제심의위원회 면에서 보면, 근로시간면제심의위원회가 스스로 최초의 근로시간면제한도를 결정하지 못한다고 하는 것은 엄청난 정치적 부담이었을 것이다. 그것은 근로시간면제심의위원회의 위상제고에 상당한 부정적인 효과를 초래하기 때문이다. 노조법 부칙 제2조가 훈시규정인가 또는 효력규정인가라는 법적 성격에 관한 논의를 하기에 앞서, 근로시간면제심의위원회가 노조법 부칙 제2조 제1항에 정해진 기한을 넘기면서까지 무리하게 날치기로 결정할 바에는 왜 근로시간면제심의위원회가 법정시한을 준수하지 못했는지 알 수 없다. 어쩌면 노조전임자의 대폭감축이라는 최초의 멋진 야심찬 작품을 만들어내는 데에 너무나 과도하게 심혈을 기울인 나머지 시한도과라는 결과가 나온 것인가? 근로시간면제심의위원회가 법정시한을 넘기더라도 제도운영 자체가 불가능하게 되는 것도 아니고, 그 다음 절차로 넘기면 적어도 형식적인 절차위반이라는 비난은 면할 수 있을 테였지만, 결과적으로 근로시간면제심의위원회 공익위원들은 무능하다는 비난은 피하지 못하게 된 것이다. 아마도 공익위원들은 법적 흠결 보다는 집권여당이나 노동부로부터 날아오는 정치적 비난을 훨씬 더 무겁게 의식했는지도 모른다. 근로시간면제심의위원회는 노동계가 노조법에 정해진 절차와 방법으로는 사실상 자신들의 주장을 관철할 수 없는 구조다. 그래서 근로시간면제심의위원회의 법정시한위반은 노동계에게는 호재라고 하겠다. 노동계는 민주노총을 중심으로 날치기로서 원천무효라고 주장하고 투쟁의지를 불태우고 있다. 어떻든 첫 번째의 멋진 작품을 기폭제로 해서 향후에 근로시간면제심의위원회가 노조전임자의 문제를 합리적으로 해결할 수 있는 제도인지도 의문이 제기된다.

다. 면제대상업무의 내용

근로시간이 면제되는 대상업무는 노조법 제24조 제4항에 의하면, 사용자와의 협의·교섭, 고충처리, 산업안전 활동 등 이 법 또는 다른 법률에서 정하는 업무와 건전한 노사관계 발전을 위한 노동조합의 유지·관리업무이다. 여기에서 특히 노동조합의 유지·관리업무가 어디까지인지도 애매하기 그지없다.

그래서 대상업무의 내용에 관해서 노사간의 견해가 다를 수 있다. 이러한 경우에 노사간의 의견대립을 근로조건에 관한 분쟁으로 파악해야 하는가가 문제이다. 보기에 따라서는 그것이 근로자가 임금을 받을 수 있는 이른바 임금시간에 해당하는지 여부에 관한 것이기 때문에 근로조건에 관한 분쟁이라고 볼 여지가 없는 것은 아니다. 하지만, 이것은 궁극적으로는 노조법 제24조 제4항의 규범해석에 관한 문제라고 할 것이다.

라. 근로시간면제제도에 의해 보전된 급여의 임금성

근로시간면제제도에 의해서 보전되는 금원이 임금에 해당하는가가 문제이다. 유급근로시간면제제도가 노사 사이의 협의 교섭 고충처리 등 건전한 노사관계의 발전을 위한 것으로서 노사공동의 이해관계에 속하는 업무를 지원하려는 데에 그 기본적 취지가 있으므로 그것이 근로계약 그 자체에 기하여 발생하는 임금은 아니라고 할 지라도 사용자가 지원하는 보전적인 급여는 근본적으로 근로자의 노동에 대한 대가라고 할 것이므로 근로기준법상의 임금에 해당한다고 할 것이다.[122)]

3) 재적노조전임자의 무급원칙과 근로시간면제제도

노조법 제24조 제4항은 근로시간면제를 받고 동조 소정의 업무를 할 수 있는 자는 근로자라고 규정하고 있다. 여기에서 근로시간면제의 적용을 받을 있는 자에게는 일반조합으로서의 근로자뿐만 아니라 노조전임자도 포함되는가가 문제이다.

노조전임자는 이미 사용자와의 관계에서 휴직상태에 있기 때문에 근로계약상의 노무제공의무를 부담하지 않지 않다. 다만, 현행 노조법 제24조 제2항에 의하면, 전임자가 사용자로부터 급여를 받아서는 아니 된다고 규정하고, 동조 제4항에 의하면, "제2항에도 불구하고"라고 규정하여 노조전임자에 대한 급여지급금지의 예외가 인정되는 것으로 하고 있다. 그런데 동항은 다시 "근로자는 임금의 손실 없이"라고 정하여 근로계약상의 노무제공의무를 부담하는 근로자를 근로시간면제적용대상자로 전제하고 있다는 듯이 규정하고 있다. 즉 노조법 제24조 제4항의 문언은 앞뒤가 모순되게 규정하고 있다.

노조법이 도입하고 있는 재적노조전임자의 무급원칙과 근로기간면제제도와 관계를 어떻게 파악해야 하는가?

노조법은 재적노조전임자제도와 근로시간면제제도를 원칙적으로 노사자치에 의하여 운용할 수 있도록 하고 있다. 그러나 재적노조전임자제도에 있어서는 재적노조전임자가 사용자에 대해서 급여를 지급받지 못함(제24조 제2항)과 아울러 노동

---

122) 이에 대해 김형배 위같은책, 833면은 "근로시간을 면제하여 사용자측에서 임금의 손실이 없도록 지원하는 것은 노조전임자나 그밖의 근로자의 근로조건에 해당하는 임금을 지급하는 것이 아니다. … 근로자의 근로조건인 임금을 지급하는 것과 구별해야 한다"고 하면서 임금성을 부정하고 있다. 그런데 이 견해는 근로시간면제에 의한 임금손실보상이나 그 대상업무가 개개근로자의 근로조건이 아니며 쟁의행위의 대상이 될 수 없다는 결론을 이끌어내기 위한 전제적인 논리조작에 해당하는 것은 아닌지 의문이다. 또 이들 사항에 관한 협정이 채무적 약정이라고 하는데, 채무적 약정의 대상에 해당하는 경우에는 쟁의행위의 대상이 될 수 없다는 것도 이해하기 어려운 부분이다.

조합이 재적노조전임자의 급여지급을 요구하고 이를 관철할 목적으로 쟁위행위를 하지 못하도록 하는(동조 제5항) 한편, 사용자가 스스로 재적노조전임자에게 급여를 지원하는 것을 부당노동행위로 규정하여(노조법 제81조 4호 본문) 재적노조전임자무급원칙을 이중삼중으로 천명하고 있다. 그리고 조합원인 근로자가 근로시간면제심의위원회가 설정하는 한도를 초과하지 아니하는 범위에서 당해근로자의 근로계약상의 근무의무를 면제해서 사용자와의 협의·교섭, 고충처리, 산업안전활동 등 노조법 또는 다른 법률에서 정하는 업무와 건전한 노사관계 발전을 위한 노동조합의 유지·관리업무를 할 수 있도록 하여 노동조합을 재정적으로 지원할 수 있도록 하고 있다.

노조전임자에 관한 노동조합과 사용자의 협정이나 약정(동의)과 근로시간면제제도의 내용에 관한 노동조합과 사용자의 협정이나 약정(동의)이 실질적으로 서로 연관된 하나의 제도임제도 불구하고, 마치 별개의 제도인 것처럼 규정하여 운용상 어려움을 야기하게 하고 있다. 보다 근본적인 것은, 이것은 법률로 관여할 것이 아님에도 불구하고 법률로 규정하여 이러한 문제가 야기되도록 하고 있다.

결국, 현행법상 근로시간면제도가 노조전임자의 수가 너무나 과도하다는 지금까지 주장했던 사용자측의 요구를 우회적으로 받아들여 노조전임자의 급여지급총액의 상하선을 규제하기 위해서 도입된 졸속적인 제도에 불과하지 않는가 하는 의심이 든다. 이에 대해서는 항을 바꾸어서 생각해보기로 한다.

4) 근로시간면제제도에 대한 평가

2010.1.1. 개정된 노조법 중 노조전임자에 대해 사용자에 대해 근로제공의무를 전제로 해서 그 일부의 면제를 유급 처리하는 근로시간면제제도는 관련규정이 불명확해서 실무상 상당히 많은 쟁점들이 현실적으로 야기될 수 있다. 근로시간면제심의위원회가 근로시간면제한도를 법정시한을 넘겨서 심의·의결하여, 그 의결자체의 법적 효력에 시비가 생기게 된 것도 근로시간면제제도가 가지고 있는 흠결에서 비롯된 것이라고 할 수 있을 것이다.

노조전임자에 대한 사용자의 급여지급을 금지하고 또 그 대안으로서 전임자에 대해 근로시간을 면제하도록 하는 것이 노사간의 중립적인 중재자로서 국가가 관여할 수 있는 사항인가라는 것에 대해서도 생각해보아야 한다. 이들 사항은 노사관계에 있어서 사용자측의 교섭력문제로서 개별기업의 노무관리차원의 문제가 아닌가?

먼저, 재적노조전임자의 급여지급문제에 대해서 생각해볼 때, 이것은 노조법에 의해 금지되어야 할 사항이 아니지 않는가라는 것이다. 대한민국이 아무리 기업 CEO 출신 대통령이 경영하는 국가(또는 정부)라고 하더라도, 국가가 개별기업에서 사용자가 종업원인 노조전임자의 급여를 지급할 것인지, 그렇지 않으면 그 대신에 근로시간을 면제해 줄 것인지의 여부를 결정하는 데에 개입할 것이 아니라, 그것이야말로 기업경영자가 어떻게 하는 것이 경영에 유익할 것인지에 따라 알아서 처리해야 할 일이 아닌가? 사용자편에서 아무리 울면서 조른다고 해도 그것은 국가가 나설 사항은 아니라고 생각한다. 국가가 개별기업의 경영자도 아닌데, 앞으로 국가가 기업경영을 대신해주려고 하는 것은 아닌지 의문이다. 결국 법률에 의한 노조전임자에 대한 급여지급의 금지뿐만 아니라 그것의 대안으로 내놓은 근로시간면제제도도 너무나 친기업적인 제도라는 비판을 면하기 어려울 것이다.[123] 노조전임자의 급여문제나 근로시간면제는 근본적으로 기업의 근로조건에 포함되는 것이다. 이것은 노사간의 협약 내지 계약과 직접적으로 관련된 근로조건의 문제에 속한다고 할 것이다.

재적노조전임자급여의 지급문제는 근본적으로 노동조합의 운영경비에 관한 문제로서 그것을 누가 부담해야 하는가라는 것이 그 핵심이다. 노조전임자의 급여는 노동조합의 운영비용의 일부이다. 모든 노조운영경비의 재원(財源)은 노동비용으로서, 그것을 명목적으로 노조가 부담하든 사용자가 부담하든 간에, 결국에는 노사의 공동체인 기업에서 나올 수밖에 없다. 조합원이 받은 임금의 일부를 조합비로 납입하여 그것으로 조합운영비로 충당하는 것이나 노동조합이 단체협약을 통해서 명목상 노사의 공동체인 기업의 대표자인 사용자로부터 조합비의 보조를 받는 것은 그것이 마련되는 경로가 약간 다를 뿐이지 결국은 노사공동체인 기업에서 나오는 것이다. 노동조합이 노조전임자의 급여지급문제를 단체교섭의 대상사항으로 하여 단체협약에 기하여 사용자가 노조전임자에게 직접 지급하도록 하는 방법과 노동조합이 노조전임자급여에 상응하는 만큼 개별조합원의 임금액을 전가하여 단체교섭을 통해서 단체협약에 의해 개별조합원의 임금인상을 관철하고 그것을 조합원으로부터 조합비의 명목으로 다시 회수해서 노동조합이 전임자에게 급여에 상당하는 액을 지급하는 방법 간에 근본적으로 무엇이 다른가? 현행 노조

---

123) 여기에서 생각해야 할 것은 노사간에 자율적으로 해결해야 할 문제에 국가가 불필요하게 개입하게 되면, 거기에 드는 비용은 결국 세금에 의해 충당되므로 결국 기업이 부담해야 할 비용이 국민의 부담에게로 전가된다는 것이다. 노조전임자에 대한 근로시간면제제도가 사용자는 노조전임자의 급여지급부담을 면해서 이익을 얻을지 모르지만 그 운영비가 국민에게 부담으로서 전가되는 것은 문제이다. 왜냐하면. 노조법 제24조의2에 의해서 구성되는 근로시간면제심의위원회의 운영비도 적지 않을 것이기 때문이다.

법에 의하면, 전자는 불법으로서 금지되지만, 후자는 법적으로 보장된다. 이것이야말로 조삼모사(朝三暮四)가 아니고 무엇이라고 해야 하는가?

사용자가 직접 전임자에게 급여를 지급하는 것을 법률에 의해 금지하는 것[124)]은, 사용자의 편에서 보면, 경우에 따라서는 오히려 사용자에게 더 불리하게 될 수도 있다. 사용자가 직접 전임자에게 급여를 지급하는 것이 금지되면, 물론 사용자는 직접 노조전임자에게 급여를 지급하지 않기 때문에, 이제 전임자급여는 노동조합 자체의 부담으로 되어 조합운영경비의 계정으로 될 수밖에 없다. 결국 조합원은 그것만큼 조합비를 더 납입해야 하기 때문에, 노동조합은 사용자와의 단체교섭에서 그것만큼, 아니 그것보다 더 많이 인상된 임금을 요구할 수밖에 없다. 그러므로 법률에 의해 사용자가 직접 전임자에게 급여를 지급하는 것을 금지한다고 하더라도, 그것은 노동조합의 단체교섭 및 단체협약전략을 약간 바뀌게 할 뿐이지, 사용자의 이윤을 실질적으로 증대시키거나 지출비용을 실질적으로 감축할 수 있는 것은 아니라고 생각된다. 사용자는 실질적으로 비용부담을 하면서도 오

124) 사용자가 노동조합을 지배하거나 그 의사결정에 개입하기 위해서 전임자를 급여지급으로 매수하는 것은 그야말로 부당노동행위로서 법률에 의해서 금지되어야 한다. 그러나 그러한 위험이 없음에도 불구하고 사용자가 단순히 노조전임자의 급여를 지급하는 것 자체를 법률에 의해 금지하거나 그것을 부당노동행위로 간주하는 것은 아무리 정책적인 입법이라고 하더라도 과도한 규제입법이라고 할 것이다. 이러한 규제는 현실의 노사관계에서 실제로 실현될 수 없을 것 같다. 현행 노조법상의 부당노동행위제도는 근로자와 노동조합만을 위한 제도이다. 노조법상의 부당노동행위구제제도에 의해 국가적 보호를 받을 것인지의 여부는 근로자와 노동조합이 스스로 결정할 일이다. 그리고 사용자가 노동조합의 전임자에 급여를 지원하거나 노동조합의 운영경비를 원조하는 것이 사용자의 부당노동행위로 되는 경우는 전임자급여지급과 조합경비원조가 전임자를 매수하여 노동조합을 지배하거나 노동조합의 의사결정에 개입하는 경우에 한한다고 할 것이다. 그러나 현실적인 노사관계에 있어서 이러한 경우에 해당하는 것은 이른바 어용노동조합이 아닌 한 거의 없을 것이다. 또 당해노동조합이 어용적 노동조합인 경우에도 사실상 지배개입의 입증이 불가능할 것이다. 왜냐하면, 사용자와 노동조합 및 해당근로자가 그것을 부인하면 어떻게 입증할 것인가? 그렇지 않다고 하더라도 부당노동행위구제신청권자가 근로자 및 노동조합이기 때문에 과연 실효성이 있을지 의문이다. 그러므로 노조법 제81조 제4호의 「노동조합의 전임자에 급여를 지원하거나 노동조합의 운영비를 원조하는 행위」를 부당노동행위로 규정하고 있는 부분은 현실적으로 거의 무용지물이라고 해도 과언이 아니다. 그러나 노조전임자의 급여지급을 요구하고 이를 관철할 목적으로 하는 노동조합의 쟁의행위만이 금번에 개정된 노조법 제24조 제5항 및 동법 제92조 제1항에 의해 처벌된다. 위와 같은 점들을 염두에 둘 때, 노조전임자의 급여문제와 관련하여 현행노조법이 노사를 공평하게 취급하지 않고 있다는 점이 드러난다. 즉 사용자가 실제로 부당노동행위의 의사를 가지고서 노조전임자의 급여지급으로 노동조합을 매수하였다고 하더라도, 당해 노동조합이나 관련근로자가 구제신청을 해서 그것이 노동위원회에서 부당노동행위로 판명되어야 현실적으로 비로소 노조법 제90조에 의해 사용자가 처벌받게 되는데 반해, 노동조합의 경우에는 사용자에게 노조전임자의 급여지급을 요구하고 이를 관철할 목적으로 하는 노동조합의 쟁의행위를 하기만 하면 곧바로 처벌될 수 있게 된다.

히려 노무관리차원에서 노조전임자의 급여지급을 통해서 노동조합에 대해 가지고 있었던 관계적 이익을 상실하는 결과로 된다.

여기에 한 가지 덧붙이면, 노동조합전임자의 급여에 대한 사용자의 인식전환이 필요하다는 것이다. 노조전임자의 급여는 그것이 형식적으로 사용자가 직접 지급하든, 노동조합이 직접 지급하든, 노사의 공동체인 기업이 공동으로 부담해야 하는 경영비용이라는 생각으로 바꿀 필요가 있다고 할 것이다.

노동조합의 측에서 보면, 법률로 사용자가 직접 전임자에게 급여를 지급하는 것을 금지하고, 게다가 개정노조법에서처럼 전임자에게 근로시간을 제도적으로 면제하는 것은 오히려 노동조합에게는 더 좋은 기회가 될 수도 있을 것 같다. 노동조합은 사용자에게 직접적으로 전임자의 급여지급을 요구할 수는 없지만, 그것에 해당하는 액수만큼 조합원에게 분산해서 그만큼의 임금인상을 요구해서 받아내면 된다. 이렇게 되면, 노동조합은 그야말로 명실상부하게 재정적으로 독립하면서, 전임자의 근로시간을 면제받아 '꿩 먹고 알 먹는' 이익을 볼 수도 있을 것이다.

요컨대, 법률로 노조전임자에 대한 사용자의 급여지급을 금지하고 그 대신에 노조전임자에게 근로시간을 제도적으로 면제할 수 있도록 하는 금번 노조법의 개정이 정말 사용자만을 위한 것으로 될 것인지는 앞으로 두고 봐야 알 수 있을 것이다. 좀 성급한 결론이긴 하지만, 복수의 노조가 병존하는 경우에, 그 초기에 약간의 문제가 생긴다고 하더라도, 그것은 과도기적 현상으로 그칠 것이고, 그러한 문제는 길게 보면 노사 간의 자율적인 문제로 그대로 놓아두더라도 아무런 문제가 없는 것이다. 그러나 조정자로서 국가가 우리의 노사문화에도 부합하지 않을 뿐만 아니라 노동헌법에도 위배될 수 있는 새로운 제도를 강제로 도입하여 오히려 노사관계를 악화시키는 결과로 되어 '행주에 풀하는 격'이 되지나 않을지 걱정된다.

제 6 절 조합원과 임원

1. 조합원

1) 조합원의 범위와 자격

근로자는 자유로이 노동조합을 조직하거나 이에 가입할 수 있지만(노조법 제5조) 구체적으로 노동조합의 조합원(또는 연합단체인 노동조합에 있어서는 그 구성단체)의 범위는 당해 노동조합의 규약이 정한 바에 의하여 정해진다(동법 제11조 제4호). 따라서 노동조합이 그 조합원의 자격에 관한 사항을 정함에 있어서 사업 또는 사업장, 일정한 산업·직종·지역 등 가운데 어느 것을 조직 단위로 삼을 것인가는 그 노동조합의 목적으로 하는 근로조건의 유지·개선 기타 경제적·사회적 지위 향상의 실현에 적합한 범위 안에서 원칙적으로 노조 자체에 의하여 자주적·민주적으로 결정될 성질의 것이다. 다만, 노동조합의 조합원은 어떠한 경우에도 인종·종교·성별·정당 또는 신분에 의하여 차별대우를 받아서는 아니 되므로(동법 제9조), 이러한 법규정의 취지에 비추어 볼 때 노동조합의 목적과 무관하게 인종·종교·성별·정당 또는 신분에 따라 조합원의 자격을 제한하는 것은 허용되지 않는다고 할 것이다.

2) 노동조합의 가입

근로자는 노동조합의 규약이 정한 바에 따라 당해 노동조합에 자유로이 가입함으로써 조합원의 자격을 취득한다.

노동조합은 규약으로 가입신청 등의 형식적인 절차를 규정할 수 있을 뿐이고 조합원 자격을 갖추고 있는 근로자에 대하여 실질적인 가입제한규정을 두어 그의 노조가입을 함부로 거부할 수 없다. 예를 들어, 규약상 노조에 가입하려면 조합원의 사전 동의를 받아야 된다거나 탈퇴한 조합원이 재가입하려면 대의원회와 조합원총회에서 각 3분의 2 이상의 찬성을 얻어야만 된다고 정하고 있더라도 노조가입 신청자에게 제명에 해당하는 사유가 있다는 등의 특별한 사정이 없는 한 노조가입에 위와 같은 제약을 가하는 것은 기존 조합원으로서의 권리남용 또는 신의칙위반에 해당하여 위법, 부당하다고 할 것이다.[125)]

노조법 제5조에 따라 근로자는 자유로이 노동조합이 가입할 수 있는 것이 원칙이나 노동조합이 사용자와의 단체협약을 체결하여 근로자로 하여금 노동조합에 가입하게 할 것을 강제할 수 있는가가 이른바 숍(Shop)조항의 유효성과 관련되어 문제된다.

첫째, 사용자로 하여금 근로자가 반드시 특정한 노동조합에 가입하고 있거나 가입할 것을 고용조건으로 하도록 하여 그 가입을 강제하는 이른바 제한적 조직강제를 정한 숍(Shop)조항은 헌법상 보장된 근로자의 단결선택의 자유라는 적극적 단결권을 침해하는 것이 되어 원칙적으로 허용되지 않는다고 할 것이고, 법규정상으로는 이는 부당노동행위의 일종으로 규제되고 있다(노조법 제81조 제2호 본문). 다만, 예외적으로 "노동조합이 당해 사업장에서 종사하는 근로자의 3분의 2 이상을 대표하고 있을 때에는 근로자가 그 노동조합의 조합원이 될 것을 고용조건으로 하는 단체협약의 체결"은 부당노동행위에 해당하지 않는다고 하여(제81조 제2호 단서), 이러한 단체협약상 유니온숍(Union Shop)조항과 관련하여 근로자의 3분의 2 이상의 조직력을 갖춘 특정 노동조합에 대하여는 근로자의 단결선택의 자유에 대한 제한을 허용하고 있다.

둘째, 사용자로 하여금 근로자가 반드시 특정한 노동조합에 가입하여야 할 필요는 없지만, 어느 노동조합이건 하나의 노동조합에는 가입하고 있거나 가입할 것을 고용조건으로 하도록 하여 일반적으로 노동조합의 가입을 강제할 수 있는 이른바 일반적 조직강제를 정한 숍조항이 허용될 수 있는가는 헌법상 보장된 단결권의 내용으로서 근로자의 소극적 단결권, 즉 단결하지 아니할 자유가 인정되는지 여부에 따라 그 결론을 달리할 수 있다. 즉, 소극적 단결권을 인정하는 견해에 의하면 일반적 조직강제를 정한 숍조항도 근로자의 단결권을 침해하는 것으로서 허용되지 않는다고 볼 것이고, 근로자가 단결하지 아니할 자유는 소극적 단결권의 본질적인 내용이 아니라 합리적인 범위 안에서 제한이 가능하다고 하는 견해에 의하면 위와 같은 숍조항이 유효하다고 볼 여지가 있게 된다 할 것이다. 우리 법규정상으로는 이러한 일반적 조직강제를 허용하거나 금지하는 어떠한 법률조항도 두고 있지 않으므로, 결국 헌법상 단결권 보장의 범위에 관한 해석 여하에 따라 위와 같은 숍조항의 유효성이 판단될 수밖에 없을 것이다.

---

125) 대판 1996.10.29. 96다28899.

3) 노동조합의 탈퇴 등

조합원의 사망, 당해 노동조합의 해산, 탈퇴 등으로 그 자격을 자동적으로 상실하거나, 제명·해고·승진·진보 등 규약에 정한 자격상실사유의 발생 등으로 인하여 그 자격을 상실할 수 있다.

조합원이 노동조합을 탈퇴하는 것은 가입의 경우와 마찬가지로 그의 의사에 따라 자유로이 할 수 있다. 따라서 노동조합의 규약에 조합원의 탈퇴에 관하여 탈퇴신청 등의 형식적인 절차를 규정하는 범위를 벗어나서 탈퇴에 총회 또는 대의원회의 사전승인을 받아야 한다는 규정을 두는 등의 실질적인 제약을 하는 것은 허용되지 않는다. 그러므로 조합원의 탈퇴의사가 노조 측에 도달한 때에 유효하게 탈퇴의 효과가 생긴다고 할 것이다.

노동조합과 사용자간에 유니온숍(Union Shop)협정이 체결되어 있는 경우에는 노동조합의 탈퇴가 사실상 제한될 수 있다. 현행 노조법은 일정한 조건하에 조합원의 지위를 갖는 것을 고용조건으로 하는 유니온숍 협정을 예외적으로 인정하고 있고, 조합원이 임의로 노동조합을 탈퇴하는 경우에는 불이익취급을 할 수 있도록 하고 있으므로(노조법 제81조 제2호 단서) 근로자 노동조합을 탈퇴하여 조합원의 지위를 잃게 되면 사용자에 의하여 해고됨으로써 근로자의 지위까지 상실하게 되는 결과로 된다. 그러므로 사용자와 노동조합 간에 유니온숍 협정이 체결되어 있는 경우에는 노동조합에서 탈퇴할 자유가 사실상 제한되고 있다고 할 것이다. 이것은 일정한 요건 아래 근로자의 적극적 단결권을 보장하기 위하여 소극적 단결권을 제한하고 있는 것이어서 문제라고 할 것이다. 이에 대해서는 다른 곳에서 자세히 논할 것이다.

[판 례]

- 조합이 조합원의 자격을 갖추고 있는 근로자의 조합 가입을 함부로 거부하는 것은 허용되지 아니하고, 특히 유니언 숍 협정에 의한 가입강제가 있는 경우에는 단체협약에 명문 규정이 없더라도 노동조합의 요구가 있으면 사용자는 노동조합에서 탈퇴한 근로자를 해고할 수 있기 때문에 조합 측에서 근로자의 조합 가입을 거부하게 되면 이는 곧바로 해고로 직결될 수 있으므로 조합은 노조가입 신청인에게 제명에 해당하는 사유가 있다는 등의 특단의 사정이 없는 한 그 가입에 대하여 승인을 거부할 수 없고, 따라서 조합 가입에 조합원의 사전 동의를 받아야 한다거나 탈퇴 조합원이 재가입하려면 대의원대회와 조합원총회에서 각 3분의 2 이상의 찬성을 얻어야만 된다는 조합 가

입에 관한 제약은 그 자체가 위법 부당하므로, 특별한 사정이 없는 경우에까지 그와 같은 제약을 가하는 것은 기존 조합원으로서의 권리남용 내지 신의칙 위반에 해당된다(대판 1996.10.29. 96다28899).126)

조합원이 규약에 규율과 통제에 관한 사항(노조법 제11조 제15호)으로 정한 일정한 사유 및 절차에 따라 노동조합에서 제명당한 경우에는 그 조합원의 자격이 상실될 수 있다. 노동조합의 제명처분이 규약에 정한 사유 및 절차에 위반되거나 규약에 정한 제명 사유에 정당한 이유가 없어 객관적으로 명백히 부당할 경우에는 그 구제수단으로서 제명의 무효확인을 구하는 소를 제기할 수 있다. 한편, 단체협약에 조합원의 지위를 유지하는 것을 고용조건으로 하는 숍(Shop)조항을 두고 있을 때에는 제명에 의하여 조합원의 지위를 상실하게 되면 사용자에 의해 해고되어 근로자로서의 지위까지 상실될 수도 있으나, 노동조합과 사용자간에 유니온숍협정이 체결되어 있는 경우에(동법 제81조 제2호 단서 전단) 근로자가 당해 노동조합에서 제명된 것을 이유로 하여서는 신분상 불이익한 행위를 할 수 없다고 규정하여(동법 제81조 제2호 단서 후단) 이를 제한하고 있다.127)

사업 또는 사업장에서 종사하는 근로자를 조합원으로 하는 단위노동조합의 경우에는 근로자가 사용자에 의해 해고되어 근로자의 지위를 상실한 경우에는 조합원의 자격을 당연히 상실하게 된다.128) 그러나 그 해고된 근로자가 노동위원회에 부당노동행위의 구제신청을 한 경우에는 중앙노동위원회의 재심판정이 있을 때까지는 근로자가 아닌 자로 해석하여서는 아니 되므로(노조법 제2조 제4호 단서 (라)목 단서) 그러한 범위 안에서는 조합원의 지위를 유지하면서 노동조합의 활동에 참여할 수 있는 권리를 가진다고 할 것이다. 이에 관해서 이미 앞에서 자세히 살펴보았다(제1편 제2장 제2절).

---

126) 위 판례는 유니온 숍 협정이 있는 사업장의 일부 조합원이 노동조합에 불만을 품고 탈퇴하였다가 다시 재가입 신청을 하였으나 그들 중 일부만의 가입을 승인하고 나머지에 대하여는 승인을 거부한 것은 권리남용 내지 신의칙 위반이라고 본 사례이다.

127) 노조법상의 유니온숍협정제도의 문제점에 관해서는 강희원, "현행노조법 제81조 제2호 단서의 해석문제", 『노동법학』 제28권, 한국노동법학회, 2008, 299-351면; 동, "유니온숍협정제도의 헌법적 정합성에 관한 고찰", 『경희법학』 제45권 제3호, 경희법학연구소, 2010, 9-66면 참조

128) 대판 1978.2.14. 77다1822.

4) 조합원의 권리와 의무

조합원은 노동조합을 구성하는 주체이다. 노동조합에 있어서 조합원의 지위는 사단에 있어서 사원의 지위와 유사하다.

노동조합의 조합원은 균등하게 그 노동조합의 모든 문제에 참여할 권리와 의무를 가진다(노조법 제22조 본문). 따라서 조합원은 그 노동조합의 운영과 관련한 총회 또는 대의원회의 의사결정에 참여하여 그 표결권을 행사할 수 있다. 다만, 노동조합이 특정 조합원에 관한 사항을 의결할 경우에는 그 조합원은 표결권이 없다(동법 제20조 참조), 대의원의 선출이나 임원의 선거에 있어서 선거권·피선거권을 갖는다. 또한, 노동조합의 구성원 또는 임원으로서 단체교섭을 하고 단체협약을 체결하며 쟁의행위에 가담할 수 있는 등 노동조합의 모든 활동에 정당하게 참여할 수 있는 권리를 갖는다.

조합원은 규약이 정한 바에 따라 노동조합에 대하여 일정한 의무를 부담할 것인데, 그 가운데에서도 기본적인 의무는 조합비납부의무를 들 수 있다. 조합비납부의무는 노동조합의 정상적인 운영을 위하여 조합원이 부담하여야 할 가장 중요한 의무에 해당할 것이므로 조합비에 관한 사항은 규약의 필요적 기재사항이고(동법 제11조 제9호), 노동조합은 그 규약으로 조합비를 납부하지 아니하는 조합원의 권리를 제한할 수 있다(동법 제22조 단서).

2. 노동조합의 임원

1) 임원의 개념

일반적으로 임원이라 함은 단체의 일을 맡아 처리하는 사람을 말하며 단체의 집행기관과 감사기관의 구성원, 즉 이사직과 감사직에 있는 사람을 지칭한다. 그러므로 노동조합의 임원은 노동조합의 집행기구의 직책에 선임된 자 또는 집행위원회의 위원으로 선출된 자 그리고 감사직에 선임된 자를 말한다.

2) 임원의 자격

노조법은 노동조합의 임원은 조합원 중에서 선출되어야 하며, 임원의 임기는 규약으로 정하되 3년을 초과할 수 없다고 규정하고 있다(노조법 제23조 제1항, 제2항). 그러나 노동조합의 임원이 누구인지에 대해서 별도의 규정을 두고 있지 않다.

그러므로 어떤 자를 임원으로 할 것인지는 노동조합의 규약에 정하는 바에 의해서 결정된다.

규약으로 정한 임원은 조합원이어야 하며, 선거에 의하여야 한다(노조법 제23조 제1항 및 제2항 참조). 따라서 조합원이 아닌 자는 임원이 될 자격이 없고 선거에 의하지 않은 직책에 있는 자는 임원이 아니라고 할 것이며, 임원으로 하기 위해서 이를 선출직으로 하여야 한다. 또 임원은 임기가 정해져 있으므로 임기가 주어져 있지 않는 자는 임원이라고 할 수 없을 것이다. 그렇다고 선출직에 있는 자 또는 임기가 정해져 있다고 해서 모두 임원이라고 말할 수는 없을 것이다.

노동조합은 그 업무집행기관으로서 대표자 등 임원을 두고 있어야 한다. 노동조합은 규약에 대표자와 임원에 관한 사항, 임원의 선거절차에 관한 사항, 대표자와 임원의 규약위반에 대한 탄핵에 관한 사항 등을 필요적으로 기재하여야 하고(노조법 제11조 제8호, 제13호, 제14호), 임원의 선거와 해임에 관한 사항은 반드시 총회 또는 대의원회에서 조합원 또는 대의원의 직접·비밀·무기명 투표에 의한 의결을 거쳐야 하며(동법 제16조 제1항 제2호, 제4항), 임원의 선거는 재적조합원·재적대의원 과반수의 출석과 출석조합원·출석대의원 과반수의 찬성으로 의결하되(동법 제16조 제2항 본문) 출석조합원·출석대의원 과반수의 찬성을 얻은 자가 없는 경우에는 규약이 정하는 바에 따라 결선투표를 실시하여 다수의 찬성을 얻은 자를 임원으로 선출할 수 있고(동법 제16조 제3항), 이와 같이 선출된 임원의 임기는 3년을 초과하지 않는 범위 안에서 규약으로 정하여(동법 제23조 제2항), 임원의 해임에 관한 사항은 재적조합원·대의원 과반수의 출석과 출석조합원·출석대의원 3분의 2 이상의 찬성으로 의결하여야 한다(노조법 제16조 제2항 단서).

일부 노동조합에서는 규약으로 임원의 될 수 있는 자격을 가입 후 일정한 기간이 경과한 자로 제한하는 경우가 있는데 이것이 적법한지가 문제이다. 이와 같이 임원자격을 제한하는 규약은 일응 “노동조합의 조합원은 균등하게 그 노동조합의 모든 문제에 참여할 권리와 의무를 가진다”고 규정하고 있는 노조법 제22조에 위배된다고 판단할 수 있다. 그러나 판례는 위와 같은 경우에도 추천을 받아야 할 조합원의 숫자가 전체 조합원의 숫자에 비추어 소수조합원의 권리를 해할 우려가 있는 정도에 이르지 아니하고, 요구되는 기간이 사용자와 노동조합의 설정을 파악하여 노동조합의 임원으로 직무를 수행하는 데에 필요하다고 인정되는 합리적인 기간을 넘어서는 것이 아니라면, 노동조합이 자주적인 판단에 따라 규약으로 정할 수 있는 것으로서 조합원들의 피선거권의 평등에 대한 현저한 침해라고 볼 수 없으므로 위와 같은 규약은 위 법규정에 위반하는 것이 아니라고 봄이 상당하다고 하면서, 노동조합의 위원장 입후보자격을 전체 조합원 숫자 1할 정도의 조합원 수 이상의 추천과 조합원 경력 1년 이상인 자로 제한하는 내용의 규약에 대하여 위 노조법 제22조에 위반하지 않는다고 판시하였다.129)

[판 례]

- 노동조합의 규약이나 선거관리규정이 명문으로 지부장 및 수석부지부장이 러닝메이트로만 입후보하도록 규정되어 있지 않다 하더라도 위 노동조합 산하지부가 지부장과 수석부지부장을 러닝메이트로만 입후보하도록 하여 선거를 실시한 것이 위 노동조합의 선거관리규정에 관한 선거관리위원회의 유권적 해석에 따른 것이라면 이와 같은 해석이 위 노동조합의 규약이나 선거관리규정을 위배하거나 헌법 제33조의 근로자의 단결권을 침해한 것으로서 부당한 것으로 보이지 않는 한 위 노동조합의 지부 선거관리위원회가 지부장후보와 러닝메이트로 수석부지부장후보로 등록한 자가 후보를 사퇴하였다는 이유를 들어 위 지부장후보의 지부장 입후보등록을 무효라고 결정한 것은 정당하다(대판 1992.6.9. 91다42128).

노동조합의 대표자가 임원이라는 것은 당연하다. 그러나 회계감사원이 임원에 해당하는지는 노조법상 분명하지 않다. 회계감사원을 임원으로 하기 위해서는 규약으로 임기를 정하고 조합원 중에서 선출해야 할 것이다. 그러나 대의원이나 대의원회의자 또는 중간의결기구의 구성원(중앙위원, 운영위원)과 그 대표는 선출직, 임기직이며 조합원에 의해서 선임된다고 하더라도 집행기구의 구성원이 아니므로 임원이 아니다. 또 집행기구(예컨대, 사무국)의 직책 중에서도 선거직이 아닌 임명직을 맡고 있는 자는 임기가 정해져 있다고 하더라도 임원이 아니다. 임명직은 임원이 아니므로 조합원과 총회에 대해서 직접적인 책임을 지지 않는다.

어떻든 현행 노조법에 의하면, 임원은 반드시 조합원이어야 하므로 집행기구내의 전문직은 노동조합이 채용한 직원에 불과하다. 현행법이 임원의 자격을 조합원으로 한정하는 것은 노동조합의 민주성을 위한 정책적 배려이지만, 다른 한편, 외부로부터 유능한 인물을 노동조합임원으로 영입할 수 없다는 점에서 많은 아쉬움이 있다.

연합단체의 경우, 현행법상 임원의 자격은 어떻게 되는가가 문제이다. 연합단체

129) 대판 1992.3.31. 91다14413 참조. 이 판결은 조합의 위원장 입후보자격을 전체 조합원의 수(310명)의 1할에도 미치지 못하는 조합원 30인 이상의 추천과 조합원경력 1년 이상인 자로 제한한 규약은 유효하다고 보고 있다.

는 노동조합 자체가 구성원이다. 이 경우에는 노조법 제23조 제1항이 적용되지 않는가? 만약 적용된다고 한다면 이 조항을 어떻게 해석해야 하는가가 문제이다. 우선, 동조 제1항은 기업별조직의 노동조합에만 관련된 것으로 이해하는 경우, 연합단체의 임원의 경우에는 적용되지 않는다고 해석할 수 있겠다. 가령 위 제1항이 연합단체에도 적용된다고 하더라도 연합단체의 임원은 연합단체에 가입한 단위노조의 조합원이어야 한다고 해석할 수도 있고, 어느 노조든 상관없이 조합원의 자격을 가지고 있으면 충분하다고도 해석할 수 있을 것 같다.

노동조합의 총회 또는 대의원회에서 임원선거에 따른 당선자 의결이 있을 때 그 의결의 효력 여하에 따라 법률상 이해관계를 가진 자는 그 의결이 무효임을 주장하여 당해 노동조합을 피고로 하여 법원의 그 무효확인을 구하는 소를 제기할 수 있다.

이 경우에 당선자 개인만을 상대로 당선의 무효확인을 구하는 소를 제기하는 것도 허용되는가가 문제이다. 당선자 개인을 상대로 제소하는 경우에는 만일 그 청구를 인용하는 판결이 내려진다 하더라도 그 판결의 효력이 당해 노동조합에 미친다고 할 수 없어 당선자 의결의 효과로서 부여되는 임원의 지위를 둘러싼 당사자들 사이의 분쟁을 근본적으로 해결하는 수단으로 가장 유효적절한 방법이 될 수 없는 까닭에 당사자를 의결한 그 노동조합을 상대로 하지 아니하고 당선자 개인을 상대로 한 당선무효확인의 소는 확인의 이익이 없어 부적법하다고 하는 것이 타당하다고 할 것이다.[130)]

노동조합이 규약에 의하여 선거관리위원회를 두고 임원 등의 선거업무의 관리를 하고 있는 경우에, 선거관리위원회를 상대로 하여 당선무효확인의 소를 제기할 수 있는가라는 문제도 제기될 수 있다. 그러나 이러한 선거관리위원회는 그 자체가 법인이 아님은 물론 법인 아닌 사단이나 재단도 아니고 단지 노동조합의 기관의 하나에 불과할 뿐이라면 소송당사자로서의 당사자능력이 없어 이를 상대로 한 당선무효확인의 소도 부적법하다고 할 것이다.[131)]

---

130) 대판 1992.5.12. 19다37683; 동 1991.6.25. 90다14058; 동 1991.7.12. 91다12905; 동 1991.8.13. 91다5433; 동 1996.4.12. 96다6295; 동 1998.11.27. 97다4104 등. 노동조합의 경우 이외에도 법인이나 비법인사단의 의사결정기관이 한 결의의 무효확인을 구하는 소송의 피고를 당해 법인이나 비법인사단이 아닌 그 결의의 효력을 받게 되는 지위에 있는 개인을 상대로 하는 것은 확인의 이익이 없다고 보는 것이 판례의 일관된 입장인 것 같다.

131) 대판 1992.5.12. 91다37683.

제 7 절 노동조합의 재산

Ⅰ. 기초이론적 고찰

1. 기본적 관점

노동조합은 근로자의 기본적인 인권으로서 보장하고 있는 헌법 제33조에 기하여 조직된 단결이다. 그래서 노동조합의 대내외적 관계와 관련하여 노동조합의 법적 성질, 법인격 및 행위능력을 논의하는 경우에 주의해야 할 것은 헌법의 기본적 이념과 체계와 정합적으로 되도록 해야 한다는 것이다. 특히 노동조합의 재산 및 대내외적인 재산거래관계에서 물적 거래를 전제로 하는 민법상의 제도를 적용하거나 준용하는 경우에 그것이 헌법이 상정하고 있는 단결상(團結像)에 부합할 수 있는지가 점검되어야 한다. 우리 헌법 제10조에서 인간의 존엄과 가치 및 행복추구의 권리에 대해서 최대한으로 존중되어야 한다고 규정하고 있다. 또 헌법은 제32조, 제33조에서 노동권과 단결권, 단체교섭권, 단체행동권을 근로자의 기본적 인권으로서 보장하고 있다. 헌법 제34조에 있어서 인간다운 생활을 할 권리로서 생존권을 보장하고 있다.

게다가 헌법 제33조 제1항은 단결에 대한 특별한 개념규정을 규정하지 않고, 단순히 근로자의 기본적 인권으로서 단결권, 단체교섭권 및 단체행동권이라는 이른바 노동단체권을 보장하고 있다. 우리 헌법이 보장하고 있는 단결에 관하여 대체로 다음과 같이 파악할 수 있다.132)

첫째, 단결에는 일시적 결합으로서 단결과 계속적 결합 내지 단체로서의 단결이 모두 포함되고, 또 단체를 구성원으로 하는 이른바 연합단체도 여기에서 말하는 단결에 해당한다. 물론, 헌법 제33조 제1항에 있어서 단체로서의 단결이 단결개념의 전형에 해당하며, 그것이 실제적으로 가장 중요한 의미를 가지는 것은 말할 것도 없다. 이러한 헌법상의 취지를 살려서 노조법은 근로자가 주체로 되어 자주적으로 단결하여 근로조건의 유지 개선 기타 근로자의 경제적 사회적 지위의

132) 이에 관해서는 강희원, 『노동헌법론』, 법영사, 2011, 417면 이하.

향상을 도모함을 목적으로 조직하는 단체 또는 그 연합단체를 노동조합으로 정의하고 있다(노조법 제2조 제4호).

둘째, 헌법 제33조가 보장하고 있는 기본적 인권으로서 노동단체권의 주체는 근로자 내지 근로자 개인뿐만 아니라, 근로자의 단결 내지 단체 자체도 포함하는 것으로 해석하고 있다.

셋째, 노동단체권보장의 효과에 대해서 말하면, 헌법 제33조는 바이마르 도이치 헌법(제159조)이나 도이칠란트 본(Bonn)헌법(제9조 3항)과 달리, 사인간에 있어서 보장의 효과에 대해 각별히 명시하고는 있지 않지만, 우리나라의 학설 판례는 특히 노동단체권보장의 효과가 단순히 국가대노동자의 관계에 대해서뿐만 아니라 노동자대사용자의 관계에 대해서 미친다고 해석하고 있다. 즉 다른 자유권적 기본권과는 달리 단결권 등의 노동단체권은 그것이 필연적으로 예정할 수밖에 없는 상대방, 즉 사용자에 대한 관계에 있어서도 직접권리로서의 효과를 인정되어야 하고, 이것을 침해하는 사용자의 행위는 도이치의 각 헌법과 같이 특별한 규정을 기다릴 필요도 없고 또 선량한 풍속위반(민법 제103조)의 길을 거치지 않고도 당연히 위법이고, 손해배상청구권을 발생시키는 외 그것을 위한 약정은 당연히 무효로 된다고 해석한다. 또 정당한 쟁의행위에 대한 형사상 민사상의 면책은 노동단체권의 보장의 당연한 효과로서 생각되고 있다.

넷째, 근로자의 쟁의권의 행사로서 쟁의행위는 정당한 사유에 기한 것으로서 채무불이행에 의한 해고, 손해배상 등과 같은 문제가 생길 여지가 없다. 적법한 것이기 때에 불법행위책임이 생기는 것도 아니다. 그러므로 이에 대한 민사면책 및 형사면책을 규정하고 있는 노조법 제3조와 제4조 그리고 차별대우의 금지를 규정하는 노조법 제9조는 모두 「당연한 것」을 「명시적」 내지 「주의적」으로 정하고 있는 것에 불과하다고 하고 있다.

이상과 같이, 헌법 제33조에 의한 노동단체권의 보장을 근거로 하여 단결 내지 노동조합 그 자체에 대사용자의 관계에 있어서 권리의무의 주체로서의 지위가 당연한 것으로서 용인되고 있다. 노동조합의 단체교섭 및 쟁의행위에 대해 민사면책을 인정하는 제3조 「노동조합의 단체교섭 쟁의행위」에 형사면책을 인정한 제4조 및 노동조합에게 단체교섭 및 단체협약의 당사자로서 되는 지위를 인정하는 제29조 제1항, 노동조합에게 부당노동행위의 당사자로서의 지위 및 구제이익을 인정한 제81조, 제82조의 규정과 같은 노조법상의 규정들은 모두 이러한 전제에서 있는 것은 말할 필요도 없다. 그리고 다시 단정할 수까지는 없지만, 노동조합이 단체교섭, 쟁의행위, 단체협약 등의 관계에 있어서 사용자에 대해 독립의 권리의무의 주체로 나타나는 것에 대해 법인격의 유무는 문제로 될 여지가 없다. 이것은 노조법 제6조 제3항이 법인인 노동조합에만 민법 중 사단법인에 관한 규정을 적용하는 것에서 알 수 있다.

이들 규정은 헌법 제23조의 재산권보장규정과 함께 노동법은 물론이고, 민법을 해석하는 경우에도 제1차적 기본적 이념으로서 기능하고 존중되어야 한다는 것은 당연한 것이라고 할 것이다.

어떻든 노동조합에 관해 노조법은 물론이고, 노조법이 민법을 적용 또는 준용하는 경우라도, 먼저 인간의 존엄과 평등, 그리고 생존권의 보장과 노동기본권의 보장이라는 헌법의 이념과 원리를 무시해서는 아니 되고, 그것을 존중하여 해석하고 운용되어야 한다.

2. 노동조합의 법적 성격

노동조합은 헌법 제33조에 기하여 근로자가 조직한 단체이다. 노동조합은 민법상의 계약인 조합보다도 사단으로서의 성격을 가진다.[133] 그런데 노동조합의 사단성을 법적으로 어떻게 파악할 것인가가 문제이다.

노동조합은 근로자의 경제적 사회적 지위의 유지·개선을 목적으로 하는 인적 조직체이다. 여기에서 말하는 단체란 구성원 및 그 목적 구성 운영 등에 대해 구성원을 규제하는 기본적 규약을 가지는 이른바 사단으로서의 조직을 의미한다. 이것은 노동조합이 사회에 있어서 독립한 지위를 가지고, 노동자의 경제적·사회적 지위의 향상을 목적으로 한 자주적인 독자적 사회적 활동과 작용을 하고 있다는 것을 의미하고, 노동조합도 다른 사단법인과 같이 경제적 사회적 관계에서 법적 주체로서 민법이 적용될 수 있는 단체라는 것을 의미하기도 한다. 그렇지만 노동조합은 민법상의 사단과는 그 성격을 현저히 달리한다. 민법상의 사단이란 사회관계에 있어 단체가 전일체로서 나타나고, 그 구성분자인 개인이 전혀 중요성을 상실하고 있다. 즉 단체의 행동은 그 기관에 의해 이루어지며, 그 법률효과는 단체자체에 귀속하고, 단체원에게는 귀속하지 않는다. 단체원은 총회를 통해서, 다수결원리에 따라 기관의 행동을 감독하고, 단체의 운영에 참가할 수 있는 것에 불과하다. 단체의 자산도 부채도 특히 단체자체에 귀속하고, 단체구성원은 자산에서 배당을 받거나 그 설비를 이용할 수 있는 것에 불과하다. 또 이미 인수

133) 노동법이론에는 노동조합의 법적 성격에 관한 논점의 하나로서 노동조합은 개별 조합원의 집합과는 별개의 하나의 단체로 보는가(사단설), 단체로서 파악하지 않고 조합의 합의로 보는가(계약설)의 대립이 있다. 사단설이 통설이다.

된 자산 내지 회비불입의 채무를 부담하는 이외에는 단체의 채무에 대해 책임을 부담하지 않는다. 노동조합은 자선단체와 같은 공익목적으로 하는 공익사단법인이 아니다. 그렇다고 주식회사와 같은 영리를 목적으로 하는 영리사단법인도 아니다. 따라서 노동자의 단체인 노동조합에 법적 인격을 취득한 경우는 농민, 어민, 소비자 등 각종 계층으로 이루어진 구성원의 상조와 경제적 사회적 지위의 향상을 꾀하는 각종 협동조합과 같이, 중간적 사단법인으로서의 성격을 갖는다. 그러므로 사단에 관한 민법규정을 노동조합에 그대로 적용하기 어렵다.

물론 노동조합도 개개의 구성원(조합원)으로부터 독립한 주제이고 법률관계의 당사자로서 등장하는 것은 확실하다. 그렇지만 노동조합의 내부에 있어서는 그 구성분자인 개개의 노동자는 완전히 중요성을 상실하여 그 개성내지 독립성을 사회조직 속에 매몰시켜버리는 것이 아니라, 완전히 그 반대이다. 노동조합은 자본제사회에 있어서 노동자 개인의 생존의 위기와 그것에 의해서 야기된 인간으로서의 존엄의 부정에 대해 저항하기 위하여 생긴 조직이고, 노동자 개인은 노동조합에서야 진정한 자유와 평등을 회복할 수 있다는 것이 노동조합이 본래 있어야 할 모습이다. 노동조합 자체도 그것을 구성하는 조합원 한 사람마다 왕성한 자각과 활동에 지원을 받아야 비로소 단체로서의 강고한 조직을 유지할 수 있다. 노동자계급은 단결의 필연성에 대한 자각을 통해서 비로소 진정한 자유를 획득할 수 있는 존재이고, 이러한 노동자의 사회적 지위 자체가 노동조합을 탄생시킨 현실적 기반이다. 이것을 노동단체권의 측면에서 말하면, 개별근로자의 단결권 단체행동권과 단결체인 노동조합의 그것은 서로에게 상대방을 예상하고 전제하지 않고서는 성립할 수 없다는 의미에서 불가분의 관계에 있다. 오히려 같은 것의 양 측면이라고 해야 한다. 이러한 의미에서 근로자 개인의 단결권 등의 침해는 동시에 노동조합 그 자체의 단결권 등에 대한 침해도 구성한다. 예컨대, 조합원인 것을 이유로 하는 노동자의 해고 기타의 불이익취급은 피해고자 개인의 단결권 등의 침해인 동시에, 노동자 그 자체의 존립에 위협을 줘서 노동조합 그 자체의 단결권 등을 침해하는 것으로 된다.[134)]

위와 관련하여 단체로서의 노동조합의 행동은 단순히 그 기관에 의해서만 행해지는 것이 아니라, 오히려 조합원 전체의 행동을 통해서 표현된다. 그러한 가장 전형적인 경우는 노동조합의 쟁의행위이다. 노동조합이 하는 쟁의행위는 문자 그대로 단체의 구성원의 총체적 행위로서 행해진다. 환언하면, 노동조합의 쟁의행위

134) 노조법 제81조 제1호의 노동자 개인에 대한 차별취급은 항상 동조 제4호의 노동조합에 대한 지배개입을 구성한다.

는 개별 조합원의 행위를 통해서만 표현되고, 개별 조합원의 행위는 노동조합의 행위로서 행해지는 쟁의행위를 조성하는 불가결적 구성부분으로서 비로소 의의를 가질 수 있다. 쟁의행위가 조합구성원의 산술적 총화를 넘는 독자의 단체적 존재로서의 노동조합 자체의 행위라는 것, 그렇지만 그것은 조합구성원의 행위에 의해 조성되고, 그것을 통해서 실현되며, 개별 구성원의 행위는 그와 같은 집단적 행위의 일분지로서만 의미를 가는 것, 이러한 이중의 의미에 있어서 단체적 성격이야말로 노동조합의 쟁의행위의 최대의 특징이고, 기본적 성격이다.

노동조합의 행위가 예컨대 노동협약의 체결과 같이 그 기관인 대표자를 통해서 되는 경우라도, 그 법률효과는 단체인 노동조합에만 귀속하는 것이 아니다. 노동협약의 근로조건적 부분(이른바 규범적 부분)의 효과는 개별 조합원에게 직접적으로 귀속한다(노조법 제33조). 여기에서도 노동조합의 행위의 중요한 특징을 볼 수 있다.

노동조합 내부에서의 다수결원리에 있어서도, 민법상의 그것과는 그 기초를 달리한다. 즉 노동조합에 있어서 다수결원리는 노동조합이 조합원인 노동자의 평등한 사회적 계급적 지위를 기반으로 하고, 또 노동자의 자유와 평등의 보장을 목적으로 하는 인간적 결합이라는 것에서 생기는 필연적인 요청이다. 이것에 대해 민법상의 사회에 있어서는 그것이 상품교환사회로서의 근대시민사회에 있어서 가치의 담당자로서 그 법적 주체성이 승인되고, 그것에 대응하여 등량으로 분할된 일정량의 가치 그 자체가 다수결원리의 전제인 투표주체의 단위로 생각된다.

그와 같이, 노동조합이 사단이라고 하더라도, 민법상의 사단과는 근본적으로 그 성격을 달리하는 것은 도대체 무엇에서 유래하는 것일까? 노동조합특유의 구성원리는「조합원의 노동력을 결집하는」단체라는 것에 있다. 이러한 의미에서 노동조합은 주식회사를 전형으로 하는 자본단체와 정면에서 대립한다. 노동조합의 법적 주체성은 조합원의 노동력에 대한 통제가 조합원 상호의 계약에 의해가 아니라, 단체로서의 일체적인 지위에서 출발하는 것으로서만 승인할 수 있다. 그리고 조합원의 노동력은 실체적으로는 그 주체인 인격과 결합되어 있기 때문에, 노동조합에 있어서 노동력에 대한 지배는 이미 그 속에 인적 동체적인 요소를 내포하고, 그 활동은 바로 노동력에 대한 지배의 외부적 표현이라는 하는 불리일체의 관계가 나타나게 된다. 그 결과 노동조합의 인격개념은 행위능력과의 유기적 관련에서 파악되어야 하고, 종래의 사회 내지 사단법인의 개념 하에 있어서와 같이, 권리능력과 행위능력을 준별하는 이론은 적용될 수 없다. 단결권과 교섭권의 유기적 관련의 기초도 여기에 있다. 또 단체교섭 내지 협약체결에 대한 대표의 근원도 위임에 기초한 것이 아니고, 개인의 활동능력의 확대도 아니며, 노동조합의 조합원노동력에 대한 통제 속에서 찾아야 하기 때문에, 전통적인 대표의 의사 특히 재산법적 대표개념과 대립한다. 그리고 자본단체인 주식회사나 무엇보다 민법상의 공익법인에서도, 그 단체로서의 법적 통일을 표현하는 법인개념은 재산법적 주제로서의 의미에 중점을 두고 있는 것에 대해, 노동단체로서의 노동조합은 재산법적 주체의 관념에 의해 다 포섭되지 않을 뿐만 아니라, 오히려 그 밖에 선다. 따라서 법인격의 취득은 노동조합의 단체성에 있어서 결정적인 의미를 가지는 것이 아니고, 재산주체로서의 성질에서 당연히 적용되어야 할 규정을 제외하고는 민법의 법인에 관한 규정은 노동조합에 대해서는 적용을 거부해야 한다.

또 노동조합을 노동력상품의 소유자인 노동자의 결집체로서 파악하고, 그 단체적 성격을 다음과 같이 설명하는 견해가 있다. 즉 노동조합 본래의 목적활동은 노동력상품의 가치대로 매각에 있기 때문에, 노동조합의 본래적 활동영역이 시민법이 예정하는 재산적 거래분야에 있는 것은 변화가 없다. 그렇지만, 시민법상의 사단 내지 법인에 있어서는 그 사회적 실체에 있어서 법인 자체가 하나의 상품소유로서 존재하고, 활동하는 것에 대해 노동조합은 그 자체 상품소유자가 아니다. 노동조합의 경우 노동력상품의 소유는 어디까지나 개별 노동자이다. 노동조합은 이론적으로도 실제적으로도 상품교환 상품소유의 주체인 것은 아니다. 노동조합의 본래적 목적활동이 노동력상품의 가치의 매각에 있다고 하여도, 엄밀하게는 그것은 개별 노동력상품에 대해서만 타당한 것이다. 단체협약의 효과가 직접 조합원에 귀속하는 것은 그것의 표현이다. 노동조합은 개별근로자가 상품주체를 유지하고 있고, 관철을 통해서만이 그 조직과 활동을 가능할 수 있는 것에 불과하다 따라서 법인에 있어서는 항상 그 개인적 성격이 전면화하는 것에 대해 노동조합에 있어서는 항상 집단적 성격이 나타나게 된다.

근대시민사회에 있어서 법은 미증유의 성숙과 발전을 수행해왔지만, 그것을 특징짓는 최대의 지표는 법적 인격개념의 성립과 그것에 대응하는 인간생활의 법률관계화에서 찾을 수 있을 것이다. 여기에서는 법적 인격개념의 확립에 수반하여 인간의 주체화가 행해지고, 인간의 생활관계는 이러한 주체상호간의 관계로서 법률관계화 = 권리의무화 되는 것이다. 그리고 이러한 현상은 자본제경제의 확립과 상품교환관계의 전면적인 전개에 조응하고 있다. 그렇지만 중요한 것은 근대시민사회에 있어서 법적 인격개념의 등장은 단순히 일반적인 상품교환에 대응한다고 하기보다도, 오히려 노동력의 상품화라는 사태에 조응한다고 생각되는 것이다. 자본제사회를 독립된 사회의 역사적 발전단계로서 특징짓는 것은 바로 이 노동력의 상품화에 있다. 환언하면, 자본제사회는 노동력의 상품화를 근본적인 조건으로 해서만이 성립할 수 있는 것이다. 이러한 의미에서 법적 인격개념의 궁극적인 기초는 노동력의 상품화, 따라서 그것의 소유자로서의 노동자의 인격화, 노동자의 주체화에 있다고 해야 할 것이다. 그렇지만 노동력의 상품화 내지 그것이 노동자라는 주체 내지 인격과 불리일체(不離一體)의 관계에 있는 것에만 입각해서 파악하는 시각에서는 노동조합의 구성원리에 있어서 특질을 충분히 명확하게 파악하는 것은 곤란하다고 생각된다. 노동조합은 노동력의 상품화라는 현실의 사태에 입각하면서도, 그것을 통해서 관철하는 상품교환의 법칙이나 근대시민법원리에 대해 어떠한 제약 내지 수정을 가하는 것을 기본적 목적으로만 존재할 수 있다. 무엇보다 노동력상품에 대해서도 일반상품의 거래와 같은 경제법칙이 지배하고, 노동력상품의 가치는 수요 공급의 관계, 즉 노동력의 매수자인 자본가와 매도자인 노동자의 경쟁관계에 따라 등귀 또는 하락하지만, 장기적 평균적으로 확실히 편차는 상쇄되어 결국 노동력의 가치에 낙착한다. 그 결과, 노동자는 노동력의 가치에 일치하는 평균가격을 얻기 위해서는 호황 때에도 임금인상을 투쟁하고, 불황기에 있어서 임금하락을 보전하는 것이 필요로 될 것이다. 그래서 노동운동은 자본제사회에 있어서 경제법칙과 불가분의 관계에 있다. 그렇지만 그 운동이 개별 노동자의 자유의사나 자본가와의 노동력거래의 자유에 외적 제약을 가하는 단결 내지 노동조합의 형태를 취하는 한, 그것은 개인인격을 주체로 한 상품교환의 경제적 및 법적 원리와 정면에서 충돌하는 결과로 된다. 따라서 노동조합은 노동력의 가치 그대로의 거래=경제법칙의 관철을 겨냥하면서도, 또한 노동력의 상품화, 추상적 법적 인격의 원리의 관철 그 자체가 아닌, 역으로 그것에 대한 저항을 자기의 기본적 목적으로 할 수밖에 없다. 그리고 나아가 노동력의 상품화가 노동자의 생활의 궁핍화와 인격적 존엄에 대한 위협을 야기하고 있는 궁극적인 기초이라고 하면, 이러한 전제 그 자체를 극복하는 것도 노동운동의 중요한 목적으로 될 것이다. 어떻든 노동조합은 이와 같은 저항의 운동을 자기의 근원적인 정의 내지 권리라고 하는 노동자의 규범의식에 지지되어서만, 생성·발전의 길을 걸어왔다. 또 이러한 노동자의 규범의식이 일반적 사회의식 속에서도 용인될 수밖에 없는 단계에 이르러 비로소 노동조합은 독립의 주체로서 법률의 세계에 등장하는 권리를 인정받게 되었다. 물론 노동자의 규범의식이 어떠한 법적 형태 하에서 구체화되는가는 개별자본주의국가에 있어서 현실적 조건 및 경제발전의 단계에 따라 다르다.

3. 노동조합의 법인격

1) 노동조합과 법인격론

노동조합은 특정의 목적을 달성하기 위해 조직된 노동자의 자주적인 인적 조직체이다. 법적 인격을 취득한 법인인 노동조합과 법적 인격을 취득하지 않은 법인 아닌 조합이 현재한다. 우리나라에는 후자의 면이 압도적으로 많다고 말한다. 민법상은 공익법인이고, 「학술, 종교, 자선, 기예, 사교 기타 영리가 아닌 사업을 목적으로 하는 사단」(민법 제32조)이다. 그렇지만 노동조합의 경우는 이와 같은 사회 전체의 불특정 다수자의 이익을 꾀하는 것을 목적으로 하지 않고, 영리법인과 같이 구성원이 오로지 이윤의 분배에 참여하는 영리를 목적으로 하는 것도 아니다. 특정의 목적 즉 노동자라는 통일한 사회적 지위에 있는 자가 호조의 정신으로써 공통이익의 증진을 꾀하는 것을 목적으로 하고 있으며, 말하자면 중간목적을 가진 사회단체이다. 노조법 제2조 제4호 「노동조합이라 함은 근로자가 주체가 되어 자주적으로 단결하여 근로조건의 유지·개선 기타 근로자의 경제적 사회적 지위의 향상을 도모하는 것」을 목적으로 조직된 단체 또는 그 연합단체를 말한다고 규정하고 있다. 그 조문에서도 민법상의 공익법인이나 상법상의 영리법인과는 상당히 성격을 달리하는 특수한 단체라고 할 것이다.

그런데 노조법은 제6조에서 노동조합이 법적 인격을 취득하기 위한 요건과 등기절차와 그 효력에 대해 규정하고 있다. 노조법 제6조 제1항 및 동법 시행령 제2조에 의하면 노동조합을 법인으로 하고자 할 때에는 그 주된 사무소의 소재지를 관할하는 등기소에 등기하면 법인격을 취득한다. 그리고 제6조 제3항은 법인인 노동조합에 대해서는 노조법에 규정된 것을 제외하고는 민법 중 사단법인에 관한 규정을 적용한다고 규정하고 있다. 현행 노조법 제6조 제3항은 노동조합이 중간법인임에도 불구하고, 공익법인에 대해 규정하고 있는 민법상의 사단법인에 관한 규정을 그대로 「적용」하고 있다. 그래서 문제가 제기된다.

여기에서 우선 문제인 것은 노동조합의 법적 인격의 취득은 본질적 필요성에서 나오는 것인가 혹은 본질적이지 않더라도 실제 필요성은 있지 않는가라는 점이다. 이 문제에 대하여 노동법이론에는 법적 인격의 취득은 노동조합에 있어서 본질적인 요청은 아니고, 실제상의 필요성에서 나오는 편의적인 것에 불과하다는 것이 지배적인 입장인 것 같다.[135] 그래서 노동조합의 본질적인 활동은 조합원의 노동조건의 유지·개선을 위해 단체교섭을 하고, 단체협약을 체결하는 것에 있으며, 그래서 노동조합법상의 주체성이 있다. 이와 같은 활동영역에 있어서는 노동조합이 재산법상의 권리의무의 주체라는 것 즉 법인격을 취득하는 것은 전혀 필요가 없다. 법인격의 취득은 노동조합에 있어서 본질적인 것은 아니라고 한다.

우선, 노동법이론에는 현행 헌법 제33조에서 말하는 노동3권의 법적 주체는 개개의 근로자 외에 조합원의 조직체인 계속적 단체(노동조합)와 일시적 단체(쟁의단), 그리고 복수의 노동조합으로 이루어진 연합단체가 인정되고 있다. 사용자에 대해 노동조합이 권리의무의 주체로서 인정되는 것에 대해 법적 인격의 유무는 일체 문제로 될 여지가 없다고 한다. 이에 반해 전통적인 대표적 견해에 의하면, 민법 제34조에서 말하는 법적 인격(권리능력)이란 권리의무를 향유할 수 있는 지위가 있다고 하는 의미이고, 여기에서 말하는 권리 중에는 재산권뿐만 아니라 명예권 등의 인격권도 포함된다. 즉 인권은 자연인 고유의 권리로서 친권, 생명권, 육체상의 자유권 등이 향유할 수 없을 뿐이고, 그 외의 권리는 법령에 의한 제한이 없는 한 인정되고 있다고도 한다. 그렇다고 한다면, 민법이론상으로 보아도 노동조합이 법적 인격을 취득하면, 단결권 등 노동3권은 특수적 성격을 가진다고 하여도 자연인 고유의 권리가 아니기 때문에, 이들 권리를 향유할 지위를 실정법적으로도 인정받고 있다고 해석할 가능성이 있는 것이다.

현대법학에서 자연인, 법인을 포함한 현대인의 법적 인격을 고찰하는 때, 권리의무의 주체로 될 수 있는 법적 지위라는 경우의 권리능력의 범위는 무엇보다 재산법체계에 있어서 재산권을 중심으로 한 권리의무관계에 한정할 필요는 없다. 아니 오히려 한정해서 이해해서는 아니 된다고 할 것이다. 물론 그와 같은 활동도 중요하지만, 그 외 「인간의 존엄」에 관련된 사회적 목적활동의 필요성과 중요성이 크게 되고 있다. 노동조합이나 노동자의 본래적 기본적 활동도 그 하나이지만, 그것도 이제 「전통적」으로 될 것이다. 현대사회에 살고 있는 현대인은 기타 새로운 사회적 목적활동을 탐구하면서 그리고 그 성과로서 새로운 권리를 획득하고 있다고 할 수 있다. 일조권, 소비자권, 사회보장권, 건강권, 그리고 환경권의 획득을 향한 현대인의 사회적 목적활동이 그 현상일 것이다.

가치관이 다양화되고, 근로와 경제활동이 행복을 가져온다는 하는 전통적인 가치관에 비판과 반성을 구하는 현대인의 생활양식(좋은 삶론)을 인식하게 되면서, 현대 민법질서는 이와 같은 사회적 목적활동이 근대시민법질서에 있어 경제적 재산거래활동에 필적할 정도로 큰 비중을 점하게 되었다. 경제적·재산적 거래활동을 지지하는 대표적 권리가 재산권인 것에 대응하여 사회적 목적활동을 지지하는

135) 김형배, 위같은책, 825면 참조.

대표적 권리는 「인격권」이라고 체계화하더라도 곤란하지 않다. 이와 같이 이해하면, 헌법 제33조에 보장되어 있는 단결권도 노동조합 자체의 사권적인 성격을 가진다고 할 수 있다.

그러면 민법이론상에서 노동조합은 법적 인격의 취득에 의해 단결권 등을 향유하는 지위가 법적으로 부여된다고 하는 사고방식이 허용된다고 하면, 법적 인격이 없는 노동조합이나 사단이라고 할 수 없는 쟁의단(争議團)은 전혀 단결권 등을 향유할 수 없는 것으로 되어, 헌법 제33조에 위반하지 않는가라는 의문이 생긴다. 이 점에 대해서는 우선 법적 인격이 없는 노동조합에 대해서는 이른바 「권리능력 없는 사단의 법리」를 적극적으로 평가하여, 헌법에서 인정하는 노동3권의 보장에 적합하도록 해석론적으로 수정되어야 한다. 결국 노동조합은 법적 인격의 유무를 불문하고, 노동3권의 보장에 관해서는 완전히 동등하게 취급하게 된다. 그러면 사단이라고 할 수 없는 쟁의단의 경우는 어떠한가? 이것에 대해서는 노동자 개인에게도 노동3권이 보장되고 있는 이상, 복수의 조합원이 집합하고 있는 상태에 불과하다고 할 것이다.

이와 같이 생각하면, 노동조합의 본질적 활동의 토대로 되어 있는 노동3권이 법적으로 보장되기 위해서는 법적 인격의 취득은 「본질적」이라고는 할 수 없어도, 「원칙적」으로 필요성이 있다고 말할 수 있다. 또 그러한 의미에서 법적 인격의 유무에 대해 문제의 여지가 없다고는 할 수 없게 된다. 어떻든 노동조합을 사단으로서 파악하여 민법 제34조를 적용하는 노조법 제6조 제3항이 존재하는 한, 노동3권의 권리의무의 주체(특히 사용자나 제3자에 대한)의 취급방식에 대해서는 헌법 제33조에서 곧바로 근거 짓는 설보다도, 헌법 제33조를 기본근거로 하여 민법 제34조와 노조법 제6조를 실정법의 근거로 생각하는 쪽이 법해석론으로서 보다 적절하다.

둘째로, 현대사회에서 경제적으로 견실하고 개인주의 풍조가 지배하고 있는 최근에 있어서는 노동조합의 투쟁은 충분한 투쟁자금의 확보 등 조합재산의 경제적·재정적 안정이 배경으로 되지 않으면, 끈기 있는 자주적 투쟁으로서의 성공은 곤란하다. 그러한 의미에서 노동조합의 본래적 기본적 활동을 위해서는 조합재산의 안정을 겨냥하는 재산적 거래활동도 중요하고, 양자는 불가분적인 것으로서 밀접하게 관련되어 간다고 말할 수 있다. 노동조합의 본래적 기본적 활동을 실효있게 성공하게 하기 위해서는 노동조합재산의 확충·안정에 노력하는 것이 선결문제이다. 그러한 상태로 되어서야 구성원인 조합원도 안심하고 본래적 기본적 활동인 투쟁에 대한 적극적 참가가 가능하게 되는 것이다. 그렇다고 한다면, 노동조합의 본래적·기본적 활동에 있어서도 중요한 조합재산의 확충과 관리의 문제는 경시되어서는 아니 된다. 따라서 조합이 법적 인격을 취득하여 재산법상의 권리의무의 주체로 되고, 조합재산의 안정적인 확보를 위해 혹은 투쟁자금의 차입 등 투쟁을 성공하기 위한 경제적·재산법적 활동을 하는 것은 본래적 활동과 「필연적인 관련성은 전혀 가지지 않는다」고는 할 수 없고, 오히려 본래적 기본적 활동을 배후로 지지하는 중요한 활동이라고도 말할 수 있다.

이와 같은 현실적인 의문점을 고려해보더라도, 노동조합에 있어서 법적 인격의 취급은 본래적 기본적 활동과 아무런 관계가 없다든가, 본질적인 요청은 없기 때문에 실제적으로 취득할 필요가 없다고 말할 수 없다고 생각한다. 법적 인격이 없는 노동조합도 조합 본래의 특수적 성격을 고려해서 보호되어야 하지만 그것에도 한도가 있을 것이다. 특히 조합재산에 관련해서 재산거래를 한 경우, 노동조합과 조합대표와 거래상대방이나 제3자와의 간에 성가신 법률문제가 생기고, 조합이 손해를 입거나 조합대표가 생각지 않은 책임을 부담하게 되는 사태도 있을 수 없지 않다.[136] 나는 노동조합에 있어서 법적 인격의 취득은 「본질적」으로 필요하다고 되풀이해서 말하지는 않지만, 「원칙적」·「이론적」·「실제적」 필요성은 있다고 생각한다. 또 후술하듯이, 재판이나 등기의 실무상에서 보아도, 노동조합은 법적 인격의 취득은 필요성이 없다고 할 수 없다.

2) 노동조합과 권리능력 없는 사단의 이론

노동조합법 제6조 제3항은 "법인인 노동조합에 대해서는 이 법에 규정된 것을 제외하고는 민법 중 사단법인에 관한 규정을 적용한다"고 규정하고 있어 법인인 노동조합 즉 법적 인격을 취득한 조합에 대해서 민법이론의 적용을 긍정한다. 그러면 현실의 사회에서 존재하는 노동조합 중에서 단위조직 등 약소노동조합의 거의 대부분인 법적 인격이 없는 노동조합(미등기의 노동조합)에 대해서는 노조법 제6조 제3항은 유추적용되어야 할 것이다.

이 점에 대해 민법이론에서는 그 실제가 사단인 것에 법적 인격을 가지지 않은 단체를 「권리능력 없는 사단」이라고 부르고, 이른바 「권리능력 없는 사단의 법리」라는 이론이 일반적으로 정착해 있다. 이러한 법리에 의하면, 우리나라에는 사단

136) 조합이 많은 재산을 갖게 되고, 또 대외적 거래관계가 복잡화되는 경우에는 법인격을 취하는 쪽이 편리하고, 실제적인 필요성이 생긴다. 법인격을 가지지 않는다고 할 경우 조합의 재산은 대외적으로 조합대표자 개인의 명의로 하는 수밖에 없기 때문에, 조합재산과 대표자 개인의 재산, 조합 자체 채권·채무와 대표자 개인의 채권·채무가 명확히 분리되지 않고, 대표자 개인 채무를 위해 조합재산이 압류될 위험도 생기기 때문이다.

법인은 민법상의 공익법인, 상법상의 영리법인, 특별법에 의한 공익법인(공익목적을 가진 사립학교법에 의한 학교법인이나 사회복지법사업법에 의한 사회복지법인 등), 특별법에 의한 특별목적을 가진 중간법인(노동조합이 그러하다. 기타 농업협동조합법에 의한 농업협동조합법인, 소비자생활협동조합법에 의한 소비자생활협동조합법인 등)이 있는데, 이러한 민·상법이나 특별법에 기해 사단법인으로 되는 길이 막혀있는 중간적 목적을 가진 단체(예컨대, 동창회, 사교클럽, 학회 등)가 다수 존재하고 있다. 그런데 민·상법이나 특별법에 의해서 제도적으로 법적 인격을 취득하는 길은 인정되지만, 사단구성원이 어떠한 이유에서 의식적으로 법인제도를 아예 이용하지 않는다든가, 혹은 이용할 의사가 있어도 시간적으로 지체되어 목하 절차 중에 있든가, 태만하여 절차를 거치지 않은 사태가 계속되는 단체도 존재하고 있다. 노동조합의 경우는 민간노조, 공무원노조를 불문하고 노조법 제6조에 의해 소정의 등기 또는 등록절차를 마치면 법적 인격을 취득할 수 있기 때문에 바로 후자의 경우에 속한다. 따라서 노동조합에 관해서는 등기절차를 이미 마쳤는가 여부의 차이가 있는 것에 불과하고, 노조법 제2조 4호와 제10조의 규정에 적합한 이른바 법내노조를 전제로 하는 한, 그 실체에 대해서는 어떠한 차이도 없는 것이다. 또 법적 인격이 없는 노동조합은 정말 형식적으로는 법인으로서 인정될 수 없지만, 사단으로서의 실체를 가지고 있는 이상, 민법의 법인에 관한 규정 중에서 적어도 사단으로서의 단체를 대상으로 하여 규정되어 있는 조문에 대해서는 법적 인격의 유무를 불문하고 적용 내지 준용되어야 한다고 할 것이다.

이러한 민법이론에 있어서 이른바 「권리능력 없는 사단의 법리」에 따르면, 노조법 제6조 제3항이 적용하고 있는 민법의 규정은 사단으로서의 실체를 가지고 있는 경우에 인정되어야 할 규정이라고 해석되기 때문에, 이들 규정은 법적 인격의 유무를 불문하고 사단으로서의 실체를 가지는 노동조합이면 준용될 수 있다고 해석해도 좋을 것이다.[137]

노동조합은 법인인 노동조합과 법적 인격이 없는 노동조합의 양자를 동일하게 취급한다고 하더라도 아무런 불합리가 없다고 할 수 있다. 실제 노조법에는 법적 인격이 없는 노동조합의 존재를 예정하는 규정이 존재한다. 즉 첫째, 노조법 제3조는 "사용자는 이 법에 의한 단체교섭 또는 쟁의행위로 인하여 손해를 입은 경

137) 여기에서 문제로 제기되는 것은 법인격을 취득하지 아니한 노동조합(또는 법외조합)과 노조법 제6조 제3항과의 관계이다. 뒤에서 보는 바와 같이, 법인격유무와 관계없이 노조법 제6조 제3항의 취지는 그대로 인정되어야 할 것이다. 그렇지만 법이론적으로는 법인격이 없는 노동조합에도 노조법 제6조 제3항을 유추적용한다고 하는 형식으로 된다고 하는 표현을 사용하는 것이 정확할 것 같다.

우에 노동조합 또는 근로자에 대하여 그 배상을 청구할 수 없다"라고 규정하고 있는데, 이를 반대해석하면, 법인격유무를 불문하고 노동조합은 이 법에 위배되는 단체교섭 또는 쟁의행위에 대해서는 민사책임을 면할 수 없도록 하고 있다. 둘째, 노조법 제29조 제1항에 의하면, 노동조합은 법적 인격 유무를 불문하고, 사용자와 단체협약을 체결할 능력이 있다고 규정하고 있다.

그런데 민법이론상의 「권리능력 없는 사단의 법리」에 관한 통설적 견해에 대해 노동조합이라는 단체 특히 그 목적활동의 다른 단체에서 볼 수 없는 독자적인 기본적 특질을 주목하면, 노동조합을 단순히 사단으로 파악하여 권리능력 없는 사단이론에 따라 민법의 사단법인에 관한 규정 속에 포함된 사단의 이론을 이것에 적용 또는 준용해야 한다고 하는 태도에는 중대한 의문이 생긴다. 노동법의 독자성과 노동조합의 특수한 성격을 강조하는 노동법학의 입장에서 민법상의 공익법인에 관한 민법이론을 단순히 일률적으로 적용할 수는 없을 것이다. 또 권리능력 없는 사단의 이론에 관하여 통설과 같이 현대사회에 무수히 존재하는 복잡다양한 권리능력 없는 사단을 완전히 일률적으로 취급하고, 일정한 요건을 우선 결정하고, 그 요건을 구비하는 단체에 대해서 전면적으로 몇 가지의 효과를 인정해가는 방법에는 문제가 있다. 각 단체에 대해 사단법인의 규정 또는 사고방식의 유추적용의 유무를 완전히 개별적으로 판단하는 것이 가장 구체적인 타당성에 적합한 방법이라고 할 것이다. 따라서 법적 인격이 없는 노동조합이라는 사단의 특수한 성격을 고려하여 다른 법적 인격이 없는 사단과는 다른 탄력적인 해석이나 적용방법을 취하는 것이 긍정되어야 하는 것이다.

게다가 노동법적 입장에서 보다 강한 의미에서 법적 인격이 없는 노동조합의 특수적 성격을 강조하여, 공익적 성격을 가지는 법적 인격이 없는 사단이나 영리적 성격을 가진 그것과는 현저히 다른 특수한, 즉 단체적 성격을 가진 사단으로서 이해해야 하고, 단순히 권리능력 없는 사단의 법리를 일반적·일률적으로 적용할 수 없다고 할 것이다. 즉 법적 인격이 없는 노동조합의 특수한 성격을 고려에 넣고 그 법리를 취사선택하여, 현행 헌법의 노동3권보장의 중요성에 입각하여 종래의 민법이론에 의한 해석이 적절하지 않은 경우는 해석이나 이론을 수정할 필요가 있다. 그렇지만 기본적으로는 비법인 노동조합에는 민법상의 「권리능력 없는 사단의 법리」를 적용할 수 있다. 예컨대 노동3권 보장에 관한 권리의무의 주체나 노동법의 규정의 적용에 관하여 법적 인격이 없는 노동조합은 자주적이고 민주적인 법적 조합이면 모두 법적 인격을 취득한 노동조합과 완전히 동일하게 취급한다고 하는 이론이 그러하다.

3) 노동조합의 법인화

(1) 법인격 취득의 의의

노동조합의 실체성은 자주성과 민주성의 확보에 있기 때문에 노동조합의 성립 요건에는 법인격이 필요 없다. 그러나 노동조합 스스로가 법주체로서 활동하는 것이 필요하기 때문에 노조법은 노동조합의 규약에 따라 법인으로 하는 길을 마련하고 있다.

(2) 절 차

노동조합이 당해 노동조합을 법인으로 하고자 할 때에는 노동조합의 대표자가 그 주된 사무소의 소재지를 관할하는 등기소에 등기신청서를 제출하여 등기하여야 한다. 등기신청시에는 등기신청서와 규약과 신고증의 사본을 첨부하여야 한다(노조법 시행령 제4조).

* 등기사항(노조법 시행령 제3조)

① 명칭
② 주된 사무소의 소재지
③ 목적 및 사업
④ 대표자의 성명 및 주소
⑤ 해산사유를 정한 때에는 그 사유

(3) 이전등기와 변경등기

법인인 노동조합이 그 주된 사무소를 다른 등기소의 관할 구역으로 이전한 경우에 당해 노동조합의 대표자는 그 이전한 날부터 3주 이내에 구소재지에서는 이전등기를 하여야 하며, 신소재지에서는 제3조 각호의 사항을 등기하여야 한다(노조법 시행령 제5조 제1항). 동일한 등기소의 관할구역 안에서 주된 사무소를 이전한 경우에는 그 이전한 날부터 3주 이내에 이전등기를 하여야 한다(노조법 시행령 제5조 제2항).

노동조합의 대표자는 제3조 각호의 사항에 변경이 있는 경우에는 그 변경이 있는 날부터 3주 이내에 변경등기를 하여야 한다(노조법 시행령 제6조).

(4) 법인격 취득의 효과(법인격 없는 노조와의 차이)

가. 실체법상의 효과

법인인 노동조합은 노조법에 규정된 것을 제외하고는 민법 중 사단법인에 관한 규정이 적용된다. 다만, 이러한 민법의 규정은 재산관계에는 그대로 준용해도 무방하나 노동3권과 관련하여 불리한 내용은 그 적용이 배제될 것이다.

나. 절차법상의 효과

법인격 취득 여부와 관계없이 노동조합은 사법상으로는 권리능력 없는 사단에 해당한다. 그러므로 민사소송법 제48조에 의하여 대표자의 이름으로 소송당사자가 될 수 있다. 그러나 법인인 노동조합은 노동조합 그 자체로서 소송당사자능력을 갖는다.

(5) 노동조합의 법인격취득의 문제

노동조합이 법인격을 취득하는 경우 법인과 관련하여 노동조합은 노조법, 민법 그리고 상법에 의해서 중첩적으로 규제를 받을 가능성이 있다. 이러한 중첩적인 규제는 노동조합의 본래적 활동에 위축을 가져올 수도 있다. 그래서 노동조합은 법인격취득을 신중히 해야 할 것이다.

4. 노동조합의 행위능력: 노조법 제6조 제3항의 의의

1) 노동조합과 행위능력론

노조법 제6조 제3항이 적용하고 있는 민법의 사단법인에 관한 규정 중, 특히 논의의 여지가 많은 것은 민법 제34조와 제35조이다. 이 문제는 법인인 노동조합의 능력, 환언하면 노동조합에 있어 어떠한 범위와 요건 하에서 적법행위와 불법행위가 인정되는가라는 것이다.

민법 제34조는 법인이 법령의 규정에 따라 정관 또는 기부행위에 의해 정해진 목적의 범위내에서 권리를 가지고 의무를 부담할 수 있다고 정하고 있다. 이는 민법이론 중 일반적으로 법인실재설에서 출발하면, 법인의 권리능력(법적 인격)과 함께 행위능력을 함께 규정한 것으로, 즉 법인의 그 목적 범위내의 행위에 대해서 법인 자신의 행위로서 인정된다는 것을 나타낸 규정으로 해석되고 있다. 여기에서 민법 제34조에 말하는 「목적 범위내」란 도대체 어떠한 한계를 의미하는가가 우선 문제로 된다. 이 점에 대해 민법이론상 법인의 본질을 어떻게 파악하는가에 의해 학설이 다를 수밖에 없다. 다음의 세 가지의 설이 주장되고 있다(상법이론에서의 설을 포함하면 네 개의 설로 된다).

첫째, 권리능력·행위능력제한설이다. 단순히 권리능력제한설이라고 하는 경우도 있다. 현재의 통설과 판례이고, 법인실재설의 입장에서 하는 주장이다. 즉 법인은 일정한 목적 범위내에서 존재하고 사회적 활동을 하기 때문에 그 범위내에서 권리능력을 가지며, 또한 권리능력의 범위내에서 현실의 권리의무를 취득한다고 하기 때문이다. 그 범위내에서만 법인은 행위를 할 수 있다. 따라서 행위능력도 제한된다.

둘째, 행위능력제한설이다. 이 설도 법인실재설의 입장에서 하는 주장인데, 전설과의 차이는 목적에 의한 권리능력제한을 부정하는 점에 있다. 즉 법인은 그 성질상(자연인의 천연의 성질인 성, 연령, 신체 등의 성질과 다른 의미의) 또는 법령에 의해 제한되는 이외에는 모두 법률상의 권리의무를 가질 수 있다. 목적에 의한 제한은 법적으로 할 수 있는 행위의 범위이다. 즉 행위능력의 제한이라고 한다.

셋째, 대리권제한설이라고 하고, 법인실재설에 비판적이고 최근 유력하게 주장되고 있는 법인의제설에서 하는 주장이다. 즉 민법 제34조는 법인 즉 이사의 활동 및 그 결과로서의 법인에 대한 권리의무의 귀속범위를 획정하는 것이고, 권리능력 그 자체의 제한이 아니라는 것이다.

넷째, 법인의 행위 또는 행위능력이라는 개념은 인정할 수 없다고 하는 설도 있다.

다섯째, 상법상 이론의 입장에서 회사에 관련하여 내부책임설이 주장되고 있다.

이 문제에 대해서 우선, 법인은 현실로 사회에 실재하고 사회활동을 하고 있다고 하는 사회학적 관찰태(觀察態)에서 법인실재설을 지지하는 것을 기본적 입장으로 하여, 첫째, 법인은 그 목적이나 종류에 의해 사회적 가치나 작용이 다르다는 것, 둘째, 법인의 권리의무의 개념을 재산권에 한하지 않고, 널리 이해하면 법인의 목적종류에 따라 권리의무에 광협이 인정된다는 점에서 목적에 의한 권리능력(법적 인격)의 제한도 가능하다고 생각하기 때문에, 통설과는 아주 다른 의미에서의 권리능력·행위능력제한설이 타당하다고 이해하고자 한다. 예컨대, 노동조합이라는 법인은 다른 법인에 비교해서 그 특수적 성격과 목적에 의해 노동기본권을 보유하고, 정당한 쟁의행위는 형사·민사로도 면책되기 때문에, 권리의 면에서 널리, 의무의 면에서는 좁게 인정된다고 하여도, 다른 법인과는 달리 이 점에서 제한을 받고 있다고도 말할 수 있기 때문이다.

그래서 행위능력의 「행위」란 자연인과 같이 법률행위에 한정할 필요는 없고, 불법행위에 대응하는 적법행위의 의미에서 이해할 수 있다. 즉 법인은 법률행위뿐만 아니라, 준법률행위나 사실행위도 포함해서 이들 적법행위의 권리의무의 주체로 되는 것을 인정하고, 그 행위는 목적의 범위에서 이루질 수 있다고 이해하는 것이다. 이렇게 이해하면, 노동조합의 본래적·기본적 활동인 쟁의행위가 사실행위로 되더라도 행위능력의 문제로 되는 것이다.

다음으로 법인의 「행위능력」이란 어떠한 개념으로서 이해해야 하는가에 대해서 검토해보기로 한다. 우선, 법인의 행위능력을 문제로 하는 경우, 자연의 경우에 있어서 행위능력의 개념과는 그 성질이나 본질상 다른 것에 주의해야 한다. 자연인의 행위능력의 경우, 인간의 정신적 지능적인 발달상태를 고려하여 의사능력, 행위능력, 책임능력(법인의 불법행위능력에 대응한다)이라는 능력개념이 구성되어 있고, 이들 개념은 주로 자연인 중 정신적·지능적 장애인을 보호하는 것에 중점이 있는 것이다. 그렇지만 법인의 경우는, 예컨대, 자연인에서 말하는 의사능력이라는 것은 문제로 되지 않는다. 법인의 경우는 실제로 사회에서 실체로서 존재하고, 사회적 활동과 적용을 영위하고, 그 행위에 법률적 효과가 부여된다고 하는 것이다. 말하자면, 법적 인격을 취득한 법인은 전적으로 완전한 행위능력자라고 말할 수 있다. 따라서 법인의 경우의 「행위능력」이라는 개념은 법인 자체의 행위 그 자체를 문제로 하면 족하고, 자연인과 같이 법률행위를 대상으로 하고, 「능력」을 문제로 하여 행위무능력자의 보호를 고려할 필요성도 없는 것이다. 그리고 법인의 법률상의 효과가 직접 미친다고 하는 적법행위와 불법행위 모두를 법인의 「행위」로 파악하고, 법인의 행위능력을 문제로 하는 경우는 법인은 적법행위를 어떠한 범위와 요건 하에서 인정되는가의 문제로 이해해야 한다. 이것이 바로 법인실재설의 입장이다. 이에 의하면 위와 같은 법인의 행위능력의 이론이 가능하다고 할 것이다.[138]

그런데 민법학에서 통설과 판례[139]는 민법 제34조에서 말하는 「목적의 범위」를 공익법인, 중간법인, 영리법인을 불문하고, 정관에 규정하는 목적 내에서 엄격히 한정하는 것이 아니라, 「목적인 사업을 수행하는 데에 필요한 일체의 사항」을 포함하는 것으로 상당히 합리적으로 확대하여 이해하고 있다. 이 설에 따르면, 중간

138) 법인실재설에 의한 법인 「행위」론에 대해 법인의제설에서는 법인이 실재한다고 하는 것은 실용법학적으로 어느 정도의 실익이 있는가 의문스럽다고 하고, 법인에 대해서는 대리인(대표기관)인 자연인의 행위(법률행위)외에는 「법인 자신의 행위」인 것을 생각할 필요는 없다고 하는 비판이 있다.

139) 대판 1991.11.22. 91다8821 등.

법인인 노동조합도 거의 마찬가지로 해석해도 좋을 것이다. 즉 민법 제34조의 규정을 노조법 제6조 제3항이 적용하는 결과, 노동조합은 노조법의 규정에 따르고, 정관에 상당하는 조합규약에 의해 정해진 목적의 범위 내에서 권리를 가지고 의무를 부담하게 된다. 따라서 노동조합의 행위(능력)의 범위는 노조법 제2조 제4호와 제11조 제2호 등에 따라 조합규약이 정하는 목적의 범위 내에서 행위능력과 목적활동을 수행하는 데에 필요한 일체의 행위를 포함하게 된다. 또한 노동조합규약에 정한 목적사항과 관련해서 노조법 제2조 제4호는 소정의 목적을 주목적으로 하는 노동조합을 인정하지 않는다고 할 뿐, 결성도 자유롭게 할 수 있으며, 그 내용에 대해서는 어떠한 제한도 없다. 다만 중요성의 정도에서 목적을 구별하고 있는 것에 불과하다. 따라서 노조법이 인정하는 노동조합의 행위(능력)의 범위는 사용자와 대항하여 노동자가 주체로 되어서 자주적으로 그 노동조건 내지 생활조건의 유지 향상을 도모하는 것을 목적으로 하고, 그 목적에 따른 활동영역으로서의 공제부조, 후생복지, 교육계몽, 정치사회문화운동 등 광범위에 미치는 것으로 된다. 따라서 재산법적 거래행위와 불가분으로 된 행위가 그만큼 많게 되게 된다. 기타 노동조합의 활동영역에서 주의해야 하는 것은 정치적·사회적·문화적 활동에 대해서이다. 이 경우는 조합원 개인의 사상적·정신적 자유를 존중해야 하고, 노동조합의 통제력에 한계를 인정해야 한다.

2) 노동조합과 민법 제34조 및 제35조

위에서 검토한 법인의 행위능력이론에 입각해서, 여기에서는 노조법 제6조 제3항이 민법 제34조를 적용하는 의의와 범위에 대해서 주로 해석론적으로 고찰해보는 것으로 한다. 노동법이론상 문제로 되는 것은 민법 제34조를 법인인 노동조합에 적용하는 경우에, 노동조합의 본래적 기본적 행위인 단체교섭이나 쟁의행위에 대해서는 인정되지 않고, 재산적 거래행위에 한정하여 적용해야 하는가?(민법적용제한설), 그렇지 않고, 노동조합의 본래적 기본적 행위와 재산적 거래행위를 구별하지 않고, 전면적으로 적용되는가(민법적용긍정설)라는 해석론적인 문제이다. 이 점에 대해서는 노동조합이론상 큰 대립이 있다. 그렇지만 대립이라고 하더라도, 전자의 설이 압도적으로 다수설이기 때문에[140], 먼저 민법규정을 그대로 적용하고자 하는 다수설이 타당한지에 대해 검토해볼 필요가 있다.

민법적용제한설은 노조법은 법인격을 취득한 노동조합에 대해 민법의 법인에 관한 규정을 적용하면서, 그 적용이 없는 부분에 대해서는 인격의 유무를 불문하

140) 김형배, 위같은책, 826면; 임종율, 위같은책, 90면 등.

고 적용되어야 할 일반원칙을 노동조합법 중에 두고 있다고 하지만, 과연 이상에서 기술한 관점(단체적 성격)이 충분히 음미된 후의 것인가는 심히 의문이다. 재산주체 내지는 재산법적 거래주체로서의 성질에서 당연히 적용되어야 할 규정(즉 전통적인 법인격개념에 근거를 가지고, 그것에서 파생된 제규정)을 제외하고서는 오히려 민법의 법인에 관한 규정의 적용은 원칙적으로 부정되어야 한다고 보며 민법 제34조의 규정의 적용에 의해 법인인 노동조합에게 이른바 사단 내지 조직체로서의 독자의 권리의무의 주체가 인정되는 것은 일반 재산법(시민법적 재산법)상의 권리의무관계를 생기게 하는 경우에 한정된다고 해석해야 한다. 동시에 이러한 권리의무관계를 생기게 할 수 있는 경우에 대해서는 민법 제34조의 규정은 법인격의 유무를 불문하고, 아마 모든 사단 또는 재단에 적용되어야 할 규정이다.「일반재산법상의 권리의무관계를 생기게 하지 않는 경우에까지 본조에 정한 민법 제34조의 규정을 확대하고, 이것을 근거로 노동조합이라는 법인 또는 권리능력 없는 사단에 대해 법률의 규정 또는 법적 범위 내에서 독자의 권리의무가 귀속한다고 하듯이 해석해서는 아니 된다고 한다. 이것이 노동법학에 있어서 통설을 이루고 있다고 해도 좋을 것이다. 노동조합의 특수적 본래적이라고 할 수 있는 법적 성격을 검토해 보면, 저절로 민법 제34조는 재산법적 거래활동의 분야에 한정되어야 하고, 노동조합의 이 부분에 있어서 활동의 경우만 적용되어야 한다는 결론에 이르게 된다. 즉, 노동조합이 현행 헌법에 의해 보장되고 있는 노동단체권에 기한 본래적 기본적 활동에 관해서는 노조법 제6조 제3항에 기하는 것이 아니라, 오히려 그 적용을 부정해야 한다는 것이다.

이에 대해 노동조합의 법적 성격(혹은 단체적 성격)에 대해서는 종래의 연구가 오히려 근대시민사회에 있어서 노동력의 상품화 현상에만 초점을 맞추어서 말하자면 정태적 추상적으로 노동조합의 법적 특질을 도출하는 것에 시종하는 혐의가 있었지만, 노동조합의 특질은 그뿐만 아니라. 상품교환의 법칙이나 근대시민법원리에 대해서 어떠한 제약이나 수정을 가하는 것에 있다. 그리고 노동자의 생활의 궁핍화와 인격적 존엄에 대한 위협을 야기하는 노동력의 상품화와 추상적 법적 인격의 원리의 관철에 대한 저항과 극복이야말로 노동조합의 본질적 성격이라고 한다. 종래의 노동법이론에 있어서 노동조합의 법적 성격론 혹은 단체적 성격론의 불충분한 점을 일단 명확하게 하여 이점을 보다 부각시켰다고는 평가할 수 있겠다.[141]

141) 기타 노동조합의 단체적 성격의 특질을 보다 철저히 하면, 노동조합과 사단 간에는 기본적 점에서 현저한 차이가 있다는 것은 분명하게 되었다고 하여, 노동조합을 하나의 사단으로서 파악하거나 사단의 법리를 적용하는 것을 부정하고, 노동조합 특유의 이론의 창조를 강조하는 선예적(先銳的)인 이론도 보인다.

민법 제34조 적용의 의의와 범위에 관련해서 이상과 같이 노동조합의 법적 성격을 파악하면, 노동조합은 재산관계를 중심으로 한 민법상의 사단 내지 법인의 개념과는 현저히 성격을 달리하고 있는 것이 명확하다고 하여, 민법상의 사단 내지 법인개념이 재산거래의 주체로서 파악되며, 따라서 민법상의 사단이나 법인은 구성원의 생활을 재산활동의 분야에 있어서 한정된 범위 내에서만 부분적으로 파악한 것에 불과한 것에 대해, 노동조합의 성격은 이와 같은 재산법적 주체로서의 사단 내지 법인의 관념에 의해서는 도저히 충분히 파악할 수 있는 것은 아니다. 노동조합의 기본적 성격이 민법상의 사단법인과 근본적으로 다른 것인 이상, 법인격의 취득에 의해 노동조합의 성격이 전면적으로 변화하는 것은 도저히 이해하기 어렵다. 오히려 노동조합의 본래적 내지 기본적 목적활동이 단순한 재산활동 이외에 있는 것을 고려해서 민법규정의 적용범위에 대해서는 엄격히 제한하여 결정해야 한다. 예컨대, 민법 제34조의 규정은 법인인 노동조합의 일반재산상의 관계에 한해서 적용을 인정해야 한다고 하겠다.

그러나 민법 제34조의 적용의 의의와 범위에 대해서 첫째, 법인인 노동조합은 일반재산상의 관계에 한정해서 적용되어야 하고, 적용의 범위를 「엄격히」 제한해야 한다고 하는 점 둘째, 민법상의 사단 내지 법인개념은 「재산거래의 주체」로서만 파악하고, 구성원의 생활을 재산법적 활동의 분야에 있어서 한정된 범위내에서만 부분적으로 파악한다고 하는 점에 대해서 의문을 금할 수 없다. 이것은 민법적용설에 대한 의문이고, 나아가서 전통적 민법이론에 대한 의문으로 이어지는 문제이다. 확실히 이 통설은 노조법 제정당시의 형식적이고 단순한 민법적용긍정설에 대한 비판으로서, 조합의 본래적 기본적 활동인 쟁의권을 중심으로 하는 단결활동을 옹호하고, 이것을 중시한다고 하는 견지에서 주장된 것이다. 노동조합운동의 형성·발전시대에는 이론적으로도 노동자나 조합운동지도자를 납득케 하는 데에 있어서 그 나름의 의의는 있었다고 생각한다. 그러나 노동자의 조직률도 어느 단계에 달하고, 노동운동이 정체기에 있는 현대사회를 직시하는 때, 노동조합의 활동을 본래적 기본적 활동과 재산법적 거래활동으로 억지로 구별하여 이해할 필요가 실제상도 없어져가고 있다고 생각한다.

이에 대해 민법적용긍정설은 노동조합이 입법에 의해 법인으로 되는 길을 열어놓고, 게다가 그 행위능력 및 불법행위능력상 민법상의 법인과 동일한 지위가 부여되었다고 하는 것은 법인격취득의 유무에 관계없이 조합에 있어서 단순히 재산거래상의 편의적 조치로 그치는 것이 아니라, 조합활동의 내외적 측면에서 그것 자체가 중요한 법적 의의가 부여되는 것」이라고 하는 문제제기로서의 기본적 자세를 분명히 한 후, 「법인인 노동조합에 민법 규정을 적용한다고 하는 것은 그 행위능력 및 불법행위능력이 민법상의 법인과 동등하게 전면적으로 인정되는 것」을 의미한다고 하는 것이고, 이것을 거래상의 행위에 제한해야 할 논거는 특히 찾을 수 없다고 한다.

첫째, 민법에 있어서 법인론은 기능론으로서 생각하면, 자본주의의 질적 전개에 수반하는 단체의 역할의 중요성에 착안하여, 단체의 대외적 대내적 행동의 성과를 제3자 및 구성원과의 관계에서 어떠한 법적 평가를 부여하는가를 중심으로 논해 갈 수 있으며, 거기에는 단체의 활동이 어떠한 의미에서 관계당사자의 경제적 이해에 결부하는 것에서 법적 문제로 되었다고 한다. 이 경우 경제적 이해관계가 생기는 것은 사실상 상품교환을 중심으로 하는 재산상의 거래에 관련하는 것이 압도적으로 많다고 하여도, 권리의무의 주체로서의 단체가 스스로 또는 구성원이 한 행위에 대해서만 책임을 부담해야 할 행위의 대상범위를 재산적 거래의 범위에 한정해야 할 이유는 없고, 이러한 이치는 노동조합에게도 해당한다는 점이다.

둘째, 법의 적용을 재산관계에 한정하는 경우는 노동조합의 목적활동과의 관련에서 문제가 생기게 된다. 예컨대, 조합과 제3자와의 금전수수 등의 재산적 거래관계가 조합의 제1차적 목적활동으로서의 쟁의행위와 직접 불가분의 관계에 있는 경우이고, 그 예로서 투쟁자금의 차입이나 자금획득을 위한 재산처분이 조합규약에 위반하여 집행부의 독단으로 행해지는 경우를 들 수 있고, 이러한 경우 민법의 적용이 재산관계에 한정한다고 하는 논리를 관철할 수 없는 것이 아닌가라고 의문이 제기된다.

우선, 다분히 민법 제35조의 불법행위능력에도 관련되는 점이지만, 어떤 단체가 사회에서 단체활동을 영위하는 이상, 예컨대, 단체 특유의 비경제적 목적활동이라도, 사회생활을 하고, 사회적 작용을 지속해가는 과정에서 어떠한 경제적 이해관계가 생긴다. 이것에 대해 단체 또는 그 구성원이 손해배상청구권을 가지게 되기도 하고, 손해배상책임을 부담하게 되는 것은 많이 있을 수 있다. 이것을 구체적으로 해결하려고 하면, 바로 재산법적 금전거래문제로 들어가는 것을 의미한다. 예컨대, 노동조합의 쟁의행위를 예로 들면, 정당한 쟁의행위는 노조법 제3조에 의해 당연히 면책되지만, 위법한 쟁의행위까지도 노조법은 면책을 인정하는 것이 아니다. 민법 제35조의 요건에 해당하는 경우, 이 규정의 적용에 의해 책임을 지게 될 것이라고 이해해야 할 것이다. 다만 노동조합의 특수한 성격을 고려해서 책임의 범위를 엄격히 그 정도를 경감한다고 하는 방향으로 해석해가면, 노동조합에 있어서 아무래도 불합리한 점은 없다고 이해하고자 한다. 오히려 민법적용제한설에서 보면, 본래적 기본적 활동인 쟁위행위의 결과 조합간부가 예측하지 못한 불법행위에 의해 손해배상책임이 생기고, 재산법적 금전거래문제로 되었다고 하는 것에 민법 제35조를 준용하지 않는다고 해석하는 것이야말로 이론적으로 불합리한 점이 많다고 생각한다. 제2의 점에 대해서는 노동조합의 본래적·기본적 활동과 재산법적 거래활동이 직접 불가분의 관계에 있는 경우는 앞으로 점점 많아지게 된다고 생각한다.

생각컨대, 첫째, 기본적 이유인데, 우선 문제로 되어야 할 것은 현대민법에 있어서 단체법이 법인 기타의 단체에 대해 재산법적 거래문제에 한정하여 대상으로 하는 것을 과연 요청하고 있는가이다. 즉 생존권이나 인격권 등이 법인이나 단체에 관련되는 경우의 문제까지도 배제하고 있는가라는 점이다. 역사적으로 보아도, 법인이나 단체에 대한 법률의 태도는 각 국가의 정책이나 헌법의 이념에 따라 다소 차이가 있고, 상당한 변화가 보인다. 커다란 변화가 보였던 전형적인 예가 노동자의 단체로서의 노동조합일 것이다. 19세기에 있어서는 노동조합은 금지 탄압의 비참한 체험을 하였지만, 20세기에 들어오자마자 법률은 노동조합에 법적 인격을 인정하여 오히려 조장하려고 하였던 정책이 세계적으로 승인되기에 이른다. 우리나라에서도 현행 헌법은 노동기본권을 기본적 인권으로서 보장하여, 노동자의 조직단체로서의 노동조합의 결성과 활동을 적극적으로 조장하는 자세를 선명하게 선시하였다. 그것에 수반하여 노동조합법 등 노동3법이나 그것과 관련한 특별노동법이라고 할 수 있는 법률이 그 목적은 여하튼 서서히 정비되었다.

다른 한편, 개인의 존엄, 생존권보장, 노동기본권보장이라는 현행 헌법의 근본이념은 당연히 다른 법률의 원리나 정신에 영향을 미치고, 지배하는 것이라고 해야 한다. 현행 헌법체계 또는 질서 하에서 현대민법의 원리는 새롭게 설치된 민법 제1조을 통해 법인 혹은 법적 인격이 없는 사단인 노동조합에 대해 생존권보장, 노동기본권보장을 구체화한 행위로서의 본래적·기본적 활동에도 적극적인 지지를 부여하고, 그 방향에서의 해석을 할 것을 요청하고 있다고 해석되는 것이다 (민법의 사회화 현상, 민법에 대한 사회권사상의 침투). 즉 현대민법에 있어서 단체법의 이념은 근대시민법질서에 있어서 재산법적 거래 일변도의 이론이나 추상적·형식적인 법적 인격의 개념에 대해 변용을 가져왔던 것이고, 개인의 존엄이나 생존권보장의 정신에서 사회에서 생활하고 있는 노동자나 조합을 비롯하여 개개의 인간이나 단체는 실질적으로도 존중되어야 한다. 이것은 노동법의 이론적 실천적인 과제인 동시에 현대민법의 이론적 실제적인 과제로도 되었다고 생각되는 것이다. 이상과 같은 기본적 자세나 관점을 전제로 하여 검토하면, 민법 제34조는 노동조합법과의 관계에 있어서도 노동조합을 단순히 재산법적 거래활동의 법적 주체로서만 이해할 필요는 없고, 노동기본권보장을 토대로 하는 본래적 기본적 활동의 법적 주체로서 이해하는 것을 전혀 배제하고 있지 않다고 생각되는 것이다. 따라서 노조법 제6조 제3항이 민법 규정을 적용하는 경우에도 노동조합의 재산법적 거래행위에 한정해서 인정될 필요는 없다고 해야 한다.

둘째, 법인의 행위능력이란 자연인의 행위능력과 같은 의미에서 이해될 필요가 없고, 법인실재설의 취지에 따라 법인 자체의 「행위」가 인정되고, 권리의무의 주체로 될 수 있다고 하는 의미에서 이해해야 한다. 따라서 민법 제34조에 있어서 법인의 행위는 아무래도 법률행위에 한할 필요는 없고, 사실행위도 포함한 불법행위에 대응하는 적법행위라고 이해한다. 그렇다고 하면, 법인의 행위능력에 관해 노동조합의 사실행위인 단체교섭이나 쟁의행위는 적법행위인 한, 제외할 이론적 이유는 전혀 없는 것으로 된다. 그리고 노동조합이 법적 인격을 취득하여 권리의무를 향유하는 경우, 여기에서 말하는 권리는 재산권에 한정할 필요는 없고, 명예권이나 단결권 등의 인격권도 포함된다고 할 것이다.

다음에 법인의 불법행위능력을 정하고 있는 민법 제35조와의 관계에서는 양조를 관련해서 해석할 필요는 없다. 즉 민법 제34조는 법인이 목적의 범위 내에서 적법행위의 권리의무의 주체로 되는 것과 그 행위를 할 수 있는 것을 규정하고 있는 것에 대해 민법 35조는 대표기관이 직무를 하는 때, 타인에게 한 위법행위에 대해 법인이 특별히 책임을 부담하는 것을 규정하고 있다. 법인 자체의 불법행위에 대해서는 민법 제750조에 의해 일반적으로 책임을 부담하는 것으로 된다. 어떻든 양 조문을 현대법질서에 있어서 민법의 규정으로서 해석하는 경우에 근대시민법질서에 있어서 재산법의 원리만을 그대로 구태의연하게 정해서 설명하는 것이야말로 당초 문제이라고 해야 한다.

셋째, 노동조합이나 사회에 대한 의식이 변하였다는 점이다. 근로자가 현대자본주의사회에서 살고 있고, 그러한 근로자가 조직하는 노동조합이 경제적 역할을 하고 있다는 것을 고려하는 때, 노동조합의 본래적 기본활동과 공제부조 및 후생복지활동과 일체화되어 있는 재산법적 거래활동을 준별하여 파악하고 해석할 필요성은 실제로 상당히 적다. 전자의 활동에 높은 가치를 인정한다고 하여도, 후자의 활동을 경시하는 조합의 자세에 대해서는 현재 노동자는 불만족스런 태도를 보이는 경향에 있다고 생각된다. 이와 같은 경향을 노동조합의 우경화라고 표현하든, 노동조합의 공제나 레크리에이션을 포함하는 후생복지활동을 중시로 표현하든 그것은 그렇다고 하고, 현대의 노동조합의 실태는 물계급화, 비투쟁화, 종업원단화라고 하듯이 변화하고 있는 것은 실제상 인정하지 않을 수도 없다. 이와 같은 상황에서 조합원에 대한 교육계몽활동의 중요성을 강조함과 아울러, 그렇게 변화한(슬퍼해야 할) 현실을 직시하고, 현대사회에서 살아가는 노동조합과 노동자에 대응한 노동법의 이론과 해석론을 모색해야 한다. 노동자의 조합원으로서의 다수의 의사가 조합재산의 안정(투쟁자금의 확보)나 공제조합, 후생복지활동의 확충을 요구하고 있다고 하면, 그러한 요구를 존중해야 하고, 따라서 필연적으로 노동조합이 재산법적 거래활동에 관계하는 정도가 많아지게 된다(예컨대, 조합이 투쟁자금의 불충분을 금융기관으로 차입하는 것, 조합원이 조합의 공제에서 자녀의 교육비용이나 결혼비용을 차입하는 것, 조합이 조합원을 위한 위락시설을 임차하는 것 등등). 또 그러한 요구를 실현해가기 위해 본래적 기본적 활동을 하는 것을 노동조합 자신이 인정한다고 하면, 그 과정에서 양자의 활동이 직접적으로 서로 관련하고, 어느 쪽의 활동인가 판단하는 데에 어려운 경우도 나올 것이다.

이와 같이 생각하면, 노동조합의 활동에 본래적 기본적 활동과 재산법적 거래활동을 준별하여 이해할 필요는 너무나도 없는 것이 아닌가? 오히려 양자의 활동은 밀접하게 관련해 있고, 대부분의 경우에 하나로서 통일적으로 이해하는 쪽이 현대사회의 노동조합에 부합한다고 할 것이다.

민법 및 노동법의 해석론으로서도 노동조합법 제6조 제3항이 적용하고 있는 민법 규정은 법인인 노동조합이 그 목적의 범위 내에서 재산법적 거래활동뿐만 아니라, 본래적 기본적 활동도 포함하는 오히려 양자를 구별하지 않는 적법행위 전체에 대해 권리의무의 주체로 되어 행위할 수 있는 것을 정하고 있는 규정이고, 또 법적 인격이 없는 노동조합에 대해서는 그 특수적 성격을 고려한 「권리능력 없는 사단의 법리」를 적극적으로 평가해서 법인인 노동조합과 같이 해석해서 보호된다고 해석하더라도 그다지 지장은 없다.

3) 노동조합의 소송당사자능력

법인인 노동조합이 소송당사자능력을 가지는 것은 당연하다. 법인이 아닌 노동조합이 소송당사자능력이 있는가가 문제이다. 위에서 논했듯이 권리능력이 없는 노동조합도 법률행위능력을 가진다고 할 것이므로 소송당사자능력을 가진다. 민사소송법 제52조가 이것을 확인하고 있다.[142]

---

142) 그러나 대판 1998.3.13. 97누19830은 법인이 아닌 노조가 설립되었다가 조합원이 1인만 남게 된 경우, 노조로서의 단체성을 상실하여 청산목적과 관련되지 않는 한 당사자능력이 없다고 한다. 이러한 판례를 무조건 일반화하는 것은 문제라고 할 것이다. 왜냐하면 일

Ⅱ. 노동조합의 재산관계

1. 서 설

노동조합의 조직 및 활동에 필요한 재원을 확보하고 이를 관리·사용하는 일체의 활동을 노동조합의 재정이라 한다. 노동조합의 자주성과 독립성은 노조재정의 자주성과 독립성을 확보하는가에 가장 크게 좌우된다고 할 수 있다. 노조재정도 원칙적으로 노조자치의 원칙에 따라 노동조합 스스로 결정할 문제이다.

2. 노동조합의 재산귀속

1) 서

노조재산은 노동조합이 그 조직과 운영을 위해서 소유하는 재산을 말하고 통상 적극재산과 소극재산으로 구분할 수 있다. 노동조합의 재산소유형태를 어떻게 볼 것인가가 문제이다. 특히 노동조합이 법인으로 등록한 경우와 그렇지 않는 경우에 소유형태가 다르게 될 것인가가 문제이다.

2) 법인인 노동조합

노동조합이 법인격을 취득하는 경우에는 노조법 제6조 제3항에 따라 동법에 규정된 것 이외에는 민법 중 사단법인에 관한 규정이 적용된다고 할 것이다. 그러므로 노조재산은 노조단독소유이고, 조합원은 노조재산에 대해 전혀 지분을 가지지 못하고 조합원이 탈퇴하거나 제명된 경우에도 노조재산에 대한 분할청구권이 없다.

그러나 노동조합이 해산하는 경우에 사단법인의 해산시 잔여재산귀속에 관한 민법 제80조가 그대로 적용될 것인가가 문제이다.

민법 제80조에 따르면, 해산한 법인의 재산은 정관으로 지정한 자에 귀속하고 정관으로 귀속권리자를 지정하지 않았거나 이를 지정하는 방법을 정하지 않은 경우에는 이사 또는 청산인은 주무관청의 허가를 얻어 그 법인의 목적에 유사한 목적을 위해서 그 재산을 처분할 수 있으며, 이러한 규정에 의해서 처분되지 아니

시적으로 조합원이 1인으로 되는 경우도 있을 수 있기 때문이다.

한 재산은 국가에 귀속한다고 규정하고 있다. 민법 제80조는 19세기 단체에 부정적 시각을 가지고 있었던 절대주의시대 국가의 잔유물로서 그 자체로도 문제이지만, 해산된 노동조합의 잔여재산이 종국적으로 국가에 귀속한다는 것은 노동조합의 성격에 부합하지 않는다고 할 것이다. 그러므로 민법 제80조는 노동조합의 경우에는 적용되지 않는다고 할 것이다. 즉 노동조합의 해산시 잔여재산은 주무관청의 허가 없이도 조합원총회의 결의에 따라 처분하거나 전조합원에게 평등하게 분배할 수 있다고 할 것이다.

3. 법인이 아닌 노동조합

1) 서

법인이 아닌 노동조합은 그 구성원의 변동과 관계없이 계속적으로 존속하는 단체적 실체를 가지고 있으므로 민법에 의하면 이른바 「권리능력 없는 사단」이라고 할 것이다. 그런데 민법에 의하면 권리능력 없는 사단의 재산은 사단을 구성하는 총사원의 총유에 속하고(민법 제275조), 총사원의 동의 없이 총유의 폐기 기타 재산의 처분에 관한 규약이 없는 한 현사원과 원사원은 당연히 재산에 대한 소유의 지분권 또는 분할청구권을 갖지 못한다고 한다. 그러므로 법인이 아닌 노동조합의 경우, 노조재산은 조합원의 총유에 속하고 조합원은 노조재산에 대한 지분권이 없고, 탈퇴하거나 제명된 자는 노조재산에 대한 분할청구권이 없으며 노조해산시에도 전조합원의 동의에 의하여 총유의 폐지 기타 처분결정이 없는 한 조합원은 노조재산에 대한 분할청구권을 취득할 수 없다.

그러나 현행 민법이 사단에 대하여 법인격 유무에 따라 단독 또는 총유로 구분하는 것은 그 자체로서 문제일 뿐만 아니라, 이러한 논리를 노동조합에 그대로 적용하는 것은 더욱 더 문제이다. 노동조합의 경우에는 법인격유무에 관계없이 노동조합의 단독소유로 보고 노동조합의 성격에 따른 독자적인 법리를 구성하는 것이 타당할 것이다.

2) 학 설

법인격을 가지는 노동조합의 재산이 그 조합의 소유에 속한다는 것은 말할 필요도 없다. 이것에 대해서 노동조합이 법인격을 가지지 않는 경우에, 실제상 다수의 노동조합이 이에 해당하는데, ① 총유설, ② 합유설, ③ 단독소유설이라는 3개의 학설이 서로 대립할 수 있을 것 같다.

(1) 총유설

우리 민법 제275조 제1항은 "법인이 아닌 사단의 사원이 집합물로서 물건을 소유할 때에는 총유로 한다"라고 규정하고 있다. 즉 권리능력 없는 사단의 자산은 사단원의 총유에 속하고, 사원 각자는 총회를 통해 그 관리에 참가할 뿐이고, 개개의 재산에 대해 지분권을 가지는 것은 아니라는 견해가 우리 민법의 태도이다(민법 제275조 내지 제278조 참조). 이러한 민법의 규정을 법인격을 취득하지 아니한 노동조합에 대해 그대로 적용하려고 하는 설이 바로 총유설이다. 이 설이 우리나라 노동법학에서도 다수설 내지 통설로서 인용되고 있는 듯하다.[143] 권리능력 없는 사단의 재산은 실질적으로는 사단을 구성하는 총사원의 소위 총유에 속하기 때문에, 총사원의 동의에 의해 총유의 폐지 기타 재산의 처분에 관한 정함이 없는 한, 현(現)사원 및 원(原)사원은 당연하게는 위 재산에 관해 공유의 지배권 또는 분할청구권을 가지는 것은 아니라고 해석하는 것이 상당하다. 본건과 같은 법인격 없는 노동조합에 대해서도, 말하자면 해산에 준하는 분열의 경우이었다고 하여도, 그 잔여재산을 탈퇴한 원조합원에게 귀속시키는 것에 대해서는 적어도 분열당시에 있어서 총조합원의 의사에 기하는 것이 필요하고, 이것이 없으면 조합원이 당연히 그 탈퇴시의 조합재산에 대해 고유한 지분권 또는 분할청구권을 가진다고 해석할 수 없다.

(2) 합유설

민법상의 조합에 있어서는 조합원은 조합재산에 속하는 개개의 물에 대해 공유지분권을 가지지만, 지분의 처분과 분할청구는 조합원 간에 공동목적을 위한 결합관계 = 조합관계가 존속하는 한, 제한되고 있다(민법 제704조). 이와 같은 공유지분은 잠재적 관념적인 것이고, 조합재산의 조합원에 대한 귀속은 학설에서 이른바 합유의 성질을 가지는 것이다. 이른바 사단에 있어서도, 그 재산이 포괄적으로 전사원에 공동으로 귀속하는(그 합유지분의 비율은 통상 각 사원평등이라고 볼 수 있다) 이상, 사단재산에 속하는 개개의 물에 대해서도, 강하게 말하면, 전사원에 공통으로 귀속하고, 그 공유지분은 민법의 조합에 있어서와 같이, 혹은 그 이상으로, 명목적 관념적이라고 생각할 수밖에 없을 것 같다. 노동조합은 이른바 사단의

143) 김형배, 위같은 책, 826면; 김유성, 위같은책, 86면; 이병태, 『최신노동법(제6판)』, 중앙경제사, 2005, 176면 등.

실체를 가지는지 그렇지 않는지와 관계없이, 민법의 조합이 아니라고 하지만, 그 재산에 대해서는 노동조합이 법인이 아닌 이상, 이른바 사단의 실체를 가지가 여부에 관계없이 조합원의 합유라고 해석할 수밖에 없다는 것이다.144)

(3) 단독소유설

법인격취득 유무에 관계없이 노동조합의 재산은 노동조합의 단독소유 또는 준(準)단독소유로 보는 입장이다.145) 첫째로, 권리능력 없는 사단 일반에 대해 말하는 바이지만, 민법이론에 의하면, 민법의 사단법인에 관한 규정 중, 사단으로서의 실체를 가지는 것을 전제로 한 규정은 역시 모두 권리능력 없는 사단에도 준용되어야 한다. 특히 법인격을 가지는 것을 전제로 하는 규정은 준용의 제한이 없다고 해석하고 있지만, 권리능력 없는 사단이라고 하더라도, 그것을 법적으로도 사단으로 인정하여 그것을 둘러싼 사회관계를 처리하는 것인 이상, 당연히 위 사단이 구성원과는 개별독립의 사회활동의 추체이고, 재산을 소유하고, 권리의무의 주체이라는 것을 인정받아야 한다. 따라서 권리능력 없는 사단으로서의 노동조합의 재산은 개별 조합원과는 별개 독립의 사회행동의 주체인 노동조합 자체에 귀속한다고 보아야 하고, 노동조합소유의 사무소, 토지건물, 회관 등에 대해서는 노동조합이 관리처분권과 사용수익권의 쌍방을 가진다고 이해되고, 이것을 총유와 같이, 사용수익권은 노동조합에게는 없고, 조합원에게 있다고 하는 파악은 될 수 없고, 또 그러한 필요도 없다. 법률상 불가능한 재산등기는 별도로 하고, 취득의 상대방이 인정하는 한, 법인격 없는 노동조합도, 조합명의로 계약을 하고, 재산을 소유할 수 있다. 둘째로, 노동조합은 노동자의 연대적 생활옹호를 제일의적 목적으로 하는 단체이다. 조합재산은 그 종류 여하와 관계없이, 모두 이러한 기본적 목적에

---

144) 곽윤직, 『민법총칙』, 박영사, 1973, 208면은 "…그러나 인격없는 사단의 재산귀속형태를 총유라고 하는 민법의 태도가 정당한지 대단히 의심스럽다. … 사견으로서는 「합유」라고 하였더라면 훨씬 법률관계를 명확히 하여 좋았을 것이라고 생각한다"라고 하고 있는 점에 비춰 볼 때, 곽윤직 교수님은 법인격을 취득하지 아니한 노동조합의 재산귀속문제와 관련하여 합유설에 찬동하지 않을까 생각한다. 일본에서는 三宅正男, 「勞動組合の法人格」, 『勞動法大系 I』, 有斐閣, 34면이 합유설을 지지하고 있는 듯하다.

145) 박홍규, 『노동법론』, 삼영사, 1995, 914면. 임종률, 위같은책, 91면은 "법인이 아닌 노동조합은 예컨대, 노동조합 자신이 등기부상 권리명의인이 될 수 없는 등 단일의 소유주체가 될 수 없기 때문에 그 재산은 노동조합이라는 사단의 단독 소유가 아니라 전체 조합원의 총유가 된다. 물론 총유에 대해서는 민법의 통설에 따라 조합에 관한 규정이 아니라 사단법인에 관한 규정이 준용된다고 해석된다"라고 하여 법인등기를 하지 아니한 노동조합의 재산귀속은 법형식상으로는 총유이지만 그 실질은 단독소유 이를테면 준(準)단독소유를 인정하고 있다.

바쳐진 것이다. 제3자와의 재산거래관계의 형성을 위한 대상으로 되는 것은 없다. 이 점은 노동조합이 법인격을 취득하는가 여부에 의해 근본적으로 달라지지 않는다. 그리고 노동조합재산의 이와 같은 특질을 반영하여 ① 조합재산의 원천으로 되는 조합비의 부담은 다른 사단의 경우와 달리, 정액방식을 피하고, 수입액에 대응하는 방식이 지배적 원리적이라는 것, ② 위와 같은 조합지부담의 격차에 관계없이, 조합원은 모두 평등한 취급을 받고, 모든 문제에 참여할 권리를 보장되어 있다는 것, ③ 조합재산에서 나오는 수익은 재산 그 자체의 생산 교환활동에서 생기는 이익의 향수와는 성격을 달리하는 것, ④ 총합하건대, 조합재산에 관해서는 조합원의 출자에 대응하는 권리향수와 의무부담의 원칙이 관철되지 않는다는 것 등을 지적한다.

3) 정 리

민법이론에 의하면, 사단법인에 관한 민법의 규정 중에서 사단인 실체를 가지는 것을 전제로 하는 규정은 이미 권리능력 없는 사단에도 그대로 준용된다고 한다. 그렇지만 그 준용의 결과가 구체적으로 어떠한 법적 효과를 낳는가에 대해서는 반드시 상세한 설명이 되고 있다고 말하기 어렵다. 이러한 점을 감안할 때 각기 복잡한 성격을 가지는 권리능력 없는 사단을 모두 일률적으로 취급하는 것 자체에 문제가 있다고 할 것이고 권리능력 없는 각 사단의 구체적 성격과 민법의 사단법인에 관한 각 규정의 성격과 구체적으로 대응시키면서, 될 수 있는 한 탄력적으로 민법규정의 유추적용을 기도해야 할 것이다. 그러한 과정에서 결과적으로 법인법정주의(法人法定主義)이라는 근대시민법적인 원칙(민법 제31조 참조)을 무시하는 사태로 된다고 되어도 어쩔 수에 없다고 할 것이다.

그래서 결론부터 선취해서 말한다면, 법인격을 취득하지 아니한 노동조합의 재산관계는 오늘날 노동조합의 사회적 역할에 비춰볼 때 단독소유설의 입장에서 파악하는 것이 가장 타당하다고 생각한다. 그 이유로서는 다음의 점을 들 수 있다. 첫째로, 법인격의 유무에 의해 노동조합 및 노동조합재산의 기본적 성격에 본질적 차이를 생기게 하는 것은 단독소유설이 설명하는 바와 같다. 특히 우리나라의 노동조합의 경우에는 기업별조직이기 때문에, 그 재산의 규모에도 한정이 있고, 노동조합 자체가 본래의 목적활동 이외에 다양한 사업을 한다고 하는 것은 거의 유례가 없다. 특히 법인격을 필요로 한다고 볼 수 있는 비교적 대규모적인 전국조직의 조합이나 상부단체의 경우에 있어서도, 문제로 되는 재산의 다수는 회관 등의 복리후생시설이라고 생각되고, 그렇다고 해도, 노동조합의 본래적 목적활동에 종속되어야 할 재산인 점에서는 변동이 없다. 따라서 대체로 법인격을 가지는 조합과 이것을 가지지 않는 조합과의 간에 구별을 둘 이유는 실태면에 있어서도 부족하다고 해야 한다. 또 총유의 개념 그 자체에 비춰 볼 때에도 당초 권리능력 없는 사단 일반에 대해 적용하기 위해 구성된 것이라고는 생각되지 않고, 총유나 합유 어느 쪽도 노동조합의 조직 실체 및 조합재산의 특수적 성격에 적합하다고 생각되지 않는다. 확실히, 노동조합의 의사형성 및 행동이 항상 조합원의 자각적 활동을 통해 생명을 부여받고, 또 그것에 의해 구현된다. 그렇지만 이것은 노동조합이 외부에 대한 관계에 있어서 독자의 주체로서 나타나는 것을 부정하는 것도 아니고, 노동조합의 의사 및 활동이 조합원의 개별의사 및 개별행동의 단순한 산술적 총화에 그친다고 하는 것을 의미하는 것도 아니다. 특히 노동조합이 대사용자의 관계에 있어서 법적 주체로서 활동하는 경우에 있어서는 강고한 단결을 기초로 한 통일적 단체로서 나타나는 경우에 비로소, 그 본래적 목적을 실현할 수 있다고 해야 할 것이다. 또 틀림없이 이러한 단결유지를 위해 단체 내지 사단인 노동조합 자체에 귀속하는 것으로서, 강력한 내부통제가 법인(法認)될 수 있는 것이다. 이러한 활동을 하는 데에 있어, 노동조합은 당연히 조합원의 거출에 기초한 독자의 재산을 가져야 하지만, 그 때, 조합재산의 관리처분권 및 사용수익권은 공히 노동조합 자체에 귀속하는 것이 요청된다고 해야 할 것이다.

나아가 조합재산에 대한 조합원의 지분권이나 분할청구권을 단순히 부인하기 위해서 총유 또는 합유의 개념에 의존할 필요도 물론 없다. 일반적으로 공익단체의 경우는 영리단체의 경우와 달리, 구성원에게 이익배당청구권은 없고, 중간단체의 경우는 당해 단체의 성격에 따라 다르다고 하지만, 노동조합에 대해서는 노동조합 및 조합재산의 기본적 성격상, 일반적으로 부정되어야 하는 것은 당연하다고 할 것이다. 법인격을 가지지 않는 노동조합이 부동산등기를 제외하고, 조합의 이름으로 계약을 하고, 권리의무를 취득하는 것 자체는 실제상으로도 적지 않다고 생각한다. 거래의 상대방이 이것을 인정하고 있는 이상, 지장이 없다고 해야 할 것이다. 또 법인격 없는 노동조합에도, 조합원이 조합비 등의 납입의무를 부담하는 것 이외에, 노동조합의 채무에 대해 채무를 부담하지 않는다는 것은 말할 것도 없다.

그런데 이상과 같이, 법인격을 가지지 않은 노동조합에 대해서도, 조합재산은 조합 자체의 단독소유에 속한다고 한 경우, 노동조합이 해산된 때, 조합재산의 조치가 문제로 된다. 법인인 노동조합에 대해서는 전술과 같이 민법 제80조의 규정이 준용되는 결과, 잔여재산은 ① 조합규약으로 지정된 자에 귀속하고(제1항), ② 규약에 이러한 귀속자의 지정 또는 지정의 방법이 정해지지 않은 경우는 총회의 결의를 통해, 또 주무관청의 허가를 얻어 당해 법인의 목적에 유사한 목적을 위해 잔여재산을 처분할 수 있다(제2항). ③ 상기의 어느 방법에 의해서도 처분할 수 없는 경우에는 국고로 귀속하는 것으로 된다. 그러나 특히 위 ②③에 대해서는 민법의 규정이 공익법인에 관한 것이라는 성질상, 이것을 그대로 법인인 노동조합에 대해 준용하는 것이 허용되어야 하는가에 대해 입법론상 문제의 여지가 있는 것은 전술한 바와 같다. 따라서 법인격을 가지지 않는 노동조합의 경우에는 민법 제80조 제2항, 제3항의 준용 내지 유추적용은 인정되지 않고, 조합규약에 별단의 정함이 없는 때는 조합원에 대한 잔여재산의 분배를 인정하는 견해가 정당하다고 할 것이다.

Ⅲ. 노동조합의 수입과 지출

1. 수 입

노동조합의 수입은 조합비, 기부금, 사업수익금 등으로 구성되어 있다. 조합비라 함은 그 명칭 여하를 불문하고 조합원으로부터 징수하는 일체의 금품을 말한다. 종래 조합비상한규정이 있었으나 현행법에서는 삭제되었다.

조합비일괄공제(Check off)제도라 함은 조합원의 임금으로부터 조합비를 사용자가 사전에 원천공제하고 이를 노동조합에 일괄하여 직접 납입하는 조합비 납입방법이다. 근로기준법 제43조와의 관계가 문제되나 통설은 동조가 강행규정임을 이유로 단체협약에 규정되는 경우에 한하여 유효하다고 한다. 단체협약의 체결 외에 다시 조합원 개인의 동의가 필요한지 여부에 대해 다수설은 단체협약체결 외에 조합원의 동의가 필요하다고 본다.

2. 지 출

노동조합의 지출은 규약과 총회의 결의에 따라 노동조합이 스스로 결정할 문제이다. 1980년의 (구)노동조합법은 조합비의 일정비율을 후생복지사업에 사용할 것을 강제한 적이 있었으나 이러한 법적 강제제도는 1986년 폐지되었다.

Ⅳ. 노조재정에 관한 규제

1. 규제의 내용

노조법은 노조임원의 부정행위와 노조재정의 부실을 방지하기 위하여 일정한 규제를 하고 있다. 노조법은 i) 사용자로부터 노동조합의 주된 경비를 원조 받는 것을 금지하고(동법 제2조 제4호 나목, 제81조 제4호), ii) 조합비 기타 회계에 관한 사항을 규약에 기재하도록 하고 있으며(동법 제11조 제9호), iii) 재정에 관한 장부와 서류를 작성하여 비치하도록 하며(동법 제14조), iv) 노조의 예산과 결산에 관한 사항과 기금의 설치 및 관리, 처분에 관한 사항을 총회의 의결사항으로 하고(동법 제16조 제4호 및 제5호), v) 회계감사원의 회계감사실시와 공개(동법 제25조), vi) 결산결과와 노조운영상황의 공개(동법 제26조), vii) 행정관청에 대한 결산결과와 운영상황의 보고를 의무화하고 있다(동법 제27조).

2. 노동조합의 회계감사

노동조합의 대표자는 그 회계감사원으로 하여금 6월에 1회 이상 당해 노동조합의 모든 재원 및 용도, 주요한 기부자의 성명, 현재의 경리상황 등에 대한 회계감사를 실시하게 하고 그 내용과 감사결과를 전체 조합원에게 공개하여야 한다(노조법 제25조). 노동조합의 회계감사원은 필요하다고 인정할 경우에는 당해 노동조합의 회계감사를 실시하고 그 결과를 공개할 수 있다. 노동조합의 대표자는 회계연도마다 결산결과와 운영상황을 공표하여야 하며 조합원의 요구가 있을 때에는 이를 열람하게 하여야 한다. 또한 노동부장관의 요구가 있는 경우에는 노동조합의 결산결과와 운영상황을 보고하여야 한다. 노동부장관이 노동조합으로부터 결산결과 또는 운영상황의 보고를 받고자 하는 경우에는 그 사유와 기타 필요한 사항을 기재한 서면으로 10일 이전에 요구하여야 한다.

Ⅴ. 노동조합의 조세상 특례

노동조합에 대하여는 그 사업체를 제외하고는 세법이 정하는 바에 따라 조세를 부과하지 아니한다(노조법 제8조).

제8절 노동조합의 내부통제

Ⅰ. 통제권의 의의

노동조합이 그 목적을 달성하기 위하여 그 조합원에게 일정한 규제와 강제를 할 수 있는 권능을 노동조합의 통제권이라고 한다.

노동조합이 대사용자관계에서 강한 단결력을 가져야 한다는 것은 그 존립을 위해 불가결한 요건이다. 노동시장에서 강한 교섭력을 가지기 위해 노동조합은 대외적으로는 가능한 많은 미조직근로자를 흡수하여야 하고 대내적으로 조합원에 대해 일정한 규제와 강제를 행사하지 않을 수 없다. 전자가 노동조합의 조직강제의 문제인데 후자는 노동조합의 통제권의 문제이다. 조합원에 대한 통제권에 기하여 노동조합이 조합원의 통일적 집단적인 행동의 전개를 위해 노조의 지시나 명령에 위배하거나 단결의 유지 강화를 저해하는 행동을 하지는 조합원에 대해 제재를 한다.

조합원에 대하여 노동조합이 통제권을 가진다고 할 때 노동조합은 어떠한 근거에서 어느 정도까지 그 통제권을 행사할 수 있는가가 문제이다. 전자가 통제권의 근거문제이고, 후자가 통제권의 내용 또는 통제의 종류문제이다.

Ⅱ. 통제권의 근거

1. 서

노동조합의 통제권은 실정법상 특별한 규정이 없다. 그러나 모든 목적단체가 그러하듯이 노동조합도 목적달성을 위해 일정한 범위 내에서 통제권을 가지는 것은 불가결하다. 노동조합이 이러한 내부규율권을 가지는 근거를 어디에서 찾을 것인가에 관해 견해가 나누어져 있다. 그 하나는 단체에는 고유한 권리로서 통제권이 당연히 인정되어야 한다는 일반적인 견해 즉 노동조합의 통제권은 단체의 존립과 목적수행을 위해 당연히 인정되는 단체고유권설이 그것이다. 그 두 번째는 헌법 제33조 제1항의 단결권에서 통제권의 근거를 구하는 견해, 즉 단결권설이다. 그 세 번째는 노동조합은 조합원의 합의에 의하여 결성되고, 그 합의는 규약으로 표현되는데, 이 규약에 준거하여 통제권이 인정된다는 견해 즉 규약준거설이 그것이다. 그리고 노동조합의 통제권은 단결권에 기초하면서 단체고유권 또는 규약에서 그 근거를 구하는 절충설도 전개되고 있다.

2. 학 설

1) 단체고유권설

어떠한 단체이든 그것이 존립하기 위해 또는 그 단체의 고유한 목적을 수행하기 위해 구성원에 대해 통제력을 행사한다는 것은 당연한 일이고 노동조합도 단체이기 때문에 그 통제권은 이와 같은 단체고유의 통제력에 근거하고 있다. 이 설에 의하면 노동조합은 법률의 특별한 근거가 없더라도 통제권을 가진다.

2) 단결권설

이 설은 노동조합의 통제권의 근거를 노동3권을 보장하고 있는 헌법 제33조 제1항에서 찾는다. 노동조합은 헌법 제33조 제1항이 보장하는 단결권을 실현하기 위한 단체이다. 그러므로 노동조합의 통제권은 그러한 단결권을 실현하고자 하는 노동조합의 목적과 기능을 위해 인정된다. 이러한 입장에서도 노동조합과 다른 단체와 구별하여 일반적인 사단법리와는 별도로 노동조합의 특성에만 기초하여 그 통제권과 징계권의 근거를 구하고자는 견해(순수단결권설)와 사단의 단체법리에 기초하되 노동조합이라는 특수한 단체에 대하여는 단결권의 보장이라는 점에서 더욱 더 강한 통제권을 인정하려고 하는 견해(절충단결권설)도 있다.

3) 규약준거설

이 설은 노동조합을 결성하는 근로자들의 의사에서 노동조합의 통제권의 근거를 찾고 한다. 노동조합은 헌법 제33조 제1항이 보장하고 있는 단결권에 기하여 근로자가 합의하여 자주적으로 결성한 단체이고, 그 합의가 바로 조합규약이다. 노동조합의 모든 권력은 근로자들의 합의인 규약에 그 근거가 있다고 할 것이므로 노동조합의 통제권도 규약에서 비롯된다는 것이다.

(4) 절충설

이 설은 단체고유권설, 단결권설 및 규약준거설 등의 장점을 통합하고자 한다. 즉 노동조합의 통제권은 헌법 제33조 제1항이 보장하고 있는 단결권에 기초하면서 단체고유권 또는 규약에서 그 근거를 구하고자 한다.

3. 정 리

노동조합은 헌법 제33조 제1항이 보장하고 있는 근로자의 기본적 권리인 단결권에 기하여 결성된 단체이므로 일반단체로서의 성질을 가지만 일반적인 사단과는 구별되는 특성을 가지고 있다. 그래서 단체로서의 노동조합은 그 구성원에 대하여 단체고유의 통제권을 합리적인 범위에서 행사할 수 있다고 할 것이나, 그러한 통제권은 헌법 제33조 제1항이 보장하는 단결권의 실현을 위한 것이므로 일반적인 단체의 그것과는 구별된다. 그뿐만 아니라 노동조합은 헌법 제33조 제1항이 보장하고 있는 단결권의 주체인 근로자가 자주적으로 결성한 단체이므로 노동조합의 통제권은 단결권의 주체인 조합원의 집단적인 의사인 규약에 기해 행사되어야 할 것이다.

그러므로 노동조합의 대내적 통제권은 형식적으로 단체로서 노동조합의 고유한 권한인 것처럼 보이나 그 실질적인 근거는 헌법 제33조 제1항이 보장하는 단결권 및 그 단결권의 주체인 노조의 의사에서 찾아야 할 것이다. 어떻든 노조통제권의 근거에 대한 논의는 관념적인 산물에 불과하고, 이러한 관념적인 논의는 노동조합의 통제권의 범위와 그것에 대한 민주적인 통제 등 단체로서의 노동조합과 개인으로서의 조합원 간의 긴장관계를 어느 선에서 어떻게 조정해야 하는가라는 현실적인 문제와 연결되어 있다고 할 것이다.

Ⅲ. 통제권의 내용

1. 제재의 종류

조합원에 대한 노동조합의 통제권은 통상 제재 즉 징계로서 행사되며, 그 종류에는 견책, 사과문의 게시, 제재금의 부과, 권리정지, 제명 등이 있다. 노동조합의 내부통제를 유지하기 위해 그 위반자에게 과하는 제재는 규약에 규정하는 것이 일반적 현상이다.

2. 통제대상사항

노동조합의 통제대상사항은 주로 조합원으로서의 기본적 의무에 관한 것들이다. 규약준수의무, 결의 및 지시에 대한 불복종, 조합비납부의무 등이 그것이다. 노동조합의 통제권이 단체로서의 노동조합과 조합원인 근로자 간의 갈등 또는 긴장관계로서 문제되는 경우를 예를 들어 보면, 특히 다음과 같은 경우가 문제로 될 수 있다.

1) 조합원의 정치적 활동

조합원의 정치적 소신이나 태도 또는 지지정당이 노동조합의 정치적 노선이나 지지정당과 다른 경우에 이를 이유로 노동조합이 통제할 수 있는가가 문제이다. 노동조합은 근로자의 고용조건 및 근로조건의 향상을 목적으로 하는 단체이다. 이것은 노동조합의 본래적 목적이다. 물론 이러한 본래적인 목적을 위한 범위 내에서 노동조합이 보조적으로 정치적 활동을 할 수는 있다. 그렇다고 노동조합의 정치적 방침과 목적에 반대하는 조합원에 대하여 통제권을 행사하는 것은 노동조합의 본래적 목적에 반하는 것이라고 할 것이다.146)

그러나 조합원이 노동조합의 본래적 목적에 정면으로 도전하는 반노조적 행위를 정치활동이라는 명목으로 하는 경우에는 노동조합은 통제권을 행사할 수 있을 것이다.

2) 조합원의 언론의 자유

조합원이 노동조합의 방침을 비판하거나 노조간부의 행태를 비판하는 경우에 이에 대해 노동조합이 통제권을 할 수 있는가? 이 문제가 노동조합 내에 있어서 조합원의 언론의 자유에 관한 문제이다. 조합원이 노조집행부의 방침이나 행태를 건전하게 비판하는 것은 노조민주주의에 필수적인 것으로서 마땅히 허용되어야 한다.147) 물론 언론의 자유라는 미명하에 허위사실을 유포하거나 현저히 공정성을

---

146) 대판 2005.1.28. 2004도227 참조.

147) 서울지법 2007.1.12. 2006가합11938은 노사분쟁의 자제를 요청하면서 해고자복직투쟁에 동참하지 않았다는 이유로 조합원을 제명한 것은 징계권의 재량의 범위를 일탈한 것이라

잃은 악의적인 인신공격을 목적으로 하는 때에는 통제처분의 대상이 된다. 이 경우에도 노조의 통제권은 조합원의 언론의 자유의 보장이라는 관점에서 허위의 정도 등을 고려해서 신중히 행사되어야 함은 물론이다.

3) 노동조합의 결의 또는 지시에 반하는 행위

노동조합의 방침이나 결의에 반대하여 일부조합원이 독자적인 활동을 감행하거나 노조의 행동통일에 대한 지시에 대하여 노조의 전략을 저해하는 독자적인 행동을 취한 경우에 노동조합은 통제권에 기하여 관련조합원들을 징계할 수 있다.

3. 통제권 행사의 한계

노동조합의 통제권은 노조의 목적달성상 필요한 내부규제라는 한도 내에서 행사되어야 정당하다. 노동조합의 통제권 행사로서 제재는 조합원인 근로자가 노조운영에 참여하는 권리를 제한하거나 노동조합 밖으로 방출하는 것으로 행사되기 때문에 이러한 제재는 근로자의 생존권 자체를 위협하는 일이다. 그러므로 노동조합의 통제권은 단결권보장의 취지에 적합한 노동조합의 진정한 목적을 달성하기 위해 꼭 필요한 한도 내에서 신중히 행사되어야 함은 물론이다. 즉 조합원의 정치적 신념이나 언론의 자유를 과도하게 제한하는 것은 허용되지 않는다.

[판 례]

- 헌법 제33조 제1항에 의하여 단결권을 보장받고 있는 노동조합은 그 조직을 유지하고 목적을 달성하기 위하여는 조합의 내부질서가 확립되고 강고한 단결력이 유지되지 않으면 안되고, 따라서 노동조합은 단결권을 확보하기 위하여 필요하고도 합리적인 범위 내에서 조합원에 대하여 일정한 규제와 강제를 행사하는 내부통제권을 가진다고 해석하는 것이 상당하다. 그런데 노동조합은 원래 '근로자가 주체가 되어 자주적으로 단결하여 근로조건의 유지·개선 기타 근로자의 경제적·사회적 지위의 향상을 도모함을 목적으로 조직하는 단체 또는 그 연합단체'이므로(노동조합법 제2조 제4호), 그 목적달성에 필요한 정치활동이나 사회활동을 할 수 있으며, 같은 취지에서 공직선거법 제87조는 노동조합은 일반 단체와 달리 선거기간 중 특정 정당이나 후보자를 지지·반대하거나 지지·반대할 것을 권유하는 행위가 금지되지 아니한다고 규정하고 있으므로, 노동조합이 공직선거에서 특정 정당이나 후보자를 지

고 판시하였다.

지하거나 반대하기로 결정하고 노동조합명의로 선거운동을 할 수 있음은 물론이고, 그 조합원에 대하여 노동조합의 결정에 따르도록 권고하거나 설득하는 행위도 그 한도에서는 노동조합의 정치활동의 일환으로서 허용된다고 할 것이다. 그러나 다른 한편, 노동조합이 그 내부통제권을 행사함에 있어서는 구성원인 조합원이 일반 국민으로서 가지는 헌법상의 기본적 권리의 본질적인 내용이나 다른 헌법적 가치를 침해하지 않아야 할 내재적 한계가 존재하는 것이고, 특히 대의민주주의를 기본으로 하는 현대의 자유민주주의 정치체제 아래에서 선거는 주권자인 국민의 민주적 정치참여를 위한 가장 기본적이고도 본질적인 수단이므로 국민의 주권행사를 의미하는 선거과정에의 참여행위, 그 중에서도 어느 정당이나 후보자를 지지할 것인지에 관한 정치적 의사의 결정은 다른 어떠한 이유에 의해서도 방해받거나 제한될 수 없는 선거권의 본질적 내용이라고 할 수 있으므로, 정치활동을 고유의 목적으로 삼는 정치적 결사체도 아닌 노동조합이 비록 공직선거법 제87조에 의하여 총회의 결의 등을 거쳐 지지하거나 반대하는 정당이나 후보자를 결정하고 그 명의로 선거운동을 할 수 있다고 하더라도 그 구성원인 조합원 개개인에 대하여 노동조합의 결의 내용에 따르도록 권고하거나 설득하는 정도를 넘어서 이를 강제하는 것은 허용되지 아니한다고 보아야 할 것이다(대판 2005.1.28. 2004도227).[148)]

---

4. 통제권 행사의 절차

조합원에 대한 노동조합의 통제권은 조합원에 대한 일방적인 불이익처분으로 행사된다. 그러므로 노동조합이 통제권을 행사하여 조합원에게 일방적으로 불이익처분을 하는 경우에는 실체적인 정당성뿐만 아니라 절차적 정당성이 확보되는 것이 매우 중요하다. 통제처분의 절차적 정당성은 공정성을 확보할 수 있는 절차가 그 요체라고 할 수 있다. 특히 조합원의 지위를 박탈하는 제명처분은 조합원에 대한 커다란 위해를 야기할 수 있기 때문에 더욱 더 그러하다.

규약에 제제절차에 관한 규정이 있을 때에는 반드시 이에 따라야 하고, 노조규약에 그러한 규정이 없을 때에도 노동조합의 목적과 민주적 운영의 기본원리에 따라 통제권 행사는 객관적인 공정성을 확보할 수 있는 최소한의 절차에 의해서

---

148) 위 판례는 노동조합이 그 조합원에 대하여 특정 정당이나 후보자를 지지·반대하거나 지지·반대할 것을 권유하거나 설득하는 정도를 넘어서 노동조합 총회의 결의 내용을 따르지 아니하는 조합원에 대하여는 노동조합의 내부적인 통제권에 기초하여 여러 가지 불이익을 가하는 등 강력하게 대처하겠다는 내용의 속보를 제작·배포한 행위가 조합원인 근로자 각자의 공직선거에 관한 의사결정을 방해하는 정도의 강요행위에 해당한다고 보고 있다.

행사되어야 할 것이다. 이와 같은 최소한의 절차마저 거치지 않아 절차상의 중대한 흠이 있는 경우에는 그러한 통제권행사는 무효라고 할 것이다.[149)]

1) 제재결정기관의 문제

조합원에 대한 제재는 노조의 집단적 의사가 공정하게 형성되는 민주적 절차에 따라 이루어져야 한다. 규약에 조합원에 대한 제재를 총회의 의결을 거쳐서 할 것을 규정하고 있는 경우에는 당연히 그 절차를 거쳐야 하며, 규약의 정함과 달리 다른 기관이 통제권을 행사하는 것은 무효라고 할 것이다.

규약에 의하여 제재권한을 집행위원회, 대의원회 등의 하위의결기관에 위임하거나 소수의 위원으로 구성되는 별도의 징계위원회를 두고 그 징계위원회의 의결을 거쳐 통제권을 행사하도록 하고 있는 경우에 이러한 규약이 정당한가라는 문제가 제기될 수 있다.

생각건대, 일반적으로 조합원의 수가 많아 사실상 총회의 개최가 용이하지 아니한 경우나 신속성을 요하거나 징계사유가 경미하여 경징계의 대상인 경우 또는 집행위원 대의원회의 위원이 조합원들이 직접적으로 선출한 경우 등과 같이 하위의결기관에 위임하는 것이 오히려 합리적이라고 판단되는 때에는 규약으로 하위의결기관에 일임하는 것은 정당하다고 할 것이다.

그런데 제명처분과 같이 조합원의 자격을 박탈하는 경우에 규약에 의하여 하위의결기관 또는 별도의 징계위원회에 일임할 수 있는가에 대해 제명은 조합원을 노조로부터 몰아내는 처분이므로 제명처분을 하지 않고서는 단결을 유지하기 곤란하다는 노조의 집단적 의사가 확인되지 않으면 아니 된다는 전제하에 제명처분은 노조의 최고의사결정기관인 총회의 전권사항이므로 다른 의견기관에 그 권한을 위양하는 것은 허용되지 않는다고 하는 견해가 있다.[150)] 이러한 견해에 대해서는 수긍하기 어려운 점이 있다. 반드시 총회의의 의결에 기하여 통제권을 행사하도록 하는 것은 너무나 이상적인 발상이다. 그렇지만 왜 제명 이외의 처분은 하급의결기관에 위임하는 것이 가능하고 제명처분만은 총회의 전권사항인가? 이 견해는 조합원수가 적은 기업별노동조합의 경우만을 상정하고 있는 것이 아닌지? 만약 조합원이 이를테면 수십만 명인 산업별 노동조합인 경우에 총회의 의결에 기

---

149) 김형배, 위같은책, 800면.

150) 김형배, 위같은책, 801면; 이러한 견해는, 노동조합의 통제권에 대한 사법심사를 인정하고 있는 것(위같은책, 802면 참조)을 감안할 때, 지나치게 이상주의에 치우쳐 있다고 할 것이다.

하여 제명하는 것 자체가 사실상 불가능하지 않는가? 이렇게 된다면, 오히려 중대한 반노조적인 행위를 한 조합원에 대해 노조가 제명을 할 수 없고 그 행위에 상응하지 않는 경미한 제재밖에 할 수 없게 되어 불합리한 결과가 야기될 수 있다. 그러므로 하위의결기관 또는 별도의 징계위원회를 두도록 한 규약의 규정도 징계처분의 경중에 관계없이 객관적인 공정성이 확보될 수 있는 경우라면 적법하다고 해야 할 것이다. 만약 규약으로 정하고 있는 제재의결기관의 구성이 공정성을 담보할 수 없고, 절차적인 정당성이 확보되지 않은 상황에서 제재처분이 결정되었다면 제재를 받은 조합원은 사법적인 절차를 거쳐 구제를 받을 수 있을 것이다.

노조규약에 제재의결기관에 관한 규정이 없는 경우에도 공정성을 담보할 수 있는 기관과 조합원의 권리보호와 노조운영의 민주성을 확보할 수 있는 절차에 의해 제재가 이루어지면 되지 그렇다고 반드시 총회의 결정을 거칠 필요는 없다고 할 것이다.[151)]

2) 변명권의 보장

노동조합이 조합원에 대하여 제재를 과한 경우에는 피제재자에게 제재의 사유를 미리 알리고 제재를 결정하는 기관에 출석하여 변명을 위한 충분한 기회를 보장해야 한다.

규약에 이러한 절차에 관한 규정을 둔 경우에는 반드시 이를 준수해야 하고, 이에 관한 규정이 없더라도 변명의 기회를 주는 것이 절차적 정의의 이념에 비추어 볼 때 불가결한 요건이라고 생각한다. 제재시에 피제재자에게 변명의 기회를 주지 않거나 주었더라도 사실상 그것을 행사할 수 없게 한 경우에는 중대한 절차상 하자가 있어 그러한 제재는 무효라고 할 것이다.

그렇지만 노동조합이 충분한 변명의 기회를 주었음에도 불구하고, 피제재자가 이를 행사하지 아니하여 그대로 제재가 결정되었더라도 절차상 하자가 있다고 할 수 없다.

---

151) 김형배 위같은책, 801면은 "노조규약에 제재의결기관에 관한 규정이 없는 경우에는 제재는 총회에서 결정되어야 한다. 이는 조합원의 권리보호와 노조운영의 민주성확보를 위한 기본적 요청이다"이라고 한다. 이것은 과도한 이상주의라고 하겠다. 민주성확보는 반드시 직접민주주의적 방식에 의해서 이루어지는 것이 아니라 간접민주주의적 방식에 의해서 가능하기 때문이다.

5. 통제권의 행정적 규제와 사법심사

1) 행정적 규제

노동조합의 결의 또는 처분이 노동관계법령 또는 규약에 위반되는 경우에는 행정적 통제를 받게 된다(노조법 제21조).

2) 사법심사

노동조합은 근로자의 기본적 권리인 단결권에 기한 단체이므로 노조의 통제권이 남용되어 조합원의 권리가 침해되었다고 하는 경우에는 그것이 사법심사의 대상으로 되는 것은 민주적 법치국가에 있어서 당연하다. 다만, 법원은 가능한 한 노동조합의 자주성을 존중해야 할 것이다.

법원은 규약에 통제처분에 관한 규정이 없는 경우나 그러한 규정이 있더라도 그 내용이 추상적 일반적인 경우에는 당해 위반행위를 이유로 하는 통제처분의 적부에 관한 판단을 할 수 있다. 그러나 규약에 징계사유와 절차에 관한 상세하고 구체적인 규정이 있는 경우에는 당해처분**이 징계사유**에서 현저하게 일탈하였거나 징계양정에서 재량권을 일탈할 정도로 **크게 잘못 된 경우가 아니면**, 노조의 자주적 결정을 존중하는 것이 헌법 제33조 **제1항이 보장하는 단결권의** 취지에 부합한다고 할 것이다.

제 9 절 노동조합의 활동

Ⅰ. 노조활동의 의의

1. 노조활동의 개념

넓은 의미에 있어서 노동조합 활동이란 근로자나 노동조합 등 근로자단체가 노동3권을 행사하는 과정에서 이루어지는 일련의 활동을 총칭한다. 그러나 일반적으로는 노조활동은 노조에 의한 쟁의행위 이외의 단체적 활동을 말하고 거기에는 통상 노조의 내부운영(노조임원 및 간부의 선거, 기관회의, 일상의 업무집행 등), 조직의 선전 및 홍보활동(집회, 문서의 배포), 대사용자활동(직장집회, 전단부착, 전단배포, 리본착용전술 등), 교섭의 준비와 사후활동, 노사의 협의기관과 고충처리기관의 운영에 관한 활동 등이 그 중심이다.

근로자는 헌법상 기본권으로 보장되는 노동3권의 내용으로서 자주적으로 노동조합 등 근로자단체를 조직하거나 그에 가입하여 활동하고, 노동조합 등 근로자단체를 자유로운 결정에 의하여 운영하고 단체의 존립과 유지를 위한 활동을 하며, 노동조합 등 근로자단체를 통하여 근로조건의 유지·개선과 근로자의 경제적·사회적 지위의 향상을 위하여 사용자와 단체교섭을 하고 단체협약을 체결하며, 근로조건의 향상을 위한 주장을 관철하기 위한 수단으로 사용자에 대하여 집단적인 쟁의행위나 그 밖의 활동 등을 할 수 있는 권리가 있다.

2. 노조활동의 구분

넓은 의미에 있어서 노동조합의 활동은 첫 번째는 주체에 따라 노동조합 자체의 활동, 노조간부의 활동, 조합원의 활동으로 구분할 수 있고, 두 번째는 노조활동의 내용에 따라 근로조건개선활동, 공제활동, 친교활동, 교육활동, 정치활동 등으로 구분할 수도 있다. 세 번째는 성격에 따라 조직활동, 교섭활동, 쟁의활동, 정책활동 등으로 구분할 수도 있을 것이다. 네 번째는 활동의 대상에 따라 근로자에 대한 조직활동 및 대조합원활동, 사용자에 대한 교섭활동 및 쟁의활동, 정부에 대한 정책활동 등으로 구분할 수도 있다.

헌법상 노동3권에 의해 보장되는 넓은 의미의 노조활동 중에서도 단체교섭·쟁의행위에 대하여는 노조법에 여러 규정을 두어 규율하고 있으므로 여기서는 이를 제외하고 조합원인 근로자가 하는 좁은 의미에 있어서의 노조활동에 관하여만 살펴보기로 한다.

3. 노조활동권리의 법적 성격

근로자가 본래 행하여야 하는 근로제공 이외의 노조활동에 대하여는 그것이 노동3권의 정당한 행사로서 이루어진 행위인 때에는 그로 인하여 사용자에게 손해를 입혔더라도 민사상 손해배상책임이나 형사책임을 부담하지 않을 뿐만 아니라 (노조법 제3조, 동법 제4조 참조) 그 외에 징계해고 등 불이익처분의 정당한 사유로 삼을 수 없을 것이다. 특히, 사용자가 근로자의 위와 같은 노동조합 활동을 이유로 하여 근로자를 해고하거나 불이익을 주는 행위는 근로자의 노조활동의 권리를 침해하는 부당노동행위에 해당하여 금지의 대상이 되고 사용자에 대한 형사처벌의 대상이 된다(동법 제81조 제1호, 동법 제90조).

근로자에게는 헌법과 노조법에 의해 법적 보호의 대상이 되는 범위 안에서 노조활동을 할 수 있는 권리가 보장되어 있다고 할 것이다.[152] 또한 근로자가 노조활동을 할 수 있는 권리는 노동3권의 포괄적인 내용으로서 보장되어야 한다.

4. 노조활동과 쟁의행위의 구별

근로자의 노조활동은 노동3권에 바탕을 둔 것으로 보아야 할 것이지만 그 중에서도 특히 쟁의행위에 대하여는 이를 그 밖의 노조활동과는 구별하여 그 개념을 분명히 확인해 둘 필요가 있다.

---

152) 대판 1990.5.15. 90도357. 이 판결은 근로자가 노동조합을 조직하거나 가입했을 때에는 단체행동권으로서 쟁의행위권과 노조활동권이 있음은 (구)노동조합법 제2조가 '…노동조합의 단체교섭 기타의 행위로 제1조에 제기한 목적을 달성하기 위한 정당한 행위…' 전반에 대하여 형사면책을 할 것을 확인하고 특별히 쟁의행위로서 정당한 것이라고 한정하지 않고 있음에 의해서도 분명할 뿐만 아니라 실제상으로도 쟁의행위권과 단체교섭 이외의 단결체의 행동(전형적으로 삐라 첩부나 배포, 완장착용, 집회, 머리띠, 연설 등의 활동)을 일정한 범위 내에서 보장할 필요성이 있기 때문에도 이를 인정하여야 한다고 하여, 단체행동권의 내용으로서 좁은 의미의 노조활동을 할 수 있는 권리가 인정되어야 한다는 태도를 취하고 있는 것 같다.

첫째, 쟁의행위에 대하여 노조법상 그 시기 및 절차 등에 특별한 규정을 두고 있어 그 정당성을 판단함에 있어서 원칙적으로 그러한 시기나 절차에 관한 법규정을 준수하거나 그 밖에 쟁의행위에 고유한 정당성 요건을 갖출 것을 요구하고 있으나, 쟁의행위가 아닌 노조활동에 대하여는 이러한 제한을 받지 아니하므로 각각 그 정당성 여부를 판단하는 기준이 다른 점, 둘째 일정한 사업장에서는 쟁의행위가 금지되지만(노조법 제41조 제2항), 그러한 사업장이라고 하더라도 쟁의행위가 아닌 노조활동은 금지되지 않는 점 등에서 이를 구별할 실익이 있기 때문이다.

쟁의행위라 함은 파업·태업·직장폐쇄 기타 노동관계 당사자가 그 주장을 관철할 목적으로 행하는 행위와 이에 대항하는 행위로서 업무의 정상적인 운영을 저해하는 행위를 말한다(노조법 제2조 제6호). 따라서 노조활동과 쟁의행위는 그 행위의 목적과 태양의 점에서 구별하는 것이 일반적이다. 즉, 근로자의 집단적 행동으로서 행위의 목적이라는 측면에서 임금·근로시간·복지·해고 기타 대우 등 근로조건의 결정에 관한 주장의 관철을 위한 것이고, 또한 행위의 태양이라는 측면에서 사용자 업무의 정상적인 운영을 저해하는 것이라는 두 가지 요건을 갖추고 있으면 쟁의행위에 해당하고, 그밖에 조합원으로서 단결력의 유지·강화를 위해 행하는 여러 가지 활동을 포괄하여 노조활동이라고 보면 될 것이다.

단순히 노조운영을 위하여 이루어지는 대내적 활동에 있어서는 쟁의행위와 구별이 문제될 여지가 거의 없으나 주로 사용자에 대항하는 대외적 의사표현의 형태로 이루어지는 노조활동에 있어서는 그 구별이 쉽지 않을 수 있다. 그러한 예로서 노조의 집회·연설, 유인물의 배포·부착, 리본 패용, 머리띠 기타 복장의 착용 등의 경우 외관상 그 형태가 동일하다고 하더라도 위와 같은 주장관철의 목적과 업무저해의 태양을 갖춘 것이면 쟁의행위에 해당할 것이지만, 그러한 목적이나 태양이 결여되어 있다면 노조활동에 속한다고 보아야 할 것이다.

5. 노조활동과 관련한 주요쟁점

해고당한 근로자가 해고사유로 된 근로자의 행위가 근로자가 노조활동을 할 수 있는 권리의 범위 안에서 행하여진 것임에도 이를 해고사유로 삼는 것은 근로기준법상 정당한 이유가 없다거나 정당한 노조활동을 이유로 불이익취급을 한 부당노동행위로서 금지된다고 주장하여 민사소송에서 그 효력을 다투는 경우, 근로자의 어떠한 행위가 형사상 업무방해·주거침입·퇴거불응 등의 범죄를 구성한다고 기소되었을 때 그 형사소송에서 문제된 행위가 근로자의 노조활동으로서 이루어진 정당행위라고 주장하여 그 효력을 다투는 경우 등이 노조활동과 관련하여 실무에서 흔히 볼 수 있는 분쟁사례이다.

이러한 분쟁사례에서는 문제된 근로자의 노조활동이 근로자에게 인정되는 노조활동 권리의 범위 안에서 행하여진 것인지 여부가 주된 쟁점이 되므로 근로자의 노조활동에 정당성이 인정되기 위해서는 어떠한 요건을 갖추어야 하는지를 살펴보아야 한다.

Ⅱ. 노조활동의 보호요건

1. 판단의 기준

근로자의 행위가 노조활동으로서 정당하다고 인정받기 위해서는 다음과 같은 요건을 모두 충족하여야 한다고 한다.[153]

주체의 측면에서 조합원이 노조의 결의나 구체적인 지시에 따라서 수행한 조직적인 노조활동 또는 그러한 결의나 지시 없이 개인적·자발적으로 한 행위라 할지라도 그 행위의 성질상 노동조합의 업무를 위한 활동으로 볼 수 있거나 노동조합의 묵시적 수권 혹은 승인을 받았다고 볼 수 있는 것이어야 한다.

또한 미조직근로자의 활동도 그것이 노조결성이나 근로조건의 유지개선을 위한 것이고, 일정한 조직성을 가지고 있는 한 조합활동권 보호의 대상으로 된다. 이 경우에 있어 조직성은 단체교섭권이나 쟁의행위권의 주체로서의 조직보다도 완화되어도 좋을 것이다.

목적의 측면에서 근로조건의 유지·개선과 근로자의 경제적·사회적 지위의 향상을 도모하기 위하여 필요하고 근로자의 단결 강화에 도움이 되는 행위이어야 한다.

노조활동의 시기, 방법, 장소 등과 같은 양태에 구체적으로 그 요건이 충족되어야 노동조합활동으로서 보호된다.

첫째, 시기의 측면에서 취업규칙이나 단체협약에 별도의 허용규정이 있거나 노동관행·사용자의 승낙이 있는 경우 외에는 취업시간 외에 행해져야 한다. 둘째, 수단·방법의 측면에서 사업장 내의 노조활동에 있어서는 사용자의 시설관리권에 바탕을 둔 합리적인 규율이나 제약에 따라야 하고 폭력과 파괴행위 등의 방법에

153) 대판 1990.5.15. 90도357; 동 1992.4.10. 91도3044; 동 1994.2.22. 93도613.

의하지 않는 것이어야 한다. 셋째, 기업질서에 위배되지 않아야 한다.

2. 주체적 요건

근로자가 노동조합의 의사결정기관인 총회나 대의원회의 구성원으로서 노동조합의 의사를 결정하거나, 업무집행기관인 대표자 등 임원의 지위에서 그 직무권한 범위 안에서 일정한 업무활동을 하거나 노동조합의 구성원인 조합원의 지위에서 노동조합의 의사결정기관의 결정이나 업무집행기관의 지시에 따라서 행하는 활동 등은 법령이나 규약의 정함에 따라 이른바 노동조합의 조직적 활동의 주체로서 당연히 행할 수 있는 것이다. 따라서 근로자의 행위가 이와 같은 기관활동에 속하는 것이라면 정당한 주체에 의한 노조활동으로 인정됨은 명백하다.

근로자의 행위가 위와 같은 기관 활동 그 자체가 아니라 하더라도 그 행위의 성질상 노동조합의 활동으로 볼 수 있거나 노동조합의 묵시적인 수권 혹인 승인을 받았다고 볼 수 있을 때에는 그러한 활동은 근로자가 할 수 있는 노조활동의 범위에 속한다고 할 것이므로 노조활동으로서 인정되어 보호를 하는 것이 타당하다고 할 것이다. 다만, 노동조합의 기관 활동 그 자체는 아니지만 노동조합의 활동으로서의 성질이나 노동조합의 묵시적 수권·승인이 있다고 볼 수 있는 행위는 구체적으로 어느 범위까지 인정될 수 있는가가 문제된다. 구체적으로 판례에서 문제로 되었던 사례를 보면 다음과 같은 경우이다.

첫째, 노동조합의 결성·가입 및 운영 등과 관련하여 이루어지는 통상적인 활동이라면 널리 노동조합의 활동으로서의 성질을 갖는다고 볼 것이다. 일반적으로 노동조합의 결성을 준비하기 위한 활동, 노동조합을 결성하고 이를 위한 집회 등의 활동, 노동조합에의 가입을 권유하는 활동, 노동조합에 가입하는 행위, 노동조합의 대표자 등 임원의 선출에 선거권자·피선거권자의 자격으로 참여하는 행위, 총회·대의원회의 구성·선출에 참여하는 행위 등을 생각할 수 있을 것이다. 둘째, 노동조합의 기관활동 그 자체는 아니지만 그 행위의 성질상 노동조합의 활동으로 볼 수 있거나 노동조합의 묵시적 수권·승인을 받았다고 볼 수 있는 행위로서는 다음과 같다.

[판 례]

- 노동조합원이 조합대의원으로 출마한 행위는 노동조합의 행위에 해당함이 분명하고, 취업규칙과 노사협의에 의하여 지급하도록 정하여진 목욕권과 예

비군훈련기간의 수당을 지급하지 않는다고 노동부에 진정한 행위는 노동조합의 목적인 근로조건의 유지개선, 기타 근로자의 경제적 지위향상을 도모하기 위한 행위로서 조합의 묵시적 승인 내지 수권을 얻은 행위라고 보아야 할 것이므로 근로조합의 업무를 위한 정당한 행위로 볼 것이다(대판 1990.8.10. 89누8217).

- 다수의 노동조합위원장 입후보자 중 일부 후보자들이 사퇴한 후 남은 후보자가 사퇴자의 사퇴이유를 왜곡하여 선거운동에 이용하는 경우, 당해 사퇴자가 그의 사퇴이유를 유인물 배포로 조합원에게 알리는 행위는 노동조합의 업무를 위한 행위에 포함된다(대판 1991.11.12. 91누4164).

☞ 위 판례는 사퇴한 근로자가 단독후보자로 남은 후보자를 지지하기 위한 것이 아니라는 사실을 조합원에게 알리려고 유인물을 만들어 배포한 것은 노조의 운영위원 및 대의원으로서, 그리고 위원장에 입후보하였던 사람으로서 노동조합의 위원장 선거와 관련된 문제에 대한 의견을 말하고, 위원장 후보 사퇴에 따른 조합원의 오해를 해명하여 위원장 선거하는 노조내부의 의사결정이 제대로 이루어지게 하고자 한 행위로서 노동조합의 업무를 위한 행위라고 볼 수 있고, 노동조합의 활동을 벗어난 순수한 개인적 활동이라고 하기는 어려울 것이라는 취지로 판시하고 있다.

- 입사할 무렵부터 노동조합에 가입한 후 적극적인 조합활동을 하여 노조대의원으로 선출된 원고가 조합총회나 대의원회의의 동의도 없이 사용자측의 뜻에 따라 임금인상 시기를 변경하는 내용의 단체협약을 체결하려는 노조집행부에 반대하면서 조합원들로부터 조합총회 소집을 요구하는 서명을 받기 시작하여 노조집행부와 사용자인 참가인회사가 임금인상시기를 늦추는 데에 따르는 보상안을 마련하자 위 서명작업을 중단하였으며, 그 후에도 대의원회의 등을 통하여 임의 수당을 신설할 것을 주장하는 등 계속하여 조합활동을 하여 왔는데, 원고가 야간근무시간 중 2시간 정도 무단이탈을 한 사실이 드러나자 참가인회사에서 수차에 걸쳐 사직을 요구하다가 이를 거절하는 원고를 징계해고하기에 이르렀다면, 이 사건 해고는 원고의 노동조합활동을 방해할 의도로 위 해고사유를 핑계삼아 이루어졌다고 봄이 상당하므로 노동조합법 제39조 제1호 소정의 부당노동행위에 해당한다(대판 1990.11.27. 90누3683).
- 원고는 조합장에 대한 비리의혹이 확산되자 조합의 정상화를 바라는 조합원들의 임시대표 자격에서 1997.10.16. 2/3 이상 조합원의 연명으로 조합장 소외 4에게 조합장 불신임 등을 주요 안건으로 한 임시총회 소집을 요구하고 같은 해 11.7. 과반수 조합원의 연명으로 ○○지방노동사무소장에게 임시총회 소집권자 지명을 요구하는 등 조합활동에 주도적으로 참여한 결과 이 사건 해고처분 당시 원고가 차기 조합장에 당선될 가능성이 누구보다 높았고, 실제로 같은 해 12.12. 개최된 임시총회에서 조합장 불신임안이 통과되고 원고가 새 조합장에 선출된 점, 위와 같은 임시총회 소집 지명권자 요구로 더 이상 임시총회 소집을 미룰 수 없는 상황에서 같은 해 8.20. 징계위원회 의결이 무산된 지 4개월 가까이 지난 다음 전격적으로 원고를 다시 징계에 회부하여 해고한

점, 이 사건 해고처분 후 '소외 2에 대한 고소를 취소하겠으니 원고를 복직시켜 달라'는 원고측 제안에 대하여 참가인측이 '원고가 조합장직을 사퇴하기 전에는 복직시켜 줄 수 없다.'며 거절한 점, 원고에 대한 징계양정이 회사에 우호적인 조합원에 대한 징계양정과 비교하여 현격한 불균형이 있는 점 등에 비추어, 참가인이 원고를 해고한 것은 실제에 있어 원고의 위와 같은 정당한 조합활동을 혐오하고 이를 저지할 의도에서 행한 것으로 추인된다 할 것이어서 부당노동행위에 해당한다(대판 1999.11.9. 99두4273).

- 피고 회사의 노동조합은 위원장 등 정상적으로 선출된 집행부가 사퇴하고 대행체제에 의하여 운영되고 있던 중 그들의 주도로 조합규약을 조합원의 토론 없이 찬반투표로 개정하려고 하자, 원고가 이를 부당하다고 생각하고 그 개정안의 내용 및 개정 절차상의 문제점을 주된 내용으로 한 유인물을 작성하여 투표예정일 아침 출근버스 안에서 피고 회사 근로자들에게 배포한 사실을 인정한 다음, 원고가 위 유인물을 배포하게 된 경위와 그 유인물의 내용, 배포의 시기 및 장소 등에 비추어 볼 때, 위와 같은 유인물 배포행위를 단체협약 제13조 및 취업규칙 제51조 제11호를 위반한 위법한 행위라고 볼 수 없고, 오히려 행위의 성질상 노동조합법 제39조 제1호 소정의 "노동조합의 업무를 위한 행위"라고 보아야 한다(대판 1995.6.13. 95다1323).
- 원고가 유인물 작성·배포에 관여하게 된 경위는, 2만 명가량 되던 피고 회사 노동조합원의 수가 급격히 줄어들어 몇 십 명에 불과한 상황에서 당시 노동조합은 위원장 등 정상적으로 선출된 집행부가 사퇴하고 대행체제에 의하여 운영되고 있었는데 그들의 주도로 조합규약을 조합원의 토론 없이 찬반투표로 개정하려는 움직임에 대하여 원고와 몇몇 조합원들이 이를 부당하다고 생각하고 그 개정안의 내용 및 개정 절차상의 문제점을 주된 내용으로 한 유인물을 작성하여 투표예정일 아침 출근버스 안에서 피고 회사 근로자들에게 배포한 사실, 피고 회사 최고경영층에 서면질의하게 된 경위는, 당시 피고 회사 노동조합원들 중 상당수가 피고 회사로부터 노동조합 탈퇴를 종용받아 조합을 탈퇴하였다고 주장하고 있고, 실제로 위와 같이 조합원 수가 급격히 줄어들어 노동조합 활동이 급격히 위축되는 상황인데, 피고 회사가 홍보지인 노무소식을 통하여 회사 내에 사노맹 등 불순세력이 있다는 등의 내용을 근로자들에게 홍보하자 원고를 비롯하여 노동조합 활동에 열성적인 몇몇 조합원들이 이를 소수 조합원들에 대한 탄압이라 여겨 "사노맹 조직이 회사 내에 있다면 그 실체를 밝히고 소수 조합원에 대한 탄압을 중지하라."는 내용의 서면질의를 하게 된 사실을 인정한 다음, 원고가 위 유인물을 배포한 경위와 유인물의 내용·배포의 시기와 장소 및 피고 회사 최고 경영층에 대하여 서면질의를 하게 된 경위와 그 내용 등에 비추어 볼 때, 위 각 행위는 그 행위의 성질상 노동조합법 제39조 제1호 소정의 '노동조합의 업무를 위한 행위'라고 보아야 한다고 판단하였다(대판 1996.2.23. 95다13708).

셋째, 그렇지만 노동조합의 결의를 거쳤다거나 구체적인 지시에 의한 조합의사에 따른 것이 아닌 조합원으로서의 자발적 활동에 불과한 것으로 인정되는 행위는 다음과 같다.

[판 례]

- 원고가 (1) 회사통합노동조합장으로 취임한 갑이 적법한 조합장 선거 없이 취임한 것이 위법이라 하여 1986.5.20. 신임조합장을 선출하자는 내용의 진정서를 작성하여 피고보조참가인 을택시주식회사(이하 회사라고 한다) 운전기사들에게 배포하여 동조자를 규합한 행위, (2) 같은 해 10.8. 회사 운전기사들에게 회사에서 운전기사들의 사납금(회사에 납입하여야 할 할당수입금)을 교육시간에 해당하는 금액만큼 감해 주지 아니하면 승무하지 말자고 제의한 행위, (3) 같은 해 10.12. 회사가 부당하게 원고에게 배차중지를 하고 있다는 내용의 호소문 100여 매를 회사 근로자에게 배포한 행위 등은 노동조합의 결의를 거쳤다거나 구체적인 지시에 의한 조합의사에 따른 것이 아닌 조합원으로서의 자발적 활동에 불과한 것임이 인정된다(대판 1989.4.25. 88누1950).
- 조합대의원이 보라매 공원후문 앞 잔디밭에서 근로자 8명을 모아놓고 어용노조퇴진, 해고근로자 소외 2의 복직 등의 요구가 관철되지 않을 때는 농성을 하자고 선동하여 그 다음날 04:50경 참가인회사 주차장에서 교대하기 위하여 주차하여 놓은 참가인 회사 소유의 택시를 주차장출입구로 끌고 가서 타이어의 바람을 빼고 출입구를 막아 놓아 참가인회사 택시 58대가 약 3시간 30분 동안 운행하지 못하게 함으로써 업무를 방해하고 같은 해 8.19.부터 8.22.까지 조합사무실을 불법으로 점거한 후 각목으로 사무실문짝 등을 두드리며 노래와 구호를 외치고 유인물을 종업원들에게 배포하는 등 농성을 주도한 사실 등 조합대의원의 농성에 의한 업무방해행위는 노동조합의 결의를 거쳤다거나 조합의사에 따른 것이 아닌 조합원으로서의 자발적인 활동에 불과한 것이다(대판 1990.11.13. 89누5102).
- 조합원 전체가 아닌 소속 부서 조합원만의 의사로 이루어진 작업거부 결의에 따라 다른 근로자의 작업거부를 선동하여 회사의 업무를 방해한 행위는 노동조합의 결의나 구체적인 지시에 따른 노동조합의 조직적인 활동 그 자체가 될 수 없음은 물론 그 행위의 성질상 노동조합의 활동으로 볼 수 있다거나 노동조합의 묵시적인 수권 혹은 승인을 받았다고 볼 수도 없고, 단지 조합원으로서의 자발적인 행동에 불과할 뿐이어서 정당한 노동조합 활동이라고 볼 수 없다(대판 1999.9.17. 99두5740).

위 사례는 근로자의 행위가 그 성질상 쟁의행위에 해당함에도 불구하고 쟁의행위로서의 시기·절차적 정당성을 갖추지 아니한 채 쟁의행위로 나아간 것이므로

넓은 의미의 노조활동으로서도 정당성을 인정받을 수 없다고 본 것으로 이해할 수도 있다.

그러나 근로자의 행위가 노동조합의 명시적인 결의나 지시에 반하여 이루어진 경우에 무조건 노조활동으로서의 주체적 정통성을 인정하지 않아야 하는가라는 라는 문제가 제기된다.

이에 관해서는 일률적으로 노조활동으로서의 주체적 정당성을 부정하는 견해와 당해 행위가 단결권 보장의 취지에 비추어 객관적으로 용인될 수 있는지 여부에 따라 판단되어야 할 것이므로 노동조합의 결의·지시·방침에 반하는 행위라고 하더라도 그 행위가 단결권 보장의 취지에 합당한 것이라면 노조 내부통제권의 대상이 되는 것은 별론으로 하고 노조활동의 성질을 가질 수 있으므로 그 주체적 정당성을 부정할 것은 아니라고 보는 견해 등이 있을 수 있다. 그렇지만 노조의 통일의사를 형성하는 과정에서의 노조 소수파의 언론 문서활동도 조합민주주의에 기여하는 경우라면 노조활동권의 보호를 받는다고 할 것이다.

물론 통일의사형성 후의 집행부 비판활동 등이 실질적으로도 통제위반이라고 인정되는 때에는 정통한 주체에 의한 노조활동의 행사라고 할 수 없고, 대(對)사용자와의 관계에 있어서도 정당성을 잃을 것이다. 즉 조합원의 일부가 노조 집행부와 조합원 전체의 의사에 따르지 않고 노동조합의 결정이나 방침에 반대하거나 이를 비판하는 행위는 성질상 노동조합의 활동으로 볼 수 있다거나 노동조합의 묵시적인 수권 혹은 승인을 받았다고 인정할 만한 사정이 없는 한, 조합원으로서의 자의적인 활동에 불과하여 노동조합의 활동이라고 할 수 없을 것이다.

[판 례]

- 노동조합과 회사 사이에 임금인상에 관한 협의가 이루어졌음에도 불구하고 이에 불만을 품은 원고가 다른 수십 명의 근로자와 함께 임금의 보다 많은 인상 등을 요구하며 농성한 행위에 대하여 노동조합의 결의나 구체적인 지시에 의한 것이 아니라 조합원으로서의 자발적인 활동에 불과하며 또한 그 행위의 성질상으로도 노동조합의 활동으로 볼 수 있다거나 노동조합의 묵시적인 수권 혹은 승인을 받았다고 인정할 만한 자료도 없어 노동조합의 활동이라고 할 수 없으므로 원고의 위 행위를 노동조합의 업무를 위한 정당한 행위 또는 정당한 활동이라고 보기 어렵다(대판 1991.9.24. 91누124).
- 원고가 노조 집행부와 피고 회사가 타결한 임금협상의 내용에 불만을 품고 조합원의 찬반투표를 요구하며 조합 집행부와 대립하여 오다가 점심시간에 식당 입구에서 조합원 40여명을 모아 놓고 노조가 어용이라고 주장하며 조합장의 퇴진서명운동을 벌일 것과 연장근로의 거부를 선동하여 이에 동조한

근로자 120여명으로 하여금 잔업을 거부하게 한 행위를 정당한 노동조합 활동이라고 볼 수 없다(대판 1992.9.25. 92다18542).

---

3. 목적상의 요건

근로자의 노조활동이 정당성을 인정받기 위해서는 그 목적이 근로조건의 유지·개선과 근로자의 경제적·사회적 지위의 향상을 도모하기 위한 것이고 근로자의 단결 강화에 도움이 되는 행위에 해당하는 것이어야 한다. 따라서 이러한 목적에서 벗어난 노조활동은 정당성이 없다.

[판 례]

- 노동조합의 대의원이 사용자로부터 출근정지처분을 받았다 하더라도 노동조합의 활동을 하기 위하여 사용자의 공장 내에 위치한 노동조합 사무실 등에 출입하기 위하여 공장을 출입할 수는 있지만, 위 대의원이 노동조합의 활동을 하기 위하여 사용자의 공장에 출입하려 한 것이 아니라 단지 사용자의 출근정지처분에 항의하기 위하여 출근을 강행하려 한 것이므로, 위 대의원의 출근을 저지하는 관리직 사원들을 방해하고 다른 근로자들을 선동한 원고의 행위는 부당하다(대판 1992.6.23. 92누4253).
- 지역의료보험조합 소속 노동조합 간부들이 대학 캠퍼스에서 보험료 인상저지투쟁 발대식을 개최하고 유인물들을 배포하면서 가두시위를 주도한 경우, 발대식의 개최 목적이 그 지역의료보험조합에게 불이익한 보험료 인상의 저지에 있고, 거기에서 배포한 유인물도 그 내용이 근로조건의 개선 등과 전혀 무관한 것이라면, 설사 의료보험료의 인상으로 말미암아 보험가입자들의 불만이 높아지는 등 민원이 야기되어 창구에 근무하고 있는 노조원들이 근무에 애로를 겪게 되고, 그 유인물들이 지역의료보험노동조합 전국 협의회에서 작성하여 각 지역의 노동조합에 배포한 것이라고 하더라도, 그 시위행위 등을 가리켜 정당한 조합활동의 범주 내에 있는 것이라고 할 수는 없다(대판 1994.12.22. 93다23152).

노조활동으로서의 정당한 목적을 갖는 것이라 함은 근로조건의 유지·개선과 근로자의 경제적·사회적 지위의 향상이나 근로자의 단결강화를 도모하기 위한 것을 본래의 목적으로 하는 것뿐만 아니라 그러한 목적을 달성하기 위한 보조적·간접적 활동이 다양하게 포함된다고 볼 것이다. 그러므로 노동조합의 조직유지,

확대활동 및 사용자에 대한 항의활동 등과 같은 노동조합의 중핵적인 통상활동뿐만 아니라, 보다 넓게 근로자의 상호부조 내지 상호보호와 같은 활동도 포함된다. 따라서 이들에 연관되는 한 공제활동이나 문화활동, 사회활동, 정치활동목적도 포함될 것이다. 즉 노조활동의 정당성판단은 쟁의행위의의 정당성 판단과는 다른 기준에 따르며 보다 완화해서 해석해야 할 것이다.

판례에서 문제로 되었던 구체적인 사례를 보면, 노동조합이 법령이 허용하는 범위 안에서 공직선거에서의 선거운동(공직선거법 제10조 참조)이나 정치자금의 기부[154] 등을 하거나 그 밖에 조합원의 권리·이익의 증진과 관련하여 정당가입, 선거입후보, 선거운동지원, 각 정당과의 정책협의, 정책에 대한 지지·비판, 입법 및 행정사항의 요구나 청원 또는 입법저지·반대 등의 정치활동을 하는 것, 조합원의 단결력을 유지·강화하기 위하여 사회봉사나 공제회 운영 등의 사회활동이나 독서회·연극반·합창반·체육대회 등의 문화·체육활동을 하는 것 등도 정당한 목적을 가진 노조활동의 범주에 속한다고 보는 것이 일반적이다.

다) 그러나 노조활동의 목적이 형식상으로는 근로조건의 유지·향상 등에 직접·간접으로 관련되어 있더라도 그 노조활동이 실질적으로 위법·불법한 목적을 달성하기 위한 것에서 비롯된 것이라면 정당성을 인정받을 수 없을 것이다. 그래서 판례도 노동조합이 개최한 임시총회가 단체교섭사항이 아니고 노사협의를 통하여 결정하여야 하는 인센티브의 지급액을 노동조합의 주장대로 관철하기 위한 쟁의행위를 할 것인가 여부를 의결하기 위한 것에 그 목적이 있었다면 그 목적이 정당한 노조활동이라고 할 수 없다고 한다.[155]

4. 태양에 따른 개별적 기준

1) 취업시간 외의 활동일 것

취업시간 중에 근로자는 당연히 근로제공의무를 부담하고 있기 때문에 노조활

---

154) (구)정치자금에관한법률에서는 노동단체의 정치자금기부가 금지되어 있었으나(동법 제12조 제5호), 위 법률조항에 대하여는 헌법재판소에 의하여 위헌결정이 선고되었다(헌재 1999.11.25. 95헌마154 결정 참조). 이 헌법재판소 결정은 당시 노동조합의 정치자금기부를 금지한 당해법률 조항이 노동단체에 대해 다른 사회단체와 차별대우를 하고 있어서 위헌이라고 판시하였다. 현행 정치자금에관한법률 제31조는 모든 법인 또는 단체의 정치자금기부를 금지하고 있어서 노동조합의 정치자금기부가 금지되고 있다.

155) 대판 1994.9.30. 94다4042. 한편, 대판 1995.2.17. 94다44422는 노동조합의 정기총회 개최가 불법쟁의 등의 불순한 의도에 의한 것이라고 볼 수 없다고 한다.

동은 단체협약, 취업규칙이나 사용자에 의해 시인되거나 관행상 허용되어 있는 경우를 제외하고 원칙적으로 취업시간 외에 행하여져야 한다.

취업시간 내에서 노동조합활동과 관련하여 문제로 되었던 사례를 판례를 통해 정리해보면 다음과 같다.

[판 례]

- 전임이 아닌 조합원의 취업시간 중의 조합활동으로서 임시총회를 개최하기 위하여는 예컨대 노조임원의 대부분이 궐석되어 노조의 정상적인 활동을 수행하기 어려운 급박한 사정이 있어 임시총회를 개최하여 궐석임원을 선출할 필요가 있다든가 노조의 합병 등 노조의 존속여부 및 조직변경에 관한 중대한 결정을 할 필요가 있는 경우, 또는 정당한 쟁의행위를 결행할 것인가를 의결하기 위하여 임시총회를 개최할 필요가 있는 경우 등으로 국한시켜야 할 것이므로, 정당하지 아니한 쟁의행위를 결행할 것인가 여부를 결정하기 위하여 취업시간 중에 임시총회를 개최하는 것은 단체협약에서 전임이 아닌 조합원의 취업시간 중의 조합활동을 허용하도록 규정한 취지에 어긋날 뿐 아니라 단체협약 소정의 "부득이한 사유"에도 해당하지 않는다(대판 1994.9.30. 94다4042).
- 노동조합원들이 레미콘차량 운전기사로서 대부분의 시간을 회사 밖의 공사현장에서 보내고 있어 공사현장의 작업상황에 따라 회사의 규정근무시간 이후라도 임의로 작업을 종료할 수 없을 뿐 아니라 작업종료시간을 일률적으로 맞출 수 없는 업무의 특수성 등으로 인하여 취업시간 중의 조합활동이 불가피하고, 회사의 단체협약도 취업시간 중의 조합활동을 허용하고 있는 것이라면, 노동조합총회 등이 취업시간 중에 개최되었다는 사유만으로 위 총회 등의 개최가 정당한 노동조합의 활동범위를 벗어났다고 할 수 없다(대판 1995.3.14. 94누5496).
- 지역의료보험 노동조합의 정기총회는 조합규약상 매년 10월에 1회 이루어지는 것으로 규정되어 있고, 한편 단체협약 제10조 제1항 제2호에 의하면 노조규약에 의거한 정기총회는 업무시간 중에도 할 수 있고, 다만 사전에 통보하도록 규정하고 있는 바, 지역의료보험 노동조합이 업무시간 중에 정기총회를 개최하면서 통상적인 노조활동 외에 체육행사 및 풍물놀이 등을 내용으로 하는 대동제를 실행하였지만, 다른 노동조합의 경우에도 정기총회시에 문화체육행사를 갖는 경우가 많을 뿐만 아니라 의료보험조합이 위 정기총회 개최 전일 업무종료 직전까지 아무런 반대의사를 표시하지 않았고, 노동조합측에서 일부 인원을 사무실에 잔류케 하여 업무가 마비되지 않도록 조치를 강구한 점 등 제반 경위에 비추어 위 정기총회의 개최를 불법쟁의 등의 불순한 의도에 의한 것이라고 볼 수 없다. 즉, 이 사건 노동조합은 위와 같이 예정된 정기총회에서 체육행사 등의 행사가 개최됨을 조합원들에게 미리 공고하였을 뿐 아니라 총회 전날까지 각 노조지부별로 체육행사 등에 대비한 연

습을 하여왔고, 총회 당일에 결승전이 치루어질 각종 경기의 예선전을 완료하는 등으로 사전준비활동을 거의 전부 마친 상태였는데, 피고 조합은 위 정기총회와 함께 위와 같은 체육행사 등을 포함한 대동제가 진행된다는 사실을 알고서도 이 사건 노동조합으로부터 위 정기총회의 개최를 통보받은지 18일이 지나도록 아무런 이의를 제기하지 아니하고 있다가 총회 바로 전날 관할구청의 지시가 있자 비로소 체육행사를 문제 삼아 총회 전날 업무 종료 직전인 17:00경에 이르러서야 그 개최 예정일 오전에는 정상근무를 하고 위 정기총회를 오후에 개최하도록 지시하였고, 당시 이 사건 노동조합으로서는 총회장소의 사용허가시간이 오전에 한정되어 오후부터의 총회개최는 장소문제상 불가능한데다가 피고 조합측의 위와 같은 지시가 너무 늦게 이루어져 노조규약에 따른 적법한 총회변경공고를 할 24시간의 시간적 여유마저 없었던 탓으로 부득이 총회를 그대로 개최할 수밖에 없었다는 것이므로 이에 비추어 피고가 위 정기총회와 함께 위와 같은 체육행사 등을 포함한 대동제가 실시된다는 사실을 알고 있어 이에 대하여 사전에 노조와 충분히 협의할 시간적인 여유가 있었음에도 개최 전날 오전까지 아무런 반대의사를 표시하지 않다가 뒤늦게 총회 전날 업무 종료 직전인 17:00경에 이르러서 총회 예정일 오전에는 정상근무를 하고 위 정기총회를 오후에 개최하도록 지시한 것은 비록 그것이 소론 주장처럼 민원인들의 불편을 피하기 위한 것이라 하더라도 노사관계에 있어서의 신뢰를 해하는 것으로서 부당하다고 할 것이다. 그러므로 위 원고들이 위와 같은 피고의 지시를 어기고 위 정기총회에 참석하거나 다른 노조원들에게 참석하도록 하였다는 것을 이유로 이를 징계해임사유로 삼은 것은 신의성실의 원칙에 반하는 부당한 것이라고 판단한 원심의 조치는 정당하다 할 것이므로 원심판결에 신의칙에 관한 법리오해의 위법이 있다는 논지도 이유 없다(대판 1995.2.17. 94다44422).

반면에 취업규칙·단체협약 등에 취업시간 중의 노조활동을 허용하는 규정을 두고 있지 않은 경우에는 어떠한 사유로도 취업시간 중의 노조활동은 전혀 허용될 수 없는 것인지가 문제된다.

이는 노조활동이 취업시간 중에 행해짐으로써 사용자의 노무지휘권과 충돌이 생길 경우에 그 정당성은 어떠한 기준에 의해 정할 것인가의 측면에서 논의되고 있는데, 당해 노조활동의 필요성·긴급성, 노무지휘권의 침해 정도 및 당해 행위의 원인과 구체적 태양 기타 노사관계의 제반 실태를 종합적으로 고려하여 그 정당성 여부를 판단하여야 한다고 보는 것이 학설의 일반적인 입장이다. 이에 관한 판례를 살펴보면 다음과 같다.

[판 례]

- 노동조합 임시총회가 근무시간 중에 열렸고 4시간의 전체 총회시간 중 찬반 투표를 실시하고 남은 1시간을 여흥에 사용하기는 하였으나, 위 임시총회가 노동쟁의조정법상 쟁의행위를 하기 위한 필수적요건인 조합원의 투표를 위한 것으로서 2회에 걸친 서면통보를 거쳐 개최되어 회사가 이에 대비할 여유가 충분히 있었고, 일부 조합원들이 야간근무를 하는 회사의 근무형태 때문에 전체 조합원이 총회에 참석할 수 있게 하려면 비록 근무시간 중이기는 하지만 야간근무가 끝나고 주간근무가 시작되는 교대시간에 총회를 소집하는 것이 필요하였으며, 쟁의행위에 들어갈 것인지 여부를 결정하기 위하여는 의견교환 등도 필요하였을 것이라는 사정 등과 위 조합원의 수 등에 비추어 보면, 위 총회가 근무시간 중에 열렸다는 사정만으로 위법하다고 할 수 없고, 4시간의 시간이 필요 이상의 시간이었다고 보기도 어려울 것이며, 위와 같은 여흥은 임시총회 중 찬반투표를 실시하고 남는 시간에 부수적으로 치루어진 행사로서 전체 예정시간중의 일부 시간 안에 치루어진 데 불과하고 전체 행사가 예정된 시간 안에 끝마쳐진 점 등에 비추어 보면 위와 같은 여흥활동만을 따로 떼어 위법하다고 볼 것은 아니고, 이를 포함한 임시총회 개최행위는 전체적으로 노동조합의 정당한 행위에 해당한다고 보는 것이 상당할 것이다(대판 1994.2.22. 93도613).

이 외에도 노동조합원인 운전기사가 노동조합 대의원 선거출마를 위해 결근한 것에 대하여 그 필요성과 긴급성을 이유로 정당성을 인정한 사례,[156] 노동조합지부의 설립을 위해 일반적으로 행한 월차휴가에 대하여 당해 행위의 불가피성이 인정된다고 하여 정당성을 긍정한 사례[157] 등이 있다.

근로자가 조합원의 자격에서 노동조합의 결의나 지시에 따라 행동을 하거나 대외적으로 사용자 등에게 일정한 의사표시 등을 하는 노조활동을 함에 있어서, 조합원이 그 의사를 표현·전달하는 수단으로서 흔히 사업장 안팎에서 집회·시위·연설을 하거나 유인물 배포·부착이나 리본·머리띠 등을 착용하거나 노조기·현수막 등을 게양하거나 사용자의 일정한 지시를 거부하는 행위 등의 수단·방법이 사용될 수 있는데, 이 경우에 최대의 쟁점은 노조의 지시에 의해 리본(ribon), 휘장(wappen), 여장, 머리띠, 조끼 등을 착용하고 취로하는 형태의 전술이 노동조합의 활동으로서 보호될 수 있는가이다.

---

156) 대판 1992.10.25. 92다20842.

157) 대판 1994.5.10. 91구15380.

a) 학 설

노조의 지시에 의해 조합원들이 취업시간 중에 리본, 휘장 등을 착용하는 행위가 노조활동으로서 허용되는지를 판단함에 있어서 일본에서는 규율설과 업무저해설이 있는 것 같다.

ㄱ) 규율설

근로자는 근로계약에 의하여 사용자의 지시에 기하여 노무를 제공하고 취업시간중은 정신적 육체적 활동력의 전부를 집무에 집중할 근로자의 의무가 있는데, 이러한 행위는 직무전념의무에 반하기 때문에 노동조합의 활동으로서 정당하다고 할 수 없다고 하는 설이다.

ㄴ) 업무저해설

취업시간 중 노조활동이라도 그것이 근로계약상의 업무수행에 지장이 없는 것이면 노조활동의 권리 범위내의 행사로서 보호되어야 한다는 것이다.

b) 일본 판례의 입장

기본적으로 규율설을 취하여 노조활동이 아니라는 부정적인 태도를 취하고 있다. 즉 리본 등의 착용과 같은 태양의 노조활동은 「직무전념의무」(취업시간 중은 정신적·육체적 활동력의 전부를 직무에 집중해야 할 근로자의 의무)에 반한다는 이유로 정당하지 않다고 판시한 일본의 최고재판소[158]도 이를 지지하고 있다[159](이것이 「規律說」이다). 다만, 그 이유로서 근시의 일본판례는 당해노무제공의 태양이 「채무의 본지」에 따른 것이 아니라는 것이다.[160]

이에 대해 일본의 학설[161] 다수와 노동위원회는 업무저해설을 지지하고 있다. 일본에서 위와 같은 최고재판소 판결에 의해 취업시간중의 노조활동의 정당성판단에 관해 「규율설」에 따라 통일되기에 이르렀지만, 일본의 법원도 반드시 형식적인 판단기준만으로 관철하고 있는 것은 아니다. 사안의 특수성을 감안하고 또 정당성판단 및 사용자가 한 여러 가지의 처분의 부당노동행위성의 판단에 대해 탄력적인 취급을 할 수 있는 여지를 남기고 있는 듯하다.[162]

158) 札幌高判 昭和48.5.29. [國鐵青函局사건] 勞民集 24권 3호.

159) 最三小判 昭和57.4.13. [成觀光사건] 民集36권 4호 659면.

160) 東京高判 平成9.10.30. [JR東海新幹線支部사건] 勞判728호 49면 및 이것을 지지하는 最二小判 平成10.7.17. [JR東海사건] 勞判744호 15면 참조.

161) 예컨대, 菅野和夫, 『勞動法(第7版補正版)』, 弘文堂, 2006, 614면 참조.

162) 小西國友 외 2인, 『勞動關係法(5版)』, 有斐閣, 2007, 442면 참조.

c) 정 리

직무전념의무라고 하는 것은 근로자가 근로계약에 기하여 그 직무를 성실히 이행하여야 할 의무이라고 할 것이므로 사용자에 대한 근로계약상의 의무와 양립할 수 있고, 이를 구체적으로 저해하는 것이 없는 행동은 반드시 직무전념의무에 위반하지 않는다고 해석한다. 그리고 직무전념의무에 위반하는 행동에 해당하는지 여부는 사용자의 업무나 근로자의 직무의 성질, 내용, 당해행위의 태양 등 제반사정을 감안하여 판단해야 할 것이다. 그러므로 노조의 지시에 의해 리본(ribon), 휘장(wappen), 여장, 머리띠, 조끼 등을 착용하고 취로하는 행위도 그것이 업무에 지장이 없다면, 노동조합의 활동으로서 보호되어야 할 것이다.

2) 사용자의 시설관리권에 저촉되지 않을 것

사용자가 소유권, 점유권, 임차권 등에 기해 취득하는 시설관리권한은 시설이용규정(허가, 신청제 등) 또는 그러한 규정에 의하지 않더라도 일정한 예방적 지시 명령을 할 수 있고, 이것을 위반하는 자에게 그 행위의 중지 및 원상회복명령을 발할 수 있다. 그러므로 이를 위반한 근로자에 대해서 사용자는 징계처분을 할 수 있다.

최대의 문제는 시설관리권을 노조활동권과 어떻게 조화시키는가라는 점에 있다. 이 문제에 대해 일본에는 학설상 헌법에 보장된 노동3권에 기하여 노동조합이 기업시설이용을 요구할 수 있고 사용자는 노동조합측의 기업시설이용에 대해 수인할 의무를 부담한다고 하는 「수인의무설」과 사용자가 단체교섭 등 합의 또는 동의에 기하여 노조의 시설이용권을 허락한 경우에는 노조활동은 그러한 범위 내에서 위법성이 조각된다고 하는 「위법조각설」의 대립이 있었다.[163] 우리나라에도 이와 같은 견해가 있을 수 있겠다.

그런데 여기에서 어떠한 설이 타당한가를 살펴보면, 근로자가 사용자에게 고용되어 사용자의 지시에 따라 일정한 사업장에서 노무를 제공하는 합의에는 사용자의 물권적인 지배권에 속하는 시설을 이용할 수 있는 권리가 포함되어 있다. 근

---

163) 일본 최고재판결(最三小判 昭和54.10.30. [國鐵札幌驛사건] 民集33권 6호 647면)은 노동조합에 의한 기업시설의 이용은 사용자와의 단체교섭에 의한 합의에 기하여 이루어져야 하고, 본래적으로 노조가 시설이용권한을 취득하거나, 사용자가 노조의 이용에 대해 수인의무를 부담하는 것이 아니라, 노조가 사용자의 허락을 얻지 않고, 기업시설에서 노조활동을 하는 것은 그 이용을 허용하지 않는 것이 「사용자의 시설관리권한의 남용으로 인정되는 특단의 사정」이 없는 한, 정당성이 없다고 판시하였다.

로자가 노동제공을 위하여 사용자의 시설을 이용하는 것은 근로계약의 체결이라는 합의 속에 이미 전제되어 있다. 그러나 그러한 기업시설이용권은 근로계약의 이행에 필요한 범위 내에서만 인정되는 것이다. 그러므로 업무수행과 관련이 없는 경우에는 시설 또는 장소를 이용하는 것은 당연히 인정되지 아니 한다. 또 근로계약이 종료 또는 정지되는 경우에는 업무수행의무가 없기 때문에 기업시설을 이용할 권리는 없다. 따라서 사용자가 단체교섭 등 합의 또는 동의에 기하여 노조의 시설이용권을 허락한 경우에는 노동조합의 활동은 그러한 범위 내에서 위법성이 조각된다고 할 것이다.

그렇지만 노조활동이 사업장 내에서 이루어지는 경우에는 사용자의 시설관리권에 바탕을 둔 합리적인 규율이나 제약에 따라야 하고 폭력과 파괴행위 등에 의하지 않는 것이어야 한다.

사용자가 취업규칙이나 단체협약에 근로자에 대하여 회사 내에서 노무제공과 무관한 집회, 연설 벽보판의 게시, 유인물의 배포 등 활동을 일반적으로 금지하고, 사용자의 허가를 받은 경우에 한하여 허용한다는 규정을 두어 이를 규율하고 있을 때, 이와 같이 사업장에서 업무 이외의 활동에 대하여 허가제를 규정한 것은 취업시간뿐만 아니라 휴게시간 중에 있어서도 사업장에서의 시설관리나 다른 직원의 휴게시간의 자유로운 이용을 방해할 염려가 있고 그 내용 여하에 따라서는 기업질서를 어지럽힐 가능성이 있으므로 그 합리성을 부인할 수는 없다는 것이다. 그러나 노조활동을 함에 있어서는 이러한 규율이나 제약에 따라 반드시 사용자의 허가를 받아야만 하는 것은 아니고 구체적으로 사용자의 시설관리권을 침해하였는지 여부 등 여러 가지 사정을 종합하여 그 정당성 여부를 판단하여야 할 것이다.

사업장 내에 있어서 유인물 배포행위 등에 대한 판례를 살펴보면, 다음과 같다.

[판 례]

- 회사가 단체협약이나 취업규칙에서 여론조사나 유인물의 배포에 관하여 회사의 사전 승인을 얻도록 하고 있다고 할지라도 근로자들의 근로조건의 유지·향상이나 복지 증진을 위한 정당한 행위까지 금지할 수는 없는 것이므로 그 행위가 정당한가 아닌가는 회사의 승인 여부만을 가지고 판단할 것은 아니고, 그 유인물의 내용, 매수, 배포의 시기, 대상, 방법, 이로 인한 기업이나 업무에의 영향 등을 기준으로 하여야 한다(대판 1997.12.23. 96누11778; 동 1996.9.24. 95다11504; 동 1992.3.13. 91누5020).
- 취업시간 아닌 주간의 휴게시간 중의 배포는 다른 근로자의 취업에 나쁜 영

향을 미치거나 휴게시간의 자유로운 이용을 방해하거나 구체적으로 직장질서를 문란하게 하는 것이 아닌 한 허가를 얻지 아니하였다는 이유만으로 정당성을 잃는다고 할 수 없다(대판 1991.11.12. 91누4164).

- 조합원이 노동조합의 위원장으로 출마한 행위는 노동조합의 업무를 위한 정당한 행위에 해당함이 분명하다 할 것이고, 다수의 노동조합위원장 입후보자 중 일부만 사퇴하고 복수 이상의 후보자가 남았는데 그 중 한 사람이 사퇴자의 사퇴이유를 왜곡하여 그의 선거운동에 이용하는 경우 당해 사퇴자가 그의 사퇴이유를 조합원에게 알리는 행위를 하는 것도 조합의 업무를 위한 행위에 포함되는 것으로 해석하는 것이 상당하다.
  - 조합원이 자신이 사퇴한 것이 단독후보자로 남은 근로자를 지지하기 위한 것이 아니라는 사실을 조합원에게 알리고자 위와 같은 방법으로 유인물을 만들어 배포한 것은 조합의 운영위원 및 대의원으로서 그리고 위원장에 입후보하였던 사람으로서 노동조합의 위원장 선거와 관련된 문제에 대한 의견을 말하고, 위원장후보 사퇴에 따른 조합원의 오해를 해명하여 위원장 선거라는 조합내부의 의사결정이 제대로 이루어지게 하고자 한 행위로서 노동조합의 업무를 위한 행위라고 볼 수 있을지언정, 노동조합의 활동을 벗어난 순수한 개인적 활동이라고만 하기는 어려울 것이다.
  - 후보사퇴자가 휴게시간인 점심시간에 회사의 시설물을 이용하지 않고 다른 조합원에게 유인물을 단순히 전달만 한 것을 가리켜, 이것이 회사의 허가를 얻어야 한다는 조항에 위배된다고 하여 이것만 가지고 정당한 행위가 아니라고 할 수 없고, 이 사건에서 후보사퇴자가 배포한 유인물의 내용에 과장된 표현이 있고, 개인적인 자기변명을 한 부분이 있으며, 부분적으로 사실과 다른 내용이 포함되어 있다고 하여도 전체적인 내용이 위와 같은 것이라면, 이를 가리켜 노동조합의 업무를 위한 정당한 행위가 아니라고 하여서는 안될 것이다(대판 1991.11.12. 91누4164).
- 노동조합활동으로서 배포된 문서에 기재되어 있는 문언에 의하여 타인의 인격·신용·명예 등이 훼손 또는 실추되거나 그렇게 될 염려가 있고, 또 그 문서에 기재되어 있는 사실관계의 일부가 허위이거나 그 표현에 다소 과장되거나 왜곡된 점이 있다고 하더라도, 그 문서를 배포한 목적이 타인의 권리나 이익을 침해하려는 것이 아니라 노동조합원들의 단결이나 근로조건의 유지 개선과 근로자의 복지증진 기타 경제적 사회적 지위의 향상을 도모하기 위한 것이고, 또 그 문서의 내용이 전체적으로 보아 진실한 것이라면, 그와 같은 문서의 배포행위는 노동조합의 정당한 활동범위에 속하는 것으로 보아야 한다(대판 1993.12.28. 93다13544; 동 1997.12.23. 96누11778; 동 1998.5.22. 98다2365).
- 유인물의 배포가 정당한 노동조합의 활동에 해당되는 경우라면 사용자는 비록 취업규칙 등에서 허가제를 채택하고 있다 하더라도 이를 이유로 유인물의 배포를 금지할 수 없을 것이지만, 배포한 유인물은 사용자의 허가를 받지 아니하였을 뿐 아니라 허위사실을 적시하여 회사를 비방하는 내용을 담고 있는 것이어서 근로자들로 하여금 사용자에 대하여 적개감을 유발시킬 염려가 있는 것이고, 위 유인물을 근로자들에게 직접 건네주지 않고 사용자의 공

장에 은밀히 뿌렸다는 것이므로 이는 사용자의 시설관리권을 침해하고 직장 질서를 문란시킬 구체적인 위험성이 있는 것으로서, 비록 위 유인물의 배포 시기가 노동조합의 대의원선거운동기간이었다 할지라도 위 배포행위는 정당화될 수 없다(대판 1992.6.23. 92누4253).

- 근로자가 작성하여 회람시킨 인쇄물이 회사간부의 명예를 훼손하는 내용으로서 그 중 일부는 근거가 없는 것이고, 또 그가 배포한 인쇄물이 사용자인 회사와 노동조합 또는 근로자 사이의 근로관계와는 직접관계가 없는 사항과 관련하여 집단적으로 월차휴가를 실시할 것을 선동하는 내용인 데다가 취업규칙에 정한 사전통보절차도 밟지 않았고 그 결과 다수의 근로자가 이에 동조하여 사업장을 무단 이탈함으로써 회사 업무의 정상적인 운영에 지장을 주었다면 위와 같은 유인물배포행위가 정당한 조합활동이라고 할 수 없다(대판 1992.3.13. 91누5020).
- 병원에 근무하는 직원인 노동조합원들이 병원의 승인 없이 조합원들로 하여금 모든 직원이 착용하도록 되어 있는 위생복 위에 구호가 적힌 주황색 셔츠를 근무 중에도 착용하게 함으로써 병원의 환자들에게 불안감을 주는 등으로 병원 내의 정숙과 안정을 해치는 행위를 계속하였고, 아울러 병원이 노동조합의 정당한 홍보활동을 보장하기 위하여 노동조합의 전용 게시판을 설치하여 이를 이용하도록 통보하였음에도 조합원들이 주동이 되어 임의로 벽보 등을 지정 장소 외의 곳에 부착하였고, 또한 노동조합이나 병원과는 직접적인 관련이 없는 전국병원노련위원장의 구속을 즉각 철회하라는 내용의 현수막을 병원 현관 앞 외벽에 임의로 각 설치한 후 병원의 거듭된 자진철거 요구에 불응한 사실이 인정된다면, 조합원들의 이와 같은 행위는 병원의 인사규정 제51조 제1호 소정의 징계사유인 "직원이 법령 및 제 규정에 위배하였을 때"에 해당하거나 제4호 소정의 징계사유인 "직무상의 의무를 위반 및 태만히 하거나 직무상의 정당한 명령에 복종하지 아니한 경우"에 해당할 뿐만 아니라, 조합원들이 점심시간을 이용하여 집단행동을 하였더라도 그러한 집단행동이 병원의 질서와 규율을 문란하게 한 경우에는 복무규정을 위반한 것이 되어 역시 위 인사규정 제51조 제1호 소정의 징계사유에 해당한다(대판 1996.4.23. 95누6151).
- 원고(○○농업협동조합)이 참가인(단위농업협동조합의 영농지도사로 근무하면서 '전국금융노동조합연맹 농업협동조합 ○○지역노동조합'의 위원장)에게 휴가기간이 명시되지 아니한 이 사건 연·월차휴가신청이 불허가되었음을 통고하면서 출근하도록 지시하였던 것이므로 참가인이 원고의 승인을 얻지 아니한 채 1993.5.11.부터 같은 달 21.까지 원고 조합에 출근하지 아니한 것은 무단결근에 해당한다고 할 것이고, 참가인의 이와 같은 비위행위가 원고 조합의 복무규정을 위반한 것으로서 인사규정 소정의 징계사유에 해당하는 이상 원고의 출근 지시에도 불구하고 참가인이 정당한 교섭당사자도 아닌 농협중앙회장에 대하여 단체교섭 및 면담 요구를 관철할 목적으로 농협중앙회에서 다른 노동조합원들과 함께 농성을 하면서 무단결근을 한 것을 이유로 한 참

가인에 대한 정직처분은 그 처분 경위나 참가인의 비위행위의 내용과 정도, 참가인의 비위행위 과정에서의 행태 등에 비추어 정당하다 할 것이므로 그것이 부당노동행위에 해당한다고 할 수 없다. 더욱이 소외 노동조합의 위원장으로 활동하던 참가인의 농협중앙회장에 대한 면담행위 자체를 조합활동으로 볼 수 있다고 하더라도 참가인이 원고의 승인도 없이 원고 조합의 복무규정을 위반하면서 장기간 출근조차 하지 아니한 채 교섭당사자도 아닌 농협중앙회의 대표자에 대하여 단체교섭을 요구하면서 집단으로 농성을 한 행위는 정당한 조합활동에 해당한다고 볼 수 없다(대판 1997.3.28. 96누4220).

3) 기업질서의 유지권과 조화될 것

근로계약의 체결에 수반하여 사용자는 기업질서유지권을 취득하고, 근로자는 기업질서유지의무를 부담하게 된다. 그리고 기업질서유지권은 사용자의 노무지휘권(그것에 대응해서 근로자의 직무전념의무 내지 부수적성실의무가 발생한다)나 시설관리권의 행사 이외의 독자적인 영역에 있어서도 기능하기 때문에 종업원의 전단배포 일반에 대해 즉 취업시간 외(휴게시간)이지만, 기업시설 내에서 하는 전단배포에 관해서도 취업규칙상 허가제를 설정하는 것은 적법하지만, 전단의 배포가 (직장 내의) 질서풍기를 어지렵힐 우려가 없는 특단의 사정이 인정되는 때에는 그 규정의 위반으로 되지 않는다. 여기에서 「특단의 사정」의 유무가 음미되는 것은 배포목적, 그 경위, 배포장소, 시간대, 전단의 내용 등에 관해서다.[164)]

「폭력이나 파괴행위」등의 방법에 해당되어 정당성이 인정되지 않는 사례로서, 조합원이 근무시간 중에 노조간부들과 공동하여 지하철공사의 사무실 내의 집기 등을 부수고 적색 페인트, 스프레이로 복도계단과 사무실 벽 등 200여 군데에 '노동해방', '김○○퇴진', '양키 고 홈' 등의 낙서를 하여 수리비 42,900,000원이 소요되는 재물손괴를 하였다면 이는 노조활동권의 정당성의 범위 밖에 속한다고 한다.[165)]

164) 最三小判 昭和52.12.13. [自黑電報電話局사건] 勞判417號 21면 참조
165) 대판 1990.5.15. 90도357.

Ⅲ. 특히 노조활동으로서 정치활동의 문제

1. 개 념

노동조합의 정치활동은 노동조합이 주도하는 정치활동을 말한다. 따라서 조합원이나 노조간부가 개인적 차원에서 행하는 정치활동은 노조의 정치활동의 범주에 속하지 않는다. 그렇지만, 노동조합의 대표자나 주요간부가 하는 정치활동 또는 조합원이 집단적으로 하는 정치활동은 외견상 노조의 정치활동과 구별하기 쉽지 않을 것이다.

2. 유 형

첫째, 노동조합이 자신이 지지하는 특정정당에 대하여 그 정당의 각종 활동과 특히 선거시에 그 정당의 후보자를 지원하는 활동하는 형태, 둘째 노동조합이 정당과 연대를 갖지 않고 독자적으로 정치활동을 전개하는 형태, 셋째 노동조합이 정부의 각종 정책, 행정기구에 참여하는 형태가 있을 것이다.

3. 현행법의 태도

(구)노동조합법은 노동조합의 정치활동을 금지했다(동법 제12조). 1997년 노동법 개정시 이 규정은 폐지되었다. 따라서 현행법상 노동조합의 정치활동은 아무런 제약을 받고 있지 않다. 그러나 정치자금 등에 관한 법률이 "국내외의 법인 또는 단체는 정치자금을 기부할 수 없다"(동법 제31조 제1항)라고 하여 노동조합의 정치자금기부는 금지된다. 다만. 노동조합이 그 자체의 정치활동을 위해서 사용하는 자금에는 동법 제31조가 적용되는 것은 아니다.

4. 노동조합의 정치활동과 단결권

노동조합의 정치활동은 노동조합에 있어서 매우 중요한 활동이기는 하나 단결권으로 보장된 활동이라고 볼 수 없겠다. 단순한 정치활동은 단결권의 내용이 아니라 근로자들의 시민적 정치활동의 일환으로 보아야 할 것이다.

그래서 현행법은 노동조합의 정치활동금지조항을 삭제하였으나 주로 정치활동을 목적으로 하는 경우를 노동조합의 결격요건으로 규정하고 있다.

5. 노동조합의 정치활동에 있어서 쟁점

1) 노동조합의 내부문제

노동조합은 조합원 등이 노동조합의 정치노선에 따라 행동할 것을 요구할 수 있는가, 노동조합의 정치노선에 반대하는 조합원에 대한 제재를 하거나 노조에서 제명할 수 있는가 등의 문제이다.

노조의 정치노선에 따르지 않거나 반대하는 조합원을 규제하는 것은 조합원의 시민으로서의 정치적 자유를 규제하는 것이 된다. 노동조합이 규약으로 정치노선을 명확하게 선언한 경우가 아닌 한, 조합원에 대한 규제는 타당성이 없다고 할 것이다.

2) 대사용자의 관계에 있어서 문제

노동조합은 기업 내에 있어서 정치활동을 일반노조활동과 동일한 차원에서 할 수 있는가? 사용자는 기업 내에서 노동조합의 정치활동을 금지할 수 있는가? 이러한 사용자의 행동은 부당노동행위가 되는가?

우선, 사용자는 기업 내라 하더라도 근로자의 시민으로서의 정치적 활동을 함부로 제한할 수 없다고 할 것이다. 또한 사용자는 노동조합의 활동에 개입할 수 없으며, 더욱이 정당한 노조활동에 참여하는 것을 이유로 불이익처분을 해서도 아니 된다.

물론 기업 내에 있어서 노동조합의 정치활동의 보장은 정치활동과 정도에 따라 구체적으로 판단해야 할 것이다. 원칙적으로 노동조합의 정치활동은 단결활동과 구별해서 다루어져야 할 것이다. 그러므로 기업경영에 직접적으로 영향을 미치는 정치활동에 대해서는 사용자가 합리적인 범위에서 제한할 수 있다고 할 것이다.

Ⅳ. 위법한 노조활동에 대한 책임

노조활동이 위법하여 정당성이 없는 경우에는 근로자 노동조합은 민사책임, 형사책임을 진다. 또한 징계처분에 처해질 가능성이 생기고 부당노동행위제도상 보호를 받지 못한다.

V. 노조활동과 사용자의 편의제공

1. 의 의

편의제공이란 사용자가 시설관리상, 노무지휘상, 노동의 공급수급상, 대가상 및 사무처리상 자기의 부담으로써 노조활동에 편의를 주는 것이다. 따라서 유상으로 노조사무소의 대여, 무급의(임금이 공제된) 취업시간 내 노조활동의 용인은 편의제공이 아니다.

노동조합이 특히 우리나라에서와 같이 기업별노조인 경우에는 조직을 유지 강화하고, 활동을 존속시키기 위해서는 사용자가 기업시설이용 기타 편의 등을 줄 고도의 필요성이 생긴다. 대부분의 경우에 사용자의 편의제공에 대한 법적 평가는 부당노동행위제도와의 관계에서 문제로 될 수 있다(노조법 제81조 제4호 단서).

2. 법적 근거

편의제공에는 여러 가지가 있지만 이들 모두가 동일한 법적 근거에 의해 생기는가에 관해서는 다툼이 있을 수 있다.

물적 시설, 즉 노조사무소나 게시판 등에 관한 사용자의 대여의무가 노동조합, 사용자간의 계약(보통은 단체협약)에 기하여 발생하거나 체크오프(check off)와 같이 노사 합의에 기하여야 하는 것에 대해서는 이론이 없을 것 같다. 이에 대해, 예컨대 재적노조전임자제도나 유급취업시간내의 노조활동(노조휴가) 등에 관해서는 헌법이 보장하고 있는 단결권(헌법 제33조 제1항)의 구조상 노동조합에게는 일정한 한도에서 편의제공청구권이 발생하고, 사용자에게는 그것에 대응하는 수인의무가 생긴다고 하는 견해[166]도 있다. 그러나 법률론으로서는 약간 당돌하지만 역시 단체협약, 취업규칙, 관행상의 근거가 필요하다고 하는 견해가 타당하다고 하겠다.

166) 外尾健一,『勞動團體法』, 筑摩書房, 1975, 89면 참조.

3. 편의제공의 양태

1) 노조휴가의 제공

이른바 노조휴가라는 노동조합활동을 위해서 유급휴가를 인정하는 것과 같은 것을 말하는데, 노조활동은 취업시간 외에 하는 것이 원칙이므로 노조휴가는 무급이어야 할 것이다. 유급의 노조휴가는 경비지원(노조법 제81조 제4호 단서)에 해당하기 때문에 허용되지 않는다. 그러나 일본의 경우 노조휴가를 이유로 월례임금뿐만 아니라 상여금에 대해서도 감액하는 조치는 부당노동행위를 구성한다는 사례,[167] 취업규칙에서 제도화된 노조휴가는 당해 조합원의 권리로 되기 때문에 이것을 불허가로 하는 것에는 특별한 업무상의 지장이 생기는 경우인 것을 요하고,[168] 또한 쟁의한 것을 이유로 하는 급여를 지급하지 않는 것은 부당노동행위로 된다고 하는 사례[169]가 있다.

2) 노조사무소의 제공

노동조합의 자주성 확보라는 관점에서 볼 때, 노동조합이 회사에 대해 노조사무소의 설치를 요구할 권리를 가지고 있지 않다는 것은 자명하다. 그러나 현행 노조법 제81조 제4호 단서는 "최소한의 규모의 노조사무실의 제공은 예외로 한다"라고 명시되어 마치 노동조합이 사용자에 대해 노조사무소를 제공해 줄 것을 요구할 수 있는 권리가 있는 것처럼 규정하고 있어 이를 어떻게 이해할 것인가가 문제이다. 이것은 사용자에 대한 권리로 이해하기보다는 노사당사자의 합의에 기하여 예외적으로 허용한다는 취지로 해석하는 것이 타당할 것이다.[170]

일단 노사간 합의에 의한 사용자가 노조사무소를 제공하기로 한 경우, 그 대여계약의 성질을 어떻게 파악할 것인가에 대하여 여러 의견이 있을 수 있겠다. 어떠한 입장에서든 사용자가 노조사무소의 반환청구(대여계약의 해지)에 있어서는 「합리적인 이유」, 「정당한 이유」(영업상의 필요성, 대체물건의 제공 등)가 있어야 할 것이다.

사용자가 사용시간, 외부자의 사용, 다른 기업시설의 이용 등에 대해 제한 조건을 과하는 것은 원칙적으로 자유이지만, 노조는 노조활동을 위해 사회통념상 필

---

167) 福岡地勞委 昭和58.2.24. [福岡市學校給食公社사건] 命令集73집 132면 참조

168) 最一小判 昭和52.10.13. [向日町郵便局사건] 勞經速966號 7면.

169) 最一小判 昭和51.6.3. [都城郵便局사건] 勞判254號 20면.

170) 最二小判 昭和62.5.8. [日産自動車사건] 判時1247號 31면 참조.

요로 인정되는 범위 내에서 노조사무소를 자유로이 사용할 권리가 있다. 또한 지원을 위한 외부자의 출입에 대해서는 자격의 명시를 구하거나, 통로를 제한할 수 있지만, 일반적으로 이들의 출입을 금지할 수는 없다고 할 것이다.

3) 노조게시판의 제공

노조는 사용자와의 대여계약에 기하여 비로소 게시판의 사용권을 얻는다는 데에 이론이 없을 것이다. 사용자가 게시판을 노조에게 대여하는 경우에 게시사항의 허가제 및 게시물을 사용자에게 사전에 제출하도록 하는 조건을 붙이는 것도 가능할 것이다. 일본의 경우에 이러한 조건을 수락하지 않은 노조에 대해 게시판의 대여를 거부하는 것은 부당노동행위에 해당하지 않는다고 하는 일본 재고재판소의 판례가 있다.[171] 이에 대해 학설은 강하게 비판하고 있다.[172]

4) 조합비징수의 편의제공(check off)

체크오프란 노동조합, 사용자간의 협정에 기하여 사용자가 조합원인 근로자의 임금에서 조합비를 공제하여 이것을 일괄하여 노조에 인도하는 제도를 말한다. 이 협정은 노동조합과 소속조합원이 사용자에 대해 각각 조합비의 납입 및 지불을 위임하고, 사용자가 이들 위임을 이행한다고 하는 법적 관계를 만든다.[173]

체크오프는 경비지원(노조법 제81조 제4호)에 해당하지 않지만, 서면에 의한 협정 내지 조합비공제를 행하면 임금전액지급의 원칙(근로기준법 제43조)에 위반하게 된다. 그러나 복수의 노동조합이 병존하는 경우에 조합원의 수에 따라 단체협약체결능력을 제한하는 경우에도 근로기준법 제43조 제1항 단서의 요건(단체협약에 특별한 규정)을 충족해야 하는가라는 문제가 제기될 수도 있겠다.

단체협약에 기하여 체크오프협정이 된 경우에 개개의 조합원이 체크오프의 중지를 사용자에게 요구하는 때(지불위임계약의 해지), 사용자는 체크오프를 중지해야 하는가, 혹은 단체협약의 규범적 효력에 의해 조합원 개인의 의사는 배제되는 것으로 되는가가 문제로 된다. 이 점에, 일본 최고재판소는 전자의 입장을 명확하게 하고 있다.[174] 그러나 조합비 납입의무의 실제적 중요성에 비추어 볼 때, 후자를

---

171) 最一小判 平成元.1.19. [日本 チバガイギ사건] 勞判533號 7면.

172) 中嶋士之也,『勞動關係法の 解釋基準(上)』, 信山社, 1991, 293면 이하 참조.

173) 山口浩一郎,『勞動組合法(第2版)』, 有斐閣, 1996, 306면.

174) 最一小判 平成5.3.25. [エツソ사건] 勞判650號 6면; 最一小判 平成7.2.23. [ネスレ日本霞ケ浦工場사건] 勞判670號 6면 참조.

주장하는 학설도 보인다.[175] 논리적으로 체크오프는 근로자의 기득권인 임금채권의 합의상계이기 때문에 협약의 구속력이 미친다는 것은 협약자치의 범위를 일탈한다고 해석하지 않을 수 없고 전자를 취하는 것이 타당하다. 노조로서는 통제권의 행사나 조합비 납입의무위반의 손해배상책임의 추급에 의해 조합원에게 합법적으로 강제하는 방도를 강구해야 할 것이다.

5) 재적노조전임제도

재적전임이 근로자가 종업원인 신분을 보유하면서 노조활동 업무에만 전념하는 것을 말한다. 전임자제도는 사용자의 승낙(단체협약 등)이 있어 비로소 성립하는 것이고 근로자에게 전임할 권리가 인정되는 것은 아니다. 그러나 재적노조전임자의 급여를 사용자가 직접 지급하는 것은 경비지원에 해당하여 부당노동행위로서 허용되지 않는다(노조법 제81조 제4호). 그렇지만 근로시간면제제도에 의해서 실질적으로 임금손실을 보전하는 것은 상관없다(노조법 제24조 제4항 참조).

재적노조전임자의 법률관계에 관해서는 앞에서[본편 제2장 제5절 Ⅲ 4, 2) (3), (4), (5) 참조] 이미 자세히 살펴본 바가 있다

Ⅵ. 노조활동에 대한 제3자의 개입과 지원

1. 문제의 소재

제3자가 노동조합의 활동에 개입하거나 지원하는 것은 노동조합의 활동 그 자체는 아니지만 노동조합은 그 활동에 있어서 제3자로부터 지원을 받는 것을 노동조합의 활동에 있어서 중요하다. 그래서 노동조합이 그 활동을 위해서 제3자로부터 지원을 받아도 무방한가? 사용자는 노동조합이 제3자로부터 지원을 받는 것을 규제할 수 있는가? 나아가서 제3자가 노동조합의 활동에 개입할 수 있는가가 문제로 된다.

2. 현행법의 태도

(구)노동조합법은 제3자의 개입을 엄격히 금지하였다(동법 제12조의 2, 구노동쟁의

---

175) 菅野和夫, 『勞動法 (第7版 增補版)』, 弘文堂, 2006, 469면.

조정법 제13조의 2). 과거 노조법은 노동조합과 사용자는 그 노동조합이 가입한 산업별연합단체 또는 총연합단체 그 사용자가 가입한 사용자단체, 기타 법령에 의해 정당한 권한을 가진 자, 그리고 그 노동조합 또는 그 사용자가 지원받기 위하여 노동부장관에게 신고한 자로부터 단체교섭 또는 쟁의행위에 간여하거나 지원을 받을 수 있으나 그 이외의 자는 단체교섭 또는 쟁의행위에 간여하거나 조종선동해서는 아니 된다고 규정하고 있었으나 개정되면서 삭제되었다(노조법 제40조).

제3자의 개입을 금지하는 것은 그것이 노조에 대한 부당한 간섭 또는 노동조합의 자주성을 해치는 행위를 방지하기 위해서이다.

제 10 절 노동조합의 변동

I. 서 설

1. 의 의

노동조합의 변동은 노동조합이 조직변경, 합병, 분열 및 해산 등으로 그 조직이 변경되거나 해체되는 것을 말한다. 노동조합의 변동은 노조내부의 사정에 의하거나 대외적 사정으로 인하여 생긴다. 노동조합이 산별 또는 직능별로 조직되어 있는 경우에는 노동조합 내부의 사정으로 노조구성원의 결의에 의해서 조직변동이 생기는 경우가 많지만 기업별노조의 경우에는 기업의 양도, 인수 및 합병 또는 해산으로 인하여 노조구성원의 의사와 관계없이 노동조합의 형태가 변하거나 소멸하는 경우가 있다.

노동조합의 변동과 관련해서는 대내외적으로 여러 가지 법적인 문제가 야기된다. 노동조합의 조직형태변경은 우선 대내적으로 조합원의 지위나 재산의 귀속관계에 변동이 생길 수 있어서 이를 법적으로 어떻게 조정하고 처리할 것인가가 문제로 되고, 대외적으로 상부단체와의 관계, 단체협약의 승계 등에 문제가 발생하기 때문에 이를 어떻게 처리할 것인가가 중요한 문제로 대두한다.

2. 현행법의 태도

과거에 법률이 노동조합의 조직형태를 특별한 형태로 강제하는 규정을 두고 있었을 때에는 그러한 법률이 변경되는 경우 노동조합의 조직형태변동이 초래되었으나, 현행 노조법은 특별한 조직형태의 노동조합을 강제하는 규정을 두고 있지 않고 노동조합조직형태를 근로자의 선택에 맡기고 있어서 법률에 의해서 조직형태의 변경이 강제되지는 아니한다. 원칙적으로 어떠한 조직형태를 선택할 것인가는 노동조합을 설립하고자 하는 근로자의 자유이고, 이러한 조직형태 결정의 자유는 근로삼권의 보장이념인 단체자치의 전제조건이 된다는 점에서 헌법 제33조 제1항이 보장하는 단결권의 내용에 속하는 것으로 파악되고 있다.[176)]

그렇지만 노조법은 노동조합의 조직형태 및 그 관련문제의 법적 처리에 관하여 동법 제16조 제1항에서 "합병, 분할 또는 해산에 관한 사항", "조직형태의 변경에 관한"을 총회의 결의사항으로 정하고, 합병, 분할 해산 및 조직형태의 변경에 관한 사항은 재적조합원 과반수의 출석과 출석조합원 3분의 2이상의 찬성이 있어야 한다는 내용의 총회의 성립정족수와 의결정족수만 정하고 있을 뿐, 다른 사항에 관해서는 자세한 규정을 두지 않고 있다.

그러므로 노동조합의 조직형태변경으로 야기되는 조합 대내외적 법률문제는 노동조합이라는 단체의 특수성에 기초한 단체법이론에 의하여 그 법률적 효과를 결정할 수밖에 없다.

3. 노동조합변동의 유형

노동조합 변동은 다양할 수 있으나, 특히 법적으로 문제되는 경우를 유형화한다면 위에서 이미 언급한 바와 같이 조직변경, 합병, 분할 및 해산이다.

Ⅱ. 노동조합의 조직변경

1. 개 념

노동조합이 그 실질적 동일성을 유지하면서 그 조직형태를 변경하는 것을 말한

176) 김유성, 위같은책, 78면.

다. 다시 말하면, 노동조합이 존속하면서 그 조직형태를 바꾸는 것이 조직변경이다. 근로자들이 대내외적 사정으로 다른 종류의 노동조합으로 개편하고자 할 경우, 현재의 노동조합을 해산·청산하고 새로운 노동조합을 설립하여야 하는 번잡한 절차가 있으므로 이를 피하기 위하여 조직변경이라는 방법을 선택한다. 노동조합의 조직변경은 기존의 노동조합이 그대로 존속한다는 점에서 기존 노동조합을 해산·청산하고 그 조합원이 다른 종류의 노동조합을 신설하여 종전 노동조합의 권리의무를 승계하는 이른바 사실상의 조직변경과는 구별된다. 조직변경 후에도 소멸하는 노동조합이 없다는 점과 변경 전후의 노동조합이 그 실질적 동일성을 유지한다는 점에서 일부 또는 전부의 기존노동조합이 소멸하는 노동조합의 합병 또는 분할과 구별된다.

노동조합의 조직변경은 그 유형이 다양하다. 노동조합의 구성원인 조합원의 범위를 변경하는 경우, 노조내부의 기구를 개편하는 경우, 단위노조가 연합단체에 가입하거나 탈퇴하는 경우 또는 노동조합의 독립된 실체를 가진 하부조직이 단위노조로부터 탈퇴하는 경우도 넓은 의미에 있어서 노동조합의 조직변경이라고 말할 수 있으나, 동종 산업의 기업별 단위노동조합을 구성원으로 하는 연합단체인 노동조합을 하나의 산업별 단위노동조합으로 변경하거나 하나의 단위노동조합을 연합단체인 노동조합으로 변경하는 경우와 같이 구성원의 자격과 결합방식에 따른 노동조합의 종류를 변경하는 조직형태변경이 좁은 의미에 있어서 조직변경이다.

노조법은 조직형태의 변경에 관한 사항을 총회의 의결사항으로 규정하면서(동법 제16조 제1항 제8호), 규약의 변경에 관한 사항과 동일하게 재적 조합원(또는 대의원) 과반수 출석과 출석 조합원(또는 대의원) 3분의 2 이상의 찬성에 의하여 조직형태의 변경이 이루어질 수 있도록 정하고 있다(동법 제16조 제2항 단서, 제17조 제4항). 따라서 변경 전후에 그 실질적 동일성이 유지되는 범위 안에서는 기존 노동조합을 해산한 후 새로운 노동조합을 설립하는 번거로운 절차를 거칠 필요 없이 총회의 결의를 통하여 손쉽게 그 조직형태를 변경할 수 있다.

근로자는 헌법상 단결권 보장의 취지에 따라 자유로이 노동조합을 조직할 수 있고(동법 제5조), 여기에는 그 노동조합의 조직형태를 자유롭게 결정할 수 있다는 의미가 포함되며, 이러한 자유는 노동조합의 설립에 있어서 뿐만 아니라 노동조합의 존속 중에도 당연히 인정되어야 할 것이다. 그러나 노동조합의 경우에는 회사의 조직변경에 관하여 상세히 규정하고 있는 상법(상법 제242조 내지 제244조, 동법 제286조, 동법 제604조 내지 제608조)과는 달리 조직형태변경의 요건과 효과 등에 관하여 아무런 명문의 규정도 두고 있지 않아 학설 및 판례의 해석론에 의존할 수밖에 없다.

2. 요 건

1) 실질적 요건

노동조합의 조직형태변경은 그 변경 전후의 노동조합이 실질적 동일성이 인정되는 범위 내에서만 허용된다고 보는 것이 학설 및 판례[177]의 일반적인 입장이다. 즉, 후술하는 바와 같이 노동조합이 그 조직형태를 변경할 경우 변경후의 노동조합이 변경 전의 노동조합의 재산관계 및 단체협약의 주체로서의 지위를 그대로 승계하는 효과가 생긴다는 점에 비추어 보면, 노동조합이 그대로 존속하면서 조직형태를 변경하는 것은 변경 전후에 실질적 동일성이 있는 경우에 한하여 인정되어야 한다는 것이다.

[판 례]

- 노동조합이 존속 중에 그 조합원의 범위를 변경하는 조직변경은 변경후의 조합이 변경전의 조합의 재산관계 및 단체협약의 주체로서의 지위를 그대로 승계한다는 조직변경의 효과에 비추어 볼 때 변경전후의 조합의 실질적 동일성이 인정되는 범위 내에서 인정된다 할 것이고, 노동조합은 구성원인 근로자가 주체가 되어 자주적으로 단결하고 민주적으로 운영되어야 하므로 어느 사업장의 근로자로 구성된 노동조합이 다른 사업장의 노동조합을 결성하거나 그 조직형태 등을 결정할 수 없고, 원고 총회에서 규약을 변경하여 원고 조합의 조직대상을 다른 사업장의 근로자에까지 확장하는 것은 조합의 인적구성에서 실질적 동일성이 유지되지 아니하여 허용될 수 없다(대판 1997. 7.25. 95누4377).

학설 또는 판례가 변경 전후에 실질적 동일성이 유지되어 조직형태의 변경이 허용된다고 인정하고 있는 유형을 나누어 살펴보면 다음과 같다.

첫째, 동종 산업의 기업별 단위노동조합을 구성원으로 하는 산업별 연합단체인 노동조합을 하나의 산업별 단위노동조합으로 변경하거나 하나의 산업별 단위 노동조합을 기업별 단위노동조합을 구성원으로 하는 산업별 연합단체인 노동조합으로 변경하는 경우에는 그 구성원이 전자의 경우에는 기업별 단위노동조합에서 기존의

177) 대판 1997.7.25. 95누4377 및 정재성, "노동조합의 조직변경의 허용범위", 『1997 노동판례비평』, 민주사회를 위한 변호사모임 노동위원회, 1998, 341면 이하; 박종희, "노동조합의 조직변경과 그 효력", 『인권과 정의』 258호, 대한변호사협회, 1998/2, 94면 이하 등 참조.

각 기업별 단위노동조합의 전체 조합원인 개별근로자로 변경하고 후자의 경우에는 기존의 산업별 단위노동조합의 조합원인 개별근로자에서 기업별 단위노동조합으로 변경되지만, 그 변경 전후를 통하여 그 대상 근로자의 범위나 목적 등에 있어서 변경이 없다면 그 실질적 동일성이 인정된다고 보는 것이 일반적이다.

따라서 전자의 경우 기존의 산업별 연합단체인 노동조합을 해산하고 새로이 산업별 단위노동조합을 설립하거나 후자의 경우 기존의 산업별 단위노동조합을 해산하고 새로이 산업별 연합단체인 노동조합을 설립하는 번잡한 절차를 거칠 필요 없이 후술하는 바와 같은 조직형태의 변경절차를 밟아 조직형태를 변경하는 것이 허용된다고 할 것이다.

한편, 전자의 경우 기존의 각 기업별 단위노동조합이 조직형태 변경 후의 산업별 단위노동조합의 지부 또는 분회로 그 조직형태를 변경하는 것이나 후자의 경우 기존의 산업별 단위노동조합의 지부 또는 분회로서 각 기업별 조직으로 되어 있던 것을 산업별 연합단체인 노동조합의 구성원인 각 기업별 단위노동조합으로 그 형태를 변경하는 것 등도 각각의 기업별 조직에 있어서 구성원인 근로자의 범위나 목적에 변경이 없다면 실질적 동일성이 인정되어 이 역시 허용된다고 보고 있다.

둘째, 노동조합의 구성원인 조합원의 범위를 변경하는 경우 그 조합원의 범위를 축소하는 것은 특별한 사정이 없는 한 변경 전후에 실질적 동일성이 인정된다고 보는 것이 일반적이다. 그러나 반대로 노동조합이 그 조합원의 범위를 확대하는 방향으로 그 조직대상을 변경한 때에는 어떠한 경우에 그 실질적 동일성을 인정할 수 있을지 논란이 있을 수 있다.

예컨대, 기업별 단위노동조합이 조직대상을 생산직 사원에서 사무직 사원 중 일정 직급에까지 확대하거나 더 나아가 같은 사업장에서 일하는 협력업체·파견업체에까지 확대하는 경우에 있어서 그 노동조합의 목적이나 기관구성 등에서 기본체계의 동일성을 유지하고 있다면 조직변경이 허용된다고 보아야 할 것이다. 판례 중에는 甲 회사에 종사하는 근로자를 조합원으로 하는 노동조합이 조합원의 범위를 종래의 甲 회사에 종사하는 근로자에서 위 甲 회사 및 乙 회사에 종사하는 근로자로 변경하여 그 조합원의 자격을 甲 회사와 독립된 법인인 乙 회사의 근로자에 대하여 까지 확장하는 것은 노동조합의 인적 구성에서 실질적 동일성이 유지되지 아니하여 허용될 수 없다고 한 것이 있다.[178]

---

178) 대판 1997.7.25. 95누4377은 甲 회사와 乙 회사의 대표자가 수십 년 전부터 서로 동일하고 각각의 고유업무 이외에도 甲·乙회사의 업무를 공동으로 처리하는 겸직부서가 편성되어 직원 중 약 60%가 겸직부서에 근무하며, 각 고유부서 상호간 또는 고유부서와 겸직부서 사이의 인사이동도 이루어지고 직원 채용도 양 회사가 공동으로 하며 사무실도 함께 사

2) 절차적 요건

노동조합의 조직형태의 변경에 관한 사항은 총회 또는 대의원회의 의결을 거쳐야 한다(노조법 제16조 제1항 제8호 및 제17조 제1항). 그 의결정족수는 재적조합원(또는 대의원) 과반수의 출석과 출석조합원(또는 대의원) 3분의 2 이상의 찬성이 요구된다(동법 제16조 제2항 단서 및 제17조 제4항). 또한 직접 조직형태의 변경을 의결하지 않더라도 규약에 정한 조직형태에 관한 사항을 변경하는 것을 의결하는 방법(동법 제16조 제1항 제1호 및 동조 제2항 단서 참조)에 의해서도 조직형태의 변경이 가능하다고 보는 것이 일반적이다.

노동조합의 조직형태 변경에 따라 명칭, 주된 사무소의 소재지, 대표자의 성명, 소속된 연합단체의 명칭 등의 변경시 이를 행정관청에게 변경신고를 하여야 하고(동법 제13조 제1항), 규약 등의 변경이 생기게 되는 이상 이를 행정관청에게 통보하여야 하며(동법 제13조 제2항 제1호), 법인인 노동조합의 경우 등기사항의 변경이 있으면 변경등기를 마쳐야 한다(동법 제6조 제2항).

3. 효 과

1) 대내적 효력

노동조합의 조직변경이 이루어진 후에도 노동조합의 동일성은 유지된다. 그러나 조직변경 후에는 구성관계의 변경이 생기므로 조합원의 지위가 조직변경에 따라 다르게 될 수 있다. 이를테면, 단위노조에서 연합체로 조직변경을 한 때에는 종래 개별근로자의 개별가입형태에서 단위노조가 상부단체에 가입하는 형태로 대체된다. 이와 반대로 연합조직이 단위노조로 조직변경을 한 경우에는 단위노조의 상부단체 가입형태는 개별근로자의 개별가입형태로 바뀐다.

2) 대외적 효력

노동조합의 조직변경이 유효하게 이루어지면 변경 후 노동조합의 구성관계의

용하고 있는 등의 사정이 있으며, 위 甲 회사가 종전부터 乙 회사 근로자에 대하여도 관행상 조합원의 자격을 인정하여 실제로 甲 회사 노동조합에 乙 회사 근로자가 조합원으로 가입하고 있었다고 하더라도 이는 자치법규인 甲 회사 노동조합의 규약에 반하는 것으로서 그러한 관행은 아무런 효력이 없다고 하면서, 위와 같은 사정에도 불구하고 노동조합의 조직변경은 허용될 수 없다고 한다.

변경이 있을지라도 사용자, 국가 기타 제3자와의 관계에 있어서 노동조합의 권리의무에는 아무런 변경이 없다. 그러므로 변경 전의 노동조합의 재산관계 및 변경 전 노동조합에 의하여 체결된 단체협약의 주체로서의 지위를 그대로 유지한다.[179)]

4. 사실상의 조직변경의 경우

노동조합이 조직변경을 어떻게 할 것인가는 조합구성원의 자기결정이므로 노동조합이 현재의 조직체를 일단 해산하고, 새로운 노동조합을 결성하는 방법으로 조직을 변경하는 경우도 당연히 인정된다. 그런데 문제는 이러한 이른바 사실상의 조직변경에 있어서 종전의 노동조합의 권리의무를 승계한다고 할 것인가에 있다. 사실상의 조직변경은 적어도 기존의 노동조합이 소멸하기 때문에 통상적인 의미에 있어서 노동조합의 조직변경과는 구분된다. 그러나 이러한 경우에도 해산결의와 동시에 새로운 노동조합의 신설결의를 한 때에 조직변경과 동일한 효력을 인정할 수 있을 것이다. 물론 노동조합의 해산결의가 있었다는 것만으로 그 노조의 소멸이라는 결과가 곧바로 생기는 것은 아니므로 청산절차에 따라 노동조합이 소멸한 다음에 새로 결성된 노동조합이 통상적 의미에 있어서 조직변경이 있었던 경우와 같이 종전 노동조합과 동일한 것으로 보면 될 것이다.

Ⅲ. 노동조합의 합병

1. 개 념

2개 이상의 노동조합이 일정한 절차에 따라 그 당사자로 된 노동조합 일방 또는 전부가 청산절차 없이 해산하여 소멸되고 1개의 노동조합으로 존속 또는 신설되는 것을 말한다.

합병의 방법에 따라 합병의 당사자로 된 노동조합의 일방만이 해산·소멸되고 다른 일방의 노동조합이 그 소멸된 노동조합을 흡수하여 하나의 노동조합으로 존속하는 흡수합병의 경우와 합병의 당사자로 된 모든 노동조합이 해산·소멸함과 동시에 새로운 노동조합이 설립되어 그 소멸된 노동조합 모두를 합체하는 신설합병의 경우로 구분할 수 있음은 상법상 회사 합병(상법 제174조, 제175조, 제230조 내

179) 대판 1997.7.25. 95누4377.

지 제240조, 제269조, 제522조 내지 제529조, 제530조 제2항 내지 제4항, 제598조 내지 제603조 참조)의 경우와 같다.

노동조합의 합병은 기존의 기업별 단위노동조합을 산업별 단위노동조합 등으로 개편하기 위한 방법으로 사용되거나 회사의 합병에 상응하여 이루어지는 것이 보통이다.

노조법은 노동조합의 합병에 관하여 이를 노동조합 해산사유의 하나로 규정하고(노조법 제28조 제1항 제2호), 총회 또는 대의원회의 의결에 의하여 할 수 있는 사항으로 규정하고 있을 뿐(동법 제16조 제1항 제7호, 제16조 제2항 단서, 제17조 제1항 및 제4항) 더 이상의 상세한 규정을 두고 있지 않으나, 노조법에 특별한 규정이 없는 한 상법상 회사 합병의 경우에 준하여 해석할 수 있을 것이다.

2. 요 건

합병의 당사자가 되는 노동조합은 각자의 총회 또는 대의원회에서 합병에 관한 사항을 의결하여야 한다(노조법 제16조 제1항 제7호, 제17조 제1항). 그 의결정족수로는 재적조합원(또는 재적대의원) 과반수의 출석과 출석조합원(또는 출석대의원) 3분의 2이상의 찬성이 요구된다(동법 제16조 제2항 단서, 제17조 제4항). 특히, 신설합병의 경우에는 신설노조의 조합원으로 된 구성원들이 설립총회를 개최하여 규약을 제정하는 등 노동조합의 설립에 관한 일반적인 절차를 밟아야 한다.

흡수합병 또는 신설합병에 의하여 해산·소멸된 기존의 노동조합은 그 대표자가 이를 행정관청에 신고하여야 한다(동법 제28조 제2항). 흡수합병한 노동조합은 합병에 따라 규약의 변경이 있게 되면 이는 설립신고사항에 변경에 해당하므로 행정관청에게 통보하여야 하고(동법 제13조 제2항), 신설합병에 의하여 설립된 노동조합은 규약을 첨부하여 설립신고를 하여야 한다(동법 제10조).

3. 효 과

노동조합의 합병의 경우, 존속 노동조합 또는 신설 노동조합을 제외한 다른 노동조합은 소멸한다. 예컨대, A노조와 B노조 중 B노조가 A노조에 흡수합병되는 경우에는 합병의 당사자로 된 기존의 노동조합 중 흡수된 일방의 노동조합이 해산·소멸하고, A노조와 B노조가 합병절차를 거쳐서 제3의 C노조로 신설합병의 경우에는 합병의 당사자로 된 기존의 모든 노동조합이 해산·소멸한다(노조법 제28조 제1항 제2호). 합병에 의해서 해산·소멸되는 노동조합에서는 해산에 따른 청산절차를 거칠 필요가 없고, 합병에 따라 해산·소멸된 노동조합의 재산관계 및 그 노동조합이 체결한 단체협약의 주체로서의 지위가 그대로 흡수노조나 신설노조에게 승계된다고 할 것이다.

합병에 의하여 해산·소멸되는 노동조합의 조합원은 합병의결에 의하여 개별적 가입절차 없이 자동적으로 흡수노조나 신설노조의 조합원의 자격을 갖는다.

Ⅳ. 노동조합의 분할

1. 개 념

노동조합의 합병에 반대되는 개념으로서, 일정한 절차에 따라 1개의 노동조합이 해산·소멸하면서 2개 이상의 노동조합으로 분할·독립시키는 것을 말한다. 이는 상법상 회사의 분할(상법 제530조의2 내지 제530조의12)에 대비되는 개념이다. 그러나 1개의 노동조합이 그대로 존속하면서 새로운 노동조합을 설립하여 2개 이상의 노동조합으로 분할하는 것은 상법상 회사의 분할에서 존속분할 또는 불완전분할의 형태로 인정되는 것과 달리 법률상 노동조합 분할의 유형에 속하지 않는다.

노동조합의 분할은 둘 이상의 새로운 노조결성과 하나의 기존노조소멸이 상호관련을 가지는 현상이라는 점에 있어서 조합원의 집단적 탈퇴와 그 후에 탈퇴한 조합원에 의한 새로운 노조를 결성하는 이른바 사실상의 노조분열과는 구별된다. 노동조합의 분할은 기존 노조의 총회의결에 의해서 일부조합원이 새로운 노동조합을 결성하는 것이지만 총회 의결 없이 사실상의 노조분열과 유사하게 진행되는 경우도 있다. 기존 노조로부터 이탈하는 조합원수가 남아 있는 조합원수보다 압도적으로 다수이고, 노조운영이 마비되어 반대파의 협조를 얻을 수 없어서 해산결의도 할 수 있으며 분할 이외 노동조합의 기능을 발휘할 수 있는 수단이 없는 상태에서 노조분할의 현상이 생긴다.

노동조합의 분할을 어느 범위에서 어떻게 인정할 것인가가 문제이다. 노동조합의 운영과 관련하여 집단적인 의견대립이 생기면 노동조합의 분할이 생길 가능성이 높다. 특히, 기업별노조에서 어느 특정 직종 또는 사업장의 하부조직이 이탈하여 새로운 노동조합을 결성할 경우 이를 집단탈퇴로 볼 것인가 아니면 노조분할로 볼 것인가가 문제로 된다. 이러한 경우에 단결권보장이라는 헌법상 대원칙과 민주주의의 실천원리로서 다수결의 원리의 조화라는 관점에서 법적으로 평가되어야 한다. 노조내부의 집단적인 대립으로 인하여 다수결의 원리가 관철되기 어렵고, 이를 영속적으로 회복할 수 없는 상황에서는 조직분할을 인정하지 않을 수 없을 것이다.

노조법은 노동조합의 분할에 관하여 이를 노동조합 해산사유의 하나로 규정하고(동법 제28조 제1항 제2호), 총회 또는 대의원회의 의결에 의하여 할 수 있는 사항으로 규정하고 있을 뿐(동법 제16조 제1항 제7호, 제16조 제2항 단서, 제17조 제1항 및 제4항) 더 이상의 상세한 규정을 두고 있지 않다.

2. 요 건

분할하려는 기존의 노동조합은 총회 또는 대의원회에서 분할에 관한 사항을 의결하여야 한다(노조법 제16조 제1항 제7호, 제17조 제1항). 그 의결정족수로는 재적조합원(또는 재적대의원) 과반수의 출석과 출석조합원(또는 출석대의원) 3분의 2 이상의 찬성이 요구된다(동법 제16조 제2항 단서, 제17조 제4항).

그런데 다수결의 원칙이 전혀 작동될 수 없고 그러한 상황이 더 이상 회복할 수 없을 정도로 계속되는 경우에도 위 동법 제16조 1항 제7호, 동법 제17조 1항 및 제16조 제2항 단서, 동법 제17조 제4항이 규정하고 있는 의결정족수를 충족하는 총회 또는 대의원회의 의결이 있어야 하는가가 문제이다. 이러한 경우에는 기존노조의 총회 또는 대의원회의 의결이 없어도 노조분할이 유효하다고 해석해야 할 것이다.

분할에 의해 신설된 노동조합은 설립총회를 개최하여 규약을 제정하는 등 노동조합의 설립에 관한 일반적인 절차를 밟아야 한다.

분할에 의하여 해산·소멸되는 기존의 노동조합은 그 대표자가 이를 행정관청에 신고하여야 한다(동법 제28조 제2항). 분할에 의해 새로이 설립되는 노동조합은 규약을 첨부하여 설립신고를 하여야 한다(동법 제10조). 한편, 전술한 바와 같이 노동조합의 분할과 다른 개념으로서 존속분할이 있는 경우에는 기존 노조는 규약의 변경이 있게 되면 이를 행정관청에게 통보하여야 한다(동법 제13조 제2항).

3. 효 과

분할에 의하여 기존의 노동조합은 해산·소멸한다(노조법 제28조 제1항 제2호). 분할에 의해서 해산·소멸되는 노동조합의 조합원은 분할의결 당시 정한 신설노조의 조직대상 범위에 관한 사항에 의하여 개별적 가입절차 없이 분할된 신설노조의 조합원의 자격을 자동적으로 갖는다. 분할에 의해서 해산·소멸되는 노동조합에서는 해산에 따른 청산절차를 거칠 필요가 없고, 분할에 따라 해산·소멸된 노동조합의 재산관계는 분할의결 당시 정한 노동조합의 재산분리에 관한 사항에 의하여 신설노조에 귀속된다.

분할에 따라 해산·소멸되는 노동조합이 체결한 기존 단체협약은 조합원들의 권리의무에 관한 규범적 부분은 효력을 그대로 유지하지만, 이를 제외한 나머지 부분에 대하여는 분할 전 기존노조와 분할 후 신설노조와의 실질적 동일성을 인정하기 어려운 경우에는 단체협약의 주체로서의 지위가 그대로 승계된다고는 볼 수 없다고 할 것이다.

전술한 노동조합 존속분할의 경우에는 존속 노동조합의 재산관계 및 존속 노동조합이 체결한 종전 단체협약의 효력관계에 관하여 논란이 있다.

a) 노조재산의 귀속

노동조합의 분할은 둘 이상의 새로운 노동조합의 설립과 하나의 기존노조의 소멸이 연관된 일련의 과정이므로 관련당사자가 노조재산의 귀속문제에 대해서 특별한 합의를 한 경우에는 그 합의에 의해서 재산귀속여부를 결정하면 될 것이나. 그러한 합의가 없는 분할로 인하여 생긴 새로운 노동조합이 기존의 노조재산에 대하여 재산분할을 청구할 수 있는가 또는 존속노조에서 분할한 신설노조의 조합원이 존속노조에 대하여 노조재산의 분할을 청구할 수 있는가가 문제된다. 이에 대해서는 견해가 나누어져 있다.

ㄱ) 학 설

(i) 청구권긍정설

존속노조에서 분할하여 신설노조를 결성한 경우는 실질적인 조직분열에 해당하므로 신설노조에게 조합원 수에 따른 재산분할청구권을 인정하여야 한다는 견해이다.

(ii) 청구권부정설

존속노조의 노조재산은 그 노동조합이 법인인지 여부에 따라 단독소유이거나 총유이고 조직분열에 해당한다고 하더라도 존속노조는 여전히 존속하고 있으므로 신설노조에게 재산분할청구권을 인정할 수 없다고 보는 견해이다.

ㄴ) 정 리

분할된 새로운 노조 또는 그 노조의 구성원에게 기존노조의 재산에 대한 분할청구권을 인정할 것인가의 여부는 헌법상 단결권 보장의 원칙과 노동조합의 단체적 성격에 비추어 정책적인 차원에서 판단할 문제이다. 노동조합의 법인여부와는 관계없이 지금까지 형성된 사법상의 소유형태의 법리에 의해서 재산분할청구권의 여부를 결정해서는 아니 된다고 할 것이다. 노동조합이 근로자 개개인의 단결권에 기초한 인적 단체이고, 노조설립의 자유가 보장되어 있는 점에 비추어 볼 때, 분할된 새로운 노동조합 또는 그 구성원에게 기존노조에 대한 재산분할청구권을 인정하지 않는 것은 문제라고 할 것이다.

b) 단체협약의 효력

존속노조가 체결한 단체협약은 존속노조와 신설노조의 실질적 동일성을 인정할 수 없으므로 신설노조가 단체협약 주체로서의 지위를 당연히 승계하지는 못한다고 보는 견해가 일반적인 듯하다.

4. 노동조합의 분열 문제

노동조합의 분열이란 하나의 노동조합이 그 존속 중에 2개 이상의 근로자단체로 분해(분열)하여, 그 자체로 노동조합으로서의 성립을 전제로 하여 종래의 노동조합이 사실상 소멸되어 있는 상태라고 하겠다. 이와 같은 「분열」이 조합원의 집단적 탈퇴와 구별되어야 하는 사회적 배경으로서는 ① 분열하는 측에 소속된 구성원의 수가 잔류하는 측에 비하여 압도적인 다수를 차지하고 있으나 노동조합의 해산을 위한 조합규약 소정의 정족수에는 이르지 못하여 ② 반대파와 반목하여 반대파의 협조를 얻지 못하여 다수결원리가 그 기능을 정지하여 해산결의도 할 수 없기 때문에, 사실상 분할되는 것 외에 종래의 노동조합이 그 기능을 할 수 있는 수단이 없는 상태에 있다는 것을 의미한다.

이러한 노동조합의 분열은 단순히 사실상의 문제에 그치지 않고, 소정의 절차에 따라 이루지는 노조법상의 분할과 별도로 독자적인 법적 개념으로서 인정할 것인가가 문제이다. 이에 대해서 찬반의 견해가 대립할 수 있을 것 같다.[180] 분열은 실질적으로 분할의 전단계에 사실상 나타날 수 있는 상태이다. 특히, 사업장

180) 노동조합의 분열이 처음으로 법률적 문제로서 제기되었던 것은 1950년 일본에서다. 그 당시 일본에서 노동조합내의 민주화운동파(일본에서는 그 당시 "民同"이라고 약칭하였다)와 그 반대파의 심한 항쟁의 결과로서 조합의 분열이 자주 있었다고 한다. 초기의 일본 판례는 법률현상으로서의 분열개념에 대해서는 반드시 명확한 규정을 가하는 것 없이, 판단을 가하는 경향이 있었기 때문에, 이론상 문제의 여지가 적지 않았다. 일본 하급심 재판소는 해산에 준하는 분열의 경우에 있어서도, 탈퇴조합원은 탈퇴당시의 조합재산에 대해 분할청구권을 가지지 않는다고 판시하였으나 그 후에 학설은 대체로 노동조합의 분열을 긍정하는 방향으로 전개되었다고 한다. 久保敬治/下井隆史, 『勞動法を學ぶ人のために(제3판)』, 世界思想社, 1977, 180면 이하(久保敬治 집필) 참조.

단위에서 복수 노조의 병존이 법적으로 인정되는 상황에서 실제로 조합 내부에 노선이 대립되는 근로자집단이 대립하여 노동조합의 기능이 마비되는 상황이 야기될 수 있기 때문이다. 노동조합의 분할과는 별도로 노동조합의 분열상태를 법적으로 인정하는 것은 분열된 각 근로자집단에게 조합재산에 대한 권리를 인정하여 기존 노동조합에 대한 분할청구를 허용하고자 데에 목적이 있다고 하겠다.

V. 노동조합의 해산

1. 개 념

노동조합의 해산은 노동조합이 그 활동을 정지한 이후 소멸에 이르기까지의 절차를 밟는 것을 말한다. 해산은 노동조합의 소멸원인이 되는 법률사실이다.

노동조합은 법에 정한 일정한 사유가 발생하면 해산하고, 이에 따라 청산절차에 들어가 청산의 목적 범위 내에서 존속하다가 청산절차가 종료된 시점에서 소멸하게 된다.

2. 해산에 관한 준용규정

노조법은 노동조합의 해산에 관해 그 해산사유를 정하고 법인인 노동조합에 관해서는 노조법에서 정한 경우를 제외하고는 민법의 법인에 관한 규정을 적용한다고 규정한다(동법 제6조 3항). 법인이 아닌 노조의 경우에도 특별한 사정이 없는 한 해산의 경우에는 법인인 노조와 마찬가지로 민법의 규정에 준하여 해산과 청산이 이루어져야 할 것이다.

3. 해산사유

노조법은 노동조합의 해산사유를 4가지로 규정하고 있다(동법 제28조 제1항).

1) 규약에서 정한 해산사유가 발생한 경우(제1호)

예를 들어, 기업별 단위노동조합의 경우 사용자인 회사의 소멸, 노동조합의 존속기간을 두고 있는 경우 그 존속기간의 만료 등을 들 수 있다.

2) 합병 또는 분할로 소멸한 경우(제2호)

노동조합이 합병하거나 분할하는 경우에는 그로 인하여 기존의 노동조합이 소멸하게 된다. 노동조합의 합병·분할에 관하여는 전술하였다.

3) 총회 또는 대의원회의 해산결의가 있는 경우(제3호)

총회 또는 대의원회가 재적 조합원 또는 대의원의 과반수 출석과 출석 조합원 또는 대의원 3분의 2 이상의 찬성으로 노동조합의 해산을 의결함으로써(동법 제16조 제2항 단서, 제17조 제4항) 노동조합은 해산된다. 이 규정은 강행규정으로 해석되므로 노동조합의 규약에 의하여 그 의결정족수의 요건을 완화할 수는 없을 것이다.[181)]

4) 노동조합의 임원이 없고 노동조합으로서의 활동을 1년 이상하지 아니한 것으로 인정되는 경우로서 행정관청이 노동위원회의 의결을 얻은 경우(제4호)

이러한 노조를 흔히 '휴면노조'라고 부른다. 노조법시행령은 위 법규정상 "노동조합으로서의 활동을 1년 이상 하지 아니한 것으로 인정되는 경우"라 함은 계속하여 1년 이상 조합원으로부터 조합비를 징수한 사실이 없거나 총회 또는 대의원회를 개최한 사실이 없는 경우를 말한다고 규정하고 있으나(동법 제13조 제1항), 반드시 이러한 경우로 한정하여 해석할 것은 아니라고 할 것이다.

위와 같이 휴면노조임을 해산사유로 하는 경우에는 행정관청이 관할 노동위원회의 의결을 얻은 때에 해산된 것으로 보고(동법 시행령 제13조 제2항), 노동위원회가 위와 같은 해산의결을 함에 있어서는 위 해산사유 발생일 이후의 당해 노동조합의 활동을 고려하여서는 아니 된다(동법 시행령 제13조 제3항).

4. 해산신고와 행정관청의 통보

노조법 제28조 제1항 1호 내지 3호의 사유로 노동조합이 해산한 때에는 그 대표자는 해산한 날로부터 15일 이내에 행정관청에게 이를 신고하여야 하나(동법 제28조 제2항), 동법 제28조 제1항 4호의 사유로 노동조합이 해산하는 때에는 별도의 신고절차를 필요로 하지 아니한다.

행정관청은 위와 같이 휴면노조를 해산하는 관한 노동위원회의 의결이 있거나

181) 대판 1995.8.29. 95마645; 동 1998.2.27. 97다43567 등 참조.

그 밖의 해산사유가 발생하여 당해 노동조합의 대표자로부터 해산신고를 받은 때에는 지체 없이 그 사실을 관할 노동위원회(위 해산신고를 받은 경우에 한한다)와 당해 사업 또는 사업장의 사용자나 사용자단체에 통보하여야 한다(동법 시행령 제13조 제4항).

그러나 이러한 해산신고나 통보절차는 노동조합이 해산하는 데 필요한 요건으로 해석되지는 아니한다.

5. 효 과

노동조합이 해산한 때에는 본래의 노동조합 활동을 정지하고 청산절차에 들어가 노조재산을 청산하게 된다. 해산에 따라 이루어지는 노조재산의 청산절차에 관한 사항은 총회 또는 대의원회의 의결에 의하여 결정되어야 한다(노조법 제16조 제1항 제7호, 동법 제16조 제2항, 동법 제17조 제4항).

노동조합은 해산함으로써 즉시 소멸하는 것은 아니고 청산의 목적 범위 내에서 존속하므로 당해 노동조합이 사용자 또는 사용자단체와 체결한 기존의 단체협약도 청산의 목적 범위 내에서는 유효하게 그대로 적용된다고 할 것이다. 해산한 노동조합이 청산절차를 완료하면 소멸되므로 그에 따라 기존의 단체협약의 효력도 종료된다.

1) 재산관계

(1) 법인인 노조

법인인 노동조합에 대하여는 민법 중 사단법인에 관한 규정이 준용되므로(노조법 제6조 제3항) 그 청산에 관하여 민법상의 청산절차규정(민법 제79조 내지 제96조)이 준용된다.[182] 이에 의하면 해산한 노동조합의 재산은 규약으로 지정한 자에게 귀속하고 규약으로 권리귀속자를 지정하지 아니 하거나 이를 지정하는 방법을 정하지 아니 한 때에는 노조임원은 노동부의 허가를 얻어 그 노조의 목적에 유사한 목적을 위하여 그 재산을 처분할 수 있다. 다만 이 경우에는 총회 또는 대의원회의 결의가 있어야 한다. 그러나 이러한 민법 제80조의 규정은 노동조합의 경우에는 그대로 적용되지 않는다고 할 것이다. 즉 노동조합이 공익법인이 아니고 설립

182) 다만, 청산 후의 잔여재산처리에 관한 규정 중 민법 제80조 제2, 3항의 규정은 노동조합의 특수성이 비추어 준용되지 않는다고 보아야 한다는 견해가 있을 수도 있다.

허가주의를 취하고 있지 않는 점에 비추어 볼 때, 노동부장관의 허가여부와 관계없이 조합원총회의 다수결에 따른 출자액에 따라 배분하거나 전조합원에게 평등하게 분배할 수 있다고 할 것이다.

(2) 법인이 아닌 노조

법인이 아닌 노조의 경우에도 법인인 노조와 마찬가지로 민법의 규정에 준하여 해산과 청산을 하여야 한다고 할 것이나 노조재산의 경우 노조해산으로 청산절차에 들어간 후에도 총회결의에 의하거나 그의 출자비율에 따라 또는 전원균등하게 잔여재산을 분배할 수 있다고 할 것이다.

2) 상부조직의 소멸과 하부조직

상부조직이 해산하여 소멸하는 경우 하부조직이 어떻게 되는가가 문제이다. 이 경우에 하부조직의 지위는 상부조직이 단위노동조합인가 연합체조직인가에 따라 다르다. 상부조직이 연합체조직인 경우, 그 연합체의 소멸은 하부조직인 단위노동합의 존속에 아무런 영향이 없다. 그러나 상부조직이 단위노동합인 경우 원칙적으로 상부조직이 소멸하면 하부조직도 소멸한다. 단, 하부조직이 독립된 노동조합의 실체를 가지고 있는 경우에는 그러하지 않다고 할 것이다.

제 3 장 사용자측의 주체

제 1 절 서 설

노사관계법을 사회적 자치조직법으로 이해하는 경우에 사(使)측의 주체를 어떻게 구성해야 하는가가 문제이다. 앞에서 이미 언급하듯이, 기업별 단위의 노동조합은 진정한 의미에 있어서 사회적 자치의 주체가 될 수 없듯이 고용주 개인도 역시 그러한 의미의 사회적 자치의 주체가 될 수 없다. 노동조합이 노동시장에서 횡단적으로 조직되어 있는 경우에는 사용자측의 주체도 노동조합의 조직형태에 상응하는 형태로 조직되어 있어야 한다. 우리나라의 노동시장에는 노사 양측에 그러한 사회적 자치의 주체가 존재하지 않는다고 해도 과언이 아니다.

현행 노조법은 노사관계에서 사용자측의 주체로서 사용자와 사용자단체를 규정하고 있으나 이것은 현행법상 규율필요성에 의한 개념일 뿐 진정한 의미에서 그 개념을 사회적 자치의 주체로 이해할 수는 없다.

그렇지만 현행 노조법을 사회적 자치조직법으로 파악하는 한 사용자로서 사업주와 그 사업주의 단체가 사회적 자치의 일방당사자인 노동조합의 상대방 당사자로서 사용자측의 사회적 자치의 주체이다. 노조법 제2조 제2호와 제3호에 의하면 사업주는 사용자의 개념으로 포섭하고 사업주의 단체는 사용자단체라고 정의하고 있다.

사용자와 사용자단체는 노조와 단체교섭을 하고 단체협약을 체결할 권한을 가진다(동법 제29조 제1항). 그리고 이러한 권한을 제3자에게 위임할 수 있으며(노조법 제29조 제2항), 이 경우에 교섭 및 단체협약에 관한 권한을 제3자에게 위임한 때에는 그 사실을 상대방에게 통보할 의무가 있다(동법 제29조 제3항). 또한 노조법은 사용자단체는 노조와 신의에 따라 성실히 교섭하고 단체협약을 체결하여야 하며 그 권한을 남용하여서는 아니 될 의무가 있으며(동법 제30조 제1항), 정당한 이유없이 교섭 또는 단체협약의 체결을 거부하거나 해태하여서는 아니 된다(동법 제30조 제2항)고 선언적으로 규정하고 있다.

제 2 절 개별사용자 : 사업주

사회적 자치의 주체로서 사용자는 개인사업체인 경우에는 그 개인사업주를 법인사용인 경우에는 사업주로서 법인 그 자체를 말한다. 그러나 노사관계법이 사회적 자치조직법이 되기 위해서는 개별사용자를 사회적 자치의 주체로 인정하는 데에는 문제가 있다.

향후에 우리 헌법의 본래적 이념에 부합하도록 노동조합이 산업별 조직 내지 직업별 조직 또는 일반노조형태로 그 조직변경을 하여 진정한 의미에 있어서 사회적 자치의 주체가 되었을 경우에는 노동조합의 조직형태에 부합하게 사용자단체가 법적으로 조직화되어야 할 것이다.

제 3 절 사용자단체

Ⅰ. 서

일반적으로 사용자단체라 함은 사용자들이 노동시장 문제에 관하여 그들의 집단적인 이해를 방어·대변하고 추구하며 사용자들의 입지를 강화시키기 위하여 설립된 자발적 조직이다.[183] 현행 노조법 제2조 제3호는 사용자단체를 "노동관계에 관하여 그 구성원인 사용자에 대하여 조정 또는 규제할 수 있는 권한을 가진 사용자의 단체를 말한다"라고 정의하고 있다. 우리가 익히 알고 있듯이, 5·16 군사쿠데타 이후 국가주도적인 경제개발계획을 하면서 노동문제를 기업의 내부적 문제로 축소하고 기업의 효율적인 자본축적을 도모하기 위해 국가가 우리 노사관계를 의도적으로 기업단위의 노사관계로 강제하였다. 그 이후 그러한 상태가 계

---

183) Traxler, F., "Bargaining (De)centralization, Macroeconomic Performance and Control over the Employment Relationship," British Journal of Industrial Relation, 41(1), 2003, pp.1~27.

속되면서 자의반·타의반으로 노사관계는 기업별 노사관계로 고착되었다. 그래서 국가가 의도적으로 노동관계법제도를 기업별 노사관계를 전제로 해서 규정하고, 노동조합이 산별조직 또는 직업별조직으로 확대되는 것을 억압해왔다. 그러다 보니 이러한 법제도하에서는 산별노조나 지역별노조와 같은 초기업적노조가 설 땅이 없게 되는 것이고, 자연스럽게 그에 상응하는 사용자단체에 대한 문제는 관심사항에서 제외되었다. 사용자단체에 대한 관심이 본격적으로 생기기 시작한 것은 1997년 이후 한국 노사관계의 큰 변화를 가져 온 산별교섭의 등장이라 할 것이다. 하지만 산별교섭이 시작된 이후 산별교섭이 수년간 진행되어 오는 동안에도 사용자들은 노조의 산별체제에 대응한 사용자단체 결성에 소극적으로 임해 왔다.

그래서 노사관계법상 사용자단체를 어떻게 법제화해야 하는가라는 문제에 대해서는 거의 연구가 없었다. 기존 연구는 대체로 외국의 사용자단체의 역사적 경험에 대한 소개 내지는 사례연구, 경총이나 전경련, 전국금속산업사용자단체[184]나 전국보건의료산업사용자협의회 등에 대한 연구가 일부 있을 뿐이다. 이마저도 그 내용 면에서 보면 법제도적 또는 입법정책적 측면에서의 연구는 거의 찾아 볼 수가 없다.

Ⅱ. 현행 노조법상 사용자단체의 개념

헌법 제33조 제1항은 근로자로 하여금 단결권·단체교섭권·단체행동권을 행사할 수 있다고 규정하고 있다. 따라서 근로자들은 노동조합을 조직하여 사용자와 대등한 지위에서 단체교섭을 행할 수 있다. 이에 사용자도 노동조합의 교섭요구에 대응하여 개별 사용자는 물론 사용자간의 단체를 조직하여 노동조합의 단체교섭에 응할 수 있는 것이다.

일반적으로 사용자단체라 함은 사용자들이 노동시장 문제에 관하여 그들의 집단적인 이해를 방어·대변하고 추구하며 사용자들의 입지를 강화시키기 위하여 설립된 자발적 조직으로 정의될 수 있다. 그러나 노조법상의 사용자단체의 개념은 이보다는 훨씬 좁은 개념이다. 즉, 노조법 제2조 제3호는 사용자단체를 노동관계에 관하여 그 구성원인 사용자에 대하여 조정 또는 규제할 수 있는 권한을 가

184) 2005년 12월 산업자원부에 비영리법인 설립허가 신청서를 제출하였으나, 정관상의 '금속노조와 단체교섭 및 단체협약 체결'이라는 주요사업 내용의 성격상 노동부 장관의 허가가 타당하다는 부처간 협의에 따라 2006년 1월 20일 노동부로 이관되었고, 2006년 4월 노동부장관으로부터 법인설립허가서를 받아, 노조법상 사용자단체가 출범하게 되었다.

진 사용자의 단체를 말한다고 규정하고 있다. 즉 노동조합과 단체교섭을 할 상대방인 사용자단체는 노동관계에 관하여 그 구성원인 사용자에 대하여 조정 또는 규제할 수 있는 권한을 가진 자이어야 하는데 사용자단체가 이러한 권한을 갖기 위해서는 노동조합과의 단체교섭 및 단체협약을 체결하는 것을 그 목적으로 하고 그 구성원인 각 사용자들에 대하여 통제력을 가지고 있어야 한다.[185]

그러므로 단순히 사용자들이 자신들의 입지를 강화하기 위하여 조직한 모든 단체가 사용자단체인 것이 아니고, 노조와의 단체교섭 및 단체협약을 체결할 권한이 없는 단체는 사용자단체가 아닌 것이다.

지금까지 판례에서 사용자단체로서 문제로 되었던 것을 예시적으로 정리해보면 다음과 같다.

[판 례]

□ **서울특별시 극장협회의 노조법상 사용자단체 여부**

- 서울특별시 극장협회는 서울특별시소재 상설극장의 경영자들로서 구성된 임의단체로서 규약으로써 정한바 목적 및 사업에 노동조합과의 단체교섭 및 단체협약을 체결하는데 관한 사항이나 노동관계사항을 규정한 바 없고, 상설극장의 대표자로서 원고협회에 회원으로 가입하지 않았거나 가입하였다가 제명되었다 하더라도 극장운영에 아무런 제한이나, 지장을 받지 아니한다는 취지의 사실을 인정함으로써 원고협회는 사용자단체이기는 하나 노동관계에 관하여 조정 또는 규제할 수 있는 권한과 통제력을 가졌다고 볼 수 없어서 이 사건 노동조합 분회와의 사이에 단체교섭이나 단체협약을 체결할 상대방이 될 권능이 없는 자라 할 것이다(대판 1979.12.28. 79누116).

□ **지역의 원예협동조합이 사용자단체에 해당하는지 여부**

- 지역의 원예협동조합이 청과물위판장을 설치·운영하고는 있으나 거기서 일하는 근로자들은 소외노동조합에서 임의로 선발되어 패유되고 그 노동조합원인 연락소장의 지휘·감독 하에 있으며 노임도 각 하주로부터 직접 받고 있을 뿐이고, 위 원예노동조합은 단지 위판장내에서 행해지는 작업내용과 노임액을 균등화하여 노임에 관한 질서를 유지할 목적으로 위 연락소장과 노임에 관한 협의를 하는데 불과하다면 이는 노동조합법 제33조 제1항의 사용자단체에 해당하지 않는다(대판 1986.12.23. 85누856).

□ **수산업 협동조합의 노조법상 사용자단체 여부**

- 협동조합은 다수결 원리에 의하여 그 조합원을 통제할 수 있고 임금 기타 근

185) 대판 1979.12.28. 79누116.

로조건의 표준화를 통하여 조합원 사이의 부당한 경쟁을 방지함으로써 조합원의 이익을 도모할 수 있으므로 협동조합도 일정한 요건 하에서는 그 조합원들이 고용하고 있는 근로자들로 구성된 노동조합과 단체교섭 및 단체협약체결을 할 수 있다고 할 것인데 원래 협동조합은 조합원들의 경제적 지위의 향상을 위하여 설립된 경제단체로서 노동조합에 대응하는 단체가 아니라는 본질에 비추어 보면 그 정관에서 정하고 있는 경우나 조합원들의 위임이 있는 경우 등에 한하여 노동조합과의 단체교섭 및 단체협약체결을 할 수 있다. (…) 수산업협동조합인 원고조합이 그 정관상 조합사업의 하나로 규정한 "조합원의 경제적 이익을 도모하기 위한 단체협약의 체결"에는 노동조합법상의 단체협약이 포함된다고 보아야 할 것이어서 단체교섭 기타의 단체협약의 체결을 그 목적으로 한다고 할 것이고, 한편 그 구성원에 대하여 다수결 원리를 통한 통제력을 가지고 있는데다가 정관에 조합원의 제명에 관하여 규정하고 있는 점 등에 비추어 보면 노동관계에 관하여도 그 조합원들을 조정 또는 규제할 권한이 있다고 보여지므로 결국 노동조합법 소정의 사용자단체에 해당된다(대판 1992.2.25. 90누9049).

□ 식당동업자조합

- (구)노동조합법(1996.12.31. 법률 제5244호로 폐지) 제33조 제1항, 제4항에 의하여 노동조합과 단체교섭을 할 상대방인 사용자단체는 노동관계에 관하여 그 구성원인 사용자에 대하여 조정 또는 규제할 수 있는 권한을 가진 자이어야 하는데, 사용자단체가 이러한 권한을 갖기 위해서는 노동조합과의 단체교섭 및 단체협약을 체결하는 것을 그 목적으로 하고 또 그 구성원인 각 사용자에 대하여 통제력을 가지고 있어야 한다. (중략)식품위생법 제44조에 의하여 조직된 '동업자노조'가 노동조합과 단체교섭을 한 상대방인 사용자단체에 해당하지 않는다(대판 1999.6.22. 98두137).

□ 한국음식업중앙회

- 사단법인 한국음식업중앙회는 식품위생법 제44조에 의하여 음식점영업 등의 영업허가를 받고 영업을 하는 자들이 전국을 단위로 하여 설립한 동업자조합으로서 정관 제2조 목적에 본회는 국민영양과 보건향상 및 식품위생수준 향상에 기여하고 회원 간의 화합과 복리 및 권익을 증진하여 식문화 향상을 도모함을 목적으로 한다고 규정하여 구성원들의 경제적 지위의 향상을 위하여 설립된 경제단체임을 알 수 있을 뿐 정관 어디에도 단체교섭 및 단체협약의 체결을 그 목적으로 한다는 규정을 찾아볼 수 없고, 그 밖에 근로조건의 획일화와 같은 노동관계의 집단적 조정이 관행상 당연히 예정되어 있거나 그에 관해 구성원들로부터 위임이 있음을 인정할 아무런 증거도 발견할 수 없어 피신청인들이 노동조합과 단체협약의 체결, 기타의 단체교섭에 응할 상대방인 사용자단체에 해당한다고는 보여지지 아니하며, 또한 신청인이 주장하는 것처럼 피신청인들이 그 구성원인 회원업소에 대하여 자율지도 등을 하고 있다

하더라도 이는 식품위생법에 규정되어 있는 식품위생지도업무의 일부를 행정관청이 피신청인 등에게 위탁하여 시행하고 있는 것으로, 그 내용을 보면 식품위생법 제21조 규정의 시설기준을 갖추고 있는지 여부와 식품위생법 제31조 규정의 영업의 위생적 관리 및 질서유지와 국민보건 위생의 증진을 위한 사항, 그리고 영업자 및 그 종업원의 위생교육, 건강진단, 기타 위생관리 지도, 식품위생 지도와 관련한 직무 정도를 수행하고 있을 뿐으로, 이를 가지고 피신청인들이 노동관계에 관하여 그 구성원인 각 지부 소속 사용자들을 조정 또는 규제하고 있다고 할 수는 없다고 판단된다(중노위 1997.01.22. 96부노99 결정).

Ⅲ. 사용자단체의 법적 성격

노조법에는 사용자단체의 법적 성격에 관한 아무런 규정이 없다. 이는 노동조합의 경우도 마찬가지이다. 다만 노조법은 노동조합이 법인격을 취득할 수 있는 길을 열어놓고 있을 뿐이다(동법 제6조 제1항). 그리고 노조법 제6조 제3항은 "법인인 노동조합에 대하여는 이 법에 규정된 것을 제외하고는 민법 중 사단법인에 관한 규정을 적용한다"고 규정하고 있다. 따라서 노동조합의 법적 성격은 일응 사단이다.

사용자단체 역시 노동조합과의 단체교섭이나 단체협약을 체결하기 위한 단체로 본다면 법적 성격 면에서는 노동조합과 달리 볼 것이 아니므로 사용자단체 역시 사단법인의 성격을 갖는다고 보아야 할 것으로 생각된다. 실제로 금속산업사용자협의회 역시 2006년 비영리사단법인으로 등록을 하였다. 따라서 이들에 대하여는 노조법상의 규정의 적용을 제외하면 민법상의 사단법인에 대한 규정이 적용되게 될 것이다. 그러나 현실적으로 노조법에 사용자단체를 규율할 법규정이 거의 없는 상태에서 사용자단체에 대하여 민법상의 비영리사단법인 관련 규정을 그대로 적용하는 것이 바람직한지에 대하여는 입법론적인 재검토가 필요하고, 사용자단체가 노조법상의 노동단체이므로 노동조합에 관한 노조법상의 규정을 어느 정도 준용하여야 한다고 생각한다. 이 점에 관해서 깊은 연구가 필요하다.

Ⅳ. 사용자단체의 현황

1. 서

우리나라에서는 1997년 이후 초기업별 노동조합의 설립이 활성화되면서 산업별 단체교섭의 당사자로서의 사용자단체에 대한 관심이 증대하고 있다. 한국의 대표적인 중앙사용자단체는 한국경영자총협회이다. 그러나 노사정위원회나 최저임금위원회, 기타 정책 협의 및 자문기구에 초대받는 단체는 이보다 많다. 역사적으로 최초의 산별 사용자단체는 1967년부터 섬유노조와 산별단체교섭을 수행했던 '대한방직협회'이다. 이후 2003년부터 일부 산업에서 산업별 교섭이 이루어지면서 금속부문에서는 2006년에 금속산업사용자협의회가 공식 설립되었고, 2007년에는 보건의료산업사용자협의회가 설립되었다. 이 밖에도 은행산업연합회, 한국증권업협회 등의 사업자단체들이 직·간접으로 사용자단체 기능을 수행하거나 준비하고 있다.

2. 구체적인 실례

1) 금속산업사용자협의회

최초의 산업별 사용자단체는 1967년부터 섬유노조와 산별 단체교섭을 했던 일종의 사업자단체인 '대한방직협회'다. 하지만 이후 기업별노조체제가 일반화되면서 특화된 사용자단체가 결성되지 않았으나 2000년대 들어 산업별 교섭이 이뤄지면서 우선 금속부문에서 '금속산업사용자협의회'가 생겨났다. 지난 2002년 금속노조와 108개 금속산업사업장 간에 맺은 기본협약에서 "금속노조 관계 사용자는 조속한 시일 내에 사용자단체를 구성하기 위해 노력한다"는 합의 이후 3년만인 2005년 9월 창립총회를 개최하고, 2006년 4월 노동부장관으로부터 비영리법인설립허가서를 받아 공식적인 금속산업사용자협의회로 출범했다. 금속산업사용자단체 구성에는 일차적으로 노조의 압박이 가장 중요하게 영향을 미쳤다. 또한 사업구조 측면에서도 금속노조 소속 사업장의 대부분이 중소사업장들이고 약 40% 가량은 자동차부품 사업장들로, 이들은 하도급 거래관계에 속박되어 있다는 특징을 공통적으로 갖고 있다. 따라서 노사관계를 기업내부화할 만한 역량도 충분치 못하고 90년대 중반이후 원청 모기업들이 부품업체 노사관계 악화로 생산차질이 발생할 경우 그 비용을 부품업체가 스스로 부담토록 하는 등으로 통제방식이 바뀌자 분쟁을 사업장 외부로 돌려 생산차질을 최소화할 수 있을 것이라는 기대로 이를 수용한 것으로 분석된다. 2008년에 당시 금속산업협의회 회원사 수는 106개사(社)이고 종업원 수는 약 40,000명에 이르렀고, 그 중 조합원 수는 26,114명에 달했다.186)

2) 보건의료산업사용자협의회

2007년 5월 8일 42개 병원대표자들이 참석한 가운데 산업별 노사교섭 도입 4년만에 국·공립대병원, 민간 중소병원 및 사립대병원 등 공동대표 3인으로 구성된 보건의료산업사용자협의회가 공식적으로 출범하였다. 이는 중소업체 중심인 금속산업사용자단체에 이어 국내 2번째이다. 국립대병원, 사립대병원, 지방의료원 등 7개 특성의 병원으로 구성된 병원 대표단은 8일 대한병원협회 대회의실에서 '보건의료산업 사용자협의회'의 창립총회를 가졌다. 사용자협의회는 국립대병원 3명, 사립대병원 9명, 민간중소병원 3명, 지방의료원 2명, 대한적십자사 1명, 보훈복지의료공단 1명, 원자력의학원 1명 등 20명의 평의회 의원으로 구성됐다. 2004년 산별교섭 도입 이후 노조측이 전국보건의료노조라는 단일체를 구성한 반면 사용자측은 개별 단위별로 협상을 참가해 노사의 대립이 고조되기도 했으나 마침내 금속산업사용자협의회에 이어 공식적인 노조법상의 사용자단체로 출범을 한 것이다. 보건의료산업 사용자들이 이와 같이 사용자단체를 결성한 이유는 산별교섭에 우호적 태도를 취한 노무현 정부의 정책과 더불어 보건의료노조의 끊임없는 산별교섭을 위한 투쟁이 영향을 준 것으로 분석된다. 그러나 보건의료산업 사용자들은 여전히 사용자단체 활용에 소극적인 태도를 보이고 있다는 지적을 받고 있다.187)

3) 한국경영자총협회의 사용자단체성 여부

한국경영자총협회(이하 "경총"이라 함)는 1970년 7월 15일 창립하였다. 전국경제인연합회(이하 "전경련"이라 함)는 1968년, 1969년 발생한 대형 노동쟁의를 계기로 1969년 10월 15일 이사회에서 노사문제를 담당하는 독립 기구를 설립하기로 의결함으로써 경총의 산파 역할을 했다. 2012년 말 기준으로 경총에는 150개의 일반회원, 15개의 지역경총, 52개의 업종단체, 공공기관, 기타 유관단체 등이 소속되어 있다. 외형상으로만 보면 경총은 약 8만여 사용자를 대표하며 그 조직률은 종업

---

186) 전인/서인덕, 『한국의 사용자단체』, 한국노동연구원, 2008, 103면 참조.

187) 보건의료산업사용자협의회는 2009년 8월 26일 총회를 열어 협의회 해산 안건을 가결시켰다.

원 수를 기준으로 20%를 훨씬 상회할 것으로 추정되고 있다. 그러나 경총의 조직역량은 형식적으로 포괄된 기업 수에 비하면 취약하다. 경총의 주요정책은 기업별노조 체제의 유지를 통한 협력적 노사관계 유도, 생산성 임금제, 노동시장 유연화라고 할 수 있다. 다만, 경총은 단체교섭의 기능은 갖고 있지 않으며 연합체로서 대표권만 행사하므로 노조법상의 사용자단체는 아니라고 할 것이다.

3. 사용자단체의 현실과 사용자단체 요건에 대한 검토

앞에서 살펴본 바와 같이 사용자들의 전국조직인 경총을 사용자단체로 설명하고 있으나 우리 노조법은 사용자단체를 "노동관계에 관하여 그 구성원인 사용자에 대하여 조정 또는 규제할 수 있는 권한을 가진 사용자의 단체를 말한다"고 규정하고 있고, 판례 역시 사용자단체는 "노조와의 단체교섭 또는 단체협약의 체결을 목적으로 하고 구성원인 사용자들에 대해 통제력을 가지고 있어야 한다"고 하여 사용자단체의 개념을 엄격하게 해석하고 있다.

이러한 해석에 기초하여 보면 경총은 노조법상의 사용자단체라 할 수 없다. 결국 현재 사용자단체의 예로 들 수 있는 것은 금속산업사용자협의회와 보건의료산업사용자협의회 정도에 불과하다. 그런데 이들 사용자단체 역시 산별교섭에 있어서는 그리 적극적이지 않다. 정도의 차이는 있으나 이들 사용자단체에 속한 기업들의 행동은 산별교섭거부-직접참여-제3자위임-사용자단체의 구성으로 발전하여 왔다. 이러한 발전 형태에서 알 수 있다시피 아직 우리나라의 사용자단체는 노조와의 산별교섭을 위한 형식적 존재에 불과하다 해도 과언이 아닐 것이다.

여기서 산별교섭의 활성화를 위해 사용자단체의 요건을 완화할 필요성이 있는지에 대한 문제가 제기된다. 왜냐하면 아무리 산별노조가 잘 형성되어 있더라도 그에 상응하는 사용자단체가 없다면 의미가 없는 것인데, 우리 노조법상의 사용자단체 개념이 매우 협소하여 사실상 사용자들이 실질적으로는 사용자단체로서의 역할을 하면서도 형식적으로 단체교섭 및 단체협약체결권을 보유하지 않을 수 있으므로 이들이 자발적으로 사용자단체 결성을 하지 않는 한 노조법상의 사용자단체의 형태를 취하지 못하게 되고, 그렇게 되면 산별교섭과 같은 초기업단위의 교섭이 불가능하게 되기 때문이다. 이러한 이유로 민주노총과 민주노동당, 민주사회를 위한 변호사모임이 한때 현행 노조법 제2조 제3호의 사용자단체 규정을 "동종업종의 이익증진을 목적으로 설립된 단체는 규약·규정에도 불구하고 사용자단체로 본다"라는 내용으로 개정 입법청원을 한 바 있고, 기존에 존재하는 동업자조합의 성격을 가지는 업종별 사용자단체에 노조법상의 단체교섭의무를 부여할 필요가 있다는 지적이 제기되기도 한다.

V. 이론적 검토와 입법론적 과제

1. 산별사용자단체의 필요성

한국자본주의의 본원적 자축의 단계는 이미 지나가고 독점자본주의가 본격화된 단계에 진입한 지 이제 상당한 기간이 흘렀다. 세계시장에 있어서 독점자본의 이익을 그대로 유지·발전시키기 위해 주체인 재벌이나 국가는 노사관계를 과거식으로 기업단위로 묶어서 과거의 방식으로 노동문제를 고착하려고 안간힘을 쓰고 있다. 그러나 외환위기 사태를 맞아 IMF의 관리체제를 거치면서 기업체질을 아메리카식으로 바꾸고 노무관리방식도 아메리카식 자본주의의 관리방식으로 변환되어 대량해고와 함께 비정규직 및 특수고용직이 양산되면서 종래의 종신고용제도에 커다란 변화가 생겼다. 이러한 상황에서 노동계 지도자는 기업별노조의 한계를 자각하고 새로운 대안을 찾게 되었다. 노동진영은 한편에서는 노동조합의 조직형태를 산별조직으로 전환해야 한다는 주장을 내세우고 다른 한편으로는 노동자정당의 설립을 추진했던 것이다.

만약 노동조합이 산별조직으로 전환되면, 이에 상응하는 사용자단체도 산별로 조직되어야 바람직한 노사관계를 형성할 수 있다. 그렇게 되지 않는다면 노사관계가 명실상부하게 사회적 자치로 발전할 수 없다. 그런데 노동진영에서 이와 같은 초기업별노조의 형태를 지향할 필요가 있다고 확신하고 있는데 반하여, 사용자측 현실적으로 이를 원하지 않는다. 자본진영이 연대하여 노동진영에 대응할 필요는 가질 수 있지만 노동단체로서 사용자단체를 형성할 필요가 있다고 생각하지는 않는다. 그러나 노사관계가 바람직한 방향으로 발전해야 산업평화를 이룩할 수 있다. 물론 노조 측만 초기업별노조를 결성하고 이들이 각 개별 사용자를 상대로 단체교섭을 실시하는 것과 초기업별노조에 상응하는 사용자단체와 단체교섭을 실시하는 것 중 어느 형태가 바람직한 것인지는 다시 검토를 해야 할 문제이다. 이에 대한 해답은 역시 바람직한 '사회적' 자치규범의 형성에서 찾아야 할 것으로 보인다. 즉, 적어도 사회적 자치규범이 제대로 형성되기 위해서는 동종 산업 내지 지역별로 같은 혹은 유사한 수준의 자치규범이 형성되어야 할 터인데, 산별

노조가 개별 사용자와 교섭을 하여 각 기업별로 그 내용이 상이하게 되면 불리한 조건에 처한 기업의 노조는 계속하여 추가 교섭을 요청할 것이고 이는 교섭비용 측면에서도 바람직하지 못할 것이다. 보다 이상적인 교섭 형태는 산별노조와 그 이 상응하는 사용자단체간의 산별교섭 형태라 할 것이다.

2. 입법론적 과제

1) 기본적인 전제

기업별노조와 해당 기업 사용자간의 교섭에 의한 단체협약의 체결은 해당 기업 자체 내에서 가장 바람직한 자치규범이 될 수는 있을지언정 이를 바람직한 '사회적' 자치규범이 된다고는 할 수 없을 것이다. 우리가 바람직한 사회적 자치규범을 논하고자 하는 것은 바람직한 사회를 조성하자는 큰 뜻을 이루고자 하는데 있는 것이지 단순히 이해당사자인 한 기업 내의 바람직한 노사관계를 만들자는 것이 아니기 때문이다. 어떤 면에서 보면 우리 사회는 모든 사용자와 근로자의 관계 속에서 이루어진다고 할 수 있다. 그런데 이 모든 사회적 관계가 반드시 법내노조와 사용자의 관계로 이루어지는 것은 아니다. 만일 모든 사회적 관계가 법내노조와 사용자의 관계로 이루어져 있다면 각 개별 기업 내에서 노조와 사용자간의 교섭을 통한 단체협약체결을 통해 모든 사회적 문제가 해결될 수 있을 것이다.

노사관계법을 사회적 자치조직법으로 파악하는 경우, 노사 쌍방이 사회적 자치의 과제를 제대로 수행할 수 있도록 하기 위해 노사관계법의 대폭적인 보완이 필요하다. 그러나 현행 노조법은 노동조합의 조직 운용 등에 관해서 상당히 자세히 규정하고 있지만 사용자측에 관해서 거의 아무런 규정을 두고 있지 않다.

그렇다면 노조법이 산별노조나 사용자단체의 문제를 어떻게 규율할 것인지는 사회적 자치규범을 정하는 이들 당사자들에 대하여 어떤 규율을 하는 것이 바람직한 자치규범을 형성화하는데 적합한지를 논의하는 것이 중요한 과제라 할 수 있을 것이다. 산별노조의 문제는 이것이 노동계나 사용자 어느 측에 유리한 것인지의 문제보다는 노조와 사용자 양측이 상생을 위한 바람직한 사회적 자치규범을 형성해 나가도록 하기 위해서 노조법이 어떤 내용의 규율을 하고 있어야 하는 것이냐가 논의의 핵심이 될 것이다.

2) 사용자단체 관련 입법론적 과제

현재의 사용자단체인 금속산업사용자협의회와 보건의료산업사용자협의회가 공식적으로 출범한 것은 2005년과 2007년으로 모두 노무현 정부 하에서 이루어진 일이다. 이는 그 이전부터 해당 사업장의 산별노조가 적극적 활동을 해 왔기 때문이기도 하지만 그 내면에는 산별교섭에 우호적인 정부의 노동정책이 기여한 바가 적지 않을 것이다. 이와 관련하여 현 정부의 노동정책은 보수적인 것으로 평가받고 있고 현재 산별협상이 이루어지고 있는 금속, 의료, 금융산업 분야에 있어서도 오히려 산별협상이 위축될 가능성이 더 커질 것이라는 우려의 목소리 또한 적지 않다.

이러한 현실 상황 하에서 노조법을 노사 간의 바람직한 사회적 자치규범을 형성하도록 하기 위한 조직법으로 발전시켜나가고자 하는 논의는 탁상공론일지도 모른다. 그러나 앞에서 우리는 노조법이 사회적 자치규범조직법으로 발전되어야 할 이유를 살펴보았고, 이를 위해서는 노조법상 사용자단체에 대한 규율이 제대로 갖추어져야 할 것이다.

이런 입장에서 노조법상 사용자단체에 대해 어떤 규율이 필요한지에 대해 살펴보고자 한다.

첫째, 사용자단체의 정의 규정에 대한 재검토가 필요하다. 현재와 같이 사용자단체 개념을 협소하게 해석하는 경우에는 굳이 사용자들이 사용자단체의 설립을 원하지 않는 상태에서 초기업별교섭은 요원한 이야기가 되고 말 것이기 때문이다.

둘째, 노동조합의 경우도 마찬가지 문제이지만 이들의 법적성격을 어떻게 규정할 것인지에 대한 고민이 있어야 할 것이다. 이는 노조법상 사용자단체에 대한 규정이 없는 경우에 일반적으로 어떤 규정으로 보충할 수 있는지의 문제와 관련된다.

셋째, 최소한 사용자단체의 구성방법과 대표기구 구성 및 대표선출에 관한 규정과 같은 조직구성에 대한 규정이 필요할 것이다.

넷째, 사용자단체 역시 노조와 같이 내부 민주화를 위한 각종 규정이 있어야 할 것으로 보인다. 이와 관련하여 노동조합에 관련된 현행 노조법상의 제규정을 사용자단체에도 얼마나 준용할 수 있을 것인지에 관해서 검토할 필요가 있다.

다섯째, 사용자단체에 상응하는 초기업별노조와의 교섭의무를 비롯하여 원만한 교섭이 이루어지도록 하기 위한 각종 절차규정이 필요할 것이다. 이 절차적 규정을 통해 산별교섭 반대론자들이 주장하는 시간과 비용 및 대중적인 교섭의 문제점 등을 해결할 수 있어야 할 것이다.

여섯째, 초기업별교섭을 통해 체결할 수 있는 교섭대상의 범위와 체결된 협약의 효력범위에 대한 규정이 필요할 것이다.

기타 원만한 초기업별교섭을 위해 초기업별노조와 사용자단체간에 주어진 법률상의 의무를 위반한 경우에 대한 제재조치와 그 제재를 받는 당사자 등에 대한 규정도 필요하다고 본다. 특히 부당노동행위제도를 노동조합에게 확대 적용하는 것도 적극적으로 검토할 필요가 있다. 물론 이 경우에는 부당노동행위제도 전반에 대한 재검토가 필요하다.

제 2 편

단체교섭법

제Ⅱ장 기초적 고찰

제 1 절 단체교섭의 일반적 정의

일반적으로 노동자가 단결하여 집단적 조직을 통해 사용자 또는 사용자단체와 노동조건(또는 근로조건) 기타 관련사항에 대해 교섭하는 것을 단체교섭이라고 한다.[1)] 즉 단체교섭은 헌법 제33조 제1항에 보장되어 있는 단결권·단체교섭권에 기초해서 통상 노동조합을 대표하여 교섭을 가진 자(교섭위원)가 사용자(측)와 대등한 입장에서 노동조건이나 고용조건에 대해 교섭하는 것을 말한다. 따라서 단체교섭이란 사용자와 피용자가 노동조건에 대해 개별적으로 계약을 하는 근로계약이나 법제적 조치에 의해 근로조건의 체결방법(예컨대, 최저임금보장법이나 인사권고 등)과는 다른 하나의 근로조건의 결정방식이다. 게다가 근대산업사회에 있어서 근로조건의 결정에 있어 이들 중에서 가장 중요한 결정방식이라고 말할 수 있다.

노동조합 결성의 주된 목적은 사용자와 대등한 입장에서 교섭하여 근로조건 기타 경제적 지위의 향상을 도모하는 것에 있으므로 사용자와의 단체교섭은 노동조합의 가장 중요한 활동이라고 할 것이다.

통상 단체교섭은 협의로는 쟁의행위에 이르지 아니한 단계의 노사 간의 교섭(이른바 평화교섭)만을 의미하지만, 광의에서는 쟁의행위도 포함해서 단체협약의 체결에 이르기까지의 전(全)과정을 총칭하는 의미로 사용되는 경우도 있다.

---

1) ILO에서는 단체교섭에 대해 「단체교섭이란 사용자, 일단의 사용자 또는 그이상의 사용자단체를 일방당사자로 하고 노동자단체를 타방의 당사자로서 그 사이에 있어 합의에 이르는 것을 목적으로 수행되는 노동조건 및 고용조건에 관한 교섭」이라고 정의하고 있다. ILO, Collective, Bargaining, a Worker's Education Manual, 1960, 5면 참조.

제 2 절 단체교섭제도의 기능과 의의

Ⅰ. 단체교섭제도의 기능

1. 경제적 기능

경제적 측면에서 볼 때, 단체교섭(collective bargaining)은 노동력의 집단적 거래를 위한 수단이다. 개개 근로자가 자기의 근로조건에 관하여 사용자와 개별적으로 거래하는 대신, 다수의 근로자가 단결하여 대표를 선출하고 그 대표를 통해서 집단적으로 거래하고, 그 결과를 하나의 거래조건인 단체협약을 체결하기 위한 교섭과정이 단체교섭이다. 이러한 교섭을 통해서 거래조건이 합의되지 아니하는 경우에는 집단적으로 노동력거래를 거부할 수도 있다는 것을 전제로 유리한 거래조건을 확보한다.

2. 규범형성기능

노사는 단체교섭을 통해서 근로조건 등 노사관계의 규범을 형성을 한다. 그러므로 단체교섭은 근로조건의 통일적인 형성과 노사평화의 달성 등 근로자뿐만 아니라 사용자에게도 바람직한 것이고, 노사관계를 확립시키고 안정시키는 것에 기여한다. 단체교섭에 의한 규범형성은 원칙적으로 교섭당사자에게만 해당하나 그 결과인 단체협약의 확대적용에 의해서 전국적인 차원에서 보편적인 규범형성에 기여하기도 한다.

3. 의사소통기능

단체교섭은 노사가 상대방에게 스스로의 생각과 불만을 전달하고 상호이해를 심화하여 어떤 대응을 촉구하는 수단이 된다. 이러한 차원에서 단체교섭은 노사간의 상호협력과 이익을 증진할 수 있는 의사소통기능을 가지고 있다. 그 결과 근로자의 경영참가, 노사갈등조정 및 노사관계의 안정화에 기여한다.

4. 조직강화기능

노동운동을 역사적으로 회고해볼 때, 단체교섭은 단결권이나 단체행동권에 선행해서 존재했던 것은 아니다. 즉 먼저 단체행동이 선행되고, 그 다음에 단결 그리고 단체교섭으로 순으로 이루어졌다고 말할 수 있다. 이것은 노동사건에 있어서 노동단체가 결성되기 전에 단체행동을 배경으로 단체교섭이 성공하여 그 결과로 노동단체가 승인되었다는 것을 의미한다. 이러한 현상을 거꾸로 생각해보면, 단체교섭은 결국 노동단체의 조직강화를 가져온다고 말할 수 있다. 특히 노동단체에게 법적으로 단체교섭권이 보장될 때, 단체교섭권의 조직강화기능은 훨씬 보강된다.

5. 노사자치기능

단체교섭은 근본적으로 노사관계를 자율적으로 형성하기 위한 과정이다. 이것이 단체교섭의 가장 중요한 기능이라고 할 것이다. 규범적으로 볼 때, 근로자의 노동단체권이나 단체행동권은 단체교섭을 통한 노사자치를 실현하기 위한 제도적 조건이다.

Ⅱ. 단체교섭의 의의

1. 노사관계적 의의

자주 노동조합의 조직을 강화하여 쟁의하는 것이 정말 노동조합의 목적인 것처럼 오해되는 경향도 보인다. 그렇지만 노동조합의 진정한 목적은 임노동자를 조직해서 집단적으로 가능한 한 유리하게 사용자측과 노동력을 거래하는 것에 있다. 노동조합이 조직을 강화하는 것은 노동력의 거래를 유리하게 하기 위한 하나의 수단에 불과하다고 할 것이다.

단체교섭은 노동조합이 사용자측과 하는 집단적인 거래이다. 그러므로 단체교섭은 근로자측에서 보면, 근로조건이 결정에 있어 근로자가 사용자와 개별적으로 교섭하기보다 집단적으로 교섭하는 것이 유리하다는 점에서 반드시 필요한 제도라고 할 것이다. 그것은 노동조합이 그 본래의 목적을 실현하는 가장 기본적인 수단이다. 다른 한편, 사용자측에 있어서 근로조건을 개별적으로가 아니라 통일적·집중적으로 결정하고, 노사 간의 기본적 현안사항을 합리적으로 처리하는 데 있어서 단체교섭의 제도는 필요불가결한 제도라고 해도 좋다.

요컨대, 단체교섭은 노사 간의 기본문제를 조직적으로 해결하는 가장 유효한 방법이다. 그러므로 단체교섭 없이 합리적인 노사관계의 확립이나 안정은 있을 수 없다고 해도 과언이 아니다. 그리고 단체교섭의 정상적인 발전이야말로 자본주의사회에 있어서 노사관계의 근대화를 추진하는 데에 가장 필요불가결한 요소라고 할 수 있다.

2. 사회정책적인 의미

단체교섭은 노동조합의 노동쟁의행위권을 승인하고 그것을 법적으로 보장하는 것과 불가분적인 일체관계에 있다. 노동자측의 노동쟁의행위권의 보장 없이 사용자측과 대등한 교섭을 한다는 것은 불가능하다. 노동쟁의행위권에 의해 비로소 사용자측과 대등한 교섭이 담보된다. 따라서 쟁의행위권이 없는 단체교섭권 등이라는 것은 진정한 의미에서 단체교섭이라고 할 수 없다.

물론 자본제 국가가 특히 노동조합을 법적으로 승인하고, 단체교섭권이나 쟁의행위권을 인정하게 되었던 것은 이미 노동자계급의 형성과 노동운동의 발전이 무시할 수 없는 단계에 들어섰기 때문이다. 그것은 노동자에 대한 자본의 양보이지만, 그 양보는 궁극적으로는 그것에 의해 자본주의체제의 유지에 도움이 되는 한에 있어서 양보이었다. 노동자측에 대한 노동운동의 양보가 자본주의체제의 유지에 도움되지 않았다면 자본제국가는 노동조합의 승인은 물론이고 단체교섭권의 승인도 완강하게 부정했을 것이 틀림이 없다. 여기에 바로 단체교섭의 사회정책인 의의가 있다고 할 것이다.

사회정책적인 측면에서 살펴보면, 노동운동은 임노동에 대한 자본의 지배를 창출해내는 자본주의적 경제법칙에 대하여 노동자계급이 이 법칙을 제한하고, 그 범위 내에서 사회적 부의 분배를 자신의 계급에 유리하도록 하는 조직적 대항을 의미한다. 따라서 노동운동의 근본적인 성격은 상품교환을 지배하고 있는 가치법칙에 대해 종속적이라고 할 것이다. 단체교섭제도는 노동운동을 자본주의체제 내적으로 제도화하는 것이다. 노동자계급은 자본주의 경제에 의해 소외된 계층이라는 것에 그 본질이 있는데 단체교섭은 노동자계급의 본질을 부정하는 데에서 출발한다. 즉 노동자계급이 자본주의체제에 대한 변혁자로서의 행위를 해서는 아니

된다는 점에서 단체교섭제도가 비로소 성립한다. 바꿔 말하면, 단체교섭제도는 자본주의체제가 노동자계급을 포섭하는 하나의 형식이라고 할 것이다. 단체교섭은 영구적으로 포섭될 수 없는 노동운동을 자본주의제도 내로 포섭했다는 것을 의미한다. 그러므로 단체교섭에는 당연히 그 모순이 포함되어 있다. 그 모순은 항상 단체교섭을 고정된 형태로 정착하는 것을 허용하지 않고 그 형식을 끊임없이 변화시키고 있다고 할 것이다.[2] 노동문제는 주머니 속에 들어 있는 송곳처럼 상황의 변화에 따라 주머니를 뚫고 나오듯이 단체교섭이 제대로 작동하지 않으면 자본주의체제 자체를 뒤흔들게 된다. 노동문제는 단체교섭이란 주머니 속에 있을 경우에 자본주의체제에 순응한다.

요컨대, 노동조합과 그 단체교섭제도의 법적 승인은 자본주의체제의 안전핀이자 자본주의체제를 유지하기 위한 룰(rule)을 확립하기 위한 구체적인 표현이다. 단체교섭이라는 주머니의 시스템을 어떻게 조직화하고 능률화하는가라는 문제가 바로 단체교섭법의 과제이다.

제 3 절 단체교섭과 단체교섭권 및 쟁의행위권

Ⅰ. 쟁의행위권과 쟁의행위에 대한 오해

단체교섭의 결과가 항상 체결에 이르는 것은 아니다. 상황판단이 부실하거나 노사간에 이해가 맞지 않으면 단체교섭이 결렬될 수도 있다. 노사의 납득이 가는 합의가 되지 않는 경우에 노동조합이 쟁의행위권을 행사하고 사용자가 이에 맞서 로크아웃(lock-out)을 단행하여 쟁의관계로 비화하는 경우도 왕왕 있다. 이미 지적했듯이, 노동쟁의의 권리를 인정한 가장 우선적인 의미는 특히 부대등한 입장에 처해 있는 노동자측에게 단체교섭을 대등하게 할 수 있는 조건을 만들어주려는 것이다. 그렇지만 사용자의 측에서는 자주 쟁의행위를 곧바로 조직폭력과 동일시한다든가, 산업질서의 파괴행위로 취급하는 이해의 방식이 뿌리 깊게 존재하고 있는데, 이것은 분명히 오해일 것이다. 이것은 사용자가 노동쟁의가 무엇인가를

2) 栗田健, 「團體交涉の構造と範圍」, 『勞動經濟 제3권, 日本の勞動組合』, 日本評論社, 1967, 126면 이하 참조.

알지 못했기 때문에 일어나는 오해임에 틀림없다. 쟁의행위권의 행사에 부수하여 드물게는 폭력행위도 보이지만 사용자측에 있어서는 폭력행위를 당하기보다는 오히려 집단적으로 노동력의 판매중지를 당하는 것이 훨씬 더 피해가 크다는 것을 알아야 한다. 노동쟁의는 그것 자체가 노조측의 요구를 관철하는 효과적인 수단으로서 집단적으로 노동력의 공급을 일시적으로 거부하는, 말하자면, 매매중지행위이다. 그러므로 법률상으로 이 행위를 정당하게 인정하고 있기 때문에 쟁의행위가 폭력행위인 것은 아니다.

Ⅱ. 노동3권에 있어서 단체교섭권의 지위

자본주의사회에는 인간의 노동력은 매매의 목적물인 하나의 상품으로서, 마치 바지(팬티)나 치마(스커트)와 같은 소모품과 전적으로 동일한 입장에 놓여 있다. 고용주와 피고용자의 관계의 범위 내에서는 노동자는 노동력이라는 이름을 가진 상품의 판매자 이외의 아무것도 아니다. 노동자가 그 노동을 정지하는 것은 바지의 판매자가 일정한 가격 이하에서는 바지의 매도를 거부하는 것과 완전히 동일한 성격을 가진 행위라고 할 수 있다. 다만 노동자는 노동력의 매도인집단인 노동조합을 통해서 그러한 매매중지행위를 단행하는 것이다.

단결권은 단결력을 통해 노동조건을 향상한다고 하는 명확한 목적을 가지는데 이 목적을 달성하기 위해 가장 유력한 수단은 바로 그 판매를 중단하는 쟁의행위권의 행사다. 왜냐하면 노동자는 쟁의행위권의 행사를 배경으로 하여 단체교섭을 행하여야 비로소 유리한 근로조건을 확보할 수 있기 때문이다. 그러므로 단결체는 그 결성 자체로 충분한 의의를 가지는 것이 아니라, 노동력의 판매중지를 중심으로 하는 쟁의행위권 행사와 결합될 때 비로소 그 진정한 힘을 발휘한다. 환언하면, 단결권은 단체교섭권이나 쟁의행위권과 불가분일체의 권리이자 권리이어야 한다. 이들 노동3권은 각각 분리하는 것은 노동3권의 의미를 잃어버리게 한다고 해도 좋다.

이러한 노동력의 집단적 매매중지행위는 노동조합측에서 승인할 수 있는 근로조건을 사용자측이 제시하면, 언제라도 판매중지는 중지되고 판매가 재개될 수 있다고 하는 성격의 것이다. 단체교섭이 불합의로 끝나는 것은 제시된 노동조건의 내용이 노사쌍방에 있어서 너무나 멀어서 종종 합의가 어려운 경우라든가, 그렇지 않으면 단체교섭에 있어 무엇인가 기술적으로 결함이 있는 경우일 것이다.

단체교섭이 올바른 룰(rule)에 의해 쌍방이 서로 현안문제를 견실하게 해결하려고 노력을 계속하면 느닷없이 파업으로 돌입하거나 직장폐쇄의 폭거로 나아가는 것은 어리석기 그지없는 짓이라고 할 것이다. 우리나라에는 단체교섭의 관행이 미성숙한 까닭도 있고, 단체교섭의 과정에서 문제를 해결하려고 하는 노력이 충분치 않아, 곧바로 파업이나 직장폐쇄로 치달아가는 경향이 강한 것은 앞으로 크게 반성할 필요가 있다.

Ⅲ. 단체교섭권과 쟁의행위

만약 노동자에게 쟁의행위권에 기한 쟁의행위가 금지되어 있다고 하면, 아무리 도리를 다하여 교섭을 되풀이해도 사태는 타결에 이르지 못하는 경우가 많을 것이다. 왜냐하면, 예컨대 어느 정도 사용자가 자기주장을 고집하고 노조측의 주장을 거부하였다고 하여도 쟁의행위권을 행사할 수 없다고 하면, 단체교섭은 단지 쌍방의 주장을 말하는 것만으로 끝나고 만다. 그 경우에는 단체교섭이 「교섭」으로서 기능을 가질 수 없을 것이다. 환언하면, 교섭으로서의 의미를 가지고 교섭에 있어서 서로 양보하여 타협하는 것으로 되지 않으면 노동조합이 쟁의행위권을 행사할 수도 있다는 가능성이 열려 있어야 비로소 단체교섭이 교섭으로서의 의미를 갖게 된다.[3)]

쟁의행위권이 사회적 권리로서 현대자본주의국가에서 인정되는 공통의 현상이지만 그렇다고 해서 물론 쟁의행위권이 아무렇게나 행사되어서는 아니 된다. 가능한 쟁의행위권이 발동되는 경우를 피할 수 있다면 그 행사를 자제하는 것이 가장 바람직하다. 노동조합의 쟁의행위권이 권리로서 인정되어 그 결과에 대해 고용주로부터 손해배상을 청구당하거나 쟁의행위 그 자체가 형법적인 처벌이나 일반 경찰적 규제의 대상으로 되지 않더라도 쟁의행위가 일어나는 것은 노사 양당사자뿐만 아니라 사회적 차원에서도 바람직한 것은 아니다. 노동조합은 사용자에 대한 투쟁을 통해 강하게 된다고 하는 사고방식은 일응 수긍할 수 있는 주장이라고 하더라도 무조건적인 강경투쟁이나 이치가 통하지 않는 파업, 승리가 없는 쟁의행위권 행사는 오히려 노동조합을 약체화하고 내부분열을 발생시키게 할 뿐이다. 우리나라에서는 상당한 수의 대기업 노동조합이 파업의 경험을 가지고 있지만, 가끔 그러한 경험을 갖지 못한 중소기업 의 노동동합지도자는 때때로 파업의 경험이 없다는 것에 노동조합 지도자로서의 열등감을 느끼는 자가 있다고 하는

3) 大河內一男, 『勞動組合』, 有斐閣, 1963, 182~182면 참조.

이야기를 들었다. 그러나 그것을 기분상 이해하지 못하는 바는 아니라고 할 수 있지만 어리석은 짓이라고 하겠다. 파업은 유행이나 분위기로 할 수 있는 것이 아니라 노조에 있어서나 고용주에 있어서도 일종의 전쟁과 같은 것이기 때문에 가볍게 시작할 수 있는 것이 아니다. 파업을 하여 성공한다면, 그래도 괜찮지만 반대로 실패한다면 그것은 노동조합의 파멸이라는 것도 알아야 한다. 이러한 점에서 노동조합의 쟁의행위권은 꿀벌의 침과 같은 것은 것인지도 모른다. 노동조합이 사용자와 단체교섭을 아무리 진행해도 쟁의행위권의 발동이 없으면 도저히 해결을 바랄 수 없는 정도의 궁극적인 대립에 당면했을 때에만 최후의 수단으로 쟁의행위권은 행사되어야 한다. 그렇지 않는 한 단체교섭과정에서 문제를 처리하는데 전력을 기울이는 것이 상도일 것이다.

제4절 단체교섭과 법적 규제

Ⅰ. 단체교섭의 성질과 법

단체교섭이란 본래 당사자 간에 진행되는 생생한 행동과정이므로 그 자체가 사실적이지 규범적인 것이 아니다. 즉 단체교섭은 그 방식, 교섭당사자, 교섭사항, 교섭태양 등에 있어서 유동적이다. 특히 단체교섭을 노사의 현실적인 실력관계에만 맡겨두는 경우 그것은 더욱 더 유동적으로 되며, 경우에 따라서는 아주 파열적으로 전개될 가능성이 있다. 그래서 우리 헌법은 근로자의 단체교섭권을 보장하여 그것을 규범적으로 규율할 수 있는 법적 기초를 마련하는 한편, 노조법에서 사용자의 부당노동행위제도 및 노사분쟁의 공적 조정제도를 정비하여 노사 간의 단체교섭이 사회적 차원에서 합리적으로 이루어질 수 있도록 규제하고 있다.

Ⅱ. 단체교섭의 법적 보호

근로자집단이 단결력을 배경으로 하여 근로조건 기타 사항의 변경을 요구하는 행위는 근대시민법에 있어서는 협박죄, 업무방해죄 등으로 처벌되었다. 그러나 이러한 법적인 억압은 현대법에서는 철폐되고, 단체교섭은 오히려 권리로서 적극적으로 보호되고 있다.

Ⅲ. 단체교섭의 법적 취급의 유형

1. 방임형 입법주의

국가가 단결과 단체행동을 보장하고, 단체협약에 대하여 특별한 법적 효력을 부여하는 것 외에 단체교섭의 과정에 관여하지 않는 태도가 방임형이다. 영국과 도이칠란트를 비롯한 유럽의 경우가 이에 해당한다. 이들 국가에서는 노동조합이 전국 또는 지역차원의 산별단체로 조직되어 있고, 중앙집중식의 강력한 산별노조가 단체교섭에 대응하고 있다. 그래서 산별차원의 단체협약이 국가법과 같이 기능하므로 국가가 단체교섭과정에 적극적으로 개입할 필요가 없으므로, 국가는 노사에게 단체교섭을 일임하고 있다.

2. 조성형 입법주의

국가가 사용자에게 성실한 단체교섭의무를 부과하고 근로자에게 단체교섭 자체의 법적 효력을 부여하는 태도가 조성형 입법주의다. 미국, 일본, 프랑스 등의 경우가 이에 속한다. 이들 국가의 경우, 노동조합이 중앙집중식이 아니라 분산형 또는 기업별로 조직되어 있기 때문에 그러하다. 물론 구체적인 조성형태는 각 나라별로 차이가 있다. 단체교섭의 조성은 근로자의 단체교섭권에 대한 사용자의 침해를 법적으로 금지하는 부당노동행위제도로 구체화된다. 그뿐만 아니라 근로자단체가 그러한 침해를 당한 경우에는 위자료 또는 손해배상의 청구할 수 있도록 하거나 사용자에 대한 단체교섭의 응낙가처분을 인정하는 것이 보통이다.

Ⅳ. 현행법과 단체교섭

1. 공무원인 근로자의 단체교섭권의 헌법적 제한

제헌헌법 제18조는 「근로자의 단결할 권리 및 단체교섭 기타의 단체행동을 할 자유는 그것을 보장한다」라고 규정하여, 단결권 단체교섭 및 단체행동권을 근로자의 기본적 자유로 규정하였다. 노동3권이 그것이 자유권이든 생존권이든 간에 단체교섭권은 노동자의 기본권이고 이는 단결권이나 단체행동권과 함께 이른바 노동3권 중의 하나의 권리로서 현대의 20세기 헌법 하에서 동등하게 보장되어 있는 권리이다. 그럼에도 이들 기본적 권리가 우리나라의 현행 헌법에서 모든 노동자에게 보장되어 있는 것은 아니다.

현행 헌법 제33조에 의하면 근로자, 공무원인 근로자, 주요방위산업체에 종사하는 근로자로 구분하고 후의 2자에 대해서는 현행 헌법 자체가 노동3권을 제한하고 있는 특별한 체제를 가지고 있다.

그래서 공무원인 근로자에게는 국가공무원법·지방공무원법이란 특별 노동법의 적용 하에 단결권, 단체교섭, 단체행동권 등에 대해 여러 가지의 제한이 가해져 있다. 자유롭고 대등한 입장에서 단체교섭을 할 수 없다고 하는 특수한 상황에 처해 있다.

국가공무원법 제66조 제1항 및 지방공무원법 제58조 제1항은 사실상 노무에 종사하는 자에 한하여 노동3권을 보장하였다가 2005년 1월에 「공무원의 노동조합설립 및 운영 등에 관한 법률」이 제정되어 6급 이하의 공무원, 기능직공무원, 고용직공무원에 대해 단결권 및 단체교섭권이 인정되었다. 그리고 일정한 직급과 직능에 속하는 공무원에게는 일반적으로 단결권과 단체교섭권이 정부통신부소속의 현업기관과 국립의료원의 작업현장에서 사상실 노무에 종사하는 기능직공무원 및 고용직공무원에게는 단결권, 단체행동권이 있는 이원적인 구조로 되어 있다.[4]

어떻든 6급 이하의 공무원, 기능직공무원, 고용직공무원 및 사실상 노무에 종사하는 공무원을 제외하면 현행법에서 근로조건은 노동자와 사용자가 대등한 입장에서 자주적으로 결정해야 하는 것이고, 사용자가 일방적으로 이것을 결정하거나 국가 또는 제3자가 결정해서는 아니 된다는 것이 근로기준법 제4조에도 명시되어 있는 바이다. 만약에 근로조건이 사용자측의 의사에 의해 일방적으로 결정된다거나 제3자에 의해 결정된다고 한다면 단체교섭의 의의나 역할은 그만큼 희박하게 될 것이다.

---

4) 우리 헌법 제33조 제2항은 기본적으로 공무원의 "근로자성"을 인정하지 않으면서 공무원의 근무관계를 국가공무원법 및 지방공무원법에 의해 규율하는 양식을 취하고 있다. 그러나 이것은 근대국가의 이념에 반하는 전제군주국가적인 발상이라는 비난을 면할 수 없다.

2. 현행 노조법에 있어서 단체교섭에 관한 규정

현행 노조법은 단체교섭에 관해서 자세한 규정을 두고 있지 않다. 이러한 맥락에서 우리나라는 방임형 입법주의를 취하고 있다고 볼 수 있다. 다만, 단체교섭에 관련해서 다음과 같은 규정이 있다.

1) 단체교섭권한

(1) 노동조합의 단체교섭권한자

노조법 제29조 제1항은 「노동조합의 대표자는 그 노동조합 또는 조합원을 위하여 사용자나 사용자단체와 교섭하고 단체협약을 체결할 권한을 가진다」라고 규정하여 노동조합 대표자가 단체교섭의 권한자임을 명시하고 있다. 그러나 사용자측의 경우, 특히 사용자단체의 경우에도 이 규정은 준용된다고 할 것이다.

(2) 단체교섭권의 위임

노조법 제29조 제2항은 「노동조합과 사용자 또는 사용자단체로부터 교섭 또는 단체협약의 체결에 관한 권한을 위임받은 자는 그 노동조합과 사용자 또는 사용자단체를 위하여 위임받은 범위 안에서 그 권한을 행사할 수 있다」라고 규정하여 단체교섭권이 일신전속적인 권한이 아니라 제3자에게 위임할 수 있도록 하고 있다. 그러나 위임의 범위를 넘어서 교섭한 경우에 그 효력이 어떻게 되는지 그리고 이러한 경우에 사법상의 법리가 적용될 수 있는지가 문제라고 할 것이다.

그러나 동법 제29조 제3항이 「노동조합과 사용자 또는 사용자단체는 제2항의 규정에 의하여 교섭 또는 단체협약의 체결에 관한 권한을 위임한 때에는 그 사실을 상대방에게 통보하여야 한다」라고 규정하고 있는 바, 단체교섭 및 단체협약제도의 취지에 비추어 볼 때 통보제도는 수임자 및 위임범위를 확실하게 하기 위한 제도로서 이는 효력규정으로 보아야 할 것이다. 그러므로 그 통보의 범위를 넘는 경우에는 단체교섭 및 이에 기한 단체협약은 무효라고 해야 할 것이다.

2) 교섭의 원칙

노조법 제30조는 제1항에서 「노동조합과 사용자 또는 사용자단체는 신의에 따라 성실히 교섭하고 단체협약을 체결하여야 하며 그 권한을 남용하여서는 아니

된다」라고, 동조 2항에는 「노동조합과 사용자 또는 사용자단체는 정당한 이유 없이 교섭 또는 단체협약의 체결을 거부하거나 해태하여서는 아니된다」라고 규정하여 교섭의 원칙을 선언하고 있다. 그러나 이를 위반한 경우에 단체교섭 및 단체협약에 어떠한 영향을 미치는지가 분명하지 않다. 단체교섭 및 단체협약의 제도적 취지에 비추어 볼 때, 효력이 없다고 해야 할 것이다. 그리고 사용자가 동법 제30조에 위반하여 단체교섭을 한 경우에는 동법 제81조 3호의 불성실교섭 또는 4호의 지배·개입행위에 해당하는 부당노동행위가 될 수도 있다.

3) 단체교섭을 이유로 한 불이익취급의 금지

노조법 제81조 제1호 「… 기타 노동조합의 업무를 위한 정당한 행위를 한 것을 이유로 그 근로자를 해고하거나 그 근로자에게 불이익을 주는 행위」를 부당노동행위로서 금지하고 있다. 단체교섭행위는 "기타 노동조합의 업무를 위한 정당한 행위"에 해당한다고 할 것이다. 그러므로 조합원이 단체교섭위원으로서 교섭과정에서 한 행위를 이유로 사용자가 그에게 불이익을 준 경우에는 이는 부당노동행위에 해당한다.

4) 단체교섭거부의 부당노동행위

노조법 제81조 3호는 「노동조합의 대표자 또는 노동조합으로부터 위임을 받은 자와의 단체협약체결 기타의 단체교섭을 정당한 이유 없이 거부하거나 해태하는 행위」를 사용자의 부당노동행위로 규정하고 있으므로 사용자는 노동조합측이 단체교섭을 신청할 경우에 응할 의무가 있다.

5) 손해배상청구의 제한

단체교섭은 근로자는 그 지위의 향상이라는 목적달성을 위한 행위로서 정당행위이다. 그러므로 노조법 제3조는 「사용자는 이 법에 의한 단체교섭 또는 쟁의행위로 인하여 손해를 입은 경우에 노동조합 또는 근로자에 대하여 그 배상을 청구할 수 없다」고 명시적으로 규정하고 있다. 동조는 헌법 제33조 제1항의 취지에 비추어 볼 때 당연한 내용을 부언적으로 규정한 것이라고 할 것이다.

6) 형사상의 면책

근로자측의 단체교섭시 일련의 행위는 정당한 행위이므로 노조법 제4조는 「형법 제20조의 규정은 노동조합이 단체교섭·쟁의행위 기타의 행위로서 제1조의 목적을 달성하기 위하여 한 정당한 행위에 대하여 적용된다.…」고 규정한다. 그러나 형법 제20조 소정의 정당행위는 형법상 위법성조각사유이지만, 헌법 제33조 제1항이 단체교섭권을 근로자의 기본적 권리로 규정하고 있는 점에 비추어 볼 때, 단체교섭행위는 구성요건조각사유라고 해석해야 할 것이다.

제 5 절 각국의 단체교섭

Ⅰ. 단체교섭의 방식

단체교섭의 방식과 그 내용은 각 자본주의국가에 있어서 산업구조, 노동시장의 구조, 노동조합의 조직형태, 경영자단체의 성격, 노사관계, 노동조합운동의 역사와 성격과 같은 여러 요인에 의해 규정되고 있기 때문에 결코 동일하지 않다. 횡적인 노동조합이 원칙으로 되는 있는 구미의 경우에서도 단체교섭의 방식은 국가에 따라 상당히 다르다.

잉글랜드는 세계에서 가장 단체교섭의 제도가 발달하고 그러한 제도가 잘 보급되어 있는 국가라고 할 수 있다. 그것은 잉글랜드의 자본주의의 발전의 역사가 오래되고 노동조합운동의 역사가 오래되었다는 것과 대응하는 것인데, 이미 19세기 후반에는 거의 직능별노동조합(craft union)이 사용사측과 단체교섭의 제도를 확립하였다.5)

이와 같이 단체교섭의 제도는 원칙으로서 노동조합의 조직을 통해 행해지기 때문에 일반적으로 조직화가 늦은 미숙련노동자의 단체교섭의 관행은 숙련노동자의 경우에 비해 상당히 늦게 성립하였지만, 그 교섭방식은 노동조합 조직의 발전과 더불어 변하여 왔다. 즉 국가의 단체교섭의 패턴은 그 국가의 노동조합의 조직형태와 밀접하게 관련되어 있기 때문에 그것에 규정되는 면이 아주 강하다.

예컨대, 잉글랜드에는 오늘날 산별노동조합이 노조의 주요한 형태를 이루고 있기 때문에 단체교섭도 한 산업을 단위로 하는 전국적 규모의 「산업별의 전국교섭」

---

5) Sidney & Beatrice Webb, The Industrial Democracy, 1897, p.178.

이 그 주류를 이루고 마찬가지로 직업별노조나 일반노조도 전국적 규모의 교섭이 지배적이다.

일반적으로 유럽의 노동조합은 산업별조직형태가 지배적이고 단체교섭도 산업별적인 교섭방식이 일반적인데, 도이칠란트에는 지역적 규모의 산업별교섭이 주류를 이루고 있다. 도이칠란트에는 노동조합과 사용자단체 간의 지역적 규모의 산업별교섭이 일반적이고 산업별 노동조합과 개별기업 간에 행해지는 교섭(대각선교섭으로서의 실태를 가진다)은 당해산업의 대표적인 기업에 있어서만 행해지는 것에 불과하다. 이렇듯 도이칠란트에는 산업별통일교섭의 방식이 확립되어 있는 것이 현상이다.[6]

한편, 프랑스에서는 산업별의 전국교섭을 주축으로 하고 보조적인 의미에서 산업별지구교섭의 교섭방식이 취해지고 있다. 이와 같이 국가에 따라 약간의 차이가 있지만 어느 나라이든 유럽형의 단체교섭은 지역적 또는 전국적 규모의 산업별교섭이 주축을 이루고, 기업 내의 교섭은 공장위원회에 맡겨져 있는 것이 관행으로 인식되어 있다. 이것에 대해 아메리카합중국형의 단체교섭은 서구형의 단체교섭의 방식도 상당히 행해지고 있지만, 산업별 노동조합대개별기업의 기업별교섭이 주류를 이루고 있다. 즉「산업별 노동조합이 단체교섭을 당해산업의 대표적인 한 기업에 일시적으로 집중하고 여기에서 유리한 노동조건을 획득하여 그 패턴(기준)을 다른 회사에 이르게 한다고 하는 유형교섭(pattern bargaining)」이 활발하다.[7] 예컨대, 아메리카의 철강업에는 US스틸과 철강노동조합의 단체교섭이 유형교섭으로 이루고 있고, 여기에서 설정된 패턴이 타 기업의 노사의 표준으로 될 뿐만 아니라 타 금속산업의 상대적 기준을 규제할 정도의 비중을 가지고 있다. 즉 유력한 산업의 임금협약의 내용이 다른 산업에 미치는 경향이 강하다.

---

6) 「도이칠란트의 경우를 예로 들면, 산업별 노동조합과 사용자 또는 사용자단체간의 교섭사항은 임금과 노동시간으로 거의 대별된다. 전자는 최저임금률, 노동자의 질병기간 중에 있어서 임금보장의 기준, 시간외노동, 휴일노동의 경우의 할증임금률에 관한 사항이다. 후자에는 노동시간, 시간외노동, 유일노동의 제한, 휴가에 관한 사항이 포함된다. 그 외의 사항이 단체교섭에 있어서 거론되는 것은 거의 없다. 따라서 배치전환, 전근, 상벌 등의 인사문제, 작업환경의 개선 혹은 안전위생에 관한 문제, 복리후생 및 기능교육에 관한 사항, 그리고 생산계획 생산합리화 등에 관한 사항은 모두 숍 스튜어드(shop steward; Vertraunsleute) 혹은 경영협의회와 사용자간의 노사협의 즉 기업내교섭 직장내교섭에 맡겨져 있다」, 久保敬治, 『勞使間の交涉節次』, 有斐閣, 1968, 30면.

7) 김성수, 『노사관계론(제4판)』, 삼영사, 2007, 189면 참조.

Ⅱ. 교섭사항의 내용

교섭사항의 내용에 대해서도 서구와 아메리카에는 상당한 차이가 인정된다. 즉 유럽형 산업별교섭에서 교섭사항은 채용조건 및 임금률 등 노동조건의 기본적 사항에 한정되고 그 이외의 인사문제, 작업환경이나 안전위생에 관한 문제, 복리후생이나 교육훈련에 관한 문제, 생산계획이나 생산합리화에 관한 문제는 경영협의회나 공장위원회의 교섭이나 협의에 맡겨져 있는 반면에 아메리카의 산업별교섭은 기본적인 노동조건에만 한정되지 않고 상당히 다양하게 걸쳐 있는 것이 하나의 특징이다. 즉 「임금표, 노동조건, 휴일, 프린지 베네피트(유급휴가, 시간외임금, 단체의료, 생명보험, 퇴직금, 연간보장임금)를 비롯하여 채용, 교육 훈련, 배치, 승진, 이동, 해고 등의 인사관리의 전영역, 임금지불형태, 표준작업량, 정원, 기술의 갱신, 직무평가 등」 광범하고 상세한 사항이 교섭의 대상으로 되어 있다.

어떻든, 선진자본주의국가의 단체교섭은 오랜 경험에 기초해서 노사간의 룰이 확립되어 노사 간에 일어나는 기본적 문제는 자주적 단체교섭에 의해 해결되고 있다.

제 6 절 단체교섭에 영향을 미치는 요인들

단체교섭은 노사가 자주적으로 교섭하는 제도라고 하더라도 그것이 노사의 세력관계를 배경으로 하는 양자의 거래력으로 인정되는 한, 그 세력관계가 항상 단체교섭과정에 직접 민감하게 반영하여 교섭의 내용에 영향을 주는 것은 논할 필요가 없다. 노동조합의 역량이 상대적으로 약하고, 충분히 교섭능력을 갖추고 있지 않은 경우에는 단체교섭의 결과는 항상 노동자측에 불리하게 작용하고, 노동조건의 개선에 아무런 도움이 되지 못하는 것은 너무나도 자명한 사항이다.

그렇지만 단체교섭에 영향을 주는 주요 요인으로서는 ① 노동조합의 조직형태와 교섭방식－예컨대, 기업별교섭방식인가, 산업별교섭방식인가, ② 조합원의 결속력의 강약, ③ 교섭대표자(교섭위원)의 교섭능력, ④ 노동시장에 있어서 노동력의 수급상황 등을 들 수 있다. 이들 요인에 의해서 단체교섭의 성과는 크게 영향을 받는다.

그래서 우리나라 노동조합지도자들은 지금까지의 노동운동의 과정을 통해 명증하게 된 수많은 결함들을 가지고 있는 기업별조직형태의 노동조합에서 벗어나 산별조직 또는 직업별조직 또는 일반노조형태로 전환을 꾀하고 그 교섭방식에 있어서도 기업별교섭에 대하여 깊은 반성을 할 필요가 있다.

제 2 장 단체교섭의 법적 개념

제 1 절 법적 개념으로서 단체교섭개념의 필요성

우리 헌법 제33조 제1항은 「근로자는 근로조건의 향상을 위하여 자주적인 단결권, 단체교섭권 및 단체행동권을 가진다」고 규정하여 근로자의 단체교섭을 기본적 권리로 보장하고 있고, 노조법이 단체교섭에 관한 규정을 두고 있으나 현행법은 단체교섭 그 자체의 개념은 규정하고 있지 않다. 그러나 법적 개념으로서 단체교섭은 단체교섭권의 행사에 의한 면책범위, 단체교섭의무의 범위 설정 등 법적 효과를 결정하는 출발점으로서 된다. 그러므로 이를 위해서 단체교섭의 개념을 법적으로 규정할 필요성이 있다.

제 2 절 단체교섭의 개념

I. 개념의 정의

근로자가 그들의 결합체인 근로자단체를 통하여 사용자 또는 사용자단체와 사이에 근로조건 등 근로관계에 관한 사항을 어떠한 내용으로 정할 것인가를 놓고 자주적으로 협의 내지 협상하며 쌍방 간의 타협과 양보의 결과로 합의·결정한 사항에 관하여 단체협약 체결하기까지 일련의 과정을 단체교섭이라고 말할 수 있다. 그러므로 단체교섭에는 사실행위인 교섭행위뿐만이 아니라 법률행위인 단체협약의 체결까지 포함된다고 할 것이다.

일반적으로 재산거래관계에 있어 그 거래관계를 형성하는 계약의 내용은 계약당사자 사이에 각자의 권리의무에 관한 사항을 어떻게 정할 것인가에 대하여 협상을 하고 그 결과 상호 의견일치에 도달함으로써 정해지듯이(이른바 계약자유의 원칙), 근로관계의 내용도 근로관계 당사자 사이의 교섭을 통하여 결정되는 것이지만 근로관계에 있어서는 개별근로자가 아닌 근로자단체가 교섭의 주체가 되어 단체교섭을 하고 근로관계의 내용을 집단적으로 결정할 수 있다는 점에서 일반적 재산거래관계와는 차이가 있다. 즉, 근로관계에 있어서는 경제적·사회적 약자인 근로자가 개별적으로 교섭할 경우 그 계약의 내용이 경제적·사회적 강자인 사용자의 의사대로 거의 일방적으로 결정될 수 있어 불합리하므로 상호 대등한 교섭주체의 관계에 설 수 있도록 단결할 수 있는 권리를 보장하고 근로자단체의 단결력을 배경으로 하여 집단적으로 근로관계를 결정할 수 있도록 하는 권리가 보장됨으로써 위와 같은 단체교섭이 가능하게 된 것이다.

Ⅱ. 개념적 요소

1. 목적적 요소

단체교섭은 상호양보에 의한 합의달성에 그 목적이 있는 것이지 쌍방의 주장과 의견을 대립시키거나 그것을 방청인에게 알리기 위한 것이 아니다.

2. 주체적 요소

단체교섭은 대표를 통한 통일적 교섭이다. 그래서 대표에 대한 권한의 수권이 요구되고 교섭과정의 교섭의사의 형성과 그 확인의 절차상 대표에 대한 일임이 필요적 조건이다. 그러나 노조규약에 의해 대표에 대한 위임시에 총회의 인준을 요구하는 것은 노조자치의 차원에서 당연히 인정된다.

3. 수단적 요소

단체교섭의 합의가 비강제적 자유의사에 의한 것이야 하고 단체교섭상의 양보는 쌍방의 자유이고 합의가 달성되지 않을 수도 있으나 달성되지 않는 경우 근로자측은 단체행동으로 사용자의 양보를 요구할 수 있을 뿐이고, 사용자는 성실한 교섭을 강제당할 뿐이다.

Ⅲ. 구별개념

1. 단체교섭과 경영참가

넓은 의미에 있어서 볼 때, 단체교섭은 경영참가적 기능이 인정된다. 그러나 경영참가는 산업민주주의라는 이념 하에서 경영참가적 기능이라는 개념보다는 명확한 것으로서 광의로는 기업의 모든 의사결정에 노사가 공동으로 참가하는 것을 말하나 좁은 의미로는 근로자가 기업의 경영 자체에 참가하는 것을 말한다. 그러므로 넓은 의미에 있어서 경영참가에는 단체교섭이 포함될 수 있으나 좁은 의미의 경영참가에는 단체교섭의 대상사항과 관련하여 단체교섭이 포함될 수도 있고 제외될 수도 있다. 우리나라에서는 단체교섭의 대상으로서 협의의 경영참가를 제외하려는 경향이 강하다.

2. 단체교섭과 노사협의

현행법상 단체교섭과 노사협의는 구분된다. 집단적 노사관계의 기본이념과 법리에 있어서 노조를 중심으로 하는 것과 노사협의회를 중심으로 하는 것을 양분하는 견해에 의하면 단체교섭과 노사협의는 구분된다. 즉 전자는 근로조건의 유지·개선을 위한 투쟁적 관계인 반면에 후자는 경영에 참여와 협조를 기본적으로 하는 협동적 관계로 파악된다. 그러나 이러한 견해는 기업 내에 있어서 노동조합의 지위를 약화시키고 있는 현행 근로자참여및협력증진에관한법률상 노사협의회 제도를 정당화하기 위한 이데올로기적 조작에 불과하다고 할 것이다. 노사협의제도는 기업 내에 있어서 산별노조의 기능을 보완하기 위해 생겨난 제도로서, 노동조합이 기업별조직인 경우에는 노사협의회는 오히려 노동조합의 기능을 약화하고 노조활동을 방해하는 기능을 한다. 그러나 노동조합이 제대로 기능하지 못하는 곳에서는 노사협의회도 기능을 발휘할 수 없다고 할 것이다.

3. 단체교섭과 대중교섭

대중교섭이란 교섭담당자를 정하지 않고 불특정다수의 근로자가 교섭을 담당하는 교섭방식 또는 교섭담당자인 교섭위원 이외에 다수의 근로자가 교섭에 참가하는 방식이다. 이러한 점에서 대중교섭은 그 상위개념인 단체교섭과는 구별된다.

제 3 장　단체교섭권의 보장

제 1 절　단체교섭성립의 필요적 조건

Ⅰ. 단체교섭의 당사자

단체교섭이 노동자의 단결에 의해 이루어지는 교섭이라고 하더라도 노사 간의 교섭이 모두, 즉 단체교섭인 것은 아니다. 단체교섭이 법적으로 성립하기 위해서는 우선 교섭의 당사자가 명확하고 노사 쌍방과도 교섭권을 위탁받은 자가 교섭을 담당한다고 하는 것이 절대적으로 필요한 조건으로 된다. 그러므로 단체교섭의 일방당사자인 노동자측에 대한 단체적 통제가 아니고, 때때로 다수의 종업원(또는 조합원)이 모여 사용자와 노동조건의 개선에 대해 집단적으로 교섭하였다고 하더라도 노동자측의 통일적 의사의 반영이 없고, 교섭권한이 없는 자가 교섭을 담당한 범위 내에서 그것은 법해석상 단체교섭은 아니다. 따라서 단체교섭은 단순한 「단체」교섭 또는 대중교섭이 아니라 교섭권한을 가진 자 혹은 교섭권한을 위탁받은 자가 집단을 대표하여 이루어지는 노사 간의 교섭만을 말한다.

Ⅱ. 노동조합의 존재

이상에서 보았듯이 노동자측의 단체교섭의 당사자는 통상 노동조합이다. 따라서 단체교섭이 성립하기 위해서는 노동조합의 조직화가 어느 정도 발달하고 사용자측이 그 존재를 전면적으로 인정하고 있는 것이 필수의 조건이다.

그렇지만 근로조건은 법률상 노사가 대등한 입장에서 단체교섭에 의해 결정하는 것이 원칙이라고 하지만 노동자는 사용자에 비해 일반적으로 경제적으로 열등한 입장에 처해 있기 때문에 노동자가 사용자와 대등한 입장에서 교섭을 진행하기 위해서는 우선 단결하는 것이 필요하다. 노동조합측은 굳건한 단결력을 배경으로 하여 교섭을 하는 것이야 말로 가장 효과적으로 그들의 요구를 관철할 수 있다. 환언하면, 노동자는 단체교섭에 의해서만 비로소 근로조건에 대한 요구를 효과적으로 달성할 수 있다. 이 단결을 높이는 데에는 노동조합의 결성이 바로 그 요체이다. 단결권을 최대한으로 발휘할 수 있는 조직이 바로 노동조합이다.

노동조합, 말하자면 근로조건의 유지 개선을 목적으로 하는 근로자의 자주적인 조직으로서 노동력의 매매, 근로조건에 관해 사용자측과 거래하기 위한 단체이라고 하면 노동조합 기능의 중심은 무엇보다도 단체교섭에 있고 실제상으로도 그러해야 한다. 환언하면, 노동조합은 단체교섭을 하기 위해 노동자가 조직한 단체라고 해도 좋다. 단체교섭에 최대의 역점을 두고 그 본래적 역할을 수긍하고 이것을 천착하는 것이야말로 노동조합 본래의 사명에 따른 것이라고 할 수 있다.

그렇다면 노동조합의 독립은 단체교섭의 전제조건이다. 단체교섭은 노사관계의 단체적 자치에 있어서 룰(rule)을 만드는 장이기도 하다. 그러므로 단체교섭의 제도는 노사대등과 상호불개입을 원칙으로 하는 것이다. 노동조합의 자율성은 노조가 그 기능을 유효하게 발휘하기 위해도 단체교섭을 진행하기 위해서도 필요로 하는 것이자 불가결한 조건이다.

이미 지적하였듯이 단체교섭에 있어서는 통상 노동조합이 일방의 당사자로 되지만 그 당사자는 반드시 노조법상의 노동조합일 필요는 없다. 교섭당사자로서의 노동조합은 반드시 노조법상의 요건을 갖추고 있을 필요는 없다. 헌법상 노동자의 자주적 조직은 모두 단체교섭의 당사자로 될 수 있는 것이다. 단체교섭을 당사자로 되는 자가 단순히 노동조합에만 한정하지 않는 것은 헌법 제33조 제1항에서 「근로자는 … 단체교섭권 …을 가진다」라고 규정한 것에서도 분명할 것이다. 예컨대 피해고자의 단체는 해고와 관련된 사항에 관해 당연히 단체교섭을 할 권리를 가진다고 해석할 수 있다.

Ⅲ. 단체교섭권의 승인

단체교섭이 근로자에 있어서 기본적 권리로서 법의 보호 하에 있다는 것은 임노동자는 사용자에 비해 경제적으로 불리한 조건하에 있기 때문에 개개의 근로자가 개별적으로 사용자와 「근로계약」을 체결할 경우, 계약의 내용에 대해 노사가 대등한 관계에서 교섭하는 것이 곤란하고, 반드시라고 해도 좋을 정도로 그 체결이 전자의 불리로 끝난다는 것은 피할 수 없기 때문이었다. 그래서 공통의 이해를 가진 임노동자에게 노동조합의 결성을 법적으로 승인하고 집단적으로 교섭하는 권한을 인정해서 비로소 노사가 대등하게 교섭할 수 있는 하나의 조건을 만들어내려고 하는 것이다(당초 단결권의 승인도, 근로자의 격렬한 운동의 성과이다).

즉 근로조건은 법률상, 노사가 대등한 입장에서 자주적으로 결정해야 하는 것이라는 것이라고 하지만, 사용자측에 고용되지 않으면 살 수 없는 항상 경제적으로 약한 입장에 있는 근로자는 노동력의 매매에 대해 개별적으로 사용자와 교섭하는 것으로는 근본적으로 대등한 입장에서 교섭하는 것은 불가능하다고 할 것이고, 무엇보다 노동력의 수급관계가 노동력의 공급자측에 의해서 장악되어 있지 않는 한, 교섭의 결과는 항상 근로자측에게 불리하게 끝난다는 것은 필연적으로 정해진 사실이라고 해도 과언이 아니다. 그래서 경제적으로 열위적인 입장에 처해 이해를 공통으로 하는 노동자가 단결하여 노동조합을 결성하고, 집단적으로 교섭함으로써 비로소 대등한 입장에서 교섭할 수 있는 하나의 조건이 확보될 수 있다. 그렇지만 그것만으로 불충분하다.

Ⅳ. 노동쟁의행위권의 승인

노사가 대등하게 단체교섭을 하는 전제로서 다시 근로자의 기본적 권리로서 노동쟁의행위권이 보장되어 있어야 한다. 이 쟁의행위권의 승인을 배경으로 비로소 노사의 대등으로 단체교섭을 할 수 있다. 그렇지 않으면 역시 실제로는 비대등적인 관계는 청산되지 않는다. 즉 단체교섭이 평화적인 모습에서 노사대등으로 전개될 수 있는 것은 실은 그 배경에 쟁의행위라는 것이 잡아당기고 있기 때문이다. 바꿔 말하면, 단체교섭은 근로자가 노동력의 판매를 거부할 수 있는 자유를 가지고 있는 것, 즉 쟁의행위가 근로자의 기본적 권리로서 승인되어 있는 경우에만 그 의미를 가질 수 있다.

말할 필요도 없겠지만, 노동조합에게 쟁의행위권이 보장되어 있기 때문이라 해서 노동조합은 쟁의를 목적으로 하는 집단인 것은 아니라 단체교섭을 유리하게 전개하기 위한 쟁의행위를 하는 것이다. 노동조합은 단체행동권(단체교섭권+노동쟁의행위권)을 배경으로 하여 유리하게 근로조건을 거래하는 집단에 불과하고,[8] 쟁의행위는 노사의 대등관계를 현실적인 것으로 하는 단순한 수단이다. 그러나 행

8) 그래서 이러한 의미에서 노동조합은 잉글리쉬로 “trade Union”이라고 표현한다.

의행위가 근로조건의 거래를 유리하게 전개하기 위한 유력한 수단이라고 하더라도 결코 그것이 노동조합의 궁극적인 목적인 것은 아니다.

제 2 절 단체교섭권보장의 내용

헌법 제33조 제1항은 근로자에게 그들의 결합체인 근로자단체를 통하여 근로조건의 향상을 위하여 사용자와 자주적으로 단체교섭을 할 수 있는 권리를 기본권으로 보장하고 있으며[9], 노조법 제29조는 「노동조합의 대표자는 그 노동조합 또는 조합원을 위하여 사용자나 사용자단체와 교섭하고 단체협약을 체결할 권한을 가진다」(제1항). 「노동조합과 사용자 또는 사용자단체로부터 교섭 또는 단체협약의 체결에 관한 권한을 위임받은 자는 그 노동조합과 사용자 또는 사용자단체를 위하여 위임받은 범위 안에서 그 권한을 행사할 수 있다」(제2항)고 하여, 노동조합 대표자 또는 노동조합으로부터 위임을 받은 자의 단체교섭 및 단체협약 체결 권한을 규정하며, 동법 제30조는 "노동조합과 사용자 또는 사용자단체는 신의에 따라 성실히 교섭하고 단체협약을 체결하여야 하며 그 권한을 남용하여서는 아니 된다"(제1항), "노동조합과 사용자 또는 사용자단체는 정당한 이유 없이 교섭 또는 단체협약의 체결을 거부하거나 해태해서는 아니 된다"(제2항)고 하여 사용자로 하여금 단체교섭 및 단체협약체결에 성실히 응할 의무를 규정하는 한편, 동법 제3조, 제4조는 근로자의 정당한 단체교섭권의 행사로 사용자가 손해를 입은 경우에도 사용자는 손해배상을 청구할 수 없고 단체교섭을 위한 정당한 행위는 형법 제20조 소정의 정당행위로서 형사상 면책의 대상이 된다고 규정하고, 노조법 제81조 제3호는 사용자가 "노동조합의 대표자 또는 노동조합으로부터 위임을 받은 자와의 단체협약체결 기타의 단체교섭을 정당한 이유 없이 거부하거나 해태하는 행위"를 부당노동행

---

9) 헌법 제33조에 의해 기본적 권리로서 보장되어 있는 노동자의 단결권, 단체교섭, 단체행동권이라는 이른바 노동3권에는 일반적 법률유보가 붙어 있다(헌법 제37조 제2항). 더욱이 공무원노동자와 방위산업체노동자의 노동3권에 대한 보장은 특별법률유보의 형태로 되어 있다(헌법 제33조 제2항, 제3항). 이들 헌법상의 규정은 노동자의 단결자유를 국가적으로 보장하지만, 그것을 노동자의 원초적인 「자유」로 방임해 두지 않고, 국가 즉 지배적 정치세력이 자신들의 필요에 따라 상당부분 제한할 수도 있다는 자세를 강하게 나타내고 있다. 이것은 단결권과 단체행동권이 기본적으로 「단체교섭」을 위한 수단으로만 인정되는 것이고, 또 기능적 차원에 있어 단체교섭권이 중핵적인 권리임을 의미한다.

위로 금지하는 규정을 두어 단체교섭권의 보장을 구체화하고 있다.

제 3 절 단체교섭권의 법적 성질

단체교섭권은 헌법상 기본권으로서 근로자의 국가에 대한 주관적 공권으로 보장될 뿐만 아니라, 노동조합 등 근로자단체가 사용자 또는 사용자단체에 대하여 성실하게 단체교섭에 임하도록 하는 작위의 급부행위를 요구할 수 있는 사법(私法)상의 청구권으로서의 법적 성질을 갖는다고 보아야 할 것이다. 즉, 헌법상 기본권으로 보장된 단체교섭권에 대하여는 이를 규정하고 있는 헌법 제33조 제1항에 대사인간(對私人間)에 있어서도 직접 적용되는지, 법률상의 일반조항을 통하여 간접 적용되는지에 대한 견해의 대립이 있을 수 있고, 후자의 견해를 취하게 되면 기본권으로서의 단체교섭권은 이른바 주관적 공권으로서 국가에 대한 관계에서 국가로부터 이를 부당하게 침해받지 않을 권리에 그친다고 해석할 수도 있으나 전술한 바와 같이 노조법 제29조, 제30조 등에서 노동조합이 사용자 또는 사용자단체에 대하여 단체교섭을 할 수 있는 권리를 명문으로 규정하고 있는 이상, 단체교섭은 이러한 법률의 규정에 의하여 발생하는 채권의 일종이라고 볼 수 있다고 할 것이다.

이에 대하여 단체교섭권의 법적 성질을 공법상의 권리로만 파악하는 반대의 입장[10)]이 있을 수 있고, 이 점은 특히 단체교섭권에 기한 사법적 구제수단으로서 단체교섭응낙가처분의 피보전권리로서 사법상의 단체교섭청구권이 인정되는지 여부와 관련하여 논의되고 있으므로 자세한 것은 뒤에서 후술하기로 한다(제2편 제7장 제3절 II 참조).

---

10) 마산지법 충무지원 1992.4.23. 92카684 참조.

제 4 절 단체교섭권의 법적 효과

Ⅰ. 기본권으로서 효과

단체교섭권이 헌법상 보장된 기본권으로서의 법적 성질을 가진다. 헌법재판소의 결정[11]과 같이 노동3권이 자유권적 기본권과 생존권적 기본권의 성질을 겸하고 있다고 하면, 근로자는 국가로부터 단체교섭권을 부당하게 침해받지 않고 공공복리 등을 위하여 필요한 경우에 제한을 받게 되는 경우에도 그 본질적 내용을 침해받지 아니할 자유가 있으며, 한편으로 국가는 입법조치를 통하여 근로자의 단체교섭권이 실질적으로 보장될 수 있도록 필요한 법적 제도와 법규범을 형성하여야 할 의무를 부담한다.

Ⅱ. 사용자의 부당노동행위

헌법상 단체교섭권의 내용 및 이를 구체적으로 보장하기 위한 노조법 등의 법률규정에 따라 사용자 또는 사용자단체는 근로자의 단체교섭권에 대응하여 성실하게 단체교섭에 응하여야 할 의무를 부담하고(노조법 제29조 및 제30조), 만약 사용자나 사용자단체가 정당한 이유 없이 이를 거부하거나 해당하는 경우에는 부당노동행위가 성립하여(동법 제81조 제3호) 노동위원회에 의한 구제명령의 대상(동법 제82조)이 되거나 불법행위를 구성하여 손해배상책임이 발생할 수 있다.

Ⅲ. 민형사법 적용의 배제

단체교섭의 과정에 있어서 조합원의 행동이 형법상 구성요건에 해당하거나 근

11) 헌재 1998.2.27. 94헌바13·16, 95헌바44 결정(병합). 이 결정에 대한 평석으로는 강희원, "노동3권의 법적 성격과 노동단체법」", 『헌법실무연구』 제1권, 헌법실무연구회, 2000, 363-396면 참조

로자의 정당한 단체교섭권의 행사로 인하여 사용자가 손해를 입은 경우에도 이에 대하여는 손해배상의무를 부담하지 않는 등 민사상 면책되고(노조법 제3조), 단체교섭을 위한 정당한 행위는 형법 제20조의 정당행위로서 형사상 면책의 대상이 된다(노조법 제4조).

Ⅳ. 단체협약의 효력

단체교섭의 결과로 체결되는 단체협약의 규범으로서 효력이 인정된다. 단체협약의 효력에 관해서 뒤에서는 자세히 논하기로 한다(제3편 제5장 참조).

제 4 장 단체교섭의 주체

제 1 절 서

단체교섭의 당사자란 단체교섭에 대한 권리의무를 가진 자로서 단체교섭을 자신의 이름으로 수행하고 그 성과인 단체협약의 당사자로 되는 자를 말한다. 단체교섭의 당사자는 헌법에 의해서 보장된 단체교섭권의 주체와 그 상대방을 의미한다.

단체교섭의 담당자란 단체교섭을 현실적으로 담당하는 자로서 교섭권한만을 갖는 경우, 타결권한까지 갖는 경우, 단체협약 체결권한까지도 갖는 경우가 있다. 단체교섭은 쌍방이 마주 앉아서 합의에 이르고자 하는 사실행위이므로 그것을 실제로 담당하는 자는 당연히 자연인이어야 한다.

제 2 절 단체교섭의 당사자

우리나라의 단체교섭의 교섭방식은 기업별노조와 사용자 간에 이루어지는 단조단사교섭(單組單社交涉)이 주류를 이루고 있다. 따라서 기업별교섭에 있어 단체교섭의 당사자는 통상 그 기업의 사용자와 종업원이다.

아래에서 근로자측과 사용자측을 구분해서 단체교섭당사자의 문제를 자세히 살펴보기로 한다.

Ⅰ. 근로자측의 당사자 : 단체교섭권의 주체

1. 서 설

헌법 제33조 제1항에 의하여 근로자로서 자주적으로 결성한 단결체가 단체교섭의 근로자측의 당사자가 됨은 당연하다. 그러나 헌법 제37조 제2항 및 노조법에 의하여 일정한 요건을 갖춘 근로자단체만이 비로소 단체교섭권의 구체적인 주체가 된다. 그러므로 단체교섭과 관련하여 가장 우선적으로 제기될 수 있는 핵심쟁점의 하나는 누가 정당한 단체교섭권자가 될 수 있는가의 문제이다. 즉, 헌법상 기본권으로 보장되는 단체교섭권이라 함은 사용자 또는 사용자단체와 근로조건에 관한 사항 등의 결정에 관하여 교섭하고 그 교섭의 결과 합의된 사항에 대하여 단체협약을 체결할 수 있는 권한을 뜻하고[12] 근로자는 헌법상 단결권에 의하여 보장되는 단결력을 배경으로 하여 결합된 근로자단체를 통하여 이러한 권한을 행사할 수 있다는 것이므로 이와 같이 사용자 또는 사용자단체와 단체교섭을 하고 단체협약을 체결할 수 있는 권리능력을 갖는 근로자단체로 인정받으려면 어떠한 요건을 갖추어야 할 것인가를 따져 볼 필요가 있다.

노조법상 노동조합으로서의 실질적·형식적 요건을 갖추어 조직된 법내노조가 단체교섭권을 행사할 수 있는 권리능력이 있는 것은 의문의 여지가 없으나, 그 밖에 노조법상 노동조합으로서의 실질적 요건은 갖추고 있으나 설립신고의 형식적 요건이 흠결되어 있는 법외노조나 단체성 유무가 문제되는 이른바 일시적 쟁의단도 이와 같이 단체교섭 및 단체협약체결능력이 있는 근로자단체로 인정할 수 있는지에 관하여는 견해의 대립이 있다.

2. 법내노조

1) 노조법에 정한 형식적·실질적 요건을 모두 갖추어 설립된 단위노동조합은 그 조직대상이 기업별·산업별·직종별·지역별 등 어느 것을 불문하고 그 조합원의 수가 가입자격 있는 근로자의 소수를 대표하고 있더라도 이에 관계없이 단체교섭권의 정당한 주체가 될 수 있다.

---

12) 위 같은 헌재 결정.

2) 우리나라의 노조법에 의하면, 노동자가 주체로서 자주적으로 근로조건의 유지·향상을 꾀하거나 근로자의 경제적 지위향상을 꾀하는 것을 주된 목적으로 조직하는 단체 또는 그 연합단체를 특별히 노동조합으로 인정하고 있다. 이러한 단체 또는 연합단체는 단체교섭의 당사자로서 단체협약을 체결할 권리가 인정된다. 즉 연합단체라고 하더라도 그것이 단순한 연락협의관이 아니라면, 노조법상에서는 노동조합의 취급을 받는다. 그리고 상부단체의 연합체가 하부조직의 단체교섭권의 위임을 받을 수 있는 것은 물론이고, 노조법상의 노동조합으로서 권리를 보장받고 있는 한, 당연히 연합단체에게도 단체교섭을 할 권리가 인정될 것이다. 즉, 노동조합의 조직형태가 단위노동조합이 아닌 그 연합단체인 노동조합의 경우에도 그 규약이 정하는 바에 따라 단체교섭 및 단체협약체결을 목적활동으로 정하고 단위노동조합에 대하여 통제권을 행사할 수 있는 경우에는 단체교섭의 당사자가 될 수 있다는 데는 별다른 이론이 없다.

3) 단위노동조합의 산하에 지부 또는 분회가 설치되어 있고, 이러한 지부·분회가 독자적인 규약 및 집행기관을 가진 독립된 단체로 인정되는 경우에는 그 규약이 정하는 바에 따라 일정한 범위 안에서 단체교섭권의 주체가 될 수 있다.

4) 법내노조에 대하여는 단체교섭권의 향유주체로서 단체교섭의 정당한 당사자로서 법적 보호를 당연히 받게 되는 것 이외에도 "법"에 의하여 행정관청에 의한 일정한 보호 급부의 대상으로 삼기 위한 특별한 보호를 인정된다. 사용자나 사용자단체가 단체교섭을 정당한 이유 없이 거부하거나 해태하는 경우에 노동위원회에 부당노동행위의 구제신청을 하여 구제받을 수 있는 것이 그것이다(노조법 제7조 제1항·제2항, 제81조 제3호).

3. 법외노조

1) 노조법상 노동조합으로서의 실질적 요건은 갖추고 있으나 설립신고라는 형식적 요건이 흠결되어 있는 법외노조가 단체교섭권을 정당하게 행사할 수 있는 당사자에 해당하는지에 관하여는 이를 긍정하는 견해가 대부분이나, 법내노조만이 정당한 당사자가 될 수 있을 뿐이고 법외노조는 단체교섭의 당사자가 될 수 없다고 보는 소수 견해[13]도 있다.

법외노조가 단체교섭의 정당한 당사자가 될 수 있다고 긍정하는 견해 중에서 사실행위로서의 단체교섭을 할 수 있는 능력과 단체협약을 체결할 수 있는 능력

13) 정기남, "단체교섭의 주체와 대상", 『노동법학』 제3호, 한국노동법학회, 1991, 24~25면.

을 구분하여 법외노조의 경우 사실행위로서의 단체교섭을 할 수 있는 당사자가 될 수는 있으나 규범적 효력을 가지는 단체협약을 체결할 수 있는 당사자가 될 수 없고 법내노조만이 단체협약체결능력을 가질 뿐이라고 보는 견해[14]가 있다

이에 관하여 직접 판시하고 있는 판례는 없으나 판례 중에서 '노동조합으로서의 실질적 요건을 갖추지 못하였다면 단체교섭이나 쟁의행위의 정당한 주체로 될 수 있는 노동조합라고 볼 수 없다 할 것이나, 노조법상의 노동조합이 아닌 근로자의 단결체는 무조건 단체교섭 등이 없다는 것은 아니'라고 판시한 것[15]이 있어, 법외노조라도 단체교섭권의 정당한 주체가 될 수 있음을 간접적으로 긍정하고 있다고 할 것이다.

2) 헌법 제33조 제1항의 규정상 기본권인 단체교섭권의 내용으로서 보장되는 것은 근로자가 그들의 단결체를 통하여 사용자 또는 사용자단체와 교섭하고 그 교섭의 결과로서 합의된 사항에 관하여 단체협약을 체결할 수 있는 권리를 말하므로, 앞에서 이미 기술한 바와 같이 근로자주체성, 자주성, 목적성, 단체성 등의 실질적 요건을 갖추어 권리능력이 있는 단체로서 인정할 수 있는 근로자단체에 해당하기만 하면 헌법상 단체교섭권의 향유주체가 될 수 있다 할 것인데, 법외노조 역시 이러한 근로자단체에 해당하는 이상 헌법상 단체교섭권의 주체가 될 수 있는 지위에 있다고 할 것이다.

다만, 헌법 제37조 제2항에 의하여 공공복리를 위하여 필요한 경우에 그 본질적인 내용을 침해하지 않는 범위 안에서 법률로써 단체교섭권의 향유주체가 되는 근로자단체의 범위를 제한할 수 있는 여지가 있을 것이지만 노조법 등에 법외노조를 단체교섭권의 주체에서 제외하고 있는 법규정은 없으며, 오히려 노조법 제29조에 의하면 노동조합이 그 대표자나 수임자를 통하여 사용자나 사용자단체와 교섭하고 단체협약을 체결할 권한을 가진다고 규정하고 있는데, 여기서 노동조합이라 함은 노조법 제2조 제4호에서 정의하고 있는 노동조합의 실질적 요건을 갖추고 있는 근로자단체를 가리키고 동법 제10조에 의한 설립신고까지를 마친 노동조합에 한정한다고 할 수 없을 것이므로, 위 법규정의 해석상으로도 법외노조는 단체교섭권의 정당한 당사자로 볼 수 있다 할 것이다.

또한, 노동3권에 관한 헌법규정이나 노조법 제29조가 규정하는 단체교섭권이라 함은 근로자단체가 교섭할 수 있는 권한뿐만 아니라 그 교섭의 결과로서 합의된 사항에 대하여 단체협약을 체결할 수 있는 권한까지도 인정된다는 것을 뜻하고,

---

14) 김유성, 『노동법 II (전정판)』, 법문사, 1997, 127-128면 및 155-157면.

15) 대판 1997.2.11. 96누2125.

여기서 말하는 단체협약은 그 체결 당사자가 근로자단체임에도 불구하고 그 협약에 정한 근로조건에 관한 사항이 협약체결의 당사자인 근로자단체뿐만 아니라 그 단체의 구성원 모두에 대하여 규범적 효력이 미치는 것을 의미한다 할 것이다.

노조법 제33조는 단체협약에 이러한 규범적 효력이 인정된다는 취지를 명문으로 규정하고 있으므로, "법"의 위와 같은 법규정상 근로자단체의 실질적 요건을 갖춘 노동조합은 이와 같이 규범적 효력이 인정되는 단체협약을 체결할 수 있는 정당한 주체라고 해석할 수 있다 할 것이나, 이러한 법규정에 의하지 않더라도 만약 근로자단체가 규범적 효력이 인정되는 단체협약을 체결할 수 있는 정당한 당사자로 인정되지 않는다면 근로자에게 단결권이나 사실행위로서의 단체교섭을 할 수 있는 권리 및 단체행동권이 아무리 보장된다고 하더라도 그를 바탕으로 한 근로조건의 통일적·집단적 규율이 불가능할 수 있으므로, 근로자의 단결력을 배경으로 하여 근로조건을 집단적·통일적인 규율을 가능하게 함으로써 근로조건의 향상을 기하려고 하는 헌법상 노동3권의 보장취지에 비추어 볼 때, 근로자단체에게는 헌법상 단체교섭권의 본질적인 내용으로 규범적 효력이 미치는 단체협약을 체결할 수 있는 권리가 당연히 인정된다고 보아야 할 것이다. 따라서 근로자단체로서의 실질적 요건을 갖추고 있으면 단체교섭뿐만 아니라 규범적 효력이 미치는 단체협약을 체결할 수 있는 정당한 당사자가 된다고 볼 것이다.

위에서 본 바와 같이 노동조합으로서의 실질적인 요건을 갖추고 있는 법외노조가 사실행위로서 단체교섭을 할 수 있는 정당한 당사자에게는 해당하거나 규범적 효력이 있는 단체협약을 체결할 수 있는 정당한 당사자로는 될 수 없다고 보는 일부 견해는 헌법상 단체교섭권에 의하여 근로자단체의 구성원 모두에게 규범적 효력이 있는 단체협약을 체결할 권리까지 보장되는 것은 아니고, 단체협약이 규범적 효력을 갖는지 여부는 국가가 제정하는 법률의 개별 규정에 따라 비로소 정해진다고 해석하는 입장에서 출발하여 우리의 노조법으로는 근로자단체 중 법내노조만이 근로기준적 효력(규범적 효력)이 있는 단체협약을 체결할 수 있는 능력이 있는 것으로 해석하고 있는데, 이러한 논의는 단체협약의 법적 성질을 어떻게 파악할 것인가와 관련되므로 이에 관하여는 해당부분에서 따로 후술한다(제3편 제2장 참조).

3) 법외노조 중에서도 노조법 제2조 제4호 본문 및 단서의 적극적 및 소극적 요건을 모두 갖추고 있으나 설립신고의 형식적 요건만을 갖추지 아니한 경우 외에 위 소극적 요건 중 같은 조항 단서 가목 및 라목에 정한 바와 같이 근로자단체에 사용자의 이익을 대표하는 자나 근로자가 아닌 자의 가입이 허용되고 있어 그 소극적 요건을 갖추지 못하고 있지만 그러한 자의 참여 또는 가입에도 불구하

고 근로자단체로서의 주체성·자주성이 흠결되었다고 볼 수 없는 경우도 있을 수 있는 경우도 있으므로 그러한 법외노조가 단체교섭권의 정당한 주체가 될 수 있는지 문제된다.

이러한 근로자단체는 법내노조로 인정받기 위한 소극적 요건을 갖추지 않아 법에 의한 노동조합으로 설립될 수는 없으나 근로자단체로서의 실질을 갖고 있는 이상 헌법상 단체교섭권 보장의 주체가 될 수 있을 것이나, 동법 제29조에 의하여 단체교섭권을 갖는 노동조합의 개념을 동법 제2조 제4호 본문 및 단서에 정한 실질적 요건을 모두 갖춘 노동조합을 의미하는 것으로 해석하게 되면 실질적 요건을 구비했으나 설립신고증을 교부받지 못한 근로자단체는 위 법규정상으로는 단체교섭 및 단체협약을 체결할 수 있는 당사자에서 제외되어 있다 할 것이다.[16]

이와 관련하여 판례는 '노동조합이 설립되어 있는 철도청에 그 조합원인 철도청 기관사들 일부로 구성된 특별단체교섭추진위원회는 단체교섭권이 없다'고 판시하였고,[17] 전국기관차협의회라는 사업장 단위의 근로자단체에 대하여 '근로자라고 할 수 없는 해석이 확정된 자도 회원자격을 인정하고 있을 뿐만 아니라 기존의 전국철도노동조합과 그 조직대상을 같이 하고 있어 (구)노동조합법상의 노동조합이라고 볼 수 없고, 따라서 단체교섭권도 없다'고 판시하여[18] 노동조합으로서 적극적·소극적 요건에 해당하는 실질적 요건을 모두 갖춘 법외노조가 아닌 경우에는 단체교섭권의 정당한 주체가 될 수 없다는 입장을 취하고 있는 것으로 보이나 이에 관하여는 논란의 여지가 남아 있다 할 것이다.

4) 법외노조는 위와 같이 단체교섭권의 정당한 주체로서 법내노조와 마찬가지로 그 조직대상, 조직형태, 가입 조합원의 수에 관계없이 단체교섭 및 단체협약체결능력이 있는 당사자가 될 수 있음은 물론이다.

법외노조는 단체교섭권의 향유주체로 인정되어 단체교섭의 정당한 당사자로서의 법적 보호를 받는 것 이외에는 "법"에 의하여 법내노조에 대한 특례로서 인정되는 행정관청에 의한 일정한 보호 급부의 대상에서는 제외되므로, 사용자측의 정당한 이유 없는 단체교섭거부나 해태행위가 있다고 하더라도 그에 대하여 노동위원회에 부당노동행위의 구제신청을 할 수 없다는 제약이 있다(노조법 제7조 제1항, 제2항 참조).

---

16) 노동3권의 법적 성질을 근본적으로 자유권적 기본으로 보는 필자의 입장에서 보면, 설립신고를 노동조합의 요건으로 엄격히 해석하는 것은 위헌이라고 생각한다. 또 이러한 취지의 노조법의 규정은 위헌이라고 할 것이다.

17) 대판 1991.5.24. 91도324. 그 외 대판 1995.10.12. 95도1016; 동 1997.4.22. 95도748 등 참조.

18) 대판 1997.2.11. 96누2125.

4. 일시적 쟁의단(爭議團)

1) 근로자들이 사용자와 사이에 일시적으로 일정한 근로조건에 관한 대립관계가 형성되어 그에 관한 주장을 관철하기 위한 쟁의행위의 목적 아래 결성된 이른바 일시적 쟁의단이 단체교섭권의 정당한 주체가 될 수 있는지 문제된다.

이에 대하여 일시적 쟁의단이 사단(社團)으로서의 조직적 실체를 갖추고 있지 않으며 노조법 제2조 제4호 본문의 노동조합의 개념에 합치하지 않고 근로자단체로서의 법적 보호를 받을 수 없으므로 단체교섭의 정당한 당사자가 될 수 없다고 보는 견해와 근로자단체로서의 법적보호를 받기 위해서는 원칙적으로 단체성이 있어야 하겠지만 미조직근로자나 해고된 근로자가 일시적 결합체로서 쟁의단의 형태로 방어할 수 있는 집단적 이익도 존재하고 또한 이러한 활동 역시 노동3권 보장취지에 적합한 경우가 많다는 점을 고려하면 엄격한 의미의 단체성을 갖추지 못한 근로자의 일시적 결합체에 대해서도 그것이 통일적 의사형성의 주체로 되어 있는 한 노동3권이 보장되어야 할 것이므로 단체교섭의 정당한 당사자가 될 수 있다고 보아야 한다는 견해 등이 있다.

후자의 견해는 사실행위로서의 단체교섭뿐만 아니라 단체협약 체결능력까지 인정하여야 한다는 견해와 사실행위로서 단체교섭의 당사자가 될 수 있을 뿐이고 규범적 효력이 있는 단체협약을 체결할 수 있는 당사자의 지위는 갖지 못한다는 견해가 있다.

판례는 '적법한 절차를 거쳐 조직된 단체가 아니라면 단체교섭권이 없다'라고 하며,[19] '노동조합으로서의 실질적 요건을 갖추지 못하였다면 단체교섭권의 정당한 주체로 될 수 있는 노동조합으로 볼 수 없다'고 판시하여[20] 단체성 등 노동조합으로서의 실질적 요건이 갖추어져 있지 아니한 일시적 쟁의단에 대하여는 단체교섭 및 단체협약체결의 정당한 당사자가 될 수 없다는 입장에 있는 것으로 보인다.

2) 단체교섭도 전술한 바와 같이 일종의 사법상의 권리로서 법적 성질을 가지므로 그 향유주체가 되기 위해서는 근로자단체로서 권리능력이 있어야 하는 것은 최소한의 요구일 것이다. 그러므로 일시적인 쟁의단이 비법인사단으로서 인정받을 수 있는 규약이나 집행기관 등 조직적 실체를 갖추지 못하고 있어 단체성이 흠결되어 있거나, 근로조건의 향상과 무관한 사항에 관한 주장을 관철할 목적을

---

19) 대판 1996.1.26. 95도1959.

20) 대판 1997.2.11. 96누2125.

가지고 있어 목적성이 흠결되어 있는 경우와 같이 권리능력 있는 근로자단체로 인정할 수 있는 실질적 요건을 갖추고 있지 않다면 단체교섭권의 정당한 주체가 될 수 없다고 할 것이다. 따라서 일시적 쟁의단이 결성된 경우 권리능력이 있는 근로자단체로서의 실질적 요건을 충족하고 있는지 여부를 가려보아야 할 것이다.

그리고 단체성의 요건과 관련하여 이른바 권리능력이 있는 비법인사단으로 인정받기 위해서 그 단체의 조직에 계속성이 있어야 하는지 여부가 문제될 수 있는데, 처음부터 일정한 존립기간을 둔 단체도 얼마든지 상정할 수 있으므로 단체로 인정되기 위해서는 존립기간을 예정하고 있는지 여부가 문제될 것은 아니지만 단체의 본질상 적어도 그 존립기간의 범위 안에서는 계속적 결합체로 유지·존속하는 것을 전제로 하여 조직되어야 할 것으로 생각한다. 따라서 일시적 쟁의단의 경우에도 다수의 근로자들이 단순히 일시적으로 집합하여 통일된 행동을 하는 정도의 집단에 지나지 않는 경우에는 이러한 점에서 단체성 여부가 문제될 여지가 있다 할 것이다.

5. 직장조직

노동조합으로서 실체를 갖지 못한 직장조직은 그 자체로서 단체교섭권을 갖지 못하는 것은 당연하다.

Ⅱ. 사용자측의 당사자 : 단체교섭의무자

사용자측의 단체교섭당사자는 근로자측이 단체교섭권을 행사하였을 때 단체교섭의 의무를 부담하는 정당한 당사자, 즉 단체교섭의무자를 말한다. 단체교섭권자로 인정되는 근로자측 당사자가 단체교섭 및 단체협약체결을 요구하였을 때 사용자 또는 사용자단체는 그 상대방 당사자로서 이에 성실히 응할 의무를 부담하게 된다(노조법 제30조). 이러한 사용자 또는 사용자단체의 개념을 구체적으로 살펴보면 다음과 같다.

1. 사용자

노조법상 사용자라 함은 사업주, 사업의 경영담당자 또는 그 사업의 근로자에 관한 사항에 대하여 사업주를 위하여 행동하는 자를 말하므로(동법 제2조 제2호)

이러한 개념에 해당하는 사용자가 근로자단체의 단체교섭 등의 요구에 응할 의무를 부담한다. 그러므로 단체교섭의 당사자로서의 사용자라 함은 근로계약관계의 당사자로서의 사용자에 한정하지 않고 비록 근로계약관계의 당사자가 아니라고 하더라도 단체교섭의 대상이 되는 근로조건에 관한 사항의 전부 또는 일부의 결정에 대하여 구체적·실질적 영향력 내지 지배력을 미치는 자라고 해석하여야 한다. 노동조합 등 근로자단체에 대하여 단체교섭의 의무를 부담하는 사용자는 근로자와의 사이에 사용종속관계에 있는 근로기준법상의 사용자 개념과 동일시하고 있는 태도를 취하고 있는 것으로 해석하고 노조법상 단체교섭의 당사자가 되는 사용자 개념은 노조법이 설정하고 있는 단체교섭·단체협약 등 제도의 취지에 비추어 합목적으로 해석되어야 할 것이고 근로기준법상 근로계약관계의 당사자로 되는 사용자 개념의 틀 안에서 제한적으로 이해하는 것은 부당하다.[21]

파견근로자보호등에관한법률(이하 '파견법'이라고 한다)은 같은 법에 의한 근로자파견사업, 즉 파견사업주가 근로자를 고용한 후 그 고용관계를 유지하면서 근로자파견계약의 내용에 따라 사용사업주의 지휘·명령을 받아 사용사업주를 위한 근로에 종사하게 하였을 경우(파견법 제2조 각호), 파견 중인 근로자의 파견근로에 관하여는 파견사업주 및 사용사업주를 근로기준법 제2조의 규정에 의한 사용자로 보아 근로기준법을 적용하되 근로기준법의 특정조항의 적용에 있어서는 그 중 일부 조항은 파견사업주를, 일부 조항은 사용사업주를 사용자로 보는 등 상세한 규정을 두고 있다(동법 제34조). 따라서 이 경우 파견근로자들로 조직된 노동조합이 있다면 근로기준법상 근로계약의 당사자인 파견사업주뿐만 아니라 파견근로자들을 지휘·명령하는 사용사업주도 근로기준법의 적용에 있어서 사용자로 되는 범위 안에서 근로조건에 관한 결정을 할 수 있는 지위에 있을 것이므로 단체교섭이 의무를 부담하는 당사자로서의 사용자에 해당할 것이다.

그런데 이러한 사용자의 개념에 관하여, 판례[22]는 근로자와의 사이에 사용종속관계가 있는 자, 즉 근로자와의 사이에 그를 지휘·감독하면서 그로부터 근로를 제공받고 그 대가로서 임금을 지급하는 것을 목적으로 하는 명시적이거나 묵시적인 근로계약관계를 맺고 있는 자를 말한다고 하고 있다. 하지만 '건설회사가 그 회사가 시공하는 공사 중 특정부분을 하도급 받은 자에게 고용되어 건설회사의 공사장에서 일용근로자로 근무한 경우, 위 건설회사가 일용근로자[illegible] 사업주

21) 동지: 김형배, 『노동법(21판)』, 박영사, 2012, [illegible]면; 김형배, "항운노동조합의 단체협약능력에 관한 연구(상)", 『판례월보』, [illegible], 1995/8, 27면 이하 및 "항운노동조합의 단[illegible]협약능력에 관한 연구(하)", 『[illegible]월보』, 판례월보사, 1995/9, 51면 이하 등 참조.

22) 대판 [illegible] 92누1[illegible]; 동 1995.12.22. 95누3565; 동 1997.9.5. 97누3644.

로서 위 근로자를 산재보험에 가입시키고 위 근로자에게 일당의 형식으로 임금을 지급하여 왔으며 위 공사에 필요한 제반 장비 및 시설을 제공함은 물론 위 하도급업자를 통하여 위 근로자의 작업을 지휘·감독을 하여 왔다면, 위 근로자는 실질적으로 위 건설회사와 사이에 고용계약을 맺은 것으로 보아 그들 사이에 종속적인 근로자·사용자 관계에 있다 할 것이므로 위 건설회사는 사업주로서 위 근로자에 대하여 근로기준법상의 퇴직금지급 등 채무를 부담한다'[23]고 판시한 것도 있다. 따라서 형식적인 근로계약의 당사자가 따로 있다고 하더라도 실질적인 사용종속관계를 맺고 있는 당사자 사이에도 중첩적으로 근로계약관계가 성립할 여지는 위 판례에 의하여 인정되고 있다. 그렇다면 위 사안에서 일용근로자들로 조직된 노동조합이 있다면 위 건설회사는 단체교섭의 의무를 부담하는 사용자에 해당한다고 할 것이다.

외국의 판례이긴 하지만, 일본 최고재판소는 민간방송회사가 도급회사에 조명업무 등을 도급하여 주고 그 도급회사로부터 필요한 기술인력을 파견근로자로서 공급받아 TV 프로그램을 제작함에 있어서 도급회사의 파견근로자들은 방송회사가 정한 작업내용과 순서를 지키고 방송회사가 대여한 기자재 등을 사용하면서 방송회사 소속 근로자들과 함께 프로그램 업무에 종사하였고, 그들의 업무수행에 대하여는 실제로 방송회사의 근로자인 연출자의 지휘·감독 아래 작업이 진행되고 작업시간대의 변경, 작업시간의 연장, 휴식 등도 모두 위 연출자의 지휘·감독 아래 행하여져 왔다면, 도급회사가 고용한 파견근로자들의 근무시간의 배정, 노무제공의 모습, 작업환경 등을 결정하는 것은 방송회사이고 방송회사는 위 근로자들의 기본적인 근로조건 등에 관하여 고용주인 도급회사와 부분적이긴 하나 동일시되는 정도로 현실적이고 구체적으로 지배·결정하는 지위에 있다 할 것이고, 이와 같이 고용주가 아닌 사업주라 하더라도 고용주로부터 근로자의 파견을 받아 자기의 업무에 종사하게 하고 그 근로자의 기본적 근로조건에 관하여 고용주와 부분적이긴 하나 동등시할 수 있을 정도로 현실적·구체적으로 지배·결정하는 지위에 있는 경우에는 그러한 한도 안에서는 단체교섭의 의무를 부담하는 사용자에 해당한다고 풀이함이 상당할 것이므로 방송회사는 그 스스로 결정이 가능한 근무시간의 배경, 노무제공의 모습, 작업환경 등에 관하여 위 도급회사 파견근로자들로 조직된 노동조합인 민방노동조합연맹의 단체교섭 요구를 거부할 수 없다고 판시한 바가 있는데[24], 우리의 근로자파견사업의 경우에 있어서도 위 일본판례와

23) 대판 1986.8.19. 83다카657.

24) 最三小判 平成7.2.28. [日本放送사건] 勞判668號 11면.

같은 법리가 적용되어야 할 것이다.[25)]

직업안정법 제33조(1994.1.7. 법률 제4733호로 같은 법으로 전문 개정되기 전의 구 직업안정및고용촉진에관한법률 제17조 제1항), 같은법 시행령 제33조 제2항 제1호의 규정에 의하면 "법"에 의한 노동조합은 노동부장관의 허가를 받아 근로자공급계약에 의하여 근로자를 타인에게 사용하게 하는 사업(파견법 제2조 제2호에 의한 근로자파견사업은 제외)을 할 수 있는데 이 경우에도 노동조합으로부터 근로자를 공급받아 사용하는 사업주는 그 근로자들을 사용함에 따라 근로조건을 구체적·현실적으로 결정할 수 있는 지위에 있는 범위 안에서 노동조합의 단체교섭 등의 요구에 응할 의무를 부담하는 사용자에 해당한다고 볼 것이다.

판례는 전국항운노동조합연맹 산하 단위노동조합이 근로자공급사업의 허가를 받아 그 소속 조합원들을 하역회사의 하역업무에 종사하게 한 사안에서 위 하역회사는 위 단위노동조합 소속 조합원들에 대하여 단체교섭의 당사자로서의 사용자의 지위에 있지 않다고 판시하고 있는데,[26)] 이는 위 조합원들이 같은 조합원인 작업반장의 지시에 따라 하역작업을 위한 노무를 제공하고 그에 따른 대가를 위의 단위노동조합으로부터 지급받았으며 그밖에 작업수행에 있어서 하역회사의 구체적인 지휘·감독을 받는 사용종속관계에 있지 않아 위 조합원들의 근로조건에 관하여 하역회사가 사실상 아무런 결정권이나 지배력을 행사할 수 있는 지위에 있지 않다는 사실관계를 기초로 하고 있다는 것이며, 반대로 만약 위 하역회사가 공급받은 위 조합원들을 사용함에 있어서 사용종속관계 아래 근로조건의 전부 또는 일부에 대하여 구체적·현실적으로 결정할 수 있는 지위에 있다고 하면 그 범위 안에서 단체교섭의 당사자인 사용자에 해당한다고 할 것이다.[27)]

예를 들어, 용역회사가 건물의 청소·관리 또는 시설경비 등을 위하여 건물주와 사이에 용역계약을 체결하고 용역회사의 지휘·감독 아래 그 소속 근로자들로 하여금 그러한 용역업무를 수행하게 하고 건물주는 그러한 용역을 제공받을 뿐 위 근로자들에 대하여 아무런 지휘·감독을 하지 않고 있다면 건물주는 그러한 근로자들에 대한 관계에서 단체교섭의 당사자로서의 사용자 지위에 있지 않다고 할 것이다.

---

25) 김형배, 위같은논문(상), 35~37면 참조.

26) 대판 1993.11.23. 92누13011; 동 1995.12.22. 95누3565; 동 1997.9.5. 97누3644.

27) 김형배, 위같은논문(상), 27면 이하 및 위같은논문(하), 51면 이하 참조.

[판 례]

□ **국가가 노조법 제2조 제2호의 사용자에 해당하는지 여부(적극)**

- 각 지방노동청장이 그 이름으로 직업상담원들과 사법상 근로계약을 체결하였다고 하더라도, 이는 각 지방노동청장이 행정주체인 국가 산하의 행정관청으로서 근로계약체결사무를 처리한 것에 지나지 아니하므로, 사법상 근로계약관계의 권리·의무는 행정주체인 국가에 귀속된다 할 것이고, 이에 따라 피고가 '노동조합및노동관계조정법' 제2조 제2호 소정의 사업주인 사용자로서 원고에 대응하는 단체교섭의 상대방 당사자의 지위에 있다고 보아야 할 것이다(대판 2008.9.11. 2006다40935).

□ **냉동 및 냉장창고 회사가 노조법상 사용자에 해당하는지 여부(소극)**

- 냉동·냉장창고 회사가 전국항운노동조합연맹 산하 단위노동조합에 대하여 단체교섭의무를 부담하는 사용자에 해당하지 않는다(대판 1997.9.5. 97누3644).

2. 사용자단체

사용자단체는 노동조합과의 단체교섭 또는 단체협약을 체결하는 것을 목적으로 함을 그 정관 또는 규약에 정하고 있거나 그에 관하여 그 구성원인 사용자들의 위임이 있고 그 구성원인 각 사용자들에 대하여 다수결원리 등에 의한 통제력을 갖거나 정관 또는 규약에 그 구성원의 제명에 관하여 규정하고 있음으로써 근로관계에 관하여 그 구성원인 사용자에 대하여 조정 또는 규제할 수 있는 권한을 가지는 경우에는 노동조합과 단체교섭을 할 상대방 당사자가 된다.

판례에서 구체적으로 문제시되었던 사례를 정리해보면 다음과 같다.

[판 례]

□ **서울특별시 극장협회의 노조법상 사용자단체 여부**

- 서울특별시 극장협회는 서울특별시소재 상설극장의 경영자들로서 구성된 임의단체로서 규약으로써 정한바 목적 및 사업에 노동조합과의 단체교섭 및 단체협약을 체결하는데 관한 사항이나 노동관계사항을 규정한 바 없고, 상설극장의 대표자로서 원고협회에 회원으로 가입하지 않았거나 가입하였다가 제명되었다 하더라도 극장운영에 아무런 제한이나, 지장을 받지 아니한다는 취지의 사실을 인정함으로써 원고협회는 사용자단체이기는 하나 노동관계에 관하여 조정 또는 규제할 수 있는 권한과 통제력을 가졌다고 볼 수 없어서 이 사건 노동조합 분회와의 사이에 단체교섭이나 단체협약을 체결할 상대방이 될

권능이 없는 자라 할 것이다(대판 1979.12.28. 79누116).

□ **지역의 원예협동조합이 사용자단체에 해당하는지 여부**

- 지역의 원예협동조합이 청과물위판장을 설치운영하고는 있으나 거기서 일하는 근로자들은 소외노동조합에서 임의로 선발되어 패유되고 그 노동조합원인 연락소장의 지휘감독 하에 있으며 노임도 각 하주로부터 직접 받고 있을 뿐이고, 위 원예노동조합은 단지 위판장내에서 행해지는 작업내용과 노임액을 균등화하여 노임에 관한 질서를 유지할 목적으로 위 연락소장과 노임에 관한 협의를 하는데 불과하다면 이는 노동조합법 제33조 제1항의 사용자단체에 해당하지 않는다(대판 1986.12.23. 85누856).

□ **수산업 협동조합의 노조법상 사용자단체 여부**

- 협동조합은 다수결 원리에 의하여 그 조합원을 통제할 수 있고 임금 기타 근로조건의 표준화를 통하여 조합원 사이의 부당한 경쟁을 방지함으로써 조합원의 이익을 도모할 수 있으므로 협동조합도 일정한 요건 하에서는 그 조합원들이 고용하고 있는 근로자들로 구성된 노동조합과 단체교섭 및 단체협약체결을 할 수 있다고 할 것인데 원래 협동조합은 조합원들의 경제적 지위의 향상을 위하여 설립된 경제단체로서 노동조합에 대응하는 단체가 아니라는 본질에 비추어 보면 그 정관에서 정하고 있는 경우나 조합원들의 위임이 있는 경우 등에 한하여 노동조합과의 단체교섭 및 단체협약체결을 할 수 있다. (…) 수산업협동조합인 원고조합이 그 정관상 조합사업의 하나로 규정한 "조합원의 경제적 이익을 도모하기 위한 단체협약의 체결"에는 노동조합법상의 단체협약이 포함된다고 보아야 할 것이어서 단체교섭 기타의 단체협약의 체결을 그 목적으로 한다고 할 것이고, 한편 그 구성원에 대하여 다수결 원리를 통한 통제력을 가지고 있는데다가 정관에 조합원의 제명에 관하여 규정하고 있는 점 등에 비추어 보면 노동관계에 관하여도 그 조합원들을 조정 또는 규제할 권한이 있다고 보여지므로 결국 노동조합법 소정의 사용자단체에 해당된다(대판 1992.2.25. 90누9049).

□ **식당동업자조합**

- (구)노동조합법(1996.12.31. 법률 제5244호로 폐지) 제33조 제1항, 제4항에 의하여 노동조합과 단체교섭을 할 상대방인 사용자단체는 노동관계에 관하여 그 구성원인 사용자에 대하여 조정 또는 규제할 수 있는 권한을 가진 자이어야 하는데, 사용자단체가 이러한 권한을 갖기 위해서는 노동조합과의 단체교섭 및 단체협약을 체결하는 것을 그 목적으로 하고 또 그 구성원인 각 사용자에 대하여 통제력을 가지고 있어야 한다. (중략) 식품위생법 제44조에 의하여 조직된 '동업자조합'이 노동조합과 단체교섭을 한 상대방인 사용자단체에 해당하지 않는다(대판 1999.6.22. 98두137).

□ **한국음식업중앙회**

- 사단법인 한국음식업중앙회는 식품위생법 제44조에 의하여 음식점영업 등의 영업허가를 받고 영업을 하는 자들이 전국을 단위로 하여 설립한 동업자조합으로서 정관 제2조 목적에 본회는 국민영양과 보건향상 및 식품위생수준 향상에 기여하고 회원 간의 화합과 복리 및 권익을 증진하여 식문화 향상을 도모함을 목적으로 한다고 규정하여 구성원들의 경제적 지위의 향상을 위하여 설립된 경제단체임을 알 수 있을 뿐 정관 어디에도 단체교섭 및 단체협약의 체결을 그 목적으로 한다는 규정을 찾아볼 수 없고, 그 밖에 근로조건의 획일화와 같은 노동관계의 집단적 조정이 관행상 당연히 예정되어 있거나 그에 관해 구성원들로부터 위임이 있음을 인정할 아무런 증거도 발견할 수 없어 피신청인들이 노동조합과 단체협약의 체결, 기타의 단체교섭에 응할 상대방인 사용자단체에 해당한다고는 보여지지 아니하며, 또한 신청인이 주장하는 것처럼 피신청인들이 그 구성원인 회원업소에 대하여 자율지도 등을 하고 있다 하더라도 이는 식품위생법에 규정되어 있는 식품위생지도업무의 일부를 행정관청이 피신청인 등에게 위탁하여 시행하고 있는 것으로, 그 내용을 보면 식품위생법 제21조 규정의 시설기준을 갖추고 있는지 여부와 식품위생법 제31조 규정의 영업의 위생적 관리 및 질서유지와 국민보건 위생의 증진을 위한 사항, 그리고 영업자 및 그 종업원의 위생교육, 건강진단, 기타 위생관리 지도, 식품위생 지도와 관련한 직무 정도를 수행하고 있을 뿐으로, 이를 가지고 피신청인들이 노동관계에 관하여 그 구성원인 각 지부 소속 사용자들을 조정 또는 규제하고 있다고 할 수는 없다고 판단된다(중노위 1997.01.22. 96부노99 결정).

Ⅲ. 단체교섭주체의 제한

1. 노조의 상부단체의 단체교섭

종래 우리나라의 관행으로서는 사용자측에서는 「내부의 종업원」과의 기업별교섭을 환영하는 한편, 「타자」인 산업별연합체 간에, 단체교섭을 하는 것을 극력(極力) 회피하려고 하는 경향이 현저하였다.

그렇지만 연합체라고 하여도 노동조합으로서 인정되고 있는 한, 거기에 고유한 단체교섭권이 인정되는 것은 자명한 이치이다. 그렇지만 하부조직에게도 단체교섭권이 인정되고 상부조직에게도 단체교섭권이 인정되고 있는 경우, 단체교섭상 각각 고유한 지분(담당영역)이 있는 것은 당연한 것이다. 이 경우 단체교섭상의 지분은, 상부조직과 하부조직과의 간의 노조의 조직관계와 힘의 관계에 의해 구체적으로 다르게 되지만 일반적으로는 상부조직은 하부조직의 공통적, 통일적 교섭사항을 취급하고 하부조직은 각각의 조직에 특유한 사항을 단체교섭의 대상으로 하는 것이 타당한 상식적인 해석이라고 할 것이다.

어떻든 사용자는 단위조직=기업별노조와의 단체교섭, 그리고 기업연(기업별연합체)과의 단체교섭에는 응하여도—그렇지만 과거 라사공업은 기업연과의 교섭을 거부하였다—상부조직인 산업별연합체와의 단체교섭에는 좀처럼 응하려고 하지 않기 때문에 마찰을 야기하곤 한다.

노동조합의 조직형태가 단위노동조합이 아닌 그 연합단체인 노동조합의 경우에도 그 규약이 정하는 바에 따라 단체교섭 및 단체협약체결을 목적활동으로 정하고 단위노동조합에 대하여 통제권을 행사할 수 있는 경우에는 단체교섭의 당사자될 수 있고, 단위노동조합의 산하에 지부 또는 분회가 설치되어 있고 이러한 지부·분회가 독자적인 규약 및 집행기관을 가진 독립된 단체로 인정되는 경우에는 그 규약이 정하는 바에 따라 일정한 범위 안에서 단체교섭권의 주체가 될 수 있같다. 또한 전국적 중앙조직인 총연맹도 노조법상의 노동조합으로 해석될 수 있지만 관행상 하부조직의 위촉을 받아 그 단체교섭을 하는 것까지에는 이르지 못하고 있다.

2. 유일교섭단체약관

우리나라에는 단체협약에 사용자가 그 기업의 종업원노조(=기업별노동조합)와만 단체교섭을 하고 기타 노조 또는 제3자와는 단체교섭에 응하지 않는다고 하는 취지의 규정을 두는 경우가 실제로 많다. 이것을 유일교섭단체약관 또는 제3자 교섭위임금지조항이라고 하는데 이러한 규정을 두는 것은 일견 노사쌍방에 있어서 유리한 면도 있는 듯하다. 이렇게 말하는 것은 사용자측에서 보면, 단체교섭은 기업 내의 노동조합과만 행하고 상부단체와의 단체교섭을 배제할 수 있고, 노동조합측에서 보면 제2노조가 있는 경우 사용자측에 대해 그것과의 단체교섭을 제한할 수 있기 때문이다.[28] 따라서 현재에는 유일교섭단체약관조항을 체결하여도 실제상은 유명무실하다. 그렇지만 현행법의 상황에서도 사용자측은 이것을 구실로 삼아 오히려 이것을 상부노조의 단체교섭의 신청을 거부하기 위해 이용할 수 있

---

28) 현재의 법적 상황에서는 사용자측은 제2노조의 단체교섭신청이 있으면, 교섭창구가 단일화되지 않았다는 이유로 단체교섭을 거부할 수 있다.

을 것이다. 특히, 노동조합이 단체교섭에 있어서 통일투쟁방식을 취하는 경우 사용자측은 상부단체와의 단체교섭을 배제하기 위해 유일교섭단체조항이나 제3자 교섭위임금지조항을 역이용할 수 있다. 그렇지만 이러한 유일교섭단체조항은 말할 것도 없이 현행 노조법의 취지에 반하는 것으로서 다른 노동조합의 단체교섭권을 침해하므로 위법 무효라고 할 것이다. 어용노조 내지 자주성을 결한 노조가 아닌 한, 사용자는 항상 어떠한 노조의 단체교섭에도 응해야 할 의무를 부담하고 있기 때문이다.

그리고 단체협약에 사용자측의 의향으로 교섭위원을 종업원인 조합원에 한정하는 규정을 두고 있는 경우도 있지만, 이것도 교섭거부의 정당한 이유로 인정되지 않고, 노조법 제81조 제3호 위반에 의한 부당노동행위로 된다. 교섭위원은 노조로부터 위임된 자이면, 종업원이 아닌 제3자라도 상관이 없다.

제 3 절 단체교섭의 담당자(교섭위원)

Ⅰ. 서 설

단체교섭의 담당자라 함은 단체교섭의 상대방과 교섭할 수 있는 자격(단체교섭권한)을 가지고 실제적으로 단체교섭을 직접 담당하는 자를 말한다. 단체교섭의 당사자는 단체교섭권의 주체로서 단체협약상의 권리·의무가 직접 귀속되는 자를 말하지만 단체교섭담당자는 사실행위로서 단순히 단체교섭을 행하는 자이다.

단체교섭권과 단체교섭권한은 ① 단체교섭권은 근로자에게만 인정되는 권리인 반면 단체교섭권한은 근로자·사용자 모두에게 인정되는 점, ② 단체교섭권은 위임이 불가능한 일신전속적 권리인 반면, 단체교섭권한은 단순한 법적인 자격으로 위임이 가능하다는 점, ③ 단체교섭권은 노동조합이 행사하는 반면 단체교섭권한은 자연인이 행사한다는 점 등에서 차이가 있다.

Ⅱ. 근로자측의 단체교섭담당자

근로자단체로서의 실질적 요건을 갖춘 노동조합은 그 대표자에 의하거나(노조법 제29조 제1항) 타인에게 그 권한을 위임하여(동법 제29조 제2항) 단체교섭권을 행사할 수 있다.

1. 노동조합 대표자 또는 수임자의 단체교섭권한의 범위

1) 노동조합대표자의 범위

노동조합대표자란 기업노조의 대표자는 물론 연합단체의 노조대표자도 포함된다. 노조대표자는 규약상 대외적 대표자는 물론 임원 및 집행위원 등도 포함될 수 있다. 단체교섭의 담당자로서 노조대표자의 범위는 조합규약에 의해서 자주적으로 정할 수 있다. 예컨대, 당해 노동조합이 노조대표를 공동대표로 정한 경우에 공동대표가 단체교섭의 담당자로 된다.

2) 노조대표자의 교섭담당권의 범위

(1) 원 칙

단체교섭권한은 규약이나 총회에서 당연히 제한될 수 있다. 노동조합대표자라고 해서 반드시 교섭의 타결권한이나 단체협약 체결권한까지도 당연히 갖는 것은 아니라고 할 것이다.

(2) (구)노동조합법 제33조 제1항과 노조법 제29조 제1항의 비교

(구)노동조합법(1996.12.31. 법률 제5244호로 제정된 "법"에 의하여 폐지되기 전의 것) 제33조 제1항 본문은 "노동조합의 대표자 또는 노동조합으로부터 위임을 받은 자는 그 노동조합 또는 조합원을 위하여 사용자나 사용자단체와 단체협약의 체결 기타의 사항에 관하여 교섭할 권한이 있다"고 규정하고 있어서 여기서 노동조합의 대표자 또는 수임자에게 주어지는 "교섭할 권한"의 범위에서 사실행위로서의 단체교섭의 권한 외에 교섭한 결과에 따라 단체협약을 체결할 권한이 포함되는지 여부에 관하여 학설상 대립이 있어 왔다. 판례는 (구)노동조합법상 '교섭할 권한'

에 사실행위로서 교섭권한 외에 체결권한도 포함하는 것으로 보아야 한다는 견해를 보였다.[29] 그러나 개정 노조법 제29조 1항은 '노동조합의 대표자는 그 노동조합 또는 조합원을 위하여 사용자나 사용자단체와 교섭하고 단체협약을 체결할 권한을 가진다'라고 명시적으로 규정하여 이 문제를 입법적으로 해결했다고 대부분의 노동법학자들은 말하고 있다. 그러나 뒤에서 다시 언급하는 바와 같이 노동조합대표자의 단체교섭권한과 단체협약체결권한을 어떻게 보는가에 따라 현행 노조법 제29조 제1항을 다르게 해석할 여지가 있기 때문에 여전히 문제가 남아 있다고 할 것이다.

(3) 노동조합 대표자의 단체교섭권한 제한의 허용 여부

가. 문제의 제기

노동조합 대표자가 단체교섭을 담당하는 데에 있어서 노동조합의 규약 또는 총회의 의결로 대표자의 교섭권한을 제한할 수 있는가가 문제이다. 특히 우리나라의 경우, 노조대표자가 그의 권한을 이용해서 노동조합원에게 불리한 단체협약을 자의적으로 체결하거나 단체교섭의 과정에서 사용자의 감언이설에 넘어가는 등 불미스런 사태가 발생하는 것이 자주 있었기 때문에 이러한 사태를 미연에 방지하기 위해서 단체협약이나 규약에서 노조대표자가 체결한 단체협약은 총회의 인준을 받을 때 그 효력을 발생한다는 규정을 두어 노조대표의 단체협약체결권한의 남용을 저지해 왔다. 이러한 노조규약의 효력이 대(對)사용자관계에 있어서 어떠한 법적 의미를 가지는지와 관련하여 학설과 판례가 첨예한 대립을 보여왔다.

나. 학 설

a) 제한부정설

교섭담당자는 단체교섭의 사실행위뿐만 아니라 법률행위인 단체협약체결권도 가지고 그 권한은 규약이나 조합원총회의 결의에 의해서 제한할 수 없다고 한다.[30] 그 근거로는 i) 단체법상 노조의 기관인 노조대표의 대표권행사에 노조구성원인 개개조합원이 관여할 수 없고, ii) 노조대표의 단체협약체결권을 제한하는 것은 노조대표의 대표권을 전면적 포괄적으로 제하는 것으로서 단체법리에 반하고, iii) 노조대표의 대표권제한을 민법 제60조에 따라 등기하지 않았으므로 제3자

29) 대판 1993.4.27. 91누12257 [전합]; 동 1993.5.11. 91누10787; 동 1995.3.10. 94마605; 동 1998.1.20. 97도588 및 헌재 1998.2.27. 94헌바13·26, 95헌바44 결정 참조.

30) 김형배, 위같은책, 857면.

인 사용자에 대해서는 대항할 수 없으며, iv) 노조대표자의 대표권남용에 따른 노조내 분규는 노조내부의 문제이고 제3자인 사용자가 이로 인한 불편을 겪거나 단체협약체결에서 부당한 부담을 하는 것은 형평의 원리에 반하고, v) 노조대표의 대표권제한은 산업평화를 해친다는 것 등을 들고 있다.

b) 제한긍정설

단체교섭담당자에게 단체협약체결권이 있을지라도 규약이나 총회의 결의에 의해 노조대표의 단체협약체결권을 제한할 수 있다고 본다. 그 근거로는 i) 국가를 비롯한 단체의 기관에서 각 기관의 권한 남용을 방지하기 위해서 기관상호간 권한의 분리와 견제가 인정되고 ii) 그 제한이 개별적인 조합원의 동의가 아니고 규약이나 총회라는 기관의 결의에 의한 제한이며 노조대표의 단체협약체결권제한이 노조대표의 대표권의 전면적·포괄적으로 제한하는 것이 아니라 대표권의 일부인 단체협약체결권만의 제한이므로 단체법리에 반하지 않으며, iii) 단체협약체결의 효력은 민법상의 거래와 달리 협약을 체결한 노동조합이 아니고 그 구성원인 개개근로자에게 직접 미치고 조합원 전원이 참가한 쟁의행위를 통해 그 실효성을 거둘 수 있으므로 단체협약체결에서는 항상 조합원의 총의가 중시되어야 하며, iv) 노조대표의 단체협체결권 남용은 노사관계의 불안을 가져오며 그 대표권남용의 방지가 불가피하다고 본다면 총회에 의한 단체협약체결권제한은 당연하며 이러한 제한은 오히려 산업평화에 기여하고, v) 사단법인의 대표권제한에 관한 민법 제60조가 적용된다고 하더라도 특히 노조가 기업별조직인 경우 사용자는 제3자가 아니라는 것 등을 든다.

다. 판 례

a) 대법원판례

대법원 판례는 단체교섭권에 관한 이러한 법규정에 따라 노동조합의 대표자 또는 수임자가 사용자나 사용자단체와 사실행위로서 교섭하고 그 교섭한 결과에 따라 단체협약을 체결할 권한을 가지므로, 만약 단체협약이나 노동조합의 규약 등에 노동조합의 대표자 또는 수임자가 단체교섭의 결과에 따라 사용자가 단체협약의 내용을 합의한 후 다시 협약안의 가부에 관하여 조합원 총회의 의결을 거쳐야만 하도록 정하였다면 이는 대표자 또는 수임자의 단체협약체결권한을 전면적·포괄적으로 제한함으로써 사실상 단체협약체결권한을 형해화하여 명목에 불과한 것으로 만드는 것이어서 그들의 단체협약체결권한을 정하고 있는 노조법의 규정에 위반하는 무효의 것이라고 해석하고 있다.[31]

[판 례]

□ **노조대표자의 단체협약체결권 : 대판 1993.4.27. 91누12257 [전합]**

〔사건개요〕

원고인 (주)쌍용중공업노동조합은 지난 90년 11월 20일 회사측과 단체협약을 체결하면서 集團協約중 "단체교섭에서 합의된 모든 사항은 문서로 작성하며, 단체협약의 체결권한은 교섭대표자에게 있고, 조합원 총회의 결과에 따라 교섭위원 전원이 연명으로 서명한다. 단 본 조항은 노동조합 규약이 정하는 바에 따른다"는 규정(제66조)을 두었으나 이 규정이 노동조합법 제33조 제1항에 위배된다는 이유로 창원시로부터 이 조항을 바꾸라는 단체협약 변경명령을 받자 소송을 제기, 원심인 부산고법에서 원고(노조)의 승소판결을 받았었다(부산고법 1991.10.16. 90구1332). 그러나 대법원 전원합의체(재판장 김덕주 대법관 : 주심 尹永哲 대법관)는 지난 4월 27일 馬昌노련소속 '쌍용중공업 노동조합'이 '창원시장'을 상대로 낸 단체협약변경명령취소 청구소송 상고심에서 피고(창원시장)의 상고를 받아들여 아래와 같이 판시, 원고(노조)승소 판결한 원심을 깨고 사건을 부산고등법원으로 되돌려 보냈다.

〔판결요지〕

노조대표자는 단체교섭권뿐만 아니라 단체협약 체결권까지 있으므로 노사대표자간 체결된 단체협약에 대해 조합원 총회의 결의를 거칠 필요 없이 그 효력이 발생한다.

가. 노동조합법 제33조 제1항 본문은 "노동조합의 대표자 또는 노동조합으로부터 위임을 받은 자는 그 노동자 또는 조합원을 위하여 사용자나 사용자단체와 단체협약의 체결 기타의 사항에 관하여 교섭할 권한이 있다"고 규정하고 있는바, "교섭할 권한"이라 함은 사실행위로서의 단체교섭이 권한외에 교섭한 결과에 따라 단체협약을 체결할 권한을 포함한다.

나. 노동조합의 대표자 또는 수임자가 단체교섭의 결과에 따라 사용자와 단체협약의 내용을 합의한 후 다시 협약안의 가부에 관하여 조합원총회의 의결을 거쳐야만 한다는 것은 대표자 또는 수임자의 단체협약체결권한을 전면적·포괄적으로 제한함으로써 사실상 단체협약체결권한을 형해화하여 명목에 불과한 것으로 만드는 것이어서 위 법 제33조 제1항의 취지에 위반된다.

〔판시이유〕

1) 노동조합도 하나의 사단이므로 노조대표자가 단체협약체결권을 가지는 것은 단체대표의 법리에 비추어 정당하다.
2) 헌법 제33조 제1항의 '단체교섭권'이라 함은 사실행위로서의 단체교섭권만이 아니라 단체협약체결권도 포함된다.
3) 노동조합법 제33조 제5항, 제39조 제3호는 노조대표자가 단체협약체결권을 가짐을 당연한 전제로 하고 있다.

---

31) 대판 1993.4.27. 91누12257 [전합]; 동 1993.5.11. 91누10787; 동 1995.3.10. 94마605; 동 1998.1.20. 97도588.

4) 노조대표자에게 단체협약체결권이 없다면 원활한 단체교섭을 진행할 수 없고, 단체교섭권 자체가 무의미한 것이다.
5) 노동조합이 규약에 따라 교섭권한을 위임한 때에는 그것으로써 이미 노조의 자주적, 민주적 운영을 실현하는 것이다.
6) 단체협약에 노조대표자의 단체협약체결권 자체를 부정하고 있지 않다.

〔반대의견〕
(1) 윤 관 대법관
가. 근로자의 권익을 보장하려는 헌법규정과 노동조합법이 지향하는 노동조합의 자주성, 민주성 및 특수성을 고려하고 노동조합법 제33조 제1항이 대표자 등에게 사실행위로서의 단체교섭권만 주고 있는 점과 같은 법 제19조 제1항 제3호가 총회의 의결사항으로 단체협약에 관한 사항을 두고 있는 점, 같은 법 제22조가 노동조합의 조합원은 균등하게 노동조합의 모든 문제에 참여할 권리와 의무가 있다고 규정하고 있는 점. 그 밖에 노사간의 원만한 관계 유지를 통한 국민경제의 발전이라는 측면을 함께 보면, 노동조합은 총회의 결의로 단체협약을 체결할 권한을 가진 자를 정하고 그들로 하여금 단체협약을 체결하기 전후에 노동총회의 결의에 따르도록 하는 것이 옳다.

(2) 배만운 대법관
노조 대표자에게 단체협약 체결권을 주는 다수의견에는 동조하지만 노사가 합의해 노조대표자의 단체협약체결권을 제한하는 것까지 위법으로 보는 견해는 받아들일 수 없다.
가. 노동조합법 제33조 제1항이 단체협약의 교섭권한을 규정한 것은 노동조합의 대표자 등에게 일반적 추상적으로 단체협약의 교섭·체결권한이 있음을 규정한 것뿐이고, 어떠한 절차와 방법으로 단체교섭을 하고 단체협약을 체결하며, 노동조합의 규약이나 총회의 결의에 의하여 노동조합 대표자 등의 권한을 제한할 수 있는 것인지, 어느 범위까지 제한이 가능한지, 이 제한으로써 사용자나 사용자단체에 대항할 수 있는 것인지, 제한에 위반하여 체결된 단체협약의 효력은 어떻게 되는 것인지, 단체협약으로 노동조합의 대표자 등의 권한을 제한하는 협약을 체결할 수 있는 것인지 여부는 별도로 따져 보아야 할 문제이지, 위 규정이 노동조합의 대표자 등에게 어떠한 형태의 단체협약체결권한을 제한하는 것도 금지하는 강행규정이라고 생각하지 아니한다.
나. 노동조합측이 노동조합의 대표자나 노동조합으로부터 위임을 받은 자의 단체협약 교섭·체결권한을 일방적으로 제한하거나 전면적이고 포괄적으로 제한하는 것은 원칙적으로 허용될 수 없다고 볼 것이나 그렇지 아니한 경우에는 노동조합 대표자 등의 단체협약체결 절차나 권한을 위 "가" 항의 규정취지에 어긋나지 않는 범위 안에서 제한할 수 있다.

b) 헌법재판소결정의 태도

헌법재판소는 '위 법규정으로 말미암아 노동조합의 자주성이나 단체자치가 제한되는 경우가 있다고 하더라도 만약 단체교섭의 결과 합의가 도출된 다음에도 다시 노동조합 총회의 의결을 거쳐야만 비로소 그 합의의 효력이 발생할 수 있도록 하는 것이 허용된다면 사용자가 결정 권한이 없는 노동조합 대표자나 수임자를 상대로 하여 성실하고도 진지하게 교섭에 임하리라는 것을 기대하기는 어렵게 되고 이로 말미암아 노동3권의 헌법적 목적으로 실현하기 위한 절차로서의 단체협약제도의 기능이 크게 저해되어 노동영역에서의 산업평화가 위협받을 수 있을 것이므로, 이와 같이 단체협약제도의 기능확보라는 중요한 공공복리를 위하여 노동조합의 활동의 자유를 제한할 필요가 있고, 그 제한의 내용 또한 노동3권의 본질적인 내용을 침해한 것으로 볼 수 없으며, 더욱이 다른 법규정을 통하여 노동조합의 내부조직을 민주적으로 구성하고 의사형성이 민주적으로 이루어질 수 있도록 절차를 규율하고 있다는 점에 비추어 볼 때, 총회에서 사전에 의결할 수 있는 길이 열려있을 뿐만 아니라 노동조합대표자에 의한 대의제도가 보장되어 있는 터이므로 노동조합 대표자에 의한 교섭의 결과를 노동조합과 노동조합원에게 귀속시키기에 충분한 정당성이 있다'고 판시하여[32] 위 법규정이 헌법에 위반되지 않는다고 결정한 바 있다.[33]

[판 례]

□ 노동조합법 제33조 제1항 위헌소원

- [1] 헌법 제33조 제1항이 "근로자는 근로조건의 향상을 위하여 자주적인 단결권, 단체교섭권, 단체행동권을 가진다"고 규정하여 근로자에게 "단결권, 단체교섭권, 단체행동권"을 기본권으로 보장하는 뜻은 근로자가 사용자와 대등한 지위에서 단체교섭을 통하여 자율적으로 임금 등 근로조건에 관한 단체협약을 체결할 수 있도록 하기 위한 것이다. 비록 헌법이 위 조항에서 '단체협약체결권'을 명시하여 규정하고 있지 않다고 하더라도 근로조건의 향상을 위한 근로자 및 그 단체의 본질적인 활동의 자유인 '단체교섭권'에는 단체협약체결권이 포함되어 있다고 보아야 한다.

  [2] 노동조합의 대표자 또는 노동조합으로부터 위임을 받은 자에게 단체교섭권과 함께 단체협약체결권을 부여한 이 사건 법률조항의 입법목적은 노동조합이 근로3권의 기능을 보다 효율적으로 이행하기 위한 조건을

32) 헌재 1998.2.27. 94헌바13·26, 95헌바44 결정.

33) 위 헌재결정에 대한 비판적 견해로는, 강희원, 위같은논문, 363-396면 참조.

규정함에 있다 할 것이다. 따라서 비록 이 사건 법률조항으로 말미암아 노동조합의 자주성이나 단체자치가 제한되는 경우가 있다고 하더라도 이는 근로3권의 기능을 보장함으로써 산업평화를 유지하고자 하는 중대한 공익을 위한 것으로서 그 수단 또한 필요·적정한 것이라 할 것이므로 헌법에 위반된다고 할 수 없다(헌재 1998.2.27. 94헌바13·16, 95헌바44 결정(병합)).

라. 노조법 제29조 제1항을 어떻게 해석할 것인가?

a) 노동조합대표자의 최종적 단체협약체결권의 문제

노조법 제29조 제1항은 노동조합의 단체성(團體性)에서 나오는 당연한 내용을 규정하고 있을 뿐이다. 본 규정이 없더라도 노동조합의 대표자는 노동조합을 대표해서 단체교섭을 하고 단체협약을 체결할 수 있는 지위에 있다. 그러나 노조대표자가 이러한 권한을 가지고 있다고 해서 총회가 노조대표자의 권한을 제한할 수 없거나 노조대표의 그러한 권한이 최종적인 결정권한이라는 것은 아니다. 노동조합의 단체협약체결권은 근로자 개인의 노동3권에서 비롯된 노동조합으로부터 위임된 권한에 불과한 것이지, 위 규정에 의해서 비로소 노동조합대표자에게 배타적으로 창설되는 권한인가라는 문제가 제기된다.

단체협약이 체결된 이후에 노동조합이 노조대표자의 단체협약체결권의 제한을 그러한 사실을 모르는 제3자에게 주장할 수 없다는 것과 노동조합대표자에게 최종적인 단체협약체결권이 있다는 것은 차원을 달리하는 별개의 문제라고 할 것이다.

b) 민주주의원칙의 위반

노동조합에 있어서 총회가 노동조합의 의사에 관하여 최종적 결정권한을 가지는 것은 민주주의원리상 당연하다. 그러므로 총회가 노조대표자의 대표권을 제한하는 것은 우리 헌법이 최고의 원리로 선언하고 있는 인간의 존엄성보장과 민주주의원리를 실현하는 것이다. 국가가 법률의 형식에 의한다고 하더라도 법률의 해석을 통해서 노동조합대표자에게 조합원들에게 법적 의무와 불이익을 부담시킬 수도 있는 규범인 단체협약을 아무런 제한 없이 체결할 수 있는 종국적인 권한을 노동조합대표자에게 설정하는 것은 헌법이 보장하는 민주주의의 원칙에 반한다고 할 것이다.[34)]

---

34) 노동조합대표자의 단체협약체결권에 제한이 있다는 사실을 모르는 제3자를 보호하기 위하여 그러한 제3자에 대하여 권한이 제한되어 있다는 사실을 주장하지 못한다고 하는 것은 다른 차원의 문제이다. 그러나 선의(善意)의 제3자를 보호하기 위한 외부적 관계에

민주주의 원칙과 관련하여 노동조합대표자의 단체협약체결권의 문제는 대통령제를 채택하고 있는 국가에 있어서 대통령의 조약체결권의 문제와 비교될 수 있을 것 같다. 우리 헌법은 대통령에게 국가의 원수로서 외국에 대하여 국가를 대표하는 지위를 부여하여 외국과의 조약체결권을 인정하고 있지만 그 조약이 상호원조 또는 안전보장에 관한 조약, 중요한 국제조직에 관한 조직에 관한 조항, 우호통상항해조약, 주권의 제약에 관한 조약, 강화조약, 국가나 국민에게 중대한 재정적 부담을 지우는 조약 또는 입법사항에 관한 조약인 경우에는 그러한 조약의 체결 비준에 대해 국민을 대표하는 국회의 동의권을 인정하여 국민주권의 원리 즉 민주주의원리를 실현하고 있다(헌법 제60조). 대통령의 조약체결권에 대한 국회의 체결비준 동의권에 전제되어 있는 우리 헌법의 민주주의정신은 단체대표자의 권한과 구성원의 이익이 긴장관계에 있는 모든 집단적 영역에 적용되어야 할 것이다.

c) 노조법 제29조 제1항의 해석방법

현행 노조법 제29조 제1항이 규정하고 있는 노동조합대표자의 단체협약체결권한의 경우에도 그것을 노동조합대표자의 최종적인 권한으로 해석한다면 이러한 법운용은 노동3권의 본질적 내용을 침해할 뿐만 아니라 헌법이 최고원리로 상정하는 민주주의원칙에 위배되는 위헌이라고 할 것이다. 그러므로 동 규정은 제한적으로 해석해야 할 것이다. 즉 노동조합대표자의 단체교섭담당권한에 대하여 규약 및 총회에 의한 명시적인 제한이 없는 경우에는 노동조합대표자의 단체교섭담당권에 단체협약체결권한까지 포함되어 있다고 할 것이나 이러한 노동조합대표자의 단체교섭담당권은 규약이나 총회의 결의에 의해서 제한할 수 있다고 할 것이다.

d) 정리

판례와 같이 법규정에 의하여 노동조합의 대표자 또는 수임자에게 단체협약체결권한이 인정된다고 하더라도 그 법규정이 조합원 총회의 의결에 의하여 그 권한을 제한하는 것까지 금지하고 있다고 해석할 수 없고, 단체교섭 및 단체협약의 체결과정에 있어서 노동조합의 자주성·민주성과 단체자치가 당연히 보장되어야 하는 이상 노동조합의 대표자 또는 수임자의 단체협약체결권한을 조합원 총회의

있어서 노동조합대표자의 단체협약체결권한의 제한을 그 제3자에 대하여 주장할 수 없다는 사법상의 표현대표(表見代表)이론도 현실적으로 인정될 수 없다. 왜냐하면 단체협약체결의 상대방은 항상 사용자이기 때문이다. 사용자는 단체협약체결의 당사자이지 제3자가 아니다. 특히 우리나라에서와 같이 노동조합이 기업 단위로 조직되어 있는 경우 대판 1993.4.27. 91누12257 [전합]과 같이 사단(社團)의 법리에 의하여 노동조합이 사용자에 대하여 노동조합대표자의 체결권한의 제한을 주장하지 못하도록 하는 것은 이론적으로 궁색하다고 말하지 않을 수 없다.

의결에 의하여 제한하는 것은 얼마든지 가능하다고 할 것이므로, 그와 같이 단체협약체결권한을 제한한 것이 위 법규정에 위반된다고 평가하는 것은 부당하고,[35)] 그뿐만 아니라 위 법규정의 취지를 판례와 같이 해석한다면 노동조합의 대표자 또는 수임자가 단체협약을 체결함에 있어서 행할 수 있는 어용이나 배임행위를 방지하기 위한 견제수단이 없고 이를 우려하여 노동조합이 단체교섭권을 위임하는 것이 거의 불가능하게 됨으로써 제3자의 조력을 받을 수 없는 결과를 초래할 것이므로 이는 노동조합 활동의 자주성과 민주성 보장을 핵심으로 하는 노동3권을 부당하게 제한하는 것으로서 위헌이라고 할 것이다.

단체법리상 노동조합의 대표자가 단체교섭의 담당자로서 단체교섭과 단체협약체결권을 가진고 하더라도 그 단체교섭권한 및 단체협약체결권한은 규약이나 총회의 결의에 따라 당연히 제한할 수 있다. 그 이유는 첫째, 그 단체교섭권한 및 단체협약체결권한은 규약이나 총회의 결의에 따라 제한할 수 있는 것이야말로 민주주의원칙에 부합하고 단체법리상 합당하고, 둘째 무권대리 또는 무권대표에 관한 사법상의 법리를 사회법상의 규범형성행위인 단체교섭에 끌어들이는 것은 무리이고, 가사, 노조대표의 대표권제한에 대하여 무권대리 또는 무권대표의 법리를 인정한다고 하더라도 상대방의 선의를 요건으로 하는 것이므로 규약에 의한 제한의 경우에는 사용자가 선의라 할 수 없고 특히 기업별노조인 경우에는 사용자는 제3자가 아니라고 할 것이다. 셋째, 노조법 제29조 제1항은 위에서 살펴보는 바와 같이 단체법상 특별한 사정이 없는 한 노조대표가 대표권한을 가지고 있다는 당연한 사실을 확인하는 것에 불과하고, 이 규정이 창설적 효력을 가지는 것은 아니라고 할 것이므로 이 규정 자체가 노조대표의 대표권제한을 배제하는 근거로 해석해서는 아니 된다고 할 것이다.

---

35) 김유성, "노조대표자의 단체교섭권한과 협약체결권한", 『사법행정』, 한국사법행정학회, 1993/8, 5면 이하; 이병태, "노동조합대표의 단체협약체결권 제한" 『판례월보』 277호, 판례월보사, 1993/10, 13면 이하; 김선수, "단체협약체결권의 법리를 왜곡한 대법원판결", 법과 사회 통권8호, 『법과 사회』 통권8호, 법과사회이론연구회, 1993 하반기, 331면 이하; 김인재, "단체협약 인준투표조항", 『노동법연구』 제3호, 서울대학교 노동법연구회, 1993, 224면 이하; 김기섭, "노·사 합의된 단체협약체결권 사항 조합원 총회 추인에 따른 효력", 『노동법률』, 중앙경제사, 1994/1, 14면 이하; 박승두, "단체협약체결권에 관한 고찰", 『노동법학』 제4호, 한국노동법학회, 1994, 39면 이하; 최진갑, "노동조합 대표자의 단체협약체결권한", 『판례연구』 제5권, 부산판례연구회, 1995, 434면 이하 각 참조. 한편, 이 판례를 지지하는 입장으로는, 김원정, "노동조합 대표자의 단체협약체결권", 『노동법률』, 중앙경제사, 1993/7, 14면 이하; 현천욱, "노조 대표자의 단체협약 체결권한", 『노동판례평석집』 경총신서 45, 한국경영자총협회, 1995, 167족 이하도 참조.

2. 노동조합으로부터 위임받은 자

1) 수임자의 대상

노조가 단체교섭권한을 위임하는 상대에는 정함이 없다. 따라서 당해 노조의 조합원은 물론이고 상부단체의 임원이나 변호사 또는 교수 등에게 교섭권한을 위임하는 것이 가능하다. 다만 단체교섭은 사실행위이므로 위임은 자연인에게만 가능하다고 할 것이다. 또한 노동조합으로부터 위임을 받은 자는 그 위임의 내용에 의해 그 권한이 정해질 뿐이므로 단체교섭권한을 위임받았더라도 당연히 단체협약 체결권한을 갖는다고는 볼 수 없다.

2) 단체교섭권한의 위임과 그 경합 또는 제한의 허용여부

노동조합은 단체교섭 또는 단체협약의 체결에 관한 권한을 제3자에게 위임하여 그 위임받은 자로 하여금 권한을 행사할 수 있도록 할 수 있다(노조법 제29조 제2항). 이 경우 노동조합은 교섭사항과 권한범위를 정하여 위임하여야 하고 그 사실을 상대방인 사용자나 사용자단체에게 통보하여야 한다(동조 제3항, 동법 시행령 제14조).

노동조합으로부터 단체교섭권한을 위임받을 수 있는 자의 범위에는 아무런 제한이 없다, 실제에 있어서는 단위노동조합이 상부단체인 연합단체에 위임하는 것을 흔히 볼 수 있다. 이와 같이 단위노동조합이 제3자에게 단체교섭권한을 위임한 경우에 단위노동조합은 단체교섭권한을 상실하고 그 경합이 허용되지 않는지 문제된다.

이에 관하여 판례는 '(구)노동조합법 제33조 제1항(현행 "법" 제29조 제2항)에서 규정하고 있는 단체교섭권한의 위임이라고 함은 노동조합이 그 조직상의 대표자 이외의 자에게 그 노조 또는 조합원을 위하여 그 노조의 입장에서 사용자측과 사이에 단체교섭을 하는 사무처리를 맡기는 것을 뜻하고, 그 위임 후 이를 해지하는 등의 별개의 의사표시가 없더라도 그 노동조합의 단체교섭권한은 여전히 그 수임자의 단체교섭권한과 중복하여 경합적으로 남아있다고 할 것이며, 같은 법조 제2항의 규정에 따라 단위노동조합이 당해 노동조합이 가입한 상부단체인 연합단체에 그러한 권한을 위임한 경우에 있어서도 달리 볼 것은 아니다'라고 판시하여[36)]

36) 대판 1998.11.13. 98다20790 및 하경효, "상급단체에의 교섭권 위임과 단위노조의 협약체결 논의", 『노동법률』 78호, 중앙경제사, 1997/11, 31면 이하; 정인섭, "단체교섭의 위임", 『노동법연구』 제7호, 서울대학교노동법연구회, 1998, 261면 이하 등 참조.

연합단체가 위임받은 범위 안에서 단체교섭을 하고 단체협약을 적법하게 체결하기 전에 단위노동조합이 독자적으로 단체교섭을 하여 단체협약을 체결하였을 경우 그 단체협약이 유효하게 성립한다고 보았다.

노동조합이 단체교섭권한을 조합원 외의 제3자에게 위임하지 아니한다는 내용의 단체협약조항 또는 노동조합 총회나 대의원회의 결정을 제3자 위임금지조항이라 한다. 그런데 단체협약에 노동조합 또는 사용자가 제3자에게 단체교섭권한을 위임하는 것을 금지하는 조항을 두고 있는 경우, 특히 노동조합의 경우에 이러한 제3자 위임금지조항의 유효성 여부가 문제로 된다. 이에 관하여 노동조합이 자신의 단체교섭권을 자율적으로 제한하는 것은 허용되므로 유효하다고 보는 견해, 노동조합이 제3자에게 위임하여 행사할 수 있는 단체교섭 권한을 전면적으로 제한하는 것으로서 노동조합의 제3자 위임에 의한 단체교섭 권한을 정하고 있는 노조법상 강행법규(동법 제29조 제2항)에 위반하는 것이므로 무효라고 보는 견해, 위 조항 자체의 효력을 무효로 볼 것은 아니고 위 조항은 단체협약상 채무적 효력을 가지는 데 불과하므로 노동조합이 위 조항에 위반하여 제3자에게 위임하였다고 하더라도 그 위임행위는 유효하다고 보아야 한다는 견해 등이 있다.

생각건대, 노조법 제29조 제2항이 노동조합이 제3자에게 위임하여 단체교섭 권한을 행사할 수 있도록 하고 있는 것은 단체교섭에 있어서 외부 전문가나 상부단체인 연합단체 등의 조력을 받을 수 있도록 하고 사용자 또는 사용자단체로 하여금 이러한 수임자의 단체교섭에 성실하게 응하도록 강제함으로써 단체교섭권을 실질적·구체적으로 보장하기 위한 것에 그 취지가 있다고 해석되므로 위와 같이 단체교섭권한을 제3자에게 위임하는 것을 금지하는 조항은 위 법규정에 반하고 후술하는 바와 같이 정당한 단체교섭권을 경합하여 갖고 있는 연합단체 등 다른 노동조합의 단체교섭권을 침해할 수도 있으므로 무효라고 할 것이다.

Ⅲ. 사용자측 단체교섭담당자

사용자 또는 사용자단체는 그 대표자에 의하거나 타인에게 그 권한을 위임하여 노동조합 등 근로자단체에 대한 단체교섭 의무를 이행하여야 한다.

단체교섭의 대상이 되는 근로조건에 관한 사항을 직접 결정할 수 있는 지위에 있는 대표자 이외에는 그에 관하여 상당한 권한을 위임받은 자만이 단체교섭의 담당자가 될 수 있으므로 교섭담당자로 위임받은 자가 자기에게 결정 권한이 없다는 이유로 단체교섭이나 단체협약체결을 거부하는 것은 정당한 이유가 없어 부당노동행위에 해당한다 할 것이다.

Ⅳ. 기타 사항

단체교섭을 원활히 진행함에 있어서 노사쌍방의 단체교섭담당자(교섭위원)수를 몇 명으로 하는가는 중요한 문제이다. 그러나 단체교섭의 인원을 몇 명으로 하는가에 대해서 법은 아무것도 규정하고 있지 않다. 단체교섭이 질서 있고 효율적으로 행해지기 위해서는 노사쌍방이 타당한 수로써 교섭에 응하는 것이 바람직하다.

그래서 교섭위원의 수는 분명하게 단체협약으로 명기해 둔다면 쓸데없는 분규를 하지 않게 된다. 교섭시간의 경우에도 마찬가지일 것이다.

제 5 장 단체교섭의 형태와 방식

제 1 절 노동조합의 조직형태와 단체교섭

단체교섭의 형태와 방식은 노동조합의 조직형태에 따라 결정된다. 즉 단체교섭의 형태는 노동조합의 조직형태를 반영하는 것이므로 노동조합의 형태가 변경되지 않는 한 다른 형태를 취하기는 쉽지 않다.

제 2 절 단체교섭 유형

Ⅰ. 기업별교섭

기업별교섭이란 특정 기업 종업원의 근로조건 기타 사항에 관하여 노동조합이 사용자와 개별적으로 교섭하는 형태를 말한다. 한국, 미국, 일본에 있어서 단체교섭의 일반적 형태이다. 특히 미국의 대기업에서는 노동조합이 산업별조직을 형성하면서도 대개는 그 하부조직인 지역노조(local union)가 기업별로 조직되어 있어서 단체교섭은 기업별로 행하여지는 것이 보통이다. 그래서 단체협약은 그 하부조직이 산별조직과 연명으로 또는 단독으로 기업과 체결된다.

Ⅱ. 산업별교섭

산업별통일교섭이란 산별노조가 산별 사용자단체와 당해 산업의 근로자에게 공통되는 근로조건 등을 교섭하는 것으로서 잉글랜드·도이칠란트 등 유럽에서 일반적으로 행하여지는 교섭형태이다. 그러나 최근에 들어와서 유럽에서도 기업별교섭이 성행하고 있다. 이것은 산업별교섭이 기술혁신 및 산업구조의 변화와 함께 구체적인 노사현안의 문제를 제대로 해결할 수 없는 경우가 생기게 되었다는 것을 의미한다. 다른 한편, 새로운 산업적 상황과 더불어 산업별교섭이 기업별로 대체된다는 것은 노동조합의 단체교섭력을 분열시키고 약화시키고 있다는 사실이다.

Ⅲ. 중간형태

단체교섭의 당사자가 누구인가에 따라 단체교섭의 방식을 몇 가지로 유형화하면 단위노동조합과 개별 사용자 사이에 이루어지는 개별교섭방식 이외에도 단위노동조합으로부터 단체교섭권을 위임받은 상급단체가 사용자단체와 사이에 단체교섭을 하는 통일교섭방식, 단위노동조합으로부터 단체교섭권을 위임받은 상급단체가 사용자와 개별적으로 단체교섭을 하는 대각선교섭방식, 단위노동조합과 그 상급단체 등이 각각 독자적인 단체교섭권을 가지고 동일한 기회에 개별 사용자와 단체교섭을 하는 공동교섭방식, 공동의 이해관계를 가지는 다수의 단위노동조합이 특정 사용자를 상대로 하여 단체교섭을 하는 집단교섭방식 등이 있을 수 있다.

제 3 절 우리나라 단체교섭의 방식

Ⅰ. 기업별교섭

우리나라의 단체교섭은 주로 기업별교섭이다. 노동조합이 특정기업 또는 사업장 단위로 조직되어 있기 때문에 기업별노조가 당해 기업주 또는 사업주와 교섭하는 방식을 취한다. 그래서 노사관계의 거의 모든 문제가 교섭대상으로 된다.

Ⅱ. 중앙통일교섭

산업별의 전국 지방조직과 이것에 대응하는 사용자단체와의 간에 이루어지는 교섭방식(즉 단산과 사용자단체와의 간에 수행되는 교섭방식)이다. 이 교섭방식을 취하기 위해서는 노동조합이 상당한 정도까지 노동시장을 통제하고 있을 필요가 있다. 바꿔 말하면, 통일교섭의 성부는 바로 그 통제력 여하에 달려 있다. 또 이러한 통일교섭이 성립하기 위해서는 사용자측에도 그것에 대응하는 전국적인 조직이 형성되어 있어야 한다.

우리나라에 전형적인 중앙통일교섭이 이루어지는 것은 철도, 전력, 체신, 통신, 담배, 인삼 항목 등에서 그 노동조합의 조직 자체가 산별노조의 성격이 강하므로 산별중심의 통일교섭이 이루어지고 있다.

Ⅲ. 집단교섭(혹은 연합교섭)

수개의 노동조합지부가 공동으로 이에 대등하는 수개의 기업집단과 집단적으로 교섭하는 형태를 말한다. 이 방식은 노동조합측이나 사용자측이 산업별로 연합전선을 형성하여 교섭하는 것이다. 그래서 연합교섭이라고도 부른다. 우리나라의 경우에는 사용자단체와의 단체교섭에서 산업별 노동조합연합체는 교섭권한을 가지고 있으므로 산업별 노동조합연합체가 특정분야에 대해 사용자단체와 단체교섭을 하거나 기업별 단위노조의 대표자들이 연명으로 사용자단체와 단체교섭을 할 수 있는데 이 경우에는 집단교섭으로 된다.

Ⅳ. 공동교섭(혹은 연명교섭)

산업별 전국 지방조직과 그 구성분자인 기업연 또는 기업별단위노조의 양자가 개별기업과의 간에 하는 교섭방식이다. 즉 상부단체로서의 단산과 하부단체로서의 기업노련이 공동으로, 각각의 기업과 단체교섭을 하는 방식이다. 기업별노조이기 때문에 단체교섭은 대부분 기업단위로 이루어지지만 일부업종에서는 기업의 단위를 벗어나 공동교섭이 행하는 경우도 있다.

Ⅴ. 대각선교섭

기업별의 노동조합이 하는 단체교섭에 그 상부의 단산(단위산업별 노동조합)의 대표가 참가하여 하는 교섭방식이다. 이것은 예컨대, 과거 일본의 탄광노조가 취했던 방식으로 유명하다. 종래 일본의 탄광노조는 교섭의 상대방인 석탄공업연맹과 산업별의 통일교섭을 하여왔는데, 1945년에 이르러 탄광노조의 조직이 분열하였기 때문에 석탄공업연맹은 자신의 조직을 해산하였다. 그래서 교섭상대방을 잃은 탄광노조는 그 조직을 지키고 탄갱노동자의 통일적 노동조건을 유지하기 위해 대각선교섭방식을 생각했던 것이다.

우리나라의 경우 면방업체가 임금에 대해서는 전국섬유노조와 방직협회가 통일교섭을 정하고 기타 사항은 단체협약기준안을 작성하여 각 기업체 또는 사업장별로 다시 협약을 체결하였던 때가 있었는데. 이러한 경우를 통일교섭과 대각선교섭의 혼재형태로 볼 수 있다.

제 4 절 사업(장)차원 복수노조 병존시 단체교섭

Ⅰ. 서

복수노조가 수직 또는 수평적으로 존재하는 경우에 단체교섭방식은 노사자치에 맡기는 방식과 국가가 일정한 방식으로 단체교섭에 개입하여 법정화하는 방식이 있을 수 있다. 현행 노조법은 후자의 방식을 취하고 있다.

현행 노조법은 제정시 당초에 하나의 사업 또는 사업장에 노동조합이 조직되어 있는 경우에는 2001년 12월 31일까지 3년간 그 노동조합과 조직대상을 같이 하는 새로운 노동조합을 설립할 수 없도록 유예하였다가 2001.3.28과 2006.12.30 두 차례에 그 유예기간을 3년씩 연장하여(부칙 제5조 제1항), 노동부장관은 2009년 12월 31일까지 그 후에 적용될 교섭창구단일화를 위한 단체교섭의 방법·절차 기타 필요한 사항을 강구하여야 한다고 규정하여(부칙 제5조 제3항), 사업 또는 사업장 단위에서의 복수노조 설립이 허용되는 2010.1.1. 이후 복수노조가 병존하는 경우 각 노동조합이 사용자와 개별교섭 방식으로 단체교섭을 하는 대신 어떠한 방안에 의하건 교섭창구를 단일화하도록 강제하고 있다.[37)]

아래에서는 사업 또는 사업장 차원의 복수노조 병존시에 있어 교섭창구단일화 방식에 관한 현행 노조법 제29조의2를 중심으로 그 내용을 상론하고자 한다.

Ⅱ. 교섭창구결정의 원칙 : 사용자의 선택원칙

교섭창구단일화를 위한 방안으로는 단위 사업장 내의 선거 등을 통하여 다수

37) 연혁적으로 볼 때, 현행 노조법에 도입된 교섭창구단일화제도는 아메리카합중국 노사관계법의 배타적 교섭대표제도에 그 연원을 두고 있다고 볼 수 있는데, 현행 노조법에 도입은 기본적으로 기업횡단적 단체협약을 금지하고 단체협약의 체결단위를 「공장, 사업장, 기타 직장단위」에 한정하려는 1953년 노동조합법 제33조의 부활이라고 평가할 수 있다. 그리고 이러한 교섭창구단일화제도는 헌법 제33조에 보장된 노동3권을 단체교섭권중심으로 하면서 <1조합↔1사용자>의 협약체결을 실질적으로 강제하려는 하려는 데에 그 근본적인 뜻이 있다고 하겠다.

근로자의 지지를 받은 노동조합에게만 단체교섭의 권한을 부여하는 배타적 교섭대표제, 조합원수에 비례하여 교섭위원단을 구성하는 비례적 교섭대표제, 노동조합이 자율적으로 교섭위원단을 구성하도록 하여 단일화가 된 경우에만 사용자가 교섭에 응할 의무를 부담하도록 하는 교섭창구단일화의무제, 사업장 내의 근로자의 과반수로 조직되어 있는지 여부에 관계없이 최대 다수의 근로자가 가입한 노동조합에 대하여 배타적으로 단체교섭의 권한을 부여하는 단순다수대표제 등이 논의될 수 있다.[38]

현행 노조법 제29조의2 제1항은 "하나의 사업 또는 사업장에서 조직형태에 관계없이 근로자가 설립하거나 가입한 노동조합이 2개 이상인 경우 노동조합은 교섭대표노동조합(2개 이상의 노동조합 조합원을 구성원으로 하는 교섭대표기구를 포함한다. 이하 같다)을 정하여 교섭을 요구하여야 한다. 다만, 제2항에 따라 교섭대표노동조합을 자율적으로 결정하는 기한 내에 사용자가 이 조에서 정하는 교섭창구단일화 절차를 거치지 아니하기로 동의한 경우에는 그러하지 아니하다."라고 정하여 법률규정형식만 보면 교섭창구단일화가 원칙이고, 사용자의 동의에 의한 개별교섭이 예외인 것인 것처럼 볼 수 있다.[39] 그러나 이것은 사업장복수노조 병존시에 있어 단체교섭창구의 결정을 사용자에게 일임하고 있다고 할 것이므로 사업장복수노조 병존시의 단체교섭창구결정은 사용자선택의 원칙이 그 실질이라고 해야 할 것이다.[40]

현행 노조법은 단체교섭에 있어서 사용자에게 더 많은 교섭전략을 구사할 수 있도록 폭을 넓혀주고 있다. 현행 노조법에서는 노동조합이 조직형태에 관계없이 사업 또는 사업장에 복수로 존재하는 경우에는 노동조합으로 하여금 교섭창구를 단일화하도록 하여 교섭에 임하도록 할 것인가 그렇지 않으면 복수의 노동조합과

---

38) 현재의 논의내용에 관하여 자세한 것은, 윤성천, "사업(장) 단위에서의 복수노조와 단체교섭문제", 『노동법학』 제8호, 한국노동법학회, 1998, 511면 이하 참조.

39) 그래서 예컨대 임종률, 『노동법(제10판)』, 박영사, 2012, 110면은 교섭창구단일화가 원칙이고, 개별교섭이 예외로 기술하고 있다.

40) 좀 나쁘게 말하면, 우리헌법 제33조가 기본적 인권으로 보장하고 있는 노동3권의 취지에 비춰 볼 때 이러한 입법방식은 이른바 "법률적 기망"이라고까지 평가할 수 있다. 그런데 이에 대해 "하나의 사업장 또는 사업장에서 노무를 제공하는 근로자들이 동종의 업종에서 종사하고 있음에도 서로 다른 노동조합에 소속되어 있다는 이유로 서로 다른 내용의 단체협약의 적용을 받는 것은 불합리한 일이다"(김형배, 위같은책, 849면)라고 하면서 마치 하나의 사업장에 수개의 노동조합이 병존하는 경우에 복수의 단체협약체결에 의한 근로조건의 상이가 불합리하다는 것을 전제로 해서 교섭창구단일화가 근로조건의 합리화를 위한 필수적인 입법조치인 것처럼 기술하고 있는데, 노동조합의 가입은 근로자가 스스로 선택하는 것인데, 그러한 결과가 어떻게 '불합리한 일'인지 정말 이해하기 어렵다.

개별적으로 교섭할 것인가는 사용자의 임의적인 선택이다. 사용자는 대(對)노동조합교섭전략상 복수의 노동조합과의 개별적 교섭이 유리한 상황에 있다고 판단하는 경우에는 개별교섭이라는 교섭방식을 취할 수 있지만, 노동조합에게는 그러한 선택지가 없다. 그러므로 복수의 노동조합이 사업 또는 사업장에 존재하는 경우에 노동조합은 대(對)사용자관계에서 교섭창구결정에 관해 어떠한 전략도 구사할 수 없기 때문에 수동적인 지위에 있다고 할 수 있다.

Ⅲ. 노동조합 측의 교섭창구단일화

1. 서

하나의 사업 또는 사업장에 조직형태에 관계없이 근로자가 설립하거나 가입한 노동조합이 2개 이상인 때, 사용자의 동의가 없으면, 노동조합은 교섭대표노동조합을 정하여 교섭을 요구하여야 한다(노조법 제29조의2 제1항).

2. 교섭창구단일화의무의 주체

여기에서 조직형태에 관계없이 사업 또는 사업장에 복수로 존재하는 노동조합의 범위를 어떻게 이해할 것인가 문제이다. 이에 대해 기업별 노조, 사업장별 노조, 공장단위별노조, 기업의 조직변동으로 생긴 노조 등이 여기에 해당하고, 산업별노조 또는 일반노조인 경우에도 그 사업 또는 사업장에 지부 또는 분회가 노동조합으로서의 실체를 갖추고 있어야 교섭창구단일화에 참여할 수 있는 노동조합에 해당한다고 이해하는 견해[41]가 있다. 그러나 이 견해에는 의문이 제기된다.

사업 또는 사업장에서 산별노조 또는 지역일반노조에 소속된 근로자들이 있지만 그들이 단체교섭의 주체로서 노동조합의 실체를 갖추고 있지 않은 때에는 교섭창구단일화에 참여할 수 없다는 견해가 있으나, 노조법 제29조의2 제1항 소정의 노동조합을 「하나의 사업 도는 사업장에 있는 노동조합」으로 해석해 산별노조 또는 직종별노조 및 지역일반노조 등과 같은 초기업적인 조직형태의 노동조합을 배제하고 있으나 이는 노조법 제29조의 2 제1항에서 "조직형태에 관계없이 사업 또는 사업장에 복수로 존재하는 노동조합"을 너무나 좁게 해석한 것이라고 할 것이

41) 김형배, 위같은책, 2012, 850면 및 대판 2011.5.6. 2010마1193 참조.

다. 산업별 노조 직종별 노조 또는 지역일반노조를 배제하여 헌법 제33조 제1항이 보장하고 있는 단결권을 침해하는 위헌적인 해석이라고 할 것이다.

3. 교섭단일화의 단위

1) 단일화단위로서 사업 또는 사업장

교섭대표노동조합을 결정해야 할 단위는 하나의 사업 또는 사업장으로 한다(노조법 제29조의3 제1항). 하나의 사업 또는 사업장 전체에 걸쳐 하나의 교섭대표노조 또는 교섭대표단을 결정해야 한다. 그러므로 하나의 사업 또는 사업장 안에 조합원 직종별로 또는 조직대상별로 교섭대표노조를 결정해서는 아니 된다.

한편, 단일화단위가 사업 또는 사업장이기 때문에 지역 또는 산업별로 단체교섭을 하는 경우에는 교섭창구단일화를 할 필요가 없다.

2) 교섭단위의 분리

하나의 사업 또는 사업장에서 현격한 근로조건의 차이, 고용형태, 교섭 관행 등을 고려하여 교섭단위를 분리할 필요가 있다고 인정되는 경우에 노동위원회는 노동관계 당사자의 양쪽 또는 어느 한 쪽의 신청을 받아 교섭단위를 분리하는 결정을 할 수 있다(노조법 제29조의3 제2항).

그러므로 교섭대표노동조합(교섭대표단)을 결정해야 하는 단위는 하나의 사업 또는 사업장인데, 하나의 사업 또는 사업장임에도 불구하고, 노사당사자의 일방 또는 쌍방의 신청에 의하여 하나의 사업 또는 사업장에서 현격한 근로조건의 차이, 고용형태, 교섭 관행 등을 사유로 교섭단위를 분리되어 교섭대표노동조합을 다르게 결정할 수 있도록 신청할 수 있다.

(1) 분리신청

노동조합 또는 사용자는 교섭단위의 분리신청을 할 수 있다. 그 경우에 분리신청은 교섭요구 사실의 공고 이전의 기간이나 교섭대표노조의 결정 이후의 기간에 할 수 있다(노조법 시행령 제14조의11 제1항).

(2) 분리의 사유

하나의 사업 또는 사업장에서 교섭단위를 분리하기 위해서는 근로조건에 현격한 차이가 있는 경우, 고용형태, 교섭관행 등이 상이하여 단일교섭하는 것이 불합리하다고 판단되어 교섭단위의 분리가 필요하다고 판단되는 경우이다. 그러나 여기에서 분리의 신청사유에 해당하는 현격한 근로조건의 차이, 고용형태, 교섭 관행 등은 예시적인 것에 불과하고, 노사 쌍방은 교섭전략상 분리를 신청할 수 있다고 할 것이다.

(3) 분리의 결정 등

분리의 결정은 노동위원회가 한다. 노사쌍방이 신청한 경우에는 노사자치원칙이 구현될 수 있도록 특별한 사정이 없는 한 분리·결정해야 할 것이다. 다만, 어느 일방이 분리를 원하고, 그 상대방이 그렇지 아니하는 경우에는 노동위원회는 단체교섭 및 단체협약제도의 취지에 부합하도록 결정해야 한다.

노동위원회의 결정에 대한 불복절차 및 효력은 노조법 제69조 및 제70조 제2항이 준용된다(노조법 제29조의3 제2항; 동법 시행령 제14조의11). 교섭단위분리신청에 대한 노동위원회의 결정이 내려지기 전에 노동조합의 교섭요구가 있을 때에는 노동위원회의 교섭단위부리여부에 대한 결정이 있을 때까지 교섭창구단일화절차의 진행은 정지된다.

4. 교섭대표노동조합(또는 교섭대표단)의 확정절차

1) 개 설

노조법은 사업 또는 사업장에서 사용자와 단체교섭을 하는 교섭대표노동조합 및 교섭대표단을 정하는 방식을 네 단계로 상정하고 있다. 첫째, 복수의 노동조합이 교섭대표노동조합을 자율적으로 정하는 방식(자율결정방식: 노조법 제29조의2 제2항), 둘째, 복수의 노동조합이 자율적으로 결정하지 못하고 또 사용자가 개별교섭을 동의하지 않는 경우는 노동조합의 전체 조합원 과반수로 조직된 노동조합을 교섭대표노동조합이 되도록 하는 방식(자동결정방식: 동조 제3항), 셋째, 자율결정 및 자동결정방식에 의해 교섭대표노동조합이 정해지지 못한 경우에는 공동교섭대표단을 구성하는 방식(공동구성방식: 동조 제4항), 넷째, 공동교섭대표단의 구성조차 합의하지 못하는 경우 노동조합의 신청에 다라 노동위원회가 조합원비율을 고려하여 공동교섭대표단을 구성하는 방식(지정결정방식: 동조 제5항)이 그것이다.

2) 자율결정방식

(1) 교섭요구의 시기와 방법

노동조합은 해당 사업 또는 사업장에 단체협약이 있는 경우에는 법 제29조제1항 또는 제29조의2 제1항에 따라 그 유효기간 만료일 이전 3개월이 되는 날부터 사용자에게 교섭을 요구할 수 있다. 다만, 단체협약이 2개 이상 있는 경우에는 먼저 도래하는 단체협약의 유효기간 만료일 이전 3개월이 되는 날부터 사용자에게 교섭을 요구할 수 있다(노조법시행령 제14조의2 제1항). 노동조합은 제1항에 따라 사용자에게 교섭을 요구하는 때에는 노동조합의 명칭, 그 교섭을 요구한 날 현재의 조합원 수 등 고용노동부령으로 정하는 사항을 적은 서면으로 하여야 한다(노조법 시행령 제14조의2 제2항).

그런데 다른 노동조합이 사용자에게 교섭을 요구한 노동조합이 있는 경우에 사용자와 교섭하려면, 노조법 시행령 제14조의3 제1항에 따른 공고기간 내에 제14조의2 제2항에 따른 사항을 적은 서면으로 사용자에게 교섭을 요구하여야 한다(노조법 시행령 제14조의4).

(2) 교섭요구사실의 공고

사용자는 노동조합으로부터 교섭 요구를 받은 때에는 그 요구를 받은 날부터 7일간 그 교섭을 요구한 노동조합의 명칭 등 고용노동부령으로 정하는 사항을 해당 사업 또는 사업장의 게시판 등에 공고하여 다른 노동조합과 근로자가 알 수 있도록 하여야 한다. 노동조합은 사용자가 교섭요구 사실의 공고를 하지 아니하거나 다르게 공고하는 경우에는 고용노동부령으로 정하는 바에 따라 노동위원회에 시정을 요청할 수 있다. 이 경우에 노동위원회는 시정 요청을 받은 때에는 그 요청을 받은 날부터 10일 이내에 그에 대한 결정을 하여야 한다.

(3) 교섭요구노동조합의 확정

사용자는 공고기간이 끝난 다음 날에 교섭을 요구한 노동조합을 확정하여 통지하고, 그 교섭을 요구한 노동조합의 명칭, 그 교섭을 요구한 날 현재의 조합원 수 등 고용노동부령으로 정하는 사항을 5일간 공고하여야 한다(동법 시행령 제14조의5 제1항). 교섭을 요구한 노동조합은 노동조합의 공고 내용이 자신이 제출한 내용과 다르게 공고되거나 공고되지 아니한 것으로 판단되는 경우에는 제1항에 따른 공고

기간 중에 사용자에게 이의를 신청할 수 있으며(동조 제2항), 사용자는 이의 신청의 내용이 타당하다고 인정되는 경우 신청한 내용대로 제1항에 따른 공고기간이 끝난 날부터 5일간 공고하고 그 이의를 제기한 노동조합에 통지하여야 한다(동조 제4항).

(4) 자율적 교섭대표노동조합의 결정

교섭을 요구한 노동조합으로 확정 또는 결정된 노동조합은 자율적으로 교섭대표노동조합을 정하려는 경우에는 교섭요구노동조합이 확정 또는 결정된 날부터 14일이 되는 날을 기한으로 하여 그 교섭대표노동조합의 대표자, 교섭위원 등을 연명으로 서명 또는 날인하여 사용자에게 통지하여야 한다(동법 시행령 제14조의6 제1항).

사용자에게 교섭대표노동조합의 통지가 있은 이후에는 그 교섭대표노동조합의 결정절차에 참여한 노동조합 중 일부 노동조합이 그 이후의 절차에 참여하지 않더라도 교섭대표노동조합의 지위는 유지된다(동조 제2항).

2) 자동결정방식

자율적으로 기한 내에 교섭대표노동조합이 정하지 못하고, 개별교섭에 대한 사용자의 동의를 얻지 못한 경우에는 교섭창구단일화절차에 참여한 모든 노동조합의 전체 조합원 과반수로 조직된 노동조합(이하 과반수노동조합)이 교섭대표노동조합이 된다(노조법 제29조의1 제3항). 이 경우에 과반수노조에 해당하는지의 여부는 2개 이상의 노동조합에 가입한 조합원에 대해서는 그 조합원 1명별로 ① 조합비를 납부하는 노동조합이 1개인 경우: 조합비를 납부하는 노동조합의 조합원 수에 숫자 1을 더할 것, ② 조합비를 납부하는 노동조합이 2개 이상인 경우: 숫자 1을 조합비를 납부하는 노동조합의 수로 나눈 후에 그 산출된 숫자를 그 조합비를 납부하는 노동조합의 조합원 수에 각각 더할 것, ③ 조합비를 납부하는 노동조합이 하나도 없는 경우: 숫자 1을 조합원이 가입한 노동조합의 수로 나눈 후에 그 산출된 숫자를 그 가입한 노동조합의 조합원 수에 각각 더할 것의 구분에 따른 방법으로 조합원 수를 산정하고 이를 기초로 확정한다(동법 시행령 제14조의7 제3항).

과반수노동조합이 정해진 경우에 노조법 시행령 제14조의6 제1항에 따른 기간이 만료된 날부터 5일 이내에 사용자에게 노동조합의 명칭, 대표자 및 과반수노동조합이라는 사실 등을 통지하고(동법 시행령 제14조의7 제1항), 과반수노동조합임을 통지받은 때에는 그 통지를 받은 날부터 5일간 그 내용을 공고하여 다른 노동조합과 근로자가 알려야 한다(동법 시행령 제14조의7 제2항). 공고된 과반수노동조합에 대하여 그 과반수 여부에 대한 이의를 제기하려는 노동조합은 공고기간 내에 고용노동부령으로 정하는 바에 따라 노동위원회에 이의 신청을 하여야 하며, 이의 신청이 없는 경우에는 그 과반수노동조합이 교섭대표노동조합으로 확정된다(동법 시행령 제14조의7 제3항).

노동위원회는 이의신청을 받은 때에는 교섭창구 단일화 절차에 참여한 모든 노동조합과 사용자에게 통지하고, 조합원 명부(조합원의 서명 또는 날인이 있는 것으로 한정한다) 등 고용노동부령으로 정하는 서류를 제출하게 하거나 출석하게 하는 등의 방법으로 조합원 수에 대하여 조사·확인하고, 그 결과 과반수노동조합이 있다고 인정하는 경우에는 그 이의 신청을 받은 날부터 10일 이내에 그 과반수노동조합을 교섭대표노동조합으로 결정하여 교섭창구단일화절차에 참여한 모든 노동조합과 사용자에게 통지하여야 한다(동법 시행령 제14조 제4항 내지 제8항).

3) 공동구성방식

교섭대표노동조합이 자율적으로 또는 과반수노조에 의해 결정되지 않아 경우에는 교섭창구단일화절차에 참여한 모든 노동조합은 공동교섭대표단을 구성하여 교섭한다. 이 때 공동교섭대표단에 참여할 수 있는 노동조합은 그 조합원 수가 교섭창구단일화절차에 참여한 노동조합의 전체 조합원 100분의 10 이상인 노동조합으로 한다(노조법 제29조의2 제4항 후문). 공동교섭대표단은 노조법 시행령 제14조의7제1항에 따른 통지 및 같은 조 제2항에 따른 공고가 없는 경우 : 제14조의6 제1항에 따른 기한이 만료된 날부터 10일간 내에, 노조법 시행령 제14조의7 제8항에 따라 과반수노동조합이 없다고 노동위원회가 결정하는 경우에는 동항에 따른 노동위원회 결정의 통지가 있은 날부터 5일간 내에 그 대표자, 교섭위원 등을 정하고 서명 또는 날인하여 사용자에게 통지하여야 한다(동법 시행령 제14조의8 제1항).

4) 지정결정방식

공동교섭대표단의 구성에 합의하지 못할 경우에 노동조합은 노동위원회에 신청할 수 있으며, 신청이 있는 경우에 노동위원회는 조합원의 비율을 고려하여 공동교섭대표단을 결정할 수 있다(노조법 제29조의2 제5항). 공동교섭대표단의 구성에 합의하지 못한 경우에 공동교섭대표단 구성에 참여할 수 있는 노동조합의 일부 또는 전부는 노동위원회에 공동교섭대표단 구성에 관한 결정 신청을 하여야 한다(동법 시행령 제14조의9 제1항). 이 경우에 노동위원회는 그 신청을 받은 날부터 10일 이내에 총 10명 이내에서 각 노동조합의 조합원 수에 따른 비율을 고려하여 노동조합별 공동교섭대표단에 참여하는 인원수를 결정하여 그 노동조합과 사용자에게 통지하여야 한다. 다만, 그 기간 이내에 결정하기 어려운 경우에는 한 차례에 한정하여 10일의 범위에서 그 기간을 연장할 수 있다(동법 시행령 제14조의9 제2항). 공동교섭대표단 구성에 참여하는 노동조합은 사용자와 교섭하기 위하여 제2항에 따라 노동위원회가 결정한 인원수에 해당하는 교섭위원을 각각 선정하여 사용자에게 통지하여야 한다(동법 시행령 제14조의9 제4항). 공동교섭대표단을 구성할 때에 그 공동교섭대표단의 대표자는 공동교섭대표단에 참여하는 노동조합이 합의하여 정한다. 다만, 합의가 되지 않을 경우에는 조합원 수가 가장 많은 노동조합의 대표자로 한다(동법 시행령 제14조의9 제5항).

5. 교섭대표단의 법적 지위

1) 서

노조법 소정의 방식에 의해서 교섭대표노동조합 또는 교섭대표단이 결정된 경우에 그 교섭대표노동조합 또는 교섭대표단은 당해 사업 또는 사업장에 있어서 단체교섭의 배타적 교섭당사자가 된다. 그 결과 교섭대표노동조합 또는 교섭대표단은 단체교섭의 담당자로 노조법 소정의 공정대표의무를 부담한다.

2) 배타적 교섭당사자

교섭대표노동조합 또는 교섭대표단은 사용자와 단체교섭을 하고 단체협약을 체결한다. 체결된 단체협약은 교섭대표노동조합 또는 교섭대표단에 의해 대표되는 모든 노동조합과 조합원에게 적용된다(노조법 제29조 제2항, 제33조). 교섭대표노동조합 또는 교섭대표단이 사업 또는 사업장에서 배타적 교섭당사자로서의 지위를 가지고 있으므로 사용자는 다른 노조와 교섭할 의무가 없다. 사용자가 교섭대표노동조합 및 교섭대표단 이외의 노동조합과 교섭을 거부하더라도 부당노동행위가 성립하지 않음은 물론이다. 그러므로 교섭대표노동조합이 있는 경우에 노조법 제2조 제5호, 제29조 제3항·제4항, 제30조, 제37조 제2항, 제38조 제3항, 제42조의6 제1항, 제44조 제2항, 제46조 제1항, 제55조 제3항, 제72조 제3항 및 제81조 제3호 중 "노동조합"은 "교섭대표노동조합"으로 본다고 규정하고 있는 동법 제29조의5는 배타적 교섭당사자로서 교섭대표노동조합 또는 교섭대표단의 법적 지위를 표현하고 있는 당연한 규정이라고 할 것이다.

3) 교섭대표지위의 기간

(1) 교섭대표노동조합의 지위유지기간

교섭대표노동조합은 그 결정된 때부터 ① 교섭대표노동조합으로 결정된 후 사용자와 체결한 첫 번째 단체협약의 유효기간이 2년인 경우: 그 단체협약의 유효기간이 만료되는 날, ② 교섭대표노동조합으로 결정된 후 사용자와 체결한 첫 번째 단체협약의 유효기간이 2년 미만인 경우: 그 단체협약의 효력이 발생한 날을 기준으로 2년이 되는 날까지 그 교섭대표노동조합의 지위를 유지하되, 새로운 교섭대표노동조합이 결정된 경우에는 그 결정된 때까지 교섭대표노동조합의 지위를 유지한다(노조법 시행령 제14조의10 제1항). 그리고 위 기간이 만료되었음에도 불구하고 새로운 교섭대표노동조합이 결정되지 못할 경우 기존 교섭대표노동조합은 새로운 교섭대표노동조합이 결정될 때까지 기존 단체협약의 이행과 관련해서는 교섭대표노동조합의 지위를 유지한다(동법 시행령 제14조의10 제2항).

노조법 제29조의2에 따라 결정된 교섭대표노동조합이 그 결정된 날부터 1년 동안 단체협약을 체결하지 못한 경우에는 어느 노동조합이든지 사용자에게 교섭을 요구할 수 있다. 이 경우 노조법 시행령 제14조의2 제2항 및 제14조의3부터 제14조의9까지의 규정을 적용한다.

(2) 참여노조의 추후불참과 공동교섭대표단의 지위

사용자에게 공동교섭대표단의 통지가 있은 이후에는 그 공동교섭대표단 결정절차에 참여한 노동조합 중 일부 노동조합이 그 이후의 절차에 참여하지 않더라도 교섭대표노동조합의 지위는 유지된다(노조법 시행령 제14조의6 제2항 및 동 제14조의8 제2항).

6. 공정대표의무

1) 제도의 취지

교섭대표노동조합은 그 사업 또는 사업장의 모든 노동조합과 그 조합원들을 대표하는 지위에 있기 때문에, 합리적인 이유 없이 차별을 해서는 아니 된다(노조법 제29조의4). 이것이 교섭대표노동조합의 공정대표의무이다. 그런데 노조법 제29조의4 제1항에 의하면, 공정대표의무는 교섭대표노동조합과 동시에 사용자도 부담하고 있다.

2) 공정대표의무의 주체

노조법 제29조의4 제1항에 의하면 공정대표의무의 주체가 교섭대표노동조합뿐만 아니라 사용자도 상정하고 있다. 교섭대표노동조합에게 복수노조 병존시 교섭창구단일화에서 소수노동조합 및 그 조합원의 보호를 위해서 공정대표의무가 부과되는 것은 당연한 귀결이라고 생각할 수 있는데, 사용자에 대해서도 공정대표의무를 부과하는 것은 무엇 때문일까? 교섭대표노조가 부담하는 공정대표의무의 실효성을 제대로 거두기 위해서 사용자의 적극적인 협력이 있어야 하기 때문에 노조법은 사용자에게 교섭대표노조와 동일한 공정대표의무를 부과하고 있다고 이해할 수 있다.

그런데 본래 공정대표의무는 아메리카합중국의 노동법제에서 유래된 것이라고 하겠다. 아메리카합중국의 배타적 단체교섭제도와 불가분적으로 노동조합의 배타적 교섭대표자에게 부과되는 것으로서 대표자선거시에 자신을 지지해주었는가 여부, 근로자의 인종·종교 등을 불문하고 교섭단위내의 모든 근로자의 이익을 위해 성실하게 피용자를 대표해야 한다는 것이다. 이것은 노동조합교섭대표가 부담하는 의무이다. 그런데 우리나라 노조법 제29조의4는 사업 또는 사업장에 복수노조 병존시의 교섭에 있어서 교섭대표노동조합뿐만 아니라 사용자도 공정대표의무의 수규자로 규정하고 있고 또 교섭창구단일화절차에 참가한 노동조합 및 조합원간의 차별만을 금지하고 있을 뿐이다.

3) 공정대표의무의 내용

공정대표의무는 교섭대표노조가 교섭창구단일화절차에 참가한 노동조합 또는 그 조합원 간에 합리적인 이유 없이 차별해서는 아니 된다는 것이다. 이것은 교섭대표노조는 참여노동조합 전체와 그 소속 조합원 전체를 위하여 교섭하는 지위에 있기 때문에 합리적인 이유 없이 특정조합 또는 그 조합원을 다른 노동조합과 그 조합원보다 우대하거나 불리하게 대우하는 조치나 행위를 해서는 아니 된다는 것이다. 또 노조법 제29조의4가 규정하고 있는 교섭대표노동조합의 공정대표의무는 "노동조합의 조합원은 어떠한 경우에도 인종, 종교, 성별, 연령, 신체적 조건, 고용형태, 정당 또는 신분에 의하여 차별대우를 받지 아니한다"라고 노동조합의 조합원에 대한 차별대우금지를 규정하고 있는 노조법 제9조와 관련해서 보더라도 당연한 것이라고 하겠다. 이러한 의미에서 보면, 대표노동조합의 공정대표의무는 노조법 제9조의 차별대우금지의 특별한 형태에 해당한다고 할 수 있다.

물론 노조법 제9조 및 제29조의4는 합리적인 이유가 있는 경우에는 차별할 수도 있다는 것을 시사하고 있다. 이를테면 단체협약의 근로조건적 부분(이른바 규범적 부분) 노사관계적 부분(이른바 채무적 부분)에서 합리적인 이유 없이 참여노동조합 또는 그 조합원간에 차등을 두는 것은 공정의무위반에 해당한다. 여기에서 차별에 합리성이 있는지 여부는 사회통념에 따라 구체적으로 판단할 수밖에 없을 것이다.

그런데 노조법 제29조의4 제1항은 교섭창구단일화절차에 의해 교섭대표노동조합이 확정된 경우에는 그 교섭상대방인 사용자에게도 교섭대표노동조합과 동일한 공정대표의무를 부과하고 있다. 여기에서 문제는 사용자가 노조법 제29조의4 제1항에 의해서 부담하고 있는 공정대표의무의 내용을 어떻게 파악할 것인가라는 것이다. 복수노조병존시에 사용자가 모든 노동조합에 대해 단체교섭의 상대방당사자이기 때문에 이러한 사용자의 상황에서 볼 때 노조법 제29조의4 제1항에 기한 사용자의 공정대표의무란 교섭창구단일화 절차에 참여한 노동조합 또는 그 조합원 간에 있어서 중립적인 태도를 취하는 것이 그 핵심이라고 할 것이다. 즉 사용자가 대(對)노동조합관계에서 중립적 태도를 유지하고, 노동조합의 성격, 경향, 규모 및 대(對)사용자정책노선에 따라 노동조합 또는 그 조합원을 차별적 취급을 하는 사용자의 조치나 행위를 하지 않을 부작위의무 또는 소극적인 중립유지의무라고 할 것이다.

4) 사용자의 공정대표의무위반과 부당노동행위

사용자의 공정대표의무를 규정하는 노조법 제29조의4 제1항이 조합원에 대한 사용자의 차별대우금지에 관한 노조법 제9조 및 사용자의 부당노동행위금지에 관한 노조법 제81조와 어떻게 관계에 있는가가 문제이다.

노조법 제29조의4 제1항은 사업 또는 사업장에 복수노조병존시의 교섭에 있어서 교섭대표노동조합뿐만 아니라 사용자도 공정대표의무의 수규자로 규정하고 있고, 또 교섭창구단일화절차에 참가한 노동조합 또는 조합원간의 차별만을 금지하고 있을 뿐이다. 즉 사용자는 교섭창구단일화절차에 참여한 노동조합 또는 그 조합원에 대해서만 공정대표의무를 부담하고 있다. 사용자가 교섭창구단일화절차 밖에서 노동조합간의 경쟁관계에 개입하여 어느 노동조합을 우대하고 다른 노동조합을 차별하는 경우는 노조법 제29조의4 위반문제로 되지 않는다. 이렇게 되면 결국 사용자가 복수노조 중 어느 하나를 친사용자적 단체 이른바 어용노조로 만들어서 복수노조간의 경쟁관계에 영향을 미치는 행위를 하더라도 노조법 제81조 소정의 부당노동행위에 해당하지 않는다고 판단할 가능성이 크고, 또 부당노동행위에 관한 노조법 제81조가 적용된다고 하더라도 교섭창구단일화절차에 참여한 노동조합 및 그 조합원간에 있어서 사용자의 차별적 처우는 노조법 제81조 소정의 부당노동행위의 유형에서 빠지고 오로지 노조법 제29조의4 위반문제로 된다. 즉 사용자의 노조법 제29조4 제1항 소정의 공정대표의무위반이 곧바로 노조법 제81조 소정의 부당노동행위가 된다고는 할 수 없다. 복수노조병존시에 사용자가 노동조합의 성격, 경향, 규모 및 대(對)사용자정책노선에 따라 노동조합 자체를 차별적 취급하거나 복수노조 상호간의 경쟁관계를 악용하거나 복수노조간의 경쟁관계에 대해 영향을 미치는 행위를 하더라도 그것 자체가 현행 노조법 제81조 소정의 부당노동행위에 해당하기는 쉽지 않다. 그리고 사용자가 교섭창구단일화절차 및 교섭대표노동조합(또는 교섭대표단)과의 단체교섭에 있어서 참여노동조합 또는 그 조합원간 이외에는 노동조합 또는 그 조합원을 차별하더라도 노조법 제29조의4 제1항이 적용될 여지는 없다.

그래서 사용자의 공정대표의무를 대(對)노동조합관계의 모든 관계에서 사용자가 각 노동조합에 대해 중립적 태도를 유지하고 그 단결권을 평등하게 승인 존중하고 노동조합의 규모나 성격, 경향과 운동노선에 따라 차별적 취급을 하지 않을 일반적인 중립유지의무로 파악할 수 없는 현행 노조법에서는 부당노동행위제도에 의한 노동조합의 단결권보장에 커다란 규범적 공백이 생길 수밖에 없다. 즉 현행 노조법에서는 사용자가 복수노조의 교섭창구단화에 의한 단체교섭의 장(場)에 한하지 않고, 대(對)노동조합관계의 모든 관계에서 사용자가 각 노동조합에 대해 중립적 태도를 유지하고 그 단결권을 평등하게 승인 존중하고 노동조합의 규모나 성격, 경향과 운동노선에 따라 차별적 취급을 하지 않을 중립유지의무를 지고 있지 않기 때문에 복수노조간에 중립적인 태도를 취하지 않고 그 경쟁관계를 악용하거나 그것에 영향을 미치는 행위를 한다고 하더라도 그것이 자체가 곧바로 부당노동행위로 되는 것이 아니다.

한편 노조법 제9조는 "노동조합의 조합원은 어떠한 경우에도 인종, 종교, 성별, 연령, 신체적 조건, 고용형태, 정당 또는 신분에 의하여 차별대우를 받지 아니한다"라고 규정하고 있는바, 이것은 노조법이 헌법 제11조가 보장하고 있는 평등권을 구체화한 것으로서 노동조합의 대내외적 관계에 있어서 조합원에 대한 차별대우를 금지한 것이라고 할 것이다. 그런데 제9조에는 조합원에 대하여 차별대우를 해서는 아니 되는 의무의 주체를 한정하고 있지 않기 때문에 노동조합뿐만 아니라 국가 및 사용자도 어떠한 경우에도 인종, 종교, 성별, 연령, 신체적 조건, 고용형태, 정당 또는 신분에 의하여 조합원에 대해 차별대우를 해서는 아니 되므로 사용자가 소수노조의 조합원이라는 이유로 차별대우하는 것도 노조법 제9조 위반으로 된다고 하겠다. 그런데 문제는 노조법 제9조 위반에 대해서는 어떠한 처벌규정이 없어 실질적으로는 선언적인 의미만 가지고 있다는 데에 있다. 그렇다고 노조법 제9조를 위반하는 사용자의 행위가 곧바로 부당노동행위로 되는 것도 아니다. 그래서 사용자의 노조법 제9조 위반행위가 법률행위인 경우에는 적어도 민법 제103조에 의해 무효로 된다고 할 것이고, 그것이 사실행위인 경우에는 불법행위가 성립되어 민법 제750조에 기하여 위반자에 대해 손해배상을 청구할 수 있을 것이다.

그렇다면 현행 노조법 하에서는 복수노조병존시에 헌법 제33조에 의해 보장되는 노동조합 자체의 단결권은 아주 취약한 상황에 빠지게 된다. 그 결과, 현행 노조법 제29조의2 내지 제29조의5에 의한 교섭창구단일화제도 하에서는 노동조합 자체의 단결권이 침해될 수밖에 없는 상황에 있다. 특히 창구단일화제도 하에서 소수노조나 초기업적 노조는 단체교섭권을 갖지 못하므로 그것은 단결권의 침해로 되는 것이다.

5) 공정대표의무위반의 시정

노동조합은 교섭대표노동조합과 사용자가 공정대표의무를 위반하여 교섭창구단일화절차에 참가한 노동조합 또는 그 조합원을 차별한 경우에는 그 행위가 있는 날부터 3개월 이내에 노동위원회에 공정대표의무위반에 대한 시정을 서면으로 신청할 수 있다(노조법 제29조의4 제2항, 동법 시행령 제14조의12 제1항 및 제5항). 노동위원회는 공정대표의무 위반의 시정 신청을 받은 때에는 지체 없이 필요한 조사와 관계당사자에 대한 심문 등을 하여야 한다(동법 시행령 제14조의12 제2항, 제3항 및 제4항).

노동위원회는 합리적 이유 없이 차별했다고 인정한 때에는 시정명령을 내리고(노조법 제29조의4 제3항), 시정명령 및 결정에 대한 불복절차 등에 관해서는 부당노동행위구제명령에 대한 불복 및 판정의 효력에 관한 규정을 준용한다(동조 제4항). 즉 명령이나 결정은 서면으로 하여야 하며, 그 서면을 교섭대표노동조합, 사용자 및 그 시정을 신청한 노동조합에 각각 통지하여야 한다(노조법 시행령 제14조의12 제5항). 공정대표의무 위반의 시정신청에 대한 조사와 심문에 관한 세부절차는 중앙노동위원회가 따로 정한다.

Ⅳ. 여론 : 교섭창구단일화제도의 위헌성

노조법에 새로 도입된 교섭창구단일화제도가 우리 노동헌법과 정합적일 수 있는가라는 문제가 제기된다. (구)노조법이 복수노조설립 자체를 금지하고 있었기 때문에 그것이 노동3권의 본질적인 내용을 침해한다고 하는 것이 논의의 초점이었다. 그러다가 현행 노조법은 복수노조설립금지를 해제하고 근로자에게 노조설립의 자유를 완전히 보장하는 대신에, 그 반대급부로서 사업 또는 사업장 차원에 있어서 교섭창구단일화제도를 도입했기 때문에 사업 또는 사업장 수준에서 복수노조의 교섭창구단일화제도는 노동3권의 본질적 내용을 침해하지 않는다고 안일하게 생각할 지도 모른다. 그러나 복수노조금지시대에는 관심의 초점이 단결권 자체의 침해 여부에 집중되었다고 한다면, 현행 노조법상의 교섭창구단일화제도에서는 그것이 단체교섭권으로 이동하였다고 볼 수도 있다. 그러나 그 실질은 그렇지 않다. 노조법상의 교섭창구단일화제도는 단결권, 단체교섭권 및 단체행동권의 본질적 내용과 맞닿아 있다.

교섭창구단일화제도가 위헌인지 여부는 우리 노동헌법을 어떻게 이해하는가에 따라 다를 수 있다. 특히 헌법 제33조가 보장하고 있는 노동3권을 어떻게 파악하고 또 기본권의 제한에 관한 일반적 법률유보를 규정하고 있는 헌법 제37조 제2항과 관련해서 이를 어떻게 해석하는가에 따라 그 입장이 갈라질 수 있다.[42] 그래서 교섭창구단일화를 강제하는 것에 대하여는 소수노조의 단체교섭권을 침해하여 위헌이라는 견해와 공공복리를 위한 합리적인 제한이므로 위헌이라고 볼 수 없다는 견해가 제기될 수 있다.[43]

요컨대, 필자는 우리헌법이 보장하고 있는 노동3권은 근로자 개개인의 기본적 인권일 뿐만 아니라 단결체 그 자체의 기본적 권리임에도 불구하고, 이러한 헌법체계와 전혀 달리 노동시장정책적인 차원에서 특히 노동3권의 실질적인 의무자인 사용자의 이익과 교섭효율성의 고려 하에 무분별하게 도입된 현행 노조법상의 교섭창구단일화제도는 우리 노동헌법과의 정합성이 없어 위헌이라고 생각한다.

---

42) 이에 관한 자세한 것은 강희원, 『노동헌법론』, 법영사, 2011, 428면 이하, 특히 445-461면 참조.

43) 오문완, "ILO 단결권협약과 복수노조문제", 『노동법연구』 제2호, 서울대학교노동법연구회, 1992, 46~51면 참조.

첫째, 노조법 제29조의4에 의하면, 공정대표의무의 수규자에 교섭대표노동자뿐만 아니라 사용자도 포함된다. 그러나 여기에서 사용자의 공정대표의무는 교섭창구단일화절차에 참가한 노동조합 및 그 조합원 간에게만 지는 의무이다. 사용자가 교섭창구단일화절차 밖에서 노동조합간의 경쟁관계에 개입하여 어느 노동조합을 우대하고 다른 노동조합을 차별하는 경우는 노조법 제29조의4 위반문제로 되지 않는다. 이렇게 되면 결국 사용자가 복수노조 중 어느 하나를 친사용자적 단체 이른바 어용노조로 만들어서 복수노조간의 경쟁관계에 영향을 미치는 행위를 하더라도 노조법 제81조 소정의 부당노동행위에 해당하지 않는다고 판단할 가능성이 크고, 또 부당노동행위에 관한 노조법 제81조가 적용된다고 하더라도 교섭창구단일화절차에 참여한 노동조합 및 그 조합원간에 있어서 사용자의 차별적 처우는 노조법 제81조 소정의 부당노동행위의 유형에서 빠져 노조법 제29조의4 위반문제로 된다. 우리헌법이 근로자의 기본적 인권으로서 보장하고 있는 노동3권의 본질적 내용을 침해할 가능성이 크다고 생각한다.

둘째, 노동조합의 단결권 특히 소수노조의 단체교섭권을 침해하고 있다. 그리고 교섭창구단일화절차에 참여할 수 있는 노동조합을 사업 또는 사업장 차원의 노동조합으로 한정하는 경우에는 산업별 또는 직종별 또는 일반노조 등과 같은 초기업적 조직형태의 노동조합의 단체교섭권도 침해하는 것으로 된다. 노조법 제29조의2 제1항에 의하면 "하나의 사업 또는 사업장에서 조직형태에 관계없이 근로자가 설립하거나 가입한 노동조합이 2개 이상인 경우 노동조합은 교섭대표노동조합(2개 이상의 노동조합 조합원을 구성원으로 하는 교섭대표기구를 포함한다. 이하 같다)을 정하여 교섭을 요구하여야" 하기에, 사용자는 각 개별노동조합이 노조법 소정의 교섭창구단일화절차를 거쳐 교섭대표를 정하지 않으면, 개별노동조합과의 단체교섭을 거부하더라도 그것이 노조법 제81조 제3호 소정의 부당노동행위에 해당하지 않는다. 게다가 노조법 제29조의2 제4항은 "동조 제2항과 제3항에 따라 교섭대표노동조합을 결정하지 못한 경우에는 교섭창구 단일화 절차에 참여한 모든 노동조합은 공동으로 교섭대표단(이하 이 조에서 "공동교섭대표단"이라 한다)을 구성하여 사용자와 교섭하여야 한다. 이 때 공동교섭대표단에 참여할 수 있는 노동조합은 그 조합원 수가 교섭창구 단일화 절차에 참여한 노동조합의 전체 조합원 100분의 10 이상인 노동조합으로 한다"라고 규정하여, 교섭창구 단일화 절차에 참여한 노동조합의 전체 조합원 100분의 10이하의 소수노조는 법적으로 교섭대표단의 구성에 참가할 기회조차 봉쇄되어 있어 소수노조의 단체교섭권은 근본적으로 침해되고 있다.

그리고 개별적인 단체교섭권을 행사할 수 있었던 초기업별 노조나 조직대상이 중복되지 않았던 노동조합은 종래 복수노조가 금지되었던 상황에서도 개별적으로 단체교섭권을 행사할 수 있었는데, 현행 노조법에서 이들 복수노조도 노조법 제29조의2 제1항이 규정하고 있는 "하나의 사업 또는 사업장에서 조직형태에 관계없이 근로자가 설립하거나 가입한 노동조합이 2개 이상인 경우"에 해당하여 지금까지 행사할 수 있었던 단체교섭권을 행사할 수 없게 된다.[44] 이것은 기본권의 과도한 제한이라고 할 것이다.

현행 노조법이 개별교섭을 보장하고 있으면서 사용자의 공정대표의무를 규정하고 있기 때문에 단체교섭권의 침해를 최소화하고 대상조치를 부여하고 있으므로 단체교섭권의 본질적인 내용을 침해하는 것이 아니라는 반론이 제기될 수 있으나, 앞에서도 이미 지적했듯이 개별교섭의 가능성은 오로지 사용자의 이익이나 교섭전략을 위한 것이지 노동조합이나 근로자의 이익을 위한 것이 아니라는 점, 공정대표의무는 참여노동조합 또는 그 조합원간에 불합리한 차별금지 및 구제를 위한 것이지 단체교섭권의 본래적 기능을 대신할 수 있는 것이 아니라 점에서 보면, 현행노조법상의 교섭창구단일화제도는 소수노조의 단체교섭권의 본질적인 내용을 침해하고 있다고 할 것이다.

셋째, 필자는 다른 곳[45]에서 이미 언급한 바와 같이 현행 노조법이 채택하고 있는 교섭창구단일화방식은 사업장단위에 있어 복수노조의 병존여부라는 우연한 상황에 의해서 근로자의 기본적인 인권인 단체교섭권의 행사가 과도하게 제한되거나 차별적으로 취급되며, 특히 조합원의 수가 적은 소수노조가 과도하게 불리하게 차별적으로 취급될 우려가 있고, 극단적인 경우에는 소수노조의 조합원인 근로자에 대해서는 단체교섭권 및 단체행동권의 행사가 부정되어 단체교섭권과 단체행동권 자체가 사실상 무의미하게 되어서 헌법 제33조가 보장하고 있는 노동3권이 지향하고 있는 사회적 국가의 이념을 훼손할 우려가 있다. 그러므로 현행과 같은 교섭창구단일화제도는 헌법 제11조가 보장하고 있는 「법 앞의 평등」권을 침해하고 있다고 할 것이다.

---

44) 이승욱, "기업별복수노조와 교섭창구의 단일화", 『노동법학』, 한국노동법학회, 2005, 32면.

45) 강희원, 위같은책, 332면 이하 참조.

제6장 단체교섭의 대상

제1절 서 설

우리 노조법은 단체교섭에 대해서 아무것도 규정하고 있지 않고 무엇을 교섭의 대상으로 하는가에 대해서는 별단의 규정도 두고 있지 않다. 그것은 단체교섭이 본래 노사 간의 자주적인 교섭에 의해 근로조건을 자유로이 결정도록 하는 성격(본질)을 가지고 법의 취지도 단체교섭의 대상사항은 당사자의 자유에 맡겨야 한다는 관점에 입각하고 있기 때문이다. 그리고 그러한 것이 단체교섭의 취지에 훨씬 더 부합하라고 기대하였기 때문이다.

노사간에 있어 단체교섭의 범위가 선험적으로(*a priori*) 정해져 있는 것이 아니라고 하는 것은 잉글랜드의 유명한 노동조합이론가인 콜(G.D.H. Cole)도 지적하고 있는 바이다. 즉 「노동조합의 단체교섭의 영역에 속하는 사항과 그렇지 않는 것은 확실히 구별하는 것은 항상 가능하다고 말할 수 없다. 노동조합의 단체교섭의 범위는 정해진 것이 아니고, 그것이야말로 노동조합의 역량이 확대하는 것에 따라 증가해가는 것이다. 어떠한 단계에 있어서도 경계선상의 문제라고 하는 것은 면할 수 없는 것이다」[46]라고 하였다.

어떻든 단체교섭에서 어떠한 사항이 그 대상으로 되는가는 매우 중요하다. 그러나 단체교섭이 노사 간의 역동적인 관계에서 이루어지는 것이기 때문에 사전에 일의적으로 확정할 수 있는 것은 아니다. 역사적으로 볼 때, 어떠한 사항이 단체교섭의 사항으로 되는가는 각국에 있어서 자본주의의 발달과정에서 노사 간의 역학적 관계에 따라 현실적 필요에 의해서 결정되었다고 말할 수 있다.

---

46) G.D.H. Cole(水上鐵次郎 譯), 『勞動組合入門』, 有斐閣, 1958, 178면.

Ⅰ. 교섭방식과 교섭사항의 관계

단체교섭의 사항은 노동조합의 조직형태와 교섭방식에 따라 상이하게 되는 것이 보통이다. 왜냐하면 노동조합이 산업별로 조직되면 단체교섭이 산업차원에서 이루어지고 노동조합이 기업별로 조직되면 단체교섭이 개별기업차원에서 이루어지기 때문에 교섭대상은 다르게 될 수밖에 없다.

1. 산업별교섭의 경우

산업별교섭을 할 경우 산별교섭의 특성상 그에 따라 교섭대상에는 일정한 한계가 있다. 노동조합이 조직되어 있는 당해 산업차원에서 공통적인 사항만이 주로 단체교섭의 대상으로 된다. 예컨대, 도이칠란트의 경우에서 볼 수 있듯이 산업별차원에서 아예 문제로 되지 않는 개별기업의 인사문제와 같은 사항은 산별차원의 단체교섭사항에 포함되지 않는다. 개별기업의 인사사항이 단체교섭의 대상에서 제외되는 것은 인사사항이 경영권의 본질적 부분이라는 이유에 의한 것이라 단체교섭이 산업별로 이루어진 당연한 결과라고 보아야 할 것이다.

2. 기업별교섭의 경우

기업별교섭의 경우에도 당연히 단체교섭의 대상에는 일정한 한계가 있을 수밖에 없다. 개별기업의 차원에서 사용자가 처분할 수 있는 사항만이 교섭사항이 된다. 그러므로 기업별교섭에 있어서는 기업별근로조건의 중요한 사항은 물론이고 인사사항이나 생산 및 경영에 관한 사항도 교섭사항으로 될 수 있음은 당연하다.

Ⅱ. 단체교섭대상의 구분

현실에서 이루어지고 있는 단체교섭사항은 단체교섭을 규제하고 있는 실정법의 규정과 그 내용에 따라 편의상 몇 가지로 분류해 볼 수 있다.

1. 사용자의 교섭의무 여하에 따라 구분

1) 의무적 교섭사항

의무적 교섭사항은 실정법에 의해서 사용자에게 교섭의무가 있는 것으로 규정된 사항이다. 이러한 사항에 대하여 노동조합의 교섭신청을 거부하면 사용자에게는 부당노동행위가 성립하고 노동위원회에 의해서 단체교섭응락의 명령이 내려질 수 있다. 어떠한 사항이 의무적 사항인가는 헌법 제37조 제2항에 의하여 입법자가 법률에 의해서 정할 사항이다. 의무적 사항은 헌법 제33조 제1항에 의해서 근로자의 단체교섭권이 보장된 결과라고 할 것이다. 그러므로 입법자가 의무적 사항을 과도하게 좁게 규정하거나 법원이 관련 법률을 과도하게 좁게 해석하는 것은 단체교섭권의 본질적 부분을 침해하는 것에 해당하여 위헌이라고 할 것이다.

2) 임의적 교섭사항

임의적 교섭사항은 사용자가 임의로 응하는 한 단체교섭 대상이 되는 사항이다. 그러므로 그러한 사항에 대한 교섭거부는 부당노동행위를 구성하지 않는다.

3) 위법적 교섭사항

위법적 교섭사항은 법적으로 단체교섭의 대상이 될 수 없는 사항을 말한다. 어떠한 사항이 위법적 사항인가는 결국 실정법의 해석에 의해서 결정된다.

2. 교섭내용에 따른 구분

1) 의무적 사항

의무적 사항은 헌법 제33조 제1항에 비추어 볼 때 근로자의 근로조건 기타 대우나 단체관계의 운영에 관한 사항으로서 사용자가 처분가능한 것이다.

2) 임의적 사항

임의적 사항은 의무적·위법적 사항을 제외하고 기업이 처리가능하고 사용자가 임의로 응하는 사항이다.

3) 위법적 사항

법에 의해서 단체교섭의 대상으로 금지되거나 단체교섭으로 처분하는 경우 법에 반하는 사항을 말한다. 그러나 그러한 사항에 대해서 단체교섭을 했다는 것만으로 법적으로 제재되는 것은 아니라고 할 것이다.

제 2 절 단체교섭 사항의 범위

Ⅰ. 문제의 제기

노동조합 등 근로자단체는 어떠한 사항에 대하여 사용자 또는 사용자단체에게 단체교섭을 요구할 수 있는가, 즉 사용자 또는 사용자단체가 노동조합 등의 단체교섭 요구에 대하여 성실히 응하지 않으면 안 될 의무를 부담하는 사항은 어느 범위까지 인정될 수 있는가? 다시 말하면, 근로자의 단체교섭권에 대한 사용자의 교섭의무의 범위를 어떻게 규정할 것인가가 문제이다. 이 문제는 우리 노동헌법의 근본적인 문제이다. 이 문제는 노조법에 의하여 의무적 교섭사항을 어디까지 강제할 수 있는가라는 문제이다. 여기에서 제기되는 규범적 문제는 첫째, 헌법 제33조 제1항이 보장하고 있는 근로자의 단체교섭권의 본질이 무엇인가? 둘째, 헌법 제23조가 보장하고 있는 사용자의 재산권과 헌법 제33조 제1항이 보장하고 있는 노동3권 특히 단체교섭권을 헌법 제37조 제2항의 기본권의 본질적 부분의 보장이라는 관점에서 어떻게 이해해야 하는가라는 문제로 귀착한다. 결국 이것은 노동헌법관(勞動憲法觀)의 문제와 연결되어 있다.

Ⅱ. 단체교섭권의 본질

헌법 제33조 제1항이 보장하고 있는 단체교섭권이 자본주의제도로서 어떠한 규범적 의의를 가지고 있는가에 대해서 학설의 대립이 있다.

1. 학 설

1) 계약권설

이 설은 노동3권은 개별근로자가 자신의 노동력을 일정한 조건으로 사용자에게 매매하는 근로계약체결을 목적으로 하는 권리에 그 본질이 있다고 파악하는 한편, 단결권·단체교섭권 및 단체행동권을 삼위일체로 이해하고 단체교섭권에 그 무게를 두고 단체행동권의 보장범위를 단체교섭의 범위와 결부시켜 단체교섭의 범위는 사용자를 상대방으로 하는 근로자 개인의 경제적 요구, 즉 근로조건에 한정하는 입장이다.[47] 또한 단체교섭권의 본질을 근로계약체결교섭권으로 이해한다. 그러므로 헌법 제33조 제1항이 보장하는 단체교섭권에 대한 사용자의 의무적 사항은 근로조건에 관한 사항에 한정한다.

2) 단체협상권설

이 설은 단체교섭권을 개별근로자의 권리가 아니라 근로자단체의 고유한 협상권리로 파악한다. 이에 의하면, 단체교섭권은 개별근로자와 독자적인 존재인 근로자단체로서 노동조합이 주체가 되어서 그 구성원인 개별조합원이 사용자와 노동력매매계약을 체결함에 있어서 준거해야 할 근로조건을 설정하는 제도로 파악된다.[48] 그러므로 근로자의 단체교섭권에 대한 사용자의 의무적 교섭사항은 근로자 개인의 경제적 요구와 함께 이를 관철하기 위한 노동조합 자체의 자주적인 조직과 활동에 관한 사항도 포함된다.

2. 판 례

단체교섭권의 본질을 직접적으로 언급한 헌법재판소의 결정이나 판례는 존재하지 않는 것 같지만, 헌법 제33조 제1항에 보장된 근로자의 단체교섭권을 구체화하고 있는 (구)노조법 제33조 제1항 소정의 노동조합 대표자의 교섭권한에 단체협약체결권까지 포함하고 있는 것으로 해석하였던 판례[49] 및 헌법재판소 결정[50]에

47) 김치선, 『노동법강의』, 법문사, 1988, 412면; 박상필, 『한국노동법(전정판)』, 대왕사, 1990, 532면; 김형배, 위같은책, 1623면.

48) 김유성, 『노동법 II (전정판)』, 법문사, 1997, 222면; 박홍규, 『노동법론』, 삼영사, 1995, 1075면; 이병태, 『최신노동법(제9전정판)』, 중앙경제, 2008, 213면.

비춰 볼 때, 단체교섭권의 본질이 계약체결권에 있는 것으로 보는 것이 아닌가 생각한다.

3. 사 견

우리 헌법에 있어서 단체교섭권은 근로자 개인의 권리일 뿐만 아니라 단결체 자체의 권리이기도 하다. 그러므로 근로자 개인이 노동시장에 있어서 노동력상품의 등가교환계약의 체결뿐만 아니라 이를 가능하도록 하는 노동단체로서 노동조합의 자주적 조직과 활동에 관한 사항도 단체교섭권에 의해서 교섭이 보장된다. 그러므로 헌법 제33조 제1항이 보장하는 근로자의 단체교섭권에 대한 사용자의 의무적 교섭사항은 근로자 개인의 경제적 요구와 함께 이를 관철하기 위한 노동조합 자체의 자주적인 조직과 활동에 관한 사항도 포함된다고 할 것이다.

Ⅲ. 사용자의 재산권과의 관계 : 경영권의 문제

헌법 제33조 제1항에 의해서 보장되는 단체교섭권의 본질을 단체협상권으로 본다고 하더라도 헌법 제23조에 의해서 보장되는 사용자의 재산권의 본질적 부분과의 관계에서 그 한계가 어느 범위까지인가에 대한 문제이다. 즉 노동조합이 사용자의 기업의 경영에 대하여 교섭을 요구하는 경우에도 사용자에게 교섭의무가 있는가가 문제이다.

1. 경영권의 의의

소위 경영권이란 사용자가 기업경영에 필요한 기업시설의 관리 운영 및 인사 등에 관하여 가지는 권리로서 근로자가 관여할 수 없는 배타적인 권리라고 한다.

2. 경영권론의 연혁

이러한 경영권론은 아메리카합중국에서 비롯되었으며 일본을 거쳐서 우리나라

---

49) 대판 1993.4.27. 91다12257 전합; 동 1993.5.11. 91누10787 등.

50) 헌재 1998.2.27. 94헌바13·26, 95헌바44 결정(병합).

에 수입되었는데 이는 제2차 대전 후 아메리카합중국과 일본에서 산업민주주의의 일환으로서 기업경영에 대한 근로자들의 참가문제가 대두하자 이에 대한 대항논리로서 주장된 것이다. 일본에서는 인사권이 경영권의 핵심이라고 한다.

3. 경영권의 성질

우선 경영권이라는 말은 법률상의 용어가 아니라 사회적 관용어인데 이러한 경영권은 기업경영과 관련한 것으로서 헌법 제23조(재산권) 및 동법 제15조(직업선택의 자유)에서 그 근거를 찾을 수 있겠다. 그렇지만 경영을 법적으로 분석할 때 헌법 제23조 및 제15조에 의해서 보장된 기업시설의 소유권과 근로계약에 따른 노무지휘권을 결합하여 영리를 추구하는 활동이다. 그러므로 경영권의 핵심으로서 인사권은 근로계약에 기초한 사용자의 계약상 권리일 뿐 그 이상도 이하도 아니다.

4. 단체교섭의 대상과 배타적 경영권

헌법 제33조 제1항에 의해서 보장된 근로자의 단체교섭권에 대한 사용자의 의무적 교섭사항을 어떻게 규정할 것인가는 헌법 제37조 제2항에 의거한 입법적 규제사항이다. 여기서 문제는 사용자의 경영권이라는 것이 헌법 제23조에 의해 보장된 사용자의 재산권과 헌법 제15조에 의해 보장된 사용자의 직업선택의 자유의 본질적인 부분에 해당하는가라는 데에 있다. 헌법 제23조는 재산권의 행사가 공공복리에 적합하도록 제한하고 있으며, 기업경영권이 재산권 또는 직업선택의 자유의 본질적 부분이라고도 볼 수 없다고 할 것이다. 그리고 경영권의 핵심이 되는 인사권은 근로계약에 기초한 것에 불과한 것이기 때문에 사용자의 배타적 경영권이라는 개념에 의하여 단체교섭대상을 포괄적으로 제한하려는 논의는 우리 헌법에서는 성립될 수 없다고 할 것이다.

Ⅳ. 결 어

1. 의무적 사항의 범위

헌법 제33조 제1항이 근로자는 '근로조건의 향상을 위하여' 단체교섭 등 노동3권을 가진다고 규정하고 있고, 노조법 제29조 제1항은 "노동조합의 대표자는 그 노동조합 또는 조합원을 위하여 사용자나 사용자단체와 교섭하고 단체협약을 체결할 권한을 가진다"고 규정하고 있어 단체교섭의 대상에 '근로조건의 향상'과 관련한 것으로서 '조합원을 위한 사항'과 '노동조합을 위한 사항'이 포함된다고 할 수 있다. 그리고 위 규정과 아울러, 동법은 노동조합이 '근로조건의 유지·개선 기타 근로자의 경제적·사회적 지위의 향상을 도모함을 목적으로'하고 있음을 명백히 하고 있고(동법 제2조 제4호 본문), 노동쟁의의 조정에 있어서 '노동관계 당사자가 직접 단체교섭에 의하여 근로조건 기타 노동관계에 관한 사항을 정하는' 자주적 교섭이 우선하며(동법 제47조), 이를 위하여 '노동관계 당사자는 단체협약에 노동관계의 적정화를 위한 단체교섭의 절차의 방식을 규정하고 노동쟁의가 발생한 때에는 이를 자주적으로 해결하도록 노력하여야 한다'고 노동관계 당사자의 채무를 규정하고 있는바(동법 제48조), 이러한 규정들을 참조해 볼 때 사용자가 단체교섭의 의무를 부담하는 교섭 대상이 되는 사항은 '근로조건의 결정에 관한 사항'과 그밖에 근로자의 경제적·사회적 지위의 향상을 위하여 필요한 노동조합의 활동이나 단체교섭의 절차와 방식, 단체협약의 체결 등 '근로조건의 결정에 영향을 미치는 기타 노동관계에 관한 사항'이라고 풀이할 수 있다.

2. 근로조건의 결정에 영향을 미치는 기타 노동관계에 관한 사항

위와 같이 근로조건의 결정에 관한 사항과 이에 영향을 미치는 기타 노동관계에 관한 사항이라고 하여 아무런 제한 없이 단체교섭의 대상사항에 해당하는 것은 아니고, 예를 들어 구속된 조합원에 대한 항소심 구형량이 1심 보다 무거워진 것에 대한 항의와 석방촉구에 관한 요구 사항[51]과 같이 노사관계 당사자가 당해 노사관계에서 스스로 결정할 수 있는 성질의 것이 아니거나 비조합원의 근로조건에 관한 요구사항과 같이 조합원 등 당해 노사관계 당사자에 관련되는 사항이 아닌 것은 교섭 대상에서 제외된다. 그렇지만 당해 노사관계 당사자에 관련되는 사항이라고 하더라도 불특정 조합원 모두에게 일률적으로 적용될 수 있는 근로조건이나 이에 영향을 미칠 수 있는 사항만이 교섭의 대상이 된다고 할 것이다.

한편, 특정 조합원에 한하여 적용되는 근로조건이나 이에 영향을 미치는 사항은 교섭 대상에서 제외되어야 한다는 견해[52]도 있으며, 이와 달리 특정 조합원에

---

51) 대판 1991.1.29. 90도2852.

52) 김형배, 위같은책, 864면. 그러나 부당노동행위로서 노동조합간부의 해고는 집단성을 띠므로 단체교섭의 대상이 된다고 하고 있다.

관한 사항도 그것이 노동조합 활동과 관련되거나 다른 조합원의 근로조건의 결정과 관련될 때에는 교섭 대상에 포함되어야 한다는 견해[53]와 특정 근로자 개인에 관한 사항도 그것이 그 근로자의 근로조건을 결정하는 것인 이상 아무런 제한 없이 의무적 교섭사항이 된다는 견해[54]도 또한 주장되고 있다. 그러나 헌법 제33조 제1항이 보장하고 있는 근로자의 단체교섭권의 본질에 비추어 볼 때, 특정 근로자 개인에 관한 사항도 그것이 그 근로자의 근로조건을 결정하는 것인 이상 아무런 제한 없이 의무적 교섭사항이 된다고 보아야 할 것이다.

3. 임의적 사항

이처럼 사용자가 단체교섭의 의무를 부담하는 사항(이른바, 의무적 교섭사항)은 근로조건의 결정에 관한 사항과 그에 영향을 미치는 기타 노동관계에 관한 것으로서 노사관계 당사자가 스스로 결정할 수 있고 당해 노사관계 당사자에 관련되는 사항에 한정되고 이에 해당하지 아니하는 사항에 대하여는 사용자가 단체교섭의 요구를 거부할 수 있는 것이 원칙이지만, 이러한 의무적 교섭사항에 해당하지 않는다고 하더라도 그것이 노동관계법상의 강행규정에 위반하는 사항(이른바, 위법적 교섭사항)에 해당하지 아니하는 한 사용자가 이러한 단체교섭 요구를 거부할 수 있는 권리를 포기하고 임의로 단체교섭에 응하여 단체협약을 체결하는 것까지 금지할 이유는 없다 할 것이다.

의무적 교섭사항에 대하여는 단체교섭을 통하여 당사자 간의 주장의 불일치에 대한 합의를 위하여 노력을 계속하여도 더 이상 자주적 교섭에 의한 합의의 여지가 없어 교섭이 결렬된 상태에 이르면 그 주장을 관철하기 위해 이를 쟁의행위의 목적으로 삼는 데 정당성이 인정될 수 있으나, 임의적·위법적 교섭사항에 대하여는 사용자와의 단체교섭 과정에서 그 주장의 불일치로 자주적 합의에 도달하지 못하더라도 쟁의행위 등 단체행동에 의하여 그 주장을 관철할 수는 없다고 해석할 것이다.

---

53) 김유성, 위같은책, 139면; 이병태, 위같은책, 225면.

54) 임종률, 위같은책, 125면.

제3절 구체적 사례

Ⅰ. 서 설

사용자가 단체교섭의 의무를 부담하는 사항을 근로조건의 결정에 관한 사항과 그에 영향을 미치는 기타 노동관계에 관한 것으로서 노사관계 당사자가 스스로 결정할 수 있고 당해 노사관계 당사자에 관련되는 사항이라고 정의할 수 있다고 하더라도 구체적으로 이에 해당하는지 여부를 가리는 것이 쉽지 않은 경우가 많다. 의무적 교섭사항에 해당하는지 여부가 문제될 수 있는 사례를 살펴보면 다음과 같다.

[판 례]

- 단체교섭의 대상이 되는 단체교섭사항에 해당하는지 여부는 헌법 제33조 제1항과 노동조합및노동관계조정법 제29조에서 근로자에게 단체교섭권을 보장한 취지에 비추어 판단하여야 하므로 일반적으로 구성원인 근로자의 노동조건 기타 근로자의 대우 또는 당해 단체적 노사관계의 운영에 관한 사항으로 사용자가 처분할 수 있는 사항은 단체교섭의 대상인 단체교섭사항에 해당한다(대판 2003.12.26. 2003두8906).

Ⅱ. 근로조건의 결정에 관한 사항

1. 개별 근로조건에 관한 사항

임금의 결정·계산과 지급방법, 임금의 산정기간·지급시기 및 승급에 관한 사항, 퇴직금·상여금에 관한 사항, 시업·종업의 시각, 휴게시간, 휴일, 휴가 및 교대근무에 관한 사항, 퇴직에 관한 사항, 근로자의 작업용품 등 부담에 관한 사항, 복지후생시설에 관한 사항, 근로자를 위한 교육시설에 관한 사항, 안전과 보건에 관한 사항, 재해보상·부조에 관한 사항, 표창과 징계 등 제재에 관한 사항 등 당해 조합원 전체에 적용될 임금·근로시간·복지·해고 기타 대우 등 근로계약관계의 내용을 이루는 근로조건에 관한 사항이 단체교섭의 대상이 된다.

2. 개별적 인사사항

근로조건에 관한 사항이지만 동시에 사용자의 경영상의 권한에 속하는 사항의 성격을 갖고 있는 경우에는 그러한 사항은 사용자가 그 사업체의 소유권 내지 영업권에 기하여 일방적으로 결정할 수 있는 사용자의 고유 권한에 해당한다는 이유로 단체교섭의 대상에서 제외하여야 한다는 논의가 있으나, 그러한 사항 역시 근로조건에 직접적으로 관련되거나 중대한 영향을 미칠 정도로 밀접하게 관련되어 있는 경우에는 사용자의 경영권을 근본적으로 제한하지 않는 범위 안에서는 단체교섭의 대상이 된다고 볼 것이다.

이러한 점에서 우선 해고·전직·전적 등 인사이동, 징계 등 인사의 기준이나 절차에 관한 사항은 사용자의 경영상의 고유 권한에 속하므로 단체교섭의 대상이 될 수 없다는 논의가 있었으나, 이 역시 근로조건에 직접 해당한다는 점에서 다른 근로조건과 달리 취급하여야 할 아무런 근거가 없으므로 단체교섭의 대상이 된다는 점에 학설이 대체로 일치하고 있다. 따라서 노동조합의 임원을 맡고 있는 조합원에 대하여 그 해고 등 인사처분에 노동조합과의 합의 등의 절차를 거치도록 하는 것도 단체교섭의 대상이 된다고 할 것이다.

다만, 해고 중에서도 특히 사용자가 이른바 고용조정 계획을 수립하여 경영상 이유에 의한 해고(정리해고)를 실시하려고 할 때 그러한 고용조정 계획 자체를 철회하고 정리해고를 실시하지 않도록 요구하는 것이 근로조건에 관한 사항으로서 단체교섭의 대상이 될 수 있는지 아니면 순수한 경영주체의 의사결정으로서 근로조건과 무관한 사항이어서 단체교섭의 대상이 될 수 없는지에 관하여 견해의 대립이 있을 수 있다.

그러나 노조법 제2조 제5호에서 노동쟁의로 정의하고 있는 「"해고 등" 근로조건의 결정에 관한 주장의 불일치」에서 말하는 "해고"의 의미를 법문상 정리해고를 제외한 개념이라거나 정리해고가 포함되는 개념이라 하더라도 정리해고의 실시를 전제로 하여 그 기준·절차·방법에 관한 사항만을 의미하고 정리해고의 불실시 자체는 제외되어야 한다고 보는 것은 해석론상 무리라 생각되고, 정리해고의 실시 여부가 근로자의 근로조건에 중대한 영향을 미치는 사항이라는 점 역시 부인할 수 없을 것이므로 정리해고의 불실시가 순수한 경영주체의 의사결정에 관한 사항이라고 보는 것은 찬성할 수 없다.

다음, 정리해고의 불실시 요구에 관한 사항이 근로조건에 관한 사항에 해당한다고 하더라도 단체교섭의 정당한 대상이 될 수 있는지는 이를 구분하여 살펴볼 필요가 있다고 할 것이다. 예를 들어, 이미 실시한 정리해고가 무효임을 이유로 그 철회를 요구하는 것은 근로조건의 "결정"에 관한 사항이 아니므로 단체교섭의 대상이 될 수 없다 할 것이다.

단체협약에 정리해고를 실시할 수 있는 근거가 있는데 그 유효기간 중에 정리해고를 실시하지 않도록 요구하는 것은 단체협약에 의하여 이미 형성된 근로관계의 변경을 요구하는 것으로서 그 성격은 근로조건의 결정에 관한 사항에 속한다고 볼 것이다. 그렇지만, 이는 단체교섭의 대상이 됨에 그치고 더 나아가 쟁의행위의 목적으로는 삼을 수 없다고 볼 것이다. 왜냐하면 협약당사자는 단체협약에서 이미 정한 사항의 변경·개폐를 요구하는 쟁의행위를 단체협약의 유효기간 중에 하여서는 아니 된다는 이른바 평화의무를 부담하기 때문이다.

새로운 단체협약을 체결하면서 정리해고의 불실시를 단체협약에 정하도록 요구하는 것은 엄연히 근로조건의 결정에 관한 사항으로서 단체교섭의 정당한 대상이 될 수 있다고 볼 것이다. 예를 들어, 노동조합은 일정기간 임금 인상을 요구하지 않고 그 기간 동안 사용자는 정리해고를 실시하지 않는다는 합의에 따라 이를 단체협약에 정하는 경우를 얼마든지 생각할 수 있을 것이다.

그 밖에 판례에 나타난 사례 중에는 운수업체에서 조합원의 차량별 고정승무발령, 배차시간, 대기기사 배차순서, 일당기사 배차 등에 관한 사항은 그 내용이 한편으로는 사용자의 경영권에 속하는 사항이지만 다른 한편으로는 근로자들의 근로조건과도 밀접한 관련이 있는 부분으로서 사용자의 경영권을 근본적으로 제약하는 것이 아니므로 단체교섭에 의한 단체협약의 대상이 될 수 있다고 판시한 사례[55]가 있고, 노동조합에서 표면적으로는 연구소 소장의 퇴진을 요구하고 있다고 하더라도 그것은 부차적인 것이고 주된 목적은 일부 조합원들에 대한 파면처분이 노동조합의 핵심적 관심사항인 연구자율수호운동을 주동한 것에 대한 보복조치라 하여 이의 철회를 구하는 것이며 그 뜻은 조합원의 근로조건의 개선 요구에 있다고 볼 수 있는 경우에는 단체교섭의 대상으로서 쟁의행위의 정당한 목적

---

55) 대판 1994.8.26. 93누8993. 이 판례에 대한 평석으로는 김형배, "경영·인사권 관련 단체협약과 행정관청의 취소변경명령", 『노동판례평석집』 경총신서 45, 한국경영자총협회, 1995, 175면 이하 참조.

이 될 수 있다고 판시한 것[56]도 있어 판례도 기본적으로 근로조건과의 관련성을 중시하는 입장에 있다.

한편 판례[57]는 회사가 그 산하 시설관리사업부를 폐지시키기로 결정한 것은 적자가 누적되고 시설관리계약이 감소할 뿐 아니라 계열사와의 재계약조차 인건비 상승으로 인한 경쟁력 약화로 불가능해짐에 따라 불가피하게 취해진 조치로서 이는 경영주체의 경영의사 결정에 의한 경영조직의 변경에 해당하여 그 폐지결정 자체의 백지화를 요구하는 것은 단체교섭사항이 될 수 없다고 하여, 사용자의 경영권을 근본적으로 제한하는 사항으로서 단체교섭의 대상이 될 수 없는 경우에 속하는 한 가지 사례를 제시하고 있다. 다만, 이 경우에도 사업부폐지에 따른 근로자의 배치전환 등 근로조건의 변경에 관한 사항은 단체교섭의 대상이 될 것이다.

[판 례]

- [1] 정리해고나 사업조직의 통폐합 등 기업의 구조조정의 실시 여부는 경영주체에 의한 고도의 경영상 결단에 속하는 사항으로서 이는 원칙적으로 단체교섭의 대상이 될 수 없고, 그것이 긴박한 경영상의 필요나 합리적인 이유 없이 불순한 의도로 추진되는 등의 특별한 사정이 없는 한, 노동조합이 실질적으로 그 실시 자체를 반대하기 위하여 쟁의행위에 나아간다면, 비록 그 실시로 인하여 근로자들의 지위나 근로조건의 변경이 필연적으로 수반된다 하더라도 그 쟁의행위는 목적의 정당성을 인정할 수 없다.
  [2] 사용자가 경영권의 본질에 속하여 단체교섭의 대상이 될 수 없는 사항에 관하여 노동조합과 '합의'하여 결정 혹은 시행하기로 하는 단체협약의 일부 조항이 있는 경우, 그 조항 하나만을 주목하여 쉽게 사용자의 경영권의 일부포기나 중대한 제한을 인정하여서는 아니되고, 그와 같은 단체협약을 체결하게 된 경위와 당시의 상황, 단체협약의 다른 조항과의 관계, 권한에는 책임이 따른다는 원칙에 입각하여 노동조합이 경영에 대한 책임까지도 분담하고 있는지 여부 등을 종합적으로 검토하여 그 조항에 기재된 '합의'의 의미를 해석하여야 한다(대판 2002.2.26. 99도5380).
- 긴박한 경영상의 필요에 의하여 하는 이른바 정리해고의 실시는 사용자의 경영상의 조치라고 할 것이므로, 정리해고에 관한 노동조합의 요구내용이 사용자는 정리해고를 하여서는 아니된다는 취지라면 이는 사용자의 경영권을 근본적으로 제약하는 것이 되어 원칙적으로 단체교섭의 대상이 될 수 없고, 단체교섭사항이 될 수 없는 사항을 달성하려는 쟁의행위는 그 목적의 정당성을 인정할 수 없다(대판 2001.4.24. 99도4893).

---

56) 대판 1992.5.12. 91다34523.

57) 대판 1994.3.25. 93다30242 및 하경효, "사업부 폐지결정 자체가 단체교섭 대상인지 여부", 『노동판례평석집』 경총신서 45, 한국경영자총협회, 1995, 185면 이하 참조.

- 단체협약 중 조합원의 차량별 고정승무발령, 배차시간, 대기기사 배차순서 및 일당기사 배차에 관하여 노조와 사전합의를 하도록 한 조항은 그 내용이 한편으로는 사용자의 경영권에 속하는 사항이지만 다른 한편으로는 근로자들의 근로조건과도 밀접한 관련이 있는 부분으로서 사용자의 경영권을 근본적으로 제약하는 것은 아니라고 보여지므로 단체협약의 대상이 될 수 있고 그 내용 역시 헌법이나 노동조합법 기타 노동관계법규에 어긋나지 아니하므로 정당하다(대판 1994.8.26. 93누8993).
- 기업의 특정 사업부의 해체결정은 경영상 불가피하게 취해진 조치로서 이는 경영주체의 경영의사결정에 의한 경영조직의 변경에 해당하므로 단체교섭의 대상에 해당되지 않는다(대판 1994.3.25. 93다30242).
- 인사권이 원칙적으로 사용자의 권한에 속한다고 하더라도 사용자는 스스로의 의사에 따라 그 권한에 제약을 가할 수 있는 것이므로 사용자가 노동조합과 사이에 체결한 단체협약에 의하여 조합원의 인사에 대한 조합의 관여를 인정하였다면 그 효력은 협약 규정의 취지에 따라 결정된다(대판 1992.9.25. 92다18542).
- 기업의 경영이나 생산방식 및 인사 등 이른바 경영생산에 관한 사항은 사용자가 배타적으로 결정할 수 있지만 그것이 근로조건에 영향을 미치는 한 단체교섭의 대상이 된다(대판 1992.5.12. 91다34523).

---

3. 조합원에게 일률적으로 적용되는 사항

조합원 모두에게 일률적으로 적용될 수 있는 근로조건이나 이에 영향을 미칠 수 있는 사항이 교섭의 대상이 되는 것에는 다툼이 없다. 다만, 여기서 말하는 조합원에게 일률적으로 적용되는 근로조건 등에 관한 사항이라 함은 모두 조합원에 대해서 뿐만 아니라 일정한 요건이나 기준에 달한 조합원에게 적용되도록 정한 사항도 의미한다.

한편 노동조합전임제에 관한 사항이 노동조합에 대한 편의제공의 한 형태로서 사용자가 단체협약 등을 통하여 승인하는 경우에 인정되는 것일 뿐 사용자와 근로자 사이의 근로계약관계에 있어서 근로자의 대우에 관하여 정한 근로조건이라고 할 수 없는 것이고, 단순히 임의적 교섭사항에 불과하여 단체교섭의 대상이 되지 아니한다고 하는 판례[58]도 있다. 그러나 노동조합전임제에 관한 사항은 노동조합의 전임자로 될 요건을 갖춘 조합원에 대하여 근로계약상 이행하여야 할 근로제공의무를 일정기간 면제하기로 하는 내용을 정하는 것이므로 그 자체가 근로조건을 직접 정하는 사항에 해당하고 또 노동조합전임제에 관한 사항이 직접

58) 대판 1996.2.23. 94누9177.

근로조건을 정하는 것이 아니라 노동조합에 대한 편의제공을 내용으로 하는 것이라고 하더라도 노동조합전임제 등과 같은 노동조합 활동에 관한 사항은 근로조건의 유지·개선과 근로자의 경제적·사회적 지위 향상을 위하여 필요로 하고 근로조건의 결정에 영향을 미치는 기타 노동관계에 속하는 사항이라고 할 것이다.[59]

[판 례]

- 노조전임제는 노동조합에 대한 편의제공의 한 형태로서 사용자가 단체협약 등을 통하여 승인하는 경우에 인정되는 것일 뿐 사용자와 근로자 사이의 근로계약관계에 있어서 근로자의 대우에 관하여 정한 근로조건이라고 할 수 없는 것이고, 단순히 임의적 교섭사항에 불과하여 이에 관한 분쟁 역시 노동쟁의라 할 수 없으므로 특별한 사정이 없는 한 이것 또한 중재재정의 대상으로 할 수 없다(대판 1996.2.23. 94누9177).

4. 특정조합원에 관한 사항

노동조합이 조합원 중 구체적으로 특정된 자에 한하여 적용되는 근로조건에 관한 사항을 단체교섭의 대상으로 요구할 수 있는지에 관하여는 전술한 바와 같이 견해의 대립이 있다. 즉, 예를 들어 조합원 중 특정인 甲·乙 등 이외에는 누구에게도 적용되지 아니하는 근로조건에 관한 사항이 교섭의 대상이 되는지 여부가 문제된다.

이에 대하여는 ① 불특정 조합원 모두에게 일률적으로 적용될 수 있는 근로조건에 관한 사항만이 교섭의 대상이 될 수 있고 특정 조합원에 한하여 적용되는 근로조건에 관한 사항은 교섭 대상에서 제외되어야 한다는 견해,[60] ② 특정 조합원에 관한 사항도 그것이 노동조합의 활동과 관련되거나 다른 조합원의 근로조건의 결정 등과 관련될 때에는 교섭 대상에 포함되어야 한다는 견해,[61] ③ 특정 조합원에 관한 사항도 아무런 제한 없이 교섭대상이 된다는 견해[62] 등이 있으나, ①의 견해는 특정 조합원의 인사에 관한 사항이 조합원 전체의 인사기준이나 절차에 관한 사항에 해당하는 경우에는 단체교섭의 대상이 될 수 있다는 입장을 취

59) 동지: 손창희, "노조전임 문제의 단체교섭·노동쟁의 대상 여부", 『노동법률』, 중앙경제사, 1996/5, 30면 이하 참조.

60) 김형배, 위같은책, 864면.

61) 김유성, 위같은책, 139면; 이병태, 위같은책, 225면.

62) 임종률, 위같은책, 125면.

하고 있어 ①, ②의 견해는 실질적으로 큰 차이는 없다고 하겠다.

이에 관한 대표적인 사례로서, 해고된 특정 근로자에 대한 해고의 철회나 복직을 요구하는 것이 단체교섭의 대상이 될 수 있는지 여부가 문제된다.[63] 근로조건에 관한 사항에 대하여는 단체교섭의 결과 단체협약이 체결되면 규범적 효력을 갖게 되고(노조법 제33조 제1항), 그러한 단체협약의 조항은 근로조건을 집단적·통일적으로 규율하는 규범으로 가능하므로 특정 근로자에 한하여 적용되는 근로조건의 내용을 정하기 위한 사항은 규범으로 기능할 수 없는 처분적 성격의 사항을 정하는 것으로서 위와 같이 해고근로자에 대한 해고철회나 복직 그 자체를 목적으로 하는 것은 원칙적으로 단체교섭의 대상이 될 수 없을 것이다. 그러나 위와 같이 표면상으로 해고된 특정 근로자에 대한 해고철회나 복직을 요구하고 있으나 그 자체에 그치지 않고 이를 계기로 조합원 자체에 대한 인사기준이나 절차를 명확히 확립함으로써 근로조건의 개선이나 경제적·사회적 지위 향상을 도모하려는 데 그 실질적인 목적을 두고 있는 경우에는 그러한 범위 안에서 단체교섭의 대상이 될 수 있고 사용자로서는 위와 같은 외형상의 요구사항만을 들어 단체교섭을 거부할 수 없다고 할 것이다.[64] 위에서 언급했듯이, 일부 조합원들에 대한 파면처분이 노동조합의 핵심적 관심사항인 연구자율수호운동을 주동한 것에 대한 보복조치라 하여 노동조합에서 이의 철회를 요구하고 있는 것이 조합원의 근로조건의 개선 요구에 그 본래의 뜻이 있다고 볼 수 있는 경우에는 단체교섭의 대상으로서 쟁의행위의 정당한 목적이 될 수 있다고 하는 판례[65]도 이러한 맥락에서 이해될 수 있다. 또 특정 근로자에 대한 해고가 노조활동 등을 이유로 한 것이라고 주장하면서 그 철회 또는 복직을 요구하는 경우에도 그 특정 근로자에 대한 해고철회 또는 복직을 정하기 위한 것이 아니라 노동조합의 정상적인 활동을 보장받기 위한 내용을 확립하기 위한 것에 주된 목적이 있다고 한다면 근로조건 이외에 노동조합을 위한 기타 노동관계에 관한 사항으로서 단체교섭의 대상이 된다고 할 것이다.

5. 권리분쟁에 해당하는 사항

단체교섭은 근로조건이나 기타 노동관계의 내용을 결정하고 그 결정된 사항에 관하여 단체협약을 체결함으로써 이를 집단적·통일적으로 규율하기 위한 것이지

63) 박창현, "해고자 복직요구와 단체교섭의 대상", 『판례연구』 제10집, 부산판례연구회, 1999, 266면 이하 참조.

64) 最三小判 昭和35.4.26. [高知新聞사건] 民集14卷6號 1004면 참조.

65) 대판 1992.5.12. 91다34523.

이미 설정된 규범에 기하여 발생한 권리를 실현하기 위한 수단으로 사용될 성질의 것은 아니라 할 것이므로 노동조합에게 인정되는 단체교섭권도 위와 같이 근로조건이나 기타 노동관계의 내용을 새로이 설정하기 위한 이른바 이익분쟁을 해결하기 위한 범위 안에서 행사되어야 할 것이고, 위와 같이 권리분쟁의 해결을 위한 목적으로 행사될 수는 없다고 할 것이다. 다만, 전술한 바와 같이 표면상으로는 이러한 권리분쟁에 관한 주장을 하고 있지만 그 주된 목적은 조합원 전체의 근로조건이나 노조활동 등 이익분쟁의 해결에 관한 요구를 하고 있으면 그 범위 안에서 단체교섭의 대상이 될 수 있음은 물론이다.[66)]

Ⅲ. 기타 노동관계에 관한 사항

근로조건의 결정에 관한 사항 이외에 근로자의 경제적·사회적 지위의 향상을 위하여 필요한 노동조합의 활동이나 단체교섭의 절차와 방식, 단체협약의 체결, 쟁의행위 개시절차, 사적 조정·중재 등 근로조건의 결정에 영향을 미치는 기타 노동관계에 관한 사항도 단체교섭의 대상이 된다(통설). 노동조합의 활동과 관련한 노동관계에 관한 사항으로 Shop제도, 조합비공제제도, 노동조합전임자제도 등이 가장 대표적이라 할 것이다.

그런데 판례[67)]는 노동조합전임자제도에 관하여 이는 노동조합에 대한 편의제공의 한 형태로서 단순히 임의적 교섭사항에 불과하여 단체교섭의 대상이 되지 아니한다고 하였으나, 위 판례의 취지가 노동조합전임자제도 등 노동조합의 활동과 관련한 사항은 단체교섭의 대상이 될 수 없다는 것인지 아니면 노동조합전임자제도는 노동조합에 대한 편의제공의 형태이므로 노동조합의 활동과 관련한 노동관계에 관한 사항에 해당하지 않는다는 것인지는 명확하지 아니하나, 헌법상 단결권 보장과 관련하여 단체교섭권의 내용을 파악하여 보더라도 노동조합의 활동과 관련한 사항은 단체교섭의 대상이 된다.[68)] 노동조합에 대한 편의제공이 노동조합

66) 이에 대해서는, 해고된 조합원에 대한 사용자의 해고가 근로기준법상 정당한 이유가 없거나 부당노동행위에 해당하여 무효임을 확인하는 것이나 그 밖에 예를 들어 체불임금의 지급을 구하는 것 등과 같이 근로조건을 규율하는 규범인 법령·단체협약·취업규칙 등에 의하여 정해진 근로자의 권리에 관한 해석·적용에 관한 사항을 주장하는 이른바 권리분쟁에 해당하는 사항도 단체교섭의 대상이 된다고 하면서, 이는 노동조합이 이를 쟁의행위의 목적으로 삼을 수 있는지 여부와는 무관하다고 보는 견해도 있다. 이병태, 위같은책, 224면.

67) 대판 1996.2.23. 94누9177.

의 자주성을 해치거나 경비의 주된 부분을 원조받는 정도에 이른다면 이를 단체교섭의 대상으로 삼는 것은 위법하여 허용될 수 없으나 그에 이르지 않는 노동조합전임자제도는 단체교섭의 대상이 되는 데 장애가 없을 것이라는 점에서 위 판례의 태도에 대해 의문을 제기하는 비판적인 견해가 있을 수도 있겠다.

68) 노동조합의 활동에 관한 사항이 단체교섭의 대상이 된다는 견해가 우리나라뿐이만 아니라 일본의 판례와 통설의 입장이고, 아메리카합중국의 최고법원도 이를 긍정하고 있다. 특히 아메리카합중국의 판례입장에 대하여는, 김유성, "단체교섭의 대상사항-미국의 경우를 중심으로-", 『판례월보』, 판례월보사, 1981/11, 11면 이하; 이상윤, "단체교섭대상의 정립방안-미국의 단체교섭대상의 분석을 중심으로-", 『노동법연구』 제3호, 서울대학교노동법연구회, 1993, 248면 이하 참조.

제 7 장 단체교섭의무의 내용

제1절 서 설

우리 실정노동헌법에 의하면, 단체교섭의무는 노사관계에 있어서 사용자측이 부담하고 있다. 헌법 제33조는 노동3권은 국가가 보장해야 할 노동자의 기본적 권리로서 규정하고 있을 뿐 그 권리의 상대방을 명시적으로 특정하고 있지는 않다. 그러나 노동3권은 국가에 대한 권리일 뿐만 아니라 자본측 즉 사용자에 대한 직접적인 구체적 권리라고 할 것이다.[69] 이와 같이 노동조합 등 노동단체에게 단체교섭권이 인정된다고 할 때, 사용자 또는 사용자단체는 그에 대응하는 단체교섭의무를 부담한다. 이것은 헌법의 하위법률인 노조법이 명시적으로 규정하고 있지 않다고 하더라도 인정된다고 할 것이다. 그뿐만 아니라 현행 노조법은 사용자의 단체교섭의무를 명시적으로 규정하고 있고 또 그 의무의 불이행에 대하여 소정의 제재를 가하고 있다. 즉 노조법은 사용자 또는 사용자단체는 노동조합 등 근로자단체의 정당한 단체교섭 요구에 대하여 정당한 이유 없이 이를 거부하거나 해태해서는 아니 되고 단체교섭에 응하는 경우에도 신의에 따라 성실히 교섭하여야 하며, 단체교섭의 결과 합의된 사항에 대하여 정당한 이유 없이 단체협약의 체결을 거부하거나 해태해서는 아니 된다고 규정하고 있다(노조법 제30조 및 제81조 제3호).

사용자의 단체교섭의무의 내용은 단체교섭을 정당한 이유 없이 거부하여서는 아니 되는 단체교섭응낙의무, 단체교섭을 정당한 이유 없이 해태해서는 아니 되는 성실교섭의무, 단체교섭의 결과 합의된 사항에 대하여 정당한 이유 없이 단체협약체결을 거부·해태해서는 아니 되는 단체협약체결의무로 구분할 수 있다.

---

69) 여기에서 기본권의 대사인적 효력(對私人的 效力)의 문제가 제기될 수 있다. 이에 관해서는 간접효만 인정할 것인가 혹은 직접효를 인정할 것인가에 대해 견해가 나누져 있다. 필자는 노동3권의 직접효력을 인정하는 입장을 취하고자 한다.

제2절 단체교섭응낙의무

단체교섭권의 법적 성격을 어떻게 파악하든, 노동조합이 사용자에 대해 의무적 교섭사항에 관하여 단체교섭권을 행사한 때에 현행 노조법에 의하면 이에 사용자는 응할 의무가 있다는 것은 명백하다(노조법 제30조 및 제81조 제3호 등 참조). 이것이 사용자의 단체교섭응낙의무이다. 그러므로 사용자에게는 사용자나 사용자단체가 단체교섭을 처음부터 거부하는 행위는 정당한 이유가 없는 한 단체교섭응낙의무의 위반이 된다. 이러한 행위 유형으로 단체교섭을 요구하는 노동조합이 단체교섭의 정당한 당사자가 아니라거나[70] 단체교섭을 요구받은 사용자나 사용자단체 자신이 교섭의무를 부담하는 정당한 당사자가 아니라는 이유를 들어 단체교섭을 거부하는 행위, 노동조합이 교섭을 요구하는 사항이 단체교섭의 의무가 있는 대상사항에 해당하지 않는다는 이유를 들어 단체교섭을 거부하는 행위를 들 수 있는데, 이러한 경우에는 사용자가 주장하는 사유의 당부에 따라 교섭의무 위반여부가 결정된다.

제3절 성실교섭의무

외형상으로 단체교섭에 응하는 것처럼 보이지만 실질적으로는 정당한 이유 없이 단체교섭을 해태하는 것으로 평가할 수 있는 행위는 성실교섭의무의 위반에

---

70) 대판 1998.5.22. 97누8076; 동 2006.2.24. 2005도8606 등 참조. 이 판결에 의하면, 단체교섭에 대한 사용자의 거부나 해태에 정당한 이유가 있는지 여부는 노동조합측의 교섭권자, 노동조합측이 요구하는 교섭시간, 교섭장소, 교섭사항 및 그의 교섭태도 등을 종합하여 사회통념상 사용자에게 단체교섭의무의 이행을 기대하는 것이 어렵다고 인정되는지 여부에 따라 판단해야 하는데, 노동조합장이 사용자의 이익을 대표하여 행동하는 자에 해당한다는 이유로 사용자가 단체교섭을 거부하는 경우에는 단체교섭응락의무에 위배되는 것이 아니라는 취지다.

해당한다. 이러한 행위 유형으로 교섭을 요구하는 사항에 대하여 결정권한이 없는 자에게 단체교섭을 위임하여 단체교섭에 응하는 행위, 교섭을 요구하는 사항과 아무런 관련이 없거나 위법한 사항을 교섭의 전제조건으로 내세우는 행위, 단체교섭의 절차상 합리성이 없는 이유를 들어 단체교섭을 지연하는 행위를 들 수 있다. 사용자가 아무런 이유 없이 단체교섭을 거부 또는 해태하는 경우는 물론, 사용자가 단체교섭을 거부할 정당한 이유가 있다거나 단체교섭에 성실히 응하였다고 믿었더라도 객관적으로 정당한 이유가 없고 불성실한 단체교섭으로 판정되는 경우에도 단체교섭의 의무를 위반한 것이 된다. 이 경우 사용자의 단체교섭 거부에 정당한 이유가 있는지 여부는 노동조합측의 교섭권자, 노동조합측이 요구하는 교섭시간, 교섭장소, 교섭사항 및 그의 교섭태도 등을 종합하여 사회통념상 사용자에게 단체교섭의무의 이행을 기대하는 것이 어렵다고 인정되는지 여부에 따라 판단하여야 한다.[71)]

한편, 노동조합도 역시 단체교섭권을 행사함에 있어서 신의에 따라 성실히 교섭하고 단체협약을 체결하여야 하며 그 권한을 남용하여서는 아니 되고 사용자의 단체교섭 요구 사항에 대하여 정당한 이유 없이 교섭 또는 단체협약의 체결을 거부하거나 해태해서는 아니 된다고 할 것이다(노조법 제30조 참조). 그렇다고 노동조합의 성실교섭의무 해태가 노조법 위반으로 처벌대상이 되거나 부당노동행위가 성립하는 것은 아니다. 다만 노동조합에게 이러한 사유가 있는 경우에는 사용자나 사용자단체가 이를 이유로 단체교섭이나 단체협약 체결을 거부·해태하더라도 성실교섭의무의 위반에 해당하지 아니지 않을 뿐이다. 교섭요구 사항과 관련하여 사용자로부터 타협안을 제시받고도 합리적인 이유나 수정안을 제시하지 않은 채 객관적으로 사용자가 수용할 수 없는 주장만을 무리하게 되풀이하는 경우, 교섭사항과 관련하여 사용자에게 요구할 수 있는 범위를 벗어나서 설명이나 자료제공만을 요구하는 경우 등이 노동조합의 성실교섭의무위반 행위에 해당할 가능성이 높다고 평가할 수 있다. 이와 관련해서 구체적인 사례로는 노동조합의 대표자 또는 수임자가 단체교섭의 결과에 따라 사용자와 단체협약의 내용을 합의한 후 다시 협약안의 가부에 관하여 조합원 총회의 의결을 거친 후에만 단체협약을 체결할 것임을 명백히 하였다면 노사 쌍방 간의 타협과 양보의 결과로 임금이나 그 밖의 근로조건 등에 대하여 합의를 도출하더라도 노동조합의 조합원 총회에서 그 단체협약안을 받아들이기를 거부하여 단체교섭의 성과를 무로 돌릴 위험성이 있으므로 사용자측으로서는 최종적인 결정 권한이 없는 교섭대표와의 교섭 내지 협

71) 위 같은 판결 참조.

상을 회피하거나 설령 교섭에 임하더라도 성실한 자세로 최후의 양보안을 제출하는 것을 꺼리게 될 것이고, 그와 같은 사용자측의 단체교섭 회피 또는 해태를 정당한 이유가 없는 것이라고 비난하기도 어렵다고 할 것이라고 판시하고 있는데,[72] 수긍할만하다. 그 뿐만 아니라 단체교섭의 결과 최종적인 합의에 도달하였음에도 불구하고 그에 관하여 단체협약의 체결을 거부하거나 해태하는 행위도 성실교섭의무의 위반이 된다. 예를 들어, 사용자로부터 단체교섭을 위임받은 자가 교섭사항에 관한 합의를 한 후 사용자 본인이 이를 인준할 수 없다는 이유로 단체협약의 체결을 거부하는 행위도 이에 해당한다고 하겠다.

[판 례]

- [1] (구)노동조합법(1996.12.31. 법률 제5244호 부칙 제3조로 폐지되기 전의 것) 제39조 제3호가 정하는 부당노동행위는, 사용자가 아무런 이유 없이 단체교섭을 거부 또는 해태하는 경우는 물론이고, 사용자가 단체교섭을 거부할 정당한 이유가 있다거나 단체교섭에 성실히 응하였다고 믿었더라도 객관적으로 정당한 이유가 없고 불성실한 단체교섭으로 판정되는 경우에도 성립한다고 할 것이고, 한편 정당한 이유인지의 여부는 노동조합측의 교섭권자, 노동조합 측이 요구하는 교섭시간, 교섭장소, 교섭사항 및 그의 교섭태도 등을 종합하여 사회통념상 사용자에게 단체교섭의무의 이행을 기대하는 것이 어렵다고 인정되는지 여부에 따라 판단할 것이다.

  [2] 전쟁기념사업회 노동조합의 조합장이 학예부장의 차하위자인 3급직 학예담당관으로 그 부하직원을 지휘하고 그 휘하의 6급 이하 직원에 대한 1차적 평가를 하지만, 부장이 2차 평정권자로서 그 평정의 권한 및 책임은 궁극적으로 부장에게 귀속되고, 부하직원의 지휘도 부장을 보조하는데 지나지 아니하며, 인사, 급여, 후생, 노무관리 등 근로조건의 결정에 관한 권한과 책임을 전쟁기념사업회로부터 위임받은 점이 없다면, 위 조합장이 구 노동조합법(1996.12.31. 법률 제5244호 부칙 제3조로 폐지되기 전의 것) 제3조 단서 제1호에 정한 사용자 또는 항상 그의 이익을 대표하여 행동하는 자에 해당하지 아니하므로, 위 사업회가 위 조합장은 노동조합원이 될 수 있는 자격이 없다는 이유로 당해 조합의 단체교섭요구에 응하지 아니한 것은 정당하다고 볼 수 없다(대판 1998.5.22. 97누8076).
- (구)노동조합법(1996.12.31. 법률 제5244호 노동조합및노동관계조정법에 의하여 폐지된 법률) 제33조 제1항 본문은 "노동조합의 대표자 또는 노동조합으로부터 위임을 받은 자는 그 노동자 또는 조합원을 위하여 사용자나 사용자단체와 단체협약의 체결 기타의 사항에 관하여 교섭할 권한이 있다."고 규정하고 있었는바, 여기서 '교섭할 권한'이라 함은 사실행위로서의 단체교섭의 권한

72) 대판 1998.1.20. 97도588.

외에 교섭한 결과에 따라 단체협약을 체결할 권한을 포함하는 것이지만, 그럼에도 불구하고 노동조합의 대표자 또는 수임자가 단체교섭의 결과에 따라 사용자와 단체협약의 내용을 합의한 후 다시 협약안의 가부에 관하여 조합원 총회의 의결을 거친 후에만 단체협약을 체결할 것임을 명백히 하였다면 노사 쌍방간의 타협과 양보의 결과로 임금이나 그 밖의 근로조건 등에 대하여 합의를 도출하더라도 노동조합의 조합원 총회에서 그 단체협약안을 받아들이기를 거부하여 단체교섭의 성과를 무로 돌릴 위험성이 있으므로 사용자측으로서는 최종적인 결정 권한이 없는 교섭대표와의 교섭 내지 협상을 회피하거나 설령 교섭에 임한다 하더라도 성실한 자세로 최후의 양보안을 제출하는 것을 꺼리게 될 것이고, 그와 같은 사용자측의 단체교섭 회피 또는 해태를 정당한 이유가 없는 것이라고 비난하기도 어렵다 할 것이므로, 사용자측의 단체교섭 회피가 같은 법 제39조 제3호가 정하는 부당노동행위에 해당한다고 보기도 어렵고, 그에 대항하여 단행된 쟁의행위는 그 목적에 있어서 정당한 쟁의행위라고 볼 수 없다(대판 1998.1.20. 97도588).

제 8 장 단체교섭의무위반에 대한 구제수단

제 1 절 서 설

노동조합의 단체교섭권 행사에 대하여 사용자가 교섭의무를 위반하거나 해태하는 경우에 어떠한 법적 조치를 취할 수 있을 것인가? 우리 헌법이 단체교섭권을 근로자의 기본적 권리로 보장하고 있기 때문에 사용자의 단체교섭의무위반에 대한 법적 구제절차가 마련되어 있지 않다면, 그 자체가 단체교섭권의 본질적 부분의 침해라고 할 것이다.

현행법 체제에서 사용자의 단체교섭의무 위반에 대하여 노동조합은 노동위원회에 의한 행정적 구제방법 또는 법원에 의한 사법적 구제방법을 선택하거나 이들 양자의 구제방법을 동시에 강구하는 것도 가능하다고 하겠다.

제 2 절 행정상 구제수단

I. 노동쟁의조정의 신청

사용자가 단체교섭을 거부하거나 해태하여 이것이 발단으로 되어서 분쟁이 발생한 경우 그 자체가 노동쟁의에 해당하므로 노동조합은 노동위원회에 대하여 단체교섭거부분쟁을 노조법상의 조정을 신청할 수 있을 것이다.

Ⅱ. 부당노동행위에 대한 구제신청

사용자가 노동조합의 대표자 또는 노동조합으로부터 위임을 받은 자와의 단체협약 체결 기타의 단체교섭을 정당한 이유 없이 거부하거나 해태하는 행위를 함으로써 그 단체교섭의무를 위반하였을 경우에는 부당노동행위를 구성하고(노조법 제81조 제3호), 이러한 부당노동행위에 의하여 권리를 침해받은 근로자 또는 노동조합은 사용자의 이러한 부당노동행위에 대하여는 노동위원회에 그 구제를 신청하여(동법 제82조 제1항), 일정한 행정상의 구제절차(동법 제82조 제2항 내지 제86조)를 밟아 구제받을 수 있다.

사용자의 단체교섭의무위반이 어떠한 요건 아래 부당노동행위를 구성할 것인가에 관하여는 앞에서 이미 언급하였다. 다만, 사용자가 단체교섭을 거부할 정당한 이유가 있다거나 단체교섭에 성실히 응하였다고 믿었으나 객관적으로 단체교섭의무를 위반한 것으로 평가될 수 있는 경우, 즉 사용자에게 부당노동행위의사가 없는 경우에도 부당노동행위가 성립될 것인가에 관하여는 뒤에서 자세히 살펴보는 바와 같이(제5편 제4장 참조) 논란의 여지가 있으나, 단체교섭의무위반에 의한 부당노동행위는 사용자가 정당한 이유 없이 단체교섭을 거부하거나 해태함으로써 성립하는 것이고 이 경우 사용자가 단체교섭을 거부할 정당한 이유가 있다거나 단체교섭에 성실히 응하였다고 믿었다고 하더라도 그 믿음에 객관적으로 정당한 이유가 없다면 정당한 이유 없는 단체교섭의 거부·해태에 해당할 것이다. 왜냐하면 단체교섭의무위반의 경우에는 부당노동행위에 대한 사용자의 의사 또는 인식 여부와는 관계없이 부당노동행위가 성립한다고 봐야 하기 때문이다.

이에 대해서는 판례[73]도 사용자의 단체교섭 거부·해태로 인한 부당노동행위는 사용자가 아무런 이유 없이 단체교섭을 거부 또는 해태하는 경우는 물론, 사용자가 단체교섭을 거부할 정당한 이유가 있다거나 단체교섭에 성실히 응하였다고 믿었더라도 객관적으로 정당한 이유가 없고 불성실한 단체교섭으로 판정되는 경우에도 성립한다고 하고 있다.

---

73) 대판 1998.5.22. 97누8076.

제 3 절 사법상 구제수단

I. 행정소송 : 부당노동행위구제 재심판정 취소소송

부당노동행위가 되는 단체교섭 거부·해태행위에 대한 구제신청에 대하여 지방노동위원회의 결정과 이에 대한 중앙노동위원회의 재심판정 등 행정상 구제절차가 있은 후, 중앙노동위원회의 위 재심판정에 대하여 관계 당사자가 불복이 있는 경우에는 그 재심판정서의 송달을 받은 날로부터 15일 이내에 행정소송법이 정하는 바에 의하여 행정소송을 제기할 수 있다(노조법 제85조 제2항).

이러한 부당노동행위구제 재심판정 취소소송에서도 일반 행정소송에서와 마찬가지로 소의 이익이 종종 문제되는데, 중앙노동위원회의 재심판정이 있은 후 그 재심판정의 취소를 구하는 행정소송의 사실심 변론종결 이전에 재심판정에 의한 구제명령의 이행 또는 집행이 무의미하거나 불가능하게 된 사정이 발생한 때에는 그 재심판정의 당부에 대한 실체적 판단에 앞서 그 취소를 구할 법률상의 이익이 소멸하여 소의 이익이 없으므로 그 취소소송을 각하하여야 한다고 본다.

[판 례]

- 부당노동행위구제신청에 따른 구제명령을 얻는다고 하더라도 객관적으로 보아 그 실현이 불능인 경우와 구제를 구하는 사항이 다른 방법에 의하여 이미 실현되어 구제신청이 이미 목적을 달성한 경우 등에는 중앙노동위원회 판정의 취소를 구할 소의 이익은 없다고 보아야 하므로, 특정사항에 관한 단체교섭의 거부를 이유로 한 부당노동행위구제신청에 대한 각하결정의 취소를 구하는 소송 중 그에 관한 단체교섭이 타결된 경우에는 그 구제신청은 이미 목적을 달성한 경우로서 위 결정의 취소를 구하는 소송은 소의 이익이 없어 부적법하다(대판 1995.4.7. 94누3209).

Ⅱ. 단체교섭응낙가처분

1. 문제의 소재

사용자가 정당한 이유 없이 단체교섭을 거부·해태하고 있을 때 노동조합이 민사집행법상 임시의 지위를 정하기 위한 가처분(민사집행법 제300조 및 제304조)으로서 단체교섭응낙가처분을 신청할 수 있는지 여부가 문제된다.

2. 학 설

1) 인정설

단체교섭응락가처분을 긍정하는 입장에는 첫째, 단체교섭을 근로자의 기본권으로 보장하고 있는 헌법 제33조 제1항과 사용자의 단체교섭거부를 부당노동행위로 규정하고 있는 노조법 제81조 3호에 근거해서 근로자에게 사법상의 단체교섭청구권이 인정된다고 보면서 이러한 사법상의 단체교섭청권을 피보전권리로 하는 단체교섭응락가처분을 인정하는 입장, 둘째 사법상의 단체교섭청구권의 급부내용을 특정하기 곤란하여 이를 인정할 수 없으나 노동조합이 사용자에 대하여 단체교섭에 응해야 함을 요구하는 지위를 가진다는 것을 인정하고 노동조합에게 이러한 지위의 확인 청구 내지 그러한 청구를 피보전권리로 하는 단체교섭가처분을 인정하는 입장이 있다.

2) 부정설

헌법 제33조 제1항은 국가에 대한 기본권이라는 전제 하에 헌법 제33조 제1항에 의하여 근로자의 단체교섭권이 노사 간의 단체교섭에 관한 구체적인 권리의무를 설정하지 않고 노조법 제81조 제3호는 국가에 대한 사용자의 의무, 즉 사용자의 공법상 의무를 부과한 것에 불과하므로 단체교섭권은 노동조합의 국가에 대한 주관적 공권이고 사용자는 국가에 대하여 노동조합의 단체교섭권을 침해하여서는 아니 된다는 공법상의 의무를 부담할 뿐이므로 노동조합이 사용자에 대하여 직접 사법상의 권리로서 단체교섭청구권을 갖는 것은 아니며 가사, 사법상의 단체교섭청구권을 인정한다고 하더라도 그것에 대응하는 사용자의 급부내용이 특정되기 어렵고 단체교섭이행의 간접강제는 실효성이 없다는 것을 이유로 단체교섭응락가처분을 부정하는 입장이다.

3. 검토와 결론

1) 헌법 제33조 제1항이 보장하는 단체교섭권은 앞에서도 이미 언급했듯이 국가에 대한 근로자의 기본권일 뿐만 아니라 단체교섭을 요구하는 기초가 되는 법적 지위와 성실교섭이라는 사용자의 구체적 행위를 청구하는 권리라고 할 것이다. 그러므로 사용자가 단체교섭응낙의무를 이행하지 아니 하는 경우에 그 이행을 위한 가처분을 인정하는 것이 타당하다고 할 것이다.[74]

2) 단체교섭권의 법적 성질을 사법상의 권리로 볼 수 있다고 하더라도 사용자가 부담하는 단체교섭의무의 급부내용이 불확정적이어서 이를 구체적으로 특정할 수 없고 강제집행에 의하여 이를 실현할 수 있는 방법도 없으므로 피보전권리로서의 적격을 갖지 않거나 사법상의 구제절차에 의하여 분쟁을 유효적절하게 해결할 수 없다고 하여 가처분의 대상이 되지 않는다고 보아야 한다는 입장은 그 본말이 전도되어 있다고 할 것이다. 사용자의 단체교섭의무위반 여부가 문제되는 분쟁의 유형 중 단체교섭을 요구하는 노동조합이 단체교섭의 정당한 당사자가 아니라거나 단체교섭을 요구받은 사용자나 사용자단체 자신에 교섭의무를 부담하는 정당한 당사자가 아니라는 이유를 들어 단체교섭을 거부하는 경우, 노동조합이 교섭을 요구하는 사항이 단체교섭의 의무가 있는 대상사항에 해당하지 않는다는 이유를 들어 단체교섭을 거부하는 경우 등과 같이 단체교섭의 주체나 대상과 관련되어 있는 때에는 단체교섭 거부에 정당한 이유가 있는지 여부에 관한 법원의 판단에 따라 단체교섭응낙의무 내용이 확정되고 그에 의한 분쟁의 해결이 가능하며, 사용자가 불성실하게 단체교섭을 지연·해태한다는 이유로 성실교섭의무의 위반 여부가 분쟁의 대상이 되는 경우에도 그 급부의 내용을 구체적으로 특정할 수는 없으나, 그 해태의 정당한 이유가 있는지 여부에 관하여 법원의 판단을 받아 지연 중인 단체교섭을 촉진하는 효과를 거둘 수 있는 측면은 남아 있을 것이다. 또한 일반적으로 채무자가 그의 의사만으로는 할 수 없는 채무, 채무의 불이행에 특별한 예술적 또는 학문적 기능을 필요로 하는 경우 인격존중의 견지에서 강제집행이 허용되지 않는 채무 등은 채무의 성질상 간접강제도 불가능하여[75] 결국

74) 김유성, 위같은책, 148면; 유원석, "노동사건에 있어서의 근로자측의 가처분", 『근로관계소송상의 제문제(하)』, 법원행정처, 1987. 632면; 김선수, "노사갈등의 현황과 쟁점", 『노동법학』 제8호, 한국노동법학회, 1998, 62~63면 등 참조.

청구권의 실현은 손해배상의 방법에 의할 수밖에 없다[76]고 하지만, 사용자가 단체교섭의무의 내용으로서 단체교섭에 성실히 임하여야 한다는 작위의 급부의무는 위와 같이 강제집행이 허용되지 않는 어느 경우에도 해당하지 아니한다 할 것이므로 이른바 부대체적(不代替的) 작위의무로서 간접강제에 의한 강제집행(민사소송법 제693조 제1항)이 가능하다 할 것이다. 따라서 위와 같이 급부 내용의 불확정성이나 강제집행의 불가능을 이유로 가처분에 의한 권리구제의 대상이 아니라고 일률적으로 단정할 수 없을 것이다.[77]

4. 보론 : 일본학계의 최근경향

일본에서 최근 부정설을 취하고 있는 논자 중에서 노동위원회가 본래 기대하고 있는 신속한 구제라는 기능을 정말 수행하고 있지 못하는 상황을 감안하여 판례가 민소법적으로는 다소 무리를 하더라도 구제에 착수하는 것에는 무리가 없다는 점을 지적하는 견해가 있다. 그리고 이러한 견해에 조흥하는 형태로, 노동조합에 교섭의 급부소송(단체교섭응락의무이행청구)은 인정되지 않지만 사용자는 어떻든 「단체교섭에 응해야 할 지위」에는 있다는 것에서 노동조합은 단체교섭을 구할 지위의 확인청구(단체교섭의무존재확인청구) 내지 그것을 피보전권리로 하는 단체교섭을 구할 지위를 임시적으로 정하는 가처분을 신청할 수 있다고 하는 학설이 서서히 형성되고 있는 것 같다.

이 입장을 답습하면서 판례에서 노조의 단체교섭을 구하는 지위에 기하여 해결할 수 있는 사항(단체교섭당사자적격의 문제, 의무적 단체교섭사항의 범위의 문제, 그 법적 근거는 헌법 제33조 제1항의 요청에 기한 노조법)을 분별하고자 하는 시도가 되고 있다. 최근 일본최고재판소[78]도 기본적으로 이와 같은 견해를 취하기에 이르렀다.

Ⅲ. 민사본안소송

1) 전술한 바와 같이 사용자의 단체교섭의무는 사법상 채무의 성질을 가지므로

75) 법원행정처, 『개정증보 법원실무제요 강제집행(하)』, 1993, 459~460면.

76) 법원행정처, 위같은책, 430면

77) 김유성, 위같은책, 148~149면.

78) 最三小判 平成3.4.23. [日本國鐵사건] 勞判 제589호 6면 참조.

노동조합은 사용자의 단체교섭의무 위반이 있음을 이유로 하여 그 채무의 이행을 구하는 소송이나 사용자의 단체교섭의무의 확인을 구하는 소송을 제기할 수 있을 것이다. 또한 위 이행판결이 확정되면 그에 따라 간접강제에 의한 강제집행이 가능하다고 할 것이다.

2) 사용자의 단체교섭의무 위반이 있을 때 노동조합은 그것이 채무불이행 또는 사용자의 고의·과실에 의한 불법행위를 구성한다는 이유로 사용자를 상대로 그로 인하여 발생한 손해의 배상을 청구할 수 있다고 할 것이다. 이 경우 사용자가 배상하여야 할 손해액을 어느 범위까지 인정할 것인가가 문제이다. 이를 산정하는 것은 실제로 상당히 문제라고도 할 수 있으나 적어도 단체교섭의 위법한 거부·지연으로 조합원들이 입은 정신적 고통에 대한 위자료가 손해로 인정될 수 있을 것으로 생각한다.

보 론 : 우리나라 단체교섭의 현황

제 1 절 서

원래, 노동조합은 자본주의체제질서를 유지하는 테두리 내에서 비로소 승인된 것이다. 노조를 통한 단체교섭은 본래 경제적으로는 기본적으로 이해가 상반하는 노사 간의 문제를 대화를 통해 평화적으로 해결하는 것을 목적으로 하는 것으로 제도적으로 인정된 것이다. 그러한 의미에서 단체교섭권은 특히 노동자측의 권리로서 법률적으로 인정된 것이다.

즉 단체교섭은 경제적으로 이해가 대립하는 노사, 일면에 있어서는 이해가 일치하는 경우도 있지만, 기본적으로는 대립관계에 있는 노사가 대립의 입장에 서 각각의 주장을 서로 내고, 냉정히 조리를 다해 평화적 방법으로 현안의 문제를 해결하고 타결해가는 대화의 장이기도 하다. 그러므로 단체교섭의 장에 있어서 가령 노사가 서로에 심하게 대립하는 것이 있어도 그것에 시종해서는 아니 되고, 노사가 대화에 의해 타결점을 찾는 것이 단체교섭의 궁극적인 목적이라는 것을 잘 알고 이것에 대응해 갈 필요가 있다.

제 2 절 단체교섭 역사의 일천

우리나라의 단체교섭제도는 노동조합 운동의 발달이 서구국가에 비해 100년 이상 뒤쳐져 있다고 해도 과언이 아니다. 그래서 그것의 발달수준은 상당히 낮다. 이 제도가 법적으로 승인되게 되었던 것은 1953년 5월 시행 노동조합법과 노동쟁의조정법에서가 최초라고 할 것이다.

그렇지만 주지하듯이 노동조합운동은 일제시대부터라고 할 수 있는 상당히 긴 역사를 가지고 있다고 할 수 있지만 일본이 잉글랜드나 프랑스에 비해 늦게 시작된 아시아권의 후발자본주의 국가이었고, 게다가 그 식민지배에 있었던 우리나라에는 자본주의제도가 제대로 발전할 수 없었다. 그래서 일제시대 자본주의의 초기형성기를 통해 철저한 탄압에 의해 당초부터 노동운동이 발전할 수 있었던 맹아가 모조리 잘리어 우리나라(당시 조선반도)에는 노동조합이나 단체행동권도 정식으로 승인되지 않았기 때문에 노동운동은 말하자면 음지에서 독립운동과 마찬가지로 진행될 수밖에 없었다. 그러므로 일제시대에 있어 한국노동자에게는 노동조합을 통한 단체교섭의 경험은 전무(全無)라고 할 것이다.

1948년에 제정·공포된 제헌헌법은 노동3권이 규정되어 명시적으로 노동조합이 명확히 헌법적인 지위를 확립하게 되었다고 할 수 있다. 그러나 그것이 법적으로 구체화된 것은 4대 노동기본법제가 마련되었던 6.25전쟁 직후인 1953년 봄부터라고 할 것이다. 그럼에도 불구하고 노동조합운동은 남북 간의 이데올로기 대립, 군사독재정권 주도적인 경제발전 그리고 노동자에 대한 탄압과 착취 등으로 사실상 금지되었던 것과 마찬가지의 상황이었다. 노동조합운동이 어느 정도로 허용된 것은 민주화의 열기가 어느 정도 분출했던 1987년 6.29선언 이후였다고 할 수 있겠다. 이렇게 본다면, 법의 보호 하에 단체교섭이 그나마 형식적으로라도 될 수 있었던 것은 노동3권을 보장하고 있는 제헌헌법이 성립하고도 무려 40여년이 지났을 때에서야 비로소 가능하게 되었다고 평가할 수 있겠다. 하지만 여전히 사업장 단위에서 복수의 노동조합의 설립이 법적으로 금지되어 있으니, 노동조합운동은 아직도 규제를 받고 있다고 할 수 있다. 지금까지 상황이 이러했으니 한국근로자와 사용자가 제대로 된 단체교섭을 경험할 수 없었던 것은 당연하다고 할 것이다. 우리나라 단체교섭의 역사는 아직 이유기도 벗어나지 못했다고 하는 것이 올바른 평가일 것이다. 그러므로 단체교섭에 대한 이해방식이나 대응방식이 아주 미숙한 것은 당연하다고 할 것이다. 단체교섭의 정상적인 룰이 제대로 확립되어 있지 않기 때문에 단체교섭도 이른바 창구문제(단체교섭의 당사자를 누구로 하는가의 문제)에서 분쟁이 악화되는 사례가 아주 많고, 기술적으로도 부족한 점이 뚜렷하다.

제 3 절 우리나라 단체교섭의 문제점

Ⅰ. 기업별교섭과 교섭사항의 복잡성

일반적으로 유럽국가에 있어서 단체교섭은 산업별의 전국교섭 또는 지역별의 교섭이 주체를 이루고 있다. 따라서 단체교섭도 일반적으로 개별기업마다의 교섭, 즉 기업별교섭이 아니라 초기업적인 규모의 교섭이 되기 때문에 그래서 단체교섭의 대상사항도 저절로 초기업적인 성격을 가진 산업별(직업별 노조의 경우에는 직업별)의 노동조건만이 문제로 되는 것에 불과하다.

이것에 대해 우리나라의 단체교섭방식은 노동조합의 주요한 형태가 기업별 조직이기 때문에 개별기업대(對)기업별조직의 이른바 기업별교섭이 지배적이다. 이 점에 우리나라의 단체교섭방식의 기본적 특징을 찾을 수 있다.

이와 같이 단체교섭이 기업마다 개별적으로 되기 때문에 노동조건도 산업별로 표준화지 않고 (혹은 표준화되기 어렵고) 개별기업마다 나누어져 있다. 기업별교섭 하에서는 임금교섭도 결국에는 기업의 지급능력에 좌우된다. 기업의 격차가 그대로 임금의 격차(기업 간 임금격차)를 만드는 결과를 초래하게 된다. 이것이 노동자의 통일과 단결을 약하게 하고 기업의 테두리를 초월한 노동자 상호의 연대감을 약하게 하고 있다. 단체교섭에 있어 노동조합의 교섭력을 약하게 하고 있다.

우리나라의 노동조합은 기업별노조가 지배적이다. 이 기업별노조가 말하자면 노동조합적 기능과 공장위원회기능을 동시에 수행해야 한다고 하는 관계를 반영하여 기업별노조와 개별기업과의 사이에 이루어지는 단체교섭의 교섭사항도 아주 여러 가지에 걸쳐 그것을 복잡하게 하고 있는 것도 커다란 특징인 점이라고 하겠다. 단체교섭의 대상사항도 기본적인 노동조건의 문제에 한하지 않고, 복리후생에 관한 사항이나 인사, 고충, 경영에 관한 사항까지도 포함된다. 말하자면, 기업 내에 있어서 일체의 노사간 문제가 단체교섭에 집중되고 단체교섭으로 취급할 사항을 복잡다기한 것으로 하고 있는 것은 다른 선진국에서는 볼 수 없는 커다란 특징으로 되고 있다. 환언하면, 노동협약으로 결정되어야 할 사항과 취업규칙으로 결정되어야 할 사항이 동시에 단체교섭 중에 취급되고 있다. 게다가 우리나라의 단체협약에는 단체교섭의 중심적 위치를 차지해야 할 노동조건에 관한 조항(근로기준적 조항)과 함께 노사관계적 조항에 관한 부분에 상당한 규정을 두고 있지만, 이것은 우리나라의 단체교섭의 성격=노사관계의 후진성을 단적으로 보여주는 현저한 특징이라고 해야 할 것이다.

Ⅱ. 노동조합측의 문제점

1. 단체교섭제도에 대한 이해의 부족

우리나라에서는 오늘날에도 여전히 단체교섭을 그 목적을 망각하고 노사가 대립항쟁하는 장-일종의 대립의 장이긴 하지만-으로 느끼고 있고, 시종 서로 으르렁대고 중상하고 감정에 지배되어 상대방이 하는 것에 귀를 기울이지 않고 서로에게 고집을 강하게 관철하려고 한다. 단체교섭의 장에 있어서 노사는 대립항쟁하는 것이라고 결론짓고, 대립항쟁하는 것이 오히려 당연하고, 타협은 일종의 패배인 것처럼 곡해하고 해결점을 찾으려고 노력하지 않는 노조간부가 의외로 많은 것은 문제일 것이다.

단체교섭의 교섭과정에 있어 노사 간의 현안사항을 얼마나 해결하는가라는 것이 아니라, 단체교섭을 충분히 하지 않고 곧바로 파업으로 달려가는 것도 그 하나의 현상이다. 단체교섭 자체보다도 노조간부는 이른바 파업권 확립에 기를 빼앗겨 파업권이 확립되지 않으면, 실질적인 단체교섭에는 들어가지 않기도 한다. 현실적으로 쟁의에 들어가지 않으면 타결하기 위한 노력을 하지 않는다고 하는 나쁜 관행이 되어 있는데, 이 점은 꼭 바꿀 필요가 있겠다.

단체교섭의 사항에 관해서도 외국의 노사관행에는 일반적으로 교섭, 즉 대화를 충분히 거듭한 다음에 교섭이 결렬한 경우에 비로소 스트라이크를 하지만 우리나라에서는 단체교섭이 시작한 시점에서 바로 파업권을 확립하고 단체교섭 중에 언제라도 스트라이크를 할 수 있는 태세를 만들어 놓고 있는 점에서 단체교섭에 기대하는 자세에 있어서 구미국가들과의 사이에 상당히 큰 차이가 인정된다.

2. 교섭기술의 미숙

우리나라에는 단체교섭의 역사가 얇아서 교섭기술의 면에서도 또한 미숙함이 뚜렷하다. 앞에서 기술하였듯이 단체교섭은 본래 냉정한 담론의 장, 즉 상호 양보의

장임에도 불구하고, 아직 상대방을 천박하게 욕을 하거나 폭언을 사용하여 불손한 태도를 보이고 모처럼의 대화의 분위기를 파괴하거나 단체교섭의 장에 모든 사항을 끌어넣어 오히려 혼란을 야기시키기도 하는 예는 열거할 수 없을 정도이다.

단체교섭을 하는 때에는 화법, 화술, 교섭태도 등은 단체교섭의 결과에 의외로 커다란 영향을 주기 때문에 당사자는 이것에 대해 될 수 있는 한 신중하게 배려하고 상대방측에게 무용한 자극을 주지 않도록 충분히 유의하는 것이 중요하다.

그리고 단체교섭상 기술의 미숙함의 문제와도 관련해서 지적해 두어야 하는 것은 교섭이 자주 장시간에도 이르고 밤을 새워 행해지는 것이 실제로 많다고 하는 점이다. 문제의 해결이 임금부지급이나 교통파업 등과 같이 긴급성을 요하기 때문에 물리적, 즉 체력적으로도 무리한 교섭을 장시간 되풀이해야 하는 경우도 확실히 있지만 교섭기술의 서투름과 한국인 특유의 시간적 루즈함 때문에 그와 같은 사태를 초래하는 경우도 많지 않은가 생각한다. 물리적으로도 무리한 교섭은 자주 냉정한 판단을 잘못하게 되고, 적절한 해결을 이끌어내는 데에 커다란 방해의 요인으로 된다는 것은 감히 여기에서 지적할 필요도 없을 것이다.

3. 대중교섭으로 오해

단체교섭을 대중단체교섭과 동일한 의미로 잘못 알아 유형·무형으로 사용자측에 압력을 가할 효과를 목적으로 대중을 동원하여 교섭에 대응하려고 하는 경향이 노조측에서 볼 수 있다. 이러한 경향은 단지 노동조합뿐만 아니라, 1963년을 기점으로 일어났던 학생소동=대학의 학원소동에 있어서도 자주 볼 수 있는 현상이다.

확실히 노동자측의 세력이 상대적으로 약하든가 노사가 대등하게 교섭하는 조건이 갖춰져 있지 않은 우리나라와 같은 곳에서는 대중단체교섭에 의하지 않으면, 노동자가 사용자측과 대등하게 단체교섭하기 어렵다고 하는 특수한 사정이 확실히 있다는 것은 부정할 수 없다. 그렇지만 단체교섭은 당초 단체교섭의 취지와는 크게 반하는 것이다. 단체교섭의 룰(rule)을 확립하고 정상적인 노사관행을 확립하는데 있어서 오히려 장해로 되는 것에 불과하다.

본래 노동조합의 단체교섭이 「단체」교섭이라고 하는 이유는 교섭위원이 단체로서 노동조합을 대표하여 교섭에게 임하기 때문이지 조합원대중이 단체교섭의 장에 임하기 때문이 아니다. 그렇지만 대중단체교섭이라고 하여 규탄교섭이라고 하는 것은 바로 이러한 유형을 취한다. 단체교섭이 노동조합을 대표로 하는 교섭위원에 의한 교섭을 본칙으로 하는 한 대중교섭방식이 변칙적인 것이고 바람직하지 않는 것임은 말할 필요도 없다.

「대중단체교섭」이라고 지칭되는 것이 어떠한 성과를 가져온 선례는 없다. 그것은 교섭하는 쌍방에게 불신감을 강하게 하는 것이다. 상대방에 대한 불신감을 부채질하고 이것을 확대하려고 하는 전술에 도움이 될지도 모르지만 자신의 말을 전하고 상대방의 말과 대결케 하여 타결점을 쌍방에서 진지하게 찾으려고 하는 데에는 아무런 도움도 되지 않는다.

단체교섭은 이해가 상반하는 노사가 서로의 주장이나 의견을 내고 조리에 맞게 문제해결의 타결점을 찾는다고 하는 본래 타결의 장이기 때문이다. 따라서 단체교섭의 제도는 궁극적으로 타결을 전제로 하여 성립하고 있다. 만약 그렇지 않다고 하면, 단체교섭을 하는 의미는 없다. 단체교섭시에 있어서는 당사자의 냉정하고 진중한 협의가 문제해결에 있어서 필요불가결한 요소이다. 대중의 동원은 오히려 사태를 분규로 되게 하는 경우가 많다고 하는 것을 당사자는 잘 헤아려 둘 필요가 있다.

아무튼 단체교섭이 행해졌다고 해서 노사가 항상 합의점에 도달하는 것만은 아니다. 특히 쟁의행위로 발전할 경우도 왕왕 있을 수 있다. 그렇지만 쟁의행위권의 행사는 노동자측에 있어서는 말하자면, 전가의 보도이고, 쟁의행위권은 쟁의하는 것 자체보다 노사가 대등하게 단체교섭을 하도록 하기 위한 뒷받침으로서의 의미가 강하다.

이미 지적하였듯이, 근대국가가 노동쟁의의 권리를 인정하는 첫 번째의 취지는 특히 부대등한 입장에 처해있는 노동자에게 단체교섭을 대등하게 하는 조건을 만들어주기 위한 것이다. 그렇지만 사용자측에서는 자주 쟁의행위를 곧바로 조직폭력과 동일시하거나 산업질서의 파괴행위로 받아들이는 이해방식이 뿌리 깊게 존재하고 있는데 이것은 명백히 잘못된 것이다. 이것은 노동쟁의의 진정한 의미를 이해하지 못했기 때문에 생긴 오해임에 틀림없다. 노동자의 의식이 뒤쳐져 있는 곳에서는 쟁의에 수부하여 어쩌다가 폭력행위도 볼 수 있지만 사용자측에 있어서는 폭력행위를 당하기보다 오히려 집단적으로 노동력의 판매중지를 당하는 편이 한층 더 피해가 크다는 것을 알아야 한다. 노동쟁의는 그 자체 노조측의 요구를 관철하는 효과적인 수단으로서 집단적으로 노동력의 제공을 일시적으로 거부하는 말하자면 판매중지행위에 불과하다. 그러므로 법률상으로도 이 행위를 정당하게 인정하고 있다. 그것이 폭력행위가 아니다.

단결권은 단결력을 통해 노동조건을 향상시켰다고 하는 명확한 목적을 가지지만 이 목적을 달성하기 위해 가장 유력한 수단은 쟁의행위이다. 왜냐하면 쟁의행위를 배경으로 하여 단체교섭이 행해져서 노동자는 비로소 유리한 근로조건을 확보할 수 있다. 그러므로 단결은 그 자체로 충분한 의의를 가지는 것이 아니라, 노동력의 판매중지를 중심으로 한 쟁의행위와 결합해서 비로소 진정한 힘을 발휘한다. 환언하면, 단결권은 단체교섭권이나 쟁의행위권과 불가분일체의 권리이어야 한다. 이들 노동3권을 따로따로 분리하는 것은 노동3권의 의미를 잃어버리게 한다고 해도 좋다.

이러한 노동력의 집단적 매매중지행위는 노조측에서 승인할 수 있는 근로조건을 사용자측이 제시하면 언제라도 판매중지는 중지될 수 있다고 하는 성격의 것이다. 단체교섭이 불합의로 끝나는 것은 제시된 노동조건의 내용이 노사쌍방에 있어서 너무나 멀어서 종종 합의가 어려운 경우라든가 그렇지 않으면 단체교섭에 있어 무엇인가 기술적으로 결합이 있는 경우에 원인이 있다.

단체교섭은 올바른 룰에 의해 쌍방이 서로 현안문제를 견실하게 해결하려는 노력을 계속하여야 하는 것이지 느닷없이 파업으로 돌입하거나 직장폐쇄의 폭거로 나아가는 것은 어리석기 그지없는 짓이라고 할 것이다. 우리나라에는 단체교섭의 관행이 미성숙한 까닭도 있고 단체교섭의 장에서 문제를 해결하려고 하는 노력이 충분하지 않아 곧바로 파업이나 직장폐쇄로 나아가는 경향이 강하다는 것은 앞으로 크게 반성할 필요가 있다.

그것은 어쨌든 단체교섭은 노사가 타결점을 찾기 위한 하나의 방책이라고 하면 타결점을 찾기 위해 노사가 냉정히 대화를 할 필요가 있다. 그러기 위한 룰의 하나로서 노사가 각각 교섭의 대표자를 뽑고 문제의 해결에 임하는 원칙으로 되어 있다. 그렇지만 대중단체교섭에 있어서는 냉정히 대화할 분위기를 왕왕히 망치고, 교섭당사자의 감정을 무익하게 자극하고, 타결점을 찾기는커녕 오히려 사태를 분규에 빠지게 하는 경우가 많다. 사실, 단체교섭이란 노동조합이라는 노동력의 판매자단체가 그 조직을 배경으로 하여 그 매수인인 고용주 또는 고용주단체와 노동력의 거래조건을 일괄하여 교섭하는 것을 의미한다. 자주 오해되고 있듯이 집단으로 교섭한다는 의미에서 단체교섭이라고 하는 것이 아니다.

단체교섭이란 노동조합, 즉 집단으로부터 교섭권을 위임받은 자(가령 교섭권자는 1인인 경우라도 상관없다)가 노동조건에 관한 분의사항(紛議事項)에 대해 사용자측과 교섭하는 것이다. 본래 대중단체교섭인 것은 아니다. 단체교섭을 아직 문자 그대로 집단교섭과 조급하게 일치시켜 단체교섭을 마치 대중단체교섭인 것처럼 받아들이는 이해가 노동자측에 넓고 깊이 뿌리내려 있다. 이것이 우리나라의 단체교섭을 원활하게 진행하는 데에 커다란 장애로 되는 것을 지적해두고자 한다.

Ⅲ. 사용자측의 문제점

1. 단체교섭에 대한 이해의 결여

다른 한편, 우리나라의 단체교섭의 제도가 노사문제의 해결에 충분히 살아 있지 못하고 바람직한 모습으로 점차 발전하지 못하는 것은 사용자측에도 책임이 있는 것은 물론이다. 오히려 책임의 대부분은 사용자측에 있는 면이 강하다. 왜냐하면, 단체교섭이 통일적인 경영질서를 유지하고 노사관계의 정상화와 그 평화적 해결을 꾀하는데 필요불가결한 제도임에도 불구하고, 이것을 경시하거나 노동조합을 극단적으로 적대시하는 태도나 현재에도 여전히 노사관계를 노무관리의 테두리 내의 문제[79]로서 파악하려고 하는 사용자측의 단체교섭에 대한 이해의 천박함과 감각의 낙후는 단체교섭이 있어야 할 모습을 크게 왜곡시키고 있다.

사용자측은 노동조합 존립의 의의를 올바르게 이해할 수 없기 때문에 노동조합이 결성되는 것을 필요이상으로 기피하고, 단체교섭을 거부하고, 그 장을 맞이하여 어찌할 바를 모르는 경우는 자주 볼 수 있는 바이다. 또한 단체교섭에 응한다고 하더라도 고용되어 있는 자가 사용자와 대등한 입장에서 교섭하려고 하는 것은 정말 괴이한 행위라고 고압적인 태도로 나오기도 하고 단체교섭을 대립항쟁의 장이라고 잘못 생각하여 나아가 감정을 노골적으로 나타내는 경우도 결코 적지 않다.

단체교섭의 과정에서 예컨대, 노사의 대립점이 표면화되고 첨예화되기는 하여도, 대립항쟁은 요구를 관철하기 위한 하나의 연기이자 대화를 인정하는 때에 부수하는 하나의 현상이지 결코 그것에 시종하는 것은 아니라는 것, 또한 그렇게 해서는 인정할 수 있는 사항도 인정하지 않고 끝나버릴 수 있다고 하는 것을 당사자는 잘 알아야 한다. 단체교섭의 장에서는 논의를 다해서 끈질기게 타결점을 찾으려고 쌍방이 서로 노력해 가는 것이 보다 중요한 점이다.

2. 교섭사항의 기피

단체교섭을 노무관리를 하는 감각으로 교섭에 대응하거나[80] 본래 단체교섭으로

---

79) 그 극단적인 예가 노사관계관리라는 잘못된 용법을 들 수 있다.

80) 노동조합이나 단체교섭은 명확히 노무관리의 대상이 아니다. 그렇지만 우리나라의 노동조합은 기업별노조의 형태가 지배적이고, 단체교섭이 기업별교섭의 형태를 주로 하기 때

취급되어야 할 노동조건에 관한 기본적 사항을 직장간담이나 경영협의회의 장에 끌고 들어오고 거기에서 결정하려고 하려도 한다. 즉, 노동조건에 관한 사항은 기본적으로 이미 단체교섭의 장에서 결정되어야 함에도 불구하고 노사협의제나 고충처리의 기관 예컨대, 직장간담회 등에서 취급하는 사례가 많다. 보다 정확히 말하면, 이들 사항을 단체교섭의 장에 취급하는 것을 의식적으로 피하는 경향이 보이는데 그러면 노사관계의 정상화는 물론이고 단체교섭도 필경 잘 되지 않을 것이고 단체교섭의 좋은 관행도 형성되지 않는다.

단체교섭의 절차나 방식, 교섭인원, 교섭시간이나 교섭사항의 내용 등에 대해 노사간의 룰이 확립되어 있지 않기 때문에 자주 이들 교섭의 입구(창구)의 단계에서 분규가 생기고 아주 중요한 대화가 될 수 없다고 하는 사태도 드물지 않다. 말할 필요도 없이, 단체교섭의 일방당사자는 노동조합지만 단체교섭의 당사자의 범위를 어디까지 인정하는가, 노조의 상급단체와의 단체교섭을 인정하는가 여부의 문제에 집착하여 상당히 중요한 핵심적인 교섭사항의 내용에 들어가지 못한다. 이른바, 단체교섭의 입구 과정에서 분규하는 케이스가 아주 많고 그것 때문에 태반의 에너지를 소비하여 상당히 교섭의 본제에는 들어가지 못한다고 하는 특징을 볼 수 있다.

3. 종업원이 아닌 제3자 위임에 의한 단체교섭의 회피경향

노조법 제29조 제2항이 당해 사업장소속이 아닌 제3자에 대한 단체교섭위임을 인정하고 있음에도 사용자측은 회사의 종업원인 기업별노조의 간부와의 교섭에만 응하려고 고집하고 종업원 이외의 자나 기업 외의 노조의 상부단체와의 교섭을 가능한 한 하지 않으려고 회피하는 경향이 강한 것 같다. 그래서 우리나라의 사용자 중에는 「내부의 종업원의 노조간부라면 언제라도 교섭에 응하지만, 종업원 이외의 자와 단체교섭에는 결코 응하지 않는다」고 하는 완고한 태도를 취하고 있는 사용자가 아주 많다.

이에 대해 사용자가 주장하는 이유를 보면, ① 노조운동의 베테랑과 교섭하는 데에는 이론적으로 수가 모자라 하기 어렵다. ② 회사나 노조가 외부의 자에게 휘둘릴 우려가 있다. ③ 회사의 비밀사항이 외부로 빠질 우려가 있는 등의 점을 들어 종업원 또는 종업원 이외의 자와의 단체교섭을 거부하려고 하는 경향이 강하다. 일부러 단체협약 중 유일교섭조항이나 제3자 교섭위임금지의 규정을 두는

문에 그것들이 노무관리의 대상으로 잘못 착각될 뿐이다.

예도 많다. 그러나 아무리 협약 중에 이러한 규정이 되어 있다고 하더라도 이것은 법률상 무효라고 해야 한다. 왜냐하면 노조의 상부단체 또는 노조의 교섭권한의 위임자의 단체교섭을 정당한 이유 없이 거부하면 부당노동행위(노조법 제81조 3호)의 규정에 저촉되기 때문이다.

이상에서 기술했듯이, 노사가 단체교섭의 기능이나 의의를 충분히 이해하고 있지 않다고 하는 것 그리고 단체교섭에 대한 노사쌍방의 열의의 결여가 단체가 있어야 할 모습을 왜곡하고 근대적인 노사관계의 확립을 방해하고 있다. 어떻든 「단체교섭이 노사 간의 문제를 해결하는 유일한 합리적인 방법이라고 하는 의식이 없으면 교섭기술의 육성은 바랄 수 없다. 특히 중소기업이나 의료산업에 있어서는 일반적으로 노동조합이나 단체교섭에 대한 인식이 부족하다. 노사관계도 아주 뒤처져 있는 것이 눈에 띠지만 노사관계의 당사자는 이제 한번 헌법이나 노조법에 보장되어 있는 단결권이나 단체교섭권이나 노동쟁의행위권의 취지를 다시 돌아보고 이들에 대한 올바른 인식을 가질 필요가 있다.

제4절 여 론

어떻든 단체교섭은 임노동을 될 수 있는 한 좋은 조건으로 팔기 위한 교섭이다. 그러기 위해서는 동일직능이나 동일기능과 관계없이 노동자가 하나의 조직 속에 포괄하여 마치 한사람의 인간이 자신의 요구를 바꿔서 고용주와 교섭하는 경우와 유사한 정도의 결과를 필요로 한다. 누구라도 값싸게 자신의 노동을 제공하려고 하는 경우는 없을 것이고, 그러한 의미에서 노조의 아웃사이더가 있지 않아야 한다는 것이 무엇보다 필요한 것이다. 왜냐하면 노동자 중에 자신의 노동을 값싸게 제공하려고 한다든가, 노조에 가입하지 않은 자가 많다든가, 또는 조직율이 높아도 단결력이 약한 경우에는 단체교섭의 장에서 임노동을 가능한 한 유리한 조건으로 거래하는 것이 곤란하게 되기 때문이다. 그래서 단체교섭을 함에 있어 노조측으로서는 노동시장을 통제할 수 있도록 그것에 적합한 조직의 방식을 검토함과 아울러 동일직종 또는 동일산업의 노동자를 단일조직에 규합할 필요가 있는 것이다.

제 3 편

단체협약법

제 Ⅱ 장 기초적 고찰

제 1 절 단체협약제도의 의의

Ⅰ. 단체협약의 개념

단체협약(labor agreement; collective agreement; Tarifvertrag; contrat collect if de travail)이라 함은 노동조합 등 근로자단체가 사용자 또는 사용자단체에 대한 단체교섭권을 행사하여 교섭을 하고, 그 결과 교섭의 대상으로 삼은 근로조건에 관한 사항 기타 노동관계에 관한 사항에 대하여 평화적·자주적으로 합의에 도달하거나 혹은 그 합의를 위한 노력을 계속하였으나 더 이상 평화적·자주적 교섭에 의한 합의의 여지가 없을 정도로 주장의 불일치가 있는 때에는 쟁의행위를 함으로써 그 주장을 관철시키는 등의 과정을 거쳐 위 당사자 사이에 결정한 내용을 협약의 형식으로 체결한 것을 말한다.

따라서 단체협약의 내용으로는 제2편에서 이미 기술한 바와 같이 단체교섭의 대상인 의무적 교섭사항이 포함될 뿐만 아니라 임의적 교섭사항이라 하더라도 사용자가 임의적으로 단체교섭에 응하여 합의·결정된 사항이 포함될 수 있으며, 이와 같이 단체협약으로 정해진 사항은 근로자 개개인의 근로조건에 관한 개별적 근로계약관계 및 노동조합 등 근로자단체와 사용자 사이의 집단적 근로관계의 내용을 규율·형성한다.

오늘날 우리나라에서 전개되고 있는 단체협약법의 이론적 초석은 20세기 초반에 도이칠란트 노동법학자 후고 진쯔하이머(Hugo Sinzheimer)가 정립했다고 말할 수 있다.[1)] 그의 이론은 일본을 통해서 해방 이후에 우리나라에도 계수되었고, 그 근

1) 그래서 진쯔하이머를 도이칠란트 노동법의 아버지라고 한다. 진쯔하이머의 생애와 사상에 관해서는 Kahn-Freund, Hugo Sinzheimer(1875-1945), in: Sinzheimer, Arbeitsrecht und Soziologie, Gesammelte Aufzätze und Reden, Bd. 1, 1976, S. S. 1-33; Kahn-Freund, Die Väter des deutschen

간은 현재 우리나라 단체협약법론에 거의 그대로 유지되고 있다. 여기에서 우리나라 단체협약법론을 시작하는 초두에서 진쯔하이머는 20세기 유럽의 후발자본주의국가인 도이칠란트에서 단체협약이 어떻게 기여를 할 수 있다고 생각했는지를 간단히 살펴보는 것으로서 단체협약의 존재의의에 관한 필자의 이야기를 대신하고자 한다. 진쯔하이머는 근로조건의 공동결정과 이를 통한 경제평화의 확립 그리고 경제민주주의의 구현에서 단체협약의 존재의의를 확신했던 것 같다.

Ⅱ. 단체협약의 존재의의

1. 노동의 자유로운 매매

헌법 제11조 제1항은 「모든 국민은 법 앞에 평등하다. 누구든지 성별, 종교 또는 사회적 신분에 의하여 정치적 경제적 사회적 문화적 생활의 모든 영역에 있어서 차별을 받지 아니 한다」에 규정한다. 그와 같이 모든 사람은 자유로운 의사를 가진 인격으로서 법 앞에 모두 평등하고 하는 것이 근대시민사회의 법사상이다. 이러한 사조는 근대법치국가의 모든 법률에 관통하는 근본이념이다. 계약법이라

Arbeitsrechts, Frankfurter Allgemeine Zeitung, Nr. 118 vom 24. Mai 1975; Franenkel, Hugo Sinzheimer, JZ 1958, S. 457. 그 외 Fraenkel, Hugo Sinzheimer, JZ(1958), S. 457-461; Kilian, Soziale Selbstbestimmung und Tarifvertrag. Eine Untetrsuchung über das Verhältnis Hugo Sinzheimer zu Otto v. Gierke(1965); Albrecht, Hugo Sinzheimer in der Weimarer Nationalversammelung(1970); Simitis, Einleitung, in: Hugo Sinzheimer Gedächtnisveranstaltung zum 100. Geburtstag(1977), S. 9-15; Luthardt, Sozialdemokratische Verfassungstheorie(1986), S. 51-59; Mestitz, Einge Erinnerungen an Hugo Sinzheimer, in: Stourzh/Grandner(Hrsg.), Historische Wurzeln der Sozialpartnerschaft(1986), S. 335-344; ders., Zur Geschichte des Tarifrechts. Zwei Briefe von Philipp Lotmar an Hugo Sinzheimer, ZNR(198), S. 35-50; Erd, uHugo Sinzheimer, Aufruf zur Befreiung des Menschen, in: Redaktion Kritische Justiz(Hrsg.), Streitbare Juristen(1988), S. 282-294; Knorr, Soziale Selbstbestimmung und individuelle Verantwortung. Hugo Sinzheimer (1875-1945). Mitbegründer des Arbeitsrechtsm in: Heinrichs u.a.(Hrsg.), Deutsche Juristen jüdischer Herkunft(1993), S. 615-630; Mestitz,Hugo Sinzheimer und das Arbeitsrecht - einst und jetzt, ZNR(1993), S. 35-53; 久保敬治,『ある法學者の人生 — フ-ゴジンツハイマー』, 三星堂, 1986. 박홍규, "진쯔하이머", 『현대 재산법의 제문제』』(종은 김기선 박사 고희기념), 법문사 1987, 855-890면; 이홍재, "진츠하이머의 생애와 사상", 『노동법연구』 창간호(1991), 11-25면;. 강희원, "도이치 법사회학의 흐름", 『경희법학』 41권 1호, 경희법학연구소, 2006, 213-252면. 그리고 Sinzheimer의 막내딸 Ursula Sinzheimer의 자서전적인 어린시절회상은 아주 자세하다. Ursula Sinzheime-Postma: In Memoriam Ursula Sinzheimer, in: Jakob/van der Voort(Hrsg.), Anne Frank war nicht allein. Lebensgeschichten deutscher Juden in den Niederlanden(1988), S. 210-220. 참조.

고 해서 그 예외는 아니다. 노동자와 사용자는 상호 독립된 자유로운 인격으로서 대등한 입장에서 근로계약을 체결하고 자유로이 노동력을 매매할 수 있는 것을 법적으로 보증한다. 그렇지만 자본제사회 이전의 생산양식을 가졌던 노예제사회나 봉건제사회에는 노동력의 매매를 둘러싼 계약관계는 결코 당사자 상호의 자유로운 의사에 기한 것은 아니었다. 노예제사회에서 노예는 노예소유자의 사유물로서 그의 아래에 전인격적으로 예속하고 일체의 인간으로서의 자유가 박탈되어 생살여탈도 전적으로 노예주가 하였다. 또한 봉건제사회에서 농민은 노예와 같이 전인격으로 예속하지 않는 대신에 당시의 지배자인 봉건영주의 토지에 긴박되어 영주의 토지에서 이동할 자유를 전적으로 빼앗겨 좋든 좋지 않든 관계없이 일생 동안 영주 하에서 노동해야 했다.

그렇지만 생산력의 발전이 일정한 단계에 달하고, 상품생산이 일반화하여 인간의 노동력까지도 상품화된 자본제사회로 되면서부터 이들 제약조건은 일체 제거되고 노동력의 매매는 전적으로 개인의 자유의사에 맡겨지게 되었다. 환언하면, 자본제사회는 노동력상품의 소유자가 개인의 의사에 의해 언제 어디에서도 자기의 노동력을 자유로이 매매할 수 있는 것을 전제로 되어 있는 사회이다. 근로자는 사용자의 인신적인 속박에서 해방되는 동시에 일체의 생산수단에서도 해방되어 이른바 이중의 의미에서의 자유(Vögelfrei)를 향수하게 되어 비로소 임노동자일 수 있다. 따라서 근로자는 지금까지의 노예나 농노와는 달리 마음이 내키지 않으면 사용자와 무리하게 근로계약을 체결할 필요가 없고, 가령 계약을 체결하였다고 하더라도 싫으면 언제라도 스스로의 의사로 계약을 해제하여 퇴직하고 다른 직장으로 이동할 수 있다. 따라서 특정고용주에게 언제라도 종신적으로 고용된다고 할 필요는 전혀 없게 되었다. 근로자가 하나의 기업에 오랫동안 근무하는 것도 보다 좋은 노동조건의 직장을 구하여 이동하는 것도 자유롭게 되었다.

2. 근로조건의 공동결정 : 단독결정에서 공동결정으로

자본사회에서 근로자는 인격적으로 해방되었다고 하여도 생산수단을 가지고 있지 않기 때문에 결국은 생산수단의 소유자 아래 고용되어 임금을 받는 것 이외에 살아갈 방도가 없다. 법률적인 평등은 인정되었다고 하더라도 생산수단을 가지지 않은 무산의 근로자는 어떠한 기업에 고용되어 일하지 않으면 살아갈 수 없는 경제적으로 아주 취약한 입장에 서게 된다. 놀고는 먹을 수 없는 근로자는 약간 임금이 낮더라도 누군가에게 고용되어 사용자가 말하는 대로 일할 수밖에 없는 약한 입장에 처해 있다. 이러한 결과는 기업 속에서 보아도 명백하다. 계약법적 관점에서 보면, 기업에 있어 근로자는 사용자와의 간에 체결된 근로계약의 당사자인 지위에 있지만, 현실적으로는 기업이라는 공동체의 지분(支分)으로서의 성격을 가지고 있다. 그래서 근로관계의 내용은 개별적 관계와 연대적 관계로 구별될 수 있다. 이들 양자의 관계는 사실상 사용자에 의해 일방적으로 그 내용이 결정되기 때문에, 근대계약법의 이념과 배치되고 이것은 중대한 문제이다.[2] 근로관계에 있어서 사용자가 절대주의적 권리(die absoluten Rechte)를 가지게 된다. 이것이 근로계약의 법외적인 구성요소로서 작용하고 있다.[3] 이와 같이 근로계약은 한편에서는 쌍무계약이면서 동시에 지배계약(Herrschaftsvertrag)이다. 그렇지만 기업은 근로자와 사용자 간의 자유로운 계약관계의 총체라기보다는 실질적으로는 근로자에 대한 사용자의 전제적인 지배영역이라고 할 수 있다.[4]

그렇지만 진쯔하이머는 근로자의 사회적 약자로서의 지위와 기업에 있어서 사용자의 지배를 극복해야 할 또 극복할 수 있는 악(惡)으로 보았다. 그 극복의 수단이야말로 단체적 노동규범계약 즉 단체협약[5]이라고 하면서 단체협약의 존재의의를 다음과 같이 표현하였다.

「그것은 지금까지 분명하게 하여왔던 노동협약의 절대주의적 구성원리 대신에 내용에 있어서도 계약적 성질을 가진 구성원리를 설정하여 절대주의적 권리 대신에 계약적으로 만들어진 규범을 설정하여서 노동계약체결에 있어서 자유를 유지할 뿐만 아니라, 노동계약의 내용에 있어서 자유도 근거짓는 것에 있다. 지배 자체에서 벗어나 입헌적 의미에 있어서 자유에 기초를 둔 단체가 발전해야 하는 것이다」[6]

3. 민주주의의 구현

그는 형식상 대등한 당사자에 의한 자유로운 근로계약에 의해서 형성된 노동관계가 현실에서는 사용자의 일방적 결정에 맡겨지는 것으로 되고 근로자의 자유의

2) Sinzheimer, Der Korporative Arbeitsormenvertrag, I. Teil, Leibzig, 1907, S. 2ff.

3) 위같은책, 15면.

4) 위같은책, 16면.

5) 진쯔하이머는 우리나라 실정법용어인 단체협약을 표시하는 데에 Arbeitsnormenvertrag이라는 용어를 사용하고 있다. 당시 이미 일반적이었던 Tarifvertrag이라는 용어를 사용하지 않았던 것은 후자가 그 용어에서 보면 임금에만 관계하는 것과 같은 오해를 낳을 우려가 있었기 때문이다(Arbeitsnormenvertrag Ⅰ. S. 99f). 또 「단체적」(korporativ)라는 형용사를 붙였던 것은 고찰대상을 일방당사자가 조직된 집단인 노동협약에 한정하는 취지이었다(S. 22f.) 그리고 der korporatice Arbeitsnormenvertrag을 단순히 도이치어의 뜻 그대로 단체적 노동규범계약이라고 번역하지 않고 우리나라 실정법용어인 단체협약으로 표기한다.

6) Sinzheimer, Arbeitsnormenvertrag I, S. 22.

사가 단순히 근로계약을 체결하는가 그렇지 않는가의 선택밖에 보장되어 있지 않은 사태, 또 기업 내에 있어서 근로자가 사용자의 전제(專制)적인 지배하에 놓여있다고 하는 사태를 직시한 다음에, 사용자의 일방적인 권위주의적 결정에 대해 집단을 통한 입헌주의적 공동결정으로 대치하고, 그것을 위한 수단으로서 단체협약을 자리매김하였던 것이다.[7] 그것에 의해 노사관계의 인간화(Humanisierung)를 꾀하고자 하는 생존권이념으로 연계되는 발상[8]도 이에 포함되어 있다고 하겠다. 물론 그 전면에 나타나는 것은 근로자 자신의 관여에 의한 결정이라는 민주주의의 이념이었다고 하겠다.

4. 경제적 평화의 확립

진쯔하이머는 단체협약이 노사관계의 민주화와 근로자의 실질적 자유·평등의 실현에 기여하는 것으로 그 존재의의가 끝나는 것이라고 생각하지 않았다. 오히려 그가 보다 중요시하였던 것은 단체협약에 의한 경제평화의 확보이었던 것 같다. 그는 노동협약에 의한 노동관계의 규범화가 가지는 의의로서 노동조건의 예측가능성, 노동계약체결의 기술적 단순화, 노사의 마찰의 경감과 더불어 평화적 작용을 들고, 그것에 대해서 다음과 같이 기술하고 있다.

「오늘날과 같은 노동의 자유와 근로자조직의 시대에 있어서는 단체협약이 그 유효기간 중 법적으로 확립하려고 꾀하는 노동평화는 생산을 위해 필요한 노동조달의 연속성과 확실성을 가져오는 유일한 수단이다. 지배적 근로계약의 대가물은 노동쟁의이고, 규범화된 근로계약의 대가물은 노동평화이다.[9]」

이와 같은 노동평화가 사용자에 있어서 유용한 것은 당연하지만, 그는 그것이 노동조합에 있어서도 불가결하다고 주장한다. 그것은 노동조합원의 생활의 안정을 보장하고, 조직의 강화에도 기여하기 때문이다.[10] 뿐만 아니라, 그에 의하면, 노동협약에 기한 노동평화는 국민 전체에 있어서도 중요한 의의를 가진다. 이렇게 말하는 것은 그것은 개개의 근로자의 노동능력과 의욕을 높이고, 전체사회를 파멸로 이끌지도 모르는 계급대립을 완화하고, 개별기업에 있어서 노동평화는 국

---

7) Vgl. auch Sinzheimer, Der Tarifgedanke in Deutschland(1915), in: Arbeitsrecht und Rechtssoziologie, Gesamelte Aufsätze und Reden, Bd. I, 1976, S. 156.

8) Sinzheimer, Der Korporative Arbeitsormenvertrag, II. Teil, Leibzig, 1908(이하, Arbeitsnormenvertrag II으로 약칭한다), S. 282.

9) 위같은책, 286면.

10) 위같은책.

민경제적인 이익으로 이어지기 때문이다.

「현대의 스트라이크와 로크아웃에 의해 인간력과 재화에 얼마나 큰 손실이 생기는가? 또 우리나라산업의 능률 전체에 어떠한 위험이 생기는가? 경제적 전쟁의 이 상태는 극복되어야 한다. 그리고 우리는 다행히도 그것을 극복하는 형태를 노동협약에서 발견한 것이다.」[11]

경제평화를 중시하는 사상은 진쯔하이머의 노동협약법론의 도처에 나타난다. 예컨대, 협약당사자의 평화의무(Friedenspflicht)를 최초로 정식화하고, 그 내용에 대해 상세한 법학적 연구를 시도하였던 것,[12] 노동평화유지의 집행기관으로서의 노동조합의 기능을 중시하였던 것,[13] 그리고 협약위반에 대한 관청의 개입을 적극적으로 승인하였던 것[14] 등이다. 뿐만 아니라, 그가 새로운 노동협약입법의 필요성을 열심히 주장하고, 게다가 상세한 준칙규정을 포함하는 노동협약법초안을 작성하였던 것 자체가 가능한 한 당사자에 의한 자구를 피하려고 하는 경제평화의 사상에서 시발하였다고 생각된다.

제 2 절 단체협약의 기원 : 도이칠란트의 역사적 실례

근로자는 사용자와 개별적으로 노동조건을 체결하는 것에서는 점점 불리한 입장으로 밀릴 수밖에 없기 때문에, 노동조합을 조직하고 단결의 힘으로써 유리한 조건을 쟁취하려고 한다. 노사대등의 원칙을 철저히 하면, 사용자는 노동조합을 승인하고 단체교섭에도 응해야 하는데 이리하여 근로자가 노동조건개선을 위한 자위수단으로서 점차 노동조합을 만들게 되면 노동조건에 관한 계약의 내용은 사용자와 노동조합간에 체결되게 되고 여기에 노동협약을 성립하게 된다.

도이칠란트에서는 1869년 영업조례가 제정되기 이전에는 단결이 금지되어 있었다. 이러한 단결금지입법 하에서도 이미 근대적 노동조합의 길을 가고 있었던 것은 각지에서 조직결정을 하였던 인쇄공노동조합이었다. 도이칠란트노동조합운동

11) 위같은책, 294면.

12) 위같은책, 147면 이하.; Sinzheimer, Ein Arbeitstarifgesetz. Die Idee der sozialen Selbststimmung im Recht, 1916(이하 Arbeitstarifgesetz라고 약칭한다). S. 151ff.

13) Arbeitsnormenvertrag II, S. 181f.; Arbeitstarifgesetz, S. 127ff.

14) Arbeitstarifgesetz, S. 145ff.

사상 영웅적인 존재라고 불리우고, 1866년 5월에 전국노조로서 도이칠란트인쇄공노조(Verband der Deutschen Buchdrucker)를 결성하기에 이르렀음에도 사회주의적 노조, 즉 자유노동조합에 대해서 순수중립적 입장을 견지하였던 인쇄공노조이었기 때문에 단결금지령 하에서도 이미 임금율의 확보와 노동관계의 안정을 지지하는 협약운동을 전개하고 있었다. 인쇄업부분의 협약은 1848년의 3월혁명 직후 마인쯔, 베를린, 라이프찌히 등과 같은 도시지역에서 부분적으로 타결을 보아 사실상 유효하게 시행되기 시작하였는데 이것이 도이칠란트에 있어서 단체협약의 기원으로 기록되고 있다. 이들 단체협약은 임률에 관한 협정에서 출발한다고 해서 이들의 협약은 '임금협약(Lohntarif)' 또는 단순히 '협약(Tarif)'이라고 표제를 붙여서, 최저임금률, 초과근무급 및 분쟁조정에 관한 절차를 그 내용으로 하였다. 이들 협약은 일정기간 일시적으로 사실상의 구속력을 가지고 있다는 점에서 말하자면 단행의 협약이라고 할 수 있는데, 그 주된 목적이 분쟁조정에 있었고, 임금에 관한 부분은 분쟁조정협정의 일환으로서 협약의 주된 내용을 차지하고 있었다는 점에서 '단체협약은 본래 쟁의중지협정이다'고 하는 단체협약의 발생사적 측면을 도이치인쇄공협약에서 읽을 수 있다.

도이칠란트에서는 위에서 언급된 지역차원의 협약 중에서 몇몇은 그 후에도 기정(旣定)의 것으로서 갱신되었으며, 이들 협약이 효시가 되어서 1873년 인쇄업 전국협약에 성립되기까지 도이칠란트 단체협약의 기반을 형성하였다. 이러한 의미에서 인쇄업근로자들은 도이칠란트 단체협약제도의 역사에서 선구자라고 할 수 있다. 그래서 인쇄업노동운동사는 단체협약을 빼놓고는 말할 수 없고 또 「단체협약운동사는 인쇄업노동운동사를 제외하고서는 말할 수 없기 때문에 노동협약운동사는 인쇄업노동운동사라고도 한다.

제 3 절 단체교섭의 형태와 단체협약

Ⅰ. 서

단체협약은 당연히 단체조직과 단체교섭의 형태에 따라 달라진다. 그러므로 단체협약에는 기업별교섭에 기초하고 있는 기업단위의 단체협약과 산업별교섭에 기초하고 있는 산업별단체협약이 있다. 그렇지만 기업별협약이라 하더라도 사법상의 개별계약과는 다른 특질을 가지나 그 효력이 어디까지나 기업단위에 그치는 것에 반해, 산업별협약은 전국적 차원에서의 객관성과 획일성을 가지는 것이므로 근로조건법과 같은 성격을 가지게 된다. 이러한 것에 대한 이해는 단체협약의 법적 성질 및 효력을 논의하는 데 있어서 그 전제라고 할 것이다.

아래에서 단체교섭형태와 단체협약이 어떠한 관계에 있으며 단체협약이 어떠한 기능을 하는지에 관해서 산업별협약의 대표적 형태로서 도이칠란트의 경우와 기업별형태의 대표적 형태로서 유나이티드스테이츠(아메리카합중국)의 경우를 그 예로서 간단히 살펴보기로 한다.

Ⅱ. 산별협약의 예 : 도이칠란트의 경우

도이칠란트의 경우, 19세기말부터 시작된 단체협약운동은 사업소협약 내지 기업별협약으로부터 소위 단체적 협약(Verbandstarif)으로 단체협약질서의 주축을 이행하게 하고 20세기 초에 그 초기적 단계를 넘어섰다. 제1차 대전 후부터는 단체적 협약이 지배적인 협약형태를 차지하고 이러한 경향은 제2차 대전 후 (구)서부도이칠란트에서 그 결정적 단계에 도달하였다. 노사의 조직집중화 그것에 기초한 단체교섭이 행하여진 지역단위의 확대가 이러한 경향을 조장하는 가장 큰 요인이었으며, 민간기업분야에 있어서 과거의 직종별노동조합에서 제2차 대전 후에는 원칙적으로 산별노조조직으로 전환되어서 (구)서부도이칠란트의 단체협약(또는 노동협약)은 산업적 협약이라는 그 이름에 걸맞는 실태를 가지게 되었다고 말할 수 있다.

도이칠란트의 경우에는 기업차원의 단체협약이라고 하더라도 그것이 소위 경영협정이 아니라는 것을 염두에 둘 필요가 있다. 왜냐하면 그것은 기업별노동조합과 개별기업 간에 체결된 것이 아니기 때문이고, 따라서 기본적으로는 노동시장에 있어서 노동력가치에 관한 협정이라고 하는 도이칠란트 단체협약의 전통적 성격을 적어도 상실한 것은 아니다. 초기의 협약운동 하에 있어서도 노조운동의 단서적 단계에서부터 산별조직이 확립된 (구)서부도일칠란트에 이르기까지 예외 없이, 전국노조의 지역(거의 주단위) 조직, 지방(거의 시군단위)조직이고 도이칠란트에 있어서 노동조합은 특히 기저조직에 있어서도 기업과는 무관하고, 조직의 범위는 노동시장의 범위에 일치하고 또 생활의 기본도 본래적으로는 노동시장에 존재한다. 노동협약제도의 규제대상이 기본적인 노동조건기준에 있고 그것에 제약되지 않을 수 없는 것은 이러한 노동조합의 구조적 특질에 기초하고 있다.

도이칠란트에 있어서 기업차원협약에서 초(超)기업차원으로의 방향은 두말할 필요도 없이 협약의 장소적 적용범위의 확대를 의미하는 것이지만 그것은 특히 사용자측의 조직강화라는 현상에 대응하는 것이라고 말한다. 그런데 위에서 언급했듯이, 노동력가격의 노동시장에 있어서 획일적 수준을 결정한다는 노동협약의 기본적 성격에 있어서는 기업차원과 초기업차원의 두 협약 사이에는 실질적인 차이가 존재하는 것이 아니다. 철도노조, 우편노조 등 실질적으로는 기업별 단위노조가 체결하는 단체협약은 별도로 해서 1960년 이후부터 산업별통일교섭의 구도 속에서 구체화되어가고 있는 사업소 단위의 협약은 DGB(도이칠란트 노동조합총연맹) 소속의 민간노조의 대각선교섭의 결실이고, 그 중 적지 않는 수의 협약은 모든 노조에 있어서 거점협약으로서의 의의를 가진다. 따라서 그것은 실질적으로는 산업별통일협약질서의 일환을 이루는 것이다.

초기의 단체협약은 말할 필요도 없이 모두 직종별협약으로서 형성되었지만, 예컨대 사업소협약의 형태를 취하는 경우에도 그것에 있어서는 일정한 직업적 노동시장에 있어서 통일임금, 통일노동조건의 균형을 목적으로 했다. 일례로서 베를린 운송창고사회사의 노동협약을 들어보자. 그것은 이 회사와 운송노동조합의 베를린 지방지부와의 사이에 체결된 것이지만 운송노동자의 최저임금, 노동시간, 유급휴가에 대해서 규제하고 부칙이 있기 때문에 그것이 경영협정이 아니라, 말하자면 대각선협약이라고 부르는 것과 동일한 내용을 가지고 있는 것에 주목할 필요가 있을 것이다. 바이마르 단체협약운동은 노사조직의 집중화를 지지하고 전국차원·지역차원의 양 협약을 대폭적으로 진출시켰지만 그 중에서 사업장협약의 형태를 취하는 것은 직종별통일교섭, 직종별통일협약의 균형을 기조로 하므로 그 내용에 있어서는 이른바 단체적 협약과의 사이에 어떠한 차이를 보이는 것은 아니다.

1920년대 이래 거의 정형화되었던 현대적인 단체협약규정의 체계적 구성은 맨 먼저 그 적용범위에 관한 조항에서 시작해서 노동시간, 시간외근로·야간근로·휴일근로 및 허용조건의 할증임금률, 노동장애 및 경영장애의 경우의 임금보장, 휴가, 노동관계상의 청구권의 행사, 분쟁조정에 관한 조항의 순으로 계속되어서 마지막에 유효기간조항으로서 끝을 맺는 소위 일반협약의 형태가 주축을 이루고 있으며, 그리고 임금협정은 별도의 협정으로 하는 것이 보통으로 되어 있다. 노동력가격 기타 노동조건의 수준을 결정한다고 하는 협약목적이 여기에 단적으로 구체화되었지만, 경영권조항, 인사조항, 노조활동조항 등 소위 경영협정적 내용이 거기에 있을 여지는 전혀 없었다. 겨우 조직적 부분이라고 말할 수 있는 조항도 분쟁조정에 관한 조항의 일부로서 부가되어 있는 것에 불과하다. 즉, 노동협약은 원리적으로는 일정한 범위의 노동시장의 노동력가격에 관한 협정이라는 운명에 적합한 상태를 시종 확보하고 있는 실태상 도이칠란트 노동협정은 바로 직업사회, 산업사회의 말하자면 사회상당한 계약형식(sozialadäquate Vertrag)인 것이다.

산업별단체협약이 지배적인 협약형태인 도이칠란트에 있어서도, 특히 중요한 기능을 수행하고 있는 것은 하나의 주(州) 또는 수개의 주에 걸친 지역차원이다. 이것은 전국단위 또는 그 지역본부와 주단위의 사용자단체 또는 전국적 조직의 사용자단체의 주(州)본부간의 지역차원의 교섭이 기본적인 단체교섭방식이고 노동협약정책의 기반으로 되고 있다는 것을 의미한다. 그래서 석탄, 철강, 전기, 계기, 자동차, 화학 등의 기간산업의 지역차원협정의 본래적 적용근로자가 많은 수에 달하고 있다는 것에 주목해야 할 것이다. 장소적 내지 인적 적용범위에서 대해서도 노동조건의 수준을 확정하고 있는 협약내용에서 보아도 그것은 단체협약입법을 기다릴 필요도 없이 법규범으로서 성격을 농후하게 가졌다고 말하지 않을 수 없다.

이상과 같이 도이칠란트식 단체협약형태의 생성의 중요한 계기는 그 조직의 범위가 노동시장의 범위에 합치하는 노동조합의 구조적 특질에 있다고 할 것이다. 그래서 노동조합은 그것이 공급하는 노동력의 카르텔이고, 공급독점에 의한 노동조건의 인상(引上)이 주된 기능이라는 기본적 인식에 서서 특히 노동력가격의 획일적 결정을 위한 효과적인 협약형태를 항상 고려하여 왔다고 볼 수 있다. 임금 기타의 노동조건의 통일적 규제를 지향하는 협약체결운동은 이른바 노동공급의 카르텔적 운동이었기 때문에 20세기 초부터 단체협약의 경제적 기능은 노동시장에 있어서 카르텔적 효과에 있다고 평가되어 왔다. 또한 이러한 사조가 도이칠란트식 협약형태의 생성확대의 매개로도 되었다고 할 것이다. 다른 한편, 도이칠란트에 이러한 단체협약의 형태가 정착하는 데에는 사용자측에 있어서 기업 간의 분단적 임금의 배제, 통일협역에 대한 기대가 노동력가격의 등귀의 예방이라는 의미에 있어서 공정경업론(公正競業論)도 한몫을 했다는 사실도 주목해야 할 것이다. 그래서 협약집중화현상이 시대의 흐름과 더불어 더욱 더 강화되었던 것은 협약운동에 내재하는 카르텔적 기능의 필요적 귀결로 보아도 지장이 없을 것이다.

협약집중화현상이 (구)서부도이칠란트에서 거의 정점에 달하고 이전의 직종별 협약에 대신하는 원칙적인 협약유형으로서 산업별협약이 확립한 결과 상태적인 단체협약은 말할 필요도 없이 지역차원, 그 다음에 전국차원의 산별통일협약으로 되고 있다. 이러한 협약현상과 관련해서 특히 일반협약의 기간조항에 있어서 다음과 같은 경향을 불문에 부칠 수는 없을 것이다. 그것은 바이마르시대의 협약제도 하에 있어 일반협약의 경우와 다르고, 특히 기간의 정함 없이 단순히 해약의 경우의 예고절차만 협정하는 것이 지배적이라는 것이다. 그러한 것에 대해서는 다음과 같이 보아도 가능할 것 같다. 협약집중화현상의 강화, 환언하면, 협약의 장소적 적용범위의 확대는 특히 일반협약으로 하여 실질상 산업적 보통법(industrial common law)화하고 있으므로 일반협약의 효력기간을 규제하는 것은 일반협약이 본질적으로 가지고 있는 강도의 사회적 규범성과 모순되는 것이라는 고려를 간파하는 것도 반드시 부당하다고 말할 수 없다. 다시 말하면, 단체협약질서의 주축을 이루는 일반협약에 있어서 존속기간을 특히 약정하지 않는 관행이 일반화되었던 것은 그것이 광범위한 노동시장을 통제하고, 기본적 노동조건의 수준을 정립하는 법규범에 적합한 실태를 가지고 있기 때문에 그 존속기간을 약정하는 것은 그러한 협약의 규범성과 저촉하는 것이 아닌가라는 관점이다. 법규명령으로서의 성격을 가진 나치스노동법규와 단행협약과의 융합이라는 전후의 변칙적 과정을 지나서 일반협약제도가 전면적으로 형성되었던 것은 거의 1950년경부터이지만, 그 시대에 대부분의 산업 내지 업종에 걸쳐서 체결된 일반협약에는 약간의 개정이 덧붙여지지만 1960년대 및 1970년대에 들어와서까지 기본적으로 존속하고 있었는데, 그것은 협약이었다기보다도 일반협약적인 성격을 띠고 있었고 또 협약이 산업사회의 법으로서 확립되어 정착되었다고 말하지 않을 수 없다.

이상과 같은 (구)서부도이칠란트식의 협약형태 하에서는 노동협약제도는 단순히 사회정책의 대상뿐만 아니라 당연히 경제정책의 대상으로서 주목되게 된다. 협약정책은 특히 경제적·정책적으로 되지 않을 수 없고, 경제정책과 협약정책의 표리일체성이라는 문제가 제기되는 것도 피할 수 없다. 이러한 경향은 바이마르 협약운동이래 불가피적으로 생겨왔던 것이고, 예전의 협약입법(1918년) 및 (구)서부도이칠란트의 협약입법(1949년)에서도 이러한 관점이 숨어 있는 것도 부정할 수 없다. 또한 협약규범의 법원성에 관한 지배적인 국가수권이론도 협약집중화, 협약통일화의 현상에 수반하는 위와 같은 경향과 함께 고려할 수 있다. 도이칠란트식의 협약형태에 있어서는 국가가 직접적으로 협약제도에 대해서 중대한 관심을 모으지 않을 수 없을 것이다.15)

그렇지만 도이칠란트에 있어서 단체협약은 본래 사업소협약에 있어서조차 특히 협약임금의 경성적 성격이 지적되었던 것이었다. 협약임금율의 최저율이라는 성격과 소위 유리한 근로조건 우선의 원칙이라는 실질적 일체성을 이루고 있다는 초기협약 법학집단에 있어서 지배적 견해는 진쯔하이머의 표현을 차용하면, 협약규범질서가 초래한 경직성(starre Formellhaftigkeit)을 충분히 고려하였던 결과이다. 한편 제1차 대전 후에 있어서 협약집중화현상의 강화는 경직성을 조금이라도 회피하기 위한 기술을 당연히 요청하는 것으로 되었지만, 문제가 종래에도 한층 더 심각한 양상을 내포하면서 제기되고 있는 것은 (구)서부도이칠란트에 있어서이다.

Ⅲ. 기업별협약의 예 : 유나이티드스테이츠의 경우

도이칠란트식의 단체협약과 대조적인 형태를 보이면서 그 내용이나 기능에 있어서도 도이칠란트의 것과는 아주 다른 양상을 띠고 있는 대표적인 것으로는 아메리카합중국의 단체협약을 들 수 있다. 주지하는 바와 같이, 우리나라에는 적어도 단체협약의 양식에 있어서는 기업단위의 아메리카합중국식단체협약이 제2차 대전 패배 후의 일본을 통하여 들어와 지금까지 상당한 우여곡절을 거쳐서 현재의 상황에 이르고 있다고 말할 수 있다. 아메리카합중국양식의 단체협약이 우리나라에 이식되었던 것에 대해서는 해방직후의 우리나라 산업적 상황을 감안해 볼 때 그 나름으로 합리적인 이유가 있었다고도 말할 수 있다. 그 이유를 생각해보면, 아메리카합중국식 단체협약의 압도적 다수가 기본적으로는 소위 회사협약(compay-wide agreement), 즉 기업차원의 협약이며, 게다가 그것은 도이칠란트식의 산업차원의 협약과도 달리 경영협정적인 성격을 다분히 가지고 있기 때문이라고 추측된다.

---

15) 도이칠란트 노동협약법 및 그 이론적 전개에 관해서는 後藤清, 『勞動協約理論史』, 有斐閣, 1935; 久保敬治, 『ドイツ勞動法の展開過程』, 有斐閣, 1960; 동, 『勞動協約法の研究』, 有斐閣, 1995; 西谷敏, 『ドイツ勞動法思想史論』, 日本評論社, 1987 등 참조.

위에서 언급했듯이 아메리카합중국식 단체협약제도는 도이칠란트식 협약제도와는 현저하게 다른 양상을 보여주고 있다. 제2차 세계대전 후에 있어 도이칠란트와 아메라카합중국의 각각의 단체협약건수(소위 일반협약뿐만 아니라 그 부속협정도 그 속에 포섭하고, 게다가 소위 친(親)협약에 대한 자(子)협약도 독립의 것으로서 포함된다)를 보면 다음과 같은 결과로 되고 있었던 것도 당연할 것이다. 산별협약이 기본적 양식이었던 도이칠란트의 경우에 유효협약건수가 1959년 5,554건이고, 1960년대 5,500건이었다고 한다. 1960년 이후에도 5,500건 내외의 수준이 거의 그대로 유지되었다. 이에 반하여 아메리카의 경우에는 2차 대전 후에서 1960년경에 이르기까지는 거의 그 총수에 변화가 없었지만, 아메리카합중국의 노동총계에 의하면, 유효협약건수는 거의 100,000건에 달하였다고 한다. 아메리카합중국에서는 이 20세기초중반에 철강, 전기, 전자, 계기, 농기구, 자동차, 항공기와 같은 산업부문이 대량생산체제를 갖추어서 다수의 미숙련노동자들이 산출되었음에도 대표적인 협약양식은 도이칠란트에서 전형적인 형태인 산별협약이나 지역차원의 협약이 아니라 개별기업차원의 협약이 주류를 이루었다. 그 이유는 아메리카합중국의 경우에는 특히 자동차산업과 같은 거대산업부문에서는 과점사업체가 전국 각지에 산재하고 있고, 그 사업체별로 경영조건이 상이하며, 또 지방에 따라 노동시장의 조건이 달라 산업별의 임금협정을 체결하는 것이 곤란했기 때문이다. 그래서 아메리카합중국에서는 오래전부터 단체교섭이 기업별 또는 사업장 단위로 분산적으로 이루어졌던 것이다. 먼저 단체협약은 노동조합이 지도적 기업과 이른바 패턴 바기닝(pattern bargaining) 내지 키 바기닝(key bargainng)이라는 독특한 형태로 체결되고 이 협약은 그 후에 다른 기업과의 단체협약체결을 위한 기준이 된다. 이러한 단체협약방식을 패턴협약방식 또는 키협약방식이라고 부른다.[16] 이렇듯 아메리카합중국에서는 일찍이 자동차산업, 철강산업 등과 같은 대량생산체제를 갖춘 강력한 기업조직이 성립되었기 때문에 기업을 중심으로 노동조합이 조직되어 단체교섭은 기업별교섭 자체가 주류를 이루었고 그 결과인 기업별협약이 체결되었다. 그러므로 기업별협약은 아메리카합중식 단체협약의 기본형태라고 해도 과언이 아니다.

---

16) 그 대표적인 산업부분이 자동차산업이었다. 자동차산업의 지도적 기업과 그 기업의 노동조합 간에 교섭이 되어 단체협약이 성립되면 이것이 패턴(기본유형)으로 되어 다른 기업에서도 각각의 특수사정을 가미해서 협약을 체결하는 교섭방식이 진행된다. 이러한 단체교섭방식을 패턴 바기닝(pattern bargaining)이라고 한다. 이 경우에 다른 기업과 노동조합 간의 단체교섭에서 그 비교의 기준으로 되는 교섭을 키 바기닝(key bargaining)이라고 하는데, 이러한 교섭에 의해 개정된 노동조건의 내용 및 형태를 패턴이라고 부르며, 패턴 바기닝은 이러한 키 바기닝에 따라서 다른 기업의 교섭이 행해지는 경우를 말한다. 이것이 아메리카합중국의 자동차산업에서 전형적 임금결정의 방식이다.

아메리카합중국식 기업별협약은 도이칠란트식 산별단체협약과는 처음부터 다르고, 도이칠란트식의 기업차원협약과도 다른 독자적 내용을 가질 수밖에 없다. 전국노조의 로컬 유니온이 도이칠란트노동조합의 지방지부와 같이 기업과 무관한 존재가 아니며 기업을 참작해서 조직화되고 전국노조와의 연명교섭방식을 취하는 경우도 있다.

아메리카합중국에 있어서는 개별사용자와 기업별근로자조직이 단체협약의 당사자로서 주체성을 확보하고 있다. 그래서 도이칠란트의 단체협약에서는 볼 수 없고 말하자면 non-economic clause(도이칠란트식 단체협약으로 말하면, 채무적 부분)이 economic clause(도이칠란트식 단체협약으로 말하면, 규범적 부분)과 나란히 협약의 주요한 조성내용을 차지하는 계기가 되었다고 보아야 할 것이다. 아메리카합중국에서는 적지 않게 경영권조항, 노조게시판, 노조업무를 위한 외출 등의 노조활동에 관한 사항이 단체교섭에 있어서 중요한 초점으로 되고. 이들 사항에 관한 조항이 아메리카합중국식 기업별협약의 중요한 내용으로 표면화된다. 한편, 도이칠란트에서는 1950년대 후반부터 경영위원회제도의 확충·강화에 의해 일상적 노조활동이 사업장 차원에서 표면화되었다고 하더라도 그것이 노동조합의 단체교섭정책과 단체협약정책의 중심으로 될 수는 없고, 노동조합의 본래적 활동은 전국차원의 노동시장에 그 중심이 있다. 그러므로 도이칠란트에서는 예컨대 기업별협약의 경우에도 위와 같은 non-economic조항은 용이하게 단체교섭의 대상사항으로 될 수 없는 것이다. 도이칠란트식 단체협약이 원칙적으로 노동력가격 기타 기본적 노동조건수준을 획일적으로 확충하는 것에 압도적 중점을 두는 것에 반하여, 아메리카합중국식 단체협약에서는 그 내용이 아주 다채롭고 동조합활동에 관한 non-economic조항도 근로조건에 관한 이른바 규범적 조항과 거의 동일한 비중을 차지하고 있다. 어떻든 개별기업에 있어서 구체적인 근로조건에 관한 규정이 단체협약에 포함된다는 점이 아메리카합중국식 기업별단체협약의 현저한 특색이라고 하겠다.

제 4 절 단체협약의 기능

Ⅰ. 서

노동조합은 근로자의 노동조건을 향상하고 그 개악을 저지하는 것을 목적으로 하는 집단조직인데 그 목적은 단체교섭을 통해 단체협약을 체결해서 비로소 실현된다. 단체협약은 말하자면 노사의 타협의 산물이다.

어떠한 제도의 존재의의에 관해서 언급할 때, 그 제도가 지향하는 사회적 경제적 정치적 이념의 관점에서 말할 수도 있고 또 그것이 실현하는 현실적인 결과의 관점에서 말할 수도 있다. 단체협약과 관련해서 보면, 전자가 단체협약의 존재의의 또는 목적에 관한 것이라고 한다면, 후자는 단체협약의 기능에 관한 것이라고 하겠다. 앞에서 언급한 바와 같이, 진쯔하이머는 근로조건의 공동결정, 민주주의의 구현, 경제평화의 확보에 단체협약의 존재의의가 있다고 강조했었는데, 그는 전자의 관점에서 단체협약제도를 생각하고 있었던 것이다. 이것은 20세기 초 도이칠란트의 사회경제적 상황에 있어서 단체협약이 기여해야 할 역할 또는 기능이었다고 하겠다.

노동조합과 사용자간에 체결되는 단체협약은 각국의 구체적인 경제적 사회적 문화적 법적 상황에 따라 그 기능은 상이할 수 있다. 그렇지만 각국이 처해 있는 상황을 도외시하고 단체협약의 사회적 경제적 문화적 정치적 및 노사관계적 기능은 아래와 대별해서 말할 수 있을 것 같다. 동일한 범주에 속하는 기능이라고 하더라도 노사관계의 문화와 전통 그리고 노동조합의 조직형태와 교섭방식에 따라 그 정도가 다를 것이다.

Ⅱ. 근로조건적 기능

1. 근로조건의 향상

이리하여 첫 번째로 단체협약의 기능은 노동조건 및 취업에 관한 일반적 기준을 명확하게 하는 동시에 노동관계를 집단적으로 조정하고, 협약내용의 이행을 사용자에게 의무화하여 노동조건의 유지·개선 등 일반적으로는 근로자의 경제적 향상에 기여하는 기능을 한다.

2. 근로조건의 표준화

세 번째로, 노동협약은 노동조건을 표준화는 기능을 가지고 있다. 우리나라의 경우, 노동협약의 적용이 주로 개별기업단위로 되고 있기 때문에 노동조건의 표준화의 기능은 아주 미약하다. 반면에 노동조합이 기업테두리를 초월해서 횡단적으로 조직되어 있어 협약이 직종별 내지 산업별로 체결되는 선진자본주의 국가의 경우에는 일반적으로 노동조건의 표준화의 기능은 충분히 발휘된다.

Ⅲ. 노사관계적 기능

1. 노조가입의 촉진

단체협약이 근로조건을 향상시키고 또 표준화하기 때문에 이것은 비조합원의 노조가입을 촉진하는 기능을 한다. 미가입자의 존재는 노동협약의 존속을 위협하고 전체적으로 노동조건을 인하하는 작용을 한다. 따라서 노동협약의 기능이나 효력을 높이기 위해는 노조 자체가 조직의 확대를 꾀해야 한다. 미가입자도 협약의 적용을 받지 않는다고 하면, 여러 가지의 불이익을 받게 되기 때문에 이러한 점에서 당연히 노조에 가입하지 않을 수 없게 된다. 이리하여 노동협약의 존재는 근로자의 노조가입을 촉진하고 노동조합을 확대하는 유인으로 된다.

2. 기업노무관리의 합리화

단체협약은 근로자측에서 개별적인 근로계약에서는 확보하기 어려운 보다 유리한 조건을 노조조합이라는 조직의 힘으로서 취하기 때문에 아주 유리한 점을 가지고 있다. 그러나 단체협약은 근로자의 이익으로만 되는 것은 아니라 사용자측에 있어서도 이점을 생각할 수 있다. 사용자측에서 보면 협약은 유리한 조건을 빼앗기기만 하는 것이 아니라 집단적 노무관리에 있어서 노동조건 처우개선의 균일화, 획일화, 표준화라는 것에서 오는 경영의 예정계획의 가능성이라는 바에 의미가 있다.

Ⅳ. 정치사회적 기능

1. 경제의 민주화

단체협약의 체결은 노사가 대등의 입장에서 단체교섭을 통해 자주적으로 노동조건을 결정한다고 하는 전제 위에 서 있다. 이것은 기업경영의 민주화 그리고 경제 전체적 차원에 있어서 민주화에 경제민주화 및 산업자본국가의 민주화에 기여한다.

2. 국민생활의 안정

국가의 입장에서 볼 때 노사관계의 안정은 단체협약의 기능으로서 가장 중요하다고 하겠다. 노동협약을 통해 노사관계의 안정(산업평화)을 가져온다. 이것에 의해 필요최소한도 내에서 분쟁을 회피하고, 또한 분쟁이 생기더라도 빠르게 해결을 꾀할 수 있고 협약의 유효기간 중 노사간의 평화를 확립시키는 기능을 가지고 있다. 그래서 사용자도 산업평화라는 점에서 이익을 향유할 수 있다. 예컨대, 공익적 성격이 강한 의료기관에는 노사관계의 안정을 꾀하는 것이 강하게 요청되고 있다. 이를 위해 단체협약을 체결하는 의의는 정말 크다고 할 것이다. 노사를 포함하는 전체경제 즉 국민경제의 측면에서 보면, 노사의 분쟁을 평화적인 화합으로 해결한다고 하는 것은 생산노동시간의 사회적 낭비를 그만큼 방지하게 된다.

제 5 절 한국 단체협약의 특수성

I. 유럽의 선진자본주의국가와의 비교

1. 기업별단위의 협약

우리나라 단체교섭이 주로 개별기업의 노사 간의 이른바 기업별교섭이라는 것을 반영하여 그 아래 체결된 단체협약도 기업별단위의 협약이 기본적이다. 그래서 그 적용은 개별 종업원에게 한정되어 있다. 이것에 대해 유럽의 선진자본주의국가의 단체협약은 단체교섭의 구조를 반영하여 산업별노동조합이나 직업별노동조합과 사용자단체에서 체결하는 전국적 혹은 지방적 규모인 단체협약이 일반적이다. 즉 유럽국가에서는 초기업적 규모의 단체협약[17]이 체결되어 그것이 동일산업, 동일직종에 속하는 근로자 전체에게 미치고 있는 것에 비하면, 우리나라의 단체협약은 주로 기업별단위에 체결되기 때문에 그 적용범위도 겨우 개별기업의 종업원에게 미치는 것에 불과한 것이 특징이다.

그래서 단체협약은 개별기업의 사정에 따라 현실의 근로조건과 노사관계규범을 설정하는 규범에 그친다. 단체협약은 개별적 약정의 성질이 강하고, 산업별 직능별 협약과 같이 직업 산업에 보편적인 일반적 규범으로서의 성격이 희박하다. 역으로 이러한 결과는 기업별노조를 고착화하는 원인으로 되고 있다.

2. 단체협약과 취업규칙의 내용상 중복

유럽의 선진자본주의국가에서는 노동조건의 기본적 사항은 단체협약에서 결정되고, 각 기업의 특유한 사항만이 경영협정이나 취업규칙에 따라 결정되기 때문에 단체협약과 경영협약 내지 취업규칙의 대상사항은 명확히 구분된다. 그래서 규정된 내용이 중복되는 것은 거의 볼 수 없다. 노동조건의 주요사항은 단체협약에서 취급되고 취업규칙은 단체협약에 대해 기껏해야 부차적인 역할을 하는 것에

17) 이것이 세계에 있어서 단체협약의 기본적 형태이다.

불과하다. 그렇지만 우리나라에서는 단체협약과 취업규칙은 형식상 일응 2개의 건으로 되어 있지만, 실질적으로는 거의 동일한 것이 규정되어 있는 것에 불과하다. 그렇다기보다 단체협약은 취업규칙을 단순히 협약화한 것에 불과한 실례가 아주 많다. 이것은 취업규칙의 당사자와 단체협약의 당사자가 완전히 동일하고 노동조합이 기업별단위의 조직형태를 취하고 있는 것과 깊은 관련을 가지고 있다고 생각한다.

즉 우리나라와 같이 노동조합이 주로 기업별조직의 형태를 취하는 곳에서는 취업규칙의 협정화는 그대로 단체협약으로 될 수 있는 조건을 갖추고 있다. 양자의 관계는 아주 밀접한 관계를 가지고 있다. 유럽제국의 경우는 공장, 사업장 단위에 작성된 취업규칙과 기업외적으로 계약된 단체협약과는 통상 이원체제를 취한다. 노사의 이익에 관련된 주요한 문제는 주로 후자에서 취급되는 경향이 강하다. 그러나 우리나라의 경우에는 취업규칙과 단체협약의 계약당사자는 전적으로 동일하고 그 내용도 자주 중복되는 것이 많다. 법규상 단체협약은 취업규칙에 우선한다고 하더라도 실제상 단체협약은 취업규칙을 협정화하는 경우가 아주 많기 때문에 취업규칙이 가지는 의미가 아주 중요하게 된다.

3. 노사의 대항관계사항의 과다

세 번째로, 우리나라 단체협약의 형태가 기업별협약임에도 불구하고 그 내용은 근로조건관계규정보다 노사관계규정이 많다. 근로조건에 관한 규정은 거의 대부분 사용자가 일방적으로 정하는 취업규칙에 의해서 정해지거나 근로기준법의 수준을 답습하는 정도에 그치고 있을 뿐만 아니라 설령 규정이 되어 있다고 하더라도 아주 추상적이며 애매하다.

우리나라의 단체협약은 유럽의 선진자본국가와 같이 임금협정을 중심으로 해서 발전하였던 것이 아니다. 즉, 도이치어 Tarifvertrag을 직역하면 임금협정으로 된다. 유럽의 단체협약은 임금협약이 그 본체라고 할 수 있다.

우리나라는 역사의 일천이 그 원인으로 되어 협약의 관행도 정착하지 않고 근로자의 기본적 권리도 실질적으로 확보되어 있지 않은 면도 있고 아직도 노사의 대항관계에 관한 사항, 즉 노사관계적 부분의 조항(유니온숍조항, 단체교섭에 관한 조항, 노조활동조항, 평화조항 등)이 상당한 비중을 차지하고 있다. 게다가 노사관계 규정은 상대적으로 복잡하고 상세하게 규정되어 있는 경우도 많다. 이러한 현상은 과거에 국가가 법률로 기업별노조를 강제했기 때문에 기업별노조의 생존을 위한 방어적 차원에서 비롯된 것으로 추측된다.

다른 한편, 이들 노사관계적 규정에는 노동조합의 쟁의행위에 여러 가지 제약을 설정하고 있는 내용이 많으므로 상부단체의 지령 하에서 산업별 또는 직업별로 통일적으로 쟁의행위를 조직하는 것을 곤란하게 하는 면이 될 수도 있다는 것을 간과해서는 아니된다.

4. 일체화되지 않은 협약

넷째로, 임금협약이 다른 일반협약과 분리 독립하여 존재하는 경우가 많다. 협약을 하나로 통일하지 않는 것에 우리나라의 단체협약의 특징이 있다. 이 때문에 임금협약과 일반협정의 유효기간이 자주 엇갈리는 경우조차 볼 수 있다.

최근에 와서 상당히 진전되고 있지만 우리나라의 기업별협약은 여전히 비체계적이다. 즉, 기본협약은 간단하고 추상적이며 임금 등 구체적인 근로조건에 관한 협약은 개별협정에 위임되는 경우도 눈에 띈다.

그래서 (구)노동조합법 제35조는 단체협약의 최장유효기간을 일반협약의 경우에는 2년 임금협약의 경우는 1년으로 규정하였으나 현행 노조법 제32조는 단체협약의 최장유효기간을 2년으로 정하고 있다. 이렇듯 정부와 사용자는 임금 등 중요한 근로조건에 관한 협약을 연장하려고 시도하고 있다.

5. 협약에 대한 조합원의 무관심

다섯째로, 단체협약은 노동자의 기본적인 노동조건을 결정하고 그 권리를 보장하는 유일한 제도이기 때문에 조합원으로서는 당연히 최대의 관심을 가져야 함에도 불구하고 그것에 대한 인식이 결핍되어 있고, 단체협약에 대해 일반조합원은 특히 무관심한 태도를 취하는 경향이 있다. 협약투쟁이 자칫하면 간부투쟁으로 흐르기 쉬운 경향을 보이는 것은 이러한 이유 때문이다. 이것은 단체교섭의 역사가 일천하고 기업별노조가 가지는 조직상의 결함과 결코 무관하지 않다고 생각한다.

Ⅱ. 임금관련사항의 부족

이상에서 보았듯이, 우리나라의 단체협약에는 유럽의 선진자본주의국가에 비해 여러 가지의 특수성이 인정되지만 그리고 임금관련사항이 단체협약의 가장 중요한 내용임에도 불구하고 이것이 결여되어 있다는 점을 아래와 같이 한 번 더 강조해 두고자 한다.

유럽 제국의 단체협약이 임금협약(혹은 임률협약)을 주된 내용으로 하여,[18] 노동조합의 운동도 주로 어떠한 내용의 단체협약을 체결할 것인가라는 협약투쟁을 중심으로 행해지고 있다. 일단 협약이 성립되면, 「신의성실의 원칙」에 따라서 노사 쌍방도 그것을 준수하여 무용한 분쟁은 장기간의 투쟁경험을 통해 배제하는 관행이 성립되어 있다. 환언하면, 단체협약은 협약의 유효기간중은 협약의 체결사항에 대해 쟁의를 하지 않는다고 하는 노사 간의 평화조약이 있다고도 하겠다.

그렇지만 우리나라의 경우에는 협약 속에 임금의 규정이 전혀 포함되어 있지 않은 것이나 사용자 일방적으로 작성하는 취업규칙에 모든 것을 맡겨버리는 것도 적지 않다. 예컨대 협약에 임금사항이 포함되어 있어도 그것이 아주 추상적이고 구체성이 결여되어 있다. 그래서 선진자본주의국가에 비해 단체협약의 실효성이 일반적으로 낮다. 기본급, 정기승급제도 및 퇴직금제도에 대해 협약으로 정하고 않고 거의 사용자에게 일임하고 있는 것이 현실이다. 이와 같이 노동조건 중에서 가장 기본적인 조건이어야 할 임금에 대해 협약으로 구체적으로 체결하는 비중이 낮은 것은 바로 우리나라에는 근대적 노사관계가 충분히 확립되어 있지 않다는 것을 단적으로 보여주는 것이다. 본래 단체협약으로 결정되어 할 사항을 협약에 정하지 않고 정하더라도 그 규정 내용을 애매하게 하여 쓸데없이 임금투쟁에 몰리는 경향이 강하다. 또한 노동조합의 관심도, 단체협약투쟁보다도 임금투쟁으로 향하는 경우가 아주 많다. 단체협약에 구체적 내용을 넣는 것은 노사관계의 룰의 정상화를 확립하기 위해서 필요하기 때문에 노사는 서로에게 단체협약에 대해 가장 많은 관심을 가져야 할 것이다.

「협약 없으면 노동 없다」라고 할 정도로 유럽국가의 노사가 단체협약의 의의를 중시하고 있는 것은 그것이 일정기간 동안 노사 간의 기본적 조건을 결정하고 양자를 구속하는 만큼의 의의와 역할을 가지고 있기 때문이다. 우리나라도 그 예외는 아닐 것이다. 그러나 단체협약의 의의를 정확히 이해할 수 없기 때문에 관심의 정도가 역시 낮지만, 노사는 서로에게 이 점의 자각과 반성을 크게 할 필요가 있을 것이라고 생각한다.

---

18) 유럽제국의 단체협약은 임금에 대해 실제로 상세히 정하고 있고, 모든 조합원이 협약을 보면, 현재의 자신의 임금이 얼마인가도 장래 자신이 받을 수 있는 임금은 얼마인가 아주 자세히 되어 있을 정도이다.

Ⅲ. 행정적 개입의 문제

단체협약이 노사 간의 자율에 의해서 정해지는 이른바 자치성에 비추어 볼 때 단체협약의 위법·부당의 문제는 당사자들의 자발적 시정이나 무효 또는 취소의 주장에 일임하는 것이 타당하다. 그러나 현행 노조법은 행정관청이 단체협약의 내용에 대하여 직접적으로 개입할 수 있도록 하고 있다.

제 6 절 용어의 문제

현재 실정법 및 노동법학이 별다른 의심 없이 사용하고 있는 「단체협약」이라는 용어가 그 대상의 법적 성질을 적절히 표현하고 있는가를 한번쯤 생각해볼 필요가 있다. 언어적인 표현만을 볼 때, 「단체협약」이라는 말은 협약당사자의 일방 또는 쌍방이 다수라는 것 이외에 아무것도 표상하지 않는다. 그러므로 「단체협약」이라는 말은 노동조합 등 근로자단체가 사용자 또는 사용자단체에 대한 단체교섭권을 행사하여 교섭을 하고 그 결과 교섭의 대상으로 삼은 근로조건에 관한 사항 기타 노동관계에 관한 사항에 대하여 사용자 또는 사용자단체와 합의하여 만든 규범을 의미하는 것으로는 적절하지 않다.

우리 헌법은 제33조는 근로자의 노동3권을 보장하여 한국산업사회에 있어서 사회적 당사자 일방으로서 근로자의 단결(團結, Koalition)과 그 타방 사회적 당사자로서 사용자를 예하고 이들 사회적 당사자가 사회적 자치를 통해서 교섭하여 양자에게 구속력 있는 일정한 협정을 체결하여 사회적 질서를 형성하도록 하는 질서형성양식을 상정하고 있다. 근로자의 단결이 바로 노동조합이다. 그러므로 사회적 당사자로서 노동조합과 그 타방의 사회적 당사자인 사용자 또는 사용자단체가 체결한 사회적 협정을 그것이 집단적인 현상 또는 집단적 형태로 나타난다고 하여 단순히 집단적인 협약이라는 의미의 「단체협약」이라는 용어로 표현하기보다는 인간의 「노동」이라는 특수한 생산요소의 공급에 관한 협정이라는 의미에서 「노동협약」이라고 표현하는 것이 적절할 것이다. 그 뿐만 아니라 앞으로 노동조합의 조직형태가 산별 또는 전국적 단위로 발전할 경우에는 노사간의 협정은 전국적 차원에서 거의 법률과 같은 객관적인 규범으로서의 성질이 강하게 될 것이기 때문에 「노동협약」이라는 표현이 그러한 상황에 더욱 더 적합할 것이다.

제2장 단체협약의 법적 성질

제1절 서 설

단체협약의 법적성질론은 실정법체계에 있어서 단체협약에 대해 어떠한 법적 지위를 부여할 것인가의 문제이다. 이 문제에 대한 대답은 법원(法源)으로서의 단체협약을 어떻게 파악하는가 라는 판단에 따라 다르게 된다. 이것은 국가의 고권적 지위에 기하여 정립된 법규범의 분야에 포섭할 것인가, 그렇지 않으면 평등한 법주체간의 자기의사에 기하여 합의된 계약의 분야에 포섭해야 하는가라는 유럽법학의 전통과 연관된 문제이다.

법규범과 계약이라는 이분법적 사고는 유럽근대법학(私法學)에 전제된 기본적 사고라고 할 수 있다. 근대법학은 이론적으로 상당히 정치하게 국가적 작용의 결과인 법규범에 관한 이론 즉 법률적 말씀론(Gesetzliche Dogmatik)과 개인과 개인 간의 합의에 관한 의사주의적 이론 즉 계약적 말씀론(Kontraktliche Dogmatik)을 정식화하고 있다. 이러한 이론에 맞춰서 국가기구도 입법, 행정 및 사법으로 분권화되어 실무적으로 조직화되어 있다. 그래서 법적 판단에 있어 어떠한 규범적 사항이 법규범에 해당하는가, 그렇지 않으면 계약에 해당하는가에 대한 논의 즉 법적 성질 또는 법적 성격에 관한 논쟁은 당해 사항을 이미 정식화되어 있는 이들 양자 중 어느 한쪽으로 포섭하는 것이 보다 타당한가에 관한 논의라고 말할 수 있다.[19]

유럽의 고전적인 법사고에서는 법이란 본래 관습(관행)이었으나, 근대시민국가가 성립된 이후에는 사회계약적 사고가 풍미하면서 "법은 관습(관행)이다"라는 사고 대신에 "법은 합의다"라고 하는 사고가 지배적 위치를 차지하게 되면서, "법은 관습(관행)이다"라는 사고는 부차적인 것이 된다. 법이 합의라는 사고는 명시적인 집

---

19) 이러한 논의는 특히 연역적인 방법론이 지배적인 유럽대륙계법학 특히 도이치법학에서 전형적으로 볼 수 있는 이론적 현상이다. 이에 관해서는 강희원, "독일적 법사유와 한국법학의 반성", 『경희법학』 제35권 제1호, 경희법학연구소, 2000년, 15-33면 참조.

단적 합의 즉 제정법만을 법원(法源)으로 법실증주의(legal positivism)라는 법사상으로 전개된다. 그렇지만 관습도 그 근본에 있어서는 합의라고 할 수 있다. 왜냐하면 관행은 공동생활에 있어서 세대 간의 합의 또는 묵시적 합의이기 때문이다.

한편, 합의에는 사실 다양한 스펙트럼이 있다. 물론 그 극단(兩極端)의 한쪽에는 국가적 차원의 합의(치자와 피치자간의 약속)가 있고, 다른 한쪽에는 개인적 차원의 합의(개인과 개인 간의 약속)가 있다. 전자가 국가적 작용에 관한 법률이고,[20] 후자는 사인간의 약속에 관한 계약이다. 그런데 이들 양극단 사이에는 협정 또는 협약 등과 같은 다양한 형태의 집단적인 합의가 있다. 이들 중간적 합의를 어떻게 파악할 것인가가 문제이다.

이러한 중간적 합의에 대해서 국가적 작용인 법규범에 관한 이론 즉 법률적 말씀론(Gesetzliche Dogmatik)을 기준으로 파악할 것인가, 그렇지 않으면 개인과 개인 간의 합의에 관한 의사주의적인 이론 즉 계약적 말씀론(Kontraktliche Dogmatik)을 기준으로 파악할 것인가가 문제이다. 취업규칙의 성질과 관련된 계약설과 법규범설의 차이는 위와 같은 두 가지 부류의 취업규칙 문제를 법률적 말씀론에 기하여 해결하는가, 그렇지 않으면 계약적 말씀론에 기하여 해결하는가에 관한 것이라고 말할 수 있다.

이러한 판단은 결국 단체협약제도가 전개되어온 각 나라의 사회적·경제적·정치적 맥락에서 다르게 파악될 것이다. 근본적으로 국가와 사회라는 이원적 구조를 전제로 해서 국가는 법의 창설자 내지 공급자로 사회는 법의 수령자 내지 수요자로 보는 국가중심적인 법실증주의사고 하에서 새로운 형태의 규범인 단체협약을 어느 쪽에 배치할 것인가라는 문제가 단체협약의 법적 성질론의 배후에 자리 잡고 있다. 즉 단체협약의 법적 성질론은 단체협약에 대한 국가통제의 문제와 맞물려 있다.

그러므로 단체협약의 성질론은 단체협약법리에 있어서 중요한 지위를 차지하고 있다. 특히 성질론은 근로조건에 관한 부분의 효력과 단체협약과 근로계약의 관계 등의 규범적 구조를 어떻게 구성할 것인가라는 문제와 직결되어 있다. 즉 단체협약의 법적 성질을 법규범으로 파악하는 경우에는 단체협약과 근로계약의 관계는 마치 근로계약과 근로기준법의 관계와 같고, 단체협약의 내용을 규범적 부분, 채무적 부분으로 구분하는 데 그치며 그 효력을 별도로 논의할 필요가 없다.

20) 물론 근대국가의 법영역은 다시 시민의 개인적 자유를 확보하기 위해 국가와 사회의 이분화를 전제로 해서 국가조직, 작용 및 국가와 개인 간의 관계를 규율하는 공법과 사인 간의 관계를 규율하는 사법으로 이원화된다.

한편, 단체협약의 법적 성질을 계약으로 보는 경우에는 비로소 단체협약과 근로계약의 관계를 별도의 이론에 의해서 구성할 필요가 있는 것이다. 그래서 단체협약의 내용을 근로계약에 직접적으로 영향을 미치는 부분(근로조건적 부분 : 규범적 부분)과 그렇지 않은 부분(노사관계적 부분 : 채무적 부분과 조직적 부분)으로 구분하고, 특히 규범적 부분의 효력을 별도의 이론으로 정당화할 필요가 있는 것이다.

제2절 학 설

단체협약의 성질과 관련해서 지금까지 제기된 학설은 단체협약을 객관적인 법규범 또는 당사자 간의 주관적 계약으로 볼 것인가에 따라 두 가지로 대별된다. 전자로 보는 입장이 법규범설이고 후자로 보는 입장이 계약설이다.

I. 법규범설

법규범설은 단체협약제도에 관한 법제, 노동시장에 있어서 단체협약의 적용범위, 그 내용 등에 기초해 볼 때 단체협약은 객관적인 법이라는 입장이다. 이러한 법규범설은 어떠한 근거에 기하여 단체협약을 법규범으로 보는가, 즉 단체협약이 어떠한 법규범인가에 따라 다시 견해가 나누어진다.

1. 사회적 자치규범설

근로자는 그들의 단결체를 통하여 사용자와 교섭하고 그 결과 사회적 자치규범으로서 법률과 같은 효력을 갖는 단체협약을 체결할 수 있는 권리가 헌법상 기본권의 내용으로 보장되고 있으므로 단체협약은 개별 법률규정에 의하여 법규범으로 승인되고 있는지 여부에 불구하고 당연히 사회적 자치규범으로서의 기능을 갖는다고 보는 견해이다.

2. 관습법설

헌법상 노동3권 등 기본권의 취지 등에 비추어 볼 때 노사가 자주적으로 단체협약을 체결하여 그들 사이의 집단적 근로관계를 규정할 법규범을 설정하는 내용의 노동관습이 법적으로 이미 승인되어 있다고 보는 견해이다.

3. 수권설

국가법의 연장선상에서 단체협약을 법규범의 일종으로 파악하면서 성문헌법(예컨대, 헌법 제33조) 또는 제정법률(예컨대, 노조법 제29조 및 제33조)을 단체협약의 수권규범으로 이해하는 입장이다. 이것은 우리나라, 바이마르시대의 도이칠란트의 지배적 학설이다.

Ⅱ. 계약설

단체협약이 노사 간에 체결된 계약의 일종이라는 입장이다. 단체협약이 그 본질에 있어서 사법상의 이른바 사적 자치의 연장선상에 있는 계약이지만, 그 주체나 근거의 특질을 어디에 두고, 순수한 사법적 계약과 동일하게 취급할 것인가 그렇지 않으면 그 예외도 인정할 것인가에 따라 순수계약설, 집단적 규범계약설 등으로 견해가 나누어질 수 있다.

이들 계약설은 단체협약법제가 국가의 실정법으로서 정립되기 이전에 노사간에 체결된 단체협약의 효력근거를 계약당사자의 의사에서 찾으려고 했던 이론이라고 평가할 수 있다.

제 3 절 학설의 검토와 사견

바이마르시대 이전 도이칠란트의 경우에 단체협약의 법적 성질과 관해서 계약설이 주류를 이루게 된 것에도 도이칠란트의 법적 상황에 그 이유가 있을 것이다. 단체협약에 대해서는 경제학적·사회정책적 차원에서 연구가 법적 연구보다 선행하였다. 19세기말에 이미 브렌타노(Lujo Brentano, 1844-1931)는 단체협약에 대한 경제학적·사회정책적 연구를 했다. 단체협약의 법률적 연구는 로트마르(Philipp Lotmar, 1850-1922)에 의해서 본격적으로 시도되었는데, 그의 이론은 단체협약법사상 또는 도이칠란트노동법사상에서 실제로 많은 성과를 가져오는 계기를 만들었다. 그 이론적 귀결을 한마디로 요약하면, 단체협약은 직업단체를 당사자로 하는 채권법적 계약(schuldrechtlicher Vertrag)이고 그 채권법적 계약의 내용은 당사자인 각 직업집단이 그 구성원으로 하여금 협약 소정의 근로조건에 적합한 근로계약의 체결을 하도록 노력한다는 점에 있다는 것이다.[21] 19세기 말 이래 계급재판이라는 의혹과 비난을 근로자계급간에 만연시키고, 1906년 4월30일의 재판(RGSt 36, 237)에 있어서 협약에 기초한 소송상의 보호를 거부하였던 제국최고재판소(Reichsgerichte)가 그 후, 이러한 태도를 1910년 1월 20일의 판결(RGZ 73, S.92)에서 폐기하였던 것은 로트마르 이후의 개척자적 학설의 전개의 영향이라고 볼 수 있다.

그러나 협약당사자에 관한 단체설의 확립이라는 이론적 성과에도 불구하고, 협약의 본질에 대해서는 결국 위와 같은 계약설에 기초하고 로트마르 단체협약이론

21) 그래서 단체협약에 관한 로트마르식의 이론적 구성을 노동법사(勞動法史)에서 "대리이론(Vertretungstheorie)"이라고 한다. Philipp Lotmar의 단체협약론에 관해서는 Lotmar, Die Tarifvertäge zwischen Arbeitgebern und Arbeitnehmern, in: Archiv für soziale Gesetzgebung und Statistik(1900), S. 1-122; ders., Der Arbeitsvertrag nach dem Privatrecht des Deutschen Reiches, Bd. I(1902), S. 755-773 외에, H.edemann, Kodifikation des Arbeitsrechts, RuW(1922), S. 249; Sinzheimer, Philipp Lotmar und die deutsche Arbeitsrechtswissenschaft(1922), in: Kahn- Freund/ Ramm(Hrsg.), Hugo Sinzheimer. Arbeitsrecht und Rechtssoziologie, Bd. I(1976), S. 44 참조. 그리고 Philipp Lotmar의 자세한 이력은 Rückert, Philipp Lotmars Konzeption von Freiheit und Wohlfahrt durch "soziales Recht"(1850-1922), in: Rückert(Hrsg.), Philipp Lotmar. Schriften zu Arbeitsrecht, Zivilrecht und Rechtsphilosophie(1992), S. XILXXVI; Rückert, Philipp Lotmar (1850-1922). Römisches Recht, Rechtsphilosophie und Arbeitsrecht im Geiste von Freiheit und Sozialismus, in: Heinichs u.a.(Hrsg.), Deutsche Juristen jüdischer Herkunft(1993), S. 331-353 참조.

의 핵심적 부분인 단체협약의 불가변성(Unabdingbarkeit : 또는 직률적 효력)은 부정되고 그것은 입법에 의하지 않을 수 없다는 학설을 지배적으로 만들었던 것이다. 이에 의하면 단체협약은 법규범을 창조하는 것이 아니며 법으로서 지위를 가지는 것이 아니다. 계약설이 기성의 시민법적 사유에 의해서는 단체협약을 법의 세계에 체계적으로 모순 없이 이론구성하는 것은 곤란하고, 또한 곤란하다고 의식하게 하였음에도 불구하고 계약설이 협약이론의 주류로 되게 했던 이유가 어디에 있었는지 알 필요가 있다. 그것은 그 당시 단체협약의 이행에 관한 직업단체의 자조적 정신, 즉 법률적 강행수단보다도 사실적 수단을 중시하였던 노사단체의 지배적 태도가 단체협약에 새로운 법률적 생명을 부여하는 것을 방해했기 때문이었다. 그 뿐만 아니라 단체협약의 유지는 우선 세력관계에 의한다는 의식은 특히 노동조합에 있어서 압도적이고, 조직의 강화가 협약체결의 불가결한 요건을 이룬다는 것을 강조하고 있었던 것이 협약이론의 전개에 반영되었다. 이러한 상황이 단체협약이 거의 법률과 같은 객관적인 일반성을 가지고 있는 도이칠란트의 경우에도 다수의 노동법학자와 판례가 단체협약의 법적 성질을 계약으로 파악하고, 그것에 기초해서 단체협약법리를 전개하게 만들었다고 할 것이다.

우리나라의 경우 물론, 헌법 제33조 제1항이 단체교섭권을 근로자의 기본적 권리로 보장하여 도이칠란트와는 법적 상황이 상당히 다르다고 하더라도 우리나라에서 거의 대부분의 노동조합이 기업별차원에서 조직되어 있어서 단체협약이 거의 법률과 같은 객관적인 일반성을 가지고 있지 않을 뿐만 아니라, 노사 간에 있어서도 단체협약을 법규범으로 파악하는 법적 확신도 없다고 할 것이다. 그래서 우리나라의 단체협약의 성질에 대하여 법규범설을 취하기에는 상당히 어려운 점이 많다. 물론 법규범설은 단체협약이 가지고 있는 효력에 치중해서 자주적인 규범으로서 의의와 효과를 중심으로 하려는 점에 있어서 그 의의가 없는 것은 아니지만, 위와 같은 우리나라의 구체적 상황과 현행법의 태도에 비추어 볼 때, 단체협약을 국가적 법과 동일한 것으로 파악할 수는 없을 것 같다.

필자는 실정법체계를 사법, 사회법, 공법이라는 3분법적으로 파악하고, 독자적인 사회법말씀을 구축해왔다.[22] 이러한 독자적인 사회법말씀론 하에서 단체협약을 파악하고자 한다. 그래서 필자는 단체협약을 이를테면 '사회적 계약' 또는 '사회법적 계약'으로 이해하면서 단체협약을 사법상의 순수계약과는 구분하는 독자적인 입장을 취하고, 이러한 입장에서 단체협약법리를 전개하려고 한다.

---

22) 이에 관해서는 강희원, 『노동법 기초이론(제3판)』, 법영사, 2011, 224면 이하 참조.

제 3 장 단체협약의 성립

제 1 절 단체협약의 당사자

1) 단체협약을 체결하는 당사자를 누구로 보아야 할 것인가에 대하여 노동조합이 제3자인 그 구성원인 근로자를 위하여 사용자와 사이에 체결하는 것이라고 보는 견해(제3자를 위한 계약설), 노동조합이 그 구성원인 근로자의 대리인으로서 사용자와 사이에 체결하는 것이라고 보는 견해(대리설), 노동조합이라는 근로자단체가 본인으로서 사용자와 사이에 체결하는 것이라고 보는 견해(단체설), 노동조합 및 구성원인 근로자가 복합적으로 사용자와 사이에 체결하는 것이라고 보는 견해(절충설 또는 복합설) 등이 있으나 단체설이 다수설이고 타당하다 할 것이다.

2) 단체협약은 단체협약을 체결할 수 있는 정당한 당사자의 지위에 있는 자 사이에 체결되어야 한다. 단체협약을 체결할 수 있는 권한은 단체교섭권자에게 인정될 것이므로 단체협약을 체결할 수 있는 정당한 당사자는 전술한 단체교섭권의 정당한 당사자와 이에 대응하는 단체교섭의무를 부담하는 정당한 당사자의 개념과 일치한다.

제 2 절 단체협약의 작성

1) 단체협약은 서면으로 작성하여 당사자 쌍방이 서명 또는 날인하여야 한다(노조법 제31조 제1항). 따라서 단체협약이 유효하게 성립하려면 단체협약을 체결할 능력이 있는 노동조합과 사용자 또는 사용자단체가 근로관계에 관한 사항에 관하여 유효한 합의에 도달하여야 한다는 실질적 요건 이외에 서면작성 및 그 정당한 당

사자 쌍방의 서명 또는 날인이라는 형식적 요건을 갖추어야 한다.

2) 단체협약 성립의 요식성을 정하고 있는 노조법의 규정에 위반한 경우 단체협약의 효력을 어떻게 볼 것인가가 문제된다.

이는 위 법규정의 성격을 강행적 효력규정으로 이해할 것인지 아니면 임의적 단속규정으로 이해할 것인지에 따라 그 결론을 달리할 수 있다 할 것이다. 즉, 위 법규정이 강행적 효력규정이라고 본다면, 비록 단체협약체결 당사자 사이에 유효한 합의에 도달하였더라도 위 법규정 소정의 형식적 요건을 흠결한 경우에는 노조법상 단체협약으로서 아무런 효력을 갖지 아니하여 동법 제33조(규범적 효력), 제35조(일반적 구속력), 제36조(지역적 구속력) 등의 규정이 적용되지 아니한다고 할 것이다. 다만 이러한 입장을 취하면서도 단체협약의 규범적 효력은 노조법 제33조의 규정이 없더라도 단체협약이 실질적으로 성립하기만 하면 그 본질적 효력으로 당연히 인정된다고 보는 견해도 있다. 한편, 위 법규정을 임의적 단속규정이라고 본다면 이에 위반하더라도 단체협약의 효력에는 아무런 영향이 없다고 볼 것이다.

[판 례]

- 단체협약을 문서화하고 당사자 쌍방의 서명날인을 하도록 규정한 노동조합법 제34조 제1항의 취지가 단체협약이 규율대상으로 하고 있는 노사관계가 집단적·계속적이라는 점을 고려하여 체결당사자를 명백히 함과 동시에 당사자의 최종적인 의사를 확인함으로써 단체협약의 진정성과 명확성을 담보하려는 것으로서, 그 단체협약에 대한 서명날인 대신 서명무인을 하였다 하더라도 이를 무효로 볼 수는 없다(대판 1995.3.10. 94마605).
- 단체협약에 있어서 합의내용을 서면화할 것을 요구하는 것은 단체협약의 내용을 명확히 함으로써 장래의 분쟁을 방지하려는 것이고, 서명날인절차를 거치도록 한 것은 체결당사자를 명확히 함과 아울러 그의 최종적 의사를 확인함으로써 단체협약의 진정성을 확보하고자 하는 것으로서, 기명 옆에 서명만 하였다 하더라도 이를 무효라고 할 것은 아니다(대판 2005.3.11. 2003다27429)
- [1] 노동조합과 사이에 체결한 단체협약이 유효하게 성립하려면 단체협약을 체결할 능력이 있는 사용자나 사용자단체가 그 상대방 당사자로서 체결하여야 하고, 나아가 서면으로 작성하여 당사자 쌍방이 서명날인함으로써 노동조합법 제34조 제1항 소정의 방식을 갖추어야 한다.

  [2] 부산직할시장이 일용인부 노동조합과 사이에 단체협약을 체결할 무렵에 부산직할시 사하구를 포함한 부산직할시 관할구역 안의 각 자치구를 그 구성원으로 하는 사용자단체는 구성되어 있지 아니하였고, 그 무렵 부산직할시는 지방자치법에 따른 지방자치단체의 하나이고 부산직할시 관할구역 안의 각 자치구 또한 이와는 별도의 지방자치단체에 불과하므로 부산직할시가 그 관할구역 안의 각 자치구를 구성원으로 하는 사용자단체라고도

할 수 없고, 부산직할시 사하구는 그 단체협약에 당사자로서 서명 날인한 사실이 없음이 분명하므로, 그 단체협약은 부산직할시 사하구에 대하여는 그 효력을 미치지 못한다(대판 1996.6.28. 94다49847).

☞ 위 판례는 단체협약의 당사자로서 단체협약을 체결하기 위한 실질적 요건조차 갖추지 못하였다면 다른 당사자가 체결한 단체협약이 그 효력이 미치지 않는다는 당연한 법리를 나타낸 것에 지나지 않는다.

• 이 사건 단체협약에는 1990.12.31. 영남대학교 총장 김기동과 전국연합노동조합연맹 영남대학교직원노동조합 위원장 정인성의 기명날인만 있을 뿐 영남대학교를 설립·운영하면서 사무직원 등을 채용하는 사용자인 피고 법인의 대표자가 그 단체협약의 체결 당사자로서 서명날인한 사실이 없어 단체협약으로서 유효하게 성립하였다고 할 수 없다 할 것이다. 따라서 위 단체협약의 적용을 받을 수도 없다(대판 1997.1.21. 95다24821).

☞ 위 사례가 학교법인이 운영하는 대학교 총장과 노동조합 대표자 사이에 합의된 사항을 단체협약으로 체결한 경우라면 바로 앞서 든 대법원과 같은 취지라 할 것이고, 이와 달리 학교법인과 노동조합이 합의한 사항을 단체협약으로 정하면서 그 서명날인만 대학교의 총장이 한 경우라면 단체협약의 실질적 요건이 갖추어졌음에도 불구하고 그 형식적 요건의 흠결을 이유로 단체협약의 효력을 부인하는 취지를 밝힌 것으로 볼 것이나, 그 중 어느 경우인지는 분명하지 않다.

생각컨대 단체협약의 형식적 성립요건을 정하고 있는 위 법규정은 단순한 임의적 단속규정이 아니라 강행적 효력규정이라고 보아야 할 것이고 앞서 든 판례들도 이러한 입장을 전제로 한 것으로 보여 진다. 따라서 단체협약 체결당사자 사이에 합의가 성립되었다고 하더라도 단체협약의 진정성 및 명확성을 해하는 정도로 형식적 요건을 갖추고 있지 않다면 위 법규정에 위반하여 노조법상 단체협약으로서는 아무런 효력을 갖지 않는다고 할 것이다. 다만, 단체협약의 규범적 효력은 노조법 제33조의 규정에도 불구하고 헌법상 단체교섭권의 본질적 내용으로서 인정되어야 함은 전술한 바와 같으므로 단체협약의 내용에 관한 당사자 사이의 합의가 있으면 형식적 요건을 흠결하고 있더라도 노동조합 구성원의 권리의무관계를 직접 규율하는 효력을 갖는다고 볼 것이다.

그리고 단체협약에 이와 같이 형식적 요건만을 흠결하고 있는 경우에 단체협약으로서의 효력이 부인되는 것은 노조법의 적용에 있어서 유효한 단체협약으로 취급되지 않는다는 의미이고, 단체협약 체결 당사자 사이의 권리의무관계를 정하고 있는 채무적 부분의 효력까지 부인되는 것은 아니다. 단체협약 체결 당사자 사이의 채무적 효력은 계약 일반의 경우와 달리 보아야 할 특수성을 인정할 여지가 없을 것이기 때문이다.

제 3 절 행정관청에 대한 신고

1) 단체협약의 당사자는 단체협약의 체결일로부터 15일 이내에 이를 노동부장관 또는 특별시장·광역시장·도지사 등 행정관청에 신고하여야 한다(노조법 제31조 제2항 및 제10조 제1항).

단체협약의 행정관청에의 신고를 정하고 있는 위 법규정은 강행적 효력규정이라고는 볼 수 없으므로 위 법규정을 위반하였더라도 단체협약의 효력에는 아무런 영향이 없으며 위반시 벌칙도 규정하고 있지 않다.

2) 노동부장관 또는 특별시장·광역시장·도지사 등 행정관청은 단체협약 중 위법한 내용이 있는 경우에는 노동위원회의 의결을 얻어 그 시정을 명할 수 있다(동법 제31조 제3항 및 제10조 제1항).

(구)노동조합법 제34조 제3항은 단체협약 중 위법한 내용뿐만 아니라 부당한 내용에 대하여도 시정명령을 내릴 수 있도록 규정하고 있었으나 현행법은 행정관청이 시정명령을 내릴 수 있는 것은 단체협약 중 위법한 내용에 한한다.

행정관청이 단체협약 중 위법한 내용이라고 판단하여 그 변경이나 취소 등을 명하였을 때 그 시정명령에 따라 곧바로 대상조항이 효력을 상실하거나 자동적으로 변경되는 것은 아니다. 만약 노동조합이 위 시정명령을 받아들이지 아니하였더라도 행정관청에 어떠한 집행력이 부여되는 것은 아니라고 할 것이지만,[23] 노조법상 형사처벌(동법 제93조 제2호)의 대상이 된다.

23) 서울고법 1993.3.12. 92구12096.

제 4 장 단체협약의 내용

제 1 절 단체협약내용의 현실태

앞에서 이미 언급했듯이, 노동조합의 조직형태에 따라 단체협약의 내용이 상당히 다르다. 노동조합이 산업별로 조직되어 있어서 단체협약이 노동시장의 범위와 일치하는 경우에는 노동시장에 있어서 노동력교환에 관한 근로조건의 기준사항이 주된 내용이 될 것이다. 그러나 노동조합이 기업별로 조직되어 있는 경우에는 근로조건의 기준사항 보다는 오히려 개별기업의 구체적인 경영사항이나 노동조합의 보장 및 활동에 관한 사항이 단체협약의 주된 내용이 될 것이다.

우리나라 실정법은 단체협약의 내용에 관해서 구체적인 규정을 두고 있지 않다. 그러므로 단체협약의 내용은 협약당사자의 자유에 맡겨져 있다. 이에 따라 현실의 단체협약은 구체적인 노사관계의 실정에 맞추어서 그 내용이나 형식을 달리하고 있다.

그런데 우리나라의 노동조합은 기업별조직이 주된 형태이므로 근로조건의 기준사항 보다는 오히려 개별기업의 구체적인 경영사항이나 노동조합의 보장 및 활동에 관한 사항이 상당히 많은 부분을 차지하고 있다. 이러한 현실에 있어서 단체협약의 다양한 내용을 분석·정리한다면 단체협약의 내용에는 일반적으로 다음과 같은 사항들이 규정되어 있다(표1 참조).

[표-1] 단체협약의 내용

구 분	내 용
총칙적 조항	○ 협약당사자 ○ 협약목적 ○ 적용범위 ○ 경영권과 노동권의 관계
노동조합보장 조항	○ 조합원의 범위 ○ 숍제 ○ 유일교섭단체조항
노조활동조항	○ 근무시간중 노조활동 ○ 노조전임자의 수 ○ 기업시설이용 ○ 홍보 선전활동 및 정치활동
단체교섭 조항	○ 교섭절차 ○ 제3자 위임금지 ○ 고충처리
쟁의관련 조항	○ 평화조항 ○ 평화의무 ○ 쟁의예고 ○ 쟁의조정 ○ 쟁의불참자의 처우
인사조항	○ 신규채용 ○ 인사이동 ○ 상과 벌 ○ 파견 ○ 전직 ○ 해고 ○ 정년제
임금조항	○ 급여 ○ 승급 ○ 수당 ○ 상여금 ○ 퇴직금
근로시간 조항	○ 정규근로시간 ○ 초과근로시간 ○ 휴식 ○ 휴일 ○ 휴가
후생복지 조항	○ 안전보건 ○ 재해보상 ○ 기타 후생복리
부칙	○ 단체협약의 유효기간 ○ 자동갱신 ○ 연장 및 개폐절차

제 2 절 협약조항분류의 문제

Ⅰ. 서 설

단체협약이 직업차원 내지 산업차원에서 이루어진 것인가 또는 개별기업차원에서 이루어진 것인가에 따라 그 내용이 현저하게 다르겠지만, 단체협약에는 근로조건의 기준, 노동조합의 조직 및 활동 그리고 노사분쟁 해결절차 등 다양한 내용들이 포함되어 있다. 이것을 어떻게 분류할 것인가? 여기에서 당연히 그 분류기준이 문제라고 할 것이다.

Ⅱ. 규율대상에 따른 분류

단체협약의 조항이 사용자와 근로자의 개별근로계약관계를 그 대상으로 규정하고 있는가, 사용자 및 사용자단체와 노동조합 자체와의 권리의무관계인 숍제, 노조활동 및 단체교섭 쟁의절차 등의 집단노사관계를 그 대상으로 하는가 또는 특히 기업별 단체협약에 있어서 노동조합과 사용자간의 일정한 경영질서의 형성이나 경영조직의 구성 운영에 관한 예컨대, 징계위원회, 노사위원회 고충처리위원회 등에 관한 것을 대상으로 하는가에 따라 분류할 수 있다.

Ⅲ. 효력에 따른 분류

단체협약에는 사용자와 근로자의 개별근로관계에 대한 근로조건의 기준이 되는 부분과 그것과는 관련이 없는 부분이 있다. 전자는 근로계약관계의 집단적·통일적 규율을 위하여 단체협약에 고유하게 인정되는 특수한 법적 효력을 가지고 있다. 이를 단체협약의 이른바 「규범적 부분」이라고 하고, 그 효력을 단체협약의 소위 「규범적 효력」(오히려 나는 이 부분을 「근로기준적 부분」이라고 부르고 그 효력을

「근로기준적 효력」이라고 하고 싶다)이라 한다. 그리고 후자는 근로기준적 효력이 인정되지 않는 나머지 부분으로서 협약체결 당사자인 노동조합과 사용자 또는 사용자단체 사이에 적용될 권리의무관계를 정하고 있는 것을 내용으로 한다. 이 부분은 노동조합과 사용자 및 사용자단체간의 노사관계의 내용을 직접적으로 결정하는 효력을 가지고 있다. 이 효력은 노동조합과 사용자 및 사용단체가 주체로서 상호 권리의무를 부담한다는 의미에서 마치 사법상 채권채무관계와 유사하다. 그래서 이러한 부분을 흔히 단체협약의 「채무적 부분」이라고 하고, 그 효력을 채무적 효력(오히려 나는 이 부분을 「노사관계적 부분」이라고 부르고 그 효력을 「노사관계적 효력」라고 칭하고 싶다)이라고 한다.[24)]

그런데 단체협약의 내용을 규범적 부분과 채무적 부분으로 나누어서 파악하는 사고방식은 도이칠란트 노동법학의 전통에서 비롯된 것이라고 말할 수 있다. 무엇보다 우리는 「규범적 부분」과 「채무적 부분」 그리고 「규범적 효력」과 「채무적 효력」이라는 용어는 단체협약의 법적 성질을 근본적으로 계약이라고 보는 도이칠란트의 지배적 학설을 전제로 해서 형성된 용어라는 점을 염두에 둘 필요가 있다. 그러나 현행 노조법은 단체협약을 도이칠란트 노동법학의 사고방식을 안이하게 그대로 수용해서 우리의 개별기업차원에서 이루어진 단체협약의 내용을 이를테면 「규범적 부분」과 「채무적 부분」으로 나누고 전자에 대해서는 법규범의 효력과 유사한 이른바 「규범적 효력」을 부여하고, 후자에 대해서는 일반계약의 효력과 유사한 이른바 「채무적 효력」을 인정하고 있는데, 이러한 태도가 타당한가라는 의문을 제기하지 않을 수 없다. 무엇보다 우리의 단체협약 현실에 기초해서 지금까지 수입된 외국이론을 반성하고, 우리의 법체계와 현실에 상응하는 법적

---

24) 단체협약이라는 것은, 본래 근로조건의 집단적 규제를 위해서 안출된 기술(테그닉)이다. 따라서 협약의 조항 중에 임금, 근로시간, 휴일, 휴가 등등, 개개의 근로자(노동조합원)의 근로조건을 규율하는 것이 다수 포함되어 있다는 것은 본래 당연하다. 그러나 각각의 단체협약 중에는 이러한 조항 외에 또한 노동조합 그 자체의 지위 내지 노동조합 자체의 권리의무를 정하는 조항을 포함하고 있는 것이 오히려 보편이다. 예컨대 유니온숍 조항, 조합비의 체크-오프, 노조사무소, 게시판 등의 공여 등등의 사항을 정하는 것, 혹은 평화조항, 쟁의협정 등이 그것이다. 이들 협약조항 중 전자의 종류의 것 즉 개별근로조건에 대해서 정하고 있는 것을 단체협약의 「규범적 부분」이라고 부르고 후자의 종류의 것, 즉 노조의 지위 내지 권리의무에 대해서 정하고 있는 것을 그 「채무적 부분」이라고 부르는 용어법이 오래전부터 도이칠란트 노동법학의 영향 하에 있는 일본 노동법학의 용법에 따라 아무런 고려 없이 널리 행하여지고 있다. 그러나 필자는 우리나라의 단체협약의 존재방식에 비추어 볼 때, 이러한 명칭이 반드시 적절하다고 생각하지 않는다. 오히려 전자를 노조법 제33조가 사용하고 있는 「기준」이라는 용어에 착안해서 「근로기준조항」 또는 단체협약의 「근로기준적 부분」이라고 부르고, 후자를 그러한 조항의 내용에 걸맞게 「노사관계조항」 혹은 협약의 「노사관계적 부분」이라고 부르는 것이 좋을 것이라고 생각한다.

이론구성을 심각하게 검토해 보아야 한다고 생각한다.

Ⅳ. 현행 노조법에 있어서 분류

노조법 제33조 제1항은 "단체협약에 정한 근로조건 기타 근로자의 대우에 관한 기준에 위반하는 취업규칙 또는 근로계약의 부분은 무효로 한다"라고, 동조 제2항은 "근로계약에 규정되지 아니한 사항 또는 제1항의 규정에 의하여 무효로 된 부분은 단체협약에 정한 기준에 의한다"라고 규정하여 노동조합이 당사자로서 체결한 단체협약의 내용 중 「근로조건 기타 근로자의 대우에 관한 기준」을 정하고 있는 부분은 협약체결의 직접 당사자가 아닌 노동조합 구성원인 근로자와 사용자 사이의 근로계약관계를 직접 규율하고 그것도 취업규칙이나 근로계약에 우선하여 강행적·보충적으로 적용됨을 정하고 있다.

그런데 우리의 단체협약입법 특히 노조법 제33조는 도이칠란트 특히 바이마르 시대의 입법을 그대로 받아들인 일본 노동조합법 제16조를 도입한 것으로 보이는데, 중요한 문제는 우리의 단체협약 법리론이 오늘까지도 기본적으로 도이칠란트에 있어서 그것에 의한 영향으로부터 벗어나지 못하는 현상을 어떠한 문제적 시각을 가지고 파악할 것인가라는 것이다.

어떻든 현행법질서에 있어서는 단체협약의 효력을 확정하기 위해서는 단체협약을 「근로조건 기타 근로자의 대우에 관한 기준」을 정하고 있는 부분과 「그렇지 않은 부분」으로 나누어서 생각할 필요가 있다.

제 3 절 근로기준적 부분 : 「근로조건 기타 근로자의 대우에 관한 기준」인 부분

Ⅰ. 서 설

개별적 근로관계에 대한 단체협약의 효력을 확정하기 위해서 현실의 단체협약 중 어떠한 조항이 「근로조건 기타 근로자의 대우에 관한 기준」을 정하고 있는 부분에 해당하는지가 문제이다. 그래서 「근로조건 기타 근로자의 대우에 관한 기준」의 의미를 확정할 필요가 있다.

Ⅱ. 근로조건과 근로자의 대우

1) '근로조건 기타 근로자의 대우'에 관한 사항이라 함은 임금의 결정·계산과 지급방법, 임금의 산정기간·지급시기 및 승급에 관한 사항, 퇴직금·상여금에 관한 사항, 시업·종업의 시각, 휴게시간, 휴일, 휴가 및 교대근무에 관한 사항, 퇴직·해고·전직·전적·인사이동 등 인사에 관한 사항, 작업순서·작업환경·작업용품부담 등에 관한 사항, 복지후생시설에 관한 사항, 근로자를 위한 교육시설에 관한 사항, 안전과 보건에 관한 사항, 재해보상·부조에 관한 사항, 표창과 징계 등 제재에 관한 사항 등, 조합원인 근로자와 사용자 사이에 적용될 임금·근로시간·인사·복지 기타 대우 등 이른바 개별적 근로계약관계의 내용을 이루는 것이 이에 해당한다.

2) 위와 같은 사항은 근로자가 사용자 사이에 개별적으로 근로계약을 체결할 때 그들 사이의 구체적 권리의무관계를 정하기 위하여 포함시킬 수 있는 사항과 동일하게 취급할 수 있는 계약내용이라고 말할 수 있으므로, 근로자의 신규채용에 관한 사항과 같이 당해 조합원과 사용자 사이에 적용될 수 없는 것은 원칙적으로 현행법상 유니온숍에 관한 사항만이 단체협약의 내용으로서 예외적으로 허

용된다. 근로자와 사용자 사이의 개별적 근로관계에서 그들의 구체적 권리의무관계를 정하는 사항이어야 하므로 그들 사이의 관계를 정한 것이라 하더라도 그 내용이 권리의무의 발생에 관한 것이 아니면 「근로조건 기타 근로자의 대우에 관한 기준」이라 말할 수 없다.

3) 그 내용이 근로자와 사용자 사이의 권리의무 발생에 관한 것이면 그 발생사유에 관한 것이건 그 절차에 관한 것이건 불문하고 이에 해당한다고 할 것이다. 예를 들어, 근로자에 대한 해고 등 인사조치에 필요한 절차를 정한 것도 「근로조건 기타 근로자의 대우에 관한 기준」에 해당함은 물론이다.

Ⅲ. 기 준

단체협약의 규범적 부분은 근로조건 기타 근로자의 대우에 관한 '기준'을 정한 것이어야 하므로 근로조건 기타 근로자의 대우에 관한 사항이 조합원 모두에게 일률적으로 적용될 수 있는 것이어야 한다. 다만, 여기서 조합원에게 일률적으로 적용되는 것이라 함은 반드시 모든 조합원에게 적용되는 것만을 의미하는 것이 아니라 일정한 요건을 갖추었을 때에는 그 범위 안에서 어느 조합원이나 적용될 수 있도록 정한 사항도 포함한다 할 것이고 처음부터 조합원 甲, 乙 등을 구체적으로 특정하여 그들에게만 적용할 사항을 정한 것에 한하여 「근로조건 기타 근로자의 대우에 관한 기준」에서 제외된다.

제 4 절 노사관계적 부분 : 「근로조건 기타 근로자의 대우에 관한 기준」이 아닌 부분

Ⅰ. 서 설

단체협약의 내용 중 협약체결 당사자인 노동조합과 사용자 또는 사용자단체 사이에 적용될 권리의무관계를 정하고 있는 부분은 「근로조건 기타 근로자의 대우에 관한 기준」에 해당하지 않는다.

주로 경영권과 노동기본권의 존중에 관한 사항, 노동조합 자체의 존속·유지·활동과 관련한 사항에 대하여 노동조합 자신이 사용자 또는 사용자단체와 사이에 권리의무를 정하고 있는 것으로서 대표적으로 취업시간 중이나 사업장 내에서의 노조활동에 관한 사항, 노동조합 전임자에 관한 사항, 사업장 내의 노동조합 사무실 이용이나 노조게시판의 설치 등에 관한 사항, 유니온숍(Union Shop)에 관한 사항, 조합비 일괄공제(Check-off)에 관한 사항, 단체교섭 또는 쟁의에 관한 사항 등은 「근로조건 기타 근로자의 대우에 관한 기준」이 아닌 부분에 속한다.

Ⅱ. 경영권과 노동권의 존중에 관한 사항

산업현장에서 노사가 단체협약의 모두에 단체협약의 체결목적과 나란히 경영권과 노동기본권의 선언 또는 상호 이를 존중할 것을 고취하는 조항을 두는 경우가 많다. 이러한 조항은 선언적 의미를 갖는 것으로서 「근로조건 기타 근로자의 대우에 관한 기준」이 아닌 부분에 속한다. 이 조항은 노사관계에 있어서 경영권의 의미 내용을 둘러싸고 새로운 분쟁의 씨앗이 되는 경우도 있다.

Ⅲ. 조합보장조항

1. 조합원의 범위

기업별노조의 경우에는 단체협약상 조합원의 범위에 관한 규정을 두는 경우가 많다. 그러나 노동조합의 비조합원 범위는 본래 노사교섭의 장에서 취급되어야 할 사항이 아니다. 노조가 독자적으로 정해야 할 사항이다. 「조합규약사항」 속에 명기되어야 할 사항이지만 실제상 비조합원의 범위를 노동협약에 규정하고 있는 예가 아주 많다.

당초 노동조합의 조합원의 범위에 관한 문제는 노동조합의 조직에 관한 문제이다. 노동조합이 자주적으로 결정해야 문제인데, 만약에 비조합원의 범위가 노사교섭에 의해 혹은 사용자측이 일방적으로 결정하게 되면 이것은 정말 노동조합의 자주성을 침해하고 근로자의 권리를 침해하게 된다. 즉 조합원의 범위를 단체협약에서 정한다고 하더라도 사용자측이 이에 개입하는 것은 부당노동행위가 될 가능성이 크다.

[판 례]

□ **조합규약상 조합원의 범위와 배치되는 단체협약의 효력(유효)**

- 노동조합및노동관계조정법(이하 '법'이라 한다) 제5조, 제11조의 각 규정에 의하면, 근로자는 자유로이 노동조합을 조직하거나 이에 가입할 수 있고, 구체적으로 노동조합의 조합원의 범위는 당해 노동조합의 규약이 정하는 바에 의하여 정하여지며, 근로자는 노동조합의 규약이 정하는 바에 따라 당해 노동조합에 자유로이 가입함으로써 조합원의 자격을 취득하는 것인바, 한편 사용자와 노동조합 사이에 체결된 단체협약은 특약에 의하여 일정 범위의 근로자에 대하여만 적용하기로 정하고 있는 등의 특별한 사정이 없는 한 협약당사자로 된 노동조합의 구성원으로 가입한 조합원 모두에게 현실적으로 적용되는 것이 원칙이고, 다만 단체협약에서 노사간의 상호 협의에 의하여 규약상 노동조합의 조직 대상이 되는 근로자의 범위와는 별도로 조합원이 될 수 없는 자를 특별히 규정함으로써 일정 범위의 근로자들에 대하여 위 단체협약의 적용을 배제하고자 하는 취지의 규정을 둔 경우에는, 비록 이러한 규정이 노동조합 규약에 정해진 조합원의 범위에 관한 규정과 배치된다 하더라도 무효라고 볼 수 없다(대판 2004.1.29. 2001다6800).

1) 범위의 판단

조합원의 범위는 어디까지나 노동조합독자의 판단에 의해서 결정되는 것이 지당하다. 즉 어떠한 유형의 근로자를 노조에 가입시킬 것인지는 노동조합의 이익이 되는지 여부나 어떠한 유형의 근로자가 사용자측의 이익을 대표하는지 여부를 기준으로 노조가 독자적으로 결정해야 할 사항이다. 이러한 견해는 우리나라의 노동법학계의 통설이다. 유럽국가에서는 이러한 관행이 확실히 정착되어 있다. 그것이 지극히 당연한 것으로서 인정되어 있다.

그런데 우리나라의 실정은 수위, 전화교환수, 운전수, 사감, 비서, 촉탁근로자, 임시고용근로자 등을 협약비조합원이라고 칭하고 있는 회사나 병원이 실제로 많다.

노조법 제2조 4호 가목은 「사용자와 항상 사용자의 이익을 대표하여 행동하는 자」를 조합원의 범위에서 제외하고 있을 뿐이다. 그러므로 그 외의 근로자는 자유로이 자기의 판단으로 노조에 가입할 수 있다. 따라서 전기의 수위, 전환교환수, 비서, 자동차운전사 등의 근로자는 사용자의 이익을 대표하는 자도 아니고 인사에 직접의 권한을 가지거나 총무, 경리, 노무관계에 있어 기밀사항을 취급하는 감독적인 지위에 있는 근로자도 아니기 때문에 당연히 노동조합에 가입할 수 있는 근로자이다. 오히려 이들 근로자는 노동조건의 측면이나 직제상의 측면에 있어서 하등 일반조합원과 다를 바 없고 노동조합에 가입하는 점에서 일반조합원과 차별을 받을 이유는 조금도 없다.

따라서 이들은 당연히 조합원으로 될 수 있는 자격을 가지고 있다. 예컨대, 협약상 비조합원으로 되어 있더라도 본인이 가입을 바라면 언제라도 노조에 가입할 수 있다. 이것에 의해 채무불이행의 책임을 추궁당할 리는 없을 것이다.

2) 범위에 관한 분쟁

최근에 기업의 구조조정 및 고용의 유연화 등 경영합리화의 영향을 받아 조합원의 범위에 관한 사항에 대한 노사 간의 분쟁이 증대하고 있는 것 같다. 예컨대, 사용자가 직제기구를 강화하고 그것에 따라 비조합원으로 되어야 할 직제의 범위를 확대하거나 반대로 감독적 지위에 있는 자를 노조에 가입시켜 노조의 분열활동을 꾀하는 등 이른바 조합원의 범위에 관한 조항을 둘러싸고 분쟁하는 사례가 증대하고 있다.

2. 숍(Shop)조항

1) 숍 조항의 개념

단체협약상 숍(Shop)조항이라 함은 근로자의 단결을 강화하기 위하여 근로자의 지위를 조합원의 지위를 가진 자로만 한정시키기로 하는 내용의 조직강제를 정한 단체협약 조항을 말한다. 대표적으로 클로즈드숍(Closed Shop) 조항과 유니온숍(Union Shop)조항이 있다.

클로즈드숍 조항은 이미 노동조합에 가입하고 있는 것을 채용조건과 동시에 고용유지의 조건으로 정한 협약조항을 뜻하고, 따라서 사용자는 조합원만을 근로자라 고용할 수 있고, 비조합원을 근로자로 고용하여서는 아니된다는 의무를 부담한다.

유니온 숍조항은 사용자가 근로자를 고용할 당시에는 조합원만을 고용하여야 하는 것은 아니지만, 비조합원인 근로자를 고용한 경우에는 그 근로자가 일정기간 안에 노동조합에 가입하지 아니하거나 가입 후 노동조합원의 자격을 성실한 경우에는 그 근로자를 해고하여야 한다는 의무를 부담하는 내용의 협약조항을 뜻한다.

2) 숍(Shop) 조항의 허용범위

근로자로 하여금 반드시 특정 노동조합의 조합원이 되어 있거나 될 것을 강제하는 제한적 조직강제는 허용되지 아니한다. 원래 노동조합에의 가입 및 탈퇴는 근로자 개인의 자유의사에 의하여야 하고 특정노동조합에의 소속을 고용조건으로 하여 근로자를 취업시키거나 그 탈퇴 또는 제명을 이유로 근로자를 해고할 수 있도록 하는 단체협약상 숍(Shop)조항은 근로자의 적극적 단결권의 내용인 단결선택의 자유를 침해하는 것으로서 허용될 수 없기 때문이다.[25)]

노조법 제81조 제2호의 본문에서도 사용자가 이러한 유니온숍 조항에 따라 근로자가 특정한 노동조합의 조합원이 될 것을 고용조건으로 하는 행위를 부당노동행위로 금지하고 있다. 특정 노동조합의 조합원만이 근로자로 고용될 수 있다는 클로즈드숍조항 역시 명문의 규정은 없으나 허용될 수 없다고 할 것이다.

다만, 노조법 제81조 제2호의 단서는 예외적으로 근로자의 단결선택의 자유에 대한 제한을 허용하고 있는데, 그러한 경우로 '노동조합이 당해 사업장에 종사하

---

25) 대판 1989.1.17. 87다카2646.

는 근로자의 3분의2 이상을 대표하고 있을 때에는 근로자가 그 노동조합의 조합원이 될 것을 고용조건으로 하는 단체협약을 체결'하는 것이 허용된다고 규정하여 일정한 요건 아래 유니온숍조항의 유효성을 인정하고 있다.

근로자가 반드시 특정한 노동조합에 가입하여야 하는 것은 아니지만 어느 노동조합이건 하나의 노동조합에 가입할 것을 강제할 수 있는 일반적 조직강제가 허용될 수 있는지에 관하여, 이른바 근로자의 소극적 단결권의 인정여부와 관련하여 논란이 있다.

근로자단체의 소극적 단결권에 대하여는 판례가 이를 명시적으로 긍정하고 있으나,[26] 이는 헌법상 단결권의 본질적인 내용으로 근로자단체의 소극적 단결권이 인정되어야 한다는 취지라기보다는 근로자 단체의 단결권을 구체화한 노조법상의 법률규정의 해석에 관한 것으로 이해하여야 할 것이다.

3) 현행법상 유니온숍조항

현행법상 유니온 숍에 관한 사항만이 단체협약의 내용으로서 예외적으로 허용된다. 그러므로 이에 관해서만 보다 자세히 살펴보기로 한다.

(1) 유니온숍 조항의 적법요건

'노동조합이 당해 사업장에 종사하는 근로자의 3분의 2 이상을 대표하고 있을 때'가 유니온숍 조항이 적법하게 적용될 수 있기 위한 요건이 된다. '당해 사업장에 종사하는 근로자'의 개념과 관련하여, 법문상의 표현으로만 보면 기업별단위노동조합의 경우에 그 사업장에 사용자와 사용종속관계를 맺고 있는 근로자의 숫자를 기준으로 하여 그 중 3분의 2 이상의 숫자가 노동조합에 가입하고 있을 때에만 유니온숍이 허용될 수 있는 것처럼 보여진다. 이와 관련하여, 기업별 단위노동조합이 아닌 산업별 또는 직종별 단위노동조합의 경우에는 유니온 숍 조항의 허용여부가 문제될 수 있다.

법문상의 표현은 '당해 사업장'이라고 하여 기업별노조를 염두에 둔 듯한 것으로 보이나, 노동조합이 조직대상으로 삼고 있는 근로자 중 3분의 2 이상이 가입하고 있을 경우에는 당해 노동조합은 그 조직 대상으로 하는 근로자를 실질적으로 대표하고 있는 것으로 보아야 하고, 이 경우 신규 입사자에 대하여 그에 대한 가입을 강제하더라도 소극적 단결권을 제한하는 예외로서 정당성을 인정받을 수 있다는 취지에서 위와 같이 유니온숍 조항이 허용되는 것으로 해석될 수 있다면

26) 대판 1992.12.22. 91누6726; 동 1993.2.12. 91누12018.

노동조합이 그 조직대상으로 삼고 있는 근로자의 3분의 2 이상이 당해 노동조합에 가입하고 있을 때에는 노동조합의 조직형태를 불문하고 위와 같은 유니온 숍 조항이 유효하게 적용되어야 할 것이다.

여기서 '당해 사업장에 종사하는 근로자'라 함은 기업별 단위노동조합의 경우 그 노동조합이 사업장의 전체 근로자를 조직대상으로 하고 있을 때에는 당해 기업에 수 개의 사업장이 있더라도 그 사업장 전체에 종사하는 근로자의 숫자를 기준으로 하여 산정하여야 한다. 한편, 전체 근로자가 아니라 그 직종이나 직위를 구분하여 그 중 일부의 근로자만을 조직대상으로 하고 있을 때에는 그 조직대상으로 한정하고 있는 근로자의 숫자를 기준으로 하여 산정하여야 한다. 그리고 당해 사업장에 종사하는 근로자를 '대표한다'라고 함은 실제로 당해 노동조합에 '가입'하고 있는 근로자를 말한다고 할 것이다.

위와 같이 당해 사업장에 종사하는 근로자의 숫자를 분모로 하고 노동조합에 실제로 가입하고 있는 근로자 숫자를 분자로 하여 그 비율이 3분의 2 이상일 경우에 유니온 숍조항이 유효하게 적용된다.

전체 근로자 중 직종이나 직위별 구분하여 일부 근로자를 조직대상으로 하고 있는 경우에는 그 조직대상에 포함되는 직위나 직종에 속하는 근로자만이 유니온 숍 조항의 적용을 받는 근로자에 해당한다고 볼 것이다. 노동조합이 당해 사업장에 종사하는 근로자의 3분의 2 이상을 대표하여야 한다는 것은 유니온숍 조항의 적용을 받기 위해서는 계속적으로 갖추어야 할 존속요건에 해당한다.

(2) 적법한 유니온숍 조항에 따른 법률관계

가. 노동조합과 사용자 사이의 법률관계

가) 사용자의 해고의무

a. 해고의무의 발생요건

근로자가 일정기간 안에 노동조합에 가입하지 아니하거나 노동조합에서 임의로 탈퇴한 경우에 한하고, 근로자가 조합원의 자격을 갖추고 있음에도 불구하고 노동조합이 그 가입을 거부하고 있는 경우에 노조가입 신청인에게 제명에 해당하는 사유가 있는 등 특단의 사유가 없는 한 이는 해고로 이어질 수 있어서 권리남용 내지 신의칙위반에 해당한다고 하는 취지로 판시한 것이 있으나,[27] 그 의미가 분명하지 않다.

또한, 판례는 근로자가 일단 노동조합에 가입한 후 탈퇴하였더라도 그 후 노조

---

27) 대판 1996.10.29. 96다28899.

탈퇴의사를 철회하고 다시 재가입 신청을 하였음에도 불구하고 정당한 이유 없이 위법하게 재가입을 거부하는 것은 실질적으로 제명과 같은 효과를 발생시키는 것이므로 사용자에게 해고의무가 생기지 아니한다고 한다.28)

단체협약에 근로자는 노동조합의 조합원이어야 한다는 취지의 규정이 있으면 구체적으로 사용자의 해고의무를 정한 명문의 규정이 없다고 하더라도 사용자는 노동조합에서 탈퇴한 근로자를 해고할 의무가 있다고 한다.29)

b. 해고의무의 법적 성질

단체협약상 유니온숍 조항에 따른 사용자의 해고의무는 노동조합에 대한 단체협약상의 채무일 뿐이므로30) 직접 개별근로자에 대하여 규범적 효력이 미치는 것은 아니다.

나) 해고의무 불이행에 따른 법률효과

사용자의 해고의무 불이행이 노동조합에 대한 지배·개입의 부당노동행위에 해당하는지 여부에 관하여 판례는 그러한 채무불이행 자체가 바로 노조법 제81조 제4호 소정의 노동조합에 대한 지배·개입의 부당노동행위에 해당한다고 단정할 수는 없고, 그 밖에 사용자에게 근로자가 노동조합을 조직 또는 운영하는 것을 지배하거나 개입할 의사가 있었다고 볼 만한 사정이 인정되어야 한다고 한다.31)

나. 노동조합과 근로자 사이의 법률관계

노동조합은 조합원 자격을 갖추고 있는 근로자의 노조가입을 함부로 거부할 수 없다. 예를 들어, 규약상 노조에 가입시 조합원의 사전 동의를 받아야 한다고 정하고 있더라도 노조가입신청시 신청인에게 제명에 해당하는 사유가 있다는 등의 특별한 사정이 없는 한 노조 가입에 위와 같은 제약을 가하는 것은 기존 조합원으로서의 권리남용 또는 신의칙 위반에 해당하여 위법·부당하다고 한다.32)

조합원이 노동조합에서 탈퇴한 후 재가입신청을 한 경우에도 그 재가입을 함부로 거부할 수 없다. 예를 들어, 규약상 노조에 재가입하려면 대의원대회와 조합원 총회에서 각 3분의 2 이상의 찬성을 얻어야 한다고 규정하고 있더라도 이러한 제약 역시 기존 조합원으로서의 권리남용 또는 신의칙 위반에 해당하므로 그 자체 위법·부당하다고 한다.33)

---

28) 대판 1995.2.28. 94다15363; 동 1996.10.29. 96다28899.

29) 대판 1998.3.24. 96누16070.

30) 대판 1998.3.24. 96누16070.

31) 대판 1998.3.24. 96누16070.

32) 대판 1996.10.29. 96다28899.

다. 사용자와 근로자 사이의 법률관계

사용자가 유니온숍(Union Shop)조항을 근거로 하여 근로자를 해고하였을 때 그것만으로 해고사유의 정당성은 인정될 수 있는지가 문제될 수 있으나, 적극적으로 보아야 할 것이다. 사용자가 유니온숍조항에 의한 정당한 해고사유가 없음에도 불구하고 근로자를 해고한 경우 근로자는 사용자를 상대로 하여 곧바로 해고무효 확인의 소를 제기할 수 있다.[34)]

(3) 보론 : 노조법 제81조 제2호 단서의 해석상의 문제점

지금까지 노조법 제81조 제2호에 대해 특별한 문제의식 없이 건성적으로 해석해왔다. 그러나 그것을 면밀하게 검토해 보면 심각한 문제점이 내포되어 있음을 발견할 수 있다. 우선, 노조법 제81조 제2호 전체는 그 규범적 의미가 아주 불분명하다. 그리고 유니온 숍조항과 관련된 부분의 문언적인 의미를 어떻게 해석해야 하는가가 문제이다. 특히, "노동조합이 당해 사업장에 종사하는 근로자의 3분의2 이상을 대표하고 있을 때에는 근로자가 그 노동조합의 조합원이 될 것을 고용조건으로 하는 단체협약의 체결은 예외로 하며"라는 노조법 제81조 제2호 단서의 전문(前文)의 표현이 애매하기 때문에 상당히 복잡한 문제가 생긴다.

노조법 제81조 제2호 단서 전문(前文)과 후문(後文)을 어떻게 파악하는 것이 우리말 의미론상 타당할 것인가, 특히 부당노동행위제도와 관련하여 그 규범적 취지를 어떻게 확정해야 하는가,[35)] 그리고 유니온 숍제도를 제한적으로 인정하는 것이 우리 노동헌법과 정합성을 가질 수 있는가라는 근본적인 문제도 제기될 수 있다[36)]. 그래서 여기에서 결론만 언급한다면, 필자는 노조법 제81조 제2호 단서는

33) 대판 1996.10.29. 96다28899.

34) 대판 1995.2.28. 94다15363.

35) 노조법 제81조 2호 단서의 해석문제에 관한 자세한 것은 강희원, "현행 노조법 제81조 2호 단서의 해석문제", 『노동법학』 제28호, 한국노동법학회, 2008년, 299-351면 참조.

36) 헌법재판소는 노조법 제81조 제2호 단서가 합헌이라고 결정한 바 있다. 헌재 2005.11.24. 2002헌바9596, 2003헌바9 결정(병합) 참조. 그러나 유니온숍협정제도는 국가의 최고규범인 헌법에 평등권, 노동3권 등이 보장되어 있는 유럽대륙국가와 그 법적 상황을 달리하는 앵글로아메리카국가에서 기업별노동조합을 중심으로 발전했던 제도이다. 이와 같이 앵글로아메카법제인 유니온숍제도가 우리나라에 도입되었던 것은 역사적으로 일본의 영향에 기인한 것이라고 하겠다. 사업장소속근로자 3분의2 이상을 대표하는 노동조합과 체결된 유니온숍협정만 인정하는 제한적 형태가 인정될 수 있었던 것은, 우리나라에서는 노동조합이 지금까지 1기업1노조의 기업별형태이었다는 점과 노동조합이 있는 경우에 하나의 지배적인 노동조합을 인정하는 것이 군소노동조합의 난립을 방지하여 오히려 사용자의 노무관리에 도움이 된다는 점에 있었다고 말할 수 있다. 노조법에 의해 위와 같은 제한

폐지되어야 한다고 생각한다.

3) 단체교섭에 관한 조항

단체협약에는 단체교섭당사자, 교섭담당자 교섭절차 및 교섭대상에 관한 조항도 있는데 이것은 「근로조건 기타 근로자의 대우에 관한 기준」에 관한 부분은 아니다. 이들 규정 가운데, "사용자는 특정한 노동조합에 한해서만 단체교섭을 한다"는 이른바 유일교섭단체조항이 문제로 된다. 이 규정은 다른 노동조합과의 단체교섭을 배제하는 결과를 가져오므로 위헌이라고 할 것이다. 단체교섭을 당사자 이외의 제3자에게 위임을 금지하는 이른바 교섭위임금지조항은 교섭담당자의 자격만을 제한하는 것이므로 허용된다고 할 것이다.

Ⅳ. 노조활동에 관한 조항

1. 서

우리나라의 노동조합은 주로 기업차원의 조직이기 때문에 노동조합의 활동 또

적인 유니온숍제도가 상존할 수 있도록 했던 법이론적 기초는 헌법 제33조 제1항에 보장된 노동3권의 법적 성격이 사회적 기본권 또는 사회권적 성질을 가진 자유권이라는 이론과 헌법 제33조 제1항이 보장하는 것은 근로자의 적극적 단결권이지 소극적 단결권이 아니라는 이론, 노조법이 이러한 법적 성격을 가진 노동3권을 형성하는 법률이고, 그 노조법의 헌법적 근거는 헌법 제33조 제1항이라고 하는 이론 등이다. 그러나 이들 이론은 형식적으로 근로자의 단결권을 적극적으로 보장하는 것처럼 보이지만, 실질적으로는 근로자의 단결권을 자의적으로 제한할 수 있도록 하는 이론적 근거가 되었다는 점은 이론적 역설이 아닐 수 없다. 노동3권은 역사적으로 자유권적 기본권을 가지고 있다. 노동3권은 그 본질에 있어서 그것을 형성하는 국가적 조치가 필요 없는 권리다. 게다가 노조법의 내용을 검토해보면, 대부분의 내용이 노동3권을 보장하거나 형성하는 것이 아니라 제한하는 것이라는 것을 알 수 있다. 그러므로 노조법의 헌법적 근거는 헌법 제33조 제1항이 아니라, 국민의 자유와 기본권의 제한에 관한 일반적 법률유보를 규정하고 있는 헌법 제37조 제2항에 근거하고 있다. 그렇기 때문에 노동3권 특히 단결권의 경우에는 그것을 제한하는 경우에는 단결자유의 본질적인 내용을 침해해서는 아니 된다. 그런데 근로자의 소극적 단결권을 보장하고 있는 단결권이 권리이기 위한 최소한의 본질적 내용이다. 그러므로 근로자의 적극적 단결권을 보장한다는 미명하에 소극적 단결을 부정하는 것은 단결권 자체의 권리성을 부정하는 것이어서 노동3권의 본질적 내용을 침해하는 것으로서 위헌이라고 할 것이다. 이와 관련해서는 강희원, "유니온숍협정과 근로자의 소극적 단결권", 「경희법학」 제39권 1호, 2004년, 211-252면 및 동, "유니온숍협정과 우리 노동헌법", 『유니온숍협약 적용범위와 노동자단결권 실현』(위 공개토론 자료집), 전국운수산업노동조합, 44-68면 참조. 그리고 이승욱, "유니온협정과 단결선택권", 『조정과심판』 제24호, 중앙노동위원회, 2005년 겨울호, 85-102면도 참조.

한 기업 내에서 이루어지는 경우가 대부분이다. 그래서 기업 내에서 노동조합의 활동은 사용자의 시설관리권과 경영권과 밀접한 관계에 있다. 이러한 상황에서 노사는 노조활동과 기업경영간의 조화를 위해서 이를 단체협약으로 규정하는 것이 일반적이다. 노조활동에 관한 조항으로는 일반적인 노조활동의 자유에 관한 이른바 선언적 규정, 근무시간 중 노조활동에 관한 규정, 노조전임자의 규정, 노조사무소의 노조게시판, 기타 기업시설이용에 관한 조항 및 조합비의 일괄적 공제에 관한 규정이 있다.

2. 전임자에 관한 규정

기업의 종업원이지만 노동조합의 업무만 담당하는 자를 노조전임임원 또는 재적전임자로 하는데, 기업별노조인 경우 노조의 업무담당을 위해서 재적전임자가 불가피하므로 단체협약에 이에 관한 규정을 두는 것이 일반적이다. 단체협약의 노조전임자규정을 두는 것은 문제없으나, 사용자가 전임자의 급여를 부담하는 것은 부당노동행위가 된다. 그 외 전임자의 법적 지위에 대해서는 앞에서(제2편 제5절 Ⅲ. 4. 참조) 이미 살펴보았기 때문에 여기에서는 생략한다.

3. 조합비일괄공제(Check-off)조항

1) 개 념

조합비일괄공제(Check-off)조항이라 함은 사용자가 조합원인 근로자에게 지급할 임금 중에서 노동조합이 조합원으로부터 징수하여야 할 조합비 및 기타 징수금 상당액을 일괄 공제하여 이를 직접 노동조합에 지급하기로 하는 내용의 단체협약상의 조항을 말한다. 이러한 조항은 사용자가 노동조합의 활동을 위한 편의제공의 한 형태로서 노동조합에 대하여 부담하는 채무를 정한 것으로 「근로조건 기타 근로자의 대우에 관한 기준」이 아닌 부분에 해당한다.

2) 적법성 여부

조합비일괄공제를 정하는 것은 노동조합과의 관계에서 근로자의 이익을 위하여 행하여지는 것이므로 임금으로부터 공제되더라도 근로기준법 제43조 제1항 본문에 정한 임금전액지급의 원칙이 적용되지 않고, 따라서 위 원칙에 대한 예외를 인정하기 위한 근로기준법 제42조 제1항 단서의 규정도 적용될 여지가 없으므로 단체협약에 근거가 없다고 하더라도 허용될 수 있다고 보는 견해가 있다.

그러나 조합비일괄공제제도 역시 임금전액지급의 원칙을 정한 근로기준법 규정의 규제대상이 아니라고 할 수 없을 것이므로 근로기준법 제43조 제1항 단서의 규정에 따라 단체협약에 특별한 근거규정이 마련되어 있는 경우에 한하여 허용된다고 보는 것이 일반적이다.

3) 조합비일괄공제조항의 법률관계

(1) 노동조합과 사용자 사이의 법률관계

가. 노동조합에 대한 사용자의 채무

가) 채무의 내용 및 법적 성질

단체협약상 조합비일괄공제(Check-off)조항에 의하여 사용자는 노동조합이 조합원으로부터 징수하여야 할 조합비를 노동조합을 대신하여 징수하고 그 징수한 금원을 노동조합에 교부해 주어야 할 사무를 처리하여야 하는 작위의무를 부담한다. 즉, 본질적으로는 사용자가 노동조합에게 조합비 상당의 금원을 지급하여야 할 "주는 채무"인 금전채무의 성질을 갖는 것이 아니라 노동조합의 조합비 징수업무를 위임받아 처리하여야 하는 작위의 "하는 채무"의 성질을 갖는다.

사용자는 이러한 조합비 징수의 위임사무를 처리함에 있어서 그 징수방법에 아무런 제한을 받지 않는 것이 아니고 사용자가 조합원인 근로자에게 지급할 임금 중에서 조합비 상당액을 공제하는 방식으로 특정되어 있다. 그러나 조합원인 근로자가 사용자에 대하여 갖는 임금채권은 근로자 개인에 속하는 권리이고 이러한 임금채권액 중에서 조합비 상당액을 공제하여 이를 조합비로 변제하는 것은 근로자 개인에 속하는 권리의 처분에 관한 사항에 속하며 단체협약에 의하여 집단적으로 규율할 수 있는 근로조건이나 근로자의 대우에 관한 기준에 해당하지 아니할 것이므로 단체협약의 당사자인 노동조합과 사용자가 조합원인 근로자에 대하여 규범적 기속력이 미치는 협약내용으로 정할 수 없다 할 것이다. 따라서 단체협약상 Check-off 조항은 사용자의 노동조합에 대한 조합비 징수에 관한 위임사무의 처리를 정한 채무일 뿐이고(노사관계적 효력) 직접 개별근로자에 대하여 규범적 효력이 미치는 것은 아니다.

나) 채무의 효력발생요건

사용자가 노동조합에 대하여 위와 같은 조합비일괄공제(Check-off)조항에 의한 징수위임사무를 처리하기 위해서는 조합원인 근로자가 자신이 사용자로부터 지급받을 수 있는 임금 중에서 조합비 상당액을 공제하여 이를 조합비로 대신 교부하여 주는 데 대한 개별 동의가 전제되어야 한다.

이러한 조합원의 동의는 조합원이 사용자로부터 지급받을 수 있는 임금채권 중에서 노동조합에 지급하여야 할 조합비 상당액을 공제하여 이를 노동조합에 대한 조합비로 변제할 수 있는 처분권한을 사용자에게 수여함으로써 사용자로 하여금 그러한 조합비 변제 사무의 처리를 위임하는 성질의 것으로 보아야 할 것이다.

다) 부당노동행위의 해당여부

노동조합으로부터 조합비 징수를 위임받아 그 조합비 상당액을 조합원의 임금에서 일괄 공제하여 노동조합에 지급하는 것이 부당노동행위로서 노동조합에 대한 경비원조(노조법 제81조 제4호)에는 해당하지 않는 것으로 볼 것이다.

라) 사용자의 노동조합에 대한 불법행위채권 등과 상계 등의 허용 여부

단체협약상 조합비일괄공제(Check-off)조항에 의한 사용자의 채무는 전술한 바와 같이 금전지급을 목적으로 하는 채무가 아니라 노동조합으로부터 징수 위임을 받은 사무를 처리하는 채무이므로, 사용자가 조합원으로부터 처분권한을 수여받아 조합원인 근로자의 임금에서 조합비 상당액을 공제하여 이를 조합비 징수액으로 확보하고 있다고 하더라도 이는 사용자가 조합원을 위하여 조합비 지급의무를 이행하기 위한 사무의 처리를 위한 것이지 사용자의 노동조합에 대한 금전지급채무의 이행을 목적으로 하는 것은 아니라 할 것이므로 사용자가 노동조합에 대하여 갖는 채권을 자동채권으로 하여 사용자의 노동조합에 대한 위 위임사무처리 채무와는 서로 상계할 수 없다고 할 것이다.

같은 이유에서 사용자나 그밖에 제3자가 사용자가 노동조합에 갖는 조합비일괄공제 조항에 기한 채무를 조합비 상당의 금전지급채무임을 전제로 하여 그에 대한 가압류를 신청할 수도 없다 할 것이다.

나. 사용자의 채무불이행에 따른 법률효과

가) 노동조합의 법적 구제수단

사용자의 채무 그 자체의 이행을 구하는 소를 제기하여 채무명의를 받아 강제집행을 하는 방법이 있다. 그러나 사용자의 채무는 전술한 바와 같이 “하는 채무”로서 이른바 대체적 작위채무(민법 제389조 제2항 후단)의 성질을 가지므로 민사소송법 제692조에 정한 대체집행의 방법이 가능할 것이다.

사용자의 채무불이행으로 인하여 손해가 발생하였을 때에는 그 손해배상을 구하는 소송을 제기할 수 있음은 물론이다.

나) 사용자의 채무불이행이 노동조합에 대한 지배·개입의 부당노동행위(노조법 제81조 제4호)에 해당하는지 여부

일방적으로 이를 중단할 경우 사용자에게 근로자가 노동조합을 조직 또는 운영하는 것을 지배하거나 개입할 의사가 있었다고 볼만한 사정이 인정되면 부당노동행위에 해당할 수 있다.

이와 관련하여 판례는 사용자인 회사가 해고를 다투는 조합장의 조합장 복귀통지문을 반려하고 조합장이 아닌 다른 조합원 명의로 조합비 등의 일괄공제 요구를 할 것을 요청한 것은 조합장의 노동조합활동을 방해하려는 의도에서 이루어진 것으로서 비록 이로 인하여 근로자의 단결권 침해라는 결과가 발생하지 아니하였다고 하더라도 지배·개입으로서의 부당노동행위에 해당한다고 판시한 사례가 있다.[37]

(2) 노동조합과 조합원 사이의 법률관계

단체협약상 조합비일괄공제조항은 조합원에 대한 규범적 효력이 없으므로 조합원이 사용자에게 임금에서 조합비를 공제하도록 처분권한을 수여하는 법률효과가 발생하는 것은 아니고 그러한 법률효과는 조합원이 그 처분권한을 수여하는 개별적인 동의가 있어야 비로소 발생하는 것은 전술한 바와 같지만, 조합원은 노동조합에 대하여 조합비 지급의무를 부담하고 있으므로 만약 조합원인 근로자가 위와 같이 개별적인 동의를 거부하고 달리 조합비를 지급하지도 않고 있다면 노동조합은 그 규약 등에 정한 바에 따라 제재할 수 있을 것이다.

(3) 사용자와 조합원 사이의 법률관계

사용자가 조합원인 근로자의 임금채권액 중 일부를 조합비로 공제하여 노동조합에 지급하기 위해서는 위와 같이 단체협약상 조합비공제조항과는 별도로 개별조합원으로부터 그에 필요한 임금채권의 일부를 처분할 수 있는 권한을 수여받는 수권행위로서 동의를 받아야 한다.

사용자는 조합원으로부터 이러한 개별적인 수권을 받아 조합원을 위하여 조합원의 조합비지급의무를 변제하는 법률효과가 발생한다.

조합원이 위와 같이 수권행위로서 조합비공제에 대한 동의를 한 후에 사용자에게 조합비공제의 중지를 요청하여 그 수권행위를 장래에 향하여 유효하게 철회할

---

37) 대판 1997.5.7. 96누2057.

수 있는지에 관하여는 견해의 대립이 있다.

우리나라의 경우, 조합원이 노동조합을 탈퇴함으로써 조합비지급의무가 면제되는 경우를 제외하고는 이러한 중지요청의 법적 효력은 부인되어야 한다는 견해가 있고, 일본의 하급심 판례는 그 법적 효력을 인정하는 것과 부인하는 것으로 나뉘어 있다.

제 5 장 단체협약의 효력

제 1 절 단체협약효력론의 이론적 기초

Ⅰ. 서

단체교섭을 통해서 체결된 단체협약에 대하여 어떠한 법적 효력을 인정할 것인가라는 문제는 노동법학에 있어서 가장 미묘한 부분이라고 해도 과언이 아니다. 그래서 도이칠란트에서는 20세기 초부터 단체협약의 효력을 둘러싸고 순수한 계약적 효력설(사법설)과 공법적 효력설(공법설)까지 다양한 견해들이 제기되었고, 특히 개별적 근로관계의 조건에 관한 기준으로서의 단체협약의 효력의 근거를 둘러싸고 계약설과 사회자주법설, 입법수권설 및 헌법수권설까지 그 이론적 경향이 다채롭게 전개되어 왔다. 그러나 바이마르공화국 시대에 들어와서 단체협약입법이 입법수권설이 지배적 지위를 차지한 이래 지금까지 유지되고 있다.

우리나라의 경우에 단체협약입법 특히 노조법 제33조, 제36조는 도이칠란트 특히 바이마르시대의 입법태도를 실질상 도입했던 일본의 단체협약법(노동조합법 제16조, 제18조) 및 그에 따른 이론을 거의 그대로 계수하여 우리나라의 단체협약법론은 오늘까지도 기본적으로 도이칠란트 및 일본의 협약법리론에 의한 영향으로부터 벗어나지 못하고 있다고 할 수 있다. 이러한 상황에서 보다 중요한 인식은 어떠한 시각을 가지고서 우리나라의 단체협약법을 파악할 것인가라는 문제이다. 앞에서 이미 실례로 살펴본 바와 같이, 도이칠란트의 단체협약법론은 이른바 불가변적 효력(Unabdingbarkeit)을 가지고 있는 객관적인 근로조건의 최저기준을, 마치 우리나라에 있어서 근로기준법과 같이, 원칙적으로 노동시장의 차원에서 정립하고자 하는 단체협약제도를 전제로 해서 전개되어 왔는데 반해, 우리나라의 단체협약제도는 노동시장적인 차원에 있어서 노동력공급기준 즉 최저근로조건을 정립하고자 하는 것이 아니라 개별사업 또는 사업장 차원의 소위 경영협정과 같이 구체적인 근로조건의 정립 및 기업 내에 있어서 사용자에 의한 노동조합 자체의 승인을 목적으로 전개되어 왔다. 그러므로 도이칠란트의 단체협약법 및 그 이론은 구조와 내용에 있어서 우리나라의 그것과는 다를 수밖에 없다. 그럼에도 불구하고 현실적 전제조건이 전혀 다른 우리나라의 단체협약제도에 도이칠란트의 단체협약효력이론을 여과 없이 그대로 적용하는 것이 과연 타당한가라는 문제가 제기된다. 단체협약제도의 취지상의 유사성 때문에 도이칠란트의 단체협약효력이론을 우리나라에 적용하는 것이 가능하다고 하더라도 그 적용의 결과에서 현실적인 곤란성과 모순성은 생기지 않을까 등등의 의문들이 꼬리를 물고 제기된다.

이렇듯 우리나라 단체협약의 효력을 도이칠란트식 이론에 입각하여 구성하고 해석하는 것 자체가 근본적으로 문제라고 생각한다. 그럼에도 불구하고 우리 노동법학은 도이칠란트 단체협약법론에 전제되어 있는 정치적 경제적 사회적 정책에 대한 검토도 없이 도이칠란트식 협약이론을 차용하고 있을 뿐 우리나라 단체협약제도의 사회정책적인 목적을 설정하고 그 비전을 제시하는 등 우리나라 나름의 독자적인 이론을 아직 구축하지 못하고 있다. 그래서 개별기업차원의 경영협정이론에 의해서만 파악될 수 있는 우리나라 단체협약제도가 도이칠란트식의 노동시장이론에 입각한 단체협약제도와 착종되어 우리나라의 단체협약효력론은 과도기적인 혼미의 양상으로부터 벗어나지 못하고 있다고 할 것이다.

이러한 현상은 단체협약의 법적 성질론을 딘체협약효력이론과 제대로 연계하지 못하고 있는 데에서 가장 현저하게 나타나고 있는 것이 아닌가 생각한다. 예컨대, 단체협약의 법적 성질을 법규범으로 파악하면서도 다시 단체협약의 내용을 이른바 「규범적 부분」과 「채무적 부분」으로 구분하고 전자에 대해서 법규범으로서의 효력, 즉 소위 「규범적 효력」을 인정하고, 후자에 대해서 일반계약으로서의 효력, 즉 소위 「채무적 효력」을 인정하는 등 앞뒤가 맞지 아니하는 태도를 취하는 경우가 비일비재하다. 단체협약을 법규범으로 인정하면서 다시 법규범인 단체협약의 효력을 규범적 효력과 채무적 효력으로 구분하는 것이 어떻게 가능한가라는 것이다. 이러한 태도는 도이칠란트의 단체협약이론에 대한 심층적인 검토 없이 너무나 안이하게 수용한 결과라고 말하지 않을 수 없다.

Ⅱ. 단체협약의 법적 성질론과 효력론의 관계

1. 문제의 소재

단체협약의 효력에 관한 이론에서는 그 근저에 게르만법사상에 터잡고 있는 집단주의법사고와 로마법사상에 뿌리를 둔 개인주의법사고가 전선을 형성하고 있는 한편, 같은 법사고를 공유하고 있다고 하더라도 법률이론과 계약이론이 체계상 착종하기 때문에 이론적으로 복잡하고 흥미롭다. 우리나라 노동법학은 이들 문제들을 이론적으로 제대로 소화하지 못하고 있는 듯하다. 이들 문제의 근저에 들어가는 것은 다음 기회로 미루기로 하고 여기에서는 우리나라 법질서에서 단체협약의 효력을 어떻게 이해하는 것이 타당한가라는 문제에 집중하기로 한다.

단체협약의 법적 성질에 대해 우리나라나 일본 및 도이칠란트에서는 크게 법규범설과 계약설이라는 양설이 대립하고 있다는 것은 앞에서 살펴본 바와 같다. 도이칠란트에서는 단체협약을 법규 내지 법원(法源)으로서 파악하는 근거를 특히 단체협약입법에 나타나 있는 국가의 의사(意思)에서 찾는 이른바 수권이론으로서 법규범설(Rechtsnormentheorie)이 과거 바이마르시대이래 지금까지도 여전히 유력한 지위를 차지하고 있다. 그런데 이 수권설의 구조, 내용 및 기능은 우리나라와 일본에서의 수권설과는 상이하다.

노동조합이 산업별로 조직되어 있는 도이칠란트에서 법규범설이 등장했던 것은 산별노조와 사용자단체 간에 체결된 단체협약은 노동시장차원에서 최저근로조건기준으로서 원칙적으로 강한 법규범성을 갖도록 하기 위해 국가에 의한 단체협약입법을 기대할 필요도 없이 그것 자체가 법규범성을 내재시킬 필요가 있었다고 할 것이다. 그러나 우리나라와 같이 노동조합이 개별사업장차원의 조직형태일 때에 개별사용자와 그 기업의 노조 간에 단체협약이 체결되는 경우에도 물론 기업차원의 노사관계의 안정을 위해서 그것이 원칙적으로 그대로 실효성을 갖게 할 필요성은 있다고 하더라도, 노동시장차원의 최저근로조건기준을 설정하는 도이칠란트에서의 단체협약과 같이 법률과 유사한 성질의 경직적인 규범성을 띠게 하여 근로계약당사자가 변경할 수 없도록 하거나 그 실효성을 일률적으로 수용하도록 할 필요성은 부족하다고 할 것이다. 노동조합의 조직형태에 따라 단체협약이 가지는 규범성의 강도와 실효성의 정도가 다르게 되기 때문에 단체협약에 있어서 규범성과 실효성의 괴리는 단체협약법의 정책 및 그 이론은 법률과 계약 사이에서 난관에 직면한다. 이러한 측면에서도 도이칠란트에 있어서 초기업적인 단체협약의 법적 메카니즘(mechanism)은 우리나라의 기업별 단체협약의 그것과는 현저한 이질성을 가지고 있다.

단체협약에 있어 그 법적 성질론과 법적 효력론은 서로 밀접하게 연관되어 있다. 성질론은 효력론의 전개를 위한 전제라고도 할 수 있다. 그러면 성질론과 효력론은 어떻게 구조화되어 있을까? 이 문제는 우리나라 단체협약법에서 첫째, 단체협약의 법적 성질론에 관한 법규범설과 계약설이 단체협약의 효력을 어떻게 이해하는가? 둘째, 법규범설과 계약설은 현행 노조법 제33조의 취지를 어떻게 이해하는가? 셋째, 현행 노조법 제33조의 취지가 어떠한 입장에서 가장 잘 파악될 수 있는가 등의 문제로 구체화될 수 있다.

이러한 이론적 문제에 대한 해결은 우선 단체협약 성질론의 내용과 기본적 입장을 살피는 것에서 시작한다.

2. 단체협약의 법원성

1) 법규범설의 입장

(1) 사회자주법설

사회자주법설은 일본에서 정립된 법규범설이다. 20세기 중반 일본에서는 단체협약의 법적 성질에 관해 末弘嚴太郞(すえひろ いずたろう, 1888-1951)이 법사회학적 관점에서 단체협약이 사회자주법 내지 사회적 법규범이라고 하는 이른바 사회자주법설 내지 사회적 법규범설을 제창하였는데, 이 설은 일본에서 단체협약본질론으로서 많은 학자들로부터 지지를 받아 지금까지 지배적 지위를 차지하고 있다. 물론 이 설에 대해 반론이 줄곧 제기되어 오고 있으나 아직도 사회자주법설은 극복되지 않고 있다.

그런데 바이마르 시대의 도이칠란트 노동법학에서 일본의 사회자주법설과 같은 입장은 거의 찾아볼 수 없다. 단체협약에 의한 법규범의 설정이 사회자주적으로 이루어지기 때문에 그것이 자주법설이라는 것은 당연히 승인하면서도 이러한 자주법규설정권의 근거를 단체협약입법에 나타났던 국가의사에서 찾는 수권설이 바이마르시대에 있어서는 처음부터 도이칠란트에서 흔들리지 않는 지위를 차지하고 있다. 그러나 이러한 사조 속에서 1960년대부터는 협약당사자에 의한 자주적 법규설정권능을 그것 자체 독자적인 것으로 보는 사회자주법설이 주장되었다. 그 대표적 제창자가 쬘르너(Wolfgang Zöllner, 1928-)인데, 이 설은 도이칠란트 단체협약법 논쟁에서 계약법설에 대해 하나의 극을 이루고 있다고 말할 수 있다.

물론 쬘른너가 협약자치의 개념에 안이하게 경도해서 사회자주법설을 정립하는 것은 아니다. 그의 입장은 법개념의 구조적 분석을 통해서 협약법규의 법규범성을 긍정하려고 하였던 것이다. 이러한 의미에서 본격적인 사회적 법규범설이라고 해도 좋을 것이다. 쬘르너의 설[38]을 보면 다음과 같다.

생활관계의 법적 질서는 실정법에 의한 규제보다 오히려 사적 자치에 의한 규제에 더 큰 영역을 할애하고 있다. 그렇지만 사적 자치에 기초해서 형성된 사회규범의 구속력은 실정법의 구속력보다 못한 것은 아니다. 관계당사자에 대해서는 그것이 오히려 법이다. 이러한 자주규범의 법원성에 대해서는, 켈젠(Hans Kelsen, 1881-1973)이 말하는 법단계설 및 법적 실재의 다양성이론에 의해, 즉자적(卽自的)으로 법규범으로서 인정되어야 한다고 한다. 그리고 쬘르너는 일반적이고 추상적인 규범이라는 것, 공공복리(Gemeinwohl)에 연결되는 것을 법의 본질적 속성으로 보는 사고방식도 존재하지만 일반적 추상적이라는 개념, 공공복리라는 관념(Idee)은 상대적인 것이고 사적 자치에 기초한 규범도 그러한 성격을 내재하고 있다는 것은 부정해서는 아니 되는데, 이러한 점은 특히 노사간에 체결된 단체협약규범에 현저하다. 그러나 이렇게 해서 협약규범의 법원성을 승인하려고 하여도 그것의 법률질서 전체에 있어서 자리매김은 용이하지 않으며, 또 이 점에 대해서는 의심없이 확신을 가지고 이론적인 구성을 하는 것도 곤란하다.

(2) 헌법수권설

오늘날 도이칠란트에서 협약입법수권의 지배적 지위가 흔들리지 않을 듯한데, 여기에는 헌법에 의한 단결권보장에 협약법규설정의 근거를 찾는 헌법수권설이 계약설, 사회자주법설과 나란히 대두하고 있다.

단체합약의 구조, 내용, 기능 등을 달리하는 도이칠란트의 협약법제 하에 있어서 헌법수권설이 1960년대에 들어와 전개되기에 이르렀다. 그런데 헌법수권설은 그 논리구성에 있어서 법률수권설과 동일하다.

하지만 도이칠란트에서 헌법수권설의 대두는 법률수권설의 경우보다 단체체협약제도의 중요성이 더 크게 부각되었다는 것을 의미한다. 사실 헌법수권설은 1954년 연방헌법재판소판결[39]과 그 맥을 같이 하는데, 판례와 학설에 있어서 단체협

---

38) Zöllner, Das Wesen der Tarifnormen, RdA 1964, S. 443ff. 참조.

약제의 보호는 헌법에 의한 단결권보장과 직결해서 강조되었다. 그와 동시에 단체협약의 당사자인 노동조합과 사용자단체에 대해 헌법수권적인 사회질서형성자가 공인되는 한편, 그것에 따른 공적 책임이 강하게 요청되었다는 점이다. 이를 반대로 보면, 헌법수권설은 노동조합과 사용자단체의 공적 책임론과 공적 지위론을 전제로 해서 노사 당사자에 의한 협약규범설정을 헌법상의 단결권보장에 포섭시키려고 하는 이론이라고도 할 수 있다. 그러므로 헌법수권설은 이미 사회적 상당성을 가진 협약(Sozialadäquater Vertrag) 또는 노동기본법(Grundgesetz der Arbeit)이라고 할 수 있는 업종별 및 산업별 통일협약이 도이칠란트에 정착되었다고 하는 사실에 입각해서 전개되었던 법리이었기 때문에 그때까지 지배적이었던 법률수권설보다도 현실성과 전망성을 가진 단체협약법론이고도 말할 수 있다.

헌법수권설 중에는 단체협약을 헌법에 의한 단결권보장의 구조적·제도적 차원에서 파악하면서 단체협약에 대해 독자적인 법규범적 성격을 부여하고자 한다. 이러한 현상은 게하르트 쉬노르(Gehard Schnorr, 1923-2004)의 이론[40]에서 두렷하게 나타난다. 그는 법원이론에서 존재론적 법원을 중시하고, 이를 법단계설, 다원적 법질서론에 의해서 단체협약의 법규범성을 인정하려고 한다. 그는 협약규범의 법원성을 국가법질서단계의 최고정점을 이루고 있는 헌법상의 단결권조항에 찾고 있다.

2) 계약설의 입장

(1) 순수계약설

도이칠란트에서 1960년부터 전개된 단체협약의 법적 성질론을 보면, 한편에는 협약규범의 법원성을 부정하면서 개별 근로계약에 대한 단체협약의 효력을 협약관계당사자 및 개별근로자와 사용자의 묵시적 의사에 기초하는 계약설이 자리잡고 있고, 다른 한편에는 단체협약을 법규범으로서 파악하는 법규설이 자리잡고 있었다. 이들 양설을 대극(對極)으로 해서 그 사이에는 다양한 법이론적 조작이 이루어지고 있다. 그래서 단체협약법의 분야에서는 현재의 지배적 법이론도 이미 극복된 것처럼 보이는 과거의 법이론의 연장에 불과하다고 말할 수 있다.

도이칠란트에서는 앞에서 언급했듯이 단체협약의 성질론에서는 바이마르시대 이후 규범설이 지배적인 지위에 있었는데, 1960년대 도이칠란트에는 이미 업종별·산업별의 통일협약제의 확립에도 불구하고 단체협약성질론에서 계약설(또는 법률행

39) BVerfG, Urt. vom 18.11.1954, AP Nr. 1 zu Art. 9 Abs. 3GG.

40) Schnorr, Die für das Arbeitsrecht spezifischen Rechtsquellen, 1969, 참조.

위설, rechtsgeschäftliche Theorie)이 다시 본격적으로 대두하였다는 것은 주목할 만하다. 사실 계약설 1950년대 후반에 이미 주장되었다. 그러나 그것은 그 당시 지배적인 지위에 있었던 규범설인 입법수권설과 대결할 수 있는 지위에까지는 이르지 못했다. 그 당시까지 지배설의 입장에 있었던 국가수권설을 정면으로 비판하면서 계약설의 입장을 보다 선명하게 하였던 것은 1962년 발표되었던 람(Thilo Ramm, 1925-)의 이론[41]이었다. 그러한 의미에서 람의 이론은 순수계약설이라고 말할 수 있다.

순수계약설은 바이마르시대의 노동법학에 있어서 계약설이라고 할 수 있는 야코비(Erwin Jacobi, 1884-1965)의 소위 집단적 채무계약설(Theorie des kollektive Schuldvertrag)[42]의 계보를 이어받고 있다. 야코비는 법규와 계약을 준별하는 사고(思考)를 기본적인 전제로 설정한 다음, 단체협약입법과 관계없이 협약의 법규범성을 부정해야 한다고 하면서 협약관여자에 대한 단체협약의 구속력도 협약관여자의 협약당사자 단체에 대한 가입에 의한 협약규범의 승인이라는 묵시적인 개별의사에서 찾고 있다.[43] 그러므로 순수계약설은 야코비의 기본적인 사고방식을 현대적으로 재생시켰다고 하는 점에서 그 나름의 의의가 있다. 계약설이 가지고 있는 「사회적 의미」를 살펴보지 않을 수 없다.

람의 주장에 의하면, 단체협약입법이 협약규범의 법규범적 효력(rechtsnormähnliche Wirkung)에 대해서 규정하고 있더라도 그것 때문에 협약법규를 법규범으로서 파악해야 하는 것은 아니다. 입법규범의 의의에 대해서는 개별적 검토를 필요로 한다. 단체협약입법은 협약의 효력기간, 적용범위, 협약상 권리의 방기 등을 일절 협약당사자의 의사와 연결하고 있으므로 협약입법에 있어서 소위 직접적·강제적인 효력조항도 협약당사자의 유형적 의사 그대로의 표현인 것이다. 그래서 협약당사자의 의사란 다음과 같이 이해해야 한다. 이것을 노조 측에서 말하면 단체협약은 본래적으로 사회적 보호목적(Sozial Schutzzweck)을 가지는 것은 말할 필요도 없지만 그것은 근로자는 노동조합에 근로조건기준을 형성해야 할 사회적 보호의 임무를 위탁하였다는 것을 의미한다. 즉, 노동조합은 개별근로자의 사회적 후견인(Soziale Vormundschaft)으로서, 말하자면 사회법적 대리권능(Soziale Vertretungsbefugnis)에 기초해서 협약의 체결에 이르는 것이고 개별근로자는 노조의 가입에 의해 이러한 대리권능을 노동조합에 위탁하고 있는 것이다. 사회법적 대리권능이라는 것은 노조의 특수한 임무, 근로자의 노조가입행위의 특수한 성질에 의한 것이다.

---

41) Ramm, Die Rechtsnatur der Tarifvertrags, JZ 1962, S. 78ff. 참조.

42) Jacobi, Grundlehren des Arbeitsrechts, Leipzig, 1927 참조.

43) Jacobi, 위같은책, 273면.

람의 순수계약설은 그 후에 약간씩 내용이 바뀌어져서 토만들(Theodor Tomandl), 뵈티헤르(Eduard Bötticher), 마이어-말리(Tho Mayer-Maly) 등에 의해 승계되었다.

순수계약설(또는 법률행위설)이 가지고 있는 논리구성상의 문제점은 바이마르시대의 협약법 이론쟁의 과정에 있어서 야코비의 계약설에 대한 비판 중에 이미 그대로 나타나 있는데, 야코비설에 대한 비판의 핵심은 집단적 노동법은 단결의 우위성을 중시하는 것에 그 본질이 있고, 계약설은 단체협약을 원자적으로 분해하고 그 집단적 성격을 무시하는 결과로 된다는 점에 있다. 순수계약설이 야코비의 이론에 새로운 치장을 하였다고 하더라도 야코비에 대한 비판에 대한 설득적인 회답을 주지지 못하고 있다는 것이다.

그런데 어떻게 해서 순수계약설이 1960년대에 대두하여 지지를 받을 수 있었을까? 제2차 대전 후 도이칠란트에는 산업별통일협약이 확립되었고 그것이 법규설 정착의 객관적 기반을 강화하여 계약설재생의 기회에는 결코 도움이 되는 것이 아니었음에도 1960년대에 도이칠란트에서 순수계약설이 득세하게 된다. 사회적 의미는 거대산별노조의 사회적 현실에서 찾을 수 있다. 그것은 현실의 노동조합은 법규범설이 전제하고 있는 노동조합의 이상상과는 거리가 멀었기 때문이다. 즉 노조조직의 거대화, 단체협약제의, 말하자면 노동기본법화에 따라서 노조가 다른 여러 가지의 사회집단에도 보다 민주적이고, 휴머니즘에 입각하는 조직으로 되어야 한다는 기본명제가 있었는데 현실에서는 이것이 간과되는 경향이 있었다. 노동조합의 의사형성의 독자성은 그 구성원의 주체적 의사를 매개로 해야 한다. 노조가 가진 당의 조직대책과 협약정책에 있어서는 노조가 사회학적으로 말해서 조합원의 제도적 대리기관(institutionelles Vertretungsorgan)이 되어야 한다는 것이 절실한 현대적 과제이다. 그러나 규범설이 전제하고 있는 이상적인 노동조합은 단순한 착각에 불과했다. 1960년대 도이칠란트 노동조합의 실상이 계약설을 재생시킨 배경이었다.44) 그러므로 노조의 내부구조 및 노동운동에 대한 민주적 관점이 계약설을 살아나게 한 하나의 배경으로 되었다고 평가할 수 있다. 이러한 의미에서 도이칠란트 금속노조의 대외법률관계의 실질적 책임자이었던 라트케(Olaf Radke, 1922-1972)가 1950년대 후반에 계약설에 의한 협약법이론을 이미 정립하였던 것도 흥미롭다.45)

---

44) 노사관계론의 전문가인 부라운수바이히(Braunschweig)공과대학의 교수 게하르트 힘멜만(Gerhard Himmelmann)이 노조의 협약정책을 사회학적으로 분석하였던 1971년 간행된 저작에 있어서 제시하였던 문제의식인 것이다. Himmelmann, Lohnboldung durch Kollektivverhandlung, 1971, S. 83/5, 133/4.

45) Radke, Rechtsbeziehungen zwischen einer Tarifvertragspartei und den Mitgliedern der gegnerischen

(2) 협약입법수권설

일본에서는 도이칠란트에서와 달리 일본 노조법 제16조를 창설적 규정으로서 파악해야 한다고 하는 입장에서 협약입법수권설이 제기되었다.[46] 이 설은 도이칠란트에 있어서 지배적인 수권설이 이론적 설정을 전혀 달리하고 있다. 그러므로 이 설은 동일하게 협약입법수권설이라는 명칭을 사용하지만, 중요한 것은 그 개념의 내용에 넣어야 할 인식내용이라고 보면서 일본의 단체협약법에 있어서 그 수권의 내용과 범위는 도이칠란트와는 현저하게 다르다고 한다. 즉 도이칠란트에서는 「직능별 혹은 산업별의 통일교섭에 의한 조직 외 노사관계도 포함하는 개별적 노사관계의 획일적 규제 및 통제에 의해 국가의 입법기능을 현저하게 후퇴시키고, 그것 대신에 노사당사자는 광범한 지역적 범위에 걸쳐서 객관적인 근로조건기준을 설정하는 기능을 전면적으로 국가로부터 받아야 한다고 하는 기본적 태도가 전제되어야 한다고 하는 점에서 도이칠란트의 협약이론에 있어서 「수권」이라는 그야말로 위임입법과 같은 형식적 이론에 불과하고, 그 경우에 있어서는 수권이라는 이론구성에 중점을 두어서는 아니 된다」는 것이다. 하지만 일본의 경우에는 기업별조직이 개별사업 단위로 단체교섭하여 단체협약에 의해 구체적인 근로조건을 결정하기 때문에 그야말로 수권은 구체적이어야 한다. 이 경우에는 마치 법률행위의 대리와 같다는 것이다.

도이칠란트에 있어서 지배적인 협약입법수권설에 의하면, 입법자는 국가의 금욕」(Abstinenz des Staates)이라는 입장에서 자신의 입법기능을 후퇴시키지 않을 수밖에 없고, 그 결과 노사당사자는 국가의 전면적 수권에 근거해서 자주적 법규범을 설정하는 것으로서 단체협약입법은 협약의 법규범성을 선언적으로(deklatorisch)보장하려고 하는 것에 불과하다는 표현을 하는 것이면, 노사관계의 구체적 규제를 위해서는 국가는 그 입법기능을 자제하는 것(Selbstbeschränkung des Staates)을 부득이하게 하고, 노사당사자에게 입법기능을 원칙적으로 수권하고 있는 것이라는 표현을 하는 것이거나 집단적 노사관계에 관한 법규설정을 국가는 스스로 후퇴시키거나 방기하지 않을 수밖에 없고, 협약당사자에 의한 법규범설정을 승인하는 것이라고 표현하는 것이 인정되기 때문이다. 더욱이 노조와 사용자단체의 공적 책임을 강조하고 국가는 그 법기능을 당사자의 원칙적인 독점에 위임한다는 관점에서 수권

Tarifvertragspartei, AuR 1956, S. 273ff. 참조.

46) 久保敬治, 『労動協約法の研究』, 有斐閣 1995, 345면 이하는 기본적으로 계약설의 입장에 있어서 노사당사자의 협약체결권은 입법에 의해서 부여된 것으로 파악하는 일본식 협약입법수권을 취하고 있다.

이론을 파악하기도 한다. 도이칠란트의 지배적 협약입법수권설은 이러한 발상에 의한 것이다.

그러므로 입법수권설이라고 하여 그 개념을 추상적으로 파악하여 그 구조·내용·기능 등에 있어서 구체적으로 검토하고 않고 일본의 입법수권과 도이칠란트의 입법수권을 동일한 평면에서 그대로 수용하여 우리나라 단체협약의 법원성을 논하는 것은 극히 부당하게 된다.

3. 노조법 제33조와 단체협약성질론

1) 노조법 제33조의 규범적 취지에 대한 이해태도

현행 노조법 제33조 제1항은 "단체협약에 정한 근로조건 기타 근로자의 대우에 관한 기준에 위반하는 취업규칙 또는 근로계약의 부분은 무효로 한다"라고, 동조 제2항은 "근로계약에 규정되지 아니한 사항 또는 제1항의 규정에 의하여 무효로 된 부분은 단체협약에 정한 기준에 의한다"라고 규정하고 있다.

노동조합이 당사자로서 체결한 단체협약의 내용 중 「근로조건 기타 근로자의 대우에 관한 기준」을 정하고 있는 부분은 협약체결의 직접 당사자가 아닌 노동조합 구성원인 근로자와 사용자 사이의 근로계약관계를 직접 규율하고 그것도 취업규칙이나 근로계약에 우선하여 강행적·보충적으로 적용됨을 정하고 있다.

그런데 단체협약의 법적 성질론에 관한 규범설과 계약설은 특히 현행법 노조법 제33조를 어떻게 이해할까? 규범설의 입장에서 보면, 노조법 제33조 등의 단체협약의 효력에 관한 규정의 존재 여부와 관계없이, 단체협약은 법규범이므로 노조법 제33조 등 효력관련규정은 확인적 규정에 불과할 것이다. 그러나 계약설의 입장에서 보면, 노조법 제33조 등의 규정은 창설적 규정이라고 할 것이다. 즉 계약설에 의하면, 노조법 제33조 등의 규정에 의해서 단체협약은 법규범적 효력을 가지는 것으로 된다.

2) 규범설과 단체협약의 효력근거

법규범설의 입장에서 볼 때, 단체협약은 그 내용이 근로기준적 부분(이른바 규범적 부분)이든 노사관계적 부분(이른바 채무적 부분)이든 관계없이 법규범으로서 효력을 가진다고 할 것이다. 즉, 법규범설은 단체협약의 근로기준적 부분이든 노사관계적 부분이든 규범적 효력을 가진다고 보아야 법규범인 단체협약의 법적 성질과 부합한다고 할 것이다. 다만 법규범설은 단체협약의 규범적 효력이 작용하는 방식이 다를 뿐이다. 다시 말하면, 근로기준적 부분은 마치 근로기준에 관한 강행법규, 즉 근로기준법과 같이 작용하고 노사관계적 부분은 노사관계를 형성하는 효력을 갖는다. 그러므로 당사자가 단체협약의 노사관계적 부분을 위반해서는 아니 되며 위반시에는 노동관계법 기타 실정법에 의한 조치를 취할 수 있다.

3) 계약설과 단체협약의 효력근거

계약설의 입장에서 볼 때, 단체협약은 근로기준적 부분이든 노사관계적 부분이든 모두 사법상의 계약으로서 밖에 효력을 가지지 않기 때문에 단체협약의 특수한 효력을 설명하기가 상당히 어렵다. 그렇지만 계약설은 근로기준적 부분이 노동조합의 개입이라는 행위 속에 근로기준적 효력에 관한 합의가 있었다고 의제하거나 우리나라의 경우에는 노조법 제33조 등의 효력관련 규정에 의해서 비로소 근로기준적 효력을 가지게 된다고 보아야 계약인 단체협약의 법적 성질과 수미일관된다고 할 것이다.

그러므로 계약설의 입장에서는 단체협약의 내용을 근로기준적 부분과 노사관계적 부분으로 구분하는 것이 필요하다. 왜냐하면, 근로기준적 부분만이 노조법 제33조에 의해서 근로기준적 효력을 가지게 되기 때문이다.

4. 결　어

노동조합운동사에 비추어 볼 때, 산업자본주의가 발전했던 서구의 경우에는 단체협약이 노동시장에 있어서 「살아 있는 법」, 즉 이른바 사회자주법으로서 출발했다는 것이 분명하다. 그래서 국가가 살아 있는 법으로서 단체협약을 인정하여 국가법체계로 편입했다고 보아야 할 것이다. 그러나 우리나라의 경우에는 이러한 역사적 전통이 없다. 그래서 우리나라에서 단체협약을 서구국가와 동일한 차원에서 인식하기는 어렵다고 할 것이다. 그래서 앞에서 언급했던 단체협약의 법적 성질론에서 이미 살펴보았듯이, 우리나라의 기업별협약이 가지고 있는 형태상, 내용상의 특질 및 그 기능적 한계에 비추어서 우리나라의 단체협약을 법규범으로 보기는 어렵고 그 성질을 계약이라고 파악했다. 그런데 단체협약의 법적 성질을 계약으로 파악할 때, 단체협약의 근로기준적 효력은 어디에 근거하고 있는가? 즉 기업별협약의 법원성을 어떻게 이해할 것인가가 문제이다.

생각컨대, 현행 노조법 제33조가 「살아 있는 법」으로서의 단체협약을 그대로 수용하고 이를 확인하는 것에 불과하다고 이해할 수 없고, 오히려 동조가 노동조합의 현실적 조직형태를 감안해서 법정책적 차원에서 단체협약의 근로기준적 부분에 대해서 법규범적 효력을 창설하고 있다고 할 것이다. 노사당사자가 체결한 집단적 규범계약으로서 단체협약의 근로기준적 효력의 근거는 노조법에 의한 수권이라고 이해하지 않을 수 없으므로 동조는 창설적 규정으로 파악해야 할 것이다.

다시 말하면, 동조는 단체권보장의 취지에 기초하고 근로조건은 단체협약에 의해 원칙적으로 규정되어야 한다는 정책의도에서 단체협약의 근로기준적 부분의 법규범성을 창설하고 있다고 할 것이고, 단체협약에 의한 근로조건의 집단적 결정의 현실에 대한 강력한 국가적 조력으로서 단체협약이 규정하고 있는 「근로조건 기타 근로자의 대우에 관한 기준」, 즉 「근로기준적 부분」의 법원성을 인정하고 있다는 것으로 이해해야 할 것이다. 그러므로 단체협약의 근로기준적 효력은 노조법 제33조에 근거하고 있다.

제2절 근로기준적 효력(이른바 「규범적 효력」)

I. 출발점

단체협약의 근로기준적 효력에 관한 문제는 바로 단체협약과 근로계약의 관계, 즉 근로계약에 대한 단체협약의 법적 효력에 관한 것이다. 단체협약과 근로계약의 관계를 고찰함에 있어 무조건적으로 단체협약이 근로계약에 우선하다고 생각하거나, 단체협약 속에 근로계약을 매몰시켜서 근로계약의 진정한 의미와 역할을 부차적인 것으로 격하시켜 부정해서는 아니 된다. 근로계약에 대한 단체효력의 법적 구속력의 문제를 고찰하는 경우에 개인과 단체의 관계 즉 조합원인 근로자 개인과 노동조합의 관계를 어떻게 설정하는 것이 협약제도를 통해 근로자 개개인의 자기결정을 제대로 구현할 수 있는 방법인가를 생각해야 한다. 다시 말하면, 단체협약의 근로기준적 효력에 관한 논의에서는 근로자 개개인의 의사가 반영된 근로계약을 고려해야 한다. 그러나 자본주의적 노사관계에서는 평등한 두 인격간의 자유로운 계약이라는 형식 뒤에, 사용자에 의한 근로자의 지배, 근로조건의 일방적 결정이라는 현실이 은폐되어 있다 그래서 국가적인 노동보호법 및 노동조합과 단체협약의 법인(法認)을 통해 계약자유에 대한 제약이 절실하게 필요했던 것이다.

한편, 여기에서 우리가 주의해야 하는 것은 노동조합과 단체협약의 법인(法認)에 의한 계약자유에 대한 제약은 계약자유원리의 단순한 형식적인 수정 또는 변경이 아니라 진정한 의미에 있어서 실질적인 계약자유의 실현이다. 그것은 노동법의 이질적인 원리에 의해 근로계약의 기능범위를 축소하는 것으로 이해할 것이 아니라 질적으로 확장하는 것으로 이해해야 한다. 단체협약은 능동적이고 주체적인 인격으로서의 인간의 존엄의 이념에 기한 계약자유가 자본주의적 노사관계 하에서는 필연적으로 형해화되어서 근로자가 사실상 근로조건결정과정에서 소외될 수밖에 없다는 현실에 입각하여, 근로자의 근로조건결정과정에 대한 관여를 실질적으로 보장하고, 형화해된 계약자유를 새로운 집단적 차원에서 회복 내지 실질화하려는 의도에도 도입되어 법질서에 의해 승인되었다고 이해해야 한다. 다시 말하면, 단체협약은 개인의 자기결정(Selbstbestimmung)에 기한 계약자유가 사실상 사용자의 단독결정(Alleinbestimmung)으로 변질된다고 하는 자본주의체제에서 근로자들의 단결체인 노동조합을 통한 집단적 공동결정(Mitbestimmmug)에 의해 근로자의 자유와 평등을 실질적으로 회복시키려고 하는 것에 있다.47)

단체협약제도의 본질적인 이념은 계약자유의 실질적 회복에 그 근본적인 목적이 있다고 할 것이다. 근로조건결정과정에서의 근로자관여의 실질적 보장에 있는 것이며, 생존권의 이념은 간접적인 지위를 차지하는 것에 불과하다. 예컨대, 단체협약의 개정에 의한 근로조건의 인하가 반드시 전면적으로 부정되지 않는 것은 그 때문이다.

단체협약의 근로기준적 효력이란 단체협약의 근로기준적 부분이 근로관계당사자에 대하여 직접적·강행적으로 구속하는 법적 효력을 말한다. 노조법 제33조는 단체협약의 근로기준적 효력을 규정하고 있다. 즉 제1항에서는 "단체협약에 정한 근로조건 기타 근로자의 대우에 관한 기준에 위반하는 취업규칙 또는 근로계약의 부분은 무효로 한다"라고 규정하여 협약체결의 직접 당사자가 아닌 노동조합 구성원인 근로자와 사용자 사이의 근로계약관계를 당사자의 의사에 관계없이 직접적으로 규율하고(직률성) 그것도 취업규칙이나 근로계약에 우선하여 적용된다는 것(강행성)을 인정하고, 제2항에서는 "근로계약에 규정되지 아니한 사항 또는 제1항의 규정에 의하여 무효로 된 부분은 단체협약에 정한 기준에 의한다"라고 규정하여 개

47) 이것은 도이칠란트 단체협약론의 기초를 구축했던 브렌타노와 진쯔하이머의 입장이었다. 오늘날 역시 협약을 체결할 권리는 「집단적 영역으로 이동된 계약자유 이외 아무것도 아니다」라는 지적이 있다. Däubler-Hege, Tarifvertragsrecht, 2.Aufl., Baden-Baden, 1981, S. 16ff. vgl. auch Detrev W. Beling, Das Günstigkeitsprinzip im Arbeitsrecht, Berlin 1984, S. 18f. 참조.

별적 근로계약에 대하여 보완적으로 적용된다는 것(보충성)을 인정하고 있다.

단체협약의 근로기준적 효력은 강행성과 보충성을 가지지만 단체협약의 모든 근로기준적 부분이 이러한 강행성과 보충성을 가지는 것은 아니다. 그 규정의 내용에 따라 근로기준적 효력의 강행성과 보충성은 동시에 또는 별도로 작용한다. 예컨대 해고의 기준에 대한 규정은 그 성질상 강행성만이 인정되고 보충성이 인정될 여지가 없고 근로계약에 정함에 없는 부분은 그 성격상 보충성만 인정될 뿐이다.

Ⅱ. 근로기준적 효력과 근로계약

1. 서 론

단체협약의 근로기준적 효력으로 인해 단체협약에서 정한 규범적 부분은 곧바로 근로계약의 내용이 되는가 아니면, 근로계약은 그대로 유지되면서 단지 외부에서 그 효력을 미치는 것에 불과할 뿐인가에 대한 문제이다. 이 문제는 근로계약과 단체협약의 관계를 어떻게 파악할 것인가라는 문제로서 단체협약의 법적 성질을 어떻게 이해하는가에 따른 문제라고 할 것이다.

2. 학 설

1) 외부규율설

단체협약의 근로기준적 부분은 일종의 법규범으로서 근로계약의 내용은 될 수 없고 단지 효력만 미칠 뿐이라는 견해이다. 이 견해에 의하면 단체협약의 효력이 종료되거나 조합원이 노동조합에서 탈퇴하는 경우에는 당해 조합원의 기존의 근로계약은 원형대로 적용된다고 한다.

일본에서도 도이칠란트의 의론이 협약의 계약에 대한 화체(化體, Eingehen)의 승인에서 부정으로 발전하여왔던 것에 입각해서 화체를 부정하는 견해(외부규율설)도 유력하게 주장되고 있다.[48] 협약규범의 계약으로의 화체를 부정하는 견해는 법규

48) 花見忠, 「勞働協約と私的自治」, 日本勞働法學會紙, 『勞働法』 제21호, 44면; 近藤昭雄, 「勞働協約自治의 限界」, 『勞働判例』 제360호, 9면 이하; 中嶋士元也, 「規範的 效力」, 現代勞働法講座 6, 『勞働協約』, 總合勞動硏究所, 1981, 144면.

범이 계약의 내용으로 되는 것은 있을 수 없다고 하는 니퍼다이(Hans Carl Nipperdey, 1895-1968) 등의 테제[49]에서 그 주된 논거를 찾고 있는 것 같다.

2) 내부규율설(또는 내용화체설)

단체협약의 내용이 곧바로 근로계약의 내용상 일부로 되어 적용된다는 견해이다. 이 견해에 따르면 단체협약의 효력이 종료되거나 조합원이 노동조합에서 탈퇴하는 경우에도 기존의 단체협약의 규범적 부분은 이미 근로계약의 부분으로 되어 있으므로 기존의 단체협약의 내용이 그대로 적용되는 것이라고 한다. 이러한 현상을 근로기준적 효력의 자동적 효력이라고 하는 견해도 있다.[50] 이것은 대체로 프랑스에서 인정되는 견해이다.

3. 결 어

개별근로계약에 대한 단체협약의 근로기준적 효력을 어떻게 파악하는가는 대체로 단체협약의 법적 성질을 어떻게 파악하는가에 따라 다르게 된다. 즉 단체협약을 법규범의 일종으로 인정하고자 하는 입장은 개별근로계약과 단체협약의 관계를 근로계약과 법률의 관계와 동일한 차원에서 파악하기 때문에 외부규율설을 취할 수밖에 없을 것이다. 이러한 견해의 대립은 단체협약의 효력이 종료되거나 조합원이 노동조합에서 탈퇴하는 경우에 그 결론을 달리한다. 즉 외부규율설의 입장은 이론상 단체협약의 이른바 여후효(餘後效)를 인정하기 어렵게 된다.

생각건대, 근로계약체결에 있어 단체협약 소정의 근로조건이 명시된 경우(근로기준법 제17조), 그 근로조건은 당연히 근로계약의 내용이 된다고 해야 할 것이다. 이것이 근로기준법이 상정하고 있는 정상적인 경우이다. 근로조건의 전부 혹은 일부가 명시되지 않았던 경우, 혹은 협약수준을 하회하는 근로조건이 제시된 경우(협약수준을 하회하는 근로조건에 관한 합의가 허용되는가 여부에 대해서는 후술), 협약규범이 근로기준적 효력에 의해 근로조건을 결정하는 것이 되지만, 이 경우에 있어서도 이러한 단체협약의 효력이 근로계약의 내용을 보충 내지 변경해서 실현된다고 이해하는 것에는 아무런 장애가 없을 것 같다. 그것은 확실히 당사자의

---

49) Hueck-Nipperdey, Lehrbuch des Arbeitsrechts, Bd. II-1, 7. Aufl., Berlin-Frankfurt a.M. 1967, S. 536f.

50) 우리나라에서는 일본에서와 같이 화체설이 지배적 견해인 것 같다. 김형배, 『노동법(제21판)』, 박영사 2012, 878면.; 임종률, 위같은책, 172면 등.

의사를 매개로 하지 않는 계약의 내용형성으로서 하나의 의제라는 것은 부정할 수 없지만, 근로조건의 노사대등결정의 원칙(근로기준법 제4조)을 강조하고, 계약적 노사관계의 확립을 중요한 과제로 하는 법체계 하에 있어서는 이 의제는 이념적으로나 현실적으로나 충분한 의미가 있다고 생각된다.

Ⅲ. 근로기준적 효력의 내용

1. 강행적·보충적(직접적) 효력

노조법 제33조는 "단체협약에 정한 근로조건 기타 근로자의 대우에 관한 기준에 위반하는 취업규칙 또는 근로계약의 부분은 무효로 한다"(제1항)고 규정하여 단체협약 중 근로조건 기타 근로자의 대우에 관한 기준을 정하고 있는 사항은 취업규칙이나 근로계약보다 상위의 규범으로서 강행적으로 적용되는 효력이 인정되고, 나아가 "근로계약에 규정되지 아니한 사항 또는 제1항의 규정에 의하여 무효로 된 부분은 단체협약에 정한 기준에 의한다"(제2항)고 규정하여 위와 같이 단체협약의 강행적 효력에 의하여 무효로 된 취업규칙이나 근로계약의 부분이나 근로계약에 정하지 않은 사항에 대하여는 단체협약에 정한 기준이 보충적·직접적으로 적용되는 효력이 인정된다고 정함으로써 단체협약의 근로기준적 효력으로서 강행적·보충적(직접적) 효력을 명문으로 인정하고 있다.

이처럼 단체협약의 근로기준적 효력은 조합원인 개별근로자가 사용자와 사이에 근로조건에 관하여 개별 근로계약이나 사용자가 일방적으로 정한 취업규칙에 의하여 단체협약에 정한 근로조건의 기준에 관한 사항에 위반되는 내용을 정하는 것을 금지함으로써 사적 자치(Privatautonomie)의 원칙을 제한하고, 단체협약자치(Tarifautonomie)의 원칙을 승인하고 있는 것이다.

2. 근로기준적 효력의 법적 구조

단체협약의 근로기준적 효력이 노조법 제33조에 의하여 비로소 창설적으로 인정되는 것인지 아니면 위 법률규정은 단체협약의 근로기준적 효력에 대한 확인적 선언규정에 지나지 않는 것인지에 관하여 견해의 대립이 있다. 이러한 문제는 전술한 바와 같이 단체협약의 법적 구조를 어떻게 볼 것인가에 따라 그 견해를 달리할 수 있다.

단체협약의 법적 성질에 관한 계약설로서 근로기준적 효력의 근거가 법률수권에 있다는 법률수권설에 의하면, 단체협약은 본질적으로는 노동조합과 사용자 사이에 자주적으로 성립되는 단체계약 또는 일종의 무명계약일 뿐이고 이러한 계약에 근로기준적 효력이 인정되기 위해서는 법률에 별도의 수권규정이 있어야만 한다고 주장한다. 따라서 위 견해는 노조법 제33조를 단체협약에 근로기준적 효력을 인정하는 근거가 되는 창설적 효력을 갖는 법률규정으로 본다.

법규범설에 의하면, 단체협약은 법규범으로서 노동조합의 구성원인 조합원과 사용자 등 사이에 있어서는 조합원인 개개 근로자가 그의 자유의사에 따라 노동조합에 가입하여 그의 근로관계를 집단적인 규율에 맡긴 이상 그에 기초하여 개별약정에 우선하는 집단적인 규범으로 강행성·보충성을 갖게 되는 집단적인 규범계약의 성질을 가진다고 한다. 따라서 위 견해는 노조법 제33조를 단체협약에 근로기준적 효력이 인정된다는 당연한 내용을 법률규정으로 확인하는 선언적 규정으로 이해하고 있는 것으로 보여진다.

생각건대, 단체협약제도가 이미 노사관계에 정착되어서 변경할 수 없는 사회적 내지 국가적 제도로 정착된 것은 하나의 사실이다. 이러한 상황에서 단체협약의 근로기준적 기능과 효력의 법적 구조가 어떠한가를 새삼 논의하는 것은 특별한 법적 의미는 없다고 할 것이다. 다만, 단체협약의 근로기준적 효력의 법적 구조에 대한 논의는 역사적 내지 연혁적인 의의가 있을 뿐이다.

그래서 나는 이러한 차원에서 단체협약의 근로기준적 효력의 법적 구조에 대해서 접근해보기로 한다. 즉 우리의 경우 헌법 제33조 제1항은 "근로자는 근로조건의 향상을 위하여 자주적인 단결권·단체교섭권 및 단체행동권을 가진다"고 규정하여 노동3권이 헌법상 기본권으로 보장되어 있다. 이는 근로자들이 개별적으로 사용자등과 근로조건에 관한 사항을 약정하지 않고 단결권을 행사하여 조직된 자주적 단결체를 통한 단체교섭을 행하고 그에 따라 단체협약을 체결하는 방식으로 근로조건을 집단적으로 규율하도록 하는 것이 근로자들의 근로조건의 향상을 위하여 요청되므로 이를 근로자의 헌법상 권리로 보장하려는데 그 취지가 있다. 이러한 단체교섭의 결과로 체결된 단체협약에서 근로조건의 기준에 관하여 정한 사항에 대하여 그 단결체의 구성원에게 근로기준적 효력이 미친다고 하는 것은 헌법상 기본권인 단체교섭권의 본질적 내용을 이룬다고 할 것이지만, 우리나라와 같이 시민운동이나 노동운동이 한 번도 제대로 성공한 사례가 없는 사회에서 단체협약제도가 사회적 제도로서 존재하던 것을 법적 제도로 승인되었다고 하기에는 역사적 사실과 부합하지 않는다.

Ⅳ. 근로기준적 효력의 한계

1. 인적 한계

단체협약의 근로기준적 효력은 협약체결 당사자인 노동조합의 구성원인 '조합원'과 그 상대방 당사자인 사용자 또는 사용자단체의 구성원인 사용자 사이의 '개별적 근로관계에서의 권리의무관계'를 규율하는 데에 미치게 된다.[51]

비조합원에 대해서는 노조법 제34조 및 제35조의 규정에 따라 단체협약의 일반적·지역적 구속력이 미치는 경우를 제외하고는 원칙적으로 그 효력이 미치지 아니한다. 비조합원이 단체협약이 체결된 후 유효기간 중에 노동조합에 가입하여 조합원이 되면 그 때부터 단체협약의 근로기준적 부분이 적용된다.

단체협약의 근로기준적 부분은 개별적 근로관계에서의 권리의무관계를 규율하는 것이므로 원칙적으로 단체협약 체결 당시 조합원으로서 근로관계가 유효하게 존속하고 있는 자에게 그 효력이 미치고, 단체협약의 체결 이전에 이미 유효하게 근로관계가 종료된 조합원에게는 그 효력이 미치지 아니한다. 따라서 비록 당해 단체협약에 정한 근로기준적 부분을 단체협약 체결 이전의 권리의무관계에 대해서도 소급하여 적용하도록 정하고 있더라도 단체협약 체결 전에 이미 퇴직한 근로자에게는 그 효력이 생길 여지가 없다.[52]

조합원이 단체협약의 유효기간 중에 노동조합을 탈퇴하거나 노동조합으로부터 제명되더라도 개별적 근로관계에 있어서 단체협약의 근로기준적 부분에 정한 기준이 그대로 적용되지만, 그 후 사용자와의 개별적 근로계약에 의하여 근로조건을 변경하는 것은 가능하다.

2. 물적 한계

1) 외재적 한계

단체협약에 정한 근로조건 등의 기준이 근로기준법 등에 규정된 강행법규나 선량한 풍속 기타 사회질서(민법 제103조)에 위반되는 내용이면 이는 상위의 법규범

---

51) 대판 1996.6.28. 94다49847 참조.

52) 대판 1992.7.24. 91다34073.

에 저촉되므로 무효이다.[53)]

2) 내재적 한계

우리 노조법 제33조에 의해 승인된 단체협약의 근로기준적 효력의 실질적 근거는 단체협약이 근로자에 있어서 형해화하기 쉬운 계약자유를 집단적 차원에서 회복하고, 근로조건결정과정에 근로자를 실질적으로 관여하게 할 가능성을 가진다는 점에서 찾아야 한다. 근로기준적 효력에 의한 개별적 계약자유의 제한은 집단적 차원에 있어서 계약자유의 실질적 보장에 의해 정당화되는 것이다.

단체협약의 근로기준적 효력의 실질적 근거에 관해 위와 같이 이해한다면, 근로기준적 효력의 승인은 몇몇의 전제조건 위에서 성립하고 있다는 것이 분명하게 된다. 즉 단체협약을 통해서 근로자의 계약자유가 실질적으로 보장된다고 하는 것은 근로자의 의사가 협약내용에 반영된다고 하는 것, 보다 구체적으로 말하면, 근로자 개인의 자발적 의사에 기해서 형성된 노동조합이 그 목적의 범위 내에서 내부의 민주적 절차를 거쳐 집단적 의사를 형성하고 그것이 협약조항으로 결실한다고 하는 것이어야 하고, 그리고 이와 같이 해서 형성된 협약조항에 의해 각 조합원을 구속하는 것이 근로자의 계약자유의 실질적 확보라는 목적에 적합할 수 있어야 한다.

그러므로 근로기준적 효력이 부여될 수 있는 단체협약의 조항은 (1) 노동조합의 목적의 범위 내에 있는 사항에 관한 것이고, (2) 계약자유의 실질적 보장이라는 관점에서 보아 집단적 규율에 적합한 것이어야 하고, (3) 노동조합의 민주적 의사형성에 기해서 제청된 것이어야 한다. 그리고 이들 전제조건이 바로 협약자치의 한계, 특히 근로계약과의 관계에 있어서 그 관할범위를 결정하는 가장 중요한 기준으로 되는 것이다.

(1) 노동조합의 목적과 그 한계

단체협약을 통해 근로자의 계약자유를 실질적으로 확보하는 것, 즉 협약내용에 근로자의사가 반영되는 첫 번째의 조건은 협약의 체결이라는 노동조합의 행위가 조합원 전체의 가입의사에 의하여 뒷받침되어 있다는 것이다. 말할 필요도 없이, 노동조합은 근로자의 전인격적 결합을 예정하는 것이 아니라 근로조건의 유지와 개선, 근로자의 경제적 지위의 향상이라는 특별한 목적을 가진 단체이고, 근로자

53) 대판 1990.12.21. 90다카24496; 동 1993.4.9. 92누15765.

상호의 결합이나 단체에 의한 조합원의 통제도 이러한 목적에 한정되어 있다. 개개의 근로자는 이 목적에 도움이 되는 범위에서 노동조합의 통제에 의해 자기의 개인적 자유가 부분적으로 희생되는 것에 합의하고, 노동조합을 결성하거나 노동조합에 가입하는 것이다. 이 목적을 넘는 부분에 대해서는 자신의 자유를 유보하고 있는 것이다. 따라서 노동조합이 그 본래적인 목적을 넘어 조합원에게 통제를 가하는 것은 순수한 조합내부의 결정에 의해서든 사용자와의 사이에 체결된 단체협약을 통해서든 정통성(Legitimität)을 상실한다고 할 것이다.[54]

이 경우에 노동조합의 목적이 구체적으로 어떠한 범위에 미치는가는 문제이다. 일차적으로는 그것은 조합의 강령이나 규약의 규정을 단서로 판단하는 것이지만, 그 조합규약 자체가 노조법의 취지에서 보아 일정한 제약을 받는 것이다. 결국 노동조합의 목적은 노조법이 그리고 있는 노동조합상과 조합규약을 소재로 하면서 근로자의 노동조합가입의사의 객관적이고 합리적인 해석에 의해 확정될 수밖에 없을 것이다. 그러나 어쨌든 노동조합의 목적이 근로조건의 집단적 규율을 통한 그것의 유지와 개선에 있다는 것 자체는 부정할 수 없는 사실이다.

그래서 이상의 것에서 이미 협약자치의 한계에 관한 하나의 기준이 도출되는 것이다. 즉 근로조건의 집단적 규율을 통한 그것의 유지개선이라는 노동조합의 목적을 넘는 사항 특히 근로자의 사적 영역에 속하기 때문에 조합가입에도 불구하고 근로자 개인의 자유에 유보되어 있다고 해야 할 사항에 관한 협약조항은 근로기준적인 효력을 가지지 않는다고 할 것이다. 집단적으로 규율할 수 있는 근로조건에 해당하지 아니할 것이므로 협약당사자가 그 구성원인 근로자에 대하여 기속력이 미치는 협약내용으로 정할 수 없다. 임금에 관한 저축협정, 특정 정당을 지원한다는 내용의 협정, 조합비일괄공제협정 등이 그 예이다. 그러므로 조합원의 정치활동을 제한하거나 금지하는 협약조항은 이러한 관점에서 기준적 효력이 부정되어야 한다. 또 산업재해 직업병이 발생할 때, 법정의 보상액을 상회하는 일정한 보상과 교환하여 개개인의 손해배상청구권을 배제하는 협약조항은 개개인이 가지는 본원적인 권리로서의 손해배상청구권에는 감정적 요소가 들어있기도 하여 이를 부정하기 때문에 기준적 효력을 가지지 않는다고 할 것이다.

단체협약 등에 기하여 개개인이 이미 획득한 권리도 이미 개개인의 사적 영역으로 들어갔다고 해야 하기 때문에 단체협약의 규제의 범위 밖에 있다고 해야 할 것이다. 즉 조합원이 이미 취득한 권리에 대하여도 협약당사자가 규율할 수 있는 범위에 속하지 아니한다. 따라서 이미 발생한 임금청구권이나 퇴직금청구권의 전

54) 이에 관해서는 Kurt Biedenkopf, Grenzen der Tarifautomie, Karlsruhe, 1964, S. 47ff. 참조.

부 또는 일부를 포기하기로 하거나 그 지급을 유예하기로 하는 내용은 조합원인 개별근로자가 이에 동의하지 않는 한 그에 대하여 아무런 근로기준적 효력을 미치지 아니한다.

판례[55]는 퇴직금청구권과 관련하여, 퇴직금은 사용자가 일정기간 계속근로하고 퇴직하는 근로자에게 그 계속근로에 대한 대가로서 지급하는 후불적 임금의 성질을 띤 금원이고 구체적인 퇴직금청구권은 계속 근로가 끝나는 퇴직이라는 사실을 요건으로 하여 비로소 발생하는 것이므로 퇴직 이전에 퇴직금 산정의 기초가 되는 퇴직금지급률을 소급적으로 불리하게 변경하는 내용의 단체협약을 체결하였다고 하더라도 이에 대하여는 개별근로자에 대하여 협약자치에 의한 근로기준적 효력이 그대로 인정된다는 입장을 취하고 있으나, 퇴직하기 이전에 퇴직금산정의 기초가 되는 조건은 기득의 이익에 해당한다고 볼 것이므로 이러한 기득의 이익을 소급적으로 불이익하게 변경하는 것은 개별근로자에게 이미 발생한 기득의 이익을 처분하는 사항을 정한 것으로 허용될 수 없다고 봄이 상당하다고 할 것이다.

그러나 이와 같이 이미 획득된 청구권들이 각 근로자의 사적 영역으로 이동되었다고 이해한다고 하여도 각 조합원은 이 청구권을 임의로 포기할 자유를 가지고 있다고 해석해야 하는 것은 아니다. 그것은 첫째에는 청구권의 포기가 사실상 사용자의 압력에 의해 즉 근로자의 자유의사를 매개로 하지 않고 이루어질 위험성이 높기 때문이다. 나아가서는 가령 그것이 근로자의 자유의사에 의해 되었다고 하더라도, 단체협약의 근로기준적 효력을 공동화시켜 근로자의 계약자유를 집단적 차원에서 실질적으로 보장해야 하는 협약제도 그 자체를 동요하게 하기 때문이다. 청구권포기의 합의 즉 면제계약은 대상으로 되는 청구권이 협약에 기해서 발생한 것인 한, 노동조합의 동의가 없는 한 무효로 해야 할 것이다.[56]

또한 퇴직금의 계산방법의 개악이나 정년을 낮추는 것은 근로자의 기득권리의 침해라고는 할 수 있지만, 장기의 기간에 걸쳐 성립하여 정착된 기대이익의 침해로서 이득권의 침해와 동일시될 여지가 있다고 하겠다.

(2) 집단적 규율의 적합성과 그 한계

본래 노동조합의 목적 범위 외에 있는 사항에 관한 협약조항은 근로기준적 효력을 가지지 않는다고 하겠다. 그렇다고 노동조합의 목적의 범위내의 사항에 관

55) 대판 1992.9.14. 92다17754; 동 1996.5.14. 95다19256 등 참조.

56) 도이칠란트에는 바이마르시대에 협약임금의 포기가 크게 다투어졌는데, 1949년 노동협약법 제4조 제4항은 「발생한 협상상의 권리의 포기는 협약당사자가 합의한 화해에 있어서만 허용된다」라고 규정하여 이 문제를 입법적으로 해결했다.

한 협약조항이면, 모두 곧바로 근로기준적 효력을 가진다는 것을 의미하지는 않는다. 근로조건결정과정에 대한 근로자의 실질적 관여의 보장, 즉 근로자의 실질적 계약자유의 보장이라는 단체협약의 기본이념 내지 근로기준적 효력의 실질적 근거에서 보면, 집단적 규율에 맡겨진 것이 실질적인 계약자유를 보장하는 것으로 된다고 생각되는 근로조건에 있어서만 협약의 근로기준적 효력이 성립될 수 있는 것이다. 역으로 말하면, 개개의 근로자의 자기결정에 맡겨진 것이 계약자유의 이념에서 보아 타당하다고 판단되는 사항에 대해서는 개개인의 결정자유가 유보되어야 하는 것이다. 이것은 결국 각 근로조건에 대해 집단적 규율에 맡기는 것과 개개인의 자기결정에 유보하는 것 중 어느 것이 실질적인 계약자유의 보장이라는 이념에 보다 적합한가라는 점에 관한 합목적성의 판단의 문제이다.

문제로 되는 것은 집단적 획일적 처리가 곤란하고 개별근로자에게 결정을 맡길 수밖에 없는 개별적인 근로조건이다. 구체적인 근로의무를 창설하는 것 역시 개별근로자의 동의에 의하여 정할 성질의 것이고 단체협약에 의하여 구속력 있는 사항으로 정할 수는 없다. 그 전형적인 예는 근무내용과 근무장소이다. 근무내용과 근무장소는 말할 필요도 없이 근로자 개개인별로 아주 중요한 근로조건이고, 근로계약체결시에 필히 명시되어야 할 사항이다(근로기준법 제17조). 또 가령 명시되지 않아도 전후의 사정에 의해 당사자의 계약의사를 추인한다고 하는 형태로 계약내용으로서 특정되어야 한다. 그렇지만 어떠한 범위 내에서 근무내용과 근무장소의 결정을 사용자에게 위임하는 내용도 곧바로 무효라고는 말할 수 없지만, 너무나도 포괄적인 합의는 근로조건의 노사대등결정의 원칙에 반하여 무효라고 해야 한다.

그러나 어떻든 근무내용과 근무장소의 결정 혹은 일정한 범위 내에서 결정권을 사용자에게 부여하는 것은 개별근로자의 자기결정 즉 근로계약을 통해야 하고, 집단적 결정으로써 그것을 대신하는 것은 허용되지 않는다. 본래 근무내용과 근무장소의 결정 특히 그 변경은 노동조합으로서도 관심을 가질 수밖에 없는 바이다. 단체협약에 있어서 인사의 기준이나 절차에 대해 규정하는 것은 있을 수 있고, 권장되어야 하는 것이기도 하다. 그러나 그것에 관한 최종적인 결정에 있어서는 어디까지나 개별근로자의 의사를 존중하는 것이야말로 실질적 계약자유보장의 이념에 적합하다고 할 것이다.

집단적 규율의 적합성이라는 관점에서 또 문제로 되는 것은 초과근무의 문제이다. 말할 필요도 없이 근무시간은 가장 중요한 근로조건의 하나이다. 그것 자체는 본래 집단적으로 규율되어야 하는 것이다. 그러나 일단 결정된 근로시간을 초과하는 근로를 할지 여부에 대해서는 다음과 같은 이유에서 집단적 규율이 개개인을 구속한다고 이해할 것이 아니라, 그 결정은 개별근로자의 수중에 유보되어야 한다.

근로시간의 결정은 본래 단순히 근로가 되어야 할 시간의 길이를 결정할 뿐만 아니라 노무를 제공해야 할 시간대 즉 시업시각과 종업시각의 특정에 의해 직업생활과 사생활을 시간적으로 구분하는 의미를 가진다. 즉 명확히 특정된 직업생활의 시간대 이외는 개별근로자의 사생활의 시간(근무시간을 포함하지만)으로서 확보되는 것이다. 근로기준법은 근로조건명시의무(근로기준법 제17조) 및 취업규칙(근로기준법 제93조 제1호)과의 관계에서 시업 및 종업의 시각을 명시 혹은 규정하도록 명하고 있는 것은 그것에 의해 근로자에게 확보되어야 할 사생활의 시간을 명확화하고 근로자의 생활계획을 가능하게 하는 취지도 포함되어 있다고 할 것이다. 따라서 시업시각과 종업시각을 불명확하게 하고, 근로자의 생활계획을 불가능하게 하는 근로시간의 규정방식은 근로기준법의 취지에 반하는 것으로 허용될 수 없다.

그런데 초과근무는 법정의 원칙적인 최장근로시간을 넘는 시간외근로, 휴일근로이든, 그 한계를 넘지 않는 이른바 법내초과근로이든, 어느 것이나 일단 확정된 사생활영역에 대한 직업생활의 침해를 의미한다. 그것은 할증임금의 획득이라는 이익을 근로자에게 주는 동시에, 육체적 정신적 피로 외에 생활설계의 파괴라는 결과를 야기할 가능성이 있다. 초과근로의 이와 같은 성격을 고려하면, 그것을 인수하는가 여부의 최종결단은 근로자 개인에 맡겨져야 한다. 단체협약=집단적 규율에 의해 초과근무를 개개인에게 강제하는 것은 계약자유의 실질적 보장이라는 단체협약의 임무를 일탈하는 것이라고 해야 한다. 단체협약은 초과근로의 한계, 할증임금율 등 초과근로가 되는 경우의 조건을 규율하는 것은 가능하지만, 초과근로를 하는가 하지 않는가의 판단을 근로자를 대신해서 하거나 근로자의 거부를 불가능하게 하는 초과근무명령권을 사용자에게 부여할 수는 없는 것이다.

그러나 이상의 개인적 근로조건이나 초과근로의 문제는 그 최종적인 결정이 개인의 자유에 맡겨져야 하는 것이라고 하더라도 결코 노동조합의 본래적 활동 밖에 있는 것은 아니다. 따라서 노동조합은 단체협약을 통해 근로조건에 관한 일반적 기준을 협정하는 것 외에, 개별근로자의 자유의사에 기한 판단(예컨대, 배치전환거부, 초과근로거부)이 현실적으로 관철되도록 활동해야 할 입장에 있다고 할 것이다.

(3) 노동조합의 민주적 의사형성과 그 한계

단체협약이 근로조건결정과정에 대한 근로자참가를 실질적으로 보장할 수 있기 위해서는 근로자의사가 협약내용에 반영되기 위한 제도적 보장, 즉 민주적 의사형성의 절차가 불가결하다. 법은 단체협약의 각 조항이 민주적으로 형성된 조합의사에 기한 경우에만 그것에 근로기준적 효력을 부여하는 것이다.

그러나 이것은 반드시 모든 협약조항에 대하여 그 때마다 조합원 전원에 의한 의사결정이 필요하다는 것을 의미하지 않는다. 조합규약 혹은 조합총회의 결정에 기하여 교섭권한을 가진 조합대표에게 협약체결권한을 부여하는 것도 가능하고, 역으로 모든 혹은 특정의 협약조항에 대해 조합원 전원이 참가하는 의사결정(예컨대, 전원의 자유투표)을 요한다는 취지를 정하는 것도 가능하다. 이것은 기본적으로는 조합 자신이 규약 내지 총회결정에 의해 정해야 할 사항인데, 어떻게 하든 협역체결의 절차가 명확하지 않은 경우, 협약제도의 취지에서 조합원 전체가 관여하는 수단을 요한다고 해야 할 것이다. 또 종래 예정되어 있지 않았던 새로운 문제에 관한 협약조항이나 전부 혹은 일부의 근로자에 전면적 혹은 부분적으로 불이익을 초래하는 조항에 대해서는 규약에 별도의 정함이 있었다고 하여도, 조합원 전원이 참가하는 절차에 의한 의사결정을 요한다고 해야 할 것이다.

3. 유리(有利)원칙(Günstigkeitsprinzip)의 문제

1) 유리원칙의 의의

위에서 단체협약의 근로기준적 효력의 한계에 대하여 고찰을 했고, 이는 단체협약과 근로계약의 관계를 둘러싼 문제였는데, 넓은 의미에서는 근로기준적 효력의 한계에 관련되어 있는 두 가지의 중요한 문제 또 있다. 그 하나가 단체협약과 근로계약 사이에 있어서 유리원칙의 문제이고, 다른 하나는 단체협약의 불이익변경의 문제이다. 여기에서는 전자에 관해서 살피고 후자에 관해서는 항을 바꾸어서 보기로 한다.

유리원칙의 문제는 단체협약의 근로기준적 효력이 협약수준 이하의 근로조건을 정한 근로계약에 대해서만 편면적으로 작용하는가, 그렇지 않으면 협약수준을 넘는 근로조건을 정한 근로계약에 대해서도 규제적인 작용을 하는가라는 문제이다. 단체협약의 근로기준적 효력은 단체협약에 정한 근로조건 등의 기준에 관한 사항에 위반되는 내용을 정하고 있는 취업규칙이나 개별 근로계약이 무효로 된다는 강행적 효력을 그 내용으로 한다(노조법 제33조 제1항). 그런데 단체협약의 근로기준적 효력과 관련해서, 취업규칙이나 개별근로계약에 정한 근로조건사항이 단체협약에 위반되면 그것이 근로자에게 불리한 내용일 경우뿐만 아니라 유리한 내용인 경우에도 전면적으로 무효로 된다고 해석할 것인지, 아니면 불리한 내용인 경우에 한하여 무효로 되고 유리한 내용인 경우에는 그대로 유효한 것인지 여부가 문제로 된다.

2) 도이칠란트에 있어서 논의

주지하다시피, 도이칠란트에서는 1918년 노동협약령이 협약규범의 편면적 강행성 즉 유리원칙(Günstigkeitsprinzip)을 인정한 이래, 오늘날까지 이 원칙은 부동의 지위를 차지하고 있다. 게다가 1918년 노동협약령이 단체협약 그 자체에 의한 유리원칙의 배제의 가능성을 인정하였던 것에 대해 1949년 노동협약법은 이 가능성(즉 협약기준을 최고기준으로서 정할 수 있는 가능성)을 부정하고, 유리원칙은 협약당사자의 의사에 의해서도 배제할 수 없는 강행법적 성격을 부여하기에 이르렀다.

도이칠란트에서 유리원칙이라 함은 근로조건을 규율하는 규범에 상·하위규범이 있을 때 원칙적으로 하위규범이 상위규범에 위반하면 그 효력이 없으나 하위규범이 상위규범보다 근로자에게 유리한 근로조건을 정하고 있는 경우에는 그 유리한 하위규범이 상위규범보다 우선하여 적용되어야 한다는 것으로서, 이에 따라 상위규범은 언제나 하위규범에 대한 강행적 최저기준으로서만 효력을 가질 수 있고, 상위규범이 하위규범에 대하여 근로조건의 최고기준을 설정하는 것은 허용되지 않는다는 것이다. 도이칠란트에서 단체협약과 관련하여 이와 같은 유리의 원칙이 인정되는 근거로서는 다음의 견해가 있다.57)

첫 번째의 견해는 만약 단체협약에 근로조건의 최고기준을 정할 수 있다고 한다면 단체협약 체결 전후에 취업규칙이나 개별 근로계약에서 그 기준을 넘지 않는 범위 안에서 근로조건을 정한 부분은 단체협약에 위반되지 않아 효력을 유지하고 단체협약 체결 전후에 취업규칙이나 개별 약정한 근로계약에 위 최고기준을 넘어 근로조건을 정한 부분은 단체협약에 위반하여 무효로 된다는 결론에 이르게 되는데, 이는 근로자로 하여금 근로조건에 관하여 단체협약에 정한 사항보다 유리한 내용의 약정을 하는 것을 금지하는 셈이 되어 도이칠란트 기본법상 사회국가원리나 헌법상 사적 자치의 원칙에 위배되어 단체협약자치의 내용으로 근로조건의 최고기준을 정하는 것은 허용될 수 없다는 점을 들고 있다.

두 번째의 견해는 근로조건은 급부에 있어서 근로자의 급부능력 등 인격적 사정에 상응하여 결정되어야 한다는 급부의 원리(Leistungsprinzip)에 따라 근로자의 개

57) 도이칠란트 협약법에 있어 유리원칙에 관한 해설은 Peter R. Schulze, Das Günstigkeitsprinzip im Tarifvertragsrecht, Frankfurt a.M, 1985 및 川口實, 「ドイツ勞動協約法における」, 『有利の原則(Günstigkeitsprinzip)』について, 慶應義塾創立百年記念論文集 제1부, 385면 이하 참조.

별적인 급부능력에 따라 단체협약에 최고기준을 넘어서는 근로조건을 형성하는 것을 제한하는 것은 허용될 수 없을 뿐만 아니라 단체협약에 근로조건의 최고기준을 정하는 것은 이러한 급부의 원리에 반하는 것이라는 점을 들고 있다.

세 번째의 견해는 헌법상 단체협약자치의 원칙에 따라 개별적인 합의에 의한 근로조건의 형성보다 단체협약이라는 집단적인 규율에 의한 근로조건의 형성이 제도적으로 우선 보장되어야 하지만 이것은 어디까지나 근로자의 근로조건의 향상을 도모하기 위한 것에 그 본질적인 기능이 있는 이상 단체협약에 근로조건의 최고기준을 정함으로써 근로자가 개별합의 등을 통하여 집단적 규율보다 유리한 근로조건을 정하는 것을 단체협약의 근로기준적 효력의 내용으로 금지하는 것은 허용되지 않는다는 점을 들고 있다.

위와 같이 단체협약과 관련하여 유리의 원칙의 적용여부에 관한 논의는 단체협약이 근로조건의 기준을 정함에 있어서 이를 최고기준으로 정하는 것이 허용될 것인지 여부에 그 주된 초점이 있다 할 것인데, 우리 노조법상 이에 관한 명문의 규정이 없으나 법률규정의 유무에 불구하고 앞서 유리의 원칙의 근거로 제시되고 있는 견해는 어느 것이나 우리나라의 경우에도 그대로 수용될 수 있을 것으로 생각한다.

따라서 단체협약에 근로조건의 기준을 정함에 있어서 이를 최고기준으로 정하는 것은 헌법상 기본권 보장의 원리에 의하여 인정되는 공서양속에 위배되는 것으로 허용되지 아니하고 이 경우 그러한 기준은 하나의 평균적·정형적인 기준으로서만 의미를 가진다 할 것이다. 특히 개인의 인격의 자유로운 발현을 위한 일반적 행동의 자유가 우리 헌법상 행복추구권(헌법 제10조)이라는 기본권으로 보장되고 있고 그에 따라 근로자 개개인이 그의 인격의 실현을 위하여 자신의 급부능력에 따른 근로조건을 자유로이 형성할 수 있다는 점을 확인한다면, 단체협약 체결 전후를 불문하고 근로자가 개별적으로 사용자와 근로조건에 관하여 합의한 근로계약 중 근로자에게 유리한 내용을 정한 부분은 단체협약자치의 원칙에 의한 근로기준적 효력이 미치지 아니하고, 그러한 범위 안에서는 단체협약자치의 한계가 인정되어야 할 것이다.

3) 우리나라에 있어서 유리원칙의 문제

우리나라의 경우에는 학설상 유리의 원칙을 긍정하는 견해[58]와 전면적으로 부

58) 김형배, 위같은책, 879~883면.

정하거나[59] 원칙적으로 부정하면서 근로자의 단결활동을 저해하거나 그 기준이 불합리하지 않는 범위에서만 적용을 긍정하는 견해[60] 등으로 나뉘어 있다. 유리원칙을 전면적으로 긍정하는 입장은 단체의 결정보다는 근로자 개인의 자기결정을 우선시하는 것을 원칙으로 하면서 단체협약의 기능을 사적 자치의 보완에서 찾고 있다고 하겠다. 유리원칙을 전면 또는 상대적으로 부정하는 입장에서 서 있는 후자의 견해에 의하면, 단체협약자치의 원칙상 노동조합의 구성원인 근로자 개개인이 단체협약의 집단적 규율에 따라야 하는 것은 그 자유의사에 따라 사적 자치의 원칙에 의한 계약 자유를 스스로 제약한 것에 뒤따르는 당연한 결과이고 만약 유리의 원칙을 인정하여 근로자 개개인이 사용자와의 개별적인 교섭에 따라 근로조건에 관하여 합의할 수 있다면 다른 근로자의 노동조합을 통한 단결권이나 단체교섭권이 상당부분 침해받게 될 위험이 있다고 주장한다.

그러나 위 부정설이 지적하고 있는 점은 사용자가 조합원인 근로자를 유인하여 노동조합의 단결력을 완화시키는 수단으로 쉽게 이용될 위험이 있다는 것이므로 사용자가 근로자를 유인하는 수단으로 단체협약보다 유리한 근로조건에 관하여 근로자와 개별 합의한 것으로 구체적·현실적으로 인정되는 경우에 비로소 그 효력을 규제하는 것이 적절하지(대표적으로, 부당노동행위의 한 유형인 노동조합에 대한 지배·개입이나 불이익취급으로 인정되는 경우를 그 예로 들 수 있고, 그에 따라 그 효력을 부정할 수 있다 할 것이다) 단순히 그러한 추상적 위험성이 있다는 이유만으로 그러한 개별합의의 효력을 일반적으로 부정하는 것은 옳지 않다고 할 것이다.

4) 사견과 정리

위와 같은 견해의 대립은 결국, 어떠한 상태를 정상으로 보는가의 문제인데, 필자는 기업별협약 하에서 협약수준을 상회하는 근로조건의 보장에 합리적 근거가 있는 경우는 그다지 많지 않다는 것을 인정하지만, 일반적으로는 단체협약에 있어서 명문으로 배제하고 있지 않는 한 유리원칙을 승인해야 하는 것이 아닌가 생각한다. 그것은 근로자의 계약자유의 실질적 보장과 그것을 통한 근로자의 인간다운 근로조건의 확보라는 단체협약의 기본이념에서 보면, 이론상으로는 협약기준을 상회하는 영역에 있어서는 개별근로자의 계약자유를 인정하는 것이 어디까지나 원칙으로 되어야 한다는 것이고, 또 컴퓨터 등 첨단기술의 발달과 같이 급

59) 김유성, 『노동법 II (전정판)』, 법문사 1997, 164~166면; 임종률, 『노동법(제10판)』, 박영사, 2012, 144~145면.

60) 이병태, 『최신노동법(제9전정판)』, 중앙경제, 2008, 53면 및 249면.

속하게 기술혁신이 이루어지고 있는 상황에서 특수한 기능을 가진 근로자에 대한 특별한 대우의 필요성이 증대할 가능성이 있으며, 우리나라에서도 기업의 테두리를 넘는 단체협약이 성립 전개할 가능성이 있다는 사실 등에 관한 고려에 근거하는 것이다.

그래서 일률적으로 판단할 것이 아니라 단체협약제도의 기본적 취지 및 이른바 유리조건우선의 원칙과 관련하여 몇 가지의 경우로 나누어서 살펴볼 필요가 있다.

첫째, 단체협약에 근로조건 등의 기준을 정함에 있어서 이를 최저기준으로 삼고 있는 경우에는 그 최저기준보다도 하회하는 기존 또는 단체협약 체결 후의 취업규칙이나 개별 근로계약 부분이 단체협약에 위반하여 무효로 되는 것은 당연하고, 그렇지 아니한 취업규칙이나 개별 근로계약부분은 단체협약에 위반되는 것이 아니므로 유리원칙의 적용여부와 상관없이 유효할 것이다.

둘째, 단체협약에 근로조건 등의 기준을 정함에 있어서 이를 최고기준으로 삼고 있는 경우에는 어떠한가? 이에 관하여 근본적으로 단체협약에 근로조건의 기준에 관한 사항을 정함에 있어 이를 최고기준으로 삼는 것이 허용될 것인지 여부가 문제된다. 도이칠란트의 경우 단체협약법(Tarivertragsgesetz) 제4조 제3항은 "단체협약의 규정과 다른 합의는 그러한 합의가 단체협약으로써 허용되는 경우 또는 근로자에게 유리한 개정내용을 포함하는 경우에만 허용된다"고 규정하고 있다. 이에 따라 도이칠란트의 통설과 판례는 단체협약자치의 한계로서 유리원칙이 인정된다고 해석하여 단체협약에 근로조건의 최고기준을 설정하는 것은 허용되지 않는다는 입장을 취하고 있다.

셋째, 단체협약에 관련한 유리의 원칙은 그 인정근거에 비추어 볼 때 위와 같이 근로자 개인의 개별 약정에 의한 근로계약에 한하여 적용될 수 있고, 취업규칙이나 노동관행과 같이 근로자에 대한 집단적 규율을 목적으로 하는 하위규범에 대하여는 그 적용이 없다고 해야 할 것이다.

특히, 취업규칙에 대하여는 근로자의 과반수로 조직된 노동조합이 있는 경우에는 그 노동조합의 동의를 얻어 취업규칙을 근로자에게 불이익하게 변경할 수 있으므로(근로기준법 제97조 제1항), 노동조합이 단체협약을 체결하면서 기존의 취업규칙에 정한 근로조건보다 불리한 내용의 근로조건의 기준을 정함으로써 취업규칙을 변경하는 것은 위 법규정에 의하여 허용되고 있다고 볼 것이므로, 우리의 경우 이러한 한도 안에서 취업규칙과 단체협약 사이의 유리의 원칙은 입법에 의하여 배제되어 있다고 할 것이다.

그리고 노동조합이 근로자의 과반수로 조직된 노동조합이 아닌 경우에는 명문의 규정이 없으나 이때에도 집단적 규율을 목적으로 하는 규범 상호간에는 유리의 원칙의 인정근거를 찾아 볼 수 없으므로 역시 유리의 원칙은 적용되지 않고 그러한 노동조합이 체결한 단체협약에 의하여 취업규칙을 불이익하게 변경하는 것은 허용된다고 할 것이다. 이상의 점에 관하여 우리 판례[61]도 결론에 있어서 동일한 입장에서 있는 것이 아닌가 생각한다.

유리원칙은 단체협약이 직업별, 산업별 등 초기업수준에서 체결되고, 사실상 최저기준으로서의 기능을 하고 있는 도이칠란트 등에 있어서는 거의 자명한 사항에 속한다고 할 수 있는데, 기업별협약을 중심으로 하는 우리나라에는 오히려 이 원칙을 부정하고, 협약규범의 양면적 강행성을 인정하는 견해가 유력한 것이 유력한 것 같다. 그래서 단체협약이 통상 개별근로자의 근로조건을 직접 규정하는 우리나라의 실정에서 협약수준을 상회하는 근로조건을 정한 근로계약은 협약에 의해 창출되어야 할 통일적 질서를 교란하고, 경우에 따라서는 단결을 교란시킬 의미를 가진다고 하는 인식이 기초로 되었다고 말할 수 있다. 그러나 일반론으로서 유리원칙을 부정하는 논자도 협약수준을 상회하는 근로조건의 보장이 어떠한 합리적인 근거에 기한 경우에는 그 근로계약의 효력을 반드시 부정하는 것은 아니다. 반대로 유리원칙을 긍정하는 입장을 전제로 하여도, 유리한 근로조건의 보장이 단결파괴의 의미를 가지게 되면, 부당노동행위제도를 매개로 하여 그 효력을 부정하게 될 것이기 때문에, 양자의 입장은 결과적으로 그만큼 다른 것은 아닌 것이다.

4. 근로조건의 불이익변경

협약제도의 가장 기본적인 이념을 계약자유의 실질적 보장에서 찾는 우리의 입장에서 보면, 노동조합의 주체적인 판단이 유지되고 있는 한 단체협약이 근로자의 불이익으로 변경될 수 있는 가능성을 인정하지 않을 수 없다. 그러나 단체협약의 불이익변경이 곧바로 각 조합원의 근로조건을 내리는 효력을 가진다고 하면, 각 조합원에 있어서 커다란 불이익으로 느끼게 되는 것도 사실일 것이다. 근로자에게 특히 커다란 불이익을 주는 퇴직금의 계산방법의 개악이나 정년연령의 하향조정에 대해서는 기술한 바와 같이 근로자의 기득이익을 침해하는 것과 동일하다고 할 것이므로 그 기준적 효력을 부정할 여지가 있지만, 임금이나 근로시간 등의 일반적인 근로조건의 인하에 대해서는 그와 같은 해석을 할 수 없다. 그래

61) 대판 1992.7.24. 91다34073; 동 1993.3.23. 92다51341; 동 1997.6.10. 95다34316; 동 1997.8.22. 96다6967 등 참조.

서 당초 단체협약의 개정에 의한 근로조건의 불이익변경은 어떠한 경우에 어떠한 요건 하에서 허용되는가라는 일반적 형태로 문제가 제기되어야 하는 것이다.

이 문제와 관련해서 판례[62]는 협약자치의 원칙상 노동조합은 사용자와 사이에 근로조건을 유리하게 변경하는 내용의 단체협약뿐만 아니라 근로조건을 불리하게 변경하는 내용의 단체협약을 체결할 수 있으므로, 근로조건을 불리하게 변경하는 내용의 단체협약이 현저히 합리성을 결하여 노동조합의 목적을 벗어난 것으로 볼 수 있는 경우와 같은 특별한 사정이 없는 한 그러한 노사간의 합의를 무효라고 볼 수는 없고, 노동조합으로서는 그러한 합의를 위하여 사전에 근로자들로부터 개별적인 동의나 수권을 받을 필요가 없으며, 단체협약이 현저히 합리성을 결하였는지 여부는 단체협약의 내용과 그 체결경위, 당시 사용자측의 경영상태 등 여러 사정에 비추어 판단해야 한다고 한다.

생각건대, 협약규약이 근로계약의 내용으로 화체하는 것을 인정하고, 또 유리원칙을 승인하는 경우에는 단체협약의 이익변경과 근로계약의 불이익변경의 관계에 대해서 또한 검토할 문제가 있다. 이렇게 말하는 것은 이와 같은 입장을 전제로 하면, 구(舊)단체협약의 유리한 근로조건이 일단 근로계약의 내용으로 된 이상, 협약기준이 인하되었다고 하여도, 근로계약내용이 자동적으로 변경되는 것은 아니라고 이해할 여지가 있기 때문이다. 그러나 그렇다면, 사용자는 협약개정 후 새로이 모든 조합원의 개별적 동의를 얻지 않는 한, 근로조건을 인하할 수 없게 된다. 이렇게 되면 단체협약의 기능은 대폭적으로 저하할 수밖에 없게 될 것이다.

그러므로 일반적으로 집단적 획일적으로 결정되어야 할 근로조건의 불이익변경을 내용으로 하는 단체협약으로 개정하는 경우에는 협약자치에 기한 단체협약의 제도적 취지를 감안할 때 개별 조합원의 근로계약의 내용도 개정된 단체협약에 정한 근로조건으로 당연히 인하된다고 하는 협약당사자의 의사가 포함되어 있다고 보는 것이 상당하고, 이러한 한에서 유리원칙이 예외적으로 배제된다고 해야 할 것이다.

Ⅵ. 근로기준적 부분 위반의 효과

단체협약의 근로기준적 부분은 개별 조합원과 사용자 사이에서 그 효력이 생기는 것이므로 사용자가 근로기준적 부분을 위반하면 개별 조합원이 직접 사용자를

62) 대판 2000.9.29. 99다67536.

상대방으로 하여 그 이행을 구하는 등의 재판상 청구를 할 수 있다.

조합원 이외에 노동조합의 경우, 후술하는 바와 같이 협약당사자는 단체협약의 내용 중 근로기준적 부분과 노사관계적 부분을 막론하고 이를 준수할 협약준수의무를 부담하므로 근로기준적 부분을 위반한 사용자에 대하여 손해배상을 청구할 수 있다.

근로기준적 부분이나 노사관계적 부분을 불문하고 단체협약을 준수할 의무를 위반하면 노조법상 형사처벌의 대상으로 규정되어 있다(동법 제92조 제1호). 그러나 같은 취지의 (구)노동조합법 제46조의3(벌칙: "제34조 제1항의 규정에 의하여 체결된 단체협약(후단 부분 생략)에 위반한 자는 1,000만 원 이하의 벌금에 처한다.")의 규정에 대하여 헌법재판소는, (구)노동조합법 제46조의3은 그 구성요건을 "단체협약에 … 위반한 자"라고만 규정함으로써 범죄구성요건의 외피(外皮)만 설정하였을 뿐 구성요건의 실질적인 내용을 직접 규정하지 아니하고 모두 단체협약에 위임하고 있어 죄형법정주의의 기본적 요청인 "법률"주의에 위배되고, 그 구성요건도 지나치게 애매하고 광범위하여 죄형법정주의의 명확성의 원칙에 위배된다고 하여 위헌결정을 하였다.[63] 따라서 현행 노조법 제92조 제1호의 규정도 사실상 그 효력이 상실되었다고 할 것이다.

노동조합이 근로기준적 부분을 위반한 사용자에 대하여 협약준수의무 위반을 이유로 한 손해배상청구권을 행사할 수 있는 것 이외에도 단체협약의 근로기준적 부분 중에서도 작업순서·작업환경·안전위생 등에 관한 사항과 같이 개별 조합원의 청구에 의하는 것보다 노동조합에 의하여 집단적·통일적으로 해결하는 것이 적합한 경우, 단체협약의 근로기준적 부분의 해석에 관하여 사용자와 노동조합 사이에 분쟁이 생긴 때와 같이 노동조합의 소송상 청구에 의하여 협약을 둘러싼 분쟁이 일시에 해결될 수 있는 경우 등에는 노동조합에게도 실체법·소송법상의 권리를 인정하여야 한다는 견해가 있다.

---

63) 헌재 1998.3.26. 96헌가20 결정 및 이상돈, "단체협약위반죄의 위헌결정", 『법률신문』, 법률신문사, 1999.1.25. 14면; 같은이, "단체협약위반죄 조항의 위헌여부와 대체입법의 방향", 『저스티스』 32권3호, 한국법학원, 1999/9, 176면 이하 등 참조.

제 3 절 노사관계적 효력(이른바 「채무적 효력」)

Ⅰ. 서

우리 노조법은 단체협약에 있어서 근로기준적 부분에 해당하는 부분에 대해서는 적극적인 효력을 명시적으로 규정하고 있으나 그 외의 부분에 관한 효력에 관해서는 아무런 규정을 두고 있지 않다. 그래서 노사관계적 효력을 어떻게 파악할 것인가가 문제라고 할 것이다.

전술한 바와 같이 단체협약 중 개별조항에 노사관계적 부분을 정하였을 경우 그에 따라 협약당사자 사이의 법률관계가 정하여질 것이지만, 그밖에도 협약당사자는 그들이 체결한 단체협약에 대한 이행의무(또는 실행의무)와 평화의무를 부담한다고 한다. 만약 이러한 이행의무와 평화의무를 인정한다면, 이들 의무는 단체협약이 체결되는 모든 경우에 공통하여 일반적으로 인정되는 노사관계적 효력이라고 할 수 있을 것이다.

그러나 뒤에서 살펴보는 바와 같이, 기업별협약이 주된 형태인 우리나라에서 노사당사자가 개별조항에 의해서 노사관계적 부분을 정하지 않더라도 이행의무와 평화의무를 별도로 인정할 필요가 있는지는 의문이 아닐 수 없다.

Ⅱ. 노사관계적 효력의 법적 구조

통상 지금까지 도이칠란트의 단체협약법리론을 그대로 받아들여서 단체협약의 노사관계적 효력을 단체협약의 당사자인 노동조합과 사용자 간의 민법상 계약의 법리에 따른 채권 채무의 권리의무를 발생시키는 효력으로 파악했다.

도이칠란트 단체협약법리에서는 노사관계적 부분에 대해서 사법상의 계약이론에 의한 처리에 맡겨져 있다. 단체협약은 노동시장관계에 있어서 서로 대항하는 노사당사자간에 있어서 설정되고, 그 장소적 적용범위도 원칙적으로 노동시장에 있기 때문에 계약상의 동기가 단체협약의 일방의 제도적 지주를 이루고 있으며 노사관계적 부분의 일반효과로서 손해배상, 해제, 이행강제를 인정하는 것은 당연한 이론적 귀결이다. 즉 일정한 지역적 범위를 지배하는 도이칠란트 단체협약의 노사관계적 규정, 예컨대 구체적으로 평화조항 내지 분쟁처리조항은 관습법적으로 존재하고, 당해지역의 일정산업 혹은 일정업종에 있어서 실질적인 분쟁처리입법으로서의 지위를 차지하는 것도 적지 않다. 그것은 노동관습법으로서 법원으로 보아도 반드시 부당하다고는 말할 수 없다. 물론 논리적으로는 노사관계적 부분 자체가 법원(法源)으로 된다는 것은 아니지만 도이칠란트에 있어서 노사관계적 부분이라고 하는 협정이 이러한 성질을 가지게 되었다는 것을 고려해 둘 필요가 있다.

우리나라의 협약이론에 있어서는 노사관계적 부분에 대하여 노동법상의 특별한 규범적 효력을 인정하지 않고 단순히 노사당사자간의 채무적 효력으로서만 인정하는 극히 소극적인 견해가 지배적이다. 그러나 그때마다 잉글랜드 및 아메리카합중국 등 앵글로아메리카법계의 노동법의 규율상황에 관심이 지향되고 있기는 하였지만, 우리나라의 경제적 사회적 상황에서 도이칠란트식의 집단적 노동법이론을 극복할 수 있는 충분한 이론구성을 하는 데에는 이르지 못하고 있다. 앞에서 여러 번 지적했듯이 우리나라의 경우 노동조합의 조직형태가 기업차원의 조직이고 그래서 단체협약이 노사관계적 부분에 중점을 두지 않을 수 없는 구조를 가진 기업별협약이다. 그 결과 우리나라의 단체협약은 그것이 근로조건에 관한 단체「협약」으로서의 측면에서 관념화된다고 하기보다는 오히려 경영권과 노동권의 대립의 측면에 있어서 논의되는 경향이 강하게 될 수밖에 없다. 개별기업차원에 있어서 단체협약의 노사관계적 부분의 주축은 노동지휘권, 시설관리권과 기업내적 단결권과의 개개의 구체적인 조정에 있기 때문이다.

그러므로 단체협약의 노사관계적 부분은 계약법리에 의한 처리에 맡겨서 처리할 수 있는 「정형성」을 가지고 있는 것은 아니다. 다시 말하면, 생산의 측면에 노조조직, 노조활동의 태양을 정하는 조항에 중점이 있는 우리의 단체협약의 소위 노사관계적 부분은 계약법리에 의해서 사법상의 계약법리에 의해서 딱 자를 수 있을 정도로 단순한 구조가 아니다. 따라서 그 위반에 대해서는 현실에 특히 기업내적 단결권의 차원에 있어서 문제로 될 수 있을 것이다. 이를테면 해고협의조항의 효력에 대해서 해고권남용의 법리 혹은 적정한 절차의 법리의 차원에서 검토하는 것이 타당하다. 우리의 기업별협약은 계약법리에 의한 파악, 그것에 의한 통제에 친숙한 본질을 가지고 있는 것은 아니다. 그러나 잉글랜드, 아메리카류의 노사관행의 정착을 용이하게 하지 않는 현재 그것을 계약법리 밖으로 모두 방기하는 것도 적절하지 않다. 도이칠란트 협약법리에서 말하는 이행의무와 평화의무와 같은 이른바 「채무적 효력」에 대해서 근본적 의문이 제기된다.

이러한 근본적 의문은 단체협약의 노사관계적 효력과 관련하여 단체협약에 내재된 협약당사자의 노동법상 특수한 의무를 인정할 것인가라는 문제로 귀착한다. 이 문제는 우리나라 노동법질서에 있어서 단체협약제도와 관련하여 협약당사자인 노동조합과 사용자(또는 사용자단체)에 대해여 당사자의 명시적인 의사와 관계없이 단체협약의 준수의무의 특별한 형태로서 특별한 법적 의무인 실행의무와 평화의무를 인정할 것인가라는 것에 있다. 만약 이러한 의무를 인정하는 경우 그 근거는 무엇인가? 헌법 제33조와 제37조를 정점으로 하는 우리 노동법질서가 당연히 이러한 의무를 전제하고 있다고 할 것인가가 논의되어야 할 것이다.

Ⅲ. 노사관계적 효력의 구체적 내용

1. 내재적 의무의 문제

1) 이행의무(실행의무)

(1) 의 의

일반적으로 이행의무라 함은 단체협약의 당사자가 협약에서 정한 사항을 준수하고 성실히 이행하여야 할 의무를 말한다. 즉 협약당사자가 단체협약의 내용 중 근로기준적 부분과 노사관계적 부분을 막론하고 이를 준수할 의무(협약준수의무)와 각 당사자의 구성원들로 하여금 단체협약을 위반하지 않도록 노력할 의무(영향의무)를 부담하는 것을 이행의무라고 한다. 이러한 이행의무라는 관념은 협약준수의무로서 산업별단체약이 일반적인 도이칠란트의 협약이론에서 비롯된 것이다. 도이칠란트의 경우 노동조합이 산별조직이고 그에 따른 사용자단체도 산별조직이다. 그래서 노사단체가 단체협약을 체결한 경우에 노사단체가 그 산하조직으로 하여금 그 협약기준을 이행하도록 할 의무를 부담하게 할 필요성이 있었기 때문이다. 특히 단체협약의 대부분에 대해서는 주로 사용자측이 이행해야 할 작위의무를 부담한다고 할 것이고, 다만 노동조합측은 단체협약에 위반해서 쟁의행위를 하지 않을 부작위의무를 부담한다고 할 것이다.

(2) 근 거

단체협약에 이에 관한 명문의 규정이 없더라도 단체협약의 노사관계적 효력은 단체협약의 당사자가 당연히 부담하는 의무라고 할 것이다. 왜냐하면 협약당사자가 협약을 지켜야 한다는 것은 그 전제이기 때문이다.

(3) 내 용

위에서 말했듯이, 우리나라에서는 기업별 단체협약이 일반적이고, 특히 단체협약의 근로기준적 부분은 노조법에 의해서 근로계약 및 취업규칙에 직접적 보충적으로 우선하는 효력과 이를 보완하는 효력을 인정하고 있기 때문에 도이칠란트와 같이 처음부터 이행의무는 그렇게 문제로 되지 않는다. 그 뿐만 아니라 사용자가 협약의 기준을 준수하지 않을 경우, 그 이행을 청구할 수 있는 자는 개별근로자이므로 노동조합이 스스로 협약이행청구의 소를 제기할 수 없다. 다만 예외적으로 개별근로자가 현실적으로 단체협약의 이행청구를 할 수 없는 경우, 예컨대 작업환경이나 작업체제 등과 같은 근로조건이 단체협약으로 규정된 경우 이러한 것들의 이행여부와 관련하여 노동조합은 그의 명의로 사용자측에 협약기준이행을 요청할 수 있을 것이다.

(4) 위반효과

사용자가 단체협약이 정하고 있는 근로기준적 부분을 이행하지 않는 경우는 1,000만 원 이하의 벌금형이 처해진다. 경우에 따라 사용자가 단체협약을 이행하지 않는 경우 손해배상을 청구할 수도 있을 것이다. 그러나 현실적으로 그 손해를 산정하기 어렵기 때문에 실효성이 없다고 할 것이다. 우리나라 학자들이 일반적으로 말하고 있는 단체협약법리 특히 이른바 「채무적 효력」론에 의하면, 이행의무란 그저 구호에 불과하고 실질적으로 노사관계의 실무에 거의 도움이 되지 않는다.

입법론적으로 사용자가 단체협약의 이행하지 않는 경우, 직접적으로 노동조합으로 하여금 소구할 수 있도록 하거나 사용자에게 부당노동행위를 인정하는 방법을 생각해 볼 수 있겠다.

2) 평화의무

(1) 의 의

일반적으로 평화의무라 함은 협약당사자가 단체협약에서 이미 정한 근로조건이나 기타 사항의 변경 개폐를 요구하는 쟁의행위를 단체협약의 유효기간 중에 하지 않을 의무를 말한다.[64] 평화의무를 인정하는 입장은 평화의무가 단체협약상 평화조항에 의하여 협약당사자가 부담하는 의무와는 구별되어야 한다는 것을 강조한다. 평화조항이라 함은 쟁의행위에 앞서 일정한 사적 조정절차를 밟도록 할 것을 규정한 단체협약상의 조항을 의미하기 때문에 그렇다는 것이다.

위에서 언급했듯이, 평화의무라는 관념도 역시 도이칠란트의 단체협약론에서 비롯된 것이다. 도이칠란트의 단체협약론은 단체협약이 종래의 분쟁사항을 쌍방의 타협으로 얻어진 해결안이라고 본다면 그 해결된 사항을 다시 다투는 것은 단체협약의 체결을 무의미하게 한다는 것에서 이러한 평화의무를 인정하고 있다.

그러나 뒤에서 살펴보는 바와 같이, 우리나라의 경우에도 무작정 도이칠란트의 단체협약법리를 그대로 받아들여서 앵무새처럼 반복할 것인가라는 의문을 제기하지 않을 수 없다. 평화의무를 인정할 것인가는 근본적으로 단체협약제도 및 이를 둘러싼 법적 상황에 대한 인식에 달려 있다고 할 것이다.

우리나라에 있어서 단체협약에 관한 현재 논의는 그야말로 일관되지 않는 짜집기식의 논의에 그치고 있다. 왜냐하면 단체협약을 계약으로 보는 입장이 단체협약에 기한 평화의무를 인정하는가가 하면 단체협약을 법규범으로 보는 입장이 단체협약의 평화의무를 부정할 수도 있기 때문이다.

(2) 내 용

단체협약당사자인 노동조합에 대하여 평화의무를 인정하는 입장은 평화의무의 내용으로 협약당사자인 노동조합 스스로 단체협약에서 정한 사항에 관해서 쟁의행위를 하지 않으며, 그 구성원의 쟁의행위를 선동·지원하지 않을 부작위의무(이른바 자기의무)와 그 구성원이 의도하는 쟁의행위를 저지하여야 할 작위의무(이른바 영향의무)를 들고 있다. 그러나 노동조합의 자기의무로서 평화의무만 인정하고, 조합의 만류 설득에도 불구하고 조합원들이 쟁의행위를 한 경우에는 노동조합에게는 책임이 없다고 하여 영향의무는 부정하는 입장도 있다.[65] 한편 판례는 평화의무의 내용으로서 그 구성원들로 하여금 쟁의행위를 하지 못하게 방지하여야 할 의무도 평화의무의 내용으로 인정하고 있는 듯이다.[66]

일반적으로 평화의무는 단체협약 유효기간 중 단체협약에 정한 사항에 대해서만 쟁의행위를 하지 않을 의무를 말하므로 그 밖의 단체협약에 정하지 않는 사항

---

64) 대판 1994.9.30. 94다4042.

65) 김형배, 위같은책, 892면은 "단체협약사의 평화의무를 위반한 또는 단체협약을 위반한 쟁의행위에 참가하는 개개 근로자들은 필연적으로 근로계약을 침해하게 된다. 그러므로 노동조합의 단체협약위반행위(평화의무위반행위와 단체협약위반행위)와 개인근로자의 근로계약위반행위는 이를 개념상 구별해야 한다"고 기술하고 있다.

66) 대판 1992.9.1. 92누7733.

은 물론 협약에 구체적인 내용을 정하지 않은 사항에 대해서는 쟁의행위를 할 수 있다. 이에 대하여 협약당사자가 당해협약의 유효기간 중 어떠한 사항에 대해서도 쟁의행위를 하지 않는다는 이른바 절대적 평화의무를 설정하는 단체협약을 체결하는 것이 가능한가가 문제이다. 이러한 절대적 평화의무조항의 허용성에 대해서는 견해가 나누어져 있다.

쟁의행위권을 보장하고 있는 헌법의 취지를 부각시키는 입장은 이러한 절대적 평화의무를 인정하는 조항이 헌법에 반하기 때문에 무효라고 주장하나 노사자치를 강조하는 입장은 절대적 평화의무조항의 유효성을 인정한다.

생각컨대, 절대적 평화의무를 설정하는 조항이라고 단체협약유효기간 중에 한정되고 또 절대적 평화의무에 관한 합의를 할 것인가 여부는 노동조합이 선택할 문제이다. 그러므로 유효설이 타당하다고 할 것이다.

(3) 근 거

평화의무를 인정하는 경우, 단체협약의 유효기간 중 그 협약에서 정한 사항에 대한 쟁의행위를 하지 않을 의무이다. 다만, 평화의무의 인정근거는 무엇인가가 문제이다. 그뿐만 아니라 평화의무를 인정하는 경우에도 평화의무의 근거는 단체협약의 성질을 어떻게 파악하는가에 따라 다르게 된다고 할 것이다. 그러나 우리나라에서 평의의무의 근거에 관한 학설은 이러한 점을 일관성 있게 설명하지 못하고 있다.

가. 학 설

우리나라에도 평화의무의 근거에 관한 도이칠란트와 일본의 논의를 받아들여서 이른바 내재설과 합의설로 나누어져 있다.

가) 내재설

도이칠란트에서와 같이 단체협약제도가 가지고 있는 평화적 기능, 노사관계의 안정과 단체협약의 질서형성적 기능을 강조하는 입장으로 평화의무는 단체협약의 기능에서 당연히 내재하는 의무라고 본다.[67] 그러므로 평화의무에 관한 정함이 있건 없건 간에 인정되고 이를 배제하는 규정을 둘 수 없다고 본다.

나) 합의설

일본의 일부학설과 같이 단체협약이 노사당사자에 체결된 합의라는 점을 강조

67) 김형배, 위같은책, 891면 및 대판 1992.9.1. 92누7733.

하는 입장으로 평화의무는 노사당사자의 의사에 기초해서 비로소 인정된다고 한다.[68] 그러므로 노사당사자가 배제하는 규정을 둘 수 있다고 한다. 이 입장은 평화의무에 대한 명시적인 규정이 없는 경우에도 협약관행에서 상대적 평화의무에 대한 묵시적 합의가 있는 것으로 본다.

나. 학설에 대한 검토

상대적 평화의무에 관한 내재설에 대한 비판으로서 제창된 합의설은 아직 문제제기의 단계에 그치고 있다고 해도 과언이 아니다. 그것은 우리의 기업별협약의 실태, 그 기능에 입각한 설득력이 있는 주장이라고 할 수 있다.

내재적 평화의무이론은 본래적으로 도이칠란트적 단약협약제도 하에서만 그 기초설정이 가능할 것이라고 생각되기 때문이다. 재삼 언급하였듯이, 도이칠란트에서 과거의 직능별협약 혹은 현재의 산업별협약, 업종별협약은 반드시 농후한 법규범성을 내재하고 이른바 「직업보통법」 혹은 「산업보통법」으로서 지위를 가지기 때문에 성문법과 마찬가지로 안정적 성격을 띠고 있다. 법규범성과 안정성은 도이칠란트협약의 체질을 이루는 것이고 단체협약의 양 측면을 형성한다. 도이칠란트에 있어서 단체협약은 역사적으로 볼 때 처음부터 특정의 직업, 산업, 업종에 걸친 다양한 이해관계를 통일적·안정적으로 지배하는 법규범이었다고 말할 수 있다. 협약정책의 현저한 경제정책적 기능과 규약규범이 협약당사자 이외의 노사관계도 실질상 규율하는 단체협약의 카르텔적 기능에 대해서는 이미 언급한 바 있다. 이것도 협약의 안정적 성격의 형성에 직접 관련하는 것이고, 나아가서는 평화의무이론을 대두시켰던 계기라고 말할 수 있다. 물론 내재된 본질적 평화의무의 성립근거에 있어서는 도이칠란트 노동법학상 분명하게 되어 있다고 할 수 없다. 그러므로 이론적으로 말하면, 협약의 존재형태, 그 기능과 법적 의무로서의 평화의무를 어떻게 이론적으로 관련시키는가는 확실히 도이칠란트 단체협약이론상의 문제라고도 볼 수 있지만, 그것은 오로지 우리 한국노동법학의 입장에 있어서 제기될 수 있는 문제에 불과하다고 할 것이다. 도이칠란트에서 단체협약의 법규범성과 안정성이라는 두 가지의 본질이 직접적으로 평화의무이론을 확립시키게 되었던 것이라고 볼 수 있다.

이에 반해서, 우리의 기업별협약의 독자적 형태와 기능에 도이칠란트 평화의무이론의 안이한 이식은 취할 수 없다. 내재적 평화의무가 있다는 것을 억지로 긍정하려고 하면, 그 인정근거를 노조법 제33조를 중심으로 하는 단체협약법제에

---

68) 박홍규, 『노동법론』, 삼영사, 1995, 994면.

기업평화를 기대하는 국가의사에서 찾지 않으면 아니 된다. 그러나 협약에 의한 근로조건의 집단적 결정에 대한 국가적 조력으로서 협약의 법규범성을 창설하였던 노조법 제33조 및 기타 규정에서 직접적으로 기업평화에 대한 기대에서 찾거나 단체협약제도의 입법화가 즉자적으로 평화의무를 단체협약의 내재적인 본질로 만들고 있다고 이해하는 것은 곤란할 것이다. 문제의 초점은 우리의 기업별협약의 형태에 있다. 단체협약의 효력에 얽혀있는 여타 문제와 마찬가지로 평화의무에 대해서도 문제제기에 그치지 않을 수 없지만 그 존재근거를 단체협약의 법적 성질에 관한 논의와 연결해서 이해해야 하고, 이렇게 볼 때 단체협약을 계약으로 이해하는 입장은 평화의무도 결국 당사자의 합의에서 찾는 것이 올바른 태도일 것이다.

(3) 배제의 특약

단체협약에 있어서 평화의무를 설정하는 당사자 간 특약규정이 없이도 당연히 상대적 평화의무가 인정된다고 할 때, 협약당사자가 명시적으로 이를 배제할 수 있는가가 문제로 된다.

상대적 평화의무가 단체협약에 내재된 것이라고 보는 입장은 협약당사자가 임의적으로 평화의무를 배제하는 약정을 할 수 없다고 볼 것이고 평화의무가 협약당사자의 합의에 근거하고 있다고 보는 입장은 협약당사자가 당연히 평화의무를 배제할 수 있다고 할 것이다.

단체협약의 준수의무의 특수한 형태로서 평화의무를 인정할 것인가라는 원론적 논의를 접어두고 상대적 평화의무를 인정한다고 가정한다면 단체협약의 법적 성질을 계약을 파악하는 본인은 당연히 평화의무를 배제하는 특약을 긍정하는 편에 찬성할 것이다.

(4) 위반효과

상대적 평화의무를 인정하는 입장은 평화의무를 위반하여 한 쟁의행위에 대해서 쟁의행위권 행사의 남용 및 이에 기한 손해배상책임의 문제를 논의하고 있다.

평화의무를 인정하는 경우, 사용자가 노동조합에 대하여 평화의무위반을 이유로 한 손해배상책임을 추궁할 수 있을 것이다. 그러나 평화의무위반이 곧바로 위법한 쟁의행위권의 행사로 될 것인가라는 견해가 나누어져 있다. 평화의무의 근거가 단체협약제도 그 자체에 있다고 보는 이른바 내재설은 평화의무를 위반하는 쟁의행위는 정당성이 없다는 입장을 대체로 취하고, 평화의무의 근거를 협약당사자의 합의에서 찾고 있는 이른바 합의설은 평화의무는 당사자간의 계약적 효력에 불과하므로 평화의무위반 자체가 쟁의행위의 정당성을 곧바로 해치는 것이 아니라는 입장을 취하고 있다. 판례는 전자의 입장을 취하고 있는 듯하다.[69]

[판 례]

- 노동조합의 위원장이 조합원들의 의사를 제대로 반영하지 아니하여 단체협약이 만족스럽지 못하게 체결됨에 따라 조합원들이 단체협약의 무효화를 위한 투쟁의 일환으로 비상대책위원회를 구성하여 그 비상대책위원회가 위와 같은 파업농성을 주도하게 된 것이라고 하더라도, 단체협약의 당사자인 노동조합은 단체협약의 유효기간 중에 단체협약에서 정한 근로조건 등에 관한 내용의 변경이나 폐지를 요구하는 쟁의행위를 행하지 아니하여야 함은 물론, 조합원들에 대하여도 통제력을 행사하여 그와 같은 쟁의행위를 행하지 못하게 방지하여야 할 이른바 평화의무를 지고 있다고 할 것인바, 이와 같은 평화의무가 노사관계의 안정과 단체협약의 질서 형성적 기능을 담보하는 것인 점에 비추어 보면, 단체협약이 새로 체결된 직후부터 뚜렷한 무효사유를 내세우지도 아니한 채 단체협약의 전면무효화를 주장하면서 평화의무에 위반되는 쟁의행위를 행하는 것은 이미 노동조합활동으로서의 정당성을 결여한 것이라고 하지 아니할 수 없다(대판 1992.9.1. 92누7733).
- 단체협약에서 이미 정한 근로조건이나 기타 사항의 변경·개폐를 요구하는 쟁의행위를 단체협약의 유효기간 중에 하여서는 아니된다는 이른바 평화의무를 위반하여 이루어진 쟁의행위는 노사관계를 평화적·자주적으로 규율하기 위한 단체협약의 본질적 기능을 해치는 것일 뿐 아니라 노사관계에서 요구되는 신의성실의 원칙에도 반하는 것이므로 정당성이 없다(대판 1994.9.30. 94다4042).

(5) 평화의무론에 대한 근본적 문제제기

단체협약과 관련하여 우리는 평화의무의 문제를 보다 근본적으로 생각해 볼 필요가 있다. 그런데 평화의무에 관한 논의를 살펴보면, 평화의무라는 것이 단체협약제도 그 자체 또는 단체협약의 효력을 규율하는 실정법에 근거하고 있는 것이 아니라 특수한 형태의 단체협약제도가 전개되어온 도이칠란트의 특수한 사회적·경제적 상황에서 비롯된 연혁적 문제라고 알 수 있다. 도이칠란트에서는 단체협약제도의 기능에 비추어 볼 때, 협약당사자로서 노동조합에게 단체협약을 준수할 의무 이외에 노동법상 특수한 형태의 규범적 내용을 가진 평화의무를 인정할 필요가 있었기 때문에 정책적 차원에서 노동조합의 평화의무론이 제기되었던 것이

69) 대판 1992.9.1. 92누7733 참조.

다. 이러한 맥락에서 보면 평화의무론은 근본적으로 협약정책적인 문제라고 말할 수 있다. 그러므로 우리가 도이칠란트에 있어서 협약정책적인 문제로서의 평화의무론을 우리나라의 노동법질서에서 그대로 수용해서 노동법상의 의무로서 평화의무를 인정할 것인가를 면밀히 검토해야 한다고 생각한다.

만약 상대적 평화의무가 유효한 단체협약에 내재되어 있거나 당사자간 묵시적 합의에 근거하고 있더라도 노동조합이 단체협약에 대하여 일정한 절차에 따라 이의를 제기하거나 내용의 변경을 요구하는 것이 불가능한가? 다시 말하면, 단체협약의 유효기간 중 노동조합은 단체협약의 기존내용을 변경하기 위해서 헌법상 보장된 단체교섭권을 행사할 수는 없는가?

현행법은 단체협약의 유효기간 중 노동조합은 단체협약의 기존내용을 변경하기 위해서 헌법상 보장된 단체교섭권을 행사하고 이를 통해서 새로운 단체협약을 하는 것을 금지하고 있지 않다. 특히 단체협약의 법적 성질을 근본적으로 계약이라고 파악한다면, 계약의 내용을 변경할 수밖에 없는 새로운 상황이 야기된 경우에는 당연히 계약을 변경할 수 있는 권리가 당사자에게 유보되어 있다고 하는 것이 계약논리에 부합하는 것이 아닌가 생각한다.

2. 개별노사관계조항의 효력

앞에서 언급했듯이 우리나라의 협약형태의 특성상 단체협약에는 많은 부분이 노사관계적 조항으로 이루어져 있다. 실정법에 위배되지 않는 한 협약당사자는 이러한 조항이 규정하고 있는 내용대로 노사관계를 형성할 의무를 부담한다고 할 것이다.

앞에서 숍(Shop)조항, 조합비일괄공제(check-off)조항 등 단체협약의 노사관계적 부분에 속하는 사항에 관해서 개별적으로 언급했기 때문에 여기서는 평화조항, 쟁의조항, 해고절차조항 및 면책특약조항만을 따로 언급하기로 한다.

1) 평화조항

(1) 의 의

평화조항은 쟁의행위로 나아가기 전에 노동분쟁을 평화적으로 해결하기 위하여 협약당사자가 일정한 절차를 정한 단체협약의 조항을 말한다. 예컨대, “노사 간에 다툼이 있는 경우 노동위원회의 조정절차를 거친 뒤가 아니면 쟁의행위를 할 수 없다”라고 하거나 “노사 간의 단체교섭에서 의견이 일치하지 않거나 단체협약의 해석에 의견이 갈리는 경우에는 어느 일방의 신청에 의하여 ○○○변호사의 중재와 해석을 요구하고, 당사자 쌍방은 그 중재와 해석에 따라야 한다"는 것과 같은 단체협약조항이 평화조항에 해당한다.

평화조항은 노사분쟁에 있어서 일정한 절차를 거쳐야 한다는 의무를 노사당사자에게 설정하는 역할을 하고 있다. 이러한 의미에서 평화조항은 상대적 평화의무를 인정하는 경우에 일정한 기간 단체협약에 정한 사항에 대해서 쟁의행위를 하지 않을 기한에 대한 의무인 평화의무와 다르다고 할 것이다. 물론 평화의무가 노사 간 합의에 근거가 있다고 보는 입장에서는 평화조항의 준수의무는 평화의무는 그 본질에 있어서 동일하다고 할 것이다.

(2) 평화조항위반의 효과

평화조항을 위반하는 경우 어떠한 법적 결과가 생기는가는 단체협약의 법적 성질을 어떻게 파악하는가에 따라 다른 결론을 내릴 것이다.

단체협약을 법규범으로 보는 입장은 평화조항의 위반도 법규범의 위반으로 파악한다. 그러나 우리나라의 실정노동법은 이러한 단체협약조항을 위반하는 경우에 대하여 아무런 규정을 두고 있지 않다. 그러나 평화조항도 법규범이므로 이에 위반하여 노동조합이 쟁의행위권을 행사하는 것은 위법이라고 판단해야 할 것이다. 그러나 우리나라에서는 단체협약을 법규범으로 보는 학자들조차 평화조항이 이른바 단체협약의 「채무적 부분」이라는 이유로 민법상 계약위반에 따른 책임만 부담할 뿐 그 위반으로 쟁의행위가 정당성을 잃거나 형사상의 책임면제가 배제되지 않는다고 해석하고 있다.70) 이러한 해석론은 단체협약의 성질론과 효력론이 논리적으로 수미일관되지 않기 때문에 문제가 아닐 수 없다. 단체협약을 계약으로 파악하는 입장은 평화조항은 노조법 제33조 소정의 근로기준적 효력이 인정되지 않는 노사관계적 부분에 해당하므로 이에 대한 위반은 사인간의 계약위반과 동일하게 취급한다. 그러므로 민법상 계약위반에 따른 책임을 질뿐 그 위반으로 쟁의행위가 정당성을 잃거나 형사상의 책임면제가 배제되지 않는다고 해석할 것이다.

[판 례]

- (구)노동조합법 제46조의3은 '같은 법 제34조 제1항의 규정에 의하여 체결된 단체협약에 위반한 자를 벌금형으로 처벌'하도록 하고 있는바, 위 법조에서 처벌대상으로 삼는 단체협약 위반은 단체협약의 모든 조항에 위반한 경우를

70) 이병태, 위같은책, 253면 참조.

말하는 것이 아니라 각 협약사항(단체협약에는 규범적 효력이 있는 규범적 부분, 채무적 효력이 있는 채무적 부분 및 조직에 관한 조직적 부분이 있다) 중 노동조합활동에 관한 사항, 노동조합의 전임임원에 관한 사항, 평화조항 및 노동쟁의에 관한 사항 등 채무적 부분에 관한 사항의 위반만이 그 처벌 대상이 되고, 채무적 사항 중 조합활동에 관한 사항이라고 할지라도 단체협약에서 명시적으로 의무로 규정하고 있지 아니하는 사항은 그러한 사항의 위반이 형법상 업무방해, 회사 내에서의 징계사유 또는 민사상 손해배상 사유가 될 수 있음은 별론으로 하고 위 법조에서 정하는 형사처벌 대상은 되지 않는다(광주지법 순천지원 1995.8.28. 93고단753).

2) 쟁의조항

쟁의조항은 쟁의행위개시 후에 지켜야 질서를 정한 조항을 말한다. 평화조항이 쟁의행위 개시전의 절차에 관한 의무조항이라고 한다면 쟁의조항은 쟁의행위개시 후의 작위 또는 부작위의무를 설정하는 단체협약의 명시적 규정이다. 쟁의조항에는 쟁의행위의 예고, 쟁의행위 중 질서유지, 쟁의행위 중 시설보전, 쟁의행위불참자의 처우, 사용자의 대체노동자 채용금지 등에 관한 조항이 이에 해당한다.

쟁의조항의 경우에도 평화조항과 동일한 맥락에서 그 효력과 위반효과를 생각하면 될 것이다.

3) 해고절차조항

(1) 의 의

해고절차조항이라 함은 사용자가 조합원을 해고하고자 하는 경우에는 노동조합의 동의를 구하거나 협의를 거쳐야 한다는 등의 조항을 말한다.

(2) 해고절차조항의 성격에 대한 논란

해고절차조항이 법적으로 어떠한 의미를 가지고 있는가에 관해서 이를 단체협약의 이른바 근로기준적 부분에 해당한다고 보는 입장,[71] 단체협약의 이른바 노사관계적 부분에 해당한다는 입장,[72] 그리고 해고절차조항의 내용에 따라 그 성

71) 김유성, 위같은책, 179면; 박홍규, 위같은책, 990면.

72) 이을행, 위같은책, 305면. 그러나 김형배, 위같은책, 900면에 "… 해고의 정당한 이유가 있는 경우라도 사용자가 그의 해고권행사의 효력을 노동조합의 동의에 의존케 하는 의사표시를 명백히 한 경우라면 이 조항은 규범적 효력을 갖게 된다."라고 기술하고 있는 점에 비춰볼 때, 조합원의 해고에 있어 노동조합과의 협의 및 동의에 관한 조항을 기본적

격을 규정하려는 절충적 입장[73]으로 나누어져 있는 듯하다.

그러나 개별근로자에 대한 해고를 노동조합의 협의나 동의를 조건으로 하는 해고절차조항이 그 자체로 근로조건이나 근로자의 대우에 관한 기준에 해당하지 않는다고 할 것이다. 왜냐하면 이러한 해고절차조항은 사용자와 노동조합 그 자체간의 권리의무를 설정하는 규정, 즉 해고의 협의나 동의가 노동조합에 대한 사용자의 의무이지 그것이 개별근로계약상의 근로조건이나 근로자의 대우에 관한 것이 아니기 때문이다. 그러나 해고절차조항이 근로조건이나 근로자의 대우에 관한 기준에 해당하는가의 여부가 곧바로 이러한 절차조항의 위반하는 해고의 효력을 결정한다고는 볼 수 없다고 할 것이다. 이러한 해고가 정당한 해고에 해당하는가의 문제는 다른 차원에서 판단할 문제이다. 근로기준법 제30조의 해고의 정당한 이유에는 해고의 실질적 요건뿐만 아니라 절차적 요건도 포함되기 때문에 해고가 노사당사자가 합의한 적정한 절차를 거치지 아니한 경우에도 해고의 정당한 이유를 구비했다고 볼 수 없기 때문이다.

(3) 해고절차조항을 위반한 경우의 해고의 효력

근로기준법 제23조에 위반한 해고, 비록 해고절차조항에 의한 절차를 거친 해고라 하더라도 근로기준법 제23조에 위반한 것이라면 그 효력을 인정할 수 없음은 명백하나, 근로기준법상의 정당한 이유가 있는 해고이나 해고협의조항을 위반한 경우에 대하여 해고절차조항이 규범적 부분에 해당한다는 입장은 해고절차조항에 위반한 해고는 무효라고 하고, 단체협약의 이른바 채무적 부분에 해당한다는 입장은 해고절차조항의 위반은 단순히 채무불이행책임을 발생할 뿐 그러한 해고 자체가 유효하다고 하며, 절충설은 단순한 협의규정을 위반한 경우에는 유효하나 동의조항을 위반한 경우에는 무효라는 입장을 전개하고 있다. 다만 노동조합이 합의 또는 동의권을 남용하여 합의 또는 동의를 거부하는 경우에는 사용자가 합의 또는 동의 없이 해고하여도 정당한 해고라고 한다.

그런데 판례[74]도 아래에서 보는 바와 같이, "협의"나 "동의"의 여부에 따라 그 위반의 효력을 다르게 판단하고 있어 절충설의 입장을 취하고 있다고 볼 수 있다. 그러나 단체협약상의 표현에만 집착하고 있는 판례의 입장은 문제가 아닐 수 없다.

으로 노사관계적 부분 즉 채무적 부분으로 파악하고 있는 듯하다.

73) 이상윤, 『노동조합법』, 박영사, 1996, 291면.

74) 대판 1995.2.28. 94다46763 등 참조

[판 례]

□ 노조간부를 노조와 사전합의 없이 징계한 경우 그 적법여부

- 단체협약 등에 규정된 인사협의(합의)조항의 구체적 내용이 사용자가 인사처분을 함에 있어서 신중을 기할 수 있도록 노동조합이 의견을 제시할 수 있는 기회를 주어야 하도록 규정된 경우에는 그 절차를 거치지 아니하더라도 인사처분의 효력에는 영향이 없지만 사용자가 인사처분을 함에 있어 노동조합이 사전동의 승낙을 얻어야 한다거나 노동조합과 인사처분에 관한 논의를 하여 의견의 합치를 보아 인사처분을 하도록 규정된 경우에는 그 절차를 거치지 아니한 인사처분은 원칙적으로 무효이다(대판 1993.7.13. 92다50263; 동 1993.7.13. 92다45735).
- 이 사건 (구)단체협약 중 "쟁의기간 중에는 조합원에 대하여 어떠한 사유에 의해서도 징계, 부서이동 등 제반 인사조치를 할 수 없다"라는 규정은 쟁의기간 중에 쟁의행위에 참가한 조합원에 대한 징계 등 인사조치 등에 의하여 노동조합의 활동이 위축되는 것을 방지함으로써 노동조합의 단체행동권을 실질적으로 보장하기 위한 것이라 할 것이므로, 쟁의행위가 그 목적에 있어 정당하고, 절차적으로 노동조합및노동관계조정법의 제반 규정을 준수함으로써 정당하게 개시된 경우라면, 비록 그 쟁의 과정에서 징계 사유가 발생하였다고 하더라도 쟁의가 계속되고 있는 한 그러한 사유를 들어 쟁의기간 중에 징계위원회의 개최 등 조합원에 대한 징계절차의 진행을 포함한 일체의 징계 등 인사조치를 할 수 없음을 선언한 것으로, 피고가 정당하게 개시된 전면파업 또는 부분파업 기간 중에 징계위원회를 개최하여 위 파업에 참여한 원고들에 대하여 파업기간 중의 행위를 이유로 파면을 결의한 것은 (구)단체협약에 위반한 것으로서 징계절차상 중대한 하자가 있으므로 이에 따른 징계해고는 무효이고, 이는 위 결의에 따른 징계처분의 효력발생시기를 쟁의기간 이후로 정하였다고 하여도 마찬가지이다. 단체협약이 실효되었다고 하더라도 임금, 퇴직금이나 노동시간, 그 밖에 개별적인 노동조건에 관한 부분은 그 단체협약의 적용을 받고 있던 근로자의 근로계약의 내용이 되어 그것을 변경하는 새로운 단체협약, 취업규칙이 체결 · 작성되거나 또는 개별적인 근로자의 동의를 얻지 아니하는 한 개별적인 근로자의 근로계약의 내용으로서 여전히 남아 있어 사용자와 근로자를 규율하게 되고, 단체협약 중 해고사유 및 해고의 절차에 관한 부분에 대하여도 이와 같은 법리가 그대로 적용되는 것인바, 위와 같은 법리에 비추어 볼 때, 위 (구)단체협약의 내용은 개별적인 노동조건에 관한 부분이므로 (구)단체협약이 단체협약 해지통보 및 소정 기간의 경과로 실효되었다고 하더라도 (신)단체협약이 체결되기까지는 여전히 원고들과 피고 사이의 근로계약의 내용으로서 유효하게 존속한다(대판 2009. 2.12. 2008다70336).
- 단체협약에서 "조합간부의 인사는 조합과 협의하여야 한다"고 한 취지는 회사가 노동조합 간부에 대한 인사를 하기에 앞서 회사로 하여금 인사나 징계

의 내용을 사전에 노동조합에 통지하도록 하여 노동조합에게 인사나 징계의 공정을 기하게 하기 위하여 필요한 의견을 제시할 기회를 주고, 아울러 노동조합으로부터 제시된 의견을 참고자료로 고려하게 하려는 것에 지나지 않는 것이어서, 근로자에 대한 징계해고가 위와 같은 사전협의를 거치지 아니한 채 행하여졌다 하여 반드시 무효라고 할 수는 없다(대판 1994.12.13. 93다59908).

☞ 위 판례는 '회사는 위 원고에 대한 인사위원회를 1990.7.3.에 개최하기로 정하고 같은 해 6.27. 이를 위 원고에게 통지하였는데, 위 원고는 인사위원회에 출석하여 징계혐의사실에 대하여 조목별로 자신의 입장을 변명한 바 있고, 그 뒤 회사는 그 노동조합이 단체협약 제42조 제3항, 제4항에 따라 위 징계결정에 대해 이의를 제기함에 따라 같은 해 9.1. 노동조합과의 사이에 재심인사위원회를 열기로 합의한 후 같은 달 5. 노동조합에게 그 다음날 재심인사위원회를 개최한다고 통보하여 위 원고가 같은 달 6. 개최된 재심인사위원회에 출석하여 자신에게 이익되는 진술을 하였다면, 이미 인사위원회에 출석하여 자신에 대한 징계혐의에 대하여 충분한 변명을 한 바 있던 위 원고로서는 소외 회사로부터 징계사유를 미리 통보받지 못하였다 하더라도 자신에 대한 징계사유가 무엇인지는 알고 있었다고 보여지므로, 회사가 재심인사위원회의 개최사실을 하루전에 통지하였다 하여 그것이 변명과 소명자료를 준비할 시간적 여유가 없는 위법한 통지라고는 볼 수 없으므로(대판 1992.6.26. 91다42982; 동 1993.5.11. 92다27089 참조), 위 원고에 대한 징계해고 절차가 위법하다는 위 원고의 주장을 배척한 원심판결에 수긍이 가고 거기에 소론과 같이 징계절차에 관한 법리를 오해한 위법이 있다고 볼 수 없으므로 논지는 이유가 없다'고 판시하였다.

□ **합의와 협의의 의미**

- 단체협약상의 인사협의(합의)조항은 원칙적으로 사용자에게 있는 인사권에 대하여 노사간의 교섭의 결과에 따라 이를 제한하는 규정으로서 그 문구의 선택도 사용자나 노동조합 중 어느 일방의 주장만에 의하여 채택된 것이 아니고 노사쌍방간의 협상에 의한 최종적 합의로 채택된 것이므로 결국 노사간의 교섭 당시의 협상력의 정도에 따른 산물인 것이다. 그러므로 위와 같이 단체협약의 인사협의(합의) 조항에 노조간부의 인사에 대하여는 사전 "합의"를, 조합원의 인사에 대하여는 사전 "협의"를 하도록 용어를 구분하여 사용하고 있다면, 교섭 당시 인사권에 대하여 노조간부와 조합원을 구분하여 제한의 정도를 달리 정한 것이고, 그 정도는 노동조합 간부에 대하여는 조합원에 대한 사전협의의 경우보다 더 신중하게 노동조합측의 의견을 참작하여야 한다는 정도의 차이가 있는 것으로 볼 수는 없으므로, 조합원에 대한 인사권의 신중한 행사를 위하여 단순히 의견수렴 절차를 거치라는 뜻의 사전 "협의"와는 달리, 노조간부의 인사에 대하여는 노동조합과 의견을 성실하게 교환하여 노사간에 "의견의 합치"를 보아 인사권을 행사하여야 한다는 뜻에서 사전 "합의"를 하도록 규정한 것이라고 해석하는 것이 타당하다(대판 1993.7.13.

92다50263; 동 1993.7.13. 92다45735).

□ **합의거부권의 남용과 일방해고의 유효성**

- 노사협상의 산물로서 노동조합 간부에 대한 징계해고를 함에 있어 노동조합의 사전합의를 받도록 되었더라도 이는 사용자의 노동조합 간부에 대한 부당한 징계권 행사를 제한하자는 것이지 사용자의 본질적 권한에 속하는 피용자에 대한 징계권 행사 그 자체를 부정할 수는 없는 것이므로, 노동조합의 사전합의권 행사는 어디까지나 신의성실의 원칙에 입각하여 합리적으로 행사되어야 할 것이다. 단체협약에서 노동조합 간부에 대한 징계해고에 노동조합의 사전합의를 받도록 규정을 하면서도 단체협약이나 기타 인사관계 규정에 그 사전 합의의 구체적 절차나 방식에 관하여 아무런 규정도 없고, 단지 징계위원회(혹은 상벌위원회) 구성에 있어 노동조합측 징계위원이 필수구성원으로 되어 있는 경우에는 징계위원회의 심의절차에서 노사간 의견교환을 하는 것이 보통일 것이고, 또 여기에서 노동조합측 징계위원의 의사는 바로 노동조합의 의사를 가름하는 것이므로 그 심의절차에서 노동조합측 징계위원의 징계동의(사전합의)를 받으면 이것이 노동조합의 사전합의를 받는 것에 해당하고, 이 절차에서 노동조합측 징계위원이 합리적인 이유를 내세워 합의를 거부하면 사용자의 징계권 행사는 이로써 제한을 받을 수밖에 없으나, 만약 노동조합측 징계위원이 징계위원회의 개최나 심의를 방해하거나 그 방해를 위하여 징계 위원회 출석자체를 거부하고, 또는 출석하더라도 징계사유에 대한 정당한 의견제시를 하지 아니하고 명백하고도 중대한 징계사유가 있음에도 불구하고 피징계자가 노동조합 간부라는 이유만으로 무작정 징계를 거부하는 동의행위를 한다면 이는 이른바 합의거부권의 포기나 남용에 해당되어 이러한 경우에는 사전합의를 받지 아니하였다 하여 그 징계처분을 무효로 볼 수는 없다(대판 1993.7.13. 92다50263; 동 1993.7.13. 92다45735).

---

(4) 사 견

해고절차조항의 법적 효력문제는 우리나라의 노동법질서 특히 근로기준법 제23조의 「정당한 이유」와 노조법 제33조 제1항의 「근로조건 기타 근로자의 대우에 관한 기준」를 어떻게 해석하는가에 따라 다르게 된다고 할 것이다. 다시 말하면, 근로기준법 제23조의 「정당한 이유」에 해고의 절차적 적정성까지 포함되는가와 해고에 대한 절차적 보장이 노조법 제33조 제1항의 「근로조건 기타 근로자의 대우에 관한 기준」에 해당하는가가 문제이다. 근로기준법 제23조의 「정당한 이유」에는 해고의 절차적 적정성까지 포함되어 있으며, 단체협약의 해고절차조항은 근로기준법 제23조의 「정당한 이유」의 절차적 구체화라고 할 것이다. 해고절차조항을 위반한 해고의 유무효는 해고절차조항이 근로기준적 부분 즉 「규범적 부분」에 해당하는가, 노사관계적 부분 즉 「채무적 부분」에 해당하는가라는 단순논리에 의해서 판단할 것이 아니라 해고 그 자체를 적법절차의 법리의 차원에서 검토해서 판단해야 할 것이다.

4) 면책특약조항

쟁의행위권을 행사하여 단체협약이 체결되는 경우에 협약당사자들은 당해 쟁의행위로 인하여 발생한 민형사상 책임을 묻지 않기로 특약을 할 수 있다. 이 경우 "파업기간 중에 행위에 대하여 일체의 민형사상 책임을 묻지 않는다"라는 내용의 규정을 단체협약에 포함시키는 것이 보통이다. 이러한 면책특약은 협약당사자간의 권리 의무를 규정하는 것이기 때문에 사용자 또는 사용자단체와 노동조합 그 자체 사이의 권리의무를 설정하는 노사관계적 부분에 속한다. 그런데 일체의 민형사상 책임의 면제에 징계책임의 면제까지 포함되는지가 문제이다. 이 경우에 특별한 사정이 없는 한 적극적으로 해석해야 할 것이다.

[판 례]

□ 업무수행중의 사고에 관한 사용자의 구상권을 포기한다는 단체협약규정의 해석

- 단체협약의 명문의 규정을 근로자에게 불리하게 해석할 수 없다 할 것인바, 단체협약서에 "회사는 근로자가 업무수행중 야기한 과실로 인한 교통사고에 있어서는 회사가 부담한다"고 규정되어 있다면, 이는 근로자의 업무수행중 그의 과실로 인한 교통사고로 인하여 회사가 입은 손해에 대하여는 그 과실이 경과실이냐 또는 중과실이냐를 구별하지 아니하고 회사가 이를 모두 부담하고 근로자에 대하여는 그 책임을 묻거나 구상권을 행사하지 아니하겠다는 취지로 해석해야 한다(대판 1987.4.14. 86다카306).

□ 농성기간중의 행위에 대해 면책키로 한 단체협약의 의미

- 농성기간 중 사건에 대하여 노동조합원들에 대한 일체의 책임을 묻지 않기로 노사간에 단체협약을 한 경우 그 취지는 위 농성기간 중의 행위뿐만 아니라 농성과 일체성을 가지는 그 준비행위, 유발행위까지도 포함하여 이를 면책시키기로 한 것이라고 봄이 타당하므로 농성 전에 유인물을 무단배포하여 파업을 선동한 행위도 농성과 일체성을 가지는 것으로서 이것이 취업규칙의 징계해고사유에 해당하더라도 이를 이유로 징계해고할 수 없다(대판 1991.1.11. 90다카21176).

Ⅳ. 노사관계적 효력위반의 효과

1. 실정법의 해석론

단체협약 중 노사관계적 부분의 위반에 대하여 계약 위반의 경우와 마찬가지의 법률효과를 생각할 수 있다. 그러나 협약당사자의 노사관계적 부분에 대한 불이행이 있을 경우 단체협약을 해제하거나 동시이행의 항변권을 행사하는 것 등은 단체협약의 특수성에 비추어 곧바로 인정하기 어려운 경우가 많을 것이다.

협약당사자의 채무 그 자체의 이행을 구하는 소를 제기하여 채무명의를 받아 강제집행을 하는 방법이 있다. 그러나 협약당사자의 채무는 대부분 "하는 채무"로서의 성질을 가지므로 그것이 이른바 대체적 작위채무(민법 제389조 제2항 후단)에 해당한다면 대체집행의 방법(민사집행법 제260조)이 가능할 것이고, 이와 달리 부대체적 작위채무로서 그 채무의 성질이 강제이행을 할 수 있는 경우에는 간접강제의 방법(민사소송법 제261조)에 의할 수 있으나 채무의 성질상 강제이행이 불가능한 경우에는 간접강제조차 허용되지 아니한다 할 것이다.

협약당사자의 채무불이행으로 인하여 손해가 발생하였을 때에는 그 손해배상을 구하는 소송을 제기할 수 있음은 물론이다. 그러나 이 역시 협약당사자가 부담하는 채무가 대부분 "하는 채무"의 성질을 가지므로 채무 자체의 불이행으로 인한 직접적인 손해를 산정하기 어렵기 때문에 그 불이행으로 야기되는 정신적 침해를 위자하는 내용의 것이 보통일 것이다.

2. 입법론

단체협약 중 노사관계적 부분의 실효성을 확보하기 위해서 현행 노조법의 보완이 필요하다. 노사관계적 부분이 노동조합에게 일정한 의무를 부과하는 경우에는 그러한 의무위반이 곧바로 비쟁위행위가 되어서 업무방해죄 등으로 형사상 처벌을 받게 되기 때문에 노동조합에 대해서는 법적으로 강제되는 데에 비하여 사용자에게 일정한 의무를 부과하는 경우에는 그 이행을 확보하기에서는 현실적으로 어려움이 많다. 그래서 사용자의 이행확보를 위해서 사용자의 노사관계적 효력위반을 부당노동행위로 규정하는 것도 입법론적으로 생각해 볼만하다.

제 4 절 단체협약의 확대적용

Ⅰ. 서 설

단체협약은 협약당사자인 노동조합과 사용자 또는 사용자단체 및 그 구성원에 대하여 그 효력이 미치는 것이 원칙이다. 그러나 노조법은 일정한 경우 당해 단체협약의 체결당사자나 그 구성원 이외에 비조합원이나 제3자의 위치에 있는 사용자 등에게도 그 효력이 미칠 수 있도록 하는 두 가지의 제도를 마련하고 있다. 그 한 가지가 사업장 단위에서 단체협약의 효력이 확장되는 일반적 구속력 제도(노조법 제35조)이고, 다른 한 가지는 지역단위에서 단체협약의 효력이 확장되는 지역적 구속력 제도(노조법 제36조)가 그것이다.

우리나라에 있어서 단체협약의 효력확장제도는 1918년 도이칠란트 단체협약법상의 지역적 효력확장제도를 변용적으로 수용한 일본 노동조합법에 그 연원을 두고 있다. 산업별단체협약이 일반적인 나라에서는 주로 지역단위의 확장적 효력만이 문제되지만, 기업별 단체협약이 일반화되어 있는 나라에서는 오히려 사업장단위의 확장적 효력이 더욱 더 중요하다고 할 것이다.

Ⅱ. 일반적 구속력

1. 개 념

하나의 사업 또는 사업장에 상시 사용되는 동종의 근로자 반수 이상이 하나의 단체협약의 적용을 받게 된 때에는 당해 사업 또는 사업장에 사용되는 다른 동종의 근로자에 대하여도 당해 단체협약이 적용된다(노조법 제35조).

이를 사업장단위의 일반적 구속력 또는 확장적 효력이라고 한다.

2. 제도적 취지

이와 같이 사업장 단위에서 단체협약의 일반적 구속력 제도를 두고 있는 입법 취지에 관하여는 ① 하나의 사업장에서 소수에 속하는 비조합원들에 대하여 단체협약의 효력이 미치게 함으로써 사용자로 하여금 비조합원들로부터 낮은 근로조건으로 노동력을 공급받는 것을 방지하고 이에 따라 단체협약의 실효성을 확보함으로써 노동조합의 유지 및 단결력의 강화를 기하기 위한 제도로 보는 견해(노동조합보호설), ② 하나의 사업장에서 근로하면서 단체협약의 원칙적 적용대상에서 제외되고 있는 비조합원인 근로자들에 대하여도 조합원과 균등한 근로조건이 보장되도록 함으로써 공익적 견지에서 비조합원들을 보호하기 위한 제도로 보는 견해(비조합원보호설), ③ 주로 단체협약의 기준으로 당해 사업장에서의 근로조건을 통일함으로써 근로조건이 열악한 비조합원을 보호하려는 것이지만 부수적으로는 사용자로 하여금 비조합원을 우대하는 것을 저지하여 노동조합을 보호하기 위한 제도로 보는 견해(절충설) 등의 대립이 있다.

그러나 단체협약의 일반적 구속력제도의 의의가 반드시 노동조합보호 또는 비조합원보호 중 어느 한쪽에 편중할 것도 아니고 어느 쪽을 주로 하고 어느 쪽을 종으로 한다는 것도 별 의미는 없다고 할 것이다.

3. 요 건

노조법상 단체협약의 일반적 구속력이 인정되기 위한 요건은 「하나의 사업 또는 사업체」 「상시 사용되는」 「동종의 근로자」 「반수 이상이」 「하나의 단체협약의 적용을 받게 된 때」로 정해져 있다.

1) 「하나」의 사업 또는 사업장

「하나의 사업 또는 사업장에」 적용되는 단체협약의 경우에 한한다. 따라서 하나의 사업 또는 사업장 단위를 초과하는 범위에서는 단체협약의 일반적 구속력이 인정될 여지가 없다.

"사업 또는 사업장"이라 함은 개인사업체 또는 독립된 법인격을 갖춘 회사 등과 같이 경영상의 일체를 이루면서 계속적·유기적으로 운영되고 전체로서 독립성을 갖춘 하나의 기업체조직을 뜻한다고 보는 것이 판례의 입장이다.[75]

재벌그룹과 같이 여러 개의 계열회사를 두고 있는 대기업의 경우에는 그룹산하의 계열사가 개별적으로 사업 또는 사업장에 해당한다. 반면에 어느 회사가 여러 곳에 공장 또는 지점사무소 등을 두고 있다거나 혹은 경영진의 사정 때문에 2개 이상의 단위로 인적, 물적 설비를 서로 독립시키고 회계를 분리·경영하고 있다거나 혹은 하나의 회사가 건설업과 자동차정비업 등 성격이 다른 여러 가지의 영업을 함께 운영하고 있다고 하더라도 그 경영주체가 동일한 법인격체인 이상 하나의 사업 또는 사업장이라고 할 것이다.

2) 「상시」 사용되는 근로자

단체협약의 적용을 받는 근로자(즉, 조합원)의 범위는 하나의 사업 또는 사업장 내에서 「상시 사용되는」 근로자를 기준으로 정하여야 한다. 따라서 하나의 사업 또는 사업장에서 사용되고 있는 근로자 중에서 상시 사용되는 근로자가 아니면 단체협약의 일반적 구속력의 인정여부를 결정하는 근로자의 숫자에서 제외된다.

판례는 일반적으로, "상시"라 함은 상태(常態)라고 하는 의미로서 어느 날이건 예외 없이 존재하는 근로자의 수나 일정 기간 동안 근무한 연인원을 평균하여 계량적으로 산출된 근로자의 수가 아니라 사회통념에 의하여 객관적으로 판단하여 상태적으로 존재하는 근로자의 수를 기준으로 하여야 하며, 여기의 "사용"되는 근로자에는 당해 사업장에 계속 근무하는 근로자뿐만 아니라 필요할 때마다 사용하는 일용근로자를 포함한다고 해석하고 있다.[76)]

특히 단체협약의 일반적 구속력을 규정한 법규정에서 말하는 상시 사용되는 근로자라 함은 하나의 단체협약의 적용을 받는 근로자가 반수 이상이라는 비율을 계산하기 위한 기준이 되는 근로자의 총수로서 근로자의 지위나 종류(직원·공원·촉탁), 고용기간의 정함의 유무(성용공·임시공) 또는 근로계약상의 명칭에 구애됨이 없이 사업장에서 사실상 계속적으로 사용되고 있는 근로자 전부를 의미하므로 단기의 계약기간을 정하여 고용된 근로자라도 기간만료시마다 반복 갱신되어 사실상 계속 고용되어 왔다면 여기에 포함된다고 한다.[77)]

---

75) 대판 1990.3.13. 89다카24445; 동 1992.5.12. 90누9421; 동 1993.2.9. 91다21381; 동 1993.10.12. 93다18365; 동 1997.11.28. 97다24511; 동 1999.8.20. 98다765.

76) 대판 1987.4.14. 87도153; 동 1987.7.21. 87다카831; 동 1995.3.14. 93다42238; 동 1997.11.28. 97다2897; 동 2000.3.14. 99도1243; 동 2000.3.23. 99다58433.

77) 대판 1992.12.22. 92누13189.

[판 례]

□ **사업장단위의 일반적 구속력 범위로서 '상시 사용되는 동종의 근로자'의 의미**

- 원래 단체협약의 적용을 받지 않는 근로자에게 노동조합법 제37조 소정의 일반적구속력에 의하여 단체협약이 적용되기 위하여는 하나의 공장, 사업장 기타 직장에 상시 사용되는 동종의 근로자의 반수이상의 근로자가 하나의 단체협약의 적용을 받게됨을 필요로 하는바, 여기에서 '상시 사용되는 동종의 근로자'라 함은 하나의 단체협약의 적용을 받는 근로자가 반수 이상이라는 비율을 계산하기 위한 기준이 되는 근로자의 총수로서 근로자의 지위나 종류(직원, 공원, 촉탁), 고용기간의 정함의 유무(상용공, 임시공) 또는 근로계약상의 명칭에 구애됨이 없이 사업장에서 사실상 계속적으로 사용되고 있는 동종의 근로자 전부를 의미하므로, 단기의 계약기간을 정하여 고용된 근로자라도 기간만료시마다 반복갱신되어 사실상 계속 고용되어 왔다면 여기에 포함되고, 또한 사업장 단위로 체결되는 단체협약의 적용범위가 특정되지 않았거나 협약조항이 모든 직종에 걸쳐서 공통적으로 적용되는 경우에는 직종의 구분 없이 사업장 내의 모든 근로자가 동종의 근로자에 해당된다(대판 1992.12.22. 92누13189).

3) 「동종」의 근로자

단체협약의 적용을 받고 있는 근로자(즉, 조합원)와 단체협약의 적용을 받고 있지 않는 다른 근로자(즉, 비조합원)는 서로 「동종의 근로자」에 해당하여야만 이들 사이에서 단체협약의 일반적 구속력에 의한 효력확장이 인정된다. 판례[78]는 당해 단체협약의 규정에 의하여 그 협약의 적용이 예상되는 자에 해당하면 동종의 근로자에 해당한다고 하고 있다.

우선, 단체협약은 특정 조항에 따라 일정 범위의 근로자에 대하여만 적용하기로 정하는 등의 특별한 사정이 없는 한 협약당사자로 된 노동조합의 구성원으로 가입한 조합원 모두에게 현실적으로 적용되고, 노동조합에 가입하지 않더라도 노동조합 규약에 따라 조합원으로 가입할 수 있는 자격이 있으면 언제든지 노동조합에 가입하여 그 협약의 적용을 받을 수 있을 것으로 예상된다. 그러므로 여기서 "단체협약의 적용이 예상되는 자"라 함은 원칙적으로 노동조합의 조합원 자격이 있는 자 모두를 가리킨다고 볼 것이다.

즉 사업장 단위로 체결되는 단체협약의 적용 범위가 특정되지 않았거나 협약 조

78) 대판 1987.4.28. 86다카2507; 동 1995.12.22. 95다39618; 동 1997.4.25. 95다4056; 동 1999.12.10. 99두6927.

항이 모든 직종에 걸쳐서 공통적으로 적용되는 경우에는 직종의 구분 없이 사업장 내의 모든 근로자가 동종의 근로자에 해당된다.[79] 따라서 회사의 노동조합 규약에 부장급 이상을 제외한 사원은 직급·직종을 불문하고 누구나 노동조합의 가입대상자로 규정되어 있거나[80] 사용자에 해당하지 않는 한 기능직·일반직 등 직종의 구분 없이 사업장 내의 모든 근로자가 노동조합의 조합원으로 가입할 수 있도록 되어 있다면,[81] 이와 같이 조합원의 자격이 있는 근로자들은 단체협약의 일반적 구속력에 의하여 그 적용을 함께 받을 수 있는 동종의 근로자에 해당하므로 현실적으로는 특정의 직종·직급의 근로자들만이 노동조합에 가입하고 있더라도 그 숫자가 과반수에 이르고 있다면 노동조합에 전혀 가입하고 있지 아니한 다른 직종·직급의 근로자들도 단체협약의 적용을 받게 되는 동종의 근로자에 해당한다.

다음, 노동조합의 규약에 특정 직급·직종의 근로자들만을 가입대상자로 정하고 있을 경우, 이와 같이 조합원의 자격이 있는 근로자들과 그 작업내용이나 형태가 같거나 비슷한 다른 근로자들은 비록 그들이 노동조합의 가입대상자에서 제외되어 있더라도 당해 단체협약의 적용이 예상되는 동종의 근로자에 속한다고 볼 것인가가 문제로 된다.

이 문제에 대해서는 긍정하는 견해(긍정설)[82]와 부정하는 견해(부정설)[83]가 있다. 한편, 이 문제를 정면으로 언급하고 있는 판례는 없기 때문에 우리 판례의 입장은 알 수 없지만, 예컨대, 조합원 자격이 있는 자를 생산직 근로자로 한정하고 있다면 경비원과 같이 감시적·단속적 근로에 종사하는 자는 단체협약의 적용을 받는 생산적 근로자와 그 작업내용이나 형태가 같다거나 비슷하다고 볼 수 없어 단체협약이 적용되는 근로자와 동종의 근로자라고는 할 수 없다고 하거나[84] 조합원의 자격이 있는 자를 고용직·기능직 근로자로 한정하고 있을 때 청원경찰과 같이 경비와 순찰을 주 업무로 하는 근로자는 위 고용직·기능직 근로자와 동종의 근로자라고 할 수 없다[85]고 판시하고 있는 점으로 미루어 볼 때, 긍정하고 있는 것으로 추정된다.

생각건대, 어떻든 단체협약의 일반적 구속력을 인정하는 법규정의 문구나 그

79) 대판 1992.12.22. 92누13189; 동 1999.12.10. 99두6927.
80) 대판 1992.12.22. 92누13189.
81) 대판 1999.12.10. 99두6927.
82) 김유성, 위같은책, 192면.
83) 임종률, 위같은책, 162면.
84) 대판 1995.12.22. 95다39618.
85) 대판 1997.4.25. 95다4056.

입법취지로 학설이 들고 있는 어느 것에 의하더라도 동종 근로자의 개념을 제한할 근거는 없다고 하겠다. 또 예컨대, 하나의 사업 안에 본사 및 수 개의 공장 등 여러 개의 지역단위 사업장을 두고 있고 그 중 어느 지역 사업장에 근무하는 근로자만을 대상으로 하여 노동조합의 조합원 자격을 인정하고 있더라도 노동조합 가입대상자인 근로자와 그 근무내용이나 형태가 비슷한 다른 지역 사업장의 근로자들도 동종의 근로자의 범위에 포함된다 할 것이다.

4)「반수이상」이 근로자가 하나의 단체협약의 적용

하나의 사업 또는 사업장 안에서 상시 사용되는 동종의 근로자 총수 중「반수이상」이 하나의 단체협약으로 적용을 받고 있어야 한다. 하나의 단체협약으로 적용을 받고 있는 상시 사용 근로자와 이와 동종의 상시 사용 근로자를 합산한 근로자의 총수가 분모가 되고, 그 중 단체협약의 적용을 받고 있는 상시 사용 근로자의 수를 분자로 하여 이것이 1/2 이상이어야 한다는 뜻이다. "과반수"가 아니고 단순히 "반수" 이상으로만 규정되어 있는 점에도 주의하여야 한다.

5)「하나의 단체협약의 적용을 받는」 근로자

「하나의 단체협약의 적용을 받는」근로자는 위의 (라)항에서 본 바와 같이 분모 항목의 일부, 분자 항목의 전체를 이룬다. 여기서 "단체협약의 적용을 받는" 근로자라 함은 당해 단체협약의 본래적 적용대상자 그 자체를 의미한다. 즉, 단체협약에 그 적용대상자를 제한하지 않고 있을 때에는 노동조합에 가입하고 있는 조합원 전부가 이에 해당하고 그 적용대상자를 일정 범위의 조합원으로 한정하고 있는 때에는 그 한정된 범위의 조합원이 이에 해당한다. 그 밖의 사유로 단체협약이나 이와 동일한 기준을 적용받고 있는 근로자는 여기에 해당하지 않는다고 할 것이다.

또한, 일반적 구속력이 인정되는 "단체협약"이라 함은「노조법상 노동조합으로서의 적극·소극의 실질적 요건을 갖추어 설립신고의 형식적 요건을 마친 법내노조」 또는 적어도「노조법상 노동조합으로서의 적극·소극의 실질적 요건을 갖춘 노동조합」이 협약당사자로서 체결한 단체협약을 의미하는 것으로 해석함이 상당하다 할 것이다.

그리고 "하나의 단체협약"이 하나의 사업 또는 사업장에서 적용된다고 할 때 그 단체협약은 반드시 기업별 단위노동조합이 체결한 것으로서 당해 사업 또는 사업장에만 적용되는 것이어야만 하는 것은 아니고 직종별·지역별·산업별 단위

노동조합이 체결한 것과 같이 당해 사업 또는 사업장 이외의 다른 사업 또는 사업장에도 적용되는 것도 포함한다고 해석하여야 할 것이다.[86]

4. 효 과

1) 확장적용의 내용

이상의 요건을 갖춘 단체협약은 당해 단체협약의 적용대상자가 아니라 하더라도 당해 사업 또는 사업장에 사용 중인 다른 동종의 근로자에게도 적용된다. 단체협약이 확대 적용되는 범위에 속하는 "동종의 근로자"의 개념은 앞에서 기술한 바와 같다. 다만, 단체협약의 효력이 확장되는 동종의 근로자는 법문상 "상시"사용 중인 근로자에 한정되어 있지 않다는 점에 유의할 필요가 있다. 따라서 "상시" 사용 중인 아닌 근로자는 단체협약의 일반적 구속력에 의한 적용요건을 결정하는 요소에서는 제외되지만 일반적 구속력의 요건이 구비된 경우에 그 단체협약의 적용을 받게 되는 대상자에는 포함된다.

일반적 구속력에 의하여 그 효력이 확대 적용되는 것은 단체협약 중 근로기준적 부분에 한정된다고 할 것이다.

단체협약의 확대 적용을 받지 않는 상태에서의 근로조건이 일반적 구속력의 요건을 갖춘 단체협약에 정한 근로조건 보다 유리하여 오히려 단체협약의 일반적 구속력에 의한 확대 적용의 결과 그 효력이 미치게 되는 근로자에게 불리한 결과로 되는 경우에도 예외 없이 단체협약의 확대 적용을 인정할 것인가가 문제된다. 학설상으로는 단체협약의 확대 적용을 긍정하는 견해와 이를 부정하는 견해가 대립되어 있고, 판례의 입장은 아직까지 찾아 볼 수 없다. 노동조합에 가입하지 않은 비조합원에 대해서까지 단체협약의 일반적 구속력에 따른 단체협약의 확대 적용을 이유로 불리한 입장에 처하게 하는 것은 부당하다고 생각한다.

단체협약 자체에 노동조합에 가입하지 아니한 비조합원에 대하여는 어떠한 이유로도 그 효력의 확대 적용을 배제한다는 취지의 조항을 두고 있다고 하더라도 이러한 단체협약의 조항은 일반적 구속력을 정한 법규정에 위배되어 무효라고 보아야 할 것이다.

단체협약의 유효기간이 만료되거나 그밖에 일반적 구속력을 인정받기 위한 요건을 흠결시키는 사유가 발생한 경우에는 그 확대 적용의 효력 역시 종료된다.

86) 同旨: 임종률, 위같은책, 161면.

따라서 조합원의 탈퇴·퇴직이나 미조직근로자의 신규채용 등의 사유로 인하여 하나의 단체협약의 적용을 받는 근로자가 반수 미만으로 되는 때에는 그 때부터 단체협약의 확대 적용은 인정되지 아니한다. 이에 따른 비조합원의 근로조건은 단체협약이 종료된 경우에 준하여 보아야 할 것이다. 다만, 사용자가 일반적 구속력의 적용을 배제시키기 위하여 조합원을 탈퇴·해고시키거나 미조직근로자를 신규로 채용하는 경우에는 노조법 제81조 제1호 및 제2호의 부당노동행위가 성립할 수 있다.

2) 복수노조병존의 경우

(1) 문제의 소재

이를테면, 복수노조인 경우, 소수의 근로자가 다른 노동조합을 결성하고 그 노조에 단체협약이 없는 경우, 확장적용의 요건이 구비되면, 그 조합원에게도 당연히 확장적용될 것이다. 그러나 그 노조에 자신의 고유한 단체협약이 있거나 단체교섭을 진행하는 경우에도 확장적용이 되는가가 문제이다. 이에 관해서 단체협약의 기능 및 확장적용제도의 취지를 어떻게 보는가에 다르게 될 것이다.

(2) 학 설

가. 확장적용부정설

이 설은 소수노동조합의 조합원에게도 단체협약의 확장적용을 인정하면 그 노조가 가진 헌법상의 단체교섭권을 침해하고 독자성을 부정하는 결과를 가져온다는 것을 근거로 소수노조의 조합원에 대한 확장적용을 부정하는 입장이다.[87)]

나. 확장적용긍정설

이 설은 확장적 효력은 사업장 내 근로조건의 최저기준을 통일하여 모든 근로자의 근로조건을 개선하려데 취지가 있으므로 비조합원의 경우와 같이 다수 조합원의 노동조합의 단체협약이 소수노조의 독자적인 단체교섭이나 고유한 단체협약보다 유리한 경우에 한하여 확장적용된다는 입장이다.

(3) 사 견

입법연혁적으로 볼 때, 현행 노조법은 단체협약효력의 확장적용제도에 있어서

---

87) 박상필, 『한국노동법(전정판)』, 대왕사, 1990, 489면; 박홍규, 위같은책, 1002면; 대판 1993. 12.21. 92도2247.

복수노조를 전제로 하지 않은 것이 분명하다. 그래서 따라서 사업차원에서 복수노조의 병존이 허용되는 법제 하에서는 단체협약효력의 확장적용제도는 단체교섭제도와 관련하여 소수노조의 조합원에 대한 관계에 있어서 입법적인 선택을 해야 할 것이다. 현행노조법은 하나의 사업 또는 사업장 차원에서 복수노조병존시에 교섭창구단일화를 강제하고 있기 때문에 사업장단위에 병존하는 복수노동조합 간에 단체협약효력의 확장문제는 생기지 않는다.

그런데 만약 우리 노조법이 취하고 있는 교섭창구단일화제도가 위헌이기 때문에 폐지되고 복수노조간에 자유경쟁주의를 취하는 방향을 개정된다고 한다고 가정할 때, 소수노조의 조합원에 대한 다수노조의 단체협약의 확장적용을 어떻게 해석할 것인가가 문제이다. 생각컨대, 소수노동조합의 조합원에게도 단체협약의 확장적용을 인정하면 소수노조들이 가진 헌법상의 단체교섭권을 침해하고 독자성을 부정하는 결과를 야기한다고 할 것이며 소수노동조합의 경우에도 헌법에 보장된 단체교섭권을 행사하여 얼마든지 자신들에게 유리한 단체협약을 체결할 수 있을 것이라고 판단되므로 굳이 단체협약의 확장적 효력을 설령 소수노조라고 하더라도 조합원에게까지 확대할 필요는 없을 것이다.

3) 확장적 효력의 소멸

확장적용된 단체협약이 유효기간 만료 등의 사유로 종료되는 경우 확장적 효력은 자동적으로 소멸한다. 확장적용의 요건이 결여하게 된 때에도 그러하다. 다만, 이 경우에도 여후효의 문제가 생긴다고 할 것이다.

Ⅲ. 지역적 구속력

1. 의 의

하나의 지역에 있어서 종업하는 동종의 근로자 3분의 2 이상이 하나의 단체협약의 적용을 받게 된 때에는 행정관청은 당해 단체협약의 당사자의 쌍방 또는 일방의 신청에 의하거나 그 직권으로 노동위원회의 의결을 얻어 당해 지역에서 종업하는 다른 동종의 근로자와 그 사용자에 대하여도 당해 단체협약을 적용한다는 결정을 할 수 있다(노조법 제36조 제1항). 이러한 단체협약의 지역적 구속력 제도를 두는 입법취지는 하나의 지역을 단위로 하여 그 지역 동종 근로자 중 소수에 속하는 근로자들에 대하여 하나의 단체협약의 효력이 미치게 함으로써 그 지역 사용자들이 낮은 근로조건으로 노동력을 공급받는 것을 방지하고, 이에 따라 단체협약의 실효성을 확보함으로써 노동조합의 유지 및 단결력의 강화를 기함과 아울러 그 소수 근로자들에 대하여도 균등한 근로조건이 보장되도록 함으로써 소수 근로자들을 보호하기 위한 것으로 설명하는 것이 일반적이다.

2. 요 건

실체적 요건과 절차적 요건을 모두 갖추어야 한다.

1) 실체적 요건

「하나의 지역」에서 「종업하는 동종 근로자의 3분의 2 이상」이 「하나의 단체협약의 적용」을 받아야 한다.

「하나의 지역」을 단위로 한다. 여기서 "하나의 지역'이라 함은 반드시 일정 단위의 행정구역과 일치되는 개념이 아니고 당해 단체협약의 효력을 확장할 만한 경제적 기초의 동질성 또는 유사성을 고려하여 결정되어야 한다.

단체협약의 적용을 받는 근로자는 「종업하는 동종 근로자의 3분의 2 이상」이어야 한다. 위와 같이 단체협약의 적용을 받는 근로자의 범위는 "동종 근로자"이면 되고 "상시 적용"되는 근로자에 한정되지 않는다. "동종 근로자"의 범위는 사업장 단위의 일반적 구속력의 요건에서 설명한 바와 같다. 따라서 당해 단체협약을 체결한 노동조합의 조합원 자격이 있으면서 조합원으로 가입하지 아니한 자 및 그 조합원이나 조합원 자격이 있는 자와 직종 또는 산업별로 그 근로자의 내용이나 형태가 동일 또는 유사한 자는 이러한 동종 근로자에 해당한다고 할 것이다.

근로자둘이 「하나의 단체협약의 적용」을 받고 있어야 한다. 하나의 단체협약의 "적용"을 받고 있다고 함은 사업장 단위의 일반적 구속력 요건에서 전술한 바와 같이 당해 단체협약의 본래적 적용대상자로서 적용되고 있는 것만을 의미하고, 그 밖의 사유로 단체협약이나 이와 동일한 기준을 적용받고 있는 근로자는 여기에 해당하지 않는다고 보아야 할 것이다.

지역적 구속력이 인정되는 "단체협약'이라 함은 행정관청에 의한 절차적 요건까지 갖추어야 하는 점에 비추어 볼 때, 「노조법상 노동조합으로서의 적극·소극의 실질적 요건을 갖추어 설립신고의 형식적 요건을 마친 이른바 법내노조」가 협약당사자로서 체결한 단체협약을 의미하는 것으로 해석함이 상당하다고 할 것이다.

지역적 구속력을 가질 수 있는 "하나의 단체협약"은 일반적으로 직종별·산업별 단위노동조합이 체결한 단체협약뿐만 아니라 기업별 단위노동조합으로부터 단체교섭권을 위임받은 상급연합단체가 사용자단체와 사이에 통일교섭 방식에 의하여 체결한 단체협약, 다수의 기업별 단위노동조합이 특정 사용자를 상대로 하여 집단교섭 방식에 의하여 체결한 단체협약 등을 생각할 수 있다.

그러나 형식상 1개의 단체협약의 개념으로 좁게 해석할 것은 아니고 다수의 단체협약의 형식을 취하고 있더라도 그 실질에 있어서 전체적으로 보아 하나의 단체협약으로 볼 수 있는 경우도 포함한다고 해석할 것이다. 따라서 수 개의 기업별 단위노동조합으로부터 단체교섭권을 위임받은 상급연합단체가 사용자와 개별적으로 대각선교섭 방식에 의하여 체결한 수 개의 단체협약이 동일한 내용의 것이라면 이것도 전체적으로 하나의 단체협약이 된다고 볼 것이다.

기업별 단위노동조합이 상급연합단체에게 단체교섭권을 위임하고 그 연합단체가 사용자단체와의 통일교섭방식에 의하여 하나의 단체협약을 작성하면 교섭권한을 위임한 각 사업장에서는 그 형편에 따라 이를 그대로 단체협약으로 하거나 위 단체협약의 내용을 일부, 수정 보충하여 합의각서를 작성하여 이를 단체협약으로 하는 경우에는[88] 위 연합단체와 사용자단체가 작성한 단체협약이 전체적으로 교섭권한을 위임한 각 사업장에서의 최저기준으로 적용되었다면, 이것 또한 하나의 단체협약에 해당하여 그것이 소수 근로자에게 확대 적용되어야 하고 결과적으로 각 사업장마다 근로조건이 상이하게 되었다는 이유만으로 지역적 구속력의 적용대상에서 전면적으로 배제되지는 않는다고 보아야 할 것이다.[89]

2) 절차적 요건

「당해 단체협약의 당사자의 쌍방 또는 일방의 신청에 의하거나 행정관청의 직권」으로 「노동위원회의 의결」을 얻어 행정관청이 「당해 단체협약의 지역단위 효력확정 결정」을 하고, 지체 없이 이를 공고하여야 한다(노조법 제36조 제2항).

---

88) 대판 1993.12.21. 92도2247 참조.

89) 김유성, 위같은책, 196면은 "이 경우에는 사업장에 따라 근로조건에 차이가 발생할 수 있고 그 중 어떠한 단체협약이 기준이 되는지도 불분명하여 지역단위의 효력확장제도의 취지에 부합하지 않는다. 따라서 연합단체와 사용자단체간에 합의한 서면은 단체협약의 시안에 불과한 것으로서 '하나의 단체협약에 해당하는 것으로 볼 수 없다"라고 하여 반대견해를 피력하고 있다.

3. 효 과

위와 같은 요건을 갖춘 단체협약은 당해 단체협약의 적용대상자가 아니더라도 「당해 지역에서 종업하는 다른 동종의 근로자」와 「사용자」에 대하여도 적용된다. 단체협약이 확대 적용되는 범위에 속하는 "동종의 근로자"의 개념은 전술한 바와 같다.

당해 단체협약의 적용대상자가 아닌 "다른 동종의 근로자"가 당해 단체협약을 체결한 노동조합이 아닌 다른 노동조합(흔히, "소수노조"라고 표현하고 있으나, 판례는 "협약 외의 노동조합"이라고 한다)에 가입하고 있고 위 소수노조가 별도의 단체협약을 체결하고 있는 경우에도 지역적 구속력의 효력이 미칠 수 있는지가 문제된다.

[판 례]

- 헌법 제33조 제1항은 근로자는 근로조건의 향상을 위하여 자주적인 단결권, 단체교섭권 및 단체행동권을 가진다고 규정하여 근로자의 자주적인 단결권 뿐 아니라 단체교섭권과 단체행동권을 보장하고 있으므로, 노동조합법 제38조가 규정하는 지역적 구속력 제도의 목적을 어떠한 것으로 파악하건 적어도 교섭권한을 위임하거나 협약체결에 관여하지 아니한 협약 외의 노동조합이 독자적으로 단체교섭권을 행사하여 이미 별도의 단체협약을 체결한 경우에는 그 협약이 유효하게 존속하고 있는 한 지역적 구속력 결정의 효력은 그 노동조합이나 그 구성원인 근로자에게는 미치지 않는다고 해석하여야 할 것이고, 또 협약 외의 노동조합이 위와 같이 별도로 체결하여 적용받고 있는 단체협약의 갱신체결이나 보다 나은 근로조건을 얻기 위한 단체교섭이나 단체행동을 하는 것 자체를 금지하거나 제한할 수는 없다고 보아야 할 것이다 (대판 1993.12.21. 92도2247).

☞ 이러한 판례의 입장에 의하면, 협약 외의 노동조합이 별도로 체결한 단체협약의 내용이 지역적 구속력의 요건을 갖춘 단체협약의 내용보다 불리한 경우에도 협약 외의 노동조합이 체결한 단체협약만이 적용된다고 볼 것인가가 문제되나, 지역적 구속력 제도의 본래의 취지에 비추어 볼 때 소극적으로 해석함이 타당하다고 생각한다.

지역적 구속력에 의하여 그 효력이 확대 적용되는 것은 단체협약 중 근로기준적 부분에 한정된다고 보는 것이 일반적이다.

지역적 구속력에 의하여 효력 확장이 인정되는 단체협약의 적용에 있어서는 유리의 원칙이 인정된다고 보는 것이 통설이다. 따라서 단체협약의 확대 적용을 받지 않는 상태에서의 근로조건이 지역적 구속력의 요건을 갖춘 단체협약에 정한 근로조건 보다 유리하여 오히려 단체협약의 지역적 구속력에 의한 확대 적용의 결과 그 효력이 미치게 되는 근로자에게 불리한 결과로 되는 경우에는 단체협약의 확대 적용이 인정되지 아니한다.

단체협약의 유효기간이 만료되거나 그 밖에 지역적 구속력을 인정받기 위한 요건을 흠결시키는 사유가 발생한 경우에는 그 확대 적용의 효력 역시 종료된다. 종래 확대 적용을 받고 있던 근로자에 대한 근로조건은 단체협약이 종료된 경우에 준하여 보아야 할 것이다.

제 6 장 단체협약의 종료

제 1 절 종료사유

I. 유효기간의 만료

1. 단체협약의 유효기간

단체협약에 유효기간을 정하고 있는 경우 그 유효기간이 만료되면 단체협약은 종료된다. 단체협약에 유효기간을 정하는 경우 그 기간은 2년을 초과할 수 없다(노조법 제32조 제1항). 따라서 단체협약의 유효기간을 2년 이내에서 정한 경우에는 그 유효기간은 그에 따른다. 이와 달리 2년을 초과하는 유효기간을 정한 경우에는 그 유효기간은 2년으로 한다(동법 제32조 제2항).

단체협약에 유효기간을 정하지 않은 경우에도 그 유효기간은 2년으로 한다(동법 제32조 제2항). 단체협약의 유효기간을 법정하고 있는 취지는 단체협약의 유효기간이 너무 길게 정해지면 단체협약이 노사관계의 변화를 적절하게 반영할 기회를 갖지 못함으로써 노사 간의 안정과 평화를 해칠 수 있기 때문이라고 설명되고 있다.

[판 례]

□ **단체협약의 유효기간의 의의**

- 원래 단체협약의 유효기간은 협약당사자의 자치에 맡기는 것이 원칙이라 하겠으나, 노동조합법이 그 유효기간을 제한하는 규정을 둔 것은 단체협약의 유효기간을 너무 길게 하면 변동하는 산업사회의 사회적, 경제적 여건의 변화에 적응하지 못하여 당사자를 부당하게 구속하는 결과가 되고 그렇게 되면 단체협약에 의하여 적절한 근로조건을 유지하고 노사관계의 안정을 도모하고자 하는 목적에도 어긋나게 되므로 그 유효기관을 일정한 범위로 제한하여 단체협약의 내용을 시의에 맞고 구체적 타당성 있게 조정해 나가도록 하자는

데 그 뜻이 있다. (…) (구)노동조합법(필자주 : 1996.12.31. 법률 제5245호로 개정되기 이전의 것) 제35조 제3항의 규정은 종전의 단체협약에 그 유효기간이 만료된 후에도 갱신체결을 위한 단체교섭이 진행중일 때에는 종전의 단체협약이 계속 효력을 갖는다는 규정이 없는 경우에 대비하여 둔 규정이므로, 종전의 단체협약에 위와 같은 자동연장협정의 규정이 있다면 위의 법 조항은 적용되지 아니하고, 당초의 유효기간이 만료된 후 위 법조항에 규정된 3월까지에 한하여 유효하다고 볼 것은 아니다. 당사자가 단체협약 만료시에 협약의 연장이나 갱신협정을 체결하는 것은 종전 단체협약과 같은 내용의 단체협약을 다시 체결하는 것과 같은 것으로서 당연히 유효하고, 단체협약의 만료시 일정한 기간 내에 협약의 개정이나 폐기의 통고가 없으면 자동갱신되는 것으로 미리 규정하는 것도 당사자의 유효기간 만료 후의 단체협약체결권을 미리 제한하거나 박탈하는 것이 아니므로 유효하고, 다만 그 새로운 유효기간은 같은 법 제35조 제1, 2항의 제한을 받는다(대판 1993.2.9. 92다27102).

□ **명예퇴직자에게 불리한 내용으로의 단체협약개정과 권리남용**

- 새로운 단체협약과 이에 따른 보수규정이 아직 정식으로 퇴직의 효력이 생기지 않은 일부 근로자들에게 불리하게 개정되었다고 하더라도 이에 동의할 수 있는 권한이 있는 노동조합과 적법한 절차를 거쳐 합의한 이상, 명예퇴직대상자들에게 불리하게 개정되었다는 사정만으로 노사간의 합의가 권리남용에 해당한다고 볼 수 없다(대판 1997.9.12. 96다56306).

---

2. 유효기간의 연장·갱신

단체협약의 유효기간이 만료되는 때를 전후하여 협약당사자 쌍방이 새로운 단체협약을 체결하고자 단체교섭을 계속하였음에도 불구하고 새로운 단체협약이 체결되지 아니한 경우에는 별도의 약정이 있는 경우를 제외하고는 종전의 단체협약이 그 효력 만료일부터 3월까지 계속 효력을 갖는다(노조법 제32조 제3항 본문).

단체협약에 그 유효기간이 만료되고 나서 새로운 단체협약이 체결되지 아니한 경우를 대비하여 별도의 약정을 두고 있는 경우에는 단체협약의 유효기간은 그에 따른다.

이러한 별도의 약정으로는 단체협약의 유효기간이 경과한 후에도 새로운 단체협약이 체결될 때까지나 또는 일정기간이 경과할 때까지 종전 단체협약의 효력을 존속시킨다는 취지의 이른바 "자동연장협정"이나, 단체협약의 유효기간이 만료되기 이전 일정기간 안에 협약당사자가 새로운 단체협약의 체결에 대한 의사표시를 하지 않을 경우 종전 단체협약과 동일한 내용의 새로운 단체협약이 체결된 것으로 한다는 취지의 이른바 "자동갱신협정" 등과 같은 단체협약의 유효기간의 연장이나 단체협약의 갱신에 관한 약정을 들 수 있다. 협약당사자가 이와 같이 단체협약의 유효기간 자동연장이나 자동갱신에 관한 협정을 체결하는 것은 유효기간 만료 후의 당사자의 단체협약체결 권한을 미리 제한하거나 박탈하는 것이 아니므로 유효하다.[90]

단체협약의 유효기간의 연장이나 갱신이 이루어지면 단체협약의 근로기준적 부분, 노사관계적 부분을 구분하지 않고 단체협약의 모든 조항이 그대로 그 효력을 계속 갖게 된다.

단체협약에 새로운 단체협약을 체결할 때까지나 일정기간이 경과할 때까지의 "자동연장협정"을 두고 있을 경우에 위 협정이 적법하게 해지되지 않는 한 당사자 일방이 그 유효기간의 연장에 반대하더라도 단체협약의 유효기간은 그 협정내용에 따라 새로운 단체협약이 체결될 때까지나 일정한 기간이 경과할 때까지 연장되는 것이 원칙이다. 다만, 새로운 단체협약을 체결할 때까지의 자동연장협정을 두고 있을 때에는 당사자 일방은 해지하고자 하는 날의 6월 전까지 상대방에게 종전 단체협약의 해지를 통고함으로써 종전 단체협약을 해지할 수 있으므로(동법 제32조 제3항 단서),[91] 그에 따라 새로운 단체협약의 체결 전에도 종전 단체협약의 연장 적용을 저지할 수 있다.

단체협약에 "자동갱신협정"을 두고 있을 경우 종전 단체협약의 유효기간이 만료됨과 동시에 그와 동일한 내용의 단체협약이 새로이 체결된 것과 같은 효력이 생긴다. 따라서 새로운 유효기간은 별도의 약정이 없는 한 종전 단체협약의 유효기간과 같고,[92] 그 새로운 유효기간에 대하여는 노조법 제32조 제1항 및 제2항에

---

90) 대판 1993.2.9. 92다27102 및 김진수, "단체협약의 유효기간의 여후효", 『판례연구(V)』, 부산판례연구회, 1995, 454면 이하; 김원정, "단체협약의 유효기간과 자동연장협정의 효력", 『노동법률』 24호, 중앙경제사, 1993/5, 14면 이하 등 참조.

91) (구)노동조합법 제35조 제3항에서는 현행 노조법 제32조 제3항 본문과 같은 취지만 규정하고 있었을 뿐 이러한 단서규정을 두고 있지 않아, 자동연장협정을 두고 있는 경우에도 그 유효기간은 (구)노동조합법 제35조 제3항의 제한을 받아 유효기간 만료 후 3월까지만 연장되는지 여부에 관하여 다툼이 있었다. 판례는 그 제한을 받지 않는다는 소극적 입장을 취하였다(대판 1992.4.14. 91누8364; 동 1993.2.9. 92다27102 참조). 그러나 현행 노조법 제32조 제3항 단서는 이 문제를 입법적으로 명확히 정리하고 있다.

92) 同旨: 김유성, 위같은책, 201면. 그러나 임종률, 위같은책, 170면은 "갱신기간을 정하지 않은 때에는 종전과 같은 기간이 아니라 2년이 된다고 보아야 한다"라고 하여, 종전 단체협약의 유효기간과 관계없이 새로운 유효기간은 2년으로 갱신된다고 주장하고 있는데, 왜 그렇게 보아야 하는지에 대한 아무런 논거를 제시하지 않고 있다. 필자가 추측하건데, 기간의 정함이 없는 근로계약에 관한 (구)근로기준법 제16조의 법리를 유추적용하여 생각한 것이 아닌가 한다.

의한 제한을 받는다.[93)]

[판 례]

□ **자동연장 조항의 효력**

- 단체협약은 그 유효기간의 만료로 종료됨이 원칙이고, 다만 유효기간의 만료시를 전후하여 노·사간에 새로운 단체협약을 체결하기 위한 단체교섭을 계속하였음에도 불구하고 새로운 단체협약이 체결되지 아니한 경우에는, 그 만료일로부터 3월 까지는 종전의 단체협약이 유효함은 노동조합법 제35조 제3항의 규정에 의하여 명백하지만, 단체협약 유효기간의 만료시를 전후하여 노·사간에 새로운 단체협약을 체결하기 위한 단체교섭을 계속하였음에도 불구하고 새로운 단체협약이 체결되지 아니한 경우에는 노사가 단체협약의 공백상태가 발생하는 것을 방지하기 위하여 종전 단체협약의 효력이 일정한 기간 자동적으로 연장되도록 약정하는 것도 가능하며, 이러한 약정이 노동조합법 제25조 제3항의 취지(단체협약의 여후효)에 위반되지 않으며, 위와 같은 단체협약의 자동연장에 관한 약정이 있으며 종전 단체협약의 자동연장에 관한 약정이 있으면 종전 단체협약은 당초의 유효기간이 만료 후 위 법조항에 규정된 3월까지에 한하여 유효하다고 볼 것은 아니다. 따라서 단체협약 체결일로부터 기산하여 (구)노동조합법 제35조 소정의 단체협약의 유효기간인 2년에도 못 미치는 1년 6월 남짓 경과하였을 때임이 명백하다면 종전 단체협약의 효력은 계속된다(대판 1992.4.14. 91누8364).

□ **자동갱신협정의 유효성**

- (구)노동조합법 제35조 제1, 2항이 단체협약의 유효기간을 제한한 것은 실정에 맞지 않게 된 단체협약이 당사자의 의사에 반하여 장기간 그 효력이 지속되는 것을 방지하고자 하는 취지에 있는 것이므로 노사 당사자가 단체협약 만료시에 그 협약의 연장이나 갱신협정을 체결하는 것은 종전 단체협약과 같은 내용의 단체협약을 다시 체결하는 것과 같은 효력을 갖는 것으로서 당연히 유효하고 단체협약의 만료시 일정한 기간 내에 협약의 개정이나 폐기의 통고가 없으면 자동갱신되는 것으로 미리 규정하는 것도 당사자의 유효기간 만료 후의 단체협약 체결권을 미리 제한하거나 박탈하는 것이 아니므로 유효하다. 다만 그 새로운 유효기간은 (구)노동조합법 제35조 제1, 2항의 제한을 받는 것이다(대판 1993.2.9. 92다27102).

---

93) 대판 1993.2.9. 92다27102 참조.

Ⅱ. 단체협약의 해지·해제

단체협약 그 자체에 정한 해지 사유가 발생하거나 법률에 규정한 해지사유(노조법 제32조 제3항 단서)가 발생한 경우에는 상대방에 대한 해지의 의사표시에 의하여 단체협약을 해지할 수 있다. 단체협약의 해지는 장래에 향하여 효력이 발생한다.

해지는 협약당사자는 합의에 의하여 언제든지 유효하게 할 수 있다. 그러나 단체협약에 대하여 민법 제544조 내지 제546조 등의 규정에 의한 법정해제권을 행사하여 그 효력을 소급적으로 소멸시키는 것이 가능한지가 문제로 된다. 이 문제 대해서는 계속적 관계라는 노사관계 및 근로관계의 특수성에 비추어 부정적으로 해석해야 할 것이다.

[행정해석]

□ 단체협약 일방해지 통보 시점(2008.10.02. 노사관계법제과-606)

〔질 의〕

당사는 지역노조와 단체협약을 체결하여 유효기간 만료일은 2007.12월말이나, 노조법 제32조 제3항에 근거하여 협약 유효기간 중인 2007.9말경에 노조에 단체협약을 해지(해지일은 '08.3월말로 함)한다는 공문을 보내고 이후 재차 10말경에 해지통보를 문서로 시행하였음.

이후 당사는 징계조항을 추가하여 취업규칙을 변경하여 '08.4.1자부터 시행하고 있음.

이 경우 조합원을 징계함에 있어서 단체협약상 징계규정을 적용하여야 하는지, 변경한 취업규칙의 징계규정을 적용하여야 하는지 여부

〔회 시〕

1. 노조법 제32조 제3항 단서는 노사가 교섭을 계속하였으나 단체협약의 유효기간이 경과한 후에도 새로운 단체협약을 체결하지 못한 채 종전의 단체협약이 만료되는 경우, 이러한 무협약 상태를 피하기 위해 단체협약으로 협약 갱신시까지 종전 협약의 효력을 연장하도록 하는 내용의 "자동연장조항"을 두고 있다면, 당사자 일방은 6월전에 통고함으로써 종전 협약을 유효하게 종료시킬 수 있도록 하고 있음. 따라서 협약의 유효기간이 2007.12.31까지이고 협약상 자동연장조항 규정이 있다면, 당사자 일방은 기존 협약이 만료되어 협약연장의 효력이 발생하는 2008.1.1. 이후에 해지통고를 할 수 있다고 보아야 함.
2. 한편, 단체협약의 해지통고에 따라 종전 단체협약이 유효하게 종료된 경우, 새로운 단체협약이 체결되기 전까지는 당해 단체협약의 내용 중 징계절차

등 근로조건에 관한 규범적 부분은 개별근로자의 근로계약의 내용으로 전환되어 계속 효력을 가진다고 할 것임.

Ⅲ. 협약당사자의 소멸·변경

1. 사용자의 소멸·변경

개인사업체에 있어서 사업주가 사망한 경우 사업의 성격상 사업주의 사망에 따라 영업이 상속되지 않을 때에는 이로써 근로관계도 종료된다 할 것이므로 단체협약 역시 더 이상 적용될 여지가 없어 종료된다. 그러나 사업주의 사망에 따라 영업의 상속이 이루어지는 때에는 근로관계 역시 포괄승계될 것이므로 단체협약은 유효하게 존속한다 할 것이다.

법인의 경우 해산사유가 발생하여 청산절차가 이루어지면 그 청산절차가 종료되는 시점에서 단체협약의 효력이 종료된다.

회사의 조직변경(상법 제242조, 제269조, 제604조, 제607조)이 있으면 그에 의하여 사용자의 변경이 있게 되지만 변경 전후의 사용자 사이에는 회사의 동일성이 인정되므로 단체협약은 그대로 효력을 유지한다.

회사의 합병(상법 제174조, 제175조, 제230 내지 제240조, 제522조 내지 제529조, 제530조 제2항, 제598조 내지 제603조)의 경우에는, "합병 후 존속하는 회사 또는 합병으로 인하여 설립되는 회사가 합병으로 인하여 소멸하는 회사의 권리의무를 승계한다"는 상법상의 규정(제235조, 제530조 제2항, 제603조)이 있고, 학설 및 판례[94]는 소멸회사와 근로자 사이의 종전의 근로계약상의 지위가 그대로 존속회사 또는 신설회사에 법률상 당연히 포괄적으로 승계되는 것이므로 합병 당시 새로운 단체협약의 체결 등을 통하여 합병 후 근로자들의 근로관계의 내용을 단일화하기로 변경 조정하는 새로운 합의가 없는 한 소멸회사와 사이에 체결하였던 종전 단체협약이 그대로 적용된다고 보고 있다.[95]

영업이 양도되면 반대의 특약이 없는 한 양도인과 근로자 사이의 근로관계도 원칙적으로 양수인에게 포괄적으로 승계된다.[96] 따라서 회사합병의 경우와 마찬

94) 대판 1994.3.8. 93다1589 및 김지형, "회사의 합병에 따른 근로관계의 승계와 취업규칙상 퇴직금규정의 적용", 『인권과 정의』 214호, 대한변호사협회, 1994/6, 86면 이하 참조.

95) 대판 1995.12.26. 95다41659; 동 1997.12.26. 97다17575 등 참조.

가지로 양도인과 체결한 단체협약이 영업양도 이후에도 그대로 양수인과 사이에 그대로 효력을 갖게 된다.

2. 노동조합의 소멸·변경

노동조합은 해산, 합병, 분할 및 조직형태변경 등의 사유에 따라 소멸·변경된다. 이에 관하여 자세한 것은 이미 앞에서 강의한 바 있다.

1) 노동조합에 해산사유(노조법 제28조 제1항)가 발생하면 그 청산절차에 들어가 노동조합은 청산의 목적 범위 내에서 존속하다가 청산절차가 종료된 시점에서 소멸하게 된다. 따라서 이와 같이 청산이 종료된 시점에서 단체협약의 효력도 종료된다.

2) 노동조합의 합병은 기존 노동조합의 해산사유의 하나로 되어 있으나(노조법 제28조 제1항 제2호), 합병에 따라 해산·소멸된 노동조합의 재산관계 및 그 노동조합이 체결한 단체협의 주체로서의 지위가 그대로 흡수노조나 신설노조에게 승계된다.

3) 노동조합의 분할이 있으면 기존의 노동조합은 해산·소멸한다(노조법 제28조 제1항 제2호). 이러한 분할은 1개의 노동조합이 해산·소멸하면서 2개 이상의 노동조합으로 분할·독립시키는 것만을 말하고, 1개의 노동조합이 그대로 존속하면서 새로운 노동조합을 설립하여 2개 이상의 노동조합으로 분할하는 것은 법률상 노동조합 분할에 속하지 않는다. 분할에 따라 해산·소멸되는 노동조합에서는 해산에 따른 청산절차를 거칠 필요가 없고, 분할에 따라 해산·소멸된 노동조합의 재산관계는 분할의결 당시 정한 노동조합의 재산분리에 관한 사항에 의하여 신설노조에 귀속된다.

분할에 따라 해산·소멸되는 노동조합이 체결한 기존 단체협약은 조합원들의 권리의무에 관한 근로기준적 부분은 효력을 그대로 유지하지만, 이를 제외한 나머지 부분에 대하여는 분할 전 기존노조와 분할 후 신설노조와의 실질적 동일성을 인정하기 어려운 경우에는 단체협약의 주체로서의 지위가 그대로 승계된다고는 볼 수 없다는 것이 일반적인 견해이다.

전술한 바와 같이 법률상 노동조합의 분할에 속하지 아니하는 노동조합의 존속분할이 있는 경우에 대하여는 존속노조가 체결한 단체협약은 존속노조에 대한 관

---

96) 대판 1987.2.24. 84다카1409; 동 1991.3.22. 90다6545; 동 1991.8.9. 91다15225; 동 1991.11.12. 91다12806; 동 1992.7.14. 91다40276; 동 1994.1.25. 92다23834; 동 1994.6.28. 93다33173; 동 1994.11.18. 93다18938.

계에서는 그대로 효력을 유지하는 것은 당연하지만, 신설노조에 대한 관계에서는 존속노조와 신설노조의 실질적 동일성을 인정할 수 없다면 신설노조가 단체협약의 주체로서의 지위를 당연히 승계하지는 못한다고 보는 것이 일반적인 듯하다.

4) 노동조합의 조직변경이 유효하게 이루어지면 노동조합의 동일성이 그대로 유지되고 있으므로 변경 후의 노동조합이 변경 전 노동조합에 의하여 체결된 단체협약의 주체로서의 지위를 그대로 승계한다.[97)]

5) 회사합병이나 영업양도가 있을 경우 합병 전 회사나 영업양도인의 사업장에 설립된 기존의 노동조합이 그로 인하여 존립에 영향을 받게 되거나 조직형태가 변경되어야 할 관계에 있게 되는지 여부가 문제될 수 있다.

그러나 기존의 노동조합이 스스로 해산하거나 합병 후 존속·신설회사 또는 영업양수인의 사업장에 설립된 노동조합과 합병하지 않는 한 회사합병이나 영업양도 자체는 노동조합의 해산사유가 아니어서 그 존립에 영향을 받거나 조직형태가 변경되어야 할 관계에 있는 것은 아니라고 볼 것이므로 기존의 노동조합은 원칙적으로 그대로 존속하게 되고 하나의 사업장에 복수의 노조가 병존할 수 있다 할 것이다.[98)] 이 경우 단체협약의 효력은 각각의 조합원에 대하여 그대로 효력을 존속한다고 할 것이다.

만약 위 경우 복수노조의 합병이 이루어지면 위에서 본 바와 같은 단체협약의 승계적용이 이루어질 것이나 복수의 노조 중 어느 하나가 해산하고 존속하는 노조에 일괄 가입하는 등의 방법으로 사실상의 합동이 이루어지는 경우에는 해산노조가 체결한 종전 단체협약의 적용관계가 문제된다. 이에 대하여는 일반적으로 노조가 해산되면 단체협약은 실효되므로 해산노조가 체결한 단체협약은 당연히 실효되고 존속노조의 단체협약만의 적용을 받게 되는 견해도 있지만, 노동조합의 합동이나 조직변경의 경우와 마찬가지로 실질적으로 동일성이 유지되고 있다면 합동 후의 노조가 종전 단체협약의 당사자로서의 지위를 승계하는 것으로 보아 종전 단체협약이 그대로 존속하고, 그 유효기간 만료 등의 사유로 종전 단체협약의 효력이 종료되면 그때에 비로소 단일화된 단체협약의 체결을 통하여 근로관계를 통일적으로 규율할 수 있게 된다고 보아야 할 것으로 생각한다.

---

97) 대판 1997.7.25. 95누4377.

98) 대판 1992.5.12. 90누9421은 이러한 복수노조의 병존이 (구)노조법상의 복수노조 설립금지 조항에 위배되지 않는다고 판시한 바 있다.

제 2 절 종료 후의 근로관계

Ⅰ. 이른바 여후효(餘後效) 문제

단체협약이 유효기간의 만료 등의 사유로 종료되었으나 새로운 단체협약이 체결되지 않고 있는 무협약 상태에 이르게 되면 단체협약 유효기간 동안의 협약당사자의 권리의무관계를 정한 노사관계적 부분은 계약적 효력을 가질 뿐이므로 단체협약의 실효에 따라 종료된다. 그러므로 단체협약의 유효기간이 만료 후 새로운 단체협약 체결을 위한 단체교섭의무를 부담한다는 취지의 단체교섭절차의무를 정한 조항은 오히려 단체협약 만료로 인하여 발생하는 의무를 정한 것이므로 이에 해당하지 아니함은 물론이다.[99)]

그런데 개별조합원들의 근로조건의 기준을 정한 단체협약의 근로기준적 부분마저 종료된다고 본다면 개별적 근로관계는 그대로 존속되면서 구체적 근로조건을 정하는 어떠한 기준도 존재하지 않는 셈이 되어 이러한 법적 혼란을 방지하기 위한 합리적인 해석이 필요하게 된다. 이와 같이 단체협약종료후에 있어 근로계약관계가 이른바 단체협약의 여후효(餘後效, Nachwirkung)의 문제로서 논의되고 있다.

1949년 도이칠란트 협약법(제4조 5항)은 협약기간 경과 후에도 협약규범은 새로운 협약이나 경영협정 또는 근로계약상의 규정에 의해서 대체되기까지는 병행해서 효력을 가지고 있다는 규정을 두고 있었다. 그것은 과거의 바이마르 도이칠란트에 있어서 특정의 여후효이론을 제도적으로 결실시켜서 현실적인 입법정책상의 배려에 의한 것으로 되었다. 일정 지역범위에 있어서 협정소정의 근로조건기준은 설령 협약기간의 경과 후에도 당해 지역의 직업분야 혹은 산업분야에 있어서 노사관계의 존속, 형성에 대해 강한 규범적 지배력을 미치는 것은 충분히 고려하는 바이고, 그러한 의미에 있어서 위의 입법규정에 해서 현실적인 배려에 기초하는 것이라고 평가할 수 있다. 이것에 대해서 우리의 기업별협약의 여후효를 긍정하게 되면, 근로계약의 내용으로 되어서 규범적 부분, 즉 개별근로관계를 직접 규제

---

99) 同旨 : 김유성, 위같은책, 206면.

하는 협약조항이 계약내용으로 되어 남아 있다고 하는 상식적 논의에 귀착하지 않을 수 없다. 앞에서 여러 번 말했듯이, 기업별협약은 명확한 객관적 근로조건을 통일적으로 정립하려는 데에 그 취지가 있는 것이 아니기 때문이다. 그래서 여후효를 인정할 것인가에 대해서 논란이 있다.

Ⅱ. 여후효의 인정 여부

1. 학 설

도이칠란트는 단체협약법에 단체협약의 종료 후에도 그 근로기준적 부분은 새로이 근로조건을 정할 수 있는 단체협약 등에 의하여 대체될 대까지 계속 효력을 가진다고 규정하여(제4조 제5항) 단체협약의 여후효를 명문의 규정으로 인정하고 있다.

우리의 경우 도이칠란트의 단체협약법과 같은 명문의 규정은 없으나 단체협약이 종료된 후 무협약 상태에서도 종전 단체협약의 근로기준적 부분에 정하고 있는 근로조건은 그대로 그 효력이 존속되어 개별적 근로관계를 규율한다고 해석하는 결론에는 거의 다툼이 없다. 다만, 이와 같이 해석하는 법리적 근거에 대하여 ① 단체협약의 근로기준적 부분은 협약의 성립과 함께 개별적 근로관계의 내용을 화체(化體)되기 때문에 협약이 실효되더라도 개별적 근로관계의 내용으로 화체된 부분은 그대로 존속한다고 보는 견해와, ② 단체협약의 근로기준적 효력이 인정된다고 하여 그 근로기준적 부분이 곧바로 개별적 근로관계의 내용으로 되는 것은 아니므로 단체협약이 실효되면 근로기준적 부분의 효력도 종료되어 근로기준적 효력에 의한 규율은 공백상태에 있게 되지만 이러한 공백상태에서의 근로계약의 내용은 종전 단체협약에 정한 근로조건의 기준에 의하도록 하는 것이 당사자의 의사로 해석함이 계속적 법률관계를 규율하는 근로계약의 본질상 합리적이라 보아 그 효력을 지속하게 된다고 풀이하는 견해 등의 대립이 있다.

2. 판 례

[판 례]

□ **단체협약의 해지통보 후 실효상태의 근로관계**

- 단체협약이 실효되었다고 하더라도 임금, 퇴직금이나 노동시간, 그 밖에 개별적인 노동조건에 관한 부분은 그 단체협약의 적용을 받고 있던 근로자의 근로계약의 내용이 되어 그것을 변경하는 새로운 단체협약, 취업규칙이 체결·작성되거나 또는 개별적인 근로자의 동의를 얻지 아니하는 한 개별적인 근로자의 근로계약의 내용으로서 여전히 남아 있어 사용자와 근로자를 규율하게 되고, 단체협약 중 해고사유 및 해고의 절차에 관한 부분에 대하여도 이와 같은 법리가 그대로 적용되는 것인바, 위와 같은 법리에 비추어 볼 때, 위 (구)단체협약의 내용은 개별적인 노동조건에 관한 부분이므로 (구)단체협약이 단체협약 해지통보 및 소정 기간의 경과로 실효되었다고 하더라도 (신)단체협약이 체결되기까지는 여전히 원고들과 피고 사이의 근로계약의 내용으로서 유효하게 존속한다(대판 2009.02.12. 2008다70336).

3. 검토와 사견

단체협약의 여후효를 인정할 것인가의 문제는 단체협약의 법적 성질론과 직결되어 있다. 규범설은 단체협약과 근로계약의 관계에 있어서 단체협약이 일반적·추상적 규정으로서 어디까지나 근로계약의 외부에서 근로계약을 규제한다. 이른바 외부규제설을 취할 것이며 이러한 외부규제설을 취하는 규범설의 입장은 일단 단체협약의 효력이 상실되는 경우 법이나 단체협약에서 다른 정함이 없는 한 여후효를 인정하지 않을 것이다. 그렇지만 계약설은 단체협약의 근로기준적 부분은 근로계약의 내용이 된다는 이른바 내용화체설을 취하는데, 이러한 입장은 단체협약의 효력이 상실되더라도 근로계약의 내용이 된 단체협약은 근로계약으로서 그대로 효력을 가진다고 볼 것이다.

앞의 논의에서 보았듯이, 필자는 단체협약의 법적 성질에 관해서 계약설의 입장을 취했다. 그러므로 논리필연적으로 나는 단체협약의 근로기준적 내용은 근로계약의 내용으로서 효력을 가진다고 본다. 즉 단체협약이 종료된 경우에도 근로계약의 내용으로서 효력을 가진다고 보게 될 것이다. 결국 계약설의 입장은 단체협약의 여후효를 인정하는 입장을 취하지 않을 수 없다.

Ⅲ. 여후효의 내용

근로계약에 대한 단체협약의 여후효를 인정하는 경우, 여후효란 단체협약이 종료하더라도 근로기준적 부분은 근로계약의 내용으로서 효력을 가진다는 것에 불과하다.

그런데 위와 같이 단체협약의 종료 후에도 그 협약상에 정한 근로기준이 그대로 적용되더라도 그 후 당사자 간의 개별적인 합의나 취업규칙의 적법한 변경에 의하여 그 근로조건을 변경하는 것이 가능한지 여부에 대하여는, ① 단체협약의 유효기간 만료 후 새로운 협약의 체결을 위한 단체교섭이 진행 중인 상태에서 개별적 교섭이나 취업규칙의 변경을 통하여 근로조건을 변경하는 것은 그 유·불리를 막론하고 단체교섭권을 형해화할 염려가 있으므로 허용될 수 없다고 보는 견해와, ② 단체협약의 종료 후에도 그 협약상에 정한 근로기준이 그대로 적용되는 것은 어느 견해에 의하더라도 단체협약 자체의 효력이 그대로 유지되기 때문이 아니라 근로계약으로 화체되었거나 근로계약의 내용으로 해석되기 때문임에도 불구하고 근로계약인 개별적 합의나 상위규범인 취업규칙의 변경을 통하여 이를 변경할 수 없다고 보는 것은 모순이므로 그 변경이 허용되어야 한다고 보는 견해 등이 대립되어 있다.

후자의 견해가 타당하다. 즉 여후효가 인정되더라도 근로계약 또는 취업규칙이 정당하게 변경되는 것을 금지하는 것이 아니기 때문에 근로계약이나 취업규칙의 변경에 의해서 근로조건을 변경할 수 있는 것은 당연하다고 할 것이다.

단체협약의 여후효에 관한 이상의 설명은 단체협약이 유효기간의 만료 등의 사유로 종료한 경우뿐만 아니라 조합원이 그 유효기간동안 노동조합을 탈퇴하거나 노동조합에서 제명당한 경우 또는 노조법상 단체협약의 일반적·지역적 구속력(동법 제35조, 제36조)이 인정되어 단체협약의 적용을 받던 비조합원이 그 요건이 사후에 흠결됨에 따라 그 적용을 받지 못하게 된 경우 등에도 그대로 타당하다고 볼 것이다.

제 7 장 단체협약의 해석과 실효성확보

제 1 절 노동위원회에 대한 단체협약 해석의 신청

Ⅰ. 서

단체협약의 해석이란 단체협약의 규범적 의미내용을 확정하는 것을 말한다. 단체협약의 해석에 있어서 단체협약이라는 법규범으로 파악하는가 또는 계약으로 파악하는가에 따라 상이한 입장을 취할 것이다. 즉 규범설은 단체협약의 해석에 있어서 원칙적으로 법률해석의 방법을 적용할 것이지만, 계약설은 법률행위의 해석방법을 적용할 것이다.

현행 노조법 제34조은 단체협약의 해석이나 이행방법에 관계당사자사이에 다툼이 있는 경우 노동위원회의 행정해석에 따라 확정할 수 있는 길을 열어두고 있다. 이 규정은 취지는 종래 단체협약의 이행에 있어서 그 내용이 명확하지 않고 또 내용의 최종적 확정이 법원의 판결에만 의존하게 되어 이와 관련하여 권리분쟁과 노동쟁의가 심각하였으므로 권리분쟁을 노동쟁의에서 배제함에 동시에 다른 한편 단체협약의 확정적인 해석을 용이하게 얻을 수 있는 길을 마련하려는 데에 있다.

단체협약의 해석과 그 이행방법에 관한 노동위원회의 의견제시를 요구할 수 있는 절차의 내용과 효력에 관해 현행 노조법의 규정을 중심을 간략하게 살펴본다.

Ⅱ. 절 차

1. 당사자에 의한 신청

단체협약의 해석 또는 이행방법에 관하여 당사자 간의 의견의 불일치가 있는 경우 당사자 쌍방 또는 단체협약의 정하는 바에 의하여 어느 일방이 노동위원회에 그 해석 또는 이행방법에 관한 의견의 제시를 요구할 수 있다. 이 경우 견해제시의 요청은 당해 단체협약의 내용과 당사자의 의견 등을 기재한 서면으로 하여야 한다.

여기에서 「단체협약의 해석 또는 이행방법에 관하여 관계당사자간에 의견의 불일치가 있는 때」라 함은 단체협약에서 정해진 내용에 대한 해석에서 당사자사이의 의견의 불일치와 단체협약에서 정하여지지 않는 이행방법에 대한 의견의 불일치 모두를 말한다.

단체협약에서 해석 또는 이행방법에 이견이 있는 노동위원회의 의견을 따른다는 취지의 정함이 있는 경우에는 당사자 일방이 단독으로 노동위원회에 의견제시를 요구할 수 있고, 그렇지 아니 한 경우에는 당사자 쌍방이 노동위원회에 의견제시를 요구할 수 있다.

2. 노동위원회의 의견제시

노동위원회는 당사자로부터 단체협약의 해석 또는 이행방법에 관하여 의견제시를 요청받은 때에는 그 날로부터 30일 이내에 명확한 견해를 제시하여야 한다(노조법 제34조 제2항).

「명확한 견해」란 사회통념상 당사자 사이에 서로 납득하여 다툼이 해결될 수 있는 견해이어야 한다. 판례는 「단체협약의 해석에 관해서 단체협약 성립의 진정함이 인정되는 이상 그 기재내용을 부정할 만한 분명하고도 수긍할 수 있는 반증이 없는 한 그 기재내용에 의하여 그 문서에 표시된 의사로서의 존재 및 내용을 인정해야 한다」 판시하고[100] 그 의사가 불분명할 경우는 그 규정이 단체협약에 포함하게 된 경위나 그 변천과정과 교섭당시의 노사실무위에서 오고 간 대화내용이나 합의과정 등을 참작하여 합리적으로 해석하야 한다고 판시하여[101] 단체협약의 해석에 법률해석의 방법을 적용할 것을 시사하고 있다.

3. 노동위원회의 견해의 효력

노동위원회가 제시한 해석 또는 이행방법에 관한 견해는 중재재정과 동일한 효

100) 대판 1987.4.14. 86다카306.

101) 대판 1996.9.20. 95다20454.

력을 가진다(노조법 제34조 제3항). 그러므로 관계당사자는 지방노동위원회 또는 특별노동위원회의 견해가 위법이거나 월권에 의한 경우에는 견해의 송달을 받은 날로부터 10일 이내에 중앙노동위원회에 그 재심을 신청할 수 있다(노조법 제69조 제1항). 또한 중앙노동위원회의 재심의견이 위법이거나 월권에 해당하는 경우 그 의견서의 송달을 받은 날로부터 15일 이내에 행정소송을 제기할 수 있다(노조법 제69조 제2항). 그렇지 않는 경우에는 지방노동위원회의 의견 또는 중앙노동위원회의 재심의견은 확정된다(노조법 제69조 제3항). 확정된 의견 또는 재심의견은 단체협약과 동일한 효력을 가진다(노조법 제69조 제4항).

[판 례]

□ **노동위원회의 해석 또는 이행방법에 있어서 잘못된 견해 제시**

- 노동조합및노동관계조정법 제34조 제3항은 단체협약의 해석 또는 이행방법에 관하여 단체협약 당사자의 견해 제시의 요청에 응하여 노동위원회가 제시한 견해는 중재재정과 동일한 효력을 가진다고 정하고 있으므로, 단체협약의 해석 또는 이행방법에 관한 노동위원회의 제시 견해의 효력을 다투고자 할 때에는 노동위원회가 행한 중재재정의 효력을 다투는 절차를 정한 위 법 제69조에 의하여야 할 것이고, 노동위원회가 단체협약의 의미를 오해하여 그 해석 또는 이행방법에 관하여 잘못된 견해를 제시하였다면 이는 법률행위인 단체협약의 해석에 관한 법리를 오해한 위법을 범한 것으로 위 법 제69조에서 정한 불복사유인 위법 사유가 있는 경우에 해당된다(대판 2005.9.9. 2003두896).

제2절 단체협약의 실효성확보

노조법 제92조는 단체협약의 일부내용을 위반한 자에 대한 벌칙규정을 정하여 단체협약의 실효성을 확보하고 있다. 특히 동법 제92조 1호 마목과 (바)목에 대하여 문제를 제기하는 학자가 있다.[102] 시설편의제공 및 근무시간 중 회의참석에 관한 사항과 쟁의행위에 관한 사항을 정하고 있는 단체협약의 위반행위에 대해서까지 형벌로써 강제하는 것은 법리상 문제가 있다는 것이다. 왜냐하면 동법 제92조 1호 가목 내지 라목의 사항은 단체협약상 규범적 효력이 인정되므로 벌칙의 수단으로 강제하는 것이 법리상 문제가 없으나, (마)목과 바목의 사항은 단체협약에서 일반계약과 유사한 채무적 효력밖에 없기 때문에 이를 형벌로 강제하는 것은 입법론으로서 적지 않는 문제가 있다는 것이다. 그러나 이러한 견해는 단체협약의 법적 성질을 법규범으로 보는 자신의 견해[103]와 논리적으로 모순된다고 하지 않을 수 없다. 이러한 문제제기는 단체협약을 계약으로 파악하는 입장에서만 주장될 수 있는 것이기 때문이다.

102) 이병태, 위같은책, 281면.

103) 이병태교수는 단체협약을 법규범으로 파악하고 있다. 이병태, 256면 참조.

제 4 편

단체행동법

제 1 장 기초적 고찰

제 1 절 단체행동법의 개념

우리 노동헌법은 자본주의체제하에 있어서 근로자의 사회경제적 상황을 법인(法認)하고 자본주의체제를 근본적으로 부정하지 않는다는 전제하에서 근로자가 스스로 이러한 상황을 향상시킬 수 있는 법적 조건을 만들고 있다. 그 중에서 단체행동권은 이러한 조건형성을 위한 최후적 수단이라고 할 수 있다. 그러므로 근로자는 자신의 경제적·사회적 지위의 향상을 위한 단체로서 노동조합을 결성하고 이를 통해서 노동조건에 관해서 사용자 및 국가와 교섭하고 이러한 교섭을 통해서 노동조건에 관한 요구가 제대로 실현되지 아니하는 경우에는 단체행동권을 행사해서 집단적 행위로서 사용자와 국가를 압박할 수 있도록 하고 있다. 이러한 단체행동권의 행사에 관한 절차와 방식 및 한계 그리고 노사 간의 이익조정에 관한 법이 바로 단체행동법이다.

우리의 단체행동법은 현재 노조법의 일부로서 규정되어 있다. 단체행동법은 기존의 형법과 민법을 주축으로 하는 개인주의적 법사고에 입각한 법질서와는 현격하게 다른 양상으로 전개된다. 그러므로 단체행동법은 근로자의 단체행동을 어떻게 파악하고 개인주의적 법사고와의 관계에서 조화시킬 수 있는가가 가장 중요한 실천적 및 이론적 과제로 등장하는 것이다.

그런데 우리 노동법질서를 최고규범으로서 헌법과 그 하위법으로서 노조법의 관계라는 관점에서 파악할 때, 헌법에 있어서 단체행동에 대한 접근방식과 노조법에 있어서 노사당사자의 쟁위행위에 대한 규제방식은 근본적인 차이를 보이고 있다. 그래서 우리 노동헌법이 지향하는 방향에서 단체행동법으로서 노조법을 어떻게 파악해야 할 것인가가 근본적인 문제로 대두하는 것이다.

제 2 절 헌법상 단체행동권과 현행 단체행동법의 본질적 문제

19세기말에 단체행동권이 서구의 선진산업국가에서 처음으로 법인(法認)된 이래 그것이 자본주의적 국가법질서에 미쳤던 영향력은 사실적 측면에서뿐만 아니라 규범체계적 차원에서도 정말 「파열적(破裂的)」이라고 말해도 결코 지나치지 않을 것 같다. 이러한 파열성은 특히 단체행동권의 행사와 관련해서 그 극치를 이룬다. 단체행동권은 법형식적인 면에서 노사당사자간에 체결된 계약에 기초해서 그 이행이 이미 법적의무로 되어 있는 노무제공을 일방적으로 그리고 집단적으로 거부한다는 소극적인 형태로 행사되는 권리이지만, 그 실질적 성격은 근로자가 그들의 집단적 이익을 관철하기 위한 자력구제적 성격을 띠고 있다. 그래서 자력구제를 원칙적으로 철저히 금지하고 있는 국가중심적 법질서에 있어서 단체행동권은 그 근본에 있어서 국가법질서와는 이질적인 존재라고 하지 않을 수 없다.

이러한 단체행동권의 파열성에도 불구하고, 우리 헌법의 제정자는 제2차 대전후 이데올로기적 갈등 속에서 새로운 민족국가의 건설을 위한 규범적 계획서인 제헌헌법에 단체행동권을 이익균점권과 나란히 함께 기본적 권리로서 과감하게 명시적으로 규정하였다.[1] 정치적 권력의 일방적인 헌법재단(憲法裁斷)으로 평가되는 수차례 헌법개정 중에서 근로자의 이익균점권은 아무런 논의도 없이 사라졌지만, 단체행동권은 현행 헌법에서도 "근로자의 단결권 등"이라는 표제 하에 근로자의 기본적 권리로 규정되어서 규범력을 발휘하고 있다(헌법 제33조).[2] 게다가 현행 헌법은 국가가 개인으로서 국민의 기본권을 적극적으로 보장하도록 의무화하고 있기 때문에(헌법 제10조 참조), 국가는 기본권으로서 노동단체권이 그 본래적

---

1) 제헌헌법 제18조 제1항 및 제2항.

2) 우리나라의 현대정치사에 비추어 볼 때, 현행 헌법 제33조 제1항에 규정된 근로자의 노동단체권이 적어도 명문으로 지금까지 온전하게 살아남을 수 있었던 것은 노동단체권의 법적 성질을 사회적 기본권으로 파악하면서 구체적인 법률의 제정 없이는 실현될 수 없는 이른바 프로그램적 권리라고 선언했던 한국 헌법학자들의 "학문적 공로"(?)일런지도 모른다는 생각이 든다. 이러한 역사적 사실은 우리 헌법이론의 스캔들이라고까지는 말할 수 없겠지만 역사의 아이러니가 아닐 수 없다.

성질에 따라 기능과 역할을 다할 수 있도록 배려해야 할 것이다.

우리 헌법이 명시적으로 국가로 하여금 노동단체권을 적극적으로 보장하도록 의무화하고 있지만, 사실 노동단체권을 둘러싼 서구 자본주의사회의 역사를 회고해보면 단체행동권의 실현은 자본주의관리자로서 국가의 개입으로부터 벗어나는 데 있었으며, 국가가 기본권을 적극적으로 보호해야 한다는 헌법규정의 실질적인 의의는 적어도 단체행동권과의 관계에 있어서는 소극적인 방임 또는 자유영역의 확보에 있어야 한다고 할 것이다. 특히 우리 헌법이 보장하고 있는 근로자의 단체행동권에 있어서 그 실질적 의미는 더욱 더 그러하다고 할 것이다. 왜냐하면 근로자의 단체행동권은 그 근본적인 성질에 있어서 자력구제권으로서 국가적 보호 및 개입을 배제하고 다른 권리주체 특히 사용자에 대하여 대항적 관계에서 실현될 때 비로소 그 실질적 의의가 있기 때문이다. 여기에서 헌법이 보장하고 있는 노동3권 특히 단체행동권을 우리 헌법질서 전체적 차원에서 어떻게 이해해야 하는가라는 문제가 제기된다.

이러한 문제와 관련하여 우리는 우리 헌법의 제정자들이 제정 당시에 어떠한 규범적 이념을 추구하려고 했는지를 물어보지 않을 수 없다. 우리는 우리의 선배들이 우리 헌법에 기초해서 한반도에 어떠한 국가공동체를 만들려고 했는가를 파악하고 그것이 실현될 수 있도록 연구해야 할 것이다.[3] 이와 동시에 우리는 우리 헌법의 역사적 성격을 어떻게 규정할 것인가에 대해서 고민하지 않을 수 없다. 이러한 역사적 맥락에서 우리 헌법을 파악하지 않는다면 우리 헌법에 명시적으로 규정되어 있는 각종 권리들은 그저 전시용에 불과할 것이다. 그렇지만 지금 우리는 이러한 문제의식에 투철하지 못한 것 같다.[4] 지금부터라도 우리는 우리 자신의 역사적 맥락에서가 아니라 그저 도이칠란트 또는 아메리카합중국의 역사와 해

3) 이러한 맥락에 있어서 헌법에 관한 연구란 제헌 헌법에 대한 의미부여행위라고 할 것이다. 우리 헌법제정자들이 어떠한 사회적 모델을 이상(理想)으로 해서 헌법규범을 설계했을까? 우리 헌법학계에 아직 이 부분에 관한 연구가 거의 없는 것이 아쉽다.

4) 사실, 우리나라에서 수험생들에게 마치 경전처럼 읽히고 있는 헌법해석서들조차 그 서론 부분에서 거창하게 "헌법의 역사성"을 강조하고 부각시키고 있다. 예컨대, 허영, 『헌법과 헌법이론(상)』, 1980, 40면; 김철수, 『헌법학개론』, 1989, 12면; 권영성, 『헌법학원론』, 1996, 11면 등 참조. 그러나 막상 그 본론 부분에 들어가 보면, 헌법의 역사성이란 것이 마치 헌법조항의 개정사를 의미하는 것처럼 취급되고 있을 뿐 진정한 의미에 있어서 우리 헌법의 역사성은 어디로 사라져버렸는지 찾을 길이 없다. 우리의 역사 속에 생생하게 살아있는 우리 공동체의 헌법적 이념과 비전은 그저 생면부지의 외국학자들 특히 도이칠란트 공법학자의 화려한 이론과 언어논리 속에서 실종되고 말았다는 느낌이 든다. 헌법이라는 관념 그 자체가 서구에서 들어온 것으로서 우리들에게는 생소한 것이었기 때문에 현 상황에서는 그럴 수밖에 없다고 스스로를 위로해 보지만, 그래도 아쉬움은 여전히 남는다. 이러한 부분은 앞으로 우리가 반드시 반성해야 할 치부라 할 것이다.

석론을 우리의 해석론인 양 그대로 받아들여서 우리 사회를 법적으로 재단하는 태도는 지양되어야 할 것이다.

헌법 제33조는 노사 간 사회적 자치에 의한 노동법규범의 형성을 전제로 해서 근로자의 노동단체권을 보장하고 있다고 할 것이다. 헌법 제33조는 경제적·사회정책적 사안의 해결을 위한 자치적 규범창설권한을 가진 특별한 노동단체의 결성과 활동에 관한 권리를 근로자에게 보장하는 데에 그 목적이 있다. 사회적 자치를 위한 대외적 활동은 노동단체의 대표자를 통해서 이루어지고, 내부적 관계는 민주주의원칙에 기한 자기행정에 의해서 규율된다. 이러한 자기행정 기관이 일정한 공동체적 사항을 스스로 정할 수 있는 권한을 가지고 있을 때 실효성이 있을 수 있다.

그러나 자치와 자기행정에 문제가 없는 것은 아니다. 대외적 관계에서 사회적 주체인 노사가 사회적 자치에 의하여 합리적인 규범을 형성하지 못하거나 대내적 관계에서 대표자에 대한 민주적인 통제가 이루어지지 아니하는 경우가 생길 수 있다. 그러면 이 경우에 문제를 어떻게 해결해야 하는가? 주체간의 적나라한 힘에 의한 투쟁에 무제한적으로 맡겨 놓을 것인가? 아니면 국가의 개입에 의하여 강제적으로 해결할 것인가가 문제이다. 이 경우에 문제는 궁극적으로 국가의 개입에 의하여 강제적으로 해결될 수밖에 없다고 생각한다. 그러나 국가가 강제적으로 해결하기 이전에 노사 쌍방의 자율적 해결을 촉진하는 국가의 활동이 필요하다고 할 것이다. 이를 위하여 현행 노조법은 노동단체의 내부적 관계를 어느 정도 규율하면서 노사 간의 노동분쟁을 국가개입에 의하여 해결하는 조정제도를 준비하고 있다고 할 것이다.

거시적 차원에 있어서 집단적 관계로서 노사관계는 단체교섭을 통해서 공동의 규범인 단체협약이 체결되면, 그 자체로서 일정기간 안정적으로 되지만, 그렇지 아니하는 경우 노동조합은 자신의 주장을 관철하기 위해서 개별적인 차원에 있어서 체결된 근로계약관계를 집단적으로 중단할 수 있는 노동법상의 고유한 권리를 가지고 있다. 단체행동권은 자본에 대한 노동의 집단적 대항행위를 하는 것을 노동자의 고유한 권리로 승화시킨 것이다. 이러한 점에 있어서 단체행동권은 그 성격에 있어서 다른 권리와는 본질적으로 다르다고 할 수 있다. 산업현장에 있어서 단체교섭권 및 단체행동권은 단결권과는 상이한 모습으로 나타난다. 단결권은 구체적인 상대방을 전제로 하지 않더라도 성립할 수 있는 권리이지만 단체교섭권과 단체행동권은 항상 구체적인 상대방을 전제로 하는 권리이다. 그러므로 단체교섭권과 단체행동권은 그 상대방과의 관계 속에서 구체화된다. 그 뿐만 아니라 노동단체권의 행사는 다른 사회구성원에게 엄청난 영향을 초래할 수도 있다. 단체행동권의 이러한 특수성은 현행노조법을 이해하는 데 있어서도 전제되어야 한다.

우리 노동법질서에 있어서 최고규범으로서 헌법과 그 하위법으로서 노조법은 근로자의 노동3권의 행사 특히 단체행동권의 행사에 대한 접근방식에 있어서 근본적인 차이를 보이고 있다. 즉 헌법 제33조 제1항은 단도직입적으로 근로자가 경제적·사회적 지위의 향상을 위해서 단결권, 단체교섭권 및 단체행동권을 가진다고 규정하고 그 내용과 행사방법 및 한계에 관해서는 아무런 규정을 두고 있지 않다. 이와 달리 노조법은 헌법상 보장된 근로자의 노동3권, 즉 단체행동권을 전제로 하지만 그러한 권리의 행사의 결과로 나타나는 집단적 현상으로서 단체행동을 규제하기 위하여 개념적 기초로서 사실적 차원에서 노사쌍방의 노동쟁의와 쟁의행위라는 개념을 규정하고 있다. 노조법은 단체행동권의 실현 그 자체를 위한 법이 아니라는 것이 분명하게 된다. 노조법은 그 명칭에서 이미 잘 나타나 있듯이 "노동관계조정법"인 것이다. 즉, 근로자의 단체행동권의 행사와 사용자 및 근로자이외의 사회구성원의 권익을 조정하기 위한 법이다. 그러나 노조법을 노동쟁의와 쟁의행위의 사실적 측면에서 파악하는 것은 노동법의 관점이라고 말할 수 없을 것이다. 노조법을 노동법의 관점에서 파악하기 위해서는 노동쟁의와 쟁의행위를 규율하는 노조법의 각 규범들은 근로자의 단체행동권을 사용자 및 국가에 대한 권리로서 이해하는 것을 전제로 하면서 파악되어야 한다. 그러므로 노동단체권의 행사와 관련된 일련의 법적 상황을 이론적으로 제대로 파악하기 위해서는 새로운 개념의 도입이 필요하다고 할 것이다.

그렇지만 현재 우리 노동법학의 상황을 검토해 본다면, 단체교섭법과 단체협약법은 어느 정도 고유한 노동법적 시각에 의해서 독자적인 이론체계를 구축해가고 있는 편이나 단체행동법은 고유한 노동법적 시각에 의해서 전혀 이론화되지 못하고 있는 것이 현실의 실정이다. 그저 단체행동법은 민법과 형법의 틈새에서 실종되어 있다. 즉 민법이론과 형법이론의 소극적인 제한이라는 형태로 구성되고 있다. 특히 지금까지의 우리 노동법학은 단체행동권을 그 원론에 있어서는 권리로 파악하고 있으나, 구체적인 사안에 있어서는 단체행동권의 행사로 나타나는 사실적 행위의 현상으로서 파악하고 있다. 이러한 태도는 발달이 지체된 도이칠란트 노동단체법의 이론을 그대로 받아들인 결과라고 생각한다.[5] 그래서 우리의 헌법

---

5) 집단적 노동법에 있어 단체협약중심주의는 바이마르 집단주의노동법체계의 특징의 하나다. 진쯔하이머는 단결자유와 단체협약의 관계에 대해서 「단결자유는 그것 자체를 위해서가 있는 것이 아니다. 단결자유는 그것이 봉사하는 사회적 목적을 위해서 존재한다. 단결자유로부터 단결권으로 발전을 생각할 때, 이 사회적 목적을 시야에 넣어야 한다.」 (Sinzheimer, Wesen und Bedeutung des Koalitionsrechts(1919), in: Kohn-Freund(Hrsg.), Arbeitsrecht

질서 하에서 그야말로 우리의 노동단체행동법의 독자적인 이론구축이 절실히 요청되고 있다고 할 것이다.

제 3 절 단체행동법의 이론적 구축

I. 서 론

노동법은 노동력이 유일한 재산인 무산자의 정치적·사회적 성숙과 밀접한 관계에 있다. 정치사적으로 볼 때, 노동법은 정치적 주체로서 무산자의 존재를 사회적으로 승인한 결과이며,6) 법적성격으로 볼 때 노동법은 당사자를 형식적으로 평

---

und Rechtssoziologie, Gesammelte Aufsätze und Reden, Bd.I, Frankfurt a.M./Köln 1976, 1976, S. 173f.)라고 하고 있다. 이러한 입장은 현재 도이칠란트 노동법학에도 그대로 유지되고 있다. 그렇지만 단체협약에 대해 집단적 노동법체계계의 중핵적인 지위가 부여된다고 하는 것은 다른 분야가 종속적인 지위에 놓인다는 것을 의미한다. 단체협약중심주의의 발상은 다른 한편, 쟁의행위의 이해방식도 규정한다. 당시의 협약중시의 입장이 경제부흥과 생산성향상을 위한 경제평화의 유지라는 동기에 기초하고 있다고 하면, 그것과 배다른(異腹) 관계에서 생산에 중대한 영향을 초래하는 쟁의행위에 대해 기본적으로 부정적인 평가가 가해지는 것은 당연하였다. 사실 당시의 노동법학자는 입장의 차이를 넘어서 노동조합의 단체행동을「파괴적 활동」또는「사회화의 지향과 전혀 상반하는 시대착오」적인 행동이라고 단정하였다. 그래서 노동자의 권리로서의 쟁의자유의 필요성을 인정하면서도 그것이 될 수 있는 한 신중하게 행사될 것을 요구하고, 또 쟁의행위가 가능한 한 회피되도록 법적 시스템의 확립에 힘을 기우렸던 것이다. 이것은 도이칠란트 노동법학계에 지배적인 태도이었다. 즉 도이칠란트의 노동단체법에 있어서 쟁의행위에 대한 법이론적 태도는 종래의 사법 및 형법적 사고에 방치되어 있었다고 해서 과언이 아니다.

6) 국가(Staat)와 사회(Gesellschaft)의 관계라는 이분법적 시각(二分法的 視覺, dualistische Sicht)에서 볼 때, 노동법은 자본주의사회에 있어서 산업화가 초래한 사회적 문제를 해결하기 위한 국가의 사회에 대한 처방으로 대두하였다고 말할 수 있다. 이로써 지금까지 시민법적 사적 자치(市民法的 私的自治, Privatautonomie)라는 서구근대사회의 유산계급의 자유의 보장과 신장의 법이데올로기(Rechtsideologie) 하에서 사인간의 자율에 맡겨져 있던 노동생활영역이 국가의 품안으로 들어오게 된다. 이러한 현상을 국가 및 법의 주체라는 측면에서 살펴보면, 중세의 봉건국가 및 법에 있어서는 봉건군주 또는 영주가 그 주체이었지만 근대시민국가 및 근대시민법에 있어서는 봉건사회를 시민혁명으로 무너뜨린 시민이 국가와 법의 유일한 주체로 등장한다. 그런데 산업혁명(그러나 산업혁명은 혁명이란 말이 붙어 있지만 시민혁명에서의 혁명의 의미처럼 전혀 정치적 의미를 가지고 있지 않다)을 통하여 새로운 인간군(人間群), 즉 무산의 노동자들이 형성되어 유산자로서의 시민과 국가 및 법체제 내에서 서로 이해관계가 대립되고, 급기야는 무산계급은 혁명으로 시민국

등하게 취급하는 사법(私法)의 대상이었던 근로관계에 있어서 그 사회적 특수성을 부각시켜 사법적 요소(私法的 要素)를 공동체의 조건에 관계하는 공법과 연결하는 특별법이라고 할 수 있다. 그래서 노동법이라고 불리어지는 법이 그에게 부여된 사회적 과제를 성실히 수행하고 있는지의 여부는 근로자의 차원에서 보면, 자본과 노동의 관계를 법형식으로 규율함에 있어서 보호되는 자본종속적인 근로자에게 확보된 법적 청구가 얼마나 허용되어지는가 또는 그 법의 규범성에 신축성이 있거나 그 법적 합리성이 순순한 것이어서 근로자가 개체로서 또는 집단으로서 급격히 변천하는 사회적·산업적 상황에서 그들 자신의 사회적 존재를 결정하는 정치적 경제적·사회적 권력에 얼마나 능동적으로 참여할 수 있는지, 즉 근로자 자신이 스스로의 운명을 스스로 결정할 수 있는 위치를 얼마나 확보할 수 있는지의 문제에 의해 좌우되는 한편 공동체 전체의 차원에서 보면, 노동법이 보다 인간다운 사회를 위해서 전체사회를 유기적으로 구성하는데 얼마나 기여할 수 있는가하는 문제에 달려 있다고 할 것이다. 그러나 실제 노동법의 운용에 있어서 여러 가지의 한계와 제약이 대두된다.

특히 단체행동권의 행사에 대한 법적 평가를 둘러싸고 특별법으로서 노동법의 문제성은 법의 이상과 현실의 틈바구니 사이에서 적나라하게 제기된다. 개인주의적 자유(방임)주의(Individueller Liberalismus)에 뿌리를 두고 있는 사법(Privatrecht)으로서의 노동법(Arbeitsrecht)에 대한 요청과 사회적 집단주의(sozialer Kollektivismus)에 기초를 둔 공법(Öffentliches Recht)으로서의 노동법에 대한 요청이 쟁의행위의 법적 평가 문제를 둘러싸고 상호 갈등을 야기한다. 물론 우리의 실정법의 테두리 내에서 볼 때, 우리 헌법은 전문에서 자유민주적 기본질서를 기본적 질서원리로 선언하고, 헌법 제10조에 인간의 존엄과 가치를 최고의 가치평가기준으로 설정하고 있기 때

가의 질서를 파괴하려고 시도한다. 이러한 사회적·정치적 문제의 해결을 위해서 무산의 노동자들에게 시민사회의 국가와 법의 실질적 주체로서 설 자리의 제공이 불가피해진다. 즉 시민국가와 그 법은 새로운 이념을 흡수하여 자기변신을 꾀하지 않으면 아니 된다. 이리하여 국가의 사회에 대한 기능의 변화, 즉 밤의 파수군적 역할에서 적극적 사회형성자 또는 사회경영자의 역할이 요청되고 무산계급이 국가권력에 참가할 수 있도록 그 실질적 기회에 대한 제도적 법적 보장, 즉 무산계급의 국가와 법의 주체로의 보장이 불가피해진다. 이것이 바로 사회적 기본권(社會的 基本權, Soziale Grundrechte)이다. 사회적 기본권은 무산의 노동자를 법의 실질적 주체가 될 수 있는 법구조적 가능성을 마련하였다. 즉 그것은 유산자와 무산자의 갈등을 법질서 내에서 권리의 문제로 되게 함으로써 적나라한 사회력의 대결로서 정치적 갈등을 司法化하고 이를 통하여 사회안정의 길을 열어놓는다. 이러한 사회안정의 길을 구체화하고 규제하는 것들 중의 하나가 바로 노동법이다. 노동법은 산업사회의 정치적 사회적 문제에 대한 시민국가의 처방이자 시민국가의 자기혁신 그 자체이다. 이러한 사회사적 맥락에서 볼 때, 노동법은 산업사회의 근로자를 「위(爲)한(für)」 법이자 근로자에 「대(對)한(gegen)」 법이라고 볼 수 있다.

문에 모든 사회질서와 개개인의 구체적 권리는 이것에 의하여 상호 조화를 이룰 수 있도록 해야 할 것이다.

Ⅱ. 문제의 상황과 인식

1. 문제상황 : 단체행동권행사의 두 가지 側面

1) 사실적 측면

사회학적 관점에서 볼 때, 노동쟁의는 사회적 현실에서 일어나는 실질적 사회현상으로서 평가되며, 이는 이러한 현상에 대한 법률적 평가와는 대조를 이룬다. 즉, 이때의 노동쟁의는 규범에 대한 사실로 나타난다. 넓은 의미에 있어서 노동쟁의는 근로자측 또는 사용자측의 집단적 대처수단에 의한 노동평화의 파괴현상이다.[7] 노동쟁의, 특히 파업과 직장폐쇄의 집단적 요소는 단체성, 즉 파업은 다수의 근로자들이 적극적으로 공격하고 직장폐쇄는 다수의 근로자들이 공격을 당하는 데에 있다. 이때의 단체성은 동일한 행위의 우연한 일치가 아니다. 예컨대, 파업은 근로자가 우연하게 노무제공을 동시에 중단하는 것이 아니다. 실제에 있어서 집단성은 단일한 의사결정, 즉 파업과 직장폐쇄에 있어서 집단적 행동의 계획성을 전제로 한다. 여기서 노동쟁의의 목적을 염두에 두면서 노사관계에 관한 「경제적」(경우에 따라서는 「사회적」 또는 「정치적」) 조건을 둘러싸고 벌어지는 파업과 직장폐쇄라는 두 가지의 쟁의형태에 관해서만 생각해 본다면, 사실상 현상으로서 파업은 근로자가 근로와 경제적 조건에 관련하여 집단력에 의하여 사용자측에 영향력을 보다 효과적으로 행사하기 위하여 근로자집단의 공동의 의사결정에 의한 근로의 중단으로 파악할 수 있다.[8] 동시에 이러한 의사에는 쟁의관계의 종료 후에 근로를 다시 시작한다는 것이 포함되어 있다.[9] 직장폐쇄는 단일 또는 다수의 사용자의 계획적 행동과 같은 단일한 의사결정이 선재하고 있다. 이것은 쟁의행

7) 노동쟁의와 쟁의행위의 개념구성에 대해서는 김형배, 『노동법(제21판)』, 박영사, 2012, 921-932면; 심태식, 『노동법개론(제4판)』, 법문사 1989, 246-249와 268-273면; 김치선, 『노동법강의』, 법문사, 1990, 399-406면; 박상천, 『한국노동법』, 대왕사, 1990, 511-524면; Bötticher, Zum Begriff des Arbeitskampfes, RdA 1955, S. 81ff.; Ramm, Der Begriff Arbeitskampf, AcP Bd. 160(1961) S. 336ff.; Tomandl, Streik und Aussperung als Mittel des Arbeitskampfes, 1965 S. 1ff.

8) 김형배, 위같은책, 933면.

9) 바로 위같은곳.

위가 종료된 후에 노무를 다시 접수하려는 의사를 가지고 있는 사용자가 쟁의기간 동안 임금지급을 거절하기 위해서 근로자단체에게 노무제공을 허용하지 않으려는데 그 목적이 있다.[10)]

2) 규범적 측면

개인주의적 법사고에서 볼 때, 사실적 사회현상의 차원에서 근로자의 집단적 행위로서 파업과 사용자의 대항적 행위로서 직장폐쇄가 근로자들 또는 사용자들 사이의 공동의 의사결정에 기초한 단체행동이라는 사실이 법적 차원에서 공동사회적 단체행동으로 특별하게 평가되어져야 한다는 결론을 막바로 정당화하지는 못한다. 이것은 사실과 규범, 즉 所在然(Sein)과 所當然(Sollen)[11)]의 차원을 구별하는 데서 생기는 원칙상 불가피한 귀결이다.[12)] 그러므로 파업에 있어서 개개의 파업자의 실질적 행위기여가 법적 평가의 대상인가 또는 결사체 그 자체로서 단체의 집단적 현상이 법적 평가의 대상인가의 문제와 집단행동의 법적 평가가 부차적으로 그 집단의 구성원(파업의 주동자 또는 지휘자 및 개개의 근로자)에게 귀속되는가의 문제가 제기된다. 이러한 문제는 직장폐쇄에 있어서도 마찬가지이다. 단체행동에 대한 법적 평가에 있어서, 예컨대 노동조합에 의한 파업 또는 사용자에 의한 직장폐쇄시 노동조합과 사용자간 뿐만 아니라 쟁의에 참가하고 있는 개개의 근로자와 사용자간에도 근로계약의 형태로 법률관계가 존재하고 있다는 것을 간과해서는 아니 된다. 파업과 직장폐쇄시 법적 문제는 집단구성원의 개별적 행동을 어떠한 범위에서 집단적으로 파악해야 하며, 그것을 집단의 공동행동의 결과로서 어느 정도로 특별히 평가해야 하는가에 있다. 이 문제는 우리가 근로자의 단체행동

---

10) 김형배, 위같은책, 933면.

11) 도이칠란트어의 동사형에서 파생된 『Sein』과 『Sollen』을 어떻게 번역할 것인가가 문제이다. 지금까지 『Sein』을 「존재」로, 『Sollen』을 「당위」로 번역하였다. 그러나 이러한 개념표식, 즉 용어는 도이칠란트어 『Können』, 『Müssen』과 관련하여 어려움을 야기한다. 그래서 필자는 Sein, Können, Sollen, Müssen을 서로 관련성 있게 이해할 수 있도록 새로운 용어를 생각해 보았다. Sein, Können, Sollen, Müssen을 「在」, 「能」, 「當」, 「必」과 연관시켜서 Sein을 『所在然』으로, Können을 『所能然』으로, Sollen을 『所當然』으로, Müssen을 『所必然』으로 조어하면 어떨까 한다.

12) 所在然(Sein)과 所當然(Sollen)의 관계에 관해서는 Schneider(Hrsg.), Sein und Sollen im Erfahrungsbereich des Rechts, Vorträge des Weltkongresses für Rechts-und Sozialphilosophie 1967, Wiesbaden, 1970; 심헌섭, 존재에서 당위는 추리되는가? 경희법학 제12권 제1호, 65-84면과 제13권 제1호, 71-90면 및 법철학 I , 1982, 부록 I , 177-270면 참조. 심헌섭, "존재에서 당위는 추리되는가(기(基)1)", 『경희법학』, 제12권 제1호, 경희법학연구소, 1974, 65-84면과 동, "존재에서 당위는 추리되는가(기(基)2)", 『경희법학』, 제13권 제1호, 경희법학연구소, 1975, 71-90면.

권으로서 파업권과 사용자의 이에 대한 대항권으로서 직장폐쇄권을 인정할 때 이미 제기되는 것이다. 헌법상 근로자의 단체행동권이 보장되어 있지만(헌법 제33조 제1항) 그러한 권리행사를 구체적으로 어떻게 할 수 있는지, 예컨대 구체적으로 파업을 하려고 할 때, 단체행동권으로서 파업권 그 자체가 개개의 단체구성원에 귀속하는지 아니면 개개의 구성원 전체로서의 단체 그것에만 귀속하는지 또는 개개의 구성원과 단체 모두가 파업권을 가지고 있다고 할 때 그 성격과 행사방법이 어떠한지 문제이다. 이러한 문제는 형법과 사법, 특히 책임법(Haftungsrecht)의 영역에서도 심각하게 문제될 수 있다.

우리 헌법질서에 비추어 볼 때, 근로자들의 적극적 행위로서 쟁의행위이든 이에 대한 사용자의 대항적 행위로서 쟁의행위이든 권리의 행사이다. 그러므로 노사 간의 쟁의와 쟁의행위를 민법과 형법을 전제로 하는 개인주의적 법사고와 노동단체법에 전제되어 있는 집단적 법사고를 아우르면서 이를 통합적으로 파악하는 새로운 시각이 절실히 요청되는 것이다.

2. 문제인식

1) 실정법의 문제상황

근로자의 노동단체권을 보장하고 있는 헌법과 노동조합·단체교섭·단체협약·쟁의행위를 규율하고 있는 노조법은 그 접근방법에 있어 근본적인 차이를 보이고 있어서 어려운 문제를 야기하고 있다. 헌법 제33조는 단결권·단체교섭권·단체행동권을 근로자의 권리로 규정하고 있을 뿐 그 내용과 행사방법에 관해서는 아무런 규정을 두고 있지 않다. 노조법은 제1조에서 "… 헌법에 의한 근로자의 단결권·단체교섭권 및 단체행동권을 보장하여 근로조건의 유지·개선과 근로자의 경제적·사회적 지위의 향상을 도모하고 …"라고 규정하면서도 헌법상의 단결권·단체교섭권·단체행동권의 내용을 구체화하지 않고, 오히려 단결권·단체교섭권·단체행동권을 행사함으로써 생기는 결과만을 현상적 차원에서 규제하는 태도를 취하고 있다. 즉, 노조법은 헌법에 보장된 근로자의 단결권·단체교섭권·단체행동권을 전제로 하지만 단결권·단체교섭권·단체행동권의 행사의 결과로서 생기는 단결체·단체교섭·단체행동을 규제하기 위한 개념적 기초로서 노동조합·노동쟁의·쟁의행위와 같은 개념만을 정의하고 있을 뿐이다.

한편, 노조법을 어떻게 이해해야 하는가는 헌법상에 보장된 노동단체권의 법적 성질을 어떻게 이해하는가에 따라 크게 다르게 된다.

우선, 노동단체권을 자유권으로 파악하는 시각에 의하면 노조법을 기본권을 제한하는 형식으로 이해하게 되어 노조법의 헌법적 근거를 헌법 제33조 제1항에서 찾는 것이 아니라 기본권을 일반적으로 제한하는 일반적 법률유보조항인 헌법 제37조 제2항에서 찾게 된다. 그 반면에 노동단체권을 생활권 내지 생존권으로 파악하는 입장은 노조법을 기본권의 실현을 위한 이른바 기본권형성적 법률로 이해하게 된다. 또한 노동단체권을 자유권과 생존권의 혼합적인 기본권으로 파악하는 입장은 노조법의 규율내용이 기본권의 실현을 위한 것인가 또는 기본권을 제한하기 위한 것인가를 구체적으로 파악하게 된다.

2) 법이론적 문제상황

법이론적으로 볼 때, 일반적인 법사고는 개인주의적인데 반해 노동단체법적 사고는 집단주의적이다. 이러한 이유로 노동단체법의 영역에서는 개인주의적 법사고와 집단주의적 법사고를 어떻게 융합할 것인가가 크나큰 문제로 제기되게 된다.

노동단체권은 그 법적 성질에 있어서 단체적 또는 집단적 권리이다. 이러한 성격은 권리의 행사에서 개인적 권리와 뚜렷하게 다르게 나타난다. 왜냐하면 노동단체권은 일정한 집단적 방식에 의해서 행사되어야 하기 때문이다.

문제는 집단적 권리가 남용되는 경우나 집단적 행사방법에 하자가 있는 경우에 이를 어떻게 평가해야 하는가라는 것이다. 이에 대한 현재의 논의는 개인주의적 법사고와 집단주의적 법사고가 중첩을 이루고 있어서 법적 가치판단에 있어서 상당한 문제를 야기하고 있다. 아니, 개인주의적 법사고와 집단주의적 법사고가 노동단체법의 영역에서 각축을 하고 있다고 말하는 것이 옳을 것 같다.

노동단체권의 행사 그 자체의 적법성과 그 법적 효과는 단체주의적 법사고로 평가하고, 노동단체권이 남용된 경우 그 결과에 대한 책임은 개인주의적 법사고로 평가해야 하는가? 아니면 독자적인 단체법적 책임이론을 개발해야 하는가?

Ⅲ. 쟁의행위법의 체계적인 파악을 위한 기초개념

1. 기본개념에 대한 기존의 정의

1) 노조활동

노조활동의 개념에 관해서도 우리 실정법은 정의를 하고 있지 않다. 그러나 일반적으로 노조의 조직 및 운영에 관한 활동 중 단체교섭권과 단체행동권의 행사와 직접적으로 관련이 없는 노동조합의 통상적인 활동을 노조활동이라고 한다. 헌법 제33조 제3항은 주요방위산업체에 종사하는 근로자는 단체행동권을 행사할 수 없도록 제한하고 있는데, 노조활동을 단체행동에 포함시키게 되면 이들 근로자들은 노동조합활동조차 할 수 없게 된다.

2) 단체행동

실정법은 단체행동의 개념에 관하여 명시적으로 정의를 내리지 않고 있어 단체행동의 개념에 대하여 견해가 나뉘고 있다. 단체행동은 업무의 정상적인 운영을 저해하는 쟁의행위는 물론 완장착용 등과 같이 반드시 업무의 정상적인 운영을 저해하지 아니하는 단체과시도 포함되는 광의적 개념으로 파악하는 것이 현재의 다수설의 입장이다. 그러나 쟁의행위에 적용되는 노동법상의 제한규정은 업무의 정상적인 운영을 저해하지 아니하는 예컨대 단체과시로서의 완장착용, 전단살포 및 평화적인 피케팅 등에는 적용되지 아니한다고 보아야 할 것이다.

3) 노동쟁의와 쟁의행위

노동쟁의란 노동조합과 사용자 사이에 근로조건에 관한 주장의 불일치로 인하여 발생되는 분쟁상태를 의미하는 개념이다. 즉, 단체교섭이 단체협약의 체결로 종결되지 못하고 결렬된 상태를 노동쟁의라고 한다. 쟁의행위라 함은 노동조합 또는 사용자가 분쟁상태를 자기 측에 유리하게 전개하여 그 주장을 관철할 목적으로 행하는 실력행위로서 업무의 정상적인 운영을 저해하는 것을 말한다.

노동쟁의와 쟁의행위를 구분하는 실익은 평화적인 단체교섭이 결렬되어 분쟁상태가 발생한 후에 다시 실력행사인 쟁의행위로 나아가는 시기를 확정하여야 노조법상의 제반규정을 올바르게 적용할 수 있다는 데에 있다.

[판 례]

□ 노동쟁의의 정의상 '근로조건에 관한 노동관계 당사자 간의 주장'의 범위

- (구)노동쟁의조정법 제2조의 노동쟁의의 정의에서 말하는 "근로조건에 관한 노동관계당사자간의 주장"이란 개별적 노동관계와 단체적 노동관계의 어느 것에 관한 주장이라도 포함하는 것이고, 그것은 단체협약이나 근로계약상의 권리의 주장(권리쟁의)뿐만 아니라 그것들에 관한 새로운 합의의 형성을 꾀하기 위한 주장(이익쟁의)도 포함된다(대판 1991.3.27. 90도2528).

2. 새로운 개념의 도입

1) 쟁의행위권(또는 쟁의권)

(1) 개념도입의 필요성

위에서 언급한 바와 같이 헌법과 노조법상의 접근태도의 차이 때문에 또 다른 문제가 제기된다. 우리 노동법질서에서 단체행동권 외에 쟁의행위권 또는 쟁의권이라는 용어를 인정할 필요성이 있는가라는 문제가 바로 그것이다.

이 문제는 헌법상의 "단체행동"개념과 노조법상의 "쟁의행위"개념의 관계를 어떻게 파악하여야 하는가의 문제이기도 하다. 현행법체계상 헌법상의 단체행동의 개념과 노조법상의 쟁의행위의 개념을 동일한 것으로 파악하는 것은 불가능하다. 왜냐하면 헌법상의 단체행동은 단체행동권에 기한 근로자만의 행위인데 반하여 노조법상의 쟁의행위는 노사 모두의 행위로 규정하고 있기 때문이다.

여기서 우리는 헌법과 노조법의 체계적 파악을 위해서 단체행동권과 별도로 쟁의행위권(또는 쟁의권)이라는 개념을 인정할 필요성이 있다.

(2) 개념의 정의

현행 노조법 제2조 제6호는 쟁의행위를 "파업·태업·직장폐쇄 기타 노동관계당사자(노동조합과 사용자 또는 사용자단체를 말한다. 동법 제2조 제5호 참조)가 그 주장을 관철할 목적으로 행하는 행위와 이에 대항하는 행위로서 업무의 정상적인 운영을 저해하는 행위"라고 정의하고 있다. 근로자단체인 노동조합이 그 주장을 관철할 목적으로 행하는 파업·태업 등의 행위뿐만 아니라 사용자 또는 사용자단체가 노동조합의 위 행위에 대항하기 위하여 행하는 직장폐쇄 등의 행위도 쟁의행위의 개념에 포함시키고 있다.

그러므로 쟁의행위권이란 근로관계 당사자인 노동조합 또는 사용자가 그 주장을 관철할 목적으로 행하는 행위와 이에 대항하는 행위로서 파업·태업·직장폐쇄 기타 업무의 정상적 운영을 저해하는 행위를 할 수 있는 노동법상의 권리를 말한다. 따라서 쟁의행위권은 근로자의 쟁의행위권과 사용자의 쟁의행위권으로 구분된다.

(3) 쟁의행위권의 헌법적 근거

노조법에 구체화되어 있는 쟁의행위는 쟁의행위권에 의해서 정당화되는 바, 근로자의 공격적 쟁의행위권과 사용자의 방어적 쟁의행위권의 헌법적 근거는 무엇인가?

근로자의 쟁의행위권은 헌법 제33조 제1항의 단체행동권에 기초하는 것이고 사용자의 쟁의행위권은 헌법 제23조 제1항의 재산권에 근거하는 것이다. 그러나 노동조합 및 사용자의 개별적인 쟁의행위권은 노조법에 의해서 구체화되고 있다. 근로자의 쟁의행위권은 단체행동권의 특수한 양태로서 노조법에 의해서 파업·태업 등 업무의 정상적 운영을 저해하는 기타 행위로 표출될 수 있으나, 사용자의 방어적 쟁의행위권은 근로자의 쟁의행위에 대한 대항적 권리로서 노조법에서는 오로지 직장폐쇄라는 형식으로만 인정되고 있다. 필자는 근로자의 쟁의행위권을 단체행동권의 특별한 형태, 즉 단체행동권의 공격적 행사로 이해하는 한편, 사용자의 쟁의행위권을 소유권행사의 특별한 형태, 즉 소유권에 기한 사용자의 방어적 행위로 이해하고자 한다.

2) 쟁의관계

(1) 개념도입의 필요성

대부분의 노동법학자들은 노동조합과 그 조합원의 관계 및 노동조합과 사용자의 관계를 집단적 노사관계라는 규범적 개념으로 포섭하여 근로계약을 중심으로 하는 개별적 근로관계와 구별하고 있다. 그러나 집단적 노사관계의 개개의 사항을 논의함에 있어서 규범적인 측면보다는 사실적 측면에 시각을 고정시키는 경향이 있다. 특히 쟁의행위를 둘러싼 노동조합과 사용자의 관계를 논의함에 있어서 더욱 그러한데, 이러한 경향은 쟁의행위를 적나라한 폭력적 투쟁행위로서 부각시키면서 쟁의행위의 정당성이라는 개념을 사용하고 있는 점에서 여실히 드러난다. 그러나 이러한 태도는 우리의 노동헌법과 부합되지 않는다. 왜냐하면 우리 헌법은 제33조에서 단체행동권을 근로자의 기본적 권리로 보장하고 있고 또 이 권리의 행사가 쟁의행위로서 나타나는데, 그것은 는 근로자가 자신의 주장을 관철하기 위해 근로계약상 부담하고 있는 의무를 불이행하는 소극적인 행위이기 때문이다.[13)]

---

13) 쟁의행위의 가장 전형적인 형태가 파업이라고 할 수 있는데, 우리는 주위에서 파업이 폭력이라고 하는 주장을 자주 들을 수 있다. 그러나 보다 정확하게 말하면, 파업은 적극적인 파괴나 물리력을 수반하는 폭력행위가 근로자가 집단적으로 단순히 노무제공을 거부하는 소극적인 행위일 뿐이다. 그러므로 파업은 본질적으로 폭력이 아니라고 할 수 있다. 한편, 파업 그 자체가 폭력 혹은 폭력수단으로서 나타날 수 있다. 물론 사용자측에서 보면, 심리적으로는 파업에 의해 실제로 혹은 외견상 재산과 이윤이 위협을 받기 때문에 엄청난 폭력으로 느껴질 수 있다. 그러나 그것은 사용자의 느낌이지 실제적 현상은 아니다. 파업이 정치적 목적을 가지고 있어 그것이 정치적 파업인 경우에도 마찬가지이다. 그것은 폭력이 아니라고 하는 것을 고지(固持)하는 것이 중요하다. 잘 알려져 있듯이, 마하트마 간디(Gandhi, Mohandas Karamchand)는 우리들에게 비폭력적 저항의 관념을 주었는

쟁의행위를 폭력적 투쟁행위로 파악하는 태도는 근로자의 쟁의행위권 행사를 부정적 또는 소극적인 차원에서 파악하게 하도록 유도하고 있다. 근로자의 쟁의행위는 근본적으로 단체행동권의 행사로 나타나는 현상으로 아무런 제한도 없이 적나라하게 행하여지는 사실적 실력행사가 아니라 권리를 주장하는 법적 행위이다. 권리를 행사하는 모든 행위가 투쟁행위라는 일반적 맥락에서 쟁의행위를 권리행사행위로서 투쟁행위라고 말한다면 수긍할 수 있겠지만, 사법상의 권리행사는 투쟁행위로 보지 않으면서 쟁의행위만을 투쟁행위라고 하는 것은 우리 헌법 제33조의 기본적 취지를 몰각한 것이라고 말하지 아니할 수 없다.

또한 노동조합이 공격적 쟁의행위권을 행사하는 경우 또는 노동조합의 공격적 쟁의행위권의 행사에 대하여 사용자가 방어적 쟁의행위권을 행사하는 경우에 노동조합과 사용자의 관계가 적나라한 투쟁관계로 변경되는 것도 아니다. 즉, 이러한 경우는 노동조합과 사용자 사이에 노조법상 특별한 법률관계가 성립되는 것으로 이해하여야만 한다.

이러한 법률관계를 통일적으로 파악하고 근로계약을 중심으로 하는 근로자 개인과 사용자의 근로관계와 구분하기 위해서는 새로운 개념이 요청된다.

(2) 법률관계로서 쟁의관계

나는 노동조합이 소정의 절차를 거쳐 쟁의행위권을 행사함으로써 개시되는 노동조합과 사용자의 노동법상의 법률관계를 "쟁의관계"라는 용어로 표현하려고 한다. 쟁의관계는 노동법상의 공격적 쟁의당사자인 노동조합과 방어적 쟁의당사자인 사용자간의 법률관계를 의미한다.

3) 용어의 세분화

노조법은 근로자가 헌법상의 단체행동권을 행사함으로써 나타나는 사실적 행위와 사용자가 이에 대항하는 사실적 행위의 양자를 쟁의행위라고 규정하고 있기 때문에 용어의 사용에 있어서 상당히 복잡한 문제를 야기하고 있다. 그러므로 용어를 명확하게 세분화하여 정의할 필요가 있다.

데, 그 당시에 잉글랜드는 간디의 비폭력 불복종도 폭력으로 간주했었다. 그런데 저항이 비폭력적이어도, 강력하고 유효할 수 있다. 파업은 바로 이러한 비폭력적 불복종행위의 전형적 사례라고 할 것이다.

(1) 단체행동권과 쟁의행위권의 세분

위에서 보았듯이 단체행동권은 쟁의행위권의 상위개념이 아니다. 왜냐하면 근로자의 기본권으로서 단체행동권은 근로자의 공격적 쟁의행위권에 관해서는 상위개념이 되지만 사용자의 방어적 쟁의행위권의 상위개념은 될 수 없기 때문이다. 근로자의 공격적 쟁의행위권은 단체행동권에 기초하고 있지만 사용자의 방어적 쟁의행위권은 소유권에 기초하고 있다.

근로자의 단체행동 중 정상적인 업무를 저해하는 단체행동과 이에 대한 소유권 또는 경영권에 기한 사용자의 저항행위 중 정상적인 업무를 저해하는 쟁의행위만이 노조법에 의해서 규율된다. 그러므로 완장착용 등과 같은 단체과시의 정도에 해당하지만 업무의 정상적 운영을 저해하지 아니하는 단체행동권의 행사가 노조법에 의해서 규율되지 아니함은 물론, 근로자의 단체행동권의 행사를 방지하기 위한 설득행위와 같은 업무의 정상적 운영을 저해하지 아니하는 사용자의 행위도 노조법에 의해서 규율되지 아니한다. 즉, 이러한 행위는 쟁위행위에 포함되지 않는 것이다.

(2) 단체행동권행사와 쟁의행위권 행사의 세분

단결체가 소정의 절차를 거쳐서 단체행동권을 정당하게 행사하는 경우에 그 현상은 단체행동으로 나타나고 노동조합 또는 사용자가 쟁의(행위)권을 정당하게 행사하는 경우 그 현상은 쟁의행위로 나타난다. 이 경우에 단체행동권의 행사에 규범적으로 포섭되는 행위만을 단체행동으로 파악해야 하며, 마찬가지로 쟁의행위권의 행사에 규범적으로 포섭되는 행위만을 쟁의행위로 파악하여야 한다.

또한 단체행동에 해당하는 근로자의 집단적 행위 및 쟁의행위에 해당하는 근로자의 집단적 행위와 이에 대한 사용자의 대항행위는 처음부터 정당하고 적법한 행위이다. 그러므로 정당한 단체행위와 부당한 단체행위로 구분하거나 정당한 쟁의행위와 부당한 쟁의행위로 구분하는 것은 잘못된 것이다. 즉 단체행위는 정당한 단체행동과 부당한 단체행동으로 구분되는 것이 아니라 단체행동과 비(非)단체행동으로 구별되며, 쟁의행위는 정당한 쟁의행위와 부당한 쟁의행위로 구분되는 것이 아니라 쟁의행위와 비(非)쟁의행위로 구별될 뿐이다.

(3) 위법집단행위와 쟁의행위권남용

위법집단행위와 쟁의행위권남용은 구별되어야 한다. 헌법 제33조가 보장하고 있는 근로자의 단결권의 행사에 규범적으로 포섭되지 아니하는 단체, 즉 헌법 제33조의 단결체에 해당하지 아니하는 집단 또는 단체는 단체행동권의 주체가 될 수 없다. 이러한 집단 또는 단체의 집단적 행위는 단체행동에 해당하지 아니한다. 나아가서 헌법 제33조의 단결체에는 해당하지만, 노조법 제2조 제4호의 노동조합에는 해당하지 아니하는 단체는 현행노조법상 쟁의행위권의 주체가 될 수 없다. 그러므로 이러한 단체의 집단적 행위가 사용자의 정상적인 업무를 저해하는 경우, 그것은 노조법상 쟁의행위가 아니라 단순히 위법집단행위가 된다.

한편, 노조법 제2조 제4호가 규정하고 있는 노동조합이 쟁의행위권의 목적, 수단, 방법의 적정한 차원을 넘어서 쟁의행위권을 행사하는 경우, 예컨대 오로지 사용자나 제3자에게 손해를 가할 목적으로 쟁의행위권을 행사하거나 요구내용이 객관적으로 실현불가능할 정도로 과도한 경우 또는 무력이나 파괴 등을 쟁위행위권의 행사수단으로 사용하는 경우에는 쟁의행위권남용이 된다.

이러한 문제는 사용자의 방어적 쟁의행위권의 행사에서도 야기된다. 사용자에 해당하지 않는 자는 방어적 쟁의행위권의 주체가 될 수 없으며, 사용자에 해당하지 않는 자가 근로자들이 제공하는 노무를 수령하기를 거부하거나 직장을 폐쇄하는 등 근로자들의 정상적인 업무를 저해한다면 그것은 방어적 쟁의행위가 아니라 단순히 위법한 행위일 뿐이다. 사용자의 쟁의행위권의 행사가 방어적 차원을 넘는 경우 그것은 쟁의행위권의 남용이라고 할 것이다.

4) 「쟁의행위의 정당성」이라는 용어의 문제점

대다수의 노동법학자와 우리 판례는 「쟁의행위의 정당성」 또는 「정당한 쟁의행위」라는 표현을 사용하고 있다. 그러나 이들 표현은 언뜻 보기에 별 문제가 없는 듯이 보이지만, 위에서 언급한 단체행동을 근로자의 기본적 권리로 보장하고 있는 헌법 제33조 제1항과 관련해서 생각해 보면 이러한 언어사용은 부적절하다는 것을 알 수 있다. 그 뿐만 아니라 개념논리적인 측면에서도 상당히 큰 문제가 있다.

「쟁의행위의 정당성」 또는 「정당한 쟁의행위」와 같은 표현은 쟁의행위에 관한 법적 문제를 기본권인 단체행동권의 행사라는 측면에서 파악하지 아니하고, 단체행동권을 행사함으로써 나타나는 결과, 즉 다양한 행위들의 사실적인 측면에서 파악하여 민사법과 형사법의 차원에서 근로자의 단체행동권의 행사를 재단하려는 태도가 그 근저에 있다. 쟁의행위의 정당성 또는 정당한 쟁의행위라는 용어는 헌법 제33조 제1항이 노동단체권을 근로자의 기본적 권리로 보장함으로써 쟁의행위를 불법행위 및 범죄행위로 보는 민법 및 형법의 사고를 폐지한다는 것을 선언하였음에도 민법과 형법의 사고를 다시 노동법의 영역으로 끌어들이는 것이다.

단체행동권을 근로자의 기본권으로서 규정하고 있는 우리 헌법 하에서 단체행동권의 정당한 행사로서의 근로자의 쟁의행위는 이미 그 정당성이 헌법에 의해 인정되고 있다. 그래서 단체행동권의 행사의 한계 및 그 남용이 문제될 뿐이지 쟁의행위의 정당성에 관한 문제는 처음부터 제기될 수 없다. 즉 단체행동권의 행사로서 나타나는 행위는 헌법적 차원에서 그 정당성이 인정되기 때문에 오로지 쟁의행위권남용이 문제될 뿐이다. 쟁의행위권의 행사로서 현실적으로 나타나는 현상으로서 쟁의행위는 그 자체로 적법한 것이며, 쟁의행위권의 주체가 될 수 없는 자들의 집단적 행위나 쟁의행위권의 주체라고 하더라도 그 법적 한계를 넘어서 쟁의행위권을 행사하는 경우에 나타나는 집단적 행위는 이미 우리 노동법상의 쟁의행위라고 해서는 아니 된다. 우리 노동헌법질서에서는 근로자의 쟁의행위와 근로자의 위법한 집단행동이 있을 뿐이지 정당한 쟁의행위와 정당하지 않는 쟁의행위라는 개념은 있을 수 없는 것이다. 즉 단체행동권 즉 쟁의(행위)권의 정당한 행사로써 나타나는 행위양태가 쟁의행위이지, 쟁의행위권남용이나 근로자들의 집단적인 불법행위는 이미 쟁의행위가 아니라고 해야 할 것이다.

어디까지나 쟁의(행위)권을 근간적인 기초개념으로 파악하고, 쟁의행위는 쟁의행위권의 정당한 행사로써 나타나는 현상으로서의 집단적인 행위만을 지시하는 용어로 사용하여야 한다. 쟁의행위의 해당성은 우리 노동헌법에 의해서 승인되는 요건과 범위 내에서 쟁의행위권이 행사되었는지 여부에 의해서 판단해야 한다. 단체행동권을 근로자의 기본권으로 보장하고 있는 현행 노동헌법 하에서 쟁위행위라는 개념은 실질적으로 필요하지 않다고 할 수 있다. 노동조합이나 사용자가 노동법질서에 위반하여 쟁의행위권을 행사하는 경우 그 결과로 나타나는 행위는 "정당성이 없는 쟁의행위"가 아니라, 그것은 처음부터 쟁의행위가 될 수 없는 것이다. 그 경우에는 처음부터 쟁의행위권의 위법한 행사와 불법적인 집단행동이 있을 뿐이지, 정당하지 않은 쟁의행위가 있는 것이 아니라고 할 것이다. 쟁의(행위)권이 그 법적 한계를 벗어나 행사된 경우에 나타나는 집단적 행동이나 쟁의(행위)권의 주체적 요건을 구비하지 못한 집단이나 단체의 집합적인 행동은 쟁의행위에 해당하지 아니 한다.

이러한 내용을 정리하면 아래와 같고, 기존의 노동법학자들의 견해와 나의 견해를 비교하면 아래의 [비교표]와 같다.

〔정 리〕

- 노동조합 및 사용자의 정당한 쟁의행위권의 행사 ⇒ 쟁의행위
- 노동조합 및 사용자의 쟁의행위권남용 ⇒ 비쟁의행위
- 노동조합이 아닌 근로자집단 또는 단체의 집단행동 ⇒ 비쟁위행위

〔비교표〕

견해 / 양태	나의 견해	종래의 견해
쟁의행위권의 정당한 행사	쟁의행위	(정당성이 있는) 쟁의행위
쟁의행위권남용	비(非)쟁의행위	(정당성이 없는) 쟁의행위
노동조합이 아닌 근로자집단 또는 단체의 집단행동과 이에 대한 사용자의 행동	비(非)쟁의행위	(정당성이 없는) 쟁의행위

위에서 살펴 본 바와 같이 노사 간의 쟁의행위는 이미 헌법에 의해서 인정된 권리의 행사에 불과하며 쟁의행위의 정당성은 이미 헌법에 의해서 인정되고 있는 것이다. 다만 처음부터 쟁의행위권의 행사에 해당하지 않거나 쟁의(행위)권의 행사라는 외형을 가지고 있으나 그 권리의 내재적 한계를 벗어나는 경우인 쟁의행위권이 남용된 경우가 있을 뿐이라는 점을 정확하게 직시하여야 할 것이다.

5) 입법론적 논의의 필요성

지금까지 우리 노동법학자들은 우리 헌법의 이념이나 내용을 고려하지 않고, 오로지 실정법(노조법)만을 중심으로 해서 노사단체법을 논의하고 있다. 그뿐만 아니라 노동단체법의 이론을 전개함에 있어서 도이칠란트에서 자생하여 일본에서 변형된 도이치식의 단체법이론을 추수하고 있는 듯하다.

특히 우리나라 노동법이론은 헌법의 이념적 차원에서 노동단체법을 재구상하여 시민법적인 사고를 수정하는 데에는 대단히 소극적인 편이고, 헌법상의 단체행동권을 쟁의행위의 정당성을 판단하는 기초 정도로 인식하면서 헌법의 하위법률인 실정 노조법의 규율방식에 따라 개별 쟁의행위를 판단하고 있는 것 같다. 이것은 단체행동법에 있어서 쟁의행위권의 행사문제를 규범적으로 파악하지 않으려고 하는, 다시 말해서 헌법에 의해 보장되고 있는 단체행동권의 행사로서 규범적 차원에서 파악하지 않으면서 집단적 행동의 사실적 측면을 강조하고자 하는 쟁의행위

라는 개념에 의거해서 쟁의권의 행사를, 마치 일제식민시대에서 그랬듯이, 공안범죄(公安犯罪)적인 행위유형으로 취급하여 형사법의 규제대상으로 다루기 위해 개발된 것이라고 할 수 있다. 단체행동권의 행사는 노사자치의 과정에서 나타나는 일련의 규범적 현상으로서 평가해야 한다. 그러므로 사실적 차원에만 파악하고 있는 현행 노조법의 태도는 우리 노동헌법과 부합하지 아니하며, 이러한 노조법의 태도를 그대로 받아들이고 있는 노동법학자들의 태도에 대해서는 반성할 필요가 있다.

우리가 노동단체법을 한국자본주의의 건전화 내지 인간화를 위한 노사 간의 사회적 자치조직법으로 이해한다면, 입법론적 차원에서 노동단체법을 재구성해야 할 것이다. 단순히 현재의 실정노동법률을 해석하는 데에 그쳐서는 이러한 사회적 자치조직법으로서 노사관계법의 역할을 달성할 수 없다.

3. 본서에 있어서 논의 방법과 방향

지금까지 우리나라의 노동법학자들 대부분은 헌법상의 단체행동권을 쟁의행위의 정당성을 판단하는 기초 정도로 인식하고 노조법의 규율방식에 따라 개별적인 쟁의행위를 소극적으로 취급하여 오고 있다.

그러나 위에서 살펴 본 바와 같이 노사 간의 쟁의행위는 이미 헌법에 의해서 인정된 권리의 행사에 불과하며 쟁의행위의 정당성은 이미 헌법에 의해서 인정되고 있는 것이다. 다만 처음부터 쟁의행위권의 행사에 해당하지 않거나 쟁의행위권 행사의 외형을 가지고 있으나 그 권리의 내재적 한계를 벗어나는 경우인 쟁의행위권이 남용된 경우가 있을 뿐이라는 점을 정확하게 직시하여야 할 것이다.

나는 사실적 현상으로서의 쟁의행위를 중심으로 논의하는 것이 아니라 쟁의행위권을 중심으로 논의를 전개하고자 한다. 먼저, 노조법이 전제하고 있는 근로자의 쟁의행위권과 그 행사를 서술한 뒤 근로자의 쟁의행위권에 대항적 관계에 있는 사용자의 쟁의행위권 및 그 행사에 관해서 서술한다. 그리고 쟁의행위권의 행사로 생긴 사용자와 근로자 및 제3자 사이의 법률관계와 쟁의행위권이 남용된 경우의 법적 책임과 노동쟁의의 조정과 중재에 관하여 기술한다.

제 2 장 쟁의행위권

제 1 절 서 설

Ⅰ. 쟁의행위권의 개념

쟁의행위권이란 노사당사자가 자신의 주장을 관철하기 위해서 업무의 정상적인 운영을 저해하는 행위를 할 수 있는 권리이다. 노동조합의 쟁의행위권은 노동조합이 자신의 주장을 관철하기 위하여 행하는 파업·태업 등 기타 업무의 정상적인 운영을 저해하는 행위를 할 수 있는 권리이고 사용자 또는 사용자단체의 쟁의행위권은 노동조합의 쟁의행위권 행사에 대항해서 직장폐쇄 등 기타 업무의 정상적인 운영을 저해하는 행위를 할 수 있는 권리를 말한다.

Ⅱ. 쟁의행위권의 특질

우리 헌법 제33조는 노동자의 단체행동권을 근로자의 기본적 권리로서 직접적으로 보장하고 있기 때문에 노동조합의 쟁의행위권은 그 작용에 있어서 사용자의 쟁의행위권과는 상당히 다르다. 사용자의 쟁의행위권은 노동조합의 쟁의행위권과 대항적 관계에 있다. 그 행사의 측면에 있어서 전자는 공격적 능동적인 데에 반해서 후자는 방어적 수동적인 것이 그 특징이다. 그러므로 사용자의 쟁의행위권은 노동조합의 쟁의행위권의 행사를 전제로 해서 비로소 행사되어야 한다.

Ⅲ. 쟁의행위권과 쟁의행위

노동조합과 사용자는 쟁의행위권에 기초하여 집단적인 쟁의행위를 할 수 있다.

즉 노사당사자의 쟁의행위권 행사는 개개 근로자 또는 사용자의 구체적인 쟁의행위로서 나타난다. 그러므로 쟁의행위권의 행사가 아닌 집단적 행위는 쟁의행위가 아니다. 쟁의행위는 쟁의행위권의 행사에 의한 것이기 때문에 처음부터 노동법상으로 정당한 행위만을 의미하고, 쟁의행위 중 정당한 것과 부당한 것이 있는 것이 아니다.

그렇지만 현행 노조법 제2조 제6호는 "쟁의행위라 함은 파업 태업 직장폐쇄 기타 노동관계 당사자가 그 주장을 관철할 목적으로 행하는 행위와 이에 대항하는 행위로서 업무의 정상적인 운영을 저해하는 행위를 말한다"라고 규정하여 마치 위법집단행위도 쟁의행위에 포함되는 것처럼 규정하고 있다. 그러나 쟁의행위권의 행사가 아니거나 쟁의행위권의 행사라고 하더라도 그 한계를 넘어서 행사되어 그것이 겉으로는 쟁의행위권의 행사인 것처럼 보이더라도 실질적으로는 남용에 해당하는 경우 그러한 행위는 처음부터 쟁의권의 행사에 포섭해서는 아니 될 것이다.

Ⅳ. 쟁의행위권에 대한 법적 규제

노조법은 한편으로 쟁의행위권을 보장하면서도 다른 한편으로 노동관계 당사자가 쟁의행위권을 행사함에 있어서 질서유지와 공공복리를 위해서 일정한 한계를 설정하고, 노사 간의 이익조정을 위하여 여러 가지 제한적 규정을 두고 있다.

아래에서 쟁의권에 대한 법적 규제를 주체, 절차, 양태, 수단 등에 따라 분설하기로 한다.

제 2 절 쟁의행위권의 주체

Ⅰ. 서

쟁의행위권의 주체를 어떻게 파악할 것인가는 결국 헌법과 노조법을 어떻게 파악하는가에 달려 있다. 즉 헌법 제37조에 기하여 노동관계의 당사자인 근로자와 사용자의 요건을 규제하고 있는 노조법상의 규정을 파악하는 시각에 따라 다르게 될 것이다.

노조법은 쟁의행위권의 주체로서 근로자의 요건에 대해서는 상당히 구체적으로 규정하고 있으나 사용자의 요건에는 아무런 규정을 두고 있지 않다. 노조법에 의하면 근로자는 노동조합을 통해서만 쟁위행위권의 주체가 될 수 있다.

Ⅱ. 노동조합

근로자측의 쟁의행위권의 주체는 노동조합이다. 여기서 노동조합이라 함은 근로자가 주체가 되어 자주적으로 단결하여 근로조건의 유지·개선 기타 근로자의 경제적·사회적 지위의 향상을 도모함을 목적으로 조직하는 단체 또는 그 연합단체를 말한다(노조법 제2조 제4호).

쟁의행위권의 주체로서 노동조합은 노조법 제2조 제4호의 실질적 요건을 갖춘 정도로 족한가 아니면 노조법 제10조 내지 제12조의 소정의 설립절차, 즉 형식적 요건까지 갖춘 노동조합만을 의미하는지가 문제로 된다. 여기에서 제기되는 문제가 노동조합의 보호요건을 규정하고 있는 노조법 제7조 제1항을 어떻게 파악하는가의 문제이다. 노조법 제7조 제1항의 취지에 비추어 볼 때, 쟁의행위권의 주체로서 노동조합은 노조법 제2조 제4호 소정의 실질적 요건을 갖추고 있는 노동조합이면 충분하다고 할 것이다.

그러나 판례[14]는 쟁의행위(쟁의행위권 행사)의 정당성이 인정되기 위해서는 그 주체가 단체교섭 및 단체협약을 체결할 능력이 있어야 하고 이는 쟁의행위(쟁의행위권 행사)의 내재적 한계라고 한다.

노조법에 정한 노동조합(노조법 제2조 제4호)은 그 자신이 직접 쟁의행위권의 주체가 되거나 그 조합원인 근로자들이 단체행동권을 행사할 수 있는 근로자단체로서의 지위를 갖지만, 동법에 정하지 아니한 근로자단체가 헌법 제33조 제1항의 규정에 따라 직접 단체행동권의 주체로 인정되어 정당한 쟁의행위를 할 수 있는지 여부에 관하여는 많은 논란이 있다. 이에 관해서 약간 분설을 한다면 아래와 같다.

1. 법내노조

노조법에 정한 노동조합으로서 실질적 요건(동법 제2조 제4호) 및 형식적 요건(동법 제10조)을 갖춘 노동조합이 단체교섭권의 정당한 주체로서 역시 쟁의행위의 정당한 주체로 됨에는 의문의 여지가 없다.

2. 법외노조

1) 노조법 제2조 제4호에 정한 노동조합으로서의 실질적 요건을 구비하고 있으나 설립신고라는 형식적 요건만을 갖추지 못하고 있다면, 이 역시 법에 정한 노동조합으로서 단체교섭 및 단체협약을 체결할 수 있는 근로자단체에 해당하므로 쟁의행위권의 정당한 주체로 인정될 수 있다고 할 것이다. 판례도 이를 간접적으로 긍정하고 있는 것으로 보여진다.[15]

2) 법외노조 중에서도 노조법 제2조 제4호 단서에 정한 소극적 요건 중 같은 조항 단서 (가)·(라) 목에 정한 바와 같이 근로자단체에 사용자의 이익을 대표하는 자나 근로자가 아닌 자의 가입이 허용되고 있어 그 소극적 요건을 갖추지 못하고 있지만 그러한 자의 참여 또는 가입에도 불구하고 근로자단체로서의 주체성·자주성이 흠결되었다고 볼 수 없어 같은 조항 본문의 노동조합의 적극적인 실질적 요건은 갖추고 있는 경우에 그러한 법외노조가 쟁의행위의 정당한 주체가 될 수 있는지 문제된다.

이러한 근로자단체는 법내노조로 인정받기 위한 소극적 요건을 갖추지 않아 노

---

14) 대판 1990.5.15. 90도357; 동 1990.10.12. 90도1431; 동 1991.5.14. 90누4006; 동 1991.5.24. 91도324; 동 1992.1.21. 91누5204; 동 1992.3.13. 91누10473; 동 1992.7.14. 91다43800; 동 1992.9.22. 92도1855; 동 1994.9.30. 94다4042; 동 1996.1.26. 95도1959; 동 1998.1.20. 97도588; 동 1999.6.25. 99다8377 등 다수 및 헌재 1990.1.15. 89헌거103 결정; 동 1998.7.16. 97헌바23 결정 등 참조.

15) 대판 1997.2.11. 96누2125.

조법에 의한 노동조합으로 설립될 수는 없으나 근로자단체로서의 실질을 갖고 있는 이상 헌법상 단체교섭권·단체행동권 보장의 주체가 될 수 있을 것이다. 그런데 동법 제29조에 의하여 단체교섭권을 갖는 노동조합의 개념을 동법 제2조 제4조 본문 및 단서에 정한 실질적 요건을 모두 갖춘 노동조합을 의미하는 것으로 해석하게 되면 앞서 든 근로자단체는 위 법규정상으로는 단체교섭 및 단체협약을 체결할 수 있는 정당한 당사자라거나 쟁의행위의 정당한 주체에서 제외되어 있다고 할 것이다.

위 두 판례를 살펴보면, 노동조합으로서 적극적·소극적 요건에 해당하는 실질적 요건을 모두 갖춘 법외노조가 아닌 경우에는 단체교섭권이나 단체행동권의 정당한 주체가 될 수 없다는 입장을 취하고 있는 것으로 보인다.

3. 일시적 쟁의단

1) 법내노조 또는 법외노조가 설립되어 있지 아니한 사업장에서 비조직 근로자가 일정한 사항에 관한 주장을 관철하기 위하여 일시적으로 결성한 조직체에 해당하는 경우

(1) 학 설

근로자들이 사용자와 사이에 일시적으로 일정한 근로조건에 관한 대립관계가 형성되어 그에 관한 주장을 관철하기 위한 쟁의행위의 목적 아래 결성된 이른바 일시적 쟁의단이 단체교섭권의 정당한 주체로서 쟁의행위의 주체가 될 수 있는지 여부에 관해서 견해가 나누어진다.

가. 부정설

일시적 쟁의단이 사단으로서의 조직적 실체를 갖추고 있지 않으면 노조법 제2조 제4호 본문의 노동조합의 개념에 합치하지 않고 근로자단체로서의 법적 보호를 받을 수 없다 할 것이므로 단체교섭의 정당한 당사자가 될 수 없고 따라서 쟁의행위의 정당한 주체가 될 수 없다고 보는 견해이다.[16)]

나. 긍정설

쟁의행위의 주체성을 단체교섭이나 단체협약체결능력의 유무에 따라 결정할 것은 아니고, 헌법상 개별근로자가 쟁의행위권의 주체로 인정되는 이상 개별근로자

---

16) 김형배, 위같은책, 932면.

들이 결성한 단결체가 일시적이라 하더라도 이를 통하여 쟁의행위를 할 수 있다고 보아야 한다는 견해이다.[17] 긍정설에는 다시 ㉮ 일시적 쟁의단이 한 쟁의행위가 목적과 수단에서 정당하다면 일시적인 조직체라는 이유만으로 쟁의행위의 정당성이 부인되어서는 안 된다는 입장, ㉯ 예컨대, 노동조합의 결성과정에서 노동쟁의가 발생하였다거나 다수의 해고근로자 또는 해고대상근로자의 복직 또는 해고조건을 둘러싸고 노동쟁의가 발생하여 근로자측이 집단적으로 실력행사를 하는 경우처럼 사안의 성격상 일시적인 쟁의단이 주체가 될 수밖에 없다고 인정되는 경우에는 단체교섭이나 단체협약체결능력이 없더라도 쟁의행위 주체의 정당성을 인정할 수 있다고 하는 입장 등이 있는 듯하다.

(2) 판 례

위에서 이미 언급한 바와 같이. 판례에 의하면, 쟁의행위의 정당성이 인정되기 위해서는 그 주체가 단체교섭 및 단체협약을 체결할 능력이 있어야 한다. 그러므로 쟁의권행사의 주체적 요건은 쟁의행위의 내재적 한계에 해당한다. 이러한 조건에 따른다면 이러한 일시적 쟁의단이 단체교섭 또는 단체협약체결능력을 인정할 수 있는 노동조합으로서의 실질을 갖추고 있는 근로자단체에 해당되는지 여부에 따라 결론이 달리질 것이다.

(3) 사 견

우리 헌법에 보장된 노동3권 중 단체교섭권을 중핵적인 권리로 보면서 단결권과 단체행동권을 그 수단적인 권리로 보는 입장은 단체교섭능력이 없는 쟁의단에 의한 쟁의행위를 위법으로 볼 것이다. 그러나 단체행동권의 주체성을 노조법상의 단체협약체결능력 여부에 의해서만 판단하는 것은 문제가 있다. 쟁의단이 주도한 쟁의권행사를 일률적으로 재단하는 것은 타당하지 않다. 노동조합의 결성과정에서 노동쟁의가 발생하였거나 다수의 해고근로자 또는 해고대상자의 복직 또는 해고조건을 둘러싸고 노동쟁의가 발생하여 근로자측이 집단적으로 실력행사를 하는 경우에서와 같이 구체적인 상황이 쟁의단이 주체가 될 수밖에 없는 경우에는 근로자의 기본적 인권으로 단체행동권을 보장하고 있는 우리 헌법 제33조의 취지에 비춰 볼 때, 이를 긍정해야 할 것이다.[18]

---

17) 김유성, 『노동법 II (전정판)』, 법문사, 1997, 220면; 박상필, 『한국노동법(전정판)』, 대왕사, 1990, 544면 등.

18) 동지 : 김유성, 위같은곳.

2) 법내노조 또는 법외노조가 설립되어 있는 사업장에서 비조합원이 일정한 사항에 관한 주장을 관철하기 위한 쟁의행위를 목적으로 일시적으로 결성한 조직체(독립된 노동조합의 지위를 갖고 있는 지부·분회와는 구별된다)에 해당하는 경우

이는 이른바 미조직근로자의 파업이 쟁의행위권 행사에 해당하는가의 여부에 관한 문제이다.

(1) 학 설

쟁의단을 노동쟁의권의 주체로 부정하는 입장은 비노조파업에 대해서 소극적인 태도를 취하는 반면[19], 이를 인정하는 입장은 비노조파업에 대해서도 긍정적인 태도를 취할 것이다. 긍정설은 헌법상 개별근로자에게 단체행동권으로서 쟁의행위권이 인정되는 이상 노동조합이 결성된 사업장에 있어서도 통일적인 의사결정을 할 수 있는 조직체로서의 일시적인 근로자조직체에게도 기존의 노동조합과 중첩적으로 쟁의행위권의 주체성을 인정할 것이다. 그러므로 노동조합이 이미 존재하고 있더라도 어용노조로 비자주적인 경우 또는 노조가 경직되고 비민주적이어서 조합원의 이익이 충분히 반영되지 않을 때와 같이 쟁의행위를 통한 근로자의 보호가 요구되기 때문이라는 것이다.[20]

(2) 판 례

전술한 바와 같이 판례에 의하면, 기존 노조와 복수노조의 관계에 있는 근로자단체에 대하여는 단체교섭 및 단체협약체결능력이 인정되지 않는다. 그러므로 기존 노조 이외에 위와 같이 일시적 쟁의단에 대하여는 더 말할 나위도 없이 단체교섭이나 단체협약 체결능력이 없다고 보아 쟁의행위권의 정당한 주체가 될 수 없다고 할 것이다.

(3) 사 견

노동조합을 결성하지 아니한 미조직근로자의 파업의 경우에도, 그들의 조직체의 구성경위, 조합원들의 의사의 대표기관성, 교섭과정 및 사용자측의 태도 등을 종합적으로 고찰하여, 쟁의권행사의 정당성 여부를 판단하여야 한다고 생각한다.

---

19) 김형배, 위같은책, 932면.

20) 임종률, 『노동법(제10판)』, 박영사, 2012, 220면; 박상필, 위같은책, 544면; 신일령, "비노조파업에 따른 법적 문제", 『노동법학』 제3호, 한국노동법학회, 1991, 154면 이하.

3) 법내노조 또는 법외노조가 설립되어 있는 사업장에서 조합원 중 일부가 일정한 사항에 관한 주장을 관철하기 위한 쟁의행위를 목적으로 일시적으로 결성한 조직체에 해당하는 경우

이것은 이른바 비공인(非公認)파업의 정당성 여부에 관한 문제이다. 종래 판례는 노동조합의 승인 없이 또는 지시에 반하여 쟁의행위를 하는 일부 조합원의 집단을 비조직 근로자들의 쟁의단으로 볼 수 없다고 하여[21] 그 쟁의행위의 정당성을 부정하였다. 현행 노조법은 노동조합이 결성된 사업장에서 조합원 중의 일부가 노동조합이 주도하지 아니하는 쟁의행위를 하는 것을 금지하는 명문의 규정(노조법 제37조 제2항)을 두어 입법적으로 해결하고 있다.

4. 쟁의행위권의 주체가 될 수 없는 근로자

1) 공무원인 근로자는 법률이 정하는 자에 한하여 노동3권의 주체가 될 수 있고(헌법 제33조 제2항), 이에 따라 사실상 노무에 종사하는 공무원을 제외하고는 노동운동 기타 공무 이외의 일을 위한 집단적 행위를 하여서는 아니된다(국가공무원법 제66조 제1항, 지방공무원법 제58조 제1항). 따라서 이들 공무원인 근로자는 쟁의행위의 정당한 주체가 될 수 없다.

2) 사립학교 교원의 복무에 관하여는 국·공립학교 교원에 관한 규정이 준용되므로(사립학교법 제55조), 사립학교 교원은 공무원이 아니면서도 국가공무원법 제66조 제1항의 적용을 받게 되어 결과적으로 쟁의행위를 할 수 있는 헌법상 단체행동권의 향유주체가 되지 못한다.

3) 방위산업법에 의하여 지정된 주요방위산업체에 종사하는 근로자 중 전력, 용수 및 주로 방산물자를 생산하는 업무에 종사하는 자는 쟁의행위를 할 수 없다(헌법 제33조 제3항, 노조법 제41조 제2항).

Ⅲ. 사용자 또는 사용자단체

사용자의 쟁의행위권의 주체는 사용자이다. 이 경우 사용자라 함은 사업주 및 사업주로부터 권한을 위임받은 자를 말한다. 사업주가 자연인인 경우에는 그 자

21) 대판 1995.10.12. 95도1016; 동 1997.4.22. 95도748.

연인이 쟁의행위권의 귀속주체이고 법인의 경우에는 법인 자체가 쟁의행위권의 귀속주체이다. 그러나 사업주뿐만 아니라 사업의 경영담당자 또는 사업주로부터 권한을 위임받은 사용자단체도 쟁의행위권의 행사주체가 될 수 있다.

여기에서 사용자의 쟁위행위권의 법적 근거가 무엇인가와 쟁의행위권은 노조법에 의해서 창설되는가 등이 문제로 된다. 사용자의 쟁의행위권은 헌법 제23조에 기초하고 있고 쟁의행위권 행사의 양태와 범위는 노조법에 의해서 설정된다고 할 것이다.

그렇지만 현행 노조법은 쟁의행위권의 주체로서 사용자 또는 사용자단체의 요건을 구체적으로 법제화하지 않고 있다. 다만, 사용자 또는 사용자단체의 개념만을 규정하고 있다. 특히 노동문제와 관련하여 사용자단체의 내부의사결정을 위한 일정한 요건을 정하는 등 노동법상의 규제가 요청되고 있다.

이러한 규정이 없는 것은 지금까지 노동조합이 기업별조직이었기 때문에 사실상 별도의 필요성이 없었으나, 노동조합이 산업별조직으로 되는 경우, 특히 공공복리를 위해서 사용자단체에 대한 노동법상의 규제가 노동조합에 대한 규제에 상응해서 절실히 요청된다고 할 것이다.

[판 례]

- 전국기관차협의회(이하 '전기협'이라고 한다)는 근로조건의 유지, 개선을 통한 근로자의 경제적, 사회적 지위의 향상만 아니라 정치적 지위의 향상도 그 목적으로 하고 있고, 근로자라고 할 수 없는 해직이 확정된 자도 회원자격을 인정하고 있을 뿐만 아니라, 기존의 전국철도노동조합과 그 조직대상을 같이 하고 있어 노동조합법상의 노동조합이라고 볼 수 없고, 따라서 단체교섭권도 없어 쟁의행위의 정당한 주체로 될 수 없다(대판 1997.2.11. 96누2125).
- 헌법 제33조 제2항이 법률이 정하는 공무원에게는 단체행동권을 인정하고 국가공무원법 제66조 제1항이 사실상 노무에 종사는 공무원에게는 노동운동을 허용하고 있으며, 위 "사실상 노무에 종사하는 공무원"에는 공무원복무규정 제28조 소정의 "철도청 소속의 현업기관에서 노무에 종사하는 기능직공무원"이 포함되어 있는바, 철도청 소속공무원으로서 기관사의 직무를 수행하는 자는 위 "사실상 노무에 종사하는 기능직공무원"에 해당하므로 노동쟁의조정법 제12조 제2항 소정의 쟁의행위의 주체가 될 수 없는 공무원이 아니다. 이 사건 쟁의행위는 그 주체가 단체교섭권이 없는 이른바 "특별단체교섭추진위원회(철도청 소속 기관사)"이고 위에서 본 노동쟁의발생신고 등의 절차를 거치지 아니하였다는 취지이므로 이러한 점들을 심리하지 아니한 채 만연히 피고인들이 부적법한 쟁의행위를 했다거나 직무를 유기했다고 인정할 만한 증거가 없다고 한 원심판결에는 심리미진으로 사실을 오인함으로써 판결에 영향을 미친 위법도 있다(대판 1991.5.24. 91도324－이 판례의 평석으로는, 김선

수, “철도기관사 파업”, 『노동법연구』 제2권 제1호, 서울대학교노동법연구회, 1992, 313면 이하 참조) 및 이와 유사한 사례로, 대판 1995.10.12. 95도1016; 동 1997.4.22. 95도748 등 참조).

- 노동조합의 쟁의행위가 정당하기 위해서는 그 주체가 단체교섭의 주체로 될 수 있는 자이어야 하고, 노동조합과 사용자의 교섭과정에서 노사대등의 입장에서 근로조건의 향상 등 근로자의 경제적 지위를 향상시키려는 목적에서 나온 것이어야 하며, 사용자가 근로자의 근로조건 개선에 관한 구체적인 요구에 대하여 단체교섭을 거부하거나 단체교섭에서 그와 같은 요구에 반대의 의사표시를 하거나 묵살하고 반대하고 있는 것을 분명하게 하고 있을 경우에 개시할 수 있으며 특별한 사정이 없는 한 법령이 규정한 절차를 밟아야 하고, 그 수단과 방법이 사용자의 재산권과 조화를 이루어야 할 뿐 아니라, 다른 기본적 인권을 침해하지 아니하는 등 그 밖의 헌법상의 요청과 조화되어야 하고, 다만 이 경우에도 당해 쟁의행위 자체의 정당성과 이를 구성하거나 부수되는 개개의 행위의 정당성은 구별되어야 하므로 일부 소수의 근로자가 폭력행위 등의 위법행위를 하였다고 하더라도 전체로서의 쟁의행위가 위법하게 되는 것은 아니다(대판 2003.12.26. 2003두8906).
- 근로자의 쟁의행위가 형법상 정당행위가 되기 위해서는, 첫째 그 주체가 단체교섭의 주체로 될 수 있는 자이어야 하고, 둘째 그 목적이 근로조건의 향상을 위한 노사 간의 자치적 교섭을 조성하는 데에 있어야 하며, 셋째 사용자가 근로자의 근로조건 개선에 관한 구체적인 요구에 대하여 단체교섭을 거부하였을 때 개시하되 특별한 사정이 없는 한 조합원의 찬성결정 등 법령이 규정한 절차를 거쳐야 하고, 넷째 그 수단과 방법이 사용자의 재산권과 조화를 이루어야 함은 물론 폭력의 행사에 해당되지 아니하여야 한다는 여러 조건을 모두 구비하여야 할 것이며, 노동조합의 하부단체인 분회나 지부가 독자적인 규약 및 집행기관을 가지고 독립된 조직체로서 활동을 하는 경우 당해 조직이나 그 조합원에 고유한 사항에 대하여는 독자적으로 단체교섭하고 단체협약을 체결할 수 있고, 이는 그 분회나 지부가 노조법 시행령 제7조의 규정에 따라 그 설립신고를 하였는지 여부에 영향받지 아니한다. 버스노동조합 지부의 적법한 대표자를 배제하고 사용자에 대하여 아무런 통지를 하지 않은 채 일부 근로자들이 비상대책위원회를 구성하고 회사 대표자의 형사처벌 및 퇴진, 군내버스의 완전공영제를 요구하며 실시한 파업은 정당행위에 해당하지 않는다(대판 2008.1.18. 2007도1557).
- (구)노동조합법(1996.12.31. 법률 제5244호로 폐지) 제33조 제1항, 제4항에 의하여 노동조합과 단체교섭을 할 상대방인 사용자단체는 노동관계에 관하여 그 구성원인 사용자에 대하여 조정 또는 규제할 수 있는 권한을 가진 자이어야 하는데, 사용자단체가 이러한 권한을 갖기 위하여는 노동조합과의 단체교섭 및 단체협약을 체결하는 것을 그 목적으로 하고 또 그 구성원인 각 사용자에 대하여 통제력을 가지고 있어야 한다(대판 1999.6.22. 98두137; 동 1979.12.28. 79누116; 동 1992.2.25. 90누9049 참조).

제 3 절 쟁의행위권의 행사

Ⅰ. 노동조합의 쟁의행위권의 행사

1. 쟁의행위권 행사의 절차

1) 서 설

노동조합은 단체교섭이 결렬되어 노동쟁의가 발생한 후 노동조합의 주장을 관철시키기 위하여 조합원의 집단적 의사결정의 과정을 거쳐서 쟁의행위권의 행사 여부를 결정하고 조정과정을 거친 다음에 쟁의행위권을 행사하여 사실상의 쟁의행위로 돌입할 수 있다. 노조법은 조정절차를 거치지 아니하고는 쟁의행위를 할 수 없도록 하고 있는 바, 이를 조정전치주의(調整前置主義)라고 한다. 그러나 조정기간 내에 조정이 종료되지 않거나 중재기간 내에 중재가 이루어지지 아니한 경우에는 노조는 쟁의행위권을 행사하여 쟁의행위로 돌입할 수 있다.

2) 노동쟁의의 발생

(1) 노동쟁의

노동조합의 쟁의행위권 행사는 노동쟁의의 발생을 전제로 한다. 그런데 노조법은 노동쟁의를 “노동조합과 사용자 또는 사용자단체간에 임금 근로시간 복지 해고 기타 대우 등 근로조건의 결정에 관한 주장의 불일치로 인하여 발생한 분쟁상태를 말한다. 이 경우 주장의 불일치이라 함은 당사자간에 합의를 위한 노력을 계속하여도 더 이상 자주적 교섭에 의한 합의의 여지가 없는 경우를 말한다”라고 규정하고 있다(노조법 제2조 제5호).

이러한 규정에 의하면, 노동쟁의는 첫째, 노동관계당사자간의 분쟁이며, 둘째 근로조건의 결정한 관한 분쟁이고, 셋째 더 이상 자주적 교섭에 의한 합의의 여지가 없는 분쟁이다. 그런데 위와 같은 노동쟁의의 법적 요건에는 현실적으로 상당한 문제점이 있다.

첫째, 쟁의행위권의 행사를 위한 전제조건으로서 노동쟁의가 노동관계 당사자 간의 분쟁에 관한 것이므로 노동조합은 이러한 분쟁이 아닌 다른 경우에는 쟁의행위권을 행사할 수 없다. 이에 의하면, 특히 기업별노동조합의 경우에 정치적 문제나 정부를 대상으로 하는 집단적 행위는 쟁의행위권의 행사에 해당하지 않는다.[22] 이러한 집단적 행위는 다른 실정법에 위반되지 않는 한 집회 또는 결사의 자유의 한 유형으로 파악될 뿐이다.

둘째, 쟁의행위권 행사를 위한 전제조건으로서 노동쟁의는 근로조건의 결정에 관한 것이므로 단체협약의 불이행이나 사용자의 노동조합활동 방해 등의 문제를 둘러싼 분쟁은 노동쟁의가 아니다. 또한 단체교섭대상인 경우에도 근로조건에 관한 사항에 관한 분쟁이 아닌 한 노동쟁의에 해당하지 않는다. 그러나 노동쟁의에 관한 이러한 현행 노조법의 개념정의는 문제가 아닐 수 없다.

셋째, 쟁의행사권 행사를 위한 전제조건으로서 노동쟁의는 더 이상 자주적 교섭에 의한 합의가 불가능해야 하므로 자주적 교섭가능성이 있는 경우에 노동조합은 쟁위권을 행사할 수 없다. 여기에서 자주적 교섭에 의한 합의가 불가능하다는 것은 교섭이 교착 또는 결렬상태에 빠졌다는 것을 의미하지만 자주적 교섭이라는 표현은 적절하지 않다. 이것은 노동쟁의 조정신청절차를 전제한 것으로서 제3자의 개입이나 조정을 필요로 하는 상태를 의미하는 것이고, 노동조합의 쟁의행위권 행사가 최후적 수단이라는 것을 시사하는 것에 불과하다고 할 것이다.

(2) 노동쟁의 발생통보

노조법은 "노동관계당사자는 노동쟁의가 발생한 때에는 어느 일방이 이를 상대방에게 서면으로 통보해야 한다"고 규정하고 있다(동법 제45조 제1항). 이러한 노동쟁의 발생통보가 쟁의행위권 행사의 전제조건인가가 문제이다. 만약 노동쟁의 발생통

---

22) 정치파업에 대한 입장에 따라 견해가 다를 수 있다. 필자는 노동자들이 그들의 의사가 국가적 의사를 형성할 수 있는 통상적인 정치과정에서 반영되어 질 수 없을 때 노동자들이 선택할 수 있는 최후의 수단으로서 취할 수 있는 대(對)국가적인 의사표현방법이 바로 정치파업이라고 할 수 있다. 즉 전국적 차원의 근로자조직이 공개적인 민주적 절차에 따라 그들의 의사를 결집하고 이를 공표하고, 그들의 구체적인 정치적 주장을 관철하기 위한 파업의 의사를 밝히며, 그리고 구체적인 일정조건 하에서 일정기간 동안 노무제공 자체를 거부할 수 있는 권리는 기본적인 권리로서 보장되어야 한다고 보고 있다. 이 경우에 정치파업의 주체로서 예컨대, 전국단위 또는 특정지방자치단체단위의 산별조직의 노동조합, 직능별조직의 노동조합 및 지역단위의 일반노동조합 또는 그 총연맹체를 상정하고 있다. 이렇게 생각한다면, 기업단위의 개별노동조합은 정치파업의 주체로서 상정할 수 없다고 할 것이다. 정치파업에 관한 자세한 것은 강희원, "이른바 '정치파업'과 우리 노동헌법", 『노동법연구』 제28호, 서울대학교노동법연구회, 2010 상반기, 145-230면 참조.

보를 쟁의행위권 행사의 전제조건으로 이해한다면, 노동쟁의 발생통보는 교섭당사자가 통상적인 단체교섭을 더 이상 계속하지 않겠다는 의사의 표명, 즉 교섭결렬의 선언이라고 해석해야 할 것이다. 노동조합이 쟁의행위권을 행사하려고 하는 경우에는 사용자에 대해여 서면으로 단체교섭결렬의 의사를 표시해야 할 것이다.

그런데 현행법은 단순히 통보의무만이 규정하고 있을 뿐 이를 쟁의행위권 행사의 절차적 요건으로 규정하고 있지 않다. 이러한 경우, 노동쟁의 발생통보가 어떠한 법적 의의를 가지는지는 의문이다. 그러므로 입법론적으로 노동쟁의 발생통보를 쟁의행위권 행사의 요건으로 명백히 규정할 필요가 있다.

3) 조정의 전치

노동조합이 쟁의행위권을 현실적으로 행사하기 위해서 노조법에 의한 조정절차를 거치지 않고서는 이를 행사할 수 없다(노조법 제45조 제2항). 쟁의행위권 행사에 앞서 조정절차를 먼저 거치도록 한 것은 조정기관의 개입을 통해서 노동쟁의를 효율적으로 해결하려는 배려이다. 이러한 조정전치주의는 노사 간의 과열을 진정시키고 타협적 합리적 해결을 모색하게 한다는 점에서 제도적 의의가 있다. 또한 현행 노조법 제52조는 노동위원회를 통한 노동쟁의 조정을 기본으로 하면서, 예외적으로 노사 당사자 합의에 의하거나 또는 단체협약에 근거하여 노동위원회가 아닌 제3자에 의하여 행하여지는 사적 조정·중재절차를 인정하고 있다.

그러나 현행 노조법상의 조정전치주의가 현실적으로 얼마나 효율적인가에 관해서 몇 가지의 의문이 제기될 수 있다.

첫째, 조정기관의 역량과 능력에 대한 의문이다. 조정기관이 노사당사자들이 자율적인 교섭을 통해서 합의하지 못한 분쟁을 쉽사리 타결해줄 수 있는 역량을 갖추고 있지 못하다면, 이러한 조정전치주의는 단지 무익하게 시간을 허송하게 하고, 노동조합의 쟁의권행사를 지연시키는 효과만이 있을 뿐이다.

둘째, 노사당사자가 조정을 원치 않거나 이에 수동적 비협조적인 태도를 취할 경우 조정기관이 아무리 노력한다고 해도 조정이 성공할 가능성은 처음부터 거의 없는 것이다. 그러므로 노사당사자가 원하든 원치 않든 조정절차를 거치도록 하는 것은 문제가 아닐 수 없다. 그러므로 이와 같이 의무적 조정전치제도가 현실적으로 얼마나 효율적인 것인지는 의문이다.

셋째, 현행 노조법은 조정전치의 절차를 거치지 않는 경우에 제재를 가하고 있다(노조법 제91조, 동법 제45조 제2항 본문). 그러나 조정의 결과 자체도 구속력을 가지고 있는 것이 아니므로 조정기관이 조정과정에서 강제력을 가지더라도 그 자체가 문제라고 할 것이다. 그러므로 노사당사자가 조정을 원치 않는 경우 현실적으로 조정전치는 쟁의권행사를 위한 대기기간으로서 의미를 가질 뿐이다.

넷째, 노사 간 분쟁대상이 근로조건의 결정에 관한 사항이 아닌 경우에는 현행 노조법에 의하면 노동쟁의가 아니므로 조정대상도 아니고 노사당사자가 조정을 받아야 할 의무도 없다. 그런데 이 경우에 노사당사자가 조정을 받을 수 있는가가 문제이다. 이것은 조정기관의 재량이라고 할 것이다. 즉, 조정기관이 근로조건의 결정에 관한 사항 이외의 것에 대한 분쟁도 담당할 의향이 있고 분쟁당사자가 조정적 해결을 희망한다면 조정은 가능하다고 할 것이다.

4) 조합원의 찬성투표

(1) 의 의

노동조합은 조합원으로 구성된 단체이므로 단체인 노동조합에 귀속된 쟁의행위권이 노동조합의 집단적 의사에 기하여 행사되어야 한다는 것은 민주주의적 원리상 당연하다. 쟁의권행사에 대한 조합원의 찬성투표절차는 헌법상 보장된 근로자의 단체행동권을 확인하고 노조민주주의에 기여한다. 이러한 의미에서 현행 노조법 제41조 제1항은 "노동조합의 쟁의행위는 그 조합원의 직접·비밀·무기명 투표에 의한 조합원 과반수의 찬성으로 결정하지 않으면 이를 행할 수 없다고" 규정하여 노동총회의 결의를 노동조합의 쟁의행위권 행사를 위한 전제조건으로 하고 있다. 그리고 쟁의행위권 행사의 전제조건으로서 쟁의행위와 관련된 찬반투표 결과의 공개, 투표자 명부 및 투표용지 등의 보존·열람에 관한 사항에 대하여만 노조법은 규약으로 규정하도록 할 뿐(동법 제11조 제12호) 그 외의 규정을 두고 있지 않다.

(2) 조합원투표의 시기

쟁의행위권 행사를 위한 조합원 찬반투표를 언제 실시해야 하는가의 문제이다. 이에 관해서 노조법은 아무런 제한규정을 두고 있지 않다. 이것은 규약에 의해서 정할 사항이다. 그런데 조정의 신청과 관련하여 조합원찬반투표가 그 이전에 이루어져야 하는가 또는 조정기간 종료 후에 해야 하는가가 이론에 있을 수 있다. 이것도 규약의 정함에 따라야 하되, 규약에 정함이 없는 경우에는 조정신청 전이나 후 또는 조정 중에도 실시해도 무방하다고 할 것이다.

(3) 대의원회의 의결로 대체

현행 노조법 제41조 제1항에 의하면, 조합원의 직접·비밀·무기명투표에 의하지 아니하는 경우에는 무효라고 할 것이다.

(4) 표결사항

조합원찬반투표와 관련하여 단순히 쟁의행위권 행사의 가부만 표결대상으로 되는가, 쟁의행위권 행사의 범위, 방법, 양태, 시기 등 기타 사항도 포함되는가가 문제이다. 원칙적으로 조합규약의 정함에 따라야 할 것이나 그렇지 않는 경우, 쟁의행위권 행사의 가부만을 조합원의 찬성투표의 대상으로 해도 충분하고 그 이외의 것은 노조대표나 대의원회의에 위임해도 무방하다고 할 것이다.

(5) 재투표

조합원투표에 의해서 쟁의행위권 행사가 부결된 경우 즉시 재투표를 실시할 수 있는가가 문제이다. 이러한 재투표는 허용되지 않는다고 할 것이나 새로운 교섭이나 새로운 상황이 전개된 경우에는 다시 투표하는 것은 무방하다고 할 것이다. 그렇지 않다고 하더라도 상당한 기간이 경과된 이후에는 다시 투표하는 것이 가능하다고 할 것이다.

5) 쟁의행위권의 행사

조합원의 찬반투표에 의해 쟁의행위권 행사가 결의되고 법률상 조정기간이 경과하면 노동조합은 쟁의행위권을 행사하여 쟁의행위로 돌입할 수 있다. 조합원 찬반투표는 노동조합의 내부적 절차이므로 노동조합은 조정신청일로부터 일반사업은 10일, 공익사업은 15일이 경과하면 쟁의행위권을 행사할 수 있으며, 관계당사자간의 합의로 동일한 기간 이내에서 쟁의행위권 행사를 연장할 수 있다(노조법 제54조).

여기에서 조정기간의 종료 전이라도 조정이 실패하면 쟁의행위권을 행사할 수 있는가? 조정이 실패하거나 전혀 행하여지고 있지 않더라도 통보가 따로 없는 한 그 기간 동안에는 쟁의행위는 할 수 없다고 할 것이다.

쟁의행위권 행사는 조정기간의 경과 후 반드시 또는 즉시 하여야 하는 것은 아니다. 노동조합은 자신에게 유리한 시점에 맞추어 쟁의행위권 행사의 시기를 정할 수 있다. 이 경우에 쟁의행위권 행사를 상대방에게 통보할 필요는 없고 상대방에 대하여 예고 없이 행사할 수 있다. 단체협약에 쟁의행위권 행사를 상대방에게 예고하도록 하는 규정을 두고 있다면 당연히 이에 따라야 할 것이다. 다만, 노조법 시행령은 노동조합이 쟁의행위를 행하고 할 경우 행정관청과 관할노동위원회에 쟁의행위의 일시·장소·참가인원 및 그 방법을 미리 서면으로 신고하도록 규정하고 있다(동법시행령 제17조).

[판 례]

□ **노동조합원의 찬·반투표 절차를 거치지 아니한 쟁의행위의 정당성 유무**

〔다수의견〕

근로자의 쟁의행위가 형법상 정당행위가 되기 위하여는 첫째 그 주체가 단체교섭의 주체로 될 수 있는 자이어야 하고, 둘째 그 목적이 근로조건의 향상을 위한 노사간의 자치적 교섭을 조성하는 데에 있어야 하며, 셋째 사용자가 근로자의 근로조건 개선에 관한 구체적인 요구에 대하여 단체교섭을 거부하였을 때 개시하되 특별한 사정이 없는 한 조합원의 찬성결정 등 법령이 규정한 절차를 거쳐야 하고, 넷째 그 수단과 방법이 사용자의 재산권과 조화를 이루어야 함은 물론 폭력의 행사에 해당되지 아니하여야 한다는 여러 조건을 모두 구비하여야 하는바, 특히 그 절차에 관하여 쟁의행위를 함에 있어 조합원의 직접·비밀·무기명투표에 의한 찬성결정이라는 절차를 거쳐야 한다는 노동조합및노동관계조정법 제41조 제1항의 규정은 노동조합의 자주적이고 민주적인 운영을 도모함과 아울러 쟁의행위에 참가한 근로자들이 사후에 그 쟁의행위의 정당성 유무와 관련하여 어떠한 불이익을 당하지 않도록 그 개시에 관한 조합의 사의 결정에 보다 신중을 기하기 위하여 마련된 규정이므로 위의 절차를 위반한 쟁의행위는 그 절차를 따를 수 없는 객관적인 사정이 인정되지 아니하는 한 정당성이 상실된다. 이와 달리 쟁의행위의 개시에 앞서 노동조합및노동관계조정법 제41조 제1항에 의한 투표절차를 거치지 아니한 경우에도 조합원의 민주적 의사결정이 실질적으로 확보된 때에는 단지 노동조합 내부의 의사형성 과정에 결함이 있는 정도에 불과하다고 하여 쟁의행위의 정당성이 상실되지 않는 것으로 해석한다면 위임에 의한 대리투표, 공개결의나 사후결의, 사실상의 찬성간주 등의 방법이 용인되는 결과, 그와 같은 견해는 위의 관계 규정과 판례의 판례취지에 반하는 것이 된다. 따라서 견해를 달리하여 노동조합및노동관계조정법 제41조 제1항을 위반하여 조합원의 직접·비밀·무기명 투표에 의한 과반수의 찬성결정을 거치지 아니하고 쟁의행위에 나아간 경우에도 조합원의 민주적 의사결정이 실질적으로 확보된 경우에는 위와 같은 투표절차를 거치지 아니하였다는 사정만으로 쟁의행위가 정당성을 상실한다고 볼 수 없다는 취지의 대판 2000.5.26. 99도4836은 이와 어긋나는 부분에 한하여 변경하기로 한다.

〔반대의견〕

조합원의 찬·반투표에 관한 다수의견의 견해는 노동조합이나 근로자들에게 쟁의행위로 인한 손해배상책임을 묻거나 쟁의행위에 참가한 근로자들의 징계책임을 묻는 민사사건이나 행정사건에 있어서의 쟁의행위의 정당성에 관한 법리로는 일반적으로 타당한 견해이지만, 쟁의행위에 참가한 근로자들에게 업무방해죄라는 형사책임을 묻는 형사사건에 있어서는 반드시 그와 같은 법리를 따라야 하는 것이라고는 할 수 없다.

쟁의행위를 포함한 단체행동권은 헌법상으로 보장된 근로자의 기본권으로서 쟁의행위에 대한 제한은 필요한 최소한의 범위에 그쳐야 하고 같은 취지에서 쟁의행위를 형사처벌로써 제재하는 것은 특히 신중을 기할 필요가 있으므로, 쟁의행위를 업무방해죄 등 형사범죄로 처벌함에 있어서는 민사상 또는 노동법상 쟁의행위를 평가하는 경우에 적용되는 위법성의 기준보다는 일층 강한 정도의 위법성을 요한다고 할 것이고(이른바 위법의 상대성론), 따라서 쟁의행위의 정당성을 논함에 있어서도 형사처벌을 면하기 위한 정당성의 인정과 민사상 또는 노동법상 책임을 면하기 위한 정당성의 인정 사이에는 차이가 있을 수 있다.

쟁의행위를 포함한 근로자의 단체행동권이 헌법상 보장되고 있는 상황에서 적극적인 위력이나 위계와 같은 언동이 없이 소극적으로 근로제공을 거부하였을 뿐인 쟁의행위, 즉 단순파업이나 태업에 대하여 형법상 일반 처벌법규인 업무방해죄로 처벌하는 것은 극히 신중을 기할 필요가 있으므로, 쟁의행위의 주체, 목적, 시기, 수단·방법이 모두 정당하고 단지 일부 절차상의 결함이 있었을 뿐인 경우에, 그 쟁의행위에 가담한 근로자를 업무방해죄로 처벌함에 있어서는, 아주 제한된 범위에서만 그 위법성을 인정하여야 한다고 본다.

노동조합및노동관계조정법 제41조 제1항, 제91조 제1호의 문언의 해석이나, 같은 법 제37조 제2항(쟁의행위의 주체), 제38조 제3항(노동조합의 지도와 책임) 등에 비추어 보면, 조합원의 찬·반투표를 실시하는 주체는 노동조합(본부와 지부가 있는 경우에는 당연히 본부)의 집행부라 할 것이므로, 조합원의 찬·반투표 절차 없이 쟁의행위를 개시하였음을 이유로 노동조합및노동관계조정법 제91조 제1호에 따라 처벌하는 대상도 그와 같은 찬·반투표 없이 쟁의행위를 하기로 하는 결정을 주도하거나 그 결정에 적극 관여한 자에 한정되는 것이고, 그러한 결정을 주도하거나 적극 관여함이 없이 단순히 노동조합 집행부의 지시에 따라 쟁의행위에 가담한 조합원은 그 처벌대상이 되지 않는 것으로 봄이 상당하다.

찬·반투표를 거치지 아니하고 쟁의행위를 할 것인가 여부에 대한 결정에 전혀 관여하지 않은 채 단지 노동조합 집행부의 지시에 따라 그와 같은 쟁의행위에 가담하였을 뿐인 일반 조합원들을 형사처벌함에 있어서까지 그 절차위반의 사유만으로 그들의 쟁의행위 참가 자체를 위법한 것으로 평가하고, 노동조합 내에서의 지위나 가담정도 등을 불문하고 참가 조합원 전원에 대하여 업무방해죄의 성립을 인정하는 것은, 형사처벌에 있어서 쟁의행위의 위법성을 지나치게 넓게 인정하고 업무방해죄의 성립요건을 지나치게 완화하는 것이라고 하지 않을 수 없다.

동일한 쟁의행위에 가담한 근로자들을 형사처벌함에 있어서 노동조합 내에서의 지위나 쟁의행위에의 가담정도 등에 따라 위법 여부의 평가를 달리한다고 하여 형법상의 위법성 이론에 반하는 것은 아니다. 쟁의행위와 같이 여러 사업장에서 수많은 근로자들이 다양한 형태의 작위 또는 부작위로 집단행동을 하고 그 가담의 방식과 정도도 근로자 개인에 따라 차이가 있게 되는 경우를 업무방해죄로 처벌함에 있어서는, 그 쟁의행위 전체의 주체, 목적, 성격과 진행경과 등을 고려함과 더불어 당해 근로자가 속한 사업장에서의 쟁의행위의 수행 형태와 당해 근로자의 쟁의행위에의 가담 방식과 정도, 그 과정에서의 행동 등도 아울러 고찰하여, 그것이 사회상규에 위배되지 않는 행위로서 위법성이 조각되는 것인지 여부를 개별적으로 가려야 한다.

결론적으로, 조합원의 찬·반투표를 거치지 아니한 쟁의행위는 그 절차를 따를 수 없는 객관적인 사정이 인정되지 아니하는 한 정당성이 상실된다고 하는 판례 종전 판례의 견해와 이를 유지하고자 하는 다수의견의 견해가 일반론으로서 타당한 것임은 이를 인정하고, 조합원의 찬·반투표를 실시하지 아니한 것은 단지 노동조합 내부의 의사형성 과정상의 결함에 지나지 아니하고 파업에 참여한 인원 등에 비추어 조합원 대다수가 파업에 찬성한 것으로 보이므로 찬·반투표를 실시하지 아니하였다는 사정만으로 파업절차가 위법하다고 할 수 없다고 한 원심의 견해(같은 취지로 이해되는 범위 내에서 대판 2000.5.26. 99도4836의 견해도 마찬가지임)는 그것이 모든 경우에 적용되는 일반론으로 이해되는 한 노동조합및노동관계조정법이 규정한 찬·반투표의 성격을 오해한 것으로서 잘못된 것으로 본다. 그러나 쟁의행위를 형사처벌함에 있어서는 위의 일반론과는 달리 구체적인 사안에 따라 찬·반투표의 불실시에도 불구하고 그에 단순가담한 근로자의 단순파업행위를 위법하다고 볼 수 없는 경우가 있다고 보고, 노동조합 지부의 간부들로서 그 지부에서의 쟁의행위를 수행하였음에 불과한 이 사건 피고인들의 이 사건 쟁의행위가 바로 그런 경우에 해당한다고 보는 점에서, 다수의견과 견해를 달리한다(대판 2001.10.25. 99도4837 [전합]).

- 근로자가 쟁의행위를 함에 있어 조합원의 직접·비밀·무기명투표에 의한 찬성결정이라는 절차를 거쳐야 한다는 노동조합및노동관계조정법 제41조 제1항의 규정은 노동조합의 자주적이고 민주적인 운영을 도모함과 아울러 쟁의행위에 참가한 근로자들이 사후에 그 쟁의행위의 정당성 유무와 관련하여 어떠한 불이익을 당하지 않도록 그 개시에 관한 조합의사의 결정에 보다 신중을 기하기 위하여 마련된 규정이므로 위의 절차를 위반한 쟁의행위는 그 절차를 따를 수 없는 객관적인 사정이 인정되지 아니하는 한 정당성이 상실된다(대판 2007.5.11. 2005도8005).

2. 쟁의행위권 행사의 보장

1) 근로자의 구속제한

노조법 제39조는 근로자가 노동조합이 주도하는 쟁의행위를 하는 동안에는 현행범을 제외하고는 노조법을 위반하였다는 이유로 구속할 수 없다. 이는 쟁의행위를 실질적으로 수행하는 근로자를 보호함으로써 근로자의 쟁의행위권의 행사를 보장하기 위한 것이라고 할 수 있다.

2) 쟁의행위권 행사의 지원

현대산업사회의 노동관계는 개개 사업장에 있어서의 노동조합과 사용자의 관계뿐만 아니라 전체 산업사회에 있어서 전체로서의 사용자와 전체로서의 근로자의 관계로도 고찰되어야 한다. 개개 사업장에 있어서의 단체교섭 또는 쟁의행위는 전체 산업사회의 질서와 구조에 영향을 주고, 또한 이로부터 영향을 받으며 때로는 협력관계를 구축하기도 한다.

노조법은 노동조합과 사용자가 단체교섭 또는 쟁의행위와 관련하여 일정한 자로부터 지원을 받을 수 있도록 하고 있으며, 이들 이외의 자가 단체교섭 또는 쟁의행위에 관여하거나 이를 조종·선동하는 것을 금지하고 있었다. 그러나 노조법 개정으로 동법 제40조는 삭제되었다.

☞ 지원을 할 수 있는 자

① 당해 노동조합이 가입한 산업별 연합단체 또는 총연합단체

② 당해 사용자가 가입한 사용자단체

③ 당해 노동조합 또는 당해 사용자가 지원을 받기 위하여 행정관청에 신고한 자

④ 기타 법령에 의하여 정당한 권한을 가진 자

지원을 받을 자에 관하여 신고를 하고자 하는 노동조합 또는 사용자는 노동부령이 정하는 바에 따라 당해 단체교섭 또는 쟁의행위와 관련하여 지원을 받고자 하는 날의 3일전까지 지원을 받고자 하는 자의 인적사항, 지원을 받고자 하는 사항, 지원의 방법 등을 기재한 서류를 고용노동부장관에게 제출하여야 하며, 노동조합 또는 사용자가 이의 신고를 한 때에는 지체 없이 상대방에게 통보하여야 한다고 규정하고 있었다. 그러나 노조법 개정시 동법시행령 제19조는 삭제되었다.

3. 쟁의행위권 행사의 양태

1) 서 설

노동조합은 자신의 주장의 관찰을 위하여 쟁의행위권에 기하여 다양한 형태로 쟁의행위를 할 수 있다. 즉 노동조합은 그의 주장을 관철하기 위하여 파업·태업·준법투쟁·거래방해(去來妨害: boycott)·생산관리·호쟁행위(呼爭行爲: picketing)·사업장 점거 등 여러 가지 양태로 쟁의행위권을 행사할 수 있다.

2) 파 업

노동조합이 근로조건의 유지 또는 개선이라는 목적을 쟁취하기 위하여 근로제공을 거부하는 행위이다. 노조법에 의하면, 노동조합의 결의이나 결정 또는 지시에 의해 근로자들이 집단적으로 노무제공하지 아니하는 경우에 비로소 쟁의행위권 행사로서 정당한 파업이 될 수 있다. 그러므로 근로자가 노무제공을 하지 않는 것이 곧바로 쟁의행위권 행사로서 파업이 되는 것은 아니고 근로자의 집단적인 노무제공거부가 모두 쟁의행위권 행사로서 파업이 되는 것도 아니다.

쟁의행위권 행사로서 파업은 노동조합의 계획에 의하여 조합원의 참여정도에 전체조합원이 참여하는 경우에는 전면파업과 일부 조합원만이 참여하는 경우에는 부분파업으로 구분할 수 있다. 그러나 전면파업과 부분파업은 외부적인 모습일 뿐이며 법적으로 특별히 구분할 실익은 없다.

이른바 비노조파업, 동정파업, 총파업, 정치파업 등은 그 명칭이 파업이라고 하더라도 그것이 쟁의행위권 행사에 해당하는가 아니면 쟁의행위권남용 또는 위법집단행위에 해당하는가는 구체적·개별적으로 평가해야 할 것이다.

3) 태 업

(1) 일반적 내용

태업은 노동조합이 근로조건의 유지 또는 개선이라는 목적을 쟁취하기 위하여 작업능률을 저하시키는 행위이다. 쟁의행위권 행사로서 태업은 노동조합의 결정이나 지시에 의해서 근로자가 사용자의 업무를 정상적으로 운영하지 않는 것이다. 그러나 태업은 그 양태에 있어서 파업보다 업무의 저해성이 낮다. 노동조합이 쟁의행위권 행사로 태업을 하는 경우에 문제로 되는 것은 임금의 수준이다. 파업의 양태로 쟁의행위권이 행사되는 경우 사용자는 임금지급의무를 면하지만, 태업의 양태로 행사되는 경우 임금지급방법이 성과급이 아닌 한 사용자는 임금을 정상적인 수준으로 지급해야 할 것이다.

그렇지만 쟁의행위권이 태업의 양태로 행사되더라도 경우에 따라 사용자에게 파업의 경우보다 더 큰 타격을 줄 수 있다. 이러한 경우에 사용자는 노동조합의 태업에 대항하여 직장폐쇄의 양태로 쟁의행위권을 행사할 수 있을 것이다. 준법운행, 연장근로거부 등 소위 준법투쟁은 노동조합이 쟁의행위권을 태업의 양상으로 행사하는 경우에 해당한다고 할 것이다.

불량제품을 생산하는 이른바 사보타지(sabotage)도 넓은 의미에 있어서 태업에 속한다고 할 수 있으나 그것은 제품에 대한 손상을 가하는 것으로 쟁의행위권 행사의 한계를 넘어선 것이므로 쟁의행위권남용이라고 할 것이다.

(2) 준법투쟁

준법투쟁과 관련해서는 우선, 준법투쟁이 현행법상 쟁의행위의 개념으로 규정한 '업무의 정상적인 운영을 저해하는 행위'로서 쟁의행위에 해당하는 것으로 볼 수 있는지와 더 나아가 쟁의행위에 해당할 경우 그 정당성의 요건이 어떠한지에 관하여 논란이 있다.

가. 집단적인 정시출퇴근·휴가사용·시간외 근로 또는 휴일근로 거부 등 권리행사 투쟁

가) 학 설

(가) 쟁의권행사(쟁의행위)인정설

현행법은 쟁의행위를 '업무의 정상적인 운영을 저해하는 행위'로 정의하고 있다. 여기서 말하는 업무의 '정상적인' 운영이라 함은 '종래 사실상 관행화 되어 온' 업무를 계속적으로 운영해 가는 것을 뜻한다고 해석하여야 하므로 종래의 업무운영의 적법 여부를 떠나서 '사실상 관행화된' 업무의 운영을 저해하는 행위는 그것이 비록 적법한 권리행사에 해당하더라도 쟁의(행위)권의 행사에 포함된다고 보는 견해이다.

이 견해에 의하면, 예컨대, 종전부터 사실상 관행화된 온 연장·휴일근로 등을 거부하거나 관행화된 출퇴근 시각이 아닌 정시에 출퇴근하거나 종래의 관행과 달리 연월차휴가를 한꺼번에 사용하는 행위 등은 그것이 비록 적법한 권리행사에 해당하더라도 쟁의행위에 포함된다는 것이다.

(나) 쟁의권행사(쟁의행위)부정설

현행법에서 규정하고 있는 업무의 '정상적인' 운영이라 함은 업무의 '적법한' 운영이라는 의미와 다를 바 없다고 해석하여야 하기 때문에 적법한 업무 운영을 저해하는 경우에만 쟁의행위에 해당한다. 따라서 종래 사실상 관행화된 업무의 운영이 있더라도 이를 거부하면서 근로자에게 주어진 정당한 권리를 적법하게 행사하는 것은 쟁의(행위)권행사에 해당하지 않는다고 보는 견해이다.

부정설에 의하면, 전부터 사실상 관행화된 온 연장·휴일근로 등을 거부하거나 관행화된 출퇴근 시각이 아닌 정시에 출퇴근하거나 종래의 관행과 달리 연월차휴가를 한꺼번에 사용하는 경우라도 근로자에게 주어진 정당한 권리를 적법하게 행사하는 것은 쟁의행위에 해당하지 않는다고 한다.

나) 판 례

판례는 명백한 근거를 제시하지 않고 있으나 일반적으로 위와 같은 내용의 준법투쟁이 근로조건의 결정에 관한 주장을 관철할 목적으로 집단적인 의사연락 하에 이루어졌다면 그와 같은 집단적인 노무제공거부행위로 인하여 사용자의 '통상적인 사실상의' 업무운영에 저해를 초래하는 것이므로 쟁의행위에 해당한다는 입장으로 보인다. 그러한 쟁의행위의 정당성 여부는 근로자들의 그러한 권리행사 자체가 정당한 방법으로 이루어진 것인지에 따라 우선 결정되며, 개별적으로 정당한 권리행사에 해당하더라도 그와 아울러 전체적으로 쟁의행위로서 그 주체, 목적, 시기 및 절차 등의 측면에서 정당성이 인정되어야 하고, 그렇지 아니한 경우에는 정당성이 없다고 한다.[23)]

한편, 헌법재판소는 '위와 같이 일면 근로자의 권리행사로서의 성격을 갖는 쟁의행위에 관하여도 정당성이 인정되지 않는다고 하여 바로 형사처벌할 수 있다는 판례의 태도는 지나치게 형사처벌의 범위를 확대하여 근로자들의 단체행동권의 행사를 사실상 위축시키는 결과를 초래하여 헌법이 단체행동권을 보장하는 취지에 부

---

23) 집단적인 연·월차휴가의 사용에 관한 사례로는, 대판 1991.1.29. 90도2852; 동 1991.12.24. 91도2323; 동 1992.3.13. 91누10473; 동 1993.4.23. 92다34940; 동 1994.6.14. 93다29167; 동 1996.7.30. 96누587. 집단적인 휴일·연장근로 등의 거부에 관한 사례로는, 대판 1991.7.9. 91도1051; 동 1991.10.22. 91도600(이병태, "준법투쟁과 쟁의행위", 『노동법률』 51호, 중앙경제사, 1995/8, 14면 이하; 이상덕, "법정시간외근로의 집단거부", 『노동법률』 13호, 중앙경제사, 1992/6, 15면 이하 및 "노동법에 있어서 권리와 책임", 『김형배 교수 화갑기념 논문집』, 1994, 422면 이하 등 참조); 동 1991.11.8. 91도326; 동 1994.2.22. 92누11176; 동 1995.4.7. 94다27342; 동 1996.2.27. 95도2970. 집단적인 정시 출퇴근에 관한 사례로는, 대판 1996.5.10. 96도419 등의 사안 각 참조.

합하지 않고 근로자들로 하여금 형사처벌의 위험 하에 노동에 임하게 하는 측면이 있다'고 지적하면서, 그 이유로서 '왜냐하면 쟁의행위의 정당성의 판단기준이 반드시 명백한 것이 아닌데다가 특히 쟁의행위의 당사자로서 법률의 문외한이라 할 수 있는 근로자의 입장에서 보면 그 정당성을 판단하기가 더욱 어려울 것인데, 연장근로의 거부 등과 같은 경우에도 위법성이 조각되지 않는다하여 업무방해죄의 성립을 긍정한다면 이는 결국 근로자로 하여금 혹시 있을지도 모르는 형사처벌을 감수하고라도 쟁의행위에 나아가도록 하는 것을 주저하게 만들 것이고 따라서 단체행동권의 행사는 사실상 제약을 받게 될 것이기 때문이다'라고 한다.[24)]

다) 사 견

조합원들이 노동조합의 지시에 따라 평소의 관행과 달리 정시출퇴근, 휴가사용, 시간외근로의 거부를 집단적으로 행사하는 경우 이를 어떻게 볼 것인가는 노사관계의 특수성에 비춰서 균형 있게 판단할 필요가 있다. 그러므로 정시출퇴근, 휴가사용, 시간외근로의 거부 등은 근로자의 개별적인 권리이나 이것을 집단적으로 행사한 경우에 그 행사가 곧바로 적법성을 상실하여 쟁의권행사의 요건을 충족하지 아니하는 경우에 위법하게 된다고 판단할 것은 아니다. 그렇다고 권리행사의 측면을 강조하여 쟁의권행사가 아니라고 강조하는 것도 문제이다.

노사간에 형성된 정시출퇴근, 휴가사용, 시간외근로에 관한 관행이 보호할 가치가 있는지를 집단적 노사관계 전반에 걸쳐 균형 있게 평가하여, 그러한 관행에 위배되는 집단적 행사가 사용자에 대한 요구관철을 목적으로 하는 업무저해라고 판단되는 경우에는 쟁의권행사로 보아야 할 것이다.

나. 안전투쟁

생명·신체의 안전을 위하여 법령이나 취업규칙 등에 의해 근로자에게 준수의무가 있음에도 불구하고 평상시의 노무제공과정에서 그 기준의 미달 또는 위반이 관행화되어 있는 경우에, 이러한 관행과 달리 조합원들이 노동조합의 지시에 따라 법령이나 취업규칙에서 정한 안전·보건에 관한 규정을 철저히 준수하면서 업무를 수행하게 되면, 관행화된 업무의 정상적 수행에 차질이 생긴다. 이와 같이 노동조합의 지시에 따라 근로자들이 집단적으로 법령 취업규칙의 엄격한 준수를 하는 것을 이른바 안전투쟁이라고 한다. 이러한 안정투쟁이 쟁의권행사에 해당하는가가 문제이다. 이 문제에 대해서도 인정설과 부정설이 나누어질 수 있다.

---

24) 헌재 1998.7.16. 97헌바23 결정.

가) 학 설

(가) 인정설

이 설은 쟁의행위에 의한 저해대상이 되는 업무의 개념에는 관행상 존속되었던 업무도 포함되는 것으로 보고, 안전투쟁에 의해 이를 저해하거나 법규가 객관적으로 요구하는 정도를 넘어 안전투쟁을 통해 사업의 능률을 저하시켜 집단적 요구를 관철하는 경우에는 설령 평소에 안전·보건에 관한 규정을 위반하면서 업무를 수행해 온 관행을 시정하고 안전·보건에 관한 규정을 철저히 준수하는 행위가 적법한 것이라고 하더라도 쟁의행위에 포함될 수 있다는 입장이다.[25]

(나) 부정설

평소의 관행 자체가 불법이기 때문에 이러한 종래의 위법한 업무운영의 관행을 시정하고 적법한 업무운영으로 나아가는 것은 쟁의행위에 해당하지 않는다고 한다.

나) 판 례

안전투쟁에 관하여 판례상 나타난 명백한 사례는 아직 찾아볼 수 없으나, 택시운송회사 노동조합이 준법운행, 즉 당시까지 관행화되어 있던 과속, 부당요금징수, 합승행위 등 불법적 운행을 중지하도록 하고 그 준법운행사항 외에 수입금의 상한선까지 정하여 1일 입금액을 통제함으로써 회사에 손해를 입히고, 조합원 중 일부가 이에 맞추기 위하여 인적이 드문 해안도로를 공차로 운행하거나 차량의 운행을 정지하고 도박을 하는 등 파행적인 운행까지 하였다면 이는 태업 또는 부분파업 등의 쟁의행위에 해당하고 위와 같이 쟁의행위를 하게 된 경위와 그 목적 및 수단, 그로 인하여 사용자가 입게 된 손해의 정도와 위 쟁의행위가 법에 규정된 절차를 거치지 아니한 점 등의 구체적인 사정에 비추어 볼 때 정당성을 인정할 수 없다고 한 사례가 있다.[26]

다) 사 견

생명·신체의 안전을 위한 법령이나 취업규칙의 정함을 위배하고 형성된 관행이 보호할 가치가 있는지를 생각해보아야 할 것이다. 근로자의 생명 신체의 안정보다 사용자의 업무능률을 중시하는 것은 노동법의 보호이념에 반한다고 할 것이다. 그래서 안전투쟁을 쟁의행위로서 인정하고, 노조법상의 제한 금지규정을 위반했음을 이유로 그러한 쟁의권행사를 위법으로 평가하는 것은 타당하지 않다고 할

25) 김형배, 위같은책, 935면.

26) 대판 1991.12.10. 91누636.

것이다. 안정투쟁의 경우에는 쟁의행위에 관한 노조법상의 규정을 위반했다는 이유로 그것을 위법쟁의로 인정해서는 아니 될 것이다.

4) 거래방해(보이콧)

노동조합이 사용자와 또는 그와 거래관계에 있는 제3자의 상품구입 기타 시설의 이용을 거절한다든가 사용자 또는 그와 거래관계에 있는 제3자와의 계약의 체결을 거절할 것을 호소하는 행위이다. 일반적으로, 소비자나 구매자를 대상으로 거래방해를 하는 경우가 1차 보이콧(primary boycott), 공급자를 대상으로 하는 것을 2차 보이콧(sencondary boycott)라고 한다.

그런데 보이콧이 쟁의행위권의 행사에 해당할 수 있는가가 문제이다. 이에 대하여 보이콧은 사용자의 업무를 직접 저해하는 행위가 아니고 제3자에 대한 행위일 뿐만 아니라 단지 요구나 호소하는 행위에 불과하므로 현행 노조법이 규정하고 있는 쟁위행위에 해당하지 않는다고 하면서 보이콧이 노동조합의 일반활동 또는 근로자의 활동으로 보는 견해가 있으나, 이러한 해석은 현행 노조법상 쟁의행위의 개념을 너무나 좁게 파악하는 것에서 비롯된 것이라고 할 것이다.

판례[27]에 의하면, 파업의 보조적 쟁의수단인 피케팅은 파업에 가담하지 않고 조업을 계속하려는 자에 대하여 평화적 설득, 구두와 문서에 의한 언어적 설득의 범위 내에서 정당성이 인정되는 것이고, 폭행·협박 또는 위력에 의한 실력저지나 물리적 강제는 정당화될 수 없다고 한다.

5) 생산관리

노동조합이 근로조건의 유지 또는 개선이라는 목적을 관철하기 위하여 사용자의 지휘·명령을 거부하고 생산 등 사업장을 직접 관리하는 경우를 말한다. 통상 생산관리에는 종래의 경영방침을 변경하느냐의 여부에 따라 소극적 생산관리와 적극적 생산관리로 구분한다. 여기서 문제는 노동조합이 사용자의 소유권 또는 경영권을 배제하는 생산관리라는 양태로 쟁의행위권을 행사할 수 있는가에 있다. 형식적으로 파악하면, 생산관리가 노조법 제2조 제5호가 규정하는 쟁의행위의 개념에는 포섭될 수 있다. 그렇다고 곧바로 생산관리가 노동조합의 쟁의행위권 행사의 일환으로서 허용된다고 일의적으로 평가할 수 없다. 왜냐하면, 노동조합이

---

27) 이와 관련해서 대판 1990.10.12. 90도1431; 동 1992.7.14. 91다43800 및 김선수, "직장점거와 피케팅의 정당성", 『노동법률』2호, 중앙경제사, 1991/7, 11면 이하 참조.

쟁의행위권 행사로서 생산관리를 하는 것이 적법한가의 여부는 현행 노동헌법을 어떻게 보는가에 따라 다르게 되기 때문이다. 노동조합의 쟁의행위권은 헌법 제37조 제2항에 근거하고 있는 노조법에 의해서 제한되지 않는 범위 내에서 행사될 수 있다고 할지라도 헌법 제23조가 보장하고 있는 소유권질서를 침해하는 것을 허용할 수 없다고 할 것이다. 그러므로 노동조합이 쟁의행위권 행사의 일환으로서 사용자의 지시권을 일시적으로 배제하되, 종전의 경영방침에 그대로 따르면서 노동조합이 기업경영에 임하는 소극적 생산관리를 하는 것은 현행 노동법질서에서 허용된다고 할 것이다.

6) 피케팅(picketing)

피케팅은 파업을 효과적으로 수행하기 위하여 근로희망자들의 사업장 또는 공장에 출입을 저지하고 파업동참에 협력을 구하는 행위이다. 피케팅은 사용자가 파업에 맞서 조업활동을 계속하려고 하는 경우에 동료근로자에 대해서 뿐만 아니라 새로 취업하고자 하는 근로자에게도 행하여진다. 피케팅은 사용자가 아닌 근로자를 대상으로 한다는 점에서 특징이 있다. 그러므로 피케팅은 보조적 쟁위행위로서 성질을 가진다. 이러한 의미에서 피케팅을 호쟁행위(呼爭行爲)라고 번역할 수 있겠다.

그런데 문제는 피케팅이 현행 노조법상 쟁의행위권 행사로 볼 수 있는가에 있다. 이에 대해서 피케팅이 사용자의 업무를 저해하는 행위가 아니기 때문에 노조법상 쟁위행위에 해당하지 않는다는 견해가 있으나 이는 노조법상 쟁위행위의 개념을 너무나 좁게 파악하기 때문이고, 쟁의행위권 행사로 나타나는 파업, 태업 등 주된 쟁위행위를 위한 보조적 쟁의행위로 보는 것이 타당하다.

피케팅이 쟁의행위권 행사의 일환으로 인정되더라도 그것은 설득·호소 등의 행위에 그쳐야지 사업자의 출입문을 물리적으로 봉쇄하거나 강압적·위협적 방법을 사용하는 것은 쟁의행위권남용으로 보아야 할 것이다.

7) 사업장점거

(1) 쟁의행위권 행사로서 사업장점거

사업장점거는 파업을 할 때 사용자에 의한 방해를 막으면서 변화하는 사태에 기민하게 대처하기 위하여 사용자의 의사에 반하여 사업장 또는 공장에 체류하는 행위이다. 이것은 파업 등 주된 쟁의행위에 부수적 행위로서 나타나는 것이 일반적이다. 여기에서 문제는 노동조합이 쟁의행위권 행사로서 직장점거를 할 수 있는가에 있다. 형식적으로 파악하면, 직장점거가 노조법 제2조 5호가 규정하는 쟁의행위의 개념에 포섭될 수 있다. 그렇다고 곧바로 이 문제 또한 생산관리의 경우와 같이 일의적으로 판단할 수는 없을 것이다. 왜냐하면, 노동조합이 쟁의행위권 행사로서 직장점거를 하는 것이 적법한가의 여부는 현행 노동헌법을 어떻게 보는가에 따라 다르게 되기 때문이다. 노동조합의 쟁의행위권은 헌법 제37조 제2항에 근거하고 있는 노조법에 의해서 제한되지 않는 범위 내에서 행사될 수 있다고 할지라도 헌법 제23조가 보장하고 있는 소유권질서를 침해하는 것을 허용할 수 없다고 할 것이다. 그러므로 노동조합이 쟁의행위권 행사의 일환으로서 생산시설이나 사업장에서의 농성을 해서 조업이 불가능하게 하는 것을 막는 직장점거는 현행 노동법질서에서 허용될 수 없다고 할 것이다.

노조법상 쟁의행위는 생산 기타 주요 업무에 관련되는 시설과 이에 준하는 시설로서 대통령령이 정하는 시설을 점거하는 형태로 이를 행할 수 없고(동법 제42조 제1항), 사업장의 안전보호시설에 대하여 정상적인 유지·운영을 정지·폐지 또는 방해하는 행위는 쟁의행위로서 이를 행할 수 없다(동법 제42조 제2항). 따라서 이러한 제한규정을 위반하여 점거를 수단으로 한 쟁의행위는 정당성을 상실한다.

[판 례]

□ **직장점거 정당성의 한계**

- 직장점거는 파업시 사용자에 의한 방해를 막고 변화하는 강세에 기민하게 대처하기 위하여 퇴거하지 않고 사용자의 의사에 반하여 직장에 체류하는 쟁의수단이므로 사용자측의 점유를 완전히 배제하지 아니하고 그 종업도 방해하지 않는 부분적, 병존적 점거일 경우에 한하여 정당성이 인정되는 것이고, 이를 넘어 사용자의 기업시설을 장기간에 걸쳐 전면적, 배타적으로 점유하는 것은 사용자의 시설관리권능에 대한 침해로서 부당하다고 하여야 할 것이다(대판 1992.7.14. 91다43800; 동 1990.10.12. 90도1431 등).

□ **직장점거의 정당성이 부정된 경우**

- 축협에 의하여 적법하게 직장폐쇄가 이루어지고 있었음에도, 근로자가 아닌 피해자가 일방적으로 업무에 복귀하겠다면서 피고인의 퇴거 요구에도 응하지 않은 채 계속하여 사업장 내로 진입을 시도한 것은 건조물침입죄 또는 퇴거불응죄를 구성한다(대판 2005.6.9. 2004도7218).
- 근로자들의 직장점거가 개시 당시 적법한 것이었다 하더라도 사용자가 이에 대응하여 적법하게 직장폐쇄를 하게 되면, 사용자의 사업장에 대한 물권적 지배권이 전면적으로 회복되는 결과 사용자는 점거중인 근로자들에 대하여

정당하게 사업장으로부터의 퇴거를 요구할 수 있고 퇴거를 요구받은 이후의 직장점거는 위법하게 되므로, 적법히 직장폐쇄를 단행한 사용자로부터 퇴거 요구를 받고도 불응한 채 직장점거를 계속한 행위는 퇴거불응죄를 구성한다(대판 1991.8.13. 91도1324).

- 보험회사의 노조 쟁의대책위원회의 총무가 쟁의대책위원 등과 공모공동하여, 일요일을 제외한 1주일 동안 매일 약 1,500명 내지 약 2,000명의 노조원들을 동원하여 회사 건물에서 복도 점거, 꽹과리 등에 의한 소음발생 등의 방법으로 한 점거농성이 직장 또는 사업장시설의 전면적 또는 배타적인 점거에 해당할 뿐 아니라 폭력에 의한 업무저해행위까지도 수반한 것이어서 쟁의행위의 정당성의 한계를 벗어나 업무방해죄를 구성한다(대판 1991.6.11. 91도383).
- 공장 내에서 조합원들이 농성장소로 모일 수 있는 건물로는 위 본관 건물이 아닌 노조사무실, 복지관, 식당건물 등도 있는데 이를 놓아두고 구태여 회사 공장구역내의 핵심이라고 할 수 있는 행정건물의 출입구 현관 및 여기에서 공장장실, 부공장장실, 총무부, 실험실 등으로 통하는 복도 등 공장업무수행에 가장 중요한 장소들을 택하여 일주일 이상이나 전면적으로 점거한 것을 위법한 것이다(대판 1991.1.15. 90누6620).
- 조합원 660여명을 동원하여 근무 중이던 직원을 몰아내고 지하철공사 사무실을 점거함으로써 그 업무수행을 위력으로 방해하였다면 정당하다고 볼 수 없다(대판 1990.5.15. 90도357).[28)]

□ **직장점거의 정당성이 인정된 경우**

- 노동조합의 조합원들이 쟁의행위로 사용자인 서울특별시건축사회의 사무실 일부를 점거한 사안에서, 점거한 곳의 범위와 평소의 사용형태, 사용자측에서 이를 사용하지 못하게 됨으로써 입은 피해의 내용과 정도 등에 비추어 이는 폭력의 행사에 해당하지 않는 사업장시설의 부분적·병존적인 점거로서 사용자의 재산권과 조화를 이루고 있고, 사용자의 업무가 실제로 방해되었거나 업무방해의 결과를 초래할 위험성이 발생하였다고 보기 어려우므로, 위 점거행위는 노동관계 법령에 따른 정당한 행위로서 위법성이 조각되어 업무방해죄의 책임을 물을 수 없다(대판 2007.12.28. 2007도5204).
- 노동조합의 쟁의행위의 목적, 시기, 절차, 수단과 방법, 그로 인한 위 회사의 매출액 감소의 정도, 위 회사의 임금 협상에 임한 태도 등 제반 사정에 비추어 보면, 위 회사가 이 사건 당시 단행한 직장폐쇄는 근로자 측의 쟁의행위에 의해 노사 간에 힘의 균형이 깨지고 오히려 사용자 측에게 현저히 불리한 압력이 가해지는 상황에서 회사를 보호하기 위하여 수동적·방어적인 수단으로서 부득이하게 개시된 것이라고 보기는 어려우므로 그 정당성을 결여하였다고 봄이 상당하고, 따라서 쟁의행위의 일환으로 자신들의 근무처인 위 회사 구내의 장소로서 평소 출입이 통제되지 아니한 로비를 점거하던 중 위와 같

---

28) 대판 1990.10.12. 90도1431; 동 1992.7.14. 91다43800; 동 1992.9.22. 91다4317; 동 1992.11.10. 92도1315 등 참조.

은 직장폐쇄를 내세운 위 회사 측의 퇴거 요구에 불응하였다고 하더라도 퇴거불응죄가 성립한다고 할 수 없다(대판 2007.3.29. 2006도9307).

- 노동조합원 임시총회개최나 단식농성 등의 쟁의행위가 직장의 전면적, 배타적인 점거가 아닌 일부 점거행위로서 폭력이나 파괴행위를 수반하거나 고도의 반사회성을 지닌 행위라고 볼 수 없어 그 쟁의의 방법과 태양에 있어서 정당성을 결여하였다고 보기 어렵다(대판 1991.5.14. 90누4006).

9) 집회나 시위

노동조합이 기본적 쟁위행위 외에 사업장 안이나 밖에서 집회나 시위를 하는 것이 쟁의행위권 행사로 인정될 수 있는가가 문제이다. 집회나 시위가 근무시간 중에 행하거나 그에 참여하기 위하여 정상적인 업무를 저해하는 경우에는 쟁의행위권 행사로 평가될 수 있다. 그러나 그렇지 않는 경우에는 집회와 시위가 곧바로 쟁의행위권 행사로 되는 것은 아니니다. 이 경우에는 노동조합의 일반적 활동이나 근로자의 시민적 활동으로 취급된다.

4. 노동조합의 쟁의행위권행사의 한계

노동조합의 쟁의행위권은 무제한적으로 인정되는 것이 아니라 대상·시기·절차·수단 및 그 양태에 있어서 행사의 한계가 있다. 이러한 한계를 넘는 경우에는 쟁의행위권남용으로서 위법집단행위로 평가된다.

1) 대상적 한계

현행 노조법은 쟁의행위는 당사자의 주장을 관철할 목적으로 행하는 행위와 이에 대항하기 위한 행위로 정의하고 있으므로 노동조합의 쟁의행위권은 노동조합의 주장을 관철할 목적으로 행사하여야 한다.

판례에 의하면, 쟁의행위권의 행사는 근로조건의 향상을 위한 노사간의 자치적 교섭을 조성하기 위한 것, 즉 그 쟁의행위권의 행사에 의하여 달성하려는 요구사항이 단체교섭사항이 될 수 있는 것이어야 한다.[29] 여기서 단체교섭사항이 될 수 있는 것이라 함은 의무적 교섭사항에 해당하는 것을 의미한다. 이에 반하여 단체교섭사항이 될 수 없는 것이라 함은 그 성질상 본래부터 단체교섭의 대상이 되지

29) 대판 1994.9.30. 94다4042.

아니하는 위법적 교섭사항에 해당하는 것은 물론이고, 단체협약에 의하여 단체교섭의 대상에서 제외한 사항, 쟁의행위권의 행사 당시 유효한 단체협약에 의하여 규율을 받고 있는 사항 및 사용자가 단체교섭을 거부할 수 있는 정당한 사유가 있는 경우까지를 포함한다. 쟁의행위권의 행사에 의하여 추구되는 목적이 여러 가지이고 그 중 일부가 정당하지 못한 경우에는 주된 목적 내지 진정한 목적의 당부에 의하여 그 쟁의목적의 당부를 판단하여야 할 것이고,[30] 부당한 요구사항을 제외했더라면 쟁의행위를 하지 않았을 것이라고 인정되는 경우에는 그 쟁의행위권의 행사 전체가 정당성을 갖지 못한다[31]고 한다.

노동조합의 쟁의행위권 행사의 대상적 한계를 분설하면 다음과 같다.

(1) 노동관계의 주장

여기에서 노동조합의 주장은 노동관계에 관한 주장이라고 할 수 있고 이러한 노동관계에는 근로조건에 관한 개별적 근로관계뿐만 아니라 단체교섭 및 단체행동 등 집단적 노동관계도 포함된다고 할 것이다.

가. 권리주장

노조법 제2조 제5호에 의하면, 권리분쟁은 노동쟁의에 포함되지 아니하므로 노동조합이 쟁의행위권 행사의 대상인 주장에 포함되지 않고, 이익분쟁의 주장만이 이에 포함된다. 그러나 입법론적으로 부당하다고 하지 않을 수 없다. 사용자가 법령, 단체협약 및 취업규칙에 위반하여 노사관계에 중대한 영향을 미치는 경우 그 준수를 촉구하기 위한 쟁의행위권 행사도 가능하다고 할 것이다.

나. 사용자의 경영권에 속하는 사항

사용자의 경영권에 속하는 사항도 근로조건의 결정과 관계가 있는 한 쟁의행위권 행사의 대상이 될 수 있다. 징계해고도 근로조건을 결정하는 인사사항이므로 쟁의행위권 행사의 목적이 된다.

다. 사용자의 처분가능한 기타 사항

구속자의 석방 요구는 사용자의 권능 밖의 사항이므로 쟁의행위의 대상이 될 수 없으나 사용자의 이에 대한 탄원서제출과 같은 협조는 그 대상이 될 수 있다.

30) 대판 1992.1.21. 91누5204; 동 1992.5.12. 91다34523.

31) 대판 1992.1.21. 91누5204.

(2) 단체교섭대상과의 관계

쟁의행위권 행사의 대상이 노동관계에 관한 주장이라고 하더라도 그 주장이 반드시 당해 사용자에 대한 단체교섭대상에 한정되는가 여부와 관련하여 견해가 나뉘어져 있다.

가. 학 설

가) 단체교섭대상한정설

대사용자의 관계에서 단체교섭의 대상이 될 수 없는 사항은 쟁의행위권 행사의 목적으로 될 수 없다는 입장이다.[32)]

나) 단체교섭대상한정부정설

쟁의행위권 행사는 대사용자관계에서만이 아니라 정치적 목적이나 그 밖의 목적이라도 근로조건이나 근로자의 경제적 지위와의 관계되는 이상 국가나 다른 사용자에 대한 주장도 포함된다고 보는 입장이다.[33)]

나. 사 견

노동조합의 쟁의행위권 행사의 대상이 단체교섭대상에 국한되는가의 여부는 노동조합의 조직형태와 밀접한 관계에 있다. 기업별조직형태에 있어서 원칙적으로 단체교섭대상에 당해기업의 것에 한정된다고 할 것이다. 그러나 특별한 경우에 범기업별 대상에 대해서 복수의 노동조합이 연대해서 단체교섭을 실시하고 이에 기하여 쟁의행위권을 행사하는 경우에는 그 결과는 실질적으로 당해 사용자와의 관계를 넘는 것이 될 수도 있을 뿐이다.

(4) 개별적인 문제들

가. 의무적 교섭사항

사용자가 단체교섭의 의무를 부담하는 사항을 근로조건의 결정에 관한 사항과 그에 영향을 미치는 기타 노동관계에 관한 것으로서 노사관계 당사자가 스스로 결정할 수 있고 당해 노사관계 당사자에 관련되는 사항이라고 정의할 수 있다.

노조법은 "노동조합은 쟁의행위 기간에 대한 임금의 지급을 요구하여 이를 관철할 목적으로 쟁의행위를 할 수 없다"고 규정하여(동법 제44조 제2항), 특정한 사

---

32) 김형배, 위같은책, 978면; 이상윤, 『노동조합법』, 박영사, 1996, 346면; 대판 1991.1.29 90도2852.

33) 이병태, 『최신노동법(제9전정판)』, 중앙경제, 2008, 291면.

항에 대하여는 의무적 교섭사항에서 제외하고 이를 쟁의행위의 목적으로 삼을 수 없다는 명문의 규정을 두고 있다. 그러나 그 밖에 구체적으로 어느 것이 의무적 교섭사항에 해당하는지 여부를 가리는 것이 쉽지 않은 경우가 많다.

판례 및 학설상 의무적 교섭사항에 해당하는지 여부가 문제되는 사례는 「단체교섭의 대상」에 관한 부분에서 살펴본 바 있으나, 여기서 이를 다시 한 번 정리하여 살펴보면 다음과 같다.

첫째, 노조전임제에 관한 사항은 노동조합에 대한 편의제공의 한 형태로서 사용자가 단체협약 등을 통하여 승인하는 경우에 인정되는 것일 뿐 사용자와 근로자 사이의 근로계약관계에 있어서 근로자의 대우에 관하여 정한 근로조건이라고 할 수 없는 것이고, 단순히 임의적 교섭사항에 불과하여 이에 관한 분쟁은 노동쟁의라 할 수 없다.[34)]

둘째, 사업부의 폐지, 지점폐쇄 등과 같은 경영주체의 경영의사결정자체는 원칙적으로 단체교섭사항이 될 수 없으므로 그 폐지에 따른 근로자의 배치전환 등 근로조건의 변경에 관하여 교섭하자는 회사의 요청을 전적으로 거부하고 사업부 폐지·백지화나 지점폐쇄 자체의 철회 등의 주장을 관철시킬 목적으로 쟁의행위를 한 것은 그 목적에 있어서 정당하지 아니하다.[35)]

셋째, 운수업체에서 조합원의 차량별 고정승무 발령, 배차시간, 대기기사 배차순서, 일당기사 배차 등에 관한 사항은 그 내용이 한편으로는 사용자의 경영권에 속하는 사항이지만, 다른 한편으로는 근로자들의 근로조건과도 밀접한 관련이 있는 부분으로서 사용자의 경영권을 근본적으로 제약하는 것이 아니라면 단체협약의 대상이 될 수 있다.[36)]

넷째, 쟁의행위를 함에 있어서 근로자들이 연구소 소장의 퇴진을 요구하였다고 하더라도 그것이 근로조건의 개선에 '주된 목적'이 있는 경우에는 단체교섭의 대상이 될 수 있으므로 그 쟁의행위는 목적에 있어서 정당하다.[37)]

다섯째, 사용자가 이른바 고용조정 계획을 수립하여 경영상 이유에 의한 해고(정리해고)를 실시하려고 할 때 그러한 고용조정 계획자체를 철회하여 정리해고를 실시하지 않도록 요구하는 것이 쟁의행위의 정당한 목적이 될 수 있는가에 관하여 논란이 있을 수 있다.

---

34) 대판 1996.2.23. 94누9177.
35) 대판 1994.3.25. 93다30242; 동 1999.6.25. 99다8377.
36) 대판 1994.8.26. 93누8993.
37) 대판 1992.5.12. 91다34523.

우선, 위와 같은 요구가 근로조건에 관한 사항인가 순수한 경영주체의 의사결정으로서 근로조건과 무관한 사항인가에 관하여 견해의 대립이 있을 수 있다.

그러나 노조법 제2조 제5호에서 노동쟁의로 정의하고 있는 「해고 등 근로조건의 결정에 관한 주장의 불일치」에서 말하는 "해고"의 의미를 법문상 정리해고를 제외한 개념이라거나 정리해고가 포함되는 개념이라고 하더라도 정리해고의 실시를 전제로 하여 그 기준·절차·방법에 관한 사항만을 의미하고 정리해고의 불실시 자체는 제외되어야 한다고 보는 것은 해석론상 무리라 생각되고, 정리해고의 실시 여부가 근로자의 근로조건에 중대한 영향을 미치는 사항 역시 부인할 수 없을 것이므로 정리해고의 불실시가 순수한 경영주체의 의사결정에 관한 사항이라고 보아서는 아니 될 것이다.

정리해고의 불실시 요구에 관한 사항이 근로조건에 관한 사항에 해당한다고 하더라도 쟁의행위의 정당한 목적이 될 수 있는지는 이를 구분하여 살펴볼 필요가 있다고 할 것이다. 예를 들어, 이미 실시한 정리해고가 무효라고 하여 그 철회를 요구하는 것은 권리분쟁에 관한 사항이 해당하고 쟁의행위의 목적이 될 수 없다고 할 것이다.

단체협약에 정리해고를 실시할 수 있는 근거가 있는데 그 유효기간 중에 정리해고를 실시하지 않도록 요구하는 것은 단체협약에 의하여 이미 형성된 근로관계의 변경을 요구하는 것으로서 그 성격은 이익분쟁에 속하기는 한다. 그렇지만, 이는 단체협약에서 이미 정한 사항의 변경·개폐를 요구하는 쟁의행위를 단체협약의 유효기간 중에 하여서는 아니 된다는 이른바 평화의무를 위반하는 것이므로 그러한 측면에서 그 정당성을 상실한다고 보아야 할 것으로 생각한다.

새로운 단체협약을 체결하면서 정리해고의 불실시를 단체협약에 정하도록 요구하는 것은 엄연히 이익분쟁의 한 형태에 속할 것이므로 더 나아가 그러한 요구사항은 위에서와 같이 근로조건의 결정에 관한 이익분쟁의 범주 안에 들어 쟁의행위의 정당한 목적이 될 수 있다고 볼 것이다. 노동조합은 일정기간 임금 인상을 요구하지 않고 그 기간 동안 사용자는 정리해고를 실시하지 않는다는 합의에 따라 이를 단체협약을 정하는 경우를 얼마든지 생각할 수 있을 것이다.

나. 사용자의 처분권한에 속하지 않는 사항

쟁의행위가 주로 구속근로자에 대한 항소심 구형량이 1심보다 무거워진 것에 대한 항의와 석방촉구를 목적으로 이루어진 것이라면 이는 근로조건의 유지 또는 향상을 주된 목적으로 한 현행노조법상의 쟁의행위권행사로 볼 수 없다.[38)]

甲 회사 노동조합이 甲 회사와 단체교섭을 진행하면서, 다른 한편으로는 국회

에서 근무하는 회사 소속 미화원들의 신분을 국회고용직 공무원으로 환원되도록 하여 달라는 취지의 진정을 대통령 등 외부기관에 계속하였고, 쟁의기간 중 "고용직으로 환원하라"는 리본을 착용하는 등의 행위를 하였다고 하더라도 위 노동조합은 회사에 대하여 임금인상 등 근로조건의 개선을 위한 요구를 계속하였고, 또 그에 관하여 노사 간에 진지한 교섭을 장기간에 걸쳐 벌여 온 점에 비추어 보면 위 노동조합의 고용직 공무원에로의 환원운동은 대외적 활동이거나 쟁의행위의 부차적 목적에 지나지 아니하고 쟁의행위의 직접적이고 주된 목적은 아니라고 보아야 할 것이므로(설사 그러한 부차적 목적이 정당하지 못하다고 하더라도) 이 때문에 쟁의행위가 부당한 것으로 된다 할 수 없다.[39]

이와 관련해서는 특히 이른바 정치파업, 동정파업 등의 경우 근로자의 요구사항이 사용자의 처분권한에 속하지 않는다고 하여 그 정당성을 부정할 것인지 여부에 다툼이 있다.[40]

다. 단체협약상 노사협의회 결정사항으로 정한 사항

단체협약에서 인센티브의 지급을 노사협의로 결정한다고 규정하여 인센티브의 지급여부나 지급방법 등에 관한 근로조건은 노사협의사항으로 정하고 이를 단체교섭대상에서 제외하는 노사 간의 협약이 이루어졌다면, 인센티브의 지급에 관하여 노동조합이 그 교섭을 요구하고 그 요구를 관철하기 위하여 한 쟁의행위는 그 요구사항이 단체교섭사항이 될 수 없는 것을 목적으로 한 것으로서 정당성이 없다고 한다.[41]

라. 쟁의행위 당시 유효한 단체협약에 의해 규율을 받고 있는 사항

단체협약에서 이미 정한 근로조건이나 기타 사항의 변경·개폐를 요구하는 쟁의행위를 단체협약의 유효기간 중에 하여서는 아니 된다는 이른바 평화의무를 위반하여 이루어진 쟁의행위는 노사관계를 평화적·자주적으로 규율하기 위한 단체협약의 본질적 기능을 해치는 것일 뿐 아니라 노사관계에서 요구되는 신의성실의 원칙에도 반하는 것이므로 정당성이 없다고 한다.[42]

---

38) 대판 1991.1.29. 90도2852.

39) 대판 1992.1.21. 91누5204.

40) 정치파업에 관한 자세한 것은 강희원, 위같은논문, 145-230면 참조.

41) 대판 1994.9.30. 94다4042.

42) 대판 1991.1.15. 90누6620; 동 1992.9.1. 92누7733; 동 1992.9.22. 91다4317; 동 1994.9.30. 94다4042 및 현천욱, "평화의무를 위반한 쟁의행위의 정당성", 『노동판례평석집』 경총신서 45집, 한국경영자총협회, 1995, 224면 이하 참조.

마. 단체협약안에 대한 총회 인준 후 단체협약 체결을 전제로 한 요구사항

노동조합의 대표자 또는 수임자가 단체교섭의 결과에 따라 사용자와 단체협약의 내용을 합의한 후 다시 협약안의 가부에 관하여 조합원 총회의 의결을 거친 후에만 단체협약을 체결할 것임을 명백히 하였다면 노사 쌍방간의 타협과 양보의 결과로 임금이나 그 밖의 근로조건 등에 대하여 합의를 도출하더라도 노동조합의 조합원 총회에서 그 단체협약안을 받아들이기를 거부하여 단체교섭의 성과를 무로 돌릴 위험성이 있으므로 이에 대하여 사용자측에서 단체교섭을 회피 또는 해태하였다고 하더라도 이를 정당한 이유가 없는 것이라고 비난하기도 어렵다 할 것이니, 그에 대항하여 단행된 쟁의행위는 그 목적에 있어서 정당한 쟁의행위라고 볼 수 없다고 한다.[43)]

사. 권리분쟁에 관한 사항

단체협약에 근로조건에 관한 새로운 합의의 형성을 꾀하기 위한 요구사항을 주장하는 것(이른바 이익분쟁)뿐만 아니라 근로조건을 규율하는 규범인 법령, 단체협약 및 근로계약 등에 의하여 정해진 근로자의 권리에 관한 해석·적용에 관한 사항을 주장(이른바 권리분쟁)하기 위한 것도 쟁의행위의 정당한 목적이 될 수 있는가 문제된다.

이에 관한 학설에는 ① 쟁의행위는 단체협약의 체결만을 위하여 법적으로 보장된 것은 아니며, 사법적인 구제절차에 의하여 그 해결이 가능한 사항이라고 하더라도 오히려 당사자의 사적 자치에 의하여 자주적으로 해결되는 것이 바람직하다는 이유에서 권리분쟁에 해당하는 주장을 관철할 목적의 쟁의행위도 정당한 목적이 될 수 있다는 견해와, ② 쟁의행위는 본질적으로 단체교섭을 통한 단체협약의 체결을 유리하게 전개하기 위한 수단이므로 사법적 구제절차에 의하여 해결할 수 있는 권리분쟁에 해당하는 주장을 관철하기 위하여 행하는 쟁의행위는 부당하다는 견해가 있다.

종래의 판례는 (구)노동쟁의조정법 제2조에서 “이 법에서 노동쟁의라 함은 임금·근로시간·후생·해고 기타 대우 등 근로조건에 관한 노동관계 당사자 간의 주장의 불일치로 인한 분쟁상태를 말한다”고 한 노동쟁의의 정의에 관한 규정의 해석상 여기서 말하는 ‘근로조건에 관한 노동관계당사자간의 주장’이란 개별적 근로관계와 집단적 근로관계의 어느 것에 관한 주장이라도 포함하는 것이고, 그것은 단체협약이나 근로계약상의 권리의 주장(권리쟁의)과 그것들에 관한 새로운 합의의

---

43) 대판 1998.1.20. 97도588.

형성을 꾀하기 위한 주장(이익쟁의)을 모두 포함하는 것이라고 풀이하여 중재위원회의 중재대상에는 노동쟁의로서 이익분쟁과 권리분쟁이 모두 포함된다고 하였는데[44]. 현행 노조법은 노동쟁의의 정의에 관하여 노동관계당사자간에 임금 등 근로조건의 '결정'에 관한 주장의 불일치로 인하여 발생한 분쟁상태를 말한다고 규정하고 있고(동법 제2조 제5호), 쟁의행위는 노동관계당사자가 위와 같은 노동쟁의의 원인이 된 그 주장을 관철할 목적으로 행하는 행위를 말한다고 규정하고 있으므로(동법 제2조 제6호) 위 법률규정의 해석상으로 구 노동쟁의조정법의 규정과 달리 권리분쟁은 노동쟁의의 개념에서 제외되었다. 따라서 권리분쟁에 해당하는 주장을 관철할 목적으로 하는 행위는 쟁의행위에서도 제외되었다고 할 것이다.

2) 시기적 및 절차적 한계

(1) 일반적 내용

노동조합이 쟁의행위를 하기 위해서는 단체교섭이 결렬된 이후 조합원의 집단적 의사결정의 과정을 거쳐서 쟁의행위권의 행사여부를 결정하고 조정과정을 거친 다음에 쟁의행위권을 행사하여 사실상의 쟁의행위로 돌입할 수 있다. 이와 관련하여 단체교섭을 거치지 않은 쟁의행위권의 행사, 단체협약상 규정된 예고를 거치지 않은 쟁의행위권의 행사, 평화의무와 평화조항을 위반한 쟁의행위권의 행사, 쟁의발생신고·노동조합투표·조정전치규정을 위반한 쟁의행위권 행사 등이 허용되는가가 논의되고 있다.

(2) 판례에 나타난 구체적 사례

가. 시기·절차에 관한 규정을 위반하여 정당성이 상실되었다고 본 사례

노동조합이 운영위원회의 결의만으로 쟁의발생신고나 냉각기간을 거치지 않고 쟁의행위를 시행함으로 인하여 사용자에게 막대한 손해를 입힌 경우,[45] 철도기관사들의 절차위반의 쟁의행위로 인하여 국민생활에 예기치 못한 불편과 국가의 손해가 상당한 정도 발생하는 부당한 결과를 야기한 경우,[46] 중재재정 후 중재재정 내용의 수용을 거부하고 쟁의행위를 한 경우,[47] 쟁의행위의 일환으로 조합원 총회를 하였을 뿐이고 쟁의행위에 대한 찬반투표를 실시하지 아니한 사안에서, 조

44) 대판 1990.5.15. 90도357; 동 1990.9.28. 90도602; 동 1991.3.27. 90도2528.

45) 대판 1991.12.10. 91누636.

46) 대판 1992.12.8. 92누1094.

47) 대판 1994.3.25. 93다32828, 32835.

합원투표를 거쳤어야 함에도 불구하고 조합원 총회도 파업행위의 일환으로 실시된 데 불과하여 조합원투표도 사후에 실시되었을 뿐만 아니라 조합원 총회 이후 조합원 대다수가 파업에 참여하였다는 점만으로는 절차상의 요건을 갖추지 못할 납득할만한 객관적인 사정도 인정되지 아니하는 경우[48] 등이 있다.

나. 시기·절차에 관한 규정을 위반하였으나 정당성이 상실되었다고 볼 수 없는 사례

쟁의행위를 함에 있어서 (구)노동쟁의조정법 소정의 쟁의발생신고나 냉각기간을 거치지 않은 채 조합원들이 임시총회를 개최하여 조합원 전원의 무기한 농성, 전원 사표제출 등을 결의하였으나 교섭위원들이 다른 조합원들을 설득, 정상 근무하게 하고 자신들만이 건물 1층에서 단식 연좌농성을 하다가 6일 만에 단체교섭을 재개하기로 하고 농성을 해제함으로써 사용자의 사업운영에 예기치 않은 혼란이나 손해를 초래하지 아니한 경우,[49] 쟁의행위가 시기·절차에 관한 규정을 위반하였으나 출근시간전의 집회로서 업무개시 전이어서 그로 말미암아 특별히 업무에 방해를 주었다고 단정하기 어려운 경우,[50] 쟁의행위가 사전 신고 및 냉각기간을 준수하지 않았으나 병원의 업무개시 전이거나 점심 휴식시간에 주로 병원의 행정업무부서와 약국 등의 위치한 현관로비에서 단지 구호를 외치거나 노래를 부르는 등의 방법으로 이루어짐으로써 사용자의 사업운영에 예기치 않은 혼란이나 손해를 끼치는 등 부당한 결과를 초래할 우려가 없는 경우[51] 등이 있다. 그리고 근로자의 쟁의행위가 형법상 정당행위가 되기 위하여는 첫째 그 주체가 단체교섭의 주체로 될 수 있는 자이어야 하고, 둘째 그 목적이 근로조건의 향상을 위한 노사간의 자치적 교섭을 조성하는 데에 있어야 하며, 셋째 사용자가 근로자의 근로조건 개선에 관한 구체적인 요구에 대하여 단체교섭을 거부하였을 때 개시하되 특별한 사정이 없는 한 조합원의 찬성결정 등 법령이 규정한 절차를 거쳐야 하고, 넷째 그 수단과 방법이 사용자의 재산권과 조화를 이루어야 함은 물론 폭력의 행사에 해당되지 아니하여야 한다는 여러 조건을 모두 구비하여야 하는바, 특히 그 절차에 관하여 쟁의행위를 함에 있어 조합원의 직접·비밀·무기명투표에

48) 대판 2000.3.10. 99도4838(이와 다른 취지의 판례도 있다. 대판 2000.5.26. 99도4836).

49) 대판 1991.5.14. 90누4006 및 서예교, "냉각기간을 준수하지 않고, 쟁의 신고를 하지 않은 쟁의행위의 정당성 여부", 『노동법률』 5호, 중앙경제사, 1991/10, 14면 이하; 김치중, "쟁의행위의 정당성", 『법과 정의』, 이회창 선생 화갑기념 논문집 간행위원회, 1995, 853면 이하 등 참조.

50) 대판 1992.9.22. 92도1855 및 신인령, "쟁의행위 정당성에 관한 법리", 『사법행정』 384호, 한국사법행정학회, 1992/12, 104면 이하; 김대휘, "쟁의행위에 있어서 업무방해와 정당성", 『형사판례연구』 2권, 형사판례연구회, 1994, 66면 이하 등 참조.

51) 대판 1992.12.8. 92도1645.

의한 찬성결정이라는 절차를 거쳐야 한다는 노조법 제41조 제1항의 규정은 노동조합의 자주적이고 민주적인 운영을 도모함과 아울러 쟁의행위에 참가한 근로자들이 사후에 그 쟁의행위의 정당성 유무와 관련하여 어떠한 불이익을 당하지 않도록 그 개시에 관한 조합의사의 결정에 보다 신중을 기하기 위하여 마련된 규정이므로 위의 절차를 위반한 쟁의행위는 그 절차를 따를 수 없는 객관적인 사정이 인정되지 아니하는 한 정당성이 상실된다고[52] 하였다.

3) 수단과 양태에 따른 한계

노동조합의 쟁의행위권 행사에 있어서 수단과 양태에 따른 한계는 노사의 실질적 대등의 원칙, 목적과 수단의 균형(비례원칙), 원인과 수단의 관계를 고려하여 개별적으로 평가되어야 한다.

4) 쟁의행위권 행사의 금지

노조법은 방위산업법에 의하여 지정된 주요방위산업체에 종사하는 근로자 중 전력, 용수 및 주로 방산물자를 생산하는 업무에 종사하는 자의 쟁의행위를 금지하고 있다(동법시행령 제20조 참조).

5) 폭력행위 등의 사용금지

(1) 폭력행위 등의 금지

노조법은 폭력이나 파괴행위 또는 생산 기타 주요업무에 관련되는 시설과 이에 준하는 시설을 점거하는 형태의 쟁의행위를 금지하고 있다(노조법 제42조 제1항, 동법시행령 제21조 참조).

☞ 점거가 금지되는 시설

---

52) 대판 2001.10.25. 99도4837 [전합]. 이 판결에 의해서, 조합원 총회에서 쟁의행위에 대한 찬반투표를 실시하지 아니하였으나 조합원 총회 이후 파업에 참여한 인원 등에 비추어 조합원 대다수가 파업에 찬성한 것으로 보이는 사안에서 노조법 제41조 제1항은 노동조합의 쟁의행위는 그 조합원의 직접·비밀·무기명 투표에 의한 과반수의 찬성으로 결정하지 아니하면 이를 행할 수 없다고 규정하고 있으나, 위 규정은 노동조합 내부의 민주적 운영을 확보하기 위한 것이므로 위 규정에서 정하고 있는 절차를 따를 수 없는 정당한 객관적 사정이 있거나 조합원의 민주적 의사결정이 실질적으로 확보된 경우에는 위와 같은 투표절차를 거치지 않았다는 사정만으로 쟁의행위의 절차가 위법하여 정당성을 상실한다고 할 수 없다는 대판 2000.3.10. 99도4838; 동 2000.5.26. 99도4836은 변경되었다.

① 전기·전산 또는 통신시설
② 철도(도시철도를 포함한다)의 차량 또는 선로
③ 건조·수리 또는 정박 중인 선박
④ 항공기·항공보안시설 또는 항공기의 이·착륙이나 여객·화물의 운송을 위한 시설
⑤ 화약·폭약 등 폭발위험이 있는 물질 또는 유해화학물질관리법에 의한 유독물을 보관·저장하는 장소
⑥ 기타 점거될 경우 생산 기타 주요업무의 정지 또는 폐지를 가져오거나 공익상 중대한 위해를 초래할 우려가 있는 시설로서 노동부장관이 관계중앙행정기관의 장과 협의하여 정하는 시설

[판 례]

□ **쟁의행위로서 정당성 - 수단과 방법**

- 노동조합의 조합원들이 쟁의행위로 사용자인 서울특별시건축사회의 사무실 일부를 점거한 사안에서, 점거한 곳의 범위와 평소의 사용형태, 사용자측에서 이를 사용하지 못하게 됨으로써 입은 피해의 내용과 정도 등에 비추어 이는 폭력의 행사에 해당하지 않는 사업장시설의 부분적·병존적인 점거로서 사용자의 재산권과 조화를 이루고 있고, 사용자의 업무가 실제로 방해되었거나 업무방해의 결과를 초래할 위험성이 발생하였다고 보기 어려우므로, 위 점거행위는 노동관계 법령에 따른 정당한 행위로서 위법성이 조각되어 업무방해죄의 책임을 물을 수 없다(대판 2007.12.28. 2007도5204).

(2) 안전보호시설의 유지·운영의 유지

노조법은 노동관계 당사자가 쟁의행위를 하는 경우에도 사업장의 안전보호시설의 정상적인 유지·운영을 정지·폐지 또는 방해하는 행위를 금지하고 있다(동법 제42조 제2항). 노조법은 행정관청은 이에 위반하는 쟁의행위가 있는 경우에는 노동위원회의 의결을 얻어 그 행위의 중지를 명하여야 한다. 다만, 사태가 급박하여 노동위원회의 의결을 얻을 시간적 여유가 없을 때에는 그 의결을 얻지 아니하고 즉시 그 행위의 중지를 명할 수 있지만, 이때에는 지체 없이 노동위원회의 사후 승인을 얻어야 하며 그 승인을 얻지 못한 때에는 그 명령은 그때부터 효력을 상실한다(동법 제42조 제3항). 쟁의행위의 중지명령은 원칙적으로 서면으로 하여야 하며, 다만 사태가 급박하다고 인정하는 경우에는 구두로도 할 수 있다.

[판 례]

□ **노조법 제42조 제2항 및 제91조의 위헌여부**

- 이 사건 법률조항들이 근로자의 헌법상 기본권인 단체행동권을 제한하는 규정이기는 하지만, 사람의 생명·신체의 안전보호라는 입법목적의 정당성을 인정할 수 있고, 안전보호시설의 유지·운영을 정지·폐지 또는 방해하는 내용의 쟁의행위를 제한하는 것은 위 목적을 달성하기 위한 효과적이고 적절한 수단이어서 방법의 적정성도 인정되며, 그 제한은 안전보호시설의 중요성에 비추어 볼 때 최소한의 제한으로 평가되므로 피해의 최소성도 갖추었고, 추구하는 공익인 '사람의 생명·신체의 안전'과 제한되는 사익인 청구인들의 '단체행동권'을 비교하여 볼 때 법익균형성도 갖추었으므로 청구인들의 단체행동권을 과도하게 침해한다고 할 수 없다(헌재 2005.6.30. 2002헌바83 결정).

6) 필수유지업무의 유지 운영

필수유지업무의 정당한 유지 운영을 정지 폐지 또는 방해하는 것을 목적으로 노동쟁의행위권을 행사해서는 아니 된다(노조법 제42조의2 제2항).

과거 직권중재제도가 시행되었을 당시에는 노동쟁의가 발생된 이후에 조정·중재 회부시 당해 사업이 필수공익사업에 해당되는지 여부를 판단하였으나, 현재의 필수유지업무제도에서는 필수공익사업체의 사용자와 근로자는 필수유지업무 유지의 의무부담자로서 노조법 제42조의3에서 규정된 필수유지업무협정을 체결해야 하기 때문에 필수공익사업의 해당 여부를 노동쟁의 발생 이전에 구분할 필요성이 있다.

(1) 필수유지업무의 개념

필수유지업무라 함은 필수공익사업의 업무 중 그 업무가 정지되거나 폐지되는 경우 공중의 생명, 건강 또는 신체의 안전이나 공중의 일상생활을 현저히 위태롭게 하는 업무를 말한다(노조법 제42조의2 제1항).

다만, 필수공익사업의 모든 업무가 필수유지업무에 해당하는 것은 아니며 국민경제의 저해 여부는 필수유지업무 기준에 포함되지 않는다고 할 것이다. 필수유지업무에 해당하는지 여부는 당해 업무의 정지·폐지가 당해 필수공익사업이 생산·공급하는 서비스에 대한 일반 공중의 수요를 본질적으로 침해할 수 있느냐 여부가 핵심적 기준이 될 것이다. 즉, 당해 업무 정지·폐지로 인하여 최종 서비스·재화의 생산에 결정적인 영향을 줄 수 있다면 필수유지업무로 볼 수 있을 것이다.

[그림-1] 필수유지업무 처리절차[53)]

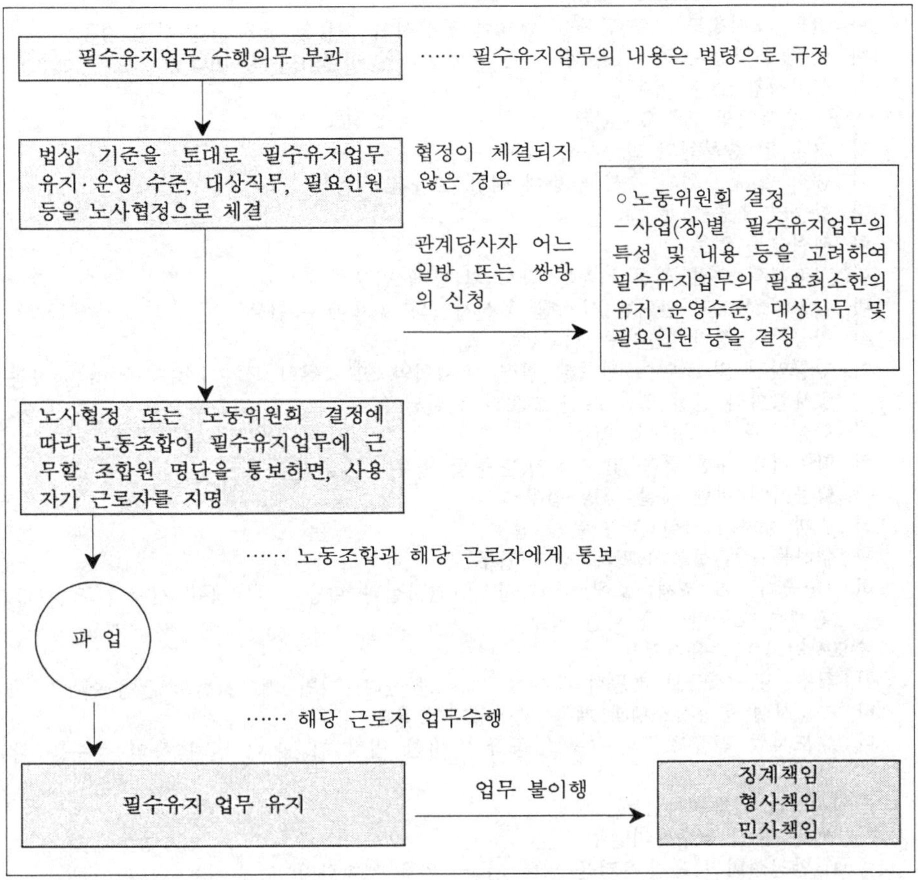

(2) 필수유지업무의 범위

필수유지업무의 내용은 노조법 시행령 제22조의2[54)]에 규정하고 있다. 그러나

---

53) 노동부,『집단적 노사관계업무매뉴얼』, 2008.6, 238면.

54) 노조법 시행령 제22조의2는 "법 제42조의2 제1항에 따른 필수공익사업별 필수유지업무는 별표 1과 같다"고 규정하고 [별표1]은 다음과 같다.

필수공익사업별 필수유지업무(제22조의2 관련)

1. 철도사업과 도시철도사업의 필수유지업무
   가. 철도·도시철도 차량의 운전 업무
   나. 철도·도시철도 차량 운행의 관제 업무(정거장·차량기지 등에서 철도신호 등을 취급하는 운전취급 업무를 포함한다)
   다. 철도·도시철도 차량 운행에 필요한 전기시설·설비를 유지·관리하는 업무
   라. 철도·도시철도 차량 운행과 이용자의 안전에 필요한 신호시설·설비를 유지·관리하는 업무

마. 철도·도시철도 차량 운행에 필요한 통신시설·설비를 유지·관리하는 업무
바. 안전 운행을 위하여 필요한 차량의 일상적인 점검이나 정비 업무
사. 선로점검·보수 업무

2. 항공운수사업의 필수유지업무
가. 승객 및 승무원의 탑승수속 업무
나. 승객 및 승무원과 수하물 등에 대한 보안검색 업무
다. 항공기 조종 업무
라. 객실승무 업무
마. 비행계획 수립, 항공기 운항 감시 및 통제 업무
바. 항공기 운항과 관련된 시스템·통신시설의 유지·보수 업무
사. 항공기의 정비(창정비는 제외한다) 업무
아. 항공안전 및 보안에 관련된 법령, 국제협약 또는 취항 국가의 요구에 따른 항공운송사업자의 안전 또는 보안 조치와 관련된 업무
자. 항공기 유도 및 견인 업무
차. 항공기에 대한 급유 및 지상전원 공급 업무
카. 항공기에 대한 제설·제빙 업무
타. 승객 승하기 시설·차량 운전 업무
파. 수하물·긴급물품의 탑재·하역 업무
하. 「항공법」 제2조제16호에 따른 항행안전시설과 항공기 이·착륙 시설의 유지·운영(관제를 포함한다)을 위한 업무

3. 수도사업의 필수유지업무
가. 취수·정수(소규모 자동화 정수설비를 포함한다)·가압·배수시설의 운영 업무
나. 수도시설 통합시스템과 계측·제어설비의 운영 업무
다. 수도시설 긴급복구와 수돗물 공급을 위한 법정 기준이나 절차 등의 준수를 위한 업무

4. 전기사업의 필수유지업무
가. 발전부문의 필수유지업무
1) 발전설비의 운전(운전을 위한 기술지원을 포함한다) 업무
2) 발전설비의 점검 및 정비(정비를 위한 기술·행정지원은 제외한다) 업무와 안전관리 업무
나. 송전·변전 및 배전 부문의 필수유지업무
1) 지역 전기공급 업무(무인변전소 순회·점검 업무는 제외한다)
2) 전력계통 보호를 위한 보호계전기 시험 및 정정 업무
3) 배전선 개폐기 및 자동화 시스템을 통한 배전설비의 감시·제어와 배전선로 긴급계통 전환 업무
4) 전력계통 보호를 위한 통신센터(전력계통원방감시제어장치를 포함한다) 운영 업무
5) 통신보안관제센터 운영 업무
6) 전력공급 비상시 부하관리 업무
7) 송전·변전 및 배전 설비의 긴급복구 업무
다. 전력거래 부문의 필수유지업무
1) 전력의 공급 운영과 송전설비 계통운영의 제어 업무
2) 1주 이내의 단기 전력수요 예측에 따른 전력계통의 안정적 운영 계획 수립 등 급전 운영업무
3) 전력계통 등의 운영을 위한 전산실 운영(출입 보안관리를 포함한다) 업무

5. 가스사업(액화석유가스사업은 제외한다)의 필수유지업무

개별사업장에 있어서 필수유지업무의 구체적인 범위와 규모는 실제로 노사관계 당사자가 필수유지업무협정에 의해 자율적으로 정한다. 특정한 업무 또는 직무가 필수유지업무에 해당하는지 여부에 대하여 사용자와 노동조합간에 이견이 있는 경우에는 당해 법령의 입법취지 등을 감안하여 판단하게 될 것이다.[55)]

가. 천연가스의 인수, 제조, 저장 및 공급 업무
나. 가목과 관련된 시설의 긴급정비 및 안전관리 업무
6. 석유정제사업과 석유공급사업(액화석유가스사업을 포함한다)의 필수유지업무
가. 석유(천연가스는 제외한다)의 인수, 제조, 저장 및 공급 업무
나. 가목과 관련된 시설의 긴급정비 및 안전관리 업무
7. 병원사업의 필수유지업무
가. 「응급의료에 관한 법률」 제2조제2호에 따른 응급의료 업무
나. 중환자 치료·분만(신생아 간호를 포함한다)·수술·투석 업무
다. 가목과 나목의 업무수행을 지원하기 위한 마취, 진단검사(영상검사를 포함한다), 응급약제, 치료식 환자급식, 산소공급, 비상발전 및 냉난방 업무
8. 혈액공급사업의 필수유지업무
가. 채혈 및 채혈된 혈액의 검사 업무
나. 「혈액관리법」 제2조제6호에 따른 혈액제제(수혈용에 한정한다. 이하 이 호에서 같다) 제조 업무
다. 혈액 및 혈액제제의 수송 업무
9. 한국은행사업의 필수유지업무
가. 「한국은행법」 제6조, 제28조와 제29조에 따른 통화신용정책과 한국은행 운영에 관한 업무
나. 「한국은행법」 제47조부터 제86조까지의 규정에 따른 다음의 업무
1) 한국은행이 수행하는 한국은행권 발행 업무
2) 금융기관의 예금과 예금지급준비 업무
3) 금융기관에 대한 대출·지급결제 등의 업무
다. 가목과 나목의 업무수행을 지원하기 위한 각종 전산시스템 운영·통신 및 시설보호 업무
라. 다른 법령에 따라 한국은행에 위임 또는 위탁된 업무
10. 통신사업의 필수유지업무
가. 기간망과 가입자망의 운영·관리업무
나. 통신장애의 신고접수 및 수리 업무
다. 「우편법」 제14조에 따른 기본우편역무
라. 「우편법」 제15조에 따른 부가우편역무 중 내용증명과 특별송달 업무

55) 노동부, 위같은책, 2008.6, 239면~240면 참조, 즉 노동부는 다음 기준에 의하여 필수유지업무를 판단하고 있다. 우선 업무의 성격이 공중의 생명·건강·안전과 관련된 업무인 경우에는 필수유지업무에 해당할 가능성이 높고, 단순히 공중의 일상생활에 불편을 초래하는 업무인 경우에는 그 가능성이 상대적으로 낮을 수 있고, 그 외 아래의 개념적 지표를 활용하여 업무를 분석, 종합적으로 판단하여야 한다고 하고 있다. ▲ 업무의 정지·폐지시 영향, ▲ 대체서비스 공급 가능성, ▲ 대체인력 확보 가능성, ▲ 근무형태의 특성 등 각 필수공익사업의 근거 법률상 관련 규정에 의거, 업무수행이 의무화되어 있는지 여부도 고려한다.

(3) 필수유지업무협정

필수유지업무협정이란 노조법 시행령 제22조의2 소정의 기준에 따라 쟁의행위가 금지되는 필수유지업무의 구체적인 범위와 규모를 정하는 일종의 단체협약이다. 노사당사자는 쟁의행위권 행사기간 동안 필수유지업무의 정상적인 유지 운영을 위하여 해당업무의 최소한의 유지 운영수준 대상직무 및 필요인원을 서면으로 체결하여야 한다. 필수유지업무협정은 서면에 당사자 쌍방의 서명 또는 날인이어야 효력이 발생한다(노조법 제42조의3).

필수유지업무협정이 자율적으로 체결되지 않을 경우에는 당사자 일방이나 쌍방의 신청으로 노동위원회가 사업 또는 사업장별로 필수유지업무의 특성 및 내용을 고려하여 필요한 최소한의 유지 운영수준 대상직무 및 필요인원 등을 결정한다(노조법 제42조의4 제1항 및 제2항). 노동위원회의 결정은 노조법 제72조에 의한 특별조정위원회가 담당한다(노조법 제42조의4 제3항). 그 결정의 해석 또는 이행방법에 관하여 관계당사자 사이에 의견이 일치하지 아니하는 경우에도 특별조정위원회의 해석에 따르며, 특별조정위원회의 해석은 노동위원회의 결정과 동일한 효력을 갖는다(노조법 제42조의4 제4항). 노동위원회의 결정에 대한 불복절차 및 효력에 관해서는 중재재정에 관련된 규정이 준용된다(노조법 제42의4 제5항). 노동위원회의 결정에 의하여 필수유지업무가 확정된 경우에 그에 따라 쟁의행위권을 행사하였다면, 필수유지업무를 정당하게 유지 운영하면서 쟁의행위권을 행사한 것으로 본다(노조법 제42조의5).

노동조합은 필수유지업무협정이 체결되거나 노동위원회의 결정이 있는 경우에 사용자에게 필수유지업무에 근무하는 조합원 중에서 쟁의행위권 행사기간 동안 근무할 조합원의 명단을 통보하여야 하며, 사용자는 이에 따라 근로자를 지명하고 이를 노동조합과 그 근로자에게 통보하여야 한다. 다만 노동조합이 쟁의행위의 개시 전까지 이를 통보하지 아니 한 때에는 사용자가 필수유지업무에 근무하여야 할 근로자를 지명하고 이를 노동조합과 그 근로자에게 통보하여야 한다(노조법 제42조의6).

사용자가 필수유지업무에 근무할 근로자가 지정한 경우에 노동조합은 다른 근로자로 하여금 필수유지업무를 수행하도록 하고, 지명된 근로자가 파업에 참가하도록 하는 것이 허용되는지 여부는 긍정적으로 해석하는 것이 타당할 것이다. 왜냐하면 필수유지업무제도는 근로자의 쟁의행위권 행사로서 야기될 수 있는 공중의 생명, 건강 또는 신체의 안전이나 공중의 일상생활상의 위험을 방지하기 위하여 쟁의행위권 행사를 제한하는 것이므로 노동조합이 우선적으로 필수유지업무에 근무할 근로자를 지정하여 사용자에게 통보하도록 하고 있는 노조법 제46조의6 본문의 취지에 비추어 볼 때, 노동조합이 사전에 지정하지 아니하여 사용자가 이를 지정하는 경우에는 노동조합의 자율적 지정의 취지는 유지되어야 할 뿐만 아니라 사용자가 그의 지정에 의해 특정근로자의 쟁의행위권 행사 자체를 부정하도록 해서는 아니 되기 때문이다. 다만, 사용자가 지정한 이외가 그의 능력이나 전문성에 비추어 해당업무를 제대로 유지할 수 없는 경우에는 그 원인과 책임소재에 따라 해당자에게 책임을 추궁할 수는 있을 것이다.[56]

5. 쟁의행위권 행사에 있어서 노동조합과 조합원의 관계

1) 쟁의행위의 기본원칙

쟁의행위권의 행사는 그 목적과 방법 및 절차가 법령 기타 사회질서에 위반되어서는 아니 되며, 근로자측의 쟁의행위는 원칙적으로 노동조합에 의하여 주도되어야 하므로(노조법 제37조) 노동조합의 조합원 개인 또는 몇 명만의 쟁의행위는 성립할 수 없다. 쟁의행위권의 행사는 그 쟁의행위권자와 관계없는 자 또는 근로를 제공하고자 하는 자의 출입·조업 기타 정상적인 업무를 방해하는 방법으로 행하여져서는 아니 되며 쟁의행위의 참가를 호소하거나 설득하는 행위로서 폭행·협박을 사용하여서는 아니 된다. 작업시설의 손상이나 원료·제품의 변질 또는 부패를 방지하기 위한 작업은 쟁의행위기간 중에도 정상적으로 수행되어야 한다(노조법 제38조 제1항 및 제2항).

2) 노동조합의 지도와 책임

근로자의 단체행동권은 노동조합의 쟁의행위권을 통하여 실현되는 것이므로 노동조합은 쟁의행위가 적법하게 수행될 수 있도록 지도·관리·통제할 책임을 부담한다(노조법 제38조 참조). 노동조합은 쟁의행위를 하고자 할 경우에는 노동부령이 정하는 바에 따라 노동부장관과 관할노동위원회에 쟁의행위의 일시·장소·참가인원 및 그 방법을 미리 서면으로 신고하여야 한다(노조법시행령 제18조 제1항).

---

56) 김형배, 위같은책, 971면.

Ⅱ. 사용자의 쟁의행위권 행사

1. 서

노조법에 의하면 사용자 또는 사용자단체도 쟁의행위를 할 수 있다. 즉 사용자 또는 사용자단체는 노동조합의 쟁의행위권 행사에 대해서 대항적으로 자신의 주장을 관철할 목적으로 쟁의행위권을 행사할 수 있다. 사용자 또는 사용자단체의 쟁의행위권 행사는 노동조합의 쟁의행위권 행사에 대한 대항적인 것이지만, 그 양태에 있어서는 노동조합의 주장을 미리 꺾거나 자기의 주장의 관철을 위해서 적극적으로 쟁의행위권을 행사하는 경우도 있다.

이와 같이 사용자 또는 사용자단체에 대해서 쟁의행위권을 인정해야 하는 것은 노동조합의 쟁의행위권 행사에 대하여 노사간에 세력균형을 유지하기 위한 것이라고 할 것이다. 현행 노동헌법은 근로자에게 노동3권을 보장하고 있기 때문에 노조법은 근로자의 노동3권 행사로 야기되는 기존질서의 교란과 사용자 및 제3자의 권리침해와 균형을 맞추기 위해서 이들 노동3권을 규제하는 데에 그 주안점을 두고 있다. 그래서 노조법은 사용자의 쟁의행위권에 대한 규제는 거의 없다. 그러나 노동법의 본래적 취지는 사용자의 쟁의행위권을 적극적으로 규제하여 노동자의 이익을 보장하는 데에 있다고 할 것이다. 이러한 의미에서 본다면, 노조법의 규제방식은 전도되어 있다고 할 것이다.

2. 쟁의행위권 행사의 절차 및 시기

현행법은 사용자의 쟁의행위권 행사의 절차에 대해서 아무런 규정을 두고 있지 않다. 현행 단체행동법에 의하면 사용자의 쟁의행위권은 독립적으로 행사할 수 없고, 노동조합의 쟁위행위권 행사에 대항해서만이 수동적으로 행사될 수 있을 뿐이다. 그래서 노조법은 직장폐쇄의 유효요건을 상당히 엄격하게 규정하고 있다.

3. 행사의 양태

노동조합의 쟁의행위권 행사에 대항하기 위하여 사용자가 자신의 쟁의행위권을 다양한 형태로 행사할 수 있는가가 문제이다. 노조법은 제2조 제6호에서 쟁의행위를 정의함에 있어서 "… 파업·태업·직장폐쇄 기타 노동관계당사자가 그 주장을 관철할 목적으로 행하는 행위와 이에 대항하는 행위로서… "라고 규정하여 사용자의 쟁의행위권이 직장폐쇄 이외의 다른 양태로서도 행사될 수 있음을 시사하고 있다. 노동쟁의 중의 조업, 홍보선전활동, 노조분영 및 탈퇴공작, 임금공제, 쟁의행위에 대한 책임의 추급 등을 사용자의 쟁의행위권 행사로 생각해 볼 수 있다.

1) 직장폐쇄(lock-out)

(1) 서

가. 개 념

노조법은 노동조합의 쟁의행위권 행사에 대한 사용자의 쟁의행위권 행사의 한 유형으로서 직장폐쇄를 예시하고 있으나 이에 관한 구체적인 정의를 내리지 않고 있다. 일반적으로 사용자의 쟁의행위권 행사로서 직장폐쇄는 노동조합의 쟁의행위에 대항하기 위하여 사용자가 일정한 산업 또는 사업체 내의 다수 근로자를 취업상태로부터 집단적으로 거부하는 행위를 말한다.

나. 쟁의행위권 행사로서 직장폐쇄의 기능

쟁의행위권 행사로서 직장폐쇄는 사실상 휴업과 동일하다. 휴업의 경우에는 일반적으로 사용자는 임금이나 법정휴업수당을 지급해야 되지만 쟁의행위권 행사로서 직장폐쇄가 이루어진 경우에는 그러하지 않다. 그러므로 직장폐쇄는 노동조합의 쟁의행위권 행사에 대한 사용자의 대항적 쟁의행위권 행사로 이루지는 것이지만 경비절감이라는 측면에서 상당한 의의가 있다. 그러나 노동조합이 쟁의행위권을 행사하여 파업 중이거나 현실적으로 쟁의행위권을 행사하지 않았더라도 행사할 의사를 가지고 있는 경우, 직장폐쇄는 노동조합의 쟁의행위권 행사에 대하여 대항적 행위로서 사실상 별로 효과가 없고, 오히려 노동제공의 계속이나 파업중단을 희망하는 근로자에게 큰 영향을 준다. 이러한 점에서 사용자의 쟁의행위권 행사로서 직장폐쇄는 노동조합이 쟁의행위권 행사로서 파업을 한 경우에는 당해 노동조합이나 파업참가근로자에게 간접적으로 압력을 가는 것에 불과하다고 할 것이다.

그렇지만 노동조합이 쟁의행위권을 태업의 양태로 행사하는 경우에 사용자가 대항적 쟁의행위권 행사로서 직장폐쇄가 비로소 그 실질적 기능을 발휘할 수 있을 것이다. 그러므로 사용자가 쟁의행위권의 대항적 행사로서 직장폐쇄를 할 수 있는 것은 이러한 상황적 요건이 충족되어야 하고, 제3자의 근로자들을 과도하게 침해하지 아니하는 경우에만 실질적으로 유효하다고 할 것이다.

[판 례]

□ **직장폐쇄의 정당성**

- [1] 사용자의 직장폐쇄는 노사 간의 교섭태도, 경과, 근로자측 쟁의행위의 태양, 그로 인하여 사용자측이 받는 타격의 정도 등에 관한 구체적 사정에 비추어 형평상 근로자측의 쟁의행위에 대한 대항·방위 수단으로서 상당성이 인정되는 경우에 한하여 정당한 쟁의행위로 평가받을 수 있는 것이고, 사용자의 직장폐쇄가 정당한 쟁의행위로 인정되지 아니하는 때에는 적법한 쟁의행위로서 사업장을 점거 중인 근로자들이 직장폐쇄를 단행한 사용자로부터 퇴거 요구를 받고 이에 불응한 채 직장점거를 계속하더라도 퇴거불응죄가 성립하지 아니한다.

  [2] 사용자측의 노사간 교섭에 소극적인 태도, 노동조합의 파업이 노사 간 교섭력의 균형과 사용자측 업무수행에 미치는 영향 등에 비추어 노동조합이 파업을 시작한 지 불과 4시간 만에 사용자가 바로 직장폐쇄 조치를 취한 것은 정당한 쟁의행위로 인정되지 아니하므로, 사용자측 시설을 정당하게 점거한 조합원들이 사용자로부터 퇴거요구를 받고 이에 불응하였더라도 퇴거불응죄가 성립하지 아니한다(대판 2007.12.28. 2007도5204).
- 전면파업에서 노조 부지부장을 제외한 나머지 파업참가 조합원들이 업무에 복귀하는 내용의 부분파업으로 파업형태를 변경하기로 하고 이를 축협에 통지하였으나, 파업을 전면적으로 철회하는 것인지 여부를 확인하기 위하여 파업종료확인서를 작성해 달라는 피고인의 요구를 거부하면서 업무에 복귀하지 않았고, 과거 축협노조의 파업태양 등에 비추어 언제든지 다시 전면파업으로 진행될 개연성이 높았으며, 실제로 2002.11.26. 직장폐쇄 종료 후에도 축협노조원들은 정시 출근 등을 통한 준법투쟁, ○○축산업협동조합 앞에서의 합병반대집회, 업무에 복귀하였던 노조원 공소외 1의 파업 참가 등으로 쟁의행위를 계속한 점, 공소외 축협의 경우 사업장이 금융기관이라는 특수성 때문에 업무의 연속성과 철저한 보안이 필수적이었던 점 등을 종합하면, 피고인이 업무에 복귀하고자 하는 노조원들의 진의를 확인한 후 직장폐쇄 유지 여부를 결정할 필요성 때문에 노조원들의 진정한 의사를 확인하는 차원에서 파업종료확인서에 서명을 요구한 것이 노조원들에게 부당한 요구를 한 것이거나 노동조합의 조직과 운영에 개입하기 위한 것으로 보이지 않으므로, 노조원들의 업무복귀 의사를 확인할 수 없다고 하여 직장폐쇄를 계속 유지한 것이 위법하다고 볼 수 없다(대판 2005.6.9. 2004도7218).
- [1] 사용자의 직장폐쇄는 사용자와 근로자의 교섭태도와 교섭과정, 근로자의 쟁의행위의 목적과 방법 및 그로 인하여 사용자가 받는 타격의 정도 등 구체적인 사정에 비추어 근로자의 쟁의행위에 대한 방어수단으로서 상당성이 있어야만 사용자의 정당한 쟁의행위로 인정될 수 있다

  [2] '파업출정식'을 하기도 전인 2000.8.15. 회사 정문을 폐쇄하는 한편, 같은 날 22:00경 참가인 분회장인 ○○○을 비롯한 조합원 3인이 예정대로 차

량을 배차받기 위하여 회사 앞으로 나왔다가 정문이 폐쇄된 것을 발견하고는 수회에 걸쳐 원고 회사 배차담당직원에게 전화를 걸어 배차를 요구하면서 다음날 파업출정식을 거행하는 1~2시간을 제외하고는 승무할 의사가 있음을 분명히 표시하였음에도 불구하고, 회사가 배차를 거부한 채 다음날인 같은 달 16. 청주시에 조합원들이 운행하는 소수의 차량에 한하여 부분직장폐쇄신고를 하였고, 이에 대하여 청주시가 전국민주택시노동조합 평화택시분회의 쟁의행위가 있기도 전에 먼저 직장폐쇄를 하였음을 이유로 신고서를 반려하였고, 그 후 수회에 걸쳐 참가인은 물론 청주지방노동사무소도 회사에 배차 및 노무수령을 촉구하였으나, 회사는 이에 응하지 아니한 채 비조합원들에게만 차량을 배차하여 사업을 계속 영위하면서 참가인의 교섭요구에 대하여는 통지서의 수령조차 거부하거나 교섭장소에 불참하는 등으로 교섭에 거의 응하지 아니하다가, 청주시로부터 허가 없이 사업을 일부 휴지하였다는 등의 이유로 감차명령 및 과징금부과 등의 제재처분을 받는 한편, ○○○○택시노동조합 평화택시분회가 쟁의행위를 개시하기 전에 선제적으로 직장폐쇄를 하고, 이와 같이 불법적인 직장폐쇄로 인한 휴업기간에 근로자들에게 휴업수당을 지급하지 아니하는 등으로 노동조합및노동관계조정법과 근로기준법을 위반한 데 대하여 유죄의 확정판결을 받았음을 알 수 있는 바, 우선 회사의 직장폐쇄는 ○○○○택시노동조합 ○○택시분회의 쟁의행위가 개시되기 전에 이미 행해졌다는 점에서 노동조합및노동관계조정법 제46조 제1항에 위배될 뿐만 아니라, 나아가 위와 같은 사정들을 앞서 본 법리에 비추어 볼 때, ○○○○택시노동조합 ○○택시분회의 쟁의행위에 대한 방어적인 목적을 벗어나 적극적으로 참가인의 조직력을 약화시키기 위한 목적 등을 갖는 선제적, 공격적 직장폐쇄에 해당하므로 그 정당성이 인정될 수 없다(대판 2003.6.13. 2003두1097).

- 평균임금이 도내 택시회사 중 가장 높은 수준임에도 노동조합이 최고 수준의 임금인상을 요구하여 임금협상이 결렬되었으나 노동조합이 준법투쟁에 돌입한 지 3일 만에 전격적으로 단행한 사용자의 직장폐쇄는 정당성을 결여하였다(대판 2000.5.26. 98다34331).

---

(2) 직장폐쇄의 유효요건

가. 현행법의 규율태도

사용자가 쟁의행위권을 행사하여 직장폐쇄를 단행하는 경우, 쟁의행위권을 행사하는 노동조합의 구성원뿐만 아니라 비조합원인 근로자도 사업장에 출입을 할 수 없고 노무제공을 할 수 없게 된다. 이러한 면에서 볼 때, 사용자의 쟁의행위권 행사로서 직장폐쇄는 복잡한 법률적 문제가 야기될 수 있다. 그래서 현행 노조법은 사용자가 노동조합의 쟁의행위권 행사에 대한 대항적 쟁의행위권 행사로서 직장폐쇄에 대하여 일정한 요건을 정하고 있다. 즉, 사용자는 노동조합이 쟁위행위를 개시한 이후에만 직장폐쇄를 할 수 있으며, 이 경우 근로자에 대한 직장폐쇄 선언이 있고 행정관청과 노동위원회에 각각 신고해야 한다.

나. 실질적 요건

우리 노동헌법에 있어서 사용자의 쟁의행위권은 방어적 수동적이다. 이러한 의미에서 현행법은 노동조합이 쟁의행위를 개시한 이후에만 직장폐쇄를 할 수 있다고 규정하고 있다(노조법 제46조 제1항). 그러나 쟁의행위가 개시되기만 하면 사용자가 언제든지 대항적 쟁의행위권의 행사로서 직장폐쇄를 단행할 수 있는가라는 문제가 제기된다. 이것이 바로 직장폐쇄의 실질적 요건이다.

노동조합의 쟁의행위권 행사에 대한 사용자의 대항적 쟁의행위권 행사로의 직장폐쇄는 그 실질적 기능에 비추어 볼 때, 노동조합의 쟁의행위권 행사 이후라는 시기적 요건뿐만 아니라 개개의 구체적인 노동쟁의에서 노사간의 교섭의 태도, 방식, 경과와 노동조합측의 쟁의행위권 행사의 양태와 규모 그리고 이로 인해 사용자가 입게 될 손해의 정도 등에 관한 구체적인 사정에 비추어서 형평의 견지에서 방어적 수단으로서 상당성이 인정되는 경우에만 사용자는 쟁의행위권을 직장폐쇄의 양태로 행사할 수 있다. 이러한 취지에서 판례는 노동조합이 준법투쟁에 돌입한지 3일 만에 전격적으로 단행한 사용자의 직장폐쇄는 정당성을 가지지 못한다고 판시하고 있다.[57)]

사용자가 쟁의행위권 행사로서 직장폐쇄를 선제적으로 단행하는 것은 공격적 직장폐쇄는 물론이고, 그것이 설사 노동조합의 쟁의행위권 행사로 야기될 손해를 미리 방지하기 위한 예방적 직장폐쇄라고 하더라도 현행법상으로는 허용될 수 없다.

사용자는 쟁의행위권 행사로서 직장폐쇄를 사업장의 부분에 관해서 할 수 있고, 반드시 전면적인 직장폐쇄이어야 하는 것은 아니다.

노동조합의 쟁의행위권 행사에 해당하지 않는 이를테면, 위법집단행위 또는 노동조합이 쟁의행위권을 남용하는 경우에 사용자는 직장폐쇄를 할 수 있는가가 문제된다. 이러한 경우에 사용자의 직장폐쇄는 긴급피난 또는 정당방위에 해당할 수는 있어도 쟁의행위권 행사로는 평가될 수 없다고 할 것이다. 이 경우에는 사용자는 노무를 제공하려는 근로자에 대해서 임금지급의무를 면할 수 없다고 할 것이다.

---

57) 대판 2000.5.26. 98다34331 참조.

다. 절차적 요건

사용자가 쟁의행위권을 직장폐쇄의 양태로 하는 경우 행정관청 및 노동위원회에 신고해야 한다(노조법 제46조 제2항). 이러한 신고가 사용자의 쟁의행위권 행사의 유효요건인가? 사용자가 쟁의행위권을 직장폐쇄의 양태로 하는 경우 행정관청 및 노동위원회에 신고하도록 한 제도적 취지가 행정관청으로 하여금 쟁의행위권 행사로서의 직장폐쇄의 실질적 요건을 통제할 수 있도록 하기 위한 것에 있기 때문에 신고는 직장폐쇄의 유효요건이라고 할 것이다.

쟁의행위권 행사로서 직장폐쇄는 그 선언으로 충분하다고 할 것이다. 즉 근로자와 생산수단을 차단하는 사실행위가 쟁의행위권 행사로서의 직장폐쇄의 성립요건인 것은 아니다. 사용자는 직장폐쇄의 의사표시로서 쟁의행위권을 행사하는 것으로 근로자에 대한 임금지급의무가 면제되는 것이고, 사업장의 폐쇄 등 사실행위를 하는 때에 비로소 임금지급의무가 면제되는 것은 아니다. 그런데 노동현장을 보면, 쟁의행위권 행사로서 직장폐쇄는 실제로 이러한 취지의 게시 또는 문서에 의한 통보 또는 게시와 함께 작업장의 입구를 닫는 조치 등 근로자들의 출입을 막는 사실적 행위로서 이루지기 때문에 노사간의 물리적 충돌이 야기되는 경우가 상당히 많은 것도 사실이다.

(3) 효 과

가. 임금지급의무면제

사용자가 쟁의행위권 행사로서 직장폐쇄를 하면 폐쇄된 사업장에 종사하는 근로자에 대한 임금지급의무를 면한다. 쟁의행위권 행사로서 직장폐쇄는 근로자의 노무제공에 대하여 그 수령을 거부하는 것에 불과하므로 그것이 미치는 범위는 생산시설 내지 업무시설에 한정된다.

나. 노동조합의 쟁의행위권 행사의 중단과 직장폐쇄

노동조합이 쟁의행위권 행사를 중단한 경우에도 사용자는 쟁의행위권 행사로서 직장폐쇄를 계속할 수 있는가가 문제이다.

이에 대해서 노동조합이 종국적으로 쟁의행위권 행사를 중지하는 등 직장폐쇄의 유지가 무의미하게 된 경우에만 사용자는 쟁의행위권 행사로서 직장폐쇄를 중지해야 한다는 견해[58]가 있으나, 사용자의 쟁의행위권을 방어적·수동적 권리로

---

58) 김형배, 위같은책, 1004면은 하급심인 대전지법 1995.2.9.선고 93가합566판결을 논거로 들고 있으나, 위 하급심의 판결이 파업종료선언 후의 직징폐쇄의 계속을 정당하다는 것을

규정하고 있는 우리 노동법질서에서는 무리한 해석이라고 할 것이다.

다. 직장폐쇄의 중단 등

사용자는 쟁의행위권 행사로서 직장폐쇄를 중단할 수 있다. 그러나 이 경우에 사용자는 그 중단을 반드시 선언해야 하는가가 문제이다. 직장폐쇄의 중단을 반드시 선언해야 하는 것은 아니며, 직장폐쇄 중에도 사실상 조업을 할 수 있다고 할 것이다. 이러한 경우에도 사용자는 쟁의행위권을 계속 행사하거나 다른 대항적인 행사를 병행하고 있는 것으로 보아야 할 것이다.

사용자는 쟁의행위권 행사로서의 직장폐쇄를 중지하면서 근로자를 선별적으로 조업시킬 수 있는가도 문제이다. 이것은 쟁의행위권 행사의 한 양태로서 직장폐쇄를 중지하는 것일 뿐이고, 쟁의행위권의 행사 그 자체의 중단이라고 볼 수 없다고 할 것이다. 또한 노동조합이 쟁의행위권을 계속 행사하고 있는 한 사용자는 쟁의행위권 행사로서 다른 대항적 행위를 할 수 있으므로 파업철회 근로자에 대한 조업불허나 선별적 조업허용은 가능하다고 할 것이다.

[판 례]

□ **정당한 직장폐쇄의 효과**

- 근로자들의 직장점거가 개시 당시 적법한 것이었다 하더라도 사용자가 이에 대응하여 적법하게 직장폐쇄를 하게 되면, 사용자의 사업장에 대한 물권적 지배권이 전면적으로 회복되는 결과 사용자는 점거중인 근로자들에 대하여 정당하게 사업장으로부터의 퇴거를 요구할 수 있고 퇴거를 요구받은 이후의 직장점거는 위법하게 되므로, 적법히 직장폐쇄를 단행한 사용자로부터 퇴거 요구를 받고도 불응한 채 직장점거를 계속한 행위는 퇴거불응죄를 구성한다 (대판 1991.8.13. 91도1324).
- 사용자의 직장폐쇄가 정당한 쟁의행위로 평가받기 위하여는 노사간의 교섭태도, 경과, 근로자측 쟁의행위의 태양, 그로 인하여 사용자측이 받는 타격의 정도 등에 관한 구체적 사정에 비추어 형평의 견지에서 근로자측의 쟁의행위에

전제로 하고 있는지 의문이다. 즉 위 판결은 "노조가 시한부파업을 종료하고 회사에 대하여 직장복귀의사를 명백히 하면서 협상을 요청하였음에도 불구하고 파업기간에 비하여 지나치게 장기간 직장폐쇄를 유지하면서 조합원에 대해서만 선별적으로 직장폐쇄하였으며, 나아가 이들 조합원을 개별적으로 노조에서 탈퇴하도록 유도하는 직장폐쇄개시 당시의 대항적 방어적 성격을 상실하고 노조파괴를 위한 공격적 행위로 나아가 결국 직장폐쇄의 긴급성과 필요성 및 정도의 상당성을 잃어버림으로써 위법 부당한 직장폐쇄에 이르게 되었다고 판시하고 있는 바, 노조측이 파업을 종료하고 복귀하는 경우에 어떠한 사유가 사용자의 쟁의행위로서 직직장폐쇄의 긴급성과 필요성에 해당할 수 있는지 심히 의심된다.

대한 대항·방위 수단으로서 상당성이 인정되는 경우에 한한다 할 것이고, 그 직장폐쇄가 정당한 쟁의행위로 평가받을 때 비로소 사용자는 직장폐쇄 기간 동안의 대상 근로자에 대한 임금지불의무를 면한다(대판 2000.5.26. 98다34331).

---

2) 취업방해(보이코트)

사용자가 당해 근로자가 직장폐쇄기간 중 다른 사용자로부터 취업할 기회를 얻지 못하도록 방해하는 활동이 취업방해행위이다. 이러한 보이콧이 사용자의 쟁의행위권 행사에 해당할 수 있는가가 문제이다. 보이콧은 노동조합의 행의권행사에 대한 직접적인 대항행위가 아니라 제3자에 대한 행위일 뿐만 아니라 단지 요구나 호소하는 행위에 불과하므로 현행 노조법이 규정하고 있는 쟁위행위에 해당하지 않는다고 할 것이다.

3) 반(反)피케팅(anti-picketing)

반피케팅은 노동조합의 피케팅에 대응한 사용자의 행위이다. 이러한 의미에서 반피케팅은 억쟁행위(抑爭行爲)로 번역할 수 있다. 문제는 반피케팅이 현행 노조법상 쟁의행위권 행사로 볼 수 있는가에 있다. 피케팅이 파업, 태업 등 주된 쟁위행위를 위한 노동조합의 보조적 쟁의행위로 본다면 반피케팅은 사용자의 보조적 쟁의행위로 보아도 무방할 것이다.

4. 사용자의 쟁의행위권 행사의 한계

1) 대체고용의 금지

대체고용이란 사용자가 파업근로자에 대체해서 이에 동조하지 않는 근로자를 고용하여 조업을 계속하는 것을 말한다. 노동조합의 쟁의행위권 행사에 대항한다는 점에서는 대체고용도 사용자의 쟁의행위권 행사의 한 양태로 볼 수도 있다. 그러나 현행 노조법은 대체고용을 금지하고 있다(동법 제43조 1항). 그러나 당해 사업과 관련이 있는 근로자의 대체고용은 금지되지 않는다. 그러므로 노동조합이 쟁의행위권 행사로서 파업을 단행한 경우 사용자는 당해 사업과 관련이 있는 근로자를 대체로 고용해서 조업을 계속할 수 있다. 그런데 이 경우에 노동조합이 쟁의행위권 행사를 중단한 경우 대체고용한 근로자는 즉시 원직복귀나 해고조치를 취해야 하는가가 문제이다. 이에 관해서 현행 노조법은 아무런 규정을 두고 있다. 그러나 직장폐쇄의 경우에 비추어 볼 때, 노동조합이 쟁의행위권 행사로서 파업이 중단되는 때에 사용자는 이러한 대체고용을 중단하고 원직복귀시키거나 해고조치를 취해야 한다고 할 것이다.

2) 대체생산의 금지

대체생산이란 사용자가 노동조합이 쟁의행위권 행사로 저해된 생산업무를 다른 사업장이나 사업체로 옮기거나 위탁하여 속행하는 것을 말한다. 현행 노조법은 쟁의행위로 중단된 업무를 도급 또는 하도급을 줄 수도 없다고 하여 대체생산을 금지하고 있다(동법 제43조 제2항).

3) 필수유지업무와의 관계

2006년 12월 노조법 제43조 개정시 노조법상 필수공익사업의 경우에는 쟁의행위권과 공익보호가 조화를 이루어질 수 있도록 파업참가자의 100분의 50 이내에서 당해 사업과 관계없는 자를 채용·대체하거나 도급·하도급을 주는 것을 허용시키고 있다(동법 제43조 제3항·제4항).

제 3 장 쟁의관계

제 1 절 서 설

I. 개 념

노동관계당사자가 쟁의행위권을 행사하는 경우 노동당사자간의 관계를 어떻게 파악할 것인가가 문제이다. 쟁의관계는 쟁의행위권의 행사로 개시되는 노동조합과 사용자의 법률관계이다. 지금까지 쟁의관계에 대한 독자적인 법적 평가가 없었다. 다만 형법과 민법의 후퇴에 의한 공간을 만들려는 시도가 있었을 뿐이다. 노동법의 독자적인 시각에서 쟁의관계를 법적으로 구성하는 새로운 시도가 필요하다.

II. 법적 성질

지금까지 도이칠란트 노동법학의 영향 하에 우리는 노사간의 쟁의관계를 노동자의 적나라한 집단력에 기초한 투쟁관계라는 적나라한 사실관계로 파악했다. 그래서 쟁의행위를 투쟁행위로 파악하고 쟁의관계를 노사간에 일종의 전쟁상태로 이해해 왔으며, 쟁의행위를 하지 않을 의무를 평화의무라고 칭하고 이른바 산업평화이니 평화조항이라고 하는 용어들을 사용했다. 그러나 쟁의관계를 이런 식으로 파악해도 되는가라는 의문이 제기된다. 실정법에 의해서 보장된 권리를 행사하는 것을 마치 전쟁 또는 평화파괴행위로 파악하는 것은 문제가 아닐 수 없다.

이러한 인식을 전제로 할 때, 쟁의관계를 파악하는 시각을 바꿀 필요가 있다고 할 것이다. 이제 쟁의관계는 적나라한 물리력이 횡횡하는 사실관계가 아니라 법률에 정해진 범위 내에서 그 권리행사가 이루어지는 법률관계로 보아야 한다. 그러므로 쟁의관계는 노사 당사자의 권리·의무로 구성된 노동법적 법률관계로 파악해야 할 것이다.

제 2 절 쟁의관계의 당사자

노동조합이 쟁의관계의 적극적 당사자이고 사용자가 쟁의관계의 방어적 당사자이다. 개개의 근로자는 노동조합의 지시에 따라 사실상의 쟁의행위를 하고 있지만, 쟁의관계의 당사자는 아니다. 그러므로 개별근로자와 사용자의 개별근로관계는 노동조합과 사용자의 쟁의관계에 의해서 제한되거나 규정된다고 할 것이다.

제 3 절 쟁의관계의 성립

Ⅰ. 쟁의관계의 성립시기

노조법은 "노동관계당사자는 노동쟁의가 발생한 때에는 어느 일방이 이를 상대방에게 서면으로 통보해야 한다"고 규정하고 있을 뿐(동법 제45조 제1항), 이를 행정기관에 쟁의발생의 신고를 할 의무는 없다. 그러므로 현행 노조법에 의하면, 어느 일방이 이를 상대방에게 서면으로 통보한 때 쟁의관계가 성립한다고 해석할 수밖에 없다.

Ⅱ. 입법론

노조법은 쟁의관계에 관한 관념을 전제로 하지 않고 제정되었기 때문에 쟁의관계의 성립시기를 특별히 생각하지 않았다. 그러나 입법론적 차원에서 볼 때, 쟁의관계가 언제부터 시작하는가는 적어도 국가가 쟁의관계를 규제할 수 있도록 하기 위해서 쟁의발생신고를 행정기관에 하도록 의무화할 필요가 있다. 쟁의발생신고서 접수시부터 쟁의관계가 성립하도록 하고, 쟁의발생신고의 내용을 구체적으로 규정할 필요가 있다.

제 4 절 쟁의관계의 내용

Ⅰ. 서

1. 어려운 문제

법률관계로서 쟁의관계의 구체적 내용이 무엇인가이다. 쟁의관계의 내용은 쟁의관계당사자의 권리와 의무이다. 특히 쟁의관계가 개시된 경우, 근로계약에 기초하고 있는 근로자 개인과 사용자의 개별적인 근로관계가 어떻게 되는가가 문제이다. 이것이 현실적으로 가장 어려운 문제점이 있는 것이다. 쟁의관계가 개시되는 경우 근로계약에 기초한 사용자의 지시권·인사권 등의 권리와 임금지급의무, 기타 부수적 의무 그리고 이에 대응관계에 있는 근로자의 임금청구권과 노무제공의무, 기타 부수적 의무가 어떻게 되는가가 문제이다. 이 문제에 대해서는 제대로 된 연구가 없다. 이에 대해서 우리 노동법학이 앞으로 이론적으로 깊이 천착해야 할 것이다. 그러나 일반적으로 말한다면, 쟁의관계의 내용은 노동조합이 쟁의행위권을 어떠한 형태로 행사하는가에 따라 상당히 다르게 전개될 수 있을 것이다.

2. 입법의 흠결

그러나 현행 노조법은 이러한 고려를 전혀 하지 않고 있다. 적어도 쟁의관계를 확정하기 위해서 쟁의행위권의 적극적 행사자인 노동조합이 쟁의행위권 행사의 양태를 사용자에게 통지하도록 하는 절차가 필요할 것이다.

Ⅱ. 노동조합과 근로자의 권리와 의무

노동조합은 쟁의행위권을 무제한적으로 행사할 수 있는 것은 아니며 노조법이나 단체협약 등에 의해서 쟁의관계의 규범적 내용이 결정된다. 조합원으로서 근로자 개인은 조합규약과 총회 결의 등에 의해서 결정된 내용에 따라야 한다.

이에 관해서는 앞에서 이미 언급한 바 있다.

Ⅲ. 사용자의 권리와 의무

사용자의 쟁의행위권은 방어적 수동적인 것이기 때문에 쟁의관계에 있어서 사용자의 권리와 의무가 어떠한가가 문제이다. 어떻든 이것도 노조법이나 단체협약 등에 의해서 쟁의관계의 규범적 내용으로서 결정된다. 이에 관해서도 앞에서 이미 언급한 바 있다.

Ⅳ. 쟁의관계와 근로계약

1. 문제의 소재

근로계약관계는 근로자 개인과 사용자의 관계인데 반하여 쟁의관계는 사용자와 노동조합과의 관계이다. 그런데 쟁의관계가 개시되는 경우 근로계약관계는 어떻게 되는가?

근로자인 조합원들이 노동조합에서의 결의를 통해 헌법 제33조에 의해서 보장된 단체행동권으로서 쟁의권을 행사하면, 그것은 사용자에 대한 쟁의행위로 나타난다. 쟁의권의 행사는 평소 근로계약의 구속 하에 있는 근로자가 그 단결체인 노동조합의 지시와 통제에 따라 집단적으로 노무제공의무의 이행을 정지하고 혹은 불완전하게 이행하는 행위이다. 전통적인 시민법질서 하에서는 통상, 이하의 법적 결과를 발생케 하게 된다. (1) 근로자의 사용자에 대한 채무불이행 내지 불완전이행이 성립하여, 사용자의 근로자에 대한 계약해지권 및 손해배상청구권이 발생한다. (2) 근로자 및 노동조합의 사용자에 대한 불법행위가 성립하여, 사용자의 근로자 내지 노동조합에 대한 손해배상청구권이 발생한다. 또 현실에서는 쟁의책임을 물어 조합간부나 조합원에 대하여 기업질서위반을 이유로 한 징계처분이 과해지는 예가 많다.

우리나라에서는 쟁의권이 정당하게 행사되는 경우에 위의 (1)과 (2)에서 언급한 사항들 중 사용자에 대하여 시민법상의 채무불이행이나 불법행위에 기한 손해배상책임이 근로자나 노동조합에게 발생하지 않는다는 점은 입법론적으로 명쾌하게 해결되어 있다. 노조법 제3조에 규정되어 있는 이른바 민사면책규정이 그것이다. 그런데 노조법 제3조와 관련해서 제기되는 어려운 문제가 세 가지 더 있다. 첫째, 쟁의권의 행사에 의한 쟁의관계에서 개별근로자와 사용자간에 체결된 근로계약이 어떻게 되는가, 즉 조합원인 근로자들이 쟁의권을 행사하여 쟁의관계로 들어가면 근로자 개개인의 개별적 근로계약관계는 어떻게 되는가, 즉 종업원의 지위가 어떻게 되는가(예컨대, 종업원의 지위가 계속 유지되는가, 그렇지 않으면 단절되는가)가 문제이다. 둘째, 쟁의권의 행사로 사용자 이외의 제3자에게 손해가 발생한 경우에 쟁의참가근로자 및 노동조합이 그 제3자에 대해서는 손해배상책임을 부담해야 하는가, 즉 제3자에 대한 손해배상책임은 어떻게 되는가가 문제이다. 이들 문제에 대해서는 노조법 제3조는 규정하고 있지 않다. 셋째, 쟁의권이 그 목적을 넘어 남용(濫用)되어 행사되거나 쟁의권행사에 관한 노조법 소정의 요건이나 절차를 준수하지 않아 위법으로 되는 경우, 즉 쟁의권의 남용된 행사나 위법한 행사, 말하자면 "정당하지 않은 쟁의행위"가 되는 경우에 그 법적 효과는 어떻게 되는가도 문제이다. 이러한 점들에 대해서 노조법은 아무런 명시적인 규정을 두고 있지 않기 때문에 우리나라 노동헌법 전체적 맥락에서 규범론적으로 판단해서 그 해결책을 강구할 수밖에 없다. 이들 문제에 대한 체계적인 해결안을 찾고 합헌법적이고 체계적인 해석을 통해서 그것을 정당화하는 것이 쟁의관계(또는 쟁의행위)와 근로계약의 관계에 관한 법이론적 문제의 핵심이다.

아래에서는 첫 번째 문제인 쟁의관계에 있어서 근로계약의 존속여부에 관한 문제에 대해서만 검토하고, 후자의 두 문제에 대해서는 뒤에서 별도로 검토하기로 한다.

2. 근로계약적 구속력의 배제

1) 이론구성의 전개사

(1) 서

사적 자치(私的 自治)는 소유권절대의 원칙과 함께 시민법의 근간을 이루고 있다. 사적 자치의 핵심은 계약의 자유와 계약의 구속력에 대한 법적 승인에 있다. 그러나 계약자유의 이념은 종속노동의 경우에 있어서는 생산수단을 가지지 못한 개개의 근로자에게는 불만족조건이라면 계약에 응하지 않을 자유 즉 실업의 자유라는 아주 형식적인 자유이외 아무것도 아니다. 이러한 형식적 자유를 어느 정도 완화할 수 있는 방안이 단결이었다. 즉 단결은 노동자들이 자본주의적 생산관계에 있어서 그들의 실질적 자유와 실질적 평등을 확보하기 위해 고안한 수단이다. 노동자가 단결하여 노동조합을 결성하여 근로조건결정의 교섭권한을 노동조합에 집중해서 사용자의 분단적인 매수를 막고, 노동력의 독점을 통하여 노동력의 적정한 가격을 회득하고 노동자 인격의 독립을 확보하고자 했던 것이다.

이러한 목적이 어느 한 순간에 간단히 이루어진 것은 아니다. 쟁의행위에 의한 교섭력강화의 최종적 수단이라는 것이 적어도 행사의 개연성의 존재라는 압력이 있어야 비로소 달성될 수 있다. 즉 쟁의행위란 노동조합의 통제 하에 조합원인 노동자가 일시적으로 집단적으로 근로계약의 구속에서 이탈하는 행위이고, 그 목적은 노동조합에 의한 노동시장봉쇄를 통한 단체교섭력의 강화에 있다.

단결, 단체교섭, 쟁의행위를 용인하는 입법은 이들 자유를 요구하는 노동운동과 이것들을 탄압하려고 하는 국가 및 자본과의 역사적 공방을 거쳐서 19세기 후반에 이르렀고, 대체로 단결권, 단체교섭권, 쟁의권의 순으로 법인되기에 이르렀다.[59] 단결 자체 형성의 단서에서는 끊임없이 시민법의 공격에 노출되었다. 하물며 쟁의행위는 시민법질서와 정면에서 충돌하는 동적인 성격을 가지기 때문에, 단결권이나 단체교섭권이 법인된 후도 계속해서 억압되었고, 또 형벌법규의 적용에서 해방된 후에도, 사용자로부터의 민사책임의 추급이 계속되는 방식으로 격심한 과정을 거쳐 오늘날에 이르렀다.

주지하고 있듯이 근로자의 기본적 권리로서 쟁의권은 노동시장 혹은 개별기업

59) 프랑스에는 역사적으로 쟁의행위의 용인이 단결의 용인보다 먼저 이루어졌다는 라는 점에 대해 深山喜一郎, 「争議権保障の意義」, 『現代労働法講座 5: 労動争議』, 總合労働研究所, 1981, 7면 참조.

에 있어서 노동력공급통로를 노동조합이 봉쇄하고 조합원인 노동자의 노동력에 대한 적정차치의 평가를 사용자에게 압박하는 행위를 합법화한 것에 그 핵심이 있다. 그러나 오늘날 우리나라에서와 같이 쟁의권을 포함하는 노동3권이 헌법상의 기본권으로서 보장되고(헌법 제33조) 실정노동법에 있어서도 제도적인 보장규정(노조법 제2조, 제6호, 제3조, 제4조)이 설정되기 이전의 단계에 있어서는 쟁의참가의 종업원에 대한 근로계약상의 책임발생을 부정하는 것은 극히 곤란하였다. 그러면 이러한 쟁의권행사에 대한 민사책임추급을 배제하고자 하였던 법이론적 시도가 역사적으로 어떻게 전개되었는지를 보기로 한다.

(2) 민법상 일반조항에 의한 이론구성

노동3권이 본격적으로 법인(法認)되기 이전에는 주로 민법의 일반조항의 해석을 통해서 노동자의 쟁의행사에 대한 사용자의 민사책임추급을 배제하고자 하는 시도가 있었던 것 같다. 그 대표적인 예가 도이칠란트 계약법론에 있어서의 이른바 행위기초이론(clausula rebus sic stantibus[60])을 계속적인 채권관계인 고용계약관계에 적용하여 노동자들이 경제적 요구를 관철하기 위한 쟁의권행사에 대해 사용자의 민사책임추급을 배제하는 것을 정당화하고자 했던 20세기 중반 일본의 노동법학자 平野義太郎(ひらのよしたろう, 1897-1980)[61])의 시도가 그것이다. 그의 이론의 요지를 살펴보면, 아래와 같다.

첫째, 쟁의행위에 의한 노무제공의 일부 또는 전부의 거부가 근로계약에 기한 채무의 불이행으로 되지 않는다는 것에 대해서는, 근로계약은 계속적 채무계약인바, 근로계약으로 정해진 근로조건은 사회사정의 변화에 의해 혹은 물가등귀 혹은 시간단축 혹은 실업의 우려 등에서 임금증액, 8시간제, 퇴직수당금의 증액 등의 요구가 정당한 것으로 되었을 때 이러한 새로운 사회관념 하에 있어서는 앞의 의사표시는 부당하고, 불평등한 지위를 예정하는 것뿐이어서 비로소 정당한 것이 된다. 따라서 도이치법의 행위기초이론(사정변경의 원칙)을 적용하여 근로계약의 당사자는 계약 그 자체의 소멸은 아니고, 계약내용과 급부의 방법의 변경을 구할 수 있다. 불이행이 그와 같이 정당한 사유로 되는 때는 불이행의 효과는 생기지

60) 도이치법의 행위기초이론(clausula rebus sic stantibus)에 대해서는 五十嵐淸, 『契約と事情變更』, 有斐閣, 1969년, 72면 이하 참조.

61) 平野義太郎, 「同盟罷業の合法性とその私法的效果(一)(二)」, 法學協會雜誌 제42권 제5호, 1면; 제6호, 34면. 이것은 일본에서 쟁의행위와 민사책임의 관계를 제2차 세계대전 전에 체계적으로 논하였던 유일한 논문이라고 한다. 手塚和彰, 「違法争議行爲と民事責任」, 『文獻硏究勞動法學』, 總合勞動硏究所, 1978년, 241면.

않는다고 하는 것이었다.

둘째, 불법행위가 성립하기 위해서는 객관적 요건과 주관적 요건을 충족해야 한다. 전자는 권리침해와 그 위법성의 존재를 의미하는데, 영업의 내부관계에 있어서 노동자에 대해서는 고용주는 외부적 경영활동 즉 영업권을 보호객체로서 주장할 수 없고, 따라서 동맹파업에 의한 권리침해는 생기지 않는다는 것이다. 다음 위법성에 관해서는 동맹파업은 행위의 일정한 내용이 사회도덕의 통념에 당연히 반하는 것이 아니기 때문에, 도이칠란트 민법 제826조에서 말하는 「선량한 풍속」에 반하여 당연히 위법성을 띠지 않는다는 것이다. 그리고 후자로서 중요한 것은 (위법한 권리침해였다고 가정하여) 「고의」의 존부이다. 특히 동맹파업과 같이 행위의 일정한 내용이 사회통념상 당연히 반사회적 또는 위법한 것으로는 되게 하지 않는 것에 대해서는 단순한 결과발생의 인식을 가지고 해서는 권리침해의 고의가 인정되지 않고, 나아가서는 위법의 인식을 결하고 있는 동맹파업은 분명히 고의를 결하고, 그래서 불법행위성립의 주관적 요소가 존재할 여지도 없다는 것이다.[62)]

(3) 계약파기에 의한 이론구성

단결 자체를 금지하지 않아 노동조합의 조직이 가능하다고 하더라도 노동조합에 의한 쟁의행위가 시민법상 법인(法認)되지 않았기 때문에 쟁의행위를 시민법질서와 정합시키면서 그 계약위반의 효과를 부정하는 것은 불가능하지 않을 뿐만 아니라, 노동기본권으로서의 쟁의권이 아직 용인되지 않았던 시기에는 그것을 면하기 위해서는 궁여지책으로 근로계약의 집단적인 파기라는 방법에 의할 수밖에 없었다.

예컨대, 잉글랜드에 있어서 집단적 해약의 법리, 도이칠란트에 있어서 해약고지론 등이 그것이다. 전자는 커먼로(common law)의 고용계약이론에서 유래한다. 잉글랜드의 집단적 해약의 법리는 1824년 및 1867년 주종법 하에서 근로자의 채무불이행에 대한 형사·민사책임의 추급에 저항하여, 주종법 하에 있어 고용계약을 종료케 하는 것은 파업을 하기 위해 충분한 조건은 아니지만, 적어도 필요조건이었던 상황 하에서 형성되었던 것인데, 1906년 노동쟁의법이 노동조합과 조합간부에

62) 그러나 도이치법이론에 의존한 위와 같은 입론 중, 도이치 민법 제826조의 적용문제로서의 취급은 1951년의 신문파업사건소송에 있어서 니퍼다이 및 푹의 감정서 이래 수정되고, 쟁의행위는 도이칠란트 민법 제823조 제1항의 영업권침해로서 그것 자체가 불법행위에 해당한다고 하기에 이르렀다. 또 채무불이행책임에 관한 사정변경의 원칙에 기한 위의 주장이 이 원칙의 적용에 대해 그 이후 판례법이 구축해온 엄격한 조건에 비춰보면, 타당성을 결한다는 것에 대해서는 다언을 요하지 않는 바이다.

대하여 민사공모, 계약위반의 유도, 거래의 방해 등의 불법행위책임을 면제하고 또 노동조합의 기금에 대해서도 일체의 불법행위책임을 배제하는 것을 성문화하였지만, 개별조합원의 계약위반책임에 대해서는 언급한 바가 없었다. 그래서 잉글랜드에서는 커먼로의 파업이론이 명맥을 계속 유지하였고, 1971년 노사관계법 이후의 부당해고제도에 의해 제약을 받으면서 오히려 일정한 범위에서 관철되고 있다고 할 수 있다. 또한 1968년 이래 일부의 판결 및 제정법에 있어서 파업에 의해 고용계약이 종료하는 것이 아니고 단순히 파업 중 정지하는 것에 그친다고 하는 정지설이 등장하였지만 그 영향력은 별로 크지 않았다.[63]

후자는 도이치 바이마르시대의 판례와 통설이 취하였던 것이다. 일정기간을 둔 해약의 고지를 하고, 그 기간이 만료된 후에 현재의 근로계약의 구속력이 배제된 후에 쟁의행위에 들어가면 계약위반의 효력인 사용자로부터 즉시해고와 손해배상 청구가 불가능하다는 것이다. 이 설은 1955년 1월 28일 도이치연방 노동법원결정[64]의 등장과 더불어 이에 대한 학설의 대부분이 지지하기에 이르게 되면서 지배적인 법이론으로서의 지위를 상실하였다.

아메리카합중국에서도 노동자의 시민법상의 개인적 자유에 쟁의참가의 계약책임의 배제의 근거를 요구하는 이론도 존재하였다. 예컨대 파업은 노동자의 퇴직의 자유, 신규노동계약체결거절의 자유의 집단적 행사이고, 개인이 자유로이 행사할 수 있는 권리는 집단적으로 행사하여도 위법이 아니라고 설명하는 이론적 시도가 있었다. 개인이 단독으로 하면 합법적인 행위도 복수의 사람들이 공동으로 하면 범죄를 구성한다고 하는 공모의 이론이 파업억압을 위해 사용되었던 것에 대해 판례와 입법상, 시민법상의 개인적 퇴직의 자유를 자연권(natural right) 내지 절대권(absolute right)이라고 칭하거나 파업에 대한 억제는 강제노역(involuntary servitude)에 해당한다는 취지의 이론을 구성하여 쟁의행위의 시민법상의 합법성을 논증하려고 하였던 것이다.[65]

(4) 근로계약의 효력정지에 의한 이론구성

쟁의관계에서 근로계약의 효력이 일시적으로 정지된다는 체계적인 이론을 처음으로 제시한 사람은 도이칠란트 스파어 행정대학교(Deusche Universität für Verwaltungswissenschaft, Speyer) 교수인 불라(Gustav Adolf Bulla)[66]였다. 그는 노동조합

---

63) 近藤亨一, 「ストライキ」, 『現代勞働法講座 5: 勞働爭議』, 總合勞動硏究所, 1980, 98-100면.

64) BAG Großer Senat Beschluß vom 28.1.1955-GS1/54. AP Nr.1 zu Art. 9 GG.

65) 片岡昇, 『團結と 勞動契約の硏究』, 有斐閣, 1959, 66면 이하.

이 쟁의행위를 개시한 경우에 노동법영역에 있어 서로 모순적으로 상충하는 집단주의적 법사고와 개인주의적 법사고 중 쟁의행위로서의 파업의 집단적 본질에 의거하여 집단주의적인 법사고를 우선시하여 근로계약의 효력의 정지를 정당화하고자 했다. 그의 이론에 관해 좀 더 언급하면, 쟁의관계에 있어서 집단적 법규범과 개인적 법규범이 서로 충돌하는 경우에 이에 관한 현행법규가 흠결되어 있어서 실정법상으로는 그 양규범영역의 종합적 처리가 불가능하다는 것을 전제로 하여 이들 양 영역의 규범논리의 모순을 극복하기 위해서는 집단적 법규범이나 개인적 법규범 중 어느 하나를 적용하는 방법뿐이다. 즉 통일적인 행위로서 파업이 일단 집단적 법규범에 의하여 용인된 것이면, 다시 개인적 법규범에 의해 위법한 것으로 되어서는 아니 되고, 반대로 파업이 근로계약이라는 개인적 법규범에 저촉되는 것이라면 집단적 규범영역에서도 마찬가지로 위법으로 처리되어야 한다는 것이다. 왜냐하면 동일한 법질서 내에서 동일한 하나의 행위가 이쪽에서 허용되고 저쪽에서는 위법하다는 것은 용납될 수 없기 때문이다.

한편, 파업은 근로자 다수의 의식적인 공동행위로서 이 행위에 의하여 특정 공동목적이 추구되고 있기 때문에 개개의 파업참가자의 노무거부행위는 개별적인 경과가 아니라 동일한 목적을 추구하는 다수근로자의 노무거부행위와의 의식적이며 의욕적인 형태행위라고 한다. 따라서 개별근로자는 공동의식 즉 사회집단의 연대의식을 가지고 공동의 투쟁목적을 위하여 파업에 참가하는 것이며 파업은 하나의 집단적 행위로서 본질적으로 개별행위의 산술적 총화와는 상이할 뿐만 아니라 단순한 복수의 개별행위 이상의 독자적인 의의를 가지는 전체행위라는 한다. 파업은 공동적인 하나의 집단행위이며 그 행위의 주체도 어디까지나 집단 그 자체여야 한다. 그러므로 쟁의관계에 있어서는 법적 효력은 주체인 단체의 측면에서만 판단해야지, 그렇지 않으면 단체의 행위로서 파업의 본질에 어긋난다는 것이다.[67]

그 결과 노동조합과 사용자간에 노동조합의 쟁의권행사로 집단적 규범이 작동하게 되면, 개별근로자와 사용자간의 개별적 근로계약관계는 정지한다. 즉 파업기간 중 노무급부에 대한 근로계약상의 주된 의무와 권리가 정지된다는 것이다.

위와 같은 Bulla의 근로계약정지설은 도이치연방노동법원(전원합의체)결정에 의해 채택되면서 그 전까지 지배적 지위에 있었던 파업시에 계약해지통지를 조건으로

66) Bulla, Gustav Adolf, Das zweiseitig kollektive Wesen des Arbeitskampfes, in: Festschrift für Hans Carl Nipperdey zum 60. Geburtdtag, München/Berlin 1955, S. 163ff.

67) 이에 관해서 김형배, 위같은책, 1013면과 비교.

하는 민사면책이론은 현실적인 규범이론이 아닌 역사적인 유물로 저장되게 되었다. 이와 같이 도이치연방노동법원(전원합의체)이 정지설을 채택하였던 것은 쟁의행위와 근로계약의 관계에 관한 이론적인 불통일이나 파업에 해지통지를 요구하는 것이 파업을 곤란하게 하거나 약체로 만들어 실질적으로 파업을 부인하는 것과 같고, 노사 쌍방의 의사도 파업에 의해 노동관계가 해소하는 것을 원칙으로서 바라지 않는다는 등을 지적하면서 파업의 집단현상으로서의 법적 평가의 중요성을 설명하고, 집단법적으로 합법이 된 파업에 있어서 파업참가종업원에 대해 사용자의 즉시해고의 효력을 부인하는 것이 그 핵심이었다.

2) 우리나라에서 이론구성의 상황

우리나라에서 쟁의관계에 있어서 근로계약적 구속력의 배제에 관해서 독자적인 이론구성을 하는 사람은 없는 것 같다. 역사적으로 순차적으로 전개되었던 근로계약파기설과 근로계약정지설을 대등한 차원에서 나열해서 설명하거나[68] 도이칠란트의 Bulla의 정지설을 소개하고 이를 기초해서 파업과 근로관계를 본격적으로 설명하는 것이 대부분이다. 즉 쟁의행위권 행사기간 중 근로계약관계는 일시적으로 정지되므로 쟁의행위권 행사기간 중 근로자는 근로자로서의 신분만은 그대로 유지하게 되지만 노사 쌍방은 근로계약상 부담하는 각자의 주된 의무에 한하여 이를 면하게 되어, 근로자는 노무제공의무를 면하게 되는 반면, 사용자 역시 그와 대가관계에 있는 임금지급의무를 모두 면하게 된다고 파악하고 있다.[69]

3) 판 례

판례[70]도 역시 통설인 근로관계정지설의 입장에서 근로자의 쟁의행위는 근로조건에 관한 노동관계당사자간의 주장의 불일치로 인하여 생긴 분쟁상태를 유리하게 전개하기 위하여 사용자에 대하여 집단적·조직적으로 노무를 정지하는 투쟁행위로서, 쟁의행위 기간 동안 근로자는 사용자에 대한 주된 의무인 근로제공의무로부터 벗어나는 등 근로계약에 따른 근로자와 사용자의 주된 권리·의무가 정지된다고 하면서, 쟁의행위 기간 중 사용자는 근로자의 노무제공에 대하여 노무지휘권을 행사할 수 없게 되는데 반하여 평상시의 개별근로자의 결근·지각·조퇴

---

68) 역사적으로 보면, 근로계약파기설은 근로계약정지설에 의해 이미 극복되었다고 할 수 있다. 그러므로 이를 병렬적으로 소개하는 것은 잘못이라고 생각한다.

69) 김형배, 위같은책, 1010면 이하 참조.

70) 대판 1995.12.21. 94다26721 [전합].

등에 있어서는 이와는 달리 위와 같이 근로관계가 일시 정지되는 것이 아니고 경우에 따라 단순히 개별근로자의 근로제공의무의 불이행만이 남게 되는 것으로서 사용자는 여전히 근로자의 노무제공과 관련하여 노무지휘권을 행사할 수 있는 것이므로 쟁의행위의 경우와는 근본적으로 그 성질이 다르다고 한다.

4) 사 견

본래 노동3권이 근로자의 기본적 인권으로 정립되어가는 길은 가시밭길이었다. 단결 그 자체의 형성은 끊임없이 시민법의 공격에 노출되었다. 하물며 쟁의권은 시민법질서와 정면에서 충돌하는 동적인 성격을 가지기 때문에, 단결권이나 단체교섭권이 법인되었던 후에도 계속해서 억제되고, 또 형벌법규의 적용에서 해방된 후에도, 사용자로부터의 민사책임의 추급이 계속되는 방식으로 격심한 과정을 거쳐 오늘날에 이르렀다. 헌법상 쟁의권을 보장하는 국가도 많지 않고, 보장국은 프랑스, 한국, 일본, 도이칠란트 일부 주에 그치며, 도이칠란트 본(Bonn)기본법에서도 명문으로는 단결권밖에 보장하지 않았다.

잉글랜드 및 아메리카합중국에서 쟁의관계에 있어서 근로계약의 구속력에 관한 법리가 위와 같이 전개되었던 것은 쟁의권을 근로자의 기본적 인권인 노동3권으로 파악한 것이 아니라, 시민법원리 내지는 시민법원리의 연장선상에서 그것을 정당화하려고 했던 것에서 비롯된 것에 있었던 것이다. 노동조합이 쟁의권을 행사하는 것은 사용자와 조합원 간의 근로계약관계를 집단적으로 파기하는 것으로 파악한다. 이 설은 노사관계를 사법(私法)적인 관점에서 파악해서 파업을 집단적 계약해지로 보는 입장이다. 즉 쟁의기간 중 근로관계에 관하여 쟁의행위에 따라 근로계약이 해지(Kündigung)되어 근로관계가 소멸되므로 쟁의행위 종료시 과거의 근로관계가 당연히 회복되는 것은 아니라고 한다. 즉 쟁의행위가 종료한 때, 사용자가 근로자를 재고용해야 비로소 새로운 근로계약관계가 개시되는 것이다.

그리고 도이칠란트에 있어 Bulla의 정지설에 대해서도 그 이론적 결론은 수긍하지만, 노동력의 통제론, 단결의사우위론, 혹은 조합에 의한 노동력의 처분론 등의 설명은 쟁의행위를 이것에 참가하는 근로자 개개의 행위의 총화와는 개별의 사회적 사실로서 파악하면서 파업기간 중에 근로계약의 정지를 집단주의법사고의 우월성과 파업행위에 대한 사회학적인 본질규명에서 도출하였지만, 이것은 도이칠란트의 실정법의 상황에 기한 궁여지책이라고 생각한다. 즉 우리나라 최고규범인 헌법이 노동3권을 근로자의 기본권으로 명시적으로 천명하고 있기 때문에 굳이 Bulla와 같은 우회로를 선택해서 쟁의행위의 본질에 의거하여 쟁의관계에 있어 근

로계약의 효력을 배제할 필요가 없다고 할 것이다.[71)]

쟁의권을 포함하는 단체행동권을 근로자의 기본적 권리로 보장하고 있는 헌법 제33조 제1항을 전제로 해서 생각해보면, 노동쟁의권의 행사가 노동기본권의 행사로서의 집단적인 일시적인 근로계약의 구속으로부터의 이탈행위이고, 근로계약을 미리 해소해서 또는 개개의 근로자의 근로계약의 정지를 구성해서 계약의 구속력의 소멸을 설명할 필요도 없고, 어디까지나 근로계약의 존속을 전제로 한 행위로 이해해야 하는 것은 우리나라 노동헌법의 당연한 규범적 귀결이라고 할 것이다.

그뿐만 아니라 우리나라에서와 같이 기업별노동조합이라는 노동조합조직형태와 종신고용제 및 연공서열제라는 특수한 고용형태를 통상적인 고용상황으로 하는 경우, 파업을 근로관계의 해소 및 정지로 구성하는 것은 노사쌍방의 노동관계관과 어울리지 않고, 또 개별기업 내에 있어 종업원의 상당수 또는 전원을 장악하고 있는 노동조합에 의해서 파업이 실행되는 경우에 파업참가종업원의 개별적 행위로 분해해서 그 법적 평가를 묻는다고 하는 계약론적 구성은 너무나도 현실적 실태와 유리하는 것이다.

쟁의권이 기본적 인권으로서 최고규범인 헌법에 천명되지 않는 국가에서 노동법학은 파업의 경우를 중심으로 근로계약과 쟁의행위의 관계를 파악하려고 한다. 즉 근로계약을 전제로 해서 근로계약관계에 있어서 집단적 현상으로서 파업을 근로자 개인의 노무불제공이라는 개별적 현상으로 환원시키고, 그것을 계약법적 차원에서 법률적으로 어떻게 평가해야 하는가에 집중해 왔다.[72)] 그러나 이러한 파악방법이 과연 정당한가라는 의문이 제기된다.

위에서 이미 언급했듯이 필자는 노동조합이 쟁의권을 행사하는 경우에, 그 이전과는 법적 성질이 다른 쟁의관계라는 새로운 법률관계가 성립한다고 본다. 그러므로 근로계약관계도 새롭게 성립된 법률관계의 내용으로 파악하고자 한다. 그

71) 김형배, 위같은책, 1013면은 Bulla의 정지설을 그대로 지지하고 있다고 생각되는데, 필자가 생각하건대, 실정법의 상황이 우리나라와는 상이한 도이칠란트의 근로계약정지에 관한 Bulla의 장황한 사회학적 해명을 굳이 끌어올 필요가 있는지 의문이다.

72) 도이칠란트의 집단적 노동법, 특히 바이마르시대의 집단주의노동법체계에는 노동협약법이 그 중심에 있었다. 그리고 단결권이나 쟁의행위의 자유는 노동협약질서확립을 위한 수단으로서 종속적인 지위가 부여되는 경향이 강했다. 그래서 이미 단체행동권의 주체로서의 노동조합이라는 관념은 멀리 후퇴하였고, 노동조합에 대해서는 단체협약의 일방당사자로서 노사관계질서의 불가결한 구성부분으로의 노동조합의 이미지가 부여되었다. 그것은 또한 단결권이나 쟁의행위가 법리적으로는 근로자의 근원적인 자유라는 정의의 관점에서보다도 협약질서형성의 수단이라는 합목적성의 관점에서 파악되었다. 그래서 자유의 행사로서 독자적인 행의행위와 그것에 기초한 쟁의관계에 관한 법이론이 발전하지 못했다. 이러한 경향은 일본노동법학을 통해서 우리나라에도 그대로 전수되었다고 할 수 있다.

내용은 근로계약은 정지되고, 쟁의기간 중에 있어서 사용자와 조합원의 관계도 쟁의관계에 의해서 새롭게 구성해야 할 것이다.

우리 노동헌법에서 노동조합의 쟁의행위권이 적극적 권리로 보장되어 있고, 사용자의 쟁의행위권은 방어적으로 행사될 수 있기 때문에 노동조합과 사용자가 쟁의행위권을 행사한 경우 그러한 쟁의행위권 행사의 범위 내에서 근로계약의 효력은 쟁의관계의 내용으로 포섭된다고 해석하는 것이 옳을 것이다. 즉 쟁의기간 중이라고 하더라도 근로자는 근로자로서의 신분은 그대로 유지하게 되지만 노사 쌍방은 근로계약상 부담하는 각자의 주된 의무에 한하여 이를 면하게 된다고 한다. 그리하여 근로자는 근로제공의무를 면하게 되는 한편, 사용자 역시 그에 대가관계에 있는 임금지급의무를 모두 면하게 된다.

V. 쟁의관계에 있어서 위험부담의 문제

1. 문제제기

노사당사자가 쟁의행위권을 행사하는 경우 그것으로 인해서 사실상 발생하는 손해는 누가 부담해야 하는가가 문제이다. 이러한 문제는 첫째, 노동조합과 사용자, 둘째 근로자 개인과 사용자, 셋째 노사 쌍방과 제3자의 사이에서도 발생할 수 있다. 이 경우에 누가 이러한 손해를 최종적으로 부담해야 하는가가 바로 쟁의관계에 있어서 위험부담의 문제이다.

특히 쟁의관계로 인하여 제3자가 손해를 입은 경우에 첫째, 제3자는 노동조합과 그 조합원에 대하여 손해배상을 청구할 수 있는가? 둘째, 제3자는 사용자에 대하여 손해배상을 청구할 수 있는가? 이 경우에 노동조합과 그 구성원 및 사용자의 법률관계가 어떠한가가 문제이다.

2. 쟁의관계당사자 간의 위험부담

1) 위험부담의 기본원칙

우리 헌법은 제33조 제1항에서 근로자에게 단체행동권을 적극적인 권리로서 보장하고, 헌법 제37조 제2항에서 국가안전, 질서유지 및 공공복리를 위하여 이를 법률로 제한할 수 있도록 하고 있다. 그래서 입법자는 노조법에 의해서 근로자의 단체행동권을 노동조합의 쟁의행위권으로서 구체화하고 일정한 대상에 대해서 일정한 절차에 따라 일정한 양태로 행사할 수 있도록 하며, 이러한 노동조합의 적극적인 쟁의행위권에 대한 대항적 권리로서 사용자의 쟁의행위권을 구체화하고 있다. 이러한 우리 노동헌법에서부터 쟁의행위권 행사의 위험부담의 일반원칙이 도출될 수 있다. 그것이 바로 노동조합과 사용자는 쟁의행위권 행사로서 자신에게 발생하는 손해는 스스로 부담한다는 위험부담의 원칙이다. 이러한 결과는 권리는 자기비용으로 행사해야 한다는 일반적인 법원칙에 부합한다.

노동조합이나 사용자가 쟁의행위권을 행사한 경우, 그러한 범위 내에서 근로계약관계가 정지하기 때문에 정지된 부분에 한해서는 개별적인 권리의무가 발생하지 않는다. 그러므로 구체적인 쟁의관계의 내용에 따라 판단해야 할 것이다. 즉, 노동조합과 사용자가 쟁의행위권을 어떠한 양태로 행사하는가를 판단하고, 그것에 기하여 개별적 근로관계의 정지범위를 결정하면 될 것이다.

생각건대, 쟁의행위권 행사기간 중 노동조합과 조합원 및 사용자간에 누가 어떠한 위험을 얼마나 부담해야 하는가는 노동조합의 쟁의행위권 행사의 양태와 범위에 따라 단체협약 또는 취업규칙의 규정이나 관행 등을 참작하여 구체적으로 판단해야 할 문제이다.

2) 생활보장적 임금의 지급의 문제

(1) 문제의 소재

노동조합이 쟁의권을 행사하여 조합원의 노무제공을 집단적으로 거부하는 조합원의 임금청구권은 어떻게 되는가가 문제이다. 이 경우에 파업은 노동조합이 쟁의행위권을 근로계약에 약정된 노무제공 그 자체를 거부는 양태로 행사한 경우이기 때문에 그러한 범위 내에서 노무를 제공하지 않는 조합원은 당연히 그 반대급부청구권이 처음부터 발생하지 않는다고 보고, 이것이 이른바 무노동무임금의 원칙이다. 그렇지만 일본과 우리나라에서 임금의 법적 성질과 관련해서 특히 생활보장적 임금은 지급해야 하지 않는가라는 주장이 제기되었다. 즉 파업시에 무노동무임금의 원칙이 적용된다고 하더라도 쟁의행위에 참가한 자의 임금청구권의 유무 및 그 범위에 관한 논의는 근로자가 지급받는 임금의 법적성질이나 근로계약의 법적성격을 어떻게 이해하는가에 따라 다르게 전개될 수 있다.

(2) 학 설

파업참가근로자의 임금청구권에 대한 논의는 쟁의행위권 행사기간 중 근로관계는 어떠한 상태에 있다고 평가할 것인가라는 논의 등과 긴밀하게 결부되어 있으며, 그 결론으로 임금을 모두 지급받을 수 없다는 임금전액공제설(무노동 무임금의 원칙)과 임금의 일부를 지급받을 수 있다는 임금일부공제설(무노동 부분임금의 원칙)로 구분할 수 있다.

가. 임금전액공제설

임금이란 현실적이고 구체적으로 제공된 "노동"에 대한 대가로서 지급되어야 할 것이고(노동대가설), 근로계약은 민법상의 고용계약과 마찬가지로 채권계약의 성격을 가지므로 근로자는 사용자에게 현실적이고 구체적인 노동을 제공할 것을 의무로 하고 사용자는 그 대가로 임금을 지급할 것을 의무로 하는 계약으로 파악하여(채권계약설) 현실적·구체적으로 노동이 제공되지 아니한 쟁의행위권 행사기간 중에는 근로자의 어떠한 임금청구권도 발생하지 않는 것이 당연하다고 본다.

나. 임금일부공제설

임금은 근로자가 전인격적인 "노동력"의 사용 또는 처분 등에 관한 권한을 사용자에게 맡겨 놓은 것에 대한 대가로 보는 것에서 출발하여(노동력대가설), 임금 중에는 현실적·구체적으로 제공된 노동에 대한 대가로서 지급되는 교환적 성격의 임금과 근로자의 지위를 취득함으로써 발생하는 생활보장적 성격의 임금으로 구분하여 볼 수 있다고 하거나(임금2분설), 위 임금2분설을 전제로 하되 임금 중 어느 부분이 교환적 부분이고 어느 부분이 생활보장적 부분인지를 구별하는 기준을 임금의 명목 등 일반적·추상적인 것에 의하지 않고 단체협약·취업규칙 등 노사 간에 전체적으로 근로계약의 내용을 이루는 의사표시의 해석에 따라 구체적·개별적으로 판단되어야 한다고 보며(의사해석설), 근로계약은 근로자가 사용자의 기업조직에 편입되어 근로자로서의 지위와 직무를 맡게 되는 제1차적인 의무와 더 나아가 근로자가 매일 매일 사용자의 지시에 따라 구체적인 근로를 제공하여야 할 2차적인 의무를 부담하는 이중적 구조를 갖는다고 파악하여(복합적·이중적 계약설), 임금 중에서 현실적·구체적으로 제공된 노동에 대한 대가로서 지급하도록 정한 교환적 부분은 쟁의행위기간 중에 그 임금청구권이 발생하지 않을 것이지만, 근로자의 지위를 유지하고 있는 한 지급하도록 정한 생활보장적 부분은 쟁의행위기간 중이라 하더라도 그 임금청구권이 발생한다고 보는 견해가 있다.

(3) 판 례

대판 1995.12.21. 94다26721 [전합][73]은 임금의 법적 성질에 관하여는 노동대가설,

근로계약의 법적 성질에 관하여는 채권계약설, 쟁의행위기간 중의 근로관계에 관하여는 근로관계정지설의 각 입장을 취하면서 쟁의행위기간 중에는 원칙적으로 임금 전액에 대한 지급청구권이 발생하지 않고, 다만 쟁의행위시의 임금지급에 관하여 단체협약·취업규칙 등에서 이를 규정하거나 그 지급에 관한 당사자 사이의 약정이나 관행이 있다고 인정되는 경우에 한하여 예외적으로 그 지급청구권이 있을 뿐이라는 견해를 취하고 있다. 그러나 위 전원합의체판결에서 소수의견은 임금의 법적 성질에 관하여 노동력대가설 및 임금2분설, 근로계약의 법적 성질에 관하여 이중적 구조설, 쟁의행위기간 중의 근로관계에 관하여 근로관계정지설을 취하면서도 쟁의행위기간 중에도 보장적 성격의 임금에 대한 지급청구권은 인정된다는 견해에 서서, 임금 중 어느 부분을 교환적 부분 또는 보장적 부분으로 볼 것인가는 단체협약·취업규칙 등의 규정, 종래의 관행, 통상의 결근·지각·조퇴에 관한 임금공제의 취급 등을 종합하여 당사자의 의사해석에 따라 결정되어야 한다고 한다.

위 판결의 다수견해는 그 후에도 계속 유지되고 있다.[74] 하지만 이것은 다분히 정책적인 입장에 서 있는 것으로 평가할 수 있다. 그러나 근로관계에 있어서 그 구체적인 내용의 형성은 노사의 자치에 맡기고, 국가는 이를 존중하는 것이 원칙이라는 점에서 가능한 당사자의 실질적인 의사에 근접하려고 하는 소수의견의 태도가 타당하다고 하겠다.

[판 례]

□ **쟁의행위기간 중의 임금청구권**

- 쟁의행위시의 임금지급에 관하여 단체협약이나 취업규칙 등에서 이를 규정하거나 그 지급에 관한 당사자 사이의 약정이나 관행이 있다고 인정되지 아니하는 한 근로자의 근로제공의무 등의 주된 권리의무가 정지되어 근로자가

---

73) 이 판결과 관련된 평석과 논의는 곽현수, "무노동 무임금의 원칙 및 쟁의행위시 임금공제 범위", 『법조』 476호, 1996/5, 129면 이하; 임종률, "파업참가기간과 임금삭감", 『법률신문』 2481호, 법률신문사, 1996/2, 15면; 이철수, "쟁의행위기간 중의 임금지급여부", 『노동법률』 57호, 중앙경제사, 1996/2, 22면 이하; 이우태, "쟁의행위기간 중 소위 생활보장적 임금의 지급여부", 『노동법률』 58호, 중앙경제사, 1996/3, 112면 이하; 김홍준, "파업기간 중의 임금지급범위", 『노동법연구』 6호, 서울대학교노동법연구회, 1997, 473면 이하; 하경효, "파업참가 근로자에 대한 정근수당 지급", 『노동판례평석집 II』 경총신서 54집, 한국경영자총협회, 1997, 232면 이하; 조경배, "쟁의기간 중의 임금지급문제", 『1996년 노동판례비평』, 민주사회를 위한 변호사모임, 1997, 221면 등 참조.

74) 대판 1996.2.9. 93다54057; 동 1996.2.9. 94다19501; 동 1996.2.9. 94다26561; 동 1996.2.9. 94다26714; 동 1996.10.25. 96다5346; 동 1997.3.25. 96다723; 동 1997.03.25. 96다723; 동 1998.06.26. 97다14200; 동 1999.07.13. 99도2168; 동 2007.06.15. 2006다13070; 동 2009.12.24. 2007다73277; 동 2010.7.15. 2008다33399 등 참조.

근로제공을 하지 아니한 쟁의행위기간 동안에는 근로제공의무와 대가관계에 있는 근로자의 주된 권리로서의 임금청구권은 발생하지 않는다. 아울러 그 지급청구권이 발생하지 아니하는 임금의 범위가 임금 중 이른바 교환적 부분에 국한된다고 할 수 없으며, 사용자가 근로자의 노무제공에 대한 노무지휘권을 행사할 수 있는 정상적인 근로관계를 전제로 하여 단체협약이나 취업규칙 등에서 결근자 등에 관하여 어떤 임금을 지급하도록 규정하고 있거나 임금삭감 등을 규정하고 있지 않고 있거나 혹은 어떤 임금을 지급하여 온 관행이 있다고 하여 아무런 노무지휘권을 행사할 수 없는 쟁의행위의 경우에 이를 유추하여 당사자 사이에 쟁의행위 기간 중 쟁의행위에 참가하여 근로를 제공하지 아니한 근로자에게 임금을 지급할 의사가 있다거나 임금을 지급하기로 하는 내용의 근로계약을 체결한 것으로 할 수 없다(대판 1995.12.21. 94다26721 전합).

☞ 위 판결에 의하여 다음의 대판 1992.3.27 91다36037과 동 1992.6.23. 92다1146은 폐지되었다.

- 쟁의행위로 인하여 사용자에게 근로를 제공하지 아니한 근로자는 일반적으로 근로의 대가인 임금을 구할 수는 없다 할 것이지만(무노동무임금의 원칙), 구체적으로 지급청구권을 갖지 못하는 임금의 범위는 임금 중 사실상 근로를 제공한 데 대하여 받는 교환적 부분과 근로자로서의 지위에 기하여 받는 생활보장적 부분 중 전자에만 국한된다(대판 1992.3.27. 91다36307).
- 쟁의행위로 인하여 사용자에게 근로를 제공하지 아니한 근로자는 무노동무임금의 원칙에 따라 일반적으로 근로의 대가인 임금을 청구할 수 없는 것이지만 임금 중 사실상의 근로제공에 대하여 교환적으로 지급받은 것이 아니라 근로자로서의 지위 자체에 기하여 지급받는 생활보장적 부분으로서 당해 근로계약의 해석상 사실상 근로를 제공하였는지의 여부와 관계없이 지급받도록 되어 있는 임금에 관하여는 위와 같은 무노동무임금의 원칙이 적용되지 않는다고 볼 것인 바, 어느 임금이 무노동무임금의 원칙에 적용되지 않는 생활보장적 임금에 해당하는지의 여부는 당해 임금의 명목과는 관계없이 단체협약이나 취업규칙 등에서 결근·지각·조퇴 등으로 근로를 제공하지 아니한 경우에 당해 임금을 감액하도록 규정하고 있는지의 여부 또는 그와 같이 규정된 바는 없더라도 종래의 관행이 그와 같은 경우에 당해임금을 감액하여 왔는지의 여부 등을 참작하여 판단하여야 한다(대판 1992.3.27. 92다11466).

---

(4) 사 견

파업시에 근로계약에 기초한 조합원의 임금청구권이 어떻게 되는가는 원칙적으로 무노동무임금의 원칙에 따라 판단할 것이나, 구체적인 쟁의관계에서 사용자에 대하여 개별근로자가 일정한 범위에서 급여청구권을 가지는가는 무노동무임금의 원칙에 따라 획일적으로 판단할 것은 아니고, 단체협약 또는 취업규칙의 규정이나 관행 등을 참작하여 구체적으로 판단해야 할 문제라고 할 것이다.

3) 노조법 제44조 제1항의 해석문제

(1) 현행 노조법은 "사용자는 쟁의행위에 참가하여 근로를 제공하지 아니한 근로자에 대하여는 그 기간 중의 임금을 지급할 의무가 없다"고 규정하여(동법 제44조 제1항), 쟁의행위기간 중의 임금 지급여부에 관하여 입법적으로 정리하였다 할 것이므로 전술한 바와 같이 쟁의행위기간 중의 임금청구권의 유무 및 범위에 관한 논의는 현행법 아래에서는 아무런 실익이 없는 것 아닌가하는 의문에 제기된다. 그러나 위 법규정에서 "지급할 의무가 없다"는 것은 사용자의 법적 의무로서 강제할 수 없다는 것이지 사용자가 임의로 지급하는 것까지 금지하는 것은 아니므로 위 법규정 자체가 단체협약·취업규칙 등에 쟁의행위기간 중 임금지급을 정하고 있는 것을 무효화시키는 강행규정으로서의 성격을 갖는 것은 아니라고 해석하는 것이 일반적인 듯하다.[75]

따라서 쟁의행위기간 중의 임금지급에 관하여 아무런 약정이 없는 경우에는 사용자로서는 근로계약상의 의무로서 임금지급의무를 부담하는 것은 아니므로, 이러한 범위 안에서는 전술한 견해 중에서 무노동무임금의 원칙이 명문으로 정리되어 있는 셈이다.

그러나 현행법 아래에서도 만약 단체협약·취업규칙 등에 쟁의행위기간 중에도 사용자가 임의로 일정한 급여를 지급하도록 규정하고 있거나 그 지급에 관한 당사자 사이의 약정이나 관행이 있다고 인정될 경우 이는 적법한 효력을 가진다고 할 것이다. 또한 쟁의행위기간 중의 임금지급에 관하여는 직접적으로 아무런 규정·약정·관행 등이 없으나 결근한 근로자에 대한 임금지급에 관한 규정·약정·관행 등이 있는 경우 그러한 규정·관행을 쟁의행위기간 중의 임금지급에 대하여도 그대로 준용하거나 그러한 약정에서 쟁의행위기간 중에도 임금을 지급하기로 한 의사가 있었던 것으로 해석할 수 있는지 여부는 현행법에서도 여전히 문제될 수 있다. 그러나 앞에서 살펴본 전원합의체판결 등 판례는 이에 대하여 소극적으로 해석하고 있다.[76]

(2) 노조법은 위와 같이 쟁의행위권 행사기간 중 사용자에게 임금지급의무가 없다는 규정은 물론 더 나아가 "노동조합은 쟁의행위기간에 대한 임금의 지급을 요

75) 김유성, 위같은책, 296면.

76) 위 각주74)에서 든 판례들 참조.

구하여 이를 관철할 목적으로 쟁의행위를 하여서는 아니 된다"고 규정하여(동법 제44조 제2항), 쟁의행위를 통하여 임금지급을 사실상 강제할 수 없도록 하고 있다.

이와 관련하여 쟁의행위기간 중의 임금지급을 단체교섭의 대상으로 삼을 수 있는지 여부가 문제될 수 있다. 동법 제44조 제1항의 해석상 쟁의행위기간 중 임금을 사용자가 임의로 지급하는 것까지 금지하는 것은 아니므로 단체교섭을 통하여 이를 요구하는 것 자체가 허용되지 않는다고 볼 것은 아니라고 할 것이다. 그러나 사용자가 그에 대하여 단체교섭의무까지를 부담하는 것은 아니고, 사용자로서는 그의 판단에 따라 그러한 단체교섭에 임의로 응하거나 단체교섭을 거부할 수도 있다고 봄이 동법 제44조 제2항의 해석상 정당하다고 할 것이다.

(3) 위 노조법 제44조 제1항의 규정에도 불구하고 쟁의행위기간 중 임금 상당액을 사용자가 임의로 지급하는 것은 허용된다고 하더라도 다른 한편에서 이러한 행위는 노조법 제81조 제4호의 "노동조합의 운영을 지배·개입하는 행위" 또는 "노동조합의 운영비를 원조하는 행위"로서 부당노동행위의 해당여부는 문제될 수 있으나, 이는 일률적으로 판단할 수는 없고 개별적·구체적인 사실관계에 따라 판단되어야 할 것이다.

3. 제3자와의 관계에 있어서 위험부담

1) 원 칙

권리행사에 있어서 제3자는 그 권리의 정당한 행사로 야기되는 사실상의 불편은 인용해야 하겠지만, 그것이 제3자의 구체적인 권리를 침해하는 경우, 그러한 침해로 야기되는 불이익은 권리행사의 주체가 원칙적으로 부담해야 할 것이다. 쟁의관계당사자간에 적용되는 위험부담의 원칙은 제3자와의 관계에 있어서도 마찬가지다. 그러므로 제3자에 대해서도 쟁의관계당사자는 자기부담으로 쟁의행위권을 행사하는 것이다.

2) 제3자에 대한 노동조합 및 근로자의 배상책임

노동조합의 쟁의행위권 행사가 직접 제3자에게 행해진 경우와 사용자에 대한 쟁의행위권 행사로 인하여 간접적으로 제3자가 손해를 입은 경우로 나누어 볼 수 있다. 원칙적으로 쟁의행위권은 대(對)사용자적 권리이기 때문에 제3자에 대하여 쟁의행위권을 행사할 수는 없다. 그러므로 개별적인 쟁의행위가 직접 제3자에게 손해를 야기하는 경우, 노동조합 및 당해 근로자는 제3자에 대하여 배상책임을 부담한다고 할 것이다.

3) 제3자에 대한 사용자의 배상책임

(1) 비조합원에 대한 사용자의 임금지급의무

조합원이 아닌 근로자는 노동조합 또는 사용자의 쟁의행위권 행사로 취로가 불가능하게 된 경우에 임금전액에 대한 청구권을 가지고 있다. 조합원이 아닌 근로자는 노동조합과 사용자의 쟁의행위권 행사와는 아무런 관련이 없는 제3자이므로 제3자에 대한 위험은 쟁의행위권의 주체가 스스로 부담해야 한다. 즉 비조합원은 쟁의관계당사자에 있지 않으므로 쟁의관계로 비조합원에게 야기된 위험은 그 위험의 종류에 따라 쟁의당사자가 스스로 부담해야 한다. 그러므로 쟁의관계로 인하여 사용자가 비조합원으로부터 노무를 수령 받지 못한 경우에도 사용자는 비조합원에 대해서 임금지급의무를 면할 수 없다. 그 뿐만 아니라 사용자는 비조합원인 근로자에 대해서는 직장폐쇄의 양태로 쟁의행위권을 행사할 수도 없다. 사용자가 노동조합의 쟁의행위권 행사에 대해서 직장폐쇄로서 대항적 쟁의행위권을 행사하여 비조합원이 노무제공을 할 수 없었던 경우에는 사용자는 비조합원에 대해서 휴업수당을 지급해야 할 것이다(근로기준법 제45조 참조).

(2) 거래처에 대한 채무불이행책임

쟁의관계에 있는 사용자가 자신의 거래처에 대하여 채무불이행책임을 지는가에 관해서 견해가 대립되어 있으나, 노동조합의 쟁의행위권 행사로 사용자가 제3자의 계약을 이행하지 못한 경우에는 사용자는 이에 대한 채무불이행책임을 부담한다고 할 것이다.

(3) 일반이용자에 대한 불법행위책임

사용자와 아직 계약관계는 체결하지 않았지만, 당해 기업의 서비스를 일상적으로 이용하고 있는 제3자가 대체수단을 이용할 수 없어 손해를 본 경우라 하더라도 특별한 사정이 없는 한 사용자를 상대로 불법행위에 기한 손해배상청구를 할 수 없다고 할 것이다.

제 5 절 쟁의권의 행사와 민 · 형사책임

I. 서 설

근로자가 쟁의권행위권을 정당하게 행사한 경우에는 처음부터 민사상 형사상으로 문제되지 아니한다. 그러므로 노조법 제3조와 제4조는 이와 같은 당연한 법적 결과를 부언한 것에 불과하다고 할 것이다.[77] 그러나 정상적인 업무를 저해하는 근로자들의 행위가 집단적인 위법행위에 불과하거나 쟁의행위권의 한계를 벗어난 경우에는 그러하지 아니하다. 앞에서 보았듯이 우리는 이러한 경우를 쟁의행위권 남용과 위법집단행위를 구별하여 개념화했다. 위법집단행위와 쟁의행위권남용을 개념적으로 구분하는 실익은 노동법상의 여러 가지 법적 판단에 차이기 때문이다. 즉 위법집단행위는 처음부터 쟁의행위권의 행사라고 볼 수 없기 때문에 노동단체법에서 논의할 필요가 없지만, 쟁의행위권남용에서는 모든 구체적인 상황을 고려해서 그 남용여부를 종합적으로 판단해야 한다.

노동조합이 쟁의행위권을 남용한 경우 이에 대한 법적 책임을 노동조합 그 자체와 조합원 개인 등 누구에게 어떻게 귀속시켜야 할 것인가라는 문제가 복잡하게 제기되며, 사용자가 쟁의행위권을 남용한 경우 이에 가담한 행위자에게 어떠한 책임이 부과되는가가 중요하다.

표면상으로는 쟁의행위권의 행사처럼 보이나 남용된 경우나 처음부터 그것이 노조법상의 쟁의행위권의 행사에 해당하지 않는 경우라고 하더라도 그 책임은 노

---

77) 형법학에서는 근로자들이 쟁의행위권을 행사하여 나타나는 쟁위행위가 형법상 구성요건에 해당하는 위법한 행위이지만 노동법상 요구되는 정당성을 갖추었을 때에는 형법 제20조의 정당행위에 해당하여 위법성이 조각된다고 하는 이른바 위법성조각설을 취하고 있는 것 같다(김형배, 위같은책, 981면; 임종률, 위같은책, 218면 참조). 또 판례도 위법성조각설에 따르고 있다(대판 1991.4.23. 90도2771; 동 1991.11.8. 91도326; 동 2006.5.25. 2002도5577 등). 그러나 쟁의권은 헌법 제33조가 보장하고 있는 기본적 권리이고 그러한 권리의 행사는 형법상 구성요건에 해당하지 않는다고 할 것이다. 다만, 그것이 남용되거나 쟁의권의 행사라고 볼 수 없는 경우에 비로소 형법상의 범죄행위로서 문제된다고 해야 할 것이다. 즉 우리 노동헌법질서 하에서는 쟁의권의 행사는 구성요건해당성이 없다고 하는 것이 옳다. 이러한 의미에서 필자는 구성요건조각설을 취하고자 한다.

동형법[78] 및 노동배상책임법의 독자적인 법리에 의해서 판단되어야 할 것이다.[79] 근로자들의 쟁의권행사가 특히 현행 노조법상 위법하다는 이유로 그것이 곧바로 민사상 및 형사상의 책임으로 귀착된다고 단순화하는 것은 문제이다. 왜냐하면 노동헌법의 차원에서 볼 때 현행 노조법이 너무나 과도하게 근로자들의 단결권을 제한다고 있고 또 단순히 행정적 규제적인 조항도 있기 때문이다.[80]

Ⅱ. 쟁의권행사에 있어서 면책론의 전제적 쟁점

쟁의권행사는 본래 근로계약의 구속 하에 있는 근로자가 그 단결체인 노동조합의 지시와 통제에 따라 집단적으로 노무제공의무의 이행을 정지하고 혹은 불완전하게 이행하는 행위로서 나타난다. 쟁의행위는 바로 쟁의권행사의 결과로 야기되는 현실적인 행위이다. 그런데 쟁의권이 그 목적을 넘어 남용(濫用)하여 행사되거나 쟁의권행사에 관한 노조법 소정의 요건이나 절차를 준수하지 않아 위법으로 되는 경우, 즉 쟁의권의 남용적인 행사나 위법한 행사, 말하자면 "정당하지 않은

78) 우리나라에서는 노동형법에 관한 본격적인 논의가 없는 것 같다. 노동형법은 사회법으로서 노동법과 시민법으로서 형법 사이에 있는 그 나름으로 상대적인 독자성을 가지고 있는 특별법분야라고 말할 수 있다. 그러므로 노동법의 특별분야이자 형법의 특별분야이기도 하다. 보통 노동형법의 개념은 보통 '협의의 노동형법'과 '광의의 노동형법'으로 나누고 있고, 전자는 개별적 노동관계에 있어서 형법적 수단에 의한 노동자를 보호하고자 하는 경우를 상정하고 있다. 이러한 의미에서 '노동보호적인 형법'이라고 말할 수 있다. 후자는 집단적 노동관계에 있어서 노동쟁의행위의 형법적 문제를 논의하는 경우를 상정하고 있다. 광의의 노동형법은 주로 쟁의행위에 대한 개별 형벌법규의 적용에 있어서 시민형법의 위법성론과 책임론의 반성이 중요한 주제가 된다. 이러한 의미에서 '단결해방적인 형법'이라고 할 수 있겠다. 그렇지만 노동형법의 개념과 그 법원리가 구체적으로 어떠한가에 관해서 아직 확연하게 정립된 것이 없다고 하겠다. 노동형법에 관해서는 Osswald, Richard, Der Streik und die ihm durch das Strafrecht gezogenen Grenzen, Köln 1954; Niese, Werner, Streik und Strafrecht, Tübing, 1954 및 關之,『勞働刑法概論』法律新報社, 1948; 熊倉武,『勞働法と刑法の交錯』, 有信堂, 1956; 神山欣治,『勞働刑法の研究』, 立花書房, 1961; 莊子邦雄,『勞動刑法』, 有斐閣, 1975; 勞働刑法研究會(편),『勞働刑法講座 (上)(中)(下)』, 東京法令社, 1979; 香山忠志,『勞動刑法の現代的展開』, 成文堂, 2000. 그리고 임종률,『쟁의행위와 형사책임』, 경문사, 1982 참조.

79) 이에 관해서 김형배, 위같은책, 981면을 참조.

80) "정당성을 결여한 쟁의행위에 대하여는 민사책임의 추궁만으로 충분하는 주장은 실정법과 노동현실을 도외시한 탁상공론에 불과하므로 형사책임까지 부담시켜야 한다"는 헌재 1998.7.16. 97헌바23 결정은 근로자의 기본적 인권으로서 노동3권을 보장해야 할 최후의 보루로서 헌법재판소의 기본적 역할조차 망각한 결정이라는 비난을 면하기 어려울 것이다. 특히 이러한 시각은 자본가들에 의해 포획된 산업자본주의초기의 국가권력자들이 가지고 있었던 것이라고 하겠다.

쟁의행위"로 되는 경우에 그 법적 효과는 어떻게 되는가가 현실적으로 매우 심각한 문제이다. 이 문제와 관련해서는 몇 가지의 전제적인 쟁점이 있다.

첫째의 전제적인 쟁점은 노조법 제3조 및 제4조는 쟁의권의 정당한 행사에 대한 민사 및 형사책임을 구정하고 있는데, 이들 규정을 민사 및 형사면책의 근거규정으로 보아야 하는가, 그렇지 않으면 이들 조항은 헌법 제33조 제1항에 의해 보장된 노동3권 중 「단체행동권」의 확인적인 의미를 가지는 것에 불과한가라는 것이다.

두 번째의 쟁점은 노조법 제3조 및 제4조에서 말하는 「단체교섭 또는 쟁의행위」가 현행 노조법에 의한 것만 해당하는가, 즉 면책의 여부를 판단함에 있어서 노조법의 준수가 필수적인가라는 것이다.

셋째, 면책의 법리에 있어서 그것을 쟁의권행사의 정당성이 위법성조각사유인가, 아니면 구성요건조각사유에 해당하는가의 문제도 입증책임과 관련하여 중요한 전제적 쟁점이라고 할 것이다.

첫째와 두 번째의 전제적 쟁점과 관련하여, 쟁의권행사와 면책을 생각하는 경우, 말하자면 전제적 예비적 논점에 대하여 결론만 말한다면, 우리 헌법이 제2차 세계대전 후에 인간의 존엄을 최고의 가치원리로 해서 개인의 자유와 인격을 보장하는 전형적인 20세기 후반기의 헌법사상에 입각해서 노동3권을 근로자의 기본적 인권으로 보장하였다는 점을 감안할 때 우리 헌법 제33조 제1항의 기본권규범의 확인적 규정으로서 노조법 제3조, 제4조를 파악해야 한다고 생각한다. 또 노조법의 준수가 면책의 필요충분적 조건이라고 해석하는 것은 헌법규범의 인식으로서는 너무나 좁다고 생각한다.

세 번째의 점은 쟁의권행사의 정당성에 관한 입증책임에 관련해서 다투어져 왔는데, 보다 근본적으로는 노동기본권과 시민법질서의 상관관계를 어떻게 파악하는가에 관련된 문제라고도 할 수 있다. 이미 보았듯이 노동기본권이 시민법원리를 지양하는 것인 이상, 본래 위법성이 있는 행위에 대해 일정한 조건 하에 그 위법성을 조각한다고 보아야 하는 것은 아닐 것이다. 이러한 입장보다 일보 더 전진해서 시민법상의 구성요건에 해당하는지 여부의 판단과정조차 생길 여지는 없다고 하는 시민법적인 위법론평가를 당초에 배제하는 사고가 우리 노동헌법에 보다 철저하다고 하겠다.

Ⅲ. 쟁의권남용과 비(非)쟁의행위

노조법 제3조와 제4조는 쟁의권의 「정당한」행사에 대한 민·형사면책을 규정하고 있다. 즉 쟁의권남용 및 부당한 행사로 야기된 결과인 「정당하지 않은」 쟁의행위에 대한 민·형사책임은 면책되지 않는다는 의미이다. 그러나 이 경우에 있어서 「정당하지 않다」란 반드시 위법을 의미하는 것은 아니라고 할 것이고, 반대로 말하면, 시민법상 위법인 것이 반드시 노동단체행동법에 의해 「정당하지 않다」는 법적 평가를 받아야 한다는 것을 의미하지 않는다.

노동조합원인 근로자가 노동조합의 통제 하에서 일시적이고 집단적으로 근로계약의 구속으로부터 이탈하여, 노무제공의무의 이행을 정지 혹은 불완전하게 이행해서 노동력의 적정가격의 획득과 근로자 인격의 독립의 확보를 도모하려고 하는 행위가 쟁의권을 행사하는 것이라고 일응 말할 수 있다. 따라서 그 목적 태양에 비춰서 위의 개념에 해당하지 않는 행위는 예컨대, 노동조합원에 의해 집단적으로 행해졌어도 당초 「쟁의권의 행사」에 포섭될 수 없다. 이 경우 목적면에서는 반드시 단체교섭사항만으로써 정당성긍정의 하한으로 하고, 태양면에서도 파업의 경우 그 보조적 행위로서의 피케팅이나 직장점거, 나아가서는 제품보이코트 등의 사용자와의 거래정지를 호소하는 언론활동은 물론이고, 사용자측의 자세나 대응에 따라서는 그것 이상의 업무저해행위도 쟁의권의 정당한 행사의 개념에 포섭되지 않는다고 볼 필요는 없다고 할 것이다. 요컨대, 노동조합의 통제를 받지 않는 일반적인 집단행동, 기업시설의 파괴나 경영자(경영보조자도 포함)의 육체에 대한 일방적이고 부당한 유형력의 행사 등, 역사적으로 형성되고 법적으로 보호를 받아야 할 쟁의권의 행사라고는 생각될 수 없는 집단적 행위가 민·형사면책에서 배제되는 「정당하지 않은」 쟁의권행사에 해당한다고 하겠다. 환언하면, 당초 쟁의권행사의 개념에 들어가지 않는 집단행위, 내지는 쟁의권행사를 가장하면서도 실은 불법목적을 가지고 혹은 불법적인 태양 하에서 행해지는 집단행위는 「정당한」 쟁의권행사가 아니라는 것이다.

따라서 쟁의관계에 있어서 신의칙위반 및 단체협약의 평화조항에 위반하거나 일정한 정책목적에서 쟁의행위를 제한 금지하는 실정법규에 위반하는 쟁의행위는 단체협약에 위반하고, 실정법규에 위반하는 한에서 「계약위반」 내지 「위법」이지만, 이러한 채무불이행 내지 위법의 인정과 동시 병행하여 쟁의행위에 대해 쟁의권의 「정당한」 행사라고 인정하는 것은 반드시 모순되지는 않는다고 할 것이다.

문제로 되는 것은 쟁의행위의 수행과정에 있어서 과실에 의해 혹은 이것을 기화로 하여 고의로 일부의 조합간부나 조합원이 사용자에 대해 재산상의 손해를 주던 경우이다. 그러나 이것은 원래 쟁의권행사와 별개의 행위로서 별개의 평가를 받아야 할 것이다. 이는 쟁의권행사로 볼 수 없다. 이러한 경우에는 집단적 행위는 단순히 위법한 집단행위에 불과하다. 그런데 과실의 경우에 위법성 내지 책임성이 시민법의 이론 속에서 그것 자체가 조각되는 경우가 있을 것이고, 고의가 존재하는 경우에서도 그것이 사용자의 쟁의권부인에 입각한 여러 가지의 공격적 대응에 의해 유발된 것인 때 등에는 오히려 「정당한」 쟁의행위의 개념에 포섭되기도 할 것이다.

요컨대, 앞에서 검토한 의미에서의 「정당한」 쟁의권행사인 경우에는 민법 및 형법상 적법이고 위법하지 않다고 하는 사실상의 추정이 작동한다고 하는 것이 노조법 제3조 및 제4조의 법의(法意)이고, 이러한 쟁의행위에 수반하여 생긴 쟁의참가자의 불법행위에 대해서는 당해행위 자체를 쟁의행위에서 분리해서 시민법상의 평가를 가하면 좋고, 쟁의행위 자체의 타당성은 위 평가에 의해서는 영향을 받는 것이 아니라고 할 것이다.

Ⅳ. 쟁의행위권남용에 대한 법적 책임

1. 쟁의행위권남용에 대한 노동조합 및 근로자의 책임

노동조합이 쟁의행위권을 과도하게 행사한 경우, 이에 대하여 노동조합 자체가 책임을 져야 하는 것은 두말할 필요도 없다. 문제는 노동조합 간부와 이에 가담한 개별근로자가 책임을 져야 하는가라고 할 수 있는데, 이에 관하여는 노동조합의 책임만을 인정하는 견해[81]와 조합뿐만 아니라 개별근로자의 책임도 인정하는 견해가 대립하고 있다. 그러나 쟁의권행사의 특질을 감안할 때, 개별근로자에게까지 책임을 추급하는 것은 문제가 있다.

---

81) 淺井清信, 「團體行動としての 爭議行爲」, 『日本勞働法學會誌』 15號, 10면; 西谷敏, 『勞動組合法(2판)』, 有斐閣, 2007, 450면 이하 등 참조. 다만, 김형배, 위같은책, 983면은 "위법한 쟁의에 단순히 가담한 조합원의 행위는 위력의 구성요건에 해당되지 않거나 비난가능성이 충족되지 않는다는 점에서 업무방해죄의 성립이 부인된다"고 한다.

2. 쟁의행위권남용에 대한 사용자의 책임

사용자가 방어적 쟁의행위권을 과도하게 행사하는 경우에 그것이 범죄구성요건에 해당하면 형사책임을 져야 함은 물론 노조법상의 책임을 면할 수 없을 것이다. 노동조합 및 근로자 개인에게 손해가 발생하는 경우, 사용자는 노동조합 및 근로자 개인에 대하여 손해배상책임을 부담하여야 한다.

[판 례]

□ **노조법 위반의 쟁의권행사와 위력업무방해죄: 대판 1993.4.27. 91누12257 [전합]**

〔쟁점의 핵심〕

피고인을 비롯한 전국철도노동조합 집행부가 중앙노동위원회 위원장의 직권중재회부결정에도 불구하고 파업에 돌입할 것을 지시하여, 조합원들이 전국 사업장에 출근하지 아니한 채 업무를 거부하여 철도 운행이 중단되도록 함으로써 한국철도공사에 영업수익 손실과 대체인력 보상금 등 막대한 손해를 입힌 사안에서, 전국철도노동조합의 조합원들이 단순히 근로제공을 거부하는 형태로 이루어진 위 파업이 형법 제314조 제1항에서 정한 '위력'에 해당한다고 볼 수 있는지 여부

〔판결요지〕

[다수의견]

(가) 업무방해죄는 위계 또는 위력으로써 사람의 업무를 방해한 경우에 성립하며(형법 제314조 제1항), '위력'이란 사람의 자유의사를 제압·혼란케 할 만한 일체의 세력을 말한다. 쟁의행위로서 파업(노동조합및노동관계조정법 제2조 제6호)도, 단순히 근로계약에 따른 노무의 제공을 거부하는 부작위에 그치지 아니하고 이를 넘어서 사용자에게 압력을 가하여 근로자의 주장을 관철하고자 집단적으로 노무제공을 중단하는 실력행사이므로, 업무방해죄에서 말하는 위력에 해당하는 요소를 포함하고 있다.

(나) 근로자는 원칙적으로 헌법상 보장된 기본권으로서 근로조건 향상을 위한 자주적인 단결권·단체교섭권 및 단체행동권을 가지므로(헌법 제33조 제1항), 쟁의행위로서 파업이 언제나 업무방해죄에 해당하는 것으로 볼 것은 아니고, 전후 사정과 경위 등에 비추어 사용자가 예측할 수 없는 시기에 전격적으로 이루어져 사용자의 사업운영에 심대한 혼란 내지 막대한 손해를 초래하는 등으로 사용자의 사업계속에 관한 자유의사가 제압·혼란될 수 있다고 평가할 수 있는 경우에 비로소 집단적 노무제공의 거부가 위력에 해당하여 업무방해죄가 성립한다고 보는 것이 타당하다.

(다) 이와 달리, 근로자들이 집단적으로 근로의 제공을 거부하여 사용자의 정상적인 업무운영을 저해하고 손해를 발생하게 한 행위가 당연히 위력에 해당하는 것을 전제로 노동관계 법령에 따른 정당한 쟁의행위로서 위법성이 조각되는 경우가 아닌 한 업무방해죄를 구성한다는 취지로 판시한 대판 1991.4.23. 90도2771; 동 1991.11.8. 91도326; 동 2004.5.27. 2004도689; 동 2006.5.12. 2002도3450; 동 2006.5.25. 2002도5577 등은 이 판결의 견해에 배치되는 범위 내에서 변경한다.

[반대의견]

(가) 다수의견은 폭력적인 수단이 동원되지 않은 채 단순히 근로자가 사업장에 출근하지 않음으로써 근로제공을 하지 않는 '소극적인 근로제공 중단', 즉 '단순 파업'이라고 하더라도 파업은 그 자체로 부작위가 아니라 작위적 행위라고 보아야 한다는 것이나, 이러한 견해부터 찬성할 수 없다. 근로자가 사업장에 결근하면서 근로제공을 하지 않는 것은 근로계약상의 의무를 이행하지 않는 부작위임이 명백하고, 근로자들이 쟁의행위의 목적에서 집단적으로 근로제공을 거부한 것이라는 사정이 존재하다고 하여 개별적으로 부작위인 근로제공의 거부가 작위로 전환된다고 할 수는 없다.

(나) '단순 파업'을 다수의견의 견해와 달리 부작위라고 보더라도, 부작위에 의하여 위력을 행사한 것과 동일한 결과를 실현할 수 있고 근로자들이 그러한 결과 발생을 방지하여야 할 보증인적 지위에 있다고 볼 수 있다면, 비록 다수의견과 논거를 달리하지만 위력에 의한 업무방해죄의 성립을 인정할 수 있다. 그러나 일반적으로 사용자에게 근로자들의 단순 파업으로부터 기업활동의 자유라는 법익을 스스로 보호할 능력이 없다거나, 근로자들이 사용자에 대한 보호자의 지위에서 사태를 지배하고 있다고는 말할 수 없다. 무엇보다 근로자 측에게 위법한 쟁의행위로서 파업을 해서는 안 된다는 작위의무를 인정하는 것은 서로 대립되는 개별적·집단적 법률관계의 당사자 사이에서 상대방 당사자인 사용자 또는 사용자단체에 대하여 당사자 일방인 근로자 측의 채무의 이행을 담보하는 보증인적 지위를 인정하자는 것이어서 받아들일 수 없고, 근로자들의 단순한 근로제공 거부는 그것이 비록 집단적으로 이루어졌다 하더라도 업무방해죄의 실행행위로서 사용자의 업무수행에 대한 적극적인 방해 행위로 인한 법익침해와 동등한 형법가치를 가진다고 할 수도 없다.

(다) 다수의견의 견해와 같이 '단순 파업'도 예외적인 상황에서는 작위로서 위력에 해당한다고 보는 입장에 서더라도, 위력의 해당 여부에 관하여 다수의견이 제시하는 판단 기준에는 찬성할 수 없다. 단순 파업이 쟁의행위로서 정당성의 요건을 갖추지 못하고 있더라도 개별적 근로관계의 측면이나 집단적 근로관계의 측면에서 모두 근본적으로 근로자 측의 채무불이행과 다를 바 없으므로, 이를 위력의 개념에 포함시키는 것은 무엇보다 죄형법정주의의 관점에서 부당하다. 또한 파업 등 쟁의행위가 정당성을 결여한 경우 쟁의행위를 위법하게 하는 각각의 행위에 대하여는 노동조합및노동관계조정

법에 별도의 처벌규정을 두고 있어 같은 법 위반죄로 처벌할 수 있으므로, 위법한 단순 파업이 위력에 의한 업무방해죄를 구성하지 않는다 하더라도 위법의 원인행위 자체에 대한 처벌의 공백이 생기는 것이 아니다. 따라서 근로자들이 단결하여 소극적으로 근로제공을 거부하는 파업 등 쟁의행위를 하였으나 폭행·협박·강요 등의 수단이 수반되지 않는 한, 같은 법의 규정을 위반하여 쟁의행위로서 정당성을 갖추지 못하였다고 하더라도 당해 쟁의행위를 이유로 근로자를 형법상 업무방해죄로 처벌할 수는 없고, 근로자에게 민사상 채무불이행 책임을 부담시킴과 함께 근로자를 노동조합및노동관계조정법 위반죄로 처벌할 수 있을 뿐이며, 그것으로 충분하다.

(라) 다수의견이 '단순 파업'이 쟁의행위로서 정당성이 없는 경우라 하여 언제나 위력에 해당한다고 볼 수 없다고 보아 위력의 개념을 어느 정도 제한하여 해석한 것은 종래 판례의 태도에 비추어 진일보한 입장이다. 그러나 다수의견이 제시하는 위력의 해당 여부에 관한 판단 기준에 의하더라도 과연 어떠한 경우를 전격적으로 이루어졌다고 볼 수 있을 것인지, 어느 범위까지를 심대한 혼란 또는 막대한 손해로 구분할 수 있을 것인지 반드시 명백한 것은 아니다. 따라서 다수의견의 해석론에 따른다 할지라도 형법 제314조 제1항에 규정한 '위력' 개념의 일반조항적 성격이 충분히 해소된 것은 아니고, 위력에 의한 업무방해죄의 성립 여부가 문제되는 구체적 사례에서 자의적인 법적용의 우려가 남을 수밖에 없다.

☞ 위 전원합의체판결은 일보 진전된 전향적인 노동형법적인 판결이라고 평가할 수 있다. 이 판결에 의해 사용자의 정상적인 업무운영을 저해하고 손해를 야기하는 집단적 노무제공거부행위는 당연히 형법 제314조 제1항 소정의 위력에 해당하고 노동관계법령에 따라 정당한 쟁의행위로서 위법성이 조각되지 않는 한 업무방해죄를 구성한다는 입장을 취하고 있었던 종래 판례의 입장이 어느 정도 변경되었다. 이 판결에서 다수의견과 반대의견 쌍방은 근로자들의 집단적 노무제공거부는 구체적인 쟁의행위의 전후 사정과 사정을 구체적으로 감안해서 위력에 해당하는지를 판단해야 한다는 것을 전제로 하고 있지만, 다수의견은 ① 쟁의행위가 사용자가 예측할 수 없는 시기에 전격적으로 이루어졌고, ② 사업의 운영에 막대한 혼란 내지 막대한 손해를 초래하는 등으로, ③ 사용자의 사업계속에 관한 자유의사가 제압되거나 혼란될 수 있다고 평가할 수 있는 경우에는 형법 제314조 소정의 위력에 해당하여 업무방해죄가 성립한다는 것이고, 반대의견은 단순한 집단적 노무제공거부는 형법 제314조 소정의 위력에 해당할 수 없고, 노동법상의 정당성요건을 구비하지 못한 경우에도 민사법적인 채무불이행책임은 발생할 수 있으나 형사법적인 문제가 성립하지 않는다는 것이다. 즉 단순한 집단적 노무제공거부는 별도의 폭행 협박 강요 등의 수단이 수반되지 않는 한 노조법상의 규정을 위반하는 쟁의행위라도 그 결과는 마찬가지라는 것이다. 이렇게 볼 때, 다수견해는 여전히 종래 판례의 태도를 완전히 버리지 못하고 있

어서 아쉬운 점이 있으나, 반대의견은 노동형법적인 견해로서 보다 진보적인 새로운 지평을 열었다고 말할 만하다.

V. 위법집단행위에 대한 법적 책임

위법집단행위가 범죄구성요건에 해당하는 경우에는 이에 가담한 자는 형사책임을 져야 하고,[82] 손해가 야기된 경우에는 채무불이행 및 불법행위에 기한 공동책임을 부담하여야 한다는 것은 법논리상 당연하다.

82) 위법집단행위의 수단, 양태 등에 따라 퇴거불응죄, 명예훼손죄, 업무방해죄, 협박죄, 재물손괴죄 등 형법상의 다양한 범죄가 성립할 수 있다. 이에 관한 상세한 것은 香山忠志, 위같은책, 제2장 참조

제4장 쟁의관계의 조정

제1절 서 설

Ⅰ. 분쟁과 법규범

개인 또는 집단간의 분쟁은 법규범의 성립 여부와 관련해서 권리분쟁(rights disputes)과 이익분쟁(interest disputes)으로 구분할 수 있다. 권리분쟁은 이미 성립된 법규범에 의해서 성립된 권리의 존부 및 실현을 둘러싼 분쟁이고 이익분쟁은 권리를 설정할 규범형성을 둘러싼 분쟁이다. 그러므로 권리분쟁은 설정된 법규범의 이행을 둘러싼 권리의무주체간의 갈등상태라고 말할 수 있는 데 반하여 이익분쟁은 법규범을 정립하기 전에 그 구체적인 법규범의 설정을 둘러싼 이익관계에 기한 갈등상태라고 말할 수 있다. 그래서 권리분쟁을 법적 갈등(legal conflict), 이익분쟁을 경제적 갈등(economic conflict)이라고 하는 학자도 있다.[83)]

이익분쟁을 통해서 법규범을 형성하고, 그러한 법규범의 해석과 집행 또는 이행을 둘러싸고 권리분쟁이 발생한다. 법과 정치를 엄격하게 분리시키려고 하는 근대시민법학에 있어서는 권리분쟁은 법의 문제이지만 이익분쟁은 정치의 문제로 된다. 그러므로 이익분쟁이란 법의 문제가 아니므로 처음부터 법적 판단의 대상이 아니다. 이익분쟁이란 법이 성립하기 전의 정치적 다툼일 뿐이다. 그러므로 근대시민법에서 이익분쟁은 법을 형성하는 정치적 분쟁 또는 정치적 투쟁으로 파악된다. 특히 근대시민법적 사고에서는 자유로운 대등한 개인이 법적 주체로서 전제로 되기 때문에 법주체간의 이해관계를 둘러싼 이익분쟁이라는 관념은 아예 법적 개념으로 성립할 여지가 없다. 개인 간의 이익분쟁은 계약체결의 과정에 흡수되어, 계약의 규범적 효력을 판단하는, 예컨대 착오, 사기, 강박, 폭력 등과 같이

83) W.B. Gould, A Primer on American Labor Law, The MIT Press, 1986, 132면.

효과의사의 진위를 결정하는 자료밖에 평가되지 않는다.

그러나 현대적 사회법에 있어서 이익분쟁은 근대시민법에 있어서와는 판이하다. 사회법은 이익분쟁을 법적 분쟁으로 인정한다. 여기에 있어서 법적 분쟁이란 시민법에서 말하는 법적 분쟁과는 그 성격이 다르다. 사회법은 서로 이해관계가 대립하는 사회의 집단적 주체를 전제로 해서 이들 집단들이 자율적으로 일정 기간을 단위로 해서 집단구성원에게 적용될 새로운 규범을 형성할 수 있도록 하는 이른바 사회적 자치를 전제로 한다. 이러한 사회법적 사고에 있어서는 오히려 사회적 자치의 과정에서 이른바 이익분쟁이 법적 관념으로 파악된다.

이러한 사회법적 사고가 현저하게 부각되는 영역이 바로 노동조합과 사용자의 관계를 전제로 하는 집단적 노사관계이다. 노동법은 사회적 집단에게 일정한 범위 내에서 구체적 상황에 부합하는 규범형성행위를 할 수 있는 법적 지위를 인정할 뿐만 아니라 규범형성과정에 있어서 상대방 또는 상대집단에 대해서 자기주장의 관철을 위해서 집단력을 행사할 수 있다는 것을 법적 권리로서 보장한다. 집단적 노사관계에 있어서는 집단적 주체로서 노동조합과 사용자를 전제로 하고 이들 간에 자율적으로 협정하는 규범이 곧바로 이들 집단구성원 개인에게 구속력 있는 법규범으로 적용되는 것이다. 노사 간에 있어서 사회적 자치의 불발로서 이익분쟁이 빈번히 발생한다. 노사 간에는 자치규범으로서의 단체협약의 체결을 둘러싸고 분쟁이 발생한다.

우리 노동헌법은 사회적 자치에 의한 노동법규범의 형성과정에 있어서 이익분쟁의 발생을 예정하고 있다. 이러한 표현 보다는 우리 노동헌법은 오히려 노동조합에게 단체행동권을 보장하여 이익분쟁을 야기하는 것을 권리로서 보장하고 있다고 하는 것이 옳다. 이것은 자본주의사회에 있어서 노동자들의 특수한 사회적 상황에서 비롯된 것이다. 만약 우리가 권리분쟁과 이익분쟁의 개념을 인정한다면, 노사분쟁이라고 하더라도, 그것이 단체협약의 이행을 둘러싼 분쟁이면 권리분쟁이라고 할 수 있고, 단체협약의 체결을 둘러싼 분쟁이면 그것은 이익분쟁이라고 해야 할 것이다.

그렇지만 권리분쟁과 이익분쟁이라는 개념을 인정한다고 하더라도 현실적으로 권리분쟁과 이익분쟁이 두부를 칼로 자르듯이 모든 경우에 확연하게 구분될 수 있는 것은 아니다. 우리가 「권리」와 「이익」을 어떻게 파악하는가에 따라 다르게 된다. 사실 권리와 이익은 서로 구분될 수 없는 개념이라고 해도 과언이 아니다. 그래서 현대법에 있어서는 권리분쟁과 이익분쟁이라는 개념을 포기하는 것이 오히려 타당하다고 할 것이다. 설령 권리분쟁과 이익분쟁을 구분한다고 하더라도, 노동문제에 있어서는 이익분쟁과 집단적 권리분쟁이 상호밀접한 연관관계에 있기 때문에 이들 양 개념에 의해서 노동문제를 파악하는 것은 현실을 왜곡할 가능성이 있다. 말하자면, 이익분쟁은 권리분쟁으로 발전하고 권리분쟁은 이익분쟁으로 피드백(feed-back)하는 것이다. 권리분쟁과 이익분쟁이 명확하게 구분될 수 없고 그 처리방법에 있어서도 분명하게 상이할 필요도 없다. 엄격한 의미에 있어서 권리분쟁도 기본적으로는 이익을 둘러싼 분쟁이므로 넓은 의미에 있어서의 이익분쟁이다.

다른 한편, 이익분쟁이든 권리분쟁이든 노사 간의 분쟁에 있어서 양당사자에 의한 쟁의행위권의 행사는 산업자본주의사회 전체에 미치는 영향은 엄청난 것이다. 그래서 노동법은 단체협약의 체결을 둘러싼 이익분쟁을 조정하는 특별한 절차를 예정하고 있는 것이다.

Ⅱ. 분쟁의 해결양식

사회적 분쟁이란 그 분쟁의 직접적인 당사자에게 고통을 주지만, 직접적인 당사자가 아닌 사회구성원에게도 직·간접적으로 영향을 준다. 그래서 분쟁당사자뿐만 아니라 그 당사자와 관련이 있는 제3자 및 그들이 속해 있는 사회공동체는 어떠한 형식으로든 그 분쟁을 해소하려고 노력하고 그러한 해소방식과 절차를 나름대로 고안해내고 있다. 여러 가지의 방안들이 분쟁해결을 위하여 제도화되어 왔는데 이러한 분쟁해결방안은 그 방식이나 내용에 따라 몇 가지로 유형화할 수 있다.

첫째, 당사자에 의한 해결과 제3자의 개입에 의한 해결이다. 당사자에 의한 해결은 일방의 완전히 굴복에 의한 해결과 쌍방 간의 합의와 타협에 의한 해결로 다시 나눌 수 있다. 제3자의 개입에 의한 해결은 제3자의 권위적 결정에 의한 해결과 제3자의 비권위적 권고에 의한 해결이 있다.

둘째, 자율적 해결과 타율적 해결이다. 자율적 해결은 당사자 자신의 의사에 의한 해결을 말한다. 당사자들이 스스로 선정한 제3자의 조력을 받아 자발적으로 분쟁을 해결하는 경우도 자율적 해결에 속한다. 당사자 자신들의 선정하지 않는 제3자의 조력에 의해 분쟁을 스스로 해결하는 경우도 자율적 해결의 범주에 속한다. 타율적 해결이란 분쟁당사자의 의사와 관계에 없이 제3자의 일방적 결정에 의한 해결을 말한다.

셋째, 판정적 해결과 조정적 해결이다. 판정적 해결은 분쟁의 사안을 정확히 가려서 해결하는 방법인데, 옳고 그름이 판정의 기준이며, 여기에서는 승자와 패자가 확연히 결정된다. 일반적으로 판정적 해결에는 권위적인 지위에 있는 판정자가 있다. 조정적 해결은 분쟁의 원만한 타결을 중시하는 해결방법이다. 조정적 해결에서는 분쟁당사자가 서로 타협하여 양자가 승자로 되는 것을 목표로 한다. 조정자는 비권위적 중개적인 또는 권고적 태도를 지향하는 것이 특징이다.

Ⅲ. 노동쟁의와 그 해결의 양식

생산공동체라는 노사관계의 특성에 비추어 볼 때, 쟁의관계는 가급적이면 자율적·조정적으로 해소시키는 것이 바람직할 것이다. 타율적·판정적 해소는 당사자 일방이 내심으로는 이를 승복하지 않음으로써 양자의 관계가 회복 치유되지 않고 악화된 상태로 지속될 가능성이 크기 때문이다.

그렇지만 일단 쟁의가 발생하여 쟁의관계로 돌입한 경우, 그 당사자가 분쟁을 스스로 해결하거나 타결하는 것은 쉽지 않다. 설사 쟁의관계당사자가 쟁의관계의 해소를 원하는 경우에도 그것은 쉽지 않다. 이러한 경우에 제3자의 도움이 큰 역할을 할 수 있으며, 당사자 스스로도 제3자에 의한 조정적 해결을 원하기도 한다.

모든 노사분쟁은 조정적 해결방법이 가장 바람직하다. 물론 노동법이나 단체협약의 위반이나 이행을 둘러싼 노사간의 권리분쟁도 조정적 해결이 바람직하지만, 그렇게 되지 않는 경우에는 판정적 해결로 종결된다.

그러나 이익분쟁은 일방이 타방을 폭력으로 진압하거나 권력에 의해서 억압되지 않는 한 조정적 방법으로 해결되는 수밖에 없다. 그래서 현행 노조법은 쟁의관계를 조정에 의해서 해소하도록 하고 있다.

제 2 절 쟁의관계조정(調整)의 구조

I. 의 의

쟁의관계조정(調整)이라 함은 노동조합 등 근로자단체와 사용자 또는 사용자단체, 즉 노동관계 당사자 사이에서 노동관계에 관한 사항에 대하여 주장의 불일치가 있고 당사자 사이에 합의를 위한 노력을 계속하여도 더 이상 자주적 교섭에 의한 합의의 여지가 없는 분쟁상태가 발생하였을 때, 이러한 노동쟁의를 해결하기 위한 절차로서 쟁의관계 당사자 이외에 사인 또는 국가기관 등 제3자로 하여금 당사자 간의 주장을 조정할 수 있도록 하는 분쟁해결방식을 뜻한다.

노동관계 당사자가 노동관계에 관한 사항을 자주적으로 결정하기 위하여 단체교섭 등을 통하여 협상하는 과정에서 서로 주장이 일치하지 아니하여 합의에 이르지 못하고 있는 경우 당사자는 그 주장을 관철할 목적으로 쟁의행위권을 행사할 수도 있으나, 쟁의행위권의 행사를 통한 노동쟁의의 자주적 해결에만 의존할 경우 그로 인한 경제적 손실이 불가피할 것으로 예상되므로 이를 예방하기 위한 평화적·보조적인 분쟁해결방식으로 쟁의관계조정제도가 마련될 필요가 있다.

오늘날 세계 각국에서는 쟁의관계의 해결방식으로 조정제도를 거의 예외 없이 두고 있으나 각 국가의 사회적 정치적 경제적 사정에 따라 (가) 조정의 대상이 되는 노동쟁의의 범위를 어디까지 인정할 것인가, (나) 조정은 구체적으로 어떠한 방식에 의할 것인가, (다) 조정의 방법 및 절차를 법이 정한 바에 의하도록 할 것인가 아니면 당사간의 사적 합의 등에 의하여 정할 수도 있도록 할 것인가, (라) 조정의 개시 및 성립여부를 당사자의 임의적인 결정에 맡길 것인가 아니면 강제적으로 개시되고 강행적인 구속력을 갖는 것으로 할 것인가 등에 있어서 그 내용의 차이가 있다.

Ⅱ. 쟁의관계조정의 기본원칙

근로조건은 기본적으로 쟁의행위권에 기한 압력과 대항압력을 포함하는 단체교섭을 통해서 노사가 자율적으로 결정해야 하며, 국가나 제3자는 노사자치에 개입해서는 안 된다. 이렇듯 노사자치의 존중이 노동단체법에 있어서 가장 중요한 원칙이지만, 항상 노사분쟁이 노사자치에 의해서 해결되지는 않는다.

노사의 자주적 단체교섭이 결렬된 경우에 제3자가 객관적 지위에서 쌍방의 주장 내용을 듣고 타협안을 제시하는 방식으로 분쟁의 자주적 해결을 촉진하는 역할을 할 수 있다. 노동쟁의조정제도는 제3자의 개입에 의해서 분쟁의 해결을 도모하고자 하는 것에 그 의의가 있다. 국가 및 지방자치단체는 노동관계 당사자간에 노동관계에 관한 주장이 일치하지 아니하는 경우인 노동쟁의가 발생한 경우에는 당사자들이 이를 자주적으로 조정할 수 있도록 조력하여 쟁의행위를 예방하고 노동쟁의를 신속하고 공정하게 해결하도록 노력하여야 한다.

노사 간의 분쟁은 당사자들에게 경제적 손실을 가져올 뿐만 아니라 국민생활에 대해서도 많은 영향을 미친다. 이에 노동쟁의는 신속하게 처리되어야 할 필요성이 있다. 노조법은 노동관계 조정의 경우, 노동관계 당사자뿐만 아니라 노동위원회 기타 관계기관이 사건을 신속히 처리하도록 노력할 의무를 부여하고 있다.

국민생활에 지대한 영향을 주는 국가·지방자치단체·국공영기업체·방위산업체 및 공익사업에 있어서의 노동쟁의의 조정은 우선적으로 취급하여 신속히 처리하여야 한다.

Ⅲ. 쟁의관계조정절차의 구조

1. 조정전치주의

노조법은 노동관계 당사자는 노동쟁의가 발생한 때에는 어느 일방이 이를 상대방에게 통보하여야 하고(동법 제45조 제1항), 쟁의행위는 법에 의한 조정(調整)절차 또는 사적 조정절차를 거치지 아니하면 이를 행할 수 없다(동법 제45조 제2항 본문, 제52조 제3항). 이를 조정전치주의(調整前置主義)라 한다.

[그림-2] 노동쟁의의 조정 절차[84)]

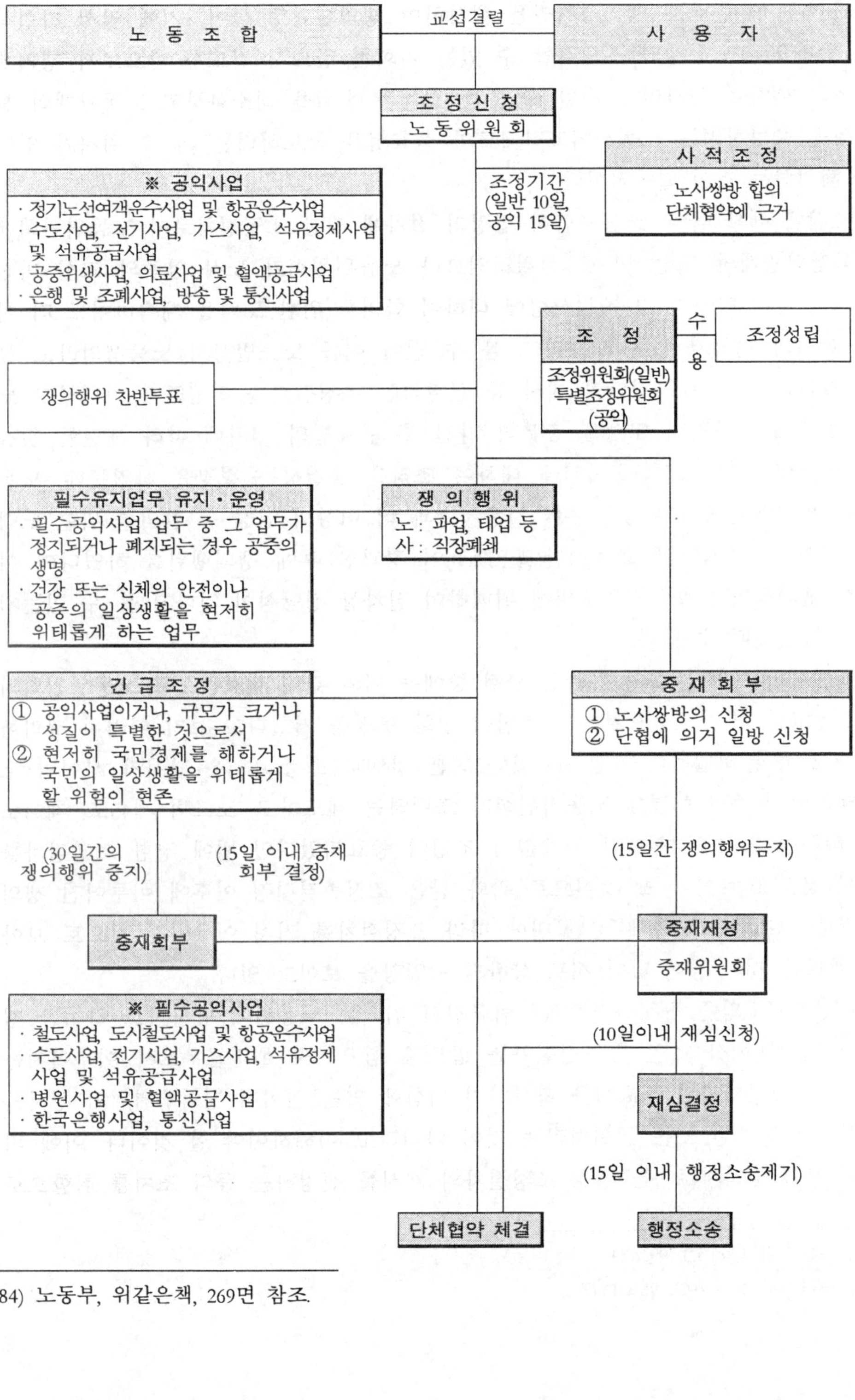

84) 노동부, 위같은책, 269면 참조.

이와 같이 조정전치주의를 취하고 있는 것은 노동관계 당사자가 노동쟁의가 발생하였을 때 곧바로 쟁의행위권을 행사하여 쟁의행위로 들어가기에 앞서 타협적인 방법으로 노동쟁의를 해결할 수 있는 기회를 반드시 갖도록 함으로써 쟁의행위권의 행사로 인하여 초래될 수 있는 경제적 손실을 최소화하고 노동관계의 불안정을 예방하려는 노동쟁의조정제도의 실효성을 확보하려는 데 그 취지가 있다고 해석하는 것이 일반적이다.

그런데 예를 들어, 노동조합이 법정의 절차에 의한 조정절차로서 노동위원회에 노동쟁의관계의 조정(調停)을 신청하였으나 노동위원회가 노사 양측의 교섭 미진으로 인하여 당사자 간 쟁점사항에 대하여 합의를 위한 노력을 계속하여도 더 이상 합의의 여지가 없는 상태라고 볼 수 없어 이를 노조법상의 노동쟁의라고 볼 수 없다는 이유로 조정안의 제시 등 실질적인 조정절차를 진행하지 아니하고 노사 양측에 자주적인 교섭을 충분히 가진 후 관계법의 절차에 따라 해결할 것을 권고하면서 쟁의조정신청사건에 대하여 조정을 종결하는 결정을 하였는데, 노동조합이 이러한 권고결정 이후에 사용자측과 더 이상의 협상 등 합의를 위한 노력을 계속하지 않은 채 조정기간(調停期間)이 경과한 후에 쟁의행위를 하였다면 이러한 쟁의행위가 조정전치주의에 위배하여 절차상 정당성이 없다고 볼 수 있는지 여부가 문제될 수 있다.

이러한 사안에 대하여 하급심 판결 중에는 이와 같이 형식적으로 노동위원회의 조정절차를 거친 것만으로는 노조법이 정한 조정을 거쳤다고 보기 어려워 쟁의행위가 절차상 적법하다고 볼 수 없다고 본 것[85]과 조정(調停)은 당사자 사이의 노동쟁의의 자주적 해결에 노동위원회가 조력하는 제도이고, 노조법 제45조, 제54조의 해석상 조정종결원인과 관계없이 조정이 종료되었다면 법에 정한 조정절차를 거친 것으로 보아야 할 것이므로 위와 같은 조정종결결정 이후에 이루어진 쟁의행위는 노조법 제45조에 정한 바에 따라 조정절차를 거쳐 이루어진 것으로 보아야 한다는 것[86] 등이 있어 서로 상반되는 입장을 보이고 있다.

조정전치주의를 규정하고 있는 법규정의 취지는 노동관계 당사자로 하여금 쟁의행위권의 행사에 앞서 조정절차를 밟도록 함으로써 행정급부로서 이루어지는 노동쟁의조정제도의 실효성을 확보하기 위함에 있는 것이지 쟁의행위권의 행사를 실질적으로 제한 또는 금지하려는 것이 아니라고 이해하여야 할 것이다. 이에 비추어 보면 당사자로서는 법정 조정절차의 개시를 신청하는 등의 조치를 취함으로

85) 부산고법 1999.5.3. 99노34.

86) 춘천지법 1999.10.7. 98노1147.

써 조정전치의 요건을 충분히 준수하였다고 봄이 상당하다. 더 나아가 실질적인 조정절차가 진행되어야만 조정전치의 요건을 갖춘 것으로 본다면 위 사안과 같은 경우에는 법규정상 노동쟁의의 해당여부에 관한 노동위원회의 판단에 따라 쟁의행위가 사실상 금지될 수 있는 셈이 되고, 이는 노동조합의 쟁의행위권을 본질적으로 제한하는 독소조항으로 사용될 위험성이 있는 것이어서 부당하다 할 것이다. 따라서 후자의 판결례 입장이 타당하다고 생각한다.

2. 조정절차 중 쟁의행위권 행사의 금지

쟁의행위권의 행사에 앞서 조정절차를 거쳐야 한다고 하더라도 반드시 조정절차가 종료되어야만 쟁의행위로 나아갈 수 있는 것은 아니다.

우선, 노조법에 정한 조정(調整)절차를 거치는 경우에는, 만약 노조법 제54조의 규정에 의한 조정기간(調停期間) 내에 조정(調停)이 종료되지 아니하거나 노조법 제63조의 규정에 의한 기간 내에 중재재정이 이루어지지 아니한 경우에는 이러한 조정·중재절차가 종료되지 아니하였다고 하더라도 쟁의행위권을 행사할 수 있다(동법 제45조 제2항 단서). 노조법 제54조에 정한 조정기간은 노조법 제53조의 규정에 의한 조정의 신청이 있은 날로부터 일반사업에 있어서는 10일, 공익사업에 있어서는 15일이고(동조 제1항), 관계 당사자의 합의에 의하여 일반사업에 있어서는 10일, 공익사업에 있어서는 제15일 이내에서 연장할 수 있다(동조 제2항). 그리고 동법 제63조는 노동쟁의가 중재에 회부된 때에는 그 날로부터 15일간 쟁의행위를 할 수 없다고 규정하고 있다. 따라서 조정(調停)의 경우, 위 조정기간이 경과하기 전에 조정절차가 종료된 때에는 그 때부터 즉시 쟁의행위를 행할 수 있고 위 조정기간이 경과할 때까지 조정절차가 종료하지 아니한 때에는 위 조정기간이 경과한 때부터 즉시 쟁의행위를 할 수 있다. 또한 중재의 경우 중재회부일로부터 15일이 경과한 때에는 그 때부터 즉시 쟁의행위를 행할 수 있다. 그리고 위와 같은 쟁의행위권 행사의 금지기간은 조정절차와 중재절차를 구분하여 별도로 기산되어 진행된다 할 것이다.

다음으로, 사적 조정(調整)절차에 의하는 경우에도 조정(調停)에 의하여 해결하기로 한 때에는 노조법 제45조 제2항 및 제54조의 규정이 적용되고 이 경우 조정기간은 조정을 개시한 날로부터 기산하며, 중재에 의하여 해결하기로 한 때에는 노조법 제63조의 규정이 적용되고 이 경우 쟁의행위 금지기간은 중재를 개시한 날로부터 기산하도록 하고 있다(노조법 제52조 제3항). 따라서 위 각 기간이 경과하기 전에 조정(調停)이 종료되면 그 때부터 위 각 기간이 경과할 때까지 조정이나 중재절차가 종료되지 아니하면 그 기간이 경과한 때부터 쟁의행위를 행할 수 있다. 노동관계 당사자 사적 조정·중재에 의하여 노동쟁의를 해결하기로 하였을 때 이를 노동위원회에 신고하여야 하는데(노조법 제52조 제2항), 이러한 신고를 하지 아니하고 사적 조정·중재를 개시하였을 경우 조정·중재기간은 후에 노동위원회에 신고한 때로부터 기산된다고 보아 쟁의행위권 행사의 금지기간도 그 때부터 진행된다고 해석하는 견해[87]가 있다.

그러나 조정·중재기간을 설정하고 있는 것은 쟁의행위를 제한, 금지하기 위한 것에 그 본래의 의미가 있는 것이 아니고 어디까지나 조정·중재의 실효성을 확보하기 위한 것에 그 목적이 있으며, 노동관계 당사자로 하여금 사적 조정·중재를 노동위원회에 신고하도록 한 것은 행정기관인 노동위원회로 하여금 노사관계 당사자 간의 노동쟁의의 자주적 해결방법에 대한 사실확인을 하고 이에 조력하는 등의 후견적 기능을 확보하기 위한 것에 그치는 것이지 이를 감독, 개입하기 위한 것은 아니라고 보아야 하며, 위 견해와 같이 해석하게 되면 노동관계 당사자가 신고의무를 이행하지 않을 경우 쟁의행위는 끝내 금지되는 결과를 낳게 된다는 점을 감안하면, 위와 같이 사적 조정·중재의 신고를 하지 않았다고 하더라도 조정·중재기간의 기산점은 사적 조정·중재의 개시일부터 기산된다고 보는 것이 타당하다 할 것이다. 사적 조정절차에 있어서 쟁의행위 금지기간도 조정절차와 중재절차를 구분하여 별도로 기산되어 진행되는 것은 법정조정절차의 경우와 마찬가지라고 할 것이다.

쟁의관계 당사자는 법정 조정·중재절차가 진행 중인 경우에도 사적 조정·중재에 관한 합의를 하여 그 절차를 밟을 수 있고(노조법시행령 제23조 제2항), 반대로 사적 조정·중재에 의하여 노동쟁의를 해결하기로 하였다고 하더라도 그에 의하여 노동쟁의가 해결되지 아니한 경우에는 쟁의관계 당사자는 법에 정한 조정·중재절차의 개시를 신청할 수 있음(노조법시행령 제23조 제3항)은 전술한 바와 같다. 따라서 전자의 경우와 같이 법정 조정·중재절차가 진행 중 그 조정기간이나 중재기간이 경과하기 전에 사적 조정·중재절차를 밟게 되는 때에는 별도로 사적 조정이나 중재가 개시된 날로부터 10일 또는 15일간의 조정·중재기간 동안 쟁의행위가 금지되고, 후자의 경우와 같이 사적 조정·중재절차가 진행되다가 노동쟁의가 해결되지 아니한 채 종료하여 노동관계 당사자가 법에 정한 조정·중재절차의 개시를 신청한 때에는 별도로 그 조정 신청일부터 10일의 조정기간 또는 중재

---

87) 김형배, 위같은책, 972면.

회부일부터 15일의 중재기간 동안 쟁의행위가 금지된다고 할 것이다.

한편, 위와 같은 일반적인 조정(調整)절차를 거쳤으나 분쟁이 해결되지 않아 쟁의행위로 나아간 경우에도 노조법 제76조 제3항에 의한 노동부장관의 긴급조정의 결정이 공표된 때에는 즉시 쟁의행위를 중지하여야 하며, 공표일부터 30일이 경과하지 아니하면 쟁의행위를 재개할 수 없다(노조법 제77조).

공익사업 중에서도 필수공익사업(노조법 제71조 제2항)에 대하여는, 조정절차가 진행되는 중에 조정이 성립될 가망이 없을 때 특별조정위원회가 조정기간이 만료되기 전에 그 사건의 중재회부를 권고하여 노동위원회의 위원장이 그에 따라 직권으로 중재에 회부하는 결정을 하면(동법 제74조, 제75조) 관계 당사자는 역시 조정(調停)기간 중의 쟁의행위금지와는 별도로 다시 위 중재회부결정일부터 15일 동안 쟁의행위를 할 수 없고(노조법 제63조), 만약 위 기간 내에 중재재정이 있게 되면 그 중재재정은 단체협약과 동일한 효력이 있으므로(동법 제70조 제2항) 사실상 아무런 쟁의행위도 할 수 없게 된다. 위와 같이 쟁의행위를 사실상 전면 금지시킬 수 있도록 위 법률조항이 근로자의 단체행동권을 본질적으로 제한하여 위헌인 것은 아닌가 문제될 수 있다. 그러나 헌법재판소[88]는 공익사업의 직권중재제도를 정한 (구)노동쟁의조정법 제30조 제3호 등의 관련 규정에 대하여 재판관 중 5인이 위헌의견을, 4인이 합헌의견을 제시하였으나 위헌결정의 정족수인 6인의 재판관의 위헌의견에 이르지 못하여 헌법에 위반되지 않는다는 선고를 하였다.

그래서 2006년 12월 노조법 개정시에 노조법 제74조 및 제75조는 삭제되었다.

3. 쟁의관계에 있어서 조정의 대상

1) 서 설

조정은 쟁의관계당사자 사이에 노동쟁의가 발생하였을 때 이를 해결하기 위한 절차이므로 노동쟁의의 범위에 속하는 사항이 조정의 대상이 된다. 그런데 노조법은 노동쟁의의 개념을 노동조합과 사용자 또는 사용자단체(이를 노동관계 당사자라 한다)간에 임금·근로시간·복지·해고 기타 대우 등 근로조건의 결정에 관한 주장의 불일치로 인하여 발생한 분쟁상태라고 규정하고 있으므로(노조법 제2조 제5호), 위 법문상의 표현에 따른다면 “노동조합과 사용자 또는 사용자단체간에 근로조건의 결정에 관하여 주장의 불일치가 있는 사항”이 노동쟁의조정의 대상이 된

88) 헌재 1996.12.26. 90헌바19, 92헌바41, 94헌바49 결정(병합).

다 할 것이다.

즉, 조정의 대상이 되는 것은 ① "노동조합과 사용자 또는 사용자단체간"에 주장의 불일치가 있는 것으로서, ② "근로조건의 결정"에 관한 것이고, ③ "주장의 불일치"가 있는 사항이라고 나누어 볼 수 있다.

여기서 위 법규정상 ③항의 "주장의 불일치"가 있는 것이라 함은 당사자 간에 합의를 위한 노력을 계속하여도 더 이상 자주적 교섭에 의한 합의의 여지가 없는 경우라고 정의되고 있으나, 이를 들어 노동쟁의의 대상에 속하는 사항의 범위를 엄격히 제한 해석할 것은 아니고 당사자 일방이 단체교섭을 정당한 이유 없이 거부해태하는 경우를 포함하는 넓은 의미로 볼 수 있다 할 것이며, 그밖에 특별한 논란의 여지는 없다. 그러나 ①과 ②에 관련하여 노동쟁의조정의 대상을 어느 범위까지 인정할 것인가에 관하여는 해석론상 상당한 다툼이 있다.

2) 노동쟁의의 개념

노동쟁의를 포괄적으로 정의한다면, 노동관계 당사자 사이에 노동관계에 관한 주장의 불일치로 인하여 발생한 분쟁이라고 말할 수 있다. 그러나 조정(調整)의 대상으로 삼는 노동쟁의의 범위에 관하여 각국의 입법례는 다음과 같이 그 개념을 구분하여 정하고 있다.

(1) 개별적 쟁의와 집단적 쟁의

노동쟁의는 주체가 누구인가에 따라 개별적 쟁의와 집단적(또는 단체적) 쟁의로 구분할 수 있다. 즉, 노동관계 당사자 가운데서도 개별근로자와 사용자 사이에 발생한 분쟁을 개별적 쟁의라 하고, 노동조합 등 근로자단체와 사용자 또는 사용자단체 사이에 발생한 분쟁을 집단적 또는 단체적 쟁의라 한다.

대표적으로 프랑스의 입법례가 이러한 기준에 의해 노동쟁의를 구분하여, 그 중 개별적 쟁의는 법원의 재판결정에 의하여 해결하도록 하고 집단적 또는 단체적 쟁의에 해당하는 노동쟁의만을 노동쟁의조정의 대상으로 삼고 있다.

(2) 권리쟁의와 이익쟁의

노동쟁의의 원인 또는 노동쟁의에 의하여 추구하려는 목적이 무엇인가에 따라 노동쟁의를 권리쟁의(또는 법적 쟁의)와 이익쟁의(또는 경제적 쟁의)로 구분할 수 있다. 즉, 노동관계 당사자 사이에 그들의 권리의무를 이미 형성하고 있는 근거가 되는 기존의 근로계약·단체협약·노동법규의 해석·적용에 관하여 당사자 쌍방의 주장에 불일치가 생겨 발생한 분쟁을 권리쟁의 또는 법적 쟁의라 하고, 노동관계 당사자 사이에 그들의 권리의무를 새로이 형성하기 위한 단체협약의 체결 등의 과정에서 단체협약조항에 포함시킬 내용의 의사결정에 관하여 당사자 쌍방의 주장에 불일치가 생겨 발생한 분쟁을 이익쟁의 또는 경제적 쟁의라 한다.

노동쟁의를 개별적 쟁의와 집단적 쟁의로 구분하는 것과 관련하여 기존의 개별근로계약·단체협약·노동법규에는 개별근로자뿐만 아니라 노동조합 등 근로자단체 각자의 권리·의무가 규정되어 있을 것이므로 그 해석·적용에 관한 다툼을 내용으로 하는 권리쟁의는 개별근로자와 사용자간의 개별적 쟁의(즉, 개별적 권리쟁의)와 노동조합 등 근로자단체와 사용자 또는 사용자단체간의 집단적 쟁의(즉, 집단적 권리쟁의)의 어느 형태로든 발생할 수 있다.

한편, 노동관계 당사자 사이에 그들의 권리·의무를 새로이 형성하기 위한 의사결정을 함에 있어서 개별근로자가 사용자 사이에 개별 근로계약을 체결하는 과정에서나 노동조합 등 근로자단체가 사용자 또는 사용자단체와 단체협약 등을 체결하는 과정에서 주장의 불일치로 인하여 분쟁이 발생할 수 있다. 그러나 개별근로자가 사용자 사이에 개별 근로계약을 체결하는 과정에서 생기는 주장의 불일치는 일반적인 재산거래의 계약관계에 있어서와 마찬가지로 취급되고 근로관계라 하여 별도로 특별한 취급을 받지 아니한다. 근로자에게 보장된 단체교섭권에 따라 노동조합 등 근로자단체가 사용자 또는 사용자단체와 사이에 단체교섭을 통하여 단체협약을 체결하는 과정에서 발생하는 주장의 불일치만이 노동쟁의로서 문제될 것이다. 따라서 이익쟁의는 개별적 쟁의를 제외한 집단적 쟁의(즉, 집단적 이익쟁의)의 형태에서만 중요한 의미를 갖는다.

대표적으로 도이치 입법례가 이러한 기준에 의하여 노동쟁의를 구분하여 권리쟁의 또는 법적 쟁의는 법원의 재판절차에 의하여 해결하도록 하고 이익쟁의 또는 경제적 쟁의만을 노동쟁의조정의 대상으로 삼고 있다.

(3) 노동관계 전반에 관한 쟁의와 근로조건에 관한 쟁의

노동쟁의의 대상이 되는 사항을 어느 범위까지 인정할 것인가와 관련하여, 이를 노동관계 전반에 관한 사항으로 제한 없이 인정할 수도 있고 근로조건에 관한 사항으로 한정하여 인정할 수도 있다.

대표적으로 일본의 노동관계조정법은 노동쟁의를 "노동관계의 당사자 간에 노동관계에 관한 주장이 일치하지 아니하고 그 때문에 쟁의행위가 발생하고 있는 상태 또는 발생할 우려가 있는 상태"라고 정의하여(제6조), 노동쟁의의 대상이 되는 사항을 노동관계 전반에 관한 것으로 광범위하게 정하고 있다.

3) 개별적 검토

노동쟁의의 개념을 구분할 수 있는 것을 전제로 하여 우리의 현행 노조법이 정의하고 있는 노동쟁의의 개념에 의한다면 구체적으로 어떠한 사항이 노동쟁의에 해당하여 노동쟁의조정의 대상이 될 수 있는지의 문제를 개별적으로 나누어 살펴볼 필요가 있다.

첫째, 노조법 제2조 제5호는 노동쟁의를 "노동조합과 사용자 또는 사용자단체 간에" 발생한 분쟁상태라고 정의하고 있다. 따라서 우선, 개별근로자와 사용자 등 사이에 발생한 분쟁인 개별적 쟁의는 노동쟁의의 개념에서 제외되고 집단적 또는 단체적 쟁의만이 노동쟁의에 해당한다고 볼 것이다.

개별적 쟁의는 이익쟁의는 물론이고 권리쟁의도 조정(調整)의 대상이 되는 노동쟁의에 해당하지 않는다. 따라서 개별근로자와 사용자 사이에 개별 근로계약이나 노동법규의 해석·적용상 개별근로자의 사용자에 대한 권리의무에 관하여 주장의 대립이 있는 경우(예를 들어, 해고당한 개별근로자가 근로기준법상 정당한 이유 없이 해고가 이루어졌다고 하여 그 무효를 주장하거나 근로계약상 약정한 임금이 체불되었다고 주장하여 사용자에게 그 지급을 구하고 있고, 사용자가 이를 다투는 경우 등)와 같은 개별적 권리쟁의는 노동쟁의조정의 대상이 아니라 할 것이다.[89)]

이와 관련하여, 노동조합이 사용자 등과 체결한 단체협약조항을 해석·적용함에 있어서 단체협약에 정한 조합원의 권리의무의 내용에 관하여 노동조합과 사용자 등 사이에 주장의 대립이 있는 경우(예를 들어, 노동조합이 그 조합원에 대한 해고가 단체협약에 정한 해고사유 및 절차에 위배하여 이루어졌다고 하여 그 철회를 주장하거나 쟁의행위 기간 동안 쟁의행위에 참가한 조합원에 대하여 단체협약상 사용자에게 임금 지급의무가 있다고 하여 그 지급을 주장하고 있고 사용자가 이를 다투는 경우 등)가 다툼이 있는 권리의무의 귀속 주체가 조합원인 개별근로자와 사용자이므로 궁극적으로 그들 사이에 발생한 분쟁이라고 보아 개별적 권리쟁의에 해당한다고 할 것인지, 아니면 노동조합이 체결한 단체협약의 해석·적용에 관한 주장의 불일치가 있는 경우이므로 노동조합과 사용자 사이에 발생한 분쟁이라고 보아 집단적 권리쟁

89) 참고로 일본의 경우 노동쟁의를 "노동관계의 당사자 간에 노동관계에 관한 주장이 일치하지 아니하고 그 때문에 쟁의행위가 발생하고 있는 상태 또는 발생할 우려가 있는 상태"라고 정의하고 있는 일본 노동관계조정법 제6조의 규정과 관련하여, 일본 최고재판소는 개별적 쟁의를 노동쟁의의 범위에서 제외하는 해석을 하고 있다(일본 최고재판소 1949.4.5.자 판결).

의에 해당한다고 할 것인지가 문제될 수 있다. 그러나 후술하는 바와 같이 현행 "법"상으로 권리쟁의는 집단적 쟁의라고 하더라도 조정의 대상이 되는 노동쟁의에서 제외되어 있다고 볼 것이므로 더 이상 논의의 실익은 없다.

둘째, 위 법규정은 노동쟁의를 근로조건의 "결정"에 관한 주장의 불일치로 인하여 발생한 분쟁이라고 규정하고 있다. 따라서 집단적 또는 단체적 쟁의 중에서도 권리쟁의는 제외되고 노동조합과 사용자 또는 사용자단체 사이에 단체교섭을 통하여 새로이 결정하여야 할 집단적 이익쟁의만을 노동쟁의의 범주에 포함한다.

현행 노조법이 시행되기 전의 (구)노동쟁의조정법은 "이 법에서 노동쟁의라 함은 임금·근로시간·후생·해고 기타 대우 등 근로조건에 관한 노동관계 당사자간의 주장의 불일치로 인한 분쟁상태를 말한다"고 규정하여(노조법 제2조), 현행법에서 규정하고 있는 바와 같이 "근로조건의 결정에 관한" 주장의 불일치가 아니라 "근로조건에 관한" 주장의 불일치로, "노동조합과 사용자 또는 사용자단체간"의 불일치가 아니라 단순히 "노동관계 당사자 간"의 주장의 불일치라고 정의하고 있었다.

위 법규정은 노동쟁의를 "근로조건"에 관한 사항의 결정과 관련한 분쟁이라고 정하고 있다. 따라서 집단적 이익쟁의에 해당하는 노동쟁의 중에서도 근로조건에 관한 사항이 아니라 그 밖의 사항을 결정할 목적으로 발생한 분쟁은 노동쟁의에서 제외되어 있다고 할 것이다. 노동조합은 단체교섭권·단체행동권의 내용으로서 사용자 또는 사용자단체와 사이에 단체교섭을 통하여 조합원인 근로자 또는 노동조합 자신의 사용자 또는 사용자단체에 대한 권리의무관계를 새로이 형성하기 위한 단체협약을 체결할 수 있는 권리가 보장되고 이 때 자신의 주장을 관철하기 위하여 쟁의행위로까지 나아갈 수 있으나, 위와 같은 일련의 과정에서 주장의 불일치로 인하여 발생한 분쟁 중에서 조합원인 근로자의 근로조건의 결정에 관한 사항과 관련한 노동쟁의에 대해서만 조정(調整)의 대상이 되는 노동쟁의로 규정하고 있다.

4) 판례에 나타난 사례

노동쟁의의 개념과 관련해서 판례에서 문제로 되었던 사례를 보면, 먼저, (구)노동쟁의조정법에서 조정(調整)의 대상으로 삼는 노동쟁의의 범위에 관한 판례[90]는 "(구)노동쟁의조정법 제2조의 노동쟁의의 입장에서 말하는 '근로조건에 관한 노동

---

90) 대판 1990.5.15. 90도357; 동 1990.9.28. 90도602; 동 1991.3.27. 90도2528.

관계 당사자 간의 주장'이란 개별적 노동관계와 단체적 노동관계의 어느 것에 관한 주장이라도 포함하는 것이고, 그것은 단체협약이나 근로계약상의 권리의 주장(권리쟁의)뿐만 아니라 그것들에 관한 새로운 합의의 형성을 꾀하기 위한 주장(이익쟁의)도 포함된다"고 해석하여, 근로조건에 관계되는 사항인 이상 개별적 근로관계에 관한 사항이거나 단체적 근로관계에 관한 사항이거나를 불문하고 또한 그러한 사항에 대한 권리쟁의이거나 이익쟁의이거나를 불문하고 노동쟁의의 범위에 속한다는 입장을 취하였다. 그러나 이러한 종래의 판례는 (구)노동쟁의조정법의 노동쟁의의 개념과 관련하여 권리쟁의를 노동쟁의의 범주에 포함시켜 놓았던 태도는 현행 "법"의 해석상으로는 더 이상 유지될 수 없다고 보아야 할 것이다.[91]

그래서 그 후의 판례[92]는 "사용자와 근로자 사이의 근로계약관계에 있어서 근로자의 대우에 관하여 정한 조건인 근로조건 이외의 사항에 관한 노동관계 당사자 사이의 주장의 불일치로 인한 분쟁상태는 근로조건에 관한 분쟁이 아니어서 … 노동쟁의라고 할 수 없다"고 하여 이를 명백히 하고 있다.

그런데 이와 관련해서는 위 법규정에서 말하는 근로조건에 관한 사항을 어느 범위까지 인정할 것인가가 문제된다.

우선, 문제로 되었던 구체적인 사건에 관한 판례를 보면, 근로조건의 의미를 "근로조건이라 함은 사용자와 근로자 사이의 근로관계에서 임금·근로시간·후생·해고 기타 근로자의 대우에 관하여 정한 조건을 말하는 것"[93]라고 하거나 "면직기준은 근로계약관계의 종료사유를 결정하는 것이므로 근로기준법 소정의 퇴직에 관한 사항에 해당하는 것으로서 근로조건에 해당하여 이에 관한 주장의 불일치는 노동쟁의라 할 것"이라고 한 것,[94] "상벌위원회의 설치 및 그 구성 등 상벌위원회 관련 사항도 그것이 사업장에서의 합리적이고 공정한 인사나 제재를 도모하기 위하여 필요한 범위 내에서는 근로기준법 소정의 표창과 제재에 관한 사항에 속하는 것으로서 근로조건에 해당"한다고 본 것[95]등이 있으나, 그 반면에 근로조건에 관한 사항이 아니라고 한 사례로는, 병원인 사업장에서 "입원절차의 공정화 및 진료대기시간의 단축요구에 관한 분쟁은 경영조직 구성원이 협력하여 해결할 문제로서 근로조건에 관한 분쟁이 아니"라고 한 것,[96] "노동조합 조합원의 근무시간

---

91) 김유성, 위같은책, 395면.

92) 대판 1996.2.23. 94누9177; 동 1997.10.10. 97누4951.

93) 대판 1992.6.23. 91다19210 참조.

94) 대판 1996.2.23. 94누9177.

95) 위 94누9177 판결.

96) 대판 1994.1.11. 93누11883.

중의 노조활동은 원칙적으로 근로자의 근로제공의무와 배치되는 것이므로 허용되는 것이 아니고, 사용자와 근로자 사이의 근로계약관계에 있어서 근로자의 대우에 관하여 정한 근로조건에 해당하는 것이라고 할 수 없고, 종전의 단체협약이나 단체교섭을 진행하던 노동관계 당사자 쌍방의 단체협약 안에 그 사항에 관한 규정이 있다 하더라도 그것이 당연히 근로조건으로 되는 것이라고 할 수도 없으므로 이에 관한 노동관계 당사자 사이의 주장의 불일치는 노동쟁의라 할 수 없고, … 노조전임제는 노동조합에 대한 편의제공의 한 형태로서 사용자가 단체협약 등을 통하여 승인하는 경우에 인정되는 것일 뿐 사용자와 근로자 사이의 근로계약관계에 있어서 근로자의 대우에 관하여 정한 근로조건이라고 할 수 없는 것이고, 단순히 임의적 교섭사항에 불과하여 이에 관한 분쟁 역시 노동쟁의라 할 수 없다"고 하거나,[97] 같은 취지로 "노조전임제 또는 근무시간 중의 노도노조활동에 관한 것은 근로조건에 관한 분쟁이 아니고, 종전의 단체협약이나 단체교섭을 진행하던 노동관계 당사자 쌍방의 단체협약 안에 그 사항에 관한 규정이 있다고 하더라도 그것이 당연히 근로조건으로 되는 것이라고 할 수도 없으므로 이에 관한 노동관계 당사자 사이의 주장의 불일치는 노동쟁의라고 할 수 없다"고 본 것[98] 등이 있다.

그러므로 노조법이 규정하고 있는 근로조건에 관한 사항의 범위가 어디까지 인지는 선험적으로 확정하기 어렵고,[99] 그 구체적인 것은 해석론에 의존할 수밖에 없다고 할 것이다.

하지만 판례 중 특히 노조전임제 또는 근무시간 중의 노동조합활동에 관한 사항의 분쟁이 노동쟁의가 되지 않는다는 입장에 대하여 보면, 종래 판례가 (구)노동쟁의조정법상 노동쟁의의 개념에 관하여 '근로조건에 관한 노동관계 당사자 간의 주장'이란 개별적 노동관계와 단체적 노동관계에 관한 사항의 어느 것에 관한 주장이라도 포함하는 것이라고 보고 있으며 '근로조건에 관한' 사항에 한하여 이 부분 해석은 현행법상으로도 달리 보아야 할 이유가 없을 것이므로, 근로조건에 관한 사항을 반드시 조합원의 개별근로계약관계를 정하는 요소가 되는 직접적인 사항이나 이와 밀접하게 영향을 미치는 사항에만 한정할 것은 아니고 집단적 근

97) 대판 1996.2.23. 94누9177 및 최홍엽, "중재의 대상이 되는 노동쟁의의 범위", 『1996년 노동판례비평』, 민주사회를 위한 변호사모임 노동위원회, 1997, 237면 이하 참조.

98) 대판 1997.10.10. 97누4951.

99) 대판 1992.6.23. 91다19210은 사용자가 취업규칙에 정한 근로자의 신규채용에 관한 기준은 근로조건에 해당하지 않는다는 점을 밝히고 있을 뿐이다(같은 취지로, 대판 1992.8.14. 92다1995).

로관계의 주체인 노동조합 자신의 활동에 관한 권리의무관계를 설정하기 위한 사항이라고 하더라도 그 구성원인 조합원의 근로조건에 직·간접적으로 관련이 있는 사항은 근로조건에 관한 사항에 포함시켜 노동쟁의조정의 대상으로 삼는 것이 해석론상 상당하다 할 것이다. 이렇게 보면, 위 법규정의 문언상 '근로조건'에 관한 사항이라고 정하고 있지만, 의무적 단체교섭사항으로서 쟁의행위의 목적으로 삼을 수 있는 사항과 동일하게 보면 될 것이다.

4. 법정조정제도의 개관

노조법은 쟁의당사자의 자주적 해결을 원칙으로 하되, 그 담당기관에 따라 노동위원회를 조정기관으로 하는 국가적 조정방식에 의해서 쟁의관계를 조정할 수 있는 길과 쟁의관계당사자가 임의적으로 정한 제3자가 담당하는 사적 조정방식에 의해서 쟁의관계를 조정할 수 있는 길을 열어두고 있다. 전자의 경우에 있어서 노조법은 그 조정의 방식에 따라 개별적인 조정제도를 구체화하고 그 조정의 방법과 절차 및 효력을 규정하고 있다.

첫째, 조정(調整)의 방식에 관하여는 조정(調停, mediation, 법 제53조 내지 제61조)과 중재(仲裁, arbitration, 법 제62조 내지 제70조)의 방식을 채택하고 있다.

둘째, 조정의 방법 및 절차에 관하여는, 법정절차로서 국가기관인 노동위원회의 주관 아래 진행하도록 하는 조정(調停) 또는 중재의 방식을 마련하고 있다(법 제53조 내지 제70조, 제72조, 제73조). 그러나 반드시 이에 따라야만 하는 것은 아니고 노동관계 당사자 쌍방의 합의 또는 단체협약에 위 법정절차와 각각 다른 조정(調停) 또는 중재방법(이른바 사적 조정·중재)을 정하여 이에 의할 수 있고(노조법 제52조) 법에 정한 조정·중재절차가 진행 중인 경우에도 이러한 사적 조정·중재절차를 밟을 수 있다(동법 시행령 제23조 제2항). 그리고 노동관계 당사자가 사적 조정·중재에 의하여 노동쟁의를 해결하기로 하였다고 하더라도 법에 정한 조정·중재절차가 완전히 배제되는 것은 아니고 사적 조정·중재에 의하여 노동쟁의가 해결되지 아니한 경우에는 노동관계 당사자는 법에 정한 조정·중재절차의 개시를 신청할 수 있다(동법시행령 제23조 제3항).

셋째, 노조법은 예외적으로 일정한 경우에는 반드시 법정절차에 의하도록 하고 있다. 즉, 이른바 필수공익사업(노조법 제71조 제2항)에 대하여는 조정(調停)의 방법은 사적 조정에 의하거나 법정조정절차에 의하거나 불문하지만 조정이 성립될 가망이 없다고 인정되는 경우 중재의 절차에 대하여는 사적 중재방법을 정하고 있지 않은 이상 법이 정한 중재방법에 의하여만 한다(동법 제74조 제75조). 그리고 사적 절차 또는 법정절차 등에 의한 조정절차를 밟아 쟁의행위로 나아갔으나 그 쟁의행위가 이른바 공익사업(법 제71조 제1항)에 관한 것이거나 그 규모가 크거나 그 성질이 특별한 것으로서 그 쟁의행위가 국민경제를 해하거나 국민의 일상생활을 위태롭게 할 위험이 현존하는 때에는 반드시 법이 정한 긴급조정(緊急調整)의 절차에 의한 조정·중재방법(동법 제76조 내지 제80조)에 의하여야만 한다.

넷째, 조정의 개시 및 효력의 임의성 또는 강제성 여부에 관하여는, 우선 사적 조정·중재방법에 의할 경우에는 노동관계 당사자 쌍방의 합의 또는 단체협약에 정한 바에 따르게 될 것이나, 쟁의행위는 조정(調整)절차를 거치지 아니하면 이를 행할 수 없으므로(노조법 제45조 제2항) 법정절차와 다른 사적 조정절차를 두고 있는 경우에도 그 개시 자체는 사실상 강제되는 셈이다.

다섯째, 법정 조정절차에 있어서는, 먼저 조정(調停)은 노동관계 당사자 일방의 신청에 의하여 개시되고(노조법 제53조) 당사자 이외의 국가기관 등 제3자에 의하여 강제로 개시되는 것은 아님이 원칙이지만 역시 쟁의행위는 조정절차를 거치지 아니하면 이를 행할 수 없으므로 그러한 제약의 범위 안에서 그 개시는 사실상 강제되어 있다 할 것이다. 다만, 긴급조정절차에 의한 조정(調停)은 노동부장관의 결정에 의하여 강제로 개시된다(동법 제76조). 조정의 성립여부는 일반적 절차에 의한 것이거나 긴급조정절차에 의한 것이거나를 불문하고, 관계당사자가 수락한 때에 한하여 성립되어 그 효력을 갖게 되는 임의적인 것으로 정하고 있다(동법 제61조 제1항). 한편, 중재는 일반적으로 관계 당사자 쌍방이 함께 신청하거나 관계 당사자 일방이 단체협약에 의하여 신청한 때 개시되고(동법 제62조 제1, 2호) 당사자 이외의 국가기관 등 제3자에 의하여 강제로 개시되는 것은 아님이 원칙이다. 다만, 노조법 제71조 제2항의 규정에 의한 필수공익사업에 있어서는 노동위원회 위원장이 특별조정위원회의 권고에 의하여 중재에 회부한다는 결정을 한 때에는 그 결정에 따라 강제적으로 개시된다(노조법 제62조 제3호, 제74조, 제75조). 또한 긴급조정절차에 있어서도 중앙노동위원회의 위원장이 중재회부결정을 한 때에는 그 결정에 따라 강제적으로 개시될 수 있다(동법 제79조). 중재의 개시사유가 어느 경우이거나 불문하고 중재기관이 중재재정을 하면 적법한 불복절차에 의하여 취소되지 않는 이상 중재의 효력이 발생하여 관계당사자의 수락 여부에 관계없이 당사자를 강행적으로 구속한다.

제 3 절 사적 조정(私的 調整)

I. 서 설

사적 조정은 노동위원회나 그 밖의 공적 기관 이외의 제3자가 쟁의관계를 조정하는 것을 말한다. 이러한 경우에는 보통 개인 또는 사설기구가 조정을 담당하므로 임의조정이라고도 한다.

현행 노조법은 제5장 제2절 및 제3절의 각 규정에 노동위원회에 의한 조정(調整)절차를 정하고 있으나 반드시 이에 따라야만 하는 것은 아니고, 다른 한편으로 노동관계 당사자가 쌍방의 합의 또는 단체협약이 정하는 바에 따라 위 제2절 및 제3절의 규정과 각각 다른 조정(調停) 또는 중재방법에 의하여 노동쟁의를 해결할 수 있도록 허용하고 있다(노조법 제52조 제1항).

따라서 노동관계 당사자는 조정(調整)의 방법을 조정(調停) 또는 중재 중 어느 하나 또는 그 전부에 의할 것인가 여부, 조정(調整)의 개시사유를 어떻게 정할 것인가, 조정(調整)기관을 누구로 정할 것인가, 조정(調整)절차를 어떻게 정할 것인가 등의 점에 관하여 임의로 정할 수 있다. 다만, 노동관계 당사자가 이와 같이 사적 조정·중재방법에 의하여 노동쟁의를 해결하기로 한 때에는 이를 노동위원회에 신고하여야 한다(노조법 제52조 제2항).

이와 같이 사적 조정을 인정하는 취지는 노동위원회에 의한 공적 조정의 경우에 쟁의관계당사가 특히 노동조합이 그 조정의 공정성을 믿지 않으므로 공정한 제3자로 하여금 당사자 쌍방이 납득할 수 있는 해결을 찾을 수 있도록 하는 데에 있다고 할 것이다. 그러나 현실적으로 사적 조정에 대한 경험이나 관행이 축적되지 아니하였고, 설사 사적 조정이 이루어지는 경우에도 사적 조정기구의 공정성을 담보할 수 없기 때문에 이에 대한 당사자가 신뢰가 미약하며, 특히 사용자가 사적 조정에 의해 기업경영의 내용이 외부에 공개되는 것을 바라지 아니하고, 다른 한편 사적 조정의 해결안에는 국가의 노동정책에 따른 한계가 있기 때문에 우리나라에서는 거의 활성화되지 못하고 있는 형편이다.

Ⅱ. 사적 조정의 대상

조정(調整)의 대상이 되는 노동쟁의의 개념을 노동관계 당사자 사이에 근로조건에 관한 사항을 결정하기 위한 집단적 이익쟁의에 한정된다고 본다면, 노동관계 당사자는 위와 같이 근로조건의 결정에 관한 집단적 이익쟁의에 해당하는 사항에 관하여 사적 조정·중재방법에 의한 분쟁해결을 도모할 수 있다.

그런데 노조법은 같은 법에 규정한 쟁의관계조정에 관한 규정이 노동관계 당사자가 직접 노사협의 또는 단체교섭에 의하여 근로조건 '기타 노동관계에 관한 사항'을 정하거나 노동관계에 관한 주장의 불일치를 조정하고 이에 필요한 노력을 하는 것을 방해하지 아니한다고 규정하고 있으므로(동법 제47조), 사적 조정·중재방법에 의하여 해결할 수 있는 대상은 반드시 근로조건의 결정에 관한 사항에 한정되는 것은 아니고, 근로조건 이외에 '기타 노동관계에 관한 사항'의 결정에 관하여도 사적 자치의 원칙에 의하여 허용되는 범위 안에서는 조정이나 중재에 의한 분쟁해결방법의 합의가 가능하다 할 것이다.

다만, 위와 같은 집단적 이익쟁의 이외에 권리쟁의에 해당하는 사항에 대하여도 개별적 쟁의이거나 집단적 쟁의이거나 불문하고 노동관계 당사자 사이에 사적 조정(調整)의 합의에 의하여 분쟁해결이 가능할 것이지만, 이는 노조법에 규정한 사적 조정·중재의 성격을 갖는 것이 아니고 민법상 화해계약이 성립된 것으로 볼 수 있거나 경우에 따라 중재법이 정한 요건을 갖춘 중재계약이 성립된 것으로 볼 수 있을 것이다.

판례[100]는 노동관계 당사자 간의 권리쟁의에 관한 사적 조정(調整)의 합의가 있을 때 민법상 화해계약이 성립된 것으로 보고 있다. 예컨대, 해외건설사업장에서 작업지시 거부 등을 이유로 해고를 당한 근로자측과 사용자 사이에 해외주재 노무관의 조정으로 사용자가 근로자들에게 30일분의 통상임금을 지급하고 귀국여비를 부담하기로 하여 분쟁을 종결하기로 약정하였다면, 이는 (구)노동쟁의조정법상의 알선이나 조정 또는 중재가 아니라 위 노무관이 개입하여 당사자 간에 화해계약이 성립된 것으로 보아야 한다는 것이다. 또 퇴직금지급률을 인하 조정하는 퇴직금 지급규정 개정의 유·무효에 대하여 노사 간에 다툼이 있어 조합원을 대리한 노동조합 위원장과 사용자 사이에 그 판단을 같은 분쟁에 대하여 이미 퇴사한

100) 대판 1980.12.9. 80다1616; 동 1995.12.12. 94다22453 등.

직원들이 제기하여 계속 중인 소송의 확정판결에 따르기로 하는 등의 합의를 하였다면 그 합의는 새로운 법률관계를 확정하여 일체의 분쟁을 끝내기로 하는 화해계약이 성립하였다는 것이다.

한편 노동관계 당사자 간의 권리쟁의에 대한 사적 조정의 합의가 중재법상의 중재계약으로서 성립되었다고 볼 수 있다면, 중재의 대상이 된 권리분쟁의 해결은 중재법의 규정에 따라 당사자가 중재계약에서 선정한 중재인의 중재판정에 따라야 할 것이고(중재법 제3조) 이 중재판정은 당사자 간에 있어서는 법원의 확정판결과 동일한 효력이 인정되는 등(중재법 제12조) 전혀 별개의 규율을 받게 된다.

그리고 노동관계 당사자 간의 권리쟁의에 관한 사항은 민사조정법에 따라 법원에 조정(調停)을 신청하여 해결할 수 있는 방법이 있음은 다른 사법상의 권리분쟁에 있어서와 다를 바 없다.

결국, 노동관계 당사자 간의 권리쟁의에 관한 사적 조정(調整)의 합의는 노조법상 규율대상인 사적 조정·중재의 합의와는 그 법적 성격이 전혀 다른 것이므로 집단적 이익쟁의에 대한 사적 조정·중재의 합의가 있는 경우에 고유하게 적용되는 노동위원회에의 신고의무나 쟁의행위금지 등에 관한 규정(노조법 제52조 제2, 3항)이나 사적 조정·중재합의에 의하여 조정 또는 중재가 이루어진 경우에 그 내용이 단체협약과 동일한 효력을 가진다는 규정(노조법 제52조 제4항) 등은 그 적용이 없다고 할 것이다.

Ⅲ. 사적 조정의 개시요건

노동관계 당사자가 사적 조정(調停)에 의하여 노동쟁의를 해결하기로 한 때에는 그 사적 조정은 조정을 개시한 날로부터 일반사업이 있어서는 10일, 공익사업에 있어서는 15일 이내에 종료하여야 하되, 다만 위 기간은 관계 당사자 간의 합의로 일반사업에 있어서는 10일, 공익사업에 있어서는 15일 이내에서 연장할 수 있고, 위 기간 동안에는 쟁의행위를 개시할 수 없다(노조법 제52조 제3항 제1호, 제45조 제2항, 제54조).

노동관계 당사자가 사적 중재에 의하여 노동쟁의를 해결하기로 한 때에는, 사적 조정의 개시에 의한 쟁의행위 금지기간과는 별도로 사적 중재를 개시한 날로부터 15일간은 쟁의행위가 금지되지만, 만약, 위 기간 내에 중재재정이 이루어지지 아니한 경우에는 쟁의행위를 개시할 수 있다(노조법 제52조 제3항 제2호, 제63조, 제45조 제2항).

Ⅳ. 사적 조정의 절차

사적 조정의 절차는 당사자 쌍방의 합의 또는 단체협약이 정하는 바에 따른다. 당사자 쌍방의 합의 또는 단체협약에서 사적 조정의 절차를 정하며 이에 따라 조정 및 중재를 동시에 또는 개별적으로 선택할 수 있다. 조정·중재에 관한 합의는 그 시기에 아무런 제한이 없으므로 법정 조정·중재에 관한 합의에 따라 이를 진행시킬 수 있다(노조법시행령 제23조 제2항).

사적 조정이 개시한 날로부터 일반사업의 경우에는 10일, 공익사업에 있어서는 15일이 경과하지 않으면, 쟁의행위권을 행사할 수 없다(노조법 제52조 제3항). 중재에 의해서 노동쟁의를 해결하기로 한 때는 노조법 제63조에 의해 15일간 쟁의행위권행사가 정지된다. 이러한 쟁의행위권행사제한기간은 조정 또는 중재를 개시한 날로부터 기산한다.

Ⅴ. 공적 조정과의 관계

현행 노조법은 노동관계당사자가 자율적으로 사적 조정과 공적 조정을 선택하도록 하고 있다. 그러므로 사적 조정에 의해서 쟁의관계가 종결되지 아니한 때에는 노사 쌍방의 합의로 노조법 상의 조정 및 중재에 따른 조정을 노동위원회에 신청할 수 있다(노조법 제23조 제3항).

그러나 공익사업의 경우에는 사적 조정절차가 개시되더라도 노동위원회 위원장이 중재회부결정을 한 때에는 이에 따라야 하고 노동부장관은 긴급조정의 요건에 해당하는 경우에 이를 결정할 수 있다(노조법 제76조 제1항). 쟁의관계당사자는 쌍방의 합의 또는 단체협약에서 정하는 바에 따라 노조법 제5장 제2절 내지 제4절 소정의 규정에 의한 노동위원회의 조정 또는 중재가 진행 중인 경우에도 사적 조정 또는 사적 중재를 선택할 수 있다. 다만 이 경우에는 관할노동위원회에 신고하여야 한다(노조법 제23조 제2항).

Ⅵ. 사적 조정의 효력

노동관계 당사자 사이에 집단적 이익쟁의에 해당하는 사항을 사적 조정·중재에 의하여 해결하기로 하는 합의에 따라 조정 또는 중재가 이루어진 경우에 그 내용은 단체협약과 동일한 효력을 가진다(노조법 제52조 제4항). 전술한 바와 같이 노조법 제47조의 규정 취지에 비추어 볼 때 이와 같이 단체협약과 동일한 효력이 인정되는 것은 집단적 이익쟁의에 해당하는 한 근로조건의 결정에 관하여 이루어진 사적 조정·중재에 국한되지 않고 그 밖의 노동관계에 관한 사항의 결정에 관하여 이루어진 사적 조정·중재에 대하여도 인정된다고 봄이 상당하다 할 것이다.

집단적 이익쟁의에 관한 사항에 대하여 사적 조정·중재방법에 의하여 조정(調停)이 성립되거나 중재재정이 이루어진 경우 그에 대한 불복방법에 관하여는 아무런 명문의 규정이 없어 문제될 수 있다.

이에 관하여 우선, 사적 조정(調停)절차에서 조정이 성립되었으나 그것에 본질적이고 중요한 위법사유가 있을 경우에는 민사소송절차에서 그 무효확인의 청구를 할 수 있고, 사적 중재방법에 의하여 내려진 중재재정에 대하여는 중재법 제13조, 제16조 등의 규정에 의하여 중재판정 취소의 소를 제기하여 불복할 수 있다고 보는 견해[101)]가 있다.

집단적 이익쟁의에 관한 사항에 대하여 사적 조정 또는 중재가 이루어진 경우 그 내용이 단체협약과 동일한 효력이 있다(노조법 제52조 제4항)고 하더라도 그 성립형식 마저 단체협약과 동일시 할 수는 없을 것이므로 단체협약에 대한 것과 동일한 불복방법에 의하여 그 성립의 효력을 다툴 수는 없다고 할 것이다.

사적 조정(調停)이 성립된 경우 그 법적 성격은 관계당사자 사이의 조정안 수락의 의사표시 합치에 의한 새로운 계약이 체결된 것과 다를 바 없다고 할 것이므로 사적 조정인의 선정 또는 조정절차가 사적 조정에 관한 합의에 의하기 않았다거나 사적 조정안에 대한 수락의 의사표시에 무효·취소사유[102)]가 있거나 성립된 조정의 내용이 강행규정 등에 위반하여 무효인 때에는, 이와 관련된 민사소송의

---

101) 고태관, "노동분쟁의 조정절차", 『노동법연구』 제6호, 서울대학교노동법연구회, 1997, 401~402면.

102) 그렇지만 관계당사자의 조정안 수락의 의사표시는 그 실질에 있어서 민법상 화해계약 성립의 의사표시와 다를 바 없을 것이므로 민법 제733조가 준용된다고 보아 착오를 이유로 조정성립의 취소를 주장할 수는 없다고 보아야 할 것이다.

절차에서 이러한 사유를 들어 그 성립의 효력을 부정할 수 있다고 할 것이다.

사적 중재재정이 내려진 경우, 이는 중재인으로 선정된 자의 중재재정이라는 사법상의 법률행위에 의하여 성립된 것이므로 그 중재인의 중재재정이라는 법률행위의 효력을 부정하는 구제절차를 통하여 불복하여야 할 것인데, 이 경우 그 불복방법으로서 중재법의 규정을 직접 적용하여 중재판정 취소의 소에 의할 수는 없다고 할 것이다. 중재법은 권리쟁의에 관한 사항의 중재계약(중재법 제2조 제1항 참조)이 체결되었을 때 적용되고 이익쟁의에 관한 사항의 중재계약에 있어서는 그 적용이 없기 때문이다. 따라서 이 경우 역시 사적 중재인의 선정 또는 중재절차가 사적 중재에 관한 합의에 의하지 않았다거나, 중재재정의 내용이 강행법규 등에 위반하여 무효인 때 등과 같이 중재재정의 법률행위의 성립에 하자가 있음을 내세워 중재재정의 효력의무가 문제되는 민사소송절차에서 그 성립의 효력을 부정하는 구제수단을 취하여야 할 것으로 생각한다.[103)]

제 4 절 공적 조정(公的 調整)

I. 서 설

노동관계 당사자 사이에 사적 조정·중재에 관한 약정이 없거나, 사적 조정·중재에 의하여 노동쟁의관계가 종결되지 아니한 경우에는, 노조법에 정한 조정기관(調整機關)과 방법 및 절차에 따라야 한다. 노조법은 공적 조정의 유형으로서 조정(調停)과 중재(仲裁)라는 두 가지 제도를 마련하고 있으며, 특히 공공복리에 쟁의관계가 공공복리에 미치는 범위와 정도에 따라 이러한 공적 조정의 개시절차와 진행방법 등에 있어서 예외를 인정하고 있다. 이러한 예외로서 두 가지가 있는데, 그 첫 번째가 필수공익사업에 있어서 직권중재에 의한 쟁의관계의 종결이고, 그 두 번째가 국민경제와 생활에 대한 쟁의관계의 위험이 큰 경우에 있어서 긴급조정에 의한 쟁의관계의 해소이다.

---

103) 손창희, "노동쟁의의 범위와 중재재정에 있어서의 위법·월권에 관한 소문", 『법학논총』 제7집, 한양대 법학논총, 1990, 30면도, 사적 중재재정은 행정처분이 아니므로 민사소송에서 그 효력을 다툴 수 밖에 없다고 하여, 같은 취지의 견해를 취하고 있다.

Ⅱ. 조정(調停)

1. 개 념

조정(調停, mediation)이라 함은 관계당사자 일방의 신청에 의하여 노동위원회 안에 구성되는 조정위원회가 관계당사자의 의견을 듣고 조정안을 작성하여 관계당사자에게 그 조정안의 수락을 권고하는 방법에 의한 분쟁해결절차를 말한다. 따라서 조정의 개시가 관계당사자 이외에 행정기관 등 제3자에 의해 강제되지 않고, 조정의 성립 여부도 관계당사자의 자유로운 의사에 맡겨져 있을 뿐 강제적인 구속력을 갖는 것은 아님이 원칙이다. 다만, 예외적으로 긴급조정절차에 의한 조정에 있어서와 같이 그 개시가 강제되는 경우도 있다.

2. 조정기관

1) 조정위원회

노동위원회에 조정위원회를 두어 이로 하여금 조정을 담당하게 하는 것이 원칙이다(노조법 제55조 제1항). 노동쟁의의 조정사건을 관장하는 노동위원회는 노동위원회법의 규정에 따라 구체적으로 지방노동위원회, 특별노동위원회 및 중앙노동위원회로 구분되어 있다(노동위원회법 제3조 참조).

조정위원회는 당해 노동위원회 위원 중에서 사용자를 대표하는 자, 근로자를 대표하는 자 및 공익을 대표하는 자 중 각 1인을 그 노동위원회의 위원장이 지명하여 조정위원 3인으로 구성하되, 이 경우 근로자를 대표하는 조정위원은 사용자가, 사용자를 대표하는 조정위원은 노동조합이 각각 추천하는 노동위원회의 위원 중에서 지명하고, 다만 조정위원회 회의 3일 전까지 관계당사자가 추천하는 위원의 명단제출이 없을 때에는 당해 위원을 위원장이 따로 지명한다(노조법 제55조 제2, 3항). 한편, 노동위원회 위원장은 근로자위원 또는 사용자위원의 불참 등으로 조정위원회의 구성이 어려운 경우 공익위원 3인을 조정위원으로 지명할 수 있으나, 관계당사자 쌍방의 합의로 선정한 노동위원회의 위원이 있는 경우에는 그 위원을 조정위원으로 지명한다(노조법 제55조 제4항).

조정위원회에는 공익을 대표하는 조정위원을 위원장으로 두며, 공익위원 3인으로 구성된 조정위원회의 위원장은 조정위원 중에서 호선한다(노조법 제56조).

2) 단독조정인

노동위원회는 쟁의관계 당사자 쌍방의 신청이 있거나 쟁의관계 당사자 쌍방의 동의를 얻은 경우에는 조정위원회에 갈음하여 단독조정인에게 조정을 행하게 할 수 있다(노조법 제57조 제1항). 단독조정인은 당해 노동위원회의 위원 중에서 쟁의관계 당사자 쌍방의 합의로 선정된 자를 그 노동위원회의 위원장이 지명한다(노조법 제57조 제2항).

3) 특별조정위원회

공익사업의 노동쟁의 조정을 위해서는 노동위원회에 특별조정위원회를 두어 조정을 담당하게 한다(노조법 제72조 제1항).

특별조정위원회는 그 노동위원회의 공익을 대표하는 위원 중에서 노동조합과 사용자가 순차적으로 배제하고 남은 3인 내지 5인 중에서 노동위원회의 위원장이 지명하는 3인의 특별조정위원으로 구성하되, 다만 관계당사자가 합의로 당해 노동위원회의 위원이 아닌 자를 추천하는 경우에는 그 추천된 자가 특별조정위원으로 지명된다(노조법 제72조 제2항, 제3항). 특별조정위원회에는 공익을 대표하는 노동위원회의 위원인 특별조정위원 중에서 호선한 위원장을 두되, 특별조정위원이 당해 노동위원회의 위원이 아닌 자만으로 구성된 경우에는 그 중에서 위원장을 호선하고, 다만 공익을 대표하는 위원인 특별조정위원이 1인인 경우에는 당해 위원이 위원장이 된다(노조법 제73조).

3. 조정의 개시

조정은 쟁의관계 당사자 일방이 노동쟁의의 조정을 신청한 때 지체 없이 개시되는 것이 원칙이고, 조정이 개시되면 관계당사자 쌍방은 조정에 성실히 임하여야 한다(노조법 제53조). 노동위원회가 위와 같이 조정의 신청을 받은 내용이 전술한 바와 같이 조정의 대상이 되는 근로조건의 결정에 관한 집단적 이익쟁의에 해당하지 아니하는 것이라고 인정할 경우에는 그 사유와 다른 해결방법을 알려주어야 한다(노조법시행령 제24조 제2항). 조정은 이와 같이 관계당사자의 신청이 있어야 개시되는 임의적인 것이지만, 쟁의행위를 하기 위해서는 조정절차를 거쳐야 하므로(노조법 제45조 제2항) 실제에 있어서는 사실상 강제되는 셈이다.

법정의 조정(調整)절차를 거쳐 쟁의행위를 하는 경우에도 그 쟁의행위가 공익사업에 관한 것이거나 공익사업이 아니라도 쟁의행위의 규모가 크거나 그 성질이 특별한 것으로서 현저히 국민경제를 해하거나 국민의 일상생활을 위태롭게 할 위험이 현존하는 때에는 노동부장관의 결정에 의하여 긴급조정(緊急調整)절차로 나아갈 수 있는데(노조법 제76조), 이러한 긴급조정절차로서 행하여지는 조정(調停)은 중앙노동위원회에 의하여 강제적으로 개시되는 예외가 인정된다(노조법 제78조).

노동위원회는 조정신청 전이라도 노사당사자가 원하는 경우 교섭을 주선하는 등 자주적인 분쟁해결을 지원할 수 있다(노조법 제53조 제2항). 또한 노사관계당사자가 조정안 수락을 거부하여 조정의 종료가 결정된 후에도 노동쟁의의 해결을 위하여 조정을 지원할 수 있다(노조법 제61조의2).

4. 조정의 기간

조정(調停)은 조정의 신청이 있는 날부터 일반사업에 있어서는 10일, 공익사업에 있어서는 15일 이내에 종료하여야 한다(노조법 제54조 제1항). 이 조정기간은 관계당사자의 합의로 일반사업에 있어서는 10일, 공익사업에 있어서는 15일 이내에서 연장할 수 있다(노조법 제54조 제2항). 위 조정기간 동안에는 쟁의행위가 금지된다고 함은(노조법 제45조 제2항) 전술한 바와 같다.

5. 조정의 방법과 절차

1) 주장의 확인

조정위원회 또는 단독조정인은 기일을 정하여 쟁의관계 당사자 쌍방을 출석하게 하여 주장의 요점을 확인하되(노조법 제58조), 쟁의관계 당사자와 참고인 이외의 자의 출석을 금할 수 있다(노조법 제59조).

2) 조정안의 작성, 제시 및 권고

조정위원회 또는 단독조정인은 조정안을 작성하여 이를 쟁의관계 당사자에게 제시하고 그 수락을 권고하는 동시에 그 조정안에 이유를 붙여 공표할 수 있으며, 필요한 때에는 신문 또는 방송에 보도 등 협조를 요청할 수 있다(노조법 제60조 제1항).

3) 조정의 종료

조정위원회 또는 단독조정인은 관계당사자가 조정안의 수락을 거부하여 더 이상 조정이 이루어질 여지가 없다고 판단되는 경우에는 조정의 종료를 결정하고 이를 쟁의관계 당사자에게 통보하여야 한다(노조법 제60조 제2항).

조정안이 쟁의관계 당사자에 의하여 수락된 때에는 조정위원 전원 또는 단독조정인은 조정서를 작성하고 관계당사자와 함께 서명 또는 날인함으로써 조정이 성립된다(노조법 제61조 제1항).

4) 조정중지 결정

당사자가 조정안 제시를 원하지 않거나 현격한 차이 등으로 조정안 제시가 불가능하거나 조정안을 제시하는 것이 향후 노사관계에 나쁜 영향을 미치게 될 것이 우려되는 경우에는 조정안을 제시하고 아니하고 그 사유를 당사자에게 서면으로 통지함으로써 조정활동이 종료된다.

5) 행정지도 결정

노동위원회는 노동쟁의의 조정신청내용이 조정 또는 중재의 대상이 아니라고 인정되는 경우에 그 사유와 다른 해결방법을 알려주어야 한다(노조법시행령 제24조 제2항). 한편, 노동부는 노동조합이 노동위원회에 노동쟁의 조정신청을 하여 노동위원회가 조정대상이 아니라고 인정, 행정지도를 하였다면 이는 노조법 제45조 제2항에서 규정한 조정절차를 거친 것으로 볼 수 없으며, 쟁의행위에 돌입하는 경우 노동관계법 제 규정에 의한 보호를 받을 수 없다고 해석하고 있다.[104] 따라서 행정지도는 노조법상 노동쟁의가 발생된 상태가 아니므로 노조법상 조정절차를 거친 것이 아니며, 추후 다시 조정을 신청하여야 한다는 입장이다.

6. 조정서의 효력

조정이 성립된 경우, 조정서는 단체협약과 동일한 효력을 가진다. 따라서 조정서에 기재된 효력이 인정되고, 조정시 쟁의관계 당사자 간의 합의가 있었던 사항일지라도 별도의 정함이 없는 한 조정서의 내용에 포함되지 않는 경우 그 사항에

---

104) 노동부 행정해석 2001.7.10. 협력 68107-348.

관해서는 조정의 효력이 생기지 않는다.

7. 조정성립에 대한 불복방법

조정안이 관계당사자 쌍방에 의하여 수락된 후 그 해석 또는 이행방법에 관하여 쟁의관계당사자간에 의견의 불일치가 있는 때에는 관계당사자는 당해 조정위원회 또는 단독조정인에게 그 해석 또는 이행방법에 관한 명확한 견해의 제시를 요청하여야 하고(노조법 제60조 제3항), 이러한 요청을 받은 조정위원회 또는 단독조정인은 그 요청을 받은 날로부터 7일 이내에 명확한 견해를 제시하여야 한다(노조법 제60조 제4항). 그리고 이와 같은 해석 또는 이행방법에 관한 견해가 제시될 때까지는 쟁의관계당사자는 당해 조정안의 해석 또는 이행방법에 관하여 쟁의행위를 할 수 없다(노조법 제60조 제5항).

위와 같이 조정서 작성에 의한 조정성립에 대하여 불복이 허용될 것인가, 허용된다면 그 불복방법은 무엇인가에 관하여 이를 정하고 있는 명문의 규정은 없다. 그래서 이 문제에 관해서는, 조정기관의 구성이나 그 밖에 조정절차에 위법사유가 있다거나 조정안 수락의 의사표시 부존재 또는 무효·취소사유가 있다거나 수락된 조정안의 내용이 근로기준법 등 강행법규에 위반하는 경우 등이 문제될 수 있다. 이에 관하여 조정의 성립에 본질적이고 중요한 위법사유가 있을 경우에 한하여 민사소송절차에서 조정성립의 무효확인청구를 할 수 있다고 해석하는 견해[105]가 있다. 조정안을 관계당사자가 수락함으로써 조정은 성립되고 노동위원회의 조정서 작성은 단순히 그에 대한 사실확인 행위에 불과하고 독립된 행정처분의 성격을 갖지 않는다고 본다면 관계당사자는 조정안 수락의 의사표시의 부존재 또는 하자가 있음을 이유로 민사소송절차에서 조정성립의 효력을 부정할 수 있을 것이다. 그러나 조정의 성립은 적법하게 구성된 노동위원회가 적법한 절차에 의한 일련의 조정활동에 따라 최종적으로 조정서를 작성함으로써 이루어지는 것으로서 쟁의관계당사자가 조정안에 대하여 유효하게 수락한 것을 요건으로 하여 노동쟁의의 대상이 된 사항에 관한 권리관계를 확정시키는 행정처분의 성격을 갖는 것이라고 볼 수 있는 여지가 있다고 할 것이고, 그렇게 본다면 전술한 바와 같이 조정 성립에 절차상이나 내용상 위법사유가 있을 경우에는 노동위원회법 제26조, 제27조의 규정에 따라 중앙노동위원회에 재심을 신청하거나 행정소송을 제기하는 등의 불복방법을 취할 수 있다는 해석[106]도 가능하다고 할 것이다. 그러나 근본적

105) 고태관, 위같은논문, 388면.

으로는 입법적인 해결이 요청되고 있다고 할 것이다.

조정성립에 따라서 작성된 조정서의 내용은 단체협약과 동일한 효력을 가진다(노조법 제61조 제2항).

한편, 관계당사자 쌍방이 수락한 조정안의 해석 또는 이행방법에 관하여 관계당사자간에 의견의 불일치가 있어 조정위원회 또는 단독조정인에게 그 해석 또는 이행방법에 관하여 명확한 견해의 제시를 요구하여 조정위원회 또는 단독조정인이 제시한 조정안의 해석 또는 이행방법에 관한 견해는 중재재정과 동일한 효력을 가진다(노조법 제61조 제3항). 따라서 이에 대하여 후술하는 바와 같이 중재재정에 대한 불복방법(노조법 제69조 제1항, 제2항)과 동일한 불복방법이 허용된다.

Ⅲ. 중 재

1. 의 의

중재(arbitration)는 원칙적으로 관계당사자 쌍방의 합의나 단체협약에 의한 신청에 의하여 노동위원회 안에 구성되는 중재위원회가 관계당사자 쌍방의 의견을 청취한 후 위 중재위원회가 노동쟁의의 대상이 된 사항에 관하여 가장 적절하다고 판단하는 내용으로 결정하는 중재재정을 하고 관계당사자에 대하여 이러한 중재재정의 내용에 기속력을 미치게 함으로써 분쟁을 종국적으로 해결하는 방법을 말한다. 따라서 중재의 개시는 임의적이지만, 중재재정의 효력은 강제적인 것이 원칙이다. 현행법에는 임의중재와 강제중재가 있는데, 전자는 일반사업과 공익사업에 모두 적용되나 후자는 필수공익사업에만 적용된다. 다만, 중재의 개시에 관하여는 긴급조정의 절차로서 이루어지는 중재 및 필수공익사업에 있어서는 중재의 회부가 행정기관의 직권에 의하여 강제적으로 이루어지는 예외가 인정되었으나, 2006년 노조법 개정시 필수공익사업에서 강제중재 규정인 노조법 제74조 및 제75조는 삭제되었다.

---

106) 다만, 그와 같이 해석한다고 하더라도, 관계당사자의 조정안 수락의 의사표시는 그 실질에 있어서 민법상 화해계약 성립의 의사표시와 다를 바 없을 것이므로 민법 제733조가 준용된다고 보아 착오를 이유로 조정성립의 취소를 구할 수는 없다고 보아야 할 것으로 생각한다.

2. 중재기관

노동위원회에 중재위원회를 두어 이로 하여금 중재를 담당하도록 하는 것이 원칙이다(노조법 제64조 제1항). 노동쟁의의 중재사건을 관장하는 노동위원회는 노동위원회법의 규정에 따라 구체적으로 지방노동위원회, 특별노동위원회 및 중앙노동위원회로 구분되어 있다(노동위원회법 제3조 참조).

중재위원회는 당해 노동위원회의 공익을 대표하는 위원 중에서 관계당사자의 합의로 선정한 자에 대하여 그 노동위원회의 위원장이 지명하는 중재위원 3인으로 구성하되, 다만 관계당사자간에 합의가 성립되지 아니한 경우에는 노동위원회의 공익을 대표하는 위원 중에서 위원장이 지명한다(노조법 제64조 제2항, 제3항). 중재위원회에는 중재위원 중에서 호선한 위원장을 둔다(동법 제65조).

3. 중재의 개시

1) 임의중재

중재는 쟁의관계 당사자 쌍방이 함께 중재를 신청하거나 쟁의관계 당사자의 일방이 단체협약에 의하여 중재를 신청한 경우에 개시되는 이른바 임의중재가 원칙이다(노조법 제62조 제1호, 제2호). 노동위원회는 위와 같이 중재의 신청을 받은 내용이 전술한 바와 같이 중재의 대상이 되는 근로조건의 결정에 관한 집단적 이익쟁의에 해당하지 아니하는 것이라고 인정할 경우에는 그 사유와 다른 해결방법을 알려주어야 한다(노조법시행령 제24조 제2항).

2) 직권중재

필수공익사업(노조법 제71조 제2항)에 있어서는 조정(調停)이 성립될 가망이 없다고 인정되는 경우에 특별조정위원회가 그 사건의 중재회부를 당해 노동위원회에 권고하고 그에 따라 그 노동위원회의 위원장이 중재에 회부한다는 결정을 한 때에는 쟁의관계당사자 쌍방의 의사와 관계없이 예외적으로 강제중재의 형태로 개시된다(노조법 제62조 제3호, 동법 제74조, 동법 제75조). 그러나 2006년 노조법 개정시 필수공익사업에서 강제중재 규정인 노조법 제74조 및 제75조 삭제되었다.

그리고 법정 조정(調整)절차를 모두 거친 후 쟁의행위를 하는 경우에 그 쟁의행위가 공익사업에 관한 것이거나 공익사업이 아니라도 쟁의행위의 규모가 크거나 그 성질이 특별한 것으로서 현저히 국민경제를 해하거나 국민의 일상생활을 위태롭게 할 위험이 현존하는 때에는 노동부장관의 결정에 의하여 긴급조정(緊急調整) 절차로 나아갈 수 있는데(노조법 제76조), 이러한 긴급조정절차로서 행하여지는 중재는 중앙노동위원회의 위원장이 긴급조정절차에 의한 조정(調停)이 성립될 가망이 없다고 인정한 경우에 공익위원의 의견을 들어 중재회부결정을 함으로써 강제적으로 개시되는 예외가 인정된다(노조법 제79조).

위와 같이 노동위원회 위원장의 중재회부결정은 행정처분의 성격을 갖는 것으로서 독자적인 불복절차의 대상이 된다. 이에 관하여 후술하기로 한다.

4. 중재의 기간

조정의 경우에는 조정의 신청이 있은 날부터 10일, 15일 이내에 종료하여야 한다는 규정이 있다(노조법 제54조 참조). 한편, 중재의 경우에는 중재의 신청이 있은 날부터 언제까지 중재를 종료해야 하는지에 대하여 명문의 규정이 존재하지 않으나, 노동쟁의가 중재에 회부된 경우에는 그 날부터 15일간은 쟁의행위를 할 수 없다(노조법 제63조)는 규정의 취지에 비추어 볼 때, 15일 이내에 중재를 종료하여야 한다고 볼 것이다.

5. 중재의 방법과 절차

1) 중재활동

노조법은 공정한 중재재정을 위하여 여러 가지 조치를 취하고 있다. 중재위원회로 하여금 사실관계를 명확하게 파악할 수 있도록 기일을 정하여 관계당사자 쌍방 또는 일방을 출석하게 하여 주장의 요점을 확인하도록 하고 있으며(동법 제66조 제1항), 관계당사자가 수긍할 수 있는 공정한 중재재정을 하기 위해서 관계당사자가 지명한 노동위원회의 사용자를 대표하는 위원 또는 근로자를 대표하는 위원을 중재위원회의 동의를 얻어 그 회의에 출석하여 의견을 진술할 수 있도록 하고 있다(동법 제66조 제2항). 또한 중재위원회의 위원장에게 관계 당사자와 참고인 외의 자의 회의출석을 금할 수 있는 권한을 부여하고 있다(동법 제67조).

2) 중재재정

중재위원회는 위와 같이 쟁의관계 당사자의 주장확인 등의 절차를 거쳐 노동쟁의의 대상으로 된 사항에 대하여 최종적으로 가장 적절하다고 판단되는 내용의 중재재정을 할 수 있다. 이 경우 중재재정의 내용을 어떻게 결정할 것인가는 전적으로 중재위원회의 자유로운 재량판단에 맡겨져 있으나, 중재위원회가 중재재정을 할 수 있는 사항은 전술한 바와 같이 노동쟁의의 범위에 해당하는 것에 한정되고, 이를 벗어나는 사항에 대하여 중재재정을 하는 경우 위법하거나 월권에 의한 것으로 인정되어 후술하는 바와 같이 관계당사자가 불복절차에서 불복사유로 삼을 수 있다(노조법 제69조).

중재재정은 서면으로 작성되어야 하며 반드시 효력발생기일을 명기해야 한다(노조법 제68조 제1항). 또한, 중재재정서는 지체 없이 관계당사자에게 송달되어야 한다. 중재재정의 해석 또는 이행방법에 관하여 관계당사자간에 의견의 불일치가 있는 때에는 당해 중재위원회의 해석에 따르며, 그 해석은 중재재정과 동일한 효력을 가진다(노조법 제69조 제1항). 당사자는 당해 중재위원회에 그 해석 또는 이행방법에 관한 명확한 견해의 제시를 요청할 수 있다(노조법 제60조 제3항 참조).

6. 중재재정에 대한 불복

1) 재심신청

쟁의관계당사자는 지방노동위원회 또는 특별노동위원회의 중재재정이 위법이거나 월권에 의한 것이라고 인정하는 경우에는 그 중재재정서의 송달을 받은 날부터 10일 이내에 중앙노동위원회에 그 재심을 신청할 수 있다(노조법 제69조 제1항). 재심결정은 행정소송 제기기간동안 당사자가 행정소송을 제기하지 아니하면 확정된다(노조법 제70조 제2항).

2) 행정소송의 제기

쟁의관계당사자는 중앙노동위원회의 중재재정이나 재심결정이 위법이거나 월권에 의한 것이라고 인정하는 경우에는 행정소송법 제20조의 규정에 불구하고 그 중재재정서 또는 재심결정서의 송달을 받은 날부터 15일 이내에 행정소송을 제기할 수 있다(노조법 제69조 제1, 2항). 이러한 재심신청 또는 행정소송의 제기에 의하여 그 중재재정의 강제적 효력이 정지되지 않는다(노조법 제70조 제2항). 다만, 쟁의관계당사자가 위 중재재정 또는 중재재심결정의 취소를 구하는 행정소송을 제기하면서 위 중재재정 또는 중재재심결정으로 인하여 생길 회복하기 어려운 손해를 예방하기 위하여 긴급한 필요가 있다고 인정될 때에는, 행정소송법의 규정에 따라 관계당사자가 위 중재재정 또는 중재재심결정의 효력의 전부 또는 일부의 정지를 명하는 가처분을 신청하여 관할법원으로부터 이를 인용하는 결정을 받아 그 효력을 정지시킬 수는 있다(행정소송법 제23조 제2항).

[판 례]

- 노동쟁의조정법 제38조제2항의 규정에 의하면 당사자는 중재재정이 위법이거나 월권에 의한 것이라고 인정하는 경우에 행정소송을 제기하여 이에 불복할 수 있도록 되어 있으므로, 중재재정은 그 절차가 위법하거나 그 내용이 근로기준법 위반 등으로 위법한 경우 또는 당사자 사이에 분쟁의 대상이 되어있지 않은 사항이나 정당한 이유 없이 당사자의 분쟁범위를 벗어나는 부분에 대하여 월권으로 중재재정을 한 경우와 같이 위법이거나 월권에 의한 것임을 이유로 하는 때에 한하여 불복할 수 있고, 중재재정이 단순히 노사 어느 일방에게 불리한 내용이라는 사유만으로는 불복이 허용되지 않는다(대판 1992.7.14. 91누8944).

7. 중재재정의 확정과 효력

1) 중재재정의 확정

재심청구기간이나 행정소송제기기간이 경과하도록 당사자가 재심신청을 하지 않거나 행정소송을 제기하지 아니하면 당해 중재재정은 확정되며(노조법 제69조 제3항), 재심결정은 행정소송제기기간동안 당사자가 행정소송을 제기하지 아니하면 확정된다(노조법 제70조 제2항).

2) 중재재정의 효력

중재위원회는 중재재정의 내용을 서면으로 작성하여 이를 행하며 그 서면에는 효력발생 기일을 명시하여야 한다(노조법 제68조 제1항). 중재재정에 효력발생 기일을 명시하지 않아 기간의 정함이 없는 경우에 그 중재재정의 유효기간은 단체협약의 그것과 동일하다는 것이 판례의 입장이므로[107] 그 유효기간은 2년이 된다(노조법 제32조 제2항 참조).

107) 대판 1992.7.14. 91누8944.

노동위원회의 중재재정이나 재심결정은 중앙노동위원회에의 재심신청이나 행정소송의 제기가 있다고 하여 그 효력이 정지되지 않으며, 확정된 중재재정이나 재심결정은 단체협약과 동일한 효력을 가진다(노조법 제69조 제3항·제4항, 노조법 제70조 제1항·제2항).

중재재정이 내려진 후 그 해석 또는 이행방법에 관하여 관계당사자간에 의견의 불일치가 있는 때에는 당해 중재위원회는 그에 관한 해석을 하여야 하고 그 해석은 중재재정과 동일한 효력을 가진다(노조법 제68조 제2항). 이러한 중재재정은 관계당사자의 의사와 관계없이 관계당사자가 이에 따라야 하는 강제적인 구속력을 갖는다. 따라서 노동위원회의 중재재정으로 노동쟁의는 종료되므로 노동관계 당사자는 쟁의행위를 할 수 없으며, 불복하였다는 이유 등으로 중재재정 이후에도 쟁의행위를 할 경우에는 비쟁의행위가 된다고 할 것이다.

Ⅳ. 공익사업 등에 있어서 쟁의관계조정의 특칙

1. 서 설

노조법은 일반사업과 구별되는 개념으로서 일정한 범위의 공익사업에 대하여는 쟁의관계의 조정에 관하여 특례를 규정하고 있다. 그 뿐만 아니라 노조법은 일반사업에 있어서나 공익사업에 있어서나를 불문하고 그 노동쟁의에 있어서 일반적인 조정(調整)절차를 거친 후 쟁의행위가 개시되었을 때에도 특히 긴급한 사정이 있는 경우에는 새로이 특별한 조정절차로서 긴급조정(緊急調整)절차가 진행될 수 있다는 특례(노조법 제76조 내지 제80조)를 인정하고 있다.

2. 공익사업, 필수공익사업의 범위와 조정의 특칙

1) 공익사업

"공익사업"이라 함은 공중의 일상생활과 밀접한 관련이 있거나 국민경제에 미치는 영향이 큰 사업으로서 정기노선 여객운수사업 및 항공운수사업, 수도·전기·가스·석유정제·석유공급사업, 공중위생·의료·혈액공급사업, 은행 및 조폐사업, 방송·통신사업을 말한다(노조법 제71조 제1항). 이들 공익사업은 관련개별법률이 그 개념을 정의하고 있다. 그 개념을 살펴보면 다음과 같다.

"정기노선 여객운수사업"이란 일반공중의 사용에 따라 일정한 노선을 정기적으로 운행하는 자동차, 선박, 철도, 비행기 등에 의한 운수사업을 말하고(여객자동차운수사업법 제2조 제3호, 해운법 제2조 제1호 철도법 제2조 제6호 등 참조)[108]을, "항공운수사업"이란 타인의 수요에 응하여 항공기를 사용하여 유상으로 여객 또는 화물을 운송하는 사업(항공법 제2조)을, "수도사업"이란 일반의 수요자 또는 다른 수도사업자에게 수도에 의하여 원수 또는 정수를 공급하는 사업(수도법 제3조)을, "전기사업"이란 일정한 발전설비를 갖추고 이를 통하여 전기를 생산하고, 생산된 전기를 전기설비에 의하여 송전, 배전하고 이를 전기사용자에게 판매하는 일련의 사업(전기사업법 제2조 참조)을, "가스사업"이란 한국표준산업분류상의 가스제조 및 배관공급업을 행하는 사업[109]을, "석유정제사업 및 석유공급사업"이란 원유, 천연가스(액화한 것을 포함), 휘발유, 등유, 경유, 중유, 윤활유와 이에 준하는 탄화수소유 및 석유가스(액화한 것을 포함)를 정제하여 석유제품(부산물인 석유제품을 제외)을 제조하고 공급하는 사업(석유사업법 제2조), "공중위생사업"란 일반공중을 상대로 쓰레기수집 및 처리 등을 수행하는 산업활동[110]을, "의료사업"이란 의료인이 공중 또는 특정다수인을 위하여 행하는 의료 및 조산의 업(의료법 제3조)을, "혈액공급사업"이란 수혈 또는 혈액제제의 제조에 필요한 혈액(인체에서 채혈한 혈구 및 혈장)을 공급하는 사업(혈액관리법 제2조)을, "은행사업"이란 예금의 수입, 유가증권 기타 채무증서의 발행에 의하여 불특정다수인으로부터 채무를 부담함으로써 조달한 자금을 대출하는 것을 업으로 행하는 사업(은행법 제2조)[111]을, "조폐사업"이라 함은 은

---

108) 노동부 행정해석 2000.3.31. 협력 68140-123. 또한 대판 2001.1.5. 2000도5104도 여객자동차운송사업자의 일방적인 의사에 의하여 운행계통, 즉 운행구간의 기점·경로 및 종점, 기점으로부터 종점까지의 거리·운행횟수 및 운행대수를 결정하여 불특정 다수의 공중을 대상으로 여객자동차운송사업을 하는 경우에는 노선여객자동차운송사업에 해당하지만, 외형상으로 일정한 운행구간을 계속 반복하여 운행하더라도 그것이 특정 단체와의 1개의 운송계약에 의하여 그 단체에 소속된 사람들만을 운송하는 형태로 여객자동차운송사업이 이루어지는 경우에는 이용자들이 이용료를 부담하는지와 관계없이 전세버스운송사업으로 보아야 한다는 입장이다. 그러므로 유람만을 목적으로 하는 경우, 사업장 등에서 전적으로 업무상으로 사용하는 경우 또는 노선을 정하지 않거나 정기적이 아닌 운수사업의 경우는 이에 해당하지 않는다.

109) 노동부 행정해석 2001.11.9. 협력 68107-549.

110) 노동부 행정해석 2000.6.4. 협력 68140-234는 당해사업의 위탁여부는 공익사업의 결정요인과 관계없다고 하고 있다.

111) 대판 2003.12.26. 2003두8906은 "은행업이라 함은 예금의 수입, 유가증권 기타 채무증서의 발행에 의하여 불특정 다수인으로부터 채무를 부담함으로써 조달한 자금을 대출하는 것을 업으로 행하는 것을 말하고, 한국은행과 은행업을 규칙적·조직적으로 영위하는 법인인 금융기관이 아닌 자는 그 상호 중에 은행이라는 문자를 사용하거나 그 업무를 표시함에 있어서 은행업 또는 은행업무라는 문자를 사용할 수 없도록 금지하면서 농업협동

행권·주화·국채·공채·각종 유가증권 및 정부·지방자치단체 등이 사용할 특수제품의 제조 기타 이와 관련된 사업을 수행하는 사업(한국조폐공사법 제1조, 제11조 참조)을, "방송사업"이라 함은 지상파방송사업, 종합유선방송사업, 위성방송사업, 방송채널사용사업(방송법 제2조 참조)을, "통신사업"이라 함은 일반대중이나 다른 사업체를 위하여 국내외에 송달되는 우편물 및 우편화물을 수집·운반·배달하는 우편사업, 전신·전화 및 기타 통신시설에 의하여 음성 또는 비음성 전달요소를 전기식 또는 전자식 방법에 의하여 송달하는 전기통신업(우편법, 전기통신사업법 참조)을 각각 의미한다.

이러한 입법방식은 노동3권의 보장과 관련하여 상당한 문제가 있다. 왜냐하면 이들 개별법률에 의해서 노조법상의 공익사업이 규정되어 근로자의 노동3권이 이들 개별법률에 의해 제한되는 결과로 되기 때문이다. 그래서 이들 개별법률의 변경은 노동3권을 보장하고 있는 헌법적 관점에서 점검되어야 할 필요가 있다.

2) 필수공익사업

공익사업 중에서도 그 업무의 정지 또는 폐지가 공중의 일상생활을 현저히 위태롭게 하거나 국민경제를 현저히 저해하고 그 업무의 대체가 용이하지 아니한 철도·도시철도·항공운수사업, 수도·전기·가스·석유정제·석유공급사업, 병원·혈액공급사업, 한국은행사업, 통신사업과 같은 "필수공익사업"(노조법 제71조 제2항)에 대하여는 공익사업에 공통적으로 인정되는 위와 같은 특례 이외에도, 2006.12.30이전 (구)노조법에는 관계당사자의 신청이 없더라도 노동위원회의 위원장이 중재에 회부하는 결정을 한 때에 중재가 개시되는 강제중재제도라는 특례를 추가로 인정하고 있었으나((구)노조법 제74조, 제75조), 2006.12.30. 법8158호 개정 노조법에서는 이른바 직권중재제도가 폐지되고, 앞에서 이미 언급했던 필수유지업무협정제도로 대체되었다.

조합중앙회 및 수산업협동조합중앙회의 신용사업부문은 이를 하나의 금융기관으로 본다고 규정하고 있고, 또 새마을금고법 제5조는 제54조 제1항 제5호 (다)목(내국환사업에 한한다) 및 동호 (마)목의 규정에 의한 연합회의 신용사업 부분은 은행법 제2조 및 한국은행법 제11조의 규정에 의한 하나의 금융기관으로 본다고 규정하고 있으므로 노조법 제71조 제1항 제4호에 정하여진 은행사업이라 함은 중앙은행인 한국은행과 시중은행, 지방은행, 외국은행 국내지점 등 일반은행, 특별법에 의하여 설립된 특수은행 및 은행법 제5조의 농업협동조합중앙회와 수산업협동조합중앙회의 신용사업부문과 새마을금고법 제5조에 의한 새마을금고연합회의 신용사업부문을 말한다"라고 하고 있다.

3) 특칙의 내용

이러한 공익사업에 대하여는 노동쟁의의 조정(調整)을 일반사업에 비하여 우선적으로 취급하고 신속히 처리하여야 하며(노조법 제51조), 전술한 바와 같이 본래의 조정(調停)기간 및 합의에 의하여 연장할 수 있는 조정(調停)기간이 일반사업에 있어서의 각 10일보다 장기인 각 15일로 하며(노조법 제54조), 조정(調停)기관도 일반사업에 있어서의 조정위원회와 달리 노동위원회에 별도로 구성된 특별조정위원회가 맡게 된다(노조법 제72조, 제73조).

(구)노조법에 의하면, 필수공익사업의 경우에는 노동위원회의 위원장의 중재회부결정에 따라 강제중재가 개시되면 관계당사자는 조정(調停)기간 중의 쟁의행위 금지와는 별도로 다시 위 중재회부 결정일부터 15일 동안 쟁의행위를 할 수 없고(노조법 제63조), 만약 위 기간 내에 중재재정이 있게 되면 그 중재재정은 단체협약과 동일한 효력이 있으므로(노조법 제70조 제2항) 사실상 아무런 쟁의행위도 할 수 없게 되는 셈이 되어 위 법률조항이 근로자의 헌법상 기본권인 단체행동권을 본질적으로 제한하여 위헌여부가 문제되었다.

그러나 헌법재판소의 결정[112]에 의하면 (구)노동쟁의조정법 제4조에서 공익사업으로 규정하고 있던 공중운수사업·수도·전기·가스 및 정유사업, 공중위생 및 의료사업, 은행사업, 방송·통신사업에 대하여 강제중재제도를 정하고 있던 (구)노동쟁의조정법 제30조 제3호 등의 관련 규정에 대하여 재판관 중 5인이 위헌의견을, 4인이 합헌의견을 제시하였으나 위헌결정의 정족수인 6인의 재판관의 위헌의견에 이르지 못하여 헌법에 위반되지 않는다는 것이다. 이 결정에서 합헌의견은 (구)노동쟁의조정법 제4조 소정의 공익사업은 질서유지나 공공복리를 위하여 노동쟁의가 쟁의행위로 나아가지 아니하고 원만하고 신속히 타결되어야 할 "필요성"이 일반사업에 비하여 현저히 높고, 노사 쌍방의 대립이 격화되어 당사자가 중재신청에 나아가지 아니하는 경우 노사 양측에서 냉각기간을 가지게 하면서 노사분쟁 해결에 전문지식을 가지고 있는 중립적 기관인 노동위원회로 하여금 중재에 회부하도록 하는 것은 목적수행을 위한 "부득이한 조치"이며, 노동위원회와 중재위원회의 구성이나 운영절차, 대상(代償)조치의 존부 등 여러 가지 점을 고려하면 강제중재제도가 도모하는 목적을 달성하기 위한 방법이 "상당성"을 갖추었다고 하지 않을 수 없으므로, 같은 법 제30조 제3호는 과잉금지의 원칙이나 비례의 원칙에

---

112) 헌재 1996.12.26. 90헌바19, 92헌바41, 94헌바49 결정(병합).

위배되지 아니한다는 것이다.

한편 위 결정에 있어서 위헌의견은 공익사업에 있어서의 쟁의행위가 국가경제나 국민의 일상생활에 위해를 가할 우려가 있으므로 이를 제한하는 것이 타당하다고 하더라도, 위 법 제30조 제3호의 강제중재제도가 없어도 위 법 제40조 이하에 규정된 긴급조정과 이에 따른 강제중재제도에 의하여 공익사업에서의 쟁의행위를 필요한 경우에 봉쇄할 수도 있으므로 공익사업의 쟁의가 바로 국민경제나 국민의 일상생활에 위해를 미칠 가능성은 없으며, 긴급조정을 하여야 할 정도의 심각성이 없는 경우까지 단순히 공익사업이라는 이유만으로 강제중재에 회부하도록 되어 있는 위 법 제30조 제3호는 공익사업 근로자들의 단체행동권을 필요 이상으로 제한하는 것이라고 한다.

2006.12.30 법8158호로 개정되기 이전의 노조법은 (구)노동쟁의조정법상의 법률조항을 부분적으로 개정하여, 강제중재의 개시요건을 "제71조 제2항의 규정에 의한 필수공익사업에 있어서 노동위원회 위원장이 특별조정위원회의 권고에 의하여 중재에 회부한다는 결정을 한 때"로 규정함으로써((구)노조법 제62조 제3호), 대상사업을 "철도(도시철도를 포함한다) 및 시내버스(특별시·광역시에 한한다) 운송사업, 수도·전기·가스·석유정제 및 석유공급사업, 병원사업, 은행사업, 통신사업"의 필수공익사업(제71조 제2항)으로 한정하고 노동부장관 등 행정관청의 강제중재회부권한을 폐지하였으나, 위 헌법재판소 결정의 위헌의견에서 제시된 위헌성이 본질적으로 개선되었던 것은 아니어서 위헌여부에 대한 논란은 계속되어 왔다.[113)]

---

113) (구)노조법상 이른바 필수공익사업의 직권중재제도에 대한 합헌론으로는 김형배, 『필수적 공익사업과 직권중재』, 2002, 90면 이하, 위헌론으로는 김상호, "필수공익사업 직권중재에 관한 입법론적 고찰", 『노동법학』 13호, 한국노동법학회, 2001, 113면 이하 참조. (구)노조법상의 강제중재제도에 대한 헌법재판소의 위 합헌결정이 있었음에도 불구하고, 2001.11.16. 서울행정법원은 다시 위헌제청결정을 내렸다. 서울행판 2001.11.16. 2001구23542 참조. 위 결정에서 서울행정법원은 위헌제청결정의 근거로서 ① 중재회부결정이후 15일간 쟁의행위권의 금지는 과잉금지의 원칙에 위배된다는 것, ② 쟁의행위행사의 금지기간 동안 내려진 중재재정서는 단체협약과 동일하므로 단체행동권을 사실상 박탈하는 것, ③ 쟁의행위권행사의 사전적 금지는 쟁의행위권 행사가 가져올 심각성을 추상적으로 예단하여 행정기관의 일방적 결정에 의해 쟁의행위권을 행사할 수 있는 기회를 원천적으로 박탈하여 과잉금지원칙에 반한다는 것, ④ 대상조치론은 단체행동권의 박탈을 보상할 수 있는 것이 되지 못한다는 것, ⑤ 현실적 필요를 합헌의 논거로 내세우는 것은 불합리하다는 것을 들고 있다.

3. 긴급조정

1) 서 설

긴급조정이란 쟁의관계가 국민경제나 국민생활을 위태롭게 할 위험이 있을 경우 노동부장관이 쟁의행관계를 일시 중지시키고 긴급하게 조정할 것을 결정하여 이에 의해서 이루어지는 조정을 말한다. 긴급조정은 국민경제 내지 국민생활에 중대한 위험이 우려되는 경우 공공복리를 위해서 일정기간 쟁의행위권 행사를 중지하게 하고 신속한 조정절차를 거쳐서 쟁의관계를 해소시키려는 데에 의의가 있다. 이러한 의미에서 보면, 긴급조정은 대규모기업에 있어서 쟁의관계가 장기화되고 그 해결의 실마리를 찾지 못하는 경우에 불가피하게 인정되는 국가권력에 의한 강제적 쟁의관계해소방법이다. 그래서 현행법상 긴급조정제도는 행정관청의 결정에 의해서 쟁의관계당사자의 자율적인 의사를 완전히 배제시키는 것이기 때문에 노동조합의 쟁의행위권을 사실상 무력화하고 박탈할 우려가 있다는 점에서 그 운용에 세심한 주의가 요청된다.

2) 개시의 요건

긴급조정은 노동쟁의가 일반적인 조정(調整)절차에 의하여 해결되지 않아 노동조합이 그 주장을 관철하기 위하여 쟁의행위로 나아간 것을 전제로 하여 다음과 같은 요건을 모두 충족하였을 때 개시될 수 있다(노조법 제76조).

(1) 실질적 요건

위 쟁의행위가 공익사업에 관한 것이거나 일반사업에 있어서도 그 규모가 크거나 그 성질이 특별한 것이어야 하며, 위 쟁의행위로 인하여 국민경제를 해하거나 국민의 일상생활을 위태롭게 할 위험이 현존하여야 한다.

(2) 형식적 요건

노동부장관의 긴급조정의 결정이 있어야 한다(노조법 제76조 제1항). 따라서 긴급조정은 관계당사자의 의사에 관계없이 강제적으로 개시된다. 노동부장관은 긴급조정의 결정을 하고자 할 때에는 미리 중앙노동위원회 위원장의 의견을 들어야 하고, 긴급조정의 결정을 한 때에는 지체 없이 그 이유를 붙여 이를 공표함과 동시에 중앙노동위원회와 관계당사자에게 각각 통고하여야 한다(노조법 제76조 제2항·제3항).

노동부장관의 긴급조정의 결정은 행정처분의 성격을 갖는 것으로 보아야 하므로 행정소송 등에 의한 불복의 대상이 될 수 있다고 할 것이다.

3) 긴급조정의 절차

노동부장관의 긴급조정의 결정이 있으면 그 후 일정기간 쟁의행위가 중지되고 중앙노동위원회에 의하여 조정(調停) 및 중재의 절차가 진행된다.

(1) 쟁의행위의 중지

쟁의관계당사자는 노동부장관의 긴급조정의 결정이 공표된 때에는 즉시 쟁의행위를 중지하여야 하며, 공표일로부터 30일이 경과하지 아니하면 쟁의행위를 재개할 수 없다(노조법 제77조).

(2) 조정(調停)

긴급조정절차로서 이루어지는 조정(調停)절차는 중앙노동위원회가 조정기관이 된다. 중앙노동위원회는 노동부장관으로부터 긴급조정의 결정에 관한 통고(노조법 제76조 제3항)를 받을 때에는 지체 없이 조정을 개시하여야 한다.

중앙노동위원회는 후술하는 바와 같이 긴급조정 결정의 통고를 받은 날부터 15일 이내에 조정이 성립될 가망이 없다고 인정하는 경우에는 그 사건을 중재에 회부할 것인가의 여부를 결정하여야 하므로(노조법 제79조 제2항) 중앙노동위원회의 조정기간은 사실상 15일인 셈이다.

중앙노동위원회 조정활동은 일반적인 조정(調停)절차에 있어서와 다를 바 없을 것이므로 관계당사자 쌍방을 조정기일에 출석하게 하여 주장의 요점을 확인한 후 조정안을 작성하여 이를 관계당사자에게 제시하고 그 수락을 권고하는 것 등(노조법 제58조 내지 제60조 참조)이 주된 내용이 될 것이다.

조정안이 관계당사자에 의하여 수락되어 조정이 성립되면 그 조정의 내용은 단체협약과 동일한 효력을 가진다(노조법 제61조 참조).

(3) 중 재

중앙노동위원회의 위원장은 노동부장관으로부터 긴급조정 결정의 통고를 받을 날부터 15일 이내에 조정(調停)절차에서 조정이 성립될 가망이 없다고 인정하는 경우에는 공익위원의 의견을 들어 그 사건을 중재에 회부할 것인가의 여부를 결정하여야 한다(노조법 제79조).

긴급조정절차에 있어서 중재는 위와 같이 중앙노동위원회 위원장의 중재회부결정이 있을 때 강제적으로 개시될 수 있으나, 그 밖에도 당해 관계당사자 일방 또는 당해 관계당사자 쌍방으로부터 중재신청이 있을 때 임의적으로 개시될 수 있다(노조법 제80조). 즉, 긴급조정시에는 단체협약상 일방의 중재신청 조항이 없더라도 이와 무관하게 당해 관계당사자 일방이 중재를 신청할 수 있다고 볼 것이다.

중재기관은 중앙노동위원회가 되고 중앙노동위원회는 위와 같은 중재개시사유가 있을 때 지체 없이 중재를 행하여야 한다(노조법 제80조).

중앙노동위원회의 중재 활동은 일반 조정절차에 있어서의 경우와 다를 바 없을 것이므로 관계당사자로부터 주장의 요점을 확인하는 등의 절차를 거쳐 노동쟁의의 대상으로 된 사항에 대하여 최종적으로 가장 적절하다고 판단되는 내용의 중재재정을 할 수 있고, 위 중재재정은 관계당사자에 대하여 강제적인 구속력을 가진다.

중앙노동위원회 위원장의 중재회부결정에 위법사유가 있거나 중재재정에 위법 또는 월권에 의한 것이라는 사유가 있는 경우 이에 대하여 행정소송에 의한 불복의 대상이 될 수 있음은 전술한 일반적인 조정(調整)절차에 있어서의 중재의 경우와 동일하다 할 것이다.

중재재정이 그에 대한 불복절차로서 행정소송을 제기하지 아니하여 확정된 경우 단체협약과 동일한 효력을 가진다(노조법 제70조 제2항 참조).

제 5 절 쟁의관계조정에 대한 사법적 구제수단

Ⅰ. 중재재정·중재재심결정취소소송

1. 중재재정·중재재심결정에 대한 불복절차

1) 재심절차

쟁의관계당사자는 지방노동위원회 또는 특별노동위원회의 중재재정에 위법·월권의 불복사유가 있다고 인정하는 경우에는 그 중재재정서의 송달을 받은 날로부터 10일 이내에 중앙노동위원회에 그 재심을 신청할 수 있다(노조법 제69조 제1항).

2) 행정소송

(1) 행정소송의 대상 및 제소기간

쟁의관계당사자는 중앙노동위원회가 지방노동위원회 또는 특별노동위원회의 중재재정에 대하여 행한 재심결정이 위법이거나 월권에 의한 것이라고 인정하는 경우에는 그 재심결정서의 송달을 받은 날부터 15일 이내에 행정소송을 제기할 수 있다(노조법 제69조 제2항). 이는 항고소송에 해당하는 행정소송의 대상에 관하여 재결주의를 규정하고 있는 것으로 해석되므로(행정소송법 제19조 단서 참조) 관계당사자는 원처분에 해당하는 지방노동위원회 또는 특별노동위원회의 중재재정을 대상으로 하지 않고 재결처분에 해당하는 중앙노동위원회의 재심결정에 대하여 그 취소를 구하는 행정소송을 제기하여야 한다.

제소기간은 행정소송법 제20조의 규정에 대한 특례로서, 재심결정서의 송달을 받은 날부터 15일 이내에 제기하도록 정함으로써 신속한 처리를 도모하고 있다. 중앙노동위원회가 직접 내린 중재재정에 대하여는 다른 재결절차를 거치지 않고 곧바로 그 중재재정서의 송달을 받은 날부터 15일 이내에 그 중재재정의 취소를 구하는 행정소송을 제기할 수 있다(노조법 제69조 제2항).

(2) 당사자적격

중앙노동위원회의 중재재정이나 중재재심결정에 대하여 그 취소를 구하는 행정소송을 제기할 수 있는 원고적격을 가지는 관계당사자는 당해 중재절차나 중재재심절차의 당사자로 되었던 '노동조합'과 '사용자'라고 할 것이다.[114]

여기서 노동조합이라 함은 "이 법"에 의하여 설립된 노동조합이 아니면 노동위원회에 노동쟁의조정을 신청할 수 없으므로(노조법 제7조 제1항), 이른바 법내노조만이 이에 해당한다.

위와 같이 노동조합이나 사용자가 중재재정이나 중재재심결정의 취소를 구하는 행정소송은 중앙노동위원회 위원장을 피고로 하여 제기할 수 있다(노동위원회법 제27조 제1항 참조).

(3) 소의 이익

판례[115]에 의하면, 중재재정 자체에 의하여 그 효력기간이 정하여져 있는 경우에는 그 중재재정은 그 유효기간의 경과로 효력이 상실되고, 이와 같이 중재재정이 실효된 이상 그 기간의 경과 후에 그 중재재정이 외형상 잔존함으로 인하여 어떠한 법률상의 이익이 침해되고 있다고 볼 만한 특별한 사정이 없는 한, 쟁의관계 당사자는 그 중재재정의 취소를 구할 법률상의 이익이 없다고 한다.

한편 또 다른 판례[116]는 중재재정의 유효기간이 경과하여 실효되었다고 하더라도 그 취소를 구할 법률상 이익이 있다고 볼 수 있는 경우로서, 중재재심결정 중 임금에 관한 부분은 그 유효기간이 경과하였다고 하더라도 만일 그 부분 중재재정이 취소되어 협약내용이 변경된다면 이미 경과한 중재재정의 유효기간에 대하여도 그 기간 중에 미지급된 임금차액을 사후에나마 더 청구할 수 있는 여지가 생길 수 있고, 이로 인한 근로자들의 이익은 단순한 사실상의 이익이 아니라 단체교섭권 등에 기한 법률상의 이익이라고 한다.

---

114) 대판 1997.6.27. 97누1273.

115) 대판 1996.2.23. 94누9177; 동 1997.9.30. 97누676; 동 1997.11.25. 97누8762; 동 1997.12.26. 96누10669.

116) 대판 1992.5.12. 91누10503; 동 1997.11.25. 97누8762; 동 1997.12.26. 96누10669.

2. 중재재정·중재재심결정에 대한 불복사유

중재재정 또는 중재재심결정에 대하여 불복사유로 삼을 수 있는 것은 그 중재재정이나 중재재심결정이 '위법'이거나 '월권'에 의한 것이라고 인정되는 경우에 한한다(노조법 제69조 제1항, 제2항).

중재재정 등이 '위법'한 경우라 함은, 중재재정 등의 절차가 위법하거나 중재재정 등의 내용이 근로기준법 위반 등의 강행규정에 위반하는 경우를 말한다.[117] 그리고 중재재정 등이 '월권'에 의한 경우라 함은, 당사자 사이에 분쟁의 대상이 되어 있지 아니한 사항이나 정당한 이유 없이 당사자의 분쟁 범위를 벗어나는 부분에 대하여 중재재정이 이루어진 경우를 말한다.[118]

중재재정 등에 대한 불복은 위와 같이 중재재정 등이 위법이거나 월권에 의한 것이라고 인정되는 경우에 한하고, 중재재정이 단순히 노사 어느 일방에게 불리하여 부당하거나 불합리한 내용이라는 사유만으로는 불복이 허용되지 않는다는 것이 판례[119]의 입장이다. 학설 중에는 중재재정의 내용이 중재재량권의 범위를 현저하게 일탈하거나 남용하고 있다고 볼 수 있는 경우에는 위법한 월권에 해당하여 불복사유가 된다고 보는 견해[120]가 있다.

관련판례에 의하면, 중재재정의 절차와 관련하여 중앙노동위원회 위원장이 중재재심사건을 심리함에 있어서 소송절차에 준하여 관계당사자들을 소환하지 아니하였다고 하더라도 그 절차에 위법이 있다고 할 수 없다고 하고,[121] 중재재정의 내용과 관련하여, 중재재정에서 근무형태를 변경하도록 정하면서, 그로 말미암아 실제근무시간이 단축되어 제수당지급액이 감소됨으로써 근로자들의 실수입이 감소되어 종전의 실질적인 임금수준을 유지할 필요가 있다고 하더라도, 위 수당감소에 대한 보전조치를 취하지 않았다는 것은 중재재정이 위법하다거나 월권에 의한 것이라고 볼 수 없다고 하고,[122] 회사에 의하여 해고되었거나 불이익 취급을

117) 대판 1992.7.14. 91누8944.

118) 대판 1992.7.14. 91누8944.

119) 대판 1992.7.14. 91누8944; 동 1994.1.11. 93누11883; 동 1997.10.10. 97누4951; 동 1997.12.26. 96누10669.

120) 손창희, "노동쟁의의 범위와 중재재정에 있어서의 위법·월권에 관한 소론", 『법학논총』 제7집, 한양대 법학논총, 1990, 31면, 34면.

121) 대판 1997.6.27. 95누17380.

122) 대판 1992.7.14. 91누8944.

받은 조합원이 노동위원회에서 부당노동행위로 판정된 경우 회사는 해고기간 중의 평균임금을 지급하고 원직에 즉시 복직시킨다고 중재재정한 것은 위법하거나 월권에 의한 것이 아니라고 하며,[123] 중재재정의 대상이 될 수 없는 노조전임제에 관하여 중재재정을 한 위법이 있고 이로 인하여 임금인상에 중재재정이 노사 어느 일방에게 불리하여 부당하거나 불합리한 것으로 될 뿐이고 위법이거나 월권에 의한 것으로 된다고 할 수 없다고 하며,[124] 중재재정의 대상이 되기는 하더라도 이를 노동위원회의 중재에 의한 해결방법이 적절하지 아니하다고 보아 그 분쟁사항에 대하여 노동위원회가 사법적 절차에 의하여 해결하라는 취지의 재정을 하는 것은 위법하거나 월권에 의한 것이 아니라고 한다.[125]

[판 례]

□ **중재재정 등이 위법한 경우**

- 중재재정은 그 절차가 위법하거나 그 내용이 근로기준법 위반 등으로 위법한 경우 또는 당사자 사이에 분쟁의 대상이 되어있지 않은 사항이나 정당한 이유 없이 당사자의 분쟁범위를 벗어나는 부분에 대하여 월권으로 중재재정을 한 경우와 같이 위법이거나 월권에 의한 것임을 이유로 하는 때에 한하여 불복할 수 있고, 중재재정이 단순히 노·사 어느 일방에게 불리한 내용이라는 사유만으로는 불복이 허용되지 않는다(대판 1992.7.14. 91누8944).

□ **중재재정 등이 위법한 사례**

- 노사 간의 단체교섭단계에서부터 사용자측은 1988.1.20.자 노동부예규 제150호를 내세워 승무수당과 근속수당은 통상임금의 범위에서 제외되어야 한다고 주장해 온 반면에 노동조합측은 위 각 수당을 통상임금의 범위에 포함시켜야 한다고 주장하여 다툼이 생기자 관할지방노동위원회는 이 사건 중재재정을 함에 있어 위 각 수당을 통상임금에서 제외시키려는 취지에서 단체협약 제19조 단서 제3항으로 '통상임금은 노동부의 유권해석에 따른다'는 조항을 삽입한 사실을 알 수 있는바, 근로자가 지급받는 각종 수당에 대하여 그것이 통상임금에 해당되는지 여부를 둘러싸고 다툼이 있는 경우에는 궁극적으로 재판절차를 통하여 확정되어야 할 것이지 이를 행정기관의 유권해석에 따르도록 함으로써 성질상 통상임금에 포함되어야 할 수당이 통상임금에서 제외되는 결과를 초래한다면 이는 근로기준법에 정한 기준에 달하지 못하는 근

---

123) 대판 1997.10.10. 97누4951.

124) 대판 1997.12.26. 96누10669.

125) 대판 1994.1.11. 93누11883. 이 판결은 휴직 및 해고자의 복직요구에 관한 권리분쟁에 관한 것으로서 (구)노동쟁의조정법 하에서의 종래 판례와 마찬가지로 권리분쟁도 노동쟁의에 포함된다고 본 것을 전제로 하고 있다.

로조건을 정한 것으로서 무효라고 보아야 할 것이고, 확정된 중재재정이 단체협약과 동일한 효력을 갖는다고 하여 달리 볼 것은 아니다(대판 1997.6.27. 95누17380).

- 구 근로기준법(1997.3.13. 법률 제5309호로 제정되기 전의 것) 제42조 제1항은 "근로시간은 휴게시간을 제하고 1일에 8시간, 1주일에 44시간을 초과할 수 없다. 다만, 당사자간의 합의에 의하여 1주일에 12시간 한도로 연장근로할 수 있다."라고 규정하고 있을 뿐이고 이른바 탄력적 근로시간제를 채택하고 있지 아니하므로, 당사자간의 합의가 있다고 하더라도 특별한 사정이 없는 한 특정 주의 근로시간이 56시간을 초과할 수는 없다할 것인데, 당해 중재재정의 내용은 1일 16시간 격일제 근로를 규정하고 있어서 특정 주의 근로시간은 64시간이 되므로 이 부분 중재재정은 구 근로기준법 제42조 제1항에 위반되어 위법하다(대판 1997.10.10. 97누4951).

Ⅱ. 중재회부결정취소소송

1. 중재회부결정에 대한 불복의 허용여부

필수공익사업에 있어서 노동쟁의가 발생한 경우 그 조정(調停)절차에서 조정이 성립될 가망이 없다고 인정되는 때에는 노동위원회의 위원장이 직권으로 중재에 회부하는 결정을 할 수 있다(노조법 제74조, 제75조)고 규정하였으나, 2006년 개정시 삭제되었다. 노조법은 이러한 중재회부결정에 의하여 내려지는 중재재정에 대하여는 전술한 바와 같이 이에 불복할 수 있는 근거규정을 두고 있지만, 중재회부결정 그 자체에 대한 불복사유 및 불복방법 등에 관하여는 아무런 규정을 두고 있지 않다.

따라서 위 중재회부결정에 대한 불복이 허용되는지 여부가 우선 문제되는데, 판례[126]은 "지방노동위원회가 노동쟁의에 대하여 한 중재회부결정은 중재에 회부된 날부터 15일간 쟁의행위를 금지시키고, 이를 위반하여 쟁의행위를 한 자에 대한 형사처벌을 할 수 있으며, 위 금지기간 중의 쟁의행위를 부당한 쟁의행위로 보는 결과 그로 인하여 발생한 사용자의 손해에 대하여 노동조합 또는 조합원에게 배상책임을 부담시키는 등의 법률상 효과를 발생하게 하는 행정처분이라 할

126) 대판 1995.9.15. 95누6724 및 조한중, "지방노동위원회의 중재회부결정에 대한 불복이 허용되는지 여부 및 위 결정에 대한 불복방법", 『대법원판례해설』 제24호, 법원도서관, 1996, 321면 이하 참조.

것이고, 위 중재회부결정이 중재재정을 위한 선행처분에 해당한다고 보더라도 중재회부결정은 위와 같은 자체의 독립한 법률효과를 가지고 있을 뿐 아니라 중재회부결정 이후 노동쟁의가 중재재정에 의하지 않고 노사 간의 자율에 의하여 타결되는 경우와 같이 중재재정에 대한 불복방법만으로는 중재회부결정으로 인하여 노동조합이 받는 법적 불이익을 구제하기에 충분하지 못한 경우도 있으므로, 노동조합은 지방노동위원회의 중재회부결정 자체에 대하여도 불복할 수 있다 할 것이다"고 하여, 노동위원회가 직권으로 하는 중재회부결정이 행정처분의 법적 성격을 갖는 것이고, 위 중재회부결정이 중재재정을 위한 선행처분으로서 구체적으로 근로조건의 변동을 가져오는 것은 아니지만 위와 같은 그 자체의 독립한 법률효과를 발생시키므로 노동조합이 그 중재회부결정의 위법사유를 내세워 불복절차를 밟을 수 있음을 명백히 하였다.

2. 중재회부결정에 대한 불복절차

중재회부결정에 대한 불복이 허용된다면, 구체적인 불복방법은 어떠한 절차를 밟아야 할 것인가가 문제이다. 이 문제와 관련해서 (구)노동위원회법 하에 내려진 판례이긴 하지만, '(구)노동위원회법 제19조(현행 노동위원회법 제26조) 제1항은 중앙노동위원회는 지방노동위원회 등의 처분에 대한 재심권이 있다고 규정하고, 제2항은 위 재심은 지방노동위원회 등이 행한 처분이 당사자에게 송달된 날부터 10일 이내에 신청하도록 규정하고 있으며, 같은 법 제19조의2(현행 노동위원회법 제27조) 제1항은 중앙노동위원회의 판정에 대한 소는 중앙노동위원회 위원장을 피고로 하여 판정서 정본의 송달을 받은 날부터 15일 이내에 제기하여야 한다고 규정하고 있고, 위 규정은 행정처분의 성질을 가지는 지방노동위원회 등의 처분에 대하여 중앙노동위원회 위원장을 상대로 행정소송을 제기할 경우의 전치요건에 관한 규정이라 할 것이므로 당사자가 지방노동위원회의 처분에 대하여 불복하기 위해서는 처분 송달일부터 10일 이내에 중앙노동위원회에 재심을 신청하고 중앙노동위원회의 재심판정서 송달일부터 15일 이내에 중앙노동위원회 위원장을 피고로 하여 재심판정 취소의 행정소송을 제기하여야 할 것이다'[127]고 하여 지방노동위원회의 중재회부결정에 대하여 그 불복방법을 나타내고 있다.

이에 의하면, ① 노동조합이 지방노동위원회나 특별노동위원회가 한 중재회부결정의 취소를 구하기 위해서는 위 중재회부결정의 송달일부터 10일 이내에 중앙

127) 위 같은 판결.

노동위원회에 재심을 신청하는 재심절차를 거쳐야 하고, ② 위와 같이 재심절차를 거친 후 제기하는 행정소송의 대상에 관하여 노동위원회법 관련 규정의 해석상 행정소송법 제19조 본문의 원처분주의가 아니라 같은 조 단서가 규정하는 재결주의를 규정하고 있다고 할 것이므로 지방노동위원회 등의 중재회부결정이라는 원처분의 취소를 구할 것이 아니라 중앙노동위원회가 내린 재심결정의 취소를 구하는 행정소송을 제기하여야 하며, ③ 그러므로 중재회부결정의 관계당사자가 이러한 불복절차를 밟기 위해서는 중앙노동위원회에 대한 재심신청기간 및 행정소송의 제소기간을 적법하게 준수하여야 하고, 이 경우 중재회부결정에 대한 불복을 구할 수 있는 관계당사자는 노동조합 및 사용자이고 중앙노동위원회의 재심결정의 취소를 구하는 행정소송의 피고는 중앙노동위원회 위원장이 된다.

따라서, 만약 노동조합이 지방노동위원회 등으로부터 중재회부결정을 송달받은 후 위 중재회부결정에 대한 행정심판을 제기한 다음 지방노동위원회 위원장을 피고로 하여 위 중재회부결정의 취소를 구하는 행정소송을 제기하는 것은 허용되지 않고, 그러한 과정에서 적법한 재심신청이나 행정소송의 제소기간을 도과하였다면 더 이상의 불복방법은 없게 될 것이다.

제 5 편

부당노동행위법

제Ⅰ장 기초적 고찰

제1절 서 설

서구자본주의사회의 노동운동사를 돌이켜 보면, 노동조합운동이 국가의 법에 의하여 금지되었던 때에는 사용자의 지위는 안정되었고 강대하였다. 그러나 노동조합운동에 대하여 국가가 탄압정책으로부터 방임 내지 보호정책으로 그 태도를 바꾸게 되면서, 사용자는 적어도 국가적 명령인 법이라는 이름으로는 노동조합운동에 대항할 수 없게 되었다.[1] 상황이 이렇게 되자 사용자는 자력으로 근로자들의 노동조합운동을 저지하고 방해하려고 하였다. 하지만 노동조합운동 및 활동에 대한 이와 같은 사용자의 침해행위는, 헌법에 의해서 그러한 노동조합운동과 활동이 기본적 권리로서 보장되어 있는 경우에도, 근대시민법체계에서는 사용자에 대한 다른 제재수단이나 근로자의 구제절차가 갖추어져 있지 않기 때문에, 그것이 설령 기본적 권리인 단결권의 침해로서 위법이 된다고 할지라도, 구제수단이라고는 기껏해야 사법상의 불법행위로서 손해배상을 청구하는 길밖에 없었다. 게다가 단결권의 침해는 그 성질상 경제적으로 평가하기 곤란하며 손해배상액을 산정하는 것도 거의 불가능하다. 그래서 근대시민법적 절차와 수단은 근로자에게는 형식적으로는 타당한 것처럼 보이지만 거의 무용지물이었다. 이러한 결과는 적어도 노동계급에 대해서 근대시민법체계가 가지고 있는 근본적인 한계적 현상이라고 할 것이다.

사실, 근로자의 단결권을 침해하는 사용자의 행위를 사법상의 불법행위로 파악하고 그것에 상응하는 손해배상청구권만을 인정하는 것에 그치게 한다면, 그러한 구제는 근로자에 있어서 유명무실하게 되어서 헌법에 규정되어 있는 단결권보장의 취지는 무색하게 되어버린다. 여기에서 근로자의 단결권을 실효적으로 보장하기 위하여, 종래의 근대시민법적 사고와는 다른 새로운 사고에 기초한 특별한 법

1) 강희원, 『노동법 기초이론(개정제3판)』, 법영사, 2011, 110면 이하 참조.

률제도로서 사용자의 단결권침해행위를 사전 및 사후적으로 저지하는 것이 요청되었는데, 이러한 제도들 중의 한 가지가 바로 부당노동행위제도이라고 할 수 있다.[2] 이와 같은 맥락에서 보면, 부당노동행위제도는 근로자의 단결 등에 관한 권리를 실질적으로 보장해서 노사 간의 대립과 마찰을 사전에 방지하고 노사 간의 교섭력의 균형을 유지하는 수단으로서 개발되어 발전된 것이라고 할 것이다.

그렇다고 해서 부당노동행위제도가 모든 산업선진국에서 동시에 동일하게 발전한 것은 아니었다. 처음에 이러한 부당노동행위제도는 아메리카합중국의 독특한 상황에서 발달했으나 이것이 일본, 캐나다, 인도, 필리핀, 한국 등에 계수되어 각 나라의 구체적인 상황에 따라 다양한 내용이 부가되거나 변모하게 된다. 대한민국에는 일본의 식민지배상태에서 벗어나면서 1948년 제헌헌법이 제정되고, 6.25 동족상쟁이 끝난 직후인 1953년 처음으로 근대적인 자본주의노동법이라고 할 수 있는 근로기준법과 노동조합법과 노동쟁의조정법이 제정되었는데, 그 당시 노동조합법과 노동쟁의조정법에 제헌헌법에 보장된 노동3권을 구체화하기 위한 특별한 노동법적 제도로서 부당노동행위제도를 규정함으로써 공식적으로 부당노동행위제도가 도입되어서 오늘날에 이르고 있다.

우선 우리나라의 현행 부당노동행위제도를 제대로 파악하기 위해, 먼저 부당노동행위제도가 시작되었던 아메리카합중국의 경우를 중심으로 그 연혁을 보고, 우리나라의 부당노동행위제도의 도입과정과 그 변화를 간단히 살펴보기로 한다. 그리고 부당노동행위제도를 두고 있는 나라들이 제도운영상 어떠한 입법주의를 취하고 있는지를 정리해보고 또 부당노동행위법을 지배하고 있는 법리가 어떠한 특징을 가지고 있는지를 살펴본다.

2) 입법형식적 측면에서 볼 때, 현행 노조법상의 부당노동행위제도는 국가가 구제신청이라는 근로자측의 주도적인 행위에 기하여 상대방인 사용자의 노동질서위반행위를 규제하여 노동질서를 확보하고자 하는 간접적인 규제방식이다. 그래서 현행 노조법은 부당노동행위제도가 헌법상 노동3권의 내용을 구체화한다는 관념을 전제로 하여, 노동조합이 사용자에 대하여 노조전임자의 급여를 지급하게 하거나 노동조합의 운영비를 원조하도록 요구하는 실질적 내용에 있어서 근로자측의 부당노동행위를 형식적 측면에서 사용자의 부당노동행위의 유형으로 규정하고 있다.

제 2 절 제도적 연혁 : 원조로서 와그너법

부당노동행위(Unfair Labor Practice)라는 말은 와그너법(Wagner Act)이라고 불리는 1935년 아메리카합중국의 전국노동관계법(National Labor Relations Act)에서 처음으로 공식적인 법률용어로서 사용되었고,[3] 이 법에 의해서 비로소 체계적인 제도로 완성되었다. 와그너법은 「사용자의 부당노동행위」만을 금지하였지만, 그 후 1947년의 태프트-하트리법(Taft-Hartley Act, Labor Management Relations Act)에 있어서 「노동조합의 부당노동행위」도 금지되기에 이른다. 아메리카합중국에 있어서 노사관계에 대한 법적 규제는 1930년대까지는 주로 주(州, state)법의 대상이었고, 그 당시 주의 범위를 넘었던 철도산업에 있어서 노사관계를 규율하였던 철도법을 제외하면, 연방차원에서 노사관계를 규율하였던 입법은 존재하지 않았다. 다른 한편, 이와 같이 연방적 차원의 노사관계법이 없었던 것은 아메리카합중국에 있어서 계약의 자유나 자유시장체제에 대한 소박한 신뢰가 강하였고 노동조합활동이 비정치성을 띠었던 것이 노동관계에 대한 국가적 규제를 제약하였기 때문이었다. 그런데 와그너법이 제정되었던 1930년을 전후로 해서 아메리카합중국의 이러한 노동법적 정책이 변경을 보이게 되었던 것은 기업의 경제활동이 주의 범위를 넘어서 대규모화하게 되고, 그에 따라 근로자들의 쟁의행위가 개별 주(州)를 넘어서 연방적 차원의 경제와 정치에도 영향을 미치게 되었기 때문이다.

와그너법 이전에 아메리카합중국에 부당노동행위에 관한 사상이 없었던 것은 아니다.[4] 이미 19세기중엽 산업화와 더불어 노동조합운동이 본격화되면서 싹트기 시작하였고,[5] 19세기말부터 아메리카합중국 연방정부 및 의회에 의해서 설치되었던 각종 조사위원회의 보고서를 보면 부당노동행위제도에 관한 맹아적 사상이 나타나 있다. 19세기말에도 부분적이긴 했지만 부당노동행위법제가 명문으로 규정

---

3) 최식/염세욱, 『부당노동행위』, 박영사, 1963, 22면.

4) 이에 관한 자세한 것은 최식/염세욱, 위같은책, 22-34면 참조.

5) 19세기 아메리카합중국의 노동법의 상태에 관해서는 Karen Orren, Metaphysis and Reality in Late Nineteenth-Centryury Labor Adjudication, in: Christopher L. Tomlins/Andrew J. King(ed), Labor Law in America. Historical and Critical Essays, Baltimore/London(The Johns Hopkins University Press), 1992, p. 160-179 참조.

되기도 했다.[6] 물론 그 당시에는 부당노동행위에 관한 규정은 분산되어서 통일을 이루지 못하였으며 그 방지와 구제에 관한 조치가 상당히 불충분했다.

본격적인 부당노동행위법제로서 볼 수 있는 것은, 1926년의 철도노동법(Railway Labor Act)에 의해서 완성을 본 일련의 철도노동법제에서라고 할 수 있다. 동법은 다음의 두 가지의 점에 있어서 부당노동행위법리의 기초를 형성하였다고 말할 수 있다. 그 하나는, 노사분쟁과 주제통상(州際通商)과의 관련성을 이론화한 것이다. 철도에 있어서 노사분쟁이 주제통상의 흐름을 저해하였기 때문에 노사분쟁의 평화적 해결→주제철도의 원활한 운영→주제통상의 원활화라는 기본적인 구조가 확립되고, 여기에서 「연방」에 의한 노사관계규제의 헌법적 근거가 분명하게 되었다. 그 둘은, 「단체교섭대표자선출의 자유」라는 관점을 분명히 하게 되었던 것이다. 철도노동법은 노사분쟁의 회피와 해결을 위하여 단체교섭과정의 제도화를 기도하고, 분쟁처리기관을 설치함과 아울러 분쟁해결의 기반으로 된 권리로서 「단체교섭대표자선출의 자유」를 상정하였다. 동법 제2조 제3항은 「이 법률의 목적을 위하여 법인 또는 법인이 아닌 단체가 규정에 따르거나 다른 단체적 행위에 의해서, 대표자는 자주적 단결이나 대표자선출에 있어서 상대편으로부터 간섭, 위압, 강제를 받지 않고 선출되는 것으로 한다」라고 규정하고 있었다. 이 권리가 아메리카 부당노동행위제도의 중심으로 되게 된다.

그렇지만, 단체교섭대표자선출의 자유를 보장하기 위한 특별한 기관은 설치되지 않았고, 그 집행(enforcement)의 수단은 형사처벌이었다. 그 후, 판례[7]에서 사법구제도 인정하게 된다. 부당노동행위의 금지규정 및 규제방법에 있어서는 뉴딜입법인 1933년의 전국산업부흥법(National Industry Recovery Act) 제7조(a)의 경험에 힘을 입은 바가 컸다고 하겠다. 그 결과, 동조 (1)에서 단결권과 단체교섭권이 「피용자는 단결하고, 스스로 선택한 대표자를 통해서 단체교섭을 하는 권리를 가지고, 또 단체교섭 기타의 상호부조 또는 보호를 목적으로 하는 대표자의 선출, 자주적 단결, 기타의 단체적 행동에 있어서 사용자 또는 그 대리인에 의한 간섭, 제한 강제로부터 자유롭다」고 규정되어 추상적이지만, 근로자의 단결권과 단체교섭권이 명문으로 명

6) 예컨대, 철도노동법제로서 1898년에 성립한 「에드만」법(Erdman Act)이 부당노동행위의 기원을 이루는 것인데, 동법 제10조는 「피용자 또는 고용희망자에 대해 고용조건으로서 서면이나 구두로 근로자의 단체 노조 조직체의 구성원이 되지 않는다는 것 또는 그 구성원의 지위에 있지 않는다는 협정을 체결할 것을 요구하거나 그러나 근로자의 단체, 노조, 조직체의 구성원임을 이유로 피고용자에 대하여 해고하겠다고 위협하거나 부당하게 차별대우하는 것」을 부당노동행위로 규정하고 있다.

7) Texas & NewOrlenans Railway Co. v. Brotherhood of Reailway and Steamship Clerks, 281 U.S. 548, 1930.

확하게 보장되었다. 또 단체교섭「권」은 다수결원리나 성실교섭 「의무」를 의미하는 것으로서 그 내용이 서서히 명확하게 되었다. 그리고 노사관계에 대해 전문적 지식과 경험을 가진 행정위원회인 전국노사관계위원회(National Labor Board, National Labor Relations Board)가 설치되었던 것이다. 그런데 전국산업부흥법(NIRA)에 의해 설립되었던 행정위원회가 내리는 결정에는 강제력이 없었다. 그러므로 와그너법은 행정위원회의 명령에 강제력을 부여하는 것과 전국노사관계위원회(NLB)가 확립해 놓았던 부당노동행위유형과 다수결원리를 명문으로 정하는 것을 목적으로 하였다고 할 수 있고, 이렇게 하여 아메리카합중국의 부당노동행위제도는 제도적인 완성을 보게 되었던 것이다.[8)]

아메리카합중국에서 부당노동행위제도가 성립하게 된 사회경제적 배경으로서는 두 가지의 점을 생각할 수 있다.[9)] 이들 두 가지의 점이 부당노동행위제도를 주(州)차원에서가 아니라 연방차원에서 노사관계규제로서 성립할 수 있도록 했다고 할 수 있는데, 첫째, 부당노동행위의 법제화가 그 당시의 경제적 불황을 극복하기 위한 방안으로서 제시되었다는 것이다. 1929년 이래의 대불황의 주요요인을 생산과 소비의 불균형으로 보았기 때문에 「부당노동행위의 금지 → 노조활동의 촉진 → 노조의 교섭력의 증강 → 임금인상의 실현 → 대중구매력의 증가 → 불황의 극복」이라는 기본적 구조가 상정되었다. 둘째, 부당노동행위제도가 주(州)와 주 사이에 있어서 통상을 원활하게 하기 위해서 요청되었다는 것이다. 불황의 심각화에 따라 노사분쟁도 더욱더 격화하고, 특히 1934년부터 노조의 승인을 구하는 쟁의가 증가하였다. 그래서 교섭과정의 제도화(교섭권의 보장)를 통한 분쟁의 회피와 해결, 결국 주제통상의 원활화가 기도되었다.

그리고 아메리카합중국에서 부당노동행위제도가 성립하게 된 노사관계적인 배경으로는 노사관계가 극히 분산적·비집중적으로 형성되었던 것을 들 수 있다. 그만큼 기업간 경쟁이 격화되고, 노조에 의한 개별경영에 대한 다양한 제약은 당해기업을 경쟁상 결정적으로 불리한 위치에 놓이게 만들었다. 결국 사용자로서는 노조배제·반노조적으로 될 수밖에 없었다.[10)] 여기에서 심한 반노조적 행위가 취해지고, 그것을 직접 규제하는 부당노동행위제도가 필요로 되었다. 이 노사관계의 분산화, 결국

8) 아메리카합중국의 부당노동행위제도의 성립사(史)에 관해서는 Irving Bernstein, The New Deal Collective Bargainning Policy(Uni, of California Press) 1950; 本多淳亮, 『米國不當勞動行爲制度』(有斐閣), 1953 참조.

9) 道幸哲也, 『不當勞動行爲法理の基本構造』, 北海島大學圖書刊行會, 2002, 196면.

10) Derek C. Bok, Reflektions on the Distinctive Character of American Labor Law, 84(1971) Harv. L.Rev. 1419-25.

산업별 노사관계의 불성립이 아주 자세한 단체교섭규제를 요청한 원인이었다.

이렇듯 아메리카합중국에서 부당노동행위제도는 사용자에 대한 부당노동행위의 금지를 통해서 노사 간의 세력불균형을 개선해서 시장에 있어서 근로자의 유효수요를 증진하기 위한 경제정책적 일환으로서 성립하게 되었다고 할 수 있는데, 아메리카합중국의 노동운동초기에는 근로자에 비하여 사용자의 힘이 훨씬 강했고 또 법원이 노동운동에 대하여 이른바 금지명령(Injunction)을 남발하였기 때문에 근로자들의 노동운동은 근로조건의 개선을 목적으로 한다기보다 오히려 이와 같은 탄압에 대하여 폭력적으로 반항하는 운동이 전개되었다. 따라서 근로자들의 단결권을 부인하는 것이 결과적으로 산업상의 분쟁과 불안을 초래하는 중요한 원인이 된다는 것을 깨닫게 됨으로써 이를 인정하려는 노력이 경주되어 오던 중 대공황을 극복하기 위한 뉴-딜정책의 일환으로서 부당노동행위제도가 입법화된 것이다.

제 3 절 입법주의

부당노동행위제도가 아메리카합중국에서 발원했지만, 그 제도를 계수한 나라마다의 사정에 의해서 약간씩 변형되고 상이하게 발전하였다.[11] 현재 각국에서 시행되고 있는 부당노동행위법제에 관한 기본적 사항을 규제대상행위, 심판기관, 심판절차의 운용을 기준으로 해서 정리해 보면, 부당노동행위제도에 관한 구체적인 입법주의의 유형은 상당히 다양하다고 할 수 있다.

Ⅰ. 규제의 대상으로 되는 행위

1. 노사쌍방의 행위를 규제하는 입법주의

사용자의 부당노동행위 외에 노동조합의 일정한 유형의 행위도 또한 부당노동행위로 인정하는 입법주의다. 이러한 유형은 아메리카합중국이나 캐나다의 입법이

11) 아메리카합중국식의 부당노동행위제도는 우리나라 외에도 상당히 여러 나라에 계수되었다. 부동노동행위제도가 일본, 인도, 캐나다, 오스트레일리아, 터키, 프랑스, 유나이티드 킹덤 등의 국가에서는 우리나라와 같이 노사관계법률상의 제도로서 도입되었지만, 멕시코, 과테말라, 볼리비아 등의 중남아메리카국가에는 헌법상 제도로서 선언되어 있다.

채용하고 있으며, 예컨대 노동조합의 단체교섭거부, 위법으로 간주되는 쟁의행위의 실행 등 건전한 노사관계를 확립하기 위해 사용자에 대한 관계에서 규제를 필요로 하는 행위와 노동조합에 대한 관계에 있어서 가입 및 조합원으로서의 권리의 행사에 대한 차별취급 등 노조내부의 운영에 관해서 규제를 필요로 하는 행위를 포함하고 있다. 노사관계의 안정을 방해하는 요인을 제거하는 것에 주목하여 노사를 대등하게 처우하고, 노사 어느 쪽의 행위도 노사관계의 안정의 유지에 장해로 되는 이상 그 제거에 있어서 국가가 협력해야 한다는 사고에 기초하고 있다.

2. 사용자의 행위만을 규제하는 입법주의

사용자의 일정한 행위를 부당노동행위로 정하는 입법주의다. 이러한 입법주의를 취하는 대표적인 나라로서 일본을 들 수 있다. 일본 노동조합법 제7조에서 「사용자는 다음 각 호에 게시된 행위를 해서는 아니 된다」라고 정하여 사용자의 행위만을 부당노동행위라고 하고 있다. 일본에서 이렇게 사용자의 특정행위를 부당노동행위로서 금지하는 것은 일본헌법이 노동기본권을 강하게 보장하였던 취지에 따라서 규정되었다고 보는 것이 일치된 견해라고 할 수 있다. 형식적으로 보면, 우리나라의 노조법 제81조가 일본 노동조합법 제7조와 동일한 방식으로 규정하고 있기 때문에 일응 이 입법주의를 취하고 있다고 말할 수 있다. 또한 우리나라에서도 대부분의 노동법학자들은 헌법 제33조가 일본헌법 제28조보다도 더 명확하게 노동3권을 근로자의 기본적 권리로 규정하고 있기 때문에 이러한 입법주의를 취하는 것이 당연하고 노동조합의 부당노동행위를 인정하는 것은 위헌이라고 보는 것이 지배적인 것 같다.[12] 그러나 뒤에서 자세히 검토하는 바와 같이(제2장 제2절 II 참조) 우리나라 노조법이 사용자의 부당노동행위만을 규정한 것은 노동조합의 부당노동행위를 인정하는 것이 위헌이기 때문이 아니라 입법기술상 노동조합의 부당노동행위를 별도로 인정할 필요가 없기 때문이라고 할 것이다. 노동조합의 부당노동행위에 해당하는 다양한 유형의 행위는 부당노동행위로서 금지되는 것이 아니라 곧바로 노조법에 위배되는 행위로서 직접적인 규제의 대상이 되기 때문이다. 이것은, 부당노동행위에 관한 규정을 제외하면, 노동조합의 조직 운영 및 활동을 직접적으로 제한하고 있는 현행 노조법의 태도를 보면 명백할 것이다.

---

12) 이러한 추측은 우리나라 대부분의 노동법학자들이 부당노동행위제도를 헌법상의 노동3권 보장(헌법 제33조 제1항)의 구체화라는 맥락에서 이해하고 있다는 것에서 나오는 결론이다. 예컨대, 김유성, 『노동법 II (전정판)』, 법문사, 1997, 308면 참조.

Ⅱ. 규제방법

1. 처벌주의 : 부당노동행위의 범죄화

부당노동행위를 사회적 또는 국가적 기본질서를 침해하는 범죄로 보고, 형사처벌하는 입법주의다. 즉, 부당노동행위자를 처벌하여 부당노동행위를 간접적으로 방지하려는 데에 그 목적이 있다. 이것은 부당노동행위제도의 원조인 아메리카합중국의 태도이다. 일본의 (구)노동조합법(제11조) (구)노동쟁의조정법(제40조)이 취하였던 태도이고, 캐나다의 부당노동행위제도는 이 처벌주의를 취하고 있지만 동시에 다음에 기술하는 원상회복주의도 병용하고 있다. 또한 우리나라는 1986년 노동조합법을 개정하여 처벌주의를 병용하고 있지만, 노동조합이 처벌을 바라지 않는 경우에는 부당노동행위자는 처벌되지 아니 하였으나 현행 노조법에서 이러한 반의사불벌에 관한 부분은 삭제되었다.

2. 원상회복주의 : 부당노동행위법의 사법(私法)화

일정한 행위유형에 대해서 노사관계질서를 침해하는 행위인 부당노동행위로 규정하여 그러한 행위를 사법상 금지하여 배제하되, 범죄화하지는 아니하고, 다만, 그러한 행위가 이루어진 경우에는 행위 이전의 원상태로 회복시키는 것을 목적으로 하는 입법주의다. 부당노동행위제도를 채택하고 있는 많은 국가들이 이러한 입법주의를 취하고 있다. 아메리카합중국의 와그너법이나 일본의 현행 노동조합법[13]이 대표적이다. 우리나라의 현행 노조법도 명시적으로 원상회복이라는 표현은 사용하고 있지 않지만, 이러한 입법주의도 채택하고 있다고 한다.[14] 이러한 입법태도는 부당노동행위의 규제에 있어 원상회복을 주안으로 하고, 장래에 노사관

---

13) 그렇지만 일본 노동조합에도 원상회복이라는 표현은 없다. 다만, 소화24년 2월 14일 노동성에서 발표된 일본 노동조합법을 개정하는 법률안(시안) 제16조가 「원상회복 등의 명령」이라고 제목을 붙이고, 「… 당해 사용자 또는 그 단체에 대해 그 부당노동행위를 중지하는 것 또는 복직 기타 원상의 회복에 필요한 조치를 취하는 것을 그 내용을 구체적으로 표시하여 명령할 수 있다」라고 규정하였던 것에 불과하다.

14) 현행 노조법 제84조 1항에는 「… 부당노동행위가 성립한다고 판정한 때에는 사용자에게 구제명령을 발하여야 하며, …」라고 할 뿐이지만, 해석상 원상회복주의를 취하고 있다고 한다.

계의 평화와 안정의 유지를 목적으로 하고 있다.

3. 병용주의

처벌주의와 원상회복주의를 동시에 채택하고 있는 경우이다. 우리나라의 노조법이 처벌주의와 원상회복주의를 동시에 채택하고 있다고 한다.15) 그러나 이론적으로는 처벌주의와 원상회복주의가 부당노동행위의 근절에 철저할 것 같지만, 현실에 있어서는 양자가 호환될 수 없는 경우가 생기기 때문에 어느 일방의 목적도 달성할 수 없게 된다. 이에 관해서는 뒤의 제5장에서 자세히 살펴보기로 한다.

Ⅲ. 담당하는 기관

1. 행정위원회전관주의

부당노동행위 성부의 인정 및 그 결과의 규제를 특별한 행정위원회를 설치하여 관할하게 하는 방식이다. 이것은 유동적인 노사관계의 실태를 잘 이해하고, 그 안정의 회복을 위해서 가장 적절한 해결안을 안출하는 데에는 행정기관에 그 운영을 맡기는 것이 바람직하기 때문이다. 그리고 특별한 위원에 의한 합의제행정기관을 설치하여 그 운영을 담당하게 하는 것이고, 아메리카합중국의 전국노동관계위원회(The National Labor Relations Board)제도는 이 방식에 따르고 있으며, 법원은 부당노동행위사건을 심리할 권한을 가지지 않는다(한두 주에 예외가 있지만, 여기에서는 언급하지 않기로 한다). 아메리카합중국에서는 이러한 제도가 국가기관의 효율적 운영에 기여한다는 것을 배려하였던 것이다.

그러나 우리나라에 있어서는 이러한 입법주의만을 취하지 않고, 다음에 기술하는 재판절차병용주의가 취하여지고 있다. 그렇지만, 우리 헌법이 노동3권을 보장하고, 노조법이 부당노동행위제도를 정한 것은 곧바로 노사관계에 사법상의 권리의무를 설정한 것이 아니며 따라서 민사법원이 사용자의 의무위반에 대해서 구제를 준다는 입장에 있지 않다고 해석하기도 하고, 특히 단체교섭의 거부나 지배개입에 대해서는 그렇게 해석할 여지가 넓다.

---

15) 예컨대, 박홍규, 『노동법론』, 삼영사, 1995, 1125면; 이병태, 『최신노동법(제9전정판)』, 중앙경제, 2008, 394면; 김형배, 『노동법(21판)』, 박영사, 2012, 949면 등.

2. 사법(司法)절차병용주의

노동위원회와 같은 행정위원회 외에 일반법원도 부당노동행위의 규제를 관장하는 입법주의다. 우리나라의 거의 모든 노동법학자들은 부당노동행위의 구제에는 사법적 구제와 행정적 구제가 있다고 한다.16) 이들의 견해에 의하면, 우리나라는 재판절차병용주의를 취한다고 할 수 있다. 부당노동행위가 성립하는 경우에는 노조법상 절차에 의해서 구제를 받을 수 있을 뿐만 아니라, 그것이 법률행위인 경우에 민법 제103조 선량한 풍속 기타 사회질서에 위반하는 행위로서 무효이고, 그것이 사실행위인 경우에는 민법 제750조의 불법행위에 해당하므로 손해배상을 청구할 수 있다는 것이다. 즉 노조법이 일정한 유형에 해당하는 행위를 부당노동행위로서 금지하는 것은 노동3권의 보장을 강력히 하려는 것이기 때문에 이러한 금지에 반하는 사용자의 행위는 사법상으로도 효력을 가지지 않는다고 해석하는 것이다. 예컨대, 부당노동행위에 해당하는 해고는 당연히 무효이고, 불법행위로서 임금상당액의 손해배상을 명할 수 있다. 이러한 견해 중에는 부당노동행위를 금지하는 규정은 강행법규이기 때문에 이것에 반하는 법률행위는 무효가 된다는 이론을 전개하는 입장도 있다.17)

부당노동행위에 의해서 자신의 권리가 침해된 자는 그 침해행위를 한 사용자를 상대로 하여 법원에 민사소송(본안소송과 가처분)을 제기하여 자신의 권리를 지킬 수 있다. 그리고 노동위원회에 부당노동행위의 구제신청을 하는가에 관계없이 법원에 제소할 수 있고, 이들 양자의 전후는 문제되지 않는다고 한다. 이것은 이론상 인정되는 것이지, 현행법이 양자의 구제를 명문으로 인정하고 있는 것은 아니다.18)

그렇지만 사용자가 단체교섭을 거부하였기 때문에 임금인상의 시기가 지체되고, 나아가 조합원이 경제적 손해를 입은 경우에도 노조로부터 사용자에 대하여

---

16) 예컨대 박홍규, 위같은책, 1165면; 임종률, 『노동법(제10판)』, 박영사, 2012, 293면; 김형배, 위같은책, 912면; 이병태, 위같은책, 454면 등.

17) 사용자의 부당노동행위를 금지하는 노조법상의 부당노동행위제도를 우리 민법 제103조 "기타 사회질서"로 본다면, 부당노동행위를 그 내용으로 하거나 부당노동행위를 금지하는 노조법의 취지에 반하는 법률행위는 민법 제103조에 위반되어 무효로 될 것이므로 이러한 입장은 이론적상 무리가 없다고 할 것이다.

18) 일본의 경우에는 일본 노동조합법이 소화37년에 개정되기까지 「노동조합 또는 근로자가 … 소를 제기하는 것을 방해하지 않는다」라고 규정하고 있었다(일본 노동조합법 제27조 제11항). 그런데 이 규정은 동년에 삭제되었고, 삭제되었다고 하더라도 종래의 입장을 변경하였던 것은 아니라고 한다. 그래서 현행 일본 노동관계 법률에는 이러한 규정이 없지만 이것은 자명한 것이라고 한다.

불법행위를 이유로 하는 손해배상을 청구할 수 있는가는 의문이다. 또한 복수의 노동조합이 병존하는 경우, 노조에 대한 사용자의 차별에 의해서 조합원이 격감하였던 경우에 그것을 이유로 노조가 사용자에 대해 손해배상을 청구할 수는 없다. 부당노동행위가 곧바로 불법행위로 되는 것은 아니라고 판시한 예도 있다.

3. 조정절차주의

부당노동행위를 둘러싼 노사 간의 분쟁도 집단적 분쟁이기 때문에 조정절차에 의해서 해결하려는 입법태도이다. 부당노동행위문제를 조정절차에 의해서 해결하고 있는 국가는 없는 듯하다. 그러나 심판제도와 조정제도를 병행해서 부당노동행위문제를 해결하는 국가가 있다. 캐나다가 그 대표적인 국가이다. 캐나다는 부당노동행위구제신청에 있어서 조정전치주의를 취하고 있다.

우리나라의 경우에도 노조법이 부당노동행위구제신청에 있어서 조정전치주의를 법적으로 강제하고 있지 않지만, 동법은 노동쟁의를 예방하거나 조기에 해결하는 방법으로서 조정과 중재라는 2가지의 방법을 규정하면서 이들 기능을 모두 노동위원회에 맡기고 있다.[19] 그래서 부당노동행위를 둘러싼 노사 간의 분쟁도 조정 또는 중재의 대상으로서 되기 때문에 인사문제나 단체교섭거부, 노조활동의 자유의 침해 등의 부당노동행위사건을 이들의 방법으로 해결하는 것도 가능하다고 할 수 있다. 노동위원회의 실무를 보면, 심판절차에서 노동위원회가 사실상 사용자에 대해서 불이익취급의 철회를 구하기도 하고, 단체교섭의 촉진을 꾀하기도 하여 화해를 촉구하고, 지배개입행위의 중지를 요구하는 사건은 조정에 의한 화해를 통해서 처리되는 경우가 적지 않다.

Ⅳ. 심판절차의 개시

1. 당사자신청주의

신청주의라 함은 부당노동행위사건에 있어서 구제절차를 반드시 당사자의 신청에 의해 개시하는 입법주의이다. 우리 노조법은 이러한 입장을 취하고 있다. 즉

19) 노사관계의 성질상 부당노동행위를 둘러싼 노사 간의 분쟁도 조정의 방법에 의해서 해결을 시도하는 것도 바람직하다고 할 것이다. 입법론적으로 우리나라의 경우에도 분쟁의 초기에 노동위원회가 적극적으로 화해를 시도할 수 있도록 법제화할 필요가 있다.

우리 노조법 제82조는 당사자 특히 근로자측(노동조합 포함)의 신청에 의해서 구제절차가 개시되도록 하고 있다. 즉 부당노동행위가 헌법질서에 위배되는 중대한 사건임에도 불구하고 노동관청의 직권으로는 개시할 수 없도록 하고 있다.

부당노동행위를 당한 노동조합이나 근로자 본인이 구제신청을 하지 않은 때는 노동위원회가 설사 중대한 부당노동행위를 인지하고 있다고 하더라도 부당노동행위구제절차를 개시할 필요가 없고 또 개시해서도 아니 된다. 현행 노동위원회의 조직형태를 볼 때에도 노동위원회가 부당노동행위의 존재를 직권으로 탐지하는 기능을 발휘할 수는 없고 다른 한편, 노동위원회가 직권으로 심사를 개시하는 기준을 정하는 것도 상당히 어려운 일이라고 할 수 있으며 또 설사 직권으로 부당노동행위구제절차가 개시된다 하더라도 원활한 운영을 기대하기란 어렵기 때문에 현행 노조법은 원칙적으로 신청주의를 채택하고 있다고 하겠다.

2. 직권주의

부당노동행위사건에 있어서 판정절차를 담당기관의 직권에 의해서 개시되도록 하는 입법주의다. 아메리카합중국의 연방노사관계법은 직권주의적 색채가 아주 강하다. 우리나라의 경우에 부당노동행위구제와 관련하여 사용자가 중앙노동위원회의 재심판정에 불복하여 행정소송을 제기한 때 구제명령의 전부 또는 일부에 대해서 긴급이행명령을 신청하는 경우에 형식상 직권주의가 적용된다고 할 수 있겠지만(노조법 제85조 제3항 참조), 이 경우에는 중앙노동위원회가 행정소송의 피고이기 때문에 여기에서 말하는 직권주의라고 볼 수 없다고 할 것이다.

V. 절차의 수행

1. 피해자수행주의

부당노동행위사건은 노동기본권을 침해당한 근로자 또는 노동조합의 신청에 의해서 개시되고, 절차의 종료에 이르기까지 신청인의 책임에서 수행되는 주의이다. 피해를 입은 근로자 본인 또는 노동조합이 신청을 하여 절차를 추진하는 중심이 되는 것이 사건의 진상을 분명하게 하고 적절한 구제를 하는 데에 가장 적절하다. 이러한 의미에서 부당노동행위구제의 목적을 원상회복에 두고 있는 우리나라 노조법은 피해자수행주의적 태도를 따르고 있다고 할 것이다.

2. 국가기관수행주의

피해를 입은 자로부터 신고를 받아 그것에 기하여 국가기관이 구제절차의 동인을 담당하는 방식이다. 공정히 사건의 심리를 진행하고 피해의 구제에 만전을 기하는 데는 국가기관이 주도적으로 사건을 수사하고 소추여부를 결정하는 것이 적절하다고 이해하는 것이다. 아메리카합중국은 이 방식을 취하고 있다. 피해자로부터의 고소나 관계자로부터의 고발에 기하여 검찰관이 수사를 하고 공소를 제기하는 제도와 유사하고, 증거의 입수나 소추절차의 유지는 모두 국가기관의 손으로 행하여지기 때문에 근로자와 노동조합에 부담을 주지 않고, 극히 강력하게 수행되기도 한다. 그러나 이러한 소추를 담당하는 기관이 소추를 하지 않는다고 결정하는 경우 피해자에게는 구제의 길이 막히기 쉬워서 부당한 결과가 생길 수도 있다.

제 4 절 법리형성상의 일반적 특징

I. 해석에 기한 발전

우리 노동법체계가 유럽대륙계통의 법제와 법적 사고를 기반으로 하고 있는데 반하여 부동노동행위제도는 그 기원이 앵글로아메리카법제를 기본으로 하고 있는 아메리카합중국에서 들어왔기 때문에 처음부터 부당노동행위에 관한 법리를 체계적으로 형성하는 데에 많은 어려움이 있을 수밖에 없었다고 할 수 있다. 어쩌면 이것은 일반나무에 대나무를 접붙이는 것과 같이 조화될 수 없었던 것이었는지도 모른다. 게다가 부당노동행위제도에 관한 법률조항의 수가 얼마 되지 않고, 그것을 노동위원회라는 특수한 준사법적인 행정위원회가 관장하고 있기 때문에 그러한 문제는 더욱더 크게 부각되었다고 할 수 있다. 그래서 부당노동행위법은 우리나라의 구체적인 경제적 사회적 상황에서 제도를 운영하면서 시행착오를 통해서 그 법리를 형성할 수밖에 없었다고 할 것이다.

그래서 우리나라에 있어서 부당노동행위의 법리는 그것이 도입되었던 당초에는 중요한 논점에 대해서 해석론이 확정되지 않았던 것은 당연하였다. 예컨대, 정당한 노동조합활동이란 무엇을 가리키는가, 경영상의 결정은 단체교섭사항으로 되는가, 사용자의 시설관리권의 행사와 노동조합활동의 자유가 충돌하는 경우 그 조화점은 어디에 있는가, 구제명령을 내리는 경우에 노동위원회는 어느 정도의 재량권을 가질 수 있는가 등의 문제들은 일률적으로 대답하기 어려운 문제로서 초기에는 어느 정도의 기준조차 확정되지 못했다.

물론 오늘날에도 이들 문제에 관해서는 여전히 확정된 견해가 없다고 할 수 있지만, 부당노동행위제도가 도입된 지도 벌써 반세기가 훨씬 지나갔다. 그 동안 중요한 쟁점들 일부에 대해서 판결에 의해 정리되기도 하고 또 노동위원회의 결정례도 집적되어가고 있다. 그 결과 부당노동행위 및 그 구제절차를 둘러싼 유권적인 해석론이 서서히 확정되어가고 있다. 그 뿐만 아니라 최근에는 노동법의 선진외국에서 오랫동안 연구를 하여 나름대로 일가견을 가진 노동법학자들이 늘어나서 이들이 활발하게 외국의 중요한 학설과 최고법원의 판례도 정리·소개하여, 아직은 일천한 수준이지만, 우리나라에서도 부당노동행위제도에 관한 극단적인 이설은 적어지고, 그 법리도 상당히 체계적으로 안정되어 가고 있다.

Ⅱ. 부당노동행위법리의 유동성

1. 쟁점의 변화

부당노동행위법에 있어서 그 법리의 또다른 특징은 그것이 끊임없이 변할 수밖에 없다는 것이다. 현실적으로도 부당노동행위에 관한 법리는 끊임없이 유동하고 있다. 노사관계는 사회정세의 변화, 경제사정의 변동에 대해 극히 민감한 반응을 보이며, 그에 따라 노사관계의 안정을 유지하기 위해 부당노동행위제도가 수행하는 기능도 변하지 않을 수 없다. 그러므로 경제적 사회적 상황에 따라 부당노동행위법에서는 새로운 쟁점이 부각되는 것이다. 이를테면, 어떠한 경우가 노조법 제81조 제1호에 규정되어 있는 불이익취급에 해당하는가는 경제적 사회적 상황에 따라 다르게 해석될 수도 있다. 수개의 행위가 경합하는 경우에 어느 것을 기준으로 부당노동행위의 성립여부를 판단해야 하는가에 대해서도 여러 견해가 대립될 수 있다. A 회사를 해산하고 B회사를 설립하는 경우 그러한 해산과 설립이 부당노동행위로 되는 경우도 있을 것이다. 이러한 경우에 그것을 어떻게 판단해야 하는가도 문제로 될 것이다.

그리고 복수노조의 설립이 전면적으로 허용되었던 2012년도부터 하나의 기업 내에 노선을 달리하는 복수의 노동조합이 병존하는 경우가 있을 텐데, 그러한 경우에 사용자가 병존하고 있는 노조들과 상이한 내용의 단체협약을 체결하거나 이들 조합원들을 차별적으로 대우하는 것이 과연 부당노동행위에 해당하는가라는 것도 쟁점으로 될 것이다. 이렇게 되면, 부당노동행위법은 그야말로 지금부터는 훨씬 더 복잡하게 될 것이고, 그 법리도 정치하게 되지 않으면 안 될 것이다.

이렇듯이 구체적인 상황에 따라 부당노동행위법에 있어서 과거의 쟁점은 항상 새로운 모습으로 나타난다.

2. 행위유형의 추가와 폐지

경제적 사회적 상황변화에 따라 부당노동행위의 해석론적인 쟁점이 유동하는 것은 물론이고, 입법론적인 쟁점도 변할 것이다.

따라서 새로운 유형의 부당노동행위가 입법을 통해서 추가될 수도 있고 과거의 유형은 더 이상 부당노동행위로 취급되지 않는 경우도 생길 수 있다. 그러므로 부당노동행위의 유형이 반드시 현행 노조법 제81조에 열거된 행위에 한정되는 것은 아니라고 할 것이다. 동조는 그것이 정해질 당시의 일반적인 노사관계의 존재를 전제로 하여 동조에서 규정하고 있는 유형에 해당하는 사용자의 행위를 부당노동행위로서 금지해 둔 것이 노사관계의 안정을 위해서 필요하고 충분하다는 고려하에 규정된 것에 불과하다. 따라서 노사관계의 성질이 변하고, 앞으로 필요에 따라 새로운 유형을 추가하는 것도 얼마든지 가능하다고 할 것이다.

이와 반대로 그 유형의 일부가 폐지될 수도 있다(이 경우에는 당연히 노조법을 개정하는 절차를 밟아야 한다). 결국 어떠한 형태의 노동3권의 침해행위를 금지하는 것이 노사관계의 안정을 위해서 가장 적절한가라는 견지에서 수시로 부당노동행위의 유형을 정할 수 있을 것이다. 그러나 현행 노조법이 규정하고 있는 부당노동행위의 유형은 노사관계의 안정을 유지하는 방책으로서 유효하게 기능하고 있으며, 이것을 변경하거나 추가 또는 삭제하려는 움직임은 당분간 볼 수 없을 것이다.

Ⅲ. 판례와 노동위원회구제명령의 중요성

노사관계의 변화에 따라 노동3권에 대하여 사용자가 침해하는 새로운 행위유형이 나타나는 것도 드물지 않을 것이다. 이러한 경우에 노조법 제81조의 개정에 의한 유형의 추가가 이루어져야 하지만, 그 이전에라도 노동위원회나 법원은 끊임없이 새로운 유형의 부당노동행위의 성립을 인정하게 될 것이다. 이것은 해석론적 기법을 사용해서 새로운 유형의 행위를 기존 유형 중의 어느 하나에 포섭하는 방법을 사용하겠지만 사실은 새로운 부당노동행위의 법리를 창조하는 것이다.

보다 일반적으로 말한다면, 판례에 의한 법창조는 모든 분야에서 다양하게 계속되고 있지만 다른 법영역과는 달리 부당노동행위법부문에서는 법원의 판결이나 가처분결정에 의해서 형성되는 법리 외에 노동위원회의 구제명령에 의해서도 그 법리의 창조가 활발하게 진행되고 있다는 것이 특징이라고 할 수 있다. 따라서 부당노동행위법영역에 있어서는 노동법학이 노조법 제81조의 규정의 문언을 확장하고, 축소하고 연역하고 귀납하는 등 다양한 해석의 기술을 구사하면서 판례와 구제명령이 발전하였던 경과를 확인하고 그 장래의 전개를 전망하는 것도 중요한 과제의 하나라고 하겠다. 이러한 과제를 노동법학이 제대로 수행하는 것만으로도 부당노동행위제도를 통해서 노사관계의 평화와 안정을 유지하는 데에 기여하는 바가 크다고 하겠다.

제 2 장 우리나라의 부당노동행위제도의 특징

제1절 서 설

아메리카합중국의 부당노동행위제도는 인도, 일본, 멕시코, 캐나다 등에서도 도입되었고, ILO협약 제87호(제11조)는 단결권의 적극적 보호와 조성을 요구하고 하였으며, ILO협약 제98호(제1조 내지 제3조)에서는 부당노동행위제도의 정립을 협약비준국에게 요구하고 있다.

2차 세계대전 이후 많은 국가들이 헌법에 단결권을 보장하는 명시적인 규정을 둔다든가 그렇지 않더라도 근로자의 단결권의 보장을 당연한 것으로 전제하게 되었다. 따라서 이러한 국가에서는 근로자의 단결권을 침해하는 행위가 위법한 것으로 평가되었다. 일제식민지배로부터 해방되어 새로운 민족국가를 건설하였던 우리 민족도 이러한 세계적인 추세를 수용하여 1948년 제헌헌법에서 노동3권을 근로자의 기본적 권리로서 보장하였다.

일제식민지배하에서 노동조합운동을 법인(法認)하는 노동관계법은 물론 없었으며 그렇다고 단결을 직접적으로 탄압하는 금지법도 없었다. 그러나 치안의 유지라는 명목아래 제정된 치안유지법·치안경찰법 등의 법령에 의해서 노동운동은 사실상 금지되어 왔다. 해방과 더불어 미군정이 실시됨에 따라 민주화정책의 일환으로서 노동문제에 관한 공공정책과 노동보호에 관한 정책, 최장근로시간법, 미성년자노동보호법 등이 공포 실시되어 역사상 처음으로 민주적인 노동정책이 실시되었다. 1948년 제헌헌법의 제정 공포로 우리나라에서도 그야말로 노동기본권이 국가의 기본법인 헌법에 의해서 명문으로 보장되었고, 이로부터 5년 이후에 노동조합법, 노동쟁의조정법과 노동위원회법이 1953년 1월에 제정되고, 근로기준법은 같은 해 5월에 제정되어 우리나라 노동법질서가 보다 구체화되었다. 단결권을 비롯한 노동3권은 제헌헌법 제18조 1항에 규정되어 있었는데, 이로써 우리나라에서도 노동조합운동이 헌법상의 기본권으로서 보장을 받게 되었다. 노동3권의 보장에 이어, 1953년 최초의 노동조합법 및 노동쟁의조정법이 제정되고 부당노동행위제도는 노동조합법 제10조 및 제34조 제1항과 노동쟁의조정법 제10조에 의하여 입법화되었다.[20)]

우리나라에 있어서 부당노동행위제도는 1953년 최초로 제정된 노동조합법과 노동쟁의조정법에서부터 도입되었다. 1953년의 노동조합법과 노동쟁의조정법상의 부당노동행위제도는 주로 아메리카합중국의 와그너법에 의거한 것이라고 하지만, 태프트-하트리법의 영향을 받은 흔적도 볼 수 있다.[21)] 1953년의 노동조합법과 노동쟁의조정법은 아메리카합중국의 태프트-하트리법을 모방하여 사용자의 간섭행위((구)노동조합법 제10조 제1항)와 차별대우(동조 제2항, (구)노동쟁의조정법 제10조) 단체교섭거부행위((구)노동조합법 제34조 제1항)를 금지함과 아울러 노동조합의 단체협약체결의 거부(동조 제2항)를 부당노동행위로 금지했다. 하지만 그 직접적인 모법은 일본의 (구)노동조합(1945년법)이라고 할 것이다.[22)] 특히 구제절차는 일본의 (구)노동조합법을 모방하여 처벌주의를 규정하였다.

1963년 노동조합법을 개정하여 노동조합측의 부당노동행위가 삭제되고 노동조합법 제4장에 부당노동행위를 체계적으로 정리하고, 부당노동행위에 대한 종래의 처벌주의를 원상회복주의로 전환하였다. 이는 태프트-하틀리법 이전의 와그너법을 모방한 것이라고 할 수 있으나 실질적으로는 일본의 제도를 모방하였다고 말할 수 있다. 5·16 군사쿠데타로 박정희가 정권을 장악하고 국가주도의 경제개발을 추진하기 위해서 1963년 대대적으로 노동관계법을 정비하였다. 이 때 (구)노동조합법도 새로이 제정되는 형식으로 입법되었다. 이 노동조합법에서는 부당노동행위제도가 별도의 독립된 장(제4장)으로 편별되고, 제39조에는 부당노동행위의 내용

---

20) 박상필, 『한국노동법(전정판)』, 대왕사, 1990, 477면.

21) 1953년 노동조합법 제10조는 근로자가 노동조합에 가입하거나 이에 가입하여 노동조합에 관한 직무를 수행하는 권리에 간섭 기타 영향을 주는 행위와 어느 노동조합의 일원이 됨을 저지 또는 권장할 목적으로 근로조건에 차별을 두거나 또는 노동조합에 참가한 이유로써 해고 기타 근로자에게 불이익을 주는 행위를 사용자의 부당노동행위라고 하고 이를 금지하였을 뿐만 아니라 노동쟁의조정법 제34조 제1항은 사용자 또는 그 단체는 전조(제33조의 노동조합의 교섭권한에 관한 규정)에 규정하는 단체교섭대표자와 성실한 단체교섭체결을 정당한 이유 없이 거부 또는 해태할 수 없다고 규정하고 있다. 그러나 동조 제2항은 노동조합의 대표자는 사용자 또는 그 단체가 단체교섭의 체결을 요구할 경우에는 정당한 이유 없이 거부 또는 해태할 수 없다고 규정하였는데, 이것은 짐작컨대 아메리카합중국의 태프트-하트리법의 영향을 받은 것이라고 생각된다.

22) 박홍규, 위같은책, 1125면. 노동조합법뿐만 아니라 우리나라의 노동법제 전부가 근본적으로 일본의 것을 거의 그대로 받아 들였다고 해도 과언이 아니다. 이러한 상황 때문에 노동법률의 해석론도 거의 일본의 것을 따를 수밖에 없었던 형편이다. 이러한 상황은 현재에도 그대로 계속되고 있다.

을 제40조에서 제44조까지는 구제제도에 관한 내용을 규정하였다. 여기에서 주목할 것은 종전의 처벌주의를 원상회복주의로 전환하였다는 것이다.

그 후 경제적 상황과 국가노동정책의 변화에 따라 노동조합법은 수차에 걸쳐서 개정되었지만, 부당노동행위의 내용에 대하여는 특별한 개정이 없었으나 1986년 12월의 개정법에서는 동법 제46조의2 「제39조의 규정에 위반한 자는 1년 이하의 징역 또는 1,500만 원 이하의 벌금에 처한다. 다만, 피해자의 명시한 의사에 반하여 논할 수 없다」라는 처벌규정을 신설하여 처벌주의와 원상회복주의 양자를 함께 택하고 있다.

그리고 1996년 12월에는 (구)노동조합과 (구)노동쟁의조정법은 하나의 법률로 통합되어, 노조법이 새롭게 제정되었는데, 동법은 1987년의 노동조합법 제39조 내지 제44조를 제81조 내지 제86조로 바꾸고 동법 제81조 제4호에서 「노동조합의 전임자에게 급여를 지원」하는 것을 지배개입행위로 추가하였을 뿐, 1987년 노동조합법상의 부당노동행위제도를 거의 그대로 유지하였다. 그 후 노조법은 몇 차례의 개정이 있었으나, 부당노동행위제도에 대해서는 특별한 개정이 없이 1986년의 노동조합법상의 제도가 거의 그대로 유지되고 있다고 할 수 있다.[23] 즉 현행 노조법은 (구)노동조합법상의 부당노동행위제도를 거의 그대로 승계하면서 노동조합의 전임자에게 급여를 지급하는 행위를 사용자의 부당노동행위의 유형에 명시적으로 규정하고 있을 뿐이다. 그러므로 현행법도 (구)노동조합법과 마찬가지로 부당노동행위에 대해서는 행정구제와 처벌주의 및 사법적 구제 등 3중의 보호가 제도적으로 이루어지고 있다.

아래에서 우리나라의 부당노동행위제도가 어떠한 특징을 가지는지에 관해 좀 더 자세히 살펴본다.

---

23) 이와 관련하여 우리나라 노동법의 개정약사에 대해서는 김형배, 위같은책, 61-87면 참조.

제 2 절 우리나라 부당노동행위제도의 특징

Ⅰ. 아메리카합중국의 부당노동행위제도와의 비교

1. 서

우리나라 부당노동행위제도의 기본적 특색은 위의 네 가지 점이라고 생각되지만, 그것은 금지되고 있는 부당노동행위의 종류와 내용이라는 점에서 보거나 부당노동행위금지규정위반에 대한 구제방법이라는 점에서 보면, 부당노동행위제도를 가지고 있는 국가들 중에서는 가장 아메리카합중국의 부당노동행위제도에 가까운 것이다. 특히 형식적인 면에서만 보면 금지되는 행위가 사용자의 부당노동행위에 한정되어 있고, 노동조합의 부당노동행위가 인정되지 않는다는 점에 있어서 아메리카합중국 와그너법상의 부당노동행위제도를 상당히 계승하였다고 말할 수 있다.24)

그렇지만 우리나라 부당노동행위제도 자체가 형식적인 면에 있어서 아메리카의 와그너법상의 그것에 가깝다고 하더라도 부당노동행위제도에 연관되어 있는 우리 헌법질서, 법전통, 노사관계의 실정은 아메리카합중국과는 현저히 다르다. 그러므로 우리나라 부당노동행위제도를 제대로 파악하기 위해서는 그 차이점을 부각시킬 필요가 있다.25)

2. 최고규범인 헌법상의 차이

우리 헌법은 제33조 제1항에서 명시적으로 노동3권을 근로자의 기본적 권리로서 보장하고 있는데 반해, 아메리카합중국의 헌법에는 이러한 규정이 없다. 그러므로 부당노동행위제도의 법체계적 지위는 국가최고법인 헌법에 단결권이 명시적

---

24) 박상필, 위 같은 책, 479면,

25) 이와 관련하여 일본과 아메리카합중국의 부당노동행위제도의 차이점에 관해서는 岸井貞男, 『不當勞働行爲의 法理論(不當勞働行爲法의 原理(上))』, 總合勞働硏究所, 1978, 49면 이하 참조.

으로 보장되어 있는 국가에서와 그렇지 아니한 국가에서 상당히 다를 것이다. 여기에서 제기되는 문제가 바로 헌법 제33조 제1항과 노조법의 관계이다. 노조법이 헌법 제33조 제1항이 보장하고 있는 사회적 기본권인 노동3권을 구체화하는 법률인가라는 것이 문제이다. 이 문제를 어떻게 보는가에 따라 부당노동행위제도의 목적을 상이하게 파악하게 될 것이다.

3. 내용과 법적 구조상의 차이

단결권 등의 내용 내지 그 법적 구조라는 측면에서 보면, 우리나라와 아메리카합중국 사이에 많은 차이가 있다.

1) 단결권의 내용

단결권을 보장하고 있는 규범이 우리나라에서는 최고법인 헌법 제33조 제1항이다. 반면에 아메리카합중국에서는 아메리카합중국 헌법이 아니라 그 하위법률인 와그너법 제7조이다. 와그너법 제7조는 「피용자는 자주적으로 단결하고 노동단체를 결성하고 이것에 가입하고, 그것을 원조하고 스스로 선출한 대표자를 통해서 단체교섭을 행하며 또 단체교섭 또는 상호부조를 목적으로 하는 공동활동에 종사할 권리를 가진다」라고 규정하고 있다. 우리 헌법 제33조 제1항이 보장하는 단결권은 「근로자」의 권리로서 보장되고 단결체 자체의 단결권에 대해서는 직접 언급하는 바는 없지만, 해석상 근로자 개인의 단결권 등과 함께 단결체 자체의 단결권도 헌법상 보장되고 있다는 것에 대해서는 다툼이 없다.[26]

이것에 대해서 와그너법 제7조가 보장하고 있는 「피용자」의 권리는 우리나라에 있어서와 같은 의미에서의 단결 그 자체에 관한 권리의 보장은 아니고, 문자 그대로 피용자 개인의 권리의 보장으로서 관념되고, 단체교섭권, 쟁의행위권에 대해서도 현저히 피용자 개인의 권리로서 보호하는 법리구성이 이루어지고 있기 때문에 단결체 자체의 권리는 후퇴하였던 것이다. 그러나 와그너법에 있어서는 태프트-하트리법에 있어서와 달리, 이른바 소극적 단결권은 규정되어 있지 않을 뿐만 아니라, 클로즈드숍(closed shop)까지도 인용되고, 게다가 노동조합의 통제권에 대해서도 제한되어 있지 않았기 때문에, 와그너법상의 단결권이 가지고 있는 개인주의적 성격은 전면으로 나오지 않고, 오히려 현실의 기능에 있어서는 강력한 단체우위주의를 취하고 있다는 말까지 할 수 있다. 따라서 와그너법에 있어서 단결권

26) 김유성, 위같은책, 27면 이하; 김형배, 위같은책, 127면 등.

의 개인주의적 성격이 전면에 나오는 것은 슬리치터(S. Slichter)가 "아메리카의 노동운동은 세계가 지금까지 본 것 중에서는 최대로 최강이고 가장 공격적이며, 가장 강력한 노동조합은 이 나라에 있어서도 가장 강력한 경제조직이다"[27]라는 비난조의 말을 할 정도이었는데, 와그너법에 의한 보호에 의해서 성장하였던 노동조합의 거대한 힘을 억제하는 것을 주된 목적으로 등장하였던 법이 태프트-하트리법이었다. 태프트-하트리법은 위의 목적을 달성하기 위하여, 제7조를 개정하고 동조가 보장하는 피용자의 권리에 이들의 운동의 어느 것에든 전부 참가하지 않을 권리 즉 이른바 소극적 단결권을 부가하고, 게다가 동조에서 보장하는 피용자의 권리는 단순히 사용자로부터 보호되는 권리뿐만 아니라, 노동조합으로부터도 보호되는 권리로 변질시켜, 노동조합이 제7조의 피용자의 권리행사를 억압 강제하는 것도 노동조합의 부당노동행위로서 금지하고(제8조(b) (10)호), 그리고 노동조합의 징계권을 대폭적으로 제한하고 정기조합비의 불지급 이외의 이유로 제명된 피용자에 대해 해고 기타의 차별대우를 사용자에게 하도록 하는 것 또는 하도록 기도하는 것도 노동조합의 부당노동행위로서 금지하기에 이르렀다(제8조(b) (2)호). 따라서 노동조합의 조직확대를 위한 강력한 무기였던 클로즈 숍제도는 금지되고, 겨우 유니온 숍제도만이 엄격한 제한 하에 허용되는 것에 그치고, 게다가 그것은 어떠한 노조내부통제위반 조합원에 대해서도 정기조합비의 불지급 이외의 이유로는 해고하도록 사용자에게 의무화하는 것을 요구할 수 없기 때문에, 유니온숍을 허용하고 있는지의 여부조차에 대해서도 의문이 제기되었다. 또 제14조(b)는 주(州)의 「근로권입법("Right to work" laws)」에 의해 에이젼시숍(agency shop)을 포함한 일체의 노동조합 자체의 보장조항을 금지할 수도 있게 되었다.[28]

2) 단체교섭권

노동조합의 단체교섭권이라는 측면에서 살펴보면, 우리나라는 헌법 제33조 제1항이 보장하고 있는 단결체의 요건을 충족하고 있는 한 모든 노동조합에게 단체교섭권이 보장되어 있기 때문에 노조법이 노동위원회에 의한 구제라는 헌법상 예정되지 않은 특별한 이익을 노동조합에게 주는 경우에 있어서도 노조법 제2조 제4호 및 제7조 제1항이 정하고 있는 일정요건을 충족하지 않은 노동조합에게는 노동위

---

27) S. Slichter, The Challenge of Industrial Relations, 1947, p. 154.

28) 제14조(b)에 기하여 남부의 약 18주는 근로권입법을 제정하고 있다. 이러한 근로권입법은 공업화촉진을 위한 반노조입법의 성격이 아주 강하기 때문에 이러한 입법을 가지고 있는 18개주 중 네바다주를 제외하고는 그렇지 않은 주보다 노동조합조직률이 나쁘다.

원회에 의한 「구제를 주지 아니한다」(동법 제7조 제1항)고 하는 데에 그치고 있다.[29)]

반면에 아메리카합중국은 노동조합에 고유한 단체교섭권의 보장은 없고, 일정한 요건을 구비한 경우에만 단체교섭권이 보장되는 것에 불과하다. 즉 아메리카에서는 피용자 개인에게 교섭대표선출권이 주어지고, 전국노사관계위원회(National Labor Relation Board: NLRB)에 의한 배타적 교섭대표인 자격을 인정을 받아서 비로소 노동조합에 단체교섭권이 부여되고, 사용자는 이러한 노동조합과의 관계에 있어서만 단체교섭의무를 부담하는 것에 불과하다. 그런데 일정한 사업장내에 있어서 과반수의 피용자가 노조에 가입하고 있는 경우에는 사용자가 이 「다수노조 "majority union"」에 대해 문서 또는 구두에 의한 「임의의 승인 "voluntary union recognition"」을 얻은 경우에도, 「피용자의 배타적 교섭대표 "exclussive collective bargaining representative of the employees"」인 지위를 인정하고, 사용자에 단체교섭의무가 있다고 하기 때문에[30)] 반드시 교섭대표선거에 의해 지명 혹은 선출되는 것은 요건이 아니다. 아메리카합중국의 전국노사관계법에 있어서 노동조합의 단체교섭권은 사용자가 임의로 단체교섭에 응하지 않는 경우에는 노동조합은 교섭대표선거에 의해 배타적 교섭대표인 자격을 취하지 않는 한 단체교섭권을 가질 수 없기 때문에, 노동조합의 실체적 요건을 갖춘 한 단체교섭권을 가지는 것을 전제로 하면서 설립신고라는 노동조합의 형식적인 요건이 노동위원회에 의한 쟁의조정 및 부당노동행위구제를 받기 위한 보호자격요건을 정한 것(노조법 제7조 제1항 참조)에 불과한 우리나라 법제도와는 특히 차이가 있다.

3) 노동조합의 근로자대표권

위에서 보았듯이 노동조합에 고유한 단체교섭권을 인정하는가, 일정한 절차 혹은 사용자의 임의의 승인을 요건으로 하여 노동조합에 단체교섭권을 인정하는가에 대해서는 우리나라와 아메리카합중국간에 커다란 차이가 있다. 그 뿐만 아니라 노동조합이 기업차원에서 대표될 수 있는 피용자의 범위라는 측면에도 큰 차이가 있다.

---

29) 우리나라의 경우에는 2012년 6월 30일까지 기업차원에서 복수노조가 허용되지 않았기 때문에 사용자와의 단체교섭에 있어서 다수근로자로 조직된 노동조합(즉 다수노동조합)과 그렇지 못한 노동조합(즉, 소수노동조합)간의 차이는 없다. 다만, 예컨대 근로기준법상 취업규칙의 작성, 변경 특히 불이익변경에 있어서 협의권과 동의권에 있어서는 다수노동조합과 소수노동조합간에 차이는 있다.

30) 43 Ann. Rep. of the NLRB, 1978, p. 23; Jerr-Dan Corp., 237NLRB, 1978, p. 302; Broun & Connolly, 237 NLRB 1978, p. 271.

우리나라에서는 노동조합에게 고유한 단체교섭권을 인정하는 한편 노동조합의 대표자격을 가지는 것은 원칙적으로 조합원에 한정된다.

이에 반해서 아메리카합중국에서는 일정한 요건 하에 노동조합에게 일정한 교섭단위 내에 있어서 모든 피용자에 대하여 대표자격을 주고 있기 때문에 교섭단위 내에 있어서 비조합원에 대해서는 물론이고, 복수노조에 있어서 서로 대표자격을 경쟁하고 있는 경우에도 과반수의 지지를 얻지 못한 소수노조의 조합원에 대해서 대표자격을 배타적으로 가지게 된다. 물론 우리나라에 있어서는 2012년 6월 30일까지 기업단위에서 복수노조가 허용되지 않았지만 아무런 제한 없이 복수노조가 하나의 교섭단위에 병존하는 것이 인정되지만 아메리카합중국과 유사한 교섭창구단일화제도가 도입되어 사용자는 대표노동조합 또는 교섭대표단에 대해서만 단체교섭의무를 부담하고 있다(제2편 제5장 제4절 참조.).

이것을 단체협약의 효과라는 관점에서 보면, 현재의 단체협약제도가 앞으로 그대로 유지된다는 것을 전제로 할 때 우리나라에서는 단체협약의 효력을 비조합원에게 미치게 하기 위해서는 노조법 제35조 소정의 일반적 구속력제도에 의해서 단체협약의 효력을 확장할 수밖에 없는데, 아메리카에서는 교섭단위 내에 포함된 피용자에 대해서는 조합원이든 아니든 관계없이 단체협약이 적용되기 때문에, 우리나라에 있어서와 같이 일반적 구속력의 제도를 논의할 필요도 없이, 비조합원에게도 단체협약의 효력이 미치게 되는 것이다.

4) 교섭단위

아메리카합중국에서 부당노동행위제도는 일정한 교섭단위 내에 단일의 노동조합에게만 배타적 교섭권을 부여하는 배타적 단체교섭제도와 밀접하게 연계되어 있다.

반면에 종래 우리나라는 일본이 그랬던 것처럼 아메리카합중국식 부당노동행위제도를 도입할 때 배타적 교섭제도를 떼어 놓고 부당노동행위제도만 도입했다. 그러나 기업차원에 복수노조가 허용되지 않았기 때문에 이른바 「1기업 1노조」 주의가 관철되어 사용자의 단체교섭의무와 관련하여 어떠한 노동조합이 교섭상대방이 되는가라는 문제는 별로 고민할 필요가 없었다. 그러나 2012년 7월 1일부터 복수노조가 허용되어 기업차원에 수개의 노동조합이 병존하는 경우에는 사용자가 개별교섭에 동의하지 않는 한, 사업 또는 사업장 단위로 교섭창구단일화가 되어야 한다. 그러므로 사업 또는 사업장에 복수노조병존시에 교섭창구단일화가 되지 않는 한, 사용자의 교섭거부가 부당노동행위로 되지 않는다. 따라서 초기업조직인 산업단위의 지도하에 요구되는 집단 내지 통일교섭이든 기업 내의 복수노조가 요구하는 공동교섭이든 어떠한 경우에 이것을 거부하더라도 사용자의 부당노동행위가 성립하지 않는다.

5) 쟁의행위권 행사와 근로자의 지위

단체행동권의 관점에서도 우리나라와 아메리카합중국간에는 상당한 차이가 있다. 우선, 쟁의 중에 있는 근로자의 법적 지위라는 측면에서 이것을 보면 우리나라는 쟁의 중에도 종업인 지위를 가지는 것이 당연한 전제로 되어왔기 때문에,[31] 노동쟁의가 종료하면 파업에 참가했던 근로자가 파업복직의 신청[32]을 할 필요도 없이 자동적으로 평상시의 노동관계로 이행되기 때문에 파업복직의 거부는 정당한 이유에 의한 해고에 의하지 않는 한 쟁의행위중인가의 여부에 관계없이 모든 경우에 대해서 부당노동행위가 성립하게 된다.

반면에 아메리카합중국에 있어서 근로자는 쟁의행위 중에도 피용자인 신분을 가지며 사용자가 스트라이크를 이유로 피용자를 해고 기타 불이익취급을 하면 부당노동행위가 성립하지만, 스트라이크 종료시에 평상시의 근로관계로의 회복여부는 파업의 성격과 상황에 따라 다르게 결정될 수 있다. 이것은 아메리카합중국의 노사관계법의 독특한 태도라고 할 수 있다. 그 결과 근로자가 스트라이크를 한 경우에 사용자의 부당노동행위성립여부는 상황에 따라 상당히 다르게 해결되고 있다. 즉 파업을 임금 기타의 노동조건 등에 관한 요구를 관철하기 위해서 하여지는 파업, 즉 「경제스트라이크(economic strike)」와 사용자의 부당노동행위에 기한 파업 즉 「부당노동행위 스트라이크(unfair labor practice strike)」를 구별하고, 후자에 대해서는 피용자의 복직신청이 있으면 사용자에게 복직의무가 발생하게 되는데 반해, 전자에 대해서는 쟁의 중에 다른 근로자로 파업한 근로자의 직무를 대치하여 버리면 사용자에게 복직의무가 없고 파업근로자는 「복직자격을 가지지 않는 자」로 된다. 따라서 경제스트라이크의 경우, 사용자는 파업근로자의 직무가 다른 근로자에 의해서 대치되었다는 것을 이유로 파업의 복직신청을 거부하여도, 부당노동행위로는 되지 않는다.[33] 그렇지만 우리나라에서는 파업의 원인이 어떠하든 그

31) 우리나라에서는 노동조합이 쟁의행위권을 행사하여 파업한 경우에는 근로계약에 기한 개별적 근로관계는 파업기간 동안 정지된다고 하는 이른바 근로계약정지설에는 이설이 없다.

32) 노동조합의 파업선언을 근로계약의 파기로 이론구성하는 경우에는 파업종료 후에 별도의 파업복직을 신청하고 사용자는 이러한 복직신청을 거부할 수 없도록 별도의 법이론을 구성할 필요가 있다.

33) Charles J. Morris. The Developing Labor Law－The Board, the Courts, and the National Labor

것이 정당한 파업인 경우에 그 기간 중 대체인력의 투입이 금지되고 있다.

6) 쟁의행위에 대한 파악관점

사용자의 해고 기타의 불이익취급 등에서 볼 수 있는 쟁의행위의 범위라는 측면에서 보면, 아메리카합중국에 있어서는 쟁의행위권이 피용자 개인에게 보장된 「공동활동에 참가할 권리」의 한 예에 불과하다. 즉 쟁의행위가 평상시의 노조활동과 본질적으로 다른 것으로서 특별한 보호가 주어지지 않기 때문에 그 정당성이 인정되는 쟁의행위의 범위가 좁을 뿐만 아니라, 쟁의행위는 단체행위가 아닌 피용자 개인의 행위로서 파악되기 때문에 파업이 정당하지 않다고 판단되는 경우에는 특별한 사정이 없는 한, 곧바로 피용자 개인의 위법행위로서 전국노사관계법 제7조의 보호가 박탈되게 된다.[34] 단체협약을 위반하는 파업에 있어서 그 법적 효과는 피용자 개인에 미치고, 그것을 이유로 하는 해고 기타 차별대우에 부당노동행위의 성립이 부정될 뿐만 아니라 우리나라에서는 정당하다고 생각되는 기업시설 내에서의 쟁의활동이나 사용자의 지휘·명령의 소극적 불이행인 슬로우다운(slow down)에 대해서도 전국노사관계법 제7조의 보호가 주어지는 범위는 극히 좁고, 이들의 피용자의 행위를 이유로 하는 해고 기타 불이익취급에 부당노동행위의 성립은 부정될 수밖에 없다는 것도 이러한 이유에 의한 것이다.

7) 부당노동행위제도의 보호범위

부당노동행위제도의 보호의 대상으로 되는 단결권 등의 내용에 대해서는 양국간의 대략 이상과 같은 차이를 볼 수 있지만, 무시할 수 없는 것은 와그너법 제7조가 보장하는 피용자의 권리 중에는 단결권과는 무관하게 피용자가 개인으로서 「노동단체를 원조한다(assist labor organization)」든가 「상호부조(mutual aid or protection)」)를 목적으로 다른 피용자와 「공동활동(connected activities)」을 한다든가 하는 것도 포함되어 있다. 이 점에 대해서는 테프트-하트리법에서도 마찬가지이다. 이것은 동조가 피용자에게 보장되고 있는 단결권 등의 개인주의적 구성과 그 궤를 같이 하고 있는 것이지만, 아메리카합중국에 있어서 부당노동행위제도가 이러한 단결권과는 무관한 피용자의 권리에 대해서도 보호의 대상으로 하고 있다는 것을 보여주고 있다. 이러한 점에서 아메리카합중국에 있어서 부당노동행위의 성립의 범위

Relations Act, 1971, p. 366.

34) Charles J. Morris. 위같은책, p. 124.

는 우리나라의 경우보다 넓다고 할 수 있다.

4. 부당노동행위금지규정의 내용상의 차이

우리나라 노조법 제81조 제1호 내지 제5호는 5가지의 유형의 사용자의 행위를 부당노동행위로서 금지하고 있는데, 그러한 유형적 내용을 보면, 아메리카합중국의 전국노사관계법(와그너법 제8조, 테프트-하트리법 제8조(a))이 사용자의 부당노동행위로서 규정하고 있는 것과 동일한 것도 있으나 다음과 같은 몇 가지의 근본적인 차이를 볼 수 있다.

1) 포괄적 규정

아메리카합중국은 사용자의 부당노동행위금지규정의 모두(冒頭)에 피용자의 단결권 등의 행사에 대한 일체의 간섭행위과 방해행위를 금지하는 포괄적인 규정(와그너법 제8조 (1)호, 테프트-하트리법 제8조(a) (1)호)이 있기 때문에 사용자의 일정한 행위가 여타의 부당노동행위금지규정에 해당하지 아니하는 경우에도 그것이 피용자의 단결권 등의 행사에 대한 간섭 또는 방해로 인정되는 경우에는 이러한 포괄적인 규정이 말하는 「간섭」, 「억압」, 「강제」에 포함되어 부당노동행위가 성립할 가능성이 있다.

반면에 우리나라는 부당노동행위에 관한 포괄적인 금지규정이 없다. 그래서 우리 노조법 제81조 제1호 내지 제5호까지의 부당노동행위금지규정을 문자 그대로 엄격하게 해석하면, 어느 규정에도 해당하지 않는 반노조적 행위가 나올 우려가 생기기 때문에 이점을 어떻게 이해하는가가 법해석상의 과제로 된다.[35] 그런데 우리나라에서는 노조법 제81조의 부당노동행위금지규정을 헌법 제33조 제1항이 보장하는 단결권 등의 행사에 대한 사용자의 간섭방해행위 중에서 특정한 양태의 행위에 한해서 금지하는 제한열거적인 것으로 보는 견해로는 볼 수 없기 때문에 결과적으로는 부당노동행위의 포괄적 금지규정이 없다고 하더라도 그것 때문에 우리나라의 경우와 아메리카합중국의 경우에 어떠한 차이가 생기는 것은 아니라고 할 것이다. 그렇지만 부당노동행위에 관한 포괄적 규정이 없는 우리 노조법과

35) 부당노동행위유형과 관련하여 우리나라의 경우와 유사한 일본에서는 이러한 문제를 해결하기 위해서 일본 노동조합법 제7조 제3호를 총칙적 규정으로 파악하려는 견해도 있다. 이러한 견해는 우리나라 노조법 제81조에 적용해본다면, 제4호가 부당노동행위의 총칙적 규정으로 될 것이다. 그러나 이러한 견해에는 뒤에서 보는 바와 같이 문제가 있다.

는 달리 아메리카합중국의 전국노사관계법(테프트-하트리법 제8조(a), 와그너법 제8조)(2)호 소정의 노조의 결성 운영에 대한 「지배개입」과 (3)호의 「차별대우」가 엄격히 운용되고, 특히 우리나라의 노조법 제81조 제1호의 「불이익취급」에 해당하는 「차별대우」는 (1)호의 「간섭」, 「억압」 등으로 취급되고 있다.

2) 규정의 순서

우리나라와 아메리카합중국의 노동법제에 있어서 부당노동행위를 규정하고 있는 순서를 보면, 우리 노조법은 (구)노동조합법과 마찬가지로 「불이익취급」을 사용자의 부당노동행위 중 첫 번째의 유형으로 제1호에 규정하고 있고, 반노조계약(이른바 yellow dog contract)(2호), 「교섭거부 및 해태」(3호), 「지배개입」(4호) 마지막으로 노동위원회 등 노동관서에 대한 신청, 증언 등을 이유로 하는 「불이익취급」의 순으로 규정하고 있는데 반해, 아메리카합중국의 경우는 앞에서 언급한 바와 같이 모두에 포괄적 규정을 두고 그것에 이어서 「지배개입」(2호), 「차별대우」(3호) 그 다음에 우리나라의 노동위원회에 해당하는 전국노동관계위원회에 제소 또는 증언한 것을 이유로 하는 「차별대우」(4호), 마지막으로 「단체교섭거부」(5호) 순으로 규정되어 부당노동행위금지규정의 순서가 반드시 동일하지 않다.

3) 표현방법의 차이

각 금지규정은 표현의 방법에 있어서 상당히 차이를 볼 수 있다. 그렇지만 부당노동행위제도가 보호하려고 하는 단결권 등의 내용 내지 구조의 차이는 부당노동행위의 성부에 상당히 커다란 차이를 가져오는 것은 말할 필요도 없지만, 이 점은 위에서 이미 기술한 바와 같다.

4) 숍제도의 인정여부

유니온숍 협정을 허용하는 조건에 있어서 우리나라와 아메리카합중국은 상당히 차이가 있다. 우리 노조법은 숍협정을 원칙적으로 금지하지만, 교섭단위(사업장) 소속 근로자 3분의2 이상을 대표하는 경우에는 유니온숍 협정을 허용하고 있다. 반면에 아메리카합중국의 경우에는 와그너법은 제8조 제3항에서 클로즈드숍 협정을 인정하는 취지의 단서를 두고 있다가 태프트-하트리법은 유니온숍 협정만을 허용하되, 제9조(e)에 따른 단체교섭단위의 근로자를 대표할 수 있는 노동조합이 비밀투표 결과 근로자 과반수의 찬성을 얻은 경우에만 인정되도록 하고 있다. 그

러나 이러한 유니온숍을 인정하는 투표제도는 1951년에 폐지되었다.[36]

5) 부당노동행위의 예외로서 경비지원의 범위

부당노동행위로서 금지되고 있는 경비원조의 내용과 그 예외에 있어서 우리나라와 아메리카합중국에는 흥미로운 차이가 있음을 볼 수 있다. 우리나라의 노조법이 사용자에게 금지하고 있는 것은 「노동조합의 전임자에게 급여를 지원하거나 노동조합의 운영비를 원조하는 행위」이지만, 아메리카합중국법은 인도, 캐나다, 이탈리아 등에 있어서와 같이, 「재정상의 원조」라는 한정이 붙어 있지 않을 뿐만 아니라 「기타의 원조」의 모두가 금지되고 있다. 게다가 부당노동행위의 예외로서 경비지원의 허용범위에 있어서도 우리나라의 노조법은 근로시간중의 사용자와 협의 또는 교섭하는 것과 복리후생기금에 대한 기부와 최소한의 규모의 노조사무소의 제공을 들고 있지만, 아메리카합중국법은 근로시간 중에 사용자와 협의 또는 교섭하는 것만을 예외로 인정한다. 우리나라에서 이러한 특색은 우리나라의 노동조합의 조직형태의 대부분이 기업별의 종업원조직이라는 것을 배려하였다는 것으로 이해할 수 있지만, 이것은 노동조합의 조직형태의 차이가 부당노동행위금지규정의 내용에 영향을 줄 수 있다는 것을 예시적으로 보여주고 있다고 하겠다.

6) 보복적 불이익취급의 범위

우리나라의 노동위원회는 아메리카합중국의 전국노동관계위원회의 경우와 달리 부당노동행위의 심사와 더불어 노동쟁의의 조정에 대해서도 권한이 부여되어 있기 때문에 우리나라의 노조법 제81조 제5호[37]의 노동위원회의 신청, 증언을 이유로 하는 불이익취급을 금지할 뿐만 아니라 노동쟁의의 조정절차에 있어서 증언의 제시, 발언 및 기타 행정기관에 증거를 제출하는 것을 이유로 하는 불이익취급도 금지되며, 이외에 행정관청에 증언하거나 증거를 제출하는 것을 이유로 하는 불이익취급도 부당노동행위로서 금지된다. 이것은 우리나라의 노동위원회와 아메리카합중국의 전국노사관계위원회의 권한의 차이 그리고 노동행정기구나 제도의 차이에서 나오는 당연한 입법조치라고 생각되지만, 이것은 부당노동행위의 구제기관에 주어진 권한의 차이 및 노동행정제도의 차이가 부당노동행위금지규정의 내

36) Robert E. Mathews, Labor Relations and the Law, 1953, p. 478.

37) 노조법 제81조 제5호 기타 행정관청은 넓게 해석해야 한다고 생각한다. 현행법 질서에서는 노조법 제81조 위반을 이유로 사법구제도 인정되므로 법원과 검찰도 기타 행정관청에 포함된다고 할 것이다.

용에도 영향을 주는 것을 보여주고 있다.

5. 구제기관의 권한상의 차이

부당노동행위의 구제기관에 주어져 있는 권한이라는 측면에서 우리나라의 부당노동행위제도의 특질에 대해 언급하면, 우리나라의 노동위원회는 부당노동행위의 심사권한 뿐만 아니라 노동쟁의의 조정권한도 함께 부여되어 있기 때문에 심사기능의 순화가 방해되기 쉽다. 또한 노조법 제2조 제5호의 요건을 충족하는 한에서 부당노동행위에 기인하는 노사분쟁을 조정사건으로서 노동위원회에 조정을 구하는 것이 제도상으로 가능하기 때문에 이러한 경우는 노동위원회의 심사권한과 조정권한의 기능적 분리를 보다 더 곤란하게 하는 것을 피할 수 없다. 이것이 우리나라의 노동위원회 특히 지방노동위원회에 있어서 부당노동행위금지규정의 위반여부를 애매하게 한 채, 구제신청을 호혜적 화해에 의해서 종결짓는 예를 특별히 많게 하고 있는 제도적 요인일 것이다. 그렇지만, 이 점은 사건의 해결이 구제명령에 의해서보다는 화해에 의하는 편이 구제내용에 대한 사용자의 이행률이 높고, 부당노동행위의 재발을 적게 하는 등 노사관계의 장래에 있어서 안정화에 기여한다는 실질적 고려에서 위와 같은 화해에 의한 사건의 종결을 많게 하는 것이라고 생각되지만, 그러한 방법에 의한 사건의 해결은 저항감을 약화시키는 원인이 되어 문제가 있고, 이러한 양상은 위와 같은 우리나라의 특유한 것이라고 생각되는 제도 그 자체 속에 있다는 것도 부정할 수 없다.

6. 부당노동행위금지규정의 법적 성격상의 차이

부당노동행위금지규정의 법적 성격이라는 측면에서 보면, 아메리카합중국이 전국노사관계법(와그너법)상의 부당노동행위금지규정은 처음부터 법원에 의한 개입을 의식적으로 배제하고, 이것에 대신해서 부당노동행위의 전문적 구제기관으로서의 전국노동관계위원회에 의해서만 운용되는 규범으로서 제정된다고 하는 법제정시의 경위에서 그것이 공법규범이라는 것에 대해 거의 이의가 없다. 반면에 우리나라에서 학설[38]과 판례[39]는 부당노동행위금지규정이 단순히 공법규범에 그치지 않고, 사법상의 강행규범이라고 이해하고 있는 듯하다. 그러나 뒤에서 논의하

---

38) 김형배, 위같은책, 1058면; 김유성, 위같은책, 308-309면; 임종률, 위같은책, 260-261면 등.

39) 대판 1988.12.13. 86다204, 86다카1035; 동 1991.8.12. 90다9353; 동 1992.5.22. 91다22100; 동 1993.12.21. 93다11463 등.

는 바와 같이 필자는 우리 노조법 제81조를 기존의 학설과 판례와는 다른 차원에서 파악하려고 한다(아래 제3장 특히 제3절 참조).

기존의 학설과 판례의 입장에서 본다면, 부당노동행위금지규정의 법적 성격에 대해서 우리나라와 아메리카합중국을 비교해 볼 때 중대한 차이가 있지만, 실질적 내용을 같이 하는 규정이 국가에 따라 법적 성격을 달리 한다는 것은 부당노동행위금지규정이 단순한 행정의 제재규정과 달리 본래적으로 노사관계규범인 실질도 갖추고 있는 것에 근거하고 있다고 할 것이다. 그렇지만 아메리카합중국의 전국노사관계법(와그너법)의 모법으로 되었던 철도노동법의 반노조행위금지규정은 그 위반에 대해서 전문적 구제기관이 마련되지 않았지만, 처벌주의가 채용된 후에 사법규범인 성격이 부여되어 법원의 단체교섭응낙명령이나 유지명령에 의한 구제가 인정되었던 것에 의해서도 긍정된 바 있다.[40)]

Ⅱ. 우리나라 부당노동행위제도의 특색

1. 기본적 특징

부당노동행위제도는 노조법 제81조 이하에 규정되어 있는데 부당노동행위의 개념은 사용자 측의 행위로서 정의되고 있고, 행정기관인 노동위원회가 판정을 주관하는 부당노동행위구제절차는 근로자나 노동조합의 신청에 의해서 개시되어 노사가 대립적 당사자로서 진행하는 당사자주의를 취하고 있는 것이 기본적 구조라고 할 것이다. 이러한 구조를 가진 우리나라의 부당노동행위제도의 기본적 특색은 다음의 네 가지로 요약될 수 있겠다.

첫째, 제도적 목적상의 특징이다. 부당노동행위제도가 노조법의 목적을 달성하기 위한 하나의 제도로서 도입되었다는 점이다.[41)] 노조법 제1조는 「이 법은 헌법에 의한 근로자의 단결권, 단체교섭권 및 단체행동권을 보장하여 … 산업평화의 유지와 국민경제의 발전에 이바지함을 목적으로 한다」라고 규정하고 있다. 그리

---

40) Virginian Railway Co. v. Sytem Federation, 300 U.S. 515,57Sup. Ct. 592,8L. Ed. 789(1937); Blankenship v. Kaufman, 96F(2d) 450(1938) 참조.

41) 우리나라와 일본에 있어서 대부분의 노동법학자들은 부당노동행위제도가 근로자의 생존권인 노동3권의 직접적인 구체화 내지 이를 보장하기 위한 구체적인 제도로 파악하고 있는 듯하다. 심태식, 『노동법개론(제4판)』, 법문사, 1989, 204면; 박상필, 위같은책, 480면; 김형배, 위같은책, 133면 및 1056면 등 참조. 그러나 뒤에서 살펴보는 바와 같이, 필자는 이러한 견해에 찬성하지 않는다.

고 부당노동행위제도는 노조법상의 제도로서 제1조의 입법목적을 내용적으로 보다 상세하게 하고 구체화하여 그 정책적 목적을 보다 적극화하는 기능을 하고 있다. 여기에서 문제는 노조법을 우리나라 노동헌법에서 어떻게 이해해야 하는가라는 것이다. 결론부터 먼저 말한다면, 우리나라의 부당노동행위제도는 노사관계질서를 확립하기 위하여 노조법에 의해서 창설된 제도이다. 노조법은 일정한 유형에 속하는 사용자의 행위를 부당노동행위로 규정하고 이를 금지하고 있다. 그렇지만 시민법적 차원에서 보면, 이러한 행위는 사용자의 권리와 자유의 영역에 속하는 것이다. 불이익취급과 반노조계약의 금지는 본래 사용자의 해고권이나 기타의 권한에 속하는 행위와 계약의 자유에 속하는 행위를 금지하고, 단체교섭의 거부는 타인과 대면하고 대화할 것인가 아닌가는 기본적 자유에 속하는 것이다. 그리고 지배·개입과 경비원조의 금지는 사용자의 행동의 자유에 속하는 행위를 금지하는 것이다. 이러한 행위는 본래 사용자의 자유이나 근로자의 노동단체권이 헌법상 보장되어 있으므로 금지되는 것이다. 따라서 이러한 행위는 법원에 의해서도 그 효력이 당연히 부정되어야 한다. 어떻든 아메리카 합중국의 와그너법이 추구했던 부당노동행위제도의 목적이 근로자측의 교섭력의 실질적 대응화의 촉진, 자주적 단결의 옹호, 단체교섭과 그 절차의 조성 등에 있었다고 본다면, 우리나라의 부당노동행위제도도 실질적으로는 아메리카합중국 와그너법상의 부당노동행위제도의 목적과 전혀 다른 것은 아니라고 할 수 있다.

둘째, 행위의 주체와 대상에 있어서 특징이다. 노조법은 그 정책목적을 실현하기 위하여 제81조에서 「사용자」에 대해서만 노조활동을 이유로 하는 불이익취급, 반노조적인 근로계약, 단체교섭의 거부, 지배·개입, 노동위원회 등의 절차 중에서 근로자의 행위를 이유로 하는 불이익취급을 부당노동행위로서 금지하는 규정을 설정하고 있을 뿐, 노동조합의 부당노동행위는 규정되어 있지 않다.[42] 그러나 노조법의 여타 규정을 검토해 보면, 노동조합의 활동은 노조법에 의해서 직접적으로 규제되고 있다. 다시 말하면 노동조합의 부당노동행위는 부당노동행위제도에 의하여 간접적으로 규제되는 것이 아니라 노조법에 의하여 원천적으로 금지되어 있다고 할 수 있다. 이것은 위에서 이미 언급했듯이, 노조법이 헌법 제33조 제1항에 보장된 노동3권을 구체화하는 것이 아니라 노동3권을 제한하는 법률이라는 점

42) 부당노동행위제도를 근로자의 생존권인 노동3권의 직접적인 구체화 내지 이를 보장하기 위한 구체적인 제도로 파악하는 입장은 노조법에 노동조합의 부당노동행위를 인정하는 것은 위헌이라고 보고 있는 것 같다. 이와 관련하여 김형배, 위같은책, 912면(각주4)은 "노사의 자유로운 교섭력의 균형화(balance of bargaining power)를 이념으로 하는 전통적 자유주의법질서 하에서 노동3권이 헌법상 보장되어 있지 않은 미국에 있어서는 노동조합의 부당노동행위도 인정하고 있다"라고 하고 있다.

에서 본다면 자명할 것이다. 그러므로 이러한 법체계에서는 처음부터 노동조합의 부당노동행위라는 개념은 생각할 필요조차 없었던 것이다.

셋째, 부당노동행위제도를 관장하는 기관상의 특징이다. 위에서 언급했듯이, 부당노동행위는 노사관계질서위반행위다. 노사관계는 집단적 관계로서 사회경제적 상황에 따라 상당히 변화가 있을 수 있는 유동적이다. 이러한 유동적인 집단적 관계에서는 야기된 문제는 그 성격에 적응해서 적절히 해결될 필요가 있다. 그래서 부당노동행위제도를 두고 있는 나라에서는 부당노동행위판정 및 그 구제를 위하여 특별한 기관을 두는 것이 보통이다. 우리나라는 부당노동행위에 해당할 경우 그 해당 여부를 판정하고 이에 대한 구제는 전문적인 행정위원회인 노동위원회가 담당한다. 노동위원회에 의한 구제는 준사법적 절차라고 할 것이다. 이러한 절차가 인정되는 이유는 사용자의 부당노동행위에 의해 발생한 상태를 공적 기관이 직접 신속하게 시정조치를 취하는 것이 바람직하고 또 그 시정에 관해서는 다양한 사안에 따라 적당한 조치를 취하는 재량권을 부여할 필요성이 있기 때문이다.

넷째, 부당노동행위를 노동범죄로 인정하고 있다는 것이 특징이다. 현행 노조법은 부당노동행위를 한 사용자에 대해서는 형사적인 처벌을 가하도록 하고 있다(동법 제90조 2호). 그렇지만 노조법에는 처벌조항 외에 특별한 규정이 없으므로 범죄의 성립에 대해서는 형법전의 총칙과 형법일반이론이 적용될 것이고, 부당노동행위자의 처벌은 형사소송법절차에 따라 검사가 기소독점을 하게 된다. 노동형법의 규정으로서 노조법 제90조 제2호 및 제81조는 형법의 대원칙인 죄형법정주의에 비추어 볼 때, 많은 문제점을 안고 있다.

2. 우리나라 부동노동행위제도의 구체적 특색

1) 서

아메리카합중국은 첫째, 배타적 교섭제도가 채용되므로 사용자의 단체교섭거부는 불공정행위는 배타적 교섭제도인 노조에 대해서만 성립한다. 노동조합의 노동자에 대한 공정대표의무위반이 불공정노동행위로 금지되는 노사간의 단체교섭을 중심으로 하는 제도가 특별히 인정되고 있다. 우리나라의 경우도 사업 또는 사업장 단위에서 복수노조병존시에 교섭창구단일화제도가 도입되어서 단체교섭에 있어서 부당노동행위성부는 아메리카합중국의 경우와 거의 같은 법적 상황에 있다. 둘째, 구제담당기관은 행정위원회인 전국노동관계국(National Labor Relation Board)이며, 중앙집권적 행정위원회로서 5인의 중립위원으로 구성되고, 상근제이다. 위원회에는 다수의 행정법심판관이 있고, 그들이 각지에서 심문하여 각 사건을 처리한다. 이 결정에 대해서 이의신청이 있는 경우에만 전국노동관계국에서 판단한다. 위원회에는 사무국이 있고 그 사무국의 지방국장이 구제청구를 담당하고 절차를 수행한다. 우리나라의 부당노동행위 구제제도보다 공적 성격이 더 강하다.

2) 내용상의 특색

노조법은 형식적으로 보면 노동조합의 부당노동행위를 인정하지 않고 있다. 그래서 현행법상의 부당노동행위제도는 헌법상 노동단체권의 보장을 위하여 사용자의 행위를 규제하는 제도로써 사실상 기능하고 있는 것처럼 보인다. 그러나 그 실질에 있어서는 그렇지 않다. 즉 노동조합이 사용자에 대하여 노조전임자의 급여를 지급하게 하거나 노동조합의 운영비를 원조하도록 하는 것은 노동조합의 부당노동행위가 아니지만, 이러한 노동조합의 요구에 대하여 사용자가 그러한 행위를 하는 경우에 사용자의 부당노동행위가 된다. 그러므로 사용자는 노동조합이 사용자에 대하여 노조전임자의 급여를 지급하게 하거나 노동조합의 운영비를 원조하도록 요구하는 것에 법적으로 응할 수 없게 된다. 다시 말하면, 노동조합이 사용자에 대하여 노조전임자의 급여를 지급하게 하거나 노동조합의 운영비를 원조하도록 요구하는 것은 사용자의 부당노동행위로서 금지된다.

2012년 7월 1일부터 우리나라는 기업차원에서 복수노조가 인정되므로 아메리카합중국의 경우와 같은 배타적 교섭대표제가 인정되어서 소수노조는 단체교섭에 있어서 다수노조와 동일한 차원에서 부당노동행위제도에 의한 보호를 받지 못하고 있다. 특히 사용자가 친사용자적인 다수노조와 연대하여 다수노조를 통하여 소수노조를 지배 개입하거나 불이익취급을 할 수 있는 길이 열려있다. 이러한 문제를 어떻게 처리할 것인지가 부당노동행위제도의 운영에 있어서 새로운 문제로 대두하고 있다.

3) 구제기관의 특색

(1) 이심구조

부당노동행위구제기관으로서 노동위원회는 중앙노동위원회와 지방노동위원회라는 이중적인 지방분권적 구조를 가지고 있다. 지방노동위원회에서는 각 지방의 실정에 맞게 실체적 판단과 절차의 운용을 할 수 있도록 되어 있다. 그러나 현실적으로는 그렇지 못한 것 같다.

(2) 3자구성의 원리

노동위원회는 노사정 3자구성의 원리에 의해서 구성되어 있다. 위원장을 제외한 비상근위원으로 구성된다. 3자구성은 노사실무가의 살아 있는 지식과 경험을 살려 부당노동행위사건을 실정에 맞게 해결할 수 있는 가능성이 있다.

(3) 당사자주의

노동위원회에는 소추기능을 담당하는 기관이 별도로 없고, 노동자나 노동조합이 절차의 일방이 된다. 근로자측과 사용자측이 대심구조를 형성하여 그 절차가 노동위원회가 아니라 노사당사자의 주도에 의해서 수행될 가능성이 있다. 이러한 구조는 사실상 행정구제방식이 가지고 있는 신속구제의 요청과 충돌될 수도 있다.

(4) 조정기능

노동위원회는 노동쟁의의 조정권한을 동시에 가지고 있으므로 부당노동행위사건에 대해서 조정절차를 병용할 수 있다. 조정의 병용은 사건의 성격에 따라 그 해결에 있어서 상당히 유용할 수도 있다. 이것은 우리나라 제도의 독특한 장점이라고 볼 수 있다.

4) 구제절차상의 특색

(1) 화 해

절차상 제약이 없이 당사자가 자유로이 어느 단계에서도 화해할 수 있다.

(2) 행정구제

우리나라의 법제에 있어서는 부동노동행위에 대해서는 법원에 의한 사법구제가 가능하기 때문에 이러한 사법구제는 노조법상 행정구제와 함께 독자적인 제도로 병행되고 있다.

제 3 장 부당노동행위제도에 대한 법체계적 자리매김

제 1 절 문제의 제기

우리는 노동단체권(노동3권)을 사용자와 근로자가 처해 있는 자본주의 사회의 특수한 경제적 상황 차이 때문에 근로자에게 특수한 형태로 보장되어 있는 기본적 인권으로서 이해하고, 가능한 말씀론적 차원(dogmatical level)에서 자유권적 기본권과 사회권적 기본권으로 구분해서 규범적으로 이론화하는 방식을 피하고자 하는 입장을 취한다. 그렇지만 우리가 말씀론적 차원에서 기본권의 유형을 자유권적 기본권과 사회권적 기본권이라는 이분법으로 카테고리화하여 노동기본권을 어느 한 카테고리에 편입시켜야 한다면 우리는 노동기본권을 자유권적 기본권의 카테고리에서 이해하는 한편, 현행 노조법은 입법자가 헌법 제37조 제2항에 기하여 우리 헌법이 보장하고 있는 평등권, 자유권 재산권 등과 같은 다른 국가구성원의 기본적 인권과의 조화를 이루기 위해 근로자의 자유권인 노동단체권의 행사를 제한하고자 제정한 법률로 파악했다.

그렇다면 부당노동행위제도가 우리법질서에서 어떻게 자리매김되어야 하는가라는 문제가 제기된다. 이것은 결국 법해석학적 관점에서 부당노동행위제도를 검토하는 것이다. 이러한 검토는 부당노동행위제도의 법학적 인식 내지 부당노동행위의 성부에 관한 법해석학적 이론의 형성에 필요불가결한 것으로 생각되는 기초적 과제라고 할 것이다. 그렇지만 이러한 관점에서 부당노동행위제도의 법체계적 지위를 검토하더라도 그 구체적인 내용은 사람에 따라 다르게 될 수 있는 것은 피하기 어려울 것이다. 그러므로 아래에서 기술하는 필자의 견해도 이러한 점에 관한 필자의 주관적 선택에 의한 것이지, 이것만이 반드시 옳다는 것을 주장하려는 것은 아니다. 어떠한 견해도 그것에만 국한되지 않으면 아니 되는 필연성은 어디에도 없다.

그런데 지금까지 우리나라의 노동법학자들 대부분은 제2차 세계대전 이후에 새롭게 정립된 일본의 법학, 특히 노동법학[43]의 영향을 받아서 노동3권을 사회적 기본권(또는 사회적 성질을 가진 자유권) 또는 생존권적 기본권으로 파악하고,[44] 그러한 사회적 기본권 또는 생존권적 기본권으로서 노동3권을 구체적으로 실현하고자 하는 법률이 노조법이라고 전제한 후, 노조법상의 부당노동행위제도는 헌법 제33조 제1항이 보장하고 있는 사회권적 기본권 또는 생존권적 기본권으로서 근로자의 노동단체권을 보호하고 그것에 대한 사용자의 침해로부터 구제하고자 하는 것을 목적으로 하는 제도로서 이해하고 있는 것 같다.[45] 그러나 이러한 이해는 우리나라에서 부당노동행위제도를 논의하는 데에 있어서 그 전제로서 상정되어 있지만, 이것이 본격적으로 논의되지는 않고 있다. 그뿐만 아니라 부당노동행위제도의 본질 또는 목적에 관한 본격적인 논의는 일본의 논의를 간략하게 소개하는 데 그치고 자신의 학설로서 체계적으로 논의하고 있는 학자는 없는 것 같다. 여기에서 필자는 부당노동행위제도에 관한 이러한 기존의 견해 또는 입장을 총괄해서 "노동3권보호론"이라고 지칭하고자 한다. 먼저 종전에 일본에 논의되었던 부당노동행위제도에 관한 이러한 견해 또는 입장[46]에 대해서 간단히 살펴보고 이를 검토한 후, 위에서 언급했던 필자의 독자적인 입장에서 부당노동행위제도를 우리 법체계에 새롭게 자리매김하고자 한다.

43) 일본 노동법학계의 노동기본권론에 관해서 有泉亨, 「勞働基本權の 構造」, 『基本的 人權 5』 東京大學出版會, 1969, 157면 이하; 僑詰洋三, 『勞働基本權の 理念と 法解釋學』, 三省堂, 1984; 片岡昇, 「勞働基本權の 成格」, 『勞働法の 爭點』, 有斐閣, 1990, 8면 이하 등.

44) 김유성, 위같은책, 24면; 임종률, 위같은책, 16면; 김형배, 위같은책, 131면 이하 등 참조.

45) 특히, 박상필, 위같은책, 480면 이하; 임종률, 249면; 김유성, 308면 이하 등.

46) 부당노동행위제도의 본질에 관한 일본에 있어서의 논의에 대해서는 岸井貞男, 「不當勞働行爲制度の本質」, 日本勞働法學會(편), 『現代勞働法講座 7(不當勞動行爲 I)』(總合勞働研究所), 1982, 2면 이하 참조. 아래의 부당노동행위제도에 관한 이른바 노동3권보호론의 내용은 주로 岸井貞男의 위 글에 의거하고 있다.

제 2 절 노동3권보호론의 내용과 검토

Ⅰ. 이론적 전제

노동3권보호론은 헌법 제33조에서 보장되고 있는 근로자의 노동3권을 생존권적 기본권(또는 사회적 기본권)으로 보장하고 있다는 것에서 출발하고 있다. 노동3권이 사회적 기본권이라는 것은 국가가 노동3권의 실현과 보호를 위해서 필요한 조치를 취하는 것을 서약하고 있다는 것을 의미한다. 이것은 헌법 제33조 제1항의 노동3권에 대해서 제3자효를 부정하거나 그것을 프로그램적 권리로 해석하지 말아달라는 헌법적인 요청이기도 하다. 헌법 제33조가 노동자의 단결권, 단체교섭권 그리고 단체행동권을 보장하고 있기 때문에 국가는 구체적인 입법을 통해서 이를 구현해야 하는데, 부당노동행위제도는 노동3권의 이러한 구체적인 전개 중의 한 가지라는 것이다. 즉 헌법상 보장된 근로자의 기본적 인권을 구체적인 개개의 법률상의 권리로 구현하기 위해서 입법자가 노조법에 부당노동행위제도를 설정했다고 이해하는 것이다. 이러한 이해는 사회적 기본권으로서의 노동3권의 논리적 구조에서 나오는 당연한 결과라는 것이다. 그러므로 부당노동행위제도에 대한 논의는 헌법 제33조 제1항이 보장하고 있는 노동단체권과의 관계에서 출발해야 한다는 것이다.47)

Ⅱ. 노동단체권과 부당노동행위제도의 관계

1. 서

부당노동행위제도의 헌법적 근거가 헌법 제33조 제1항에 있더라도 구체적으로

47) 표현상 약간의 차이는 있지만. 우리 헌법 제33조 제1항은 일본국헌법 제28조와 거의 비슷하다. 그래서 우리 헌법 제33조 제1항과 부당노동행위제도의 관계에 관한 문제가 일본에서는 일본헌법 제28조와 부당노동행위제도의 관계문제로 논의되고 있다. 일본헌법 제28조와 부당노동행위제도의 관계에 관해서는 中山和久, 『不當勞働行爲論』, 一粒社, 1981, 49면 이하 참조.

부당노동행위제도를 노동3권과 관련하여 어떻게 파악해야 하는가라는 점에서는 다시 견해가 나누어질 수 있다. 그런데 우리나라에서는 헌법 제33조 제1항과 관련하여 노조법상의 부당노동행위제도가 가지고 있는 헌법적 의의가 무엇인가에 대해서 별로 논의되고 있지 않다.[48] 단순히 일본에 있어서 일본국헌법 제28조와 일본 노동조합법상의 부당노동행위제도의 관계에 관한 일본의 학설을 소개하는 것이 고작이다.[49] 여기에서는 법적 상황이 일본과 우리나라가 동일하기 때문에 일본의 학설대립을 소개하고 이를 참조해서 우리 헌법 제33조 제1항과 부당노동행위제도와의 관계를 생각해보고자 한다.

일본에서는 부당노동행위제도의 목적을 둘러싸고 여러 가지의 견해들이 제시되었다. 이들을 보면, 미묘한 견해의 차이를 포함하고 있어 상당히 다양하게 나누어서 생각할 수 있겠지만, 이러한 학설의 태도를 우리나라 부당노동행위제도와 관련하여 어떻게 이해해야 할 것인가라는 문제를 전제로 하면서 다음의 세 가지로 대별해서 간단히 살펴본다.

2. 학 설

1) 단결권침해설

부당노동행위제도를 헌법상 단결권보장의 내용 그 자체의 구체화를 목적으로 하였다고 보는 견해이다. 이 견해에 의하면, 노조법 제81조는 헌법 제33조 제1항의 규범내용을 넘는 것은 포함되어 있지 않고, 그것을 단순히 확인하였던 것에 불과하고, 부당노동행위는 헌법이 보장하는 단결권을 침해하는 행위로서 그 법적 성격이 부여되게 된다. 이 설은 단결권침해설 내지 단결권보호설이라고 불리어지고 있다.[50] 이 설이 근거로 하고 있는 것은 반드시 동일하다고는 말하기는 어렵지만, 일본에 있어서 주목해야 할 견해로서는 다음의 네 가지를 볼 수 있다.

(i) 헌법 33조 1항(일본헌법 제28조)은 세계에서 단결권생성의 역사적 성과와 무

---

48) 다만, 헌법학에서는 노동3권의 대사인적 효력과 관련하여 직접적용설과 간접적용설이 논의되고 있다. 尹明善, 『憲法學』, 大明出版社, 2000, 609면 참조. 그러나 헌법학에서는 헌법 제33조 제1항의 노동3권과 노조법 제81조 이하의 부당노동행위제도의 관계에 관해서 아무런 언급을 하고 있지 않아서 이들 관계를 파악함에 있어서 위 양설에 어떠한 차이가 있는지는 알 수 없다.

49) 박상필, 위같은책, 480면 이하; 박홍규, 위같은책, 1126면; 임종률, 위같은책, 261면; 김유성, 위같은책, 308면 이하; 김형배, 위같은책, 1057면, 특히 각주1) 등.

50) 岸井貞男, 위같은논문, 4면.

관계하게 존재하는 것이 아니기 때문에 그 내용은 「세계의 단결권사에 입각한 오늘날의 의미로써 채우지 않으면 아니 된다」라고 하여 이러한 관점에서 헌법 제33조 제1항(일본헌법 제28조)의 내용을 보면, 부당노동행위금지는 당연한 요청으로서 포함되어 있다고 하는 견해이다.[51]

(ii) 헌법 제33조 제1항(일본헌법 제28조)에 의한 단결권 등의 보장에는 단결활동의 「국가로부터의 자유」 뿐만 아니라 「사용자로부터의 자유」도 당연히 포함한다고 이해하고, 헌법이 보장하는 「사용자로부터의 자유」의 내용은 「단결권의 국제적 해석기준을 보여 준」 ILO 제98호 조약에 의해서 이해되어야 하며, 이러한 의미에 있어서 「대사용자의 관계에 있어서 단결권의 구체적 구조를 표현한 것이 부당노동행위제도(한국노조법 제81조, 일본 노동조합법 제7조)인 것이다」라는 견해이다.[52]

(iii) 「아메리카합중국부당노동행위제도가 단결권이 용인되면서 그것과 일체로 되어 확립되었다는 사실에서 분명하게 알 수 있듯이, 단결권의 법인에는 논리 필연적으로 근로자의 단결 및 단결활동에 대한 사용자의 간섭의 금지가 포함되어 있기」 때문에 「단결권행사에 있어서 사용자로부터의 자유는 헌법 제33조 제1항(일본국헌법 제28조)에서 유래하는 것이며, 노조법 제81조(일본 노동조합법 제7조)는 이것을 확인한 규정이라고 해야 한다」고 하는 견해이다.[53]

(iv) 「노조법 제81조(일본 노동조합법 제7조)의 연혁이나, 헌법 제33조 제1항(일본국헌법 제28조)의 단결권의 보장이 역사적 논리적으로 생존권사상과 결합하고 있다는 것 등」을 「그 주된 이유로 한다」는 견해이다.[54]

2) 단결권보장질서위반설

부당노동행위제도의 목적이 헌법의 단결권보장의 구체화라는 것을 반드시 부정하지는 않지만 헌법상 단결권보장의 단순한 구체화라고는 보지 않고, 그 위에 확립되어야 할 「공정한 노사관계질서」 혹은 「단결권의 법인단계에 있어서 합리적인 노사관계질서」의 형성을 목적으로 하였다고 보는 견해이다.[55] 이 견해에 의하면, 부당노동행위는 단결권보장질서에 위반하는 행위로서 그 법적 성격이 파악되기

---

51) 籾井常喜, 『經營秩序と組合活動』, 總合勞動硏究所, 1975, 71면.

52) 本多淳亮, 「日本法上の不當勞動行爲制度」, 『新勞動法講座 (6권)』, 有斐閣, 1967, 32면.

53) 外尾健一, 『勞動團體法』, 筑摩書房, 1975, 191면.

54) 横井芳弘, 「團結權の保障と不當勞動行爲」, 片岡舞/横井芳弘(編), 『演習勞動法』, 靑林書院, 1932, 150면.

55) 久保敬治 외, 『勞働法』, ミネルヴァ書房, 1993, 100면.

때문에 부당노동행위는 단결권침해행위와 다른 목적의 위법 = 부당행위로서 파악되게 된다. 구체적으로는 단결권침해행위와 달리 권리침해라는 결과의 발생을 요건으로 하지 않을 뿐만 아니라 주관적 요건이 필요하지 않고, 부당노동행위제도의 목적에 비추어 볼 때 헌법에 반하는 행위의 범주가 확대되게 된다. 따라서 이 설은 부당노동행위제도는 절차법적으로 단순히 구제제도에 그치는 것이 아니라 실체법적으로도 헌법상 단결권보장을 넘는 정책적 제도라고 한다. 이 설은 단결권보장질서위반설 내지 단결권보장질서유지설이라고도 한다.[56] 이 설을 주장하는 학자들의 견해가 내부적으로 완전히 일치하고 있다고는 생각하지 않지만, i) 노조법 제81조(일본 노동조합법 제7조) 중 제1호(불이익취급), 제2호(반노조계약)[57] 및 제3호(교섭거부)에 대해서도 헌법 제33조 제1항과는 분리해서 부당노동행위법의 독자적인 원리에 따라 해석해야 하고, 헌법 제33조 제1항(일본국헌법 제28조)의 규범내용의 단순한 확인규정이라고 할 수 없지만, 이러한 점을 문제로 삼지 않더라도 제4호(지배개입, 일본 노동조합법 제7호 제3호)에 대해서는 명문으로써 결과의 발생을 요건으로 하지 않음과 동시에 동조에 포함된 행위태양의 다양함에서 비추어 볼 때, 제4호에 금지되어 있는 것의 전부를 단결권침해행위라고 하는 것은 곤란하고, 제5호(일본 노동조합법 제7조 제4호)의 불이익취급의 금지에 의해서 보호되는 근로자는 조합원에 한정되지 않고, 단결권을 행사하지 않은 근로자도 포함되며, 동호의 보호법익은 구제절차와 노동쟁의의 조정에 있어서 노동위원회의 기능과 활동도 포함되어 있기 때문에 제5호의 불이익취급을 단결권침해행위로서 파악하는 것은 제4호의 지배개입 이상으로 곤란하므로 노조법 제81조에서 금지되고 있는 모든 행위를 단결권침해행위로 파악하는 것은 이론적으로 무리라는 점, ii) 부당노동행위제도는 생성의 연혁이라는 측면에서 침해된 권리의 구제제도가 아니고 침해에 이른 행위 그 자체의 배제를 목적으로 하는 것이기 때문에 전통적인 위법행위유형 예컨대 불법행위라는 범위에서 파악할 수 없다는 점, iii) 우리나라의 부당노동행위제도는 행정구제 외에 사법구제도 함께 인정하는 것이지만 노조법 제81조의 부당노동행위금지규정은 노동위원회에 의한 행정적 구제를 예정해서 설정되어 있다는 것은 부정할 수 없다는 행정적 구제제도의 생성의 경위에서 보면, 사권의 침해라기보다 오히려 노동관계질서에 대한 침해라는 관점에서 부당노동행위를 파악해야 한다는 점, iv) 노조법 제81조는 사용자에 「… 아니 된다」로서 각호

56) 岸井貞男, 위같은글, 25면.

57) 우리 노조법 제81조 제1호(불이익취급) 및 제2호(반노조계약 : yellow dog contract)이에 해당하는 것이 일본 노동조합법에서는 제7조 제1호에 함께 규정되어 있다.

의 행위를 금지하고 있기 때문에 법구조적으로는 단결권침해행위라기 보다는 부당노동행위금지의무위반행위, 즉 불법행위보다도 채무불이행에 가까운 것으로서 파악해야 한다는 점, v) 이상에서 분명하지만 이 설에 의할 때, 복잡다양한 반노조행위를 탄력적이고 광범위하며, 게다가 무리 없이 파악하는 것이 가능하게 된다는 점 등을 그 근거로 들고 있다.[58]

3) 단체교섭중시설

부당노동행위제도의 목적을 원활한 단체교섭의 실현에 있다고 보는 견해이다.[59] 이 설은 그 근거를 특별히 보여주는 것은 없지만, 헌법의 단결권 등의 보장목적에 있어서도 원활한 단체교섭의 실현에 있다고 하고 있기 때문에 이 헌법상 보장목적을 보다 효과적으로 구체화하기 위한 제도로서 부당노동행위제도를 파악하고 있는 것이다. 이 설에 의하면, 노조법 제81조(일본 노동조합법 제7조)에서 보장된 노조활동의 범위도「단체교섭에 관계하는 것」혹은「대사용자관계에 있어서 노조강화의 의도로써 행하여지는 것」에 한정되게 되기 때문에 부당노동행위제도에 의해서 보호되는 노조활동의 범위는 아주 좁게 됨과 동시에 노조법 제81조에 대해 사법규정으로서의 성격을 부인한다. 또한 동조위반에 대해서는 노동위원회에 의한 구제밖에 인정하지 않기 때문에 부당노동행위제도에 의해서 보호되는 노동조합의 활동범위를 단체교섭을 원활하게 실현하기 위한 범위로 한정하지 않으면서 노조법 제81조의 사법규범인 성격을 인정하는 앞의 두 설과 크게 다르다. 그렇지만, 이 설이 말하는「원활한 단체교섭의 실현」은 단결권보장질서위반설이 말하는「공정한 노사관계질서」의 일부를 구성하는 것이라고 생각되기 때문에 그러한 한에서 양자 간에 공통성이 인정된다고 할 수 있을 것이다.

3. 검토와 정리

노동3권보호론은 노동3권의 법적 성격이 사회권적 기본권 또는 생존권적 기본권이라는 전제에서 출발하여, 노조법을 노동3권을 구체화하는 법형식으로 파악하는 입장이 전제되어 있다.

그렇지만 이러한 입장은 헌법말씀론적 차원에서 노동3권의 법적 성격을 규정할 필요가 있는 경우에 그것을 사회적 기본권이 아니라 근로자의 특수한 자유권으로

58) 岸井貞男, 위같은글, 26면 참조.

59) 石川吉右衛門,『勞働組合法』, 有斐閣, 1978, 277면.

이해하면서, 노조법을 기본권형성적 내지 기본권제한적 유보라는 관점에서 노동3권을 제한하는 법률로 파악하는 필자의 입장에서는 수용할 수 없게 된다. 필자는 우리나라의 부동노동행위제도에 대해서 헌법 제33조 제1항에서 예정되어 있는 근로자 개인의 집단적 권리로서 노동3권의 직접적인 침해를 구제하기 위한 제도가 아니라 입법자가 근로자의 노동3권과 사용자의 기본적 자유권을 조화시키고 그러한 조화 속에 형성된 노사관계질서 또는 노사관계룰(rule)을 유지·확보하기 위한 방안으로서 창설한 독자적인 제도로서 파악하고자 하는 것이다.

1) 노동3권의 사법적 효력

노동3권이 근로자의 자유권적 기본권이라고 할 때, 그것은 근본적으로 국가로부터의 자유를 의미하고, 그러한 자유가 침해되었을 경우에는 국가에 대해서 시민법적인 규범에 따라 사법적 구제를 청구할 수 있다는 것을 의미한다.

헌법 제33조 제1항은 노동3권을 근로자의 기본적 권리로서 「보장」하고 있다. 이러한 보장이 의미하는 바는 기본권의 제3자효를 부정하거나 단순한 프로그램규정이라고 보는 입장을 취하지 않는 한 헌법상 보장되어 있는 「권리」를 침해하는 행위는 위법한 행위로 된다는 것이다. 이러한 위법행위에 형벌을 부과할 것인가의 여부와 형벌을 과할 경우에는 어느 정도의 형벌을 과할 것인가, 그러한 형벌은 어떠한 절차를 거쳐서 과하는가는 입법정책적 문제이지, 헌법상 명백한 의무가 있는 것은 아니다. 그렇지만 기본권을 침해하는 행위가 적어도 「위법」한 행위이기 때문에 그것에 대해서 시민법적 규범에 따라 법원에 의한 사법적 구제를 부여하는 것, 구체적으로 말하면, 민법상의 불법행위 등의 규범에 따라 법원에 의해서 그러한 행위가 법률행위라면 무효로 되고, 사실행위이면 정지시킬 수 있거나 그로 인한 피해에 대해서는 손해배상의 대상으로 된다. 이것은 헌법상 보장하고 있는 최소한의 법적 효과이다. 왜냐하면 기본권이 헌법상 최소한의 법적효과를 누리지 못한다면, 결국은 헌법상 보장을 받는 권리가 시민법상의 권리로도 보호받지 못하는 것으로 전락하기 때문이다.

사용자에 의해서 단결권을 침해당한 근로자와 노동조합은 그것이 해고와 같은 법률행위인 경우에는 무효, 불법행위의 경우에는 위법한 권리침해로서 법원에 소를 제기할 수 있다. 이것은 현재 판례와 학설이 긍정하는 바이고, 노조법 제81조의 규정을 기다릴 필요도 없다. 마찬가지로 단결권침해에 대한 손해배상청구도, 방해배제도 헌법 제33조 제1항에서 해석상 도출하는 것이 가능하다고 생각한다. 노조법 제81조의 규정을 기다릴 필요도 없다. 이러한 의미에 있어서 사용자의 지배개입행위를 부당노동행위로 규정하고 있는 노조법 제81조 4호는 위와 같은 권리의 존재에 대한 확인적 규정으로서의 의미를 가진다고 생각할 수 있다.

노동3권을 침해하는 행위는 헌법 제33조 제1항의 기본권의 제3자적 효력에 의해서 그것이 법률행위라면 무효로 되고, 사실행위이면 정지시킬 수 있거나 그로 인한 피해에 대해서는 손해배상의 대상으로 된다.

2) 부동노동행위제도의 상대적 독자성

기본권의 침해에 대한 법원에 의한 사법적 구제는 우리 헌법에 예정되어 있는 것이다. 그러나 노동위원회에 의한 구제를 전제로 하는 부당노동행위제도는 헌법상 예정되어 있는 것이 아니다. 즉, 부당노동행위와 그것에 대한 구제방법은 헌법 제33조 제1항이 직접적으로 예정하고 있는 것이 아니라 우리나라 입법자가 헌법 제37조 제2항에 의해서 주어진 입법권의 범위 내에서 근로자의 노동3권과 다른 국가구성원의 기본적 인권을 조화하기 위한 방안으로서 창설한 독자적인 제도라고 할 것이다.

그렇다면 부당노동행위란 무엇인가? 헌법이 근로자의 기본권으로서 노동3권을 보장함으로써 근로계약에 기한 개별적인 근로관계 이외에 근로자집단 즉 노동조합과 사용자 또는 사용자집단(사용자단체)의 법률적 관계로서 집단적 노사관계가 형성되어야 한다. 그렇지만 헌법은 이러한 집단적 노사관계가 어떻게 형성되어야 하는가를 직접적으로 규정하고 있지 않다. 물론 헌법에는 적어도 근로자의 노동3권과 사용자의 자유권은 상호 그 본질적 부분이 침해되지 않는 한에서 조화될 수 있는 범위에서 집단적 노사관계가 형성되어야 한다는 것이 내재적으로 전제되어 있다고 할 것이다. 이러한 내재적 전제 하에 헌법은 집단적 노사관계의 형성을 입법자에게 유보하고 있다. 입법자는 노조법에 의해서 노동조합과 사용자간의 집단적 노사관계질서 또는 집단적 노사자치룰(rule)[60]을 형성하고 있다는 것이다. 노조법에 의한 집단적 노사자치룰의 형성에 있어서 입법자는 집단적 노사관계의 일

60) 「룰(rule)」 구성을 취하는 것에는 몇 가지의 구체적인 장점이 있다. 첫째, 부당노동행위가 된 개별의 조합원이나 노조만이 아니라 직장 전체에 입각한 사건처리가 가능하다. 직장이라는 단위로 사건처리를 하는 점에 행정구제의 특징이 있다고 생각된다. 둘째, 부당노동행위의 성부에 대해 「룰」 위반이라는 면에서 판단하기 때문에 사용자의 주관적 의사나 목적을 직접적으로 문제로 할 필요가 없다. 셋째, 권리구성으로는 하지 않기 때문에, 사법규범을 직접 문제로 할 필요가 없다. 어디까지나 사용자의 특정행위가 당해 룰에 사실상 위반하는가가 핵심이다. 넷째, 구제명령을 내리는 단계까지 가는 사건뿐만 아니라, 화해 등으로 처리되는 많은 사건에 대해서도 처리기준으로서 사용하기 쉽다. 그러한 의미에서 일관된 사건처리가 가능하게 된다.

방당사자인 근로자집단(노동조합)의 행위방식을 직접적으로 형성하여 규제하는데 반해, 집단적 노동관계의 타방 당사자인 사용자 또는 사용자집단의 행위방식은 기존의 시민법적 질서에 의해서 확보된 권리를 제한 내지 수정하는 방식으로 규제하고 있다. 후자가 바로 노조법상의 부당노동행위제도인 것이다. 노조법이 취하고 있는 이러한 규제방식의 차이 때문에 노사 쌍방이 구체적인 집단적 노사자치룰을 위반하는 행위는 상이한 모습으로 나타난다. 즉 근로자 측의 위반행위는 직접적으로 노조법 위반행위로 나타나고, 사용자 측의 위반행위는 부당노동행위로서 나타나는 것이다. 이렇게 본다면, 부당노동행위는 구체적인 집단적 노사자치룰을 위반하는 행위로서 금지되는 사용자의 행위이다.

노조법은 이러한 헌법 제33조 제1항에 기하여 노동자의 단결권, 단체교섭 및 단체행동권보장에 의해서 새롭게 형성되어야 할 집단적 노사자치룰을 형성하는 것을 목적으로 하는 법이고, 특히 부당노동행위제도는 첫째, 집단적 노사자치룰을 위반하는 행위를 규정하고, 둘째 그러한 행위에 대해서 노동위원회에 의한 구제명령을 통해서 「정상적인 집단적 노사관계질서」를 회복하고 확보하는 것을 그 목적으로 하는 노조법상의 독자적인 제도라고 할 것이다.

제 3 절 부당노동행위제도의 법적 자리매김

Ⅰ. 부당노동행위제도의 제도적 목적

1. 헌법 제37조 제2항과 부당노동행위제도

확실히 부당노동행위제도가 헌법 제33조 제1항을 구체화(그 의미 자체가 다양하지만)하고, 단결「권」, 단체행동「권」을 보장하고 있다고 평가할 수 있다. 그러나 문제는 노동위원회제도에 의해서 구체화가 기도되고 있는 단결「권」 등의 내용이다. 판례법리에 의하더라도 부당노동행위의 성부판단의 일반적인 기준이 제시되지 않는다. 기껏해야 구제명령과의 관련에 있어서 제기된 「정상적인 집단적 노사관계질서」의 회복과 보호라고 하는 정도에 그치고 있다.

노조법 제1조가 규정하고 있는 목적은 법형식상으로는 노조법 전체의 목적에 대하여 정하고 있는 것이고, 반드시 부당노동행위제도만의 목적을 정하는 것은 아니지만, 동조의 목적규정은 부당노동행위제도의 도입과 함께 전면적으로 고쳐 쓰여진 것이기 때문에 실질적으로는 부당노동행위제도의 목적을 정하는 것이라고 할 수 있겠다. 따라서 이러한 관점에서 부당노동행위제도의 목적을 보는 한 그것은 극히 명백히 다툴 여지는 없다. 그럼에도 불구하고, 이 점이 법이론상 상당히 커다란 문제로서 다투어지는 것은 우리나라 헌법 제33조 제1항에 이미 단결권이 보장되어 있기 때문에 노조법 제81조는 헌법상 위법으로 되어 있는 것의 단순한 확인규정인가 혹은 그것 이상의 것인가가 법이론상의 과제로 되고, 이 점의 이해여부가 헌법 제33조 제1항과 노조법 제81조의 쌍방의 규범내용의 해석에 연결됨과 동시에 부당노동행위이론구축상의 원점으로도 된다고 하는 중요한 의미를 가지기 때문이다. 또한 부당노동행위제도는 부당노동행위금지규정위반의 효과로서 노동위원회에 의해 행정적 구제를 주는 것을 주요한 목적으로 하는 것이지만, 노동위원회에 의한 구제제도는 헌법이 예정하지 않은 것이라는 것에 있어서는 다툼의 여지가 없기 때문에 이 점에 대해서는 노조법이 헌법의 단결권보장에 포함되지 않은 특별한 이익을 창설하였던 것이라는 것은 이론이 없다고 할 것이다. 이상과 같은 이유에서 노조법은 헌법 제33조 제1항과 근로자의 기본적 권리로서 노동3권을 보장함으로써 성립되는 집단적 노사관계에 있어 헌법 제37조 제2항에 기하여 사회질서·공공복리의 실현의 차원에서 노사의 행위규범을 설정하는 법률로 이해하며, 노조법 제81조에 설정되어 있는 부당노동행위제도는 노사관계에 있어서 사용자에 대한 특별한 행위규범을 설정하는 제도로 이해하고자 한다.

2. 보호객체로서 집단적 노사자치룰

우리가 현행 노조법상 부당노동행위제도를 이해한다면 부당노동행위는 사용자의 「집단적 노사관계룰 또는 집단적 노사자치룰위반행위」로 파악할 수 있을 것이다. 노동위원회에 의한 구제명령의 제도적 목적은 근로자 개인의 권리 또는 이익의 회복에 있는 것보다 집단적 노사자치룰을 회복하고 유지·확보하는 것에 있다고 할 수 있다. 그리고 이러한 목적을 달성하기 위해서는 역동적인 노사관계현장에서 노사자치룰의 위반여부를 신속하게 판단하고 그것의 시정을 위해서 적절한 구제명령을 발하는 권한을 가진 노동위원회에 상당한 재량이 주어져야 한다는 것은 당연할 것이다.

Ⅱ. 노조법 제81조의 법적 성격

부당노동행위를 금지하는 노조법 제81조의 법적 성격을 어떻게 파악할 것인가도 문제가 된다. 즉 동조가 단순히 노동위원회에 의한 구제를 전제로 한 공법규범으로 보아야 하는가, 공법규범 외에 사법상의 강행규범인 성격도 인정해야 하는가에 대해서 견해가 대립될 수 있다. 그런데 노조법 제81조의 법적 성격을 어떻게 보는가는 입법정책여하에 좌우될 수 있다고 생각한다. 필자와 같은 입장에 서게 되면, 노조법 제81조에는 공사법적 효력을 동시에 가지는 이른바 「사회법적인 법규성」이 인정되어야 한다고 생각한다.

사회법적 사고는 사회법이라는 제3의 법영역을 설정하여 종래의 공사법으로 구분하는 이분법적 사고(二分法的 思考)를 지양하고자 하는 데에 있다. 전통적인 이분법적 법사고에 의하면, 공법은 공법적 효력을 가질 뿐이고 사법은 사법적 효력을 가질 뿐이며 공법과 사법은 완전히 분리되어 있다고 전제한다. 그러나 공법적 효력과 사법적 효력 외에 별도로 사회법적 효력을 인정하는 입장에서 보면, 노동법과 같은 사회법적 영역에 있어서 하나의 법규범이 공법적 효력과 사법적 효력을 동시에 가진다고 할 것이다. 물론 이러한 사회법적 규범성을 현실화하기 위해서 그것에 맞는 절차법과 그것을 실현하는 노동법원 또는 사회법원과 같은 기관이 있어야 한다.

그렇지만 우리가 부당노동행위를 금지하는 노조법 제81조에 사회법의 법규성을 부여한다고 하더라도 문제는 현행법체계에서 사회법의 법규성에 걸맞는 절차법적 이론과 제도 및 기구가 갖추어져 있지 않다는 것이다. 그래서 이러한 절차법적 문제를 어떻게 극복할 것인가가 문제이다.

물론 공사법의 이분법적 사고에 의하더라도 부당노동행위가 법률행위인 경우에는 우리나라의 현행법질서에 있어서는 결과적으로 공사법의 효과가 동시에 발생하기 때문에 그 결과는 필자의 견해와 동일하게 된다. 즉, 사용자의 부당노동행위가 법률행위인 경우에는 우리나라의 노조법 제81조에 대해 사법상의 강행법규성을 인정하는 것과 동일한 법적 효과가 있다. 왜냐하면 우리 민법 제103조는 「선량한 풍속 기타 사회질서에 위반하는 법률행위」를 무효로 하고 있으며, 권리남용으로 되는 법률행위에 대해서도 이와 동일한 법률효과가 학설과 판례상 인정되고 있고 강행법규위반의 법률행위에 대해는 그것에 무효라고 하는 법적 효과가 부여되더라도 우리 법감정이 아무런 저항감을 보이지 않고 있기 때문이다. 그래서 우리 판례는 극히 용의주도하게 노조법 제81조에 반하는 「법률행위」에 대해서 무효로 하고 있다.[61] 그런데 사용자의 부당노동행위가 단체교섭의 거부나 불성실한 단체교섭 또는 지배개입과 같은 사실행위인 경우에 문제가 생긴다. 이러한 경우에, 처음부터 공법규범으로서 성립한 부당노동행위금지규정에 사법규범인 성격을 병합시키려고 한다면, 부당노동행위금지의 성격을 어떻게 파악해야 하는가가 중심적 문제로 된다고 하지만, 이 점에 대해서는 학설상 충분한 의논이 전개되고 있다고는 생각되지 않는다. 또한 이러한 문제와 관련해서 노동조합에게 어떠한 사법상의 권리를 인정하는가에 대해 판례도 명확하게 형성되어 있지 않다.[62]

그래서 궁여지책으로 부당노동행위를 금지하고 있는 노조법 제81조에 별도의 사법규범적인 성격을 부여할 수밖에 없다. 적어도 현상황에 있어서는 필자는 다음과 같이 생각하고자 한다.

첫째, 노조법 제81조는 사법상 강행법규이고, 게다가 그것은 해고 기타의 법률행위와의 관계에 있어서 제한적으로 이해해야 할 합리적 이유는 존재하지 않기 때문에 동조가 정한 의무는 그 전면에 걸쳐서 단순한 공법상의 의무가 아니라 사법상의 의무이기도 하다는 것이다. 바꾸어서 말하면, 동조는 제1호 및 제5호가 정하고 있는 소정의 사유를 이유로 불이익취급을 받지 않을 권리, 정당한 이유 없이 단체교섭을 거부당하지 않을 권리, 정당한 노조활동을 이유로 지배개입을 받지 않을 권리를 각각 사권으로서 그것을 근로자 측에 인정하는 것이라고 할 수 있다. 그런데 이러한 사권, 특히 후자의 두 가지에 대해서는 권리내용이 명확한

61) 예컨대, 대판 1993.12.21. 93다11463. 이 판례는 「사용자가 강행법규인 노동조합법 제39조(현행 노조법 제81조) 소정의 불이익취급금지규정을 위반하여 근로자를 부당하게 해고하거나 불이익처분을 함에 있어서 내세우는 사유가 표면상의 사유에 불과하고, 실질적으로는 근로자가 정당한 노동조합활동을 한 것을 이유로 근로자를 사업장에서 배제하려는 의도 하에 일부러 어떤 표면상의 해고사유 등을 내세워 징계라는 수단을 동원하여 해고 등의 불이익처분이 이루어진 경우처럼 그러한 징계권의 남용이 우리의 건전한 사회통념이나 사회상규상 도저히 용인될 수 없음이 분명한 경우에 있어서는 그 해고 등 불이익처분의 효력이 부정되는데 그치는 것이 아니라 위법하게 상대방에게 정신적 고통을 가하는 것이 되어 근로자에 대한 관계에서 불법행위를 구성할 수 있다」고 판시하여, 부당노동행위가 법률행위로서 무효일 뿐만 아니라 불법행위가 동시에 성립할 수 있음을 인정하고 있다.

62) 이 경우에 우리나라 학설은 부당노동행위금지규정을 강행법규로 파악하는 듯하고, 강행법규에 위반하는 사실행위로 불법행위가 성립될 수 있다고 한다. 김형배, 위같은책, 969면. 이러한 견해에 의하면, 부당노동행위에 의해서 노동조합에게 재산적인 손해가 발생한 경우에는 노동조합에게는 불법행위로 인한 손해배상을 인정할 수 있다. 그렇지만, 재산적인 손해가 발생하지 아니하는 경우 정신적 충격 또는 정신적 피해를 이유로 노동조합이 위자료청구를 할 수 있을 것인가는 의문이다.

소유권 등과 달리, 그 내용이 포괄적이고 특정성이 희박하기 때문에 그러한 내용의 사권의 침해에 대해서는 노동법원 기타 특별한 구제기관이 설치되어 있는 경우에는 문제가 없다고 하더라도 일반법원에 대해서 민사소송법에 의한 구제를 청구하는 한 절차상 제약 특히 가처분절차에 의해서 구제를 구하는 경우에는 동 절차의 구제대상으로 되는 피보전권리인 실질을 구비하고 있는가의 여부가 문제로 되는 것은 부정할 수 없을 것이다. 그러나 이러한 권리를 사권으로서 인정하는 한 민사소송법상 절차적 제약도 가능한 구제를 인정하는 방향에서 검토되어야 할 것이다. 이러한 의미에서 단체교섭응락을 명하는 가처분이나 지배개입의 금지를 명하는 가처분에 대해서도 원칙적으로 이것을 긍정해야 할 것이다.

둘째, 2012년 7월 1일부터 사업장차원에서 복수의 노동조합설립이 허용되는 한편, 단체교섭창구단일화제도가 도입되어서 사업장단위에서 노동조합이 복수로 병존하는 경우에 헌법 제33조 제1항에 의해 동등한 단결권, 단체교섭 및 단체행동권이 상당히 제한되어, 헌법상 단결평등원칙이 위협받는 상황이 야기될 것이다. 이것은 부당노동행위제도의 운영에도 그 이전과는 다른 상황이 될 것이다.

셋째, 부당노동행위제도는 단결권의 전면적 법인 위에 확립되어야 할 집단적 노사관계를 장래에 걸쳐서 원활하게 전개하려고 하는 것이기 때문에 그러한 목적을 실현하기 위해서 필요로 되는 한, 부당노동행위제도에 내재하는 법리로서 구체적인 권리를 긍정해야 할 것이다. 그러나 이것을 어떠한 경우에 어떠한 내용에 있어서 긍정해야하는가는 앞으로 사안의 집적에 의해서 검토해야 할 과제이다.

Ⅲ. 부당노동행위의 법적 성격

부당노동행위제도가 첫째, 집단적 노사자치룰(rule)을 위반하는 행위를 규정하고, 둘째 그러한 행위에 대해서 노동위원회에 의한 구제명령을 통해서 「정상적인 집단적 노사관계질서」를 회복하고 또 확보하는 것을 그 목적으로 하는 노조법상의 독자적인 제도이고, 부당노동행위를 사용자의 「집단적 노사관계룰 또는 집단적 노사자치룰 위반행위」로 파악한다면, 노조법 제81조가 정하는 부당노동행위라는 위법행위도 위와 같은 「룰(rule)」에 위반하는 행위인지를 판단하기보다 구체적으로 노조법 제1조 제1항이 정하는 목적의 실현을 저해하는 것인가 어떤가라는 관점에서 목적적으로 그 성부가 판단되어야 한다는 것은 말할 필요도 없다.[63] 이것을

63) 노동법상의 부당노동행위개념은 우리의 일상언어적 의미에서 상당히 벗어나 있다고 할

바꾸어 말하면, 부당노동행위의 성립여부는 위와 같은 목적을 실현하기 위해서 노조법이 사용자에게 과한 부당노동행위금지의무의 위반여부라는 관점, 즉 제정법상 의무의 위반여부라는 관점에서 판단되어야 할 위법행위라고 할 수 있겠다.

부당노동행위라는 위법행위가 위와 같은 관점에서 파악되어야 한다면 거기에 요건이 되는 위법성은 금전적 보상을 부여하기에 충분한 이익의 침해여부의 관점에서 그 위법성이 문제로 되는 불법행위와 전혀 다른 위법한 행위라는 것은 당연하다. 따라서 양자는 단순히 결과의 발생의 요부라는 객관적 요건의 차이뿐만 아니라, 위법으로 되는 행위의 태양 그 자체가 반드시 같지 않다.

양자의 위법성 판단기준의 차이에서 일반적으로 말한다면, 불법행위보다도 부당노동행위의 쪽이 성립범위가 상당히 광범위하다고 말할 수 있을 것이다. 따라서 부당노동행위는 성립하지만 불법행위의 성립은 부정되는 경우도 쉽게 예상할 수 있는 바이다. 예컨대, 사용자의 간섭이 언론에 의해서 되는 경우 그것이 상부단체의 가입에 대한 비난이든, 개개 근로자의 노조에 대한 가입 내지 노조로부터의 탈퇴를 부추기는 것이든 그것이 노조 혹은 근로자의 자주적 결정을 저해하는 것인 한, 모두 부당노동행위가 성립한다고 생각되지만 명예 기타 인격권침해의 불법행위에 관한 판단기준을 상당히 이완한다고 하여도 그 모든 것에 불법행위의 성립을 인정하는 것은 상당히 곤란할 것이다. 가령 그러한 보복을 내포하지 않아서 장래 받을 불이익을 암시적으로 예감케 하는 정도의 탈퇴권유에도 조합원의 탈퇴라는 실질적인 피해가 발생하면 불법행위의 성립이 인정된다고 하더라도 그러한 사용자의 움직임을 알고, 탈퇴권유를 받은 이전에 자발적으로 노조를 탈퇴하려고 하는 경우까지 불법행위의 성립여부는 상당히 의문이다. 그렇지만 우리나라의 노동위원회는 그러한 경우에 금전의 보상을 명한 예는 없고, 기껏해야 사과문게시(post notice)나 사죄문의 교부를 명하는 것에 그치고 있다. 위와 같은 경우에

수 있다. 일반인들에게 부당노동행위가 "누구의 어떠한 행위인지"를 아느냐고 물어보면, 근로자들이 사용자가 요구하는 대로 노무를 제공하지 않거나 파업하는 것쯤으로 이해하고 있는 듯하다. 이것인 부당노동행위라는 우리의 말이 근로자가 부당하게 노동을 하는 행위를 떠올리게 하기 때문일 것이다. 노동법상의 부당노동행위는 사용자에 대한 근로자의 부당행위가 아니다. 부당노동행위는 근로자에 대한 사용자의 일정한 유형의 행위를 의미한다. 그렇다고 하더라도 노동법에서 부당노동행위란 단순히 사용자가 근로자에 대하여 노동의 가치를 제대로 인정해주지 않거나 근로자를 멸시하는 노동반가치적 행위도 아니다. 『부당노동행위(unfair labor practice)』란 "노조적대행위"나 "반(反)노조행위" 또는 "노조억합행위" 또는 "노조증오행위" 또는 "노동운동억압행위" 등과 같이 정상적인 집단적 노사관계질서 또는 집단적 노사자치룰(rule)에 반하는 사용자의 위법적 행위라고 할 수 있다. 이러한 의미에서 부당노동행위라는 용어를 대체할 수 있는 새로운 적절한 표현을 찾는 것도 생각해보야 할 것이다.

도 사용자측의 탈퇴권유와 상당인과관계가 있다고 하여 조직와해현상을 전체적으로 파악하는 것에 문제는 없기 때문에 근시의 아메리카의 단체교섭거부의 구제에 있어서 볼 수 있는 바와 같이, 부당노동행위의 구제에 대해서도 금전에 의한 보상을 줄 수 있다고 하는 입장을 취하게 되면 이러한 관점에 관한 양자의 차이가 실현화하게 된다.

다음으로 주관적 요건에 대해서 보면, 부당노동행위는 그 성립요건으로서 결과의 발생을 필요로 하지 않기 때문에 부당노동행위의 성립에 부당노동행위의사가 필요하더라도 불법행위에 있어서 그러한 결과에 대한 인식 내지 의욕이라는 의미에서 고의나 과실이 아니라는 것은 이론의 여지가 없다. 또한 주관적 요건의 내용에 대해서도 최근 문제로 되는 불이익취급, 예컨대 정당한 노조활동에 대해서 그것이 노조활동이 아니라고 오신한 경우(이른바 사실의 착오)나 정당한 노조활동을 부당하다고 오신한 경우(이른바 평가의 오신)에 이것을 이유로 해고 기타 불이익취급을 하는 경우, 불이익취급의 성립을 부정하는 견해는 볼 수 없기 때문에 그러한 경우에서도 부당노동행위의 성립에 필요한 의사는 충분히 있다고 하게 될 것이지만, 이것을 불법행위로서 구제를 하는 경우 무효인 징계해고에 대해서도 과실이 없었다는 것을 이유로 불법행위의 성립을 부정하고 있는 일본의 최고재판소 판례[64]에 비추어서 다시 과실의 존재가 문제로 되기도 하고, 경우에 따라 불법행위의 성립이 부정될 가능성도 있을 것이다.

64) 神戸地姬路支判 昭和55.5.19. [姬路赤十字病院사건] 勞判359號 30면.

제4절 정 리

지금까지 논의한 것을 다시 정리하면, 헌법 제33조 제1항에 의해서 보장된 근로자의 노동3권은 본질적으로 그 성격이 자유권적 기본권이고, 노조법은 이러한 성격을 가진 근로자의 노동3권과 사용자를 비롯한 다른 국가구성원의 자유권적 기본권을 조화시키기 위하여 헌법 제37조 2항에 근거하여 입법자에 의해서 제정된 법률이며, 노조법상의 부당노동행위제도는 집단적인 노동관계의 타방 당사자인 사용자 또는 사용자집단에게 시민법적 질서에 의해서 확보된 권리를 제한 내지 수정하는 방식으로 이들의 행위양식을 규제하기 위해서 동법에 의해서 비로소 창설된 제도이다.

이러한 부당노동행위제도는 사용자의 「집단적 노사관계룰」 또는 「집단적 노사자치룰」을 위반하는 사용자의 행위를 규정하고 그러한 위반행위에 의해서 침해된 「집단적 노사관계룰(rule)」 또는 「집단적 노사자치룰」을 회복하고 유지·확보하는 데에 그 목적이 있다. 그러므로 부당노동행위는 「집단적 노사관계룰」 또는 「집단적 노사자치룰」의 침해 또는 위반행위로 평가할 수 있고, 이러한 부당노동행위를 한 자에 대한 노동위원회의 구제명령은 이러한 「집단적 노사관계질서」 내지 「집단적 노사관계룰」의 위반 내지 침해행위에 대해 정상적인 집단적 노사관계질서 내지 정상적인 집단적 노사관계룰을 회복하고 확보하는 것을 목적으로 해야 한다고 할 것이다. 즉 노조법상의 부당노동행위제도도 근본적으로 노사관계질서를 형성하기 위한 정책적 제도라고 할 것이다. 이러한 취지는 부당노동행위의 유형을 규정하고 있는 노조법 제81조 2호 단서, 제4호 및 제5호에서 명시적으로 드러나 있다.

노조법 제81조 제2호는 단결권을 침해하는 이른바 사용자의 반노조적 계약을 부당노동행위로 규정하면서도 일정한 예외를 인정하고 있으며, 동조 제5호는 노동위원회에 대하여 부당노동행위의 신고라는 정당한 행위를 한 노동조합 및 조합원에 대한 사용자의 불이익취급행위를 금지하는 한편, 동조 제4호는 기존 노동조합에 대한 사용자의 지배개입을 부당노동행위로 규정함과 동시에 노동조합에 대한 사용자의 지배·개입의 여부와 관계없이 노동조합의 전임자에게 급여를 지급하거나 노동조합의 운영비를 원조하는 행위를 금지하고 있다. 그런데 동조 제4호는 노동조합이 사용자에 대하여 노조전임자의 급여를 지급하게 하거나 노동조합의 운영비를 원조하도록 하는 것이 현실적으로 반드시 노동조합에 대한 사용자의 지배·개입이라는 결과를 가져오는 것이 아님에도 불구하고 이를 소극적으로 사용자의 부당노동행위로 규정하여 원천적으로 금지한 것은 사용자의 측면에서 본다면, 현실적으로 노동조합이 사용자에게 전임자급여 및 노조운영비를 요구하는 것을 법적으로 거부할 수 있도록 하기 위한 조치이다. 사실 우리나라는 지금까지 노동조합이 사용자에 대하여 노조전임자의 급여를 지급하게 하거나 노동조합의 운영비를 원조하도록 해왔다. 그래서 이러한 노사관행을 타파하여 새로운 노사관계를 확립하기 위하여 노조법이 사용자에 대하여 노조전임자의 급여를 지급하게 하거나 노동조합의 운영비를 원조하도록 요구하는 노동조합의 부당노동행위를 금지한다는 것을 사용자의 부당노동행위의 양태로 다르게 표현한 것에 불과하다고 할 것이다. 이러한 맥락에서 본다면, 현행 노조법은 노동조합의 부당노동행위가 규정되어 있다고 할 것이다. 그러므로 우리 법질서에서 부당노동행위법의 법리적 구성은 부당노동행위제도에 대한 이러한 기본적 관점에서 출발해야 할 것이다.[65)]

65) 여기에서 주의해야 할 것은 현행 노조법이 사용자의 부당노동행위만을 규정하고 있기 때문에 노조법이 노동3권을 구체화하고 또 그것을 보장하는 법으로만 이해하는 것은 곤란하다는 것이다. 특히 현행 노조법상의 부당노동행위제도가 노동3권에 관한 헌법적 보장내용을 구체화하는 것으로 이해할 것은 노조법의 법적 성격과 부합한다고 말할 수 없다. 노조법이 헌법 제33조가 보장하는 노동3권을 구체화하는 법률이 아니라 근로자들의 노동3권과 다른 사회구성원들의 기본적 자유와 권리를 유기적으로 구성하기 위해 헌법 제37조 제2항에 기하여 노동3권을 제한하기 위한 법률로 파악하는 것이 우리나라 노동헌법에 있어서 법이론적으로도, 법현실적으로도 타당하다고 할 것이다. 현행 노조법은 근로자의 집단적인 행위 즉 노동조합의 행위를 직접적으로 규제하기 있기 때문에, 특별히 또다시 사용자의 부당노동행위구제신청이라는 우회로를 거쳐 노동조합의 노동질서위반행위를 간접적으로 규제하는 노동조합(또는 근로자)의 부당노동행위라는 관념을 상정할 필요가 없는 것이다. 만약에 입법자가 노사관계에 대한 국가의 직접적인 개입보다는 노사 당사자에게 일차적인 주도권을 부여하는 간접적인 개입을 선호한다면 부당노동행위 유형을 확대할 수 있다. 그 뿐만 아니라 국가가 노동조합의 노동질서위반행위를 직접 규제하기보다는 사용자의 구제신청에 기한 노동조합의 부당노동행위로 간접적으로 규제하는 것이 더 합리적이라고 정책적으로 판단하는 경우에는 노동조합의 부당노동행위를 노조법에 규정한다고 하더라도, 그것이 노동3권의 본질적 내용을 침해하는 것이 아닌 한, 위헌이 아니라고 할 것이다(이에 관한 보다 자세한 내용은 강희원, 『노동헌법』, 법영사, 2011, 417면 이하. 특히, 444-461면 참조). 이러한 파악에 의하면, "우리나라에 있어서 부당노동행위제도는 헌법의 노동3권의 내용을 구체화한 것으로 이해되고 있으므로 근로자측의 부당노동행위는 존재할 수 없다"고 하는 입장(예컨대, 김형배, 위같은책, 1056면)은 노조법='노동3권을 보장하고 구체화하는 법'이라는 형식논리에 빠진 견해로서 문제가 있다고 할 것이다.

제4장 부당노동행위법의 내용

제1절 주 체

Ⅰ. 서

현행 노조법은 오로지 사용자를 부당노동행위의 주체로서 규정하고 있다. 실질적으로 사용자로 볼 수 있는 자를 제외하고 그러한 성격을 갖지 않는 제3자는 당연히 부당노동행위의 주체가 될 수 없다. 또한 제3자의 강요에 의해서 부당노동행위를 한 경우에도 그러한 강요가 피할 수 없을 정도로 강력한 것이 되지 않는 한 사용자는 부당노동행위의 책임을 면할 수 없다고 할 것이다.

Ⅱ. 사용자

1. 서 설

부당노동행위의 주체로서 사용자의 개념을 설명함에 있어 '금지명령의 수규자', '구제명령의 수규자', '형벌부과대상으로서의 사용자'로 나누어 설명하는 견해가 있다. 이러한 견해는 사실행위로서 부당노동행위가 사용자(특히 법인인 경우) 이외의 자에 의해 실행되는 경우가 대부분인 현실 속에서 금지규범의 구성요건을 충족하는 자의 행위와 그 효과의 귀속자를 달리 보아야 한다는 필요성으로부터 도출된 것이라고 할 수 있다. 그러나 부당노동행위의 금지규범을 위반한 자에 대하여도 그에 대한 구제명령의 효력을 인정하여야 할 것이고, 형벌 또한 다르게 볼 것은 아니다(노조법 제90조 참조). 즉 부당노동행위의 금지대상인 사용자가 구체적인 경우에 확장될 뿐만 아니라 부당노동행위의 구제명령을 받는 수규자로서의 사용자는 원칙적으로 고용주인 사용자이지만, 법인의 대표자나 부당노동행위의 직접적인 행위자도 처벌되므로 수규자인 사용자의 범위도 확장된다고 할 것이다. 따라서 부당노동행위의 주체로서의 사용자와 규제명령의 수규자로서 사용자개념을 나누는 것은 그다지 실익이 없다고 할 것이다. 실질적으로 부당노동행위의 주체로서 사용자의 개념이 중요할 뿐이다.

[판 례]

- (구)노동조합법 제5조 소정의 사용자 정의규정 중 "근로자에 관한 사항에 대하여 사업주를 위하여 행동하는 자"라 함은 근로자의 인사·급여·후생·노무관리 등 근로조건의 결정 또는 업무상의 명령이나 지휘감독을 하는 등의 사항에 대하여 사업주로부터 일정한 권한과 책임을 부여받은 자를 말한다. 따라서 이른바 사용자에 해당하는지 여부는 사용자로부터 일정한 권한과 책임을 부여받고 있었는지에 따라 결정되는 것이므로 회사의 공작과 과장대리로서 근로에 관한 사항을 감독할 수 있다는 이유만으로 그를 사용자라 단정할 수는 없다(대판 1989.11.14. 88누6924).

2. 사용자개념의 범위

1) 부당노동행위주체로서 사용자개념의 특수성

현행 노조법상 부당노동행위제도는 헌법 제33조에 의해서 형성될 새로운 노사관계질서의 구체적 조성을 목적으로 하는 제도이다. 그래서 이러한 부당노동행위제도의 취지와 관련하여 부당노동행위 금지규정에 있어서 사용자는 독특한 개념으로서 확장·해석되고 있다. 즉 부당노동행위금지규정은 사용자를 피용자의 노동관계상의 여러 이익에 어떠한 영향을 미칠 수 있는 지위에 있는 모든 사람 또는 근로자의 자주적인 단결과 단결목적과 관련하여 대항관계에 있는 사람 등으로 포괄적으로 정의하고 있다.

2) 사용자범위의 확정기준

구체적 사안에 있어서 어떠한 자가 부당노동행위의 주체인 사용자에 포함되는가가 문제이다. 그러므로 부당노동행위주체로서 사용자범위를 확정하는 기준을 마련할 필요가 있다. 부당노동행위제도에 의해서 노조법이 근로자가 단체교섭 기타 단체행동을 위하여 노동조합을 조직하고 운영하는 것을 옹호하고 단체협약의 체결을 주목적으로 하는 단체교섭을 조성하고자 할 때 이러한 부당노동행위금지규정에 의해서 규제되는 사용자란 집단적 노사관계의 일방당사자인 사용자를 의미한다. 이러한 노사관계는 근로자의 근로관계상의 여러 이익에 관한 교섭을 중심으로 전개되는 것이므로 근로계약관계 내지 그것과 유사한 관계를 그 기반으로써 필요하다. 여기에서 근로계약관계에 유사한 관계란 어떤 것인가가 문제이다. 부당노동행위제도의 취지에 맞추어서 부당노동행위주체로서의 사용자의 범위를 넓게 확정할 필요가 있다.

(1) 사용자개념의 기초

부당노동행위금지규정에서 사용자란 근로계약관계 내지 그것과 유사한 관계를 기반으로 하여 성립하는 노사관계상의 일방당사자를 의한다. 그러므로 가까운 과거의 근로계약관계의 존재 또는 가까운 장래에 있어서의 근로계약관계의 가능성이 부당노동행위의 주체로서 사용자개념의 기초가 된다. 예컨대, 사용자는 피해고자가 속하는 노조와의 해고 철회나 퇴직조건에 관한 단체교섭을 원칙적으로 거부할 수 없다. 어떤 기업에 몇 번이나 고용된 계정노동자의 재채용에 관해서 동기업은 그 노동자와의 관계에서 사용자로서 부당노동행위금지규정의 규제를 받을 수 있다. 나아가 회사합병의 과정에서 흡수회사가 피흡수회사의 종업원이나 그가 속한 노동조합에 대하여 부당노동행위를 행한 경우에는 그 흡수회사도 사용자로 보아야 한다.

(2) 사용자개념의 확장

근로계약상의 사용자는 아니나 실제로 그것과 유사한 지위에 있는 기업도 부당노동행위의 주체인 사용자로 인정될 수 있다. 이러한 경우로서 사용자개념이 외부적으로 확장되는 경우와 내부적으로 확정되는 경우로 나누어서 구체적으로 유형화할 필요가 있다.

가. 외부적 확장

가) 친자기업

복수의 기업이 물적 인적 구조에 있어서 친자(親子)관계에 있을 때, 일정한 요건이 충족되는 경우 이를테면 친(親)기업이 자기업의 업무운영이니 근로자의 대우에 관하여 지배력을 가지고 있는 경우, 친기업이 자(子)기업의 종업원에 대하여 사용자의 지위에 있다고 할 것이다. 물론 이러한 경우에, 예컨대 친회사에 대해서 단체교섭거부라는 부당노동행위가 인정되어 노동위원회가 친회사에 대하여 자회사종업의 근로조건에 관한 단체교섭을 명령하는 경우와 자회사 종업원의 해고가 친회사의 부당노동행위로 인정되어 친회사에 대하여 자회사의 원직복귀(자기의 종업원으로서의 취급)를 명령하는 경우에는 사용자로 인정되는 요건이 다르다. 전자의 경우, 친회사가 단체교섭에 있어서 사용자로 인정할 수 있기 위해서는 친회사가 주식소유, 임원파견, 전속 도급관계 등에 의해 자회사의 경영을 거의 완전한 지배하에 두고 그 종업원의 근로조건에 관하여 구체적인 실질적 결정을 하는 등의 요건이 필요하다. 후자의 경우, 친회사가 고용관계에 있어서 사용자로 인정할 수 있기 위해서는 그러한 지배관계에 따라 자회사가 거의 완전히 친회사의 하나의 사업부문으로 인정될 수 있는 상태에 있고 그 결과 자회사 종업원의 근로제공과 그들에 대한 임금지불의 관계가 거의 그들과 친회사에 성립하고 있다는 사실이 필요하다.

나) 도 급

두 개의 기업이 도급관계에 있을 때, 수급기업에 제공된 도급기업의 근로자에 대하여 수급기업이 일정한 요건이 충족되는 경우 부당노동행위의 주체로서의 사용자지위에 있다. 예컨대, 甲기업(도급기업)이 乙기업(수급기업)에 대하여 일정업무를 도급하면서 자신의 피용자를 乙기업에 제공하는 경우에 乙기업은 甲기업이 제공한 근로자에 대하여 부당노동행위의 주체로서의 사용자의 지위에 있다고 할 것이다. 이 경우, 노동위원회가 乙기업에 대하여 단체교섭거부라는 부당노동행위가 인정되어 乙기업에 대하여 甲기업의 근로조건에 관한 단체교섭을 명령하는 경우와 乙기업의 종업원으로서의 취급을 명하는 경우에 있어서 甲기업의 근로자에 대하여 乙기업이 부당노동행위의 주체로서의 사용자가 되기 위한 요건은 다르다. 단체교섭상 사용자로 인정되기 위해서는 乙기업이 甲기업의 근로자의 근로조건과 기타 대우에 관하여 근로계약상의 사용자와 같은 지배력을 현실에서 구체적으로 가지고 있을 필요가 있다. 다만 이 경우에도 乙기업의 지배력이 반드시 근로조건의 전반에 미칠 필요는 없고, 중요한 사항에 미치면 당해 사항에 관해서는 단체교섭의무가 긍정된다. 그러나 노동위원회가 甲기업의 근로자를 乙기업의 근로자로서 취급하도록 하는 구제명령을 하기 위해서는 乙기업이 甲기업의 근로자를 실질적으로 자기의 종업원과 같이 취급하고 양자 간에 근로제공과 임금지급의 관계가 성립하고 있다는 상황이 요구된다.

다) 전출 또는 파견

전출근로자 또는 파견근로자의 경우에 원기업 또는 사용기업과의 관계에 있어서 위 도급의 경우와 같이 판단하면 될 것이다.

라) 위장해산 또는 도산

노동조합을 소멸시키기 위하여 법형식적으로 회사를 일단 해산한 뒤에(이것이 이른바 위장해산이다) 실질적으로 동일한 영업을 계속하는 신규회사를 설립하는 경우 그 실질적인 신규의 동일기업은 부당노동행위법상 해산기업의 사용자로서의 지위를 승계한다. 예컨대, 甲은 오로지 노동조합을 회피하기 위하여 A회사를 일단 해산하여 A회사의 모든 종업원을 해고하고, 동일한 영업을 목적으로 하는 B회사를 설립하고 A회사의 종업원 중 비조합원들만 신규채용하는 경우, B회사는 당연히 A회사의 노동조합 및 그 조합원이었던 근로자에 대하여 부당노동행위의 주체로서의 사용자의 지위에 있다. 노동조합을 파괴할 목적으로 친회사가 자회사를 해산한 경우, 일본 최고재판소 판례[66]는 거래상대방의 보호를 위해서 인정되는 상법상의 법인격부인의 이론을 노동법에도 원용한다. 즉 자회사의 법인격은 부인되고 친회사가 부당노동행위의 주체인 사용자로 인정된다.

마) 합 병

기업의 합병 후 곧 사용자가 될 것으로 예정되어 있는 회사는 피흡수회사의 노동조합 및 조합원에 대하여 행하는 부당노동행위의 주체가 된다.

바) 사용자단체

근로계약상의 당사자가 아니라고 할지라도 단체교섭의 당사자적격을 가지고 있는 사용자단체가 단체교섭을 거부하는 경우에 사용자단체는 부당노동행위의 주체로서의 사용자의 지위에 있다.

나. 내부적 확장

부당노동행위 중에서 특히 지배·개입의 경우에는 대부분 부장·과장 등의 기업내부의 직제에 의하여 행하여진다. 그러므로 기업내부의 직제에 의한 행위는 당연히 부당노동행위로 보아야 할 것이다. 이러한 직제에 의한 노사관계질서침해행위는 근로계약의 당사자 또는 지휘명령권자로서의 사용자의 뜻에 따라 행한 행위 또는 사용자와 모의하여 행한 행위임을 요건과 관계없이 사용자의 부당노동행위로 볼 것이다.

---

66) 日本最高裁判所 昭和 44.2.27. 判決, 民集23卷 2號 511면.

Ⅲ. 노동조합

현행 노조법상 부당노동행위제도에서 노동조합이 부당노동행위의 주체가 될 수 있는가? 부당노동행위의 유형을 명시적으로 규정하고 있는 노조법 제81조의 규정 내용과 양식을 본다면, 일응 노동조합의 부당노동행위는 인정되지 않는다. 그러므로 노동조합은 우리 노조법이 규정하고 있는 부당노동행위의 주체가 되지 않는다고 할 것이다.

그러나 위에서 언급했듯이, 우리나라는 지금까지 노동조합이 사용자에 대하여 노조전임자의 급여를 지급하게 하거나 노동조합의 운영비를 원조하도록 요구하여 왔으며 노동조합이 사용자에 대하여 노조전임자의 급여를 지급하게 하거나 노동조합의 운영비를 원조하도록 요구하였더라도 그것이 현실적으로 반드시 노동조합에 대한 사용자의 지배·개입이라는 결과를 야기하였던 것이 아니라 오히려 그것은 열악한 노동조합의 재정적 운영에 도움이 되어서 노동3권을 실질적으로 실현하였다고 말할 수 있다. 이러한 현실적 결과에 비추어 볼 때, 사용자가 노동조합의 전임자에게 급여를 지급하거나 노동조합의 운영비를 원조하는 행위를 사용자의 부당노동행위의 유형으로 규정하고 있는 노조법 제81조 제4호는 실질적으로 노동조합의 부당노동행위를 규정하고 있다고 할 것이다.

그 뿐만 아니라 노동조합이 헌법에 보장된 노동단체권을 남용하여 헌법이 전제하고 있는 노동질서를 침해한다고 판단되는 경우, 입법자는 그러한 노동조합의 구체적인 행위를 노동조합의 부당노동행위로 유형화하고 금지할 수 있으며, 이러한 입법이 헌법 제33조가 보장하고 있는 노동단체권의 본질적 부분을 침해하지 않는 한, 그것이 곧바로 노동단체권을 보장하고 있는 헌법에 반한다고는 평가할 수 없다고 할 것이다. 그러므로 입법론적으로 노조법이 직접적으로 노동조합의 부당노동행위를 규정하였더라도 이론상의 문제는 없다고 할 것이다.

한편, 사업 또는 사업장 차원에서 복수노조가 병존하는 경우에, 사용자가 이른바 어용노조 또는 친사용자적인 노동조합을 이용하여 진성노동조합에 지배 개입하거나 그 조합원을 차별하는 경우에는 간접정범적인 지위에 있는 사용자의 부당노동행위의 성립을 인정해야 할 뿐만 아니라 정범(正犯)적 지위에 노동조합에 대해서도 부당노동행위를 인정해야 할 것이다.

제 2 절 부당노동행위의 유형

Ⅰ. 서

1. 노조법 제81조

노조법 제81조는 제제1호 내지 제5호에서 부당노동행위를 5가지로 유형화하고 있다. 불이익취급(제제1호), 반노조계약(제2호), 단체교섭거부(제3호), 지배개입 및 경비원조(제4호), 보복적 불이익취급(제5호)이 그것이다.

2. 5가지 유형의 규범적 의미

1) 문제의 소재

5가지의 부당노동행위를 규정하고 있는 노조법 제81조의 성격을 어떻게 파악해야 하는가? 이 문제는 노조법 제81조가 명시적으로 규정하는 부당노동행위 이외에 다른 행위도 부당노동행위로 인정할 수 있는가라는 문제와 관련되어 있다. 이와 관련해서 견해가 대립하고 있다.

2) 학 설

(1) 예시적 열거설

예시설은 노조법 제81조가 규정하고 있는 5가지의 부당노동행위는 예시적인 것이고 한다. 이 설은 노조법 제81조는 다양한 부당노동행위 중에서 대표적인 것만 규정하고 있는 것에 불과하기 때문에 동조가 규정하고 있는 5가지 이외의 부당노동행위도 성립할 수 있다고 한다. 이러한 입장은 종래의 다수설로서 부당노동행위에 대한 구제에 있어서 원상회복주의를 전제로 해서 부당노동행위의 규제범위를 확대하려는 취지에서 주장되었다.

(2) 제한적 열거설

1986년 (구)노동조합법이 개정되어 부당노동행위구제에 관한 법원칙으로서 원상회복주의와 별도로 부당노동행위 자체에 대하여 처벌주의가 병용되자 처벌에 있어서는 죄형법정주의원칙가 엄격하게 적용되어야 하기 때문에 (구)노동조합법 제39조를 확대해서는 아니 되고, 동조가 규정하고 있는 5가지 부당노동행위 이외 별도의 부당노동행위는 성립되지 않는다는 주장이 제기되었다. 현행 노조법도 1986년 개정된 노동조합법의 입법주의를 그대로 승계하고 있기 때문에 노조법 제81조가 규정하고 있는 5가지의 부당노동행위는 예시적인 것이 아니라 제한적 열거적이라고 한다.

3) 검토 및 사견

노조법은 헌법 제37조 제2항이 규정하고 있는 기본권에 대한 일반적 법률유보에 근거해서 입법자가 국가안전보장, 질서유지 및 공공복리를 위하여 제정한 법률이므로 제한적으로 해석해야 할뿐만 아니라 이러한 취지에서 입법자가 공정한 노사관계질서를 형성·보장하기 위한 구체적인 제도로서 부당노동행위제도를 도입했다고 할 것이다. 다른 한편, 노조법 제81조 소정의 행위를 한 자는 동법 제90조에 의하여 2년 이하의 징역 또는 2천만 원 이하의 벌금이라는 형벌에 처하므로 죄형법정의 원칙상으로도 동조는 제한적으로 해석해야 한다.

3. 부당노동행위유형의 상호관계

1) 문 제

노조법 제81조에 규정된 불이익취급(제1호), 반노조계약(제2호), 단체교섭거부(제3호), 지배개입 및 경비원조(제4호), 보복적 불이익취급(제5호)라는 5가지의 유형의 상호간의 관계를 어떻게 보아야 하는가가 문제로 제기되었는데, 이러한 문제제기는 이들 5가지의 유형을 서로 독립적으로 파악할 것인가 상호보완적으로 탄력적으로 해석해야 하는가에 의의가 있다고 할 것이다. 그러나 현실적으로 부당노동행위유형의 상호관계문제는 부당노동행위구제절차가 당사자의 신청에 의해서 개시되고 노동위원회는 당사자가 신청한 부당노동행위만을 구제대상으로 하기 때문에 이러한 맥락에서 법률적으로 중요한 의미를 가지고 있다.

2) 학 설

(1) 포괄규정설

포괄규정설은 지배·개입을 규정하고 있는 동조 제4호가 포괄적 규정이고 다른 유형을 규정하고 있는 나머지 호는 제4호의 특별유형이라고 한다.

(2) 병렬규정설

병렬규정설은 동조가 규정하고 있는 5가지의 유형은 독립된 부당노동행위로서 각각 대등한 의의를 가지고 있다고 본다. 다만, 이 설도 제4호에 규정된 지배·개입이 다른 유형에 비하여 보다 넓은 규범적 범위를 가지고 있다고 파악한다. 이 설에 의하더라도, 구제신청의 대상인 부당노동행위가 어떤 유형에 속하는가는 각 유형에 따라 판단되어야 하나, 둘 이상의 부당노동행위에 해당하는 경우도 있을 수 있다고 한다.

(3) 절충설

노조법 제81조가 규정하고 있는 다섯 가지의 유형을 형식적으로 구별함이 없이 하나의 행위가 둘 이상의 유형에 해당하는 경우도 있으므로 상호보완적으로 사안의 내용에 따라 탄력적으로 해석해야 한다고 본다. 이 설은 부당노동행위의 규제범위를 탄력적으로 폭넓게 해석하려고 한다.

3) 검토 및 사견

부당노동행위구제절차에 사법상의 청구권을 전제로 하는 민사소송법상 소송물의 법리가 엄격하게 적용된다고 한다면, 노조법 제81조가 규정하고 있는 불이익취급(노조법 제81조 제1호), 반노조계약(동조 제2호), 단체교섭거부(동조 제3호), 지배개입 및 경비원조(동조 제4호), 보복적 불이익취급(동조 제5호)라는 5가지의 유형의 상호간의 관계를 어떻게 보는가는 구제절차에서 중요한 의미를 가질 것이다. 그러나 노동위원회에 의한 부당노동행위구제절차에서 민사소송법상의 소송물의 법리가 적용되지 않을 뿐만 아니라, 각 유형에 따른 전형적인 구제내용이 정형화되어 있지만, 각 유형에 의한 구제내용의 한정이 존재하는 것도 아니다. 그러므로 동조가 규정하고 있는 5가지의 유형 중 어느 하나를 굳이 포괄규정으로 볼 것이 아니라 각 유형을 일응 병렬적으로 파악하되 상호보완적으로 활용하여 사안의 내용에 따라 합리적인 결과를 도출할 필요가 있다.

4. 노조법상 부당노동행위유형의 체계적 분류

노조법 제81조가 규정하고 있는 불이익취급(제1호), 반노조계약(제2호), 단체교섭거부(제3호), 지배개입 및 경비원조(제4호), 보복적 불이익취급(제5호)을 금지규정의 보호목적, 금지행위의 성격과 양태 등에 비추어서 체계적으로 분류한다면, 불이익취급, 단체교섭거부 및 지배개입 등 크게 세 가지의 유형으로 분류할 수 있겠다.

첫째, 노조법 제81조 제1호, 제2호 및 제5호가 불이익취급을 사용자의 부당노동행위로 규정하고 있다. 이들 세 개의 각 호의 경우, 그 침해대상과 금지행위의 양식을 살펴보면 당해 부당노동행위는 그 침해의 직접적인 대상이 개별근로자이고, 당해 근로자에 대한 불이익취급으로 인하여 개별근로자 및 노동조합의 단결권이 침해된다는 반노동조합적 성격을 가지고 있다는 점에 있어서 공통적이다. 그러므로 노조법 제81조 제1호, 제2호 및 제5호가 규정하는 부당노동행위들을 「불이익취급」으로 성격지어 규정할 수 있다. 다시 말하면, 노조법 제81조 제1호, 제2호 및 제5호는 불이익취급의 개별적 유형이라고 말할 수 있겠다.

둘째, 노조법 제81조 제3호가 정당한 이유 없는 사용자의 단체교섭거부를 부당노동행위로 규정하고 있다. 이 규정은 특히 기업별조직의 노동조합이 가지고 있는 단체교섭권의 특별한 상황을 고려하여 사용자가 단체교섭에 성실히 임하도록 강제하여 노동조합의 교섭권 그 자체를 직접적으로 보장하고 나아가 단체교섭질서를 확보하려는 데에 목적이 있다.

셋째, 노조법 제81조 제4호가 노동조합의 내부운영에 대한 사용자의 개입 및 지배를 부당노동행위로 규정하고 있다. 이는 사용자로부터 노동조합의 인적·물적 자주성과 민주성을 확보해주려는 데에 그 목적이 있다.

그러므로 아래에서는 필자는 불이익취급, 단체교섭거부 및 지배개입이라는 세 개의 유형에 따라 개별 부당노동행위에 대한 세부적인 검토를 하기로 한다.

Ⅱ. 불이익취급

1. 서

노조법 제81조 제1호, 제2호 및 5호는 사용자의 부당노동행위로서 개별근로자에 대한 불이익취급을 규정하고 있다. 근로자가 노동조합에 가입 또는 가입하려고 하였거나 노동조합을 조직하려고 하였거나 기타 노동조합의 업무를 위한 정당한 행위를 한 것을 이유로 하거나 근로자가 정당한 단체행위에 참가한 것을 이유로 하거나(동조 제1호) 또는 노동위원회에 대하여 사용자의 부당노동행위사실을 신고하거나 그에 관한 증언을 하거나 기타 행정관청에 증거를 제출한 것을 이유로 그 근로자를 해고하거나 그 근로자에게 불이익을 주거나(제5호) 또는 근로자가 어느 노동조합에 가입하지 아니할 것 또는 탈퇴할 것을 고용조건으로 하거나 특정한 노동조합의 조합원이 될 것을 고용조건으로 하는 행위(제2호)가 불이익취급에 해당한다.

2. 보호대상

1) 보호대상으로서 노동조합의 요건

불이익취급금지를 규정하고 있는 노조법 제81조 제1호 및 제5호가 보호하려는 대상은 근로자의 단결권 및 그것에 기한 노동조합이다. 여기에서 보호되는 노동조합이 구체적으로 어떠한 요건을 갖추어야 하는 것인가가 문제이다. 부당노동행위제도의 취지에 비추어 볼 때, 보호대상으로서 노동조합은 노조법이 규정하고 있는 노동조합의 요건을 모두 구비할 필요는 없다. 즉 노동조합에 가입하려고 했거나 노동조합을 조직하려고 한 것은 헌법 제33조 제1항에 보장된 단결권의 행사이고 또 여기에서 노동조합이라 함은 헌법상의 단결체를 의미한다고 할 것이므로 설립중의 노동조합도 포함된다고 할 것이다.

2) 보호대상으로서 노동조합의 자주성과 민주성

(1) 불이익취급금지에 의해서 보호되는 노동조합이 자주성과 민주성을 갖추어야 하는가에 대해 견해의 대립이 있을 수 있다. 즉 노동조합이 자주성의 요건만 갖추면 충분하다는 견해와 자주성뿐만 아니라 민주성도 갖추어야 한다는 견해가 그것이다.

(2) 자주성의 요건과 관련하여 문제되는 것이 바로 어용노조의 문제이다. 이에 대하여 노동조합에 가입하려고 했거나 노동조합을 조직하려고 한 것이 헌법 제33조 제1항에 보장된 단결권의 행사이며, 비자주적인 법외조합에 가입하여 이를 자주적인 노동조합으로 개혁하려고 하는 것을 이유로 한 불이익취급도 있을 수 있기 때문에 자주성을 결한 어용노조도 보호대상에 포함되어야 한다는 견해[67]가 있

---

67) 김치선, 『노동법강의(제2판)』, 박영사, 1990, 377면; 동, 『근로자의 단결권』, 서울대학교, 1970, 152면.

다. 이는 경청할 만하다. 그러나 명백하게 사용자의 이익을 대변하는 어용노조 자체가 노조법 제81조 제1호 및 제5호에 의해서 보호되는 노동조합에 해당하지 않는다고 해야 할 것이다. 즉 이러한 어용노조는 부당노동행위구제신청을 할 수 없다. 다만 근로자가 노동조합의 어용성을 혁파하기 위해 어용노동조합에 가입하거나 노동조합의 어용성을 탈피하고자 행동한 경우에는 그것은 단결권의 행사 및 노동조합의 활동으로서 보호되어야 할 것이다.[68] 그러므로 이러한 경우에 어용노조가 받게 되는 보호적 이익은 부당노동행위구제에 의해 그러한 행위를 한 근로자를 보호함으로써 생기는 반사적인 효과라고 할 것이다.

(3) 노조법 제14조, 제16조, 제17조, 제18조, 제19조, 제20조, 제23조, 제25조, 제26조 등은 노동조합의 민주성을 확보하기 위한 규정이다. 노조법 제7조 제1항에 기하여 이러한 요건을 갖추어서 노동조합의 민주성이 확보되는 경우에만 불이익취급지에 의한 보호대상인 노동조합에 해당한다는 견해가 있다. 그러나 이들 규정이 정하고 있는 내용을 충족하지 아니하는 노동조합라고 하더라도 부당노동행위에 관하여 노동위원회에 구제신청을 할 수 없다는 규정에 불과하고 부당노동행위의 금지로부터 보호받을 수 없다는 취지는 아니다. 헌법이 보장하고 있는 노동단체권이 침해된 경우 당해 근로자 및 그가 속한 단체는 법원에 사법적 구제를 받을 수 있다. 「… 제81조 제1호 제2호 및 제5호의 규정에 의한 근로자의 보호를 부인하는 취지로 해석되어서는 아니 된다」고 규정하고 있는 동법 제7조 제2항은 이러한 취지를 명시적으로 나타내고 있다고 할 것이다.

3. 피보호행위

1) 노동조합에의 가입 또는 가입하려는 행위

가입이라 함은 근로자가 기존의 노동조합의 조합원이 됨을 말한다. 조합원과 비조합원의 차별, 특정노동조합의 조합원과 다른 노동조합의 조합원을 차별대우하는 것을 모두 포함한다. 설립중의 노동조합에 가입하는 것도 포함된다.

2) 노동조합을 조직하려고 한 경우

노동조합을 조직하려고 한 경우라 함은 기존의 노동조합 이외에 새로운 노동조합을 조직하려하는 것을 말한다. 노동조합 설립 이전의 설립에 필요한 일체의 활

68) 김유성, 위같은책, 319면.

동을 포함한다.

3) 노동조합의 업무를 위한 정당한 행위

(1) 노동조합의 업무를 위한 행위

가. 개인적 행위인가 노동조합의 행위인가?

근로조건의 유지·개선 기타 근로자의 경제적·사회적 지위의 향상을 도모함을 목적으로 하는 행위는 일반적으로 노동조합의 업무라 할 수 있다. 비록 공제·수양 기타 복리사업 또는 정치활동이라 할지라도 위의 목적을 달성하기 위한 것인 때에는 노동조합의 업무라고 보아야 할 것이다. 조합원의 행위라 할지라도 노동조합의 목적달성을 위한 행위인 때에는 노동조합의 업무로 보아야 할 것이다.

근로자가 노동조합에 가입하거나 기타 정당한 노조활동을 한 것을 이유로 하거나(제1호) 근로자가 정당한 단체행동에 참여한 것 또는 노동위원회에 대하여 사용자가 노조법 제81조(구 노동조합법 제39조)의 규정에 위반한 것을 신고하거나 그에 관한 증언을 하거나 기타 행정관청에 증거를 제출한 것을 들어(제5호) 그 근로자를 해고하거나 그 근로자에게 불이익을 주는 행위를 말한다. 실제 사건에서 문제가 되는 부당노동행위의 유형은 여기에 속하는 것이 가장 많다.

불이익취급의 실질적 사유는 위에서 열거한 사유 중 하나여야 하는데 그 중에서 주로 문제되는 것은 정당한 노조활동 또는 정당한 단체행동을 주장하는 경우에 그 내세우는 행위가 노조활동 또는 단체행동에 해당하는가 또는 그것이 정당한가 하는 문제이다. 이는 그러한 행위의 목적, 내용, 절차 등에 의하여 판단하여야 할 것이나 판례의 대체적인 기준은 노조의 결의나 지시가 있었는가, 묵시적 수권이나 승인을 받았다고 할 만한가, 단체협약이나 취업규칙 등에 위반되지는 않는가, 근로시간 중의 활동이면 사용자의 승낙이 있었거나 관행상 인정되는가, 사업장 내에서의 활동인 경우 사용자의 시설관리권을 침해하고 있지는 않는가, 법령이나 사회상규에 위반하지는 않는가 하는 것 등이다. 물론 이 경우 어느 한두 가지 요소를 갖추지 못하였더라도 그것만으로 그 활동이 정당성을 잃게 되는 것은 아니고 이러한 여러 요소를 종합적으로 참작하여 그 정당성을 판단하여야 할 것이다.

나. 노동조합의 업무를 위한 행위의 판정 기준

노동조합의 업무를 위한 행위란 일반적으로 통상적인 노동조합활동을 의미한다고 할 것이나 조합원이 노조의 결의나 구체적인 지시에 따라서 한 노동조합의 조직적인 활동 그 자체는 아닐지라도 행위의 성질상 노동조합의 활동으로 볼 수 있거나 노동조합의 묵시적인 수권 혹은 승인을 받았다고 볼 수 있을 때에는 노동조합의 업무를 위한 행위로 볼 수 있다.[69)]

노조위원장으로 출마하는 행위는 성질상 노동조합의 활동으로 보아야 할 것이고,[70)] 개인이 자발적으로 한 행위이기는 하나 목욕권의 지급이나 예비군 훈련기간 중 수당지급에 관하여 노동부에 진정한 행위는 노동조합의 목적인 근로조건의 유지개선, 기타 근로자의 경제적 지위향상을 도모하기 위한 행위로서 노조의 묵시적 승인 내지 수권을 얻은 행위로 볼 수 있으며[71)] 상무의 도박 등의 비행을 폭로하거나 고소하고 대기기사 수입의 인상을 요구하는 글을 휴게실에 게시한 부착한 행위는 근로자의 정당한 노조활동에 속한다.[72)]

또한 일반적으로 노조의 의사에 반하는 행위가 노조의 업무를 위한 행위로 인정되기는 어려울 것이나 판례는 노조의 회계감사인 근로자가 다른 회사보다 낮은 수준으로 임금협약을 체결한 노조대표자의 불신임운동을 주도하고 이에 따라 노조대표자가 그 직을 사퇴하기 위하여 임시총회를 개최하기로 하였다면 위 불신임행위는 노조의 업무를 위한 정당한 행위에 해당한다고 판시한 바 있다.[73)]

이에 반하여 노조의 간부도 아닌 평조합원인 근로자가 세차비 문제, 구상권 문제, 인사 및 배차문제 등과 관련하여 대표이사를 단체협약 위반혐의로 진정한 행위(후에 무혐의로 판정되었음)는 성질상 노동조합의 활동이라고 볼 수 없고,[74)] 원고의 주도로 이루어진 농성(운송업을 하는 회사의 주차장 출입구를 봉쇄하여 택시의 운행을 막음)이 노조의 결의를 거쳤다거나 노조의사에 따른 것이 아닌 조합원으로서의 자발적인 활동에 불과하고 성질상 노동조합의 활동으로 볼 수도 없으며, 노동조합의 묵시적인 수권 또는 승인을 받았다고 인정할 자료도 없으므로 (구)노동조합법 제39조 제1항 소정의 노동조합의 업무를 위한 정당한 행위가 아니라고 하였으며,[75)] 단체협약체결을 비난하는 내용의 유인물을 단체협약에 규정된 절차를 무시하고 노동조합의 의사에 반하여 임의로 게시한 행위[76)], 단체협약이 새로 체결된

69) 대판 1989.4.25. 88누1950; 동 1990.8.10. 89누8217; 동 1991.11.12. 91누4164; 동 1995.6.13. 95다1323; 동 1999.11.9. 99두4273.

70) 대판 1990.8.10. 89누8217; 동 1991.11.12. 91누4164.

71) 대판 1980.8.10. 89누8217.

72) 대판 1999.11.9. 99두4273.

73) 대판 1990.10.23. 89누2837.

74) 대판 1994.12.23. 94누3001.

75) 대판 1989.4.25. 88누1950; 동 1990.11.13. 89누5102; 동 1991.9.24. 91누124.

직후부터 비상대책위원회를 조직하여 뚜렷한 무효사유를 내세우지 아니한 채 단체협약의 무효화를 주장하여 평화의무에 위반되는 쟁의행위를 하는 것[77] 등도 노동조합의 정당한 활동이 아니라고 하였다.

(2) 정당성의 기준

가. 정당성의 의미

종래의 다수의 견해는 정당성을 실질적으로 정의하려고 하였다. 그러나 정당성의 문제는 적극적으로 평가될 것이 아니라 소극적으로 보아야 할 것이다. 따라서 노동조합의 업무를 위한 행위는 우선 정당한 것으로 보아야 할 것이고 거기에 예외적으로 법률에 위배되는 사항이 있는지 등을 심사하면 될 것이다.

나. 정당성의 판단기준

정당한 노동조합활동에 해당하는지 여부는 구체적인 상황에 있어서 종합적으로 판단해야 한다. 여기에서 판례에서 구체적으로 문제되었던 사건을 통해서 정당한 노동조합활동에 해당하는지 여부를 살펴보면, 다음과 같다. 판례에 의하면, "취업규칙이나 단체협약에 의하여 별도의 허용규정이 있거나 관행, 사용자의 승낙이 있는 경우 외에는 사업장내의 노조활동에 있어서는 사용자의 시설관리권에 바탕을 둔 합리적인 규율이나 제약에 따라야 한다"[78]거나, "노동조합의 업무를 위한 정당한 행위에 해당하는가의 여부는 구체적 사건에 있어서 노사쌍방의 태도, 사용자가 할 불이익취급의 태양·정도 등을 종합하여 사회통념에 따라 판단하여야 한다"[79]고 판시하여 정당한 노동조합활동의 범위를 이와 대립하는 사용자의 법익

---

76) 대판 1991.5.28. 90누6927.

77) 대판 1992.9.1. 92누7733; 동 1994.9.30. 94다4092.

78) 대판 1990.5.15. 90도357; 동 1992.9.25. 92다18542.

79) 대판 1992.3.13. 91누5020. (구)노동조합법 제39조 제1호가 규정한 노동조합의 업무를 위한 정당한 행위에 해당되는가의 여부는 구체적 사건에 있어서 노사 쌍방의 태도 사용자가 할 불이익 취급의 태양·정도 등을 종합하여 사회 통념에 따라 판단하여야 하고 사용자가 불이익 취급의 사유로 한 근로자의 행위가 유인물의 배포인 경우에는 그 유인물의 내용·매수·배포의 시기·대상·방법, 이로 인한 기업이나 업무에의 영향 등이 정당성을 판단하는 데 있어 기준이 될 것이다. 그러나 근로자가 작성하여 회람시킨 인쇄물이 회사 간부의 명예를 훼손하는 내용으로서 그 중 일부는 근거가 없는 것이고, 또 그가 배포한 인쇄물이 사용자인 회사와 노동조합 또는 근로자 사이에 근로관계와 직접 관계가 없는 사항과 관련하여 집단적으로 월차휴가를 실시할 것을 선동하는 내용인데 게다가 취업규칙에 정한 사전통보 절차도 밟지 않았고, 그 결과 다수의 근로자가 이에 동조하여 사업장을 무단이탈함으로써 회사 업무의 정상적인 운영에 지장을 주었다면 위와 같은 유인물 배포행위가 정당한 노조활동이라고 할 수 없다.

인 사용자의 시설관리권과의 관계에 있어서는 합리성 내지 사회통념에 따른 상당성에 의하여 조정하고 있다. 그리하여 "허가받지 아니한 집회가 점심시간 중에 이루어진 것이라 하더라도 그것이 노무지휘권이 미치는 사내에서 취업규칙이 금하고 있는 행위의 태양으로 이루어진 이상 징계사유에 해당한다"[80]고 하거나, "유인물의 배포에 대하여 허가제를 채택하고 있다고 할지라도 노동조합의 업무를 위한 정당한 행위까지 금지할 수는 없다"[81]고 하고 있다.

그러나 취업시간 중의 노조활동과 관련하여서는 판례[82]는 "노조활동이 정당하려면 취업규칙이나 단체협약에 의하여 별도의 허용규정이 있거나 관행, 사용자의 승낙이 있는 경우 외에는 취업시간 외에 행해져야 한다"고 하여 정당한 노동조합활동의 범위를 이와 대립하는 사용자의 법익인 노무지휘권과의 관계에 있어서는 원칙적으로 사용자의 묵시적 명시적 동의가 있어야 한다고 하고 있다.

또한 유인물의 배포와 관련하여 판례[83]는 유인물의 배포가 허가제를 채택하고 있다고 할지라도 노동조합의 정당한 업무를 위한 행위까지 금지할 수는 없는 것이므로 그 배포행위가 정당한가 아닌가는 허가 여부만을 가지고 판단할 것은 아니고, 그 행위의 정당성을 판단하려면 그 유인물의 내용, 매수, 배포의 시기, 대상, 방법 이로 인한 기업이나 업무에의 영향 등을 기준으로 하여야 한다고 하였다.

그리하여 유인물의 배포가 노동조합활동의 일환으로 이루어진 것이라 하더라도 그것이 기업이나 사용자의 임원 등에 대한 신용이나 명예를 훼손하거나 실추시키는 등 기업의 영업적 이익이나 개인의 신체적·정신적·인격적 자유를 침해하는 것이라면 원칙적으로 정당성은 부정된다고 하였고[84], 회사의 승인 또는 노조의 수권이나 승인도 없이 야간(00:40경)에 유인물을 배포하였거나[85] 회사의 허가를 받지 않고 은밀히 뿌려 회사의 시설관리권을 침해하고 있을 뿐만 아니라 허위사실을 적시하여 회사를 비방하는 내용을 담고 있고 직장질서를 문란하게 할 우려가 있으면 그 배포시기가 노조대의원 선거운동기간이었다 할지라도[86] 그 배포행위는 정당하다고 할 수 없는 반면 취업시간 아닌 주간의 휴식시간 중의 배포는 다른

80) 대판 1994.5.13. 93다32002.

81) 대판 1991.11.12. 91누4164.

82) 대판 1990.5.15. 90도357.

83) 대판 1991.11.12. 91누4164; 동 1992.3.13. 91누5020; 동 1992.6.23. 92누4253; 동 1996.9.24. 95다11504; 동 1997.12.23. 96누11778.

84) 대판 1992.3.13. 91누5020.

85) 대판 1994.12.23. 94누3001.

86) 대판 1992.6.23. 92누4253.

근로자들의 취업에 나쁜 영향을 끼치거나 휴게시간의 자유로운 이용을 방해하거나 구체적으로 직장질서를 문란하게 하는 것이 아닌한 허가를 얻지 않았다는 것만으로 정당성을 잃지 않는다는 것이다.[87]

그러나 판례[88]는 유인물로 배포된 문서에 타인의 인격, 신용, 명예를 훼손하는 하는 내용 등이 있다 하더라도 그 문서를 배포한 목적이 조합원들의 단결이나 근로조건의 유지·개선과 근로자의 복지증진 기타 경제적·사회적 지위의 향상을 도모하기 위한 것으로서 그 문서의 내용이 전체적으로 보아 진실한 것이라면 이는 노동조합의 정당한 활동범위에 속한다고 하였고,[89] 유인물로 배포된 문서에 기재되어 있는 문언에 의하여 타인의 인격, 신용, 명예 등이 훼손 또는 실추되거나 그렇게 될 염려가 있고 또 문서에 기재되어 있는 사실관계의 일부가 허위이거나 그 표현에 다소 과장되거나 왜곡된 점이 있다고 하더라도 그 문서를 배포한 목적이 타인의 권리나 이익을 침해하려는 것이 아니라 근로조건의 유지·개선과 근로자의 복지증진 기타 경제적·사회적 지위의 향상을 도모하기 위한 것으로서 그 문서의 내용이 전체적으로 보아 진실한 것이라면 이는 근로자들의 정당한 활동범위에 속한다고 하고 있다.

그뿐만 아니라 판례[90]에 의하면, 단체행동의 하나로 볼 수 있는 쟁의행위와 관련하여서는 정당한 쟁의행위에 해당하려면 우선 그 쟁의행위가 단체교섭과 관련하여 근로조건의 유지, 개선 등을 목적으로 하는 것으로서 그 목적이 정당하여야 하고, 쟁의행위의 시기와 절차가 법령의 규정에 따른 것으로서 정당하여야 하며, 쟁의행위의 방법과 태양의 폭력이나 파괴행위를 수반하거나 기타 고도의 반사회성을 띤 행위가 아닌 정당한 범위 내의 것이어야 하되 노동쟁의조정법 등 절차에 위반하였다 하여 그것만으로 바로 쟁의행위로서의 정당성을 상실한다고 볼 것은 아니고 그 위반행위가 국민의 생활안정이나 사용자의 사업운영에 예기치 않은 혼란이나 손해를 끼치는 것과 같은 결과를 초래하는지 여부 등 구체적인 사정을 살펴서 정당성 유무를 가려야 한다는 것이다.

그리하여 쟁의행위에 있어서 그 목적의 정당성과 관련하여 그 목적은 근로조건의 향상을 위한 노사 간의 자치적 교섭을 조성하기 위한 것이어야 한다고 하면서 이는 그 쟁의에 의하여 달성하려는 요구사항이 단체교섭사항이 될 수 있는 것을

87) 대판 1991.11.12. 91누4164.

88) 대판 1997.12.23. 96누11778; 동 1998.5.22. 98다2365.

89) 대판 1993.12.28. 93다13544.

90) 대판 1991.5.14. 90누4006.

의미고,[91] 그 절차와 관련하여 법이 요구하는 조정절차를 거치지 아니한 채 사무실 안에서 가마니를 깔고 12일간 농성을 한 행위,[92] (구)노동쟁의조정법(1996.12.31. 법률 제5244호로 폐지되기 전의 법률) 제12조, 제16조, 제14조의 제규정을 지키지 아니한 쟁의행위(준법운행, 수입금을 50,000원 이하만 납입, 공차운행 등으로 수입금 조절),[93] 단체협약 체결을 비난하는 내용의 유인물을 단체협약에 규정된 절차를 무시하고 노동조합의 의사에 반하여 임의로 게시한 행위,[94] 단체협약이 새로 체결된 직후부터 비상대책위원회를 조직하여 뚜렷한 무효사유를 내세우지 아니한 채 단체협약의 무효화를 주장하며 평화의무에 위반되는 쟁의행위를 하는 것[95]은 그것이 비록 노동행위의 일환으로 이루어진 것이라 하더라도 노동조합의 업무를 위한 정당한 행위가 아니므로 이를 이유로 한 해고도 부당노동행위가 아니라는 것이다.

한편, 임시총회개최나 단식농성 등의 쟁의행위가 직장의 전면적, 배타적 점거가 아닌 일부 점거행위로서 이루어지고 폭력이나 파괴행위를 수반하거나 고도의 반사회성을 띠지 않는다면 그 방법과 태양에 있어서는 정당성을 잃지 않는다는 것이다.[96]

다. 노조활동의 정당성에 관한 입증책임

(구)노동조합법 제39조 제1호 소정의 부당노동행위가 성립하기 위해서는 근로자가 '노동조합의 업무를 위한 정당한 행위'를 하고, 회사가 이를 이유로 근로자를 해고한 경우라야 하고, 같은 사실의 주장 및 입증책임은 부당노동행위임을 주장하는 근로자에게 있다.[97]

[판 례]

□ 정당한 조합활동여부의 판단기준

- 노동조합법 제39조 제1호가 규정한 노동조합의 업무를 위한 정당한 행위에 해당되는가의 여부는 구체적 사건에 있어서 노사 쌍방의 태도 사용자가 할 불이익 취급의 태양·정도 등을 종합하여 사회 통념에 따라 판단하여야 하고 사용자가 불이익 취급의 사유로 한 근로자의 행위가 유인물의 배포인 경우

91) 대판 1992.5.12. 91다34523; 동 1994.3.25. 93다30242; 동 1994.9.30. 94다4042.
92) 대판 1983.12.13. 82누334.
93) 대판 1991.12.10. 91누636.
94) 대판 1991.5.28. 90누6927.
95) 대판 1992.9.1. 92누7733.
96) 대판 1991.5.14. 90누4006.
97) 대판 1991.7.26. 91누2557.

에는 그 유인물의 내용·매수·배포의 시기·대상·방법, 이로 인한 기업이나 업무에의 영향 등이 정당성을 판단하는 데 있어 기준이 될 것이다. 그러나 근로자가 작성하여 회람시킨 인쇄물이 회사 간부의 명예를 훼손하는 내용으로서 그 중 일부는 근거가 없는 것이고, 또 그가 배포한 인쇄물이 사용자인 회사와 노동조합 또는 근로자 사이에 근로관계와 직접 관계가 없는 사항과 관련하여 집단적으로 월차휴가를 실시할 것을 선동하는 내용인데 게다가 취업규칙에 정한 사전통보 절차도 밟지 않았고, 그 결과 다수의 근로자가 이에 동조하여 사업장을 무단이탈함으로써 회사 업무의 정상적인 운영에 지장을 주었다면 위와 같은 유인물 배포행위가 정당한 조합활동이라고 할 수 없다 (대판 1992.3.13. 91누5020).

□ **노조활동의 정당성에 관한 입증책임**

- 노동조합법 제39조 제1호 소정의 부당노동행위가 성립하기 위해서는 근로자가 '노동조합의 업무를 위한 정당한 행위'를 하고, 회사가 이를 이유로 근로자를 해고한 경우라야 하고, 같은 사실의 주장 및 입증책임은 부당노동행위임을 주장하는 근로자에게 있다(대판 1991.7.26. 91누2557).

---

4. 불이익취급의 양태

사용자의 구체적인 불이익취급조치 등이 있어야 하며, 단순한 불이익취급의 의사를 표현하는 것만으로는 불이익취급에 해당되지 않는다. 그러나 적극적 작위의 불이익취급이든, 소극적 부작위의 불이익취급이든 모두 불이익취급에 해당된다.

해고가 가장 전형적인 경우이며 이외에도 휴직, 정직, 배치전환, 출근정지, 감봉, 복직거부 등의 경우가 이에 해당된다. 불이익취급인지의 여부는 형식적으로 고찰할 것이 아니라, 실질적으로 근로자에게 불이익이 있는지 여부와 노동3권의 행사와 관련하여 판단되어야 한다.

불이익한 대우는 다양한 내용으로 가해질 수 있으나 대체적으로는 신분적 불이익(해고, 퇴직의 강요, 채용거부, 전근, 강임이나 직종의 변경을 수반하는 배치전환, 출근정지, 휴직, 복직이나 계약갱신의 거부), 경제적 불이익(차별적 승급이나 강등, 기타 각종 수당의 차별적 지급), 정신적 또는 생활상의 불이익(출근정지, 취업거부, 시말서의 요구, 복리후생 시설 이용상의 차별대우), 노조활동상의 불이익(노조활동에 부적합한 부서로서의 이동이나 배치전환, 승진) 등으로 가장 중요한 것은 해고(정리해고를 포함한다)이며, 특히 자주 문제가 되는 것은 노조활동상의 불이익을 가한 경우들이다.

가. 노조전임자에 대한 복귀명령 등

노조전임자나 노조간부 등의 노조활동상의 불이익도 불이익취급의 한 유형이므로 노조활동을 곤란하게 할 목적으로 노조전임자에게 원직복귀명령을 한 것은 부당노동행위가 된다.[98] 또한, 전보명령 자체는 불이익한 것이 아닐지라도 어용노조에 가입하여 실질적인 노조로 만들려던 근로자들을 가입 시도 직후에 노조활동이 어려운 부서로 발령한 것은 부당노동행위가 되고, 그 전보명령에 불응하였다 하여 해고한 것 역시 부당노동행위가 된다.[99]

나. 승 진

근로자의 승진은 개인적으로는 이익이 되는 것이므로 승진 여부의 결정은 사용자의 권한과 재량에 속하나 적극적으로 노조활동에 참여하는 자를 승진시켜 조합원의 자격을 잃게 되면 노동조합 활동상으로는 불이익한 처분이 되므로 부당노동행위가 될 수 있고, 승진이 불이익취급에 해당하는지 여부의 판단은 승진의 시기와 노조활동과의 관련성, 승진을 한 자의 노조에서의 지위와 실질적인 영향력, 회사의 평소 노조에 대한 태도, 다른 관련자들과의 형평 유지, 업무상 필요성, 능력의 적격성과 인선의 합리성 유무, 승진이 노동조합활동에 미치는 영향 등을 고려하여야 하고[100] 업무능력, 근무성적, 상위직에 대한 적격성 등의 반영에 의하여 승진이 이루어지는 이른바 능력주의 승진제도 하에서 조합원이 노동조합에 가입하고 있음을 이유로 비조합원과 비교하여 승진에 있어서 불이익한 취급을 받았다고 하기 위해서는 특별한 사정이 없는 한 당해 조합원이 비교의 대상으로 된 비조합원과의 사이에 업무능력, 근무성적, 상위직에 대한 적격성 등에 있어서 차이가 없어야 할 것이고, 조합원과 비조합원을 전체적으로 비교하여 보아 승진에 있어서 격차가 있다고 하더라도 이로써 바로 구 노동조합법 제39조 제1호의 부당노동행위에 해당한다고 단정할 수 없다고 하였다.[101]

판례는 위와 같은 기준에 의하여 승진거부의사를 표하였더라도 정기인사의 일환으로 합리적 기준에 의하여 한 것으로 보이는 경우에는 사용자에게 인사질서를 문란하게 하면서까지 평조합원의 인사희망을 받아들일 의무는 없다는 이유로 부당노동행위가 아니라고 하고[102], 이에 반하여 승진과 함께 근로계약상 근무장소가

---

98) 대판 1991.5.28. 90누6392.

99) 대판 1992.11.13. 92누9425.

100) 대판 1992.10.27. 92누9418; 동 1998.12.23. 97누18035.

101) 대판 1998.2.10. 96누10188.

102) 대판 1992.10.27. 92누9418.

국회의사당으로 되어 있는 원고를 다른 곳으로 전직시킨 행위를 위 전직명령이 노사 간의 쟁의가 한창일 때 이루어진 점, 원고를 노조활동을 할 수 없는 곳으로 전직시키고 노조활동을 주도한 다른 간부들을 계약포기의 방법으로 해고한 점 및 전직명령이 정상적인 업무명령권의 범위를 벗어난 점 등을 들어 부당노동행위에 해당한다고 하였다.103)

5. 인과관계

1) 의 의

노조법 제81조 제1호 및 5호는 "…한 것을 이유로…"라고 표현하고 있다. 이것이 부당노동행위의 성립요건을 규정한 것이라고 한다면, 근로자의 정당한 노동3권보장활동과 이에 대한 사용자의 침해행위 사이에는 원인과 결과와 같은 상응관계가 없으면 부당노동행위가 성립할 수 없기 때문이다. 이와 같이 근로자의 정당한 노동3권보장활동과 이에 대한 사용자의 침해행위 사이에 그 원인과 결과와 같은 상응관계에 관한 문제가 인관관계의 문제이다. 그렇다면 부당노동행위로서 불이익취급이 성립하기 위해서는 불이익취급의 원인과 그 결과로서의 불이익취급과의 사이에 인과관계가 있어야 하고, 그 원인에 해당하는 것 중에 부당노동행위에 관한 사용자의 주관적인 의사가 특별히 있어야 한다는 것이다. 그런데 인과관계라는 용어를 사용하게 되면, 인과관계라는 것이 구체적으로 무엇을 의미하는지가 분명하지 않게 된다. 오히려 인과관계라는 표현보다는 반노동조합적인 사용자의 용태가 원인(원인이든 근인이든, 또는 직접적인 원인이든 간접적인 원인이든 관계없이)있어야 하는가라는 문제로 고찰하는 것이 보다 타당할 것이다. 즉 사용자의 행위가 노동3권을 보장하고 있는 노동법질서에 반하는 유무형적 또는 직간접적인 태도의 표명만 있으면 충분한가, 그렇지 않으면 이에 대한 의사도 있어야 하는가라는 문제로 파악하는 것이 문제의 핵심을 보다 분명하게 하지 않을까 생각한다.

2) 부당노동행위의 의사

(1) 학 설

근로자에 대한 사용자의 불이익취급행위가 근로자의 정당한 노동3권보장활동을 이유로 하는 것 즉 인과관계 이외에 사용자의 부당노동행위의사와 같은 주관적

---

103) 대판 1992.1.21. 91누5204.

요소도 필요한 것인가에 관하여 견해의 대립이 있다.[104]

가. 주관설

이 설은 부당노동행위가 성립하려면 사용자의 반노조적인 의도 내지 동기 또는 노동조합활동에 대한 반감과 같은 주관적 요소가 필요하다는 견해이다. 주관설에 의하면, 부당노동행위의 성립요건의 하나로서 주관적 위법요소라고 할 수 있는 반조합적 의도와 같은 동기를 요구하는 것이 되기 때문에, 부당노동행위가 성립하기 위해서는 사용자가 단순히 객관적인 위법사실을 인식하는 것으로는 충분하지 않고 그 이상의 것을 의도하고 있어야 한다.

나. 객관설

객관설은 부당노동행위의 성립에는 반조합적 의도와 같은 별도의 주관적인 요소를 고려할 필요는 없고, 객관적인 인과관계가 있는 것으로 족하다고 보는 견해이다. 노동3권보장활동이 사용자의 부당노동행위와 원인-결과의 관계에 있다는 사실 자체만을 인식하면 충분하다는 것이다.

(2) 판 례

판례는 노조법 제81조 제1호 및 제5호 소정의 부당노동행위가 성립하려면 먼저 근로자가 정당한 노동조합활동을 하거나 정당한 단체행동에 참가한 것(이하 단순히 정당한 노동조합활동이라고 함)을 이유로 근로자에게 해고 등의 불이익처분을 한 경우이어야 하므로 근로자의 행위가 정당한 노동조합활동에 해당하는 것으로 볼 수 없다면 비록 사용자가 근로자의 노조활동과 관련하여 해고 등의 불이익처분을 하였다 하더라도 이는 부당노동행위에 해당하지 않는다[105]고 하고, 또 부당노동행위의사가 필요하다고 하면서도 그와 같은 의사는 사용자의 내심의 의사에 속하므로 그와 같은 의사의 존재는 사용자가 내세우는 해고사유와 근로자가 한 노동조합업무를 위한 정당한 행위의 내용, 징계해고를 한 시기, 사용자와 노동조합과의 관계, 동종의 사례에 있어서의 조합원과 비조합원에 대한 제재의 불균형 여부, 종래의 관행에 부합하는지 여부, 사용자의 노동조합에 대한 언동이나 태도 등 기타 부당노동행위의사의 존재를 추정할 수 있는 제반 사정 등을 비교 검토하여 판단

---

104) 이와 달리 김형배, 위같은책, 1078면은 부당노동행위의사의 여부가 인과관계의 내용인 것처럼 熊倉武,「不當勞動行爲意思の認定」, 日本勞動法學會,『新勞動法講座6: 不當勞動行爲』, 有斐閣, 1967, 136면 이하를 참조하여 일본의 학설을 소개하고 있다. 그 외 일본에서의 논의에 관해서는 青木宗也·金子征史,『勞動關係法[改訂版]』, 日本評論社 1990, 228면 이하 참조.

105) 대판 1995.4.28. 94누11583; 동 1999.3.26. 98두4672.

하여야 한다[106]고 하고 있다. 이들 판례의 표현을 보면, 현재까지는 판례가 부당노동행위의사는 외부에 나타난 객관적 사실로부터 추정하는 태도를 취하여 절충적인 태도를 취하고 있는 듯하다.

(3) 사견과 정리

부당노동행위성립을 인정하는 데에 있어 객관설과 주관설은 어떠한 차이가 있을까? 부당노동행위의 성립 여부에 대한 인식이 있는 과실에 있어서 극명한 차이가 생긴다. 예컨대, 사용자가 근로자들이 노동조합총회를 준비하기 근무시간 종료 후에 회사의 동의 없이 회사내에 있는 노조사무실을 사용하는 조합활동을 불법이라고 오신한 경우, 사용자가 과도한 임금인상을 요구하는 교섭행위는 정당한교섭이 아니라고 오신하는 경우, 쟁의권행사가 합법적임에도 불구하고 사용자가 이를 위법이라고 오신하는 경우 등에서, 주관설에 의하면, 이 부당노동행위가 성립하지 않는다고 판단하게 된다. 주관설은 현실적으로 부당노동행위의 성립을 어렵게 만든다. 게다가 부당노동행위의 성립요건에 관한 사실에 대한 입증책임이 이를 주장하는 근로자측에 있기 때문에, 사용자의 주관적 의사가 명백한 경우를 제외하고는 사실상 부당노동행위의 성립이 인정되지 않아 헌법이 보장하고 있는 노동3권에 기한 단결활동을 제도적으로 확보하려는 부당노동행위제도를 무력하게 만든다.[107]

3) 구체적 검토

위에서 언급한 바와 같이, 부당노동행위가 성립되기 위하여 반노조적 의도 내지 동기라고 하는 이른바 부당노동행위의사가 필요한가에 관하여 학설의 대립이 있으나, 판례에서 문제되었던 구체적인 사례를 통해서 부당노동행위의 성립요건으로서 사용자의 주관적 의사에 관한 문제를 좀 더 구체적으로 살펴보면 다음과 같다.

(1) 징계양정의 불합리, 징계절차의 하자 등

부당노동행위의사에 대한 입증책임은 근로자인 원고에게 있으나 그에 대한 직

---

106) 대판 1992.6.9. 91누9633은 "사용자가 근로자를 해고함에 있어서 표면상의 해고이유와는 달리 실질적으로 근로자가 노동조합업무를 위한 정당한 행위를 한 것을 이유로 해고한 것으로 인정되는 경우에는 부당노동행위라고 보아야 할 것인 바, 근로자의 노동조합업무를 위한 정당한 행위를 실질적인 해고이유로 한 것인지의 여부는 사용자측이 내세우는 해고사유와 근로자가 한 노동조합의 업무를 위한 정당한 행위의 내용, 해고를 한 시기, 처분 후에 있어서의 다른 노동조합원의 탈퇴 등 노동조합 활동의 쇠퇴여부, 기타 부당노동행위의사의 존재를 추정할 수 있는 제반사정 등을 비교·검토하여 종합적으로 판단하여야 할 것이다"라고 판시하고 있다.

107) 동지: 김형배, 위같은책, 1079면.

접적 입증은 용이하지 아니한 경우가 보통이고 대부분 간접적인 증빙에 의하여 입증함이 보통이므로, 사용자가 근로자를 불이익하게 취급함에 있어 근로자의 노동조합의 업무를 위한 정당한 행위를 그 실질적인 이유로 삼았으면서도 표면적으로는 다른 이유를 들어 해고한 것으로 인정되는 경우가 여기에 해당하고, 이때 근로자의 노동조합업무를 위한 정당한 행위를 실질적인 해고사유로 한 것인지 여부는 사용자측이 내세우는 해고사유와 근로자가 한 노동조합업무를 위한 정당한 행위의 내용, 징계해고를 한 시기, 회사와 노조와의 관계, 동종 사례에 있어서 제재의 불균형 문제, 기타 부당노동행위의사의 존재를 추정할 수 있는 제반 사정을 비교 검토하여 종합적으로 판단하여야 하므로 징계양정이 부당하다거나 징계절차에 하자가 있다는 사정은 회사의 부당노동행위의사를 판단하는 하나의 자료가 되기는 해도 그것만으로 부당노동행위를 인정할 수는 없다.[108]

정리해고의 경우에도 정당한 사유가 없거나 그 기준이 불합리하거나 한 경우 그 해고가 무효로 되는 것은 별론으로 한다면, 그것만으로 당연히 부당노동행위가 되는 것은 아니다[109]. 이러한 취지에서 정리해고의 요건을 갖추고 있기만 하면 당해 사업부문의 경영악화가 노조활동에서 비롯된 것이라 하더라도 그 부분의 폐지가 부당노동행위가 된다고 할 수 없다고 한다.[110]

징계절차의 위반도 해고무효사유가 되는 것은 별론으로 하고 부당노동행위의 성립과 직접적으로 관계있는 것은 아니다.[111] 따라서 부당노동행위구제재심판정취소 청구사건에서 징계해고절차의 위법성이나 징계양정의 부당함에 대한 판단을 하지 않아도 된다.[112]

(2) 차별적 취급

노조활동에 적극 참여한 자나 조합원을 그렇지 않은 자와 차별하는 것은 사용자에게 부당노동행위의사가 있었음을 추단하게 하는 중요한 요소이다. 이에 관한 판례로는 평소 회사가 노조를 못마땅하게 여겼다는 점이나 유사한 교통사고를 일

108) 대판 1984.5.29. 84누51; 동 1989.3.14. 87누980; 동 1990.8.10. 89누8217; 동 1990.9.14. 89누6679; 동 1991.4.23. 90누7685; 동 1992.2.28. 91누9572; 동 1993.1.15. 92누13035; 동 1993.12.10. 93누4595; 동 1994.8.26. 94누3940; 동 1994.12.23. 94누3001.

109) 대판 1990.10.23. 89누336.

110) 대판 1992.5.12. 90누9421; 동 1993.12.10. 93누4595. 같은 취지에서 대판 1987.5.12. 85누690도 "해고조치는 …경영합리화를 위한 부득이한 것으로 감원기준이 객관적으로 합리성이 결여되거나 형평을 벗어난 것이라고 할 수 없으므로" 부당노동행위가 되지 않는다고 한다.

111) 대판 1994.2.22. 92누11176.

112) 대판 1991.9.24. 90누5696; 동 1992.2.28. 91누9572.

으켰음을 이유로 징계를 하면서 노조탈퇴자나 미가입자에 대하여는 감봉처분을 하면서 노조활동을 활발히 한 자에 대하여는 징계불복 등의 사유를 추가하여 징계해고를 한 점에 비추어 노조활동을 혐오한 데서 나온 부당노동행위의사가 해고의 결정적 원인이 되었다고 본 사례,[113] 노조 설립을 추진 중인 노조간부들에 대하여 갑자기 출장명령을 내리고 그 전원에 대하여 정당한 절차도 밟지 아니한 채 해고조치를 하였다가 회사 방침에 순응하는 자만을 재고용한 정황에 비추어 노조 설립을 실질적인 이유로 한 부당노동행위에 해당한다고 인정한 사례.[114] 이전에 어느 누구도 근무일수 미달을 이유로 징계 받은 사실이 없고, 근무일수가 더 적은 근무자가 4명이나 있었음에도 적극적인 노조활동을 한 자만을 징계해고한 사건에서 부당노동행위를 인정한 사례[115] 등이 있다.

(3) 노조활동과 해고 사이의 시간적 접근

부당노동행위의사는 근로자가 입증하여야 하는데 해고의 사유가 된 근로자의 노조활동과 해고 사이의 시간적 접근은 부당노동행위의사를 추단케 하는 중요한 근거가 된다. 이와 관련된 판례에 의하면, 1982년도에 학력을 사칭하고 취업한 근로자가 입사 직후부터 대의원, 운영위원 등으로 활동하여 오다가 1985.2.5. 개최된 대의원회에서 회사와 대립하는 발언을 하고 같은 달 25. 노조교육선전부장에 선임되자 1985.3.2. 징계 해고한 것은 적극적 노조활동을 추진한데 대한 보복적 제재의 방편으로 한 것으로 보인다고 하거나,[116] 적극적인 노조활동을 하는 원고의 무단이탈 사실이 드러나자 회사 간부들이 수차에 걸쳐 사직을 요구하다가 거절하자 징계 해고한 사건에서 부당노동행위의사가 인정된다고 하는 경우도 있다.[117]

(4) 인사처분에 대한 경영상의 필요성이나 인사기준의 합리성

20년 이상 생산과에 근무하여 온 원고를 본사에서 멀리 떨어지고 3, 4명의 직원만이 근무하는 외진 곳으로 전근 발령하여 직원협의회회장의 업무를 수행하기 어렵게 한 사안에서 원고를 특별히 그곳으로 발령하여야 할 경영상의 필요성도 엿보이지 않는다며 부당노동행위의사를 인정하였다.[118]

---

113) 대판 1991.2.22. 90누6132.
114) 대판 1990.10.23. 88누7729.
115) 대판 1990.1.12. 89누1193.
116) 대판 1986.10.28. 85누851.
117) 대판 1990.11.27. 90누3683.
118) 대판 1991.12.10. 91누3789.

전출명령이 부당노동행위에 해당하는지 여부는 당해 전출명령의 동기, 목적, 전출명령에 관한 업무상의 필요성이나 합리성의 존부, 전출에 다른 근로자의 생활상의 불이익과의 비교교량, 전출명령의 시기, 사용자와 노동조합과의 관계, 전출명령에 이르기까지 사용자가 취한 절차 등을 종합적으로 검토하여 부당노동행위의사의 존부를 판단하여야 한다며 전기기수로서 노조활동에 적극 참여하여 온 근로자를 다른 지사로 전보시킴으로써 종전 근무지에는 그와 같은 자격을 가진 직원이 없게 되어 그가 담당하던 업무를 외부에 용역을 줌에 따라 연간 약 200여만원의 추가지출이 있게 되었고, 근로자 역시 생활근거지를 떠나게 되는 불이익을 입었다면 위 전출명령은 부당노동행위에 해당한다.[119]

또한 전근명령이 원고의 경력과 능력 및 연고지 등을 참작하여 직원직무이동규정에 정한 절차와 인사이동기준에 의하여 이루어졌음을 들어 그 전근명령이 비록 원고가 단체교섭위원으로 활동 중인 노사협의기간 중에 이루어졌음에도 부당노동행위의사를 부정하였다.[120]

(5) 회사와 노조와의 관계 등

노조활동과 관련하여 회사와 노조 사이에 별다른 접촉이나 마찰이 없고, 해고의 정당한 사유도 있다면 비록 원고가 조합원의 권익을 위하여 노조와도 충돌을 벌일 정도로 활발한 활동을 하여 왔고 이에 대하여 회사가 징계하여 왔다는 점을 인정하면서도 부당노동행위성립을 부인한 사례나[121] 해고 당시 노조위원장이었고 그 직전의 노사협의에서 회사의 요청을 거부하였던 사정 등이 인정되는 사안에서 징계해고의 정당한 사유가 있다고 하면서 부당노동행위의사를 부인한 사례도 있다.[122] 불이익처분 후의 사유로서 고려할 사항으로 노동조합활동의 쇠퇴 여부를 들고 있는 판례[123]도 있다.

(6) 조합원의 승진조치와 노조활동 방해

사용자가 근로자의 노동조합활동을 혐오하거나 노동조합활동을 방해하려는 의사로 노동조합의 간부이거나 노동조합활동에 적극적으로 관여하는 근로자를 승진시켜 조합원 자격을 잃게 한 경우에는 노동조합활동을 하는 근로자에게 불이익을

119) 대판 1993.2.23. 92누15819; 동 1998.12.23. 97누18035.

120) 대판 1992.12.8. 91누11025.

121) 대판 1992.1.17. 91누2571.

122) 대판 1991.9.24. 90누5696.

123) 대판 1992.12.8. 91누11025.

주는 행위로서 부당노동행위가 성립될 수 있을 것인 바, 이 경우에 근로자의 승진이 사용자의 부당노동행위 의사에 의하여 이루어진 것인지의 여부는 승진의 시기와 노조활동과의 관련성, 업무상 필요성, 능력의 적격성과 인선의 합리성 등의 유무와 당해 근로자의 승진이 노조활동에 미치는 영향 등 제반 사정을 고려하여 판단하여야 할 것이다.124)

(7) 인사고과에 의한 노조전임자의 승진탈락

(구)노동조합법 제39조 제1호의 사용자의 어떤 행위가 위법규정에 정하여진 부당노동행위에 해당하는 것으로 인정되기 위해서는 ① 근로자의 지위 그 자체나 그 지위에 따른 인사상·경제적 대우상의 불이익취급이거나 정신적·생활상의 불이익취급이어야 하고, ② 그러한 조치가 정당한 노동조합활동을 이유로 한 것이어야 하며, 한편 여기서 '이유로 한' 것이라는 의미는 불이익취급과 정당한 노동조합활동과의 사이에 객관적·외형적인 인과관계가 있고, 사용자가 이를 인식하였으면 이로써 족한 것이고 나아가 사용자에게 반노조적 의사로 노동조합 조직의 와해 내지 노동조합활동의 위축을 기도하려는 적극적 목적이나 동기까지 있을 것이 요구되는 것은 아니다(그 밖에 노조활동가에 대한 승진조치와 같이 비록 그 자체로서는 근로자 개인의 근로계약상의 지위에 불이익을 주는 것이 아니더라도 그로 인하여 노동조합의 조직대상에서 제외되게 되는 등 노동조합활동을 곤란하게 하는 것이면 그와 같은 사용자의 행위도 불이익취급의 유형에 포함될 수 있을 것이나, 그 경우에는 그러한 사용자의 행위가 반노조적 의사에 기한 것이어야만 부당노동행위로 인정된다). 노조전임 관계로 해당 인사고과를 받지 못하고 입사 후 인사고과를 받지 못한 자에 해당하는 것으로 보아 인사고과표상의 최하위 점수를 부여함으로써, 승진시험에 당연히 합격하였어야 할 근로자를 승진에서 탈락시킨 것이므로, 이는 결국 단체협약의 규정에 따라 노조전임자로서 정당한 노동조합활동 때문에 간호사로서는 실근무를 하지 아니하였다는 이유로 최하위의 인사고과점수를 부여하여 승진탈락이라는 불이익취급을 한 셈이고 노조에게 반노조적 의사가 있었던 것이 아니나 승진탈락 조치는 부당노동행위에 해당한다.125)

---

124) 대판 1992.10.27. 92누9418.

125) 서울고법 1992.5.1. 91구11447.

4) 불이익취급원인의 경합

(1) 의 의

사용자의 불이익취급의 원인이 부당노동행위가 성립하는 경우와 정당한 이유가 있는 경우가 함께 존재하는 때에 문제가 된다. 이를 불이익취급원인의 경합이라고 한다.

(2) 학 설

이렇게 불이익취급의 원인이 경합하는 경우에 부당노동행위가 성립하는가 여부에 대하여 긍정설, 부정설과 결정적 원인에 따라 판단하는 결정적원인설 등이 제시되고 있다.

(3) 검토와 사견

당해 노동3권 보장활동의 사실이 없었더라면 불이익취급이 없었을 것이라고 판단되는 경우에는 부당노동행위의 성립을 인정하는 상당인과관계설에 따르는 것이 타당하다.

5) 정당사유와 부당노동행위의사의 경합

(1) 학설의 대립

부당노동행위의 성립과 관련하여 그 의사의 존재가 추인되는 한편, 사용자가 주장하는 처분의 정당한 이유도 긍정되는 경우(이른바 처분이유의 경합, 동기의 경합 또는 원인의 경합이라고도 부른다)에 있어서 부당노동행위가 성립할 수 있는지 여부에 관하여 다음과 같이 4개의 학설의 대립이 있다.

가. 부당노동행위성립부인설(정당사유설)

해고 등의 불이익처분을 함에 족한 정당한 사유가 있는 경우에는 부당노동행위는 성립되지 아니한다는 견해이다.[126)]

---

126) 菅野和夫, 『勞動法』, 弘文堂, 2008, 632면 참조. 菅野和夫는 부당노동행위의 판정에 관하여 "불이익취급에 정당한 사유가 있다고 인정되면 부당노동행위의사의 추인은 복멸된다"고 설명하고 있어 같은 견해를 취하고 있는 것으로 보인다.

나. 부당노동행위긍정설(조건설, 인과관계설)

부당노동행위의사가 존재하는 경우에는 설사 해고 등의 불이익처분에 정당한 사유가 있다 하더라도 부당노동행위가 성립한다는 견해이다.[127)]

다. 결정적원인설(결정적동기설)

사용자가 근로자에 대하여 불이익취급을 함에 있어서 근로자의 정당한 노조활동과 해고 등의 정당사유 중 전자를 결정적 원인 또는 우월적 동기로 하여 해고 등의 불이익취급을 하였다면 부당노동행위가 성립한다는 견해이다. 일본의 통설과 일본의 하급심재판소 및 노동위원회가 취하고 있는 견해로서 우리나라의 다수설의 입장이다.

라. 상당인과관계설

근로자의 노조활동이 없었더라면 근로자에 대한 불이익취급이 없을 것이라는 정도의 상당인과관계가 존재하면 부당노동행위가 성립한다는 견해이다.[128)]

(2) 판례의 태도

판례[129)]는 부당노동행위의 성립 여부에 관하여 "사용자가 근로자를 해고함에 있어서 근로자의 노조활동을 위한 정당한 행위를 그 결정적인 사유로 삼았으면서도 표면적으로는 다른 해고사유를 들어 해고한 것으로 인정되는 경우에는 (구)노동조합법 제39조 제1호에 정한 부당노동행위라고 보아야 한다"는 표현을 사용하여 결정적 원인설을 취한 것으로 오해될 수 있는 듯 한 사안도 나타나고 있다. 그러나 주류적인 판례는 근로자에 대한 해고가 부당노동행위에 해당하는지 여부에 관하여 "사용자가 근로자를 해고함에 있어서 표면적으로 내세우는 해고사유와는 달리 실질적으로는 근로자의 정당한 노조활동을 이유로 해고한 것으로 인정되는 경우에 부당노동행위라고 보아야 한다"라는 표현을 사용하고 있다.[130)]

---

127) 石田照久, 『新版 勞動法』, 弘文堂新社, 1972, 462면.

128) 김형배, 위같은책, 1081면; 박상필, 위같은책, 489면 등.

129) 대판 1991.2.22. 90누6132. 이 판결은 원고회사가 노동조합을 탈퇴하거나 가입하지 아니한 근로자들에 대하여는 감봉처분을 함에 그치고 그들과 동일 내지 유사한 교통사고를 일으킨, 노동조합의 총무로서 실질적으로 노조업무를 이끌어 가던 근로자를 징계해고한 사안에서 원고회사가 해고사유로 삼은 사유가 표면적인 것이기 때문에 정당한 사유가 될 수 없다는 것이다. 그러나 이 판결이 뒤에서 보는 주류적인 판례와 다른 입장을 취하고 있다고 하겠다.

130) 대판 1989.10.24. 89누4659; 동 1997.7.8. 96누6431 등.

그래서 주류적인 판례가 결정적 원인설에 입각하고 있다고 단정하기에는 의문이 없는 것은 아니지만, 이들 판례들에 사용된 표현 중 "실질적", "표면적"이라는 표현을 그 판결의 사안과 대조하여 검토하면 "실질적"이라는 것은 "참된 이유, 진정한 이유, 본질적인 이유"라고 풀이되고, "표면적"이라는 것은 "진정한 것이 아닌 단순한 구실에 불과하거나 형식적인 것", 즉 "내세우는 사유가 정당한 해고사유가 될 수 없음에도 이에 가탁하거나 이를 핑계삼아 구실로 내세우는 것"이라고 풀이할 수 있다. 그리하여 정당사유설과 동일한 입장에서 처분의 정당한 사유가 있다고 인정되면 사용자가 내세우는 처분사유가 정당한 사유가 될 수 없음에도 단순히 표면적으로 내세우는 구실이나 핑계라고 할 수는 없어 사용자의 부당노동행위의 의사의 추정은 부정되어 부당노동행위를 인정하지 않는 것으로 볼 수 있을 것이다.

그렇기 때문에 사용자가 근로자를 해고함에 있어서 해고의 정당화 사유가 있음에도 그것보다 근로자의 노조활동을 혐오한 것이 우월적 동기로 또는 결정적 원인으로 작용한 경우에 부당노동행위의 성립을 긍정하는 결정적원인설에서 말하는 "우월적"이나 "결정적"이라는 것과 우리 판례에서 말하는 "표면적이 아닌 실질적"이라는 표현이 동일한 것이라고 단정할 수는 없다고 보여진다. 왜냐하면 결정적원인설에서 말하는 "우월적" 또는 "결정적"이라는 표현은 판례에서 사용되고 있는 "표면적"인 것에 대비되는 "실질적"인 것에서 나타나는 "거짓과 참"의 관계에 있는 것을 의미하는 것(이는 질적 차이를 초래한다)보다는 어떤 사유(근로자의 정당한 노조활동을 혐오한 것)가 다른 사유(해고의 정당한 사유)에 비하여 "보다 강하게, 유력하게" 작용하였다는 것을 의미하는 것(이는 정도의 차이, 양적 차이를 초래할 뿐이다)으로 보아야 하기 때문이다.

그러므로 사용자가 근로자를 해고할 의사로 해고처분을 한 것이고 그것이 정당한 사유에 해당한다면 비록 근로자에 대한 해고가 그의 정당한 노조활동을 혐오하여 이루어진 것으로 추정된다 하더라도(부당노동행위의 의사는 사용자의 내심의사이므로 제반사정을 토대로 추인할 수 있을 뿐이다)당해 해고사유가 단순히 표면상의 구실에 불과하여 형식적으로 내세운 것이라고는 할 수 없으므로 당해 해고를 부당노동행위라고 할 수 없다. 이는 결과적으로 정당사유설과 동일한 결론에 이른다.

실제로 판례 중에는 "징계해고요건사실이 명백히 인정되어 더 이상 고용관계를 계속할 수 없다고 보아 해고한 이상 반노동조합의 의사가 추정된다는 것만으로 해고처분이 위법하다고 할 수 없다"고 하거나[131] "적법한 징계해고사유가 있어 징계해고한 이상 사용자가 근로자의 노동조합활동을 못마땅하게 여긴 흔적이 있

131) 대판 1989.3.14. 87다카3196.

다 하여 그 사유만으로 부당노동행위에 해당한다고 단정할 것이 아니다"라고 판시하거나[132], 또는 "정당한 해고사유가 있어 해고한 경우에 있어서는 비록 사용자가 근로자의 노동조합활동을 못마땅하게 여긴 흔적이 있다거나 사용자에게 반노동조합의사가 추정된다고 하더라도 당해 해고사유가 단순히 표면상의 구실에 불과하다고 할 수는 없을 것이므로 부당노동행위에 해당한다고 할 수 없다"라고 하여[133] 부당노동행위의 성립을 부정하고 있는 경우가 있다. 이들 판례의 취지는 정당사유설을 직접적으로 표현한 것이라고 할 것이다.

또한 "징계가 참가인 회사의 정례적이고 통상적인 징계가 아니라고 보기 어렵고 … 회사업무에 장기간 지장을 준 것을 이유로 한 해고는 사내질서유지를 위한 사용자 고유의 징계권 행사라고 보여질 뿐이고, 그 이전에 있었던 농성참여 등 노조활동에 대한 보복으로 이루어진 부당노동행위라고 보기는 어렵다"고 판시한 것,[134] "근로자에 대한 해고가 … 단체협약과 취업규칙 소정의 징계사유를 이유로 한 것이고 동인의 적극적인 노동조합활동을 문제 삼아 이를 보복하기 위하여 위와 같은 사유를 형식적 해고사유로 내세우고 있다 할 수는 없다"고 하여 부당노동행위의 성립을 부정한 것,[135] 근로자의 권익을 위해 노조대의원으로 출마하고, 노동부에 진정서를 제출하며 노동위원회에 출석하여 증언을 하는 등으로 비교적 적극적인 노조활동을 하여온 근로자를 해고한 사안에 관하여 "취업규칙 소정의 해고사유에 해당하는 비위행위를 저지른 원고의 행위는 … 충분한 해고사유가 된다 할 것이므로 … 원고에 대한 징계해고가 표면적으로 내세우는 징계사유는 구실에 불과하고 실질적으로는 원고의 노동조합활동업무를 위한 정당한 행위를 그 해고사유로 삼았다고 할 수 없다"고 하여 부당노동행위의 성립을 부정한 것,[136] 입사할 무렵부터 적극적인 노조활동을 하여온 근로자에 대하여 그가 야간근무시간 중 2시간 정도 무단이탈을 한 사유를 이유로 징계해고한 사안에 관하여 "원고에 대한 해고는 원고의 노동조합활동을 방해할 의도로 위 해고사유를 핑계 삼아 이루어졌다고 봄이 상당하므로 노동조합법 제39조 제1호 소정의 부당노동행위에 해당한다"고 판시한 것,[137] 학력허위기재 및 경력은폐사실을 이유로 해고한 사안에 관하여 "원고의 학력허위기재 및 경력은폐사실은 그 내용에 비추어 피고회사

132) 대판 1994.12.23. 94누3001 등.

133) 대판 1997.6.24. 96누16063; 동 1997.7.8. 96누6431 등.

134) 대판 1990.10.23. 89누4666.

135) 대판 1990.10.23. 89누6792.

136) 대판 1990.8.10. 89누8217.

137) 대판 1990.11.27. 90누3683.

로서 이를 사전에 알았더라면 원고를 채용하지 않았을 것으로 볼 정도의 것으로서 피고가 이를 사유로 삼아 원고를 해고처분한 것은 정당하다고 할 것이고, 단지 원고가 노동조합위원장으로 피선된 4일 후 위 해고가 이루어졌다는 사실만으로 위 해고가 정당한 사유 없이 이루어졌다고 볼 수 없다"는 이유로 원고에 대한 해고가 노동조합에 대한 탄압으로 이루어진 것으로서 부당하다는 주장을 배척한 원심판단을 정당하다고 긍정한 것,[138] 입사하면서 제출한 이력서에 그 학력 및 경력 등을 고의로 누락시킨 것을 이유로 활발한 노동조합활동을 하던 원고를 해고한 사안에 관하여 "원고의 행위가 취업규칙 소정의 해고사유에 해당하므로 참가인 회사의 원고에 대한 해고는 정당한 이유가 있는 해고라고 보지 않을 수 없으며, 참가인 회사가 이를 징계사유로 삼아 원고를 해고한 것은 기업질서유지를 위한 사용자의 고유의 징계권 행사로 보여질 뿐 이를 가리켜 부당노동행위에 해당한다고 볼 수 없다"고 판시하여 부당노동행위성립을 부정한 것,[139] 원고가 입사함에 있어서 이력서에 허위경력을 기재하거나 경력을 은폐한 행위를 사유로 해고한 사안에 있어서 "피고회사가 원고의 과거경력을 알아보게 된 것은 원고의 적극적인 노조활동이 계기가 된 사정을 알아 볼 수 있으나 … 피고가 원고에 대한 이 사건 징계사유로 내세운 것이 표면적인 것에 불과하고 실질적으로는 원고의 정당한 노조활동을 혐오하여 이루어진 부당노동행위라고는 할 수 없다"고 판시한 것[140] 등도 모두 같은 견해에 서있는 것으로 보아도 무방하고, 입사시의 허위 학력·경력 기재를 이유로 한 징계해고는 정당하고, 징계해고에 정당한 사유가 있는 이상 그것이 부당노동행위에 해당한다고 할 수 없다고 한 것[141]도 같은 취지이다.

(3) 검토와 사견

정당사유설에 의하면 해고의 정당한 사유가 존재하면 부당노동행위는 성립되지 아니하게 되어 부당노동행위의 성립범위가 좁게 되고, 인과관계설에 의하면 해고의 정당한 사유가 존재하는 경우에도 부당노동행위의사가 인정되기만 하면 부당노동행위의 성립을 긍정하므로 그 성립범위가 확대되면 나머지 양설은 그 중간 범위에 위치한다고 말할 수 있다.

하지만 판례[142]는 "근로자의 노동조합 업무를 위한 정당한 행위를 실질적인 해

138) 대판 1993.9.28. 93다17713.

139) 대판 1994.8.12. 93누21521.

140) 대판 1995.3.10. 94다14650.

141) 대판 1997.12.26. 97누11126.

142) 대판 1999.11.9. 99두4273.

고사유로 한 것인지 여부는 사용자측이 내세우는 해고사유와 근로자가 한 노동조합업무를 위한 정당한 행위의 내용, 해고를 한 시기, 사용자와 노동조합과의 관계, 동종의 사례에 있어서 조합원과 비조합원에 대한 제재의 불균형 여부, 종래의 관행에 부합 여부, 사용자의 조합원에 대한 언동이나 태도, 기타 부당노동행위 의사의 존재를 추정할 수 있는 제반사정 등을 비교 검토하여 판단하여야 한다"고 한다.

위에서 이미 살펴본 바와 같이 근로자에 대한 해고의 정당한 사유가 없는 경우에 있어서 조차 곧바로 부당노동행위를 단정하지 아니하고 있는 경우도 있고, 또 실제의 소송실무에서 보면, 법원이 불이익취급의 정당한 사유가 인정되는 사안에서 부당노동행위를 긍정한 사례는 찾기 어렵고, 부당노동행위의 성립을 긍정한 사안은 정당한 해고사유로 볼 수 없는 사유를 내세워 근로자를 해고한 것이 거의 대부분이다. 이러한 점에 비춰보면 은 주류적인 판례는 사용자가 반노동조합적 의사를 가지고 있는 것으로 추정되더라도 불이익취급을 할 수 있는 정당한 이유가 있을 때에는 부당노동행위의 성립을 인정하지 아니 하는 정당사유설의 입장에 서있는 것으로 해석된다.

이러한 판례의 취지를 종합하면, 부당노동행위사건에서 그 요건에 대한 입증책임은 이를 주장하는 근로자측에 있으므로 해고의 정당한 사유가 있으면 비록 부당노동행위의 의사가 추정되는 경우에 있어서도 부당노동행위의 성립을 부정하게 된다.[143] 그렇다면 사용자의 근로자에 대한 해고 등의 불이익처분이 단순히 표면상의 구실에 불과한 것이 아니고 정당한 것이라고 판정된 이상 그것이 실질적으로 근로자의 정당한 노조활동을 이유로 한 것으로 볼 수 없을 터이므로 부당노동행위가 성립할 수 없을 것이다.

[판 례]

□ **노조활동 방해를 위한 특정 노조원 승진 조치의 부당노동행위 요건 및 판단기준**

- 사용자가 근로자의 노동조합활동을 혐오하거나 노동조합활동을 방해하려는 의사로 노동조합의 간부이거나 노동조합활동에 적극적으로 관여하는 근로자를 승진시켜 조합원 자격을 잃게 한 경우에는 노동조합활동을 하는 근로자에게 불이익을 주는 행위로서 부당노동행위가 성립될 수 있을 것인 바, 이 경우에 근로자의 승진이 사용자의 부당노동행위 의사에 의하여 이루어진 것인지의 여부는 승진의 시기와 조합활동과의 관련성, 업무상 필요성, 능력의 적격성과 인선의 합리성 등의 유무와 당해 근로자의 승진이 조합활동에 미치는 영향 등 제반 사정을 고려하여 판단하여야 할 것이다(대판 1992.10.27. 92누9418).

143) 대판 1999.9.3. 99두2086; 동 2004.12.9. 2004두7795; 동 2011.1.27. 2008두13972 등 참조.

- 사용자가 근로자를 해고함에 있어서 표면적으로 내세우는 해고사유와는 달리 실질적으로는 근로자의 정당한 노동조합 활동을 이유로 해고한 것으로 인정되는 경우에 있어서는 그 해고는 부당노동행위라고 보아야 할 것이고, 근로자의 노동조합 업무를 위한 정당한 행위를 실질적인 해고사유로 한 것인지의 여부는 사용자 측이 내세우는 해고사유와 근로자가 한 노동조합 업무를 위한 정당한 행위의 내용, 해고를 한 시기, 사용자와 노동조합과의 관계, 동종의 사례에 있어서 조합원과 비조합원에 대한 제재의 불균형 여부, 종래의 관행에 부합 여부, 사용자의 조합원에 대한 언동이나 태도, 기타 부당노동행위 의사의 존재를 추정할 수 있는 제반 사정 등을 비교 검토하여 판단하여야 한다(대판 1999.11.9. 99두4273).

□ **부당노동행위 의사존재의 추정요건**

- 사용자가 근로자를 해고함에 있어서 표면상의 해고이유와는 달리 실질적으로 근로자가 노동조합업무를 위한 정당한 행위를 한 것을 이유로 해고한 것으로 인정되는 경우에는 부당노동행위라고 보아야 할 것인 바, 근로자의 노동조합업무를 위한 정당한 행위를 실질적인 해고이유로 한 것인지의 여부는 사용자측이 내세우는 해고사유와 근로자가 한 노동조합의 업무를 위한 정당한 행위의 내용, 해고를 한 시기, 처분 후에 있어서의 다른 노동조합원의 탈퇴 등 노동조합 활동의 쇠퇴여부, 기타 부당노동행위 의상의 존재를 추정할 수 있는 제반사정 등을 비교·검토하여 종합적으로 판단하여야 할 것이다(대판 1992.6.9. 91누9633).
- [1] 사용자가 근로자에 대하여 노동조합의 조합원이라는 이유로 비조합원보다 불리하게 인사고과를 하고 그 인사고과가 경영상 이유에 의한 해고 대상자 선정기준이 됨에 따라 그 조합원인 근로자가 해고되기에 이르렀다고 하여 그러한 사용자의 행위를 부당노동행위라고 주장하는 경우, 그것이 부당노동행위에 해당하는지 여부는, 조합원 집단과 비조합원 집단을 전체적으로 비교하여 두 집단이 서로 동질의 균등한 근로자 집단임에도 인사고과에서 두 집단 사이에 통계적으로 유의미한 격차가 있었는지, 인사고과에서 그러한 격차가 노동조합의 조합원임을 이유로 하여 비조합원에 비하여 불이익취급을 하려는 사용자의 반조합적 의사에 기인하는 것, 즉 사용자의 부당노동행위 의사의 존재를 추정할 수 있는 객관적인 사정이 있었는지, 인사고과에서의 그러한 차별이 없었더라면 해고 대상자 선정기준에 의할 때 해고대상자로 선정되지 않았을 것인지 등을 심리하여 판단하여야 한다.

  [2] 경영상 이유로 해고된 근로자들은 모두 원고의 지부 소속 조합원들이기는 하나, 피고 보조참가인이 해고 대상자 선정기준으로 사용한 인사고과 자료인 근로자들의 개인별 종합평가표, 개인별 최종합계표 등 평정결과가 기재된 모든 문서가 제출되지 않은 상태에서, 피고 보조참가인이 조합원들에 대하여 비조합원들에 비하여 불리하게 차별적으로 평정하여 인사고

과를 한 것으로 단정할 수 없고, 달리 원고의 주장사실을 인정할 증거가 없다는 취지에서 피고보조참가인의 원고의 지부 조합원들에 대한 이 사건 해고가 위 제81조 제1호에 정한 부당노동행위에 해당하지 않는다(대판 2009.3.26. 2007두25695).

---

6. 불이익취급의 특별유형

1) 반노조계약

(1) 의 의

노조법은 '근로자가 어느 노동조합에 가입하지 아니할 것 또는 탈퇴할 것을 고용조건으로 하거나 특정한 노동조합의 조합원이 될 것을 고용조건'으로 하는 것을 부당노동행위로 규정하고 있는 바, 이와 같은 조건부의 고용계약(黃犬契約 : yellow dog contract)을 "단결자유제한계약"이라고 부르기로 한다.[144)]

(2) 유 형

가. 노동조합에 가입하지 아니할 것을 고용조건으로 하는 경우

특정 노동조합의 조합원이 되지 않을 것은 물론 일반적으로 노동조합원이 되는 것을 금지하는 것을 포함한다.

---

144) yellow dog contract(단어 그대로 번역한다면, "황견계약")는 노동조합에의 가입 또는 노조로부터의 탈퇴를 고용조건으로 하는 근로계약을 말한다. 김형배, 위같은책, 944면; 임종율, 위같은책, 273면 등은 "비열계약"이라고 번역하고 있으나, 이러한 번역은 비난 또는 도덕적 또는 윤리적 판단을 가미한 의역이라고 할 수 있다. 물론 yellow dog contract이라는 용어는 유럽 특히 유나이티드 킹덤의 노동조합운동실무에서 형성된 것이다. yellow가 색깔을 의미하는 "노란색" "황색" 등의 의미 외에 "비겁한" "겁이 많은" "대중에 영합하는"과 같은 상징적인 의미도 있다. 한편 "dog"은 복종을 상징하는 동물이다. yellow dog은 자본가에게 복종하는 노동자 또는 노동조합을 지칭한다. 그러므로 yellow dog contract는 the contract for yellow dog 또는 the contract for being a yellow dog을 의미한다. 그러나 필자는 이러한 번역조어는 바람직하지 않다고 생각한다. 법률문제에 있어 윤리도덕적으로 비하하는 듯한 감정적인 표현을 쓸 필요는 없지 않는가? 우리 노조법 제81조 2호 본문은 yellow dog contract를 부당노동행위의 한 유형으로서 금지하고 있다. 필자는 노조법 제81조 제2호 본문의 취지를 살려서 yellow dog contract를 「단결권제한계약」 또는 「단결자유제한계약」이라고 번역·조어하고자 한다. 필자는 단결권의 법적 성격을 기본적으로 자유권으로 파악하고 있는데, 이러한 의미를 강조하기 위해 「단결자유제한계약」라는 용어를 선호한다. 노동3권의 법적 성격에 관한 논의에 대해서는 강희원, "노동3권의 법적 성격과 노동단체법", 『헌법실무연구』 제1권, 헌법실무연구회, 2000, 363-396면 참조.

나. 노동조합탈퇴를 고용조건으로 하는 경우

주로 산업별 노동조합의 형태를 취하고 있는 경우에 많이 발생하는 문제이다.

다. 특정 노동조합의 조합원이 될 것을 고용조건으로 하는 경우

이에 대하여는 유니온숍(union shop)조항의 예외가 있다. 즉 '노동조합이 당해 사업장에 종사하는 근로자의 2/3이상을 대표하고 있을 때'에는 단체협약으로 유니온숍협정을 체결할 수 있다.

라. 노동조합 활동금지를 고용조건으로 하는 경우

포괄적 금지는 물론이고 일부 금지도 부당노동행위에 해당할 수 있다. 근로자가 어느 노동조합에 가입하지 아니할 것 또는 탈퇴할 것으로 고용조건으로 하거나 특정한 노동조합의 조합원이 될 것을 고용조건으로 하는 행위를 말한다(동법 제2호). 단결자유제한계약은 헌법 제33조 제1항과 노조법 제81조(구 노동조합법 제39조) 위반으로 사법상 당연히 무효이다.[145] 이 때 고용계약은 황견계약조항이 제외된 내용으로 여전히 효력을 갖는다. 황견계약을 근거한 해고 등은 불이익취급으로서의 해고와 같이 다루어진다.

그러나 이러한 황견계약은 노동조합의 존재가 보편화하지 않은 곳에서 체결되는 것으로 현재 우리나라에서는 많지 않고, 그것이 부당노동행위 구제사건으로 제기될 때에는 불이익취급의 형태로 나타나므로 실제 황견계약을 정면으로 주장하는 부당노동행위구제사건은 실무상 거의 찾아보기 어렵다.

한편, 노조법 제81조(구 노동조합법 제39조) 제2호 단서에서는 근로자의 단결권 강화를 위하여 노동조합이 당해 사업장에 종사하는 근로자의 3분의 2 이상을 대표하고 있을 때 근로자가 그 노동조합의 조합원이 될 것을 고용조건으로 하는 이른바 유니온 숍(union shop)협정의 체결을 승인하고 있으나, 같은 단서 후단에서 "이 경우 사용자는 근로자가 노동조합에서 제명된 것 또는 그 노동조합을 탈퇴하여 새로운 노동조합을 조직하거나 다른 노동조합에 가입한 경우를 이유로 근로자에게 신분상 불이익한 행위를 할 수 없다"고 규정함으로써 실질적으로 유니온 숍 협정의 효력을 약화시키고 있다.

판례[146]에 의하면, 유니온숍협정이 체결되어 있는 사업장에서 근로자들 일부가 노동조합에서 탈퇴하였다가 그 탈퇴의사를 철회하고 다시 노동조합에 가입하려고

145) 대판 1997.4.11. 96누3005.

146) 대판 1995.2.28. 94다15363.

하였으나 노동조합이 이를 거부하고 사용자에 대하여 단체협약에 따라 해고를 하도록 요구하여 사용자가 그 노조탈퇴자를 해고한 사안에 관하여, 탈퇴의사를 철회하고 다시 노동조합에 가입하려는 근로자에 대하여 이를 거부한 것은 노조 자체가 단결권의 정신을 저버리고 실질상 제명과 같은 효과를 발생시킨 것으로서 (구)노동조합법 제39조 제2호 단서에 위반되고 유니온숍협정에 기한 해고의 목적범위를 일탈한 것이라고 판시하여 무효라고 한다.

2) 보복적 불이익취급

근로자가 정당한 단체행위에 참가한 것을 이유로 하거나 노동위원회에 대하여 사용자가 이 조의 규정에 위반한 것을 신고하거나 그에 관한 증언을 하거나 기타 행정관청에 증거를 제출한 것을 이유로 그 근로자를 해고하거나 그 근로자에게 불이익을 주는 경우를 말한다. 단체행위가 정당하지 아니한 경우에는 부당노동행위가 성립하지 않음은 물론이다.

[판 례]

□ **(구)노동조합법 제39조 제2호 규정의 취지**

- (구) 노동조합법 제39조 제2호(1987년 11월 28일 법률 제3966호로 개정되기 전의 것)의 부당노동행위의 규정취지는, 원래 노동조합에의 가입 및 탈퇴는 근로자 개개인의 자유의사에 의하여야 하고 특정노동조합에의 소속을 고용조건으로 하여 근로자를 취업시키거나 그 탈퇴 또는 제명을 이유로 근로자를 해고할 수 있도록 하는 약정은 근로자의 단결선택의 자유를 침해하는 것으로서 허용될 수 없다는 것이다(대판 1989.1.17. 87다카2646).

□ **부당노동행위로 불인정**

- 불황으로 인한 경영합리화를 위한 인원조정책으로 감원을 함에 있어 종업원들의 평소 근무성적, 상벌관계, 경력, 기능의 숙련도등의 기준에 의하여 감원대상자를 선정하는 등 그 감원기준이 객관적으로 합리성이 결여되거나 형평을 벗어난 것이 아니라면 이에 따른 부득이한 해고조치는 부당노동행위가 아니다(대판 1987.5.12. 85누690).
- 사용자인 참가인회사가 근로자인 원고에 대해서 한 해고가 원고의 업무방해, 근무태만 등이 회사취업규칙과 단체협약상의 징계조항에 해당함을 그 사유로 삼고 있고, 원고의 농성에 의한 업무방해행위가 노동조합의 결의를 거쳤다거나 조합의사에 따른 것이 아닌 조합원으로서의 자발적인 활동에 불과한 것이며 노동조합법 제39조 제1호 소정의 노동조합의 업무를 위한 정당한 행위로 보여지지 아니한다면, 그 징계절차가 잘못 되었다거나 징계의 양정이

재량의 범위를 넘는 부당한 것이냐의 여부는 별론으로 하고 원고의 적극적인 노동조합활동을 문제삼아 이를 보복하기 위하여 위와 같은 사유를 형식적 해고사유로 내세워 원고를 해고하였다고 할 수는 없으니 이를 들어 부당노동행위라고는 할 수 없다(대판 1990.11.13. 89누5102).

- 회사(甲전자)는 실질적으로 폐업하여 법인격까지 소멸되었고, 위 ○○○이 소외 회사와 노동조합의 노사분규가 본격화되기 전에 이미 설립, 경영하고 있는 주식회사 乙과 소외 회사의 일부 관리자들이 독자적으로 경영하고 있는 丙전자가 소외 회사와 실질적으로 동일한 사업체라고 할 수 없어 원고가 복귀할 사업체의 실체가 없어진 지금에 와서는 구제신청의 이익이 없다는 원심의 판단은 정당하여 수긍이 가고, 거기에 소론과 같은 부당노동행위에 관한 법리오해나 구제이익에 관한 법리를 오해한 위법이 있다고 할 수 없다(대판 1991.12.24. 91누2762)
- 집단월차휴가는 형식적으로는 월차휴가를 행사하려는 것이었다고 하더라도, 실질적으로는 참가인 조합들의 업무의 정상한 운영을 저해함으로써 원심판시와 같은 그들의 주장을 관철할 목적으로 하는 것으로써 쟁의행위에 해당한다고 보아야 할 것인데, 이 사건 기록에 의하여 인정되는 바와 같이 소외 노동조합이 위와 같은 쟁의행위를 함에 있어서 노동쟁의조정법 제12조 소정의 노조원들의 직접, 비밀, 무기명투표에 의한 과반수의 찬성으로 결정하지 않음은 물론, 같은 법 제16조 제1항과 제14조 소정의 노동쟁의의 신고 및 냉각기간의 경과 등의 절차를 거치지 않음으로써 시기와 절차면에서는 위법하여 같은 법 제47조, 제48조의 벌칙적용의 대상이 될 뿐만 아니라 그로 인하여 사용자인 참가인 조합들의 업무를 마비상태에 빠지게 함으로써, 사용자측 뿐만 아니라 제3자인 피보험자들에게 막대한 지장을 초래한 점 등을 감안하면, 원고들의 위와 같은 행위를 정당한 행위로 보기는 어렵다고 할 것이다. 그렇다면, 위 집단월차휴가가 정당한 휴가권의 행사 내지 정당한 조합활동으로 볼 수 없고, 오히려 지역의료보험조합운영규정에 정해진 징계사유에 해당하므로 이를 이유로 하여 참가인 조합들이 원고들에 대하여 한 각 감봉 1월의 징계처분이 부당노동행위에 해당되지 않는다(대판 1992.3.13. 91누10473).
- 근로자에 대한 승진조치는 회사(◇◇◇회사)가 정기승진인사의 일환으로 승진대상자에 대한 합리적 사정을 거쳐 회사의 인사질서와 입사동기생 간의 형평을 고려하여 행한 것일 뿐 근로자의 종전 노동조합활동을 혐오하여 이에 대한 예방적 차원의 조치로서 행한 것은 아니라고 보여지고, 또 승진인사에 앞서 원고가 참가인회사의 간부에게 승진거부의 의사를 표명하였다고 하여도 사용자에게 인사질서의 문란을 감수하면서까지 노동조합활동을 계속하고자 하는 평조합원의 희망을 무조건 존중하여야 할 의무가 있는 것도 아니므로 이를 받아들이지 않고 원고를 승진시켰다고 하여 그것이 부당노동행위가 될 수 없다(대판 1992.10.27. 92누9418).

Ⅲ. 단체교섭거부

1. 의 의

노조법은 '노동조합의 대표자 또는 노동조합으로부터 위임을 받은 자와의 단체협약체결 기타의 단체교섭을 정당한 이유 없이 거부하거나 해태하는 행위'를 부당노동행위의 유형 가운데 하나로 규정하고 있다.

노조법은 노사 쌍방에게 성실교섭의무를 부과하고 정당한 이유 없이 단체교섭 또는 단체협약 체결 거부·해태를 금하고 있으나(동법 제30조), 사용자측의 단체교섭거부 행위만을 부당노동행위로 규정하고 있다.

사용자는 단체교섭을 수행할 의무(단체교섭응낙의무)는 있으나 단체교섭을 타결시켜 단체협약을 체결할 의무는 없다. 그러나 단체교섭을 통해 타결된 사항에 관하여 단체협약 체결을 거부하는 것은 부당노동행위가 성립한다. 다만 사용자는 '정당한 이유'가 있는 때에는 단체교섭을 거부할 수 있는바 '정당한 이유'의 구체적 내용이 무엇인지가 문제된다.

2. 단체교섭을 거부할 수 있는 정당한 이유

단체교섭거부로 인한 부당노동행위는 사용자가 아무런 이유 없이 단체교섭을 거부 또는 해태하는 경우는 물론이고, 사용자가 단체교섭을 거부할 정당한 이유가 있다거나 단체교섭에 성실히 응하였다고 믿었더라도 객관적으로 이유가 없고 불성실한 단체교섭으로 판정되는 경우에도 성립하고, 그 정당한 이유인지의 여부는 노동조합측의 교섭권자, 노동조합측이 요구하는 교섭시간, 교섭장소, 교섭사항 및 그의 교섭태도 등을 종합하여 사회통념상 사용자에게 단체교섭의무의 이행을 기대하는 것이 어렵다고 인정되는지 여부에 따라 판단하여야 한다.[147]

정당한 이유라는 것은 막연한 불확정 개념이므로 구체적인 사례를 통해 유형화할 필요가 있다.

---

147) 대판 1998.5.22. 97누8076. 이것은 노동조합장이 노동조합원의 자격이 없다는 이유를 내세워 단체교섭을 거부 또는 지연한 경우에 부당노동행위가 성립한다고 한 사례이다.

1) 교섭 주체

노동조합과 단체교섭을 한 상대방인 사용자단체는 노동관계에 관하여 그 구성원인 사용자에 대하여 조정 또는 규제할 수 있는 권한을 가진 자이어야 하는데, 사용자단체가 이러한 권한을 갖기 위해서는 노동조합과의 단체교섭 및 단체협약을 체결하는 것을 그 목적으로 하고 그 구성원인 각 사용자에 대하여 통제력을 가지고 있어야 한다.[148)]

[판 례]

□ **단위노동조합이 상급단체에 교섭권 위임시 교섭권한 보유 여부(적극)**

- (구)노동조합법(1996.12.31. 법률 제5244호로 폐지) 제33조 제1항에서 규정하고 있는 단체교섭권한의 '위임'이라고 함은 노동조합이 조직상의 대표자 이외의 자에게 조합 또는 조합원을 위하여, 조합의 입장에서 사용자 측과 사이에 단체교섭을 하는 사무처리를 맡기는 것을 뜻하고, 그 위임 후 이를 해지하는 등의 별개의 의사표시가 없더라도 노동조합의 단체교섭권한은 여전히 수임자의 단체교섭권한과 중복하여 경합적으로 남아 있다고 할 것이며, 같은 조 제2항의 규정에 따라 단위노동조합이 당해 노동조합이 가입한 상부단체인 연합단체에 그러한 권한을 위임한 경우에 있어서도 달리 볼 것은 아니다(대판 1998.11.13. 98다20790).
- 구 노동조합법(1996.12.31. 법률 제5244호 노동조합및노동관계조정법에 의하여 폐지된 법률) 제33조 제1항 본문은 "노동조합의 대표자 또는 노동조합으로부터 위임을 받은 자는 그 노동자 또는 조합원을 위하여 사용자나 사용자단체와 단체협약의 체결 기타의 사항에 관하여 교섭할 권한이 있다."고 규정하고 있었는바, 여기서 '교섭할 권한'이라 함은 사실행위로서의 단체교섭의 권한 외에 교섭한 결과에 따라 단체협약을 체결할 권한을 포함하는 것이지만, 그럼에도 불구하고 노동조합의 대표자 또는 수임자가 단체교섭의 결과에 따라 사용자와 단체협약의 내용을 합의한 후 다시 협약안의 가부에 관하여 조합원 총회의 의결을 거친 후에만 단체협약을 체결할 것임을 명백히 하였다면 노사 쌍방간의 타협과 양보의 결과로 임금이나 그 밖의 근로조건 등에 대하여 합의를 도출하더라도 노동조합의 조합원 총회에서 그 단체협약안을 받아들이기를 거부하여 단체교섭의 성과를 무로 돌릴 위험성이 있으므로 사용자측으로서는 최종적인 결정 권한이 없는 교섭대표와의 교섭 내지 협상을 회피하거나 설령 교섭에 임한다 하더라도 성실한 자세로 최후의 양보안을 제출하는 것을 꺼리게 될 것이고, 그와 같은 사용자측의 단체교섭 회피 또는

148) 대판 1999.6.22. 98두137. 이 판결 의하면 식품위생법 제44조에 의하여 조직된 동업자노조가 노동조합과 단체교섭을 한 상대방인 사용자단체에 해당하지 않는다고 한 다.

해태를 정당한 이유가 없는 것이라고 비난하기도 어렵다 할 것이므로, 사용자측의 단체교섭 회피가 같은 법 제39조 제3호가 정하는 부당노동행위에 해당한다고 보기도 어렵고, 그에 대항하여 단행된 쟁의행위는 그 목적에 있어서 정당한 쟁의행위라고 볼 수 없다(대판 1998.1.20. 97도588).

단체교섭을 요구하는 자가 단체교섭의 당사자 또는 담당자가 아닌 경우에는 사용자는 단체교섭을 거부할 수 있다. 구체적으로 ① 노동조합의 실질적 요건 특히, 자주성이나 민주성을 갖추지 못한 단체가 단체교섭을 요구하는 경우, ② 단체교섭의 담당자가 단체교섭권한 등을 위임받지 못한 경우, ③ 단체교섭의 담당자가 지나치게 많은 경우 등이 이에 해당한다.

그러나 단순히 형식적인 요건을 결여하거나 설립 중의 노동조합의 단체교섭을 거부하는 경우에는 부당한 단체교섭의 거부에 해당하나 노조법에 의한 부당노동행위의 구제를 받을 수는 없음에 주의하여야 한다(노조법 제7조 제1항 참조).

단체협약상의 유일교섭단체조항을 이유로 단체교섭을 거부하는 경우나 조합원이 소수라는 이유로 거부하는 경우 등은 정당한 이유가 없는 단체교섭의 거부에 해당한다.

2) 단체교섭의 대상

단체교섭의 대상이 되지 아니하는 사안에 대한 단체교섭의 거부는 정당하다. 사용자가 교섭의무를 부담하는 단체교섭사항(단체교섭대상)이 무엇인지에 관하여는 이미 살펴본 바 있다. 이러한 유형의 부당노동행위는 상당히 증가할 것으로 생각된다. 생존권 차원의 근로조건을 획득한 대기업의 노조는 경영권적 성질을 가지는 부분에 관하여 단체교섭을 요구하려는 움직임이 있고 사용자측에서는 이것이 단체교섭사항이 아니라는 이유로 이에 대한 단체교섭을 거부하는 과정에서 부당노동행위 주장이 나오기 때문이다. 다만, 단체교섭이 가지는 시간적 제약 때문에 소송에까지 이르는 경우는 많지 않다. 판례에 나타난 사례를 보면, 특정사항에 관한 단체교섭거부를 이유로 한 부당노동행위구제신청에 대한 각하결정의 취소를 구하는 소송계약 중 그에 관한 단체교섭이 타결된 경우에 관하여 그 구제신청은 이미 목적을 달성한 경우로서 위 결정의 취소를 구하는 소송은 소의 이익이 없이 부적법하다는 이유로 소를 각하한 경우가 있다.[149]

149) 대판 1995.4.7. 94누3209.

3) 단체교섭의 절차 등

법령·단체협약·취업규칙 등에 정한 단체교섭절차 등을 어긴 단체교섭을 거부하는 것은 부당노동행위에 해당하지 아니한다.

3. 교섭거부의 태양

노동조합의 대표자 또는 노동조합으로부터 위임을 받은 자와의 단체협약체결 기타의 단체교섭을 정당한 이유 없이 거부하거나 해태하는 행위를 말한다(노조법 제81조 제3호). 단체교섭은 노동조합의 핵심적인 기능이므로 이를 사용자가 거부한다는 것은 노조의 존재 의의를 말살하는 것과 같기 때문에 이를 금지하는 것이다. 사용자의 단체교섭의무는 단체교섭에 성의를 가지고 임할 의무를 의미하는 것이지, 나아가 단체협약을 체결할 의무까지를 포함하는 것은 아니므로 단체교섭 결과 타협점에 이르지 못하여 단체협약이 체결되지 못한 경우는 부당노동행위에 해당하지 않는다.

1) 정당한 이유 없는 교섭거부

정당한 이유 없는 교섭거부란 교섭주체, 교섭대상, 교섭방법 등에서 아무런 하자 없는 자가 교섭권한의 범위 내에서 정당한 절차를 거쳐 교섭을 요구하였음에도 사용자가 그 교섭의무에 위반하여 전혀 교섭에 응하지 않는 것을 말한다.

사용자가 특정노조와의 유일교섭단체협정을 이유로 다른 노조와 교섭을 거부하는 것도 교섭거부에 해당한다. 유일교섭단체협정은 우리 노동헌법에서 다른 노동조합의 단결권 및 단체교섭을 침해하는 것으로서 무효이기 때문이다.

사용자가 객관적으로 더 이상 단체교섭을 계속해도 타결의 전망이 전혀 없어 결렬상태가 된 경우에는 단체교섭을 거부할 수 있다. 그러나 그 후에 사정이 변경되어 노동조합이 다시 수정안을 제출한 경우에는 교섭을 거부할 수 없다.

2) 불성실한 교섭 : 성실교섭의무위반

성의 있는 교섭이란 양당사자가 개방적인 공정한 마음가짐과 임금·근로시간 기타 근로조건에 관한 협정성립의 기초를 모색하려는 성실한 목적을 가지고 협의를 행할 의무를 말한다. 불성실한 교섭이란 사용자가 교섭에 응하였더라도 이러한 성의 있는 교섭을 할 의무에 반하여 제대로 교섭을 하지 아닌 것을 말한다.

단체교섭에서 사용자의 성의여부는 구체적으로 단체교섭의 정황이나 사용자의 태도나 언동 등을 전체적으로 객관적으로 고려하여 판단해야 할 것이다.

[판 례]

□ **단체교섭 거부 및 해태의 정당한 이유 판단기준**

- '노동조합및노동관계조정법' 제81조 제3호는 사용자가 노동조합의 대표자 또는 노동조합으로부터 위임을 받은 자와의 단체협약 체결 기타의 단체교섭을 정당한 이유 없이 거부하거나 해태할 수 없다고 규정하고 있는바, 단체교섭에 대한 사용자의 거부나 해태에 정당한 이유가 있는지 여부는 노동조합측의 교섭권자, 노동조합측이 요구하는 교섭시간, 교섭장소, 교섭사항 및 그의 교섭태도 등을 종합하여 사회통념상 사용자에게 단체교섭의무의 이행을 기대하는 것이 어렵다고 인정되는지 여부에 따라 판단하여야 한다(대판 2006.2.24. 2005도8606).

□ **단체교섭 거부의 행위가 불법행위를 구성하기 위한 요건**

- 사용자의 단체교섭 거부행위가 원인과 목적, 과정과 행위태양, 그로 인한 결과 등에 비추어 건전한 사회통념이나 사회상규상 용인될 수 없다고 인정되는 경우에는 부당노동행위로서 단체교섭권을 침해하는 위법한 행위로 평가되어 불법행위의 요건을 충족하는바, 사용자가 노동조합과의 단체교섭을 정당한 이유 없이 거부하다가 법원으로부터 노동조합과의 단체교섭을 거부하여서는 아니 된다는 취지의 집행력 있는 판결이나 가처분결정을 받고도 이를 위반하여 노동조합과의 단체교섭을 거부하였다면, 그 단체교섭 거부행위는 건전한 사회통념이나 사회상규상 용인할 수 없는 행위로서 헌법이 보장하고 있는 노동조합의 단체교섭권을 침해하는 위법한 행위이므로 노동조합에 대하여 불법행위가 된다(대판 2006.10.26. 2004다11070).

□ **단체교섭 거부 및 해태의 구체적 사례**

- 쟁의행위는 단체교섭을 촉진하기 위한 수단으로서의 성질을 가지므로 쟁의기간 중이라는 사정이 사용자가 단체교섭을 거부할 만한 정당한 이유가 될 수 없고, 한편 당사자가 성의 있는 교섭을 계속하였음에도 단체교섭이 교착상태에 빠져 교섭의 진전이 더 이상 기대될 수 없는 상황이라면 사용자가 단체교섭을 거부하더라도 그 거부에 정당한 이유가 있다고 할 것이지만, 위와 같은 경우에도 노동조합측으로부터 새로운 타협안이 제시되는 등 교섭재개가 의미 있을 것으로 기대할 만한 사정변경이 생긴 경우에는 사용자로서는 다시 단체교섭에 응하여야 하므로, 위와 같은 사정변경에도 불구하고 사용자가 단체교섭을 거부하는 경우에는 그 거부에 정당한 이유가 있다고 할 수 없다(대판 2006.2.24. 2005도8606).

- 전쟁기념사업회 노동조합의 조합장이 학예부장의 차하위자인 3급직 학예담당관으로 그 부하직원을 지휘하고 그 휘하의 6급 이하 직원에 대한 1차적 평가를 하지만, 부장이 2차 평정권자로서 그 평정의 권한 및 책임은 궁극적으로 부장에게 귀속되고, 부하직원의 지휘도 부장을 보조하는데 지나지 아니하며, 인사, 급여, 후생, 노무관리 등 근로조건의 결정에 관한 권한과 책임을 전쟁기념사업회로부터 위임받은 점이 없다면, 위 조합장이 구 노동조합법(1996. 12.31. 법률 제5244호 부칙 제3조로 폐지되기 전의 것) 제3조 단서 제1호에 정한 사용자 또는 항상 그의 이익을 대표하여 행동하는 자에 해당하지 아니하므로, 위 사업회가 위 조합장은 노동조합원이 될 수 있는 자격이 없다는 이유로 당해 조합의 단체교섭요구에 응하지 아니한 것은 정당하다고 볼 수 없다(대판 1998.5.22. 97누8076).
- 단체교섭시 전임요청이 회사에 의해 거부된 비합법 근로자단체 간부가 취업규칙이 정한 결근계 제출 등의 절차 없이 9일간 무단결근하였다는 등의 이유로 징계해고한 데 대하여, 원심이 위 근로자가 위 결근시에 취업규칙에 따른 어떠한 절차를 밟았는지, 만일 아무런 절차를 밟지 아니하였다면 그 사유가 무엇인지, 그의 책임으로 돌릴 수 없을 만한 사유가 있는지 등에 관하여 심리함이 없이 근로자단체의 간부로서 임금협상의 원활한 진척을 위하여 결근하였다는 사유만으로 이를 무단결근이라 보기 어렵다고 하여 위 해고가 부당노동행위가 된다고 판단한 것은 심리미진, 이유불비, 부당노동행위에 관한 법리오해의 위법을 저질렀다(대판 1991.6.25. 90누2246).

Ⅳ. 지배·개입

1) 의 의

노조법 제81조 제4호는 '근로자가 노동조합을 조직 또는 운영하는 것을 지배하거나 이에 개입하는 행위와 노동조합의 전임자에게 급여를 지원하거나 노동조합의 운영비를 원조하는 행위'를 부당노동행위의 유형 가운데 하나로 열거하고 있다. 이 가운데 노동조합 전임자에 관련한 부분은 개정법에서 새로 추가된 내용이다. 다른 유형의 부당노동행위 규정과 달리 사용자의 간접적인 수단을 통한 노동3권의 침해의 방지와 노동조합의 자주성·독립성을 보장하기 위한 규정이다.

지배와 개입은 사용자가 노동조합의 조직·운영 등을 간섭·방해한다는 점에서는 같으나 지배는 사용자가 주도적 영향을 행사함으로써 노동조합의 의사결정을 좌우하는 반면에 간섭은 이에 미치지 못하고 노동조합의 의사결정을 간섭·방해하는데 그치는 행위를 말한다.

근로자가 노동조합을 조직·운영하는 것을 지배하거나 이에 개입하는 행위와 노동조합의 운영비를 원조하는 행위를 말한다(동조 제4호). 여기서 지배(支配)라 함은 노동조합을 사용자에게 종속시키거나 사용자의 의도대로 조종하는 것을 말하며, 개입(介入)이란 노동조합이 어떠한 의사결정을 하거나 행동을 하는데 있어 자신의 의사를 반영시켜 그 결정이나 행동이 사용자의 의도대로 변경되도록 하는 것을 말한다. 그러나 법률적 효과가 같으므로 양자를 굳이 구별할 실익은 없다.

2) 지배·개입의 주체

지배·개입의 주체는 좁은 의미의 사용자와 분열·확장된 의미의 사용자(넓은 의미의 사용자)를 포함한다.

3) 지배·개입의 의사

부당노동행위는 노동질서에 위배하는 행위 자체를 배제하려고 하는 취지이므로 노동조합의 의사결정과정 및 활동에 대한 개관적인 간섭행위가 존재하면 지배·개입이 인정된다. 이 때 지배·개입은 사용자의 반노조적인 의사의 유무는 그 성립요건이 아니다.

4) 지배·개입의 태양

사용자에 의한 지배·개입에는 다양한 유형이 있다. 이에 관한 판례의 입장은 조합규약 등에서 대의원입후보 등록서류로서 재직증명서의 요구가 있음에도 회사가 일부 근로자들에게 재직증명서의 발급을 거부한 것은 노동조합의 운영에 대한 지배·개입으로서 부당노동행위에 해당한다고 하고,[150] 지배·개입으로서의 부당노동행위의 성립에는 반드시 근로자의 단결권의 침해라는 결과의 발생을 요하는 것은 아니며, 회사가 해고를 다투는 조합장의 조합장 복귀 통지문을 반려하고 조합장이 아닌 다른 조합원 명의로 조합비 등의 일괄공제 요구를 할 것을 요청한 것은 조합장의 노동조합 활동을 방해하려는 의도에서 이루어진 것으로서 부당노동행위에 해당하며,[151] 단체협약상의 유니온숍 협정에 의하여 사용자가 노동조합을 탈퇴한 근로자를 해고할 의무는 단체협약상의 채무일 뿐이고, 이러한 채무의 불

150) 대판 1992.6.23. 92누3496.

151) 대판 1997.5.7. 96누2057.

이행 자체가 바로 노동조합에 대한 지배·개입의 부당노동행위에 해당한다고 단정할 수는 없다[152]고 한 예가 있다.

그리고 사용자가 연설, 사내방송, 게시문, 서한 등을 통하여 의견을 표명하는 경우 그것이 행하여진 상황, 장소, 내용, 방법, 노동조합의 운영이나 활동에 미친 영향 등을 종합하여 노동조합의 조직이나 운영을 지배하거나 이에 개입하는 의사가 인정되는 경우에는 부당노동행위가 성립한다.[153]

지배개입과 관련하여 특히 문제가 되는 것은 경비원조이다. 경비원조를 금지하는 목적이 노조의 자주성 확보에 있으므로 부당노동행위 성립 여부를 형식적으로만 볼 것은 아니고 그 급여의 지급으로 인하여 노조의 자주성을 현저하게 잃을 위험이 없는 한, 특히 그 급여의 지급이 노조의 적극적인 요구 내지는 투쟁결과로 얻어진 것이라면 그 급여의 지급으로 노조의 자주성이 저해될 위험은 거의 없으므로 부당노동행위가 성립하지 않는다고 하는 것이 판례의 태도이다[154] 대표적으로 우리 노조법이 규정하고 있는 노동조합 전임자 급여지원과 경비원조를 살펴본다.

(1) 노동조합 전임자의 급여지급

기업별 노동조합의 형태를 취하고 있는 우리나라에서는 사용자가 노동조합의 전임자에게 급여를 지급하는 것이 관행으로 되어 있었으나 이에 관한 명문 규정이 없고 이러한 관행이 노동조합의 독립성·자주성과 관련하여 논란의 대상이 되어 왔다. 판례는 전임자의 급여지급에 대하여 '노조간부의 적극적인 요구 내지는 투쟁결과로 얻어 진 것이라면 그 급여지급으로 인하여 노조의 자주성이 저해될 위험은 거의 없다'고 보아 전임자 급여지급이 부당노동행위가 되지 않는다고 보았다. 현행법은 이를 부당노동행위로 규정하여 입법적으로 해결하고 있다(노조법 제81조 4호 단서 참조).

[판 례]

□ **노조전임자에 대한 급여지급**

- 부당노동행위제도의 목적은 근로자의 단결권 등 근로삼권의 보장에 있다 할 것이므로 근로조합 업무의 전임자나 노조간부 등의 조합활동상의 불이익도 (구)노동조합법 제39조 제1호의 소정의 불이익 취급의 한 유형에 해당한다

---

152) 대판 1998.3.24. 96누16070.

153) 대판 1998.5.22. 97누8076.

154) 대판 1991.5.28. 90누6392.

할 것이고 노조전임자 등에 대하여 그들의 쟁의행위 등 정당한 조합활동을 혐오한 나머지 조합활동을 곤란하게 할 목적으로 원직복귀명령을 하였다면 이는 사용자의 고유 인사권에 기한 정당한 조치라 볼 수 없고 (구)노동조합법 제39조 제1호, 제5호 소정의 부당노동행위에 해당하고, 또한 노조의 조직과 운영에 지배, 개입하는 행위로서 같은조 제4호 소정의 부당노동행위에 해당한다. (…) 회사가 노동조합의 전임자에게 임금을 지급하여 온 것은 노동조합이 자신의 고유업무를 처리할 전임자를 확보하기 위하여 회사에 대하여 적극적으로 요구한 결과 획득한 것인 만큼 이를 가리켜 사용자가 노동조합의 운영비를 원조하는 부당노동행위에 해당한다고는 볼 수 없다. 즉 (구)노동조합법 제39조 제4호 본문에서 사용자가 노동조합의 운영비를 원조하는 행위를 부당노동행위의 하나로 보고 이를 금지하고 있는 바, 따라서 노조전임자나 노조간부가 사용자로부터 급여를 지급받는 것이 형식적으로 보면 위 법조에 해당하는 것 같지만 그러나 운영비 원조금지의 입법목적이 조합의 자주성을 확보하는 데에 있다 할 것이므로 위 법조 소정의 부당노동행위의 성립여부는 형식적으로만 볼 것은 아니고 그 급여지급으로 인하여 조합의 자주성을 잃을 위험성이 현저하게 없는 한 부당노동행위가 성립되지 않는다고 봄이 상당하다 할 것이고 특히, 그 급여지급이 조합의 적극적인 요구 내지는 투쟁결과로 얻어진 것이라면 그 급여지급으로 인하여 조합의 자주성이 저해될 위험은 거의 없다고 보아야 할 것이므로 이는 위 법조 소정의 부당노동행위에 해당하지 않는다고 보아야 할 것이다. (…) 쟁의행위기간동안에 발생한 제반문제에 대하여는 노사가 그 책임을 묻지 않기로 합의가 이루어진 직후 갑자기 경영상태 악화를 내세워 보조참가인이 소외 조합의 부위원장을 조합전임에서 원직인 운전기사로 복귀명령하고, 소외 조합의 총무부장을 해고하고 해고기간중의 임금을 지급하지 아니한 것은 조합활동에 대한 보복조치인 동시에 조합의 운영에 지배 또는 개입하는 부당노동행위인데도, 중앙노동위원회가 이를 부당노동행위가 아니라고 한 것은(총무부장의 해고부분은 부당노동행위라고 하고, 임금지급 부분은 부당노동행위가 아니라고 하였음) 잘못이다(대판 1991.5.28. 90누6392).

---

(2) 경비원조

일반적으로 사용자가 노동조합의 경비를 원조하는 것은 노동조합의 독립성과 자주성을 침해하므로 지배·개입행위에 해당한다. 그러나 근로자가 근로시간 중에 사용자와 협의 또는 교섭하는 것을 사용자가 허용하고 그 시간에 대하여 임금을 지급하거나, 근로자의 후생자금 또는 경제상의 불행 기타 재액의 방지와 구제 등을 위한 기금의 기부와 최소한의 규모의 노동조합사무소의 제공은 부당노동행위에 해당하지 아니한다.

또 노조법 제81조 제4호는 노동조합의 전임자에게 급여를 지급하는 것도 경비원조로서 사용자의 부당노동행위로 규정하고 있다. 이와 관련해서는 생각해볼 점이 있다. 사용자가 노동조합을 지배하거나 그 의사결정에 개입하기 위해서 전임자를 급여지급으로 매수하는 것은 그야말로 부당노동행위로서 법률에 의해서 금지되어야 한다. 그러나 그러한 위험이 없음에도 불구하고 사용자가 단순히 노조전임자의 급여를 지급하는 것 자체를 법률에 의해 금지하거나 그것을 부당노동행위로 간주하는 것은 아무리 정책적인 입법이라고 하더라도 과도한 규제입법이라고 할 것이다. 이러한 규제는 현실의 노사관계에서 실제로 실현될 수 없을 것 같다. 현행 노조법상의 부당노동행위제도는 근로자와 노동조합만을 위한 제도이다. 노조법상의 부당노동행위구제제도에 의해 국가적 보호를 받을 것인지의 여부는 근로자와 노동조합이 스스로 결정할 일이다. 그리고 사용자가 노동조합의 전임자에 급여를 지원하거나 노동조합의 운영경비를 원조하는 것이 사용자의 부당노동행위로 되기 위해서 전임자급여지급과 조합경비원조가 전임자를 매수하여 노동조합을 지배하거나 노동조합의 의사결정에 개입하는 경우에 한다고 할 것이다. 그러나 현실적인 노사관계에 있어서 이러한 경우에 해당하는 것은 이른바 어용노동조합이 아닌 한 거의 없을 것이다. 당해노동조합이 어용적 노동조합인 경우에는 사실상 지배개입의 입증이 불가능할 것이다. 왜냐하면, 사용자와 노동조합 및 해당근로자가 그것을 부인하면 어떻게 입증할 것인가? 그렇지 않다고 하더라도 부당노동행위구제신청권자가 근로자 및 노동조합이기 때문에 과연 실효성이 있을지 의문이다. 그러므로 노조법 제81조 4호의 「노동조합의 전임자에 급여를 지원하거나 노동조합의 운영비를 원조하는 행위」를 부당노동행위로 규정하고 있는 부분은 현실적으로 거의 무용지물이라고 해도 과언이 아니다. 그러나 노조전임자의 급여지급을 요구하고 이를 관철할 목적으로 하는 노동조합의 쟁의행위만이 금번에 개정된 노조법 제24조 제5항 및 동법 제92조 제1항에 의해 처벌된다. 위와 같은 점들을 염두에 둘 때, 노조전임자의 급여문제와 관련하여 현행노조법이 노사를 공평하게 취급하지 않고 있다는 점이 드러난다. 즉 사용자가 실제로 부당노동행위의 의사를 가지고서 노조전임자의 급여지급으로 노동조합을 매수하였다고 하더라도, 당해 노동조합이나 관련근로자가 구제신청을 해서 그것이 부당노동행위로 판명되어야 현실적으로 비로소 노조법 제90조에 의해 사용자가 처벌받게 되는데 반해, 노동조합의 경우에는 사용자에게 노조전임자의 급여지급을 요구하고 이를 관철할 목적으로 하는 노동조합의 쟁의행위를 하기만 하면 곧바로 처벌될 수 있게 된다.

[판 례]

□ 기존 노동조합에 대한 편의제공 중단과 지배개입

- 사용자가 산업별 노동조합의 지부에 제공하던 사무실을 폐쇄하는 등 편의시설의 제공을 일방적으로 거절한 경우, 그것이 기업별 노동조합의 설립이 같은 사업장에 설치된 산업별 노동조합의 지부의 유효한 조직변경형태의 결의에 따른 것이라고 오인하였기 때문이라 하여도 부당노동행위에 해당한다(대판 2008.10.9. 2007두15506).

5) 결과발생의 문제

사용자의 지배·개입행위로 인한 결과발생이 있어야 부당노동행위가 성립하는가의 문제가 있다. 부당노동행위는 구체적으로 발생한 결과(손해)에 대한 처리의 문제가 아니라 노동조합의 자주성과 독립성을 침해하는 행위 또는 노동3권을 침해하는 행위 자체를 문제삼는 것이므로 결과의 발생은 필요하지 않다고 보아야 할 것이다.

제 5 장 부당노동행위의 구제

제 1 절 개 설

부당노동행위의 구제절차는 노조법상 노동위원회에 의한 구제절차와 이에 대한 불복절차로서 행정소송과 민사법원에 의한 사법적 구제절차가 있다. 한편 우리 노조법은 노동위원회에 의한 부당노동행위 구제절차(원상회복주의) 이외에 사용자에 대한 처벌(처벌주의)을 병존시키고 있다.

우리 노조법은 제82조 내지 제86조에서 노동위원회에 의한 부당노동행위 구제절차와 그 불복절차로서 행정소송을 규정하고 있다.

사용자의 부당노동행위가 있으면 그로 인하여 권리를 침해당한 근로자 또는 노동조합은 노동위원회(지방노동위원회 및 특별노동위원회)에 그 구제를 신청할 수 있고(노조법 제82조 제1항), 위 신청에 대하여 노동위원회는 필요한 조사와 관계당사자의 심문을 거쳐 부당노동행위가 성립한다고 판정한 때에는 구제명령을 발하고, 부당노동행위가 성립되지 아니한다고 판정한 때에는 그 구제신청을 기각하는 결정을 한다(동법 제84조).

지방노동위원회 또는 특별노동위원회의 결정에 불복이 있는 관계당사자는 중앙노동위원회에 재심을 신청할 수 있으며 중앙노동위원회는 이에 대하여 다시 필요한 조사와 관계당사자의 심문을 거쳐 재심판정을 한다(동법 제85조). 그리고 사용자가 중앙노동위원회의 재심판정에 대하여 행정소송을 제기한 경우에 관할법원은 중앙노동위원회의 신청에 의하여 결정으로써 판결이 확정될 때까지 중앙노동위원회의 구제명령의 전부 또는 일부를 이행하도록 명할 수 있다(동법 제85조 제5항).

이러한 부당노동행위구제절차는 노조법 제85조 제5항을 제외하고 부당해고 등 구제절차에 준용되나(근로기준법 제33조 제2항), 준용되는 것은 노동위원회에 구제를 신청하고 노동위원회가 이를 심사하는 절차에 관한 것뿐이지,[155] 구제대상행위의

155) 대판 1992.5.22. 91누5884.

실체적 요건이나 구제명령위반시의 처벌조항 등은 아니다. 그러나 이와 같은 구제신청기간은 근로기준법 제33조 제2항에 의하여 부당해고등 구제절차에도 준용된다는 규정이 있었으나 근로기준법의 개정으로 동조항이 삭제되었다.

[표-2] 구제신청 절차 흐름도[156)]

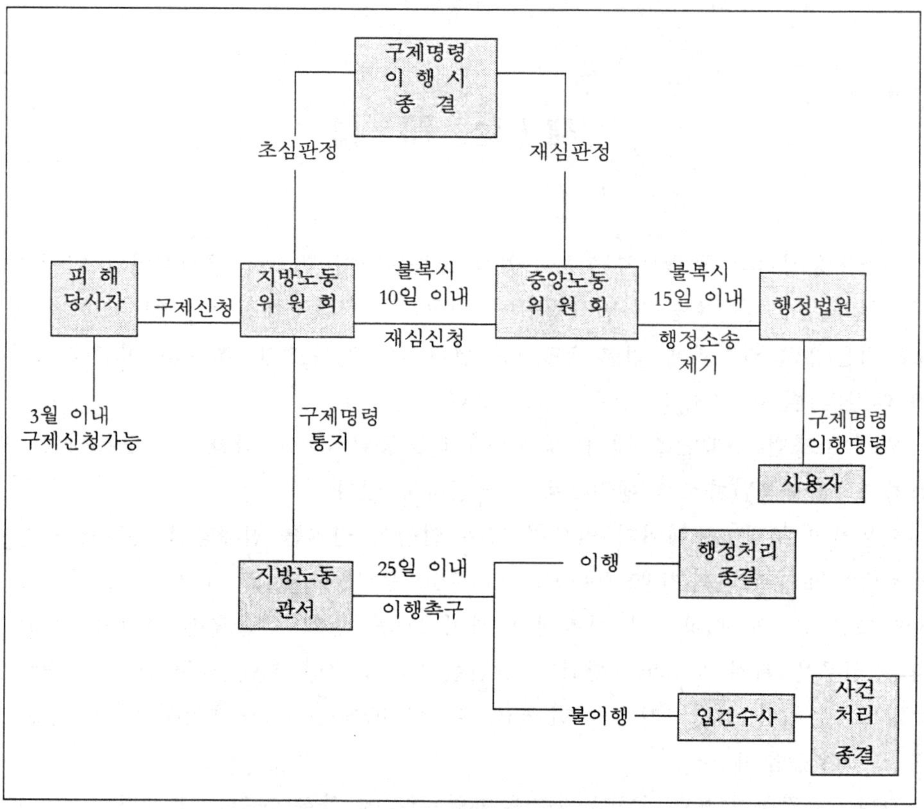

156) 노동부, 『집단적 노사관계 업무매뉴얼』, 2008.6, 307면 참조.

제 2 절 당사자

I. 신청인

사용자의 부당노동행위로 인하여 그 권리를 침해당한 근로자 또는 노동조합은 부당노동행위 구제신청을 할 수 있다(노조법 제82조). 그러므로 근로자와 노동조합 모두가 부당노동행위의 상대방(불이익취급·황견계약의 경우는 근로자, 단체교섭거부·지배개입의 경우에는 노동조합) 또는 이해관계인으로서 독자적인 신청권을 갖는다. 여기서 노동조합이라 함은 노조법에 의하여 설립된 노동조합이어야 한다(동법 제7조 제1항). 이 때 부당노동행위의 상대방이 아닌 이해관계인의 신청권도 독자적인 것으로 구제신청권을 대위(代位)하거나 대리(代理)하는 것은 아니고,[157] 따라서 노동조합을 조직하려 하였다는 이유로 근로자에 대하여 한 부당노동행위에 대하여는 후에 설립된 노동조합도 독자적인 구제신청권을 갖는다.[158]

위와 같이 단일한 부당노동행위에 대하여 중첩적으로 신청권을 인정하여도 부당노동행위구제신청의 관할이 부당노동행위가 발생한 사업장의 소재지를 관할하는 지방노동위원회에 속하고, 구제신청 기간에 제한이 있으므로 상반된 결론에 이르거나 할 우려는 거의 없다.

노조법 제7조 제1항은 "이 법에 의한 노동조합이 아니면 … 구제신청을 할 수 없다"라고 규정하고 있으나, 노조법 제7조 제2항은 "제1항의 규정은 제81조 제1호·제2호 및 제5호의 규정에 의한 근로자의 보호를 부인하는 취지로 해석되어서는 아니 된다"라고 규정하고 있어 동법 제81조 제1호·제2호 및 제5호의 경우(불이익취급과 황견계약)는 법외 노동조합의 경우라도 그 소속 근로자가 직접 구제신청을 할 수 있지만 나머지 부당노동행위에 관하여는 법외 노동조합과 그 소속 근로자만이 구제신청권을 갖는다.

지배·개입의 부당노동행위에 관하여 노조 간부 외에 일반조합원에게도 구제신청권을 주어야 할지에 관하여 논란이 있으나, 노동조합이 어용화되어 지배·개입

157) 대판 1979.2.13. 78다2275.

158) 대판 1991.1.25. 90누4952.

에 대하여 다툴 의사가 없는 경우 등을 고려하여 일반조합원에게도 구제신청권을 주어야 한다는 것이 우리나라의 다수설[159]이고 일본의 통설이다.

부당노동행위구제는 노동조합의 지위 및 기능의 보호·유지에 그 목적을 두고 있으므로 원칙적으로 노동조합에게 구제신청권이 있지만, 근로자 개인의 법익보호에 초점이 맞추어져 있는 근로기준법 제28조에 따른 부당해고구제[160]나 근로기준법 제46조 소정의 휴업지불예외승인에 대한 재심청구[161] 등을 할 경우에는 노동조합은 구제신청권이 없다.

한편 부당노동행위구제신청과 관련하여 노동위원회규칙 제39조는 사용자로부터 부당노동행위로 인하여 권리를 침해당한 근로자 또는 노동조합, 그리고 사용자로부터 정당한 이유 없이 해고·휴직·정직·전직·감봉 기타 징벌을 당한 근로자가 지방노동위원회에 그 구제를 신청하기 위하여 제출하는 구제신청서에는 부당해고등이나 부당노동행위를 구성하는 구체적인 사실(근로자나 노동조합이 구제받고자 하는 사항) 등을 기재하도록 되어 있는바, 이 때 '구제받고자 하는 사항'은 민사소송의 청구취지처럼 엄격하게 해석할 것은 아니고 신청의 전취지로 보아 어떠한 구제를 구하고 있는지를 알 수 있을 정도면 되는 것으로서, 노동위원회는 재량에 의하여 신청하고 있는 구체적인 사실에 대응하여 적절·타당하다고 인정하는 구제를 명할 수 있는 것이므로, 구제신청서에 구제의 내용이 구체적으로 특정되어 있지 않다고 하더라도 해당 법규에 정하여진 부당노동행위 또는 정당한 이유가 없는 해고·휴직·정직·전직·감봉 기타 징벌 등을 구성하는 구체적인 사실을 주장하고 있다면 그에 대한 구제도 신청하고 있는 것으로 보아야 한다.[162]

[판 례]

- 노동조합의 구제신청은 권리를 침해당한 근로자 개인의 그것과는 별개의 노동조합 자체의 독자적 권한이라 할 것이고, 근로자 개인의 구제신청권을 대위하거나 대리하는 것은 아니다(대판 1979.2.13. 78다2275).

---

159) 김형배, 위같은책, 1104면; 임종률, 위같은책, 286면; 김유성, 위같은책, 355면; 박상필, 위같은책, 509면; 박홍규, 위같은책, 1154면 등.

160) 대판 1992.11.13. 92누1114.

161) 대판 1993.11.9. 93누1671.

162) 대판 1999.5.11. 98두9233.

Ⅱ. 피신청인

원칙적으로 피신청인은 사용자이다. 그러나 구체적으로 사용자의 범위에 대해 견해가 나뉘어지고 있다.

첫째, 부당노동행위의 직접적인 주체가 아니더라도 당해 부당노동행위와 관련이 있고 구제명령의 내용을 실현하는 사실상의 권한과 능력을 가지고 있는 경우에 피신청인으로 할 수 있는가가 문제이다. 이것이 부당노동행위구제에 있어서 사용자개념의 확장이다. 이를테면 합병이 예상되어 있는 회사, 영업을 양수한 회사, 조직적으로 일체가 되어 있는 관련회사, 사용자의 권한을 실질적으로 행사하는 친회사 및 지배주주 등과 같이 법형식적으로 근로계약관계가 존재하지 않더라도 이들을 피신청인으로 할 수 없다면, 구제의 실효성을 확보하기 어렵다고 할 것이다. 이러한 경우에는 이들을 피신청인으로 인정해야 할 것이다.

둘째, 기업 내에서 사업주는 아니더라도 사업주를 직접적으로 대리하거나 대행하는자 예컨대, 경영담당자나 이익대표자를 구제의 피신청인에 포함시킬 수 있는가라는 것이다. 이에 대해서는 견해가 나누어져 있다. 이를 긍정하는 입장[163]과 부정하는 입장[164]이 그것이다. 전자가 다수설인데, 통상, 개인기업의 경우에는 사업주 개인이 피신청인으로 되고, 법인기업의 경우에 법인 그 자체가 피신청인으로 된다고 하겠다. 그렇지만 지점장 영업소장 공장장 등과 같이 당해사업장의 소관사항을 처리할 수 있는 법적 권한이 있고 또 이들이 실질적인 부당노동해위자인 경우에는 이들을 피신청인으로 하는 것이 오히려 부당노동행위구제의 취지에 맞고 또 그 구제의 실효성도 높일 수 있을 것이다.

163) 박상필, 위같은책, 509면; 심태식, 위같은책, 224면 등.

164) 김형배, 위같은책, 1106면.

제 3 절 구제신청의 기간

Ⅰ. 신청기간의 의의

노조법 제82조 제2항은 "…구제의 신청은 부당노동행위가 있은 날(계속하는 행위는 그 종료일)부터 3월 이내에 이를 행하여야 한다"라고 하여 구제신청기간을 3개월로 한정하고 있다. 이와 같이 구제신청기간을 3개월이라는 단기간으로 정하는 취지는 빠른 시일 내에 부당노동행위피해자로 하여금 신청하도록 하여 부당노동행위에 대한 신속한 구제를 촉진하는 한편, 그렇지 아니한 경우에 그것을 문제삼지 못하도록 하여 노사관계의 신속한 치유 내지 안정을 도모하려는 것에 있다고 할 것이다.

Ⅱ. 신청기간의 법적 성질

구제신청기간 3개월은 신속·간이한 행정적 구제절차로서의 기능을 확보하기 위한 것으로 제척기간이다. 그러므로 그 기간이 경과하면 그로써 행정적 권리구제를 신청할 권리는 소멸하고 신청인이 책임질 수 없는 사유로 그 기간을 준수하지 못하였다는 등 그 기간을 해태함에 정당한 사유가 있다고 하여도 그 기간이 중단되거나 갱신되지 아니한다. 그 뿐만 아니라 노동위원회의 구제명령을 구하는 경우에는 행정심판법 제27조 제3항 단서[165]가 적용되거나 준용되지 아니한다.[166]

---

165) 행정심판법 제27조 제3항은 "행정심판은 처분이 있었던 날부터 180일이 지나면 청구하지 못한다. 다만, 정당한 사유가 있는 경우에는 그러하지 아니하다"라고 규정하고 있다.

166) 대판 1996.8.23. 95누11238; 동 1997.2.14. 96누5926.

Ⅲ. 구제신청기간의 기산일

1. 원칙 : 사용자의 행위가 있는 날

부당노동행위구제신청기간의 기산점은 부당노동행위에 해당하는 사용자의 법률행위 또는 사실적 행위가 있는 날이다. 즉 그것이 법률행위의 경우에는 그러한 의사표시가 신청인에게 도달한 날이 기산점이 되고, 사실적 행위인 경우에 그러한 행위가 실질적으로 이루어진 날이 기산점이 된다고 할 것이다. 그래서 해고 등의 불이익처분이 일정한 기간이 경과한 후에 그 효력을 발생하는 경우에는 위 기간은 그 효력발생일로부터 기산해야 한다.[167]

또한 판례[168]는 근로자에 대한 해고 등 징계처분에 대하여 근로자의 이익을 위하여 취업규칙 등에서 재심절차를 규정하고 있다 하여도 징계처분은 재심절차에서 취소·변경되지 않는 한 원래의 처분시부터 그 효력을 갖는 것이므로,[169] 구제신청기간은 원칙적으로 재심신청에 대한 기각결정 등으로 재심절차가 종료된 날이 아닌 원래의 처분이 있은 날로부터 기산된다고 한다.

2. 사용자의 행위가 「계속하는 행위」의 경우

1) 문제의 소재

노조법 제82조 제2항은 부당노동행위에 해당하는 사용자의 행위가 「계속하는 행위」의 경우에는 그 종료일을 구제신청기간의 기산일로 정하고 있다. 노조법 제82조 제2항이 규정하고 있는 「계속하는 행위」가 어떠한 행위를 의미하는지가 분명하지 않다. 여기에서 문제로 되는 것은 노동위원회의 부당노동행위구제절차에 있어서 「계속하는 행위」가 어떠한 경우를 의미하는지 문제이다. 「계속하는 행위」 문제가 단순한 해석의 문제로서 처리되지 않고, 부당노동행위로서 가장 심각하고 중요하다고 생각되는 임금차별, 무엇보다 복수조합상황에서 차별의 문제와 연결되기 때문이다. 여기에서 심각한 것은 임금 등 차별문제이고, 또 그러한 문제를

---

167) 대판 1996.8.23. 95누11238; 동 2002.6.14. 2001두11076 참조.

168) 대판 1996.8.23. 95누11238.

169) 대판 1993.5.11. 91누11698.

야기하는 것이 노사관계이기 때문에, 그것을 새삼 「계속하는 행위」문제로서 취급할 수 있는가이다. 이를테면, 사용자의 수개의 행위들이 일련의 과정으로 거쳐서 어떠한 결과적 행위로 진행되는 경우에 그 일련의 과정적인 행위들 전체를 하나의 「계속하는 행위」로 보아 그 결과적 행위가 종료하는 시점을 구제신청기간의 기산일로 볼 것인가, 그렇지 않으면 그 과정을 이루고 있는 개개의 원인행위에 대해서 각각 그 행위가 종료되는 시점을 구제신청기간의 기산일로 볼 것인가가 문제이다. 즉 사용자가 노동조합활동을 이유로 전년도에 사정차별 또는 차별적 승급 및 승진결정을 하여 그것이 그 다음 해에 차별적인 임금지급으로 나타나는 경우에 그 원인행위인 사정차별 또는 승급 및 승진차별행위와 임금차별을 하나의 계속하는 행위로 보아야 하는가 또 이 경우에 차별적인 임금이 월급 또는 연봉급으로 순차적으로 지급되는 경우에 그 월급 또는 연봉을 순차적으로 지급행위가 있는 날이 개별적으로 구제신청기간의 기산일로 되는가가 문제이다. 또 여기에서 보다 구체적인 사례를 들어보면, 신청인이 1년 이전에 있었던 승급사정에서 사용자가 근로자의 조합활동을 이유로 차별적으로 취급하여 그 결과로서 현재 임금격차가 계속되고 있어 신청인이 승급사정에 있어서 차별적인 취급만을 부당노동행위라고 신청한 경우에 노동위원회는 어떠한 조치를 해야 하는가도 문제로 된다.

이러한 문제에 대해 올바르게 답하기 위해서는 「계속하는 행위」가 무엇인가라는 문제 자체뿐만 아니라, 부당노동행위의 본질과 노사관계의 계속성과 밀접하게 연관되어 있다. 즉 사용자가 한 행위의 결과는 노사관계에 계속적으로 영향을 미칠 수 밖에 없다. 그래서 부당노동행위구제와 관련해서 계속하는 행위가 무엇을 의미하는지를 확정해야 부당노동행위제도가 제대로 작동될 수 있다. 이 문제는 보다 정확히 파악해 둘 필요가 있다. 「계속하는 행위」의 개념을 어떻게 생각해야 하는가에서 부당노동행위구제도와 관련해서 실무적으로 보다 명확히 할 필요가 있다.

2) 학 설

우리나라에서는 이 문제에 관한 세밀한 논의가 없으나[170], 우리나라 노조법 제82조 제2항과 동일한 일본 노동조합법 제27조 제2항에 관해 일본에서 상당한 논의가 과거에 있었던 것 같다.[171] 즉 이들 일본의 주장을 보면, 다수는 임금 등 차별에 대

170) 예컨대, 김유성, 위같은책, 359면은 “수개의 부당노동행위가 순차적으로 행해져 그 전체를 ”계속하는 행위“로 보아야 할 경우도 있다”과 하는 정도이다. 이러한 견해는 일본에 있어서 절충설의 입장과 동일한 것이 아닌가 생각한다.

171) 秋田成就, 「不當勞動行爲の救濟」, 季刊勞動法 別冊 4號, 102면; 松田保彦, 「昇給等と『繼續

해 어떠한 형태로 그것이 「계속하는 행위」라는 것을 인정하고 있다고 있다. 여기에는 일본에 있었던 논의를 정리해보면 다음과 같이 3가지로 요약할 수 있다.

(1) 긍정설

긍정설은 단일의 부당노동행위의사에서 비롯되는 행위라는 점을 강조하여, 매년 혹은 정기적으로 행해지는 승급, 승격 및 그것에 기한 임금지급을 전부 하나로 모아서 「계속하는 행위」라고 간주하는 입장이다.[172] 이것이 일본의 다수설이다. 이 설에 의하면, 위에서 든 구체적인 사례에서 노동위원회는 구제대상인 승급결정이 1년 전에 있었다고 하더라도 차별적 임금지불행위 등을 구제신청기간 내에 있는 경우에 이들 일련의 행위는 노조법 제82조 제2항 괄호안의 계속하는 행위에 해당하므로 노동위원회는 이것을 각하할 수 없고 실체심리에 들어가야 한다는 것이다.

(2) 부정설

매년 혹은 정기적으로 행해지는 승급 또는 승진 및 그것에 기한 임금지급을 하는 경우에 그것들을 일련의 「계속하는 행위」로 보지 않고, 원인행위인 차별적 승급 또는 승진처분이 있는 날을 구제신청기간의 기산일로 본다. 이 설에 의하면, 위에 들었던 예에서 노동위원회가 구제신청 자체에 대해 구제기간의 도과를 이유로 각하해야 한다는 것이다.

(3) 절충설

사용자의 행위의 특질 내지 구조가 가지는 불가분성을 중시하여 승급결정행위와 그것에 의한 임금지급행위는 「계속하는 행위」라고 하면서도 각 승급 승격행위감에는 그러한 구조상의 불가분성이 인정되는 한에 있어서 「계속하는 행위」성을 찾아내려고 한다. 즉 구체적인 사안에 따라 임금차별행위의 「계속하는 행위」성을 인정하여 구제신청기간의 기산일을 다르게 판단한다.[173] 이 설에 의하면, 위에서

する行爲』の意義」, 『勞動爭訟の課題と展望』(判例タイムズ別冊 5), 75면; 같은이, 『繼續する行爲』 再考, 下井隆史/浜田富士郎(편), 『勞動組合法の理論課題(久保敬治敎授還曆記念論文集)』, 世界思想社, 1982, 264면 이하 등. 아래에서 전개되는 논의는 松田保彦의 두 번째 논문에서 많은 도움을 받았음을 밝혀 둔다.

172) 河村武信, 「勞組法 第27條 2項의 解釋 『繼續する行爲試論』」, 勞動法律旬報 868-9號, 24면; 岸井貞男, 『團結活動と不當勞動行爲』, 總合勞動硏究所, 1978, 258면; 菊谷達弥, 「不當勞動行爲救濟申込期間と 『繼續する行爲』の法理」, 季刊勞動法 104號, 98면 등 참조.

173) 岸井貞男, 「組合間差別と不當勞動行爲」, 季刊勞動法 제105호, 32면; 森本弥之介, 「經濟的差

든 구체적인 사례에서 노동위원회는 구제대상인 승급결정이 1년 전에 있었으므로 구제기간의 도과라는 각하사유에 해당한다고 판단하고 이 경우에는 구제신청기간 내에 있는 차별적 임금지불행위 등을 부당노동행위로 신청하도록 권고하고, 설령 신청인이 그러한 보정권고에 따르지 않았던 경우에도, 구제신청의 취지가 임금차별의 시정이라고 하는 것이 명확한 이상, 노동위원회는 이것을 각하할 수 없고, 특히 실체심리에 들어가야 한다는 것이다.

3) 판 례

이 문제에 직접적으로 관련된 판례는 없는 것 같다. 그러나 조합원인 근로자에 대한 사용자의 무기정직처분을 하고 3개월 후에 이를 부당노동행위라고 하여 구제신청을 한 사건에서 무기정직처분이 (구)노동조합법 제40조 제2항(현행 노조법 제82조 제2항)이 규정하는 부당노동행위가 "계속하는 행위"에 해당한다는 주장에 대해 판례[174]는 무기정직의 처분은 그 처분과 동시에 처분행위가 종료되는 것이지 무기정직의 기간 동안 그 처분행위가 계속하여 위 법조항에서 말하는 "계속하는 행위"에 해당하는 것은 아니라고 하여 부정설을 취하고 있는 듯하다.

4) 검토와 사견

(1) 검토할 사항 : 고려해야 할 전제적 사항

그런데 여기에서 노조법 제82조 제2항 괄호안의 규정과 관련해서 전제적인 문제로서 제기되는 것은 첫째, "계속하는 행위는 그 종료일"이라고 노조법 제82조 제2항이 괄호 안에 규정하고 있는데, 이러한 규정의 취지가 무엇이고 또 그 규정방식이 타당한가라는 문제이다. 둘째, 부당노동행위에 대한 노동위원회가 부당노동행위구제실무와 관련해서 "계속하는 행위"의 문제를 어떻게 취급하는 것이 노조법의 취지를 가장 잘 구현할 수 있는가라는 이것이 실체법적인 문제인가 절차법적 문제인가라는 것이다. 셋째, 여기에서 「계속하는 행위」가 무엇을 의미하고 어떠한 경우를 의미하는가라는 것이다.

가. 입법형식의 문제

입법형식으로 보면, 노조법 제82조 제2항에 있는 괄호안의 규정은 본래 「행위

別と 審査·救濟方法をめぐる今日の焦點」, 勞動法律旬報 890및891合併號, 46면 등.

174) 대판 1993.3.23. 92누15406.

가 종료한 날」이라고 하듯이 괄호 없이 규정하는 것이 옳다고 생각한다.[175] 그렇지만 앞에서 기술했듯이 부당노동행위는 범죄행위라고 할 수 없고, 첫째, 여기에서는 시효가 아니고, 신청기간의 기산점이 정해지는 것이고, 따라서 둘째, 문제로 되는 행위는 범죄행위라고 이미 어떠한 평가 내지 딱지붙이기가 되어 있는 것이 아니고, 강하게 말하면, 부당노동행위라고 인정될지 모르는 사용자의 작위 또는 부작위이기 때문에, 형사소송법 제252조와 같은 취지로 규정하였다고 말할 수도 있다. 그러므로 노조법 제82조 제2항이 괄호안에 "계속되는 행위는 그 종료일"부터 신청하도록 한 것은 당연한 규정이다. 그러므로 노조법 제82조 제2항이 괄호안 규정한 것은 확인적인 의미를 가질 뿐이다.

나. 「계속하는 행위」 문제의 법적 성격

「계속하는 행위」에 관한 문제와 관련해서 노동위원화가 구제신청을 심리해야 하는가의 문제와 신청이 인용되어 요구하는 구제를 부여되는가의 문제는 완전히 별개라는 것을 인식할 필요가 있다. 신청의 대상인 행위가 「계속하는 행위」에 해당하는가, 그렇지 않는가의 문제는 구제내용에 관한 문제가 아니라 구제기간의 기산일에 관련된 것으로 순수한 절차적인 문제라는 것이다. 여기에서 절차적 문제라고 함은 구제신청자체에 대한 노동위원회의 각하결정에 관한 문제라는 것이다. 즉 구제신청에서 문제로 되는 사용자의 행위가 「계속하는 행위」인지의 여부는 신청 그 자체에 신청기간을 도과하였다는 절차위반에 해당하는 각하사유가 있는지를 판단하는 기준일 뿐이라는 것이다. 그리고 절차적 문제로서 「계속하는 행위」라는 것은 당해 행위의 성질이 신청시 노동위원회의 입장에서 그것이 계속하는 행위라는 것을 의미한다. 즉, 구제신청접수시에 노동위원회는 신청에서 문제로 되는 행위가 부당노동행위에 해당하는지 그렇지 않는지를 아직 알 수 없는 상태에 있다. 게다가 법원에 있어서 경우와 달리, 노동위원회의 역할은 심리의 대상으로 하는 행위가 선험적으로 합법인가 위법인가를 「발견한다」고 하는 것에 있는 것이 아니라 부당노동행위제도의 취지나 목적에서 보아, 당해행위가 그것에 해당하는지 여부를 결정하는 것이다. 다시 말하면, 노동위원회는 당해노사관계에 원활한 질서를 회복하고 유지하기 위해 적당한 명령을 발할 필요가 있다고 판단한 경우에는 신청에서 문제로 된 행위를 부당노동행위라고 선언하고, 그렇지 않은 경우에는 그 성립을 부정하는 것이다. 좀 더 부언하면, 부당노동행위인 해고에 있어서 법원의 경우에는 당초 당해해고는 위법이고, 무효이기 때문에, 근로자는 당연

175) 예컨대, 공소시효의 경우, 그 기산점에 관해 형사소송법 제252조 제2항은 "시효는 범죄행위의 종료한 때로부터 진행한다."라고 규정하고 있다.

히 고용관계상의 법적 지위를 가지고 있다고 하는 것을 확인하는 것(즉 당해해고는 법적으로는 무효로 된다)에 대해, 노동위원회의 논리는 사실행위로서의 해고가 부당노동행위제도의 취지나 목적에서 보아 그 자체로는 방치해놓지 않는 노동관계질서의 침해를 초래한다고 판단한 때에, 그것을 부당노동행위라고 선언하여, 적당한 시정조치를 명하는 것이다(즉 당해해고가 사실로서 있었던 것을 전제로 한다). 어떻든 당해해고가 당초 부당노동행위이고, 노동자는 원직회복이나 임금소급지급(back-pay)을 받는 법적 지위에 있었다고 하는 것이 아니라, 이러한 결과는 노동위원회의 명령에 의해서 비로소 획득하게 되는 것이다.

한편, 구제신청을 각하할 것인가의 여부에 대한 결정은 중대한 것이기 때문에, 노동위원회는 그 판단을 신중하게 해야 한다. 첫째, 구제신청이 형식적으로 보아 명백히 구제기간을 도과하고 있다고 판단되는 때에라도, 그것이 보정될 수 있는 경우에는 신청의 보정을 권고해야 할 것이고, 둘째로, 보정권고를 하지 않더라도 신청의 취지 등을 검토해서 조사 혹은 경우에 따라서는 심문을 할 수도 있을 것이다.

결국 절차문제로서 「계속하는 행위」가 문제로서 될 수 있는 것은 첫째, 1년이상 전부터 행해진 차별행위는 1년 전에 그쳤지만, 그 결과인 차별상태가 오늘날에도 계속되고 있다고 하는 경우이고(예컨대, 최근의 사정은 적정하게 되었지만, 그것 이전의 차별에 의해 생긴 임금액의 차이가 시정되지 않았기 때문에, 오늘날에도 다른 노동자에 비해 신청인의 임금에 차이가 있다고 하는 경우), 둘째, 1년 이상 전부터 행해진 차별임금지불행위는 1개의 「계속하는 행위」이고, 또 신청시간의 기산점은 그 행위가 시작하였을 때라도 노동위원회가 말하는 그러한 경우이다. 그렇지만 이러한 두 번째의 경우의 가능성은 적어도 현재까지 차별이 계속되는 한, 신청을 각하할 수 없는 것이기 때문에, 즉 이러한 행위를 「계속하는 행위」가 없다고 해서 놓치게 된다. 그러므로 이른바 임금차별이 「계속하는 행위」라고 해야 할 실익은 구제이익의 존부인가 구제의 범위라고 하는 문제와 결부되지 않는 한, 다만 1년 이상 전에 그친 차별의 결과, 현재에도 임금이 차별적으로 지급되고 있는 경우뿐이라고 할 것이고 「계속하는 행위」에 있어서 그 종료한 때를 신청기간의 개시시(開始時)로 하는 것의 의의는 이와 같은 임금차별사건의 경우를 제외하고는 전혀 없다고 할 것이다.

다. 「계속되는 행위」에 있어서 「행위」의 의미

노조법 제82조 제2항 소정의 「계속하는 행위」에 있어서 "행위"라 함은 부당노동행위의 내용을 이루고 있는 사용자의 현실적인 행위 즉 작위 또는 부작위를 의미한다. 노동위원회가 심사대상으로 하는 행위는 사실로서의 행위이다.[176] 위법이고 무효인 행우는 아니며, 또 노동위원회가 판단을 내리기까지 부당노동행위는 없고, 물론 원직복귀라든가 임금소급지급의무를 필연적으로 수반하는 행도도 없다. 「계속하는 행위」라는 경우의 「행위」도 바로 이러한 사실로서의 행위이기 때문에 과거에 부당노동행위인 임금차별을 한 것에 의해 사용자가 그 차별을 시정할 의무를 부담하고 있다. 따라서 사용자에게 이러한 의미에서의 부작위가 계속하고 있다는 것은 도저히 말할 수 있는 것이다. 물론 이렇게 말하는 것이 「행위」에 부작위는 전혀 포함되지 않는다고 하는 의미는 아니다.

우선, 「계속하는 행위」라는 사고방식을 사용하는 유일한 가능성으로서 이미 행하여진 차별의 흔적이 현재의 임금격차로 되어 있는 경우를 들 수 있는데, 이러한 경우, 그것을 「계속하는 행위」로서 설명하려고 하면, 어떻게든 사용자가 과거의 차별결과를 시정하지 않는다고 하는 부작위의 계속을 거론할 수밖에 없게 된다. 그렇지만 위에서 기술했듯이, 과거에 차별이 있었는지 여부는 그것을 심사하지 않는 한 밝혀지지 않고, 이를테면 있었다고 하더라도, 그 구제로서 어떠한 조치가 사용자에게 의무를 부여되는가도, 노동위원회의 판단을 거쳐 비로소 확정되는 것이기 때문에, 과거의 차별도 「계속하는 행위」이라고 애초에 말하지 않는 한, 부작위가 계속하고 있다고는 말할 수 없다. 즉 이러한 입론이 동어반복에 빠져버린다는 것은 첫째, 「계속하는 행위」의 행위를 부당노동행위로 하였다는 것, 둘째, 행위의 종료를 문자 그대로 행위를 끝낸다고 하는 것이 아니라, 행위의 시정이라는 의미에서 파악되는 것에 의한 것이다. 행위 및 행위의 종료에 일반적으로 이러한 의미를 가진다고 하면, 예컨대, 해고라도 하여도 그것을 취소하여 원상회복하지 않는 행위는 종료하는 것이 아니고, 그것에 의해 아직 단순히 신청기간을 설정한 의미가 상실되지 않을 뿐만 아니라, 신청기간에 관한 규정에서 「행위의 종료」라는 의미를 사용하였기 때문에, 사용자의 부당노동행위로서 주장할 수 있는 행위는 무제한으로 넓다.

그래서 「계속하는 행위」라는 경우, 그것은 부당노동행위가 계속하고 있다고 하는 의미가 아니라, 외형적으로 계속하고 있는 동일태양의 행위를 가리키는 것으로 된다. 따라서 이를테면 후에 되는 단일의 부당노동행위의사에서 발하는 행위라고 인정되는 바에, 그들 일련의 행위가 외형적으로 계속하고 있지 않는 이상, 그것은 「계속하는 행위」라고 할 수 없다. 어쩌면 각하의 판단은 실체심리에 들어가기 전의 것이고, 그 단계에서 일단의 부당노동행위의사에서 발하고 있는지 여

176) 그러나 김유성, 위같은책, 359면은 노조법 제82조 제2항 소정의 「계속하는 행위」에 있어서 "행위"를 부당노동행위로 파악하고 있는 것 같다.

부 등을 노동위원회는 판단할 수도 없기 때문이다.

그러면 이러한 의사의 요소는 전혀 행위의 「계속하는 행위」성과 무관한가라고 묻는다면, 결코 그렇지 않다. 예컨대, 그 외형적인 계속성에서 「계속하는 행위」이라고 하여 심사를 한 결과, 그것이 단일의사에서 발한 것이 아닌 두 개의 행위가 외형적으로 계속하고 있는 것에 불과하다는 것이 밝혀지면 새로 신청기간을 계상하여 판하면 될 것이고 도과한 행위에 관한 신청은 각하하면 된다. 어떻든 신청을 각하하지 않았기 때문에 어떠한 사실이든 주장을 증명해야 하는 행위는 아마 「계속하는 행위」라는 개념에 친하지 않는 것이고, 「계속하는 행위」이란 아주 단순하고 속박한 것이 아니라는 것이다.

사용자의 부당노동행위로 지목되는 행위는, 행정청의 처분이라든가, 법률행위나 준법률행위 등 법률에 정한 행위들과 같이 행위 자체가 분명한 경우와 달리, 어떠한 태양의 것이 있는가는 명쾌하게 판단되지 않는다. 그래서 사용자의 행위를 1일로 종료하는 행위와 2일 이상 계속하는 행위의 2종류를 상정해서, 이러한 표현에 의해 그 어느 쪽에 있어서도 유루(遺漏)가 없도록 신청기간의 개시일을 정한다고 하는 것이 노조법 제82조 제2항가 괄호안에 특별히 규정하고 있다고 할 것이다. 즉 이것도 가령 사용자가 2012.10.1.부터 2012.10.3.까지 3일간에 계속되는 사원연수회에서 사원들에게 반(反)조합적인 연수를 실시하였다고 하는 구제신청이 있다고 하면, 이에 대한 부당노동행위구제의 신청기간은 최초의 일(2012.10.1.)이나 중간일(2012.10.2.)이 아니고, 최후의 날(2012.10.3.)부터 개시된다고 하는 것이다.

(2) 사견과 정리

가. 임금 등의 차별과 「계속하는 행위」

「계속하는 행위」라는 것의 기준을 단순히 하나의 부당노동행위의사에서 찾는 것이 타당하지 않으며, 이것을 「계속하는 행위」의 필요조건라고 보는 것이라면 몰라도 충분조건으로 보는 것은 의문이다. 또 행위의 특질 내지 구조의 불가분성이라는 기준에 대해서도 그 동안 같은 기준을 채용하면서 그것을 적용하여 각각 다른 결과에 달한 설들을 보면 분명하듯이, 이러한 기준은 명확히 하는 것이라고 말하기 어렵다. 어쩌면 기업에 있어서 노무관리 내지 노동조건의 결정은 그 하나 하나가 별개로 산발적인 것이 아니라 통합적으로 되고 있는 이상, 상호의 구조적 불가분성이 부정해서는 아니 된다. 이 경우에는 결국 불가분성의 정도가 문제이다.

어떻든 위에서 언급한 긍정설과 절충설은 임금차별에 의해 대표되는 사용자의 반조합정책을 「계속하는 행위」 개념을 이용하여 일거에 처리하려는 것에 그 목적이 있다. 그러나 이것은 부당노동행위구제절차에 있어서 노조법 제82조 제2항 소정의 「계속하는 행위」의 취지에서 너무나 벗어났다고 할 것이다. 그래서 이러한 사용자의 반조합정책 그 자체에 대해, 그것을 발본(拔本)적으로 처리하여, 그것으로부터 전면적 구제를 꾀하는 기능은 부당노동행위제도에 있는 것이 아니라, 부당노동행위제도에 의해 보장되고 확립된 조합 자체의 활동 혹은 단체교섭을 중심으로 하여 전개하는 노사관계에 바로 기대되는 것이라고 것을 망각해서는 아니된다. 즉 부당노동행위제도가 문제로 하는 것은 기업의 반조합정책 내지 사용자의 반조합의사 그 자체가 아니라 그것이 구체적인 행위로서 나타나고, 또 그러한 행위가 조합을 약체화하여 노사관계질서를 훼손하였다고 하는 사실이다.

그러한 의미에서는 이른바 임금차별에 있어서 부당노동행위성이 가장 문제로 되는 것은 승급 또는 승진을 위한 사정행위도 또 승격 승급결정행위도 아니라 그것에 기한 차별적인 임금지불행위라고 해야 할 것이다. 어쩌면 사정차별이 되거나 차별적 승급결정이 되었다고 하더라도, 그것을 시정하여 결국 적정한 임금을 지불케 해서 조합활동에 대한 소극적인 효과를 미연에 방지하는 것이 바로 노동조합의 역할인 것에 대해, 차별적 임금이 지불된 후에 있어서는 그것에 의해 입은 조합의 약체화 때문에도 이미 독력으로 그 시정을 구할 수 없게 될 가능성이 있기 때문이다. 물론 이렇게 한다고 하더라도 차별사정 혹은 승급 승격결정 자체를 부당노동행위로서 신청할 수 없다고 하는 것은 아님은 물론이다.

이와 같이 부당노동행위의 구제제도의 목적 취지에서 보면, 구체적인 차별적 임금지불행위가 구제대상의 중심으로 되어야 하는 것이라면, 그 행위가 야기하는 개별조합원에 대한 불이익 내지 조합의 약체화의 효과는 당년도에 있어서 차별적 사정의 결과로서 생긴 불이익이 아니라, 같은 직종, 같은 근속기간, 같은 질의 노무를 제공하고 있는 다른 근로자가 현재 받고 있는 임금과 신청조합원에게 지불된 임금의 차액에 비례하는 것이라는 것은 다언을 요하지 않는다. 그래서 당초 임금차별이 시작된 이래의 누적된 불이익을 전부 소급적으로 시정하려고 하는 것이 만약 없는 한, 임금차별사건에 감히 「계속하는 행위」의 개념을 도입할 필요는 없는 것이다. 그리고 과거에 퇴적된 불이익까지도 구제할 필요가 없다고 하는 것이 바로 신청기간의 취지이기 때문에, 결국 「계속하는 행위」를 임금차별사건에 사용될 여지는 없게 된다.

그러나 이러한 결론에 대해, 당면 세 가지의 점에서의 반론이 예상된다. 첫째, 이와 같이 현시점에서의 있어야 할 임금 혹은 다른 동종의 노동자의 임금과 비교한 불이익을 신청이유로 할 수 있다고 하면, 부당노동행위인 해고에 의해 임금의 지급을 전혀 받지 못한 자에게는 같은 것을 말할 수 없는가라는 의문이다. 둘째, 이러한 사고방식을 취하는 한, 예컨대 사용자가 임금차별을 중지한다고 하여도, 과거의 차별의 결과가 남아 있는 한, 언제까지라도 신청할 수 있게 되어 신청기간을 설정한 의미가 상실하게 된다고 하는 비판이고, 셋째, 「계속하는 행위」라고 보지 않는 것에 의해 심사대상에서 제외되어야 할 과거의 차별을 결과적으로 심사대상으로 하는 것은 모순이라고 하는 지적이다.177)

첫 번째의 의문에 대해서는, 1년 이상도 앞에서 된 해고는 심사의 대상으로 되지 않기 때문에, 과연 그것이 부당노동행위이었는지가 노동위원회에서는 알 수 없다. 따라서 현시점(신청기간 내)에서의 사용자의 행위에 한해서 말하면, 전혀 일하지 않고 있는 노동자에게 임금을 지불하지 않는다고 하는 사실뿐이고, 해고 자체를 문제로 하지 않는 한 그것은 차별적 취급도 아무것도 아니다. 달리 말하면, 해고라는 행위에 의해 생긴 개별조합원의 불이익 내지 일반조합활동에 대한 침해는 그 후 1년 이상도 같은 상태가 계속하였던 것에 의해 신청기간도과라는 사실이 생기고, 그것에 대한 구제신청을 할 수 없게 되었다고 하는 것이다. 다시 말하면 해고 후의 임금불지급과 차별적 임금지불은 전자가 부작위이고, 후자가 작위인 점(앞에서 기술했듯이) 결정적으로 다르다. 이어서 말하면, 해고와 승급결정행위를 동일차원의 것으로 파악하고, 해고에 의해 생긴 임금불지급 등의 상태와 승급결정의 결과의 임금지급행위를 단순히 비교하는 것은 잘못이다. 부당노동행위의 구제라는 관점에서 보면, 임금차별에 대해서는 사정보다, 승급결정보다, 임금의 차별적 지불이 바로 문제인 것과 같이, 해고에 대해서는 해고사유인 행위의 평가보다, 그것에 기한 해고결정행위보다, 해고가 바로 문제로 되는 것이다.

두 번째의 비판에 대해서는 사용자의 차별적 임금지급이 계속되고 있는 이상, 언제라도 부당노동행위의 신청을 할 수 있다고 답할 수밖에 없다. 어쩌면 해고의 경우의 부작위와 달리, 예컨대, 동액의 임금지급이라도, 매월 그것이 지불되는 것 그 자체가 사용자의 독립된 행위이기 때문이다. 노동자 혹은 조합에 있어서는 매월 다른 노동자와 차이가 있는 임금을 지급받는 정도로 불이익을 받고, 침해를 받고 있다고 주장할 수 있기 때문이다. 다만 예컨대, 5년 전에 차별적 사정을 중지하고, 따라서 그것 이후는 5년 이상도 전에 된 차별의 결과가 매월의 임금지급액에 영향을 주고 있는 것에 불과하고, 그 차액도 상대적으로 크지 않다고 하는 경우는 구제이익이라는 점에서 신청이 기각되는 것은 있을 수 있다.

세 번째의 의문점에 대해서, 신청기간이 도과하였다는 것은 반드시 1년 이상

177) 石川吉右衛門, 『勞働組合法』, 有斐閣, 1978, 401-402면.

전에 행해진 승급결정을 문제로 하지 않는다고 하는 것은 아니고, 또 현재에 있어서 차별적 임금지급의 유무 및 그 정도를 증명하는 데에 과거의 사정이나 승급행위를 심사대상으로 할 필요는 반드시 없는 것이다. 예컨대, 1년 이상도 전에 해고의 결정이 되고 계속해서 해고가 되었다고 하는 경우, 해고 자체를 부당노동행위로서 신청하지 않는다고 하여도 (물론 다수의 견해에는 그것을 「계속하는 행위」라고 하여, 신청을 인정할 것이지만, 사견에 의하면, 해고를 신청의 대상으로 하면, 족하고, 특히 「계속하는 행위」를 확장해석하여 사태를 혼란케 할 필요는 없다고 하는 것으로 된다), 해고의 판단에 있어서 그 결정 혹은 그것에 기하여 된 노동자의 행위의 평가나 취업규칙의 적용이 당연히 문제로 되고, 심사의 대상으로 되는 것과 완전히 같이, 현재의 임금차별에 대해 그것에 터잡아 된 사정을 문제로 할 수 있는 것은 당연하다. 아직 이 경우에는 이미 1년 이전에 있었던 승급행위의 시정을 구하거나, 사정의 수정을 구할 수 없는 것이고, 현재 지불되고 있는 임금에 차별이 인정되는 한에서 그 점에 대해 적당한 구제가 부여되는 것에 불과하게 된다.

결국, 이른바 임금차별사건에 있어서는 「계속하는 행위」문제는 생기지 않는다고 할 수밖에 없고, 오히려 차별의 입증 혹은 노동위원회에 의한 구제에 관한 재량권의 범위가 중요한 논점으로 되는 것이다.

어떻든, 신청에 관계되는 행위와 동종의 행위 혹은 신청으로 문제로 되어 있는 행위가 현재도 행해지고 있는 것임에도 불구하고, 단적으로 신청대상으로 된 행위가 신청기간 전의 것이라는 이유로, 노동위원회가 신청 전체를 각하해서는 아니 된다. 따라서 신청에 문제로 되는 임금차별행위가 「계속하는 행위」인가 그렇지 않는가라는 것은 현실의 문제로서 현재도 행해지고 있는 행위에 대한 구제의 길이 막혀버린다고 하는 것과 직접적인 관계는 없는 것이다. 즉 이와 같은 사안에 있어서는 신청사항을 변경하든 무엇이든 하면(혹은 하지 않더라도) 노동위원회의 창구를 통과할 수 있기 때문에, 일부러 「계속하는 행위」를 끌어낼 필요조차 없을 것이다.

예컨대, 5년 전에 있었던 승급차별만을 부당노동행위로서 주장하면서 현재도 이러한 차별이 계속 행해지고 있다고 하는 경우, 5년 전의 행위에 관한 구제가 부여되지 않으면 어떠한 구제도 필요하지 않다고도 고집하지 않는 한, 이러한 종류의 행위를 「계속하는 행위」로 보아야 하기 때문에 신청의 각하를 해서는 아니 된다. 한편, 5년 전에는 차별이 있었지만 1년 전부터는 그것이 시정되어 전혀 차별이 없다고 하면, 이를테면 차별이 「계속하는 행위」라고 하더라도 행위가 종료하여 1년 이상 경과한 것으로서 신청의 각하를 해야 할 것이다.

나. 정 리

노조법 제82조 제2항 괄호안에 규정된 「계속하는 행위」란 동일태양의 행위가 외형적으로 계속하고 있다는 것을 의미한다. 구체적으로 보면, 해고예고와 해고에 이르는 일련의 과정, 계속적으로 이루어지는 경비원조행위, 직장폐와 같이 그 행위가 완결되지 아니하고 일정기간 계속되는 경우, 수일에 걸친 반조합연수라든가, 반복적인 반조합활동의 지시, 조합활동금지에 관한 취업규칙상 규정에 기하여 노동조합에 대한 지배개입을 의도하는 행위가 장기간에 걸쳐서 이루어지는 경우가 그 주된 예로 된다. 이것에 반해, 배치전환 혹은 인사이동이라는 행위는 그러한 명령을 내린 날이고, 해고의 경우에는 그 행위가 계속하고 있는 것이 아니다. 배치전환의 결과 임금이 내려갔다고 하여도, 그것이 새로이 배속된 직종에 따른 것이고, 다른 동일직종의 자와의 간에 차이가 있지 않은 한, 배치전환 자체가 부당노동행위라고 주장할 수는 없다고 할 것이다. 문제가 있다고 하면, 배치전환 당초는 임금도 내려가지 않고, 특히 불이익도 없었는데, 이 직종의 임금상승률이 이전의 것보다 낮게 설정되어 있다는 것이 후에 밝혀졌다고 하는 경우, 그 시점에 배치전환의 불이익성을 문제로 할 여지는 있다. 그것은 배치전환과 그것에 계속하는 신직종의 근무가 「계속하는 행위」이기 때문이 아니라, 부당노동행위제도 하에서의 행위의 의미가 노동자에게 불이익을 미치고, 일반 조합활동을 약화하는 효과를 가지는 것에서 행위의 불이익이 근로자의 태만이 아니라는 것이 명확하게 된 시점부터 신청기간이 진행한다고 해석할 여지가 있다고 생각하기 때문이다. 이 경우에 근로자가 알게 된 것이 지체되었기 때문에 신청기간을 도과한 것이 특별한 사정에 의한 것이라는 거증책임은 신청인이 부담한다.

제 4 절 구제이익과 소의 이익

Ⅰ. 구제이익

부당노동행위구제의 신청인인 근로자나 노동조합이 위와 같은 지방노동위원회나 중앙노동위원회의 구제명령에 의한 구제를 받으려면 그러한 구제를 받는데 관하여 구체적인 이익을 가지고 있어야 하며, 이러한 이익을 가리켜 구제이익(피구제이익이라고도 한다)이라 한다.

부당노동행위구제신청사건에 있어서 부당노동행위가 인정되어 적절한 구제명령을 발할 필요가 있더라도 노동위원회가 실제로 구제명령을 발하는 것은 명령을 발하는 시점에 있어서 신청인에게 위에서 본 바와 같은 구체적 이익이 있는 경우에 한정되며 구제이익이 존재하지 않는 경우에는 구제명령을 발할 필요가 없다. 그와 같은 구제이익은 구제를 하는 것이 필요한지 여부, 혹은 구제를 하는 것이 적절한가 하는 문제로서, 예를 들면 노동조합 또는 근로자가 부당노동행위의 결과에 동의하고 신청을 유지할 의사를 포기한 경우, 사용자의 행위에 의하여 부당노동행위의 결과가 회복된 경우 등에 문제가 된다.

Ⅱ. 소의 이익

중앙노동위원회의 재심판정에 대하여는 행정소송을 제기하여 그 취소를 구할 수 있게 되는데(노조법 제85조 제2항) 이 경우에는 일반의 취소소송(행정소송)과 마찬가지로 소의 이익, 즉 당해 명령이나 처분의 취소를 구할 법률상 이익의 존재가 필요하다.

소의 이익 유무가 문제로 되는 것은 대부분 중앙노동위원회의 명령·결정 후 사정의 변화에 따라 당해 명령·결정의 위법성을 다툴 실익이 존재하지 않게 된 경우이다. 명령·결정이 그 기초를 잃고 그것의 실현이 무의미하거나 불능으로 된 경우에는 명령·결정의 당부에 대한 실체적 판단에 앞서 명령·결정의 취소를 구할 법률상의 이익이 소멸하여 소의 이익이 없으므로 취소소송을 각하하여야 한다.

소의 이익을 사용자가 제기한 취소소송과 근로자 또는 노동조합이 제기한 취소소송으로 나누어 살펴보면 다음과 같다.178)

먼저, 사용자가 제기한 취소소송의 경우에는 구제명령의 이행이 객관적으로 불가능하게 된 경우와 구제명령의 내용이 다른 방법에 의하여 실현되어 그 목적달성이 된 경우에는 구제명령은 그 시점 이후 그 기초를 상실하여 그 구속력을 잃는다. 구제명령이 구속력을 잃은 경우에는 사용자는 그 시점 이후에 구제명령을 따를 의무가 없게 되어 원칙적으로 구제명령의 취소를 구할 이익이 없게 된다. 다만 예외적으로 구제명령이 구속력을 잃기 전에 구제명령에 따라 그 이행을 한 경우에 그 회복을 위하여 구제명령의 취소를 구할 특단의 사정이 있으면 소의 이익이 있다. 구제명령이 존재하고 그 효력 유무에 불구하고 사용자에게 불명예가 된다는 사정은 사실상의 불이익에 지나지 않는다. 이 점에 관하여는 취소소송 일반에서의 소의 이익과 관련하여 논란이 있을 수 있다.

다음에, 근로자나 노동조합이 제기한 취소소송의 경우에는 구제신청에 따라 명령을 얻는다고 하더라도 그 실현이 객관적으로 보아 불능인 경우, 예컨대, 노동자가 부당해고를 주장하여 원직복귀만을 구한 사안에서 그 후 다른 이유로 제2차 해고가 이루어지고 근로자가 이를 승인한 경우와 구제를 구하는 사항이 다른 방법에 의하여 이미 실현되어 구제신청이 이미 목적을 달성한 경우 등이 그 예이다. 이러한 경우에는 구제절차에 있어서의 구제이익에 대응하는 소의 이익이 없는 상태이다. 이는 일반행정소송에 있어서와 같은 개념이다.

Ⅲ. 구제이익과 소의 이익의 판단기준시기

일반적으로 행정법규의 정당한 적용을 목적으로 하는 행정사건의 분쟁은 그 적용대상의 상태가 처분 후에도 계속 변하므로 그 상태가 변한 경우 그 행정처분의 위법성, 구제이익 및 취소소송의 이익의 존부를 어느 시점의 상태를 기준으로 판단할 것인가가 문제인바, 이에 관하여는 학설상 다툼이 있다. 이에 대해서는 구제이익의 경우와 소의 이익의 경우로 나누어 보기로 한다.

178) 日本司法硏修所(편), 「救濟命令の取消訴訟の處理に 關する硏究」 法曹會, 2009참조.

1. 구제이익의 존부 판단 시기

행정처분의 위법성 판단의 기준시기가 처분시라는 점을 명시한 판례를 찾기는 어려우나 대체로 이를 당연한 전제로 하고 있는 것으로 볼 수 있다. 그리고 부당노동행위 구제재심판정 취소의 소에 있어서 처분시라 함은 사용자가 "부당노동행위"를 한 때가 아니라 노동위원회가 "구제명령"을 발하거나 "구제신청 기각"의 결정을 한 때이며, 노동위원회는 구제명령 여부의 결정시(=처분시)를 기준으로 부당노동행위 "구제신청의 이익"의 존부를 판단하게 된다. 그래서 판례[179]도 근로자를 해고한 회사가 실질적으로 폐업함으로써 근로자가 복귀할 사업체가 없어진 경우에는 "부당노동행위구제신청의 이익"이 없다고 하였다.

구제이익의 존부는 구제명령 여부를 결정하는 시점을 기준으로 판단해야 할 것이다. 즉 지방노동위원회에서 구제명령이 발하여지는 경우에는 지방노동위원회의 판정 당시에 지방노동위원회에서 구제신청이 기각된 후에 근로자의 재심청구에 의하여 중앙노동위원회가 이를 취소하고 구제명령을 발하려면 중앙노동위원회의 결정 당시에 각 구제이익이 있어야 하는 것이다.

2. 소의 이익과 판단기준시기

소의 이익이 존재하는지 여부의 기준시점에 관해 사실심의 변론종결시를 기준으로 보는 것이 우리나라의 통설인데, 판례[180]도 마찬가지다. 즉 위법성 판단은 처분시의 상태를 기준으로 한다고 하면서도[181] 구제명령의 이행 또는 집행을 불가능하게 하는 사정이 발생된 경우에는 그 명령의 취소를 구할 법률상의 이익을 상실하므로 소는 각하된다고 하여 소의 이익의 존부에 관하여는 사실상 변론종결시설을 취하고 있다.[182]

중앙노동위원회 재심판정 후 구두변론 종결시까지 생긴 사정, 예컨대 구제명령의 발령 후 명령의 이행 내지는 집행이 불가능하게 된 사정은 그와 같은 사정을 당해 재심판정의 위법성 판정의 자료로 삼는 것이 아니고, 소송요건의 하나인 소의 이익에 관한 것이기 때문에 이를 고려할 수 있는 것이다.

179) 대판 1990.2.27. 89누6501; 동 1991.12.24. 91누2762.

180) 대판 1987.3.10. 84누218; 동 1993.4.27. 92누13196.

181) 대판 1980.3.11. 76누254.

182) 대판 1969.10.23. 64누172; 동 1992.4.24. 91누11131.

그래서 판례도 부당노동위원회의 구제신청을 기각한 지방노동위원회의 결정을 유지한 중앙노동위원회의 재심판정이 있은 후 그 재심판정의 취소를 청구하는 행정소송의 사실심 변론종결 전에 사정의 변경으로 인하여 구제이익이 없게 된 경우에는 소의 이익도 없게 되는 것이므로 재심판정의 당부에 관하여는 실체적인 판단을 할 것도 없이 그 소를 각하할 수밖에 없다고 하고 있다.183)

Ⅳ. 구제이익과 소의 이익의 관계

근로자측이 사용자의 부당노동행위와 관련하여 중앙노동위원회의 재심에 대하여 그 취소를 구하는 경우에 소의 이익과 구제이익의 실질적인 내용은 같다고 볼 수 있다. 다만 그것이 문제되는 시기가 구제절차인 경우에는 구제이익의 문제로 다루어지고, 소송단계인 경우에는 소의 이익의 문제로 되는 것이다.

이를테면, 전직처분이 부당노동행위라고 주장하며 구제신청을 하였는데 정년퇴직을 하게 된 경우 정년퇴직의 시점이 구제절차 중이면 구제이익이 없으므로 구제신청을 각하하여야 할 것이고, 구제절차에서 구제이익이 없는 것을 간과하고 본안에 들어가 기각을 하였거나 또는 소송단계에서야 비로소 정년퇴직에 이른 경우에는 소의 이익이 없으므로 본안에 관하여, 즉 재심판정의 당부에 관하여 판단할 필요 없이 재심판정의 취소를 구하는 소를 각하하여야 하는 것이다.

마찬가지로 재심절차에서 구제이익이 있음에도 이를 간과하고 구제신청을 각하하였는데 근로자가 재심판정취소의 소를 제기한 경우 소제기 후 다시 상황이 변하여 구제이익이 소멸하였다면 소의 이익이 없게 되어 그대로 소를 각하하여야 하고, 재심판정의 주문이 '구제신청의 각하'로 되어 있다고 하여 원고의 청구를 기각할 것은 아니라고 하겠다.

그러나 사용자가 취소소송을 제기한 경우에 있어서는 구제이익의 소멸이 반드시 소의 이익의 소멸을 가져오는 것은 아니다. 예컨대, 부당해고구제재심판정절차에서 구제명령(복직과 복직시까지의 임금지급)이 내려지고 이에 대하여 사용자가 취소소송을 제기한 후에 사업장이 없어진 경우, 복직명령은 실효되었다고 하더라도 사용자가 임금지급의무를 면하기 위하여 재심판정의 전부에 대하여 취소를 구할 법률상 이익이 있다고 하겠다.184)

---

183) 대판 1995.4.7. 94누3209; 동 1995.12.5. 95누12347.

184) 대판 1993.4.27. 92누13196; 동 1994.4.29. 93누16680 등.

이와 같은 구제이익 및 소의 이익과 관련된 문제는 부당노동행위 구제신청에 대하여 뿐만 아니고 근로기준법 제28조에 따른 구제신청의 경우에도 동일하게 나타나는 바, 이하에서는 특히 근로자에 대한 해고 기타 불이익처분에 관한 민사소송이 확정된 경우를 중심으로 이를 좀 더 구체적으로 검토하기로 한다.

Ⅴ. 구제이익 또는 소의 이익의 유무에 대한 구체적 검토

1. 구제신청에 관한 결정·판결의 확정과 민사소송에서의 소의 이익

구제절차에서 구제신청을 기각하는 노동위원회의 결정이 확정된 경우에 구제명령은 사용자에 대하여 명령에 복종하여야 할 공법상의 의무를 부담시킬 뿐 직접 근로자와 사용자간의 사법상 법률관계를 발생 또는 변경시키는 것이 아니므로 근로자는 사법상 지위의 확보 및 권리의 구제를 받기 위하여 별도로 민사소송을 제기할 수 있다고 함이 판례의 입장이다.[185] 이러한 판례의 입장은 부당해고등구제신청과 부당노동행위구제신청에 모두 적용될 수 있을 것이다.

근로자가 구제신청기각결정을 받고 다시 행정소송을 제기하였으나 행정소송에서 청구기각판결이 확정된 경우 해고등무효확인청구의 민사소송에서 소의 이익이 있다고 할 것인지에 관하여는 아직 판례는 보이지 않으나 다툼이 있을 수 있다. 행정소송에서 법원의 실질적 심리를 통하여 해고 등 불이익처분이 부당한 불이익처분이 아니라는 점이 이미 확정되었으므로 민사소송에서 다시 심리하는 것은 불합리하다는 이유로 소의 이익을 부정하는 견해도 있을 수 있으나, 구제신청기각결정이 행정소송을 통하여 확정되었을 뿐 위 판례[186]의 사안과 그 본질에 있어서 차이가 있다고 할 수 없으므로 같은 취지에서 소의 이익을 긍정하여야 할 것으로 생각된다.

한편 구제절차나 행정소송에서 부당해고 등이나 부당노동행위에 대한 구제명령이 확정된 경우에 해고무효확인 등의 민사소송을 제기할 소의 이익이 있는지에 관하여도 견해가 나뉠 수 있다. 구제명령이 확정된 이상 별도로 해고무효확인의 민사소송을 제기할 소의 이익은 없다고 보는 견해도 있을 수 있으나, 판례에 의하면 부당해고등 구제신청에 관한 (구)근로기준법 제27조의3(현행의 근로기준법 제28

185) 대판 1991.7.12. 90다9353; 동 1992.5.22. 91다22100.

186) 대판 1991.7.12. 90다9353; 동 1992.5.22. 91다22100.

조)의 규정이 "해고를 둘러싼 쟁송에 관한 민사소송의 관할권을 박탈한 것으로 볼 수 없다"는 것이고,[187] 해고무효확인의 소는 근로자와 사용자간의 고용관계의 존속을 확인함으로써 그 고용관계 자체를 회복하려는 데 목적이 있는 것이므로[188] 사용자가 복직을 시키지 않은 이상 해고무효확인의 소의 이익은 있다고 보아야 할 것이다.

2. 해고등무효확인의 소의 확정과 구제신청에 관한 행정소송에서의 소의 이익

근로자가 제기한 해고등무효확인청구의 소에서 청구기각판결이 확정된 경우에 부당해고 등의 부당한 불이익처분이 아니라는 점은 이미 확정되어 더 이상 구제절차를 유지할 필요가 없게 되었으므로 구제이익이 소멸한 것으로 보아야 한다는 것이 판례이므로[189] 근로자가 제기한 근로기준법 제28조에 따른 구제신청을 기각하는 내용의 재심판정의 취소를 구하는 소는 소의 이익(재심판정의 취소를 구하는 법률상 이익)이 없어 각하를 면할 수 없다.

한편 근로자가 제기한 해고등무효확인청구의 소에서 청구기각판결이 확정된 경우에 근로자가 제기한 부당노동행위구제신청의 구제이익이나 구제신청을 기각한 결정에 대한 재심판정취소의 소의 이익이 있다고 볼 것인가에 관하여는 견해의 대립이 있다. 적극설은 해고등무효확인청구의 민사소송에서는 침해된 근로자의 권리를 확인하여 이를 보호하려는 것이고 부당노동행위구제절차에 있어서 구제명령에 의하여 보호하려는 법익은 반드시 이와 같은 것에 국한되는 것이 아니고, 해고 등이 정당하다고 하여 부당노동행위가 성립할 수 없는 것이 아니므로 이와 같은 경우에도 구제이익은 존재한다는 견해이다. 이에 반하여 소극설은, 근로자가 자신에 대한 사용자의 해고 등 불이익처분에 대하여 별도로 제기한 민사소송에서 청구기각의 판결을 받아 확정되었다면 그 불이익처분이 부당노동행위에 해당한다고 할 수 없으므로 근로자가 신청한 부당노동행위구제절차에서 노동위원회로서는 그 불이익처분이 부당노동행위라고 하여 사용자에 대하여 근로자를 원상회복하도록 하는 내용의 구제명령을 발할 수 없어 구제이익은 소멸한다는 견해이다.

이와 같은 적극설과 소극설의 차이는 해고가 정당한 경우에도 부당노동행위가

---

187) 대판 1991.7.12. 90다9353.

188) 대판 1991.2.22. 90다카27389 등.

189) 대판 1992.7.28. 92누6099; 동 1992.11.24. 92누9766.

성립할 수 있을 것인가에 관한 논란에서부터 출발한다고 할 수 있는데, 이에 관하여 정리하면 앞에서 이미 살펴보았듯이, 부당노동행위성립부인설(정당사유설이라고도 함)은 해고 등의 불이익처분을 함에 족한 정당한 사유가 있는 경우에는 부당노동행위는 성립되지 아니한다는 견해, 부당노동행위긍정설(조건설, 인과관계설이라고도 함)은 부당노동행위의사가 존재하는 경우에는 설사 해고 등의 불이익처분에 정당한 사유가 있다 하더라도 부당노동행위가 성립한다는 견해, 결정적원인설(결정적동기설이라고도 함)은 사용자가 근로자에 대하여 불이익취급을 함에 있어서 근로자의 정당한 노조활동과 해고 등의 정당사유 중 전자를 결정적 원인 또는 우월적 동기로 하여 해고 등의 불이익취급을 하였다면 부당노동행위가 성립한다는 견해 및 상당인과관계설은 근로자의 노조활동이 없었더라면 근로자에 대한 불이익취급이 없었을 것이라는 정도의 상당인과관계가 존재하면 부당노동행위가 성립한다는 견해가 있다.

판례의 주류가 결정적 원인설을 취하고 있다고 하나[190] 최근의 주류적 태도는 "정당한 해고사유가 있어 해고한 경우에 있어서는 비록 사용자가 근로자의 노동조합활동을 못마땅하게 여긴 흔적이 있다거나 사용자에게 반노동조합의사가 추정된다고 하더라도 당해 해고사유가 단순히 표면상의 구실에 불과하다고 할 수는 없을 것이므로 부당노동행위에 해당한다고 할 수 없다"라고 판시하거나[191] 아예 "해고에 정당한 이유가 있는 이상 그것이 부당노동행위에 해당한다고 할 수 없다"고 판시하여[192] 부당노동행위의 성립을 부정하고 있는 바, 이들 판례는 정당사유설을 직접적으로 표현한 것으로 보인다.

이처럼 판례와 같이 "정당사유설(부당노동행위성립부인설)"을 취한다면, 근로자가 해고 등 불이익처분에 대한 민사소송에서 청구기각의 판결을 받아 확정되었다면 그 불이익처분이 부당노동행위에 해당한다고 할 수 없고, 그에 대한 부당노동행위구제이익도 소멸한다고 하는 소극설을 취할 수밖에 없다고 할 것이다.

한편, 다른 판례[193]는 근로자가 자신에 대한 해고 등의 불이익처분이 부당노동행위에 해당한다고 주장하여 부당노동행위 구제신청을 하여 그 구제절차가 진행중에 자신이 별도로 사용자를 상대로 제기한 해고 등 무효확인청구의 소에서 청구기각의 판결이 선고되어 확정된 경우에 있어서는 사용자의 근로자에 대한 해고

190) 예컨대 김치중, "노동위원회의 처분에 대한 쟁송에 있어서의 소송법적 문제들(하)", 판례월보 1996/3, 43면.

191) 대판 1996.4.23. 95누6151; 동 1996.7.30. 96누587; 동 1996.12.20. 95누18345.

192) 대판 1997.8.29. 96누12672.

193) 대판 1996.4.23. 95누6151.

등의 불이익처분이 정당한 것으로 인정되었다 할 것이어서 노동위원회로서는 그 불이익처분이 부당노동행위에 해당한다고 하여 구제명령을 발할 수 없게 되었으므로 구제이익은 소멸한다고 보아야 하고, 이와 같은 경우 근로자의 부당노동행위 구제신청을 기각한 지방노동위원회의 결정을 유지하여 재심신청을 기각하거나 구제명령을 발한 지방노동위원회의 결정을 취소하여 구제신청을 기각하는 내용의 중앙노동위원회의 재심판정의 취소를 구하는 소송은 그 소의 이익이 없어 부적법하다고 하고 있다.

그러나 근로자가 제기한 해고 등 무효확인청구의 소에서 승소판결이 확정된 경우 부당해고 등 구제신청이나 부당노동행위구제신청에 대한 구제이익이 있다고 볼 것인지에 대하여는 아직 판례가 나와 있지 않다. 다만, 학설상으로는 근로자가 제기한 부당노동행위의 구제절차 또는 구제소송이 계속 중에 해고무효확인청구소송의 승소판결이 확정되었다고 하여도 사용자가 사실상 그 판결에 따른 원직으로의 복직을 거절하고 있다는 등의 사정이 있는 경우에는 근로자로서는 노동위원회의 구제명령을 통하여 사용자로 하여금 그 시정조치를 취하게 할 필요가 있기 때문에 부당노동행위구제소송의 소의 이익이 없다고 할 수는 없다고 한다. 노동위원회에 의한 행정상의 구제는 근로자의 사법상의 권리의무에는 직접적인 영향을 미치지 아니하고 사용자에게 정상적인 근로계약관계를 침해하는 일체의 행위에 대한 시정조치를 취하게 할 공법상의 의무를 부담시켜 사실상 정상적인 근로계약관계를 조속히 회복시키는 제도이기 때문이다.

3. 부당해고·부당노동행위 구제신청 등 하나에 관한 결정의 확정과 다른 구제신청에 관한 행정소송에서의 소의 이익

먼저 부당노동행위 구제신청 기각결정이 확정된 경우 부당해고 구제신청에 관한 구제이익과 행정소송에서의 소의 이익이 없다고 할 수 없을 것이다. 부당노동행위는 “근로자가 노조에 가입 또는 가입하려고 하였거나 노동조합을 조직하려고 하였거나 기타 노동조합의 업무를 위한 정당한 행위를 한 것을 이유로 그 근로자를 해고하거나 그 근로자에게 불이익을 주는 행위”(노조법 제81조 제1호) 또는 “근로자가 정당한 단체행위에 참가한 것을 이유로 하거나 또는 노동위원회에 대하여 사용자가 이 조의 규정에 위반한 것을 신고하거나 그에 관한 증언을 하거나 기타 행정관청에 증거를 제출한 것을 이유로 그 근로자를 해고하거나 그 근로자에게 불이익을 주는 행위”(노조법 제81조 제5호)임에 비하여, 부당해고는 “사용자가 근로자에게 정당한 이유 없이 해고, 휴직, 정직, 전직, 감봉 그 밖의 징벌을 한 행위(이하 부당해고 등)"(근로기준법 제23조 제1항)로서 각각 그 규정의 취지와 요건이 다르기 때문이다.

그러나 부당해고 등 구제신청 기각결정이 확정된 경우에는 부당노동행위 구제신청에 관한 구제이익과 소의 이익이 없다고 보아야 할 것이다. 앞서 본 바와 같이 최근의 주류적 판례에 의하면, "정당한 해고사유가 있어 해고한 경우"에는 194) 부당노동행위에 해당한다고 할 수 없다는 것인 바, 부당해고 등의 구제신청이나 부당노동행위 구제신청은 모두 동일한 행정기관에 대하여 "행정처분"을 구하는 것이라는 점을 감안한다면, 행정기관에 의하여 일단 "정당한 해고"임이 확정되었다면 다시 같은 행정기관에 대하여 부당노동행위 구제신청을 할 구제이익은 없다고 봄이 상당하므로 부당노동행위 구제신청에 관한 행정소송의 소의 이익도 없다고 볼 것이다.

이와는 달리, 부당해고 등의 구제신청이나 부당노동행위 구제신청에 대한 실체판단이 내려지지 않고 각하되었을 뿐인 경우에는 그 해고 등이 정당한지 여부에 대한 판단이 없으므로 부당해고 등 구제신청에 대하여 기각결정이 확정되어 "정당한 해고"임이 확정된 경우라고 볼 수 없다고 할 것이다. 그러므로 근로자가 승진 및 배치전환 이후 해고되고 지방노동위원회에 부당해고 구제신청을 하였으나 신청기간 도과를 이유로 각하되어 중앙노동위원회에 재심신청을 하였으나 기각되어서 위 각하 결정이 확정되었다고 하더라도 이로써 그 해고가 정당한지 여부가 아직 확정되지 아니하였다고 할 것이고, 더군다나 위 해고가 승진 및 배치전환에 따른 무단결근 등을 그 해고사유로 삼고 있어서 승진 및 배치전환의 부당노동행위 해당여부가 위 해고의 사유와도 직접 관련을 갖고 있다면, 승진 및 배치전환에 대한 구제의 이익이 있다고 하겠다.195)

한편 부당노동행위 구제명령이 확정된 경우에 부당해고 등 구제신청에 관한 구제이익과 소의 이익이 있는지가 문제될 수 있다. "정당한 해고"이면 부당노동행위가 될 수 없다는 점을 감안한다면, 부당노동행위 구제명령이 확정된 이상 "정당한 해고"가 아니라는 점은 이미 확정되었다고 볼 수 있으므로 새삼스럽게 부당해고 구제신청을 할 구제이익은 없다.

역으로 부당해고 등 구제명령이 확정된 경우에 부당노동행위 구제신청에 관한 구제이익과 소의 이익이 없다고 보아야 할 것인지에 관하여는 논란이 있을 수 있다.

---

194) 해고 등 무효확인청구의 소가 각하되었을 경우에도 동일하다.

195) 대판 1998.12.23. 97누18035.

즉, 부당해고 등 구제제도와 부당노동행위 구제제도는 그 구제절차가 동일하고 구제명령의 효력도 동일하기 때문에 부당해고 등 구제신청사건에서 해고가 부당한 것으로 확정되었음에도 다시 부당노동행위구제명령을 내려야 할 별도의 필요성이 없다고 하는 소극적인 견해가 있을 수 있다.

그러나 두 개의 제도는 별도의 입법목적과 요건을 갖는 별개의 제도이고, 구제명령의 형식과 내용도 상이하기 때문에[196] 부당해고구제명령과는 별도로 부당노동행위 구제명령을 인정할 필요가 있다고 보아야 할 것이다. 부당해고 등 구제신청 기각결정이 확정된 경우에는 동일한 행정절차 내에서 이미 "정당한 해고"임이 확정되었으므로 다시 "부당노동행위"로 판명될 수 없음에 비하여, 부당해고 구제명령이 확정된 경우에는 해고자체가 "부당"하다는 것일 뿐, 그것이 "부당노동행위"인지 여부는 확정된 바 없다는 차이점이 있다는 점에서도 적극적인 견해가 타당하다.

판례[197]도 "(구)노동조합법에 의한 부당노동행위구제제도는 집단적 노사관계질서를 파괴하는 사용자의 행위를 예방·제거함으로써 근로자의 단결권·단체교섭권 및 단체행동권을 확보하여 노사관계의 질서를 신속하게 정상화하고자 함에 그 목적이 있음에 비하여, (구)근로기준법에 의한 부당해고 등 구제제도는 개별적 근로계약관계에 있어서 근로자에 대한 권리침해를 구제하기 위함에 그 목적이 있는 것으로, 이는 목적과 요건에 있어서 뿐만 아니라 그 구제명령의 내용 및 효력 등에 있어서도 서로 다른 별개의 제도라고 할 것이다. 그러므로 사용자로부터 해고된 근로자는 해고처분이 (구)노동조합법상 부당노동행위에 해당됨을 이유로 같은 법에 의한 부당노동행위구제신청을 하면서 그와 별도로 그 해고처분이 (구)근로기준법상 부당해고에 해당함을 이유로 같은 법에 의한 부당해고구제신청을 할 수 있는 것이고, 근로자가 이와 같은 두 개의 구제신청을 모두 한 경우에 부당해고 구제절차에서 부당해고에 해당함을 이유로 구제명령이 발하여졌다고 하여도 그 구제명령은 근로자에 대한 해고처분이 부당노동행위에 해당함을 전제로 이루어진 것이라고 할 수 없으므로 그와 같은 부당해고에 대한 구제명령이 있었다는 사정만으로 부당노동행위구제신청에 대한 구제이익 또는 그 구제신청을 받아들이지 않은 중앙노동위원회의 재심판정에 대한 취소소송에서의 소의 이익마저도 없다고 할 수 없다"고 하여 적극설을 취하였다고 하겠다.

---

196) 실무에서 부당노동행위 구제명령에서는 "부당노동행위로 인정한다"는 주문 다음에 "원직복귀와 임금지급"을 명하고 있고, 이론상으로는 부당노동행위 구제명령의 경우 "필요하고도 적절한 조치"를 취할 수 있으므로 보다 광범위하고 다양한 주문을 낼 수 있게 되고, 그 실효성확보를 위하여 형사처벌을 할 수 있는지 여부의 차이도 있다.

197) 대판 1998.5.8. 97누7448.

Ⅵ. 주장·입증책임의 문제

부당노동행위의 요건, 즉 근로자가 노동조합의 업무를 정당한 행위를 하고 회사가 이를 이유로 근로자를 해고한 사실의 주장 및 입증책임은 부당노동행위임을 주장하는 근로자에게 있다. 이러한 점은 부당해고구제에 관하여 판례[198]는 "부당해고구제재심을 다투는 소송에 있어서는 해고의 정당성에 관한 주장·입증책임은 이를 주장하는 자가 부담한다고 하여 해고의 정당성에 관한 주장을 배척하면서 그 과정에서 근로자가 구체적으로 주장하지 아니한 잘못을 인정하였다고 하여 변론주의에 어긋나는 것이 아니다"라고 하고 있다. 그러나 통상의 민사소송으로서의 해고무효확인소송에서 해고의 정당성에 관한 주장·입증책임을 사용자에게 부담시키고 있는 판례의 입장[199]과 상이하여 심히 의문이 제기된다. 어떻든 노동사건에 대한 우리 최고법원의 차별적인 소송운영에서 노동조합측은 입증의 어려움에 봉착하게 된다. 그 결과는 최근에 부당노동행위구제신청사건이 줄어드는 반면, 부당해고구제사건이 증가하는 한 원인이 되고 있는 것이 아닌가 짐작된다.

---

198) 대판 1995.2.14. 94누5069.

199) 대판 1991.7.12. 90다9353.

제 5 절 부당노동행위의 심판절차

Ⅰ. 개 관

노조법에 의한 구제절차는 노동위원회의 초심·재심절차와 그에 대한 불복절차로 행정소송이 있으며 노동위원회의 초심·재심절차는 신청→조사→심문→합의→구제명령 순으로 진행된다.

Ⅱ. 초심절차

1. 신 청

초심절차는 신청인이 부당노동행위가 발생한 사업장의 소재지를 관할하는 지방노동위원회에 그 구제를 신청함으로써 개시된다(노동위원회법 제3조 제2항 참조). 구제신청은 부당노동행위가 있은 날(계속하는 행위는 그 종료일)부터 3월 이내에 하여야 한다(노조법 제82조 제2항).

2. 심 사

노동위원회는 구제신청을 받은 때에는 지체 없이 필요한 조사와 관계 당사자의 심문을 하여야 하는 바, 조사와 심문을 함께 일컬어 심사라 한다.

노동위원회는 심문을 할 때에는 관계 당사자의 신청 또는 직권으로 증인을 출석하게 하여 필요한 사항을 질문할 수 있으며, 심문을 함에 있어서는 관계 당사자에 대하여 증거[200]의 제출과 증인에 대한 반대심문을 할 수 있는 충분한 기회를 주어야 한다(노조법 제83조 참조, 노동위원회 규칙 제59조).

---

200) 대판 1993.11.9. 93다37915.

3. 합 의

심문이 종결되면 의장은 공익위원회를 개최해서 합의한다.

4. 화 해

노동위원회규칙은 부당노동행위의 구제절차에서 화해를 인정한다(동규칙 제68조). 이 경우 화해는 위원회가 심사과정에서 부당노동행위의 성립여부를 판단하고 그 판단에 근거하여 화해를 권고하는 판정적 화해이다.

5. 구제명령과 그 효력

1) 서

노동위원회는 규정에 의한 심문을 종료하고 부당노동행위가 성립한다고 판정한 때에는 사용자에게 구제명령을 발하여야 하며, 부당노동행위가 성립되지 아니한다고 판정한 때에는 그 구제신청을 기각하는 결정을 하여야 한다. 판정·명령 및 결정은 서면으로 하되, 이를 당해 사용자와 신청인에게 각각 교부하여야 한다.

구제명령의 내용은 부당노동행위에 의해 침해된 상태를 회복(원상회복)하는 데 필요하고도 적절한 구체적 조치를 하여야 한다. 따라서 추상적 구제명령이나 손해배상명령은 허용되지 않는다. 부당노동행위구제로서의 원상회복은 사법상의 원상회복과 달리 근로자 개인의 피해뿐만 아니라 단결체의 피해까지도 원상회복을 하는 것을 의미하므로 동적인 노사관계의 장에서 장래의 침해에 대한 예방적인 면을 고려하는 것도 포함된다. 구제명령에 있어서 노동위원회는 노동3권의 침해상태에 따라 침해에 대한 회복을 위한 구제명령을 함에 있어서 어떠한 조치를 할 것인가에 관해 상당한 재량권을 가진다. 따라서 사과문을 붙이거나 구제명령서의 전문을 게시하도록 하는 공고문게시(post notice)를 하도록 하는 것도 가능하고, 사용자가 노동위원회의 구제명령을 어떻게 이행하였는가를 보고하도록 하는 명령도 부가적으로 할 수 있다.

부당노동행위의 유형에 따라 노동위원회가 내리는 구제명령의 유형을 살펴보면, 대개 아래와 같다.

2) 구제명령의 유형

(1) 불이익취급의 경우

가. 원상회복

해고사건에 있어서는 근로자를 원직 또는 원직에 상당하는 지위에 복직시키도록 하고, 해고가 없었더라면 지급했어야 할 임금상당액의 지급(back pay)을 명하는 것이 원칙이다.

나. 일실임금과 중간수입의 공제

해고가 없었더라면 지급했어야 할 임금상당액이 일실임금(back pay)이라고 하는데, 이와 관련하여 해고기간 중 다른 직장이나 기타 노무를 제공하여 얻은 중간수입이 있는 경우에 이를 공제해야 하는가에 대해 논란이 있다. 아메리카합중국에서는 보통법상의 손해경감의무론에 기하여 일실임금(back pay)은 중간수입을 공제하는 것이 관례화되어 있다. 그러나 우리나라 및 일본 노동법하계에서는 공제필요설, 공제불요설, 자유재량설로 학설이 나누어져 있다.

생각하건대, 중간수입의 공제는 위법한 해고를 당한 근로자 해고기간 중 다른 직장에서 열심히 일하였음에도 아무 일도 하지 않은 근로자가 보다 많은 일실임금을 받게 되는 결과로 되어 법의 이념인 정의관념에 배치되고, 채무면탈과 중간수입 간에 실질적으로 인과관계가 없다고 할 것이므로 공제해서는 아니 된다고 할 것이다.

그러나 판례[201]는 민법 제538조 제2항의 민법적 사고에 의하여 투철하게 원칙적으로 공제하되, 근로기준법 제46조 휴업수당을 기준으로 중간수입이 휴업수당의 액수를 초과하는 경우에 한하여 공제가 허용된다고 하여 어정쩡한 태도를 취하고 있다.

(2) 단결자유제한계약의 경우

비열계약의 경우는 당해 계약의 무효를 확인하고 사용자가 근로자에 대하여 특정 노동조합에의 가입 등을 강요하는 것을 중지하도록 하는 명령을 발하여야 한다.

---

201) 대판 1996.4.23. 94다446 등.

(3) 지배·개입의 경우

당해 지배·개입행위를 하여서는 아니 된다는 내용의 부작위명령, 공고문게시(post notice) 게시명령, 동일한 행위가 반복될 우려가 있는 때에는 장래에 대한 부작위명령 등을 할 수 있다.

(4) 단체교섭거부 및 불성실 교섭의 경우

단체교섭거부에 대하여는 교섭담당자, 교섭대상, 교섭절차 등을 정하여 성실하게 교섭할 것을 명한다.

3) 구제명령의 효력

노동위원회의 구제명령은 행정처분의 일종이고, 관계 당사자는 구제명령이 있을 때에는 이에 따라야 한다(노조법 제84조 제3항 참조). 노동위원회의 구제명령·기각결정 또는 재심판정은 중앙노동위원회에의 재심신청이나 행정소송의 제기에 의하여 그 효력이 정지되지 아니하므로 여기서 말하는 구제명령은 확정된 것일 필요가 없다.

노동위원회의 명령이나 결정은 재심신청이나 행정소송의 제기에 의해 그 효력이 정지되지 아니한다(노조법 제86조). 따라서 사용자가 노동위원회의 구제명령에 대해 재심신청 또는 행정소송을 제기한 경우에도 그 이행의무를 면할 수 없다. 그러나 이러한 이행의무는 공법상의 의무에 불과하다.

당사자에게 명령서 또는 결정서를 교부한 후에는 그것이 행정행위로서 불가변적 효력(不可變的 效力)을 가지기 때문에 당해 노동위원회도 그 명령이나 결정에 구속되어 이를 취소하거나 변경할 수 없다. 다만 당사자가 중앙노동위원회에 재심을 신청하는 경우에 그 재심절차를 거쳐서 명령이나 결정을 취소하거나 변경할 수 있다.

4) 구제명령의 확정

관계당사자가 그 명령서 또는 결정서의 송달을 받은 날부터 10일 이내에 중앙노동위원회에 그 재심신청을 하지 않거나 중앙노동위원회의 재심판정에 대하여 관계 당사자가 그 재심판정서의 송달을 받은 날부터 15일 이내에 행정소송법이 정하는 바에 의하여 소를 제기하지 아니하는 때에는 그 구제명령·기각결정 또는 재심판정은 확정된다. 기각결정 또는 재심판정이 확정된 때에는 관계 당사자는 이에 따라야 한다(노조법 제85조 참조).

확정된 명령 또는 결정을 따르지 않는 경우에 관계당사자는 처벌될 수 있다(노조법 제89조 제2호).

위에서 언급했듯이, 부당노동행위구제도가 행정적 구제이기 때문에 구제명령은 노동위원회가 사용자에게 공법상의 의무를 부과하는 것이기 때문에 구제명령이 확정되더라도 그것이 법원의 확정판결과 같은 기판력 및 강제집행력을 가지는 것은 아니다. 그래서 근로자에 대한 사용자의 해고가 부당노동행위로 인정되어 노동위원회가 원직복귀명령을 내리고 이것이 확정된다고 하더라도 당해해고가 사법상 무효로 되는 것은 아니다. 또 사용자가 임의적으로 구제명령을 이행하지 아니하는 경우에 근로자는 사법상의 지위를 확보하거나 권리의 구제를 위해서는 별도로 사용자를 상대로 하는 해고무효확인을 구하는 민사소송을 제기하여야 한다. 이것은 부당노동행위에 대한 행정적 구제의 한계라고 할 수 있다. 입법론적으로는 구제명령의 실질화를 위해서 확정된 구제명령에 대해서는 사법상의 집행력을 부여하는 방안이 강구될 필요가 있다.

이와는 약간 다른 차원의 문제로서, 사용자가 확정된 구제명령의 효력에 정면으로 반하는 별도의 법률행위를 하는 경우에 그 법률행위의 효력을 어떻게 봐야 하는가가 문제도 제기될 수 있다. 이것은 구제명령의 확정에 의해서 형성된 공법적 질서에 위반하는 사용자의 사법적 행위의 법적 효력을 전체법질서의 차원에서 어떻게 평가해야 하는가라는 문제이다. 생각건대, 부당노동행위 구제명령 그 자체에 대해서 사법상 효력을 인정하지 않는다고 하더라도 당해 구제명령의 확정에 의해서 새롭게 형성된 노동법질서에 반하는 사용자의 행위에 대해 사법적 효력을 부여하는 것은 법질서 전체에 차원에서 볼 때 모순이다. 그러므로 이러한 사용자의 사법적 처분행위는 무효라고 해야 할 것이다. 이에 관해서는 판례[202]도 '부당노동행위규정은 헌법이 규정하는 노동3권을 구체적으로 확보하기 위한 것으로 이에 위반할 경우 처벌규정을 두고 있는 한편, 신속한 권리구제를 위하여 행정상의 구제절차까지 규정하고 있음에 비추어 이는 효력규정인 강행법규라 할 것이므로 위 규정에 위반한 법률행위는 사법상으로도 그 효력이 없다'고 보고 있다.

202) 대판 1993.12.21. 93다11463.

Ⅲ. 재심절차

1. 신 청

1) 재심신청의 당사자

재심신청인이 될 수 있는 자는 지방노동위원회의 초심명령·결정에 불복하는 관계당사자이다(노조법 제85조 제1항). 즉 초심의 구제명령에 대해서는 초심피신청인(사용자)이 재심신청인이 되고, 초심의 각하결정이나 기각결정에 대해서는 초심신청인(근로자 또는 노동조합)이 재심신청인이 되며, 초심이 신청대상의 일부에 구제명령을 발하고, 나머지 부분에 대해서는 기각 또는 각하의 결정을 한 경우에는 당사자 쌍방이 재심신청인이 될 수 있다.

당해 사건의 초심절차에서 신청인 또는 피신청인이 아니었지만. 신청인 또는 피신청인이 될 수 있었던 다른 관계자가 초심명령 또는 결정에 불복하여 재심을 신청할 수 있는가가 문제이다. 예컨대, 노동조합이 구제를 신청한 불이익취급사건에 대해 초심에서 기각결정이 된 경우 초심신청인이 아니었던 피해근로자는 직접 재심을 신청할 수 있고, 그 반대의 경우도 마찬가지라고 할 것이다.[203]

초심의 명령 또는 결정에 대해 재심을 신청한 자의 상대방이 재심의 피신청인으로 된다.

2. 신청절차

초심명령에 불복하여 재심을 신청하려는 당사자는 초심의 명령서 또는 결정서를 송달받은 날로부터 10일 이내에 재심절차를 신청하여야 한다(노조법 제85조 제1항). 재심신청은 재심신청서를 초심의 지방노동위원회에 제출하거나 중앙노동위원회에 제출함으로써 성립한다(노동위원회규칙 제35조 제1항). 재심신청서가 초심의 지방노동위원회에 제출된 때에는 지체 없이 중앙노동위원회에 송부해야 하고, 그 신청기간의 계산에서는 지방노동위원회에 접수된 날을 재심신청일로 본다(동조 제4항).

---

203) 동지 : 김유성, 위같은책, 374면; 김치선, 위같은책, 395면.

3. 재심신청의 범위

재심을 신청할 수 있는 범위는 초심명령 또는 결정의 대상이었던 구체적인 사실이다. 노동위원회규칙 제36조는 재심신청의 범위와 관련하여 "불복신청은 최심에서 청구한 범위를 넘어서는 아니된다"라고 규정하는 있는데, 여기에서 초심에서 청구한 범위라는 초심에서 청구한 구체적인 사실의 범위를 의미한다고 할 것이다.[204] 그러므로 초심명령 또는 결정의 대상이었던 사실의 범위 내이면, 노조법 제81조 각 호의 적용을 달리하거나 구제조치를 추가 변경해서 재심을 신청하는 것도 재심신청의 범위를 넘는 것이 아니다. 예컨대, 초심에서 어떠한 사실이 불이익취급에 해당한다고 구제신청을 하였다가 기각결정이 내져진 경우에 그와 동일한 사실이 지배개입이라고 주장하면서 재심을 신청할 수 있고, 재심을 신청할 때 초심에서 신청하지 않았던 구제조치로서 공고문게시(post notice)를 추가하여 신청할 수 있다.

4. 심판범위와 재심명령

중노위의 재심은 신청의 불복 범위 내에서 초심의 처분의 승인 취소 또는 변경을 할 수 있다(노동위원회 규칙 제94조).

Ⅳ. 행정소송

1. 행정소송의 제기

중앙노동위원회의 재심판정에 대하여 관계 당사자는 그 재심판정서의 송달을 받은 날부터 15일 이내에 행정소송법이 정하는 바에 의하여 소를 제기할 수 있다(노조법 제85조 제2항). 송달을 받은 날로부터 15일 이내에 재심을 신청하지 아니하거나 행정소송을 제기하지 아니한 때에는 그 구제명령·기각결정 또는 재심판정은 확정되고, 관계 당사자는 이에 따라야 한다(노조법 제85조 제3항, 제4항). 노동위원회의 구제명령·기각결정 또는 재심판정은 행정소송의 제기에 의하여 그 효력이 정지되지 아니한다(노조법 제86조).

---

204) 김유성, 위같은곳.

2. 당사자

(1) 원 고

사용자측이 취소소송을 제기한 경우에는 구제명령의 명의인이 원고가 된다. 근로자 또는 노동조합이 제소하는 경우에는 당해 부당노동행위 구제신청을 한 자(신청인)의 원고적격이 인정된다. 다만, 다수설은 신청인이 아닌 부당노동행위에 의해 권리를 침해당한 자도 원고적격이 인정된다고 본다.

(2) 피 고

피고는 당해 명령 또는 결정 즉 재심판정을 내린 중앙노동위원회이다. 사용자가 원고인 경우 근로자 또는 노동조합이, 근로자 등이 원고인 경우에는 사용자가 보조참가 할 수 있다.

(3) 위법성 판단 기준시기

법원이 중앙노동위원회의 재심판정에 대한 위법성을 판단하는 경우, 어느 시점을 기준으로 판단하여야 하는가에 관하여 처분시설과 판결시설이 대립하고 있으나 다수설은 처분시설을 따르고 있다.

부당노동행위구제신청에 관한 중앙노동위원회 재심판정의 적부는 그것이 이루어진 시점을 기준으로 판단하여야 할 것이지만 그렇다고 하여 노동위원회에서 이미 주장된 사유에만 한정된다고 볼 근거는 없으므로 중앙노동위원회의 명령 또는 결정 후에 생긴 사유가 아닌 이상 노동위원회에서 주장하지 아니한 사유도 행정소송에서 주장할 수 있다.[205]

(4) 긴급이행명령제도

가. 긴급이행명령제도의 의의

(구)노동조합법에서는 미확정 구제명령을 이행하지 아니한 경우에도 형벌을 부과하도록 하고 있었으나((구)노동조합법 제46조 및 제42조 참조) 헌법재판소의 결정[206]에 의해 당해 규정이 위헌판단을 받아 폐기되었다. 그래서 현행 노조법은 사용자가 확정된 구제명령을 이행하지 아니하는 경우에 한하여 처벌하도록 하고 있어

205) 대판 1980.8.10. 89누8217.

206) 헌재 1995.3.23. 92헌가14 결정.

(노조법 제89조 제2호) 사용자는 대법원의 확정판결시까지 구제명령을 이행하지 않아도 현실적인 강제수단이 없다. 이에 대하여 구제명령의 실효성을 확보하기 위하여 도입한 제도이다.

노동위원회의 구제명령은 명령을 교부한 날로부터 효력이 발생할 뿐만 아니라 중앙노동위원회의 재심신청이나 행정소송의 제기에 의하여 그 효력이 정지되지 아니한다(노조법 제86조). 그러나 이것은 구제명령 등 처분의 "공정력(公定力)"에 관한 것에 불과하다. 공정력이라는 것은 행정법 관계의 안정성, 행정의 원활한 운영이라는 정책적 관점에서 절차법상 행정청의 결정에 잠정적인 통용력을 인정한 것일 뿐이고, 구제명령이 확정되지 아니한 이상 "집행력(執行力)"이 없기 때문에 그에 위반하는 행위에 대하여는 형사처벌을 할 수 없는 등 실효성을 확보할 수 없다.

그래서 노동위원회의 구제명령이 법원에 의하여 확정되려면 시간을 요하기 때문에 구제명령의 실질적 실효성이 문제되고, 이를 위하여 노조법 제85조 제5항은 "사용자가 행정소송을 제기한 경우에 관할 법원은 중앙노동위원회의 신청에 의하여 결정으로써, 판결이 확정될 때까지 중앙노동위원회의 구제명령의 전부 또는 일부를 이행하도록 명할 수 있다"고 규정하고 있다.

나. 신청절차

가) 신청권자

현행 노조법 제85조 제5항에 의하면 구제명령의 긴급이행명령신청권자는 중앙노동위원회이다. 그러나 입법론적으로 신청권한을 굳이 중앙노동위원회로 국한할 필요는 없을 것이다. 중앙노동위원회가 긴급이행명령의 신청을 소홀히 하는 경우에는 구제명령에 의해 실질적으로 보호를 받게 될 근로자나 노동조합의 권리보호에 위배될 가능성이 있기 때문이다. 그래서 노동조합이나 근로자에게도 신청권을 인정할 필요가 있다.

나) 신청사유

현행 노조법은 긴급이행명령의 신청사유를 구체적으로 명시하고 있지 않다. 즉 어떠한 사유가 있는 경우에 긴급이행명령을 신청하는가는 중앙노동위원회의 판단에 달려 있다고 하겠다. 그렇지만 중앙노동위원회가 긴급이행명령의 신청여부를 결정하는 때에도 반드시 예외적인 긴급한 필요성이 있어야 하는 것은 아니다. 구제명령의 실효적인 이행확보를 위해서는 중앙노동위원회는 오히려 긴급이행명령을 신청해서는 아니되는 특별한 사유가 없는 한 이를 신청해야 할 것이다. 예컨대, 사용자가 이미 구제명령의 일부 또는 전부를 이행하고 있거나 근로자측이 구제명령의 긴급한 이행을 바라지 않는 특별한 사정이 있는 경우에만 예외적으로 신청해서는 아니 된다고 할 것이다.

다. 긴급이행명령의 요건과 법원의 심사

사용자가 행정소송을 제기한 경우에 관할법원은 중앙노동위원회의 신청에 의하여 결정으로써 판결이 확정될 때까지 중앙노동위원회의 구제명령의 전부 또는 일부를 이행하도록 명할 수 있다. 여기에서 문제로 되는 것은 법원이 어떠한 경우에 긴급이행명령을 하는가이다. 긴급이행명령의 요건은 구제명령이 판결확정시까지 잠정적으로 이행하도록 할 필요성이다. 법원은 제출된 소명자료에 근거해서 필요성이 있다고 판단하면, 원칙적으로 긴급이행명령을 내려야 할 것이다. 긴급이행명령을 내리는 경우에 반드시 구제명령이 적법해야하는가도 문제이다. 구제명령이 적법해야 한다는 견해도 있을 수 있으나 이는 긴급이행명령을 하기 전에도 구제명령의 적법성을 심사해야 한다는 것은 과도하다고 생각된다. 이는 긴급이행명령제도 자체를 부정하는 결과로 된다. 제출된 소명자료에서 구제명령에 중대하고 명백한 하자 없는 한 구제명령은 일단 적법한 것으로 추정된다고 할 것이고, 구제명령의 적법성은 취소소송의 본안판결절차에서 심리되어야 할 것이다.

라. 긴급이행명령의 취소

법원은 긴급이행명령을 내린 경우에도 당사자의 신청 또는 직권으로 이를 취소할 수 있다(노조법 제85조 제5호 2문 참조).

(5) 행정소송의 판결 내용

가. 취소판결의 경우

취소판결은 중앙노동위원회를 기속한다. 구제신청의 각하 또는 기각을 한 중앙노동위원회의 처분이 취소된 경우에는 판결의 취지에 따라 이전의 신청에 대한 처분을 하여야 한다. 부당노동행위가 성립한다는 취지의 구제명령이 취소된 경우에는 당해 명령은 효력을 잃는다.

나. 구제명령의 일부취소

부당노동행위구제명령에 포함된 여러 구제방법 중의 일부에만 위법이 있는 경우에 관하여 그 전부를 취소한 판례[207]가 있다. 이러한 판례는 노동위원회에 의한 구제명령에 포함된 여러 구제수단은 서로 유기적 관계에 있는데 그 중 일부만을

---

207) 대판 1993.4.27. 92누13196.

취소하는 경우에는 노동위원회가 취소되지 않은 부분에는 손을 대지 못하면서 취소된 부분에 대한 새로운 조치만을 하게 됨에 따라 적절한 구제수단을 찾기가 어렵다는 정책적 고려에 기초한 것으로 해석된다.[208] 따라서 그러한 위험성이 없는 경우라면 경우에 따라 구제명령 중의 일부만의 취소를 하는 것도 가능할 것이다. 부당노동행위가 여러 차례에 걸쳐 있었거나 여러 사람에 대한 부당노동행위가 있는 경우에는 부당노동행위마다, 사람마다 별개의 구제명령이 있는 것으로 보아야 할 것이다.[209] [210]

다. 청구기각판결

노동위원회의 명령 또는 결정에 대해 사용자가 불복하여 행정소송을 제기하였으나 이에 대해 법원이 청구기각의 판결을 선고하고, 그 판결이 확정되면, 노동위원회의 구제명령도 확정된다. 이 경우에는 노동위원회의 구제명령은 확정판결에 의해서 지지를 받아서 당해 법률관계를 확정하는 규범력을 갖는다고 하겠다.

---

208) 日本司法研修所(편), 「救濟命令の取消訴訟の處理に 關する研究」, 法曹會, 2009, 134~135면 참조.

209) 대판 1995.4.7. 94누1579.

210) 이와 달리, (구)노동조합법 제16조에 기하여 노동조합의 규약 중 수개 조항에 관하여 한꺼번에 변경명령을 한 경우, 조항마다 별개의 변경명령을 하였다면 처분이 수개이므로 하나의 재심판정으로 그 전부에 대한 판단을 하였더라도 그 중 일부조항에 대한 부분만을 취소하는 것이 가능하나 특정조항에 대한 부분만을 파기하여 환송한 판례도 있다. 대판 1993.11.23. 92누18351; 동 1993.11.23. 92누18344 등.

제 6 절 구제명령위반의 효력

부당노동행위구제신청에 따른 구제명령의 효력은 중앙노동위원회에의 재심신청이나 행정소송의 제기에 의하여 정지되지 아니한다고 규정되어 있는바(노조법 제86조, 근로기준법 제32조), 따라서 일단 구제명령이 발하여지면 직접 노사 간의 사법상의 법률관계를 발생 또는 변경시키는 것은 아니나 사용자는 구제명령에 따를 공법상의 의무를 부담한다.[211] 다만, 종전에는 미확정의 구제명령을 위반한 경우에는 비록 재심 또는 행정소송으로 구제명령이 취소되었더라도 그 취소 전에 원래의 구제명령을 즉시 이행하지 아니한 때에는 (구)노동조합법 제46조(현행 노조법 제89조)에 의하여 처벌되었다.[212] 그러나 헌법재판소의 결정[213]에 의하여 1995.3.23. (구)노동조합법 제46조 중 미확정의 구제명령에 위반한 경우에도 처벌할 수 있도록 하였던 (구)노동조합법 "제42조의 규정에 의한 구제명령에 위반하거나"라고 하는 부분이 위헌으로 결정되어 이 부분은 현행 노조법에서 폐기되었다. 현행 노조법에서는 부당노동행위구제신청에 따라 구제명령이 발하여졌다 하더라도 그 구제명령이 확정되지 아니한 이상 구제명령을 위반하였다고 하여 사용자를 처벌할 수는 없게 되었다. 즉 현행 노조법 제89조 제2호는 "확정된 구제명령"에 위반한 자만을 처벌하고 있다.[214]

211) 대판 1996.4.23. 95다53102.

212) 대판 1992.10.27. 92도2055 참조.

213) 헌재 1995.3.23. 92헌가14 결정.

214) 그러나 (구)근로기준법 제27조의3(현행 근로기준법 제28조)에 따른 구제신청에 기하여 발하여진 구제명령의 경우에는 부당노동행위구제신청에 따른 구제명령을 위반한 경우의 처벌규정인 (구)노동조합법 제46조(현행 노조법 제89조)를 준용하고 있자 아니하고 그 구제명령을 위반한 경우에 관하여 별도의 벌칙규정을 두고 있지 아니하므로 그 구제명령의 확정 여부를 불문하고 그 구제명령위반을 이유로 (구)노동조합법 제46조(현행 노조법 제89조)를 유추하여 처벌하는 것은 허용되지 아니 한다. 이것은 형법상 유추해석금지의 원칙에 비추어 당연한 귀결이라고 하겠다. 대판 1995.7.28. 95도497 참조.

참 고 문 헌

[서 편]

* 강희원, 『노동법 기초이론(제3판)』, 법영사, 2011.
* ______, 『노동헌법론』, 법영사, 2011.
* 金璟東/沈允宗(엮음), 『신기술과 신노사관계』, 한울아카데미, 1995.
* 金璟東, 『勞使關係의 社會學』, 경문사, 1988.
* 김성수, 『뉴패러다임의 노사관계론(제4판)』, 삼영사, 2007.
* 金振穆, 『産業社會學』, 진성사, 1984.
* 김형배, 『노동법(제21판)』, 박영사, 2012.
* 산업사회학연구회(편), 『산업사회학강의』, 한울아카데미, 1993.
* 스미야 미키오(隅谷三喜男) (조윤형 역), 『노동경제의 이론』, 삼성출판사, 1990.
* 신수식 외 2인, 『현대고용관계론(제2판)』, 박영사, 2006.
* 沈允宗/劉泓埈/朴昇熙, 『産業社會學(개정판)』, 경문사, 1991.
* 이영희, 『산업사회와 노동문제』, 비봉출판사, 1992.
* 全基浩, 『新勞動經濟學』, 무역경영사, 1997.
* 조우현, 『노사관계 개혁론』, 창작과비평사, 1992.
* 鄭鐘鎭, 『勞使關係論』, 法文社, 1992.

* 大河内一男(편), 『日本の經營と勞動』, 有斐閣, 1961.
* 森五郎, 『勞務管理』, ダイヤモンド社, 1955.
* 西岡孝男, 『日本の勞使關係と賃金』, 未來社, 1966.
* 津田眞徵, 『勞務管理』, ミネルヴァ書房, 1966.
* 横井芳弘(편), 『現代勞使關係と法の 變容』, 勁草書房, 1988.
* 横井芳弘/篠原敏雄/辻村昌昭, 『市民社會の變容と勞動法』, 信山社, 2005.
* 戸塚秀夫, 『現代勞動問題 : 勞動關係の歷史的動態と構造』, 有斐閣, 1977.

* Webb, Sidney & Beatrice(高野岩三郎 譯), 『産業民主制論』, 法政大學出版局, 1969.
* Dunlop, J. T., Industrial Relations System, Southern Illinois university press, 1958.
* Naphtali, Fritz(Hrsg.), Wirtschaftsdemokratie -Ihr Wesen, Weg und Ziel, Berlin, 1928.
* Smith, Adam, An Inquiry into the Nature and Causes of the Wealth of Nation, (reprinted) Random House, 1965.
* Webb, Sidney & Beatrice, The Industrial Democracy, London/New York, 1897.

* R. A. Lester, Labor and Industrial Relations, The Macmillan, 1951.

[제1편]

* 강용현, “전국연합노동조합연맹의 법적 성격과 병원노동조합연맹의 설립 가부”, 『대법원 판례해설』 19-2호, 법원행정처, 1993, 345면 이하.
* 강희원, 『노동헌법론』, 법영사, 2011.
* ______, “유니온숍협정제도의 헌법적 정합성에 관한 고찰”, 『경희법학』 제45권 제3호, 경희법학연구소, 2010, 9면 이하.
* ______, “노동과 국가: 잉글랜드의 노동운동과 노동입법을 중심으로”, 『노동법학』 제32권, 한국노동법학회, 2009, 193면 이하.
* ______, “현행노조법 제81조 제2호 단서의 해석문제”, 『노동법학』 제28권, 한국노동법학회, 2008, 299면 이하.
* ______, “노동3권의 법적 성격과 노동단체법－헌재 1998.2.27. 94헌바1316, 95헌바44(병합) 결정과 관련하여”, 『헌법실무연구』 제1권, 헌법실무연구회, 2000, 101면 이하.
* ______, “재적노조전임제-재적노조전임자 문제에 관한 입법론적 고찰-”, 『노동관계연법연구』 경총신서48, 한국경영자총협회 1997, 159면 이하.
* ______, “노조전임자의 법적 지위에 대한 비교법적 연구-독일의 노조수탁인의 법적 지위를 중심으로”, 『법무연수원 비상근연구위원논문집』 제9집, 법무연수원, 1995.
* 고용노동부, 『2010년 전국 노동조합 조직현황』, 2011.
* 곽윤직, 『민법총칙』, 박영사, 1973
* 김기중, “노동조합전임자의 근로관계”, 『노동법연구』 제5호, 서울대학교노동법연구회, 1996, 271면 이하.
* 김도형, “조합원의 직접 선거에 의하지 않고 선출된 대의원으로 구성된 노동조합 대의원회 결의의 효력”, 『노동법률』 106호, 중앙경제사, 2000/3, 26면 이하.
* 김성수, 『뉴패러다임의 노사관계론(제4판)』, 삼영사, 2007.
* 김유성, 『노동법 II (전정판)』, 법문사, 1997.
* 김인재, “노동조합에 있어서 단결자치와 조합민주주의”, 『1998년 노동판례비평』, 민주사회를 위한 변호사모임 노동위원회, 1999, 268면 이하.
* 김정한 외, 『노조전임자 관련 개선방안을 위한 실태조사』, 한국노동연구원, 2008.
* 김형배, 『노동법(제21판)』, 박영사, 2012.
* 김형진, “연합단체에의 가입과 노동조합의 설립요건”, 『재판의 한길』(김용준 헌법재판소장 화갑기념논문집), 박영사, 1998, 887면 이하.
* 노동부, 『새노동법해설－신노사문화를 열어가는 길』, 1997.
* 박기성 외, 『노동조합조직현황자료집』, 노동연구원, 1990.
* 박시경, “노동조합전임자로 출퇴근에 대한 사규의 적용을 받게 되는지 여부”, 『노동법률』 51호, 중앙경제사, 1995/8, 81면 이하.
* 박원석, “재적노조전임자제도”, 『노사관계』 제2권 1호, 한국노사관계연구원, 1991, 206면 이하.

* 박종희, "노동조합의 조직변경과 그 효력", 『인권과 정의』 258호, 대한변호사협회, 1998/2, 94면 이하.
* 박홍규, 『노동법론』, 삼영사, 1995.
* 윤성천 외, 『단체협약분석』, 한국노동연구원, 1991.
* 사법연수원, 『해고와 임금』, 2000.
* 이광택, "노조전임자에 대한 급여지급이 부당노동행위인가", 『노동법률』 3호, 중앙경제사, 1991/8, 14면 이하.
* 이병태, 『최신노동법(제9전정판)』, 중앙경제사, 2008.
* ______, "노동조합전임자의 연·월차휴가 대체수당", 『노동법률』 56호, 중앙경제사, 1996/1, 14면 이하.
* ______, "노조설립과 소속연합단체에의 가입", 『판례월보』 269호, 판례월보사, 1993/2, 27면 이하.
* 이상윤, "노조전임자의 근로계약관계", 『노동판례평석집(II)』 경총신서 54, 한국경영자총협회, 1997, 179면 이하.
* 전인/서인덕, 『한국의 사용자단체』, 한국노동연구원, 2008.
* 정재성, "노동조합의 조직변경의 허용범위", 『1997 노동판례비평』, 민주사회를 위한 변호사모임 노동위원회, 1998, 341면 이하.
* 조효래, 『노동조합민주주의』, 후마니타스, 2010.
* 채준호, 『영국의 노동당과 노동조합』, 한국노총중앙연구원, 2008.
* 최홍엽, "노조전임자 관련 판례", 『1997 노동판례비평』, 민주사회를 위한 변호사모임 노동위원회, 1998, 286면 이하.
* 하경효, "조직대상 중복을 이유로 한 노조 설립신고 반려처분의 취소", 『노동판례평석집』 경총신서 45, 한국경영자총협회, 1995, 141면 이하.
* 한국노동연구원, 『2004 KLI 통계』, 2004.
* 한국산업사회연구회(편), 『산별노조론』, 미래사, 1994.
* 현천욱, "전국병원노동조합연맹과 연합노련의 조직대상 중복여부", 『노동법률』 27호, 중앙경제사, 1993/8, 14면 이하.
* 홍일표, "노동조합설립신고증교부처분취소소송에 있어서 사용자의 원고적격", 『대법원판례해설』 29호, 법원도서관, 1998, 397면 이하.

* 菅野和夫, 『勞動法(第7版補正版)』, 弘文堂, 2006.
* 久保敬治/下井隆史, 『勞動法を學ぶ人のために(제3판)』, 世界思想社, 1977.
* 內藤則邦, 「組合運營」, 『講座, 勞動經濟 三』, 日本評論社, 1967.
* 大河內一男, 『勞動組合』, 有斐閣, 1963.
* __________, 『社會政策(各論)』, 有斐閣, 1961.
* __________(편), 『社會政策』, 淸林書院, 1961.
* __________(편), 『岩派小辭典』, 岩派書店, 1958.
* 渡部徹, 「勞動組合の 政治 立法活動」, 『講座 勞動經濟 三』, 日本評論社, 1967.
* 藤田若雄, 『勞動組合と 勞動協約』, 白桃書房, 1963.
* 栗田健, 『勞動組合』, 日本勞動協會, 1982.

* 白井泰四郎,『勞使關係論』, 日本勞動協會, 1960.
* 本多淳亮,「組合活動條項」,『新勞動法講座』(5), 有斐閣, 1966.
* 山口浩一郎,『勞動組合法(第2版)』, 有斐閣, 1996.
* 山川均,『勞動組合講話』, 彰考書院, 1946.
* 石井照久/有泉亨(편),『勞動法大系(1): 勞動組合』, 有斐閣, 1963.
* 小西國友 외 2인,『勞動關係法(5版)』, 有斐閣, 2007.
* 沼田稻次郎,『勞動法と經濟法の理論』, 有斐閣, 1960.
* ________/片岡昇,/本多淳亮,『シンポシューム: 勞動團體法』, 青林書院, 1984.
* 岸本英太郎(편),『勞動經濟論』, 有斐閣, 1969.
* ________(편),『勞動組合の機能と組織』, ミネルヴァ書店, 1966.
* 外尾健一,『勞動團體法』, 筑摩書房, 1975.
* 日本勞働法學會(편),『現代勞働法講座 2: 勞働組合』, 總合勞働硏究所, 1981.
* ____________(편),『現代勞働法講座 3: 勞働組合』, 總合勞働硏究所, 1981.
* ____________(편),『新労働法講座 2: 노동조합』, 有斐閣, 1969.
* 遠藤昇三,『組合民主主義と法』, 窓社, 1999.
* 前川嘉一,「勞動組合と勞動關係」岸本英太郎(편),『勞動經濟論』, 有斐閣, 1969.
* 中嶋士之也,『勞動關係法の 解釋基準(上)』, 信山社, 1991.
* 川島武宣,『民法總則』, 有斐閣, 1979.
* 平岡一實,『勞動契約論』, 有斐閣, 1954.
* 花見忠,『勞働組合の政治的 役割. ドイツにおける經驗』, 未來社, 1965.
* 黑川俊雄(편),『勞働組合の民主的 變革』, 勞働旬報社, 1985.
* Brentano, Lujo(島崎晴哉/西岡幸泰 역), 『現代勞動組合論 (上), (下)』, 日本勞働協會, 1995.
* Cole, G. D. H.(水上鐵次郎 역),『勞動組合入門(上)(下)』, 有斐閣, 1957(上)/1958(下).

* Anderson, Union Government in the U.S.: A Comparative Analysis of Local Union Government, 17 Industrial Relations 278, 279, 1978.
* Beveridge, W., Voluntary Action, A Report on Methods of Social Advances, 1948.
* Briefs, Goetz, Zwischen Kapitalismus und Syndikalismus. Die Gewerkschaftrn am Scheideweg, 1952.
* Däubler, Wolfgang, Das Arbeitsrecht 1, 11. vollständig überarbeitete, erweiterte Neuausgabe, Hamburg, 1990.
* Dimick, Mathew, Labor Law und Union Democracy: A US-Britisch Comparison, University of Wisconsin-Madison Diss, 2009.
* Struss, Research Past and Future, 16 Industrial Relations 215, 240, 1977.
* Summers, The Public Interest in Union Democracy, 53 Nw. U. L. Rev. 609, 613, 1958.
* Thalmann, Wolfgang, Der politisch motivierte Ausschluß aus Gewerkschaften, Diss. Freiburg, 1974.
* Traxler, F., "Bargaining (De)centralization, Macroeconomic Performance and Control over the Employment Relationship," British Journal of Industrial Relation 41(1), 2003.
* Webb, Sidney & Beatrice, The Industrial Democracy, London/New York, 1897.

[제2편]

* 강희원, 『노동헌법론』, 법영사, 2011.
* ______, "노동3권의 법적 성격과 노동단체법", 『헌법실무연구』 제1권, 헌법실무연구회, 2000, 101면 이하.
* 김기섭, "노·사 합의된 단체협약체결권 사항 조합원 총회 추인에 따른 효력", 『노동법률』, 중앙경제사, 1994/1, 14면 이하.
* 김선수, "단체협약체결권의 법리를 왜곡한 대법원판결", 『법과 사회』 통권8호, 법과사회이론연구회, 1993 하반기, 331면.
* 김성수, 『노사관계론(제4판)』, 삼영사, 2007.
* 김유성, 『노동법 II (전정판)』, 법문사, 1997.
* ______, "노조대표자의 단체교섭권한과 협약체결권한", 『사법행정』, 한국사법행정학회, 1993/8, 14면 이하.
* ______, "단체교섭의 대상사항-미국의 경우를 중심으로-", 『판례월보』, 판례월보사, 1981/11, 11면 이하.
* 김원정, "노동조합 대표자의 단체협약체결권", 『노동법률』, 중앙경제사, 1993/7.
* 김인재, "단체협약 인준투표조항", 『노동법연구』 제3호, 서울대학교 노동법연구회, 1993, 224면 이하.
* 김형배, 『노동법(21판)』, 박영사, 2012.
* ______, "경영·인사권 관련 단체협약과 행정관청의 취소변경명령", 『노동판례평석집』 경총신서 45, 한국경영자총협회, 1995, 175면 이하.
* ______, "항운노동조합의 단체협약능력에 관한 연구(상)(하)", 『판례월보』, 판례월보사, 1995/8, 27면(상) 이하; 1995/9, 51면(하) 이하.
* 김치선, 『노동법강의』, 법문사, 1988.
* 박상필, 『한국노동법(전정판)』, 대왕사, 1990.
* 박승두, "단체협약체결권에 관한 고찰", 『노동법학』 제4호, 한국노동법학회, 1994, 39면 이하.
* 박창현, "해고자 복직요구와 단체교섭의 대상", 『판례연구』 제10집, 부산판례연구회, 1999, 266면 이하.
* 박홍규, 『노동법론』, 삼영사, 1995.
* 법원행정처, 『개정증보 법원실무제요 강제집행(하)』, 1993.
* 손창희, "노조전임 문제의 단체교섭·노동쟁의 대상 여부", 『노동법률』, 중앙경제사, 1996/5, 30면 이하.
* 이병태, 『최신노동법(제9전정판)』, 중앙경제, 2008.
* 오문완, "ILO 단결권협약과 복수노조문제", 『노동법연구』 제2호, 서울대학교노동법연구회, 1992, 18면 이하.
* 유원석, "노동사건에 있어서의 근로자측의 가처분", 『근로관계 소송상의 제문제(하)』, 법원행정처, 1987, 632면 이하.
* 윤성천, "사업(장) 단위에서의 복수노조와 단체교섭문제", 『노동법학』 제8호, 한국노동법학회, 1998, 511면 이하.

* 이병태, "노동조합대표의 단체협약체결권 제한", 『판례월보』 277호, 판례월보사, 1993/10, 13면 이하.
* 이상윤, "단체교섭대상의 정립방안-미국의 단체교섭대상의 분석을 중심으로-", 『노동법연구』 제3호, 서울대학교노동법연구회, 1993, 248면 이하.
* 이승욱, "기업별복수노조와 교섭창구의 단일화", 『노동법학』, 한국노동법학회, 2005, 32면 이하.
* 임종률, 『노동법(제10판)』, 박영사, 2012.
* 정기남, "단체교섭의 주체와 대상", 『노동법학』 제3호, 한국노동법학회, 1991, 24면 이하.
* 정인섭, "단체교섭의 위임", 『노동법연구』 제7호, 서울대학교노동법연구회, 1998, 261면 이하.
* 최진갑, "노동조합 대표자의 단체협약체결권한", 『판례연구』 제5권, 부산판례연구회, 1995, 434면 이하.
* 하경효, "사업부 폐지결정 자체가 단체교섭 대상인지 여부", 『노동판례평석집』 경총신서 45, 한국경영자총협회, 1995, 185면 이하.
* ______, "상급단체에의 교섭권 위임과 단위노조의 협약체결논의", 『노동법률』 78호, 중앙경제사, 1997/11, 31면 이하.
* 현천욱, "노조 대표자의 단체협약 체결권한", 『노동판례평석집』 경총신서 45, 한국경영자총협회, 1995, 167면 이하.

* 久保敬治, 『勞使間の 交涉節次』, 有斐閣, 1968.
* ________/下井隆史, 『勞動法を學ぶ人のために(제3판)』, 世界思想社, 1977.
* 大河內一男, 『勞働組合』, 有斐閣, 1963.
* 栗田健, 「團體交涉の構造と範圍」, 『勞動經濟 제3권: 日本の勞働組合』, 日本評論社, 1967.
* 日本勞働法學會(편), 『現代勞働法講座 4: 團體交涉』, 總合勞働硏究所, 1981.
* _____________(편), 『 新労働法講座 3: 团体交涉』, 有斐閣, 1969
* 下井隆史/浜田富士郎(편), 『勞動組合法の理論課題(久保敬治敎授還曆記念論文集)』, 世界思想社, 1982.
* G.D.H. Cole(水上鐵次郞 역), 『勞動組合入門』, 有斐閣, 1958.

* ILO, Collective, Bargaining, a Worker's Education Manual, 1960.
* Webb, Sidney & Beatrice, The Industrial Democracy, London/New York, 1897.

[제3편]

* 강희원, 『노동법 기초이론(제3판)』, 법영사, 2011.
* ______, "현행 노조법 제81조 2호 단서의 해석문제", 『노동법학』 제28호, 한국노동법학회, 2008년, 299면 이하.
* ______, "도이치 법사회학의 흐름", 『경희법학』 41권 1호, 경희법학연구소, 2006, 213면 이하.
* ______, "독일적 법사유와 한국법학의 반성", 『경희법학』 제35권 제1호, 경희법학연구소, 2000, 15면 이하.

* ______, “유니온숍협정과 근로자의 소극적 단결권”, 『경희법학』 제39권 제1호, 경희법학연구소, 2004년, 211면 이하.
* ______, “유니온숍협정과 우리 노동헌법”, 『유니온숍협약 적용범위와 노동자단결권 실현』(2008.10.23. 공개토론 자료집), 전국운수산업노동조합, 2008, 76-8면.
* 김유성, 『노동법 II (전정판)』, 법문사, 1997.
* 김원정, “단체협약의 유효기간과 자동연장협정의 효력”, 『노동법률』 24호, 중앙경제사, 1993/5, 14면 이하.
* 김형배, 『노동법(제21판)』, 박영사, 2012.
* 김지형, “회사의 합병에 따른 근로관계의 승계와 취업규칙상 퇴직금규정의 적용”, 『인권과 정의』 214호, 대한변호사협회, 1994/6, 86면 이하.
* 김진수, “단체협약의 유효기간의 여후효”, 『판례연구(V)』, 부산판례연구회, 1995, 454면 이하.
* 박상필, 『한국노동법(전정판)』, 대왕사, 1990.
* 박홍규, 『노동법론』, 삼영사, 1995.
* ______, “진쯔하이머”, 『현대 재산법의 제문제』(종은 김기선 박사 고희기념), 법문사, 1987, 855면 이하
* 이병태, 『최신노동법(제9전정판)』, 중앙경제, 2008.
* 이승욱, “유니온협정과 단결선택권”, 『조정과심판』 제24호, 중앙노동위원회, 2005년 겨울호.
* 이상돈, “단체협약위반죄의 위헌결정”, 『1999.1.25.자 법률신문』, 법률신문사, 14면.
* ______, “단체협약위반죄 조항의 위헌여부와 대체입법의 방향”, 『저스티스』 32권3호, 한국법학원, 1999/9, 176면 이하.
* 이을형, 『노동법』, 대왕사, 1995.
* 이상윤, 『노동조합법』, 박영사, 1996.
* 이철수, 『勞動組合 規約分析 : 單位勞動組合 規約을 中心으로』, 한국노동연구원, 1996.
* 이흥재, “진츠하이머의 생애와 사상”, 『노동법연구』 창간호, 서울대학교노동법연구회, 1991, 11면 이하.
* 임종률, 『노동법(제10판)』, 박영사, 2012.

* 久保敬治, 『勞動協約法の研究』, 有斐閣, 1995.
* ________, 『ある法學者の人生 — フ-ゴジンツハイマー』, 三星堂, 1986.
* ________, 『ドイツ勞動法の展開過程』, 有斐閣, 1960.
* ________/下井隆史, 『勞動法を學ぶ人のために(제3판)』, 世界思想社, 1977.
* 西谷敏, 『ドイツ勞動法思想史論』, 日本評論社, 1987.
* 石井照久/有泉亨(편), 『勞働法大系 2: 團體交涉 ·勞働協約』, 有斐閣, 1963.
* 日本勞働法學會(편), 『現代勞働法講座 6: 勞働協約』, 總合勞働研究所, 1981.
* ______________(편), 『新労働法講座 5: 労働協約』, 有斐閣, 1969.
* 片岡昇, 『團結と 勞動契約の研究』, 有斐閣, 1959.
* ______, 『勞動協約論』, 一粒社, 1984.
* 平岡一實, 『勞働協約論』, 有斐閣, 1954.

* 下井隆史/浜田富士郎(편), 『勞動組合法の理論課題(久保敬治教授還曆記念論文集)』, 世界思想社, 1982.
* 後藤清, 『勞動協約理論史』, 有斐閣, 1935.

* Albrecht, Klaus, Hugo Sinzheimer in der Weimarer Nationalversammelung. Sein Beitrag zum, wirtschaftlichen Rätesystem und den arbeits- und wirtschaftlichen Grundrechten der Reichsverfassung, Diss. jur. Frankfurt a.M., 1970.
* Beling, Detrev W., Das Günstigkeitsprinzip im ArbeitsrecHt, Berlin, 1984
* Biedenkopf, Kurt, Grenzen der Tarifautomie, Karlsruhr, 1964.
* Blanke, Sandro, Soziales Recht oder kollektive Privatautonomie? Tübingen, 2005.
* Däubler, Wolfgang, Das Arbeitsrecht 1, 11. vollständig überarbeitete, erweiterte Neuausgabe, Hamburg, 1990.
* ______/Hege, Tarifvertragsrecht, 2.Aufl., Baden-Baden, 1981.
* Hueck-Nipperdey, Hans Carl, Lehrbuch des Arbeitsrechts, Bd. II-1, 7. Aufl., Berlin-Frankfurt a.M., 1967.
* Fraenkel, Ernst, Hugo Sinzheimer, JZ(1958) S. 457ff.
* Hedemann, Justus Wilhelm, Kodifikation des Arbeitsrechts, RuW(1922), S. 249ff.
* Heinrichs, u.a.(Hrsg.), Deutsche Juristen jüdischer Herkunft, 1993.
* Jakob/van der Voort(Hrsg.), Anne Frank war nicht allein. Lebensgeschichten deutscher Juden in den Niederlanden, 1988.
* Jacobi, Erwin, Grundlehren des Arbeitsrechts, Leipzig, 1927.
* Kahn-Freund, Otto, Die Väter des deutschen Arbeitsrechts, Frankfurter Allgemeine Zeitung, Nr. 118 vom 24. Mai 1975.
* __________/Ramm(Hrsg.), Hugo Sinzheimer. Arbeitsrecht und Rechtssoziologie, Gesammelte Aufzätze und Reden, Bd. 1, Frankfurt a.M./Köln, 1976.
* Kilian, Winfried, Soziale Selbstbestimmung und Tarifvertrag. Eine Untetrsuchung über das Verhältnis Hugo Sinzheimer zu Otto v. Gierke, Diss. jur. Frankfurt a.M., 1965.
* Lotmar, Philipp, Der Arbeitsvertrag nach dem Privatrecht des Deutschen Reiches, Bd. I, Leibzig, 1902.
* Luthardt, Wolfgang, Sozialdemokratische Verfassungstheorie in der Weimarer Republik, Oplasen 1986, S. 51ff.
* Mestitz, Franz, Hugo Sinzheimer und das Arbeitsrecht - einst und jetzt, ZNR(1993). 35ff.
* Radke, Olaf, Rechtsbeziehungen zwischen einer Tarifvertragspartei und den Mitgliedern der gegnerischen Tarifvertragspartei, AuR 1956, S. 273ff.
* Redaktion Kritische Justiz(Hrsg.), Streitbare Juristen. Eine andere Tradition, Baden-Baden, 1988.
* Ramm, Thilo, Die Parteien des Tarifvertrags, Stuttgart, 1961.
* __________, Der Arbeitskampf und die Gesellschaftsordnung des Grundgesetzes. Beitrag zu einer Verfassungslehre, Stuttgart, 1965.
* __________, Die Rechtsnatur der Tarifvertrags, JZ 1962, S. 78ff.
* __________(Hrsg.), Arbeitsrecht und Polotik. Quellentexte 1918-1933, Neuwied/Berlin, 1966.

* Rückert, Joachim(Hrsg.), Philipp Lotmar. Schriften zu Arbeitsrecht, Zivilrecht und Rechtsphilosophie, Frankfurt a.M., 1992.
* Sinzheimer, Hugo, Der Korporative Arbeitsormenvertrag, Ⅰ. Teil, Leibzig, 1907.
* ______________, Der Korporative Arbeitsormenvertrag, Ⅱ. Teil, Leibzig, 1908.
* ______________, Ein Arbeitstarifgesetz. Die Idee der sozialen Selbststimmung im Recht, 1916.
* Schnorr, Die für das Arbeitsrecht spezifischen Rechtsquellen, 1969.
* Schulze, Peter R., Das Günstigkeitsprinzip im Tarifvertragsrecht, Frankfurt a.M., 1985.
* Stourzh, Gerald/Grandner(Hrsg.), Historische Wurzeln der Sozialpartnerschaft, München, 1986.
* Zöllner, Wolfgang, Das Wesen der Tarifnormen, RdA 1964.

[제4편]

* 강희원, 『노동헌법』, 법영사, 2011.
* ______, "이른바 "정치파업"과 우리 노동헌법", 『노동법연구』 제28호, 서울대학교노동법연구회, 2010 상반기, 145면 이하.
* ______, "근로자의 쟁의권행사와 공공복리-헌재1996.12.26.선고 90헌바 19결정, 92헌바41결정, 94헌바49결정과 관련하여" 헌법실무연구 제3권, 2002, 77면 이하.
* ______, "노동쟁의행위와 사법질서-사적 노동법인가 형식적 합리성의 파탄인가?", 『경희법학』 제28권 제1호, 경희법학연구소, 1993, 103면 이하.
* 고태관, "노동분쟁의 조정절차", 『노동법연구』 제6호, 서울대학교노동법연구회, 1997, 378면 이하.
* 곽현수, "무노동 무임금의 원칙 및 쟁의행위시 임금공제 범위", 『법조』 476호, 1996/5, 129면 이하.
* 권영성, 『헌법학원론』, 법문사, 1996.
* 김대휘, "쟁의행위에 있어서 업무방해와 정당성", 『형사판례연구』 2권, 형사판례연구회, 1994, 66면 이하.
* 김상호, "필수공익사업 직권중재에 관한 입법론적 고찰", 『노동법학』 13호, 한국노동법학회, 2001, 113면 이하.
* 김선수, "직장점거와 피케팅의 정당성", 『노동법률』 2호, 중앙경제사, 1991/7, 11면 이하.
* 김유성, 『노동법Ⅱ(전정판)』, 법문사, 1997.
* 김철수, 『헌법학개론』, 박영사, 1989.
* 김치선, 『노동법강의』, 법문사, 1990.
* 김치중, "쟁의행위의 정당성", 『법과 정의』, 이회창 선생 화갑기념 논문집 간행위원회, 1995, 853면 이하.
* 김형배, 『노동법(제21판)』, 박영사, 2012.
* 김홍준, "파업기간 중의 임금지급범위", 『노동법연구』 6호, 서울대학교노동법연구회, 1997, 473면 이하.
* 노동부, 『집단적 노사관계업무매뉴얼』, 2008.
* 박상천, 『한국노동법』, 대왕사, 1990.
* 박상필, 『한국노동법(전정판)』, 대왕사, 1989.

* 서예교, "냉각기간을 준수하지 않고, 쟁의 신고를 하지 않은 쟁의행위의 정당성 여부", 『노동법률』 5호, 중앙경제사, 1991/10, 14면 이하.
* 손창희, "노동쟁의의 범위와 중재재정에 있어서의 위법·월권에 관한 소문", 『법학논총』 제7집, 한양대 법학논총, 1990, 30면 이하.
* 신인령, "쟁의행위 정당성에 관한 법리", 『사법행정』 384호, 한국사법행정학회, 1992/12, 104면 이하.
* ______, "비노조파업에 따른 법적 문제", 『노동법학』 제3호, 한국노동법학회, 1991, 143면 이하.
* 심태식, 『노동법개론(제4판)』, 법문사, 1989.
* 심헌섭, 『법철학 I』, 법문사, 1982.
* ______, "존재에서 당위는 추리되는가(1)(2)", 『경희법학』, 제12권 제1호, 경희법학연구소, 1974, 65면이하(1); 제13권 제1호, 경희법학연구소, 1975, 71면 이하(2).
* 이병태, 『최신노동법(제9전정판)』, 중앙경제, 2008.
* ______, "준법투쟁과 쟁의행위", 『노동법률』 51호, 중앙경제사, 1995/8, 14면 이하.
* 이상덕, "법정시간외근로의 집단거부", 『노동법률』 13호, 중앙경제사, 1992/6, 15면 이하.
* 이상윤, 『노동조합법』, 박영사, 1996.
* 이우태, "쟁의행위기간 중 소위 생활보장적 임금의 지급여부", 『노동법률』 58호, 중앙경제사, 1996/3, 112면 이하.
* 이철수, "쟁의행위기간 중의 임금지급여부", 『노동법률』 57호, 중앙경제사, 1996/2, 22면 이하.
* 임종률, 『노동법(제10판)』, 박영사, 2012.
* ______, "파업참가기간과 임금삭감", 『법률신문』 2481호, 법률신문사, 1996/2, 15면.
* ______, 『쟁의행위와 형사책임』, 경문사, 1982.
* 조경배, "쟁의기간 중의 임금지급문제", 『1996년 노동판례비평』, 민주사회를 위한 변호사 모임 노동위원회, 1997, 221면 이하.
* 조한중, "지방노동위원회의 중재회부결정에 대한 불복이 허용되는지 여부 및 위 결정에 대한 불복방법", 『대법원판례해설』 제24호, 법원도서관, 1996, 321면 이하.
* 최홍엽, "중재의 대상이 되는 노동쟁의의 범위", 『1996년 노동판례비평』, 민주사회를 위한 변호사모임, 1997, 237면 이하.
* 하경효, "파업참가 근로자에 대한 정근수당 지급", 『노동판례평석집 II』 경총신서 54집, 한국경영자총협회, 1997, 232면 이하.
* 허영, 『헌법이론과 헌법(상)』, 박영사, 1980.
* 현천욱, "평화의무를 위반한 쟁의행위의 정당성", 『노동판례평석집』 경총신서 45집, 한국경영자총협회, 1995, 224면 이하.

* 關之, 『勞働刑法概論』, 法律新報社, 1948.
* 勞働刑法研究會(편), 『勞働刑法講座 (上)(中)(下)』, 東京法令社, 1979.
* 西谷敏, 『勞動組合法(2판)』, 有斐閣, 2007.
* 石井照久/有泉亨(편), 『勞動法大系(3): 爭議行爲』, 有斐閣, 1963.
* 神山欣治, 『勞働刑法の研究』, 立花書房, 1961.
* 熊倉武, 『勞働法と刑法の交錯』, 有信堂, 1956.

* 日本勞働法學會(편), 『現代勞働法講座 5: 勞動爭議』, 總合勞働硏究所, 1981.
* ____________(편), 『新労働法講座 4: 労働争』, 有斐閣, 1969.
* 莊子邦雄, 『勞動刑法』, 有斐閣, 1975.
* 淺井淸信, 「團體行動としての 爭議行爲」, 日本勞働法學會誌 15號, 10면.
* 片岡曻, 『團結と 勞動契約の硏究』, 有斐閣, 1959.
* 下井隆史/浜田富士郎(편), 『勞動組合法の理論課題(久保敬治敎授還曆記念論文集)』, 世界思想社, 1982.
* 香山忠志, 『勞動刑法の現代的展開』, 成文堂, 2000.
* 花見忠, 『勞働争議』, 講談社, 1982.
* 橫井芳弘(편), 『現代勞使關係と法の 變容』, 勁草書房, 1988.

* Bötticher, Eduard, Zum Begriff des Arbeitskampfes, RdA 1955, S. 336ff.
* Bulla, Gustav Adolf, Das zweiseitig kollektive Wesen des Arbeitskampfes, in: Festschrift für Hans Carl Nipperdey zum 60. Geburtdtag, München/Berlin 1955, S. 163ff.
* Däubler, Wolfgang, Das Arbeitsrecht 1, 11. vollständig überarbeitete, erweiterte Neuausgabe, Hamburg, 1990.
* Gould, W.B., A Primer on American Labor Law, The MIT Press, 1986.
* Kohn-Freund, Otto(Hrsg.), Arbeitsrecht und Rechtssoziologie, Gesammelte Aufsätze und Reden, Bd.I, Frankfurt a.M./Köln, 1976.
* Niese, Werner, Streik und Strafrecht, Tübingen, 1954.
* Osswald, Richard, Der Streik und die ihm durch das Strafrecht gezogenen Grenzen, Köln, 1954.
* Ramm, Thilo, Der Begriff Arbeitskampf, AcP Bd. 160(1961) S. 336ff.
* Schneider(Hrsg.), Sein und Sollen im Erfahrungsbereich des Rechts, Vorträge des Weltkongresses für Rechts-und Sozialphilosophie 1967, Wiesbaden, 1970.
* Tomandl, Theodor, Streik und Aussperung als Mittel des Arbeitskampfes, Wien/New YorK, 1965.

[제5편]

* 강희원, 『노동법 기초이론(개정제3판)』, 법영사, 2011.
* ______, 『부당노동행위제도』, 동림사, 2005.
* ______, "노동3권의 법적 성격과 노동단체법", 『헌법실무연구』 제1권, 헌법실무연구회, 2000, 101면 이하.
* 김유성, 『노동법 II (전정판)』, 법문사, 1997.
* 金致善, 『勤勞者의 團結權』, 서울대학교, 1970.
* 김치중, "노동위원회의 처분에 대한 쟁송 있어서의 소송법적 문제들(상)(하)", 『판례월보』 305호, 1996/2, 64면(상) 이하; 306호 1996/3, 42면(하) 이하.
* 김형배, 『노동법(21판)』, 박영사, 2012.
* 노동부, 『집단적 노사관계 업무매뉴얼』, 2008.
* 박상필, 『한국노동법(전정판)』, 대왕사, 1990.
* 박홍규, 『노동법론』, 삼영사, 1995.

* 심태식, 『노동법개론(제4판)』, 법문사, 1989.
* 尹明善, 『憲法學』, 大明出版社, 2000.
* 이병태, 『최신노동법(제9전정판)』, 중앙경제, 2008.
* 임종률, 『노동법(제10판)』, 박영사, 2012.
* 최식/염세웅, 『부당노동행위』, 박영사, 1963.

* 菅野和夫, 『勞動法』, 弘文堂, 2008.
* 僑詰洋三, 『勞働基本權の理念と法解釋學』, 三省堂, 1984.
* 久保敬治 외, 『勞働法』, ミネルヴァ書房, 1993.
* ________/下井隆史, 『勞動法を學ぶ人のために(제3판)』, 世界思想社, 1977.
* 道幸哲也, 『不當勞動行爲法理の基本構造』, 北海島大學圖書刊行會, 2002.
* 東京大學社會科學研究所(편), 『基本的 人權 5』, 東京大學出版會, 1969.
* 本多淳亮, 『米國不當勞動行爲制度』, 有斐閣, 1953.
* 石田照久, 『新版 勞動法』, 弘文堂, 1972.
* ________/有泉亨, 『勞動法大系(4): 不當勞働行爲』, 有斐閣, 1963.
* 石川吉右衛門, 『勞働組合法』, 有斐閣, 1978.
* 岸井貞男, 『不當勞働行爲の 法理論: 不當勞働行爲法의 原理(上)』, 總合勞働研究所, 1978.
* 外尾健一, 『勞動團體法』, 筑摩書房, 1975.
* 籾井常喜, 『經營秩序と組合活動』, 總合勞動研究所, 1975.
* 日本勞働法學會(편), 『現代勞働法講座 7: 不當勞働行爲 Ⅰ』, 總合勞働研究所, 1981.
* ____________(편), 『現代勞働法講座 8: 不當勞働行爲 Ⅱ』, 總合勞働研究所, 1981.
* ____________(편), 『新労働法講座 6: 不当労働行為』, 有斐閣, 1969.
* 日本司法研修所(편), 『救濟命令の取消訴訟の處理に 關する研究」』, 法曹會, 2009.
* 中山和久, 『不當勞働行爲論』, 一粒社, 1981.
* 青木宗也/金子征史, 『勞動關係法[改訂版]』, 日本評論社, 1990.
* 片岡昇, 『勞働法の爭點』, 有斐閣, 1990.
* 下井隆史/浜田富士郎(편), 『勞動組合法の理論課題(久保敬治教授還暦記念論文集)』, 世界思想社, 1982.
* 橫井芳弘/片岡舞/橫井芳弘(編), 『演習勞動法』, 靑林書院, 1982.

* Bernstein, Irving, The New Deal Collective Bargainning Policy, Uni, of California Press, 1950.
* Bok, Derek C., Reflektions on the Distinctive Character of American Labor Law, Harv. L. Rev. 84, 1971.
* Mathews, Robert E., Labor Relations and the Law, 1953.
* Morris, Charles J., The Developing Labor Law—The Board, the Courts, and the National Labor Relations Act, 1971.
* Slichter, S., The Challenge of Industrial Relations, 1947.
* Tomlins, Christopher L./Andrew J. King(ed), Labor Law in America. Historical and Critical Essays, Baltimore/London(The Johns Hopkins University Press), 1992.

판 례 색 인

【고등법원】

【지방법원】

【노동위원회】

【행정해석】

<일본판례>

【최고재판소 판결】

【하급심재판례】

【노동위원회】

사 항 색 인

【ㄷ】

【ㄹ】

【ㅁ】

【ㅂ】

【ㅅ】

【ㅊ】

【ㅋ】

【ㅌ】

【ㅍ】

【ㅎ】

【E】

【G】

【N】

【S】

인 명 색 인

[저자 약력]

경희대학교 법과대학 졸업
동 대학원 수료
제24회 사법시험 합격
제15기 사법연수원 수료(변호사)
도이칠란트 Freiburg대학교 법학부(법학박사)
대한변호사협회 총무위원/로스쿨대책위원 역임
경기지방노동위원회/서울지방노동위원회 공익위원 역임
현 대한변호사협회 로스쿨특별위원회 위원
현 사법시험위원·행정고시위원·공인노무사시험위원
현 경희대학교 법과대학 교수
현 경희법학전문대학원 교수

■ 저서·역서 및 주요논문

Gesetzesflut und rechtsfreier Raum
노동법
근로자의 경제적 공동결정 I, II
노동법에 새로운 모색 I
노동철학(크반트 저, 번역)
근로자개념과 계약의 자유(공저)
부당노동해위제도에 관한 연구
노동법 기초이론
노동헌법론
「현행 노조법 제81조 2호 단서의 해석문제」
「법률가의 도구로서 언어와 그 문제」
「법의 녹색화와 녹색법학」
「환경위기시대에 있어서 "위험"에 대한 법학적 계몽」
「손해배상법에 있어서 손해의 개념과 인간의 존엄성」
「복제인간을 위한 미래지향적 법률기획」
「배아복제와 인간존엄성의 정치학」 등 80여 편

노사관계법

2012년 12월 10일 초판인쇄
2012년 12월 15일 초판발행

저 자 강 희 원
발 행 인 고 준 영
발 행 처 **법 영 사**

135-835 서울시 강남구 대치동 611
전화 (501)8898(대) Fax (501)8895
등록 1987. 5. 11. 제3-125호(윤)
Homepage : www.bubyoungsa.co.kr
E-mail : bypuco@chol.com

※ 파본은 교환해 드립니다. 정가 **43,000원**

ISBN 978-89-7032-284-1